**UTB** UTB 2015

**Eine Arbeitsgemeinschaft der Verlage**

Beltz Verlag Weinheim · Basel
Böhlau Verlag Köln · Weimar · Wien
Wilhelm Fink Verlag München
A. Francke Verlag Tübingen und Basel
Haupt Verlag Bern · Stuttgart · Wien
Julius Klinkhardt Verlagsbuchhandlung Bad Heilbrunn
Lucius & Lucius Verlagsgesellschaft Stuttgart
Mohr Siebeck Tübingen
C. F. Müller Verlag Heidelberg
Ernst Reinhardt Verlag München und Basel
Ferdinand Schöningh Verlag Paderborn · München · Wien · Zürich
Orell Füssli Verlag Zürich
Eugen Ulmer Verlag Stuttgart
UVK Verlagsgesellschaft Konstanz
Vandenhoeck & Ruprecht Göttingen
vdf Hochschulverlag AG an der ETH Zürich
Verlag Barbara Budrich Opladen · Famington Hills
Verlag Recht und Wirtschaft Frankfurt am Main
WUV Facultas Wien

# Entscheidungen des EuGH

## Kommentierte Studienauswahl

Zusammengestellt, erläutert
und herausgegeben von
Matthias Pechstein

4., erweiterte Auflage

Mohr Siebeck

*Matthias Pechstein;* geboren 1958; 1979–85 Studium der Rechtswissenschaft in Mainz und Nizza; 1987 Promotion; 1989 zweites juristisches Staatsexamen; 1989–90 Referent im Bundesministerium des Inneren für europäische Medienpolitik; 1990–93 wiss. Assistent an der Universität Bayreuth; 1993–94 Richter am Verwaltungsgericht Berlin; 1994 Habilitation; seit 1995 o. Professor für Öffentliches Recht und Europarecht an der Europa-Universität Viadrina, Frankfurt/Oder.

1. Auflage 1998
2., erweiterte Auflage 2003
3., erweiterte Auflage 2005
4., erweiterte Auflage 2007

ISBN 978-3-8252-2015-0 (UTB)
ISBN 978-3-16-149235-8 (Mohr Siebeck)

Die Deutsche Bibliothek verzeichnet diese Publikation in der Deutschen Nationalbibliographie; detaillierte bibliographische Daten sind im Internet über *http://dnb. d-nb.de* abrufbar.

© 2007 Mohr Siebeck Tübingen.

Das Buch wurde von Computersatz Staiger in Rottenburg a.N. gesetzt, von Hubert & Co. in Göttingen auf alterungsbeständiges Werkdruckpapier gedruckt und gebunden.

# Vorwort

Diese Studienauswahl richtungweisender Entscheidungen des Europäischen Gerichtshofs – EuGH und EuG – richtet sich vor allem an Studierende und Referendare. Darüber hinaus kann sie auch dem Rechtspraktiker dienen, der sich kurz und bündig über die „leading cases" des Europäischen Gerichtshofs informieren möchte. Diesem Anliegen dienen auch die erläuternden Vorbemerkungen zu jeder einzelnen Entscheidung. In den Vorbemerkungen wird die dogmatische Bedeutung der einzelnen Entscheidungen und ihr Zusammenhang mit anderen Urteilen herausgearbeitet. Die Vorbemerkungen können nach der Entscheidungslektüre auch als Lernkontrollen wiederholt werden. Ein durch die Vorbemerkungen gefördertes „Vorverständnis" erleichtert dem Leser eine systematische und zügige Erfassung der wesentlichen Grundzüge von zuweilen rechtsdogmatisch schwer einzuordnenden Entscheidungen. Die Vorbemerkungen gehen von der durch den Amsterdamer Vertrag eingeführten neuen Artikelnumerierung von EU- und EG-Vertrag aus, auch wenn die Entscheidungen noch vielfach auf der alten Zählung beruhen. Auf die in den Vorauflagen abgedruckte Gegenüberstellung der geltenden und der alten Artikelzählung wurde jedoch nunmehr verzichtet.

Über die ihm von Art. 220 EG zugewiesene Aufgabe eines „Wahrers des Gemeinschaftsrechts" hinaus ist der Europäische Gerichtshof durch seine Rechtsfortbildungspraxis zunehmend in die Rolle eines Motors der fortschreitenden europäischen Integration hineingewachsen. Mehr als in jedem anderen Bereich der deutschen Juristenausbildung erfordert diese besondere kasuistische Prägung des Gemeinschaftsrechts neben dem rechtsdogmatischen Verständnis eine genaue Kenntnis der grundlegenden Rechtsprechungspraxis. Dementsprechend verfolgt diese Studienauswahl nicht nur das Ziel eines Nachschlagewerkes, vielmehr eignet sie sich als durchgängig lesbare Ergänzungslektüre zu einem Europarechtslehrbuch. Das Taschenbuchformat dieser Studienauswahl erfordert dabei eine strenge Selektion aus dem mittlerweile selbst für Experten kaum mehr überschaubaren Rechtsprechungsreservoir des Europäischen Gerichtshofs. Dabei wurde die wörtliche Wiedergabe von Auszügen auf diejenigen Entscheidungen beschränkt, die sowohl in der europarechtlichen Pflichtfach- als auch in der Schwerpunktbereichsausbildung von zentraler Bedeutung sind. Die Vielzahl der neu aufzunehmenden

Entscheidungen machte zur Wahrung eines gerade noch vertretbaren Umfangs des Buchs den Verzicht auf 17 der in der dritten Auflage dargestellten Urteile erforderlich. In der vierten Auflage wurde zum Teil die Gliederung verbessert bzw. ergänzt; das Entscheidungsregister wurde auf vielfältigen studentischen Wunsch an der Namensbezeichnung der Entscheidungen ausgerichtet. Für eine umfassende Darstellung der Funktionen der Gerichtsbarkeit des EuGH verweise ich auf mein Lehrbuch des EU-/EG-Prozessrechts, das zeitgleich mit dieser Neuauflage in dritter Auflage im Mohr-Verlag erschienen ist.

Die Fundstellen der Entscheidungen werden grundsätzlich in der amtlichen Sammlung nachgewiesen. Entscheidungen, welche noch nicht in der amtlichen Sammlung veröffentlicht sind, enthalten einen Hinweis auf die Fundstelle in einer Zeitschrift. Entscheidungen, die noch nicht in gedruckter Form verfügbar waren, können – wie generell alle Entscheidungen – unter folgenden Internetadressen abgerufen werden: <http://europa.eu.int/eur-lex/lex/RECH_jurisprudence.do> oder <http://curia.europa.eu/jurisp/cgi-bin/form.pl?lang=de>

Mein Dank für die Mitarbeit an der Aktualisierung dieser Studienauswahl für die vierte Auflage gilt Frau *Juliane Jentsch*, Frau *Miriam Rottenburg*, Frau *Joanna Rzeznik*, Herrn *Matthias Köngeter* und Herrn *Philipp Kubicki*. Herrn *Dr. Franz-Peter Gillig* danke ich für die vorzügliche verlegerische Betreuung.

Das Buch ist *Gregor*, *Lorenz* und *Simon* gewidmet; auf dass sie es eines Tages einfacher haben werden, sich in dem großartigen europäischen Einigungswerk zurechtzufinden.

*Matthias Pechstein*
Frankfurt (Oder)

# Inhaltsübersicht

# Inhaltsverzeichnis

## A. Die Gemeinschaft und die Mitgliedstaaten

### I. Verhältnis zwischen Gemeinschaftsrecht und nationalem Recht

### II. Die Bedeutung von Art. 10 EG

### III. Auswirkungen des Gemeinschaftsrechts auf den nationalen Verwaltungsvollzug und das nationale Prozessrecht

#### 1. Verwaltungsvollzug

#### 2. Einstweiliger Rechtsschutz

## II. Gemeinschaftsrechtliche Grundrechte

### 1. Geltung und Gewinnung von Grundrechten im Gemeinschaftsrecht

### 2. Schutzniveau und Schranken der Gemeinschaftsgrundrechte

### 3. Die Bindung der Mitgliedstaaten an die Gemeinschaftsgrundrechte

### 4. Rechtsstaatliche Grundsätze des Gemeinschaftsrechts

# D. Rechtsschutz in der EU/EG

## I. Vorabentscheidungsverfahren, Art. 234 EG

### 1. Funktion des Vorabentscheidungsverfahrens

### 2. Annahmefähigkeit der Vorlagefrage

#### a) Vorlagegegenstand

#### b) Vorlageberechtigung mitgliedstaatlicher Gerichte

#### c) Vorlagerecht und Vorlagepflicht

## II. Aufsichtsklage, Art. 226 EG

### 1. Zulässigkeit

#### a) Eröffnung der Gemeinschaftsgerichtsbarkeit

#### b) Ordnungsgemäße Durchführung des Anhörungs- und Vorverfahrens

#### c) Klagegegenstand

## V. Amtshaftungsklage, Art. 235 EG

### 1. Funktionen der Amtshaftungsklage

### 2. Begründetheit

## VI. Einstweiliger Rechtsschutz, Art. 242 f. EG

## VII. Inzidentrüge, Art. 241 EG

## E. Allgemeines Diskriminierungsverbot und Unionsbürgerschaft

## F. Grundfreiheiten

## I. Warenverkehrsfreiheit, Art. 23 ff. EG

### 1. Begriff der Ware

### 2. Zollunion

### 3. Abgrenzung Warenverkehrsfreiheit und staatliche Beihilfe

### 4. Verbot mengenmäßiger Ein- und Ausfuhrbeschränkungen und Maßnahmen gleicher Wirkung gem. Art. 28, 29 EG

#### a) Verpflichtete der Warenverkehrsfreiheit

#### b) Mengenmäßige Einfuhrbeschränkung oder Maßnahme gleicher Wirkung wie eine mengenmäßige Einfuhrbeschränkung

*c) Verhältnismäßigkeitsprüfung*

## II. Arbeitnehmerfreizügigkeit, Art. 39 ff. EG

### 1. Unmittelbare Anwendbarkeit der Art. 39 ff. EG

### 2. Begriff des Arbeitnehmers

### 3. Grenzüberschreitender Bezug

### 4. Beschäftigung in der öffentlichen Verwaltung

### 5. Begünstigte

### 6. Verpflichtete der Arbeitnehmerfreizügigkeit

### 7. Diskriminierungs- und Beschränkungsverbot

## 8. Rechtfertigung

### a) Ungeschriebene Rechtfertigungsgründe

### b) Rechtfertigungsgründe nach Art. 39 Abs. 3 EG

## III. Niederlassungsfreiheit, Art. 43 ff. EG

### 1. Begriff der Niederlassung

### 2. Grenzüberschreitender Bezug

### 3. Ausübung hoheitlicher Gewalt

### 4. Verpflichtete

### 5. Diskriminierungs- und Beschränkungsverbot

## V. Kapital- und Zahlungsverkehrsfreiheit, Art. 56 ff. EG

### 1. Begriff des Kapital- und Zahlungsverkehrs

### 2. Rechtfertigung

# G. Wettbewerbsrecht

## I. Unternehmen und öffentliche Unternehmen

### 1. Begriff des Unternehmens

### 2. Rechtsanwaltskammern als Unternehmen

### 3. Sozialversicherungsanstalten als Unternehmen; Art. 86 Abs. 2 EG

## II. Kartellverbot, Art. 81 EG

### 1. Alleinvertriebsverträge

### 2. Aufeinander abgestimmte Verhaltensweisen

### 3. Kumulative Wirkung für sich allein genommen nicht wettbewerbsbeschränkender Vereinbarungen

### 4. Extraterritoriale Wirkung

### 5. Zurechnung nichtstaatlichen Handelns

## III. Verbot des Missbrauchs einer marktbeherrschenden Stellung, Art. 82 EG

### 1. Essential facilities-Doktrin

### 2. „Missbräuchliche Ausnutzung"

### 3. Relevanter Markt

### 4. Rechtfertigung von Wettbewerbsbeschränkungen

## IV. Beihilfenrecht, Art. 87 f. EG

### 1. Begriff der Beihilfe

### 2. Staatliche Kapitalzuweisung als Beihilfe

### 3. Staatlich gewährte Zuschüsse zu Sozialplänen als Beihilfe

### 4. Abgrenzung Altbeihilfe/Neubeihilfe

### 5. Beihilfenrückforderung

# A. Die Gemeinschaft und die Mitgliedstaaten

## I. Verhältnis zwischen Gemeinschaftsrecht und nationalem Recht

**Rs. 6/64 (Flaminio Costa ./. E.N.E.L; „Costa/ENEL"),**
**Urteil des Gerichtshofes vom 15. 07. 1964 – Slg. 1964, S. 1251.**

**Vorbemerkungen:** *Dieses Urteil bestimmt das Verhältnis zwischen Gemeinschaftsrecht und nationalem Recht der Mitgliedstaaten. Es knüpft an die Van Gend & Loos-Entscheidung, vgl. Fall 23) an, die erstmals die unmittelbare Geltung des Gemeinschaftsrechts in den Mitgliedstaaten feststellte, allerdings noch ohne die Qualifizierung des Gemeinschaftsrechts als „autonome" Rechtsordnung. Das primäre und sekundäre Gemeinschaftsrecht bilden eine eigenständige Rechtsordnung, welche Anwendungsvorrang auch gegenüber später ergangenem nationalen Recht genießt. Die Regel „lex posterior derogat legi priori" gilt daher im Verhältnis zwischen nationalem Recht und supranationalem Gemeinschaftsrecht nicht. Obwohl die Gemeinschaftsrechtsordnung völkervertragsrechtlich zwischen den Mitgliedstaaten auf der Grundlage der Gegenseitigkeit begründet wurde, ist mit ihr eine „autonome" Rechtsordnung entstanden. Die aus dieser – nunmehr von der zwischenstaatlichen Gegenseitigkeit „abgekoppelten" – Gemeinschaftsrechtsordnung entspringenden Rechte und Pflichten dürfen nicht einseitig durch später ergehende innerstaatliche Maßnahmen der Mitgliedstaaten beeinträchtigt werden.*

**Sachverhalt:** Durch Gesetz Nr. 1643 vom 06. 12. 1962 hat die Italienische Republik die Erzeugung und Verteilung elektrischen Stroms verstaatlicht und die juristische Person E.N.E.L. gegründet. In einem Rechtsstreit um eine Stromrechnung, der zwischen E.N.E.L. und Rechtsanwalt Costa vor dem Friedensgericht Mailand anhängig war, hatte der Rechtsanwalt als Stromverbraucher und als Aktionär der von der Verstaatlichung betroffenen Aktiengesellschaft Edisonvolta incidenter beantragt, das Friedensgericht möge ein Vorabentscheidungsverfahren anstrengen, um eine Auslegung der Art. 97, 88, 31 und Art. 53 EWGV herbeizuführen; diese Artikel waren nach Ansicht des Antragstellers durch das genannte Gesetz vom 06. 12. 1962 verletzt. Der Gerichtshof stellte fest, dass die Verstaatlichung eine nach Art. 31 Abs. 1 EWGV verbotene Maßnahme darstellt, sofern der

Strom tatsächlich für die Ein- oder Ausfuhr zwischen Staatsangehörigen
der Mitgliedstaaten von Bedeutung sein kann, was das Gericht des Haupt-
prozesses festzustellen hat.

## Aus den Entscheidungsgründen:

(S. 1269) Zum Unterschied von gewöhnlichen internationalen Verträgen hat der EWG-Vertrag eine eigene Rechtsordnung geschaffen,
die bei seinem Inkrafttreten in die Rechtsordnungen der Mitgliedstaaten aufgenommen worden und von ihren Gerichten anzuwenden
ist. Denn durch die Gründung einer Gemeinschaft für unbegrenzte
Zeit, die mit eigenen Organen, mit der Rechts- und Geschäftsfähig-
keit, mit internationaler Handlungsfähigkeit und insbesondere mit
echten, aus der Beschränkung der Zuständigkeit der Mitgliedstaaten
oder der Übertragung von Hoheitsrechten der Mitgliedstaaten auf die
Gemeinschaft herrührenden Hoheitsrechten ausgestattet ist, haben die
Mitgliedstaaten, wenn auch auf einem begrenzten Gebiet, ihre Souveränitätsrechte beschränkt und so einen Rechtskörper geschaffen, der
für ihre Angehörigen und sie selbst verbindlich ist.
Diese Aufnahme der Bestimmungen des Gemeinschaftsrechts in
das Recht der einzelnen Mitgliedstaaten und, allgemeiner, Wortlaut
und Geist des Vertrages haben zur Folge, daß den Staaten unmöglich ist, gegen eine von ihnen auf der Grundlage der Gegenseitigkeit
angenommene Rechtsordnung nachträgliche einseitige Maßnahmen
ins Feld zu führen. Solche Maßnahmen stehen der Anwendbarkeit der
Gemeinschaftsrechtsordnung (S. 1270) daher nicht entgegen. Denn es
würde eine Gefahr für die Verwirklichung der in Artikel 5 Absatz 2
aufgeführten Ziele des Vertrages bedeuten und dem Verbot des Artikels 7 widersprechende Diskriminierungen zur Folge haben, wenn
das Gemeinschaftsrecht je nach der nachträglichen innerstaatlichen
Gesetzgebung von einem Staat zum andern verschiedene Geltung haben könnte.
Die Verpflichtungen, die die Mitgliedstaaten im Vertrag zur Gründung der Gemeinschaft eingegangen sind, wären keine unbedingten
mehr, sondern nur noch eventuelle, wenn sie durch spätere Gesetzgebungsakte der Signatarstaaten in Frage gestellt werden könnten. Wo
der Vertrag den Staaten das Recht zu einseitigem Vorgehen zugeste-
hen will, tut er das durch klare Bestimmungen (z.B. Artikel 15, 93 Absatz 3, 223 bis 225). Für Anträge der Staaten auf Ausnahmegenehmi-
gungen sind andererseits Genehmigungsverfahren vorgesehen (z.B.
Artikel 8 Absatz 4, 17 Absatz 4, 25, 26, 73, 93 Absatz 3 Unterabsatz 3

und 226), die gegenstandslos wären, wenn die Staaten die Möglichkeit hätten, sich ihren Verpflichtungen durch den bloßen Erlaß von Gesetzen zu entziehen.

Der Vorrang des Gemeinschaftsrechts wird auch durch Artikel 189 bestätigt; ihm zufolge ist die Verordnung „verbindlich" und „gilt unmittelbar in jedem Mitgliedstaat". Diese Bestimmung, die durch nichts eingeschränkt wird, wäre ohne Bedeutung, wenn die Mitgliedstaaten sie durch Gesetzgebungsakte, die den gemeinschaftsrechtlichen Normen vorgingen, einseitig ihrer Wirksamkeit berauben könnten.

Aus alledem folgt, daß dem vom Vertrag geschaffenen, somit aus einer autonomen Rechtsquelle fließenden Recht wegen dieser seiner Eigenständigkeit keine wie immer gearteten innerstaatlichen Rechtsvorschriften vorgehen können, wenn ihm nicht sein Charakter als Gemeinschaftsrecht aberkannt und wenn nicht die Rechtsgrundlage der Gemeinschaft selbst in Frage gestellt werden soll.

Die Staaten haben somit dadurch, daß sie nach Maßgabe der Bestimmungen des Vertrages Rechte und Pflichten, die bis dahin (S. 1271) ihren inneren Rechtsordnungen unterworfen waren, der Regelung durch die Gemeinschaftsrechtsordnung vorbehalten haben, eine endgültige Beschränkung ihrer Hoheitsrechte bewirkt, die durch spätere einseitige, mit dem Gemeinschaftsbegriff unvereinbare Maßnahmen nicht rückgängig gemacht werden kann. Infolgedessen ist Artikel 177 ohne Rücksicht auf innerstaatliche Gesetze anzuwenden, wenn sich die Auslegung des Vertrages betreffende Fragen stellen.

**Rs. 106/77 (Staatliche Finanzverwaltung ⊁ Simmenthal;**    **2**
**„Simmenthal II"),**
**Urteil des Gerichtshofes vom 09. 03. 1978 – Slg. 1978, S. 629.**

*Vorbemerkungen: Die Entscheidung gibt die Grundsätze vor, nach denen der Vorrang des Gemeinschaftsrechts vor nationalem Recht (vgl. Fall 1) durchzusetzen ist. Der Grundsatz der praktischen Wirksamkeit („effet utile") verlangt eine einheitliche und gleichförmige Anwendung des Gemeinschaftsrechts in allen Mitgliedstaaten. Zur Verwirklichung des effet utile ist an zwei Wirkungsmöglichkeiten zu denken: Zum einen an einen Geltungsvorrang, wonach entgegenstehendes nationales Recht nichtig ist und zum anderen an einen Anwendungsvorrang des Gemeinschaftsrechts. In der vorliegenden Entscheidung scheint der EuGH zu einem Geltungsvorrang zu tendieren, da er die*

*Möglichkeit des Zustandekommens gemeinschaftsrechtswidriger Akte der Mitgliedstaaten bestreitet. Dabei verhilft jedoch auch schon ein Anwendungsvorrang dem Gemeinschaftsrecht zur praktischen Wirksamkeit, ohne dabei andererseits die Geltungskraft der nationalen Rechtsordnung unnötig zu beeinträchtigen (vgl. in diesem Sinne auch die Klarstellung des EuGH in Fall 3). Aus der unmittelbaren Geltung (Anwendbarkeit) des Gemeinschaftsrechts folgen unmittelbar Rechte und Pflichten von Einzelpersonen bzw. Mitgliedstaaten, ohne dass es – neben dem nationalen Vertragszustimmungsgesetz – eines weiteren Rechtsanwendungsbefehls bedarf. Die unmittelbare gemeinschaftsrechtliche Bindungswirkung erstreckt sich auf alle mitgliedstaatlichen Gesetzgebungs-, Verwaltungs- und Rechtsprechungsorgane. Diese müssen solche innerstaatlichen Vorschriften „ausschalten", welche die praktische Wirksamkeit des unmittelbar anwendbaren, sowohl primären als auch sekundären Gemeinschaftsrechts verkürzen oder behindern. Verboten ist danach selbst eine vorübergehende Behinderung, wie eine zeitlich beschränkte Aussetzung der unmittelbaren Anwendbarkeit des Gemeinschaftsrechts durch mitgliedstaatliche Organe. Mitgliedstaatliche Gerichte müssen den Anwendungsvorrang (nicht Geltungsvorrang) des Gemeinschaftsrechts selbständig durchsetzen.*

**Sachverhalt:** Nach italienischen Vorschriften musste die italienische Firma S.p.A. Simmenthal für den Import von Rindfleisch Gebühren für gesundheitspolizeiliche Untersuchungen entrichten. Das Unternehmen wertete dies als Verstoß gegen das Gemeinschaftsrecht und klagte auf Rückzahlung der Gebühren. Nach einer Vorlage durch das zuständige nationale Gericht stellte der EuGH fest, dass die Erhebung eines Entgelts gemeinschaftsrechtswidrig war. Die staatliche Finanzverwaltung, die daraufhin zur Rückzahlung aufgefordert wurde, wendete sich nunmehr ihrerseits gegen die Rückerstattung. Die neuerliche Vorlage an den EuGH zum Begriff der „unmittelbar geltenden Bestimmung" begründete das italienische Gericht damit, dass nach der italienischen Verfassung eine gemeinschaftsrechtswidrige Vorschrift verfassungswidrig sei, die Verwerfungskompetenz aber ausschließlich beim Verfassungsgericht liege. Bis zu dessen Entscheidung, die ausschließlich mit ex-nunc-Wirkung ergehe, werde die volle Geltung des Gemeinschaftsrechts verhindert und der individuelle Rechtsschutz nicht umfassend gesichert. Der Gerichtshof hat das nationale Gericht als dazu verpflichtet angesehen, die gemeinschaftsrechtswidrige nationale Vorschrift unangewendet zu lassen, ohne ein verfassungsrechtliches Verfahren abzuwarten.

**Aus den Entscheidungsgründen:**

(S. 643) [14/16] Unmittelbare Geltung bedeutet unter diesem Blickwinkel, daß die Bestimmungen des Gemeinschaftsrechts ihre volle Wirkung einheitlich in sämtlichen Mitgliedstaaten vom Zeitpunkt ihres Inkrafttretens an und während der gesamten Dauer ihrer Gültigkeit entfalten müssen. Diese Bestimmungen (S. 644) sind somit unmittelbare Quelle von Rechten und Pflichten für alle diejenigen, die sie betreffen, einerlei, ob es sich um die Mitgliedstaaten oder um solche Einzelpersonen handelt, die an Rechtsverhältnissen beteiligt sind, welche dem Gemeinschaftsrecht unterliegen. Diese Wirkung erstreckt sich auch auf jedes Gericht, das, angerufen im Rahmen seiner Zuständigkeit, als Organ eines Mitgliedstaats die Aufgabe hat, die Rechte zu schützen, die das Gemeinschaftsrecht den einzelnen verleiht.

[17/18] Darüber hinaus haben nach dem Grundsatz des Vorrangs des Gemeinschaftsrechts die Vertragsbestimmungen und die unmittelbar geltenden Rechtsakte der Gemeinschaftsorgane in ihrem Verhältnis zum internen Recht der Mitgliedstaaten nicht nur zur Folge, daß allein durch ihr Inkrafttreten jede entgegenstehende Bestimmung des geltenden staatlichen Rechts ohne weiteres unanwendbar wird, sondern auch – da diese Bestimmungen und Rechtsakte vorrangiger Bestandteil der im Gebiet eines jeden Mitgliedstaats bestehenden Rechtsordnung sind –, daß ein wirksames Zustandekommen neuer staatlicher Gesetzgebungsakte insoweit verhindert wird, als diese mit Gemeinschaftsnormen unvereinbar wären. Würde nämlich staatlichen Gesetzgebungsakten, die auf den Bereich übergreifen, in dem sich die Rechtsetzungsgewalt der Gemeinschaft auswirkt, oder die sonst mit den Bestimmungen des Gemeinschaftsrechts unvereinbar sind, irgendeine rechtliche Wirksamkeit zuerkannt, so würde insoweit die Effektivität der Verpflichtungen, welche die Mitgliedstaaten nach dem Vertrag vorbehaltlos und unwiderruflich übernommen haben, verneint, und die Grundlagen der Gemeinschaft selbst würden auf diese Weise in Frage gestellt.

[19/20] Die gleiche Auffassung ergibt sich aus Sinn und Wesen des Artikels 177 des Vertrages, wonach jedes staatliche Gericht berechtigt ist, sich stets dann an den Gerichtshof zu wenden, wenn es eine Vorabentscheidung über eine Frage nach der Auslegung oder der Gültigkeit des Gemeinschaftsrechts zum Erlaß seines Urteils für erforderlich hält. Die praktische Wirksamkeit dieser Bestimmung würde geschmälert, wenn es dem Gericht verwehrt wäre, das Gemeinschaftsrecht nach Maßgabe der Entscheidung oder der Rechtsprechung des Gerichtshofes unmittelbar anzuwenden.

[21/23] Aus alledem folgt, daß jeder im Rahmen seiner Zuständigkeit angerufene staatliche Richter verpflichtet ist, das Gemeinschaftsrecht uneingeschränkt anzuwenden und die Rechte, die es den einzelnen verleiht, zu schützen, indem er jede möglicherweise entgegenstehende Bestimmung des nationalen Rechts, gleichgültig, ob sie früher oder später als die Gemeinschaftsnorm ergangen ist, unangewendet läßt. Sonach wäre jede Bestimmung einer nationalen (S. 645) Rechtsordnung oder jede Gesetzgebungs-, Verwaltungs- oder Gerichtspraxis mit den in der Natur des Gemeinschaftsrechts liegenden Erfordernissen unvereinbar, die dadurch zu einer Abschwächung der Wirksamkeit des Gemeinschaftsrechts führen würde, daß dem für die Anwendung dieses Rechts zuständigen Gericht die Befugnis abgesprochen wird, bereits zum Zeitpunkt dieser Anwendung alles Erforderliche zu tun, um diejenigen innerstaatlichen Rechtsvorschriften auszuschalten, die unter Umständen ein Hindernis für die volle Wirksamkeit der Gemeinschaftsnormen bilden. Dies wäre dann der Fall, wenn bei einem Widerspruch zwischen einer gemeinschaftsrechtlichen Bestimmung und einem späteren staatlichen Gesetz dif 4ösung dieses Normenkonflikts einem über ein eigenes Beurteilungsermessen verfügenden anderen Organ als dem Gericht, das für die Anwendung des Gemeinschaftsrechts zu sorgen hat, vorbehalten wäre, selbst wenn das Hindernis, das sich so der vollen Wirksamkeit dieses Rechts in den Weg stellt, nur vorübergehender Art wäre.

**3  Verb. Rs. C-10/97 bis C-22/97 (IN. CO. GE.'90 U.A.),
Urteil des Gerichtshofes vom 22. 10. 1998 – Slg. 1998, S. I-6307.**

**Vorbemerkungen:** *In den Entscheidungen Costa ⁒ ENEL (Fall 1) und Simmenthal II (Fall 2) hat der EuGH den Vorrang des Gemeinschaftsrechts hergeleitet und entwickelt. Mangels einer ausdrücklichen Aussage zur Art und Weise des Vorrangs waren sowohl ein Anwendungsvorrang als auch ein Geltungsvorrang mögliche Varianten. In der vorliegenden Entscheidung stellt der EuGH klar, dass der Vorrang des Gemeinschaftsrechts kein Gültigkeitsvorrang, sondern ein Anwendungsvorrang ist.*

**Sachverhalt:** Italien hatte für bestimmte Eintragungen ins Unternehmensregister eine Konzessionsabgabe erhoben. Nachdem der EuGH im Rahmen eines Vorabentscheidungsverfahrens festgestellt hatte, dass diese Praxis mit dem Gemeinschaftsrecht nicht vereinbar ist, stellten mehrere Gesellschaften, welche die Konzessionsabgabe in der Vergangenheit entrichtet hatten, Anträge auf Rückerstattung. Das angerufene Gericht fragte den EuGH, ob der Vorrang des Gemeinschaftsrechts dazu führe, dass das italienische Konzessionsabgabenrecht insgesamt nichtig sei, mit der Folge, dass die Rückforderungen statt dessen nach italienischem Zivilrecht zu beurteilen seien. Das zugrunde zu legende Recht war dabei entscheidend für die Bestimmung der Zuständigkeit des angerufenen Gerichts und die anzuwendenden Verjährungsregeln. Der EuGH entschied, dass der Vorrang nicht zur Nichtigkeit des nationalen Abgabenrechts führe und die Entscheidung über das anwendbare Recht Sache des nationalen Rechts sei.

## Aus den Entscheidungsgründen:

(S. I-6332) [18] Die Kommission erinnert daran, daß der Gerichtshof im Urteil vom 9. März 1978 in der Rechtssache 106/77 (Simmenthal, Slg. 1978, 629) insbesondere entschieden habe, daß die Vertragsbestimmungen und die unmittelbar geltenden Rechtsakte der Gemeinschaftsorgane in ihrem Verhältnis zum internen Recht der Mitgliedstaaten nicht nur zur Folge hätten, daß jede zuwiderlaufende Bestimmung des geltenden staatlichen Rechts ohne weiteres unanwendbar werde, sondern auch, daß ein wirksames Zustandekommen neuer staatlicher Gesetzgebungsakte insoweit verhindert werde, als diese mit Gemeinschaftsnormen unvereinbar wären. Die Kommission leitet daraus her, daß ein Mitgliedstaat völlig unzuständig dafür sei, eine abgabenrechliche Bestimmung zu erlassen, die mit dem Gemeinschaftsrecht unvereinbar sei, und daß demzufolge eine solche Bestimmung und die entsprechende abgabenrechtliche Verpflichtung als inexistent anzusehen seien.

[19] Dieser Auslegung kann nicht gefolgt werden.

[20] Der Gerichtshof war in der Rechtssache Simmenthal insbesondere danach gefragt worden, welche Konsequenzen sich aus der unmittelbaren Anwendbarkeit einer Bestimmung des Gemeinschaftsrechts ergeben, wenn diese einer später erlassenen Rechtsvorschrift eines Mitgliedstaats entgegensteht. Ohne zwischen früher oder später ergangenem Recht zu unterscheiden, hatte er jedoch bereits in seiner früheren Rechtsprechung (vgl. insbesondere Urteil vom 15. Juli 1964 in der Rechtssache 6/64, Costa, Slg. 1964, 1253) ausgeführt, daß es einem Mitgliedstaat verwehrt sei, einer innerstaatlichen Vorschrift Vorrang vor einer entgegenstehenden Gemeinschaftsnorm einzuräu-

men. So hat der Gerichtshof im Urteil Simmenthal entschieden, daß jeder im Rahmen seiner Zuständigkeit angerufene staatliche Richter verpflichtet ist, das Gemeinschaftsrecht uneingeschränkt anzuwenden und die Rechte, die es den einzelnen verleiht, zu schützen, indem er jede möglicherweise zuwiderlaufende Bestimmung des nationalen Rechts, gleichgültig, ob sie früher oder später als die Gemeinschaftsnorm ergangen ist, unangewendet läßt (Urteil Simmenthal, Randnrn. 21 und 24). Diese Rechtsprechung ist mehrfach bestätigt (S. I-6333) worden (vgl. z.B. Urteil Debus, Randnr. 32; Urteile vom 2. August 1993 in der Rechtssache C-158/91, Levy, Slg. 1993, I-4287, Randnr. 9, und vom 5. März 1998 in der Rechtssache C-347/96, Solred, Slg. 1998, I-937, Randnr. 30).

[21] Entgegen dem Vorbringen der Kommission kann deshalb aus dem Urteil Simmenthal nicht hergeleitet werden, daß die Unvereinbarkeit einer später ergangenen Vorschrift des innerstaatlichen Rechts mit dem Gemeinschaftsrecht dazu führt, daß diese Vorschrift inexistent ist. In dieser Situation ist das nationale Gericht vielmehr verpflichtet, diese Vorschrift unangewendet zu lassen, wobei diese Verpflichtung nicht die Befugnis der zuständigen nationalen Gerichte beschränkt, unter mehreren nach der innerstaatlichen Rechtsordnung in Betracht kommenden Wegen diejenigen zu wählen, die zum Schutz der durch das Gemeinschaftsrecht gewährten individuellen Rechte geeignet erscheinen (vgl. Urteil vom 4. April 1968 in der Rechtssache 34/67, Lück, Slg. 1968, 364).

**4    Rs. 43/75 (Defrenne ./. Sabena; „Defrenne II"),
Urteil des Gerichtshofes vom 08. 04. 1976 – Slg. 1976, S. 455.**

**Vorbemerkungen:** *Die Gründungsverträge binden die Mitgliedstaaten. Ihre Bestimmungen können aber auch unmittelbare Rechte und Pflichten für Individuen begründen. Nach st. Rspr. des EuGH sind alle Normen des Gemeinschaftsrechts, die ohne jede weitere Konkretisierung anwendbar und unbedingt sind, die keiner weiteren (nationalen) Umsetzungsmaßnahmen bedürfen und den Mitgliedstaaten keinen Ermessensspielraum belassen, für ihre Adressaten einschließlich Individuen unmittelbar anwendbar (vgl. Fall 23). In der Entscheidung zur Rs. 43/75 – Defrenne-I – nahm der EuGH erstmals zur unmittelbaren Anwendbarkeit des Gemeinschaftsrechts im koordinationsrechtlichen Verhältnis zwischen Privaten Stellung. Eine horizontale Wirkung des*

*Gemeinschaftsrechts bejaht er, soweit es sich um kollektive privatrecht-liche Regelungen handelt, die in ihrer Geltungsweite der staatlichen Regelung vergleichbar sind oder gar vom Staat für verbindlich erklärt werden, wie etwa die für allgemeinverbindlich erklärten Tarifverträge im deutschen kollektiven Arbeitsrecht. So hat der Gerichtshof in der De-frenne-I-Entscheidung wegen des Schutzzweckes des Art. 141 EG eine (horizontale) Drittwirkung dieser Norm gegenüber privaten Arbeitge-bern angenommen (vgl. auch die Fälle 46, 57 ff. sowie 187 f.).*

**Sachverhalt:** Frau Defrenne war seit 1951 bei der Fluggesellschaft SABENA als Stewardess beschäftigt. Am 15. 02. 1968 schied sie aufgrund von Art. 5 Abs. 6 des Arbeitsvertrages für das fliegende Personal der SABENA aus dem Dienst. Nach dieser Bestimmung endet der Arbeitsvertrag des weiblichen Personals – im Gegensatz zum männlichen – automatisch mit Vollendung des vierzigsten Lebensjahres. Frau Defrenne erhob gegen ihr Ausscheiden Klage zum zuständigen nationalen Gericht mit der Begründung, ihr Arbeits-vertrag verstoße gegen Art. 141 EG und sah dessen Bestimmungen als eine unmittelbare Diskriminierung an, die unter Art. 141 EG fällt. Im Rahmen eines Vorabentscheidungsverfahrens wurde dem EuGH u.a. die Frage vorge-legt, ob Art. 141 EG für sich allein den Grundsatz der Gleichheit des Arbeits-engelts für männliche und weibliche Arbeitnehmer bei gleicher Arbeit un-mittelbar in das innerstaatliche Recht der einzelnen Mitgliedstaaten einführt und ob die Wahrung dieses Grundsatzes vor nationalen Gerichten geltend gemacht werden kann. Dies hat der Gerichtshof bejaht.

**Aus den Entscheidungsgründen:**

(S. 475) [30/34] Auch daraus, daß Artikel 119 ausdrücklich nur die Mitgliedstaaten anspricht, läßt sich kein Einwand herleiten; denn wie der Gerichtshof schon in anderen Zusammenhängen festgestellt hat, schließt die Tatsache, daß bestimmte Vertragsvorschriften ausdrück-lich die Mitgliedstaaten ansprechen, nicht aus, daß zugleich allen an der Einhaltung der so umschriebenen Pflichten interessierten Privat-personen Rechte verliehen sein können. Schon dem Wortlaut von Ar-tikel 119 ist zu entnehmen, daß dieser den Staaten eine Ergebnispflicht auferlegt, die zwingend innerhalb einer bestimmten Frist zu erfüllen war. Diese Bestimmung darf in ihrer Wirksamkeit nicht dadurch be-einträchtigt werden, daß einige Mitgliedstaaten die ihnen vom Ver-trag auferlegte Verpflichtung nicht erfüllt haben und daß die Gemein-schaftsorgane gegen diese Untätigkeit nicht mit der erforderlichen Schärfe eingeschritten sind. Wollte man das Gegenteil annehmen, so würde man Gefahr laufen, die Rechtsverletzung zur Auslegungsregel

zu erheben, was der Gerichtshof nicht tun könnte, ohne sich zu der
ihm von Artikel 164 des Vertrages zugewiesenen Aufgabe in Widerspruch zu setzen.

(...)

(S. 476) [38/39] Ebenso unhaltbar ist der Einwand, daß die Anwendung des Grundsatzes des gleichen Entgelts durch die innerstaatlichen
Gerichte Vereinbarungen ändern würde, welche die Vertragsparteien
in Ausübung ihrer privaten oder berufsständischen Autonomie getroffen haben, wie individuelle oder kollektive Arbeitsverträge; denn da
Artikel 119 zwingenden Charakter hat, ist das Verbot von Diskriminierungen zwischen männlichen und weiblichen Arbeitnehmern nicht
nur für die öffentlichen Behörden verbindlich, sondern es erstreckt
sich auch auf alle, die abhängige Erwerbstätigkeit kollektiv regelnden
Tarifverträge und alle Verträge zwischen Privatpersonen.

## II. Die Bedeutung von Art. 10 EG

**5   Rs. C-2/88 (Zwartveld u.a.),**
**Beschluss des Gerichtshofes vom 13. 07. 1990 – Slg. 1990,**
**S. I-3365.**

**Vorbemerkungen:** *Das Loyalitätsgebot des Art. 10 EG richtet sich
nach seinem Wortlaut ausschließlich an die Mitgliedstaaten. In der
Rechtssache Zwartveld – hat der Gerichtshof das Loyalitätsgebot des
Art. 10 EG aber auch in umgekehrter Richtung angewandt und die Verpflichtung der Gemeinschaftsinstitutionen und des Gerichtshofs selbst
betont, soweit wie möglich auf die mitgliedstaatlichen Interessen und
(etwaige verfassungsrechtliche) Probleme Rücksicht zu nehmen.*

**Sachverhalt:** Vor dem zuständigen niederländischen Gericht war ein Verfahren im Zusammenhang mit EG-Fangquoten gegen die Direktoren einer
Fischmarkthalle anhängig. Zur Beweissicherung bat der niederländische
Richter den EuGH, mittels eines „Rechtshilfeersuchens" der Kommission aufzugeben, bestimmte Prüfberichte von Bediensteten der Kommission über Prüftätigkeiten hinsichtlich der Seefischerei auf dem Gebiet der
Niederlande herauszugeben und die Vernehmung dieser Bediensteten als
Zeugen zuzulassen. Die Kommission hielt das Rechtshilfeersuchen für unzulässig. Die Möglichkeiten nationaler Gerichte zur Anrufung des EuGH
seien in Art. 234 EG abschließend geregelt. Da sich das Ersuchen nicht auf
die Auslegung einer Vorschrift des primären oder sekundären Gemeinschaftsrecht beziehe, sei der EuGH für die Entscheidung nicht zuständig.

Der EuGH sah sich für die Entscheidung als zuständig an, hat das Ersuchen des nationalen Richters als zulässig eingestuft und der Kommission die angestrebten Handlungen aufgegeben.

**Aus den Entscheidungsgründen:**

(S. I-3372) [17] In dieser Rechtsgemeinschaft gilt gemäß Artikel 5 EWG-Vertrag für das Verhältnis zwischen den Mitgliedstaaten und den Gemeinschaftsorganen der Grundsatz der loyalen Zusammenarbeit. Dieser Grundsatz verpflichtet nicht nur die Mitgliedstaaten, alle geeigneten Maßnahmen, soweit erforderlich einschließlich strafrechtlicher Schritte, zu treffen, um die Geltung und die Wirksamkeit des Gemeinschaftsrechts zu gewährleisten (siehe Urteil vom 21. September 1989 in der Rechtssache 68/88, Kommission/Griechenland, Slg. 1989, 2965, Randnr. 23), sondern erlegt auch den Gemeinschaftsorganen entsprechende Pflichten zur loyalen Zusammenarbeit mit den Mitgliedstaaten auf (siehe Urteil vom 10. Februar 1983 in der Rechtssache 230/71, Luxemburg/Europäisches Parlament, Slg. 1983, 255, Randnr. 37).

# III. Auswirkungen des Gemeinschaftsrechts auf den nationalen Verwaltungsvollzug und das nationale Prozessrecht

## 1. Verwaltungsvollzug

**Verb. Rs. 205 bis 215/82 (Deutsche Milchkontor ∕ Deutschland;**   **6**
**„Milchkontor"),**
**Urteil des Gerichtshofes vom 21. 09. 1983 – Slg. 1983, S. 2633.**

**Vorbemerkungen:** *Der unmittelbare indirekte Vollzug von Gemeinschaftsrecht, in dessen Rahmen unmittelbar anwendbares EG-Recht durch die nationalen Behörden durchgeführt wird, richtet sich grundsätzlich nach nationalem Verwaltungsverfahrensrecht. Allerdings können sich sog. mittelbare oder indirekte Kollisionen ergeben, die mit dem Grundsatz des Anwendungsvorrangs alleine nicht zu lösen sind, etwa wenn die gemeinschaftsrechtlich gebotene Rückforderung einer Beihilfe an der Jahresfrist des § 48 Abs. 4 Satz 1 VwVfG scheitert. Der EuGH hat daher in der grundlegenden Entscheidung zu den* *vorliegendenden verbundenen Rechtssachen gemeinschaftsrechtliche Regeln zur Anwendung nationalen Verwaltungsrechts im Gemeinschaftsrechtsvollzug entwickelt. Auszugehen ist dabei von der sogenannten Soweit-Formel, nach der nationale Behörden beim indirekten Gemeinschaftsrechtsvollzug nach den Bestimmungen des nationalen Rechts vorgehen, soweit das EG-Recht hierfür keine Vorschriften enthält. Allerdings müssen die nationalen Behörden dabei zwei Anwendungsschranken beachten: Die Anwendung von nationalem Vollzugsrecht darf weder die praktische Wirksamkeit (effet utile) der gemeinschaftsrechtlichen Regelungen vereiteln bzw. erheblich einschränken (Effizienzgebot), noch darf die Anwendung von nationalem Vollzugsrecht zu Benachteiligungen der Teilnehmer des Gemeinsamen Marktes gegenüber Teilnehmern des rein innerstaatlichen Wirtschaftsverkehrs führen (Diskriminierungsverbot).*

**Sachverhalt:** Das Verwaltungsgericht Frankfurt am Main hat gemäß Art. 234 EG eine Reihe von Fragen zur Vorabentscheidung vorgelegt, die sich auf die Auslegung verschiedener Verordnungsbestimmungen zur Gewährung von Beihilfen sowie auf die Grundsätze des Gemeinschaftsrechts hinsichtlich der Rückforderung von zu Unrecht gezahlten Beihilfen beziehen. Diese Fragen stellen sich im Rahmen von Rechtsstreitigkeiten, die vor dem Verwaltungsgericht Frankfurt am Main zwischen dem Bundesamt für Ernährung und Forstwirtschaft, der in der Bundesrepublik Deutschland für die Zahlung von Beihilfen für die Verarbeitung von Magermilchpulver zuständigen Behörde, und Unternehmen anhängig sind, die Mischfutter herstellen oder mit Milcherzeugnissen handeln. In den Ausgangsverfahren begehren die klagenden Unternehmen die Aufhebung der Bescheide, mit denen das Bundesamt für Ernährung und Forstwirtschaft von ihnen Beträge zurückgefordert hat, die es ihnen als Beihilfen für Magermilchpulver in Anwendung verschiedener EG-Verordnungen gewährt hatte. Der EuGH hat für das in Frage stehende Milcherzeugnis die Eigenschaft eines Milchpulvers verneint. Bezüglich der Rückforderung der zu Unrecht bezahlten Beihilfen hat er auf die nationalen Vorschriften verwiesen.

**Aus den Entscheidungsgründen:**

(S. 2665) [17] Im Einklang mit den allgemeinen Grundsätzen, auf denen das institutionelle System der Gemeinschaft beruht und die die Beziehungen zwischen der Gemeinschaft und den Mitgliedstaaten beherrschen, ist es gemäß Artikel 5 EWG-Vertrag Sache der Mitgliedstaaten, in ihrem Hoheitsgebiet für die Durchführung der Gemeinschaftsregelungen, namentlich im Rahmen der gemeinsamen

Agrarpolitik, zu sorgen. Soweit das Gemeinschaftsrecht einschließlich der allgemeinen gemeinschaftsrechtlichen Grundsätze hierfür keine gemeinsamen Vorschriften enthält, gehen die nationalen Behörden bei dieser Durchführung der Gemeinschaftsregelungen nach den formellen und materiellen Bestimmungen ihres nationalen Rechts vor, wobei dieser Rechtssatz freilich, wie der Gerichtshof in seinem Urteil vom 6. Juni 1972 (Rechtssache 94/71, Schlüter, Slg. 1972, S. 307) ausgeführt hat, mit den Erfordernissen der einheitlichen Anwendung des Gemeinschaftsrechts in Einklang gebracht werden muß, die notwendig ist, um zu vermeiden, daß die Wirtschaftsteilnehmer ungleich behandelt werden.

(...)

(S. 2666) [21] Zwar kann diese Verweisung auf das nationale Recht dazu führen, daß die Voraussetzungen für die Rückforderung zu Unrecht gezahlter Beihilfen sich in gewissem Umfang von einem Mitgliedstaat zum anderen unterscheiden. Das Ausmaß solcher, beim gegenwärtigen Entwicklungsstand des Gemeinschaftsrechts übrigens unvermeidlicher Unterschiede wird jedoch durch die Grenzen vermindert, die der Gerichtshof in den zitierten Urteilen der Anwendung nationalen Rechts gezogen hat.

[22] Die Anwendung des nationalen Rechts darf erstens die Tragweite und die Wirksamkeit des Gemeinschaftsrechts nicht beeinträchtigen. Das wäre vor allem dann der Fall, wenn diese Anwendung die Wiedereinziehung von zu Unrecht geleisteten Zahlungen praktisch unmöglich machen würde. Außerdem wäre die Ausübung eines Ermessens hinsichtlich der Frage, ob die Rückforderung der zu Unrecht oder vorschriftswidrig gewährten Gemeinschaftsmittel zweckmäßig ist, damit unvereinbar, daß Artikel 8 Absatz 1 der Verordnung Nr. 729/70 die nationalen Behörden verpflichtet, die zu Unrecht oder vorschriftswidrig ausgezahlten Beträge wiedereinzuziehen.

[23] Bei der Anwendung nationalen Rechts dürfen zweitens keine Unterschiede im Vergleich zu Verfahren gemacht werden, in denen über gleichartige, aber rein nationale Rechtsstreitigkeiten entschieden wird. Zum einen müssen die nationalen Behörden auf diesem Gebiet ebenso sorgfältig vorgehen wie in vergleichbaren Fällen, in denen sie ausschließlich entsprechende nationale Rechtsvorschriften anzuwenden haben, und sie müssen nach Modalitäten verfahren, die die Wiedereinziehung der fraglichen Beträge nicht schwieriger (S. 2667) gestalten als in diesen Fällen. Zum anderen dürfen ungeachtet des vorerwähnten Ausschlusses einer Ermessensentscheidung über die Zweckmäßigkeit der Rückforderung die Pflichten, die das nationale

Recht denjenigen Unternehmen auferlegt, denen auf dem Gemeinschaftsrecht beruhende finanzielle Vorteile zu Unrecht gewährt wurden, nicht weiter gehen als die Pflichten derjenigen Unternehmen,
die gleichartige, auf nationalem Recht beruhende Vorteile zu Unrecht
erhalten haben, vorausgesetzt, beide Gruppen von Leistungsempfängern befinden sich in vergleichbarer Lage, so daß eine unterschiedliche Behandlung objektiv nicht zu rechtfertigen ist.

## 7   Rs. C-24/95 (Alcan Deutschland),
**Urteil des Gerichtshofes vom 20. 03. 1997 – Slg. 1997, S. I-1591.**

**Vorbemerkungen:** *Mit der Entscheidung in der vorliegenden Rechtssache Alcan Deutschland führt der EuGH seine Milchkontor-Recht-
sprechung fort. Allerdings verschärft er die Voraussetzungen der Anwendbarkeit nationalen Verwaltungsverfahrensrechts (hier des § 48
VwVfG) im Bereich der Rückforderung gemeinschaftsrechtswidrig
gewährter Beihilfen. In Anlehnung an die vorangegangene Milchkontor-Entscheidung (Fall 6) betont der Gerichtshof zunächst, dass die
Rückforderung einer Beihilfe durch eine mitgliedstaatliche Behörde
aufgrund einer entsprechenden Entscheidung der Kommission grundsätzlich nach Maßgabe des einschlägigen nationalen Rechts stattfindet. Während der EuGH aber in der Milchkontor-Entscheidung noch
die Durchsetzung des gemeinschaftsrechtlichen Gleichbehandlungs-
gebotes als wesentliche Anwendungsschranke innerstaatlichen Rechts
im Rahmen des unmittelbaren indirekten Gemeinschaftsrechtsvollzugs
hervorhob, fordert er nunmehr, dass das „Interesse der Gemeinschaft
voll berücksichtigt" werde. Dabei gebietet die volle Berücksichtigung
des Gemeinschaftsinteresses auch in denjenigen Fällen eine Rückforderung der Beihilfe, in denen Einwände des nationalen Rechts (z.B.
Vertrauensschutz, Treu und Glauben, Entreicherung) eine Beihilfen-
rückforderung verbieten. Der EuGH erteilt damit – jedenfalls im Bereich der Rückabwicklung von gemeinschaftsrechtswidrigen Beihilfen – der Durchsetzung entsprechender Kommissionsentscheidungen
einen unbedingten Vorrang gegenüber allen entgegenstehenden Einwänden des nationalen Rechts.*

**Sachverhalt:** Mit einer Entscheidung stellte die Kommission die Gemein-
schaftswidrigkeit einer der Firma Alcan durch das Land Rheinland-Pfalz
gewährten Beihilfe fest und ordnete deren Rückforderung an. Weder die

deutsche Regierung noch die Beihilfenbegünstigte fochten die Entscheidung an. Gegen den Bescheid des Landes Rheinland-Pfalz, mit dem die Rückzahlung der gewährten Beträge verlangt wurde, erhob die Firma Alcan Klage beim VG. Nachdem das VG und das OVG der Klage stattgegeben hatten, legte das BVerwG dem EuGH Fragen zum Verhältnis des nationalen zum gemeinschaftlichen Recht im Bereich der Rückforderung von gemeinschaftsrechtswidrig gewährten Beihilfen zur Vorabentscheidung vor. Der EuGH hat die zuständige nationale Behörde als verpflichtet angesehen, den Bewilligungsbescheid einer gemeinschaftsrechtswidrigen Beihilfe selbst dann zurückzunehmen, wenn dieser Rücknahme die nationalen Vorschriften über Fristen, Treu und Glauben und Wegfall der Bereicherung (vgl. §§ 48 Abs. 2, 4, 49a Abs. 2 VwVfG, § 818 Abs. 3 BGB) entgegenstehen.

## Aus den Entscheidungsgründen:

(S. I-1619) [34] Bei staatlichen Beihilfen, die für mit dem Gemeinsamen Markt unvereinbar erklärt werden, beschränkt sich die Rolle der nationalen Behörden, wie der Generalanwalt in Nummer 27 seiner Schlußanträge hervorgehoben hat, auf die Durchführung der Entscheidungen der Kommission. Die nationalen Behörden verfügen somit bezüglich der Rücknahme eines Bewilligungsbescheids über keinerlei Ermessen. Ordnet die Kommission also durch eine Entscheidung, gegen die keine Klage erhoben worden ist, die Rückforderung zu Unrecht gezahlter Beträge an, so ist die nationale Behörde nicht berechtigt, irgendeine andere Feststellung zu treffen.

[35] Läßt die nationale Behörde gleichwohl die im nationalen Recht für die Rücknahme des Bewilligungsbescheids vorgesehene Ausschlußfrist verstreichen, so kann diese Situation nicht mit derjenigen gleichgesetzt werden, in der ein Wirtschaftsteilnehmer nicht weiß, ob die zuständige Behörde eine Entscheidung treffen wird, und in der der Grundsatz der Rechtssicherheit verlangt, daß diese Ungewißheit nach Ablauf einer bestimmten Frist beendet wird.

[36] Da die nationale Behörde kein Ermessen besitzt, ist der Empfänger einer rechtswidrig gewährten Beihilfe nicht mehr im ungewissen, sobald die Kommission eine Entscheidung erlassen hat, in der die Beihilfe für mit dem Gemeinsamen Markt unvereinbar erklärt und ihre Rückforderung verlangt wird.

[37] Der Grundsatz der Rechtssicherheit kann daher nicht deshalb der Rückforderung der Beihilfe entgegenstehen, weil die nationalen Behörden der Entscheidung, in der die Rückforderung angeordnet wird, verspätet nachgekommen sind. Andernfalls würde die Rückforderung der zu Unrecht gezahlten Beträge praktisch unmöglich ge-

macht und den Gemeinschaftsvorschriften über die staatlichen Beihilfen jede praktische Wirksamkeit genommen.

(...)

(S. I-1620) [41] Ohne daß beurteilt werden müßte, wie sich die deutschen Behörden im Ausgangsfall verhalten haben, was allein in die Zuständigkeit der nationalen Gerichte und nicht in die des Gerichtshofes im Vorabentscheidungsverfahren nach Artikel 177 des Vertrages fällt, ist festzustellen, daß die Beihilfeempfängerin kein berechtigtes Vertrauen in die Ordnungsmäßigkeit der Gewährung der Beihilfe geltend machen kann, wie sich aus den Randnummern 30 und 31 des vorliegenden Urteils ergibt. Die Verpflichtung des Begünstigten, sich zu vergewissern, daß das Verfahren des Artikel 93 Absatz 3 EGV eingehalten wurde, kann nämlich nicht vom Verhalten der Behörde abhängen, auch wenn diese für die Rechtswidrigkeit des Bescheids in einem solchen Maße verantwortlich war, daß die Rücknahme als Verstoß gegen Treu und Glauben erscheint.

(S. I-1621) [42] Unter Umständen wie denen des Ausgangsverfahrens würde die Nichtrücknahme des Beihilfebescheids das Gemeinschaftsinteresse schwer beeinträchtigen und die gemeinschaftsrechtlich gebotene Rückforderung praktisch unmöglich machen.

(...)

(S. I-1622) [49] Wie in Randnummer 25 des vorliegenden Urteils bereits ausgeführt, darf ein beihilfebegünstigtes Unternehmen auf die Ordnungsmäßigkeit der Beihilfe jedoch nur vertrauen, wenn diese unter Einhaltung des in Artikel 93 des Vertrages vorgesehenen Verfahrens gewährt wurde.

[50] Das gleiche hat somit auch für den Einwand des Wegfalls der Bereicherung zu gelten, der im vorliegenden Fall dazu führen würde, die gemeinschaftsrechtlich gebotene Rückforderung praktisch unmöglich zu machen.

(S. I-1623) [51] Entgegen dem Vorbringen von Alcan stellt der Wegfall der Bereicherung bei staatlichen Beihilfen buchmäßig keinen atypischen Fall dar, sondern ist eher die Regel, da diese Beihilfen im allgemeinen Unternehmen, die sich in Schwierigkeiten befinden, gewährt werden, deren Bilanz im Zeitpunkt der Rückforderung nicht mehr den aus der Beihilfe unbestreitbar resultierenden Vermögenszuwachs erkennen läßt.

[52] Wie der Generalanwalt in Nummer 38 seiner Schlußanträge hervorgehoben hat, können einem Unternehmen, das nach der Gewährung einer Beihilfe Verluste erleidet, gleichwohl aus seinem einstweiligen Fortbestand weiterhin Vorteile erwachsen, insbesondere

aufgrund der Wahrung seiner Marktposition, seines Rufes und seines Kundenkreises. Daher kann nicht behauptet werden, daß die Bereicherung schon deshalb weggefallen ist, weil der aus der Gewährung einer staatlichen Beihilfe resultierende Vorteil nicht mehr in der Bilanz des begünstigten Unternehmens erscheint.

[53] Folglich entbehrt das Argument von Alcan der Grundlage, daß der Gerichtshof ihre in Anbetracht des angeblichen Wegfalls der Bereicherung besondere und atypische Situation berücksichtigen müsse.

**Rs. C-217/88 (Kommission ∕ Deutschland; „Tafelwein"),**   **8**
**Urteil des Gerichtshofes vom 10. 07. 1990 – Slg. 1990, S. I-2879.**

**Vorbemerkungen:** *Im Rahmen des unmittelbaren indirekten Vollzuges wird unmittelbar anwendbares Gemeinschaftsrecht durch die nationalen Behörden vollzogen. Das innerstaatliche Verwaltungsverfahren richtet sich dabei grundsätzlich nach nationalem Verwaltungsverfahrensrecht, die Anwendung des mitgliedstaatlichen Rechts darf jedoch die praktische Wirksamkeit des Gemeinschaftsrechts nicht beeinträchtigen (Effizienzgebot, vgl. Milchkontor-Entscheidung, Fall 6). In der Rechtssache C-217/88 – Tafelwein – konkretisiert der EuGH das Effizienzgebot dahingehend, dass es die nationalen Behörden zum Einsatz aller zur Durchsetzung der Gemeinschaftsrechtsnorm erforderlichen Mittel verpflichtet. Damit stellt der EuGH ausdrücklich klar, dass den nationalen Behörden kein Ermessensspielraum über das „Ob", sondern allenfalls über das „Wie" des Gemeinschaftsrechtsvollzuges zukommt. Diese Durchsetzungsverpflichtung erfasst alle denkbaren Maßnahmen von der Konsultation der Kommission bis zum Einsatz nationaler Zwangsmittel (etwa die Anordnung der sofortigen Vollziehung, wenn ein Rechtsmittel mit aufschiebender Wirkung gegen den Vollzugsakt eingelegt wurde).*

**Sachverhalt:** Im Weinwirtschaftsjahr 1984/85 legte die Kommission durch Verordnung Gesamtmengen an Tafelwein fest, die zur obligatorischen Destillation abzuliefern waren. In Ausführung der Verordnung erließen die deutschen Behörden 614 Verwaltungsakte, mit denen die Gesamtmenge auf die einzelnen Winzer umgelegt wurde. Eine sofortige Vollziehung wurde nicht angeordnet. Gegen 506 dieser Bescheide wurde Widerspruch mit aufschiebender Wirkung eingelegt. Dies führte dazu, dass die Widerspruchsführer ihren Wein noch während der aufschiebenden Wirkung der Widersprüche auf dem deutschen Markt verkaufen konnten und damit die marktpolitischen Ziele der obligatorischen Destillation vereitelten. Die Kommission sah in dem Verhalten der deutschen Behörden eine Vertragsverletzung und erhob Klage beim EuGH. Der Gerichtshof bejahte die Vertragsverletzung seitens der Bundesrepublik Deutschland.

**Aus den Entscheidungsgründen:**

(S. I-2905) [24] Die Bundesrepublik Deutschland macht drittens geltend, es sei Sache der Mitgliedstaaten, zu bestimmen, welche Maßnahmen am besten geeignet seien, die Beachtung der Gemeinschaftsvorschriften zu gewährleisten; im vorliegenden Fall hätten nach deutschem Recht ernsthafte Bedenken gegen die Anordnung der sofortigen Vollziehung der Bescheide über die Heranziehung zur obligatorischen Destillation bestanden.

[25] Auch dieses Vorbringen ist zurückzuweisen. Das Ziel, das mit den Maßnahmen der obligatorischen Destillation verfolgt wird, kann nur erreicht werden, wenn diese Maßnahmen innerhalb einer bestimmten Frist durchgeführt werden, die im vorliegenden Fall durch Artikel 10 der Verordnung (EWG) Nr. 147/85 der Kommission vom 18. Januar 1985 mit Durchführungsbestimmungen für die Destillation gemäß Artikel 41 der Verordnung (EWG) Nr. 337/79 für das Weinwirtschaftsjahr 1984/85 (ABl. L 16, S. 25) in ihrer durch die Verordnung (EWG) Nr. 953/85 der Kommission vom 10. April 1985 (ABl. L 102, S. 19) geänderten Fassung festgesetzt war. Nach Artikel 64 Absatz 1 haben folglich die Mitgliedstaaten dafür Sorge zu tragen, daß die betroffenen Erzeuger die Destillation innerhalb der vorgeschriebenen Frist vornehmen, und alle dazu notwendigen Maßnahmen zu ergreifen. Nachdem die in der Bundesrepublik Deutschland niedergelassenen Erzeuger durch Einlegung eines im deutschen Recht vorgesehenen Rechtsbehelfs die Aussetzung der Vollziehung der Bescheide über die Heranziehung zur obligatorischen Destillation erreicht hatten, oblag es den deutschen Behörden, diese aufschiebende Wirkung durch die Anordnung der sofortigen Vollziehung der Heranziehungsbescheide zu beseitigen.

(S. I-2906) [26] Dazu macht die Bundesrepublik Deutschland geltend, die nach deutschem Recht für den Erlaß einer solchen Anordnung bestehenden Voraussetzungen seien nicht erfüllt gewesen. Selbst wenn man annimmt, daß diese Auffassung zutrifft, so kann sie die Nichterfüllung einer gemeinschaftsrechtlichen Verpflichtung durch die Bundesrepublik Deutschland nicht rechtfertigen. Nach ständiger Rechtsprechung des Gerichtshofes kann ein Mitgliedstaat sich nämlich nicht auf Bestimmungen, Übungen oder Umstände seiner internen Rechtsordnung berufen, um die Nichtbeachtung von Verpflichtungen aus dem Gemeinschaftsrecht zu rechtfertigen (siehe unter anderem das Urteil vom 21. Februar 1990 in der Rechtssache C-74/89, Kommission/Belgien, Slg. 1990, I-491).

**Rs. C-224/97 (Ciola),**   **9**
**Urteil des Gerichtshofes vom 29. 04. 1999 – Slg. 1999, S. I-2517.**

**Vorbemerkungen:** *Die Entscheidung unterstreicht, ausgehend von der Rechtssache Simmenthal II (Fall 2), dass der Anwendungsvorrang sehr weit zu verstehen ist. Gemeinschaftsrecht geht sämtlichen Rechtsakten der Träger nationaler Hoheitsgewalt vor. Dies gilt nicht nur für abstrakt-generelle Rechtsvorschriften, sondern auch für konkret-individuelle Verwaltungsentscheidungen, wie Verwaltungsakten.*

**Sachverhalt:** Von einem österreichischen Betreiber eines Bootshafens, Herrn Ciola, wurden zwei Bootsliegeplätze an Bootseigner mit Wohnsitz in Liechtenstein und Deutschland vergeben. Gegen ihn wurde daraufhin eine Geldstrafe mit der Begründung verhängt, er habe das zulässige Kontingent an Liegeplätzen im Uferbereich des Bodensees für Boote, deren Eigner ihren Wohnsitz im Ausland hätten, überschritten. Eine diese Begrenzung anordnende nationale Maßnahme wurde an Herrn Ciola in Form einer individuell-konkreten Verwaltungsentscheidung gerichtet. Der EuGH entschied im Rahmen eines Vorabentscheidungsverfahrens, dass diese Bestimmung wegen der Unvereinbarkeit mit Art. 49 EG unangewendet bleiben müsse. Der Rechtsschutz des Einzelnen könne nämlich nicht von der Art der dem Gemeinschaftsrecht entgegenstehenden Bestimmung des innerstaatlichen Rechts abhängen.

**Aus den Entscheidungsgründen:**

(S. I-2539) [29] Nachdem der Gerichtshof ursprünglich entschieden hat, daß die Verpflichtung, gegebenenfalls jede entgegenstehende Bestimmung des nationalen Rechts unangewendet zu lassen, die nationalen Gerichte trifft (vgl. Urteil Simmenthal, Randnr. 21), hat er in der Folge seine Rechtsprechung in zwei Richtungen konkretisiert.

[30] Zum einen haben sich nämlich nach dieser Rechtsprechung alle Träger der Verwaltung einschließlich der Gemeinden und der sonstigen Gebietskörperschaften diesem Vorrang zu beugen, so daß

sich der einzelne ihnen gegenüber auf eine solche Gemeinschaftsbestimmung berufen kann (Urteil vom 22. Juni 1989 in der Rechtssache 103/88, Fratelli Costanzo, Slg. 1989, 1839, Randnr. 32).

(S. I-2540) [31] Zum anderen können die Bestimmungen des innerstaatlichen Rechts, die einer solchen Gemeinschaftsbestimmung entgegenstehen, sowohl Rechts- als auch Verwaltungsvorschriften umfassen (vgl. in diesem Sinne Urteil vom 7. Juli 1981 in der Rechtssache 158/80, Rewe, Slg. 1981, 1805, Randnr. 43).

[32] Nach der Logik dieser Rechtsprechung umfassen die genannten innerstaatlichen Verwaltungsvorschriften nicht nur generell-abstrakte Normen, sondern auch individuell-konkrete Verwaltungsentscheidungen.

[33] Es wäre nämlich durch nichts zu rechtfertigen, wenn dem einzelnen der Rechtsschutz, der sich für ihn aus der unmittelbaren Wirkung des Gemeinschaftsrechts ergibt und den die innerstaatlichen Gerichte zu gewährleisten haben (vgl. Urteil vom 19. Juni 1990 in der Rechtssache C-213/89, Factortame u.a., Slg. 1990, I-2433, Randnr. 19), in einem Fall verweigert würde, in dem es um die Gültigkeit eines Verwaltungsakts geht. Dieser Rechtsschutz kann nicht von der Art der entgegenstehenden Bestimmung des innerstaatlichen Rechts abhängen.

**10  Rs. C-453/00 (Kühne & Heitz),**
**Urteil des Gerichtshofes vom 13. 01. 2004 – Slg. 2004, S. I-837.**

**Vorbemerkungen:** *In der Entscheidung Ciola (Fall 9) war offen geblieben, ob der Anwendungsvorrang des Gemeinschaftsrechts auch auf bestandskräftige nationale Verwaltungsakte Anwendung findet und diese daher nicht mehr vollzogen werden dürfen oder zurückzunehmen sind. In der Rechtssache Kühne & Heitz, der ein Fall der Rücknahme eines Verwaltungsaktes zugrunde lag, bejaht der EuGH zwar die Anwendbarkeit des Vorrangs des Gemeinschaftsrechts auch auf bestandskräftige Verwaltungsakte. Zugleich erkennt er aber an, dass der auch im Gemeinschaftsrecht geltende Grundsatz der Rechtssicherheit die Bestandskraft eines Verwaltungsaktes zu rechtfertigen vermag und daher grundsätzlich keine Rücknahmeverpflichtung besteht. Damit stellt der EuGH klar, dass der Grundsatz der Bestandskraft auch im Gemeinschaftsrecht gilt. Da der zu entscheidende Fall jedoch einige Besonderheiten aufwies, kam der EuGH im Vorabent-*

*scheidungsverfahren zu dem Ergebnis, dass hier ausnahmsweise doch eine gemeinschaftsrechtliche Rücknahmeverpflichtung bestehe.*

**Sachverhalt:** Die Firma Kühne & Heitz exportierte Geflügelteile in Drittstaaten. Hierfür beantragte sie Exportsubventionen einer bestimmten Kategorie des Gemeinsamen Zolltarifs. Die zuständige nationale Behörde genehmigte zwar diesen Antrag dem Grunde nach, ordnete das ausgeführte Geflügelfleisch allerdings einer anderen, geringer subventionierten Kategorie des Gemeinsamen Zolltarifs zu. Die von der Firma Kühne & Heitz daraufhin erhobene Klage, mit der sie die beantragte Eingruppierung erreichen wollte, wurde mit der Begründung abgewiesen, die Kategorisierung der ausgeführten Geflügelteile beruhe auf einer zutreffenden Auslegung des einschlägigen Gemeinschaftsrechts, ohne dass die Frage der Auslegung dem EuGH vorgelegt worden war. Einige Zeit später entschied der EuGH in einem anderen Vorabentscheidungsverfahren, dass Geflügelteile der Art, wie sie auch die Firma Kühne & Heitz ausgeführt hatte, der Kategorie zuzuordnen sind, welche diese beantragt hatte. Unter Hinweis auf diese Entscheidung des EuGH beantragte die Firma Kühne & Heitz daher die Nachzahlung der zu Unrecht nicht bewilligten Subventionen. Dieser Antrag wurde von der zuständigen nationalen Behörde mit Hinweis auf die Bestandskraft der ursprünglichen Entscheidung abgelehnt, obwohl nach nationalem Recht jedenfalls die Möglichkeit einer Ermessensrücknahme bestand. Das gegen die Ablehnung angerufene Gericht fragte den EuGH, ob sich aus dem Gemeinschaftsrecht eine Ermessensreduzierung und damit eine Verpflichtung zur Rücknahme des ursprünglichen Bewilligungsbescheides ergeben könne. Der EuGH bejahte dies im Wege der Vorabentscheidung.

**Aus den Entscheidungsgründen:**

(S. I-868) [23] Im Ausgangsverfahren stellt sich die Frage, ob die Erfüllung dieser Verpflichtung auch geboten ist, wenn die Verwaltungsentscheidung bestandskräftig geworden ist, bevor beantragt wurde, sie zu revidieren, um einer Vorabentscheidung des Gerichtshofes Rechnung zu tragen.

[24] Die Rechtssicherheit gehört zu den im Gemeinschaftsrecht anerkannten allgemeinen Rechtsgrundsätzen. Die Bestandskraft einer Verwaltungsentscheidung, die nach Ablauf angemessener Klagefristen oder Erschöpfung des Rechtswegs eingetreten ist, trägt zur Rechtssicherheit bei. Daher verlangt das Gemeinschaftsrecht nicht, dass eine Verwaltungsbehörde grundsätzlich verpflichtet ist, eine bestandskräftige Verwaltungsentscheidung zurückzunehmen.

[25] Das vorlegende Gericht hat jedoch dargelegt, dass eine Verwaltungsbehörde nach niederländischem Recht – sofern keine Rechte

Dritter verletzt werden – stets die Befugnis hat, eine bestandskräftige Verwaltungsentscheidung zurückzunehmen, und dass das Bestehen einer derartigen Befugnis unter Umständen die Verpflichtung implizieren kann, eine solche Entscheidung zurückzunehmen, selbst wenn die zuständige Behörde nach niederländischem Recht nicht verpflichtet ist, bestandskräftige Verwaltungsentscheidungen durchgängig zurückzunehmen, um einer später ergangenen gerichtlichen Entscheidung nachzukommen. Mit seiner Frage möchte das vorlegende Gericht wissen, ob sich unter Umständen wie denjenigen des Ausgangsverfahrens aus dem Gemeinschaftsrecht eine Pflicht zur Rücknahme einer bestandskräftigen Verwaltungsentscheidung ergibt.

[26] Nach den Akten liegen folgende Umstände vor. Erstens hat die Verwaltungsbehörde nach nationalem Recht die Befugnis, die im Ausgangsverfahren in Rede stehende bestandskräftige Entscheidung zurückzunehmen. Zweitens erlangte die Verwaltungsentscheidung ihre Bestandskraft erst infolge eines Urteils eines nationalen Gerichts, dessen Entscheidungen nicht mit Rechtsmitteln anfechtbar sind. Drittens beruhte dieses Urteil auf einer Auslegung des Gemeinschaftsrechts, die, wie ein später ergangenes Urteil des Gerichtshofes zeigt, unrichtig war und die erfolgt ist, ohne dass der Gerichtshof angerufen wurde, obwohl der Tatbestand des Artikels 234 Absatz 3 EG erfüllt war. Viertens wandte sich die Klägerin, unmittelbar nachdem sie Kenntnis von diesem Urteil des Gerichtshofes erlangt hatte, an die Verwaltungsbehörde.

(S. I-869) [27] Unter solchen Umständen ist die Verwaltungsbehörde nach dem in Artikel 10 EG verankerten Grundsatz der Zusammenarbeit verpflichtet, ihre Entscheidung zu überprüfen, um der mittlerweile vom Gerichtshof vorgenommenen Auslegung der einschlägigen Bestimmung des Gemeinschaftsrechts Rechnung zu tragen. Diese Behörde muss anhand der Ergebnisse dieser Überprüfung entscheiden, inwieweit sie verpflichtet ist, die in Rede stehende Entscheidung, ohne die Belange Dritter zu verletzen, zurückzunehmen.

[28] Nach allem ist auf die vorgelegte Frage zu antworten, dass der in Artikel 10 EG verankerte Grundsatz der Zusammenarbeit eine Verwaltungsbehörde auf einen entsprechenden Antrag hin verpflichtet, eine bestandskräftige Verwaltungsentscheidung zu überprüfen, um der mittlerweile vom Gerichtshof vorgenommenen Auslegung der einschlägigen Bestimmung Rechnung zu tragen, wenn

die Behörde nach nationalem Recht befugt ist, diese Entscheidung zurückzunehmen, die Entscheidung infolge eines Urteils eines in letzter Instanz entscheidenden nationalen Gerichts bestandskräftig geworden ist,

das Urteil, wie eine nach seinem Erlass ergangene Entscheidung des Gerichtshofes zeigt, auf einer unrichtigen Auslegung des Gemeinschaftsrechts beruht, die erfolgt ist, ohne dass der Gerichtshof um Vorabentscheidung ersucht wurde, obwohl der Tatbestand des Artikels 234 Absatz 3 EG erfüllt war, und (S. I-870)

der Betroffene sich, unmittelbar nachdem er Kenntnis von der besagten Entscheidung des Gerichtshofes erlangt hat, an die Verwaltungsbehörde gewandt hat.

## 2. Einstweiliger Rechtsschutz

**Verb. Rs. C-143/88 und C-92/89 (Zuckerfabrik**                    **11**
**Süderdithmarschen und Zuckerfabrik Soest),**
**Urteil des Gerichtshofes vom 21. 02. 1991 – Slg. 1991, S. I-415.**

*Vorbemerkungen: Der EuGH hat in mehreren Entscheidungen (Fall 12 – Atlanta, Fall 13 – T. Port,) gemeinschaftsrechtliche Regeln zur Gewährung einstweiligen Rechtsschutzes durch nationale Gerichte im Rahmen des (unmittelbaren indirekten) Vollzuges von Gemeinschaftsrecht entwickelt. Grundlegend hierfür ist das vorliegende Urteil in den verb. Rechtssachen Zuckerfabrik Süderdithmarschen und Zuckerfabrik Soest. In dieser Entscheidung bestätigt der EuGH die Befugnis der innerstaatlichen Gerichte, den (nationalen) Gemeinschaftsrechtsvollzug vorläufig auszusetzen, wenn ernsthafte Zweifel an der Gültigkeit des dem nationalen Verwaltungsakt zugrundeliegenden Gemeinschaftsrechts bestehen (§ 80 Abs. 5 VwGO). Zur Sicherung der einheitlichen und effektiven Anwendung des Gemeinschaftsrechts unterwirft der EuGH die Ausübung dieser Befugnis jedoch strengen gemeinschaftsrechtlichen Voraussetzungen (vgl. hierzu Fall 12 – Atlanta).*

**Sachverhalt:** Durch Verordnung wurde den in der Gemeinschaft ansässigen Zuckerproduzenten eine sogenannte Tilgungsabgabe auferlegt. Gemäß der Tilgungsabgabenverordnung setzte das zuständige Finanzamt für die Zuckerfabrik Süderdithmarschen eine Tilgungsabgabe in Höhe von rund 2 Mio. DM fest. Diese erhob gegen diesen Bescheid Anfechtungsklage und beantragte zugleich die Aussetzung der Vollziehung des Abgabenbescheids. Das Finanzgericht ersuchte den EuGH daraufhin u.a. um Beantwortung der Frage, unter welchen Voraussetzungen nationale Gerichte vorläufigen Rechtsschutz gegen einen auf einer EG-Verordnung beruhenden Verwaltungsakt gewähren dürfen. Der EuGH hat die Tilgungsabgabenverordnung als rechtmäßig eingestuft. Im übrigen darf ein nationales Gericht die Vollziehung eines auf einer Gemeinschaftsverordnung beruhenden nationalen Vorschrift unter bestimmten Voraussetzungen aussetzen.

**Aus den Entscheidungsgründen:**

(S. I-542) [23] Die Vollziehung eines angefochtenen Verwaltungsakts kann nur ausgesetzt werden, wenn die vom Antragsteller angeführten sachlichen und rechtlichen Gegebenheiten das nationale Gericht davon überzeugen, daß an der Gültigkeit der Gemeinschaftsverordnung, auf der der angefochtene Verwaltungsakt beruht, erhebliche Zweifel bestehen. Die Aussetzung rechtfertigt sich nämlich allein aus der Möglichkeit einer Feststellung der Ungültigkeit, die dem Gerichtshof vorbehalten ist.

[24] Weiter muß die Aussetzung der Vollziehung vorläufig bleiben. Das nationale Gericht kann im Rahmen des vorläufigen Rechtsschutzes die Vollziehung also nur aussetzen, bis der Gerichtshof über die Frage der Gültigkeit entschieden hat. Damit obliegt es ihm, sofern der Gerichtshof mit dieser Frage noch nicht befaßt ist, diese selbst vorzulegen und dabei die Gründe anzugeben, aus denen es die Verordnung für ungültig hält.

[25] Was die übrigen Voraussetzungen für die Aussetzung der Vollziehung von Verwaltungsakten anbelangt, so ist festzustellen, daß das Verfahrensrecht nationales Recht ist und daß sie in den nationalen Rechtsordnungen unterschiedlich geregelt sind, was die einheitliche Anwendung des Gemeinschaftsrechts gefährden kann.

[26] Nun ist diese einheitliche Anwendung ein Grunderfordernis der gemeinschaftlichen Rechtsordnung. Hieraus folgt, daß jedenfalls für die Aussetzung der Vollziehung von auf einer Gemeinschaftsverordnung beruhenden Verwaltungsakten im Verfahren des vorläufigen Rechtsschutzes, das hinsichtlich der Antragstellung und der Sachverhaltsfeststellung dem nationalen Verfahrensrecht unterliegt, in allen Mitgliedstaaten einheitliche Regeln gelten müssen.

(S. I-543) [27] Da die Befugnis der nationalen Gerichte, die Vollziehung eines solchen Verwaltungsakts auszusetzen, der Befugnis des Gerichtshofes nach Artikel 185 im Rahmen von Klagen nach Artikel 173 entspricht, können diese Gerichte die Vollziehung nur unter den Voraussetzungen aussetzen, die für den Erlaß einer einstweiligen Anordnung durch den Gerichtshof gelten.

[28] Insoweit ergibt sich aus einer ständigen Rechtsprechung des Gerichtshofes, daß die Vollziehung eines angefochtenen Aktes nur ausgesetzt werden kann, wenn die Aussetzung dringend ist, wenn sie also vor der Entscheidung in der Hauptsache verfügt und wirksam werden muß, damit der Antragsteller keinen schweren und nicht wiedergutzumachenden Schaden erleidet.

[29] Dringlichkeit ist dabei nur anzunehmen, wenn der vom Antragsteller geltend gemachte Schaden eintreten kann, bevor der Gerichtshof über die Gültigkeit der gerügten Gemeinschaftshandlung hat entscheiden können. Zur Art des Schadens hat der Gerichtshof wiederholt entschieden, daß ein reiner Geldschaden grundsätzlich nicht als nicht wiedergutzumachen anzusehen ist. Jedoch ist es Sache des jeweiligen Gerichts, im Rahmen des vorläufigen Rechtsschutzes die Umstände des Falles zu untersuchen, mit dem es befaßt ist. Dabei hat es zu prüfen, ob die sofortige Vollziehung des Verwaltungsakts, deren Aussetzung beantragt ist, dem Antragsteller irreversible Schäden zufügen könnte, die nicht mehr wiedergutzumachen wären, wenn die Gemeinschaftshandlung für ungültig erklärt werden müßte.

[30] Im übrigen hat das nationale Gericht, das im Rahmen seiner Zuständigkeit Gemeinschaftsrecht anzuwenden hat, dessen volle Wirkung sicherzustellen; damit ist es bei Zweifeln an der Gültigkeit von Gemeinschaftsverordnungen verpflichtet, das Interesse der Gemeinschaft daran in Rechnung zu stellen, daß diese Verordnungen nicht vorschnell außer Anwendung gelassen werden.

[31] Dieser Verpflichtung wird das nationale Gericht im Rahmen des vorläufigen Rechtsschutzes nur gerecht, wenn es zu allererst prüft, ob der fraglichen Gemeinschaftsverordnung nicht jede praktische Wirksamkeit genommen wird, wenn sie nicht sofort angewandt wird.

(S. I-544) [32] Wenn die Aussetzung der Vollziehung ein finanzielles Risiko für die Gemeinschaft darstellt, muß das nationale Gericht im übrigen die Möglichkeit haben, von dem Antragsteller hinreichende Sicherheiten, etwa eine Kaution oder eine Hinterlegung, zu verlangen.

[33] Nach alledem ist auf den zweiten Teil der ersten Frage des Finanzgerichts Hamburg zu antworten, daß ein nationales Gericht die Vollziehung eines auf einer Gemeinschaftsverordnung beruhenden nationalen Verwaltungsakts nur aussetzen darf,

- wenn es erhebliche Zweifel an der Gültigkeit der Gemeinschaftsverordnung hat und die Frage dieser Gültigkeit, sofern der Gerichtshof mit ihr noch nicht befaßt ist, diesem selbst vorlegt,
- wenn die Entscheidung dringlich ist und dem Antragsteller ein schwerer und nicht wiedergutzumachender Schaden droht

– und wenn das Gericht das Interesse der Gemeinschaft angemessen berücksichtigt.

**12   Rs. C-465/93 (Atlanta Fruchthandelsgesellschaft u.a. (I)),
Urteil des Gerichtshofes vom 09. 11. 1995 – Slg. 1995, S. I-3761.**

**Vorbemerkungen:** *In der Rechtssache Atlanta Fruchthandelsgesellschaft u.a. bestätigt der EuGH seine Süderdithmarschen-Rechtsprechung (vgl. Entscheidung Zuckerfabrik Süderdithmarschen und Zuckerfabrik Soest, Fall 11), konkretisiert zugleich die dort aufgestellten Voraussetzungen und wendet diese nunmehr auch auf den Erlass einstweiliger Anordnungen gem. § 123 Abs. 1 VwGO im indirekten unmittelbaren Gemeinschaftsrechtsvollzug an. Die nationalen Verwaltungsgerichte dürfen nach den Leitlinien dieses Urteils einstweilige Anordnungen nur erlassen wenn:*
– *auf Seiten des nationalen Gerichts erhebliche Zweifel an der Gültigkeit der Gemeinschaftsrechtsnorm bestehen,*
– *das nationale Gericht die Gültigkeitsfrage dem EuGH nach Art. 234 EG vorgelegt hat oder vorzulegen beabsichtigt,*
– *eine einstweilige Regelung geboten ist, um einen schweren, nicht wiedergutzumachenden Schaden abzuwenden (Dringlichkeit)*
– *und das Interesse des Antragstellers in die Aussetzung gegenüber der Anwendung des Gemeinschaftsrechs objektiv überwiegt.*

**Sachverhalt:** In dem Vorabentscheidungsverfahren Atlanta Fruchthandelsgesellschaft u.a. musste der EuGH u.a. die Frage beantworten, unter welchen Voraussetzungen ein nationales Gericht, das erhebliche Zweifel an der Gültigkeit einer Gemeinschaftsverordnung hat, eine einstweilige Anordnung erlassen darf. Der EuGH hat die nationalen Gerichte als befugt angesehen, in solchen Fällen die einstweilige Anordnung zu treffen, wenn bestimmte Voraussetzungen erfüllt sind.

### Aus den Entscheidungsgründen:

(S. I-3791) [35] Im Urteil Zuckerfabrik Süderdithmarschen u.a. hat der Gerichtshof entschieden, daß die Vollziehung eines angefochtenen Verwaltungsakts nur ausgesetzt werden kann, wenn die vom Antragsteller angeführten sachlichen und rechtlichen Gegebenheiten das nationale Gericht davon überzeugen, daß an der Gültigkeit der Gemeinschaftsverordnung, auf der der angefochtene Verwaltungsakt beruht, erhebliche Zweifel bestehen. Die Aussetzung rechtfertigt sich nämlich allein aus der Möglichkeit einer Feststellung der Ungültigkeit, die dem Gerichtshof vorbehalten ist (Randnr. 23).

[36] Dieses Erfordernis bedeutet, daß das nationale Gericht sich nicht darauf beschränken kann, an den Gerichtshof ein Vorabentscheidungsersuchen zur Prüfung der Gültigkeit der Verordnung zu richten, sondern daß es zum Zeitpunkt des Erlasses der Maßnahme des vorläufigen Rechtsschutzes angeben muß, weshalb es meint, daß der Gerichtshof die Ungültigkeit dieser Verordnung feststellen muß.

(S. I-3792) [37] Insoweit muß das nationale Gericht den Umfang des Ermessensspielraums berücksichtigen, der den Gemeinschaftsorganen nach der Rechtsprechung des Gerichtshofes in den betroffenen Sektoren zuerkannt werden muß.

(...)

[41] Dringlichkeit ist dabei nur anzunehmen, wenn der vom Antragsteller geltend gemachte Schaden eintreten kann, bevor der Gerichtshof über die Gültigkeit der gerügten Gemeinschaftshandlung entscheiden kann. Zur Art des Schadens hat der Gerichtshof wiederholt entschieden, daß ein reiner Geldschaden grundsätzlich nicht als nicht wiedergutzumachen anzusehen ist. Jedoch ist es Sache des jeweiligen Gerichts, im Rahmen des vorläufigen Rechtsschutzes die Umstände des Falles zu untersuchen, mit dem es befaßt ist. Dabei hat es zu prüfen, ob die sofortige Vollziehung des Verwaltungsakts, hinsichtlich dessen der Erlaß einstweiliger Anordnungen beantragt wird, dem Antragsteller irreversible Schäden zufügen (S. I-3793) könnte, die nicht mehr wiedergutzumachen wären, wenn die Gemeinschaftshandlung für ungültig erklärt werden müßte (Urteil Zuckerfabrik Süderdithmarschen u.a., Randnr. 29).

[42] Im übrigen hat das nationale Gericht, das im Rahmen seiner Zuständigkeit Gemeinschaftsrecht anzuwenden hat, dessen volle Wirkung sicherzustellen; damit ist es bei Zweifeln an der Gültigkeit von Gemeinschaftsverordnungen verpflichtet, das Interesse der Gemeinschaft daran in Rechnung zu stellen, daß diese Verordnungen nicht vorschnell außer Anwendung gelassen werden (Urteil Zuckerfabrik Süderdithmarschen u.a., Randnr. 30).

[43] Dieser Verpflichtung wird das nationale Gericht, bei dem ein Antrag auf Erlaß einstweiliger Anordnungen gestellt wird, nur gerecht, wenn es zunächst prüft, ob der fraglichen Gemeinschaftsverordnung nicht jede praktische Wirksamkeit genommen wird, wenn sie nicht sofort angewandt wird (Urteil Zuckerfabrik Süderdithmarschen u.a., Randnr. 31).

[44] Das nationale Gericht muß dabei die Beeinträchtigung berücksichtigen, die von der Maßnahme des vorläufigen Rechtsschutzes
für die durch diese Verordnung in der gesamten Gemeinschaft eingeführte rechtliche Regelung ausgehen kann. Zu berücksichtigen sind
sowohl die kumulative Wirkung, die eintreten würde, wenn zahlreiche
Gerichte aus ähnlichen Gründen ebenfalls Maßnahmen des vorläufigen Rechtsschutzes erlassen würden, als auch die Besonderheit der
Situation des Antragstellers, die diesen von den übrigen betroffenen
Wirtschaftsteilnehmern unterscheidet.

[45] Wenn der Erlaß von Maßnahmen des vorläufigen Rechtsschutzes ein finanzielles Risiko für die Gemeinschaft darstellt, muß
das nationale Gericht im übrigen die Möglichkeit haben, von dem
Antragsteller hinreichende Sicherheiten, etwa eine Kaution oder eine
Hinterlegung, zu verlangen (Urteil Zuckerfabrik Süderdithmarschen
u.a., Randnr. 32).

(S. I-3794) [46] Bei der Prüfung der Voraussetzungen für den Erlaß
der Maßnahme des vorläufigen Rechtsschutzes ist das nationale Gericht nach Artikel 5 des Vertrages verpflichtet, Entscheidungen des
Gemeinschaftsrichters über die von ihm aufgeworfenen Streitfragen
zu beachten. So darf das nationale Gericht, wenn der Gerichtshof eine
Nichtigkeitsklage gegen die fragliche Verordnung als unbegründet abgewiesen oder im Rahmen eines Vorabentscheidungsverfahrens zur
Prüfung der Gültigkeit festgestellt hat, daß die Prüfung der Vorabentscheidungsfragen nichts ergeben hat, was die Gültigkeit dieser Verordnung beeinträchtigen könnte, keine Maßnahmen des vorläufigen
Rechtsschutzes mehr erlassen oder muß diese aufheben, sofern nicht
vor ihm andere Rechtswidrigkeitsgründe geltend gemacht worden
sind als die Nichtigkeits- oder Rechtswidrigkeitsgründe, die der Gerichtshof in seinem Urteil zurückgewiesen hat. Dasselbe gilt, wenn
das Gericht erster Instanz in einem rechtskräftig gewordenen Urteil
eine Nichtigkeitsklage gegen die Verordnung als unbegründet abgewiesen oder eine gegen ihre Gültigkeit erhobene Einrede als unbegründet zurückgewiesen hat.

[47] Im vorliegenden Fall war der Gerichtshof im Rahmen einer
Nichtigkeitsklage eines Mitgliedstaats gegen die Verordnung mit der
gleichen Sachlage befaßt, wie sie dem Rechtsstreit vor dem nationalen
Gericht zugrunde liegt, und hat entschieden, daß die Mitgliedstaaten
die – namentlich wirtschaftlichen und sozialen – Interessen zu vertreten haben, die auf nationaler Ebene als allgemeine Interessen gelten und daß sie daher zur Verteidigung dieser Interessen klagebefugt
sind. Folglich können sie Schäden geltend machen, die einen ganzen

Sektor ihrer Volkswirtschaft betreffen, zumal wenn die beanstandete Gemeinschaftsmaßnahme nachteilige Auswirkungen auf das Beschäftigungsniveau und die Lebenshaltungskosten haben kann (Beschluß Deutschland/Rat, aaO., Randnr. 27).

[48] Zwar ist es Sache des nationalen Gerichts, das die Rechte des einzelnen zu wahren hat, zu beurteilen, inwieweit die Ablehnung einer Maßnahme des vorläufigen Rechtsschutzes geeignet ist, wesentliche individuelle Interessen des einzelnen in schwerer und nicht wiedergutzumachender Weise zu beeinträchtigen.

[49] Kann der Antragsteller jedoch nicht dartun, daß er sich in einer besonderen Situation befindet, die ihn von den übrigen Wirtschaftsteilnehmern des betreffenden (S. I-3795) Sektors unterscheidet, so muß das nationale Gericht eine bereits vom Gerichtshof vorgenommene Beurteilung der Frage beachten, ob es sich um einen schweren und nicht wiedergutzumachenden Schaden handelt.

[50] Die Verpflichtung des nationalen Gerichts, eine eventuelle Entscheidung des Gerichtshofes zu beachten, gilt ganz besonders für die vom Gerichtshof vorgenommene Beurteilung des Interesses der Gemeinschaft und der Abwägung zwischen diesem Interesse und dem Interesse des betreffenden Wirtschaftssektors.

[51] Aufgrund dieser Erwägungen ist die zweite Frage des Verwaltungsgerichts Frankfurt am Main dahin zu beantworten, daß ein nationales Gericht einstweilige Anordnungen in bezug auf einen zur Durchführung einer Gemeinschaftsverordnung erlassenen nationalen Verwaltungsakt nur erlassen darf,

– wenn es erhebliche Zweifel an der Gültigkeit der Handlung der Gemeinschaft hat und diese Gültigkeitsfrage, sofern der Gerichtshof mit ihr noch nicht befaßt ist, diesem selbst vorlegt,

– wenn die Entscheidung dringlich in dem Sinne ist, daß die einstweiligen Anordnungen erforderlich sind, um zu vermeiden, daß die sie beantragende Partei einen schweren und nicht wiedergutzumachenden Schaden erleidet,

– wenn es das Interesse der Gemeinschaft angemessen berücksichtigt und

– wenn es bei der Prüfung aller dieser Voraussetzungen die Entscheidungen des Gerichtshofes oder des Gerichts erster Instanz über die Rechtmäßigkeit der Verordnung oder einen Beschluß im Verfahren des vorläufigen Rechtsschutzes betreffend gleichartige einstweilige Anordnungen auf Gemeinschaftsebene beachtet.

**13   Rs. C-68/95 (T. Port),**
**Urteil des Gerichtshofes vom 26. 11. 1996 – Slg. 1996, S. I-6065.**

**Vorbemerkungen:** *Mit der Entscheidung in der Rechtssache Atlanta Fruchhandelsgesellschaft u.a. (Fall 12) hatte der EuGH die Befugnis nationaler Gerichte zum Erlass einstweiliger Anordnungen (§ 123 Abs. 1 VwGO) strengen einheitlichen Regelungen unterworfen. In der Rechtssache T. Port GmbH musste sich der EuGH nunmehr mit der Zulässigkeit einstweiliger nationaler Regelungsanordnungen nach § 123 Abs. 1 VwGO auseinandersetzen, wenn dem Kläger zugleich die Möglichkeit offen steht, sich mit einem Antrag auf Erlass von Übergangsmaßnahmen an die Kommission zu wenden und damit seine Rechte bis zum Zeitpunkt einer endgültigen Entscheidung geschützt werden können. Der Gerichtshof stellte dabei den Grundsatz der gemeinschaftsrechtlichen Unzulässigkeit verpflichtender Regelungsanordnungen (vgl. § 123 Abs. 1 VwGO) im indirekten Gemeinschaftsrechtsvollzug auf, soweit hierdurch eine (noch zu treffende) sekundäre Gemeinschaftsrechtsregelung vorweggenommen würde. Solange nämlich das zuständige Gemeinschaftsorgan (z.B. die Kommission) keine Regelung getroffen hat (etwa als Übergangsmaßnahme), fehle den mitgliedstaatlichen Gerichten die Befugnis (vom EuGH „Zuständigkeit" genannt), einer Gemeinschaftsregelung im vorläufigen Rechtsschutzverfahren vorzugreifen.*

**Sachverhalt:** Im Rahmen eines Rechtsstreits zwischen der Firma T. Port GmbH & Co. KG und der Bundesanstalt für Landwirtschaft und Ernährung über die Gewährung von Einfuhrkontingenten für sog. Drittlandsbananen ersuchte der Hess. VGH den EuGH u.a. um Beantwortung der Frage, ob die nationalen Gerichte nach dem EG-Vertrag befugt sind, in einem Verfahren zur Gewährung vorläufigen Rechtsschutzes für die betroffenen Marktbeteiligten vorläufige Maßnahmen zu erlassen, bis die (eigentlich zuständige) Kommission einen Rechtsakt zur Regelung der bei ihnen vorliegenden Härtefälle erlassen hat. Der Gerichtshof entschied im Rahmen eines Vorabentscheidungsverfahrens und hat eine solche Befugnis der nationalen Gerichte verneint.

### Aus den Entscheidungsgründen:

(S. I-6104) [53] Der Vertrag sieht keine Möglichkeit für ein nationales Gericht vor, den Gerichtshof im Wege der Vorlage zu ersuchen, durch Vorabentscheidung die Untätigkeit eines Organs festzustellen; daher sind die nationalen Gerichte nicht befugt, vorläufige Maßnahmen zu erlassen, bis das Organ tätig geworden ist. Die Kontrolle der Untätigkeit fällt in die ausschließliche Zuständigkeit der Gemeinschaftsgerichtsbarkeit.

[54] In einer Lage wie im Ausgangsverfahren können daher nur der Gerichtshof bzw. das Gericht erster Instanz den Betroffenen Rechtsschutz gewähren.

[55] Insoweit ist darauf hinzuweisen, daß nach dem Verfahren des Artikel 27 VO die Kommission die Übergangsmaßnahmen nach Stellungnahme des von einem Vertreter der Kommission oder eines Mitgliedstaats befaßten Verwaltungsausschusses erläßt.

[56] Unter Umständen wie im Ausgangsverfahren ist es Sache des jeweiligen – nötigenfalls von dem betroffenen Marktbeteiligten befaßten – Mitgliedstaats, gegebenenfalls die Durchführung des Verwaltungsausschußverfahrens zu beantragen.

[57] Angesichts des Härtefalls, in dem sich die Klägerin des Ausgangsverfahrens nach eigener Angabe befindet, kann diese sich auch unmittelbar an die Kommission wenden und sie ersuchen, in dem in Artikel 27 VO vorgesehenen Verfahren die in ihrer Lage gebotenen besonderen Maßnahmen zu erlassen.

[58] Sollte das Gemeinschaftsorgan untätig bleiben, könnte der Mitgliedstaat Untätigkeitsklage beim Gerichtshof erheben; ebenso könnte der Marktbeteiligte, wenn der Rechtsakt im Falle seines Erlasses an ihn gerichtet wäre oder ihn zumindest unmittelbar (S. I-6105) und individuell betreffen würde, eine solche Klage beim Gericht erheben (*EuGH*, 16.2.1994 – Rs. C-107/91, ENU/Kommission, Slg. 1993, I-599).

[59] Artikel 175 Absatz 3 des Vertrages eröffnet natürlichen und juristischen Personen zwar die Möglichkeit der Untätigkeitsklage, wenn ein Organ es unterlassen hat, einen anderen Akt als eine Empfehlung oder eine Stellungnahme an sie zu richten; der Gerichtshof hat jedoch entschieden, daß die Artikel 173 und 175 des Vertrages ein und denselben Rechtsbehelf regeln (Urteil vom 18. 11. 1970 – Rs. 15/70, Chevalley/Kommission, Slg. 1970, 975, Rdnr. 6). Daraus folgt, daß – ebenso wie Artikel 173 Absatz 4 es dem einzelnen erlaubt, Nichtigkeitsklage gegen einen Rechtsakt zu erheben, der zwar nicht an ihn gerichtet ist, ihn aber unmittelbar und individuell betrifft – auch Artikel 175 Absatz 3 dahin auszulegen ist, daß der einzelne Untätigkeitsklage gegen ein Organ erheben kann, das es unterlassen hat, einen Rechtsakt zu erlassen, der ihn in gleicher Weise betroffen hätte. Denn die Möglichkeit für den einzelnen, seine Rechte geltend zu machen, darf nicht davon

abhängen, ob das betreffende Gemeinschaftsorgan tätig geworden oder untätig geblieben ist.

[60] Im Rahmen dieser Untätigkeitsklagen könnte das Gemeinschaftsgericht auf Antrag der Kläger einstweilige Anordnungen nach Artikel 186 des Vertrages treffen. Diese Bestimmung ist allgemein formuliert und sieht keine Ausnahme für bestimmte Verfahren vor (vgl. in diesem Sinne Beschluß vom 29. Juni 1994 in der Rechtssache C-120/94 R, Kommission/Griechenland, Slg. 1994, I-3037, Rdnr. 42). Zudem kann der Gerichtshof nach ständiger Rechtsprechung seit dem Beschluß vom 21. Mai 1977 in den Rechtssachen 31/77 R und 53/77 R (Kommission/Vereinigtes Königreich, Slg. 1977, 921) im Rahmen von Feststellungsklagen einstweilige Anordnungen erlassen.

[61] Im übrigen könnte der Mitgliedstaat oder die Klägerin beim Gerichtshof oder bei Gericht Nichtigkeitsklage erheben, falls die Kommission es ausdrücklich ablehnen oder einen anderen Rechtsakt erlassen sollte als den von den Betroffenen begehrten oder für erforderlich gehaltenen (Urteile vom 13. Juli 1971 in der Rechtssache 8/71, Komponistenverband/Kommission, Slg. 1971, 705, vom 15. Dezember 1988 in den verbundenen Rechtssachen 166/86 und 220/86, Irish Cement Ltd./Kommission, Slg. 1988, 6473, und ENU/Kommission, aaO.).

(S. I-6106) [62] Auf die dritte Frage ist daher zu antworten, daß die nationalen Gerichte nach dem Vertrag nicht befugt sind, im Rahmen eines Verfahrens zur Gewährung vorläufigen Rechtsschutzes vorläufige Maßnahmen zu erlassen, bis die Kommission nach Artikel 30 VO einen Rechtsakt zur Regelung der bei den Marktbeteiligten vorliegenden Härtefälle erlassen hat.

## 3. Klagen vor nationalen Gerichten

**14   Rs. C-231/96 (Edis),**
**Urteil des Gerichtshofes vom 15. 09. 1998 – Slg. 1998, S. I-4951.**

**Vorbemerkungen:** *Das Prozessrecht und die Gerichtsorganisation fallen – wie auch die Ausgestaltung des Verwaltungsverfahrensrechts (vgl. grundsätzlich die Rechtssache Milchkontor, Fall 6) – in die Zuständigkeit der Mitgliedstaaten. Bereits in seiner Rewe-Entscheidung (EuGH, Rs. 33/76, Slg. 1976, S. 1989 – Rewe) hat der EuGH jedoch gemeinschaftsrechtliche Vorgaben für die Anwendung nationaler Verfahrens- und Fristbestimmungen für diejenigen Fälle entwickelt,* *in denen die nationalen Gerichte gemeinschaftsrechtlich gewährte Rechte zu schützen haben. Der Anwendung nationalen Prozessrechts sind demnach zwei Grenzen gesetzt: Zum einen dürfen die nationalen Prozessrechtsbestimmungen in solchen Fällen nicht ungünstiger sein als in jenen Fällen, die nur das innerstaatliche Recht betreffen („Äquivalenzprinzip"). Zum anderen darf die Anwendung nationaler Verfahrens- und Fristbestimmungen die Ausübung gemeinschaftsrechtlich gewährter Rechte nicht praktisch unmöglich machen („Effektivitätsprinzip"). In der Rechtssache Edis konkretisiert der EuGH diese Grundsätze für die Fallgruppe der Fristen zur Rückerstattung von in gemeinschaftsrechtswidriger Weise erhobenen Steuern und Abgaben. Der Äquivalenzgrundsatz ist nicht so weit auszulegen, dass das nationale Gericht verpflichtet wäre, die dem Kläger jeweils günstigste nationale Fristbestimmung anzuwenden.*

**Sachverhalt:** Der Edilizia Industriale Siderurgica Srl (Edis), einer italienischen GmbH, wurde der Antrag auf Erstattung der staatlichen Konzessionsabgabe für die Eintragung von Gesellschaften im Unternehmensregister vom Finanzministerium wegen Fristablaufs abgelehnt. Im Vorabentscheidungsverfahren stellte der Gerichtshof fest, ein Mitgliedstaat könne sich gegenüber Klagen auf Erstattung von Abgaben, die unter Verstoß gegen das Gemeinschaftsrecht erhoben worden sind, auf eine nationale Ausschluss frist von drei Jahren berufen, welche von der günstigeren allgemeinen Frist für Klagen gegen Private auf Erstattung rechtsgrundlos gezahlter Beträge abweicht, wenn diese Ausschlussfrist in gleicher Weise auf alle Abgabenerstattungsklagen unabhängig davon angewandt wird, ob sie auf das Gemeinschaftsrecht oder auf das innerstaatliche Recht gestützt werden. Dies gilt selbst dann, wenn die Richtlinie 69/335/EWG betreffend die indirekten Steuern auf die Ansammlung von Kapital in ihrer geänderten Fassung zu diesem Zeitpunkt noch nicht ordnungsgemäß in das nationale Recht umgesetzt worden war.

### Aus den Entscheidungsgründen:

(S. I-4986) [19] Nach ständiger Rechtsprechung sind im übrigen die Bestimmung der zuständigen Gerichte und die Ausgestaltung von gerichtlichen Verfahren, die den Schutz der dem Bürger aus dem Gemeinschaftsrecht erwachsenen Rechte gewährleisten sollen, mangels einer gemeinschaftsrechtlichen Regelung der Erstattung rechtsgrundlos erhobener nationaler Abgaben Sache der innerstaatlichen Rechtsordnung der einzelnen Mitgliedstaaten; diese Verfahren dürfen jedoch nicht ungünstiger gestaltet werden als bei entsprechenden

Klagen, die nur innerstaatliches Recht betreffen, und sie dürfen die Ausübung der durch die Gemeinschaftsrechtsordnung verliehenen Rechte nicht praktisch unmöglich machen oder übermäßig erschweren (Urteile Rewe, Randnr. 5, und Comet, Randnrn. 13 und 16, sowie kürzlich Urteil vom 14. Dezember 12995 in der Rechtssache C-312/93, Peterbroeck, Slg. 1995, I-4599, Randnr. 12).

(...)

(S. I-4990) [33] Wie der Gerichtshof wiederholt entschieden hat, zeigt ein Vergleich der einzelstaatlichen Regelungen, daß die Anfechtung rechtswidriger Abgabenerhebungen oder die Erstattung rechtsgrundlos gezahlter Abgaben in den einzelnen Mitgliedstaaten und sogar innerhalb desselben Mitgliedstaats je nach der Art der Steuern und Abgaben unterschiedlich geregelt ist. In einigen Fällen gibt es für derartige Anfechtungen oder Ansprüche gesetzliche Form- und Fristvorschriften sowohl für bei der Steuerverwaltung einzulegende Rechtsbehelfe als auch für Klagen. In anderen Fällen sind Klagen auf Erstattung von rechtsgrundlos gezahlten Abgaben vor den ordentlichen Gerichten insbesondere als Klagen auf Herausgabe einer ungerechtfertigten Bereicherung zu erheben, wobei die Ausschlußfristen für diese Klagen unterschiedlich lang sind und in manchen Fällen der allgemeinem Verjährungsfrist entsprechen (vgl. Urteile vom 27. Februar 1980 in der Rechtssache 68/79, Just, Slg. 1980, 501, Randnrn. 22 und 23, Denkavit italiana, Randnrn. 23 und 24, vom 10. Juli 1980 in der Rechtssache 811/79, Ariete, Slg. 1980, 2545, Randnrn. 10 und 11, und in der Rechtssache 826/79, Mireco, Slg. 1980, 2559, Randnrn. 11 und 12).

[34] Diese Unterschiedlichkeit der nationalen Regelungen ist insbesondere eine Folge davon, daß es keine Gemeinschaftsregelung über die Erstattung rechtsgrundlos erhobener nationaler Abgaben gibt. Wie in Randnummer 19 dieses Urteils dargelegt worden ist, ist die Bestimmung der zuständigen Gerichte und die Ausgestaltung von Verfahren, die den Schutz der dem Bürger aus dem Gemeinschaftsrecht erwachsenden Rechte gewährleistet sollen, daher Sache der innerstaatlichen Rechtsordnung der einzelnen Mitgliedstaaten, wobei diese Verfahren nicht weniger günstig gestaltet werden dürfen als bei entsprechenden Klagen, die nur innerstaatliches Recht betreffen (Äquivalenzgrundsatz), und die Ausübung der durch die Gemeinschaftsrechtsordnung verliehenen Rechte nicht praktisch unmöglich machen oder übermäßig erschweren dürfen (Effektivitätsgrundsatz).

[35] Zum Effektivitätsgrundsatz hat der Gerichtshof, wie in Randnummer 20 dieses Urteils dargelegt, entschieden, daß die Festsetzung

angemessener Ausschlußfristen für die Rechtsverfolgung im Interesse der Rechtssicherheit, die zugleich den Abgabepflichtigen und die Behörde schützt, mit dem Gemeinschaftsrecht vereinbar ist. Solche Fristen sind nämlich nicht geeignet, die Ausübung der durch die Gemeinschaftsrechtsordnung verliehenen Rechte praktisch unmöglich zu machen oder übermäßig zu erschweren. Unter diesem Gesichtspunkt erscheint eine nationale Ausschlußfrist von drei Jahren, die vom Zeitpunkt der fraglichen Zahlung an läuft, angemessen.

(S. I-4991) [36] Die Wahrung des Äquivalenzgrundsatzes setzt voraus, daß die streitige Ausgestaltung in gleicher Weise auf die Verletzung des Gemeinschaftsrechts wie auf die Verletzung des innerstaatlichen Rechts gestützte Klagen anwendbar ist, sofern es sich um dieselbe Art von Abgaben oder Gebühren handelt (vgl. in diesem Sinne Urteil vom 27. März 1980 in den Rechtssachen 66/79 und 128/79, Salumi, Slg. 1980, 1237, Randnr. 21). Dieser Grundsatz kann jedoch nicht so verstanden werden, daß alle Klagen auf Erstattung von Abgaben und Gebühren zu erstrecken, die unter Verstoß gegen das Gemeinschaftsrecht erhoben worden sind.

[37] Somit steht das Gemeinschaftsrecht Vorschriften eines Mitgliedstaats nicht entgegen, die neben einer allgemeinen Verjährungsfrist, die für Klagen gegen Private auf Erstattung rechtsgrundlos gezahlter Beiträge gilt, bei Steuern und sonstigen Abgaben besondere – weniger günstige – Beschwerde- und Klagemodalitäten vorsehen. Dies wäre nur dann anders, wenn diese Modalitäten nur für Klagen auf Erstattung solcher Steuern oder Abgaben gelten würden, die auf das Gemeinschaftsrecht gestützt werden.

[38] Im vorliegenden Fall betrifft die Ausschlußfrist, wie in Randnummern 25 dieses Urteils ausgeführt, nicht nur die streitige Konzessionsabgabe, sondern alle staatlichen Konzessionsabgaben. Darüber hinaus gilt eine vergleichbare Frist nach den unbestrittenen Angaben der italienischen Regierung auch für Klagen auf Erstattung einer bestimmten Anzahl indirekter Abgaben. Außerdem geht aus dem Wortlaut der streitigen Bestimmung nicht hervor, daß sie nur auf Klagen anwendbar wäre, die auf das Gemeinschaftsrecht gestützt werden. Im übrigen ergibt sich, wie der Generalanwalt in den Nrn. 62 bis 64 seiner Schlußanträge ausgeführt hat, aus der Rechtsprechung der Corte suprema di cassazione, daß die Fristen in Steuersachen auch auf Klagen auf Erstattung von Abgaben oder Steuern anwendbar sind, die aufgrund von Gesetzen erhoben worden sind, die gegen die italienische Verfassung verstoßen.

**15   Rs. C-234/04 (Kapferer ⅄ Schlank & Schick GmbH), Urteil des Gerichtshofes vom 16. 03. 2006 – Slg. 2006, S. I-2585.**

*Vorbemerkungen: Die Entscheidung Kapferer bringt eine Abgrenzung zu der Entscheidung Kühne & Heitz (Fall 10). Während der EuGH dort unter bestimmten Bedingungen einen Vorrang des EG-Rechts auch vor bestandskräftigen Verwaltungsakten und dementsprechend – bei Erfüllung der Voraussetzungen – eine Verpflichtung der Behörden zur Aufhebung entsprechender Verwaltungsakte statuierte, sieht er keine Verpflichtung der nationalen Rechtsmittelgerichte, rechtskräftige Urteile der Untergerichte, die unter Verstoß gegen das Gemeinschaftsrecht ergangen sind, aufzuheben. Allerdings bleiben die Grundsätze der Gleichwertigkeit und der Effektivität zu beachten (Rn. 22). Das Institut der Rechtskraft von Urteilen wird daher zu Recht höher geachtet als das Institut der Bestandskraft von Verwaltungsakten.*

**Sachverhalt:** Der sich in Österreich abspielende Ausgangssachverhalt betraf einen Zivilrechtsstreit über eine Gewinnzusage, die in Werbematerialien enthalten war. Frau Kapferer – Empfängerin dieser Materialien – klagte auf Zahlung des zugesagten Gewinns. Die Beklagte bestritt die Erfüllung der Teilnahmebedingungen durch die Klägerin und erhob zugleich die Einrede der Unzulässigkeit der Klage vor dem angerufenen Gericht. Das Gericht erklärte sich für zuständig, wies die Klage aber als unbegründet ab. Frau Kapferer legte hiergegen Berufung ein, die Beklagte verzichtete auf ein Rechtsmittel, so dass die Entscheidung über die Zuständigkeit rechtskräftig wurde. Das Berufungsgericht hielt die rechtskräftige Entscheidung über die Zuständigkeit für falsch und sah Rechtspositionen der Beklagten aus dem Gemeinschaftsrecht als verletzt an. Es befragte daher den EuGH im Vorabentscheidungsverfahren, ob das Gemeinschaftsrecht auch die Aufhebung rechtskräftiger Gerichtsentscheidungen verlange.

### Aus den Entscheidungsgründen:

[19] Mit seiner Frage 1a möchte das vorlegende Gericht wissen, ob und bejahendenfalls unter welchen Voraussetzungen ein nationales Gericht nach dem sich aus Artikel 10 EG ergebenden Grundsatz der Zusammenarbeit verpflichtet ist, eine gerichtliche Entscheidung, die Rechtskraft erlangt hat, zu überprüfen und aufzuheben, falls sich zeigt, dass sie gegen

[20] Hierzu ist auf die Bedeutung hinzuweisen, die der Grundsatz der Rechtskraft sowohl in der Gemeinschaftsrechtsordnung als

auch in den nationalen Rechtsordnungen hat. Zur Gewährleistung des Rechtsfriedens und der Beständigkeit rechtlicher Beziehungen sowie einer geordneten Rechtspflege sollen nämlich nach Ausschöpfung des Rechtswegs oder nach Ablauf der entsprechenden Rechtsmittelfristen unanfechtbar gewordene Gerichtsentscheidungen nicht mehr in Frage gestellt werden können (Urteil vom 30. September 2003 in der Rechtssache C-224/01, Köbler, Slg. 2003, I-10239, Randnr. 38).

[21] Somit gebietet das Gemeinschaftsrecht es einem nationalen Gericht nicht, von der Anwendung innerstaatlicher Verfahrensvorschriften, aufgrund deren eine Entscheidung Rechtskraft erlangt, abzusehen, selbst wenn dadurch ein Verstoß dieser Entscheidung gegen Gemeinschaftsrecht abgestellt werden könnte (vgl. in diesem Sinne Urteil vom 1. Juni 1999 in der Rechtssache C-126/97, Eco Swiss, Slg. 1999, I-3055, Randnrn. 46 und 47).

[22] Bei der Ausgestaltung des Verfahrens für die Klagen, die den Schutz der dem Bürger aus der unmittelbaren Wirkung des Gemeinschaftsrechts erwachsenden Rechte gewährleisten sollen, haben die Mitgliedstaaten dafür zu sorgen, dass die betreffenden Modalitäten nicht ungünstiger sind als für gleichartige Klagen, die das innerstaatliche Recht betreffen (Grundsatz der Gleichwertigkeit), und dass sie nicht so ausgestaltet sind, dass sie die Ausübung der Rechte, die die Gemeinschaftsrechtsordnung einräumt, praktisch unmöglich machen (Grundsatz der Effektivität) (vgl. in diesem Sinne Urteile vom 16. Mai 2000 in der Rechtssache C-78/98, Preston u.a., Slg. 2000, I-3201, Randnr. 31 und die angeführte Rechtsprechung). Im Ausgangsverfahren ist jedoch nicht geltend gemacht worden, dass diese Schranken der verfahrensrechtlichen Befugnisse der Mitgliedstaaten im Berufungsverfahren nicht beachtet worden sind.

[23] Dieser Beurteilung steht auch das Urteil Kühne & Heitz nicht entgegen, auf das sich das vorlegende Gericht in seiner Frage 1a bezieht. Selbst wenn nämlich die in diesem Urteil aufgestellten Grundsätze auf einen Sachverhalt übertragbar sein sollten, der, wie der des Ausgangsverfahrens, eine in Rechtskraft erwachsene gerichtliche Entscheidung betrifft, ist doch zu beachten, dass dieses Urteil die Verpflichtung der betreffenden Behörde aus Artikel 10 EG, eine unter Verstoß gegen Gemeinschaftsrecht erlassene bestandskräftige Entscheidung zu überprüfen, u.a. von der Voraussetzung abhängig macht, dass diese Behörde nach nationalem Recht zur Rücknahme dieser Entscheidung befugt ist (siehe Randnrn. 26 und 28 des Urteils). Im vorliegenden Fall ist aber diese Voraussetzung, wie sich aus der Vorlageentscheidung ergibt, nicht erfüllt.

[24] Aufgrund dessen ist auf Frage 1a zu antworten, dass der sich aus Artikel 10 EG ergebende Grundsatz der Zusammenarbeit es einem nationalen Gericht nicht gebietet, von der Anwendung innerstaatlicher Verfahrensvorschriften zu dem Zweck abzusehen, eine in Rechtskraft erwachsene gerichtliche Entscheidung zu überprüfen und aufzuheben, falls sich zeigt, dass sie gegen Gemeinschaftsrecht verstößt.

## 16   Rs. C-188/95 (Fantask u.a.), Urteil des Gerichtshofes vom 02. 12. 1997 – Slg. 1997, S. I-6783.

**Vorbemerkungen:** *Das Urteil des EuGH in der Rechtssache Fantask behandelt die Frage, ob und unter welchen Voraussetzungen ein Verstoß gegen die Rechtspflichten aus einer Richtlinie den Ablauf nationaler Verfahrensfristen hemmen kann. Der EuGH hatte zunächst in der Rechtssache Emmot (Rs. C-208/90, Slg. 1991, S. I-4269) festgestellt, dass ein Mitgliedstaat sich in einem Verfahren, in dem der Kläger gegen diesen Staat Rechte unmittelbar aus einer Richtlinie geltend macht, solange nicht auf nationale Klagefristen berufen kann, wie er seiner Pflicht zur vollständigen Umsetzung der Richtlinie nicht nachgekommen ist. Diese Entscheidung hatte insoweit Aufsehen erregt, als dass daraus teilweise auf eine generelle Fristenhemmung im Falle eines Verstoßes gegen eine Richtlinie geschlossen wurde. Mit der Entscheidung Fantask stellt der EuGH jedoch klar, dass es eine generelle Fristenhemmung nicht gibt und die Entscheidung Emmot nur einen Ausnahmefall betraf. Nationale Verfahrensfristen können Einzelnen daher nicht entgegenhalten werden, wenn*
*(1) diese Einzelnen Rechte unmittelbar aus einer Richtlinie geltend machen, gegen die der beklagte Mitgliedstaat verstoßen hat, und*
*(2) durch eine Anwendung der Klagefristen jegliche Geltendmachung dieser gemeinschaftsrechtlich gewährten Rechtspositionen ausgeschlossen würde.*

**Sachverhalt:** Mehrere dänische Gesellschaften oder Konzerne (u.a. Fantask) stellten beim zuständigen Amt den Antrag auf Erstattung der Beträge, die sie als zusätzliche Abgabe bei diesem hatten entrichten müssen. Diese Erstattungsanträge wurden wegen des Ablaufs der fünfjährigen Verjährungsfrist, die das dänische Recht vorsieht, abgelehnt. Hiergegen erhoben die Gesellschaften Klage mit der Behauptung, die Abgabenerhöhung verstoße gegen die Richtlinie 69/335/EWG. Da Dänemark die Richtlinie

69/335/EWG betreffend die indirekten Steuern auf die Ansammlung von Kapital in ihrer geänderten Fassung nicht in das nationale Recht umgesetzt hatte, setzte das zuständige Gericht das Verfahren aus und legte dem EuGH die Frage vor, inwieweit die Nichtumsetzung der Richtlinie den Ablauf einer nationalen Verfahrensfrist hemmen könne.

## Aus den Entscheidungsgründen:

(S. I-6838) [47] Wie der Gerichtshof in Randnummer 39 des vorliegenden Urteils ausgeführt hat, ist nach ständiger Rechtsprechung mangels einer gemeinschaftsrechtlichen Regelung auf diesem Gebiet die Ausgestaltung von Verfahren bei Klagen auf Rückzahlung rechtsgrundloser Leistungen Sache der innerstaatlichen Rechtsordnung der einzelnen Mitgliedstaaten, sofern diese Verfahren nicht ungünstiger gestaltet werden als bei entsprechenden Klagen, die nur innerstaatliches Recht betreffen, und die Ausübung der durch die Gemeinschaftsrechtsordnung verliehenen Rechte durch sie nicht praktisch unmöglich gemacht oder übermäßig erschwert wird.

[48] So hat der Gerichtshof anerkannt, daß die Festsetzung angemessener Ausschlußfristen im Interesse der Rechtssicherheit sowohl den betroffenen Abgabenpflichtigen als auch die betroffene Verwaltung schützt. Derartige Fristen können nämlich nicht als so geartet angesehen werden, daß sie die Ausübung der durch die Gemeinschaftsrechtsordnung verliehenen Rechte praktisch unmöglich machen oder übermäßig erschweren, selbst wenn ihr Ablauf per definitionem zur vollständigen oder teilweisen Abweisung der Klage führt (vgl. insbesondere Urteile vom 16. Dezember 1976 in der Rechtssache 33/76, Rewe, Slg. 1976, 1989, Randnr. 5, in der Rechtssache 45/76, Comet, Slg. 1976, 2043, Randnrn. 17 und 18, und vom 10. Juli 1997 in der Rechtssache C-261/95, Palmisani, Slg. 1997, I-4025, Randnr. 28).

(S. I-6839) [49] In diesem Zusammenhang ist die fünfjährige Verjährungsfrist, die das dänische Recht vorsieht, als angemessen zu betrachten (Urteil vom 17. Juli 1997 in der Rechtssache C-90/94, Haahr Petroleum, Slg. 1997, I-4085, Randnr. 49). Im übrigen gilt diese Frist unterschiedslos für die Geltendmachung auf Gemeinschaftsrecht wie auf nationales Recht gestützter Ansprüche.

[50] Zwar hat der Gerichtshof in Randnummer 23 des Urteils Emmott festgestellt, daß sich der säumige Mitgliedstaat bis zum Zeitpunkt der ordnungsgemäßen Umsetzung der Richtlinie nicht auf die Verspätung einer Klage berufen kann, die ein einzelner zum Schutz der ihm durch die Bestimmungen einer Richtlinie verliehenen Rechte

gegen ihn erhoben hat, und daß eine Klagefrist des nationalen Rechts erst zu diesem Zeitpunkt beginnen kann.

[51] Jedoch ergibt sich aus dem Urteil vom 27. Oktober 1993 in der Rechtssache C-338/91 (Steenhorst-Neerings, Slg. 1993, I 5475), wie auch durch das Urteil vom 6. Dezember 1994 in der Rechtssache C-410/92 (Johnson, Slg. 1994, I-5483, Randnr. 26) bestätigt worden ist, daß die Entscheidung in der Rechtssache Emmott durch die besonderen Umstände dieses Falles gerechtfertigt war, in dem der Klägerin des Ausgangsverfahrens durch den Ablauf der Klagefrist jede Möglichkeit genommen war, ihren auf eine Gemeinschaftsrichtlinie gestützten Anspruch auf Gleichbehandlung geltend zu machen (vgl. auch Urteile Haahr Petroleum, aaO., Randnr. 52, und vom 17. Juli 1997 in den Rechtssachen C-114/95 und C-115/95, Texaco und Olieselskabet Danmark, Slg. 1997, I-4263, Randnr. 48).

# B. Die Rechtsetzung durch die Gemeinschaft

## I. Die an der Rechtsetzung beteiligten Organe der Gemeinschaft

Rs. 138/79 (Roquette Frères ⁄ Rat), **17**
Urteil des Gerichtshofes vom 29. 10. 1980 – Slg. 1980, S. 3333.

**Vorbemerkungen:** *Die in den Vertragsbestimmungen vorgesehene Anhörung des Europäischen Parlaments stellt eine wesentliche Formvorschrift dar, deren Missachtung die Nichtigkeit der betroffenen Handlung zur Folge hat. Die Einhaltung der Beteiligungsrechte des Europäischen Parlaments ist für das vom Vertrag gewollte institutionelle Gleichgewicht wesentlich. Die Beteiligungsrechte sollen auf Gemeinschaftsebene, wenn auch in beschränktem Umfang, ein grundlegendes demokratisches Prinzip widerspiegeln. Der Formvorschrift ist nur dann Genüge getan, wenn das Parlament seiner Auffassung tatsächlich Ausdruck verleiht, und nicht bereits dann, wenn der Rat es um Stellungnahme ersucht.*

**Sachverhalt:** Die Klägerin, die unter anderem Isoglucose herstellt, beantragt die Nichtigerklärung der VO 1239/79, soweit ihr darin eine Quote für die Isoglucoseproduktion auferlegt wird. Sie rügt in ihrer Klageschrift u.a. die Verletzung wesentlicher Formvorschriften nach Art. 230 EG, da der Rat die VO erlassen habe, ohne dass das Europäische Parlament die vorgeschriebene Stellungnahme abgegeben hätte. Der EuGH erklärte die betroffene Verordnung wegen der Missachtung einer wesentlichen Formvorschrift für nichtig.

## Aus den Entscheidungsgründen:

(S. 3360) [32] Nach Auffassung der Klägerin und des Parlaments als Streithelfer ist die Verordnung Nr. 1111/77 in ihrer geänderten Fassung wegen Verletzung wesentlicher Formvorschriften für nichtig zu erachten, weil der Rat sie ohne Einhaltung des in Artikel 43 Absatz 2 EWG-Vertrag vorgesehenen Anhörungsverfahrens erlassen habe.

[33] Die in Artikel 43 Absatz 2 Unterabsatz 3 EWG-Vertrag und in entsprechenden Vertragsbestimmungen vorgesehene Anhörung ermöglicht dem Parlament eine wirksame Beteiligung am Gesetzgebungsverfahren der Gemeinschaft. Diese Befugnis ist für das vom

Vertrag gewollte institutionelle Gleichgewicht wesentlich. Sie spiegelt auf Gemeinschaftsebene, wenn auch in beschränktem Umfang, ein grundlegendes demokratisches Prinzip wider, nach dem die Völker durch eine Versammlung ihrer Vertreter an der Ausübung der hoheitlichen Gewalt beteiligt sind. Die ordnungsgemäße Anhörung des Parlaments in den vom Vertrag vorgesehenen Fällen stellt somit eine wesentliche Formvorschrift dar, deren Mißachtung die Nichtigkeit der betroffenen Handlung zur Folge hat.

[34] Dieser Formvorschrift ist insbesondere nur dann Genüge getan, wenn das Parlament seiner Auffassung tatsächlich Ausdruck verleiht, nicht bereits dann, wenn der Rat es um Stellungnahme ersucht. Es ist deshalb unrichtig, (S. 3361) wenn der Rat in den Bezugsvermerken zur Verordnung Nr. 1293/79 die „Konsultation" des Europäischen Parlaments anführt.

[35] Der Rat bestreitet nicht, daß die Anhörung des Parlaments eine wesentliche Formvorschrift ist. Im vorliegenden Fall jedoch, so meint er, habe das Parlament die Beachtung dieser Formvorschrift durch sein eigenes Verhalten unmöglich gemacht; es könne sich deshalb auf deren Mißachtung nicht berufen.

[36] Es ist im vorliegenden Fall nicht erforderlich, auf die grundsätzlichen Fragen einzugehen, die diese Argumentation des Rates aufwirft. Es genügt festzustellen, daß der Rat am 25. Juni 1979, als er seine Verordnung Nr.1293/79 zur Änderung der Verordnung Nr. 1111/77 erließ, ohne daß eine Stellungnahme des Parlaments vorgelegen hätte, noch nicht alle Möglichkeiten ausgeschöpft hatte, um eine vorherige Stellungnahme des Parlaments zu erlangen. Zum einen beantragte er nicht die Durchführung des in der Geschäftsordnung des Parlaments vorgesehenen Dringlichkeitsverfahrens, obwohl er auf anderen Gebieten und im Hinblick auf andere Verordnungsentwürfe zur gleichen Zeit von dieser Möglichkeit Gebrauch machte. Zum anderen hätte er um so eher nach Artikel 139 EWG-Vertrag eine außerordentliche Sitzung des Parlaments beantragen können, als ihn das Präsidium des Parlaments am 1. März und am 10. Mai 1979 auf diese Möglichkeit hingewiesen hatte.

[37] Da die in Artikel 43 EWG-Vertrag vorgeschriebene Stellungnahme des Parlaments nicht vorlag, ist die Verordnung Nr. 1293/79 des Rates zur Änderung der Verordnung Nr. 1111/77 folglich unbeschadet der Befugnis des Rates für nichtig zu erklären, gemäß Artikel 176 Absatz 1 EWG-Vertrag im Anschluß an dieses Urteil alle angemessenen Maßnahmen zu ergreifen.

**Rs. C-303/94 (Europäisches Parlament ⁄ Rat),**   **18**
**Urteil des Gerichtshofes vom 18. 06. 1996 – Slg. 1996, S. I-2943.**

**Vorbemerkungen:** *Der Gerichtshof musste sich in dieser Entscheidung mit den Beteiligungsrechten des Europäischen Parlaments an der (gestuften) gemeinschaftlichen Rechtssetzung auseinandersetzen. Er kam zu dem Schluss, dass der Rat nicht gezwungen werden kann, in einer Verordnung oder Richtlinie alle Einzelheiten der jeweiligen Materie zu regeln. Vielmehr sind nur die „wesentlichen Elemente der zu regelnden Materie" nach dem im Vertrag vorgesehenen Verfahren zu beschließen. Durchführungsbestimmungen können nach einem abweichenden Verfahren erlassen werden, soweit dies die Verordnungen oder Richtlinien vorsehen. Dabei ist aber zu beachten, dass die Durchführungsrichtlinie bzw. –verordnung die Grundrichtlinie bzw. –verordnung zu berücksichtigen hat und diese nicht ändern darf. Der Gerichtshof kommt im vorliegenden Verfahren zu dem Ergebnis, dass die Beteiligungsrechte des Europäischen Parlaments verletzt wurden, weil die Durchführungsrichtlinie 94/43/EG die Grundrichtlinie 91/414/ EWG hinsichtlich eines wesentlichen Elements verändert. Insoweit hätte es einer Beteiligung des Parlamentes an der Rechtsetzung zur Durchführungsrichtlinie 94/43/EG bedurft.*

**Sachverhalt:** Das Europäische Parlament erhob beim EuGH Klage auf Nichtigkeitserklärung der Richtlinie 94/43/EG des Rates. Die Richtlinie 94/43/EG sollte den Anhang VI der Richtlinie 91/414/EWG über das Inverkehrbringen von Pflanzenschutzmitteln festlegen. Die Grundrichtlinie 91/414/EWG ist auf Grundlage des Art. 43 EGV erlassen worden. In Art. 18 der Grundrichtlinie wurde festgeschrieben, dass der Rat auf Vorschlag der Kommission mit qualifizierter Mehrheit die „einheitlichen Grundsätze" nach Anhang VI festlegt. Diese Grundsätze legte der Rat entsprechend dem vorgesehenen Verfahren in der Richtlinie 94/43/EG fest. Eine Anhörung des Parlaments fand nicht statt. Die Richtlinie 94/43/EG verlangt für die Zulassung von Pflanzenschutzmitteln jedoch ausdrücklich nur die Beachtung der Auswirkungen auf das Trinkwasser, während die Grundrichtlinie 91/414/EWG ausdrücklich die Beachtung der Auswirkungen der zuzulassenden Pflanzenschutzmittel auf das gesamte Grundwasser verlangt. Das Europäische Parlament sieht in dieser Unterscheidung eine Änderung der Grundrichtlinie 91/414/EWG, da deren Auswirkungen wesentlich eingeschränkt werden, und hält deshalb seine Beteiligung an der Rechtsetzung für notwendig. Da eine entsprechende Beteiligung des Europäischen Parlaments nicht stattgefunden hat und die Möglichkeit einer Verletzung seiner Beteiligungsrechte an der Rechtsetzung bestand, erhob das Europäische Parlament Nichtigkeitsklage beim EuGH.

**Aus den Entscheidungsgründen:**

(S. I-2969) [23] Wie der Gerichtshof bereits entschieden hat (siehe insbesondere Urteile vom 16. Juni 1987 in der Rechtssache 46/86, Romkes, Slg. 1987, 2671, Randnr. 16, und vom 13. Juli 1995, Parlament/Kommission, aaO., Randnr. 18), kann nicht verlangt werden, daß der Rat alle Einzelheiten von Verordnungen oder Richtlinien über die gemeinsame Agrarpolitik nach dem Verfahren des Artikels 43 EG-Vertrag regelt. Dieser Vorschrift ist Genüge getan, wenn die wesentlichen Elemente der zu regelnden Materie nach dem in ihr vorgesehenen Verfahren festgelegt worden sind; die Durchführungsbestimmungen zu den Grundverordnungen und -richtlinien können nach einem abweichenden Verfahren erlassen werden, das in diesen Verordnungen oder Richtlinien festgelegt ist. Jedoch muß eine Durchführungsrichtlinie wie die streitige Richtlinie, die ohne Anhörung des Parlaments erlassen worden ist, die in der Grundrichtlinie nach Anhörung des Parlaments erlassenen Bestimmungen beachten.

(S. I-2970) [24] Zwar bringt die Grundrichtlinie im vorliegenden Fall in ihrer dritten Begründungserwägung zum Ausdruck, daß die Anwendung von Pflanzenschutzmitteln eines der wichtigsten Mittel zum Schutz der Pflanzen und Pflanzenerzeugnisse und zur Verbesserung der Produktion der Landwirtschaft sei; sie legt in ihrer vierten Begründungserwägung aber auch dar, daß diese Anwendung Risiken für den Menschen, die Tiere und die Umwelt mit sich bringen könne, und sie zielt, wie aus den folgenden Begründungserwägungen hervorgeht, darauf ab, wegen dieser Gefahren einheitliche Vorschriften über die Voraussetzungen für die Zulassung von Pflanzenschutzmitteln und über die Zulassungsverfahren einzuführen.

[25] Nach der neunten Begründungserwägung der Grundrichtlinie „müssen [diese Verfahren] ein hohes Schutzniveau gewährleisten, damit insbesondere die Zulassung von Pflanzenschutzmitteln verhindert wird, die nicht ausreichend auf ihre Gesundheits-, Grundwasser- und Umweltgefährdung untersucht worden sind"; ausserdem ist „[d]er Schutz der Gesundheit von Mensch und Tier sowie der Umwelt … gegenüber dem Ziel der Produktionsverbesserung bei der Pflanzenerzeugung vorrangig". Die zehnte Begründungserwägung fügt dem hinzu, daß es notwendig sei, sicherzustellen, daß die betreffenden Pflanzenschutzmittel „keine unannehmbaren Auswirkungen … auf die Umwelt im allgemeinen und insbesondere keine schädlichen Auswirkungen auf die Gesundheit von Mensch und Tier oder das Grundwasser haben".

[26] Die Zulassungsvorschriften sind insbesondere in Artikel 4 Absatz 1 der Grundrichtlinie enthalten, der, wie in Randnummer 3 des vorliegenden Urteils ausgeführt, die Mitgliedstaaten verpflichtet, dafür Sorge zu tragen, daß ein Pflanzenschutzmittel nur zugelassen wird, wenn bestimmte Voraussetzungen erfüllt sind, und der insoweit auf die „einheitlichen Grundsätze" gemäß Anhang VI verweist, dessen Inhalt vom Rat nach dem in Artikel 18 vorgesehenen Verfahren festzulegen ist.

[27] Was speziell den Schutz der Gesundheit, des Grundwassers und der Umwelt betrifft, so sieht Artikel 4 Absatz 1 Buchstabe b der Grundrichtlinie vor, daß die Mitgliedstaaten ein Pflanzenschutzmittel nur zulassen, wenn in Anwendung der oben genannten einheitlichen Grundsätze sichergestellt ist, daß das Pflanzenschutzmittel keine unmittelbaren oder mittelbaren schädlichen Auswirkungen auf (S. I-2971) die Gesundheit von Mensch und Tier oder auf das Grundwasser und keine unannehmbaren Auswirkungen auf die Umwelt, insbesondere in bezug auf die Kontamination von Wasser, hat. Wie sich aus dem Wortlaut dieses Buchstabens b Ziffern iv und v klar ergibt, gilt diese Verpflichtung gleichermassen für Trinkwasser und für Grundwasser ohne Einschränkung des Inhalts, daß letzteres zum menschlichen Genuß bestimmt sein muß.

[28] Aus diesen Bestimmungen insgesamt geht hervor, daß die Grundrichtlinie zwar auf die Verbesserung der landwirtschaftlichen Produktion durch die Anwendung von Pflanzenschutzmitteln abzielt, daß sie aber auch die pflegliche Behandlung der Umwelt im allgemeinen und des Grundwassers im besonderen als eine der wesentlichen Voraussetzungen für die Zulassung von Pflanzenschutzmitteln festlegt.

[29] In der dritten Begründungserwägung der streitigen Richtlinie wird dargelegt, daß die einheitlichen Grundsätze für die Bewertung und Zulassung von Pflanzenschutzmitteln „für alle in Artikel 4 Absatz 1 Buchstaben b), c), d) und e) der [Grundrichtlinie] genannten Anforderungen festgelegt werden [müssen]". Im Anhang VI, der diese einheitlichen Grundsätze festlegt, gelten die Bestimmungen von Teil B Ziffer 2.5.1.2 und von Teil C Ziffer 2.5.1.2 über das Grundwasser jedoch nur für das zur Trinkwassergewinnung bestimmte Wasser. Ausserdem berühren diese Bestimmungen, wie in Randnummer 5 des vorliegenden Urteils ausgeführt, zwar nicht die Verpflichtungen, die sich insbesondere aus der Richtlinie 80/778 ergeben, und verweisen im übrigen ausdrücklich auf die in dieser Richtlinie festgelegte Höchstkonzentration, sie erlauben aber unter den in Teil C Ziffer

2.5.1.2 Buchstaben b und c vorgesehenen Bedingungen die Erteilung einer bedingten Zulassung für Pflanzenschutzmittel, deren zu erwartende Konzentration diese Höchstkonzentration übersteigt.

[30] Entgegen dem Vorbringen des Rates reicht der Umstand, daß die streitige Richtlinie lediglich in einem der Punkte, die die in der Grundrichtlinie festgelegten Grundsätze betreffen, unvollständig ist, ohne jedoch den Rahmen für die Durchführung dieser Grundsätze zu überschreiten, nicht aus, um die Rüge, daß sie im Hinblick auf die Grundrichtlinie rechtswidrig sei, zu widerlegen. Hierzu wäre es, (S. I-2972) wie in Randnummer 23 des vorliegenden Urteils dargelegt, darüber hinaus erforderlich, daß die Durchführungsrichtlinie mit den in der Grundrichtlinie nach Anhörung des Europäischen Parlaments erlassenen Bestimmungen in Einklang steht und den Umfang der in ihr festgelegten Verpflichtungen nicht verändert.

[31] Durch die fehlende Berücksichtigung der Auswirkungen, die die Pflanzenschutzmittel auf das Grundwasser insgesamt haben können, wurde in der streitigen Richtlinie jedoch gerade einer der in der Grundrichtlinie ausdrücklich festgelegten wesentlichen Gesichtspunkte der Materie nicht beachtet. Insoweit genügt es darauf hinzuweisen, daß die Grundrichtlinie, wie in Randnummer 25 des vorliegenden Urteils ausgeführt, insbesondere ein hohes Schutzniveau gewährleisten soll, damit jede unannehmbare Auswirkung von Pflanzenschutzmitteln auf die Umwelt im allgemeinen und jede schädliche Auswirkung auf die Gesundheit von Mensch und Tier oder das Grundwasser im besonderen verhindert wird.

**19**   **Rs. C-300/89 (Kommission ⁒ Rat; „Titandioxid"),**
   **Urteil des Gerichtshofes vom 11. 06. 1991 – Slg. 1991, S. I-2867.**

**Vorbemerkungen:** *Soweit die Zuständigkeit eines Organs (hier: des Rates) auf mehrere Rechtsgrundlagen gestützt werden kann, ist es zwar grundsätzlich verpflichtet, die entsprechenden Rechtsakte auf der Grundlage aller Bestimmungen zu erlassen. Soweit jedoch die vorgesehenen Beteiligungsrechte des Europäischen Parlaments unterschiedlicher Art sind, ist im Zweifel derjenigen Rechtsgrundlage der Vorzug zu geben, bei der die Beteiligungsrechte des Parlaments in ihrer stärksten Ausprägung wahrgenommen werden können. Die Beteiligungsformen des Parlaments sind mittlerweile durch den Maastrichter Vertrag, den Amsterdamer Vertrag und den Vertrag von Nizza jeweils* *intensiviert worden, das Grundprinzip der Entscheidung gilt jedoch weiter, insbesondere weil die Art. 95 Abs. 4 und 5 EG und Art. 176 EG unterschiedliche Anforderungen an die Beibehaltung und den Erlass neuer nationaler Regelungen vorsehen.*

**Sachverhalt:** Nach Inkrafttreten der Einheitlichen Europäischen Akte änderte die Kommission die Rechtsgrundlage eines bereits dem Rat zugeleiteten Richtlinienvorschlags, welcher u.a. ein Verbot des Einleitens bestimmter Abfälle in das Meer sowie die geeignete Behandlung und Lagerung dieser Abfälle beinhaltete und stützte ihren Vorschlag auf den damals neu eingeführten Art. 100a EWGV. In seiner Sitzung vom 24. und 25. 11. 1988 sprach sich der Rat allgemein dafür aus, die künftige Richtlinie auf Art. 130s EWGV zu stützen. Trotz der entgegenstehenden Auffassung des Parlaments und der Kommission erließ der Rat die Richtlinie in seiner Sitzung vom 08. und 09. 06. 1989 einstimmig auf der Grundlage von Art. 130s EWGV. Die Kommission richtete sich in ihrer Nichtigkeitsklage gegen die Wahl der Rechtsgrundlage. Während Art. 100a Abs. 1 EWGV die Anwendung des Verfahrens der Zusammenarbeit anordnete, war nach Art. 130s Abs. 1 EWGV eine bloße Anhörung des Parlaments vorgesehen. Der EuGH erklärte die betroffene Richtlinie für nichtig.

## Aus den Entscheidungsgründen:

(S. I-2900) [16] Die in Rede stehende Richtlinie hat folglich angesichts ihres Ziels und ihres Inhalts sowohl den Charakter einer Maßnahme im Umweltbereich im Sinne von Artikel 130s EWG-Vertrag als auch den Charakter einer auf die Errichtung und das Funktionieren des Binnenmarktes gerichteten Harmonisierungsmaßnahme im Sinne von Artikel 100a EWG-Vertrag.

[17] Wie der Gerichtshof in dem Urteil vom 27. September 1988 in der Rechtssache 165/87 (Kommission/Rat, Slg. 1988, 5545, Randnr. 11) entschieden hat, ist ein Organ, wenn seine Zuständigkeit auf zwei Vertragsbestimmungen beruht, verpflichtet, die entsprechenden Rechtsakte auf der Grundlage dieser beiden Bestimmungen zu erlassen. Diese Rechtsprechung kann jedoch im vorliegenden Fall keine Anwendung finden.

[18] Die eine der in Betracht kommenden Ermächtigungsbestimmungen – Artikel 100a – schreibt nämlich die Anwendung des in Artikel 149 Absatz 2 EWG-Vertrag vorgesehenen Verfahrens der Zusammenarbeit vor, während die andere Bestimmung – Artikel 130s – eine einstimmige Beschlußfassung innerhalb des Rates nach einer bloßen Anhörung des Europäischen Parlaments vorschreibt. In diesem Fall

würde durch einen Rückgriff auf mehrere Rechtsgrundlagen das Verfahren der Zusammenarbeit ausgehöhlt.

[19] Im Rahmen des Verfahrens der Zusammenarbeit entscheidet der Rat mit qualifizierter Mehrheit, wenn er die vom Europäischen Parlament formulierten und von der Kommission in ihrem überprüften Vorschlag übernommenen Abänderungen seines gemeinsamen Standpunkts akzeptieren will, während er Einstimmigkeit erzielen muß, wenn er nach Ablehnung des gemeinsamen Standpunkts durch das Parlament entscheiden oder den überprüften Vorschlag der Kommission ändern will. Diesem wesentlichen Element des Verfahrens der Zusammenarbeit würde Abbruch getan, wenn der Rat wegen der gleichzeitigen Bezugnahme auf die Artikel 100a und 130s auf jeden Fall einstimmig entscheiden müßte.

[20] Das mit dem Verfahren der Zusammenarbeit verfolgte Ziel, die Beteiligung des Europäischen Parlaments am Gesetzgebungsverfahren der Gemeinschaft zu stärken, wäre damit in Frage gestellt. Wie der Gerichtshof in den Urteilen vom 29. Oktober 1980 in der Rechtssache 138/79 (Roquette Frères/Rat, Slg. 1980, 3333, Randnr. 33) und in der Rechtssache 139/79 (Maizena/Rat, Slg. 1980, 3393, Randnr. 34) festgestellt hat, spiegelt diese Beteiligung auf Gemeinschaftsebene ein grundlegendes demokratisches Prinzip wider, nach dem die Völker durch eine Versammlung ihrer Vertreter an der Ausübung der hoheitlichen Gewalt beteiligt sind.

(S. I-2901) [21] Im vorliegenden Fall ist deshalb ein Rückgriff auf die doppelte Rechtsgrundlage der Artikel 100a und 130s ausgeschlossen. Es ist folglich zu prüfen, welche dieser beiden Bestimmungen die geeignete Rechtsgrundlage darstellt.

## II. Delegationsbefugnisse bei gestufter Sekundärrechtsetzung

**20   Rs. C-66/04 (Vereinigtes Königreich ⁄ Parlament und Rat), Urteil des Gerichtshofes vom 06. 12. 2005 – Slg. 2005, S. I-10553.**

**Vorbemerkungen:** *Die Entscheidung befasst sich mit der wichtigen Frage nach dem Gesetzesvorbehalt bei gestuften Sekundärrechtsverhältnissen, also der Frage nach dem Umfang zulässiger Delegation von (Durchführungs-)Rechtsetzungsbefugnissen auf die Kommission* *durch den Gemeinschaftsgesetzgeber. Der EuGH nennt hierfür zwei Voraussetzungen:*

*(1) der Gemeinschaftsgesetzgeber ist verpflichtet, in dem Basisrechtsakt die wesentlichen Elemente der Harmonisierungsmaßnahme selbst festzulegen,*

*(2) die Entscheidungsbefugnisse der Kommission müssen genau bestimmt und eingegrenzt sein.*

*Die weitere Ausgestaltung des Gesetzesvorbehalts im Gemeinschaftsrecht und die Anwendung der Wesentlichkeitstheorie im Einzelnen bleibt allerdings abzuwarten.*

**Sachverhalt:** Das Vereinigte Königreich Großbritannien hat Nichtigkeitsklage gegen die Verordnung (EG) Nr. 2065/2003 des Europäischen Parlaments und des Rates vom 10. 11. 2003 über Raucharomen zur tatsächlichen oder beabsichtigten Verwendung in oder auf Lebensmitteln erhoben. Nach Ansicht des Vereinigten Königreichs ist Artikel 95 EG keine korrekte Rechtsgrundlage für den Erlass der streitigen Verordnung, denn diese Verordnung gleiche nicht die nationalen Rechtsvorschriften an, sondern lege auf Gemeinschaftsebene ein zentralisiertes Verfahren für die Zulassung von Raucharomen für Lebensmittel fest. Zu den der Kommission durch die Verordnung im Rahmen des Regelungsverfahrens übertragenen Aufgaben trägt das Vereinigte Königreich vor, dass die Kommission zwar gemäß Artikel 202 EG bei der Durchführung von Maßnahmen, die nach Artikel 95 EG erlassen worden seien, eine Rolle spielen könne, dies jedoch nur unter der Voraussetzung, dass dieses Tätigwerden tatsächlich als „Durchführung" dieser Maßnahmen einzustufen sei. Dies bestreitet das Vereinigte Königreich. Der EuGH wies die Klage als unbegründet ab.

## Aus den Entscheidungsgründen:

(S. I-10589) [47] Schließlich ist zu ergänzen, dass zwei Voraussetzungen erfüllt sein müssen, wenn der Gemeinschaftsgesetzgeber eine Harmonisierung vorsieht, die durch mehrere Schritte gekennzeichnet ist, beispielsweise durch die Festlegung einer Reihe wesentlicher Kriterien, die in einer Grundverordnung aufgeführt sind, und eine anschließende wissenschaftliche Bewertung der betreffenden Stoffe und der Annahme einer Positivliste in der gesamten Gemeinschaft zugelassener Stoffe.

(S. I-105890) [48] Der Gemeinschaftsgesetzgeber ist erstens verpflichtet, in dem Basisrechtsakt die wesentlichen Elemente der betreffenden Harmonisierungsmaßnahme festzulegen.

[49] Zweitens muss der Mechanismus zur Umsetzung dieser Ele-

mente so angelegt seien, dass er zu einer Harmonisierung im Sinne des Artikels 95 EG führt. Das ist dann gegeben, wenn der Gemeinschaftsgesetzgeber im Einzelnen die Modalitäten festlegt, nach denen die Entscheidungen in jedem Abschnitt eines solchen Zulassungsverfahrens getroffen werden müssen und er die Befugnisse, die der Kommission als der Instanz zustehen, die die endgültige Entscheidung zu treffen hat, genau bestimmt und eingegrenzt. Dies ist insbesondere dann der Fall, wenn die fragliche Harmonisierung in der Erstellung einer Liste für die gesamte Gemeinschaft ausschließlich zugelassener Produkte besteht.

[50] Diese Auslegung des Artikels 95 EG findet im Übrigen eine Stütze darin, dass Artikel 95 Absätze 4 und 5 EG schon seinem Wortlaut nach der Kommission die Befugnis zum Erlass von Harmonisierungsmaßnahmen einräumt. Die Bezugnahme auf diese Befugnis der Kommission in den genannten Absätzen in Verbindung mit Artikel 95 Absatz 1 EG bedeutet nämlich, dass sich ein vom Gemeinschaftsgesetzgeber auf der Grundlage des Artikels 95 EG nach dem Mitentscheidungsverfahren gemäß Artikel 251 EG erlassener Rechtsakt auf die Festlegung der wesentlichen Bestimmungen im Hinblick auf die Verwirklichung der mit der Errichtung und dem Funktionieren des Binnenmarkts auf dem betreffenden Gebiet verbundenen Ziele beschränken und der Kommission die Befugnis einräumen kann, die Harmonisierungsmaßnahmen zu erlassen, die zur Durchführung des betreffenden Rechtsakts erforderlich sind.

## III. Gesetzgebungsnotstand

21  **Rs. 804/79 (Kommission ./. Vereinigtes Königreich;**
**„Seefischerei-Erhaltungsmaßnahmen"),**
**Urteil des Gerichtshofes vom 05. 05. 1981 – Slg. 1981, S. 1045.**

*Vorbemerkungen: In der vorliegenden Rechtssache Seefischerei-Erhaltungsmaßnahmen hatte sich der EuGH mit dem Verhältnis mitgliedstaatlicher und gemeinschaftsrechtlicher Rechtsetzungskompetenzen auseinanderzusetzen, soweit die Gemeinschaft eine ihr zukommende ausschließliche Rechtsetzungsbefugnis nicht ausübt. Durch die Nichtwahrnehmung gemeinschaftsrechtlicher Kompetenzen lebt nicht etwa eine subsidiäre eigene mitgliedstaatliche Kompetenz auf. Vielmehr dürfen die Mitgliedstaaten in einer solchen Situation eines „Gesetzge-*

*bungsnotstandes" lediglich für die Zeit der gemeinschaftsrechtlichen Rechtsetzungsuntätigkeit die (fremde) gemeinschaftsrechtliche Kompetenz überbrückend als „Sachwalter des gemeinsamen Interesses" wahrnehmen. Inhalt, Ausgestaltung und Grenzen der mitgliedstaatlichen Notkompetenzen ergeben sich daher aus dem Gemeinschaftsrecht. So müssen die Mitgliedstaaten gemeinschaftsrechtliche Vorgaben wie Diskriminierungsverbote und Effizienzgebote beachten, mit der Kommission bei Erlass der Überbrückungsmaßnahmen zusammenarbeiten und sich um die Billigung der mitgliedstaatlichen Maßnahmen durch die Kommission bemühen.*

**Sachverhalt:** Die Kommission hat nach Art. 226 EG Klage erhoben auf Feststellung, dass das Vereinigte Königreich dadurch gegen seine Verpflichtungen aus dem Vertrag verstoßen hat, dass es einseitige Maßnahmen auf dem Gebiet der Seefischerei angewandt hat, die zum einen fünf Verordnungsmaßnahmen über die Maschenweite der Netze und die Mindestanlandegröße bestimmter Arten und zum anderen ein Lizenzsystem für den Fischfang in der Irischen See und den Gewässern der Insel Man umfassen. Die diesbezügliche ausschließliche Rechtsetzungskompetenz der EG war vom Rat trotz entsprechender Verpflichtung nicht rechtzeitig ausgeübt worden. Der EuGH hat den Verstoß des Vereinigten Königreichs bestätigt.

## Aus den Entscheidungsgründen:

(S. 1075) [28] Gemäß Artikel 5 des Vertrages sind die Mitgliedstaaten verpflichtet, der Gemeinschaft die Erfüllung ihrer Aufgaben zu erleichtern und alle Maßnahmen zu unterlassen, welche die Verwirklichung der Ziele des Vertrages gefährden könnten. In einer Situation, in der die Kommission dem Rat zur Befriedigung dringender Erhaltungsbedürfnisse Vorschläge unterbreitet hat, die, obgleich sie vom Rat nicht angenommen worden sind, den Ausgangspunkt eines abgestimmten gemeinschaftlichen Vorgehens darstellen, erlegt diese Bestimmung den Mitgliedstaaten besondere Handlungs- und Unterlassungspflichten auf.

[29] Es ist ferner darauf hinzuweisen, daß nach Artikel 7 des Vertrages die Fischer der Gemeinschaft vorbehaltlich der oben erwähnten Ausnahmen gleichen Zugang zu den der Hoheitsgewalt der Mitgliedstaaten unterliegenden Fanggründen haben müssen. Nur der Rat hat die Befugnis, die Modalitäten dieses Zugangs nach den in den Artikeln 43 Absatz 2 Unterabsatz 3 des Vertrages und 102 der Beitrittsakte festgelegten Verfahren zu bestimmen. Diese Rechtslage kann nicht

durch einseitig von den Mitgliedstaaten getroffene Maßnahmen geändert werden.

[30] Da es sich um ein der Zuständigkeit der Gemeinschaft vorbehaltenes Gebiet handelt, auf dem die Mitgliedstaaten fortan nur noch als Sachwalter des (S. 1076) gemeinsamen Interesses tätig werden können, kann ein Mitgliedstaat mangels eines geeigneten Vorgehens des Rates vorläufige Erhaltungsmaßnahmen, die möglicherweise durch die Umstände geboten sind, nur im Rahmen einer Zusammenarbeit mit der Kommission unter Beachtung der allgemeinen Überwachungsaufgabe treffen, die Artikel 155, im vorliegenden Fall in Verbindung mit dem Beschluß vom 25. Juni 1979 und den Parallelbeschlüssen, diesem Organ zuweist.

[31] In einer Situation, die durch die Untätigkeit des Rates und die grundsätzliche Beibehaltung der Erhaltungsmaßnahmen, die bei Ablauf des in Artikel 102 der Beitrittsakte vorgesehenen Zeitraums in Kraft waren, gekennzeichnet ist, erlegten demgemäß der Beschluß vom 25. Juni 1979 und die Parallelbeschlüsse sowie die Erfordernisse, die mit der der Gemeinschaft obliegenden Wahrung des gemeinsamen Interesses und der Unantastbarkeit ihrer eigenen Befugnisse verbunden sind, den Mitgliedstaaten nicht nur die Verpflichtung auf, die Kommission eingehend zu konsultieren und sich redlich um ihre Billigung zu bemühen, sondern auch die Pflicht, keine einzelstaatlichen Erhaltungsmaßnahmen entgegen Einwänden, Vorbehalten oder Bedingungen, die von der Kommission formuliert werden könnten, zu erlassen.

[32] Dieser Prozeß der Zusammenarbeit zwischen den Mitgliedstaaten und der Kommission ist im übrigen insofern durch eine in ausgedehntem Umfang angewandte Praxis bestätigt worden, als die Kommission zu einer großen Anzahl einzelstaatlicher Erhaltungsmaßnahmen, über die sie von den verschiedenen betroffenen Mitgliedstaaten unterrichtet worden war, Stellung genommen und dabei, soweit erforderlich, Vorbehalte oder Bedingungen formuliert hat (s. für den betreffenden Zeitraum die im Amtsblatt 1978, C 154, S. 5, 1979, C 119, S. 5, C 133, S. 2, und 1980, C 237, S. 2 veröffentlichten Mitteilungen).

# IV. Abgrenzung der Kompetenzen von EG und EU

**Rs. C-176/03 (Kommission und Parlament ./. Rat),**    **22**
**Urteil des Gerichtshofes vom 13. 09. 2005 – Slg. 2005, S. I-7879.**

**Vorbemerkungen:** *Die Entscheidung betrifft die Abgrenzung der Kompetenzen zwischen der ersten Unionssäule (supranationale EG) und der dritten Unionssäule (intergouvernementale PJZS). Aufgrund der tatbestandlichen Einschlägigkeit bestimmter EG-Kompetenzen (Art. 175 EG) für den Inhalt einer im Rahmen der PJZS erlassenen Maßnahme schließt der EuGH auf die Nichtigkeit des streitigen Rahmenbeschlusses. Eine „Flucht ins Unionsrecht" ist daher dem EuGH zufolge selbst dann unzulässig, wenn es sich bei den einschlägigen EG-Kompetenzen – wie bei Art. 175 EG – nicht um ausschließliche EG-Rechtsetzungsbefugnisse handelt, sondern nur um konkurrierende Kompetenzen.*

**Sachverhalt:** Im Januar 2003 erließ der Rat der Europäischen Union auf Initiative des Königreichs Dänemark einen Rahmenbeschluss auf der Grundlage von Art. 29, 31 Buchstabe e und 34 Absatz 2 Buchstabe b EU über die Bekämpfung von Umweltkriminalität. Der Rahmenbeschluss definiert eine Reihe von Umweltstraftaten und fordert die Mitgliedstaaten auf, insoweit strafrechtliche Sanktionen vorzusehen. Die Kommission erhob gegen den Rahmenbeschluss Nichtigkeitsklage gemäß Art. 36 Abs. 6 EU. Sie ist der Ansicht, dass der Rahmenbeschluss deshalb rechtswidrig ist, weil für seine Regelungen einschlägige EG-Kompetenzen bestünden.

### Aus den Entscheidungsgründen:

(S. I-7922) [38] Nach Artikel 47 EU lässt der Vertrag über die Europäische Union den EG-Vertrag unberührt. Dasselbe ergibt sich aus Artikel 29 Absatz 1 EU, der den Titel VI des EU-Vertrags einleitet.

(S. I-7923) [39] Der Gerichtshof hat darüber zu wachen, dass die Handlungen, von denen der Rat behauptet, sie fielen unter diesen Titel VI, nicht in die Zuständigkeiten übergreifen, die die Bestimmungen des EG-Vertrags der Gemeinschaft zuweisen (vgl. Urteil vom 12. Mai 1998 in der Rechtssache C-170/96, Kommission/Rat, Slg. 1998, I-2763, Randnr. 16).

[40] Es ist daher zu prüfen, ob die Artikel 1 bis 7 des Rahmenbeschlusses die Zuständigkeit, über die die Gemeinschaft nach Artikel 175 EG verfügt, insoweit berühren, als sie, wie die Kommission vor-

trägt, auf der Grundlage dieser Bestimmung hätten erlassen werden können.

[41] Der Umweltschutz ist eines der wesentlichen Ziele der Gemeinschaft (vgl. Urteile vom 7. Februar 1985 in der Rechtssache 240/83, ADBHU, Slg. 1985, 531, Randnr. 13, vom 20. September 1988 in der Rechtssache 302/86, Kommission/Dänemark, Slg. 1988, 4607, Randnr. 8, und vom 2. April 1998 in der Rechtssache C-213/96, Outokumpu, Slg. 1998, I-1777, Randnr. 32). So heißt es in Artikel 2 EG, dass es Aufgabe der Gemeinschaft ist, „ein hohes Maß an Umweltschutz und Verbesserung der Umweltqualität" zu fördern, und Artikel 3 Absatz 1 Buchstabe l EG sieht zu diesem Zweck „eine Politik auf dem Gebiet der Umwelt" vor.

[42] Darüber hinaus müssen nach Artikel 6 EG „[d]ie Erfordernisse des Umweltschutzes ... bei der Festlegung und Durchführung der ... Gemeinschaftspolitiken und -maßnahmen ... einbezogen werden", was den Querschnittscharakter und die grundlegende Bedeutung dieses Zieles verdeutlicht.

(S. I-7924) [43] Die Artikel 174 EG bis 176 EG stellen grundsätzlich den Rahmen dar, in dem die gemeinschaftliche Umweltpolitik durchzuführen ist. Artikel 174 Absatz 1 EG führt die Ziele der Umweltpolitik der Gemeinschaft auf; Artikel 175 EG legt die Verfahren zur Erreichung dieser Ziele fest. Die Gemeinschaftskompetenz wird im Allgemeinen gemäß dem Verfahren des Artikels 251 EG nach Anhörung des Wirtschafts- und Sozialausschusses und des Ausschusses der Regionen ausgeübt. In manchen, in Artikel 175 Absatz 2 EG genannten Bereichen beschließt der Rat jedoch auf Vorschlag der Kommission nach Anhörung des Parlaments und der beiden oben genannten Organe allein und einstimmig.

[44] Wie der Gerichtshof bereits entschieden hat, implizieren alle in den drei Gedankenstrichen des Artikels 175 Absatz 2 Unterabsatz 1 EG genannten Maßnahmen ein Tätigwerden der Gemeinschaftsorgane auf Gebieten wie der Steuer-, der Energie- oder der Raumordnungspolitik, für die außerhalb der gemeinschaftlichen Umweltpolitik entweder keine Gesetzgebungszuständigkeit der Gemeinschaft besteht oder im Rat Einstimmigkeit erforderlich ist (Urteil vom 30. Januar 2001 in der Rechtssache C-36/98, Spanien/Rat, Slg. 2001, I-779, Randnr. 54).

[45] Ferner muss sich die Wahl der Rechtsgrundlage eines gemeinschaftlichen Rechtsakts nach ständiger Rechtsprechung auf objektive, gerichtlich nachprüfbare Umstände gründen, zu denen insbesondere das Ziel und der Inhalt des Rechtsakts gehören (vgl. Urteile vom 11. Juni 1991 in der Rechtssache C-300/89, Kommission/Rat, „Titan-

dioxid", Slg. 1991, I-2867, Randnr. 10, und vom 19. September 2002 in der Rechtssache C-336/00, Huber, Slg. 2002, I-7699, Randnr. 30).

[46] Was die Zielsetzung des Rahmenbeschlusses angeht, so ergibt sich sowohl aus seinem Titel als auch aus seinen ersten drei Begründungserwägungen, dass er das (S. I-7925) Ziel des Umweltschutzes verfolgt. Besorgt „über die Zunahme der Umweltkriminalität und ihre Auswirkungen, die immer häufiger über die Grenzen der Staaten hinaus spürbar sind, in denen die Straftaten begangen werden", hielt es der Rat, nachdem er festgestellt hatte, dass diese Straftaten die Umwelt bedrohen und ein „Problem dar[stellen], dem sich alle Mitgliedstaaten gegenübersehen", für erforderlich, „mit aller Schärfe" zu reagieren und „im Rahmen des Strafrechts abgestimmte Maßnahmen zum Umweltschutz" zu ergreifen.

[47] Was den Inhalt des Rahmenbeschlusses angeht, so enthält Artikel 2 eine Aufzählung besonders schwerwiegender Handlungen zum Nachteil der Umwelt, die die Mitgliedstaaten strafrechtlich ahnden müssen. Sicherlich enthalten die Artikel 2 bis 7 dieses Beschlusses eine Teilharmonisierung der Strafrechtsvorschriften der Mitgliedstaaten, insbesondere in Bezug auf die Tatbestandsmerkmale verschiedener Umweltstraftaten. Grundsätzlich fällt das Strafrecht ebenso wie das Strafprozessrecht auch nicht in die Zuständigkeit der Gemeinschaft (vgl. in diesem Sinne Urteile vom 11. November 1981 in der Rechtssache 203/80, Casati, Slg. 1981, 2595, Randnr. 27, und vom 16. Juni 1998 in der Rechtssache C-226/97, Lemmens, Slg. 1998, I-3711, Randnr. 19).

[48] Dies kann den Gemeinschaftsgesetzgeber jedoch nicht daran hindern, Maßnahmen in Bezug auf das Strafrecht der Mitgliedstaaten zu ergreifen, die seiner Meinung nach erforderlich sind, um die volle Wirksamkeit der von ihm zum Schutz der Umwelt erlassenen Rechtsnormen zu gewährleisten, wenn die Anwendung wirksamer, verhältnismäßiger und abschreckender Sanktionen durch die zuständigen nationalen Behörden eine zur Bekämpfung schwerer Beeinträchtigungen der Umwelt unerlässliche Maßnahme darstellt.

(S. I-7926) [49] Hinzu kommt im vorliegenden Fall, dass die Artikel 1 bis 7 des Rahmenbeschlusses zwar die Strafbarkeit besonders schwerer Beeinträchtigungen der Umwelt regeln, den Mitgliedstaaten aber die Wahl der anwendbaren strafrechtlichen Sanktionen überlassen, die nach Artikel 5 Absatz 1 des Beschlusses freilich wirksam, angemessen und abschreckend sein müssen.

[50] Der Rat bestreitet nicht, dass zu den in Artikel 2 des Rahmenbeschlusses genannten Handlungen Verstöße gegen zahlreiche Ge-

meinschaftsrechtsakte gehören, die im Anhang zur vorgeschlagenen Richtlinie aufgeführt waren. Aus den ersten drei Begründungserwägungen des Rahmenbeschlusses geht außerdem hervor, dass die strafrechtlichen Sanktionen nach Ansicht des Rates für die Bekämpfung schwerer Beeinträchtigungen der Umwelt unerlässlich waren.

[51] Aus dem Vorstehenden ergibt sich, dass der Hauptzweck der Artikel 1 bis 7 des Rahmenbeschlusses im Schutz der Umwelt besteht und dass diese Vorschriften wirksam auf der Grundlage des Artikels 175 EG hätten erlassen werden können.

[52] Dass die Artikel 135 EG und 280 Absatz 4 EG die Anwendung des Strafrechts und des Strafverfolgungsrechts in den Bereichen der Zusammenarbeit im Zollwesen und der Bekämpfung der gegen die finanziellen Interessen der Gemeinschaft gerichteten Handlungen den Mitgliedstaaten vorbehalten, steht dem nicht entgegen. Diesen Vorschriften lässt sich nämlich nicht entnehmen, dass im Rahmen der Durchführung der Umweltpolitik jede strafrechtliche Harmonisierung, und sei sie auch so begrenzt wie die des Rahmenbeschlusses, unzulässig wäre, selbst wenn sie zur Sicherstellung der Wirksamkeit des Gemeinschaftsrechts erforderlich ist.

(S. I-7927) [53] Damit verstößt der Rahmenbeschluss dadurch, dass er in die nach Artikel 175 EG der Gemeinschaft übertragenen Zuständigkeiten übergreift, aufgrund seiner Unteilbarkeit in seiner Gesamtheit gegen Artikel 47 EU.

# C. Die Rechtsquellen des Gemeinschafts- und Unionsrechts

## I. Primäres Gemeinschaftsrecht

**Rs. 26/62 (van Gend & Loos ⁄ Niederländische Finanzverwaltung),
Urteil des Gerichtshofes vom 05. 02. 1963 – Slg. 1963, S. 1.**

**Vorbemerkungen:** *In der Entscheidung „van Gend & Loos" hat der EuGH erstmals ausdrücklich zur Frage der unmittelbaren Geltung und Anwendbarkeit des Gemeinschaftsrechts Stellung genommen und damit die Voraussetzungen für seine weitere Judikatur zum Verhältnis zwischen Gemeinschaftsrecht und nationalem Recht geschaffen. Nach Ansicht des EuGH binden die EG-Gründungsverträge nicht nur die Mitgliedstaaten, sondern wirken in die nationalen Rechtsordnungen in der Weise ein, dass Bestimmungen des Primärrechts individuelle, d.h. subjektive öffentlich-rechtliche Rechte und Pflichten begründen können, die ohne weiteren nationalen Ausführungsakt für die nationalen Behörden und Gerichte bindend sind. Diese Zuerkennung des im Völkerrecht anerkannten sog. „self-executing-Effekts" für eine Vielzahl von Bestimmungen des EG-Primärrechts hat dessen Wirkungsintensität in besonderer Weise gesteigert.*

**Sachverhalt:** Die Niederlande erhoben aufgrund einer am 01. 01. 1960 in Kraft getretenen Regelung anstatt des bis dahin gemeinschaftseinheitlichen Zollsatzes für den Warenaustausch innerhalb der Gemeinschaft einen erhöhten Einfuhrzoll auf den Import bestimmter chemischer Erzeugnisse. Die Klägerin im Ausgangsverfahren, die Firma van Gend & Loos, berief sich auf Art. 25 EG, die Beklagte leugnete jedoch jegliche unmittelbare Wirkung dieser Vorschrift des EGV. Der Gerichtshof entschied im Rahmen eines Vorabentscheidungsverfahrens und hat die unmittelbare Wirkung und die Begründung individueller Rechte der Einzelnen durch Art. 25 EG bejaht.

## Aus den Entscheidungsgründen:

(S. 24) Das Ziel des EWG-Vertrages ist die Schaffung eines Gemeinsamen Marktes, dessen Funktionieren die der Gemeinschaft angehörigen Einzelnen unmittelbar betrifft; damit ist zugleich gesagt, daß dieser Vertrag mehr ist als ein Abkommen, das nur wechselseitige Verpflichtungen zwischen den vertragsschließenden Staaten begründet. Diese Auffassung wird durch die Präambel des Vertrages bestätigt, die sich nicht nur an die Regierungen, sondern auch an die Völker richtet. Sie findet eine noch augenfälligere Bestätigung in der Schaffung von Organen, welchen Hoheitsrechte übertragen sind, deren Ausübung in gleicher Weise die Mitgliedstaaten wie die (S. 25) Staatsbürger berührt. Zu beachten ist ferner, daß die Staatsangehörigen der in der Gemeinschaft zusammengeschlossenen Staaten dazu berufen sind, durch das Europäische Parlament und den Wirtschafts- und Sozialausschuß zum Funktionieren dieser Gemeinschaft beizutragen. Auch die dem Gerichtshof im Rahmen von Artikel 177, der die einheitliche Auslegung des Vertrages durch die nationalen Gerichte gewährleisten soll, zukommende Aufgabe ist ein Beweis dafür, daß die Staaten davon ausgegangen sind, die Bürger müßten sich vor den nationalen Gerichten auf das Gemeinschaftsrecht berufen können.

Aus alledem ist zu schließen, daß die Gemeinschaft eine neue Rechtsordnung des Völkerrechts darstellt, zu deren Gunsten die Staaten, wenn auch in begrenztem Rahmen, ihre Souveränitätsrechte eingeschränkt haben, eine Rechtsordnung, deren Rechtssubjekte nicht nur die Mitgliedstaaten, sondern auch die Einzelnen sind. Das von der Gesetzgebung der Mitgliedstaaten unabhängige Gemeinschaftsrecht soll daher den Einzelnen, ebenso wie es ihnen Pflichten auferlegt, auch Rechte verleihen. Solche Rechte entstehen nicht nur, wenn der Vertrag dies ausdrücklich bestimmt, sondern auch auf Grund von eindeutigen Verpflichtungen, die der Vertrag den Einzelnen wie auch den Mitgliedstaaten und den Organen der Gemeinschaft auferlegt.

(…)

Der Wortlaut von Artikel 12 enthält ein klares und uneingeschränktes Verbot, eine Verpflichtung, nicht zu einem Tun, sondern zu einem Unterlassen. Diese Verpflichtung ist im übrigen auch durch keinen Vorbehalt der Staaten eingeschränkt, der ihre Erfüllung von einem internen Rechtssetzungsakt abhängig machen würde. Das Verbot des (S. 26) Artikels 12 eignet sich seinem Wesen nach vorzüglich dazu, unmittelbare Wirkungen in den Rechtsbeziehungen zwischen den Mitgliedstaaten und den ihrem Recht unterworfenen Einzelnen zu erzeugen.

**Rs. 57/65 (Alfons Lütticke GmbH ./. Hauptzollamt Saarlouis),**    **24**
**Urteil des Gerichtshofes vom 16. 06. 1966 – Slg. 1966, S. 257.**

**Vorbemerkungen:** *Der EuGH hat seine in der van Gend & Loos-Entscheidung (Fall 23) zum Ausdruck gebrachte funktionale Betrachtungsweise, wonach jene Normen, die keiner weiteren Umsetzung bedürfen, unmittelbar anwendbar sind, in seiner weiteren Rechtsprechung bestätigt. In der Entscheidung „Alfons Lütticke" werden die Voraussetzungen für eine unmittelbare Anwendung genannt. Aus der Einwirkung des Gemeinschaftsrechts auf das nationale Recht ergibt sich als Konsequenz, dass sich der Bürger vor den nationalen Gerichten auf die entsprechende Norm des Primärrechts berufen kann.*

**Sachverhalt:** Dem Kläger des Ausgangsverfahrens war bei der Einfuhr von Vollmilchpulver aufgegeben worden, einen sogenannten Umsatzsteuerausgleich zu entrichten. Hiergegen wandte sich der Kläger mit dem Einwand, dass inländisches Milchpulver von der inländischen Umsatzsteuer befreit sei. Es liege folglich ein Verstoß gegen Art. 90 EG vor. Das mit der Sache befasste Finanzgericht legte dem EuGH unter anderem die Frage vor, ob die Vorschrift des Art. 90 EG unmittelbare Wirkung entfalte. Der Gerichtshof hat die unmittelbare Wirkung des Art. 90 EG bejaht.

**Aus den Entscheidungsgründen:**

(S. 266) Artikel 95 Absatz 1 enthält ein Diskriminierungsverbot, das eine klare und unbedingte Verpflichtung begründet. Abgesehen von Absatz 3 ist diese Verpflichtung an keine Bedingung geknüpft; sie bedarf zu ihrer Durchführung oder Wirksamkeit auch keiner weiteren Maßnahmen der Gemeinschaftsorgane oder der Mitgliedstaaten. Die Verbotsnorm ist daher vollständig, rechtlich vollkommen und infolgedessen geeignet, unmittelbare Wirkungen in den Rechtsbeziehungen zwischen den Mitgliedstaaten und den ihrem Recht unterworfenen Personen zu erzeugen. Wenn sie die Mitgliedstaaten als Adressaten des Diskriminierungsverbots bezeichnet, so bedeutet dies nicht, daß das Verbot nicht unmittelbar den Einzelnen zugute kommen könnte. (…)

(S. 267) Nach allem hat die Verbotsnorm des Artikel 95, unbeschadet der in Absatz 3 bestimmten Ausnahmen für die bei Inkrafttreten des Vertrages und bis zum 1. Januar 1962 in Geltung gewesenen Vorschriften, unmittelbare Wirkungen und begründet individuelle Rechte des Einzelnen, welche die staatlichen Gerichte zu beachten haben.

## II. Gemeinschaftsrechtliche Grundrechte

### 1. Geltung und Gewinnung von Grundrechten im Gemeinschaftsrecht

**25**   **Rs. 29/69 (Stauder ⁄ Ulm),**
**Urteil des Gerichtshofes vom 12. 11. 1969 – Slg. 1969, S. 419.**

**Vorbemerkungen:** *Mit dem Urteil Stauder bejaht der EuGH erstmals – wenn auch in sehr allgemeiner Form – die Existenz von Gemeinschaftsgrundrechten als ungeschriebene allgemeine Rechtsgrundsätze des Gemeinschaftsrechts. In der Normenhierarchie weist der Gerichtshof implizit den Grundrechten einen dem Primärrecht entsprechenden Rang zu, d.h. sie sind Prüfungs- und Geltungsmaßstab für das Sekundärrecht. Zugleich behandelt die Entscheidung das Problem der Auslegung bei divergierenden Sprachfassungen des betreffenden Rechtsakts.*

**Sachverhalt:** Die Entscheidung 69/71 eröffnete die Möglichkeit, Butter zu herabgesetzten Preisen an sozialbedürftige Bürger zu verkaufen. Die deutsche Fassung dieser Entscheidung sah hierbei zwingend vor, dass der Käufer dem Verkäufer seinen Namen offenbaren muss. Die Fassung der Entscheidung in anderen Gemeinschaftssprachen ließ hingegen auch andere Möglichkeiten einer Identifikation der Begünstigten zu. Der in Ulm wohnende Ulrich Stauder konnte vergünstigte Butter beziehen, sah aber in der Pflicht, dem Verkäufer seinen Namen offenbaren zu müssen, eine Verletzung seiner Grundrechte. Der Gerichtshof entschied im Rahmen eines Vorabentscheidungsverfahrens. Er hat keine Anhaltspunkte für die Ungültigkeit der genannten Entscheidung feststellen können.

**Aus den Entscheidungsgründen:**

(S. 424) [2] Die vorgenannte, an alle Mitgliedstaaten gerichtete Entscheidung ermächtigt diese Staaten, zur Förderung des Absatzes überschüssiger Buttermengen auf dem Gemeinsamen Markt bestimmten Sozialhilfe beziehenden Verbrauchergruppen Butter zu einem niedrigeren als dem normalen Preis zur Verfügung zu stellen. Die Ermächtigung ist mit bestimmten Auflagen verbunden, die unter anderem sicherstellen sollen, daß die auf diese Weise auf den Markt gelangende Ware nicht zweckentfremdet wird. Hierzu lautet Artikel 4 in zwei seiner Fassungen, darunter der deutschen, dahin, daß die Staaten alle erforderlichen Maßnahmen zu treffen haben, damit die Berechtigten die

Ware nur gegen einen „auf ihren Namen ausgestellten Gutschein" erhalten können. Die anderen Fassungen sprechen dagegen nur von der Vorlage eines „individualisierten Gutscheins", sie lassen also neben der namentlichen Bezeichnung (S. 425) des Berechtigten andere Kontrollmöglichkeiten zu. Es ist daher zunächst genau zu klären, welche Kontrollmethode die umstrittene Vorschrift vorsieht.

[3] Ist eine Entscheidung an alle Mitgliedstaaten gerichtet, so verbietet es die Notwendigkeit einheitlicher Anwendung und damit Auslegung, die Vorschrift in einer ihrer Fassungen isoliert zu betrachten, und gebietet vielmehr, sie nach dem wirklichen Willen ihres Urhebers und dem von diesem verfolgten Zweck namentlich im Licht ihrer Fassung in allen vier Sprachen auszulegen.

[4] In einem Fall wie dem vorliegenden ist der am wenigsten belastenden Auslegung der Vorzug zu geben, wenn sie genügt, um die Ziele zu erreichen, denen die umstrittene Entscheidung dienen soll. Ferner kann nicht angenommen werden, daß die Urheber der Entscheidung in einzelnen Ländern weitergehende Pflichten vorsehen wollten als in anderen.

[5] Diese Auslegung wird im übrigen durch die Erklärung der Kommission bestätigt, daß der Verwaltungsausschuß, dem der Entscheidungsvorschlag Nr. 69/71 zur Stellungnahme vorgelegt worden war, eine Änderung vorgeschlagen hatte, nach der das Erfordernis eines auf den Namen ausgestellten Gutscheins beseitigt werden sollte; ferner geht aus der letzten Begründungserwägung zu dieser Entscheidung hervor, daß die Kommission diesem Änderungsvorschlag nachkommen wollte.

[6] Sonach ist die streitige Vorschrift dahin auszulegen, daß sie die namentliche Bezeichnung des Berechtigten nicht vorschreibt, jedoch auch nicht untersagt. Die Kommission konnte daher am 29. Juli 1969 eine berichtigende Entscheidung in diesem Sinne erlassen. Jeder Mitgliedstaat ist deshalb in der Lage, zwischen verschiedenen Individualisierungsmethoden zu wählen.

[7] Bei dieser Auslegung enthält die streitige Vorschrift nichts, was die in den allgemeinen Grundsätzen der Gemeinschaftsrechtsordnung, deren Wahrung der Gerichtshof zu sichern hat, enthaltenen Grundrechte der Person in Frage stellen könnte.

**26    Rs. 4/73 (Nold ⁄ Kommission),
Urteil des Gerichtshofes vom 14. 05. 1974 – Slg. 1974, S. 491.**

**Vorbemerkungen:** *Nachdem alle damaligen Mitgliedstaaten der Europäischen Gemeinschaften der Europäischen Menschenrechtskonvention beigetreten sind, greift der EuGH seit der Entscheidung Nold – und von da an mit zunehmender Bedeutung – zur Gewinnung der Gemeinschaftsgrundrechte neben den Verfassungsüberlieferungen der Mitgliedstaaten auch auf die EMRK zurück. Auf diesen beiden Rechtserkenntnisquellen beruht die gesamte bisherige Grundrechtsjudikatur des EuGH.*

**Sachverhalt:** Der Kohlenhändler Nold wurde von der Direktbelieferung durch die Ruhrkohle AG ausgeschlossen, da er nicht in der Lage war, die erforderliche Mindestmenge abzunehmen. Die entsprechende Handelsregelung wurde von der Kommission genehmigt. Herr Nold sah in der Genehmigung eine Maßnahme, die dazu beitrug, die Existenz seiner Firma zu gefährden, und machte im Rahmen einer Nichtigkeitsklage gemäß Art. 33 Abs. 2 EGKSV eine Verletzung seines Eigentumsgrundrechts und seiner grundrechtlich geschützten Berufsfreiheit geltend. Die Klage wurde als unbegründet abgewiesen.

### Aus den Entscheidungsgründen:

(S. 507) [13] Der Gerichtshof hat bereits entschieden, daß die Grundrechte zu den allgemeinen Rechtsgrundsätzen gehören, die er zu wahren hat, und daß er bei der Gewährleistung dieser Rechte von den gemeinsamen Verfassungsüberlieferungen der Mitgliedstaaten auszugehen hat. Hiernach kann er keine Maßnahmen als Rechtens anerkennen, die unvereinbar sind mit den von den Verfassungen dieser Staaten anerkannten und geschützten Grundrechten. Auch die internationalen Verträge über den Schutz der Menschenrechte, an deren Abschluß die Mitgliedstaaten beteiligt waren oder denen sie beigetreten sind, können Hinweise geben, die im Rahmen des Gemeinschaftsrechts zu berücksichtigen sind. Anhand dieser Grundsätze ist über die von der Klägerin geltend gemachten Rügen zu entscheiden.

**Rs. 11/70 (Internationale Handelsgesellschaft ✕ Einfuhr- und**     **27**
**Vorratsstelle für Getreide und Futtermittel),**
**Urteil des Gerichtshofes vom 17. 12. 1970 – Slg. 1970, S. 1125.**

**Vorbemerkungen:** *Mit dieser Entscheidung stellt der EuGH klar,*
*dass das Gemeinschaftsrecht Vorrang selbst gegenüber den in der*
*Verfassung der Mitgliedstaaten garantierten Grundrechten genießt.*
*Der Schutz der Grundrechte gegenüber Rechtsakten der Gemein-*
*schaften wird durch die Gemeinschaftsgrundrechte bewirkt. Diese*
*werden von den Verfassungsüberlieferungen der Mitgliedstaaten*
*getragen, müssen sich aber zugleich in die Struktur und Ziele der*
*Gemeinschaft einfügen. Die Auffassung von der Exklusivität des ge-*
*meinschaftsrechtlichen Grundrechtsschutzes gegenüber EG-Rechts-*
*akten wird allerdings vom BVerfG (E 73, 339; 89, 155; 102, 147) nicht*
*geteilt.*

**Sachverhalt:** Eine Agrarverordnung sah u.a. vor, dass bestimmte Agrar-
produkte nur gegen eine Ausfuhrlizenz exportiert werden dürfen, für die
Kautionen zu hinterlegen waren. Für den Fall, dass von einer Ausfuhrlizenz nicht in der dafür vorgesehenen Frist Gebrauch gemacht wurde, sah
die Verordnung außer in Fällen höherer Gewalt den Verfall der Kaution
vor. Eine Handelsgesellschaft, deren Kaution für den Export von Maisgrieß
verfiel, sah hierin eine Grundrechtsverletzung. Der Gerichtshof entschied
im Rahmen eines Vorabentscheidungsverfahrens, dass die Lizenzregelung
kein Grundrecht verletzt.

**Aus den Entscheidungsgründen:**

(S. 1135) [3] Die einheitliche Geltung des Gemeinschaftsrechts
würde beeinträchtigt, wenn bei der Entscheidung über die Gültigkeit
von Handlungen der Gemeinschaftsorgane Normen oder Grundsätze
des nationalen Rechts herangezogen würden. Die Gültigkeit solcher
Handlungen kann nur nach dem Gemeinschaftsrecht beurteilt werden, denn dem vom Vertrag geschaffenen, somit aus einer autonomen
Rechtsquelle fließenden Recht können wegen seiner Eigenständigkeit
keine wie immer gearteten innerstaatlichen Rechtsvorschriften vorgehen, wenn ihm nicht sein Charakter als Gemeinschaftsrecht aberkannt und wenn nicht die Rechtsgrundlage der Gemeinschaft selbst
in Frage gestellt werden soll. Daher kann es die Gültigkeit einer Gemeinschaftshandlung oder deren Geltung in einem Mitgliedstaat nicht
berühren, wenn geltend gemacht wird, die Grundrechte in der ihnen

von der Verfassung dieses Staates gegebenen Gestalt oder die Struk-
turprinzipien der nationalen Verfassung seien verletzt.

[4] Es ist jedoch zu prüfen, ob nicht eine entsprechende gemeinschaftsrechtliche Garantie verkannt worden ist; denn die Beachtung
der Grundrechte gehört zu den allgemeinen Rechtsgrundsätzen, deren
Wahrung der Gerichtshof zu sichern hat. Die Gewährleistung dieser
Rechte muß zwar von den gemeinsamen Verfassungsüberlieferungen
der Mitgliedstaaten getragen sein, sie muß sich aber auch in die Struktur und die Ziele der Gemeinschaft einfügen. Hiernach ist im Hinblick
auf die vom Verwaltungsgericht geäußerten Bedenken zu prüfen, ob
die Kautionsregelung Grundrechte verletzt hat, deren Beachtung die
Gemeinschaftsrechtsordnung gewährleisten muß.

**28   Rs. 149/77 (Defrenne ⁄ SABENA; „Defrenne III"),
Urteil des Gerichtshofes vom 15. 06. 1978 – Slg. 1978, S. 1365.**

**Vorbemerkungen:** *Art. 141 EG, der das gleiche Entgelt für Mann und
Frau bei gleicher Arbeit fordert, stellt gegenüber den als allgemeine
Rechtsgrundsätze in das Gemeinschaftsrecht eingeführten Grundrechten das einzige direkt im Vertrag verankerte, unmittelbar geltende
Grundrecht dar. Dieses ist überdies für sein Eingreifen nicht auf das
Vorliegen eines grenzüberschreitenden Elements angewiesen, sondern
erfasst auch rein innerstaatliche Fälle. Wegen dieser weitgehenden
Wirkungsweise bedarf sein Tatbestand der präzisen Definition, wozu
das Urteil Defrenne III beiträgt. Darüber hinaus gehört zu den Grundrechten des Gemeinschaftsrechts – als allgemeiner Rechtsgrundsatz
– auch die Beseitigung aller weiteren auf dem Geschlecht beruhenden
Diskriminierungen. Ohne spezielle Gemeinschaftsrechtsbestimmun-
gen kann dieses Gemeinschaftsgrundrecht jedoch – im Unterschied
zu Art. 141 EG – nicht auf rein nationale Beschäftigungsverhältnisse
angewandt werden.*

**Sachverhalt:** Bei der belgischen Fluggesellschaft Sabena endeten die Arbeitsverhältnisse für weibliches Bordpersonal automatisch mit Vollendung
des 40. Lebensjahres. Die Stewardess Defrenne, die von dieser Regelung
betroffen war, erhob gegen ihren ehemaligen Arbeitgeber Klage mit der sie
unter anderem eine höhere Abfindung und eine Aufstockung ihrer künftigen Altersruhestände begehrte. Im Laufe des Verfahrens kam es zu insgesamt drei Vorabentscheidungsverfahrens vor dem EuGH. In diesem Verfahren hat der EuGH die Anwendung des Art. 141 EG auf andere Arbeits-

bedingungen als das Arbeitsentgelt verneint. Ferner hat er die Anwendung der Nichtdiskriminierungsregel auf nationale Beschäftigungsverhältnisse abgelehnt.

## Aus den Entscheidungsgründen:

(S. 1378) [19/23] Im Gegensatz zu den Artikeln 117 und 118, die im wesentlichen programmatischen Charakter haben, stellt Artikel 119 eine auf das Problem der Lohndiskriminierungen zwischen männlichen und weiblichen Arbeitnehmern beschränkte Sonderbestimmung dar, deren Anwendung an genaue Voraussetzungen geknüpft ist. Sonach kann die Tragweite dieses Artikels nicht auf andere Aspekte des Beschäftigungsverhältnisses als diejenigen erstreckt werden, auf die er sich ausdrücklich bezieht. Insbesondere ist die Tatsache, daß die Aufstellung bestimmter Beschäftigungsbedingungen – wie die Festsetzung einer besonderen Altersgrenze – finanzielle Auswirkungen haben kann, kein hinreichender Grund dafür, diese Bedingungen in den Geltungsbereich des Artikels 119 fallen zu lassen, der auf dem engen Zusammenhang zwischen der Art der Arbeitsleistung und der Höhe des Arbeitsentgelts beruht. Dies gilt um so mehr, als das Bezugskriterium, das Artikel 119 zugrunde liegt, nämlich die Vergleichbarkeit der von den Arbeitnehmern beiderlei Geschlechts erbrachten Arbeitsleistungen, ein Faktor ist, in bezug auf den sich alle Arbeitnehmer mutmaßlich in der gleichen Lage befinden, während die Beurteilung der übrigen Arbeits- und Beschäftigungsbedingungen in mancherlei Hinsicht Faktoren ins Spiel bringt, die – wegen der Rücksichten, die der besonderen Stellung der Frau im Arbeitsprozeß gebühren – mit dem Geschlecht der Arbeitnehmer zusammenhängen. Der Wortlaut von Artikel 119 darf daher nicht so weit ausgedehnt werden, daß die unmittelbare Geltung, die dieser Bestimmung auf ihrem eigentlichen Sachgebiet zuzuerkennen ist, in Frage gestellt und andererseits in einen Bereich eingegriffen wird, dessen Beurteilung aufgrund der Artikel 117 und 118 den darin genannten Stellen vorbehalten ist.

[24] Hiernach ist auf den ersten Teil der Frage zu antworten, daß Artikel 119 des Vertrages nicht dahin ausgelegt werden kann, daß er über die Gleichheit des Arbeitsentgelts hinaus auch die Gleichheit der sonstigen Arbeitsbedingungen für männliche und weibliche Arbeitnehmer gebietet.

(S. 1379) [25] Der zweite Teil der Frage geht dahin, ob es außerhalb der spezifischen Bestimmungen des Artikels 119 im Gemeinschaftsrecht einen allgemeinen Grundsatz gibt, der auf dem Geschlecht beruhende Diskriminierungen in bezug auf die Arbeits- und Beschäftigungsbedingungen für männliche und weibliche Arbeitnehmer verbietet.

[26/29] Der Gerichtshof hat bereits wiederholt festgestellt, daß die Wahrung der Grundrechte des Menschen Bestandteil der allgemeinen Grundsätze des Gemeinschaftsrechts ist, deren Einhaltung er zu sichern hat. Es läßt sich nicht bezweifeln, daß die Beseitigung der auf dem Geschlecht beruhenden Diskriminierungen zu diesen Grundrechten gehört. Die gleiche Auffassung wird übrigens auch in der europäischen Sozialcharta vom 18. November 1961 und in der Konvention Nr. 111 der Internationalen Arbeitsorganisation vom 25. Juni 1958 über die Diskriminierung in Beschäftigung und Beruf vertreten. In diesem Zusammenhang ist außerdem darauf hinzuweisen, daß der Gerichtshof in seinen Urteilen vom 7. Juni 1972 in der Rechtssache Sabbatini-Bertoni (Slg. 1972, 345) und vom 20. Februar 1975 in der Rechtssache Airola (Slg. 1975, 221) die Notwendigkeit anerkannt hat, gleiche Arbeitsbedingungen für die von der Gemeinschaft selbst Beschäftigten männlichen und weiblichen Arbeitnehmer im Rahmen des Beamtenstatuts zu schaffen.

[30/32] Was dagegen die dem nationalen Recht unterliegenden Arbeitsverhältnisse betrifft, so besaß die Gemeinschaft zur Zeit der von den belgischen Gerichten zu beurteilenden Vorgänge keine Kontroll- und Garantiefunktion in bezug auf die Einhaltung des Grundsatzes der Gleichheit zwischen männlichen und weiblichen Arbeitnehmern hinsichtlich der anderen Arbeitsbedingungen als des Entgelts. Zu dieser Zeit bestanden, wie oben gesagt wurde, im Rahmen des Gemeinschaftsrechts nur die in den Artikeln 117 und 118 des Vertrages niedergelegten programmatischen Bestimmungen über die allgemeine Entwicklung des sozialen Wohls (...). Hieraus folgt, daß der von den belgischen Gerichten zu beurteilende Sachverhalt nur unter die in Belgien geltenden Bestimmungen und Grundsätze des innerstaatlichen und des Völkerrechts fällt.

[33] Danach ist auf den zweiten Teil der Frage zu antworten, dass es zur Zeit der dem Ausgangsrechtsstreit zugrunde liegenden Vorgänge in bezug auf die dem nationalen Recht unterliegenden Arbeitsverhältnisse keine Gemeinschaftsrechtsnorm gab, die Diskriminierungen zwischen männlichen und weiblichen Arbeitnehmern hinsichtlich der anderen Arbeitsbedingungen als (S. 1380) der durch Artikel 119 des Vertrages erfaßten Regelung des Entgelts verboten hätte.

**Rs. C-409/95 (Marschall),**                                 **29**
**Urteil des Gerichtshofes vom 11. 11. 1997 – Slg. 1997, S. I-6363.**

**Vorbemerkungen:** *Die Rechtsprechung des EuGH zur Gleichberechtigung von Mann und Frau hat sich auch mit der Rechtmäßigkeit der sogenannten Quotenregelung befasst, wonach bei gleicher Qualifikation Stellenbewerber eines unterrepräsentierten Geschlechts bevorzugt einzustellen oder zu befördern sind. Maßstab hierbei war jedoch weder Art. 141 EG noch das ungeschriebene primärrechtliche Verbot der Diskriminierung nach dem Geschlecht, sondern die sekundärrechtliche Gleichbehandlungsrichtlinie 76/207/EWG (ABl.EG 1976 Nr. L 39/9). Diese hat ebenfalls grundrechtliche Gehalte als Maßstab für mitgliedstaatliches Recht festgeschrieben, die sich nicht zwingend aus dem Primärrecht ergeben. In der Entscheidung Kalanke (Rs. C-450/93, Slg. 1995, S. I-3069) stellte der Gerichtshof fest, dass eine Quotenregelung, nach der eine Stellenbesetzung zwingend zugunsten des unterrepräsentierten Geschlechts zu erfolgen habe, mit Gemeinschaftsrecht unvereinbar ist. In der Entscheidung Marschall bejahte der Gerichtshof die Gemeinschaftsrechtsmäßigkeit solcher Quotenregelungen, bei denen zugunsten des anderen Geschlechts eine flexible Öffnungs- bzw. Härtefallklausel besteht.*

**Sachverhalt:** Das Landesgleichstellungsgesetz von Nordrhein-Westfalen sah vor, dass bei gleicher Qualifikation eine Stelle durch den Angehörigen eines unterrepräsentierten Geschlechts zu besetzen ist, sofern nicht besondere Gründe in der Person eines anderen Stelleninhabers hiergegen sprechen. Ein von dieser Regelung nachteilig betroffener männlicher Stellenbewerber klagte hiergegen, worauf es zu einem Vorabentscheidungsverfahren zum Europäischen Gerichtshof kam. In einer Frage nach der Auslegung von Art. 2 Abs. 2 und 4 der RL 76/207/EWG des Rates vom 09. 02. 1976 zur Verwirklichung des Grundsatzes der Gleichbehandlung von Männern und Frauen hinsichtlich des Zugangs zur Beschäftigung zur Berufsbildung und zum beruflichen Aufstieg hat der Gerichtshof entschieden, dass die vorgenannte Vorschrift einer nationalen Regelung nicht entgegensteht, nach der bei gleicher Qualifikation von Bewerbern unterschiedlichen Geschlechts unter bestimmten Voraussetzungen weibliche Bewerber bevorzugt zu befördern sind.

### Aus den Entscheidungsgründen:

(S. I-6391) [23] In Randnummer 16 des Urteils Kalanke hat der Gerichtshof festgestellt, daß eine nationale Regelung, nach der weiblichen Bewerbern, die die gleiche Qualifikation wie ihre männlichen Mitbewerber besitzen, in Tätigkeitsbereichen, in denen im jeweiligen Beförderungsamt weniger Frauen als Männer beschäftigt sind, bei einer Beförderung automatisch der Vorrang eingeräumt wird, eine Diskriminierung der Männer aufgrund des Geschlechts bewirkt.

[24] Im Unterschied zu der Regelung, die Gegenstand des Urteils Kalanke war, enthält die streitige Bestimmung jedoch eine Klausel, nach der Frauen nicht vorrangig befördert werden müssen, sofern in der Person eines männlichen Mitbewerbers liegende Gründe überwiegen („Öffnungsklausel").

[25] Folglich ist zu prüfen, ob eine nationale Regelung, die eine solche Klausel enthält, der Förderung der Chancengleichheit für Männer und Frauen im Sinne von Artikel 2 Absatz 4 der Richtlinie dient.

[26] Die letztgenannte Vorschrift hat den bestimmten und begrenzten Zweck, Maßnahmen zuzulassen, die zwar dem Anschein nach diskriminierend sind, tatsächlich aber in der sozialen Wirklichkeit bestehende faktische Ungleichheiten beseitigen oder verringern sollen (Urteil vom 25. Oktober 1988 in der Rechtssache 312/86, Kommission/Frankreich, Slg. 1988, 6315, Randnr. 15, und Urteil Kalanke, aaO., Randnr. 18).

[27] So sind danach nationale Maßnahmen im Bereich des Zugangs zur Beschäftigung einschließlich des Aufstiegs zulässig, die Frauen spezifisch begünstigen und ihre Fähigkeit verbessern sollen, auf dem Arbeitsmarkt mit anderen zu konkurrieren und unter den gleichen Bedingungen wie Männer eine berufliche Laufbahn zu verwirklichen (Urteil Kalanke, aaO., Randnr. 19).

[28] Wie der Rat in der dritten Begründungserwägung seiner Empfehlung 84/635/EWG vom 13. Dezember 1984 zur Förderung positiver Maßnahmen für Frauen (ABl. L 331, S. 34) ausgeführt hat, reichen die „geltenden Rechtsvorschriften über die Gleichbehandlung, die zur Stärkung der Rechte des einzelnen erlassen wurden, … nicht aus, um alle faktischen Ungleichheiten zu beseitigen, wenn nicht die (S. I-6392) Regierungen, die Sozialpartner und sonstige beteiligte Stellen gleichzeitig tätig werden, um gegen die Benachteiligung der Frauen in der Arbeitswelt vorzugehen, die durch Einstellungen, Verhaltensmuster und Strukturen in der Gesellschaft verursacht wird" (Urteil Kalanke, aaO., Randnr. 20).

[29] Es zeigt sich jedoch, wie der Beklagte und mehrere beteiligte Regierungen betont haben, daß selbst bei gleicher Qualifikation die Tendenz besteht, männliche Bewerber vorrangig vor weiblichen Bewerbern zu befördern; dies hängt vor allem mit einer Reihe von Vor-

urteilen und stereotypen Vorstellungen über die Rolle und die Fähigkeiten der Frau im Erwerbsleben und z.B. mit der Befürchtung zusammen, daß Frauen ihre Laufbahn häufiger unterbrechen, daß sie ihre Arbeitszeit aufgrund häuslicher und familiärer Aufgaben weniger flexibel gestalten oder daß sie durch Schwangerschaften, Geburten und Stillzeiten häufiger ausfallen.

[30] Aus diesen Gründen bedeutet allein die Tatsache, daß zwei Bewerber unterschiedlichen Geschlechts gleich qualifiziert sind, nicht, daß sie gleiche Chancen haben.

[31] Folglich kann unter Artikel 2 Absatz 4 eine nationale Regelung fallen, nach der Frauen mit gleicher Qualifikation wie ihre männlichen Mitbewerber bei einer Beförderung in Bereichen, in denen sie unterrepräsentiert sind, vorbehaltlich der Öffnungsklausel bevorzugt behandelt werden, denn eine solche Regelung kann dazu beitragen, ein Gegengewicht zu den nachteiligen Auswirkungen zu schaffen, die sich für die weiblichen Bewerber aus den oben beschriebenen Einstellungen und Verhaltensmustern ergeben, und damit in der sozialen Wirklichkeit bestehende faktische Ungleichheiten zu verringern.

**Rs. C-285/98 (Tanja Kreil),**                                      **30**
**Urteil des Gerichtshofes vom 11. 01. 2000 – Slg. 2000, S. I-69.**

**Vorbemerkungen:** *In der Rechtssache Kreil hatte der EuGH die Frage zu beantworten ob die Bestimmung des Art. 12a Abs. 4 GG, wonach Frauen in der Bundeswehr der Dienst an der Waffe nicht erlaubt ist, der Gleichbehandlungsrichtlinie 76/207/EWG (ABl.EG 1976 Nr. L 39/9) zuwiderläuft. Die Kreil-Entscheidung war bereits die zweite, die sich mit der Frage des Zuganges von Frauen zu den Streitkräften beschäftigte. Schon in der Rechtssache Sirdar (Rs. C-273/97, Slg. 1999, S. I-7403) hatte der EuGH dazu Stellung genommen. Der Zugang zu den Streitkräften ist der Anwendung der RL 76/207/EWG nicht entzogen. Zum einen ist die RL grundsätzlich auch auf öffentlich-rechtliche Dienstverhältnisse, also auch auf Soldaten, anwendbar. Zum anderen hat der EuGH in einer durch die zu entscheidenden Fälle nicht veranlassten Allgemeinverbindlichkeit festgestellt, dass mitgliedstaatliche Maßnahmen der Verteidigung der Geltung des Gemeinschaftsrechts nicht schlechthin entzogen sind. Letzteres ergibt sich aus einer teleologisch-systematischen Auslegung des EG-Vertrages, der nur in bestimmten Fällen für den Bereich der öffentlichen Sicherheit – zu dem* *neben der inneren auch die äußere Sicherheit zählt – ausdrücklich Ausnahmen zulässt. Der EuGH unterstreicht, dass die Mitgliedstaaten bei der Anwendung von Ausnahmebestimmungen zum Recht auf Gleichbehandlung an den Verhältnismäßigkeitsgrundsatz gebunden sind. Während der EuGH im Fall Sirdar Beschränkungen des Zugangs zu Spezialeinheiten der britischen Armee nach Art. 2 Abs. 2 der RL als zulässig ansah, sah er im generellen Verbot des Art. 12a Abs. 4 GG a.F. keine Ausnahme mehr und daher eine Verletzung der Gleichbehandlungsrichtlinie.*

**Sachverhalt:** Frau Kreil, eine ausgebildete Elektronikerin, bewarb sich für den freiwilligen Dienst in der Bundeswehr mit dem Verwendungswunsch Instandsetzung (Elektronik). Ihr Antrag wurde von den zuständigen Behörden der Bundeswehr mit der Begründung abgelehnt, es sei gesetzlich ausgeschlossen, dass Frauen Dienst mit der Waffe leisten. Gegen diese Ablehnung erhob Frau Kreil Klage vor dem zuständigen Verwaltungsgericht. Dieses hat das Verfahren ausgesetzt und dem EuGH die Frage zur Vorabentscheidung vorgelegt, ob die Richtlinie 76/207/EWG der Anwendung nationaler Bestimmungen entgegensteht, welche die Frauen vom Dienst mit der Waffe ausschließen und ihnen nur den Zugang zum Sanitäts- und Militärmusikerdienst erlauben. Der Gerichtshof hat diese Frage bejaht.

**Aus den Entscheidungsgründen:**

(S. I-103) [15] Wie der Gerichtshof in Randnummer 15 des Urteils vom 26. Oktober 1999 in der Rechtssache C-273/97 (Sirdar, Slg. 1999, I-7403) ausgeführt hat, ist es Sache der Mitgliedstaaten, die die geeigneten Maßnahmen zur Gewährleistung ihrer inneren und äußeren Sicherheit zu ergreifen haben, die Entscheidungen über die Organisation ihrer Streitkräfte zu treffen. Daraus ergibt sich jedoch nicht, daß derartige Entscheidungen vollständig der Anwendung des Gemeinschaftsrechts entzogen wären.

[16] Der Vertrag sieht nämlich, wie der Gerichtshof bereits festgestellt hat, Ausnahmen aus Gründen der öffentlichen Sicherheit nur in den Artikeln 36, 48, 56, 223 (nach Änderung jetzt Artikel 30 EG, 39 EG, 46 EG und 296 EG) und 224 (jetzt Artikel 297 EG) vor; diese betreffen ganz bestimmte außergewöhnliche Fälle. Aus ihnen läßt sich kein allgemeiner, dem Vertrag immanenter Vorbehalt ableiten, der jede Maßnahme, die im Interesse der öffentlichen Sicherheit getroffen wird, vom Anwendungsbereich des Gemeinschaftsrechts ausnimmt. Würde ein solcher Vorbehalt unabhängig von den besonderen Tatbestandsmerkmalen der Bestimmungen des Vertrages anerkannt,

so könnte das die Verbindlichkeit und die einheitliche Anwendung des Gemeinschaftsrechts (S. I-104) beeinträchtigen (vgl. Urteile vom 15. Mai 1986 in der Rechtssache 222/84, Johnston, Slg. 1986, 1651, Randnr. 26, und Sirdar, Randnr. 16).

[17] Der Begriff der öffentlichen Sicherheit im Sinne der in vorstehender Randnummer genannten Artikel des Vertrages umfaßt aber sowohl die innere Sicherheit eines Mitgliedstaats, um die es in dem Verfahren ging, das dem Urteil Johnston zugrunde lag, als auch seine äußere Sicherheit, die Gegenstand des Verfahrens war, das zum Urteil Sirdar geführt hat (vgl. Urteile vom 4. Oktober 1991 in der Rechtssache C-367/89, Richardt und „Les Accessoires Scientifiques", Slg. 1991, I-4621, Randnr. 22, vom 17. Oktober 1995 in der Rechtssache C-83/94, Leifer u.a., Slg. 1995, I-3231, Randnr. 26, und Sirdar, Randnr. 17).

(...)

(S. I-104) [20] Nach Artikel 2 Absatz 2 der Richtlinie haben die Mitgliedstaaten die Befugnis, solche beruflichen Tätigkeiten, für die das Geschlecht aufgrund ihrer Art oder der Bedingungen ihrer Ausübung eine unabdingbare Voraussetzung darstellt, vom Anwendungsbereich der Richtlinie auszuschließen, wobei jedoch daran zu erinnern ist, daß diese Bestimmung als Ausnahme von einem in der Richtlinie verankerten individuellen Recht eng auszulegen ist (vgl. Urteile Johnston, Randnr. 36, und Sirdar, Randnr. 23).

(...)

(S. I-105) [22] Ein Mitgliedstaat kann solche Tätigkeiten und die hierauf vorbereitende Berufsausbildung je nach Lage des Falles Männern oder Frauen vorbehalten. Die Mitgliedstaaten sind, wie sich aus Artikel 9 Absatz 2 der Richtlinie ergibt, in einem solchen Fall verpflichtet, die betreffenden Tätigkeiten in regelmäßigen Abständen zu prüfen, um unter Berücksichtigung der sozialen Entwicklung festzustellen, ob die Ausnahme von der allgemeinen Regelung der Richtlinie noch aufrechterhalten werden kann (vgl. Urteile Johnston, Randnr. 37, und Sirdar, Randnr. 25).

[23] Bei der Festlegung der Reichweite der Ausnahme von einem Grundrecht wie dem auf Gleichbehandlung ist außerdem, wie der Gerichtshof in Randnummer 38 des Urteils Johnston und Randnummer 26 des Urteils Sirdar ausgeführt hat, der Grundsatz der Verhältnismäßigkeit zu beachten, der zu den allgemeinen Grundsätzen des Gemeinschaftsrechts gehört. Danach dürfen Ausnahmen nicht über das hinausgehen, was zur Erreichung des verfolgten Zieles angemessen und erforderlich ist; ferner ist der Grundsatz der Gleichbehandlung

soweit wie möglich mit den Erfordernissen der öffentlichen Sicherheit, die für die Bedingungen der Ausübung der jeweiligen Tätigkeiten bestimmend sind, in Einklang zu bringen.

[24] Die nationalen Stellen verfügen jedoch je nach den Umständen über einen bestimmten Ermessensspielraum, wenn sie die für die öffentliche Sicherheit eines Mitgliedstaats erforderlichen Maßnahmen treffen (vgl. Urteile Leifer u.a., Randnr. 35, und Sirdar, Randnr. 27).

(S. I-106) [25] Daher ist, wie der Gerichtshof in Randnummer 28 des Urteils Sirdar ausgeführt hat, zu prüfen, ob unter den Umständen des konkreten Falles die Maßnahmen, die die nationalen Stellen in Ausübung des ihnen zuerkannten Ermessens getroffen haben, tatsächlich das Ziel verfolgen, die öffentliche Sicherheit zu gewährleisten, und ob sie angemessen und erforderlich sind, um dieses Ziel zu erreichen.

[26] Wie in den Randnummern 5, 6 und 7 des vorliegenden Urteils festgestellt, stützt sich die Weigerung, die Klägerin des Ausgangsverfahrens in den Dienst der Bundeswehr einzustellen, in dem sie beschäftigt werden wollte, auf die Bestimmungen des deutschen Rechts, wonach Frauen vollständig vom Dienst mit der Waffe ausgeschlossen sind und ihnen nur der Zugang zum Sanitäts- und Militärmusikdienst erlaubt ist.

[27] In Anbetracht seiner Reichweite kann ein solcher Ausschluß, der für nahezu alle militärischen Verwendungen in der Bundeswehr gilt, nicht als eine Ausnahmemaßnahme angesehen werden, die durch die spezifische Art der betreffenden Beschäftigungen oder die besonderen Bedingungen ihrer Ausübung gerechtfertigt wäre. Die Ausnahmen im Sinne von Artikel 2 Absatz 2 der Richtlinie können aber nur spezifische Tätigkeiten betreffen (vgl. Urteil Kommission/Frankreich, Randnr. 25).

[28] Im übrigen kann schon im Hinblick auf das Wesen der Streitkräfte die Tatsache, daß deren Angehörige zum Einsatz von Waffen verpflichtet sein können, für sich allein nicht den Ausschluss von Frauen vom Zugang zu militärischen Verwendungen rechtfertigen. Wie die deutsche Regierung erklärt hat, gibt es auch in den Diensten der Bundeswehr, zu denen Frauen Zugang haben, eine Ausbildung an der Waffe, die dem Personal dieser Dienste die Selbstverteidigung und Nothilfe ermöglichen soll.

(S. I-107) [29] Somit konnten die nationalen Stellen auch unter Berücksichtigung des ihnen zustehenden Ermessens hinsichtlich der Möglichkeit, den betreffenden Ausschluß aufrechtzuerhalten, nicht ohne Verstoß gegen den Grundsatz der Verhältnismäßigkeit allgemein davon ausgehen, daß sämtliche bewaffneten Einheiten der Bundeswehr weiterhin ausschließlich aus Männern bestehen müssen.

**Rs. C-186/01 (Alexander Dory ./. Bundesrepublik Deutschland)**    **31**
**Urteil des Gerichtshofes vom 11. 03. 2003 – Slg. 2003, S. I-2479.**

**Vorbemerkungen:** *Der EuGH erkannte mit dieser Entscheidung die Freiheit der Mitgliedstaaten an, die Wehrpflicht weiterhin allein Männern vorzubehalten. Entscheidungen der Mitgliedstaaten über die militärische Organisation der Verteidigung fallen danach nicht unter das Gemeinschaftsrecht. Dogmatisch siedelt der Gerichtshof diese Entscheidungsbefugnis auf der Rechtfertigungsebene an, indem er sie der „öffentlichen Sicherheit", die bei allen Grundfreiheiten Einschränkungen gestattet, zuordnet. Die Entscheidung in der Rs. Tanja Kreil (Fall 30) betreffend den freiwilligen Zugang zu bestimmten Arbeitsplätzen im militärischen Bereich bleibt hiervon unberührt.*

**Sachverhalt:** Der deutsche Staatsbürger Dory beantragte nach dem Erhalt eines Fragebogens zur Vorbereitung der Musterung zum Wehrdienst, ihn von der Wehrerfassung auszunehmen und von der Wehrpflicht zu befreien. Zur Begründung trug er vor, dass das Wehrpflichtgesetz gegen das EG-Recht verstoße, da die vom EuGH in der Rs. Tanja Kreil (Fall 28) geforderte Gleichbehandlung der Geschlechter insofern nicht gewahrt sei. Das Kreiswehrersatzamt lehnte den Antrag ab, da das genannte Urteil nur den freiwilligen Zugang von Frauen beträfe und die Wehrpflicht daher weiterhin allein für Männer gelte. Das mit der Sache befaßte Verwaltungsgericht Stuttgart legte die Frage dem EuGH im Vorabentscheidungsverfahren vor.

**Aus den Entscheidungsgründen:**

(S. I-2520) [29] Um festzustellen, ob die Beschränkung der Wehrpflicht auf Männer mit dem Grundsatz der Gleichbehandlung von Männern und Frauen, wie er im Gemeinschaftsrecht verankert ist, vereinbar ist, sind zunächst die Voraussetzungen zu bestimmen, unter denen das Gemeinschaftsrecht auf die Tätigkeiten betreffend die Organisation der Streitkräfte anwendbar ist.

[30] Die von den Mitgliedstaaten insoweit getroffenen Maßnahmen sind nicht schon deshalb in ihrer Gesamtheit der Anwendung des Gemeinschaftsrechts entzogen, weil sie im Interesse der öffentlichen Sicherheit oder der Landesverteidigung ergehen.

[31] Der Vertrag sieht nämlich, wie der Gerichtshof bereits festgestellt hat, Ausnahmen aus Gründen der öffentlichen Sicherheit nur in den Artikeln 30 EG, 39 EG, 46 EG, 58 EG, 64 EG, 296 EG und 297 EG vor; diese betreffen ganz bestimmte außergewöhnliche Fälle. Aus ihnen lässt sich kein allgemeiner, dem Vertrag immanenter Vorbehalt ableiten, der jede Maßnahme, die im Interesse der öffentlichen Sicherheit getroffen wird, vom Anwendungsbereich des Gemeinschaftsrechts ausnähme. Würde ein solcher Vorbehalt unabhängig von den besonderen Tatbestandsmerkmalen der Bestimmungen des Vertrages anerkannt, so könnte das die Verbindlichkeit und die einheitliche Anwendung des Gemeinschaftsrechts beeinträchtigen (vgl. Urteile vom 15. Mai 1986 in der Rechtssache 222/84, Johnston, Slg. 1986, 1651, Randnr. 26, Sirdar, Randnr. 16, und Kreil, Randnr. 16).

[32] Der Begriff der öffentlichen Sicherheit im Sinne der in vorstehender Randnummer genannten Artikel des Vertrages umfasst aber sowohl die innere Sicherheit eines Mitgliedstaats, um die es in dem Verfahren ging, das dem Urteil Johnston zugrunde lag, als auch seine äußere Sicherheit, die Gegenstand des Verfahrens war, das zum Urteil Sirdar geführt hat (vgl. Urteile vom 4. Oktober 1991 in der Rechtssache C-367/89, Richardt und „Les Accessoires Scientifiques", Slg. 1991, I-4621, Randnr. 22, vom 17. Oktober 1995 in der Rechtssache C-83/94, Leifer u.a., Slg. 1995, I-3231, Randnr. 26, Sirdar, Randnr. 17, und Kreil, Randnr. 17).

[33] Außerdem betreffen einige der im Vertrag vorgesehenen Ausnahmen nur die Bestimmungen über den freien Personen-, Waren-, Kapital- und Dienstleistungsverkehr und nicht die Sozialvorschriften des Vertrages, zu denen der Grundsatz der Gleichbehandlung von Männern und Frauen gehört. Es entspricht ständiger Rechtsprechung, dass dieser Grundsatz allgemeine Geltung hat und dass die Richtlinie 76/207 auf öffentlich-rechtliche Dienstverhältnisse anwendbar ist (vgl. in diesem Sinne Urteile vom 21. Mai 1985 in der Rechtssache 248/83, Kommission/Deutschland, Slg. 1985, 1459, Randnr. 16, vom 2. Oktober 1997 in der Rechtssache C-1/95, Gerster, Slg. 1997, I-5253, Randnr. 18, Sirdar, Randnr. 18, und Kreil, Randnr. 18).

[34] So hat der Gerichtshof entschieden, dass die Richtlinie 76/207 auf den Zugang zur Beschäftigung in den Streitkräften anwendbar ist und dass er zu prüfen hat, ob die Maßnahmen, die die nationalen Stellen in Ausübung des ihnen zuerkannten Ermessens getroffen haben, tatsächlich das Ziel verfolgen, die öffentliche Sicherheit zu gewährleisten, und ob sie angemessen und erforderlich sind, um dieses Ziel zu erreichen (Urteile Sirdar, Randnr. 28, und Kreil, Randnr. 25).

[35] Die Entscheidungen der Mitgliedstaaten hinsichtlich der Organisation ihrer Streitkräfte können zwar nicht vollständig der Anwendung des Gemeinschaftsrechts entzogen sein, insbesondere wenn es um die Wahrung des Grundsatzes der Gleichbehandlung von Männern und Frauen im Zusammenhang mit Arbeitsverhältnissen geht, vor allem beim Zugang zu militärischen Berufen. Daraus folgt jedoch nicht, dass Entscheidungen der Mitgliedstaaten hinsichtlich der militärischen Organisation, die die Verteidigung ihres Hoheitsgebiets oder ihrer unabdingbaren Interessen zum Ziel haben, unter das Gemeinschaftsrecht fallen.

[36] Es ist nämlich Sache der Mitgliedstaaten, die die geeigneten Maßnahmen zur Gewährleistung ihrer inneren und äußeren Sicherheit zu ergreifen haben, die Entscheidungen über die Organisation ihrer Streitkräfte zu treffen, wie der Gerichtshof in den Urteilen Sirdar (Randnr. 15) und Kreil (Randnr. 15) ausgeführt hat.

[37] Die deutsche Regierung hat geltend gemacht, dass die allgemeine Wehrpflicht in Deutschland sowohl politisch als auch streitkräfteorganisatorisch große Bedeutung habe. Sie hat in ihren schriftlichen Erklärungen und in der mündlichen Verhandlung ausgeführt, dass die Wehrpflicht zur demokratischen Transparenz des Militärapparats, zum nationalen Zusammenhalt, zum engen Kontakt zwischen Streitkräften und Bevölkerung sowie zu der im Verteidigungsfall erforderlichen Mobilmachungsfähigkeit der Streitkräfte beitragen könne.

[38] Mit einer solchen, im Grundgesetz verankerten Entscheidung wird eine Dienstverpflichtung im Interesse der territorialen Sicherheit auferlegt, auch wenn dies in vielen Fällen zu Lasten des Zugangs junger Menschen zum Arbeitsmarkt geht. Sie hat somit Vorrang vor den politischen Zielen der Eingliederung junger Menschen in den Arbeitsmarkt.

[39] Die Entscheidung der Bundesrepublik Deutschland dafür, ihre Verteidigung teilweise mit einer Wehrpflicht zu sichern, ist Ausdruck einer solchen Entscheidung hinsichtlich der militärischen Organisation, auf die das Gemeinschaftsrecht demzufolge nicht anwendbar ist.

[40] Die auf Männer beschränkte Wehrpflicht bedeutet zwar in der Regel für die Betroffenen eine Verzögerung in ihrer beruflichen Laufbahn, auch wenn der Wehrdienst es einzelnen Einberufenen ermöglicht, eine Zusatzausbildung zu erhalten oder später eine militärische Laufbahn einzuschlagen.

[41] Die Verzögerung in der beruflichen Laufbahn der Einberufenen ist aber eine unvermeidbare Konsequenz der Entscheidung des Mitgliedstaats hinsichtlich der militärischen Organisation und führt

nicht dazu, dass diese Entscheidung in den Anwendungsbereich des Gemeinschaftsrechts fällt. Denn es wäre ein Eingriff in die Zuständigkeiten der Mitgliedstaaten, wenn nachteilige Auswirkungen auf den Zugang zur Beschäftigung zur Folge hätten, dass der betroffene Mitgliedstaat gezwungen wäre, die im Wehrdienst bestehende Verpflichtung auf Frauen auszudehnen und ihnen somit dieselben Nachteile beim Zugang zur Beschäftigung aufzuerlegen oder die Wehrpflicht abzuschaffen.

[42] Nach alledem ist auf die Frage des vorlegenden Gerichts zu antworten, dass das Gemeinschaftsrecht der Wehrpflicht nur für Männer nicht entgegensteht.

## 2. Schutzniveau und Schranken der Gemeinschaftsgrundrechte

**32   Rs. 44/79 (Liselotte Hauer ⁄ Land Rheinland-Pfalz; „Hauer"), Urteil des Gerichtshofes vom 13. 12. 1979 – Slg. 1979, S. 3727.**

**Vorbemerkungen:** *Die Entscheidung Hauer enthält eine besonders gründliche Grundrechtsprüfung. Dies betrifft sowohl die Gewinnung der Gemeinschaftsgrundrechte aus den nationalen Rechtsordnungen und der Europäischen Menschenrechtskonvention als auch die Bestimmung der Grundrechtsschranken, für die der Gerichtshof allgemeine Kriterien (Gemeinwohlziel, Verhältnismäßigkeit, Wesensgehaltsgarantie) formuliert.*

**Sachverhalt:** Die Verordnung 1162/76 über Maßnahmen zur Anpassung des Weinbaupotentials an die Marktbedürfnisse untersagte für einen längeren Zeitraum die Neuanpflanzung von Weinreben. Die deutsche Winzerin Liselotte Hauer der eine Genehmigung zur Anpflanzung von Weinreben auf ihrem Grundstück verweigert wurde, sah hierin eine Verletzung ihrer Grundrechte. Das angerufene Verwaltungsgericht hatte Zweifel, ob die Gemeinschaftsverordnung in Einklang mit Grundrechtsgewährungen steht und legte dem EuGH Fragen zur Reichweite und Anwendbarkeit der Verordnung vor. Der EuGH hat die Anwendbarkeit der genannten Verordnung auf den vorliegenden Fall bejaht und in dem Verbot der Neupflanzung keine Beeinträchtigung der in Frage kommenden Grundrechte gesehen.

**Aus den Entscheidungsgründen:**

(S. 3744) [15] Der Gerichtshof hat in dem erwähnten Urteil und später in seinem Urteil vom 14. Mai 1974 (Nold, Slg. 1974, 491) außerdem hervorgehoben, daß die (S. 3745) Grundrechte zu den allgemeinen Rechtsgrundsätzen gehören, die der Gerichtshof zu wahren hat. Bei der Gewährleistung dieser Rechte hat der Gerichtshof von den gemeinsamen Verfassungsüberlieferungen der Mitgliedstaaten auszugehen, so daß in der Gemeinschaft keine Maßnahmen als rechtens anerkannt werden können, die unvereinbar sind mit den von den Verfassungen dieser Staaten geschützten Grundrechten. Auch die internationalen Verträge über den Schutz der Menschenrechte, an deren Abschluß die Mitgliedstaaten beteiligt waren oder denen sie beigetreten sind, können Hinweise geben, die im Rahmen des Gemeinschaftsrechts zu berücksichtigen sind. Diese Auffassung ist später in der Gemeinsamen Erklärung der Versammlung, des Rates und der Kommission vom 5. April 1977 anerkannt worden, die – nach einer Bezugnahme auf die Rechtsprechung des Gerichtshofes – zum einen auf die durch die Verfassungen der Mitgliedstaaten garantierten Rechte und zum anderen auf die Europäische Konvention zum Schutz der Menschenrechte und Grundfreiheiten vom 4. November 1950 verweist (Abl. 1977, C 103, S. 1).

(...)

(S. 3747) [23] Mit dieser Feststellung ist das vom Verwaltungsgericht aufgeworfene Problem jedoch noch nicht erschöpfend behandelt. Auch wenn der Gemeinschaft nicht grundsätzlich die Möglichkeit abgesprochen werden kann, die Ausübung des Eigentumsrechts im Rahmen einer gemeinsamen Marktorganisation und aus strukturpolitischen Gründen zu beschränken, so ist doch noch zu prüfen, ob die in der umstrittenen Regelung enthaltenen Einschränkungen tatsächlich dem allgemeinen Wohl dienenden Zielen der Gemeinschaft entsprechen und ob sie nicht einen im Hinblick auf den verfolgten Zweck unverhältnismäßigen, nicht tragbaren Eingriff in die Vorrechte des Eigentümers darstellen, der das Eigentumsrecht in seinem Wesensgehalt antastet. Diesen Vorwurf erhebt die Klägerin des Ausgangsverfahrens in der Tat. Sie ist der Ansicht, der Gesetzgeber dürfe nur aus Gründen einer Qualitätspolitik die Benutzung des Weinbaueigentums einschränken; sie besitze daher ein unverletzliches Recht, da die weinbauliche Eignung ihres Grundstücks anerkannt sei. Somit ist zu prüfen, welchen Zweck die umstrittene Verordnung verfolgt und ob zwischen den in dieser Verordnung vorgesehenen Maßnahmen und dem im vorliegenden Fall von der Kommission angestrebten Ziel ein angemessenes Verhältnis besteht.

(...)

(S. 3749) [28] Um diesem doppelten Anliegen Rechnung zu tragen, stellte der Rat mit der Verordnung Nr. 1162/76 ein allgemeines Neuanpflanzungsverbot auf, ohne – von ganz bestimmten Ausnahmen abgesehen – nach der Bodenbeschaffenheit zu unterscheiden. In dieser Allgemeinheit stellt das vom Rat verhängte Verbot nur eine einstweilige Regelung dar. Es ist dazu bestimmt, eine konjunkturelle Überschußsituation mit sofortiger Wirkung zu beenden und gleichzeitig endgültige strukturelle Maßnahmen vorzubereiten.

[29] So verstanden führt die kritisierte Maßnahme nicht zu einer ungerechtfertigten Beschränkung der Ausübung des Eigentumsrechts. Denn in einer Lage, die durch eine anhaltende Überproduktion gekennzeichnet ist, hätte die Inbetriebnahme neuer Rebflächen wirtschaftlich gesehen keine andere Wirkung, als das Volumen der Überschüsse zu erhöhen. Darüber hinaus bestünde bei einer solchen Ausweitung auf dieser Stufe die Gefahr, daß die Verwirklichung einer Strukturpolitik auf Gemeinschaftsebene erschwert wird, wenn diese auf der Anwendung strengerer Kriterien für die Auswahl der zum Weinbau zugelassenen Böden beruht als die geltenden nationalen Rechtsvorschriften.

[30] Aus alldem folgt, daß die Einschränkung der Benutzung des Eigentums, die das mit der Verordnung Nr. 1162/76 für einen begrenzten Zeitraum verhängte Verbot der Neuanpflanzung von Weinreben mit sich bringt, durch die dem allgemeinen Wohl dienenden Ziele der Gemeinschaft gerechtfertigt ist und das in der Gemeinschaftsrechtsordnung anerkannte und garantierte Eigentumsrecht nicht in seinem Wesensgehalt antastet.

(S. 3750) [31] Die Klägerin des Ausgangsverfahrens vertritt ferner die Ansicht, das mit der Verordnung Nr. 1162/76 verhängte Neuanpflanzungsverbot verletze sie insofern in ihren Grundrechten, als es eine Einschränkung der freien Ausübung ihres Berufes als Winzerin bewirke.

[32] Wie der Gerichtshof bereits in seinem Urteil vom 14. Mai 1974 (Nold, aaO.) ausgeführt hat, trifft es zwar zu, daß die Verfassungsordnung verschiedener Mitgliedstaaten die freie Berufsausübung gewährleistet. Das so garantierte Recht ist aber weit davon entfernt, uneingeschränkten Vorrang zu genießen; es muß ebenfalls im Hinblick auf die soziale Funktion der geschützten Tätigkeiten gesehen werden. Im vorliegenden Fall beeinträchtigt die umstrittene Gemein-

schaftsmaßnahme in keiner Weise die Aufnahme des Winzerberufes oder dessen freie Ausübung auf Rebflächen, die gegenwärtig dem Weinbau gewidmet sind. Soweit das Neuanpflanzungsverbot die freie Ausübung des Winzerberufes beeinträchtigen sollte, wäre diese Beeinträchtigung allein auf die Beschränkung der Ausübung des Eigentumsrechts zurückzuführen und fiele daher mit dieser zusammen. Die Einschränkung der freien Ausübung des Winzerberufes – unterstellt, sie läge vor – wäre somit aus den gleichen Gründen gerechtfertigt wie die Einschränkung der Benutzung des Eigentums.

**Rs. C-94/00 (Roquette Frères),**                 **33**
**Urteil des Gerichtshofes vom 22. 10. 2002 – Slg. 2002, S. I-9011.**

**Vorbemerkungen:** *Die vorliegende Entscheidung enthält eine Fortentwicklung der in der Rechtssache Hoechst(Rs. 46/87 u. 227/88, Slg. 1989, S. 2859) entwickelten Rechtsprechung zur Auslegung der EMRK im Gemeinschaftsrecht. Der EuGH schließt sich darin der weiten Auslegung des Schutzbereiches des Rechts auf Achtung der Wohnung durch den EGMR an und verwirft ausdrücklich seine frühere, anders lautende Auslegung des Art. 8 EGMR in der Rechtssache Hoechst. Die Entscheidung illustriert, wie eng sich der EuGH mittlerweile zur Gewinnung der Gemeinschaftsgrundrechte an die Rechtsprechung des EGMR anlehnt. Zwar fehlt es nach wie vor an einer unmittelbaren Geltung der EMRK für das EG-Recht. Die Entscheidung deutet jedoch darauf hin, dass der EuGH die EMRK trotzdem weitgehend in ihrer Auslegung durch den EGMR als gemeinschaftsrechtlichen Grundrechtsstandard ansieht.*

**Sachverhalt:** Im Rahmen eines kartellrechtlichen Nachprüfungsverfahrens erließ die Kommission auf Grundlage der EG-Verordnung Nr. 17 eine so genannte Nachprüfungsentscheidung gegen die Firma Roquette Frères. In dieser Entscheidung wurde Roquette verpflichtet eine Durchsuchung ihrer Geschäftsräume zu dulden und auf Verlangen Einblick in die Geschäftsbücher und andere Unterlagen zu gewähren. Die von der Kommission mit der Ausführung der Entscheidung beauftragte nationale Behörde erwirkte bei dem zuständigen nationalen Gericht eine Genehmigung für diese Maßnahmen. Roquette, welche die Maßnahmen nur unter Vorbehalt duldete, legte dagegen Rechtsmittel ein. Das nationale Gericht fragte den EuGH unter anderem, ob das aus Artikel 8 EMRK hergeleitete Gemeinschaftsgrundrecht auf Unverletzlichkeit der Wohnung auch Geschäftsräume schütze. Der EuGH bejahte dies in seiner Vorabentscheidung.

**Aus den Entscheidungsgründen:**

(S. I-9052) Zu den Auswirkungen der allgemeinen Grundsätze des Gemeinschaftsrechts

[22] Wie sich aus dem Vorlageurteil ergibt, fragt sich die Cour de cassation, welchen Einfluss bestimmte Entwicklungen auf dem Gebiet des Grundrechtsschutzes, die nach der Verkündung des Urteils Hoechst/Kommission eingetreten sind, auf die vom Gerichtshof in diesem Urteil herausgearbeiteten Grundsätze und damit auf die Beantwortung der von ihr vorgelegten Fragen haben.

[23] Insoweit ist daran zu erinnern, dass die Grundrechte nach ständiger Rechtsprechung zu den allgemeinen Rechtsgrundsätzen gehören, deren Wahrung der Gerichtshof zu sichern hat. Dabei lässt sich der Gerichtshof von den gemeinsamen Verfassungstraditionen der Mitgliedstaaten sowie von den Hinweisen leiten, die die völkerrechtlichen Verträge über den Schutz der Menschenrechte geben, an deren Abschluss die Mitgliedstaaten beteiligt waren oder denen sie beigetreten sind. Hierbei kommt der EMRK besondere Bedeutung zu (vgl. insbesondere Urteile Hoechst/Kommission, Randnr. 13, und vom 6. März 2001 in der Rechtssache C-274/99 P, Connolly/Kommission, Slg. 2001, I-1611, Randnr. 37).

(S. I-9053) [24] Wie der Gerichtshof ebenfalls festgestellt hat, sind die in dieser Rechtsprechung herausgearbeiteten Grundsätze durch die Präambel der Einheitlichen Europäischen Akte und sodann durch Artikel F Absatz 2 des Vertrages über die Europäische Union erneut bekräftigt worden (Urteil vom 15. Dezember 1995 in der Rechtssache C-415/93, Bosman, Slg. 1995, I-4921, Randnr. 79). Sie sind nunmehr in Artikel 6 Absatz 2 EU aufgenommen worden (Urteil Connolly/Kommission, Randnr. 38).

[25] Im Übrigen hat der Gerichtshof nach seiner ständigen Rechtsprechung im Vorabentscheidungsverfahren dann, wenn eine nationale Regelung in den Anwendungsbereich des Gemeinschaftsrechts fällt, dem vorlegenden Gericht alle Auslegungshinweise zu geben, die es benötigt, um die Vereinbarkeit dieser Regelung mit den Grundrechten, wie sie sich insbesondere aus der EMRK ergeben, beurteilen zu können, deren Wahrung der Gerichtshof sichert (vgl. insbesondere Urteile vom 18. Juni 1991 in der Rechtssache C-260/89, ERT, Slg. 1991, I-2925, Randnr. 42, und vom 4. Oktober 1991 in der Rechtssache C-159/90, Society for the Protection of Unborn Children Ireland, Slg. 1991, I-4685, Randnr. 31).

[26] Da die Vorlagefragen im Wesentlichen den Umfang der Kontrollbefugnis betreffen, die ein Gericht eines Mitgliedstaats hat, wenn die Kommission ein Unterstützungsersuchen nach Artikel 14 Absatz 6 der Verordnung Nr. 17 an es gerichtet hat, ist der Gerichtshof sehr wohl befugt, dem vorlegenden Gericht alle Auslegungshinweise zu geben, die es benötigt, um die Vereinbarkeit der für diese Kontrolle geltenden nationalen Regelung mit dem Gemeinschaftsrecht einschließlich gegebenenfalls der Rechte aus der EMRK als allgemeinen Grundsätzen des Gemeinschaftsrechts, deren Wahrung der Gerichtshof sichert, beurteilen zu können.

[27] Der Gerichtshof hat in Randnummer 19 des Urteils Hoechst/Kommission anerkannt, dass das Erfordernis eines Schutzes vor willkürlichen oder unverhältnismäßigen Eingriffen der öffentlichen Gewalt in die Sphäre der privaten Betätigung einer natürlichen oder juristischen Person einen allgemeinen Grundsatz des Gemeinschaftsrechts darstellt.

[28] Zudem hat der Gerichtshof klargestellt, dass die zuständigen Behörden der Mitgliedstaaten diesen allgemeinen Grundsatz zu beachten haben, wenn die Kommission an sie ein Unterstützungsersuchen nach Artikel 14 Absatz 6 der Verordnung Nr. 17 gerichtet hat (vgl. Urteil Hoechst/Kommission, Randnrn. 19 und 33).

(S. I-9054) [29] Bei der Bestimmung der Tragweite dieses Grundsatzes hinsichtlich des Schutzes der Geschäftsräume von Unternehmen ist die nach dem Urteil Hoechst/Kommission ergangene Rechtsprechung des Europäischen Gerichtshofes für Menschenrechte zu berücksichtigen, aus der sich zum einen ergibt, dass der Schutz der Wohnung, um den es in Artikel 8 EMRK geht, unter bestimmten Umständen auf Geschäftsräume ausgedehnt werden kann (vgl. insbesondere EGMR, Urteil vom 16. April 2002, Colas Est u.a./Frankreich, noch nicht in den *Reports of Judgements and Decisions* veröffentlicht, § 41), und zum anderen, dass der Eingriffsvorbehalt nach Artikel 8 Absatz 2 EMRK bei beruflichen oder geschäftlichen Tätigkeiten oder Räumen sehr wohl weiter gehen könnte als in anderen Fällen (Urteil Niemietz/Deutschland, § 31).

**34    Rs. C-280/93 (Deutschland ⁄⁀ Rat; „Bananenmarktordnung"),
Urteil des Gerichtshofes vom 05. 10. 1994 – Slg. 1994, S. I-4973.**

**Vorbemerkungen:** *Der Hauptanwendungsbereich der Gemeinschaftsgrundrechte sind die sich für den Einzelnen aus dem sekundären Gemeinschaftsrecht ergebenden Beschränkungen. In der Entscheidung zur Rechtmäßigkeit der Bananenmarktverordnung nahm
der EuGH eine dementsprechende Grundrechtsprüfung vor. Diese
betraf den allgemeinen Gleichheitssatz, das Eigentumsrecht und die
Berufsfreiheit und ist insoweit von beispielhafter Bedeutung. Dies
gilt auch für die regelmäßig unzulängliche Verhältnismäßigkeitsprüfung als Schranken-Schranke durch den EuGH, bei der der Gerichtshof auf der zweiten Stufe der Frage nach dem milderen Mittel dem
Kläger die Nachweislast für eine irrige Einschätzung durch den Rat
aufbürdet und bei der die dritte Stufe, die besonders wichtige Rechts-
güterabwägung, ausfällt.*

**Sachverhalt:** Durch die Verordnung 404/93 wurde eine gemeinsame
Marktorganisation für Bananen eingeführt. Danach machen Bananen
aus den AKP-Staaten sowie solche, die innerhalb der Gemeinschaft einschließlich ihrer überseeischen Gebieten produziert werden, den größten
Teil des Bananenmarktes aus. Gegen die Bananenmarktverordnung erhob
die Bundesrepublik Deutschland Nichtigkeitsklage gemäß Art. 230 Abs. 1
EG. Neben anderen Gründen wurde auch die Verletzung der Grundrechte
von Importeuren gerügt, die bisher Bananen in großem Umfang aus Drittstaaten bezogen hatten. Der EuGH hat in der betroffenen Verordnung keinen Verstoß gegen die Grundrechte und die allgemeinen Rechtsgrundsätze
gesehen. Die Klage wurde abgewiesen.

**Aus den Entscheidungsgründen:**

(S. I-5064) [73] Zwar sind diese Gruppen von Wirtschaftsteilnehmern nach dem Inkrafttreten der Verordnung von den erlassenen
Maßnahmen in unterschiedlicher Weise betroffen. Den Wirtschaftsteilnehmern, die sich traditionell im wesentlichen mit Drittlandsbananen versorgt haben, werden von nun an Beschränkungen ihrer
Einfuhrmöglichkeiten auferlegt, während denen, die bis dahin gezwungen waren, im wesentlichen Gemeinschafts- und AKP-Bananen
zu vermarkten, die Möglichkeit eingeräumt wird, bestimmte Mengen
Drittlandsbananen einzuführen.

[74] Eine derartige unterschiedliche Behandlung ist jedoch in An-

betracht der unterschiedlichen Situation, in der sich die verschiedenen Gruppen von Wirtschaftsteilnehmern vor der Einführung der gemeinsamen Marktorganisation befunden haben, naturgemäß mit dem Ziel einer Integration bisher abgeschotteter Märkte verbunden. Die Verordnung bezweckt nämlich, den Absatz der Gemeinschaftserzeugung und der traditionellen AKP-Erzeugung zu sichern, was die Herstellung eines gewissen Gleichgewichts zwischen den beiden betroffenen Gruppen von Wirtschaftsteilnehmern impliziert.

[75] Folglich ist die Rüge des Verstoßes gegen den Grundsatz der Nichtdiskriminierung als unbegründet zurückzuweisen.

[76] Die Rechtmäßigkeit der gegenüber den verschiedenen Gruppen von Wirtschaftsteilnehmern erlassenen Maßnahmen ist somit im Rahmen der übrigen Rügen der Klägerin zu prüfen.

(S. I-5065) [77] Zum Eingriff in das Eigentumsrecht macht die Klägerin geltend, indem die angefochtene Verordnung den Wirtschaftsteilnehmern, die traditionell Drittlandsbananen vermarktet hätten, langfristig Marktanteile entzogen habe, habe sie das Eigentumsrecht dieser Wirtschaftsteilnehmer verletzt und in ihr Recht auf freie Berufsausübung eingegriffen.

[78] Dazu ist zu bemerken, daß sowohl das Eigentumsrecht als auch die freie Berufsausübung zu den allgemeinen Grundsätzen des Gemeinschaftsrechts gehören. Diese Grundsätze können jedoch keine uneingeschränkte Geltung beanspruchen, sondern müssen im Hinblick auf ihre gesellschaftliche Funktion gesehen werden. Folglich können die Ausübung des Eigentumsrechts und die freie Berufsausübung namentlich im Rahmen einer gemeinsamen Marktorganisation Beschränkungen unterworfen werden, sofern diese Beschränkungen tatsächlich dem Gemeinwohl dienenden Zielen der Gemeinschaft entsprechen und nicht einen im Hinblick auf den verfolgten Zweck unverhältnismäßigen, nicht tragbaren Eingriff darstellen, der die so gewährleisteten Rechte in ihrem Wesensgehalt antastet (vgl. Urteile vom 11. Juli 1989 in der Rechtssache 265/87, Schräder, Slg. 1989, 2237, Randnr. 15, und vom 13. Juli 1989 in der Rechtssache 5/88, Wachauf, Slg. 1989, 2609, Randnr. 18, sowie Urteil Kühn).

[79] Das Eigentumsrecht der Vermarkter von Drittlandsbananen wird durch die Einführung des Gemeinschaftskontingents und die Vorschriften über dessen Aufteilung nicht in Frage gestellt. Kein Wirtschaftsteilnehmer kann nämlich ein Eigentumsrecht an einem Marktanteil geltend machen, den er zu einem Zeitpunkt vor der Einführung einer gemeinsamen Marktorganisation besessen hat, da ein solcher Marktanteil nur eine augenblickliche wirtschaftliche Position

darstellt, die den mit einer Änderung der Umstände verbundenen Risiken ausgesetzt ist.

[80] Ein Wirtschaftsteilnehmer kann auch kein wohlerworbenes Recht oder auch nur ein berechtigtes Vertrauen auf die Beibehaltung einer bestehenden Situation, die durch Entscheidungen der Gemeinschaftsorgane im Rahmen ihres Ermessens verändert werden kann, geltend machen (vgl. Urteil vom 28. Oktober 1982 in der (S. I-5066) Rechtssache 52/81, Faust/Kommission, Slg. 1982, 3745, Randnr. 27), besonders dann nicht, wenn die bestehende Situation mit den Regeln des Gemeinsamen Marktes unvereinbar ist.

[81] Zu dem behaupteten Eingriff in das Recht auf freie Berufsausübung ist festzustellen, dass die Einführung des Zollkontingents und des Mechanismus seiner Aufteilung tatsächlich die Wettbewerbsstellung insbesondere der Wirtschaftsteilnehmer auf dem deutschen Markt ändert, die bis dahin als einzige Drittlandsbananen ohne jede Zollbeschränkung im Rahmen eines jährlich an die Bedürfnisse des Marktes angepassten Kontingents einführen konnten. Es ist aber noch zu prüfen, ob die mit der Verordnung eingeführten Beschränkungen dem Gemeinwohl dienenden Zielen der Gemeinschaft entsprechen und dieses Recht nicht in seinem Wesensgehalt antasten.

[82] Die den Wirtschaftsteilnehmern auf dem deutschen Markt auferlegte Beschränkung der Möglichkeit, Drittlandsbananen einzuführen, ist naturgemäß mit der Einführung einer gemeinsamen Marktorganisation verbunden, die darauf abzielt, die Wahrung der Ziele des Artikels 39 EWG-Vertrag und die Erfüllung der von der Gemeinschaft aufgrund des Abkommens von Lomé übernommenen internationalen Verpflichtungen zu sichern. Denn die Abschaffung der unterschiedlichen nationalen Regelungen, insbesondere der Ausnahmeregelung, von der die Wirtschaftsteilnehmer auf dem deutschen Markt weiterhin profitiert hatten, wie auch der Schutzregelungen, die auf anderen Inlandsmärkten den Vermarktern von Gemeinschafts- und traditionellen AKP-Bananen zugute gekommen waren, machte eine Beschränkung des Volumens der Einfuhren von Drittlandsbananen in die Gemeinschaft erforderlich. Es handelte sich nämlich darum, die Verwirklichung einer gemeinsamen Marktorganisation zu gewährleisten und gleichzeitig zu verhindern, daß die Gemeinschafts- und AKP-Bananen infolge des Verschwindens der Schutzbarrieren, die ihren Absatz unter Ausschluß der Konkurrenz der Drittlandsbananen gesichert hatten, vom Gemeinsamen Markt verdrängt wurden.

[83] Die unterschiedliche Situation der Vermarkter von Bananen in den verschiedenen Mitgliedstaaten erforderte ihrerseits im Hinblick

auf das Ziel der Integration der (S. I-5067) einzelnen Inlandsmärkte die Einführung eines Mechanismus der Aufteilung des Zollkontingents auf die verschiedenen Gruppen betroffener Wirtschaftsteilnehmer. Dieser Mechanismus bezweckt, die Vermarkter von Gemeinschafts- und traditionellen AKP-Bananen zu veranlassen, sich mit Drittlands- bananen zu versorgen, ebenso wie er darauf abzielt, die Importeure von Drittlandsbananen dazu zu bewegen, Gemeinschafts- und AKP- Bananen zu vertreiben. Im übrigen soll er es den Wirtschaftsteilneh- mern, die traditionell Drittlandsbananen vermarktet haben, langfristig ermöglichen, sich auf der Ebene des gemeinschaftlichen Globalkon- tingents an den beiden Teilkontingenten, die eingeführt worden sind, zu beteiligen.
(...)
(S. I-5068) [87] Aus dem Vorstehenden ergibt sich, daß der mit der Verordnung vorgenommene Eingriff in die Berufsausübungsfreiheit der traditionellen Vermarkter von Drittlandsbananen dem Gemein- wohl dienenden Zielen der Gemeinschaft entspricht und dieses Recht nicht in seinem Wesensgehalt antastet.

[88] Die Klägerin macht außerdem geltend, die Regelung für den Handel mit Drittländern verstoße gegen den Grundsatz der Verhält- nismäßigkeit, da das Ziel einer Unterstützung der AKP-Erzeuger sowie einer Sicherung der Einkommen der Gemeinschaftserzeuger durch Maßnahmen hätte erreicht werden können, die den Wettbewerb und die Interessen bestimmter Gruppen von Wirtschaftsteilnehmern weniger beeinträchtigten.

[89] Insoweit ist daran zu erinnern, daß der Gemeinschaftsgesetz- geber auf dem Gebiet der gemeinsamen Agrarpolitik über ein weites Ermessen verfügt, das der politischen Verantwortung entspricht, die ihm die Artikel 40 und 43 EWG-Vertrag übertragen.

[90] Der Gerichtshof hat entschieden, daß die Rechtmäßigkeit einer in diesem Bereich erlassenen Maßnahme nur dann beeinträchtigt sein kann, wenn diese Maßnahme zur Erreichung des Zieles, das das zu- ständige Organ verfolgt, offensichtlich ungeeignet ist. Ist der Gemein- schaftsgesetzgeber insbesondere für den Erlass einer Regelung ge- nötigt, die künftigen Auswirkungen dieser Regelung zu beurteilen, und lassen sich diese Auswirkungen nicht genau vorhersehen, so kann seine Beurteilung nur dann beanstandet werden, wenn sie im Hinblick auf die Erkenntnisse, (S. I-5069) über die er im Zeitpunkt des Erlasses der Regelung verfügte, offensichtlich irrig erscheint (vgl. Urteil Wui- dart u.a., und Urteil vom 13. November 1990 in der Rechtssache C- 331/88, Fedesa u.a., Slg. 1990, I-4023, Randnr. 14).

[91] Diese Einschränkung der Kontrolle des Gerichtshofes ist insbesondere dann geboten, wenn sich der Rat veranlaßt sieht, bei der Verwirklichung einer gemeinsamen Marktorganisation einen Ausgleich zwischen divergierenden Interessen herbeizuführen und auf diese Weise im Rahmen der in seine eigene Verantwortung fallenden politischen Entscheidungen eine Auswahl zu treffen.

[92] Im vorliegenden Fall ergibt sich aus den Erörterungen vor dem Gerichtshof, daß der Rat insbesondere die gegensätzlichen Interessen bestimmter Bananen erzeugender Mitgliedstaaten, die bestrebt waren, ihrer in wirtschaftlich benachteiligten Regionen lebenden landwirtschaftlichen Bevölkerung den Absatz einer für sie lebenswichtigen Erzeugung zu sichern und damit soziale Unruhen zu verhindern, und anderer, keine Bananen erzeugender Mitgliedstaaten, die vor allem bestrebt waren, ihren Verbrauchern eine Bananenversorgung zu den besten Preisbedingungen und einen unbeschränkten Zugang zur Erzeugung der Drittländer zu sichern, miteinander in Einklang bringen mußte.

[93] Die deutsche Regierung weist darauf hin, daß das verfolgte Ziel durch weniger einschneidende Maßnahmen hätte erreicht werden können, nämlich durch eine ausführlichere Beihilferegelung für die Gemeinschafts- und AKP-Erzeuger in Verbindung mit einem Abschöpfungsmechanismus bei der Einfuhr von Drittlandsbananen zur Finanzierung dieser Beihilferegelung.

[94] Zwar ist nicht auszuschließen, dass andere Mittel in Betracht kommen konnten, um das angestrebte Ergebnis zu erreichen; der Gerichtshof kann jedoch nicht die Beurteilung des Rates in der Frage, ob die vom Gemeinschaftsgesetzgeber gewählten Maßnahmen mehr oder weniger angemessen sind, durch seine eigene Beurteilung ersetzen, wenn der Beweis nicht erbracht ist, daß diese Maßnahmen zur Verwirklichung des verfolgten Zieles offensichtlich ungeeignet waren.

(S. I-5070) [95] Die Klägerin hat aber nicht nachgewiesen, daß der Rat offensichtlich ungeeignete Maßnahmen erlassen oder angesichts der Erkenntnisse, über die er im Zeitpunkt des Erlasses der Regelung verfügte, eine offensichtlich irrige Beurteilung vorgenommen hat.

## 3. Die Bindung der Mitgliedstaaten an die Gemeinschaftsgrundrechte

**Rs. 5/88 (Wachauf ./. Bundesamt für Ernährung**   **35**
**und Forstwirtschaft),**
**Urteil des Gerichtshofes vom 13. 07. 1989 – Slg. 1989, S. 2609.**

**Vorbemerkungen:** *Die Entwicklung der Gemeinschaftsgrundrechte durch den EuGH diente zunächst ausschließlich dazu, die Hoheitsgewalt der Gemeinschaften grundrechtlich zu zügeln. Prüfungsgegenstand waren daher Akte der Gemeinschaftsorgane. Es zeigte sich jedoch, dass auch die Bindung der Mitgliedstaaten an die Grundrechte des Gemeinschaftsrechts in bestimmten Konstellationen erforderlich sein kann. Dies betrifft insbesondere den Vollzug des Gemeinschaftsrechts durch nationale Behörden. Im Regelfall liegt der Vollzug des Gemeinschaftsrechts bei den Mitgliedstaaten. Zu den gemeinschaftsrechtlichen Grenzen der mitgliedstaatlichen Ausgestaltung dieses Vollzuges gehören auch die Gemeinschaftsgrundrechte. Die Frage, ob der Prüfungsmaßstab für nationale Vollzugsmaßnahmen von Gemeinschaftsrecht die nationalen Grundrechtsverbürgungen sind oder die Gemeinschaftsgrundrechte, ist dabei im Einzelnen problematisch. Dies hat aber nicht nur materiell-rechtliche Bedeutung im Hinblick auf eventuell unterschiedliche Schutzstandards, sondern ist auch prozessrechtlich von maßgeblicher Bedeutung.*

**Sachverhalt:** Die Milchproduktion in der Gemeinschaft beruht auf Milchquoten. Eine Milchquote stellt das Recht dar, eine bestimmte Menge Milch zu einem von der Gemeinschaft garantierten Preis produzieren zu können. Sofern ein milchproduzierender Betrieb nur gepachtet wird, stellt sich die Frage, ob nach Ablauf des Pachtvertrags die Milchquote auf den Verpächter oder den Pächter, der die Milchproduktion an einer anderen Stelle fortsetzen möchte, übergeht. Sekundärrechtlich wurde den Mitgliedstaaten in dieser Frage ein weiter Ausgestaltungsspielraum zugestanden. Da die Anwendung dieses Ermessensspielraumes jedoch unter Wahrung des Grundrechtsschutzes vorgenommen werden soll, gibt der EuGH den Mitgliedstaaten in diesen Vorabentscheidungsverfahren zwei Entscheidungsmöglichkeiten zur Wahl: die Behaltung der Milchquote bei dem Pächter oder seine Entschädigung.

**Aus den Entscheidungsgründen:**

(S. 2639) [17] Nach ständiger Rechtsprechung, insbesondere nach dem Urteil vom 13. Dezember 1979 in der Rechtssache 44/79 (Hauer, Slg. 1979, 3727), gehören die Grundrechte zu den allgemeinen Rechtsgrundsätzen, die der Gerichtshof zu wahren hat. Bei der Gewährleistung dieser Rechte hat der Gerichtshof von den gemeinsamen Verfassungsüberlieferungen der Mitgliedstaaten auszugehen, so daß in der Gemeinschaft keine Maßnahmen als rechtens anerkannt werden können, die mit den von den Verfassungen dieser Staaten geschützten Grundrechten unvereinbar sind. Auch die völkerrechtlichen Verträge über den Schutz der Menschenrechte, an deren Abschluß die Mitgliedstaaten beteiligt waren oder denen sie beigetreten sind, können Hinweise geben, die im Rahmen des Gemeinschaftsrechts zu berücksichtigen sind.

[18] Die vom Gerichtshof anerkannten Grundrechte können jedoch keine uneingeschränkte Geltung beanspruchen, sondern sind im Zusammenhang mit ihrer gesellschaftlichen Funktion zu sehen. Daher kann die Ausübung dieser Rechte, insbesondere im Rahmen einer gemeinsamen Marktorganisation, Beschränkungen unterworfen werden, sofern diese tatsächlich dem Gemeinwohl dienenden Zielen der Gemeinschaft entsprechen und nicht einen im Hinblick auf den verfolgten Zweck unverhältnismäßigen, nicht tragbaren Eingriff darstellen, der diese Rechte in ihrem Wesensgehalt antastet.

[19] Unter Berücksichtigung dieser Kriterien ist festzustellen, daß eine gemeinschaftsrechtliche Regelung, die dazu führen würde, daß der Pächter nach Ablauf des Pachtverhältnisses entschädigungslos um die Früchte seiner Arbeit und der von ihm in dem verpachteten Betrieb vorgenommenen Investitionen gebracht würde, mit den Erfordernissen des Grundrechtsschutzes in der Gemeinschaftsrechtsordnung unvereinbar wäre. Da auch die Mitgliedstaaten diese Erfordernisse bei der Durchführung der gemeinschaftsrechtlichen Regelungen zu beachten haben, müssen sie (S. 2940) diese, soweit irgend möglich, in Übereinstimmung mit diesen Erfordernissen anwenden.

(...)

(S. 2640) [22] Die fragliche gemeinschaftsrechtliche Regelung lässt den zuständigen nationalen Behörden somit einen Ermessensspielraum, der weit genug ist, um ihnen die Anwendung dieser Regelung in einer mit den Erfordernissen des Grundrechtsschutzes im Einklang stehenden Weise zu ermöglichen, indem sie dem Pächter entweder die Möglichkeit geben, die Referenzmenge ganz oder zum Teil zu behalten, wenn er die Milcherzeugung fortsetzen will, oder ihm eine Entschädigung gewähren, wenn er sich zur endgültigen Aufgabe der Milcherzeugung verpflichtet.

**Rs. C-260/89 (ERT),**                             **36**
**Urteil des Gerichtshofes vom 18. 06. 1991 – Slg. 1991, S. I-2925.**

**Vorbemerkungen:** *Der Schutz der Gemeinschaftsgrundrechte umfasst den gesamten Anwendungsbereich des Gemeinschaftsrechts. Neben den Fällen des Gemeinschaftsrechtsvollzugs müssen die Mitgliedstaaten die Grundrechte des Gemeinschaftsrechts auch dann beachten, wenn sie eine Grundfreiheit einschränken. Diese dogmatische Funktion der Grundrechte als Schranken-Schranke der Grundfreiheiten hat der EuGH in der Rs. Familiapress ausdrücklich bestätigt (Rs. C-368/95, Slg. 1997, S. I-3689).*

**Sachverhalt:** In Griechenland hatte die staatliche Gesellschaft ERT das Fernsehmonopol. Im Dezember 1988 gründete der Oberbürgermeister von Thessaloniki mit privaten Betreibern das Fernsehen TV 1000. Die ERT beantragte daraufhin eine einstweilige Verfügung gegen die Betreibergesellschaft. Diese ist der Ansicht, dass das griechische Fernsehmonopol gegen Gemeinschaftsrecht verstößt. Der Gerichtshof entschied im Rahmen eines Vorabentscheidungsverfahrens. Er hat festgestellt, dass unter bestimmten Voraussetzungen die Einräumung eines Fernsehmonopols gemeinschaftsrechtsmäßig ist.

**Aus den Entscheidungsgründen:**

(S. I-2959) [19] Nach Artikel 59 EWG-Vertrag waren die Beschränkungen des freien Dienstleistungsverkehrs innerhalb der Gemeinschaft für Angehörige der Mitgliedstaaten, die in einem anderen Staat der Gemeinschaft als demjenigen des Leistungsempfängers ansässig sind, bis zum Ende der Übergangszeit aufzuheben. Diese Vorschrift gebietet insbesondere die Beseitigung jeglicher Diskriminierung eines Erbringers von Dienstleistungen, der in einem anderen Mitgliedstaat als demjenigen ansässig ist, in dem die Leistung erbracht werden soll.
[20] Wie in Randnummer 12 des vorliegenden Urteils ausgeführt, ist ein Dienstleistungsmonopol zwar als solches nicht mit dem Gemeinschaftsrecht unvereinbar, es kann aber nicht ausgeschlossen werden, daß das Monopol möglicherweise so ausgestaltet ist, daß es gegen

die Vorschriften über den freien Dienstleistungsverkehr verstößt. Dies ist insbesondere dann der Fall, wenn das Monopol dazu führt, daß aus anderen Mitgliedstaaten stammende Fernsehsendungen gegenüber inländischen diskriminiert werden.

[21] Was das im Ausgangsverfahren streitige Monopol betrifft, geht aus Artikel 2 Absatz 2 des Gesetzes Nr. 1730/1987 sowie aus der Rechtsprechung des griechischen Staatsrats hervor, daß die ausschließliche Konzession der ERT sowohl das Recht zur Ausstrahlung von eigenen Sendungen (im folgenden: die Ausstrahlung) als auch das Recht zum Empfang und zur Übertragung von Sendungen aus anderen Mitgliedstaaten (im folgenden: die Übertragung) umfaßt.

[22] Wie die Kommission ausgeführt hat, ermöglicht es die Zusammenfassung des Ausstrahlungs- und des Übertragungsmonopols bei ein- und demselben Unternehmen (S. I-2960) diesem, seine eigenen Programme auszustrahlen und gleichzeitig die Übertragung von Programmen aus anderen Mitgliedstaaten zu beschränken. Diese Möglichkeit kann – wenn es keine Garantie für die Übertragung von Programmen aus anderen Mitgliedstaaten gibt – das Unternehmen dazu veranlassen, seine eigenen Programme gegenüber ausländischen Programmen zu bevorzugen. In einem solchen System besteht daher die Gefahr, daß die Chancengleichheit zwischen der Ausstrahlung von eigenen Programmen und der Übertragung von Programmen aus anderen Mitgliedstaaten erheblich beeinträchtigt wird.

[23] Die Frage, ob die Zusammenfassung des ausschließlichen Rechts zur Ausstrahlung mit dem zur Übertragung tatsächlich zu einer Diskriminierung von Sendungen aus anderen Mitgliedstaaten führt, ist Teil der Beurteilung des Sachverhalts, für die allein das vorlegende Gericht zuständig ist.

[24] Die Vorschriften über den freien Dienstleistungsverkehr stehen einer nationalen Regelung, die solche diskriminierenden Auswirkungen hat, entgegen, sofern diese Regelung nicht unter die Ausnahmebestimmung des Artikels 56 EWG-Vertrag fällt, auf die Artikel 66 verweist. Nach Artikel 56, der eng auszulegen ist, können diskriminierende Vorschriften aus Gründen der öffentlichen Ordnung, Sicherheit oder Gesundheit gerechtfertigt sein.

(...)

(S. I-2963) [41] Was den in der neunten und in der zehnten Frage genannten Artikel 10 der Europäischen Menschenrechtskonvention angeht, ist vorab darauf hinzuweisen, daß die Grundrechte nach ständiger Rechtsprechung zu den allgemeinen Rechtsgrundsätzen gehören, deren Wahrung der Gerichtshof zu sichern hat. Dabei geht der

Gerichtshof von den gemeinsamen Verfassungstraditionen der Mitgliedstaaten sowie von den Hinweisen aus, die die völkerrechtlichen Verträge über den Schutz der Menschenrechte geben, an deren Abschluß die Mitgliedstaaten beteiligt waren oder denen sie beigetreten sind (siehe insbesondere Urteil vom 14. Mai 1974 in der Rechtssache 4/73, Nold, Slg. 1974, 491, Randnr. 13). Hierbei hat die Europäische Menschenrechtskonvention eine besondere Bedeutung (siehe insbesondere Urteil vom 15. Mai 1986 in der Rechtssache 222/84, Johnston, Slg. 1986, 1651, Randnr. 18). Wie der Gerichtshof im Urteil vom 13. Juli 1989 in der Rechtssache 5/88 (Wachauf, Slg. 1989, 2609, Randnr. 19) bekräftigt hat, ergibt sich daraus, daß in der Gemeinschaft keine Maßnahmen als rechtens anerkannt werden (S. I-2964) können, die mit der Beachtung der so anerkannten und gewährleisteten Menschenrechte unvereinbar sind.

[42] Nach seiner Rechtsprechung (siehe Urteile vom 11. Juli 1985 in den verbundenen Rechtssachen 60/84 und 61/84, Cinéthèque, Slg. 1985, 2605, Randnr. 26, und vom 30. September 1987 in der Rechtssache 12/86, Demirel, Slg. 1987, 3719, Randnr. 28) kann der Gerichtshof eine nationale Regelung, die nicht im Rahmen des Gemeinschaftsrechts ergangen ist, nicht im Hinblick auf die Europäische Menschenrechtskonvention beurteilen. Fällt eine solche Regelung dagegen in den Anwendungsbereich des Gemeinschaftsrechts, so hat der Gerichtshof, wenn er im Vorabentscheidungsverfahren angerufen wird, dem vorlegenden Gericht alle Auslegungskriterien an die Hand zu geben, die es benötigt, um die Vereinbarkeit dieser Regelung mit den Grundrechten beurteilen zu können, deren Wahrung der Gerichtshof zu sichern hat und die sich insbesondere aus der Europäischen Menschenrechtskonvention ergeben.

[43] Insbesondere wenn ein Mitgliedstaat sich auf Artikel 66 in Verbindung mit Artikel 56 beruft, um eine Regelung zu rechtfertigen, die geeignet ist, die Ausübung der Dienstleistungsfreiheit zu behindern, ist diese im Gemeinschaftsrecht vorgesehene Rechtfertigung im Lichte der allgemeinen Rechtsgrundsätze und insbesondere der Grundrechte auszulegen. Die in Artikel 66 in Verbindung mit Artikel 56 vorgesehenen Ausnahmen können daher für die betreffende nationale Regelung nur dann gelten, wenn sie im Einklang mit den Grundrechten steht, deren Wahrung der Gerichtshof zu sichern hat.

[44] In einem solchen Fall hat folglich das vorlegende Gericht und gegebenenfalls der Gerichtshof die Anwendung dieser Vorschriften unter Berücksichtigung aller Grundsätze des Gemeinschaftsrechts zu beurteilen einschließlich der in Artikel 10 der Europäischen Menschenrechtskonvention verbürgten Meinungsfreiheit als eines allge-

meinen Rechtsgrundsatzes, dessen Wahrung der Gerichtshof zu sichern hat.

[45] Dem vorlegenden Gericht ist daher zu antworten, daß die Beschränkungen der Befugnis der Mitgliedstaaten, aus Gründen der öffentlichen Ordnung, Sicherheit oder Gesundheit die in Artikel 66 in Verbindung mit Artikel 56 genannten Regelungen anzuwenden, unter Beachtung des allgemeinen Grundsatzes der in Artikel 10 der Europäischen Menschenrechtskonvention verbürgten Meinungsfreiheit zu beurteilen sind.

## 37   Rs. C-159/90 (Society for the Protection of Unborn Children Ireland), Urteil des Gerichtshofes vom 04. 10. 1991 – Slg. 1991, S. I-4685.

**Vorbemerkungen:** *In dieser Entscheidung lehnte der EuGH eine grundrechtliche Kontrolle eines mitgliedstaatlichen Verhaltens mangels ausreichenden Gemeinschaftsrechtsbezugs ab. Danach stellt ein in einem Mitgliedstaat legal vorgenommener Schwangerschaftsabbruch zwar eine gemeinschaftsrechtlich geschützte Dienstleistung dar; das grundrechtlich geschützte Recht Dritter, sich in anderen Mitgliedstaaten über diese Dienstleistung zu informieren, fällt jedoch nicht in den gemeinschaftsrechtlichen Schutz der Dienstleistung, sondern verbleibt allein in dem Regelungsbereich des betreffenden Mitgliedstaates.*

**Sachverhalt:** In einer Publikation irischer Studenten wurde auch über Abtreibungsmöglichkeiten in Großbritannien informiert. Eine Vereinigung zum Schutz ungeborenen Lebens erwirkte hiergegen eine einstweilige Verfügung, da nach irischem Recht sowohl Schwangerschaftsabbrüche als auch darauf gerichtete unterstützende Handlungen untersagt sind. In dem Gerichtsverfahren beriefen sich die Studenten auf gemeinschaftliche Rechtsgewährungen. Der Gerichtshof entschied im Rahmen eines Vorabentscheidungsverfahrens und sah das Verbot der Verbreitung von derartigen Informationen durch eine Vereinigung ohne Verbindung mit den Leistungserbringern als gemeinschaftsrechtsmäßig an.

### Aus den Entscheidungsgründen:

(S. I-4738) [17] Nach Absatz 1 dieses Artikels sind Dienstleistungen im Sinne des EWG-Vertrags Leistungen, die in der Regel gegen Entgelt erbracht werden, soweit sie nicht den Vorschriften über den freien Waren- und Kapitalverkehr und über die Freizügigkeit der Personen unterliegen. Artikel 60 Absatz 2 Buchstabe d EWG-Vertrag bestimmt ausdrücklich, daß freiberufliche Tätigkeiten unter den Begriff der Dienstleistungen fallen.

(S. I-4739) [18] Es ist festzustellen, daß der Schwangerschaftsabbruch, wie er in mehreren Mitgliedstaaten legal praktiziert wird, eine ärztliche Tätigkeit darstellt, die in der Regel gegen Entgelt erbracht wird und im Rahmen einer freiberuflichen Tätigkeit ausgeübt werden kann. Jedenfalls hat der Gerichtshof im Urteil vom 31. Januar 1984 in den verbundenen Rechtssachen 286/82 und 26/83 (Luisi und Carbone, Slg. 1984, 377, Randnr. 16) bereits die Ansicht vertreten, daß ärztliche Tätigkeiten in den Geltungsbereich des Artikels 60 EWG-Vertrag fallen.

[19] Die SPUC trägt jedoch vor, die Vornahme einer Abtreibung könne nicht als Dienstleistung angesehen werden, da sie höchst unmoralisch sei und die Zerstörung des Lebens eines menschlichen Wesens, nämlich des ungeborenen Kindes, zur Folge habe.

[20] Derartige Argumente, welchen Wert sie in moralischer Hinsicht auch haben mögen, können die Antwort auf die erste Vorlagefrage nicht beeinflussen. Denn es ist nicht Sache des Gerichtshofes, die Beurteilung, die vom Gesetzgeber in den Mitgliedstaaten vorgenommen worden ist, in denen die betreffenden Tätigkeiten legal ausgeübt werden, durch seine eigene Beurteilung zu ersetzen.

(...)

(S. I-4740) [24] Was erstens Artikel 59 EWG-Vertrag anbelangt, der jede Beschränkung des freien Dienstleistungsverkehrs verbietet, so ergibt sich aus dem Sachverhalt des Ausgangsverfahrens, daß der Zusammenhang zwischen der Tätigkeit der Studentenvereinigungen, deren Vorstandsmitglieder Herr Grogan und die übrigen Beklagten des Ausgangsverfahrens sind, und den ärztlichen Schwangerschaftsabbrüchen, die in Kliniken in einem anderen Mitgliedstaat vorgenommen werden, zu lose ist, als daß das Verbot der Verbreitung von Informationen als eine Beschränkung im Sinne von Artikel 59 EWG-Vertrag angesehen werden könnte.

[25] Denn wenn die Studentenvereinigungen, die die im Ausgangsverfahren umstrittenen Informationen verbreiten, nicht mit den Kliniken zusammenarbeiten, deren Adressen sie veröffentlichen, so unterscheidet sich diese Situation von derjenigen, aufgrund deren der Gerichtshof im Urteil vom 7. März 1990 in der Rechtssache C-362/88 (GB-Inno-BM, Slg. 1990, I-667) die Ansicht vertreten hat, dass ein Verbot der Verbreitung von geschäftlicher Werbung den freien Wa-

renverkehr beeinträchtigen kann und deshalb in den Anwendungsbereich der Artikel 30, 31 und 36 EWG-Vertrag fällt.

[26] Die Informationen, auf die sich die Vorlagefragen beziehen, werden aber nicht im Auftrag eines in einem anderen Mitgliedstaat niedergelassenen Wirtschaftsteilnehmers verbreitet. Sie stellen vielmehr eine Inanspruchnahme der Meinungs- und Informationsfreiheit dar, die von der wirtschaftlichen Tätigkeit, die die in einem anderen Mitgliedstaat niedergelassenen Kliniken ausüben, unabhängig ist.

[27] Daraus folgt, daß jedenfalls ein Verbot der Verbreitung von Informationen unter Umständen wie denen des Ausgangsverfahrens nicht als eine Beschränkung im Sinne von Artikel 59 EWG-Vertrag angesehen werden kann.

(...)

(S. I-4741) [31] Wie u.a. aus dem Urteil vom 18. Juni 1991 in der Rechtssache C-260/89 (Elleniki Radiophonia Tileorassi, Slg. 1991, I-2925, Randnr. 42) hervorgeht, hat der Gerichtshof im Vorabentscheidungsverfahren dann, wenn eine nationale Regelung in den Anwendungsbereich des Gemeinschaftsrechts fällt, dem vorlegenden Gericht alle Auslegungskriterien an die Hand zu geben, die es benötigt, um die Vereinbarkeit dieser Regelung mit den Grundrechten beurteilen zu können, deren Wahrung der Gerichtshof sichert und die sich insbesondere auch aus der Europäischen Menschenrechtskonvention ergeben. Dagegen besitzt er diese Zuständigkeit nicht hinsichtlich einer nationalen Regelung, die nicht in den Bereich des Gemeinschaftsrechts fällt. Angesichts des Sachverhalts des Ausgangsverfahrens sowie der vorstehenden Feststellungen zum Anwendungsbereich der Artikel 59 und 62 EWG-Vertrag ist dies bei dem Verbot, das Gegenstand des Rechtsstreits vor dem vorlegenden Gericht ist, der Fall.

**38　Rs. C-60/00 (Carpenter),**
**Urteil des Gerichtshofes vom 11. 07. 2002 – Slg. 2002, S. I-6279.**

**Vorbemerkungen:** *Die Gemeinschaftsgrundrechte binden die Mitgliedstaaten nur im Anwendungsbereich des Gemeinschaftsrechts (Fälle 36 und 37). Die Entscheidung Carpenter zeigt, dass die Grenzen dieses Anwendungsbereiches sehr weit gezogen werden können. Die Ausweisung von Frau Carpenter sieht der EuGH als Eingriff in die Dienstleistungsfreiheit ihres Ehemannes an. Sie muss sich daher an den Grundrechten – hier dem Schutz der Familie – als Schran-*

*ken-Schranke der Grundfreiheiten messen lassen. Die Bestimmung der Grenzen des „Anwendungsbereiches des Gemeinschaftsrechts" im Sinne dieser Rechtsprechung bleibt jedoch schwierig, da die Judikatur des EuGH diesbezüglich schwankt. Dies wird besonders deutlich in der unterschiedlichen Bestimmung desselben in der Rechtssache Kremzow (Rs. C-299/95, Slg. 1997, S. I-2629) einerseits und der Rechtssache Karner (C-71/02, EuZW 2004, S. 439) andererseits. In der Rechtssache Kremzow sah der EuGH den Anwendungsbereich des Gemeinschaftsrechts nicht als berührt an. Ein in Österreich zu lebenslanger Haft verurteilter österreichischer Staatsbürger hatte in diesem Fall versucht, seine Verurteilung unter Berufung auf einen vom EGMR (Europäischer Gerichtshof für Menschenrechte) festgestellten Verfahrensverstoß nach Art. 6 EMRK anzufechten. Er berief sich auch auf die EMRK als Rechtserkenntnisquelle für die Gemeinschaftsgrundrechte und sah den Anwendungsbereich des Gemeinschaftsrechts dadurch als eröffnet an, dass sein allgemeines Freizügigkeitsrecht nach Art. 18 Abs. 1 EG durch die Freiheitsstrafe berührt sei. Diese „Betroffenheit" des Freizügigkeitsrechts lehnte der EuGH jedoch als hypothetisch ab und verneinte daher in diesem Fall die Bindung des nationalen Gerichts an die Gemeinschaftsgrundrechte. Dagegen zog der EuGH die Grenzen des Anwendungsbereichs in der Entscheidung Karner sehr viel weiter. In diesem Fall ging es um die gemeinschaftsrechtliche Zulässigkeit eines nationalen Werbeverbotes. Nach den Feststellungen des EuGH war das Werbeverbot keine Maßnahme gleicher Wirkung gemäß Art. 28 EG, weil die Voraussetzungen der Keck-Formel vorlagen (vgl. zur Keck-Formel Fall 155). Anders als im Fall Carpenter aber ähnlich dem Fall Kremzow war in dieser Entscheidung also der Gewährleistungsbereich einer Grundfreiheit, nämlich der Warenverkehrsfreiheit nach Art. 28 EG, nicht berührt. Trotzdem hielt der EuGH hier den Anwendungsbereich des Gemeinschaftsrechts für eröffnet, freilich ohne auszuführen, woraus sich dieser genau ergibt und prüfte die Verletzung des EG Grundrechts der Meinungsfreiheit. Es bleibt daher abzuwarten, inwiefern die weitere Rechtsprechung diesbezüglich Klarheit schafft.*

**Sachverhalt:** Herr und Frau Carpenter sind verheiratet. Frau Carpenter hat die philippinische Staatsangehörigkeit. Herr Carpenter ist britischer Staatsangehöriger und beruflich als Vermittler von Werbeanzeigen tätig. Ein erheblicher Teil seiner Kunden hat seinen Sitz im EG-Ausland. Beide

Eheleute leben zusammen in Großbritannien. Frau Carpenter beantragte bei der zuständigen britischen Einwanderungsbehörde eine Aufenthaltsgenehmigung als Ehegattin von Herrn Carpenter. Da sie jedoch zuvor mit einem Touristenvisum eingereist war und nach dessen Ablauf keine Verlängerung ihres Aufenthaltstitels beantragt hatte, konnte nach britischem Recht die Aufenthaltsgenehmigung nicht erteilt werden. Gegen die erfolgte Ablehnung ihres Antrags und die damit verbundene Ausweisung erhob Frau Carpenter Klage vor dem zuständigen nationalen Gericht. Sie war der Auffassung, dass sie als Ehegattin eines britischen Staatsbürgers, der auch Dienstleistungen ins EG-Ausland erbringt, nicht ausgewiesen werden könne. Die nur auf das Fehlen eines Aufenthaltstitels gestützte Ausweisung stelle nämlich eine nicht mit Art. 8 EMRK vereinbare Beschränkung der Dienstleistungsfreiheit ihres Ehemannes dar. Der EuGH bejahte dies im Rahmen eines Vorabentscheidungsverfahrens.

**Aus den Entscheidungsgründen:**

(S. I-6317) [28] Vorab ist darauf hinzuweisen, dass die Bestimmungen des Vertrages über den freien Dienstleistungsverkehr und die zu ihrer Durchführung erlassenen Vor-(S. I- 6318)schriften keine Anwendung auf Sachverhalte finden können, die keinerlei Anknüpfungspunkt zu irgendeinem der vom Gemeinschaftsrecht erfassten Sachverhalte aufweisen (vgl. in diesem Sinne u.a. Urteil vom 21. Oktober 1999 in der Rechtssache C-97/98, Jägerskiöld, Slg. 1999, I-7319, Randnrn. 42 bis 45).

[29] Sodann ist zu beachten, dass, wie aus Randnummer 14 des vorliegenden Urteils hervorgeht, die Berufstätigkeit von Herrn Carpenter zu einem erheblichen Teil in der Erbringung von Dienstleistungen gegen Entgelt für in anderen Mitgliedstaaten ansässige Anzeigenkunden besteht. Solche Leistungen fallen sowohl dann unter den Begriff der Dienstleistungen im Sinne des Artikels 49 EG, wenn sich der Leistungserbringer zu diesem Zweck in den Mitgliedstaat des Empfängers begibt, als auch dann, wenn er die grenzüberschreitenden Leistungen erbringt, ohne aus dem Mitgliedstaat, in dem er wohnt, auszureisen (vgl. zu der Praxis des so genannten cold calling Urteil vom 10. Mai 1995 in der Rechtssache C-384/93, Alpine Investments, Slg. 1995, I-1141, Randnrn. 15 und 20 bis 22).

(...)

(S. I-6320) [39] Es steht fest, dass die Trennung der Eheleute Carpenter sich nachteilig auf ihr Familienleben und damit auf die Bedingungen auswirken würde, unter denen Herr Carpenter eine Grundfreiheit wahrnimmt. Diese Freiheit könnte nämlich ihre volle Wirkung nicht entfalten, wenn Herr Carpenter von ihrer Wahrnehmung durch Hindernisse abgehalten würde, die in seinem Herkunftsland für die Einreise und den Aufenthalt seines Ehegatten bestünden (vgl. in diesem Sinne Urteil Singh, Randnr. 23).

(S. I-6321) [40] Hierzu ist darauf hinzuweisen, dass sich ein Mitgliedstaat nur dann auf Gründe des Allgemeininteresses berufen kann, um eine innerstaatliche Regelung zu rechtfertigen, die geeignet ist, die Ausübung der Dienstleistungsfreiheit zu behindern, wenn diese Regelung mit den Grundrechten, deren Wahrung der Gerichtshof sichert, im Einklang steht (vgl. in diesem Sinne Urteile vom 18. Juni 1991 in der Rechtssache C-260/89, ERT, Slg. 1991, I-2925, Randnr. 43, und vom 26. Juni 1997 in der Rechtssache C-368/95, Familiapress, Slg. 1997, I-3689, Randnr. 24).

[41] Die Entscheidung über die Ausweisung von Frau Carpenter ist ein Eingriff in die Verwirklichung des Rechts von Herrn Carpenter auf Achtung seines Familienlebens im Sinne des Artikels 8 der Konvention zum Schutze der Menschenrechte und Grundfreiheiten, unterzeichnet in Rom am 4. November 1950 (im Folgenden: Konvention), das zu den Grundrechten gehört, die nach der im Übrigen in der Präambel der Einheitlichen Europäischen Akte und durch Artikel 6 Absatz 2 EU bestätigten ständigen Rechtsprechung des Gerichtshofes in der Gemeinschaftsrechtsordnung geschützt werden.

[42] Auch wenn die Konvention kein Recht eines Ausländers als solches gewährleistet, in ein bestimmtes Land einzureisen oder sich dort aufzuhalten, kann es einen Eingriff in das Recht auf Achtung des Familienlebens, wie es in Artikel 8 Absatz 1 der Konvention geschützt ist, darstellen, wenn einer Person die Einreise in ein oder der Aufenthalt in einem Land verweigert wird, in dem ihre nahen Verwandten wohnen. Ein solcher Eingriff verstößt gegen die Konvention, wenn er nicht den Anforderungen des Artikels 8 Absatz 2 genügt, d.h., wenn er nicht gesetzlich vorgesehen, von einem oder mehreren im Hinblick auf diesen Absatz berechtigten Zielen getragen und in einer demokratischen Gesellschaft notwendig ist, d.h. durch ein zwingendes gesellschaftliches Bedürfnis gerechtfertigt ist und insbesondere in einem angemessenen Verhältnis zu dem berechtigten Ziel steht, das mit ihm verfolgt wird (vgl. u.a. Urteil des EGMR vom 2. August 2001 in der Rechtssache Boultif/Schweiz, *Recueil des arrêts et décisions* 2001-IX, §§ 39, 41 und 46).

[43] Eine Entscheidung über die Ausweisung von Frau Carpenter, die unter Bedingungen wie denen des Ausgangsverfahrens getroffen wurde, wahrt kein angemessenes Verhältnis zwischen den betroffenen Interessen, nämlich Herrn Carpenters Recht auf Achtung seines Fami-

lienlebens auf der einen und der Aufrechterhaltung der öffentlichen Ordnung und Sicherheit auf der anderen Seite.

(S. I-6322) [44] Im Ausgangsverfahren hat die Ehefrau von Herrn Carpenter zwar gegen die Einwanderungsgesetze des Vereinigten Königreichs verstoßen, indem sie nach Ablauf ihrer Erlaubnis zum Aufenthalt als Besucherin das Hoheitsgebiet nicht verlassen hat, doch war ihr Verhalten seit ihrer Ankunft im Vereinigten Königreich im September 1994 nicht Gegenstand irgendeines weiteren Vorwurfs, der die Befürchtung aufkommen lassen könnte, dass sie künftig eine Gefahr für die öffentliche Ordnung und Sicherheit darstellt. Im Übrigen ist unstreitig, dass die im Vereinigten Königreich 1996 geschlossene Ehe keine Scheinehe ist und dass Frau Carpenter dort stets ein tatsächliches Familienleben geführt hat, indem sie insbesondere für die aus einer ersten Ehe hervorgegangenen Kinder ihres Ehemannes gesorgt hat.

[45] Demnach stellt die Entscheidung über die Ausweisung von Frau Carpenter einen Eingriff dar, der in keinem angemessenen Verhältnis zum verfolgten Ziel steht.

## 4. Rechtsstaatliche Grundsätze des Gemeinschaftsrechts

**39   Rs. 222/84 (Johnston ./. Chief Constable of the Royal Ulster Constabulary),**
**Urteil des Gerichtshofes vom 15. 05. 1986 – Slg. 1986, S. 1651.**

**Vorbemerkungen:** *Zusätzlich zu den Gemeinschaftsgrundrechten hat der EuGH auch ungeschriebene rechtsstaatliche Grundsätze entwickelt, wobei die Zuordnung eines Rechtssatzes zu der einen oder anderen Gruppe teilweise unklar bleibt. Die Entscheidung Johnston betrifft neben dem Grundrecht auf Gleichberechtigung vor allem den gemeinschaftsgrundrechtlichen bzw. rechtsstaatlichen Anspruch auf effektiven gerichtlichen Rechtsschutz. Dieser wird vorliegend zur Auslegung sekundären Gemeinschaftsrechts herangezogen und daraufhin eine Verletzung des Gemeinschaftsrechts durch einen Mitgliedstaat festgestellt.*

**Sachverhalt:** Nach einer nordirischen Regelung sind geschlechtsspezifische Diskriminierungen zwischen Männern und Frauen im Polizeidienst untersagt. Hiervon ausgenommen sind Maßnahmen, die zur Aufrechterhaltung der Staatssicherheit oder zum Schutz der öffentlichen Sicherheit und Ordnung vorgenommen werden. Ob dies der Fall ist, kann durch eine spezielle Bescheinigung unwiderleglich bewiesen werden. Frau Johnston, die anders als ihre männlichen Kollegen im Polizeidienst nicht mit einer Schusswaffe ausgerüstet wurde, sah sich hierin diskriminiert und zugleich durch die Beweisregelung an einer wirksamen Rechtsverfolgung gehindert. Der Gerichtshof entschied im Rahmen eines Vorabentscheidungsverfahrens. Er entschied, dass der Grundsatz des effektiven gerichtlichen Rechtsschutzes einer derartigen Beweisregelung entgegensteht. In der Nichtausrüstung sah er dagegen eine zulässige Ungleichbehandlung.

**Aus den Entscheidungsgründen:**

(S. 1682) [16] Nach Auffassung der Kommission würde es auf die Ausschaltung jeder gerichtlichen Kontrolle hinauslaufen und damit gegen einen wesentlichen Grundsatz des Gemeinschaftsrechts und gegen Artikel 6 der Richtlinie verstoßen, wenn man der Bescheinigung eines Ministers eine Wirkung der in Artikel 53 Absatz 2 der sex discrimination order vorgesehenen Art beimesse.

[17] Dazu ist zunächst hervorzuheben, daß Artikel 6 der Richtlinie die Mitgliedstaaten verpflichtet, alle innerstaatlichen Vorschriften dafür zu erlassen, daß jedermann, der sich durch eine Diskriminierung für beschwert hält, „seine Rechte gerichtlich geltend machen kann". Nach dieser Bestimmung haben die Mitgliedstaaten Maßnahmen zu treffen, die so wirksam sind, daß das Ziel der Richtlinie erreicht wird, und dafür Sorge zu tragen, daß die Betroffenen die ihnen dadurch verliehenen Rechte auch tatsächlich vor den innerstaatlichen Gerichten geltend machen können.

[18] Der in Artikel 6 vorgeschriebene gerichtliche Rechtsschutz ist Ausdruck eines allgemeinen Rechtsgrundsatzes, der den gemeinsamen Verfassungstraditionen der Mitgliedstaaten zugrunde liegt. Dieser Grundsatz ist auch in den Artikeln 6 und 13 der Konvention zum Schutze der Menschenrechte und Grundfreiheiten vom 4. November 1950 verankert. Wie in der Gemeinsamen Erklärung der Versammlung, des Rates und der Kommission vom 5. April 1977 (Abl. C 103, S. 1) und in der Rechtsprechung des Gerichtshofes anerkannt ist, sind die leitenden Grundsätze dieser Konvention im Rahmen des Gemeinschaftsrechts zu berücksichtigen.

[19] Nach Artikel 6 der Richtlinie, ausgelegt im Lichte des angeführten allgemeinen Grundsatzes, hat jedermann gegen Handlungen, die nach seiner Ansicht gegen das in der Richtlinie 76/207 aufgestellte gebot der Gleichbehandlung von Männern und Frauen verstoßen, Anspruch auf die Gewährung effektiven Rechtsschutzes durch ein

zuständiges Gericht. Den Mitgliedstaaten obliegt es, eine effektive richterliche Kontrolle der Einhaltung der einschlägigen Bestimmungen des Gemeinschaftsrechts und des innerstaatlichen Rechts sicherzustellen, das der Verwirklichung der in der Richtlinie vorgesehenen Rechte dient.

[20] Eine Bestimmung, die – wie Artikel 53 Absatz 2 der sex discrimination order – der Vorlage einer Bescheinigung der im vorliegenden Fall streitigen Art die Wirkung eines unwiderleglichen Beweises dafür beimißt, daß die Voraussetzungen für eine Ausnahme vom Grundsatz der Gleichbehandlung erfüllt sind, erlaubt es der (S. 1683) zuständigen Behörde, dem einzelnen die Möglichkeit zu nehmen, die in der Richtlinie anerkannten Rechte gerichtlich geltend zu machen. Eine derartige Bestimmung widerspricht damit dem in Artikel 6 der Richtlinie verankerten Grundsatz des effektiven gerichtlichen Rechtsschutzes.

**40    Rs. 85/76 (Hoffmann-La Roche AG ✕ Kommission),
Urteil des Gerichtshofes vom 13. 02. 1979 – Slg. 1979, S. 461.**

**Vorbemerkungen:** *Bedeutung entfalten die rechtsstaatlichen Grundsätze des Gemeinschaftsrechts insbesondere für das europäische Verwaltungsrecht. In der Entscheidung Hoffmann-La Roche wird die Rechtmäßigkeit einer Maßnahme der Kommission anhand zweier Grundsätze, dem Bestimmtheitsgebot und der Gewährung rechtlichen Gehörs, überprüft.*

**Sachverhalt:** Die Kommission verhängte gegen die schweizerische Gesellschaft Hoffmann-La Roche & Co AG eine Geldbuße, da sie der Ansicht war, die Firma habe eine marktbeherrschende Stellung bei bestimmten Vitaminpräparaten missbräuchlich ausgenutzt und damit gegen Gemeinschaftsrecht verstoßen. In ihrer Nichtigkeitsklage machte die Firma die Verletzung von Rechtsstaatsprinzipien geltend. Die Klage wurde abgewiesen.

**Aus den Entscheidungsgründen:**

(S. 511) [9] Die Gewährung des rechtlichen Gehörs stellt in allen Verfahren, die zu Sanktionen, namentlich zu Geldbußen oder zu Zwangsgeldern führen können, einen fundamentalen Grundsatz des Gemeinschaftsrechts dar, der auch in einem Verwaltungsverfahren beachtet werden muß. In Durchführung dieses Grundsatzes verpflichtet Artikel 19 Absatz 1 der Verordnung Nr. 17 des Rates die Kommission, den Beteiligten vor Erlaß einer Bußgeldentscheidung Gelegenheit zu geben, sich zu den ihnen gegenüber in Betracht gezogenen Beschwerdepunkten zu äußern. Ferner zieht die Kommission nach Artikel 4 der Verordnung Nr. 99/63 der Kommission vom 25. Juli 1963 über die Anhörung nach Artikel 19 der Verordnung Nr. 17 in ihren Entscheidungen nur die Beschwerdepunkte in Betracht, zu denen die Unternehmen und Unternehmensvereinigungen, gegen die sich die Entscheidung richtet, Gelegenheit zur Äußerung gehabt haben.

(...)

(S. 512) [12] Die Kommission bestreitet nicht, daß sie in der Annahme, zur Wahrung des Geschäftsgeheimnisses verpflichtet zu sein, die Mitteilung von Daten verweigert hat, die sie bei Konkurrenten oder Kunden von Roche eingeholt hatte; aufgrund dieser Daten hatte sie unter anderem die Marktanteile errechnet und auf sie ihre Beurteilung gestützt, daß die streitigen Verträge wettbewerbsbeschränkenden Charakter hätten.

[13] Artikel 20 Absatz 2 der Verordnung Nr. 17 bestimmt: „Die Kommission und die zuständigen Behörden der Mitgliedstaaten sowie ihre Beamten und sonstigen Bediensteten sind verpflichtet, Kenntnisse nicht preiszugeben, die sie bei Anwendung dieser Verordnung erlangt haben und die ihrem Wesen nach unter das Berufsgeheimnis fallen, die Artikel 19 und 21 bleiben unberührt". Diese Bestimmung muß jedoch, wie der ausdrückliche Hinweis auf Artikel 19 bestätigt, mit dem Anspruch auf rechtliches Gehör in Einklang gebracht werden.

[14] Artikel 20 bietet den Unternehmern, bei denen Auskünfte erhoben werden, die Gewähr, daß ihre von der Wahrung des Geschäftsgeheimnisses abhängigen Interessen nicht gefährdet werden. Er erlaubt es so der Kommission, im größtmöglichen Umfang die für die Erfüllung ihrer Aufgaben nach den Artikeln 85 und 86 des Vertrages erforderlichen Daten zu sammeln, ohne daß die Unternehmen ihr dies verweigern könnten. Er gestattet ihr jedoch deswegen nicht, zu Lasten eines in ein Verfahren nach der Verordnung Nr. 17 (S. 513) verwickelten Unternehmens Tatsachen, Umstände oder Unterlagen zu berücksichtigen, die sie ihrer Auffassung nach nicht weitergeben kann, wenn diese Weigerung die Möglichkeiten dieses Unternehmens beeinträchtigt, zum Vorliegen oder zur Tragweite dieser Umstände, zu diesen Unterlagen oder schließlich zu den daraus gezogenen Schlussfolgerungen der Kommission Stellung zu nehmen.

[15] Unregelmäßigkeiten dieser Art haben jedoch nicht notwendig die Aufhebung der angefochtenen Entscheidung zur Folge, wenn sie während des Verfahrens vor dem Gerichtshof geheilt worden sind, es sei denn, der Anspruch auf rechtliches Gehör bleibe trotz der späten Heilung verletzt.

(...)

(S. 553) [128] Die Klägerin macht geltend, wegen der Allgemeinheit und Unbestimmtheit der in Art. 86 des Vertrages enthaltenen Begriffe der „beherrschenden Stellung" und ihrer „missbräuchlichen Ausnutzung" hätten ihr die Kommission Geldbußen wegen Verstoßes gegen diese Bestimmung nur auferlegen dürfen, wenn diese Begriffe durch Verwaltungspraxis oder Rechtsprechung bereits derart konkretisiert gewesen wären, daß die Bürger gewußt hätten, woran sie sich zu halten hätten.

[129] Nach Artikel 87 des Vertrages hatte der Rat die Bestimmungen zu erlassen, die erforderlich waren, um insbesondere „die Beachtung der in Artikel 85 Absatz 1 und Artikel 86 genannten Verbote durch die Einführung von Geldbußen und Zwangsgeldern zu gewährleisten". Demgemäss erließ er die Verordnung Nr. 17 vom 16. Februar 1962, nach deren Artikel 15 Absatz 2 die Kommission gegen Unternehmen und Unternehmensvereinigungen durch (S. 554) Entscheidung Geldbußen bis zu einem bestimmten Höchstbetrag verhängen kann, wenn sie vorsätzlich oder fahrlässig gegen Artikel 85 Absatz 1 oder Artikel 86 des Vertrages verstoßen. Andererseits kann die Kommission nach Artikel 2 der Verordnung „auf Antrag der beteiligten Unternehmen und Unternehmensvereinigungen feststellen, daß nach den ihr bekannten Tatsachen für sie kein Anlass besteht, gegen eine Vereinbarung, einen Beschluss oder eine Verhaltensweise aufgrund von Artikel 85 Absatz 1 oder Artikel 86 des Vertrages einzuschreiten".

[130] Somit wussten die Unternehmen seit 1962 einerseits, daß ihnen im Falle des Verstoßes gegen die Verbote des Artikels 86 Geldbußen drohten, und andererseits, daß sie sich in einem eigens vorgesehenen Verfahren Klarheit über den Geltungsbereich dieser Verbote verschaffen konnten, soweit diese sie berührten. Die Art dieser Verbote und die Voraussetzungen, die für ihre Anwendbarkeit erfüllt sein müssen, sind im übrigen trotz des notwendig allgemeinen Wortlauts des Artikels 86 nicht, wie die Klägerin behauptet, unbestimmt oder unvorhersehbar.

[131] Aufgrund seiner früheren Anwendung war Artikel 86 des Vertrages in der Zeit von 1970 bis 1974, auf die die Kommission bei der Festsetzung der Geldbuße abgestellt hat, bei weitem ausreichend

bestimmt, so daß Roche ihn bei ihrem Verhalten angemessen berücksichtigen konnte, und zwar sowohl hinsichtlich ihrer beherrschenden Stellung wie hinsichtlich der ihr vorgeworfenen Praktiken.

[132] Soweit Artikel 86 das Vorliegen einer beherrschenden Stellung erfaßt und deren missbräuchliche Ausnutzung verbietet, fügt er sich in ein System von Bestimmungen ein – dazu gehören Artikel 3 Buchstabe f, Artikel 37 Absatz 1, Artikel 40 Absatz 3 Untersatz 2 sowie die Artikel 85 und 90 des Vertrages –, die sämtlich das Ziel verfolgen, daß auf einem Markt, der die Merkmale eines einzigen Marktes aufweist, ein wirksamer, unverfälschter Wettbewerb hergestellt wird. Im übrigen wird in Artikel 86 mit den Ausdrücken „beherrschende Stellung" und „missbräuchliche Ausnutzung" auf Begriffe Bezug genommen, die nicht neu, sondern im wesentlichen in den meisten Mitgliedstaaten bereits durch die Praxis der für die Kontrolle und Bekämpfung (S. 554) wettbewerbswidriger Verhaltensweisen zuständigen Behörden konkretisiert worden sind.

**Rs. 63/83 (Regina ./. Kirk),**    **41**
**Urteil des Gerichtshofes vom 10. 07. 1984 – Slg. 1984, S. 2689.**

**Vorbemerkungen:** *Die Entscheidung Kirk betrifft die Problematik, inwieweit Rechtssätze des Gemeinschaftsrechts Rückwirkung entfalten können.*

**Sachverhalt:** Ein dänisches Fischereischiff fischte in der 12-Meilenzone vor der britischen Küste. Wegen dieses Verhaltens wurde der Kapitän des Schiffes, Herr Kent Kirk, zu einer Geldbuße verurteilt. Das Berufungsgericht hatte Zweifel, ob das einschlägige britische Recht mit Gemeinschaftsrecht übereinstimmt, worauf es zu einem Vorabentscheidungsverfahren zum EuGH kam. Der EuGH hat die betroffene Regelung als mit dem Gemeinschaftsrecht unvereinbar eingestuft.

**Aus den Entscheidungsgründen:**

(S. 2718) [20] Nach Auffassung der Kommission ist den Mitgliedstaaten jedoch nach Artikel 6 Absatz 1 der Verordnung Nr. 170/83 vom 25. Januar 1983, der rückwirkend ab dem 1. Januar 1983 die Beibehaltung der Ausnahmeregelung des Artikels 100 der Beitrittsakte von 1972 für weitere zehn Jahre sowie die Ausdehnung der Küstenzonen von 6 auf 12 Seemeilen erlaube, die Befugnis zuzubilligen, Maßnahmen wie die sea fish order zu erlassen. Die sea fish order habe in Anbetracht der damaligen besonderen Umstände in angemessener Weise von der Ermächtigung in der genannten Vorschrift Gebrauch gemacht.

[21] Ohne auf die grundsätzliche Zulässigkeit der Rückwirkung des Artikels 6 Absatz 1 der Verordnung Nr. 170/83 einzugehen, genügt die Feststellung, daß eine solche Rückwirkung jedenfalls nicht zur nachträglichen Rechtfertigung nationaler Maßnahmen führen kann, die Strafcharakter haben und Sanktionen für eine Handlung verhängen, die im Zeitpunkt ihrer Begehung tatsächlich nicht strafbar war. Dies wäre der Fall, wenn im Zeitpunkt der Handlung, derentwegen die Strafe verhängt wurde, die nationale Maßnahme wegen ihrer Unvereinbarkeit mit dem Gemeinschaftsrecht unwirksam war.

[22] Das Verbot der Rückwirkung von Strafvorschriften ist ein allen Rechtsordnungen der Mitgliedstaaten gemeinsamer Grundsatz, der in Artikel 7 der europäischen Konvention zum Schutze der Menschenrechte und Grundfreiheiten als Grundrecht verankert ist und zu den allgemeinen Rechtsgrundsätzen gehört, deren Wahrung der Gerichtshof zu sichern hat.

[23] Infolgedessen kann die in dem genannten Artikel 6 Absatz 1 der Verordnung Nr. 170/83 vorgesehene Rückwirkung nicht so verstanden werden, daß sie nationale Maßnahmen nachträglich rechtfertigt, die für den Zeitpunkt der zum Vorwurf gemachten Handlung Strafen festsetzt, wenn diese Maßnahmen nicht gültig waren.

[24] Nach allem war es nach den gemeinschaftsrechtlichen Vorschriften über die Ausübung der Fischerei einem Mitgliedstaat zum Zeitpunkt der Verkündung der sea fish (specified U.K. waters) (prohibition of fishing) Order 1982 nicht erlaubt, den in einem bestimmten anderen Mitgliedstaat registrierten Schiffen den Fischfang in einer gesetzlich festgelegten Küstenzone zu verbieten, die nicht durch Erhaltungsmaßnahmen geschützt war.

**42    Rs. 222/86 (Unectef ./. Heylens),**
**Urteil des Gerichtshofes vom 15. 10. 1987 – Slg. 1987, S. 4097.**

**Vorbemerkungen:** *Die rechtsstaatlichen Grundsätze des Gemeinschaftsrechts können aufgrund ihrer Funktion zur Verwirklichung des Gemeinschaftsrechts auch für die Mitgliedstaaten Bedeutung gewinnen. In der Entscheidung Heylens befasst sich der Europäische Ge-*

*richtshof mit den verfahrensrechtlichen Anforderungen, welche die Mitgliedstaaten bei der Einschränkung einer Grundfreiheit beachten müssen. Dabei statuierte er eine Begründungspflicht.*

**Sachverhalt:** Der belgische Fußballtrainer Heylens trainierte eine Berufsfußballspielermannschaft in Frankreich. Für diese Tätigkeit ist in Frankreich ein Trainerdiplom erforderlich. Er beantragte daher, sein belgisches Trainerdiplom als gleichwertig anerkennen zu lassen. Dies wurde ohne Angabe von Gründen allein mit dem Verweis auf die negative Stellungnahme eines Fußballausschusses abgelehnt. Der Gerichtshof entschied im Rahmen eines Vorabentscheidungsverfahrens. Er hat aus dem Grundsatz der Freizügigkeit der Arbeitnehmer die Gebotenheit abgeleitet, eine derartige Entscheidung gerichtlich überprüfen zu können sowie den Betroffenen über die Entscheidungsgründe in Kenntnis zu setzen.

**Aus den Entscheidungsgründen:**

(S. 4116) [13] Da das Verfahren zur Anerkennung der Gleichartigkeit das Erfordernis der für die Ausübung eines bestimmten Berufs verlangten Befähigung mit den Geboten der Freizügigkeit der Arbeitnehmer in Einklang bringen muß, muß es den innerstaatlichen Behörden ermöglichen, objektiv festzustellen, ob ein ausländisches Diplom seinem Inhaber die gleichen Kenntnisse und Fähigkeiten wie das innerstaatliche Diplom oder diesem zumindest gleichwertige Kenntnisse und Fähigkeiten bescheinigt. (S. 4117) Diese Beurteilung der Gleichwertigkeit eines ausländischen Diploms muß ausschließlich danach erfolgen, welches Maß an Kenntnissen und Fähigkeiten dieses Diplom unter Berücksichtigung von Art und Dauer des Studiums und der praktischen Ausbildung, deren Abschluss es bescheinigt, bei seinem Besitzer vermuten läßt.

[14] Der freie Zugang zur Beschäftigung ist ein Grundrecht, das jedem Arbeitnehmer der Gemeinschaft individuell vom Vertrag verliehen ist; die Gewährleistung eines effektiven Rechtsschutzes hängt wesentlich davon ab, daß Entscheidungen einer innerstaatlichen Behörde, durch die die Gewährung dieses Rechts verweigert wird, vor Gericht angefochten werden können. Wie der Gerichtshof in seinem Urteil vom 15. Mai 1986 in der Rechtssache 222/84 (Johnston, Slg. 1986, 1651, 1663) anerkannt hat, stellt dieses Erfordernis einen allgemeinen Grundsatz des Gemeinschaftsrechts dar, der sich aus den gemeinsamen Verfassungstraditionen der Mitgliedstaaten ergibt und in den Artikeln 6 und 13 der Europäischen Menschenrechtskonvention verankert ist.

[15] Die Wirksamkeit der gerichtlichen Kontrolle, die sich auf die Rechtmäßigkeit der Begründung der angefochtenen Entscheidung erstrecken können muß, setzt allgemein voraus, daß das angerufene Gericht von der zuständigen Behörde die Mitteilung dieser Begründung verlangen kann. Geht es jedoch wie im vorliegenden Fall im besonderen um die Gewährleistung des effektiven Schutzes eines Grundrechts, das den Arbeitnehmern der Gemeinschaft vom Vertrag verliehen ist, müssen letztere dieses Recht auch unter den bestmöglichen Voraussetzungen geltend machen können, und es ist ihnen die Möglichkeit einzuräumen, in Kenntnis aller Umstände zu entscheiden, ob es für sie von Nutzen ist, vor Gericht zu gehen. Deshalb ist in einem solchen Fall die zuständige innerstaatliche Behörde verpflichtet, ihnen die Gründe, auf die ihre ablehnende Entscheidung gestützt ist, entweder in der Entscheidung selbst oder auf Antrag später bekanntzugeben.

[16] Diese Anforderungen des Gemeinschaftsrechts, nämlich das Bestehen eines gerichtlichen Rechtsbehelfs und die Begründungspflicht, gelten jedoch angesichts ihres Zwecks nur für endgültige Entscheidungen, mit denen die Anerkennung der Gleichwertigkeit abgelehnt wird, und nicht für Stellungnahmen oder sonstige Handlungen in der Vorbereitung- und Sachermittlungsphase.

**43    Rs. C-213/89 (Factortame u.a.),
Urteil des Gerichtshofes vom 19. 06. 1990 – Slg. 1990, S. I-2433.**

**Vorbemerkungen:** *Das Gemeinschaftsrecht kennt auch das Grundrecht auf effektiven Rechtsschutz. Dieses Grundrecht verpflichtet die mitgliedstaatlichen Gerichte dazu, alle erforderlichen Maßnahmen zum Schutz der einem Einzelnen durch das Gemeinschaftsrecht gewährten Rechte zu ergreifen. Dies schließt die Verpflichtung ein, entgegenstehendes nationales Prozessrecht unangewendet zu lassen, wenn bei Anwendung der nationalen Regelung die gemeinschaftsrechtlich gewährte Rechtsposition nicht effektiv geschützt werden könnte.*

**Sachverhalt:** Aufgrund einer Änderung des britischen Rechts konnten die Fischereifahrzeuge der Firma Factortame Ltd., deren Anteilseigner größtenteils spanische Staatsangehörige waren, nicht im britischen Schiffsregister eingetragen bleiben. Damit sollte verhindert werden, dass ausländische Fischer die dem Vereinigten Königreich zugewiesenen EG-Fischfangquoten nutzen können. Die Factortame klagte hiergegen und machte geltend, die nationalen Regelungen seien mit dem Gemeinschaftsrecht unvereinbar. Ihrem Antrag auf Erlass einer einstweiligen Anordnung konnte nach britischem Recht nicht stattgegeben werden, da nach diesem keine einstweiligen Anordnungen gegen die Regierung ergehen konnten. Im Rahmen eines Vorabentscheidungsverfahrens stellte der EuGH fest, dass in Rechtsstreiten, die das Gemeinschaftsrecht betreffen, und in denen dem Erlass einstweiliger Anordnungen nur eine nationale Vorschrift entgegen stehe, ein nationales Gericht diese Vorschrift nicht anwenden darf.

**Aus den Entscheidungsgründen:**

(S. I-2473) [18] Der Gerichtshof hat in seinem Urteil vom 9. März 1978 in der Rechtssache 106/77 (Simmenthal, Slg. 1978, 629) entschieden, daß die unmittelbar geltenden Bestimmungen des Gemeinschaftsrechts „ihre volle Wirkung einheitlich in sämtlichen Mitgliedstaaten vom Zeitpunkt ihres Inkrafttretens an und während der gesamten Dauer ihrer Gültigkeit entfalten müssen" (Randnrn. 14 bis 16) und daß „nach dem Grundsatz des Vorrangs des Gemeinschaftsrechts die Vertragsbestimmungen und die unmittelbar geltenden Rechtsakte der Gemeinschaftsorgane in ihrem Verhältnis zum internen Recht der Mitgliedstaaten... zur Folge (haben), daß allein durch ihr Inkrafttreten jede entgegenstehende Bestimmung des geltenden staatlichen Rechts ohne weiteres unanwendbar wird" (Randnrn. 17 bis 18).

[19] Nach der Rechtsprechung des Gerichtshofes haben die innerstaatlichen Gerichte entsprechend dem in Artikel 5 EWG-Vertrag ausgesprochenen Grundsatz der Mitwirkungspflicht den Rechtsschutz zu gewährleisten, der sich für die einzelnen aus der unmittelbaren Wirkung des Gemeinschaftsrechts ergibt (so zuletzt die Urteile vom 10. Juli 1980 in der Rechtssache 811/79, Ariete, und in der Rechtssache 826/79, Mireco, Slg. 1980, 2545 bzw. 2559).

[20] Der Gerichtshof hat weiter entschieden, daß jede Bestimmung einer nationalen Rechtsordnung oder jede Gesetzgebungs-, Verwaltungs- oder Gerichtspraxis mit den in der Natur des Gemeinschaftsrechts liegenden Erfordernissen unvereinbar wäre, die dadurch zu einer Abschwächung der Wirksamkeit des Gemeinschaftsrechts führen würde, daß dem für die Anwendung dieses Rechts zuständigen Gericht die Befugnis abgesprochen wird, bereits zum Zeitpunkt dieser Anwendung alles Erforderliche zu tun, um diejenigen innerstaatlichen Rechtsvorschriften auszuschalten, die unter Umständen ein wenn auch nur vorübergehendes Hindernis für die volle Wirksamkeit der Gemeinschaftsnormen bilden (Urteil vom 9. März 1978, Simmenthal, aaO., Randnrn. 21 bis 23).

(S. I-2474) [21] Die volle Wirksamkeit des Gemeinschaftsrechts würde auch dann abgeschwächt, wenn ein mit einem nach Gemeinschaftsrecht zu beurteilenden Rechtsstreit befaßtes Gericht durch eine Vorschrift des nationalen Rechts daran gehindert werden könnte, einstweilige Anordnungen zu erlassen, um die volle Wirksamkeit der späteren Gerichtsentscheidung über das Bestehen der aus dem Gemeinschaftsrecht hergeleiteten Rechte sicherzustellen. Ein Gericht, das unter diesen Umständen einstweilige Anordnungen erlassen würde, wenn dem nicht eine Vorschrift des nationalen Rechts entgegenstünde, darf diese Vorschrift somit nicht anwenden.

[22] Für diese Auslegung spricht auch das durch Artikel 177 EWG-Vertrag geschaffene System, dessen praktische Wirksamkeit beeinträchtigt würde, wenn ein nationales Gericht, das das Verfahren bis zur Beantwortung seiner Vorlagefrage durch den Gerichtshof aussetzt, nicht so lange einstweiligen Rechtsschutz gewähren könnte, bis es auf der Grundlage der Antwort des Gerichtshofes seine eigene Entscheidung erläßt.

## III. Sekundäres Gemeinschaftsrecht

### 1. Verordnungen

#### a) Unmittelbare Geltung von Verordnungen

**44   Rs. 43/71 (Politi ./. Finanzministerium der Italienischen Republik),**
**Urteil des Gerichtshofes vom 14. 12. 1971 – Slg. 1971, S. 1039.**

**Vorbemerkungen:** *Der Gerichtshof äußert sich in der Entscheidung Politi zur Frage der unmittelbaren Geltung von Verordnungen im nationalen Recht. Gestützt auf den diesbezüglich deutlichen Wortlaut des Art. 249 Abs. 2 EG bejaht er die unmittelbare Geltung und leitet aus dieser eine Anwendungssperre für entgegenstehendes nationales Recht ab.*

**Sachverhalt:** Die italienische Firma Politi führte in den Jahren 1966-1969 mehrere Ladungen Schweinefleisch aus anderen Mitgliedstaaten nach Italien ein. Diese Einfuhren wurden von den zuständigen italienischen Behörden gemäß den zu diesem Zeitpunkt gültigen italienischen gesetzlichen Bestimmungen mit einer Abgabe für Verwaltungsleistungen sowie mit einer Statistikgebühr belegt. Die Firma Politi machte in einem gegen diese Zahlungsverpflichtung angestrengten Verfahren vor dem Tribunale Turin u.a. geltend, diese italienischen Bestimmungen seien nicht anwendbar gewesen, da sie mit den Verordnungen Nr. 20 und Nr. 121/67 unvereinbar gewesen seien. Der Präsident des Tribunale Turin befragte den Gerichtshof im Rahmen des Vorabentscheidungsverfahrens, ob die Bestimmungen der Verordnung Nr. 20/62 in der italienischen Rechtsordnung unmittelbar gelten und ob sie bejahendenfalls subjektive Rechte der einzelnen begründen können. Der Gerichtshof bejahte die unmittelbare Wirkung sowie die Begründung der Rechte des Einzelnen der betroffenen Verordnung.

**Aus den Entscheidungsgründen:**

(S. 1049) [8] Dem Gerichtshof wird sodann die Frage vorgelegt, ob die Bestimmungen der Artikel 14 Absatz 1 und 18 Absatz 1 der Verordnung Nr. 20 sowie der Artikel 17 Absatz 2 erster Gedankenstrich und 19 Absatz 1 erster Gedankenstrich der Verordnung Nr. 121/67 in der internen italienischen Rechtsordnung unmittelbar gelten und als solche subjektive Rechte der einzelnen begründet haben, welche die nationalen Gerichte zu wahren haben.

[9] Nach Artikel 189 Absatz 2 des Vertrages hat die Verordnung „allgemeine Geltung" und „gilt unmittelbar in jedem Mitgliedstaat". Schon nach ihrer Rechtsnatur und ihrer Funktion im Rechtsquellensystem des Gemeinschaftsrechts erzeugt sie also unmittelbare Wirkungen und ist als solche geeignet, für die einzelnen Rechte zu begründen, zu deren Schutz die nationalen Gerichte verpflichtet sind. Infolgedessen steht die Wirkung, die den Verordnungen nach Artikel 189 zukommt, der Anwendung aller – auch jüngeren – gesetzgeberischen Maßnahmen entgegen, die mit den Verordnungsbestimmungen unvereinbar sind. Diese Wirkung haben auch die genannten Bestimmungen.

*b) Verbot der Umsetzung in nationales Recht*

**Rs. 34/73 (Variola ⁄ Amministrazione italiana delle Finanze),   45
Urteil des Gerichtshofes vom 10. 10. 1973 – Slg. 1973, S. 981.**

**Vorbemerkungen:** *Der Gerichtshof hatte sich in der Rechtssache Variola mit der Frage der Zulässigkeit der Umsetzung von Gemeinschaftsverordnungen in die nationale Rechtsordnung durch Verabschiedung inhaltlich gleichlautender Regelungen durch den nationalen*

*Gesetz- und Verordnungsgeber zu beschäftigen. Er kommt dabei zu dem Ergebnis, dass derartige Praktiken geeignet sind, die Gültigkeit und unmittelbare Anwendbarkeit von Verordnungen in Frage zu stellen, da insbesondere der Normadressat über den Gemeinschaftsrechtscharakter der gleichlautenden nationalen Vorschrift im Unklaren gelassen werde. Der EuGH stellt deshalb die gemeinschaftsrechtliche Unzulässigkeit derartiger Praktiken fest.*

**Sachverhalt:** Italien hatte die VO 19/62 des Rates über die schrittweise Errichtung einer gemeinsamen Marktorganisation für Getreide sowie die VO 120/67, durch welche die VO 19/62 ersetzt wurde, im Wortlaut jeweils durch ein sogenanntes Gesetzesdekret in nationales Recht transformiert. Eine derartige Umsetzung gemeinschaftsrechtlicher Verordnungen entsprach damaliger italienischer Praxis. Die Verordnungen sahen ein Verbot der Erhebung von Zöllen und Abgaben gleicher Wirkung auf Einfuhren aus Drittstaaten vor. Durch ein weiteres Gesetz führte Italien jedoch nachträglich eine Steuer auf Getreide ein. Die Firma Variola, die Getreide aus Drittstaaten nach Italien einführte, wurde durch Abgabenbescheid des Finanzamtes Triest u.a. zur Zahlung einer derartigen Abladesteuer verpflichtet. Im Zuge ihrer Klage auf Rückerstattung dieser Summe vor dem Tribunale Triest führte das Unternehmen u.a. an, durch die italienische Praxis, unmittelbar geltende Gemeinschaftsvorschriften auf dem Wege vollständiger wörtlicher Wiedergabe in nationales Recht umzuwandeln, werde der Vorrang des Gemeinschaftsrechts gefährdet, da der Eindruck erweckt werde, später verabschiedetes nationales Recht gehe den früher in italienisches Recht transformierten Vorschriften vor. Außerdem könne eine derartige Transformation dazu führen, dass das Auslegungsmonopol des EuGH im Wege des Vorabentscheidungsverfahrens in Frage gestellt werde. Das zuständige Gericht legte dem EuGH diese Fragen im Vorabentscheidungsverfahren vor. Nach Ansicht des EuGH berührt eine solche Wiedergabe des Gemeinschaftsrechts weder seine unmittelbare Geltung noch die Zuständigkeit des Gerichtshofes. Diese unmittelbare Geltung kann nicht mit innerstaatlichen Rechtsvorschriften überspielt werden, ohne dass der Wesenskern sowie das Grundprinzip des Vorrangs der Gemeinschaftsrechtsordnung angetastet wird.

### Aus den Entscheidungsgründen:

(S. 990) [9] In der vierten und fünften Frage geht es im wesentlichen darum, ob eine Aufnahme der streitigen Verordnungsvorschriften in die Rechtsordnung der Mitgliedstaaten durch innerstaatliche Rechtsvorschriften, die den Inhalt der gemeinschaftsrechtlichen Vorschriften wiedergeben, erfolgen kann und ob dies bewirkt, daß die betreffende Rechtsmaterie fortan dem innerstaatlichen Recht unterliegt und die Zuständigkeit des Gerichtshofes infolgedessen ausgeschlossen ist.

[10] Die unmittelbare Geltung setzt voraus, daß die Verordnung in Kraft tritt und zugunsten oder zu Lasten der Rechtssubjekte Anwendung findet, ohne daß es irgendwelcher Maßnahmen zur Umwandlung in nationales Recht bedarf. Die Mitgliedstaaten dürfen aufgrund der ihnen aus dem Vertrag obliegenden Verpflichtungen, die sie mit dessen Ratifizierung eingegangen sind, nicht die unmittelbare Geltung vereiteln, die Verordnungen und sonstige Vorschriften des Gemeinschaftsrechts äußern. Die gewissenhafte Beachtung dieser Pflicht ist eine unerlässliche Voraussetzung für die gleichzeitige und einheitliche Anwendung der Gemeinschaftsverordnungen in der gesamten Gemeinschaft.

[11] Insbesondere dürfen die Mitgliedstaaten keine Maßnahmen ergreifen, die geeignet sind, die Zuständigkeit des Gerichtshofes zur Entscheidung über Fragen der Auslegung des Gemeinschaftsrechts oder der Gültigkeit der von den Organen der Gemeinschaft vorgenommenen Handlungen zu beschneiden. Infolgedessen sind Praktiken unzulässig, durch die die Normadressaten über den Gemeinschaftscharakter einer Rechtsnorm im unklaren gelassen werden. Die Zuständigkeit des Gerichtshofes, namentlich aufgrund von Artikel 177, bleibt ungeschmälert, unbeschadet aller Versuche, Normen des Gemeinschaftsrechts durch nationales Gesetz in innerstaatliches Recht zu transformieren.

**Rs. C-253/00 (Muñoz und Superior Fruiticola),**   **46**
**Urteil des Gerichtshofes vom 17. 09. 2002 – Slg. 2002, S. I-7289.**

**Vorbemerkungen:** *EG-Verordnungen kommt unmittelbare Rechtswirkung zu. In dieser Rechtssache wiederholte der Gerichtshof nicht nur die grundsätzliche unmittelbare Rechtswirkung von Verordnungen, sondern stellte ausdrücklich fest, dass es Privatpersonen möglich sein muss, die Beachtung von Verordnungen im Wege eines Zivilprozesses gegen einen Konkurrenten durchzusetzen. Insoweit kommt EG-Verordnungen im Privatrecht nicht nur unmittelbare Rechtswirkung zu, sondern auch Drittwirkung.*

**Sachverhalt:** Die Kläger Muñoz und ihre Muttergesellschaft Fruiticola, erzeugen in Spanien Trauben der Sorte Superior Seedless und vermarkten diese im Vereinigten Königreich. Auch die Beklagte Frumar und ihre Muttergesellschaft Redbridge vermarkten Trauben im Vereinigten Königreich. Seit 1987 vermarkteten die Beklagten Trauben mit der Bezeichnung

White Seedless, Sult und Coryn. Die Kläger zeigten dies beim zuständigen Ministerium im Vereinigten Königreich an, da die so bezeichneten Trauben der Sorte Seedless angehörten und daher entsprechend der VO (EWG) Nr. 1035/72 und VO (EG) Nr. 2200/96 die Kennzeichnung der Trauben nicht den gemeinschaftsrechtlichen Regelungen entsprach. Das zuständige Ministerium leitete jedoch keine Maßnahmen ein, so dass die Kläger 1998 Klage vor dem High Court of Justice gegen die Beklagten einreichten. Die Beklagten räumten während des Verfahrens ein, dass es sich bei ihren eingeführten Trauben um solche der Sorte Superior Seedless handelte. Der High Court stellte daraufhin einen Verstoß der Beklagten gegen die gemeinschaftsrechtlichen Regelungen fest, wies die Klage dennoch mit der Begründung ab, dass die Regelungen der Verordnungen den Klägern nicht die Möglichkeit verleihen würden, die Nichtbeachtung der Verordnungen mit einer Zivilklage zu rügen. Gegen diese Entscheidung legten die Kläger Rechtsmittel beim Court of Appeal ein, der das Verfahren aussetzt und die Frage dem EuGH zur Vorabentscheidung vorlegte.

## Aus den Entscheidungsgründen:

(S. I-7320) [24] Mit dieser Frage möchte das vorlegende Gericht wissen, ob es einem Wirtschaftsteilnehmer möglich sein muss, die Beachtung der Bestimmungen der Verordnungen Nrn. 1035/72 und 2200/96 über Qualitätsnormen für Obst und Gemüse im Wege eines Zivilprozesses gegen einen Konkurrenten durchzusetzen.

[25] Die Klägerinnen tragen vor, eine gemeinschaftsrechtliche Bestimmung könne in Beziehungen zwischen Privatpersonen immer, aber auch nur dann geltend gemacht werden, wenn sie eine klare und unbedingte Verpflichtung aufstelle. Diese Verpflichtung könne zugunsten aller Bürger bestehen, ohne dass nachgewiesen werden müsste, dass der Gemeinschaftsgesetzgeber die Absicht gehabt habe, bestimmte Verkehrskreise zu begünstigen oder subjektive Rechte zu gewähren.

[26] Nach Auffassung der Kommission ist die Frage, ob die fraglichen Bestimmungen einer Privatperson das Recht verleihen, eine andere Privatperson durch Klage dazu zu zwingen, ihre gemeinschaftsrechtlichen Verpflichtungen zu beachten, im Licht der betreffenden Verordnungen und der allgemeinen Grundsätze der gemeinsamen Agrarpolitik, deren Teil sie sind, zu beantworten.

[27] Nach Artikel 189 Absatz 2 EG-Vertrag (jetzt Artikel 249 Absatz 2 EG) hat die Verordnung allgemeine Geltung und gilt unmittelbar in jedem Mitgliedstaat. Schon nach ihrer Rechtsnatur und ihrer Funktion im Rechtsquellensystem des (S. I-7321) Gemeinschaftsrechts kann sie also Rechte der Einzelnen begründen, die die nationalen Ge-

richte schützen müssen (Urteil vom 10. Oktober 1973 in der Rechtssache 34/73, Variola, Slg. 1973, 981, Randnr. 8).

[28] Es obliegt den nationalen Gerichten, die im Rahmen ihrer Zuständigkeit das Gemeinschaftsrecht anzuwenden haben, die volle Wirkung seiner Bestimmungen zu gewährleisten (vgl. insbesondere die Urteile vom 9. März 1978 in der Rechtssache 106/77, Simmenthal, Slg. 1978, 629, Randnr. 16, vom 19. Juni 1990 in der Rechtssache C-213/89, Factortame u.a., Slg. 1990, I-2433, Randnr. 19, und vom 20. September 2001 in der Rechtssache C-453/99, Courage und Crehan, Slg. 2001, I-6297, Randnr. 25).

[29] Aus der vierten Begründungserwägung der Verordnung Nr. 1035/72 ergibt sich hierzu, dass mit der Anwendung gemeinsamer Qualitätsnormen der Zweck verfolgt wird, Erzeugnisse unzureichender Qualität vom Markt fern zu halten, die Erzeugung so auszurichten, dass den Anforderungen der Verbraucher entsprochen wird, sowie die Handelsbeziehungen auf der Grundlage eines lauteren Wettbewerbs zu erleichtern. Dieser Zweck wird in der dritten Begründungserwägung der Verordnung Nr. 2200/96 bestätigt, wonach die Einstufung der Erzeugnisse nach gemeinschaftlichen verbindlichen Normen einerseits bezweckt, lauteren Handel und Markttransparenz sicherzustellen, und andererseits, von diesem Markt Erzeugnisse fern zu halten, deren Qualität unzureichend ist. Nach der zwanzigsten Begründungserwägung dieser Verordnung sind die Regeln der gemeinsamen Marktorganisation von allen Wirtschaftsteilnehmern, für die sie gelten, zu erfüllen, wenn nicht die Wirkung der genannten Regeln verfälscht werden soll.

[30] Folglich setzt die volle Wirksamkeit der Regelung der Qualitätsnormen, insbesondere die praktische Wirksamkeit der Verpflichtung nach den Artikeln 3 Absatz 1 der Verordnung Nr. 1035/72 und der Verordnung Nr. 2200/96 voraus, (S. I-7322) dass deren Beachtung im Wege eines Zivilprozesses durchgesetzt werden kann, den ein Wirtschaftsteilnehmer gegen einen Konkurrenten anstrengt.

[31] Eine solche Klagebefugnis verstärkt nämlich die Durchsetzungskraft der gemeinschaftsrechtlichen Regelung der Qualitätsnormen. Sie ergänzt die Tätigkeit der Stellen, die in den Mitgliedstaaten für die Durchführung der in dieser Regelung vorgesehenen Kontrollen zuständig sind, und trägt damit dazu bei, oft nur schwer aufzudeckende Praktiken zu unterbinden, die den Wettbewerb verfälschen könnten. So gesehen sind Klagen von Konkurrenten vor nationalen Gerichten besonders geeignet, wesentlich zur Sicherung eines lauteren Handels und der Markttransparenz in der Gemeinschaft beizutragen.

[32] Somit ist auf die vorgelegte Frage zu antworten, dass die Verordnungen Nrn. 1035/72 und 2200/96 dahin auszulegen sind, dass es einem Wirtschaftsteilnehmer möglich sein muss, die Beachtung der Bestimmungen über Qualitätsnormen für Obst und Gemüse im Wege eines Zivilprozesses gegen einen Konkurrenten durchzusetzen.

## 2. Richtlinien

### a) Bindung der Mitgliedstaaten an Richtlinien

**47    Rs. C-129/96 (Inter-Environnement Wallonie), Urteil des Gerichtshofes vom 18. 12. 1997 – Slg. 1997, S. I-7411.**

**Vorbemerkungen:** *Nach Art. 249 Abs. 3 EG binden Richtlinien die Mitgliedstaaten der Gemeinschaft hinsichtlich des zu erreichenden Ziels, überlassen aber die Wahl der Form und der Mittel zur Umsetzung in innerstaatliches Recht den Mitgliedstaaten. Um eine einheitliche Zielerfüllung aller Mitgliedstaaten zu erreichen, sind Richtlinien innerhalb bestimmter Fristen von den Mitgliedstaaten in nationales Recht umzusetzen. Die Rechtsverbindlichkeit einer Richtlinie tritt aber nicht erst mit Ablauf der Umsetzungsfrist ein, da diese den Mitgliedstaaten nur die Wahl der Mittel zur Umsetzung freistellt. Die grundsätzliche Verpflichtung zur Zielerreichung wird für die Mitgliedstaaten dagegen mit dem Zeitpunkt der Bekanntgabe der Richtlinie rechtlich verbindlich. Daher trifft die Mitgliedstaaten bereits ab Bekanntgabe der Richtlinie, aber noch vor Ablauf der Umsetzungsfrist, eine aus Art. 10 EG folgende Unterlassungspflicht bezüglich solcher Maßnahmen, die der Erreichung des verbindlich festgesetzten Ziels der Richtlinie entgegenstehen (Frustrationsverbot, Vorwirkung).*

**Sachverhalt:** Die Inter-Environnement Wallonie beantragte mit Klageschrift beim belgischen Conseil d'État die Nichtigerklärung aller Vorschriften eines Dekrets des Conseil régional wallon über Abfälle, das zu einem Zeitpunkt ergangen ist, zu dem die in der Richtlinie 91/156/EWG des Rates vom 18. 03. 1991 über Abfallbeseitigung gesetzte Umsetzungsfrist noch nicht abgelaufen ist. Die Klägerin machte geltend, einige Vorschriften des Erlasses verstießen gegen die fragliche Richtlinie. Der Conseil d'État hat das Verfahren ausgesetzt und dem EuGH u.a. die Fragen zur Vorabentscheidung vorgelegt, ob die Mitgliedstaaten während der Umsetzungsfrist der fraglichen Richtlinie Maßnahmen ergreifen dürfen, die dieser Richtlinie widersprechen. Dies hat der Gerichtshof verneint.

**Aus den Entscheidungsgründen:**

(S. I-7448) [40] Zunächst ist die Pflicht eines Mitgliedstaats, alle zur Erreichung des durch eine Richtlinie vorgeschriebenen Zieles erforderlichen Maßnahmen zu treffen, eine durch Artikel 189 Absatz 3 des Vertrages und durch die Richtlinie selbst auferlegte zwingende Pflicht (vgl. Urteile vom 1. Februar 1977 in der Rechtssache 51/76, Verbond van Nederlandse Ondernemingen, Slg. 1977, 113, Randnr. 22, vom (S. I-7449) 26. Februar 1986 in der Rechtssache 152/84, Marshall, Slg. 1986, 723, Randnr. 48, und vom 24. Oktober 1996 in der Rechtssache C-72/95, Kraaijeveld u.a., Slg. 1996, I-5403, Randnr. 55). Diese Pflicht, alle allgemeinen oder besonderen Maßnahmen zu treffen, obliegt allen Trägern öffentlicher Gewalt in den Mitgliedstaaten einschließlich der Gerichte im Rahmen ihrer Zuständigkeiten (vgl. Urteil vom 13. November 1990 in der Rechtssache C-106/89, Marleasing, Slg. 1990, I-4135, Randnr. 8, und Urteil Kraaijeveld u.a., Randnr. 55).

[41] Sodann werden nach Artikel 191 Absatz 2 EWG-Vertrag, der auf den im Ausgangsverfahren maßgebenden Zeitraum Anwendung findet, die „Richtlinien und Entscheidungen ... denjenigen, für die sie bestimmt sind, bekanntgegeben und werden durch diese Bekanntgabe wirksam". Aus dieser Vorschrift ergibt sich, daß eine Richtlinie gegenüber dem Mitgliedstaat, an den sie gerichtet ist, schon vom Zeitpunkt ihrer Bekanntgabe an Rechtswirkungen entfaltet.

[42] Im vorliegenden Fall ist in der Richtlinie 91/156 entsprechend einer gängigen Praxis eine Frist festgelegt, bei deren Ablauf die Rechts- und Verwaltungsvorschriften, die erforderlich sind, um der Richtlinie nachzukommen, in den Mitgliedstaaten in Kraft getreten sein müssen.

[43] Da diese Frist den Mitgliedstaaten insbesondere die für den Erlaß der Umsetzungsmaßnahmen erforderliche Zeit geben soll, kann ihnen kein Vorwurf gemacht werden, wenn sie die Richtlinie nicht vor Ablauf dieser Frist in ihre Rechtsordnung umsetzen.

[44] Gleichwohl obliegt es den Mitgliedstaaten während der Umsetzungsfrist, die erforderlichen Maßnahmen zu ergreifen, um sicherzustellen, daß das in der Richtlinie vorgeschriebene Ziel bei Ablauf dieser Frist erreicht wird.

[45] Die Mitgliedstaaten sind zwar nicht verpflichtet, diese Maßnahmen vor Ablauf der Umsetzungsfrist zu erlassen, doch ergibt sich aus Artikel 5 Absatz 2 in Verbindung mit Artikel 189 Absatz 3 des Vertrages und aus der Richtlinie selbst, daß sie während dieser Frist den Erlass von Vorschriften unterlassen müssen, die geeignet sind,

das in dieser Richtlinie vorgeschriebene Ziel ernstlich in Frage zu stellen.

(S. I-7450) [46] Es ist Sache des nationalen Gerichts, zu beurteilen, ob dies bei den nationalen Vorschriften, deren Rechtmäßigkeit es zu prüfen hat, der Fall ist.

[47] Bei dieser Beurteilung hat das nationale Gericht insbesondere zu prüfen, ob sich die betreffenden Vorschriften als eine vollständige Umsetzung der Richtlinie darstellen, und es hat die konkreten Folgen der Anwendung dieser mit der Richtlinie nicht übereinstimmenden Vorschriften und ihrer Geltungsdauer zu untersuchen.

[48] Stellen sich die betreffenden Vorschriften z.B. als eine endgültige und vollständige Umsetzung der Richtlinie dar, so könnte der Umstand, daß sie mit dieser nicht übereinstimmen, vermuten lassen, daß das in der Richtlinie vorgeschriebene Ziel nicht fristgerecht erreicht werden wird, wenn eine rechtzeitige Änderung der Vorschriften nicht möglich ist.

[49] Umgekehrt könnte das nationale Gericht die einem Mitgliedstaat zustehende Befugnis in Betracht ziehen, vorläufige Vorschriften zu erlassen oder die Richtlinie schrittweise durchzuführen. In diesen Fällen würde die mangelnde Übereinstimmung nationaler Übergangsvorschriften mit der Richtlinie oder die fehlende Umsetzung bestimmter Vorschriften der Richtlinie das darin vorgeschriebene Ziel nicht zwangsläufig in Frage stellen.

[50] Daher ist auf die erste Frage zu antworten, daß nach den Artikeln 5 Absatz 2 und 189 Absatz 3 EWG-Vertrag sowie der Richtlinie 91/156 der Mitgliedstaat, an den (S. I-7451) diese Richtlinie gerichtet ist, während der in dieser festgesetzten Umsetzungsfrist keine Vorschriften erlassen darf, die geeignet sind, die Erreichung des in dieser Richtlinie vorgeschriebenen Zieles ernstlich in Frage zu stellen.

**48   Rs. C-144/04 (Werner Mangold),**
**Urteil des Gerichtshofes vom 22. 11. 2005 – Slg. 2005, S. I-9981.**

*Vorbemerkungen: Mit dieser Entscheidung hat der EuGH zum einen die „Vorwirkungen" von Richtlinien weiter ausgestaltet. Die Besonderheit in diesem Fall bestand allerdings darin, dass eine Zusatzfrist für die Umsetzung in Anspruch genommen wurde; innerhalb dieser Frist reichen die Vorwirkungen weiter als im Normalfall (Fall 47): In diesem Fall besteht nicht nur ein Frustrationsverbot, sondern eine ma-*

*terielle Annäherungsverpflichtung. Zum anderen hat der EuGH das Verbot der Diskriminierung nach dem Alter als allgemeinen Grundsatz des Gemeinschaftsrechts – also als EG-Grundrecht – herausgestellt. Aufgrund der Koppelung dieses Grundrechts mit der materiellen Annäherungsverpflichtung an die Richtlinienziele war im konkreten Fall das entgegenstehende nationale Recht unanwendbar. Die Entscheidung statuiert dagegen keine horizontale Drittwirkung von Richtlinien (Fälle 57–60); die Auswirkung auf das Privatrechtsverhältnis folgt vielmehr aus den Anforderungen des einschlägigen Grundrechts und der Annäherungsverpflichtung an das zugrundeliegende nationale Gesetz (Fall 60).*

**Sachverhalt:** Am 26.06.2003 schloss der damals 56-jährige deutsche Staatsangehörige Mangold zum 01.07.2003 einen bis zum 28.02.2004 befristeten Arbeitsvertrag mit dem Rechtsanwalt Helm. Die Befristung war dabei ausdrücklich auf eine gesetzliche Regelung (§14 Abs. 3 TzBfG) gestützt, die zur Erleichterung der Wiedereinstellung älterer Arbeitnehmer vorsah, dass die Befristung bei Verträgen mit Arbeitnehmern, die bei Beginn des Arbeitsverhältnisses das 58. Lebensjahr vollendet haben – wie bei Herrn Mangold –, keiner sachlichen Begründung bedarf. Andere Befristungsgründe wurden ausdrücklich ausgeschlossen. Das mit dem Rechtsstreit über die Befristung befaßte Arbeitsgericht legte dem EuGH die Frage vor, ob diese nationale Regelung mit Art. 6 RL 2000/78 vereinbar ist. Hiernach sind Ungleichbehandlungen aufgrund des Alters zulässig, wenn sie angemessen und erforderlich sind. Diese Richtlinie war bis zum 02.12.2003 umzusetzen; die Richtlinie sah jedoch eine Zusatzfrist für die Umsetzung von drei Jahren vor, um besonderen Bedingungen Rechnung tragen zu können. Innerhalb dieser Zusatzfrist mußte ein Mitgliedstaat, der hiervon Gebrauch machte, der Kommission jährlich Bericht erstatten.

**Aus den Entscheidungsgründen:**

(S. I-10035) [55] Mit der zweiten und der dritten Frage, die zusammen zu prüfen sind, möchte das vorlegende Gericht im Wesentlichen wissen, ob Artikel 6 Absatz 1 der Richtlinie 2000/78 dahin auszulegen ist, dass er einer nationalen Regelung wie der im Ausgangsverfahren streitigen entgegensteht, nach der der Abschluss befristeter Arbeitsverträge mit Arbeitnehmern, die das 52. Lebensjahr vollendet haben, uneingeschränkt zulässig ist, sofern nicht zu einem vorhergehenden unbefristeten Arbeitsvertrag mit demselben Arbeitgeber ein enger sachlicher Zusammenhang besteht. Für den Fall, dass dies bejaht wird, fragt das Gericht, welche Folgen der nationale Richter aus dieser Auslegung zu ziehen hat.

[56] Insoweit ist daran zu erinnern, dass die Richtlinie 2000/78 nach ihrem Artikel 1 die Schaffung eines allgemeinen Rahmens zur Bekämpfung der Diskriminierung in Beschäftigung und Beruf aus den dort genannten Gründen, darunter wegen des Alters, bezweckt.

[57] § 14 Absatz 3 TzBfG begründet dadurch, dass die Arbeitgeber mit Arbeitnehmern, die das 52. Lebensjahr vollendet haben, uneinge-schränkt befristete Arbeitsver-(S. I-10036)träge schließen können, eine unmittelbar auf dem Alter beruhende Ungleichbehandlung.

[58] Eben zu Ungleichbehandlungen wegen des Alters bestimmt Artikel 6 Absatz 1 der Richtlinie 2000/78, dass die Mitgliedstaaten vorsehen können, dass solche Ungleichbehandlungen „keine Diskri-minierung darstellen, sofern sie objektiv und angemessen sind und im Rahmen des nationalen Rechts durch ein legitimes Ziel, worunter insbesondere rechtmäßige Ziele aus den Bereichen Beschäftigungs-politik, Arbeitsmarkt und berufliche Bildung zu verstehen sind, ge-rechtfertigt sind und die Mittel zur Erreichung dieses Ziels angemes-sen und erforderlich sind". Nach Absatz 1 Unterabsatz 2 Buchstabe a können solche Ungleichbehandlungen u.a. „die Festlegung besonderer Bedingungen für den Zugang zur Beschäftigung und zur beruflichen Bildung sowie besonderer Beschäftigungs- und Arbeitsbedingungen, … um die berufliche Eingliederung von Jugendlichen, älteren Arbeit-nehmern und Personen mit Fürsorgepflichten zu fördern oder ihren Schutz sicherzustellen", sowie nach den Buchstaben b und c in eini-gen besonderen Fällen die Festlegung von altersbezogenen Anforde-rungen betreffen.

[59] Wie sich aus den dem Gerichtshof vom vorlegenden Gericht übermittelten Akten ergibt, bezwecken diese Rechtsvorschriften klar, die berufliche Eingliederung arbeitsloser älterer Arbeitnehmer zu fördern, weil diese erhebliche Schwierigkeiten haben, wieder einen Arbeitsplatz zu finden.

[60] Die Legitimität eines solchen im Allgemeininteresse liegen-den Zieles steht außer Zweifel, wie die Kommission im Übrigen selbst eingeräumt hat.

[61] Folglich ist ein derartiges Ziel – wie in Artikel 6 Absatz 1 ers-ter Unterabsatz der Richtlinie 2000/78 vorgesehen – grundsätzlich als eine „objektive und angemessene" Rechtfertigung einer von den Mitgliedstaaten vorgesehenen Ungleichbehandlung wegen des Alters anzusehen.

(S. I-10037) [62] Weiter ist nach dem Wortlaut dieser Bestimmung zu prüfen, ob die eingesetzten Mittel zur Erreichung dieses legitimen Zieles „angemessen und erforderlich" sind.

[63] Insoweit verfügen die Mitgliedstaaten unbestreitbar über einen weiten Ermessensspielraum bei der Wahl der Maßnahmen zur Erreichung ihrer Ziele im Bereich der Arbeits- und Sozialpolitik.

[64] Wie das vorlegende Gericht ausgeführt hat, läuft die Anwendung nationaler Rechtsvorschriften wie der im Ausgangsverfahren streitigen jedoch darauf hinaus, dass allen Arbeitnehmern, die das 52. Lebensjahr vollendet haben, unterschiedslos – gleichgültig, ob und wie lange sie vor Abschluss des Arbeitsvertrags arbeitslos waren – bis zum Erreichen des Alters, ab dem sie ihre Rentenansprüche geltend machen können, befristete, unbegrenzt häufig verlängerbare Arbeitsverträge angeboten werden können. Diese große, ausschließlich nach dem Lebensalter definierte Gruppe von Arbeitnehmern läuft damit während eines erheblichen Teils ihres Berufslebens Gefahr, von festen Beschäftigungsverhältnissen ausgeschlossen zu sein, die doch, wie sich aus der Rahmenvereinbarung ergibt, einen wichtigen Aspekt des Arbeitnehmerschutzes darstellen.

[65] Solche Rechtsvorschriften gehen insofern, als sie das Alter des betroffenen Arbeitnehmers als einziges Kriterium für die Befristung des Arbeitsvertrags festlegen, ohne dass nachgewiesen wäre, dass die Festlegung einer Altersgrenze als solche unabhängig von anderen Erwägungen im Zusammenhang mit der Struktur des jeweiligen Arbeitsmarktes und der persönlichen Situation des Betroffenen zur Erreichung des Zieles der beruflichen Eingliederung arbeitsloser älterer Arbeitnehmer objektiv erforderlich ist, über das hinaus, was zur Erreichung des verfolgten Zieles angemessen und erforderlich ist. Die Wahrung des Grundsatzes der Verhältnismäßigkeit bedeutet nämlich, dass bei Ausnahmen von einem Individualrecht die Erfordernisse des Gleichbehandlungsgrundsatzes so weit wie möglich mit denen des angestrebten Zieles in Einklang gebracht werden müssen (vgl. in diesem (S. I-10038) Sinne Urteil vom 19. März 2002 in der Rechtssache C-476/99, Lommers, Slg. 2002, I-2891, Randnr. 39). Derartige nationale Rechtsvorschriften können daher nicht nach Artikel 6 Absatz 1 der Richtlinie 2000/78 gerechtfertigt werden.

[66] Dass die Frist zur Umsetzung der Richtlinie 2000/78 zum Zeitpunkt des Abschlusses des Vertrages noch nicht abgelaufen war, steht dieser Feststellung nicht entgegen.

[67] Erstens hat nämlich der Gerichtshof bereits entschieden, dass die Mitgliedstaaten während der Frist für die Umsetzung einer Richtlinie keine Vorschriften erlassen dürfen, die geeignet sind, die Erreichung des in dieser Richtlinie vorgeschriebenen Zieles ernstlich in Frage zu stellen (Urteil Inter-Environnement Wallonie, Randnr. 45).

[68] In diesem Zusammenhang kommt es nicht darauf an, ob die fragliche, nach Inkrafttreten der betreffenden Richtlinie erlassene Regelung des nationalen Rechts deren Umsetzung bezweckt oder nicht (vgl. in diesem Sinne Urteil vom 8. Mai 2003 in der Rechtssache C-14/02, ATRAL, Slg. 2003, I-4431, Randnrn. 58 und 59).

[69] Im Ausgangsverfahren ist die Herabsetzung des Alters, ab dem befristete Arbeitsverträge geschlossen werden können, von 58 auf 52 Jahre durch Artikel 14 Absatz 3 TzBfG im Dezember 2002 erfolgt, und diese Maßnahme soll bis zum 31. Dezember 2006 gelten.

[70] Der Umstand, dass die Geltung dieser Vorschrift am 31. Dezember 2006 endet, d.h. nur wenige Wochen nach Ablauf der vom betreffenden Mitgliedstaat einzuhaltenden Umsetzungsfrist, ist als solcher nicht entscheidend.

(S. I-10039) [71] Zum einen ergibt sich nämlich schon aus dem Wortlaut von Artikel 18 Absatz 2 der Richtlinie 2000/78, dass ein Mitgliedstaat, der – wie im vorliegenden Fall die Bundesrepublik Deutschland – eine Zusatzfrist von drei Jahren ab dem 2. Dezember 2003 für die Umsetzung dieser Richtlinie in Anspruch zu nehmen beschließt, „der Kommission jährlich Bericht über die von ihm ergriffenen Maßnahmen zur Bekämpfung der Diskriminierung wegen des Alters ... und über die Fortschritte, die bei der Umsetzung der Richtlinie erzielt werden konnten", erstattet.

[72] Diese Bestimmung impliziert also, dass der Mitgliedstaat, der ausnahmsweise in den Genuss einer längeren Umsetzungsfrist kommt, schrittweise konkrete Maßnahmen ergreift, um seine Regelung schon dem in der Richtlinie vorgeschriebenen Ergebnis anzunähern. Dieser Verpflichtung würde jedoch jegliche praktische Wirksamkeit genommen, wenn es dem Mitgliedstaat gestattet wäre, während der Frist zur Umsetzung der Richtlinie Maßnahmen zu erlassen, die mit deren Zielen unvereinbar sind.

[73] Zum anderen wird am 31. Dezember 2006, wie der Generalanwalt in Nummer 96 seiner Schlussanträge ausgeführt hat, ein beachtlicher Teil der Arbeitnehmer, auf die die im Ausgangsverfahren streitige Regelung anwendbar ist – darunter Herr Mangold –, das 58. Lebensjahr bereits vollendet haben und somit weiter unter die Sonderregelung des § 14 Absatz 3 TzBfG fallen, so dass für diese Personengruppe die Gefahr des Ausschlusses von der Garantie eines festen Beschäftigungsverhältnisses in Form eines unbefristeten Arbeitsvertrags bereits definitiv eingetreten ist, unabhängig davon, dass die Altersgrenze von 52 Jahren nur bis Ende 2006 gilt.

[74] Zweitens ist zu beachten, dass der Grundsatz der Gleichbe-

handlung in Beschäftigung und Beruf nicht in der Richtlinie 2000/78 selbst verankert ist. Nach ihrem Artikel 1 bezweckt diese Richtlinie nämlich lediglich „die Schaffung eines (S. I-10040) allgemeinen Rahmens zur Bekämpfung der Diskriminierung wegen der Religion oder der Weltanschauung, einer Behinderung, des Alters oder der sexuellen Ausrichtung", wobei das grundsätzliche Verbot dieser Formen der Diskriminierung, wie sich aus der ersten und der vierten Begründungserwägung der Richtlinie ergibt, seinen Ursprung in verschiedenen völkerrechtlichen Verträgen und den gemeinsamen Verfassungstraditionen der Mitgliedstaaten hat.

[75] Das Verbot der Diskriminierung wegen des Alters ist somit als ein allgemeiner Grundsatz des Gemeinschaftsrechts anzusehen. Fällt eine nationale Regelung in den Geltungsbereich des Gemeinschaftsrechts, was bei dem durch das Gesetz von 2002 geänderten § 14 Absatz 3 TzBfG als Maßnahme zur Umsetzung der Richtlinie 1999/70 der Fall ist (vgl. hierzu auch Randnrn. 51 und 64 des vorliegenden Urteils), hat der Gerichtshof, wenn er im Vorabentscheidungsverfahren angerufen wird, dem vorlegenden Gericht alle Auslegungshinweise zu geben, die es benötigt, um die Vereinbarkeit dieser Regelung mit diesem Grundsatz beurteilen zu können (vgl. in diesem Sinne Urteil vom 12. Dezember 2002 in der Rechtssache C-442/00, Rodríguez Caballero, Slg. 2002, I-11915, Randnrn. 30 bis 32).

[76] Folglich kann die Wahrung des allgemeinen Grundsatzes der Gleichbehandlung, insbesondere im Hinblick auf das Alter, als solche nicht vom Ablauf der Frist abhängen, die den Mitgliedstaaten zur Umsetzung einer Richtlinie eingeräumt worden ist, die die Schaffung eines allgemeinen Rahmens zur Bekämpfung der Diskriminierung wegen des Alters bezweckt, vor allem was die Bereitstellung geeigneter Rechtsbehelfe, die Beweislast, die Viktimisierung, den sozialen Dialog sowie die positiven und anderen spezifischen Maßnahmen zur Umsetzung einer solchen Richtlinie angeht.

[77] Es obliegt daher dem nationalen Gericht, bei dem ein Rechtsstreit über das Verbot der Diskriminierung wegen des Alters anhängig ist, im Rahmen seiner Zuständigkeiten den rechtlichen Schutz, der sich für den Einzelnen aus dem Gemeinschaftsrecht ergibt, zu gewährleisten und die volle Wirksamkeit des Gemeinschaftsrechts (S. I-10041) zu garantieren, indem es jede möglicherweise entgegenstehende Bestimmung des nationalen Rechts unangewendet lässt (vgl. in diesem Sinne Urteile vom 9. März 1978 in der Rechtssache 106/77, Simmenthal, Slg. 1978, 629, Randnr. 21, und vom 5. März 1998 in der Rechtssache C-347/96, Solred, Slg. 1998, I-937, Randnr 30).

[78] Nach alledem ist auf die zweite und die dritte Frage zu antworten, dass das Gemeinschaftsrecht und insbesondere Artikel 6 Absatz 1 der Richtlinie 2000/78 dahin auszulegen sind, dass sie einer nationalen Regelung wie der im Ausgangsverfahren streitigen, nach der der Abschluss befristeter Arbeitsverträge mit Arbeitnehmern, die das 52. Lebensjahr vollendet haben, uneingeschränkt zulässig ist, sofern nicht zu einem vorhergehenden unbefristeten Arbeitsvertrag mit demselben Arbeitgeber ein enger sachlicher Zusammenhang besteht, entgegenstehen.

Es obliegt dem nationalen Gericht, die volle Wirksamkeit des allgemeinen Verbotes der Diskriminierung wegen des Alters zu gewährleisten, indem es jede entgegenstehende Bestimmung des nationalen Rechts unangewendet lässt, auch wenn die Frist für die Umsetzung der Richtlinie noch nicht abgelaufen ist.

**49   Rs. C-212/04 (Adeneler u.a. ./. Ellinikos Organismos Galaktos (ELOG)),
Urteil des Gerichtshofes vom 04. 07. 2006 – NJW 2006, S. 2465.**

**Vorbemerkungen:** *Mit dieser Entscheidung stellt der EuGH klar, ab wann die nationalen Gerichte verpflichtet sind, das nationale Recht im Falle der mangelnden unmittelbaren Wirkung von Richtlinien richtlinienkonform auszulegen. Die allgemeine Verpflichtung der nationalen Gerichte, das innerstaatliche Recht richtlinienkonform auszulegen, besteht erst ab Ablauf der Umsetzungsfrist. Allerdings gilt das in der Rs. Wallonie (Fall 47) als Vorwirkung für die Zeit der Umsetzungsfrist festgestellte Frustrationsverbot auch für die nationalen Gerichte. Daraus folgt, dass die nationalen Gerichte schon ab dem Zeitpunkt des Inkrafttretens einer Richtlinie es soweit wie möglich unterlassen müssen, das innerstaatliche Recht auf eine Weise auszulegen, die die Erreichung des mit dieser Richtlinie verfolgten Zieles nach Ablauf der Umsetzungsfrist ernsthaft gefährden würde. Der Unterschied zur richtlinienkonformen Auslegung besteht dementsprechend darin, dass diese eine maximale Annäherungspflicht an die Richtlinie durch Auslegung des nationalen Rechts verlangt, das Frustrationsverbot dagegen nur verlangt, dass eine Behinderung der Zielerreichung unterbleibt.*

**Sachverhalt:** In Griechenland waren von einer dem öffentlichen Sektor zuzurechnenden juristischen Person des Privatrechts jeweils mehrere aufeinander folgende befristete Arbeitsverträge mit verschiedenen Arbeitnehmern geschlossen hatten, die zwischen Juni und September 2003 ausliefen, ohne erneuert zu werden. Die betroffenen Arbeitnehmer erhoben bei dem zuständigen innerstaatlichen Gericht Klage auf Feststellung der Unbefristetheit der Arbeitsverträge. Dabei spielen Anforderungen der EG-Richtlinie 1999/70 eine Rolle. Das zuständige Gericht stellte dem EuGH im Vorabentscheidungsverfahren verschiedene Fragen zur richtlinienkonformen Auslegung des nationalen Rechts. Dabei spielte insbesondere der zeitpunkt, ab dem diese Auslegung geboten ist, eine Rolle.

## Aus den Entscheidungsgründen:

[113] Im Hinblick auf die genauere Bestimmung des Zeitpunkts, ab dem die nationalen Gerichte verpflichtet sind, den Grundsatz der gemeinschaftsrechtskonformen Auslegung anzuwenden, ist darauf hinzuweisen, dass diese sich aus den Artikeln 10 Absatz 2 EG und 249 Absatz 3 EG sowie der betreffenden Richtlinie selbst ergebende Verpflichtung insbesondere dann zum Tragen kommt, wenn die einschlägige Richtlinienbestimmung keine unmittelbare Wirkung entfaltet, weil sie dafür nicht klar, genau und unbedingt genug ist oder weil es sich um einen Rechtsstreit handelt, in dem sich ausschließlich Private gegenüberstehen.

[114] Darüber hinaus kann den Mitgliedstaaten vor Ablauf der Frist für die Umsetzung einer Richtlinie nicht zur Last gelegt werden, dass sie die Maßnahmen zu deren Umsetzung in innerstaatliches Recht noch nicht erlassen haben (vgl. Urteil vom 18. Dezember 1997 in der Rechtssache C-129/96, Inter-Environnement Wallonie, Slg. 1997, I-7411, Randnr. 43).

[115] Bei verspäteter Umsetzung einer Richtlinie besteht die allgemeine Verpflichtung der nationalen Gerichte, das innerstaatliche Recht richtlinienkonform auszulegen, daher erst ab Ablauf der Umsetzungsfrist.

[116] Aus den vorstehenden Erwägungen folgt zwingend, dass bei verspäteter Umsetzung einer Richtlinie nicht auf den – vom vorlegenden Gericht in seiner Frage 1c angesprochenen – Zeitpunkt, zu dem die nationalen Umsetzungsmaßnahmen im betreffenden Mitgliedstaat tatsächlich in Kraft treten, abzustellen ist. Dies könnte nämlich die volle Wirksamkeit des Gemeinschaftsrechts und dessen einheitliche Anwendung insbesondere im Wege von Richtlinien ernsthaft gefährden.

[117] Was ferner den in der Frage 1a angesprochenen Zeitpunkt und die Beantwortung der Frage 1 insgesamt betrifft, so hat der Gerichtshof bereits entschieden, dass die Pflicht der Mitgliedstaaten nach den Artikeln 10 Absatz 2 EG und 249 Absatz 3 EG sowie der betreffenden Richtlinie selbst, alle zur Erreichung des durch die Richtlinie vorgeschriebenen Zieles erforderlichen Maßnahmen zu treffen, allen Trägern öffentlicher Gewalt in den Mitgliedstaaten einschließlich der Gerichte im Rahmen ihrer Zuständigkeiten obliegt (vgl. u.a. Urteile Inter-Environnement Wallonie, Randnr. 40, und Pfeiffer u.a., Randnr. 110, und die dort zitierte Rechtsprechung).

[118] Zudem werden Richtlinien entweder nach Artikel 254 Absatz 1 EG im *Amtsblatt der Europäischen Union* veröffentlicht und treten in dem in ihnen festgelegten Zeitpunkt oder andernfalls am zwanzigsten Tag nach ihrer Veröffentlichung in Kraft, oder sie werden nach Artikel 254 Absatz 3 EG denjenigen, für die sie bestimmt sind, bekannt gegeben und durch diese Bekanntgabe wirksam.

[119] Eine Richtlinie entfaltet demnach entweder ab ihrer Veröffentlichung oder ab dem Zeitpunkt ihrer Bekanntgabe Rechtswirkungen gegenüber dem Mitgliedstaat, an den sie gerichtet ist, und damit gegenüber allen Trägern öffentlicher Gewalt.

[120] Im vorliegenden Fall ist in Artikel 3 der Richtlinie 1999/70 festgelegt, dass sie am Tag ihrer Veröffentlichung im *Amtsblatt der Europäischen Gemeinschaften*, d.h. am 10. Juli 1999, in Kraft tritt.

[121] Nach der Rechtsprechung des Gerichtshofes ergibt sich aus den Artikeln 10 Absatz 2 EG und 249 Absatz 3 EG in Verbindung mit der betreffenden Richtlinie, dass die Mitgliedstaaten, an die die Richtlinie gerichtet ist, während der Frist für deren Umsetzung keine Vorschriften erlassen dürfen, die geeignet sind, die Erreichung des in der Richtlinie vorgeschriebenen Zieles ernstlich zu gefährden (Urteile Inter-Environnement Wallonie, Randnr. 45, vom 8. Mai 2003 in der Rechtssache C-14/02, ATRAL, Slg. 2003, I-4431, Randnr. 58, und Mangold, Randnr. 67). In diesem Zusammenhang kommt es nicht darauf an, ob die fragliche, nach Inkrafttreten der betreffenden Richtlinie erlassene Regelung des nationalen Rechts deren Umsetzung bezweckt oder nicht (Urteile ATRAL, Randnr. 59, und Mangold, Randnr. 68).

[122] Da alle Träger öffentlicher Gewalt der Mitgliedstaaten verpflichtet sind, die volle Wirksamkeit des Gemeinschaftsrechts zu garantieren (vgl. Urteile Francovich u.a., Randnr. 32, vom 13. Januar 2004 in der Rechtssache C-453/00, Kühne & Heitz, Slg. 2004, I-837, Randnr. 20, sowie Pfeiffer u.a., Randnr. 111), gilt die in der vorste-

henden Randnummer genannte Unterlassenspflicht auch für die nationalen Gerichte.

[123] Daraus folgt, dass die Gerichte der Mitgliedstaaten ab dem Zeitpunkt des Inkrafttretens einer Richtlinie es soweit wie möglich unterlassen müssen, das innerstaatliche Recht auf eine Weise auszulegen, die die Erreichung des mit dieser Richtlinie verfolgten Zieles nach Ablauf der Umsetzungsfrist ernsthaft gefährden würde.

[124] Nach alledem ist auf die erste Frage zu antworten, dass die nationalen Gerichte bei verspäteter Umsetzung einer Richtlinie in die Rechtsordnung des betreffenden Mitgliedstaats und bei Fehlen unmittelbarer Wirkung ihrer einschlägigen Bestimmungen verpflichtet sind, das innerstaatliche Recht ab dem Ablauf der Umsetzungsfrist so weit wie möglich im Licht des Wortlauts und des Zweckes der betreffenden Richtlinie auszulegen, um die mit ihr verfolgten Ergebnisse zu erreichen, indem sie die diesem Zweck am besten entsprechende Auslegung der nationalen Rechtsvorschriften wählen und damit zu einer mit den Bestimmungen dieser Richtlinie vereinbaren Lösung gelangen.

## b) Form der Umsetzung in innerstaatliches Recht

**Rs. 102/79 (Kommission ./. Belgien),**  **50**
**Urteil des Gerichtshofes vom 06. 05. 1980 – Slg. 1980, S. 1473.**

**Vorbemerkungen:** *Die Umsetzungsverpflichtung aus Art. 249 und Art. 10 EG erfordert eine Richtlinienumsetzung, die das Regelungsziel vollständig, hinreichend bestimmt und unbedingt umsetzt. Der Verweis auf eine nationale Verwaltungspraxis genügt nicht den Anforderungen der Umsetzung einer Richtlinie in nationales Recht, da diese naturgemäß wieder geändert werden kann.*

**Sachverhalt:** Belgien hatte elf Richtlinien zur Angleichung der nationalen Normen über Kraftfahrzeuge sowie land- und forstwirtschaftliche Zugmaschinen nicht rechtzeitig in innerstaatliches Recht umgesetzt In dem von der Kommission daraufhin angestrengten Vertragsverletzungsverfahren brachte die belgische Regierung vor, dass das Ziel der Richtlinie bereits durch eine gängige Verwaltungspraxis in Belgien voll verwirklicht sei. Der EuGH stellte fest, dass eine Verwaltungspraxis nicht ausreichend ist und nicht als eine rechtswirksame Erfüllung der Verpflichtung zur Umsetzung angesehen werden kann. Er hat den Verstoß des Königreichs Belgiens gegen diese Verpflichtung bejaht.

**Aus den Entscheidungsgründen:**

(S. 1484) [4] Erstens trägt die beklagte Regierung vor, das Ziel der Richtlinie, nämlich die Beseitigung bestimmter Hemmnisse für den innergemeinschaftlichen Handel, sei in Belgien infolge der Verwaltungspraxis voll verwirklicht worden; denn da die einzelstaatlichen belgischen Vorschriften auf diesem Gebiet geringere Anforderungen als die Gemeinschaftsnormen stellten, stehe der Einfuhr von diesen Normen entsprechenden Fahrzeugen und Zugmaschinen nichts im Wege. Dies stehe in vollem Einklang mit dem Gemeinschaftsrecht, da die „Optionsregelung" der Richtlinien es gestatte, weniger strenge Normen für die einheimische Erzeugung in den Mitgliedstaaten aufrechtzuerhalten.

(...)

(S. 1486) [9] Die elf Einzelrichtlinien, deren Nichtdurchführung Belgien zum Vorwurf gemacht wird, wurden aufgrund der beiden allgemeinen Richtlinien erlassen. Sie sind dazu bestimmt, durch spezifische Maßnahmen in Teilbereichen die Durchführung des in den beiden Rahmenrichtlinien geregelten „Verfahrens der EWG-Betriebserlaubnis" zu ermöglichen, und bilden so einen Teil der durch die Rahmenrichtlinien getroffenen rechtlichen Regelung. Ebenso wie die Rahmenrichtlinien schließen sie mit einer Bestimmung über die Pflicht der Mitgliedstaaten, im Rahmen ihres einzelstaatlichen Rechts die geeigneten Durchführungsmaßnahmen zu ergreifen.

[10] Aus allen diesen Vorschriften sowie dem Charakter der durch sie vorgeschriebenen Maßnahmen ergibt sich, daß die fraglichen Richtlinien dazu bestimmt sind, in einzelstaatliche Vorschriften umgesetzt zu werden, denen dieselbe rechtliche Bedeutung zukommt wie jenen, welche in den Mitgliedstaaten für die Erteilung von Betriebserlaubnissen für Kraftfahrzeuge oder Zugmaschinen sowie für deren Kontrolle gelten. Demnach hat ein Mitgliedstaat die ihm nach Artikel 189 Absatz 3 des Vertrages obliegende Verpflichtung nicht erfüllt, wenn er lediglich in der Praxis, oder sogar nur durch eine einfache verwaltungsmäßige Duldung, den Anforderungen der Richtlinie Rechnung getragen hat.

[11] Das Argument, das die belgische Regierung aus dem „Optionscharakter" der fraglichen Richtlinien hergeleitet hat, ist nicht stichhaltig, weil das verbindliche Ziel der Richtlinien, von dem die Mitgliedstaaten nicht abweichen dürfen, darin besteht, alle Hemmnisse für den freien Warenverkehr zu beseitigen, die sich für aus anderen Mitgliedstaaten stammende Erzeugnisse aus der Anwendung an-

derer als der gemeinschaftlichen technischen Normen ergeben können. Im Hinblick darauf muß jeder Mitgliedstaat die fraglichen Richtlinien in einer Weise durchführen, die den Erfordernissen der Eindeutigkeit und Bestimmtheit des Rechtszustands voll gerecht wird, auf den die jeweilige Richtlinie im Interesse der in den anderen Mitgliedstaaten ansässigen Erzeuger abzielt. Daher kann eine bloße Verwaltungspraxis, welche die Verwaltung naturgemäß beliebig ändern kann und die nur unzureichend bekannt ist, nicht als eine rechtswirksame Erfüllung der Verpflichtung angesehen werden, die Artikel 189 den Mitgliedstaaten auferlegt, an die die Richtlinien gerichtet sind.

**Rs. C-361/88 (Kommission ⁄ Bundesrepublik Deutschland;**   **51**
**„TA-Luft"),**
**Urteil des Gerichtshofes vom 30. 05. 1991 – Slg. 1991, S. I-2567.**

**Vorbemerkungen:** *Die Umsetzung von Richtlinien in nationales Recht muss nicht unbedingt durch förmliches Gesetz erfolgen. Die Richtlinie muss aber hinreichend klar und detailliert umgesetzt werden, damit der Einzelne gegebenenfalls hierdurch begründete Rechte erkennen und geltend machen kann. Ein allgemeiner rechtlicher Rahmen kann genügen, wenn durch ihn die Gewährleistung möglicher, sich aus der Richtlinie ergebender Rechte sichergestellt ist, was insbesondere für die Möglichkeit der Kenntniserlangung vom Richtlinieninhalt und die Geltendmachung dieser Rechte gilt. Die Umsetzung durch Verwaltungsvorschriften entsprechend der TA-Luft genügt diesen Anforderungen nicht – auch wenn diese Verwaltungsvorschriften nicht nur norminterpretierend, sondern normkonkretisierend sind. Als gemeinschaftsrechtskonformes Ergebnis ist eine bestimmte, klare und durchschaubare Rechtslage durch Umsetzung in eine zwingende Norm erforderlich. Erforderlich ist mithin eine Rechtsnorm im materiellen Sinn.*

**Sachverhalt:** Zur Festlegung der Grenzwerte von verschiedenen Schadstoffen in der Luft erließ die EG in den Jahren 1980 und 1982 mehrere Richtlinien. Nach Ablauf der Umsetzungsfristen hatte die Bundesrepublik Deutschland keine speziellen Maßnahmen zur Umsetzung erlassen. Sie vertrat den Standpunkt, dass das bereits bestehende BImSchG und die Durchführungsvorschrift TA-Luft das von den Richtlinien festgesetzte Schutzniveau gewährleiste. Die Kommission sah darin keine ausreichende Umsetzung und leitete ein Vertragsverletzungsverfahren ein. Der Gerichtshof stellte eine Vertragsverletzung fest.

**Aus den Entscheidungsgründen:**

(S. I-2600) [15] Nach der Rechtsprechung des Gerichtshofes (...) verlangt die Umsetzung einer Richtlinie in innerstaatliches Recht nicht (S. I-2601) notwendigerweise, daß ihre Bestimmungen förmlich und wörtlich in einer ausdrücklichen besonderen Gesetzesvorschrift wiedergegeben werden; je nach dem Inhalt der Richtlinie kann ein allgemeiner rechtlicher Rahmen genügen, wenn er tatsächlich die vollständige Anwendung der Richtlinie in so klarer und bestimmter Weise gewährleistet, daß – soweit die Richtlinie Ansprüche des einzelnen begründen soll – die Begünstigten in der Lage sind, von allen ihren Rechten Kenntnis zu erlangen und diese gegebenenfalls vor den nationalen Gerichten geltend zu machen.

(...)

(S. I-2602) [20] Zweitens wird dem Bestreben, es dem einzelnen zu ermöglichen, seine Rechte geltend zu machen, aber auch im eigentlichen Anwendungsbereich der Verwaltungsvorschrift, das heißt bei den genehmigungsbedürftigen Anlagen, nicht Genüge getan. Die Bundesrepublik Deutschland und die Kommission streiten nämlich darüber, inwieweit in der deutschen Lehre und Rechtsprechung technischen Verwaltungsvorschriften zwingender Charakter zuerkannt wird. Die Kommission hat auf Rechtsprechung hingewiesen, in der ein solcher Charakter insbesondere im Bereich des Steuerrechts verneint wird; die Bundesrepublik Deutschland hat ihrerseits Rechtsprechung angeführt, in der ein solcher Charakter im Bereich der Kernenergie anerkannt wird. Es ist festzustellen, daß die Bundesrepublik Deutschland im konkreten Fall der TA Luft keine nationale Gerichtsentscheidung angeführt hat, mit der dieser Verwaltungsvorschrift über ihre Verbindlichkeit für die Verwaltung hinaus unmittelbare Wirkung gegenüber Dritten zuerkannt würde. Es läßt sich also nicht sagen, daß der einzelne Gewissheit über den Umfang seiner Rechte haben kann, um sie gegebenenfalls vor den nationalen Gerichten geltend machen zu können, noch auch daß diejenigen, deren Tätigkeiten geeignet sind, Immissionen zu verursachen, über den Umfang ihrer Verpflichtungen hinreichend unterrichtet sind.

[21] Somit ist nicht nachgewiesen, daß die Durchführung des Artikels 2 Absatz 1 der Richtlinie mit unbestreitbarer Verbindlichkeit und mit der Konkretheit, Bestimmtheit und Klarheit erfolgt ist, die nach der Rechtsprechung des Gerichtshofes notwendig sind, um dem Erfordernis der Rechtssicherheit zu genügen.

**Rs. C-144/99 (Kommission ./. Niederlande),**    **52**
**Urteil des Gerichtshofes vom 10. 01. 2001 – Slg. 2001, S. I-3541.**

**Vorbemerkungen:** *Vorliegend musste der Gerichtshof entscheiden, ob auch ein generelles Gebot zur richtlinienkonformen Auslegung des nationalen Rechts eine Umsetzung einer Richtlinie im Sinne des Art. 249 Abs. 3 EG darstellen kann. Dies lehnte er allerdings mit dem Verweis auf die fehlende Klarheit und Bestimmtheit der Rechtsprechung der nationalen Gerichte ab. Der Gerichtshof sieht die Verpflichtungen aus Art. 249 Abs. 3 EG nur als erfüllt an, wenn es sich um ausdrückliche gesetzliche Regelungen handelt bzw. einen allgemeinen rechtlichen Rahmen. Auch eine reine Verwaltungspraxis kann nicht als ausreichende Umsetzung einer Richtlinie angesehen werden (vgl. Rs. C-358/98 – Kommission ./. Italien –, Slg. 2000, S. I-1255, Tz. 17). Diese könne nämlich beliebig geändert werden und unterliege zudem keiner öffentlichen Bekanntgabepflicht. Die Grundsätze der Rechtssicherheit und Rechtsklarheit können auf diese Weise nicht gewahrt werden. Richtlinien sind nicht nur dann in nationales Recht in diesem Sinne umzusetzen, wenn sie für die Mitgliedstaaten Bedeutung haben, sondern auch, wenn ihnen in einem einzelnen Mitgliedstaat keine Bedeutung zukommt. So musste Irland (vgl. EuGH, Rs. C-372/00 – Kommission ./. Irland –, Slg. 2001, S. I-10303), obwohl es nicht über ein Hochgeschwindigkeitsbahnsystem verfügte, die Richtlinie 96/48 EG über Hochgeschwindigkeitsbahnsysteme entsprechend umsetzen.*

**Sachverhalt:** Die Richtlinie 93/13/EWG über missbräuchliche Klauseln in Verbraucherverträgen wurde im Königreich der Niederlande nicht umgesetzt, vielmehr war die niederländische Regierung der Auffassung, dass die bestehenden nationalen Regelungen zum Verbraucherschutz die Ziele der Richtlinie bereits erreichen und daher eine Umsetzung der Richtlinie 93/13/EWG entbehrlich sei. Die Kommission hingegen sah in der fehlenden Umsetzung der Richtlinie einen Verstoß gegen Art. 249 Abs. 3 EG (Art. 189 Abs. 3 EGV). Sie hielt es für notwendig, eine Richtlinie, wenn sie für Verbraucher Ansprüche gewährt, klar und eindeutig umzusetzen. Die Kommission leitete nach Durchführung eines erfolglosen Vorverfahrens ein Vertragsverletzungsverfahren gegen die Niederlande wegen fehlerhafter Umsetzung der Richtlinie 93/13/EWG ein.

**Aus den Entscheidungsgründen:**

(S. I-3564) [13] In ihrer Klage macht die Kommission geltend, die Umsetzung der Richtlinie in die niederländische Rechtsordnung sei hinsichtlich der Form und der verwendeten Mittel unzureichend und vom Ergebnis her unvollständig.

[14] Nach Auffassung der Kommission ist eine Umsetzung, die sich ausschließlich auf bereits in der Rechtsordnung eines Mitgliedstaats vorhandene, mit der umzusetzenden Richtlinie konforme Bestimmungen stützt, nur in sehr engen Grenzen zulässig. Wenn die Richtlinie, wie im vorliegenden Fall, den Zweck verfolge, die Verbraucher durch die Gewährung genau umschriebener Ansprüche zu schützen, müsse die Umsetzung in klarer und eindeutiger Form erfolgen. Dies sei bei den von der niederländischen Regierung angeführten Bestimmungen des BW nicht der Fall.

[15] Außerdem werde das mit den Artikeln 4 Absatz 2 und 5 der Richtlinie angestrebte Ergebnis durch diese Bestimmungen nicht eindeutig sichergestellt.

(S. I-3565) [16] Die niederländische Regierung tritt dieser Argumentation entgegen und macht geltend, Artikel 189 Absatz 3 EG-Vertrag lasse den Mitgliedstaaten volle Freiheit bei der Wahl der Form und der Mittel, die zur Umsetzung einer Richtlinie erforderlich seien. Sie ist der Ansicht, eine ausdrückliche Umsetzung sei entbehrlich, wenn die mit der Richtlinie verfolgten Ziele im nationalen Recht bereits erreicht seien, wobei sie sich insbesondere auf das Urteil vom 23. Mai 1985 in der Rechtssache 29/84 (Kommission/Deutschland, Slg. 1985, 1661, Randnr. 23) beruft.

[17] Nach ständiger Rechtsprechung verlangt die Umsetzung einer Richtlinie zwar nicht notwendig in jedem Mitgliedstaat ein Tätigwerden des Gesetzgebers, es ist jedoch unerlässlich, dass das fragliche nationale Recht tatsächlich die vollständige Anwendung der Richtlinie durch die nationalen Behörden gewährleistet, dass die sich aus diesem Recht ergebende Rechtslage hinreichend bestimmt und klar ist und dass die Begünstigten in die Lage versetzt werden, von allen ihren Rechten Kenntnis zu erlangen und diese gegebenenfalls vor den nationalen Gerichten geltend zu machen (Urteil vom 23. März 1995 in der Rechtssache C-365/93, Kommission/Griechenland, Slg. 1995, I-499, Randnr. 9).

[18] Wie der Gerichtshof hervorgehoben hat, ist diese letzte Voraussetzung besonders wichtig, wenn die Richtlinie darauf abzielt, den Angehörigen anderer Mitgliedstaaten Ansprüche zu verleihen (Urteil

Kommission/Griechenland, Randnr. 9). Gerade das ist hier jedoch der Fall, denn die Richtlinie bezweckt nach ihrer sechsten Begründungserwägung u.a., den Bürger in seiner Rolle als Verbraucher beim Kauf von Waren und Dienstleistungen mittels Verträgen zu schützen, für die die Rechtsvorschriften anderer Mitgliedstaaten gelten".

[19] Aus den vom Generalanwalt in den Nummern 25 und 26 seiner Schlussanträge genannten Gründen ergibt sich, dass das Königreich der Niederlande nicht darlegen konnte, dass seine Rechtsordnung Vorschriften enthält, die den Artikeln 4 Absatz 2 und 5 der Richtlinie entsprechen.

(S. I-3566) [20] Soweit die niederländische Regierung vorträgt, die mit der Richtlinie verfolgten Ziele könnten durch eine systematische Auslegung der niederländischen Vorschriften erreicht werden, genügt die Feststellung, dass die mit der Richtlinie angestrebten Ergebnisse aus den vom Generalanwalt in den Nummern 26 bis 31 seiner Schlussanträge dargestellten Gründen beim gegenwärtigen Stand des niederländischen Rechts nicht erreicht werden können.

[21] Zu dem Vorbringen der niederländischen Regierung, der Grundsatz der richtlinienkonformen Auslegung der niederländischen Regelung, der vom Hoge Raad der Nederlanden bestätigt worden sei, erlaube es jedenfalls, Unterschiede zwischen den Bestimmungen des niederländischen Rechts und denen der Richtlinie zu beheben, genügt der Hinweis, dass – wie der Generalanwalt in Nummer 36 seiner Schlussanträge ausgeführt hat – eine etwa bestehende nationale Rechtsprechung, die innerstaatliche Rechtsvorschriften in einem Sinn auslegt, der als den Anforderungen einer Richtlinie entsprechend angesehen wird, nicht die Klarheit und Bestimmtheit aufweisen kann, die notwendig sind, um dem Erfordernis der Rechtssicherheit zu genügen. Dies gilt ganz besonders im Bereich des Verbraucherschutzes.

[22] Daher ist festzustellen, dass das Königreich der Niederlande dadurch gegen seine Verpflichtungen aus der Richtlinie verstoßen hat, dass es nicht die für eine vollständige Umsetzung der Artikel 4 Absatz 2 und 5 der Richtlinie in das niederländische Recht erforderlichen Rechts- und Verwaltungsvorschriften erlassen hat.

## c) Unmittelbare Wirkung

### aa) Vertikale (begünstigende) Richtlinienwirkung

**53   Rs. 8/81 (Becker ⁄ Finanzamt Münster-Innenstadt),
Urteil des Gerichtshofes vom 19. 01. 1982 – Slg. 1982, S. 53.**

**Vorbemerkungen:** *Die Entscheidung illustriert die Bedingungen und
Folgen der unmittelbaren Richtlinienwirkung. Die Richtlinie muss inhaltlich unbedingt und hinreichend bestimmt sein, um im Einzelfall angewendet zu werden. Dies ist der Fall, wenn aus der Richtlinie unmittelbar, auch durch Auslegung, der begünstigte Personenkreis und
der Inhalt des Rechts zu bestimmen sind und den Mitgliedstaaten in
dieser Hinsicht kein Umsetzungsspielraum zusteht. Der effet utile, die
praktische Wirksamkeit, des in Frage stehenden Gemeinschaftsrechts
ist im Rahmen der Richtlinienumsetzung erst nach Fristablauf durch
die gemeinschaftsrechtswidrige Verzögerung bei der Umsetzung in
nationales Rechts betroffen. Unterschiedliche Umsetzungszeitpunkte
innerhalb der gegebenen Frist können sich nicht für andere Mitgliedstaaten auswirken. Mögliche Wettbewerbsverzerrungen in den einzelnen Mitgliedstaaten, die aus einer solchen zeitlich unterschiedlichen,
aber gleichwohl fristgemäßen Umsetzung resultieren, sind hinzunehmen.*

**Sachverhalt:** Am 17.05.1977 hatte der Rat die Richtlinie 77/388 zur Har-
monisierung der Rechtsvorschriften der Mitgliedstaaten hinsichtlich der
Umsatzsteuer erlassen. Die Bundesregierung setzte diese Richtlinie mit
einem Jahr Verspätung mit Wirkung zum 01.01.1980 um. Die Klägerin
des Ausgangsverfahrens, eine Kreditvermittlungsfirma, beantragte unter
Hinweis auf eine entsprechende Vorschrift in der Richtlinie für 1979 eine
Steuerbefreiung. Im Laufe des sich anschließenden Rechtsstreits vor dem
Finanzgericht wurde das Verfahren ausgesetzt und dem EuGH u.a. die
Frage vorgelegt, ob die Richtlinie bereits am 01.01.1979 unmittelbar gel-
tendes Recht in der Bundesrepublik darstellte. Dies hat der EuGH bejaht.

### Aus den Entscheidungsgründen:

(S. 70) [21] Aus der ständigen Rechtsprechung des Gerichtshofes
– zuletzt in dem Urteil vom 5. April 1979 (Rechtssache 148/78, Ratti,
Slg. S. 1629) – ergibt sich, daß zwar nach Artikel 189 Verordnungen
unmittelbar gelten und infolgedessen schon wegen ihrer Rechtsnatur

unmittelbare Wirkungen erzeugen können, daß hieraus indessen nicht folgt, daß andere in diesem Artikel genannte Kategorien von Rechtsakten niemals ähnliche Wirkungen erzeugen könnten.

[22] Mit der in den Richtlinien durch Artikel 189 zuerkannten verbindlichen Wirkung wäre es folglich unvereinbar, grundsätzlich auszuschließen, daß sich betroffene Personen auf die durch die Richtlinie auferlegte Verpflichtung berufen können.

[23] Insbesondere in den Fällen, in denen etwa die Gemeinschaftsbehörden die Mitgliedstaaten durch Richtlinien zu einem bestimmten Verhalten verpflichten, (S. 71) würde die praktische Wirksamkeit einer solchen Maßnahme abgeschwächt, wenn die einzelnen sich vor Gericht hierauf nicht berufen und die staatlichen Gerichte sie nicht als Bestandteil des Gemeinschaftsrechts berücksichtigen könnten.

[24] Daher kann ein Mitgliedstaat, der die in der Richtlinie vorgeschriebenen Durchführungsmaßnahmen nicht fristgemäß erlassen hat, den einzelnen nicht entgegenhalten, daß er die aus dieser Richtlinie erwachsenen Verpflichtungen nicht erfüllt hat.

[25] Demnach können sich die einzelnen in Ermangelung von fristgemäß erlassenen Durchführungsmaßnahmen auf Bestimmungen einer Richtlinie, die inhaltlich als unbedingt und hinreichend genau erscheinen, gegenüber allen innerstaatlichen, nicht richtlinienkonformen Vorschriften berufen; einzelne können sich auf diese Bestimmungen auch berufen, soweit diese Rechte festlegen, die dem Staat gegenüber geltend gemacht werden können.

**Rs. C-226/97 (Lemmens),**                                                    **54**
**Urteil des Gerichtshofes vom 16. 06. 1998 – Slg. 1998, S. I-3711.**

*Vorbemerkungen: Richtlinien können nicht nur Bestimmungen enthalten, die unmittelbar das Ziel verfolgen subjektiv-öffentliche Rechte Einzelner in den Rechtsordnungen der Mitgliedstaaten zu verankern. Sie können vielmehr auch Regelungen beinhalten, die ausschließlich Rechtspflichten der Mitgliedstaaten gegenüber der Gemeinschaft begründen. Solche Bestimmungen bedürfen ihrer Natur nach keiner Umsetzung in das innerstaatliche Recht, da die Mitgliedstaaten sie bereits wegen ihrer aus Art. 249 Abs. 3 EG folgenden unmittelbaren Bindung an die Ziele einer Richtlinie zu beachten haben. Die Frage, ob und unter welchen Voraussetzungen sich Einzelne gegenüber einem Mitgliedstaat auf die Verletzung solcher Bestimmungen berufen können, hat der EuGH bereits in der CIA Security-Entscheidung (Rs. C-194/94 – CIA Security International SA –, Slg.1996, S. I-2201) entschieden. Danach kommt es für eine unmittelbare Anwendung solcher Richtlinienbestimmungen nicht auf die fehlende Umsetzung an. Für die unmittelbare Anwendbarkeit solcher Richtlinienbestimmungen reicht es nach Auffassung des EuGH aus, dass die betreffende Bestimmung inhaltlich unbedingt und hinreichend genau erscheint. In der Lemmens-Entscheidung greift der EuGH auf diese Grundsätze zurück und ergänzt die Voraussetzungen einer unmittelbaren Anwendbarkeit von Richtlinien insoweit, als er auch auf den Zweck der betreffenden Richtlinie abstellt (vgl. aber auch Fall 60 – Unilever).*

**Sachverhalt:** Dem niederländischen Staatsangehörigen Johannes Martinus Lemmens wurde vorgeworfen, ein Kraftfahrzeug gefahren zu haben, während der Alkoholgehalt seines Atems über dem rechtlich zulässigen Maß gelegen habe. Lemmens berief sich vor dem nationalen Gericht darauf, dass das Messgerät, mit dem der Alkoholgehalt seines Atems festgestellt wurde, in Brüssel nicht angemeldet worden sei. Das nationale Gericht legte dem EuGH die Frage vor, ob die Vorschriften, über die Anforderungen, die Atemmessgeräte erfüllen müssen, und die Untersuchungen, denen sie zu unterziehen sind, nicht anzuwenden seien, weil eine nach Art. 8 der Richtlinie 83/189/EWG vorgeschriebene Mitteilung an die Europäische Kommission nicht erfolgt ist. Der EuGH verneinte diese Frage. Die Missachtung der in Art. 8 der Richtlinie festgelegten Verpflichtung, eine technische Vorschrift über Alkoholmeter mitzuteilen, habe nicht zur Folge, dass einem Angeklagten der mit einem Alkoholmeter gewonnene Beweis nicht entgegengehalten werden könne.

### Aus den Entscheidungsgründen:

(S. 3733) [27] Mit seiner ersten Frage begehrt das nationale Gericht Aufschluß über die Frage, ob die Mißachtung der in Artikel 8 der Richtlinie festgelegten Verpflichtung, eine technische Vorschrift über Alkoholmeter mitzuteilen, zur Folge hat, daß einem Angeklagten, dem Trunkenheit am Steuer vorgeworfen wird, der mit einem nach dieser Vorschrift zugelassenen Alkoholmeter gewonnene Beweis nicht entgegengehalten werden kann.

(…)

(S. 3735) [32] Der Gerichtshof hat in Randnummer 40 des Urteils CIA Security International festgestellt, daß die Richtlinie durch eine vorbeugende Kontrolle den freien Warenverkehr schützen solle, der zu den Grundlagen der Gemeinschaft gehöre. Diese Kontrolle sei insofern sinnvoll, als unter die Richtlinie fallende technische Vorschriften möglicherweise Beschränkungen des Warenaustauschs zwischen Mitgliedstaaten darstellten, die nur zugelassen werden könnten, wenn sie notwendig seien, um zwingenden Erfordernissen zu genügen, mit denen ein im allgemeinen Interesse liegendes Ziel verfolgt werde.

[33] In den Randnummern 48 und 54 desselben Urteils hat der Gerichtshof ausgeführt, daß die Mitteilungspflicht ein wichtiges Mittel zur Verwirklichung dieser gemeinschaftlichen Kontrolle darstelle; die Wirksamkeit dieser Kontrolle sei um so größer, wenn die Richtlinie dahin ausgelegt werde, daß der Verstoß gegen die Mitteilungspflicht einen wesentlichen Verfahrensfehler darstelle, der zur Unanwendbarkeit der fraglichen technischen Vorschriften auf einzelne führen könne.

[34] In einem Strafverfahren wie im Ausgangsverfahren sind auf den Angeklagten zum einen die Vorschriften anzuwenden, die Trunkenheit am Steuer verbieten und unter Strafe stellen, zum anderen diejenigen, die einen Fahrer verpflichten, in ein Gerät zur Bestimmung des Alkoholgehalts zu blasen, wobei das Ergebnis dieser Untersuchung im Strafverfahren Beweis liefert. Diese Vorschriften sind andere als diejenigen, die dem Bürger nicht entgegengehalten werden können, weil sie der Kommission nicht gemäß der Richtlinie mitgeteilt wurden.

[35] Werden technische Vorschriften nicht mitgeteilt, stellt dies zwar einen Verfahrensfehler bei ihrem Erlass dar, so daß sie nicht anwendbar sind, soweit sie die Verwendung (S. 3736) oder den Vertrieb eines mit diesen Vorschriften nicht konformen Produkts behindern; aber diese Unterlassung hat nicht zur Folge, daß jede Verwendung eines Produkts rechtswidrig ist, das mit den nicht mitgeteilten Vorschriften konform ist.

[36] Die behördliche Verwendung des Produkts kann also in einem Fall wie dem vorliegenden nicht zu einer Beschränkung des Handels führen, die hätte vermieden werden können, wenn das Mitteilungsverfahren eingehalten worden wäre.

## bb) Umgekehrt vertikale (belastende) Richtlinienwirkung

**55**    **Rs. 80/86 (Strafverfahren gegen Kolpinghuis Nijmegen),
Urteil des Gerichtshofes vom 08. 10. 1987 – Slg. 1987, S. 3969.**

**Vorbemerkungen:** *Der EuGH lehnt grundsätzlich die sog. umgekehrte vertikale unmittelbare Wirkung von Richtlinien ab. Eine vom
Staat nicht umgesetzte Richtlinienbestimmung kann nur zu Gunsten,
aber nicht zu Lasten des Einzelnen wirken. In einem Strafverfahren
oder im Rahmen sonstiger belastender staatlicher Maßnahmen kann
keine Richtlinie zugrundegelegt werden, die in dem fraglichen Mitgliedstaat noch nicht in innerstaatliches Recht umgesetzt ist. Eine
unmittelbare Richtlinienwirkung zu Lasten des Bürgers wäre mit der
Sanktionsfunktion des Rechtsprechungsinstruments der unmittelbaren
Wirkung gegenüber einem bei der Umsetzung säumigen Mitgliedstaat
nicht vereinbar. Im übrigen könnte sich der betreffende Staat die fraglichen Eingriffsbefugnisse gegenüber seinen Bürgern jederzeit durch
die Umsetzung der Richtlinie verschaffen. Für die Konstellation der
drittbelastenden bzw. drittbegünstigenden Richtlinienwirkung wirft
dies allerdings die Frage auf, ob der zulässigen Begünstigung oder der
an sich unzulässigen Belastung von Bürgern der Vorrang einzuräumen ist (vgl. aber Fall 56 – Wells).*

**Sachverhalt:** Gegen die Firma Kolpinghuis Nijmegen wurde ein Strafverfahren eingeleitet, weil sie ein aus Leitungswasser und Kohlensäure bestehendes Getränk als Mineralwasser vertrieben hatte. Die Staatsanwaltschaft stützte ihr Vorgehen auf eine zum Zeitpunkt des Erstverkaufs noch
nicht umgesetzte Richtlinie, wonach die Mitgliedstaaten dafür zu sorgen
haben, dass nur natürliches Mineralwasser in den Handel gelangen kann.
Der Gerichtshof entschied im Rahmen eines Vorabentscheidungsverfahrens
und verneinte die Befugnis einer innerstaatlichen Behörde, sich zu Lasten
eines Einzelnen auf eine nicht umgesetzte Richtlinie zu berufen.

### Aus den Entscheidungsgründen:

(S. 3985) [7] Hierzu ist daran zu erinnern, daß sich die einzelnen
nach ständiger Rechtsprechung des Gerichtshofes (insbesondere Urteil vom 19. Januar 1982 in der Rechtssache 8/81, Becker, Slg. 1982,
53) in all den Fällen, in denen Bestimmungen eine Richtlinie inhaltlich als unbedingt und hinreichend genau erscheinen, gegenüber dem
Staat auf diese Bestimmungen berufen können, wenn dieser die Richt-

linie nicht fristgemäß oder nur unzulänglich in innerstaatliches Recht umsetzt.

[8] Diese Rechtsprechung beruht auf der Erwägung, daß es mit der den Richtlinien durch Artikel 189 zuerkannten Verbindlichkeit unvereinbar wäre, grundsätzlich auszuschließen, dass sich betroffene Personen auf die durch die Richtlinie auferlegte Verpflichtung berufen können. Der Gerichtshof hat hieraus gefolgert, daß ein Mitgliedstaat, der die in der Richtlinie vorgeschriebenen Durchführungsmaßnahmen nicht fristgemäß erlassen hat, den einzelnen nicht entgegenhalten kann, daß er seine Verpflichtungen aus dieser Richtlinie nicht erfüllt hat.

[9] In seinem Urteil vom 26. Februar 1986 in der Rechtssache 152/84 (Marshall, Slg. 1986, 723) hat der Gerichtshof jedoch betont, daß nach Artikel 189 EWG-Vertrag der verbindliche Charakter einer Richtlinie, auf dem die Möglichkeit beruht, sich vor einem nationalen Gericht auf die Richtlinie zu berufen, nur für „jeden Mitgliedstaat, an den sie gerichtet wird", besteht. Daraus folgt, daß eine Richtlinie nicht selbst Verpflichtungen für einen einzelnen begründen kann und daß eine Richtlinienbestimmung daher als solche vor einem innerstaatlichen Gericht nicht gegenüber einer derartigen Person in Anspruch genommen werden kann.

(S. 3988) [10] Auf die ersten beiden Fragen ist demgemäß zu antworten, daß eine innerstaatliche Behörde sich nicht zu Lasten eines einzelnen auf eine Bestimmung einer Richtlinie berufen kann, deren erforderliche Umsetzung in innerstaatliches Recht noch nicht erfolgt ist.

### cc) Drittbelastende Richtlinienwirkung (Dreiecksverhältnis)

**Rs. C-201/02 (Wells),**  **56**
**Urteil des Gerichtshofes vom 07. 01. 2004 – Slg. 2004, S. I-723.**

**Vorbemerkungen:** *Der EuGH beschäftigte sich in dieser Rechtssache mit der Frage, ob eine unmittelbare Richtlinienwirkung auch zuungunsten Privater möglich ist, wenn sich ein Einzelner gegenüber dem Staat zu seinen Gunsten auf die Einhaltung einer Richtlinie beruft (Drittbelastung – Dreiecksverhältnis). Im Grundsatz bleibt der Gerichtshof auch in dieser Entscheidung bei seiner ständigen Rechtsprechung, dass eine belastende, unmittelbare Wirkung von Richtlinien für Privatpersonen aufgrund des Grundsatzes der Rechtssicherheit* *ausgeschlossen ist. Dies gilt in Konstellationen zwischen Privaten (horizontale Richtlinienwirkung), aber auch in Konstellation zwischen Privaten und dem Staat (umgekehrte vertikale Richtlinienwirkung). Die vorliegende Konstellation war jedoch insoweit neu, als der Staat zur Umsetzung der Begünstigung eines Privaten aus der betreffenden Richtlinie verpflichtet gewesen wäre, eine andere Privatperson zu belasten. Im Ergebnis kam der Gerichtshof jedoch zu einer unmittelbaren Richtlinienwirkung zuungunsten Dritter, stellte dabei aber darauf ab, ob die Verpflichtung des Staates in unmittelbarem Zusammenhang mit der Verpflichtung eines Privaten steht oder ob die Entscheidung der staatlichen Behörden bloße negative Auswirkungen auf Rechte Dritter hat. Im letztgenannten Fall ist eine unmittelbare Wirkung der Richtlinie dem Gerichtshof zufolge zulässig. Daher kann sich eine Privatperson in derartigen Fällen unmittelbar auf die aus der Richtlinie fließenden Rechte auch zu Lasten eines Dritten berufen. Die nähere Eingrenzung der wohl im Sinne eines Rechtsreflexes zu verstehenden „bloß negativen Auswirkungen" und ihre Abgrenzung zu echten Eingriffen bleibt abzuwarten. Vgl. zu den Drittwirkungsproblemen und der hierauf bezogenen Bedeutung der richtlinienkonformen Auslegung auch Fall 59 – Pfeiffer u.a.*

**Sachverhalt:** Die Eigentümerin eines Steinbruchs in Großbritannien beantragte nach langer Stillegung der Mine eine neue Bergbaugenehmigung. Diese wurde ihr nach Erfüllungen unterschiedlichster Auflagen erteilt. Dabei wurde nicht berücksichtigt, dass die Richtlinie 85/337/EWG für öffentliche und private Vorhaben mit möglicherweise erheblichen Auswirkungen auf die Umwelt, eine Umweltverträglichkeitsprüfung vorsieht. Das nationale Recht in Großbritannien sieht für die Wiederaufnahme einer Bergbaugenehmigung eine solche Umweltverträglichkeitsprüfung nicht vor. Frau Wells als Nachbarin des betreffenden Steinbruchs rügte die fehlende UVP beim zuständigen Ministerium; da keine Maßnahmen ergriffen wurden, reichte sie Klage vor dem High Court of Justice ein. Dieser kam zu dem Ergebnis, dass es sich um eine gemeinschaftsrechtliche Frage handelt, setzte den Rechtsstreit aus und legte dem EuGH u.a. folgende Fragen vor: „4. Kann i) ein Bürger dagegen vorgehen, dass der Staat eine Umweltverträglichkeitsprüfung nicht vorgeschrieben hat, oder ii) kann er dies auf Grund der Beschränkungen nicht, denen der Gerichtshof die Lehre von der unmittelbaren Wirkung unterworfen hat, zum Beispiel aus dem Gesichtspunkt der horizontalen unmittelbaren Wirkung oder dem der Privatpersonen durch eine staatliche Einrichtung auferlegten Belastungen oder Verpflichtungen? 5. Wenn die vierte Frage unter ii) zu bejahen ist: Wie weit reichen solche Verbote der unmittelbaren Wirkung unter den vorliegenden Umständen, und welche Maßnahmen darf das Vereinigte Königreich Großbritannien und Nordirland im Einklang mit der Richtlinie 85/337/EWG ergreifen?" zur Vorabentscheidung vor.

**Aus den Entscheidungsgründen:**

(S. I-764) [54] Mit der vierten und der fünften Frage, die gemeinsam zu prüfen sind, möchte das vorlegende Gericht wissen, ob sich der Einzelne gegebenenfalls unter Umständen wie denen des Ausgangsverfahrens auf Artikel 2 Absatz 1 in Verbindung mit den Artikeln 1 Absatz 2 und 4 Absatz 2 der Richtlinie 85/337 berufen kann oder ob der Grundsatz der Rechtssicherheit einer solchen Auslegung entgegensteht. (S. I-765) Zur „unmittelbaren Wirkung" von Artikel 2 Absatz 1 in Verbindung mit den Artikeln 1 Absatz 2 und 4 Absatz 2 der Richtlinie 85/337

[55] Nach Ansicht der Regierung des Vereinigten Königreichs würde es einen Fall des „inverse direct effect" (umgekehrte unmittelbare Wirkung), in dem der betreffende Mitgliedstaat auf Antrag eines Einzelnen wie Frau Wells unmittelbar verpflichtet wäre, einem anderen Einzelnen wie den Eigentümern des Steinbruchs Conygar Quarry ihre Rechte zu entziehen, darstellen, wenn dem Einzelnen das Recht zuerkannt würde, sich auf Artikel 2 Absatz 1 in Verbindung mit den Artikeln 1 Absatz 2 und 4 Absatz 2 der Richtlinie 85/337 zu berufen.

[56] Hierzu ist festzustellen, dass der Grundsatz der Rechtssicherheit der Begründung von Verpflichtungen für den Einzelnen durch Richtlinien entgegensteht. Gegenüber dem Einzelnen können die Bestimmungen einer Richtlinie nur Rechte begründen (Urteil vom 26. Februar 1986 in der Rechtssache 152/84, Marshall, Slg. 1986, 723, Randnr. 48). Daher kann dieser sich nicht gegenüber einem Mitgliedstaat auf eine Richtlinie berufen, wenn es sich um eine Verpflichtung des Staates handelt, die unmittelbar im Zusammenhang mit der Erfüllung einer anderen Verpflichtung steht, die aufgrund dieser Richtlinie einem Dritten obliegt (vgl. in diesem Sinne Urteile vom 22. Februar 1990 in der Rechtssache C-221/88, Busseni, Slg. 1990, I-495, Randnrn. 23 bis 26, und vom 4. Dezember 1997 in der Rechtssache C-97/96, Verband deutscher Daihatsu-Händler, Slg. 1997, I-6843, Randnrn. 24 und 26).

[57] Dagegen rechtfertigen bloße negative Auswirkungen auf die Rechte Dritter, selbst wenn sie gewiss sind, es nicht, dem Einzelnen das Recht auf Berufung auf die Bestimmungen einer Richtlinie gegenüber dem betreffenden Mitgliedstaat zu versagen (vgl. in diesem Sinne u.a. Urteile vom 22. Juni 1989 in der Rechtssache 103/88, Fra-

telli Costanzo, Slg. 1989, I-1839, Randnrn. 28 bis 33, WWF u.a., Randnrn. 69 und 71, vom 30. April 1996 in der Rechtssache C-1994/94, CIA Security International, Slg. 1996, I-2201, Randnrn. 40 bis 45, vom 12. November 1996 in der Rechtssache C-201/94, Smith & Nephew und Primecrown, Slg. 1996, I-5819, Randnrn. 33 bis 39, und vom 26. September 2000 in der Rechtssache C-443/98, Unilever, Slg. 2000, I-7535, Randnrn. 45 bis 52).

(S. I-766) [58] Was das Ausgangsverfahren betrifft, so steht die Verpflichtung des betreffenden Mitgliedstaats, eine Umweltverträglichkeitsprüfung des Betriebes des Steinbruchs Conygar Quarry von den zuständigen Behörden vornehmen zu lassen, nicht in unmittelbarem Zusammenhang mit der Erfüllung einer Verpflichtung, die nach der Richtlinie 85/337 den Eigentümern dieses Steinbruchs obläge. Der Umstand, dass der Bergbaubetrieb bis zum Vorliegen der Ergebnisse dieser Prüfung eingestellt werden muss, ist zwar die Folge der verspäteten Pflichterfüllung durch diesen Staat. Diese Folge kann jedoch nicht, wie das Vereinigte Königreich geltend macht, als „inverse direct effect" der Bestimmungen dieser Richtlinie gegenüber diesen Eigentümern angesehen werden.

### dd) Horizontale Richtlinienwirkung (Drittwirkung); mittelbare Drittwirkung; richtlinienkonforme Auslegung

**57    Rs. 152/84 (Marshall ∕ Southampton and South-West Hampshire Area Health Authority),
Urteil des Gerichtshofes vom 26. 02. 1986 – Slg. 1986, S. 723.**

**Vorbemerkungen:** *Richtlinien kommt auch bei Vorliegen der entsprechenden Voraussetzungen im Verhältnis zwischen Privaten keine unmittelbare Wirkung zu. Der verbindliche Charakter einer Richtlinie, auf dem die Möglichkeit beruht, sich vor dem Gericht eines Mitgliedstaats auf ihren Inhalt zu berufen, besteht nur für die Mitgliedstaaten, an die sie gerichtet ist. Die Verpflichtung eines Einzelnen zur Anwendung des Inhalts einer nicht umgesetzten Richtlinie im Verhältnis zwischen Privaten kann daher bereits wegen der Adressierung der Richtlinie nicht entstehen. Andernfalls würde der Unterschied zwischen Richtlinie und Verordnung vollständig verwischt werden. Auch der hinter der unmittelbaren Richtlinienwirkung stehende Sanktionsgedanke verbietet eine Belastung des an der Nicht- oder Fehlumsetzung unschuldigen Pri-*

*vaten. Der Staat darf aber aus der Nichtumsetzung einer Richtlinie keinen Nutzen ziehen. Deshalb können sich seine eigenen Arbeitnehmer ihm gegenüber auf Richtlinienbestimmungen berufen, auch wenn das Arbeitsverhältnis privatrechtlicher Natur ist. Die unzulässige sog. horizontale Richtlinienwirkung betrifft somit nur den „echten" Privaten. Die Berufung auf die Richtlinie war daher im vorliegenden Fall nur möglich, weil es sich um einen öffentlichen Arbeitgeber handelte. Die Rechtsprechung zur horizontalen Richtlinienwirkung hat vielfältige Kritik erfahren. Im Bereich des Arbeitsrechts kann es zu einer Diskriminierung zwischen Arbeitnehmern in privatrechtlichen und öffentlichen Dienstverhältnissen kommen. In der Literatur wird z.T. die generelle Anerkennung der horizontalen Richtlinienwirkung gefordert. Der Einzelne kann sich aber vor Gericht auf unbedingte und hinreichend genaue Bestimmungen nicht fristgerecht umgesetzter Richtlinien berufen, sofern die gegnerische Partei, welcher der Einzelne auf privatrechtlicher Ebene begegnet, dem Staat oder seiner Aufsicht untersteht oder mit besonderen Rechten ausgestattet ist. Dies ist insbesondere der Fall, wenn der Staat mit Mitteln des Verwaltungsprivatrechts öffentliche Aufgaben wahrnimmt (Rs. C-188/89 (Foster u.a. Slg. 1990, S. I-3313).*

**Sachverhalt:** In einem britischen Unternehmen bestand die Regelung, dass Frauen mit 60 und Männer mit 65 Jahren in den Ruhestand gehen sollten. Die Klägerin des Ausgangsverfahrens war bis zu ihrem 62. Lebensjahr in dem Betrieb tätig und wurde dann unter Hinweis auf die Überschreitung der Altersgrenze entlassen. In dem sich anschließenden Rechtsstreit rügte die Klägerin eine geschlechtsbedingte Schlechterstellung und verwies auf die Richtlinie 76/207 des Rates vom 09.02.1976 zur Verwirklichung des Grundsatzes der Gleichbehandlung von Männern und Frauen. Das nationale Gericht legte dem EuGH die Frage vor, ob sich die Klägerin auf die Richtlinie gegenüber ihrem Arbeitgeber berufen kann. Der EuGH hat die Inanspruchnahme der genannten Richtlinie gegenüber als Arbeitgeber handelnden staatlichen Stelle zugelassen.

### Aus den Entscheidungsgründen:

(S 748) [46] Es ist daran zu erinnern, daß nach ständiger Rechtsprechung des Gerichtshofes (vgl. insbesondere das Urteil vom 19. Januar 1982 in der Rechtssache 8/81, Becker, Slg. 1982, 53) in all den Fällen, in denen Bestimmungen einer Richtlinie inhaltlich als unbedingt und hinreichend genau erscheinen, die einzelnen berechtigt sind, sich gegenüber dem Staat auf diese Bestimmungen zu berufen, wenn der Staat die Richtlinie nicht fristgemäß in nationales Recht umsetzt oder eine unzutreffende Umsetzung der Richtlinie vornimmt.

[47] Diese Rechtsprechung beruht auf der Erwägung, daß es mit dem verbindlichen Charakter, den Artikel 189 der Richtlinie zuerkennt, unvereinbar wäre, grundsätzlich auszuschließen, daß sich betroffene Personen auf die in der Richtlinie enthaltene Verpflichtung berufen können. Der Gerichtshof hat daraus gefolgert, daß ein (S. 749) Mitgliedstaat, der die in der Richtlinie vorgeschriebenen Durchführungsmaßnahmen nicht fristgemäß erlassen hat, dem einzelnen nicht entgegenhalten kann, daß er die aus der Richtlinie erwachsenen Verpflichtungen nicht erfüllt hat.

[48] Zu dem Argument, wonach eine Richtlinie nicht gegenüber einem einzelnen in Anspruch genommen werden könne, ist zu bemerken, daß nach Artikel 189 EWG-Vertrag der verbindliche Charakter einer Richtlinie, auf dem die Möglichkeit beruht, sich vor einem nationalen Gericht auf die Richtlinie zu berufen, nur für „jeden Mitgliedstaat, an den sie gerichtet wird", besteht. Daraus folgt, daß eine Richtlinie nicht selbst Verpflichtungen für einen einzelnen begründen kann und daß eine Richtlinienbestimmung daher als solche nicht gegenüber einer derartigen Person in Anspruch genommen werden kann.

## 58   Rs. C-91/92 (Faccini Dori),
**Urteil des Gerichtshofes vom 14. 07. 1994 – Slg. 1994, S. I-3325.**

**Vorbemerkungen:** *Der EuGH bekräftigt in diesem Urteil seine Rechtsprechung zur Nichtanerkennung einer horizontalen unmittelbaren Richtlinienwirkung. Der Bürger, der durch die nicht fristgemäße Umsetzung einer ihm Rechte gewährenden Richtlinie einen Schaden erleidet, kann den Richtlinieninhalt nicht in einem Zivilprozess gegenüber der gegnerischen Partei geltend machen. Ihm steht jedoch ein Staatshaftungsanspruch auf der Grundlage der Francovich-Judikatur (Fall 84) zu.*

**Sachverhalt:** Art. 5 der Richtlinie 85/577 sieht ein Rücktrittsrecht für bestimmte Verträge vor. Allerdings war die Richtlinie noch nicht in innerstaatliches Recht umgesetzt worden. Der Kläger des Ausgangsverfahrens begehrte unter Berufung auf diese Vorschrift den Rücktritt von einem Fernlehrgang an einem privaten Bildungsinstitut. Der Gerichtshof entschied im Rahmen eines Vorabentscheidungsverfahrens, dass ein Widerrufsrecht nicht auf die Richtlinie gestützt werden kann.

**Aus den Entscheidungsgründen:**

(S. J-3356) [24] Eine Ausdehnung dieser Rechtsprechung auf den Bereich der Beziehungen zwischen den Bürgern hieße, der Gemeinschaft die Befugnis zuzuerkennen, mit unmittelbarer Wirkung zu Lasten der Bürger Verpflichtungen anzuordnen, obwohl sie dies nur dort darf, wo ihr die Befugnis zum Erlass von Verordnungen zugewiesen ist.

[25] Folglich kann der Verbraucher, wenn die Maßnahmen zur Umsetzung der Richtlinie nicht innerhalb der vorgesehenen Frist erlassen worden sind, ein Widerrufsrecht gegenüber dem Gewerbetreibenden, mit dem er einen Vertrag geschlossen hat, nicht auf die Richtlinie selbst stützen und vor einem nationalen Gericht geltend machen.

(…)

(S. I-3357) [27] Für den Fall, daß das von der Richtlinie vorgeschriebene Ziel nicht im Wege der Auslegung erreicht werden kann, ist außerdem darauf hinzuweisen, daß das Gemeinschaftsrecht gemäß dem Urteil vom 19. November 1991 in den verbundenen Rechtssachen C-6/90 und C-9/90 (Francovich u.a., Slg. 1991, I-5357, Randnr. 39) die Mitgliedstaaten zum Ersatz der den Bürgern durch die Nichtumsetzung einer Richtlinie verursachten Schäden verpflichtet, sofern drei Voraussetzungen vorliegen. Zunächst muß Ziel der Richtlinie die Verleihung von Rechten an Bürger sein. Sodann muß der Inhalt dieser Rechte auf der Grundlage der Richtlinie bestimmt werden können. Schließlich muß ein Kausalzusammenhang zwischen dem Verstoß gegen die dem Staat auferlegte Verpflichtung und dem entstandenen Schaden bestehen.

[28] Die Richtlinie über die außerhalb von Geschäftsräumen geschlossenen Verträge hat unbestreitbar die Verleihung von Rechten an Bürger zum Ziel, und ebenso sicher steht fest, daß der Mindestinhalt dieser Rechte allein auf der Grundlage der Richtlinie bestimmt werden kann (siehe Randnr. 17 dieses Urteils).

(S. I-3358) [29] Läge also ein Schaden vor und wäre dieser Schaden durch den Verstoß gegen die dem Mitgliedstaat auferlegte Verpflichtung verursacht worden, so hätte das vorliegende Gericht den Anspruch der geschädigten Verbraucher auf Schadenersatz im Rahmen des nationalen Haftungsrechts sicherzustellen.

**59  Verb. Rs. C-397 bis C-401/01 (Pfeiffer u.a.),**
**Urteil des Gerichtshofes vom 05. 10. 2004 – Slg. 2004, S. I-8835.**

**Vorbemerkungen:** *In ständiger Rechtsprechung betont der EuGH,*
*dass nationales Recht im Einzelfall dahingehend auszulegen ist, dass*
*Sinn und Zweck einer nicht umgesetzten Richtlinie erreicht werden*
*können. Grundsätzlich muss diese richtlinienkonforme Auslegung na-*
*tionalen Rechts von der unmittelbaren horizontalen Richtlinienwirkung*
*unterschieden werden. In der vorliegenden Entscheidung befasst sich*
*der EuGH mit einer defizitär umgesetzten Richtlinie, welche grund-*
*sätzlich die Bedingungen der unmittelbaren Anwendbarkeit erfüllt. Er*
*verneint jedoch in Bestätigung seiner ständigen Rechtsprechung ihre*
*unmittelbare Anwendbarkeit im Horizontalverhältnis. Sodann geht*
*er auf das Instrument der richtlinienkonformen Auslegung ein, wobei*
*er als Anknüpfungspunkt hierfür das gesamte nationale Recht heran-*
*zieht. Der EuGH legt den nationalen Gerichten die Verpflichtung auf,*
*alles im Rahmen der Auslegung des nationalen Rechts Mögliche zu*
*tun, um die Ziele der Richtlinie zu erreichen. Dabei spricht er zwar*
*nicht aus, dass dies auch die Nichtanwendung nationaler Vorschriften*
*zur Folge haben kann, anders ist im vorliegenden Fall aber eine ef-*
*fektive Durchsetzung der Richtlinie kaum vorstellbar. Damit nähert*
*sich die Wirkung der richtlinienkonformen Auslegung bedenklich der*
*unmittelbaren Wirkung im Horizontalverhältnis an.*

**Sachverhalt**: Die Kläger des Ausgangsverfahrens sind bzw. waren beim
Deutschen Roten Kreuz als Rettungsassistenten beschäftigt. Die Parteien
streiten im Wesentlichen darüber, ob bei der Berechnung der wöchentlichen
Höchstarbeitszeit die Zeit der Arbeitsbereitschaft zu berücksichtigen ist,
welche die betroffenen Arbeitnehmer im Rahmen ihrer Beschäftigung
beim DRK zu leisten hatten oder haben. Diese ist in einer EG-Richtlinie
(Art. 6 Nr. 2 RL 93/104) festgelegt und mit bestimmten Ausnahme- und
Sonderregelungen versehen. Die Umsetzung erfolgte in Deutschland im
ArbZG. Danach genügt für die Zulässigkeit einer Überschreitung der 48-
Stunden-Grenze, dass der Arbeitsvertrag des Betroffenen auf einen Tarifvertrag verweist, der eine solche Überschreitung erlaubt. Gegenstand der
beim ArbG erhobenen Klagen sind Vergütungsansprüche für über 48 Wo-
chenstunden hinaus geleistete Arbeit sowie die Bestimmung der wöchent-
lichen Höchstarbeitszeit. Das ArbG hat die Verfahren ausgesetzt und dem
EuGH Fragen zur Vorabentscheidung vorgelegt.

**Aus den Entscheidungsgründen:**

(S. I-8916) [108] Der Gerichtshof hat insoweit in ständiger Rechtsprechung entschieden, dass eine Richtlinie nicht selbst Verpflichtungen für einen Einzelnen begründen kann, so dass ihm gegenüber eine Berufung auf die Richtlinie als solche nicht möglich ist (u.a. Urteile vom 26. Februar 1986 in der Rechtssache 152/84, Marshall, Slg. 1986, 723, Randnr. 48, vom 14. Juli 1994 in der Rechtssache C-91/92, Faccini Dori, Slg. 1994, I-3325, Randnr. 20, und vom 7. Januar 2004 in der Rechtssache C-201/02, Wells, noch nicht in der amtlichen Sammlung veröffentlicht, Randnr. 56).

[109] Daraus folgt, dass sogar eine klare, genaue und unbedingte Richtlinienbestimmung, mit der dem Einzelnen Rechte gewährt oder Verpflichtungen auferlegt werden sollen, im Rahmen eines Rechtsstreits, in dem sich ausschließlich Private gegenüberstehen, nicht als solche Anwendung finden kann.

[110] Jedoch obliegen nach ebenfalls ständiger Rechtsprechung seit dem Urteil vom 10. April 1984 in der Rechtssache 14/83 (Von Colson und Kamann, Slg. 1984, 1891, Randnr. 26) die sich aus einer Richtlinie ergebende Verpflichtung der Mitgliedstaaten, das in dieser Richtlinie vorgesehene Ziel zu erreichen, und die Pflicht der Mitgliedstaaten gemäß Artikel 10 EG, alle zur Erfüllung dieser Verpflichtung (S. I-8917) geeigneten Maßnahmen allgemeiner oder besonderer Art zu treffen, allen Trägern öffentlicher Gewalt in den Mitgliedstaaten und damit im Rahmen ihrer Zuständigkeiten auch den Gerichten (u.a. Urteile vom 13. November 1990 in der Rechtssache C-106/89, Marleasing, Slg. 1990, I-4135, Randnr. 8, Faccini Dori, Randnr. 26, vom 18. Dezember 1997 in der Rechtssache C-129/96, Inter-Environnement Wallonie, Slg. 1997, I-7411, Randnr. 40, und vom 25. Februar 1999 in der Rechtssache C-131/97, Carbonari u.a., Slg. 1999, I-1103, Randnr. 48).

[111] Vor allem den nationalen Gerichten obliegt es nämlich, den Rechtsschutz zu gewährleisten, der sich für den Einzelnen aus den gemeinschaftsrechtlichen Bestimmungen ergibt, und deren volle Wirkung sicherzustellen.

[112] Dies gilt umso mehr, wenn das nationale Gericht mit einem Rechtsstreit über die Anwendung innerstaatlicher Rechtsvorschriften befasst ist, die – wie hier – speziell zur Umsetzung einer Richtlinie erlassen wurden, die dem Einzelnen Rechte verleihen soll. Das Gericht hat in Anbetracht des Artikels 249 Absatz 3 EG davon auszugehen, dass der Staat, wenn er von dem ihm durch diese Bestimmung eingeräumten Gestaltungsspielraum Gebrauch gemacht hat, die Absicht hatte, den

sich aus der betreffenden Richtlinie ergebenden Verpflichtungen in vollem Umfang nachzukommen (Urteil vom 16. Dezember 1993 in der Rechtssache C-334/92, Wagner Miret, Slg. 1993, I-6911, Randnr. 20).

[113] Bei der Anwendung des innerstaatlichen Rechts, insbesondere der Bestimmungen einer speziell zur Umsetzung der Vorgaben einer Richtlinie erlassenen Regelung, muss das nationale Gericht das innerstaatliche Recht außerdem so weit wie möglich anhand des Wortlauts und des Zweckes dieser Richtlinie auslegen, um das in ihr festgelegte Ergebnis zu erreichen und so Artikel 249 Absatz 3 EG nachzukommen (in diesem Sinne u.a. Urteile Von Colson und Kamann, Randnr. 26, Marleasing, Randnr. 8, und Faccini Dori, Randnr. 26; vgl. auch Urteile vom 23. Februar 1999 in der Rechtssache C-63/97, BMW, Slg. 1999, I-905, Randnr. 22, vom 27. Juni 2000 in den Rechtssachen C-240/98 bis C-244/98, Océano Grupo Editorial und Salvat Editores, Slg. 2000, I-4941, Randnr. 30, und vom 23. Oktober 2003 in der (S. I-8918) Rechtssache C-408/01, Adidas-Salomon und Adidas Benelux, Slg. 2003, I-12537, Randnr. 21).

[114] Das Gebot einer gemeinschaftsrechtskonformen Auslegung des nationalen Rechts ist dem EG-Vertrag immanent, da dem nationalen Gericht dadurch ermöglicht wird, im Rahmen seiner Zuständigkeit die volle Wirksamkeit des Gemeinschaftsrechts zu gewährleisten, wenn es über den bei ihm anhängigen Rechtsstreit entscheidet (in diesem Sinne Urteil vom 15. Mai 2003 in der Rechtssache C-160/01, Mau, Slg. 2003, I-4791, Randnr. 34).

[115] Dieser vom Gemeinschaftsrecht aufgestellte Grundsatz der gemeinschaftsrechtskonformen Auslegung des nationalen Rechts betrifft zwar in erster Linie die zur Umsetzung der fraglichen Richtlinie erlassenen innerstaatlichen Bestimmungen, beschränkt sich jedoch nicht auf die Auslegung dieser Bestimmungen, sondern verlangt, dass das nationale Gericht das gesamte nationale Recht berücksichtigt, um zu beurteilen, inwieweit es so angewendet werden kann, dass es nicht zu einem der Richtlinie widersprechenden Ergebnis führt (in diesem Sinne Urteil Carbonari u.a., Randnrn. 49 und 50).

[116] Ermöglicht es das nationale Recht durch die Anwendung seiner Auslegungsmethoden, eine innerstaatliche Bestimmung unter bestimmten Umständen so auszulegen, dass eine Kollision mit einer anderen Norm innerstaatlichen Rechts vermieden wird, oder die Reichweite dieser Bestimmung zu diesem Zweck einzuschränken und sie nur insoweit anzuwenden, als sie mit dieser Norm vereinbar ist, so ist das nationale Gericht verpflichtet, die gleichen Methoden anzuwenden, um das von der Richtlinie verfolgte Ziel zu erreichen.

[117] Im vorliegenden Fall obliegt es somit dem vorlegenden Gericht, das mit Rechtsstreitigkeiten wie den Ausgangsverfahren befasst ist, die den Anwendungsbereich der Richtlinie 93/104 betreffen und auf einen nach Ablauf der Frist zur Umsetzung (S. I-8919) der Richtlinie entstandenen Sachverhalt zurückgehen, bei der Anwendung von Bestimmungen des nationalen Rechts, die speziell zur Umsetzung dieser Richtlinie erlassen worden sind, diese so weit wie möglich so auszulegen, dass sie im Einklang mit den Zielen der Richtlinie angewandt werden können (in diesem Sinne Urteil vom 13. Juli 2000 in der Rechtssache C-456/98, Centrosteel, Slg. 2000, I-6007, Randnrn. 16 und 17).

[118] Im vorliegenden Fall verlangt der Grundsatz der gemeinschaftsrechtskonformen Auslegung somit, dass das vorlegende Gericht unter Berücksichtigung des gesamten nationalen Rechts alles tun muss, was in seiner Zuständigkeit liegt, um die volle Wirksamkeit der Richtlinie 93/104 zu gewährleisten, damit die Überschreitung der in Artikel 6 Nummer 2 der Richtlinie festgelegten wöchentlichen Höchstarbeitszeit verhindert wird (in diesem Sinne Urteil Marleasing, Randnrn. 7 und 13).

[119] Folglich muss ein nationales Gericht, bei dem ein Rechtsstreit ausschließlich zwischen Privaten anhängig ist, bei der Anwendung der Bestimmungen des innerstaatlichen Rechts, die zur Umsetzung der in einer Richtlinie vorgesehenen Verpflichtungen erlassen worden sind, das gesamte nationale Recht berücksichtigen und es so weit wie möglich anhand des Wortlauts und des Zweckes der Richtlinie auslegen, um zu einem Ergebnis zu gelangen, das mit dem von der Richtlinie verfolgten Ziel vereinbar ist. In den Ausgangsverfahren muss das vorlegende Gericht somit alles tun, was in seiner Zuständigkeit liegt, um die Überschreitung der wöchentlichen Höchstarbeitszeit zu verhindern, die in Artikel 6 Nummer 2 der Richtlinie 93/104 auf 48 Stunden festgesetzt ist.

**60**

**Rs. C-443/98 (Unilever),**
**Urteil des Gerichtshofes vom 26. 09. 2000 – Slg. 2000, S. I-7535.**

**Vorbemerkungen:** *Der Fall Unilever betrifft – wie schon die Rechtssachen CIA Security (Rs. C-194/94, Slg. 1996, S. I-2201) und Johannes Martinus Lemmens (Fall 54) – die Anwendbarkeit der Richtlinie 83/189 EWG über ein Informationsverfahren auf dem Gebiet der Normen und* *technischen Vorschriften. Der EuGH stellt nunmehr ausdrücklich klar, dass für die Fallgruppe der Richtlinien, die keine Rechte oder Pflichten Einzelner gewähren und daher keiner Umsetzung bedürfen, andere Voraussetzungen für die unmittelbare Anwendbarkeit gelten als für sonstige Richtlinienbestimmungen, die von einem Mitgliedstaat nicht rechtzeitig umgesetzt wurden. Ein Verstoß eines Mitgliedstaates gegen eine ihm gegenüber der Gemeinschaft obliegende Verpflichtung kann daher zur Unanwendbarkeit einer Vorschrift des innerstaatlichen Rechts führen. Die Unanwendbarkeit kann auch in einem Rechtsstreit zwischen Privaten geltend gemacht werden. Für die hier zugrundeliegende Fallgruppe von Richtlinien, die keiner Umsetzung bedürfen, hat der EuGH damit eine mittelbare horizontale Drittwirkung von Richtlinien bejaht.*

**Sachverhalt:** Die Central Food Spa und Unilever Italia Spa schlossen einen Kaufvertrag über 648 Liter Olivenöl. Nach Lieferung des Öls durch Unilever machte die Central Food Spa geltend, dass die Etikettierung des gelieferten Öls nicht den gesetzlichen Bestimmungen entspreche. Daher forderte sie die Unilever Italia Spa auf, Öl zu liefern, dessen Etikettierung dem Gesetz entspreche und verweigerte die Zahlung des Kaufpreises. Unilever machte demgegenüber geltend, dass die Kommission Italien aufgegeben habe, keine neuen nationalen Vorschriften über die Etikettierung von Olivenöl anzuwenden. Daher könnten die Bestimmungen des einschlägigen Gesetzes keine Anwendung finden und das gelieferte Öl entspreche geltendem Recht. Nachdem Central Food sich weiterhin weigerte, den Kaufpreis zu zahlen, beantragte Unilever den Erlass eines gerichtlichen Mahnbescheids gegen Central Food. Das nationale Gericht legte dem EuGH die Frage vor, ob das nationale Gesetz zur Etikettierung von Olivenöl unangewendet bleiben müsse, weil die Kommission Italien aufgefordert hatte, bis zu einer gemeinschaftlichen Regelung auf dem Gebiet der Vermarktung von Olivenöl keine neuen Rechtsvorschriften zu erlassen. Der EuGH entschied, dass die nationale Vorschrift unangewendet bleiben müsse.

### Aus den Entscheidungsgründen:

(S. 7580) [31] Mit seiner Vorabentscheidungsfrage möchte das vorlegende Gericht im Wesentlichen wissen, ob das nationale Gericht in einem Zivilrechtsstreit zwischen Einzelnen über vertragliche Rechte und Pflichten die Anwendung einer nationalen technischen Vorschrift ablehnen muss, die während einer Aussetzungsfrist nach Artikel 9 der Richtlinie 83/189 erlassen worden ist.

(...)

(S. 7583) [44] Hat der Gerichtshof in Randnummer 48 des Urteils CIA Security International, nachdem er daran erinnert hat, dass die Richtlinie den Schutz des freien Warenverkehrs durch eine vorbeugende Kontrolle bezweckt und die Mitteilungspflicht ein wichtiges Mittel zur Verwirklichung dieser gemeinschaftlichen Kontrolle ist, festgestellt, dass die Wirksamkeit dieser Kontrolle umso größer ist, wenn die Richtlinie dahin ausgelegt wird, dass der Verstoß gegen die Mitteilungspflicht einen wesentlichen Verfahrensfehler darstellt, der zur Unanwendbarkeit der fraglichen technischen Vorschriften auf den Einzelnen führen kann, so ergibt sich aus den in den Randnummern 40 bis 43 des vorliegenden Urteils wiedergegebenen Erwägungen, dass der Verstoß gegen die in Artikel 9 der Richtlinie 83/189 vorgesehenen Aussetzungspflichten gleichfalls einen wesentlichen Verfahrensfehler darstellt, der zur Unanwendbarkeit der technischen Vorschriften führen kann.

[45] Daher ist zweitens zu prüfen, ob in einem Zivilrechtsstreit zwischen Einzelnen über vertragliche Rechte und Pflichten die Unanwendbarkeit unter Verstoß gegen Artikel 9 der Richtlinie 83/189 erlassener technischer Vorschriften geltend gemacht werden kann.

(S. 7584) [46] Zunächst ist festzustellen, dass im Rahmen eines derartigen Zivilrechtsstreits die Anwendung unter Verstoß gegen Artikel 9 der Richtlinie 83/189 erlassener technischer Vorschriften dazu führen kann, dass die Verwendung oder die Vermarktung eines nicht diesen Vorschriften entsprechenden Erzeugnisses beeinträchtigt wird.

[47] Dies trifft im Ausgangsverfahren zu, da die Anwendung der italienischen Rechtsvorschriften geeignet ist, die Vermarktung des von Unilever vertriebenen nativen Olivenöls extra durch diese Firma zu beeinträchtigen.

[48] Ferner ist daran zu erinnern, dass die Unanwendbarkeit als Rechtsfolge der Nichtbeachtung der Mitteilungspflicht im Urteil CIA Security International auf Vorabentscheidungsfragen festgestellt worden ist, die in einem Rechtsstreit zwischen konkurrierenden Unternehmen vorgelegt worden waren, der auf nationalen Bestimmungen über das Verbot unlauterer Wettbewerbspraktiken beruhte.

[49] Somit ergibt sich aus der Rechtsprechung des Gerichtshofes, dass die Unanwendbarkeit einer technischen Vorschrift, die nicht gemäß Artikel 8 der Richtlinie 83/189 übermittelt wurde, aus den in den Randnummern 40 bis 43 des vorliegenden Urteils genannten Gründen in einem Rechtsstreit zwischen Einzelnen geltend gemacht werden kann. Das Gleiche gilt für die Nichteinhaltung der in Artikel 9 dieser Richtlinie niedergelegten Verpflichtungen, und es besteht insoweit

kein Anlass, Rechtsstreitigkeiten zwischen Einzelnen auf dem Gebiet des unlauteren Wettbewerbs, wie es in der Rechtssache CIA Security International der Fall war, anders zu behandeln als Rechtsstreitigkeiten, in denen sich, wie im Ausgangsverfahren, Einzelne wegen vertraglicher Rechte und Pflichten gegenüberstehen.

[50] Zwar kann, wie die italienische und die dänische Regierung ausgeführt haben, eine Richtlinie nicht selbst Verpflichtungen Einzelner begründen und daher nicht als solche ihnen gegenüber herangezogen werden (vgl. Urteil vom 14. Juli 1994 in (S. 7585) der Rechtssache C-91/92, Faccini Dori, Slg. 1994, I-3325, Randnr. 20); diese Rechtsprechung gilt jedoch nicht für den Fall, dass die Nichtbeachtung der Artikel 8 oder 9 der Richtlinie 83/189, die einen wesentlichen Verfahrensfehler darstellt, die Unanwendbarkeit der unter Verstoß gegen einen dieser Artikel erlassenen technischen Vorschrift nach sich zieht.

[51] In einem solchen Fall legt die Richtlinie 83/189 – anders als bei der Nichtumsetzung von Richtlinien, um die es in der von den beiden Regierungen zitierten Rechtsprechung ging – keineswegs den materiellen Inhalt der Rechtsnorm fest, auf deren Grundlage das nationale Gericht den bei ihm anhängigen Rechtsstreit zu entscheiden hat. Sie begründet weder Rechte noch Pflichten für Einzelne.

[52] Aufgrund all dieser Erwägungen ist auf die Frage zu antworten, dass das nationale Gericht in einem Zivilrechtsstreit zwischen Einzelnen über vertragliche Rechte und Pflichten die Anwendung einer nationalen technischen Vorschrift ablehnen muss, die während einer Aussetzungsfrist nach Artikel 9 der Richtlinie 83/189 erlassen worden ist.

### ee) Rein objektive Richtlinienwirkung

**61** Rs. C-431/92 (Kommission ./. Deutschland; „Großkrotzenburg"), Urteil des Gerichtshofes vom 11. 08. 1995 – Slg. 1995, S. I-2189.

**Vorbemerkungen:** *Mit diesem Urteil erkannte der EuGH auch die Möglichkeit einer unmittelbaren rein objektiven Richtlinienwirkung an. Dies betrifft die Verpflichtung von nationalen Behörden und Gerichten zur Anwendung von Richtlinienbestimmungen von Amts wegen, auch ohne begünstigende Wirkung für irgendeinen Bürger. Aus dem Urteil zur UVP-Richtlinie ergibt sich, dass es für die unmittelbare Anwendbarkeit von Richtlinien durch Behörden und Gerichte auf das Vorliegen subjektiv-öffentlicher Rechte nicht ankommt, sofern die*

*Richtlinienbestimmungen nur hinreichend bestimmt und unbedingt sind und die Umsetzungsfrist abgelaufen ist. Auch rein verfahrensrechtliche Regelungen durch Richtlinien sind daher bei hinreichender Konkretheit und Unbedingtheit für Verwaltung und Gerichte von Amts wegen unmittelbar anwendbar. Dies dürfte insbesondere im Bereich des Naturschutzrechts zu weiteren Konsequenzen führen. Die unmittelbare objektive Richtlinienwirkung wird durch den Ausschluss der horizontalen und der umgekehrt vertikalen Wirkung – die ausschließlich zu Lasten bzw. teils zu Lasten, teils zu Gunsten eines Bürgers gehende Richtlinienwirkung – begrenzt. Vgl. aber auch Fall 56 – Wells.*

**Sachverhalt:** Durch die Richtlinie 85/337/EWG soll in den nationalen Rechtsordnungen eine Umweltverträglichkeitsprüfung bei bestimmten öffentlichen und privaten Projekten eingeführt werden. In der Bundesrepublik Deutschland wurde die Richtlinie nicht fristgemäß bis 1988 umgesetzt. In dem 1989 abgeschlossenen Genehmigungsverfahren für die Errichtung eines neuen Kraftwerksblocks des Wärmekraftwerks Großkrotzenburg ergeht ein Genehmigungsbescheid, ohne dass eine vorherige Umweltverträglichkeitsprüfung stattgefunden hat. Die Umweltverträglichkeit wurde allerdings im Rahmen des BImSchG geprüft, was der Gerichtshof letztlich auch als ausreichend ansah. Die Kommission wirft der Bundesrepublik daraufhin im Rahmen der Aufsichtsklage die Nichtanwendung einer nicht rechtzeitig umgesetzten Richtlinie vor. Eventuell betroffene Bürger sind an dem Verfahren nicht beteiligt, die Verletzung von Rechten der Bürger wird von der Kommission auch nicht gerügt. Die Klage wurde wegen fehlender Bestimmtheit als unbegründet abgewiesen.

### Aus den Entscheidungsgründen:

(S. I-2220) [24] Die Bundesrepublik Deutschland trägt schließlich vor, nach der Rechtsprechung des Gerichtshofes komme den Bestimmungen einer Richtlinie unmittelbare Wirkung nur dann zu, wenn diese dem einzelnen individuelle Rechte einräumten. Die Artikel 2, 3 und 8 der Richtlinie begründeten jedoch keine derartigen individuellen Rechte. Da die Kommission selbst nicht geltend mache, daß durch den beanstandeten Genehmigungsbescheid individuelle Rechtspositionen einzelner Bürger aus der Richtlinie unbeachtet gelassen würden, sei eine unmittelbare Anwendung der Bestimmungen der Richtlinie ausgeschlossen, unabhängig davon, ob sie unbedingt und hinreichend genau seien. Die deutsche Verwaltung sei daher nicht verpflichtet gewesen, sie vor der Umsetzung der Richtlinie unmittelbar anzuwenden. Die Klage sei somit unzulässig.

[25] Auch dieser Auffassung kann nicht gefolgt werden.

[26] Die Kommission wirft der Bundesrepublik Deutschland mit ihrer Klage vor, in einem konkreten Fall die sich unmittelbar aus der Richtlinie ergebende Verpflichtung zur Prüfung der Umweltverträglichkeit des betreffenden Projekts nicht erfüllt zu haben. Es stellt sich daher die Frage, ob die Richtlinie dahin auszulegen ist, daß sie die behauptete Verpflichtung aufstellt. Diese Frage hat mit der – in der Rechtsprechung des Gerichtshofes anerkannten – Möglichkeit für den einzelnen, (S. I-2221) sich gegenüber dem Staat unmittelbar auf unbedingte sowie hinreichend klare und genaue Vorschriften einer nicht umgesetzten Richtlinie zu berufen, nichts zu tun.

(...)

(S. I-2222) [28] Im Urteil vom 9. August 1994 in der Rechtssache C-396/92 (Bund Naturschutz in Bayern u.a., Slg. 1994, I-3717, Randnrn. 19 und 20) hat der Gerichtshof entschieden, daß die Richtlinie, unabhängig von der Frage, ob sie es einem Mitgliedstaat gestattet, vor dem Stichtag 3. Juli 1988 begonnene und bereits laufende Genehmigungsverfahren von der Umweltverträglichkeitsprüfung auszunehmen, jedenfalls für nach diesem Zeitpunkt begonnene Verfahren der Einführung einer solchen Ausnahmeregelung entgegensteht.

[29] Wie sich im vorliegenden Fall aus den Akten ergibt, ist der Antrag auf Genehmigung des streitigen Projekts vom Projektträger, der Preussen Elektra AG, am 26. Juli 1988, also nach dem 3. Juli 1988, beim Regierungspräsidium Darmstadt gestellt worden. Folglich konnte das Genehmigungsverfahren für das fragliche Projekt grundsätzlich nicht von der in der Richtlinie vorgeschriebenen Umweltverträglichkeitsprüfung ausgenommen werden.

(...)

(S. I-2223) [36] Dieses Projekt mußte gemäß der Richtlinie einer Umweltverträglichkeitsprüfung unterzogen werden.

(S. I-2224) [37] Die Bundesrepublik Deutschland trägt vor, die Artikel 2, 3 und 8 der Richtlinie, deren Nichteinhaltung ihr vorgeworfen werde, seien nicht so hinreichend klar und bestimmt, daß sie unmissverständlich eine konkrete Verpflichtung festlegen würden und damit von der nationalen Verwaltung von Amts wegen anzuwenden wären.

[38] Dieser Auffassung kann nicht gefolgt werden.

[39] Artikel 2 der Richtlinie stellt eine unmißverständliche Verpflichtung für die in den einzelnen Mitgliedstaaten für die Genehmigung der Projekte zuständigen Behörden auf, bestimmte Projekte einer Umweltverträglichkeitsprüfung zu unterziehen. Artikel 3 legt den Inhalt der Prüfung fest, zählt die Faktoren auf, denen hierbei Rech-

nung zu tragen ist und räumt der zuständigen Behörde ein gewisses Ermessen hinsichtlich der geeigneten Art und Weise der Durchführung der Prüfung nach Maßgabe jedes Einzelfalls ein. Artikel 8 erlegt den betreffenden nationalen Behörden ferner die Pflicht auf, die während des Prüfungsverfahrens eingeholten Angaben im Rahmen des Genehmigungsverfahrens zu berücksichtigen.

[40] Unabhängig von ihren Einzelheiten erlegen die fraglichen Vorschriften also den zuständigen nationalen Behörden unmissverständlich die Pflicht auf, bestimmte Projekte einer Umweltverträglichkeitsprüfung zu unterziehen.

## 3. Entscheidungen

**Rs. 9/70 (Franz Grad ⁄ Finanzamt Traunstein; „Leberpfennig"),**   **62**
**Urteil des Gerichtshofes vom 06. 10. 1970 – Slg. 1970, S. 825.**

*Vorbemerkungen: In dieser Rechtssache („Leberpfennig") erkannte der EuGH erstmals die unmittelbare Wirkung von Sekundärrecht an, bei dem es sich nicht um Verordnungen handelt. Entscheidungen sind gemäß Art. 249 Abs. 4 EG in allen Teilen für diejenigen verbindlich, die sie bezeichnen. Da sie jedoch in allen ihren Teilen für den Adressaten verbindlich sind, muss sich auch ein Dritter gegenüber einem Mitgliedstaat auf ihre unmittelbare Wirkung berufen können. Dafür müssen sie auf diesen Dritten eine unmittelbare Rechtswirkung ausüben. Die durch eine Entscheidung einem Mitgliedstaat auferlegte Verpflichtung muss zudem klar und eindeutig sein, darf von keiner Bedingung abhängen und dem Adressaten keinen Ermessenspielraum lassen. Durch die Anerkennung einer unmittelbaren Wirkung gegenüber den Gemeinschaftsbürgern von – an Mitgliedstaaten gerichteten – Entscheidungen soll der effet utile, die praktische Wirksamkeit des sekundären Gemeinschaftsrechts gewahrt werden. Dieser Effekt würde abgeschwächt, wenn sich die Angehörigen eines Mitgliedstaates nicht auf den Inhalt der in diesem Fall streitigen Entscheidung berufen könnten und die Gerichte sowie die Verwaltung die Entscheidung nicht anwenden könnten bzw. müssten. Der säumige Mitgliedstaat kann sich daher vor Gericht nicht auf seine eigene Nichtumsetzung berufen.*

**Sachverhalt:** Eine auf Art. 71 EG gestützte Entscheidung des Rates sah vor, dass nach Einführung eines gemeinsamen Umsatzsteuersystems die Mitgliedstaaten die weitere Erhebung bisheriger Steuern einzustellen haben. Der Kläger des Ausgangsverfahrens transportierte Waren von Deutschland nach Österreich und sollte für diese Beförderung eine Steuer entrichten. In dem sich anschließenden Verfahren berief er sich darauf, dass die Mitgliedstaaten nach Einführung eines Mehrwertsteuersystems vormals erhobene Steuern nicht mehr verlangen dürften. Der Gerichtshof entschied im Rahmen eines Vorabentscheidungsverfahrens. Nach Ansicht des Gerichtshofs fällt die hier betroffene Steuer nicht unter das Verbot von Art. 4 Abs. 2 der genannten Entscheidung, weil sie anderer Rechtsnatur ist und andere Zwecke verfolgt als das gemeinsame Umsatzsteuersystem.

## Aus den Entscheidungsgründen:

(S. 837) [3] Die Frage betrifft die Gesamtwirkung von Vorschriften, die in einer Entscheidung bzw. einer Richtlinie enthalten sind. Nach Artikel 189 EWG-Vertrag ist eine Entscheidung in allen ihren Teilen für diejenigen verbindlich, die sie bezeichnet. Ferner ist nach diesem Artikel eine Richtlinie (S. 838) für jeden Mitgliedstaat, an den sie gerichtet wird, hinsichtlich des zu erreichenden Ziels verbindlich, überläßt jedoch den innerstaatlichen Stellen die Wahl der Form und der Mittel.

[4] Die Bundesregierung vertritt in ihren Erklärungen die Auffassung, Artikel 189 habe, wenn er zwischen den Wirkungen von Verordnungen einerseits sowie von Entscheidungen und Richtlinien andererseits unterscheide, damit für Entscheidungen und Richtlinien die Möglichkeit ausgeschlossen, die in der Frage angesprochenen Wirkungen zu erzeugen; solche Wirkungen seien vielmehr den Verordnungen vorbehalten.

[5] Zwar gelten nach Artikel 189 Verordnungen unmittelbar und können infolgedessen schon wegen ihrer Rechtsnatur unmittelbare Wirkungen erzeugen. Hieraus folgt indessen nicht, daß andere in diesem Artikel genannte Kategorien von Rechtsakten niemals ähnliche Wirkungen erzeugen könnten. Namentlich die Bestimmung, daß Entscheidungen in allen ihren Teilen für den Adressaten verbindlich sind, erlaubt die Frage, ob sich auf die durch die Entscheidung begründete Verpflichtung nur die Gemeinschaftsorgane gegenüber dem Adressaten berufen können oder ob ein solches Recht gegebenenfalls allen zusteht, die ein Interesse an der Erfüllung dieser Verpflichtung haben. Mit der den Entscheidungen durch Artikel 189 zuerkannten verbindlichen Wirkung wäre es unvereinbar, grundsätzlich auszuschließen,

daß betroffene Personen sich auf die durch die Entscheidung auferlegte Verpflichtung berufen können. Insbesondere in den Fällen, in denen etwa die Gemeinschaftsbehörden einen Mitgliedstaat oder alle Mitgliedstaaten durch Entscheidung zu einem bestimmten Verhalten verpflichten, würde die nützliche Wirkung („effet utile") einer solchen Maßnahme abgeschwächt, wenn die Angehörigen dieses Staates sich vor Gericht hierauf nicht berufen und die staatlichen Gerichte sie nicht als Bestandteil des Gemeinschaftsrechts berücksichtigen könnten. Zwar können die Wirkungen einer Entscheidung andere sein als diejenigen einer in einer Verordnung enthaltenen Vorschrift; dieser Unterschied schließt jedoch nicht aus, daß das Endergebnis, nämlich das Recht des einzelnen, sich auf die Maßnahme vor Gericht zu berufen, gegebenenfalls das gleiche sein kann wie bei einer unmittelbar anwendbaren Verordnungsvorschrift.

(...)

(S. 839) [8] Diese Vorschrift legt den Mitgliedstaaten somit zwei Verpflichtungen auf: einmal, spätestens von einem bestimmten Zeitpunkt an das gemeinsame Umsatzsteuersystem auf die Güterbeförderung im Eisenbahn-, Straßen- und Binnenschiffsverkehr anzuwenden, und sodann, dieses System spätestens mit seinem Inkrafttreten an die Stelle der spezifischen Steuern im Sinne von Absatz 2 treten zu lassen. Diese zweite Verpflichtung umfaßt offensichtlich das Verbot, solche Steuern einzuführen oder wiedereinzuführen, wodurch vermieden werden soll, daß das gemeinsame Umsatzsteuersystem im Verkehrswesen mit ähnlichen, zusätzlichen Steuerregelungen zusammentrifft.

[9] Nach den vom Finanzgericht vorgelegten Akten bezieht sich die Frage vor allem auf die zweite Verpflichtung. Diese Verpflichtung ist ihrem Wesen nach zwingend und allgemein, auch wenn die Vorschrift die Bestimmung des Zeitpunkts, zu dem sie wirksam wird, offenläßt. Sie untersagt den Mitgliedstaaten ausdrücklich, das gemeinsame Umsatzsteuersystem mit spezifischen Steuern zu kumulieren, die statt der Umsatzsteuer erhoben werden. Diese Verpflichtung ist unbedingt und hinreichend klar und genau, um unmittelbare Wirkungen in den Rechtsbeziehungen zwischen den Mitgliedstaaten und den einzelnen begründen zu können.

**63    Rs. C-153/98 P (Guérin automobiles ⁄ Kommission),**
**Urteil des Gerichtshofes vom 05. 03 1999 – Slg. 1999, S. I-1441.**

**Vorbemerkungen:** *Der EuGH stellt für sämtliche Rechtsakte der Gemeinschaft ausdrücklich den Grundsatz auf, dass die Organe bei deren Erlass nicht verpflichtet sind, dem Rechtsakt eine Rechtsbehelfbelehrung beizufügen. Da der EuGH ausdrücklich auf die Adressaten eines Rechtsaktes abstellt, hat diese Entscheidung praktisch nur auf den Erlass von Entscheidungen Auswirkungen.*

**Sachverhalt:** Die Guérin automobiles EURL war Vertragshändlerin insbesondere für Fahrzeuge der Marke Nissan. Nachdem ihr unbefristeter Vertrag mit dem Importeur der Kraftfahrzeuge dieser Marke in Frankreich gekündigt wurde, reichte sie bei der Kommission eine Beschwerde gegen die Firma Nissan France ein. Die Kommission wies die Beschwerde als offensichtlich unzulässig ab, da sie nicht innerhalb der in Art. 230 Abs. 5 EG festgesetzten Frist von zwei Monaten erhoben worden sei. Daraufhin focht die Guérin automobiles GmbH die Abweisung mit der Begründung an, die allgemeinen gemeinschaftsrechtlichen Grundsätze des Vertrauensschutzes, der Rechtssicherheit, der Wahrung der Verteidigungsrechte sowie des wirksamen Rechtsschutzes u.a. seien durch die Abweisung verletzt. Insbesondere forderte sie eine Belehrung über mögliche Rechtsbehelfe und Fristen, da noch nicht allen Bürgern die einschlägigen Vorschriften des Gemeinschaftsrechts geläufig seien. Der EuGH sah mangels einer ausdrücklichen gemeinschaftsrechtlichen Regelung für die Verwaltungen oder die Gerichte der Mitgliedstaaten keine allgemeine Verpflichtung, Rechtsbehelfsbelehrungen durchzuführen. Die Klage wurde als unbegründet zurückgewiesen.

### Aus den Entscheidungsgründen:

(S. I-1456) [13] Die Artikel 189, 190, 191 und 192 EG-Vertrag, die die Natur und das System der Rechtsakte, die von den Gemeinschaftsorganen erlassen werden können, genau definieren, erlegen diesen keine allgemeine Verpflichtung auf, die Adressaten dieser Rechtsakte über die möglichen Rechtsbehelfe und die Fristen, in denen sie eingelegt werden können, zu belehren.

[14] Zwar besteht in den meisten Mitgliedstaaten eine derartige Belehrungspflicht der Verwaltung. Diese wurde jedoch im allgemeinen vom Gesetzgeber aufgestellt und geregelt. Außerdem würde der Regelungsgegenstand es erforderlich machen, vorab insbesondere die betroffenen Verwaltungshandlungen sowie den Wortlaut und die Form der vorgeschriebenen Angaben zu bestimmen und festzulegen,

an welcher Stelle, sei es in dem fraglichen Rechtsakt selbst oder in einem gesonderten Dokument, diese Angaben zu machen sind, und zu regeln, welche Folgen es hat, wenn die vorgeschriebene Belehrung fehlt oder die erteilten Auskünfte unrichtig sind.

[15] Mangels einer ausdrücklichen gemeinschaftsrechtlichen Regelung besteht daher für die Verwaltungen oder die Gerichte der Gemeinschaft keine allgemeine Verpflichtung, die Gemeinschaftsbürger über die möglichen Rechtsbehelfe und die Bedingungen, unter denen sie diese einlegen können, zu belehren.

## 4. Empfehlungen

**Rs. C-322/88 (Grimaldi ⁄ Fonds des maladies professionnelles),**   **64**
**Urteil des Gerichtshofes vom 13. 12. 1989 – Slg. 1989, S. I-4407.**

**Vorbemerkungen:** *Der Gerichtshof äußert sich in der Rechtssache Grimaldi zur Frage möglicher Rechtswirkungen einer Empfehlung der Kommission. Er kommt zu dem Ergebnis, dass Empfehlungen generell keine Rechte für Einzelne zu begründen vermögen, jedoch als Maßstab zur Auslegung anderer innerstaatlicher oder gemeinschaftlicher Bestimmungen herangezogen werden können.*

**Sachverhalt:** Der italienische Staatsbürger Grimaldi war in Belgien bis zu seinem Ruhestand im Jahre 1980 als Arbeiter tätig. Im Jahre 1983 beantragte er bei der belgischen „Kasse für Berufskrankheiten", einer unter Aufsicht des Sozialministeriums stehenden öffentlichen Einrichtung, anzuerkennen, dass er an einer Berufskrankheit, nämlich einer speziellen Knochen- und Gelenkerkrankung, leide. Dieser Antrag wurde abgelehnt, woraufhin Herr Grimaldi Klage beim zuständigen Arbeitsgericht erhob. Nachdem durch die Einholung eines Gutachtens das Vorliegen dieser Krankheit bestätigt worden war, beantragte er die Anerkennung dieser Erkrankung als Berufskrankheit, da diese Erkrankung einem in der der Empfehlung vom 23. Juli 1962 als Anlage beigefügten Europäischen Liste der Berufskrankheiten umschriebenen speziellen Krankheitsbild gleichzustellen sei. Mit seiner Vorlagefrage an den EuGH möchte das vorlegende nationale Gericht u.a. geklärt wissen, ob ein Text wie die „Europäische Liste" der Berufskrankheiten aufgrund einer Auslegung des Art. 249 Absatz 5 EG in einem Mitgliedstaat unmittelbare Wirkung erlangen könne. Dies wurde durch den EuGH verneint, eine völlige Unverbindlichkeit jedoch ebenso abgelehnt.

**Aus den Entscheidungsgründen:**

(S. I-4419) [11] Aus der ständigen Rechtsprechung des Gerichtshofes ergibt sich, daß zwar gemäß Artikel 189 EWG-Vertrag Verordnungen unmittelbar gelten und infolgedessen schon wegen ihrer Rechtsnatur unmittelbare Wirkungen erzeugen können, hieraus indessen nicht folgt, daß andere in diesem Artikel genannte Kategorien von Rechtsakten niemals ähnliche Wirkungen erzeugen könnten (...).

[12] Im Rahmen der Prüfung, ob die beiden genannten Empfehlungen Rechte für die einzelnen begründen können, ist jedoch zunächst zu klären, ob sie geeignet sind, bindende Wirkungen zu erzeugen.

(S. I-4420) [13] Dazu ist zu bemerken, daß Empfehlungen, die gemäß Artikel 189 Absatz 5 EWG-Vertrag nicht verbindlich sind, im allgemeinen dann von den Organen der Gemeinschaft ausgesprochen werden, wenn diese nach dem EWG-Vertrag nicht ermächtigt sind, rechtsverbindliche Maßnahmen zu erlassen, oder wenn nach ihrer Ansicht kein Anlaß zu einer zwingenderen Regelung besteht.

[14] Im Hinblick auf die ständige Rechtsprechung des Gerichtshofes (vgl. insbesondere das Urteil vom 29. Januar 1985 in der Rechtssache 147/83, Binderer/ Kommission, Slg. 1985, 257), wonach die Wahl der Form die Rechtsnatur einer Maßnahme nicht ändern kann, ist allerdings zu prüfen, ob der Inhalt einer Maßnahme tatsächlich mit der für sie gewählten Form übereinstimmt.

(...)

[16] Unter diesen Umständen kann kein Zweifel daran bestehen, daß die fraglichen Maßnahmen echte Empfehlungen sind, d.h. Handlungen, die auch gegenüber ihren Adressaten keine bindende Wirkung entfalten sollen. Sie können folglich für die einzelnen keine vor den innerstaatlichen Gerichten durchsetzbaren Rechte begründen.

(...)

(S. I-4421) [18] Um jedoch die Frage des vorlegenden Gerichts vollständig zu beantworten, ist darauf hinzuweisen, daß die fraglichen Maßnahmen nicht als rechtlich völlig wirkungslos angesehen werden können. Die innerstaatlichen Gerichte sind nämlich verpflichtet, bei der Entscheidung der bei ihnen anhängigen Rechtsstreitigkeiten die Empfehlungen zu berücksichtigen, „insbesondere dann, wenn diese Aufschluß über die Auslegung zu ihrer Durchführung erlassener innerstaatlicher Rechtsvorschriften geben oder wenn sie verbindliche gemeinschaftliche Vorschriften ergänzen sollen.

## IV. Unionssekundärrechtsakte: Rahmenbeschlüsse in der PJZS

**Rs. C-105/03 (Maria Pupino),**                                    **65**
**Urteil des Gerichtshofes vom 16. 06. 2005 – Slg. 2005, S. I-5285.**

**Vorbemerkungen:** *Mit der Pupino-Entscheidung hat der Gerichtshof erstmals zur rechtlichen Bedeutung von intergouvernementalen Rahmenbeschlüssen nach Art. 34 Abs. 2 lit. b EU – also Unionssekundärrechtsakten in der dritten Säule (Polizeiliche und Justitielle Zusammenarbeit in Strafsachen, PJZS) – Stellung genommen. Diese sind dem Vertragswortlaut zufolge nicht „unmittelbar wirksam"; ansonsten entspricht ihre vertragliche Definition jedoch derjenigen der Richtlinien in Art. 249 Abs. 3 EG. Der EuGH setzt sich über die Einschränkung bezüglich der unmittelbaren Wirkung zwar nicht hinweg, gleichwohl statuiert er – in Analogie zu Richtlinien (vgl. Fall 59) – eine Verpflichtung der nationalen Behörden und Gerichte zur „rahmenbeschlußkonformen Auslegung" des nationalen Rechts. Grenzen dieser Verpflichtung können sich aus den allgemeinen Rechtsgrundsätzen und dem strafrechtlichen Rückwirkungsverbot ergeben. Als Grundlage dieser Verpflichtung zieht der EuGH auch für die dritte Säule der Union – Gleiches muß dann auch für die zweite Säule (GASP) gelten – die Verpflichtung der Mitgliedstaaten zur loyalen Zusammenarbeit heran. Er schließt aus Art. 1 Abs. 2, 3 EU, dass den Mitgliedstaaten in der dritten Säule – und wiederum gilt dies auch für die GASP – die gleichen Verpflichtungen obliegen, die für sie nach Art. 10 EG im Rahmen der EG gelten.*

**Sachverhalt:** Frau Pupino wurde in Italien wegen verschiedener Vergehen an Kindern strafrechtlich verfolgt. Die Zulässigkeit eines Beweiserhebungsantrags der Staatsanwaltschaft stand nach Auffassung des italienischen Ermittlungsrichters im Widerspruch zu nationalen Bestimmungen, die aber nach seiner Auffassung wiederum mit Opferschutzbestimmungen eines Rahmenbeschlusses nach Art. 34 Abs. 2 lit. b EU nicht vereinbar waren. Deren Auslegung erbat er vom EuGH im Vorabentscheidungsverfahren nach Art. 35 Abs. 1 – 4 EU.

### Aus den Entscheidungsgründen:

(S. I-5325) [31] Im Hinblick auf das Vorbringen der italienischen, der französischen, der niederländischen und der schwedischen Regierung sowie der Regierung des Vereinigten Königreichs ist zu prüfen, ob – wie das vorlegende Gericht annimmt und die griechische, die französische und die portugiesische Regierung sowie die Kommission geltend machen – die Verpflichtung der nationalen Behörden, ihr innerstaatliches Recht so weit wie möglich im Licht von Wortlaut und Zweck der Richtlinien der Gemeinschaft auszulegen, mit den gleichen Wirkungen und Grenzen gilt, wenn es sich bei dem betreffenden Rechtsakt um einen aufgrund von Titel VI des Vertrages über die Europäische Union ergangenen Rahmenbeschluss handelt.

[32] Bejahendenfalls ist zu prüfen, ob – wie die italienische, die französische und die schwedische Regierung sowie die Regierung des Vereinigten Königreichs vorgetragen haben – eine Beantwortung der Vorlagefrage angesichts der Grenzen der Verpflichtung zu rahmenbeschlusskonformer Auslegung offensichtlich keine konkrete Auswirkung auf die Entscheidung des Ausgangsrechtsstreits haben kann.

[33] Zunächst ist festzustellen, dass sich der Wortlaut des Artikels 34 Absatz 2 Buchstabe b EU sehr eng an den Wortlaut des Artikels 249 Absatz 3 EG anlehnt. Nach Artikel 34 Absatz 2 Buchstabe b EU haben Rahmenbeschlüsse insofern zwingenden Charakter, als sie für die Mitgliedstaaten „hinsichtlich des zu erreichenden Ziels verbindlich [sind], … jedoch den innerstaatlichen Stellen die Wahl der Form und der Mittel [überlassen]".

(S. I-5326) [34] Der zwingende Charakter von Rahmenbeschlüssen, der mit den gleichen Worten wie in Artikel 249 Absatz 3 EG zum Ausdruck gebracht wird, hat für die nationalen Behörden und insbesondere auch die nationalen Gerichte eine Verpflichtung zu rahmenbeschlusskonformer Auslegung des nationalen Rechts zur Folge.

[35] Der Umstand, dass die Zuständigkeiten des Gerichtshofes nach Artikel 35 EU im Rahmen von Titel VI des Vertrages über die Europäische Union weniger weit reichen als im Rahmen des EG-Vertrags, und die Tatsache, dass es kein vollständiges Rechtsschutzsystem gibt, das die Rechtmäßigkeit der Handlungen der Organe im Rahmen von Titel VI gewährleisten soll, stehen dieser Schlussfolgerung nicht entgegen.

[36] Unabhängig von dem durch den Vertrag von Amsterdam angestrebten Integrationsgrad bei der Verwirklichung einer immer engeren Union zwischen den Völkern Europas im Sinne von Artikel 1 Absatz 2 EU ist es nämlich völlig verständlich, dass die Verfasser des Vertrages über die Europäische Union es für angebracht hielten, im Rahmen von Titel VI dieses Vertrages den Rückgriff auf Rechtsinstrumente mit analogen Wirkungen wie im EG-Vertrag vorzusehen,

um einen wirksamen Beitrag zur Verfolgung der Ziele der Union zu leisten.

[37] Die Bedeutung der Zuständigkeit des Gerichtshofes für Vorabentscheidungen nach Artikel 35 EU wird dadurch bestätigt, dass nach Absatz 4 dieses Artikels jeder Mitgliedstaat unabhängig davon, ob er eine Erklärung nach Absatz 2 abgegeben hat oder nicht, beim Gerichtshof in Verfahren nach Absatz 1 Schriftsätze einreichen oder schriftliche Erklärungen abgeben kann.

(S. I-5327) [38] Diese Zuständigkeit würde ihrer praktischen Wirksamkeit im Wesentlichen beraubt, wenn die Einzelnen nicht berechtigt wären, sich auf Rahmenbeschlüsse zu berufen, um vor den Gerichten der Mitgliedstaaten eine ihnen konforme Auslegung des nationalen Rechts zu erreichen.

[39] Zur Untermauerung ihrer These machen die italienische Regierung und die Regierung des Vereinigten Königreichs geltend, der Vertrag über die Europäische Union enthalte im Gegensatz zum EG-Vertrag keine Verpflichtung wie die des Artikels 10 EG, auf die sich der Gerichtshof in seiner Rechtsprechung teilweise gestützt habe, um die Verpflichtung zu gemeinschaftsrechtskonformer Auslegung des nationalen Rechts zu rechtfertigen.

[40] Dieses Argument ist zurückzuweisen.

[41] Nach Artikel 1 Absätze 2 und 3 des Vertrages über die Europäische Union stellt dieser Vertrag eine neue Stufe bei der Verwirklichung einer immer engeren Union der Völker Europas dar, wobei die Aufgabe der Union – deren Grundlage die Europäischen Gemeinschaften, ergänzt durch die mit diesem Vertrag eingeführten Politiken und Formen der Zusammenarbeit, sind – darin besteht, die Beziehungen zwischen den Mitgliedstaaten sowie zwischen ihren Völkern kohärent und solidarisch zu gestalten.

[42] Die Union könnte ihre Aufgabe kaum erfüllen, wenn der Grundsatz der loyalen Zusammenarbeit, der insbesondere bedeutet, dass die Mitgliedstaaten alle geeigneten Maßnahmen allgemeiner oder besonderer Art zur Erfüllung ihrer Verpflichtungen nach dem Recht der Europäischen Union treffen, nicht auch (S. I-5328) im Rahmen der polizeilichen und justiziellen Zusammenarbeit in Strafsachen gelten würde, die im Übrigen vollständig auf der Zusammenarbeit zwischen den Mitgliedstaaten und den Organen beruht, wie die Generalanwältin in Nummer 26 ihrer Schlussanträge zutreffend ausgeführt hat.

[43] Aus den vorstehenden Erwägungen ist zu schließen, dass der Grundsatz konformer Auslegung in Bezug auf Rahmenbeschlüsse, die im Rahmen von Titel VI des Vertrages über die Europäische Union

ergangen sind, anzuwenden ist. Soweit das vorlegende Gericht das nationale Recht bei dessen Anwendung auszulegen hat, muss es seine Auslegung so weit wie möglich an Wortlaut und Zweck des Rahmenbeschlusses ausrichten, um das mit ihm angestrebte Ergebnis zu erreichen und so Artikel 34 Absatz 2 Buchstabe b EU nachzukommen.

[44] Die Verpflichtung des nationalen Gerichts, bei der Auslegung der einschlägigen Vorschriften seines nationalen Rechts den Inhalt eines Rahmenbeschlusses heranzuziehen, wird jedoch durch die allgemeinen Rechtsgrundsätze und insbesondere durch den Grundsatz der Rechtssicherheit und das Rückwirkungsverbot begrenzt.

[45] Nach diesen Grundsätzen darf die genannte Verpflichtung insbesondere nicht dazu führen, dass auf der Grundlage eines Rahmenbeschlusses unabhängig von einem zu seiner Durchführung erlassenen Gesetz die strafrechtliche Verantwortlichkeit derjenigen, die gegen die Vorschriften dieses Beschlusses verstoßen, festgelegt oder verschärft wird (vgl. zu Richtlinien der Gemeinschaft u.a. Urteil X, Randnr. 24, und Urteil vom 3. Mai 2005 in den Rechtssachen C-387/02, C-391/02 und C-403/02, Berlusconi u.a., Slg. 2005, I-3565, Randnr. 74).

(S. I-5329) [46] Die Bestimmungen, die Gegenstand des vorliegenden Ersuchens um Vorabentscheidung sind, betreffen jedoch nicht den Umfang der strafrechtlichen Verantwortlichkeit der Betroffenen, sondern den Verfahrensablauf und die Modalitäten der Beweiserhebung.

[47] Die Verpflichtung des nationalen Gerichts, den Inhalt eines Rahmenbeschlusses bei der Auslegung der einschlägigen Vorschriften seines nationalen Rechts heranzuziehen, endet, wenn dieses nicht so angewandt werden kann, dass ein Ergebnis erzielt wird, das mit dem durch den Rahmenbeschluss angestrebten Ergebnis vereinbar ist. Mit anderen Worten darf der Grundsatz konformer Auslegung nicht zu einer Auslegung contra legem des nationalen Rechts führen. Er verlangt jedoch, dass das nationale Gericht gegebenenfalls das gesamte nationale Recht berücksichtigt, um zu beurteilen, inwieweit es so angewendet werden kann, dass kein dem Rahmenbeschluss widersprechendes Ergebnis erzielt wird.

[48] Wie die Generalanwältin in Nummer 40 ihrer Schlussanträge ausgeführt hat, ist es aber nicht offensichtlich, dass im Ausgangsverfahren eine rahmenbeschlusskonforme Auslegung des nationalen Rechts unmöglich ist. Es ist Sache des vorlegenden Gerichts, zu prüfen, ob sein nationales Recht in diesem Verfahren in einer rahmenbeschlusskonformen Weise ausgelegt werden kann.

# V. EU-/EG und Völkerrecht

## 1. Die Vertragsschließungskompetenzen der Europäischen Gemeinschaft

**Rs. 22/70 (Kommission ./. Rat; „AETR"),**                                    **66**
**Urteil des Gerichtshofes vom 31. 03. 1971 – Slg. 1971, S. 263.**

**Vorbemerkungen:** *Die Gemeinschaft verfügt nach dem Wortlaut des EG-Vertrags zunächst lediglich über diejenigen völkerrechtlichen Vertragsschließungskompetenzen, die ihr durch den Vertrag ausdrücklich zugewiesen worden sind. Derartige Kompetenzzuweisungen finden sich u.a. in den Art. 133, 310 EG. Unter Inanspruchnahme der sog. „implied powers-Doktrin" hat der EuGH in der Rechtssache AETR jedoch schon recht früh im Bereich der völkerrechtlichen Vertragsschließungskompetenzen der Gemeinschaft eine Parallelität zwischen Innen- und Außenkompetenzen entwickelt; danach stehen der EG nicht nur die ausdrücklichen Vertragsschließungskompetenzen zu. Vielmehr genießt sie im Hinblick auf Zuständigkeiten, die den Gemeinschaften im Verhältnis zu den Mitgliedstaaten eingeräumt sind, auch die dazugehörigen Außenkompetenzen. Damit wurden die Vertragschließungskompetenzen der EG grundsätzlich auf das gesamte innergemeinschaftliche Tätigkeitsfeld ausgedehnt. Der Klärung bedurfte aber, ob die innergemeinschaftlichen Kompetenzen schon ausgeübt sein mussten, um die Außenkompetenzen zu begründen.*

**Sachverhalt:** In der Rechtssache AETR hatte der Gerichtshof sich mit der Frage der Zuständigkeit der Gemeinschaft im Verhältnis zu den Mitgliedstaaten hinsichtlich des Abschlusses des Europäischen Übereinkommens über die Arbeit der im internationalen Straßenverkehr beschäftigten Fahrzeugbesatzungen (AETR) zu beschäftigen. Der Rat legte in diesem Zusammenhang eine gemeinsame Position fest, welche die Mitgliedstaaten in den Verhandlungen über dieses Abkommen einnehmen sollten. Entsprechend diesem Beschluss wurden die Verhandlungen abgeschlossen und das Abkommen zur Unterzeichnung durch die Staaten aufgelegt. Die Kommission vertrat in der von ihr erhobenen Nichtigkeitsklage dagegen die Position, der Gemeinschaft stünde in dieser Angelegenheit die ausschließliche Vertragsabschlußkompetenz zu, da es sich um eine Frage des grenzüberschreitenden Verkehrs handele und Art. 71 EG der Gemeinschaft eine derartige ausschließliche Kompetenz einräume. Die Klage wurde wegen fehlender Begründung abgewiesen.

**Aus den Entscheidungsgründen:**

(S. 274) [6/8] Nach Ansicht der Kommission gilt Artikel 75 EWG-Vertrag, welcher der Gemeinschaft eine weit gefasste Zuständigkeit zur Durchführung der gemeinsamen Verkehrspolitik verleihe, auf diesem Gebiet ebenso für die Außenbeziehungen wie für interne Maßnahmen. Diese Bestimmung könne ihren Zweck nicht erfüllen, wenn die Befugnisse, die sie vorsehe, insbesondere die Befugnis, nach Absatz 1 Buchstabe c dieses Artikels „alle zweckdienlichen Vorschriften" zu erlassen, nicht auf den Abschluß von Vereinbarungen mit dritten Staaten auszudehnen seien. Diese Zuständigkeit habe allerdings ursprünglich nicht für das gesamte Verkehrswesen bestanden, sie entwickle sich aber in dem Maße, wie auf diesem Gebiet die gemeinsame Verkehrspolitik verwirklicht werde, zu einer allgemeinen und ausschließlichen Zuständigkeit.

[9/11] Der Rat macht für seinen Teil geltend, die Zuständigkeiten der Gemeinschaft beruhten auf Erteilung, eine Zuständigkeit zum Abschluss von Abkommen mit dritten Staaten könne daher nicht ohne ausdrückliche Vertragsvorschrift angenommen werden. Insbesondere betreffe Artikel 75 nur innergemeinschaftliche Maßnahmen und könne nicht als zum Abschluß internationaler Abkommen berechtigend ausgelegt werden. Selbst wenn dem anders wäre, könnte diese Zuständigkeit der Gemeinschaft nicht allgemein und ausschließlich sein, sondern höchstens mit der der Mitgliedstaaten konkurrieren.

[12] Da der Vertrag die Aushandlung und den Abschluß internationaler Abkommen für den Bereich der Verkehrspolitik – ein solches Abkommen ist das AETR im wesentlichen – nicht durch besondere Vorschriften regelt, muß auf das allgemeine System des Gemeinschaftsrechts auf dem Gebiet der Beziehungen zu dritten Staaten zurückgegriffen werden.

[13/14] Artikel 210 bestimmt: „Die Gemeinschaft besitzt Rechtspersönlichkeit." Diese Bestimmung, die den die „Allgemeinen und Schlussbestimmungen" enthaltenden sechsten Teil des Vertrages einleitet, bedeutet, daß die Gemeinschaft in den Außenbeziehungen die Fähigkeit, vertragliche Bindungen mit dritten Staaten einzugehen, im gesamten Bereich der im ersten Teil des Vertrages, den der sechste ergänzt, umschriebenen Ziele besitzt.

[15/19] Um im Einzelfall zu ermitteln, ob die Gemeinschaft zum Abschluß internationaler Abkommen zuständig ist, muß auf das System und auf die materiellen Vorschriften des Vertrages zurückgegriffen werden. Eine solche Zuständigkeit ergibt sich nicht nur aus einer ausdrücklichen Erteilung durch den Vertrag wie der in den Artikeln 113 und 114 für die Zoll – (S. 275) und Handelsabkommen und in Artikel 238 für die Assoziierungsabkommen ausgesprochenen, sondern sie kann auch aus anderen Vertragsbestimmungen und aus in ihrem Rahmen ergangenen Rechtsakten der Gemeinschaftsorgane fließen. Insbesondere sind in den Bereichen, in denen die Gemeinschaft zur Verwirklichung einer vom Vertrag vorgesehenen gemeinsamen Politik Vorschriften erlassen hat, die in irgendeiner Form gemeinsame Rechtsnormen vorsehen, die Mitgliedstaaten weder einzeln noch selbst gemeinsam handelnd berechtigt, mit dritten Staaten Verpflichtungen einzugehen, die diese Normen beeinträchtigen. In dem Maße, wie diese Gemeinschaftsrechtsetzung fortschreitet, kann nur die Gemeinschaft mit Wirkung für den gesamten Geltungsbereich der Gemeinschaftsrechtsordnung vertragliche Verpflichtungen gegenüber dritten Staaten übernehmen und erfüllen. Daher kann beim Vollzug der Vorschriften des Vertrages die für innergemeinschaftliche Maßnahmen geltende Regelung nicht von der für die Außenbeziehungen geltenden getrennt werden.

[20/22] In Artikel 3 Buchstabe e EWG-Vertrag ist die Einführung einer gemeinsamen Politik auf dem Gebiet des Verkehrs unter den Zielen der Gemeinschaft besonders erwähnt. Nach Artikel 5 EWG-Vertrag haben die Mitgliedstaaten einerseits alle Maßnahmen zur Erfüllung der Verpflichtungen zu treffen, die sich aus dem Vertrag oder aus Handlungen der Organe ergeben, und andererseits alle Maßnahmen zu unterlassen, welche die Verwirklichung der Ziele des Vertrages gefährden könnten. Zusammengenommen ergeben diese Bestimmungen, daß die Mitgliedstaaten außerhalb des Rahmens der Gemeinschaftsorgane keine Verpflichtungen eingehen können, welche Gemeinschaftsrechtsnormen, die zur Verwirklichung der Vertragsziele ergangen sind, beeinträchtigen oder in ihrer Tragweite ändern können.

[23/29] Nach Artikel 74 sind die Ziele des Vertrages auf dem Gebiet des Verkehrswesens durch eine gemeinsame Politik zu verfolgen. Zu diesem Zweck beauftragt Artikel 75 Absatz 1 den Rat, gemeinsame Regeln aufzustellen und „alle sonstigen zweckdienlichen Vorschriften" zu erlassen. Nach Buchstabe a der gleichen Bestimmung sind diese Regeln aufzustellen „für den internationalen Verkehr aus oder nach dem Hoheitsgebiet eines Mitgliedstaats oder für den Durchgangsverkehr durch das Hoheitsgebiet eines oder mehrerer Mitgliedstaaten". Diese Bestimmung betrifft für den innergemeinschaftlichen Streckenteil auch den Verkehr aus oder nach dritten Staaten. Sie setzt daher voraus, daß die Zuständigkeit der Gemeinschaft sich auf Beziehungen erstreckt, die dem internationalen Recht unterliegen, und schließt damit insoweit die Notwendigkeit ein, mit den beteiligten dritten Ländern Abkommen zu schließen. Allerdings sehen die Artikel 74 und 75 nicht ausdrücklich eine Gemeinschaftszuständigkeit zum Abschluß internationaler Abkommen vor; die (S. 276) Inkraftsetzung der Verordnung Nr. 543/69 des Rates über die Harmonisierung bestimmter Sozialvorschriften im Straßenverkehr (Amtsblatt L 77 vom 29. März 1969, S. 49) am 25. März 1969 hat jedoch zwangsläufig die Zuständigkeit der Gemeinschaft für alle Abkommen mit dritten Staaten nach sich gezogen, welche das in der Verordnung geregelte Sachgebiet betreffen. Diese Zuständigkeitserteilung erkennt übrigens Artikel 3 der Verordnung ausdrücklich an, der vorsieht, daß „die Gemeinschaft … mit den dritten Ländern die Verhandlungen aufnehmen (wird), die zur Anwendung dieser Verordnung gegebenenfalls erforderlich sind".

[30/31] Da das im AETR geregelte Sachgebiet zum Anwendungsbereich der Verordnung Nr. 543/69 gehört, liegt die Zuständigkeit zur Aushandlung und zum Abschluß dieses Abkommens seit Inkrafttreten der Verordnung bei der Gemeinschaft. Neben dieser Gemeinschaftszuständigkeit kann es keine konkurrierende Zuständigkeit der Mitgliedstaaten geben, da alles, was außerhalb der Gemeinschaftsorgane geschieht, mit der Einheit des gemeinsamen Marktes und der einheitlichen Anwendung des Gemeinschaftsrechts unvereinbar ist.

**67**  Verb. Rs. 3, 4, 6/76 (**Cornelis Kramer und andere; „Biologische Schätze des Meeres"),
Urteil des Gerichtshofes vom 14. 07. 1976 – Slg. 1976, S. 1279.**

**Vorbemerkungen:** *In der vorliegenden Entscheidung bekräftigte der EuGH das Prinzip der Parallelität von Innen- und Außenkompetenzen der Gemeinschaft und entwickelte die im AETR-Urteil (Fall 66) aufgestellten Grundsätze fort. Der Gerichtshof hatte sich dabei insbesondere mit der Frage auseinanderzusetzen, ob die Anerkennung einer Gemeinschaftskompetenz zur Präklusion weiterer mitgliedstaatlicher Regelungen auf dem entsprechenden Gebiet führt. Eine Präklusion tritt jedenfalls ein, wenn die Gemeinschaft zur Regelung befugt war und das betreffende Regelungsgebiet besetzt hat. In der Rechtssache Kramer erweiterte der EuGH diese Präklusionswirkung grundsätzlich*

*auch auf diejenigen Bereiche, in denen die Gemeinschaft zwar die aus-*
*schließliche Zuständigkeit besitzt, von ihr aber noch keinen Gebrauch*
*gemacht hat. Allerdings räumte der EuGH den Mitgliedstaaten die*
*Befugnis ein, für eine Übergangszeit eigene Regelungen aufrecht zu*
*erhalten bzw. zu treffen, soweit diese die Erfüllung der Gemeinschafts-*
*aufgaben nicht behindern.*

**Sachverhalt:** Vor den Arrondissementsrechtsbanken Zwolle und Alkmaar
sind Strafverfahren gegen niederländische Fischer anhängig, denen zur
Last gelegt wird, gegen die in den Niederlanden erlassenen Vorschriften
zur Beschränkung der Zungen- und Schollenfischerei verstoßen zu haben.
Diese Vorschriften beruhen auf den Bestimmungen des Übereinkommens
über die Fischer im Nordostatlantik. Die vorgenannten Gerichte haben dem
Gerichtshof Fragen über die Auslegung insbesondere der Art. 28, 29, 32
bis 38 EG, des Artikels 102 der Akte über die Beitrittsbedingungen und
die Anpassungen der Verträge – die gemäß seinem Art. 1 Bestandteil des
Beitrittsvertrages ist, sowie der Verordnungen Nr. 2141/70 und 2142/70 des
Rates vom 20. 10. 1970 über die Einführung einer gemeinsamen Strukturpolitik für die Fischwirtschaft bzw. die gemeinsame Marktorganisation für
Fischereierzeugnisse (ABl.EG L 236 vom 27. 10. 1970, S. 1 und 5) vorgelegt. Im wesentlichen geht es hierbei um die Frage, ob die Mitgliedstaaten
weiterhin zuständig sind, Maßnahmen der hier vorliegenden Art zu treffen, ob derartige Maßnahmen der Sache nach mit dem Gemeinschaftsrecht
vereinbar sind und ob allein die Organe der Gemeinschaft befugt sind,
internationale Abkommen auf diesem Gebiet zu schließen. Der Gerichtshof entschied im Rahmen eines Vorabentscheidungsverfahrens und stellte
fest, dass die fraglichen nationalen Vorschriften die Zielsetzungen oder
das Funktionieren des Gemeinschaftssystems für Fischereierzeugnisse
nicht gefährden.

### Aus den Entscheidungsgründen:

(S. 1309) [12/14] Die zweite Frage der vorlegenden Gerichte betrifft
die „Befugnis, Abkommen zu schließen". Die vorliegende Frage ist
daher so zu verstehen, daß sie die Zuständigkeit der Gemeinschaft
und der Mitgliedstaaten betrifft, für den Bereich der Festsetzung von
Fangquoten bei der Ausarbeitung von Entscheidungen eines solchen
Organs mitzuwirken und in diesem Rahmen völkerrechtliche Verpflichtungen einzugehen.

[15] 1. Im Hinblick auf die den vorlegenden Gerichten zu erteilende
Antwort ist zunächst zu prüfen, ob die Gemeinschaft befugt ist, derartige völkerrechtliche Verpflichtungen einzugehen.

[16] Da der Vertrag keine besonderen Vorschriften enthält, welche
die Gemeinschaft zur Übernahme von völkerrechtlichen Verpflich-

tungen auf dem Gebiet der Erhaltung der biologischen Schätze des Meeres ermächtigen, ist auf das allgemeine System des Gemeinschaftsrechts für die Außenbeziehungen der Gemeinschaft zurückzugreifen. (S. 1310) [17/18] Artikel 210 bestimmt: „Die Gemeinschaft besitzt Rechtspersönlichkeit". Diese Bestimmung, die den die „Allgemeinen und Schlußbestimmungen" enthaltenden sechsten Teil des Vertrages einleitet, bedeutet, daß die Gemeinschaft in den Außenbeziehungen die Fähigkeit, völkerrechtliche Verpflichtungen einzugehen, im gesamten Bereich der im ersten Teil des Vertrages, den der sechste ergänzt, umschriebenen Ziele besitzt.

[19/20] Um im Einzelfall zu ermitteln, ob die Gemeinschaft zuständig ist, völkerrechtliche Verpflichtungen einzugehen, muß auf das System und auf die materiellen Vorschriften des Gemeinschaftsrechts zurückgegriffen werden. Eine solche Zuständigkeit ergibt sich nicht nur aus einer ausdrücklichen Verleihung durch den Vertrag, sondern kann auch aus anderen Bestimmungen des Vertrages und der Beitrittsakte sowie aus in ihrem Rahmen ergangenen Rechtsakten der Gemeinschaftsorgane fließen.

[21/25] In Artikel 3 Buchstabe d EWG-Vertrag ist unter den Zielen der Gemeinschaft die Einführung einer gemeinsamen Agrarpolitik besonders erwähnt. Nach Artikel 38 Absatz 3 in Verbindung mit Anhang II des Vertrages unterliegen Fischereierzeugnisse den Bestimmungen der die Landwirtschaft betreffenden Artikel 39 bis 46. Artikel 39 nennt unter den Zielen der gemeinsamen Agrarpolitik die Rationalisierung der landwirtschaftlichen Erzeugung und die Sicherstellung der Versorgung. Nach den Bestimmungen der ersten drei Absätze von Artikel 40 hat die Gemeinschaft noch vor dem Ende der Übergangszeit eine gemeinsame Organisation der Agrarmärkte zu schaffen, die alle zur Durchführung des Artikels 39 erforderlichen Maßnahmen einschließen kann. Nach Artikel 43 Absatz 2 ist der Rat befugt und verpflichtet, zu diesem Zweck Verordnungen, Richtlinien oder Entscheidungen zu erlassen.

(...)

(S. 1311) [30/33] Aus der Gesamtheit dieser Bestimmungen folgt, daß die Gemeinschaft im Innenverhältnis befugt ist, alle Maßnahmen zur Erhaltung der biologischen Schätze des Meeres einschließlich der Festsetzung und Zuteilung von Fangquoten an die einzelnen Mitgliedstaaten zu treffen. Zwar gilt Artikel 5 der Verordnung Nr. 2141/70 nur für ein geographisch begrenztes Fischereigebiet, doch folgt aus Artikel 102 der Beitrittsakte, aus Artikel 1 der genannten Verordnung sowie aus der Natur der Sache, daß sich die sachliche Regelungsbefugnis der Gemeinschaft – in dem Maße, in dem den Staaten eine entsprechende Befugnis kraft Völkerrechts zusteht – auch auf die Fischerei auf hoher See erstreckt. Die Erhaltung der biologischen Schätze des Meeres kann wirksam und zugleich gerecht nur durch eine Regelung sichergestellt werden, die für alle interessierten Staaten einschließlich der Drittländer verbindlich ist. Aus den Pflichten und Befugnissen, die das Gemeinschaftsrecht im Innenverhältnis den Gemeinschaftsorganen zugewiesen hat, ergibt sich daher die Zuständigkeit der Gemeinschaft, völkerrechtliche Verpflichtungen zur Erhaltung der Meeresschätze einzugehen.

[34] 2. Steht somit die Zuständigkeit der Gemeinschaft fest, so bleibt zu prüfen, ob die Gemeinschaftsorgane die Aufgaben und Verpflichtungen aus dem Übereinkommen und den auf seiner Grundlage gefassten Beschlüssen auch tatsächlich übernommen haben.

(...)

(S. 1312) [39] Da die Gemeinschaft ihre Aufgaben auf diesem Gebiet noch nicht in vollem Umfang wahrgenommen hatte, sind die gestellten Fragen nach alledem dahin zu beantworten, daß die Mitgliedstaaten zur Zeit des von den vorlegenden Gerichten zu beurteilenden tatsächlichen Geschehens befugt waren, im Rahmen des Übereinkommens über die Fischerei im Nordostatlantik Verpflichtungen zur Erhaltung der biologischen Schätze des Meeres zu übernehmen, und daß sie somit auch berechtigt waren, deren Erfüllung in ihrem Hoheitsbereich sicherzustellen.

[40] Es ist jedoch darauf hinzuweisen, daß einerseits diese Zuständigkeit der Mitgliedstaaten nur Übergangscharakter hat, und andererseits die betroffenen Mitgliedstaaten schon zum gegenwärtigen Zeitpunkt bei Verhandlungen, die sie im Rahmen des Übereinkommens und anderer vergleichbarer Abkommen führen, durch Gemeinschaftsverpflichtungen gebunden sind.

(...)

(S. 1313) [44/45] Nach alledem sind diejenigen Mitgliedstaaten, die Vertragsparteien des Übereinkommens und ähnlicher Abkommen sind, schon zum gegenwärtigen Zeitpunkt nicht nur gehalten, im Rahmen dieser Übereinkommen keine Verpflichtungen zu übernehmen, welche die Gemeinschaft bei der Ausführung der ihr in Artikel 102 der Beitrittsakte übertragenen Aufgabe behindern könnten, sondern sie sind auch zu gemeinsamem Vorgehen innerhalb der Fischereikommission verpflichtet. Sobald die Gemeinschaftsorgane das Verfahren zur Durchführung der Bestimmungen des Artikels 102 in Gang gesetzt haben werden, spätestens aber bei Ablauf der dort vorgesehenen Frist, sind sie und die Mitgliedstaaten außerdem verpflichtet, alle zu ihrer Verfügung stehenden rechtlichen und politischen Mittel einzusetzen, um die Teilnahme der Gemeinschaft an dem Übereinkommen und ähnlichen Abkommen sicherzustellen.

**68   Gutachten 1/94 (WTO/GATS/TRIPS),**
**Gutachten des Gerichtshofes vom 15. 11. 1994 – Slg. 1994,**
**S. I-5267.**

**Vorbemerkungen:** *Der Gerichtshof präzisiert in diesem Gutachten seine bisher entwickelte Rechtsprechung dahingehend, dass er die bloße Existenz einer Binnenkompetenz der Gemeinschaft im Verhältnis zu den Mitgliedstaaten nicht mehr ausreichen lässt, um hieraus auch eine ausschließliche Außenkompetenz abzuleiten. Vielmehr verlangt er hierfür nunmehr die bereits erfolgte Inanspruchnahme dieser Binnenkompetenz durch die Gemeinschaft.*

**Sachverhalt:** Der Gerichtshof wurde mit diesem Gutachten zur Klärung der Gemeinschaftszuständigkeit zum Abschluss von drei internationalen Abkommen (des Abkommens zur Schaffung der Welthandelsorganisation WTO sowie zwei weiterer Handelsabkommen, des TRIPS und des GATS) angerufen. Fraglich war insbesondere, ob allein auf der Grundlage des Art. 133 EG derartige Abkommen abgeschlossen werden dürfen. Nach Ansicht des EuGH ist die Gemeinschaft gemäß Art. 133 EG allein zuständig für den Abschluss multilateraler Handelsübereinkünfte.

**Aus den Entscheidungsgründen:**

(S. I-5410) [73] Für das GATS nennt die Kommission drei mögliche Quellen einer ausschließlichen externen Zuständigkeit der Gemeinschaft: Die Befugnisse, die der Vertrag den Gemeinschaftsorganen intern verleihe, die Notwendigkeit, das Abkommen zu schließen, um ein Ziel der Gemeinschaft zu verwirklichen, und schließlich die Artikel 100a und 235.

[74] Die Kommission führt erstens aus, daß es im GATS keinen Bereich und keine Einzelbestimmung gebe, für die die Gemeinschaft keine entsprechende Befugnisse zum Erlass von Maßnahmen auf interner Ebene hätte. Diese Befugnisse seien in den Kapiteln über das Niederlassungsrecht, über den freien Dienstleistungsverkehr und über

den Verkehr niedergelegt. Aus diesen Befugnissen auf interner Ebene folge eine ausschließliche externe Befugnis.

[75] Dem ist nicht zu folgen.

[76] Gestützt auf Artikel 75 Absatz 1 Buchstabe a, der für den im Gebiet der Gemeinschaft liegenden Streckenanteil auch den Verkehr aus oder nach Drittstaaten (S. I-5411) betrifft, hat der Gerichtshof im Urteil AETR entschieden, daß „die Zuständigkeit der Gemeinschaft sich auf Beziehungen erstreckt, die dem internationalen Recht unterliegen und …damit insoweit die Notwendigkeit [einschließt], mit den beteiligten dritten Ländern Abkommen zu schließen".

[77] Selbst im Verkehrssektor folgt jedoch die ausschließlich externe Zuständigkeit der Gemeinschaft nicht ohne weiteres aus ihrer Befugnis zum Erlaß von Vorschriften auf interner Ebene. Nach dem Urteil AETR (Randnrn. 17 und 18) verlieren die Mitgliedstaaten, ob einzeln oder gemeinsam handelnd, das Recht zum Eingehen von Verpflichtungen gegenüber Drittstaaten nur in dem Maße, wie gemeinsame Rechtsnormen erlassen werden, die durch diese Verpflichtungen beeinträchtigt werden könnten. Nur in dem Maße, wie gemeinsame Vorschriften auf interner Ebene erlassen werden, wird die externe Zuständigkeit der Gemeinschaft zu einer ausschließlichen. Bisher sind jedoch noch nicht alle den Verkehr betreffenden Fragen durch gemeinsame Vorschriften geregelt.

(…)

(S. I-5414) [87] Die Kommission führt drittens die Artikel 100a und 235 EG-Vertrag als Grundlage für eine ausschließliche externe Zuständigkeit an.

[88] Was Artikel 100a angeht, läßt sich nicht bestreiten, daß, wenn von der Harmonisierungskompetenz einmal Gebrauch gemacht worden ist, die so erlassenen Harmonisierungsmaßnahmen die Freiheit der Mitgliedstaaten zu Verhandlungen mit Drittstaaten begrenzen oder sogar beseitigen können. Es ist jedoch ausgeschlossen, daß eine Zuständigkeit für die Harmonisierung auf interner Ebene, die nicht in einem bestimmten Bereich ausgeübt worden ist, dazu führen kann, zugunsten der Gemeinschaft eine ausschließliche externe Zuständigkeit in diesem Bereich zu schaffen.

[89] (…), kann eine interne Zuständigkeit nur dann eine ausschließliche externe Zuständigkeit begründen, wenn sie ausgeübt wird; (…).

**69    Rs. C-476/98 (Kommission ⁄ Deutschland; „Open skies"), Urteil des Gerichtshofes vom 05. 11. 2002 – Slg. 2002, S. I-9855.**

*Vorbemerkungen: Der EuGH kommt in diesem Urteil zu dem Ergebnis, dass den Mitgliedstaaten dann keine Außenkompetenz zum Abschluss von völkerrechtlichen Abkommen mehr zukommt, wenn die Gemeinschaft völkerrechtliche Abkommen auf dem betreffenden Gebiet abgeschlossen hat oder im Innenverhältnis abschließend durch Sekundärrechtsakte regelnd tätig geworden ist. Schließen die Mitgliedstaaten dennoch völkerrechtliche Abkommen mit einem Drittstaat auf diesem Gebiet ab und beeinträchtigen damit die Verpflichtungen aus den gemeinschaftsrechtlichen Regelungen, so liegt ein Verstoß gegen Art. 10 EG vor (Fortführung und Konkretisierung der AETR-Rechtsprechung hinsichtlich der Entstehung einer ausschließlichen Außenkompetenz der Gemeinschaft).*

**Sachverhalt:** Die EG-Mitgliedstaaten Vereinigtes Königreich Großbritannien und Nordirland (Rs. C-466/98), Dänemark (Rs. C-467/98), Schweden (Rs. C-468/98), Finnland (Rs. C-469/98), Belgien (Rs. C-471/98), Luxemburg (Rs. C-472/98), Österreich (Rs. C-475/98) und die Bundesrepublik Deutschland (Rs. C-476/98) haben bilaterale Abkommen mit den USA auf dem Gebiet des Luftverkehrs abgeschlossen. Diese Abkommen sollten u.a. die Zusammenarbeit zwischen amerikanischen und europäischen Luftfahrtunternehmen erleichtern, einen freien Zugang zu allen Routen und unbegrenzte Linien- und Verkehrsrechte gewähren. Die Kommission wies die Mitgliedstaaten vor Abschluss dieser bilateralen Abkommen darauf hin, dass Abkommen mit entsprechenden Regelungen interne Regelungen der Gemeinschaft beeinträchtigen würden. Insbesondere sei aufgrund der Kompetenzverteilung im EG-Vertrag, eines Beschlusses des Rates zum Luftverkehr und der bereits bestehenden gemeinschaftlichen Regelungen in Bereich des Luftverkehrs nur die Gemeinschaft zum Abschluss von Abkommen mit entsprechendem Inhalt berechtigt. Die Kommission machte in acht einzelnen Vertragsverletzungsverfahren vor dem EuGH geltend, dass die Mitgliedstaaten mit dem Abschluss der „Open-skies"-Abkommen gegen ihre Verpflichtungen aus Art. 5, 52 EG und Art. 234 EG verstoßen haben.

**Aus den Entscheidungsgründen:**

(S. I-9894) Außenkompetenz der Gemeinschaft

[80] In Bezug auf den Luftverkehr beschränkt sich Artikel 84 Absatz 2 EG-Vertrag darauf, eine Handlungsbefugnis der Gemeinschaft vorzusehen, die jedoch von einer vorherigen Entscheidung des Rates abhängig ist.

[81] Diese Vorschrift kann daher zwar vom Rat als Rechtsgrundlage verwendet werden, um der Gemeinschaft im Einzelfall die Befugnis zum Abschluss eines völkerrechtlichen Vertrages über den Luftverkehr zuzuerkennen, es kann aber nicht davon ausgegangen werden, dass sie für sich allein eine Außenkompetenz der Gemeinschaft im Luftverkehrsbereich schafft.

[82] Der Gerichtshof hat zwar bereits entschieden, dass sich die Zuständigkeit der Gemeinschaft zur Eingehung völkerrechtlicher Verpflichtungen nicht nur aus einer ausdrücklichen Verleihung durch den Vertrag ergeben, sondern auch stillschweigend aus Vertragsbestimmungen fließen kann. Eine solche implizite Außenkompetenz besteht nicht nur in allen Fällen, in denen von der internen Zuständigkeit bereits Gebrauch gemacht worden ist, um Maßnahmen zur Verwirklichung einer gemeinsamen Politik zu treffen, sondern auch dann, wenn die internen Maßnahmen der Gemeinschaft erst anlässlich des Abschlusses und der Inkraftsetzung der völkerrechtlichen Vereinbarung ergriffen werden. Somit kann sich die Befugnis, die Gemeinschaft gegenüber Drittstaaten zu verpflichten, stillschweigend aus den die interne Zuständigkeit begründenden Bestimmungen des Vertrages ergeben, sofern die Beteiligung der Gemeinschaft an der völkerrechtlichen Vereinbarung notwendig ist, um eines der Ziele der Gemeinschaft zu erreichen (vgl. Gutachten 1/76, Randnrn. 3 und 4).

[83] In seiner späteren Rechtsprechung hat der Gerichtshof klargestellt, dass das Gutachten 1/76 den Fall betrifft, dass die interne Zuständigkeit wirksam nur zugleich mit der Außenkompetenz ausgeübt werden kann (Gutachten 1/94, Randnr. 89), der Abschluss der völkerrechtlichen Vereinbarung somit erforderlich ist, um Ziele des Vertrages zu verwirklichen, die sich durch die Aufstellung autonomer Regeln nicht erreichen lassen.

[84] Dies ist hier nicht der Fall.

[85] Nichts im Vertrag hindert die Organe nämlich daran, im Rahmen der von ihnen erlassenen gemeinsamen Vorschriften konzertierte Aktionen gegenüber den (S. I-9896) Vereinigten Staaten von Amerika vorzusehen oder den Mitgliedstaaten ein bestimmtes Verhalten in ihren Außenbeziehungen vorzuschreiben, um die Diskriminierungen oder Wettbewerbsverzerrungen abzustellen, zu denen die Anwendung der Verpflichtungen führen könnte, die verschiedene Mitgliedstaaten mit den Vereinigten Staaten von Amerika im Rahmen von Openskies"-Abkommen vereinbart haben (vgl. Gutachten 1/94, Randnr. 79). Es ist somit nicht erwiesen, dass sich wegen solcher Diskriminierungen oder Wettbewerbsverzerrungen die Ziele des Vertrages im

Luftverkehrsbereich nicht durch Aufstellung autonomer Regeln erreichen lassen.

(...)

(S. I-9897) [88] Daraus folgt, dass im vorliegenden Fall keine Situation gegeben ist, in der die interne Zuständigkeit wirksam nur zugleich
mit der Außenkompetenz ausgeübt werden konnte.

[89] Nach alledem ist festzustellen, dass die Gemeinschaft zur Zeit
des Abschlusses des Änderungsprotokolls von 1996 keine ausschließliche Außenkompetenz im Sinne des Gutachtens 1/76 für den Abschluss eines Luftverkehrsabkommens mit den Vereinigten Staaten
von Amerika für sich in Anspruch nehmen konnte.

(...)

(S. I-9900) [101] Wie bereits in den Randnummern 80 und 81 des
vorliegenden Urteils festgestellt wurde, schafft Artikel 84 Absatz 2
EG-Vertrag zwar keine Außenkompetenz der Gemeinschaft im Luftverkehrsbereich, doch sieht er eine – wenn auch von einer vorherigen
Entscheidung des Rates abhängige – Handlungsbefugnis der Gemeinschaft in diesem Bereich vor.

(S. I-9901) [102] Der Rat hat für den Erlass des dritten Maßnah-
menpakets" im Luftverkehrsbereich auch diesen Artikel als Rechtsgrundlage herangezogen.

[103] Der Gerichtshof hat in den Randnummern 16 bis 18 und 22
des Urteils AETR bereits entschieden, dass sich die Zuständigkeit
der Gemeinschaft zum Abschluss völkerrechtlicher Vereinbarungen
nicht nur aus einer ausdrücklichen Erteilung durch den Vertrag ergibt,
sondern dass sie auch aus anderen Vertragsbestimmungen und aus in
ihrem Rahmen ergangenen Rechtsakten der Gemeinschaftsorgane
fließen kann. Insbesondere sind in den Bereichen, in denen die Gemeinschaft zur Verwirklichung einer vom Vertrag vorgesehenen gemeinsamen Politik Vorschriften erlassen hat, die in irgendeiner Form
gemeinsame Rechtsnormen vorsehen, die Mitgliedstaaten weder einzeln noch auch gemeinsam handelnd berechtigt, mit dritten Staaten
Verpflichtungen einzugehen, die diese Normen beeinträchtigen oder
in ihrer Tragweite ändern. In dem Maße, wie diese Gemeinschaftsrechtsetzung fortschreitet, kann nur die Gemeinschaft mit Wirkung
für den gesamten Geltungsbereich der Gemeinschaftsrechtsordnung
vertragliche Verpflichtungen gegenüber dritten Staaten übernehmen
und erfüllen.

(...)

(S. I-9902) [106] Daher gelten die Feststellungen, die der Gerichtshof im Urteil AETR getroffen hat, auch dann, wenn der Rat wie im

vorliegenden Fall auf der Grundlage von Artikel 84 Absatz 2 EG-Vertrag gemeinsame Rechtsnormen erlassen hat.

[107] Zu prüfen ist weiter, unter welchen Voraussetzungen die betreffenden völkerrechtlichen Verpflichtungen die Tragweite der gemeinsamen Rechtsnormen beeinträchtigen oder ändern können und unter welchen Voraussetzungen die Gemeinschaft daher aufgrund der Ausübung ihrer internen Zuständigkeit eine Außenkompetenz erwirbt.

[108] Nach der Rechtsprechung des Gerichtshofes ist dies der Fall, wenn die völkerrechtlichen Verpflichtungen in den Anwendungsbereich der gemeinsamen Rechtsnormen fallen (Urteil AETR, Randnr. 30) oder jedenfalls ein Gebiet erfassen, das bereits weitgehend von solchen Rechtsnormen erfasst ist (Gutachten 2/91, Randnr. 25). Im letztgenannten Fall hat der Gerichtshof entschieden, dass die Mitgliedstaaten außerhalb des Rahmens der Gemeinschaftsorgane völkerrechtliche Verpflichtungen nicht eingehen können, auch wenn kein Widerspruch zwischen diesen Verpflichtungen und den Gemeinschaftsvorschriften besteht (Gutachten 2/91, Randnrn. 25 und 26).

[109] Hat die Gemeinschaft in ihre internen Rechtsetzungsakte Klauseln über die Behandlung der Angehörigen von Drittstaaten aufgenommen oder hat sie ihren Organen ausdrücklich eine Zuständigkeit zu Verhandlungen mit Drittstaaten übertragen, erwirbt sie somit eine ausschließliche Außenkompetenz nach Maßgabe des von diesen Rechtsakten erfassten Bereichs (Gutachten 1/94, Randnr. 95, und 2/92, Randnr. 33).

[110] Dies gilt – selbst in Ermangelung einer ausdrücklichen Klausel, mit der die Organe zu Verhandlungen mit Drittstaaten ermächtigt werden – auch dann, wenn die Gemeinschaft eine vollständige Harmonisierung auf einem bestimmten Gebiet verwirklicht hat, denn die insoweit erlassenen gemeinsamen Rechtsnormen könnten im Sinne des Urteils AETR beeinträchtigt werden, wenn die Mitgliedstaaten die Freiheit zu Verhandlungen mit Drittstaaten behielten (vgl. Gutachten 1/94, Randnr. 96, und 2/92, Randnr. 33).

(S. I-9903) [111] Dagegen ergibt sich aus den Erwägungen in den Randnummern 78 und 79 des Gutachtens 1/94, dass etwaige Verzerrungen des Dienstleistungsflusses im Binnenmarkt, die sich aus bilateralen Open-skies"-Abkommen ergeben können, die Mitgliedstaaten mit Drittländern abschließen, nicht für sich die auf diesem Gebiet erlassenen gemeinsamen Rechtsnormen beeinträchtigen und daher keine Außenkompetenz der Gemeinschaft begründen können.

[112] Denn nichts im Vertrag hindert die Organe daran, im Rahmen

der von ihnen erlassenen gemeinsamen Vorschriften konzertierte Aktionen gegenüber Drittländern vorzusehen oder den Mitgliedstaaten ein bestimmtes Verhalten in ihren Außenbeziehungen vorzuschreiben (Gutachten 1/94, Randnr. 79).

(...)

(S. I-9908) [135] Artikel 5 EG-Vertrag verpflichtet die Mitgliedstaaten, der Gemeinschaft die Erfüllung ihrer Aufgaben zu erleichtern und alle Maßnahmen zu unterlassen, die die Verwirklichung der Ziele des Vertrages gefährden könnten.

[136] Zum Bereich der auswärtigen Beziehungen hat der Gerichtshof entschieden, dass die Aufgabe der Gemeinschaft und die Ziele des Vertrages gefährdet wären, wenn die Mitgliedstaaten völkerrechtliche Vereinbarungen eingehen könnten, deren Bestimmungen von der Gemeinschaft erlassene Rechtsnormen beeinträchtigen oder in ihrer Tragweite ändern könnten (vgl. Gutachten 2/91, Randnr. 11; vgl. auch Urteil AETR, Randnrn. 21 und 22).

[137] Aus alledem ergibt sich, dass die Bundesrepublik Deutschland dadurch gegen ihre Verpflichtungen aus Artikel 5 EG-Vertrag sowie den Verordnungen Nrn. 2409/92 und 2299/89 verstoßen hat, dass sie völkerrechtliche Verpflichtungen in Bezug auf die Flugpreise der von den Vereinigten Staaten von Amerika bezeichneten Luftfahrtunternehmen auf Strecken in der Gemeinschaft und in Bezug auf die in Deutschland zur Benutzung angebotenen oder benutzten CRS eingegangen ist

## 2. Verfahren der Beschlussfassung über völkerrechtliche Abkommen der Gemeinschaft

**70**  **Rs. C-36/98 (Spanien ⁄ Rat),**
**Urteil des Gerichtshofes vom 30. 01. 2001 – Slg. 2001, S. I-779.**

**Vorbemerkungen:** *Kommt der Gemeinschaft eine Kompetenz zum Abschluss eines völkerrechtlichen Abkommens zu, so gelten für das Verfahren hierzu die Regelungen des Art. 300 EG. Grundsätzlich beschließt der Rat über den Abschluss eines Abkommens auf Vorschlag der Kommission mit qualifizierter Mehrheit (Art. 300 Abs. 2 S. 1 EG). In den Fällen, in denen sich die Abschlusskompetenz der Gemeinschaft aber gemäß der AETR-Doktrin aus Vertragsvorschriften herleitet, die zum Erlass interner Regelungen ermächtigen, ist gemäß Art. 300*

*Abs. 2 S. 2 EG ein einstimmiger Ratsbeschluss erforderlich. Die Entscheidung Spanien ./. Rat enthält eine mustergültige Prüfung dieser Voraussetzungen.*

**Sachverhalt:** Auf Vorschlag der Kommission genehmigte der Rat mit qualifizierter Mehrheit den Abschluss eines Übereinkommens über die Zusammenarbeit zum Schutz und zur vertraglichen Nutzung der Donau zwischen der Gemeinschaft und Drittländern gemäß Art. 300 Abs. 2 S. 1 i.V.m. 174 Abs. 1 EG. Spanien klagte gegen den Beschluss des Rates mit der Begründung, der Rat habe sich für den Erlass des Rechtsaktes auf eine ungeeignete Vertragsbestimmung gestützt, zutreffenderweise hätte die Genehmigung durch einstimmigen Ratsbeschluss Art. 300 Abs. 2 i.V.m. 175 Abs. 2 EG erteilt werden müssen. Beantragt wurde die Nichtigerklärung des Beschlusses. Die Klage wurde abgewiesen.

**Aus den Entscheidungsgründen:**

(S. 825) [41] Mit dem angefochtenen Beschluss genehmigte der Rat, wie in Artikel 130r Absatz 4 EG-Vertrag vorgesehen, ein zwischen der Gemeinschaft und Drittländern geschlossenes Abkommen gemäß Artikel 228 EG-Vertrag.

[42] Für das Verfahren des Abschlusses eines solchen Abkommens bestimmt Artikel 228 Absatz 2 EG-Vertrag, dass der Rat einstimmig beschließt, wenn das Abkommen einen Bereich betrifft, in dem für die Annahme interner Vorschriften Einstimmigkeit erforderlich ist, sowie im Fall der in Artikel 238 EG-Vertrag (jetzt Artikel 310 EG) genannten Abkommen. In den übrigen Fällen beschließt er mit qualifizierter Mehrheit.

[43] Es ist demnach zu prüfen, ob den Bestimmungen des Übereinkommens entsprechende interne Gemeinschaftsvorschriften auf der Grundlage von Artikel 130s Absatz 1 EG-Vertrag, wonach der Rat im Verfahren nach Artikel 189c EG-Vertrag (jetzt Artikel 252 EG), also mit qualifizierter Mehrheit, beschließt, oder von Artikel 130s Absatz 2 EG-Vertrag, wonach der Rat einstimmig beschließt, zu erlassen wären.

[44] Hierfür ist erstens der jeweilige Anwendungsbereich der Absätze 1 und 2 des Artikels 130s EG-Vertrag abzugrenzen und zweitens die Rechtsgrundlage zu prüfen, auf der das Übereinkommen genehmigt wurde.

(…)

(S. I-828) [58] Nach ständiger Rechtsprechung muss sich im Rahmen des Zuständigkeitssystems der Gemeinschaft die Wahl der

Rechtsgrundlage eines Rechtsakts auf objektive, gerichtlich nachprüfbare Umstände gründen. Zu diesen Umständen gehören (S. I-829)
insbesondere das Ziel und der Inhalt des Rechtsakts (vgl. z.B. Urteil
vom 4. April 2000 in der Rechtssache C-269/97, Kommission/Rat.
Slg. 2000, I-2257, Randnr. 43).

[59] Ergibt die Prüfung eines gemeinschaftlichen Rechtsakts, dass
er zwei Zielsetzungen hat oder zwei Komponenten umfasst, und lässt
sich eine von diesen als die wesenliche oder überwiegende ausmachen,
während die andere nur von untergeordneter Bedeutung ist, so ist der
Rechtsakt auf nur eine Rechtsgrundlage zu stützen, und zwar auf die,
die die wesentliche oder überwiegende Zielsetzung oder Komponente
erfordert (vgl. in diesem Sinne Urteil vom 23. Februar 1999 in der
Rechtssache C-42/97, Parlament/Rat, Slg. 1999, I-869, Randnrn. 39
und 40).

(...)

(S. 834) [75] Den Bestimmungen des Übereinkommens entsprechende interne Gemeinschaftsvorschriften würden somit auf der
Grundlage von Artikel 130s Absatz 1 EG-Vertrag erlassen. Der Rat
hat sich deshalb für die Genehmigung des Übereinkommens zu Recht
auf Artikel 228 Absatz 2 Satz 1 und Absatz 3 Unterabsatz 1 EG-Vertrag gestützt.

## 71   Gutachten 2/00 (Cartagena Protokoll), Gutachten des Gerichtshofes vom 06. 12. 2001 – Slg. 2001, S. I-9713.

**Vorbemerkungen:** *Das Cartagena Protokoll über Biosicherheit wurde
sowohl von den Mitgliedstaaten der Gemeinschaft als auch von dieser
selbst unterzeichnet (sog. gemischtes Übereinkommen). Die Kommission beantragte in diesem Zusammenhang bei dem Gerichtshof ein
Gutachten nach Art. 300 Abs. 6 EG. Sie wollte wissen, auf welche Norm
der Abschluss des Protokolls zu stützen ist. Während die Kommission
eine überwiegende EG-Kompetenz für den Abschluss und die Durchführung unterstellte und Art. 133 und Art. 174 Abs. 4 EG als Kompe-
tenznorm ansah, hielten einige Mitgliedstaaten Art. 175 Abs. 1 EG für
einschlägig und sahen damit eine überwiegende mitgliedstaatliche
Kompetenz gegeben. Das Hauptproblem lag demnach in der Abgrenzung der Umwelt- von der Handelspolitik. Der Gemeinschaft kommt
nach Art. 133 EG im Bereich der Handelspolitik eine ausschließliche*

*Kompetenz zu, während ihr im Bereich der Umwelthandelspolitik nach Art. 174 Abs. 4 UAbs. 2 EG nur eine kumulativ konkurrierende Kompetenz zusteht. Eine Doppelabstützung lässt der EuGH nicht zu, für eine Abgrenzung kommt es auf objektive und gerichtlich nachprüfbare Umstände an (Fall 70, Rn. 58 f.). Werden mit einem Übereinkommen verschiedene Ziele verfolgt, so ist grundsätzlich diejenige Rechtsgrundlage zu wählen, welche der Zielsetzung am nächsten kommt. Der EuGH sah in dem Cartagena Protokoll in erster Linie eine umweltpolitische Maßnahme und hielt eine Abstützung des Abschlusses auf Art. 175 Abs. 1 EG für geboten.*

**Sachverhalt:** Die Europäische Gemeinschaft und ihre Mitgliedstaaten unterzeichneten am 24.05.2000 das Cartagena Protokoll über Biosicherheit (CPBS). Dieses wurde im Rahmen der Biodiversitätskonvention der Vereinten Nationen vereinbart. Als Rechtsgrundlagen für den Beschluss des Rates über den Abschluss eines entsprechenden Abkommens kamen neben Art. 175 EG auch 113,174 EG in Betracht. Weiterhin beanspruchten einige Mitgliedstaaten für einige geregelte Materien auch eine ausschließlich mitgliedstaatliche Abschlusskompetenz, so dass von einer gemischten Zuständigkeit zwischen den Mitgliedstaaten und der Gemeinschaft auszugehen war. Die Kommission ersuchte aus diesem Grund den EuGH gemäß Art. 300 Abs. 6 EG um ein Gutachten über die geeignetste Rechtsgrundlage für den Beschluss des Rates über den Abschluss des Protokolls und über den Umfang der Zuständigkeiten der Mitgliedstaaten der EG im Bereich des Umweltschutzes.

**Aus den Entscheidungsgründen:**

(S. I-9752) [1] Aus den gestellten Fragen geht hervor, dass der Gerichtshof im Wesentlichen aufgefordert wird, sich zum einen zur Wahl der geeigneten Rechtsgrundlage des Rechtsakts zu äußern, mit dem der Rat das Protokoll abschließen möchte, und insbesondere zu der Frage, ob die Zustimmung der Gemeinschaft, durch das Protokoll gebunden zu sein, auf die Artikel 133 EG und 174 Absatz 4 EG zu stützen ist, und zum anderen zu prüfen, ob die Zuständigkeiten, die die Mitgliedstaaten aufgrund ihrer Teilnahme am Protokoll neben der Gemeinschaft weiterhin ausüben, in Anbetracht der erfassten Bereiche im Verhältnis zu den Zuständigkeiten der Gemeinschaft den Charakter einer Restzuständigkeit oder einer überwiegenden Zuständigkeit haben.

(…)

(S. I-9753) [4] Im vorliegenden Fall bezweifeln weder die Kommission noch die Mitgliedstaaten, die Stellungnahmen eingereicht haben, der Rat oder das Parlament, dass die Gemeinschaft für die Genehmigung des Protokolls zuständig ist. Auch die Vereinbarkeit der materiellen Bestimmungen des Protokolls mit dem Vertrag wird vor dem Gerichtshof nicht in Frage gestellt. Streitig ist nur, welche Grundlage die Zuständigkeit der Gemeinschaft hat, ob sie ausschließlich oder geteilt ist und wie sie gegen die Zuständigkeit der Mitgliedstaaten abzugrenzen ist.

[5] Die Wahl der geeigneten Rechtsgrundlage hat verfassungsrechtliche Bedeutung. Da die Gemeinschaft nur über begrenzte Ermächtigungen verfügt, muss sie das Protokoll mit einer Bestimmung des EG-Vertrags verknüpfen, die sie ermächtigt, einen derartigen Rechtsakt zu genehmigen. Die Heranziehung einer falschen Rechtsgrundlage kann daher zur Ungültigkeit des Abschlussaktes selbst und damit der Zustimmung der Gemeinschaft führen, durch das von ihr geschlossene Abkommen gebunden zu sein. Dies ist insbesondere dann der Fall, wenn der Vertrag der Gemeinschaft keine ausreichende Zuständigkeit zur Ratifizierung des gesamten Abkommens verleiht, so dass die Verteilung der Zuständigkeiten zwischen der Gemeinschaft und den Mitgliedstaaten für den Abschluss des geplanten Abkommens mit Drittländern zu prüfen ist, oder wenn die für diesen Abschlussakt geeignete Rechtsgrundlage ein anderes als das von den Gemeinschaftsorganen tatsächlich angewandte Rechtsetzungsverfahren vorsieht.

[6] Wäre der Akt über den Abschluss des Abkommens wegen einer falschen Rechtsgrundlage unwirksam, so könnte dies nämlich sowohl auf Gemeinschaftsebene als auch in der Völkerrechtsordnung zu Verwicklungen führen, die durch das in Artikel 300 Absatz 6 EG vorgesehene außergewöhnliche Verfahren einer vorherigen Anrufung des Gerichtshofes gerade verhindert werden sollen (vgl. Gutachten 1/75, S. 1360 und 1361, sowie Gutachten 2/94 vom 28. März 1996, Slg. 1996, I-1759, Randnrn. 3 bis 6).

(...)

(S. I-9757) [22] Nach ständiger Rechtsprechung darf die Wahl der Rechtsgrundlage eines Rechtsakts – einschließlich des Rechtsakts, der im Hinblick auf den Abschluss eines völkerrechtlichen Vertrages erlassen wird – nicht allein auf der Überzeugung seines Verfassers beruhen, sondern muss sich auf objektive, gerichtlich nachprüfbare Umstände gründen. Zu diesen Umständen gehören insbesondere das Ziel und der Inhalt des Rechtsakts (vgl. Urteil Portugal/Rat, Randnr. 22, Urteil vom 4. April 2000 in der Rechtssache C-269/97, Kommission/Rat, Slg. 2000, I-2257, Randnr. 43, und Urteil Spanien/Rat, Randnr. 58).

[23] Ergibt die Prüfung eines gemeinschaftlichen Rechtsakts, dass er zwei Zielsetzungen verfolgt oder zwei Komponenten hat, und lässt sich eine davon als (S I-9758) wesentliche oder überwiegende ausmachen, während die andere nur von untergeordneter Bedeutung ist, so ist der Rechtsakt nur auf eine Rechtsgrundlage zu stützen, und zwar auf die, die die wesentliche oder überwiegende Zielsetzung oder Komponente erfordert (vgl. Urteil Abfallrichtlinie", Randnrn. 19 und 21, Urteil vom 23. Februar 1999 in der Rechtssache C-42/97, Parlament/Rat, Slg. 1999, I-869, Randnrn. 39 und 40, sowie Urteil Spanien/Rat, Randnr. 59). Ist dargetan, dass mit dem Rechtsakt gleichzeitig mehrere Ziele verfolgt werden, die untrennbar miteinander verbunden sind, ohne dass das eine im Verhältnis zum anderen zweitrangig ist und mittelbaren Charakter hat, so kann ein solcher Rechtsakt ausnahmsweise auf die verschiedenen einschlägigen Rechtsgrundlagen gestützt werden (in diesem Sinne auch Urteile Titandioxid", Randnrn. 13 und 17, und Parlament/Rat vom 23. Februar 1999, Randnr. 38).

(...)

(S. I-9759) [27] Das Übereinkommen, das im Übrigen von der Gemeinschaft auf der Grundlage von Artikel 130s EG-Vertrag abgeschlossen wurde, ist unstreitig ein Rechtsakt, der zum Bereich des Umweltschutzes gehört. Es ist das Ergebnis der Konferenz der Vereinten Nationen über Umwelt und Entwicklung (UNCED), die im Juni 1992 in Rio de Janeiro stattfand. Nach Artikel 1 des Übereinkommens sind dessen Ziele die Erhaltung der biologischen Vielfalt, die nachhaltige Nutzung ihrer Bestandteile und die ausgewogene und gerechte Aufteilung der sich aus der Nutzung der genetischen Ressourcen ergebenden Vorteile".

(...)

(S. I-9761) [34] Aus der Prüfung des Zusammenhangs, der Zielsetzung und des Inhalts des Protokolls in den Randnummern 26 bis 33 des vorliegenden Gutachtens folgt somit, dass die wesentliche Zielsetzung oder Komponente des Protokolls der Schutz der biologischen Vielfalt vor den schädlichen Auswirkungen ist, die sich aus Tätigkeiten ergeben könnten, bei denen mit LVO umgegangen wird; dies gilt insbesondere für deren grenzüberschreitende Verbringung.

[35] Die Kommission ist jedoch der Ansicht, dass das Protokoll im Wesentlichen dem Bereich der Regelung des internationalen Handels zuzuordnen sei. Sie verweist hierzu auf die Rechtsprechung des Gerichtshofes, der seit langem eine weite Auslegung des Begriffes der gemeinsamen Handelspolitik vertrete (vgl. Gutachten 1/78, Randnr. 45). Die Tatsache, dass mit einer den internationalen Handel mit be-

stimmten Erzeugnissen betreffenden Regelung im Wesentlichen nicht handelsbezogene Ziele – wie z.b. der Schutz der Umwelt oder der menschlichen Gesundheit, die Entwicklungszusammenarbeit, außen- und sicherheitspolitische Zwecke oder agrarpolitische Ziele – verfolgt würden, könne nicht dazu führen, dass die ausschließliche Zuständigkeit der Gemeinschaft entfalle und die Heranziehung z.b. von Artikel 175 EG gerechtfertigt sei, wenn die fraglichen Maßnahmen speziell zur Regelung des Außenhandels der Gemeinschaft dienten (in diesem Sinne auch Urteil Kommission/Rat vom 26. März 1987, Randnrn. 16 bis 20, Urteil Tschernobyl", Randnrn. 17 bis 20, Urteil Werner, Randnrn. 8 bis 11, Urteil Leifer u.a., Randnrn. 8 bis 11, Urteil Centro-Com, Randnrn. 26 bis 29, sowie Gutachten 1/78, Randnrn. 41 bis 46, und 1/94, Randnrn. 28 bis 34). Mit Maßnahmen zur Regelung des internationalen Warenhandels würden in der Praxis häufig mehrere unterschiedliche Ziele verfolgt, was jedoch nicht bedeute, dass sie auf der Grundlage der verschiedenen Vertragsbestimmungen, die diesen Zielen gewidmet seien, angenommen werden müssten.

(...)

(S. I-9763) [40] Zweitens sind der Umstand, dass mit zahlreichen völkerrechtlichen Handelsabkommen mehrere Ziele verfolgt werden, und die weite Auslegung des Begriffes der gemeinsamen Handelspolitik in der Rechtsprechung des Gerichtshofes nicht geeignet, die Feststellung in Frage zu stellen, dass das Protokoll ein hauptsächlich die Umweltpolitik betreffendes Instrument ist, selbst wenn die Sicherheitsmaßnahmen den Handel mit LVO beeinträchtigen können. Folgte man der Auslegung der Kommission, so würden die besonderen Bestimmungen des EG-Vertrags zur Umweltschutzpolitik eines Großteils ihrer Substanz beraubt, denn sobald feststünde, dass die Maßnahme der Gemeinschaft Auswirkungen auf den Handelsverkehr haben kann, müsste das geplante Abkommen zu der Kategorie von Abkommen gezählt werden, die unter die gemeinsame Handelspolitik fallen. Insoweit ist darauf hinzuweisen, dass die Umweltpolitik in Artikel 3 Absatz 1 Buchstabe l EG ebenso ausdrücklich erwähnt wird wie die gemeinsame Handelspolitik in Buchstabe b dieser Bestimmung.

[41] Drittens können die praktischen Schwierigkeiten bei der Durchführung gemischter Abkommen, auf die sich die Kommission zur Rechtfertigung der Heranziehung von Artikel 133 EG – der der Gemeinschaft eine ausschließliche Zuständigkeit im Bereich der gemeinsamen Handelspolitik verleiht – beruft, nicht als relevant für die Wahl der Rechtsgrundlage eines Rechtsakts der Gemeinschaft angesehen werden (vgl. Gutachten 1/94, Randnr. 107).

(S. I-9764) [42] Aus allen vorstehenden Erwägungen folgt vielmehr, dass der Abschluss des Protokolls im Namen der Gemeinschaft auf eine einheitliche Rechtsgrundlage gestützt werden muss, die sich speziell auf die Umweltpolitik bezieht.

[43] Hierzu hat der Gerichtshof bereits entschieden (vgl. Urteile Peralta, Randnr. 57, und Safety Hi-Tech, Randnr. 43), dass Artikel 174 EG die im Rahmen der Umweltpolitik zu verfolgenden Ziele festlegt, während Artikel 175 EG die Rechtsgrundlage darstellt, auf der die Rechtsakte der Gemeinschaft erlassen werden. Artikel 174 Absatz 4 EG sieht zwar ausdrücklich vor, dass die Einzelheiten der Zusammenarbeit der Gemeinschaft „mit dritten Ländern und internationalen Organisationen Gegenstand von Abkommen … sein [können], die nach Artikel 300 ausgehandelt und geschlossen werden". Im vorliegenden Fall beschränkt sich das Protokoll jedoch nicht auf die Festlegung von Einzelheiten der Zusammenarbeit" im Bereich des Umweltschutzes, sondern stellt u.a. genaue Regeln für die Kontrollverfahren im Bereich der grenzüberschreitenden Verbringung, der Risikobeurteilung und -bewältigung sowie von Handhabung, Transport, Verpackung und Identifizierung der LVO auf.

[44] Folglich ist Artikel 175 Absatz 1 EG die geeignete Rechtsgrundlage für den Abschluss des Protokolls im Namen der Gemeinschaft.

[45] Daher ist noch zu prüfen, ob die Gemeinschaft gemäß Artikel 175 EG über eine ausschließliche Zuständigkeit für den Abschluss des Protokolls verfügt, weil im Rahmen der Gemeinschaft Akte abgeleiteten Rechts erlassen wurden, die den Bereich der biologischen Sicherheit abdecken und die beeinträchtigt werden könnten, wenn die Mitgliedstaaten am Verfahren zum Abschluss des Protokolls mitwirkten (vgl. Urteil AETR", Randnr. 22).

(S. I-9765) [46] Hierzu genügt, wie die Regierung des Vereinigten Königreichs und der Rat zutreffend ausgeführt haben, die Feststellung, dass die auf Gemeinschaftsebene im Geltungsbereich des Protokolls durchgeführte Harmonisierung diesen Bereich jedenfalls nur ganz partiell abdeckt (vgl. die Richtlinien 90/219 und 90/220 sowie die Richtlinie 2001/18/EG des Europäischen Parlaments und des Rates vom 12. März 2001 über die absichtliche Freisetzung genetisch veränderter Organismen in die Umwelt [ABl. L 106, S. 1], durch deren Artikel 36 Absatz 1 die Richtlinie 90/220 aufgehoben wird).

[47] Aus den vorstehenden Erwägungen folgt, dass die Zuständigkeit für den Abschluss des Protokolls zwischen der Gemeinschaft und ihren Mitgliedstaaten geteilt ist.

## 3. Geltung und unmittelbare Anwendbarkeit der völkerrechtlichen Abkommen im Gemeinschaftsrecht, insbesondere im Rahmen der WTO

**72   Rs. 104/81 (Hauptzollamt Mainz ⁒ Kupferberg; „Kupferberg I"),**
Urteil des Gerichtshofes vom 26. 10. 1982 – Slg. 1982, S. 3641.

**Vorbemerkungen:** *In diesem Verfahren stellte sich die gemeinschaftsrechtliche Frage, ob ein zwischen der Gemeinschaft und Portugal bestehendes Freihandelsabkommen, welches auf der Grundlage des Art. 133 EG geschlossen worden war, unmittelbar anwendbares Gemeinschaftsrecht sein kann und ob das Abkommen den einzelnen Marktbürgern Rechte verleihen kann. Der Gerichtshof bejaht hier auch für auf der Grundlage von Art. 133 EG geschlossene völkerrechtliche Übereinkommen grundsätzlich die unmittelbare Geltung und Anwendbarkeit im Gemeinschaftsrecht, indem er sie als einen Bestandteil der Gemeinschaftsordnung einstufte, auf die der Einzelne sich berufen kann. Allerdings unterwarf er auch hier das in Frage stehende Freihandelsabkommen einer genauen Prüfung, ob die in Frage stehende Bestimmung des Abkommens eine unbedingte und eindeutige Verpflichtung zum Gegenstand hat.*

**Sachverhalt:** Die Firma Kupferberg fertigte – vor dem EG-Beitritt Portugals – eine Ladung Portwein zum freien Verkehr in der Bundesrepublik Deutschland ab, woraufhin das zuständige Hauptzollamt den sog. Monopolausgleich in Höhe des Satzes der innerstaatlichen Branntweinsteuer erhob. Nachdem sich das Finanzgericht auf die gegen diesen Bescheid durch die Firma Kupferberg erhobene Klage bei der Berechnung des Abgabensatzes nicht auf die diesbezüglichen deutschen gesetzlichen Regelungen, sondern auf Art. 31 und 90 EG i.V.m. Art. 21 des Freihandelsabkommens vom 22.07.1972 zwischen der EWG und der Portugiesischen Republik stützte und dabei die unmittelbare Wirkung und Anwendbarkeit der letztgenannten Bestimmung bejahte, legte das Hauptzollamt Revision beim Bundesfinanzhof ein. Der Bundesfinanzhof legte dem EuGH im Rahmen des Vorabentscheidungsverfahrens nach Art. 234 EG die Frage nach der unmittelbaren Anwendbarkeit dieses Abkommens im Gemeinschaftsrecht und der für den Gemeinschaftsbürger daraus möglicherweise resultierenden Rechte vor. Der EuGH bejahte die unmittelbare Anwendbarkeit sowie die Geeignetheit, den einzelnen Wirtschaftsteilnehmern Rechte zu verleihen, die von den nationalen Gerichten zu schützen sind.

**Aus den Entscheidungsgründen:**

(S. 3662) [11] Im Vertrag zur Gründung der Gemeinschaft ist den Organen die Befugnis übertragen worden, nicht nur innerhalb der Gemeinschaft anwendbare Rechtsakte zu erlassen, sondern auch gemäß den Bestimmungen des Vertrages Abkommen mit dritten Ländern und internationalen Organisationen abzuschließen. Nach Artikel 228 Absatz 1 sind die Mitgliedstaaten und diese Organe an diese Abkommen in gleicher Weise gebunden. Folglich haben sowohl die Gemeinschaftsorgane als auch die Mitgliedstaaten zu gewährleisten, daß die Verpflichtungen aus derartigen Abkommen eingehalten werden.

(...)

[13] Indem die Mitgliedstaaten dafür sorgen, daß die Verpflichtungen aus einem von den Gemeinschaftsorganen geschlossenen Abkommen eingehalten werden, erfüllen sie eine Pflicht, die nicht nur dem betroffenen Drittland, sondern auch und vor allem der Gemeinschaft gegenüber besteht, die die Verantwortung für die ordnungsgemäße Durchführung des Abkommens übernommen hat. Insoweit bilden die Bestimmungen eines solchen Abkommens, wie der Gerichtshof bereits in seinem Urteil vom 30. April 1974 (in der Rechtssache 181/73, Haegeman, Slg. 1974, S. 449) entschieden hat, einen integrierenden Bestandteil der Gemeinschaftsrechtsordnung.

[14] Wegen ihres gemeinschaftsrechtlichen Charakters können diese vertraglichen Bestimmungen innerhalb der Gemeinschaft keine unterschiedlichen Rechtswirkungen entfalten, je nachdem, ob sie in der Praxis von den Gemeinschaftsorganen oder von den Mitgliedstaaten anzuwenden sind, und im letztgenannten Fall je nachdem, welche Wirkungen das Recht des jeweiligen Mitgliedstaats den von diesem abgeschlossenen internationalen Abkommen innerhalb der innerstaatlichen Rechtsordnung zuerkennt. Es ist also Sache (S. 3663) des Gerichtshofes, im Rahmen seiner Zuständigkeit zur Auslegung der Bestimmungen von Abkommen deren einheitliche Anwendung innerhalb der gesamten Gemeinschaft sicherzustellen.

(...)

(S. 3664) [19] Wie die Regierungen hervorgehoben haben, werden im Rahmen der Freihandelsabkommen Gemischte Ausschüsse eingesetzt, die gemäß den Abkommen mit deren Durchführung beauftragt sind und für deren ordnungsgemäße Erfüllung sorgen. Zu diesem Zweck können sie Empfehlungen aussprechen und in den in dem betreffenden Abkommen ausdrücklich vorgesehenen Fällen Beschlüsse fassen.

[20] Die Tatsache allein, daß die Vertragsparteien einen besonderen institutionellen Rahmen für Konsultationen und Verhandlungen untereinander über die Durchführung des Abkommens geschaffen haben, reicht nicht aus, jegliche Anwendung dieses Abkommens durch die Gerichte auszuschließen. Wendet ein Gericht einer Vertragspartei auf einen konkreten, vor ihm anhängigen Rechtsstreit eine Bestimmung des Abkommens an, die eine *unbedingte* und *eindeutige* Verpflichtung zum Gegenstand hat und deshalb keine vorherige Einschaltung des Gemischten Ausschusses erforderlich macht, so werden dadurch die diesem Ausschuß durch das Abkommen übertragenen Kompetenzen nicht geschmälert.

(...)

(S. 3665) [22] Aus all diesen Erwägungen folgt, daß weder die Rechtsnatur noch die Systematik des Abkommens mit Portugal dem entgegenstehen könnte, daß sich ein Wirtschaftsteilnehmer vor einem Gericht in der Gemeinschaft auf eine Bestimmung dieses Abkommens beruft.

[23] Dessen ungeachtet muß jedoch die Frage, ob eine derartige Bestimmung unbedingt und hinreichend klar gefaßt ist, um unmittelbare Wirkung zu entfalten, im Rahmen des Abkommens geprüft werden, zu dem die Bestimmung gehört. Um die Vorabentscheidungsfrage nach der unmittelbaren Wirkung von Artikel 21 Absatz 1 des Abkommens zwischen der Gemeinschaft und Portugal zu beantworten, ist daher zunächst diese Vorschrift sowohl im Hinblick auf den Sinn und Zweck des Abkommens als auch auf seinen Zusammenhang zu untersuchen.

[24] Zweck dieses Abkommens ist es, ein System des Freihandels zu schaffen, in dessen Rahmen die den Handelsverkehr beschränkenden Regelungen nahezu für den gesamten Handel mit Ursprungserzeugnissen der Vertragsparteien abgeschafft werden, und zwar vor allem durch Beseitigung der Zölle und Abgaben gleicher Wirkung sowie der mengenmäßigen Beschränkungen und Maßnahmen gleicher Wirkung.

[25] In diesem Zusammenhang soll Artikel 21 Absatz 1 des Abkommens verhindern, dass die durch die Beseitigung der Zölle und Abgaben gleicher Wirkung sowie der mengenmäßigen Beschränkungen und Maßnahmen gleicher Wirkung erreichte Liberalisierung des Warenhandels durch steuerliche Praktiken der Vertragsparteien vereitelt wird. Das wäre nämlich der Fall, wenn das eingeführte Erzeugnis einer Partei mit einer höheren Abgabe belastet würde als die gleichartigen inländischen Erzeugnisse, auf die es auf dem Markt der anderen Partei trifft.

[26] Deshalb begründet Artikel 21 Absatz 1 des Abkommens für die Vertragsparteien eine unbedingte Verpflichtung zur Nichtdiskriminierung im steuerlichen Bereich, die allein von der Feststellung abhängt, dass die einem bestimmten Steuersystem unterliegenden Erzeugnisse einander gleichartig sind, und deren Grenzen sich unmittelbar aus dem Zweck des Abkommens ergeben. Diese Bestimmung kann als solche von einem Gericht angewandt werden und kann daher unmittelbare Wirkungen in der gesamten Gemeinschaft erzeugen. (S. 3666) [27] Der erste Teil der ersten Vorabentscheidungsfrage ist also dahin zu beantworten, daß Artikel 21 Absatz 1 des Abkommens zwischen der Gemeinschaft und Portugal unmittelbar anwendbar und geeignet ist, den einzelnen Wirtschaftsteilnehmern Rechte zu verleihen, die von den Gerichten zu schützen sind.

**Rs. 12/86 (Demirel ⁄ Stadt Schwäbisch Gmünd),**    **73**
**Urteil des Gerichtshofes vom 30. 09. 1987 – Slg. 1987, S. 3719.**

**Vorbemerkungen:** *In der Rs. Demirel hat der EuGH vor dem Hintergrund des am 12. September 1963 zwischen der Türkei, den Mitgliedstaaten und der Gemeinschaft geschlossenen Assoziierungsabkommens (ABl. Nr. L EG 1964 S. 3687) zur Frage der unmittelbaren Anwendbarkeit von Bestimmungen dieses Abkommens im Rahmen des Gemeinschaftsrechts Stellung genommen. Er greift in diesem Zusammenhang auf die bereits entwickelten allgemeinen Kriterien zurück, nach denen Bestimmungen eines völkerrechtlichen Abkommens eine derartige unmittelbare Anwendbarkeit haben können, und stützt sich hierbei im Wesentlichen auf die Bestimmtheit und Verbindlichkeit der jeweiligen Bestimmung. Abzugrenzen sei diese von bloßen Programmsätzen, denen keinerlei hinreichende Bestimmtheit zukommen könne. Bei den hier konkret in Frage stehenden Normen des Assoziierungsabkommens EWG-Türkei (Art. 12 i.V.m. Art.7) verneint der Gerichtshof im Ergebnis zwar eine derartige hinreichende Bestimmtheit; die Entscheidung erlangt ihre Relevanz jedoch durch die in ihr erneut ausgesprochene allgemeine Anerkennung einer unmittelbaren Wirkung derartiger völkerrechtlicher Abkommen.*

**Sachverhalt:** Im Jahre 1963 schlossen die Gemeinschaft, die Mitgliedstaaten und die Türkei ein Assoziierungsabkommen. Nach Art. 12 des Abkommens werden die Vertragsparteien schrittweise die Freizügigkeit von

Arbeitnehmern herstellen, die konkrete Ausformung sollte jedoch einem Assoziationsrat überlassen werden. Die Klägerin des Ausgangsverfahrens, die türkische Ehefrau eines in Deutschland arbeitenden türkischen Staatsbürgers, berief sich im Klageverfahren gegen die Ausreiseverfügung der Stadt Schwäbisch Gmünd auf Art. 12 des Abkommens. Das VG Stuttgart legte dem EuGH u.a. die Frage vor, ob das Assoziierungsabkommen ein gemeinschaftsrechtlich unmittelbar geltendes innerstaatliches Verbot für die Einführung von Freizügigkeitsbeschränkungen gegenüber in einem Mitgliedstaat legal lebenden türkischen Arbeitnehmern beinhalte. Dies wurde vom EuGH verneint, da die betroffenen Artikel nur eine allgemeine Verpflichtung beinhalten.

## Aus den Entscheidungsgründen:

(S. 3752) [13] Die erste Frage des vorlegenden Gerichts geht im wesentlichen dahin, ob Artikel 12 des Abkommens und Artikel 36 des Protokolls in Verbindung mit Artikel 7 des Abkommens in der innerstaatlichen Rechtsordnung der Mitgliedstaaten unmittelbar anwendbare gemeinschaftsrechtliche Vorschriften sind.

[14] Eine Bestimmung eines von der Gemeinschaft mit Drittländern geschlossenen Abkommens ist als unmittelbar anwendbar anzusehen, wenn sie unter Berücksichtigung ihres Wortlauts und im Hinblick auf den Sinn und Zweck des Abkommens eine klare und eindeutige Verpflichtung enthält, deren Erfüllung oder deren Wirkungen nicht vom Erlaß eines weiteren Aktes abhängen.

[15] Das in Rede stehende Abkommen umfaßt nach seinen Artikeln 2 bis 5 eine Vorbereitungsphase, die es der Türkei ermöglichen soll, ihre Wirtschaft mit Hilfe der Gemeinschaft zu festigen, eine Übergangsphase, die der schrittweisen Errichtung einer Zollunion und der Annäherung der Wirtschaftspolitiken gewidmet ist, und eine Endphase, die auf der Zollunion beruht und eine verstärkte Koordinierung der Wirtschaftspolitiken einschließt.

[16] Das Abkommen ist seinem Aufbau und seinem Inhalt nach dadurch gekennzeichnet, daß es allgemein die Ziele der Assoziierung nennt und Leitlinien für die Verwirklichung dieser Ziele festlegt, ohne selbst genaue Regeln dafür aufzustellen, wie diese Verwirklichung zu erreichen ist. Nur in bestimmten Einzelbereichen treffen die beigefügten Protokolle, an deren Stelle das Zusatzprotokoll getreten ist, eingehende Regelungen.

[17] Nach Artikel 22 ist der Assoziationsrat, der aus Mitgliedern der Regierungen der Mitgliedstaaten, des Rates und der Kommission der europäischen Gemeinschaften einerseits und Mitgliedern der tür-

kischen Regierung andererseits besteht, zur Verwirklichung der Ziele des Abkommens befugt, Beschlüsse zu fassen.

[18] Titel II des Abkommens, der der Durchführung der Übergangsphase gewidmet ist, umfaßt neben zwei Kapiteln, die sich auf die Zollunion und auf die Landwirtschaft beziehen, ein drittes Kapitel, das sonstige Bestimmungen wirtschaftlicher Art enthält und zu dem Artikel 12 über die Freizügigkeit der Arbeitnehmer gehört.

(S. 3753) [19] Nach Artikel 12 des Abkommens vereinbaren die Vertragsparteien, sich von den Artikeln 48, 49 und 50 des Vertrages zur Gründung der Gemeinschaft leiten zu lassen, um untereinander die Freizügigkeit der Arbeitnehmer schrittweise herzustellen.

[20] Artikel 36 des Protokolls sieht vor, daß die Freizügigkeit nach den Grundsätzen des Artikels 12 des Assoziierungsabkommens zwischen dem Ende des zwölften und dem Ende des zweiundzwanzigsten Jahres nach dem Inkrafttreten des Abkommens schrittweise hergestellt wird und daß der Assoziationsrat die hierfür erforderlichen Regeln festlegt.

[21] Artikel 36 des Protokolls verleiht allein dem Assoziationsrat die Zuständigkeit für den Erlaß genauer Regeln für eine schrittweise Herstellung der Freizügigkeit der Arbeitnehmer nach Maßgabe politischer und wirtschaftlicher Überlegungen, die insbesondere mit der schrittweisen Errichtung der Zollunion und der Annäherung der Wirtschaftspolitiken zusammenhängen, und nach den Regeln, die dieser Rat gegebenenfalls für erforderlich hält.

[22] Der einzige Beschluß, den der Assoziationsrat auf diesem Gebiet gefaßt hat, ist der Beschluß Nr. 1/80 vom 19. September 1980, der neue Beschränkungen der Bedingungen für den Zugang zum Arbeitsmarkt gegenüber türkischen Arbeitnehmern, die ordnungsgemäß in den Arbeitsmarkt der Mitgliedstaaten integriert sind, verbietet. Für den Bereich der Familienzusammenführung ist dagegen kein derartiger Beschluß gefaßt worden.

[23] Bei der Prüfung des Artikels 12 des Abkommens und des Artikels 36 des Protokolls zeigt sich also, daß diese Bestimmungen im wesentlichen Programmcharakter haben und keine hinreichend genauen, nicht an Bedingungen geknüpfte Vorschriften sind, die die Freizügigkeit der Arbeitnehmer unmittelbar regeln könnten.

[24] Unter diesen Umständen läßt sich aus Artikel 7 des Abkommens kein Verbot der Einführung neuer Beschränkungen für die Familienzusammenführung herleiten. Dieser Artikel, der zu Titel I des Abkommens über die Grundsätze der Assoziation gehört, sieht lediglich ganz allgemein vor, daß die Vertragsparteien alle geeigneten Maß-

nahmen allgemeiner oder besonderer Art zur Erfüllung der Verpflichtungen aus dem Abkommen treffen und alle Maßnahmen unterlassen, welche die Verwirklichung der Ziele des Abkommens gefährden könnten. Durch diese Bestimmung (S. 3754), die den Vertragsparteien nur eine allgemeine Verpflichtung auferlegt, zur Verwirklichung der Ziele des Abkommens zusammenzuarbeiten, können den einzelnen nicht unmittelbar Rechte eingeräumt werden, die ihnen nicht bereits durch andere Bestimmungen des Abkommens zuerkannt werden.

[25] Auf die erste Frage ist folglich zu antworten, daß Artikel 12 des Abkommens und Artikel 36 des Protokolls in Verbindung mit Artikel 7 des Abkommens keine in der innerstaatlichen Rechtsordnung der Mitgliedstaaten unmittelbar anwendbaren gemeinschaftsrechtlichen Vorschriften sind.

**74    Rs. C-280/93 (Deutschland ╱ Rat; „Bananenmarktordnung"), Urteil des Gerichtshofes vom 05. 10. 1994 – Slg. 1994, S. I-4973.**

**Vorbemerkungen:** *Der Gerichtshof hat in der „Bananenmarktentscheidung" auch für die übrigen Bestimmungen des GATT festgestellt, dass diese spezielle völkerrechtliche Übereinkunft wegen ihrer Besonderheiten als internationales Handelsabkommen als Prüfungsmaßstab für die Gültigkeit von Gemeinschaftsrechtsakten nicht in Betracht kommt. Lehrreich ist die Entscheidung in diesem Zusammenhang deshalb, weil sie nochmals die bislang vom Gerichtshof entwickelten Kriterien für die Bejahung einer unmittelbaren Anwendbarkeit von internationalen Abkommen im Rahmen des Gemeinschaftsrechts verdeutlicht und sie zugleich auf die Nichtigkeitsklage der nach Art. 230 Abs. 1 EG privilegierten Klageberechtigten ausdehnt.*

**Sachverhalt:** Die Bundesrepublik Deutschland wendet sich im Wege der Nichtigkeitsklage gegen die Verordnung 404/93 (EWG) des Rates über die gemeinsame Marktorganisation für Bananen. Diese Verordnung belegt u.a. die über ein bestimmtes Kontingent hinausgehende Einfuhr von Bananen aus bestimmten Drittländern – aus denen die Bundesrepublik bislang vorrangig ihre Bananen bezog – mit einem hohen Zoll. Die Bundesrepublik Deutschland führt in ihrer Klagebegründung u.a. an, die VO verstoße gegen Vorschriften des GATT. Die Beachtung der Vorschriften dieses völkerrechtlichen Abkommens sei jedoch Rechtmäßigkeitsvoraussetzung einer VO. Die Klage wurde abgewiesen.

**Aus den Entscheidungsgründen:**

(S. I-5071) [103] Die Bundesrepublik Deutschland trägt vor, die Beachtung der Vorschriften des GATT sei unabhängig von der Frage der unmittelbaren Wirkung des GATT Voraussetzung für die Rechtmäßigkeit der Gemeinschaftshandlungen und die Verordnung verstoße gegen bestimmte grundlegende Bestimmungen dieses Abkommens.
(...)

(S. I-5072) [105] Für die Entscheidung der Frage, ob sich die Klägerin auf bestimmte Vorschriften des GATT berufen kann, um die Rechtmäßigkeit der Verordnung zu bestreiten, ist daran zu erinnern, daß der Gerichtshof anerkannt hat, daß die Gemeinschaft an die Bestimmungen dieses Abkommens gebunden ist. Er hat jedoch auch festgestellt, daß für die Beurteilung der Bedeutung des GATT in der Gemeinschaftsrechtsordnung Sinn, Aufbau und Wortlaut dieses Abkommens zu berücksichtigen sind.

[106] Insoweit hat der Gerichtshof in ständiger Rechtsprechung ausgeführt, daß das GATT, dem nach seiner Präambel das Prinzip von Verhandlungen „auf der Grundlage der Gegenseitigkeit und zum gemeinsamen Nutzen" zugrunde liegt, durch die große Flexibilität seiner Bestimmungen gekennzeichnet ist, insbesondere derjenigen, die die Möglichkeiten einer Abweichung, die Maßnahmen, die bei außergewöhnlichen Schwierigkeiten getroffen werden können, und die Beilegung von Streitigkeiten zwischen den Vertragsparteien betreffen.
(...)

(S. I-5073) [109] Diese Besonderheiten des GATT, auf die der Gerichtshof für die Feststellung hingewiesen hat, daß sich ein Gemeinschaftsangehöriger vor Gericht nicht auf dieses Abkommen berufen kann, um die Rechtmäßigkeit einer Gemeinschaftshandlung zu bestreiten, schließen es auch aus, daß der Gerichtshof die Bestimmungen des GATT für die Beurteilung der Rechtmäßigkeit einer Verordnung im Rahmen einer von einem Mitgliedstaat nach Artikel 173 Absatz 1 EWG-Vertrag erhobenen Klage berücksichtigt.

[110] Die verschiedenen oben genannten Besonderheiten lassen nämlich erkennen, daß die Vorschriften des GATT keinen unbedingten Charakter haben und daß die Verpflichtung, ihnen die Bedeutung von Vorschriften des internationalen Rechts beizumessen, die in den internen Rechtsordnungen der Vertragsparteien unmittelbar anwendbar sind, nicht auf Sinn, Aufbau oder Wortlaut des Abkommens gestützt werden kann.

[111] Bei Fehlen einer solchen, aus dem Abkommen selbst folgenden

Verpflichtung hat der Gerichtshof die Rechtmäßigkeit der fraglichen Gemeinschaftshandlung nur dann im Hinblick auf die Vorschriften des GATT zu prüfen, wenn die Gemeinschaft eine bestimmte, im Rahmen des GATT übernommene Verpflichtung erfüllen (S. I-5074) wollte oder wenn die Gemeinschaftshandlung ausdrücklich auf spezielle Bestimmungen dieses Abkommens verweist (vgl. Urteile vom 22. Juni 1989 in der Rechtssache 70/87, Fediol, Slg. 1989, 1781, und vom 7. Mai 1991 in der Rechtssache C-69/89, Nakajima, Slg. 1991, I-2069).

[112] Aus den vorstehenden Erwägungen folgt, daß sich die Bundesrepublik Deutschland nicht auf die Bestimmungen des GATT berufen kann, um die Rechtmäßigkeit bestimmter Vorschriften der Verordnung zu bestreiten.

**75   Rs. C-149/96 (Portugal ./. Rat),**
**Urteil des Gerichtshofes vom 23. 11. 1999 – Slg. 1999, S. I-8395.**

**Vorbemerkungen:** *Das allgemeine Zoll- und Handelsabkommen GATT 1947 wurde im Rahmen des WTO-Abkommens durch das GATT 1994 wesentlich modifiziert. In der Rechtssache Portugal ./. Rat hatte der EuGH die Frage zu beantworten, ob die für das GATT 1947 aufgestellten Grundsätze zur innergemeinschaftlichen Geltung auch auf das Nachfolgeabkommen der WTO Anwendung finden. Der EuGH prüft diese Frage anhand der in der bisherigen Rechtsprechung entwickelten Voraussetzungen. Auch das GATT 1994 weist nach Auffassung des EuGH dieselben Besonderheiten wie das GATT 1947 auf, so dass eine innergemeinschaftliche Geltung grundsätzlich ausgeschlossen ist. Anderes soll nur gelten, soweit eine Gemeinschaftshandlung eine im Rahmen der WTO übernommene Verpflichtung umsetzt oder ausdrücklich auf spezielle Bestimmungen der WTO-Übereinkünfte verweist. Dogmatisch kann diese Ausnahme damit erklärt werden, dass eine Bestimmung des WTO-Abkommens, welche in innergemeinschaftliches Recht umgesetzt werden kann oder als Bezugspunkt desselben dient, gerade deswegen als rechtsverbindlich anzusehen ist. Im konkreten Fall hat der EuGH das Vorliegen dieser Voraussetzungen aber verneint.*

**Sachverhalt:** Portugal erhob gemäß Art. 230 Abs. 1 EG Klage auf Nichtigerklärung des Beschlusses 96/386/EG des Rates über den Abschluss von Vereinbarungen zwischen der EG und Pakistan sowie zwischen der

EG und Indien über den Marktzugang für Textilwaren. In der Begründung wurde vorgetragen, dieser Beschluss verletze bestimmte Vorschriften und Grundsätze der WTO (z.B. die des GATT 1994) sowie der Gemein schaftsrechtsordnung. Der Gerichtshof stellte fest, für die Abkommen der EG mit Drittländern sei eine gewisse Asymmetrie in den Verpflichtungen kennzeichnend, während die WTO-Übereinkünfte auf der Grundlage der Gegenseitigkeit beruhen. Der EuGH kann die Rechtmäßigkeit der beanstandeten Gemeinschaftshandlung an den Vorschriften der WTO nur dann prüfen, wenn die Gemeinschaft eine im Rahmen der WTO übernommene Verpflichtung umsetzt oder wenn die Gemeinschaftshandlung ausdrücklich auf spezielle Bestimmungen der WTO-Übereinkünfte verweist. Die beiden Ausnahmekonstellationen wurden hier vom EuGH abgelehnt. Der fragliche Beschluss diente lediglich der Genehmigung der von der EG mit Pakistan und Indien ausgehandelten Vereinbarungen. Die Klage wurde abgewiesen.

**Aus den Entscheidungsgründen:**

(S. I-8434) [25] Die portugiesische Regierung trägt vor, der angefochtene Beschluss verletze bestimmte Vorschriften und Grundsätze der WTO, insbesondere die des GATT 1994, des ATC und des Übereinkommens über Einfuhrlizenzverfahren.

[26] Nach der Rechtsprechung sei sie berechtigt, sich vor dem Gerichtshof auf diese Vorschriften und Grundsätze zu berufen.

[27] Zwar habe der Gerichtshof im Urteil vom 5. Oktober 1994 in der Rechtssache C-280/93 (Deutschland/Rat, Slg. 1994, I-4973, Randnrn. 103 bis 112) entschieden, daß die Vorschriften des GATT keine unmittelbare Wirkung hätten und daß der einzelne sich vor Gericht nicht auf sie berufen könne. Gleichwohl habe er in demselben Urteil bekräftigt, daß es sich anders verhalte, wenn Maßnahmen zur Erfüllung einer im Rahmen des GATT übernommenen Verpflichtung erlassen würden oder wenn die Gemeinschaftshandlung ausdrücklich auf spezielle Bestimmungen dieses Abkommens verweise. Wie der Gerichtshof in Randnummer 111 des genannten Urteils entschieden habe, müsse er in diesen Fällen die Rechtmäßigkeit der Gemeinschaftshandlung im Hinblick auf die Vorschriften des GATT prüfen.

(S. I-8435) [28] Dies gelte für den vorliegenden Fall, der sich auf den Erlaß einer Handlung – des angefochtenen Beschlusses – beziehe, die die Vereinbarungen mit Indien und Pakistan genehmige, die nach Abschluss der Uruguay-Runde zum Zweck der Anwendung der Vorschriften des GATT 1994 und des ATC ausgehandelt worden seien.

[29] Der Rat, unterstützt von der Französischen Republik und der Kommission, verweist demgegenüber auf die besonderen Eigen-

schaften der WTO-Übereinkünfte, die es rechtfertigen, die Rechtsprechung des Gerichtshofes auf sie anzuwenden, nach der die Bestimmungen des GATT 1947 keine unmittelbare Wirkung hätten und man sich grundsätzlich nicht auf sie berufen könne.

[30] Aus dem besonderen Charakter des angefochtenen Beschlusses folge, daß dieser nicht analog den Regelungen zu behandeln sei, die Gegenstand der Urteile vom 22. Juni 1989 in der Rechtssache 70/87 (Fediol/Kommission, Slg. 1989, 1781) und vom 7. Mai 1991 in der Rechtssache C-69/89 (Nakajima/Rat, Slg. 1991, I-2069) gewesen seien. Er stelle nämlich keine Gemeinschaftsregelung im Bereich der Handelspolitik dar, mit der die Bestimmungen des ATC in Gemeinschaftsrecht „umgesetzt" werden sollten.

[31] Die portugiesische Regierung entgegnet, daß im vorliegenden Fall nicht das GATT 1947 in Rede stehe, sondern die WTO-Übereinkünfte, zu denen das GATT 1994, das ATC und das Übereinkommen über Einfuhrlizenzverfahren gehörten. Die WTO-Übereinkünfte wiesen aber bedeutende Unterschiede gegenüber dem GATT 1947 auf, insbesondere weil sie das Streitbeilegungssystem weitgehend umgestaltet hätten.

[32] Außerdem werfe der vorliegende Fall nicht das Problem der unmittelbaren Wirkung auf, sondern betreffe die Frage, unter welchen Voraussetzungen sich ein Mitgliedstaat vor dem Gerichtshof zur Beurteilung der Rechtmäßigkeit einer Handlung des Rates auf die WTO-Übereinkünfte berufen könne.

(S. I-8436) [33] Eine solche Beurteilung sei gerechtfertigt, wenn es um Handlungen wie den angefochtenen Beschluss gehe, die bilaterale Abkommen genehmigten, die für die Beziehungen zwischen der Gemeinschaft und Drittländern Sachgebiete regelten, auf die die WTO-Vorschriften anwendbar seien.

[34] Nach den Grundsätzen des Völkerrechts bleibt es den Gemeinschaftsorganen, die für das Aushandeln und den Abschluss eines Abkommens mit Drittländern zuständig sind, unbenommen, mit diesen Ländern zu vereinbaren, welche Wirkungen die Bestimmungen dieses Abkommens in der internen Rechtsordnung der Vertragsparteien haben sollen. Nur wenn diese Frage im Abkommen nicht geregelt ist, haben die zuständigen Gerichte und im Rahmen seiner Zuständigkeit aufgrund des EG-Vertrags insbesondere der Gerichtshof über diese Frage ebenso wie über jede andere Auslegungsfrage zu entscheiden, die sich im Zusammenhang mit der Anwendung des Abkommens in der Gemeinschaft stellt (vgl. Urteil vom 26. Oktober 1982 in der Rechtssache 104/81, Kupferberg, Slg. 1982, 3641, Randnr. 17).

[35] Nach den allgemeinen Regeln des Völkerrechts sind Abkommen von den Parteien nach Treu und Glauben zu erfüllen. Wenn somit jede Vertragspartei für die vollständige Erfüllung der von ihr eingegangenen Verpflichtungen verantwortlich ist, steht es ihr doch zu, die rechtlichen Maßnahmen zu bestimmen, die zur Erreichung dieses Zieles innerhalb ihrer Rechtsordnung geeignet sind, es sei denn, die Auslegung des Abkommens nach seinem Sinn und Zweck ergibt, daß diese Maßnahmen im Abkommen selbst festgelegt sind (Urteil Kupferberg, Randnr. 18).

[36] Zwar unterscheiden sich die WTO-Übereinkünfte – wie die portugiesische Regierung feststellt – insbesondere aufgrund der Stärkung der Schutzregelung und Streitbeilegungsmechanismus erheblich vom GATT 1947. Gleichwohl räumt das mit diesen Übereinkünften geschaffene System der Verhandlung zwischen den Mitgliedern einen hohen Stellenwert ein.

[37] Erstes Ziel des Streitbeilegungsmechanismus ist gemäß Artikel 3 Absatz 7 der Vereinbarung über Regeln und Verfahren zur Beilegung von Streitigkeiten (Anhang 2 des WTO-Übereinkommens; DSU) zwar grundsätzlich die Rücknahme (S. I-8437) der betreffenden Maßnahmen, wenn diese als mit den WTO-Vorschriften unvereinbar befunden werden. Wenn die sofortige Rücknahme der Maßnahmen praktisch nicht möglich ist, kann jedoch als vorübergehende Maßnahme bis zur Rücknahme der betreffenden Maßnahme auf Schadenersatzleistungen zurückgegriffen werden.

[38] Zwar ist die Entschädigung nach Artikel 22 Absatz 1 DSU nur eine vorübergehende Maßnahme, die zur Verfügung steht, wenn die Empfehlungen und Entscheidungen des in Artikel 2 Absatz 1 DSU vorgesehenen Streitbeilegungsgremiums nicht innerhalb eines angemessenen Zeitraums umgesetzt werden; diese Vorschrift gibt der vollen Umsetzung einer Empfehlung, eine Maßnahme mit den WTO-Übereinkünften in Einklang zu bringen, den Vorrang.

[39] Doch sieht Artikel 22 Absatz 2 DSU vor, dass ein Mitglied, das seiner Pflicht zur Ausführung der genannten Empfehlungen und Entscheidungen nicht innerhalb eines angemessenen Zeitraums nachkommt, falls es darum ersucht wird, vor Ablauf dieses Zeitraums Verhandlungen mit jeder Partei aufnimmt, die das Streitbeilegungsverfahren angestrengt hat, mit dem Ziel, einvernehmlich eine Entschädigung festzulegen.

[40] Dürften die Gerichte mit den WTO-Übereinkünften unvereinbare innerstaatliche Rechtsvorschriften nicht anwenden, so würde den Legislativ- und Exekutivorganen der Mitglieder somit die ihnen in

Artikel 22 DSU eingeräumte Befugnis genommen, auf dem Verhandlungsweg Lösungen zu erreichen, selbst wenn diese nur als vorübergehende zulässig sind.

[41] Die Auslegung der WTO-Übereinkünfte im Licht ihres Zieles und Zweckes ergibt mithin, daß in ihnen nicht festgelegt ist, mit welchen rechtlichen Maßnahmen die Mitglieder diese Übereinkünfte nach Treu und Glauben in ihre interne Rechtsordnung umzusetzen haben.

(S. I-8438) [42] Was insbesondere die Anwendung der WTO-Übereinkünfte in der Gemeinschaftsrechtsordnung anbelangt, so ist festzustellen, dass das Übereinkommen zur Errichtung der WTO einschließlich seiner Anhänge nach seiner Präambel – ebenso wie das GATT 1947 – auf dem Prinzip von Verhandlungen „auf der Grundlage der Gegenseitigkeit und zum gemeinsamen Nutzen" aufbaut. Es unterscheidet sich daher, in bezug auf die Gemeinschaft, von deren Abkommen mit Drittländern, die eine gewisse Asymmetrie in den Verpflichtungen oder besondere Integrationsbeziehungen mit der Gemeinschaft begründen, wie dies bei dem im Urteil Kupferberg ausgelegten Abkommen der Fall war.

[43] Außerdem folgern unstreitig einige Mitglieder, die zu den wichtigsten Handelspartnern der Gemeinschaft gehören, aus Sinn und Zweck der WTO-Übereinkünfte, daß diese nicht zu den Normen gehören, an denen ihre Gerichte die Rechtmäßigkeit der internen Rechtsvorschriften messen.

[44] Zwar fehlt nicht schon allein deswegen schlechthin die Gegenseitigkeit bei der Durchführung eines Abkommens, weil die Gerichte einer der Parteien einige Bestimmungen dieses Abkommens unmittelbar anwenden, die Gerichte der anderen Partei dies aber ablehnen (vgl. Urteil Kupferberg, Randnr. 18).

[45] Trotzdem kann ein solcher Mangel an Gegenseitigkeit auf Seiten der Handelspartner der Gemeinschaft bei der Anwendung der WTO-Übereinkünfte, die auf dem „Prinzip der Gegenseitigkeit zum gemeinsamen Nutzen" beruhen und sich dadurch von den in Randnummer 42 beschriebenen Abkommen der Gemeinschaft unterscheiden, zu einem Ungleichgewicht führen.

[46] Hätte der Gemeinschaftsrichter unmittelbar die Aufgabe, die Vereinbarkeit des Gemeinschaftsrechts mit diesen Regelungen zu gewährleisten, so würde den Legislativ- (S. I-8439) und Exekutivorganen der Gemeinschaft der Spielraum genommen, über den die entsprechenden Organe der Handelspartner der Gemeinschaft verfügen.

[47] Somit gehören die WTO-Übereinkünfte wegen ihrer Natur

und ihrer Struktur grundsätzlich nicht zu den Vorschriften, an denen der Gerichtshof die Rechtmäßigkeit von Handlungen der Gemeinschaftsorgane mißt.

[48] Diese Auslegung entspricht auch der letzten Begründungserwägung des Beschlusses 94/800, derzufolge „das Übereinkommen zur Errichtung der Welthandelsorganisation einschließlich seiner Anhänge nicht so angelegt [ist], daß es unmittelbar vor den Rechtsprechungsorganen der Gemeinschaft und der Mitgliedstaaten angeführt werden kann".

[49] Nur wenn die Gemeinschaft eine bestimmte, im Rahmen der WTO übernommene Verpflichtung umsetzt oder wenn die Gemeinschaftshandlung ausdrücklich auf spezielle Bestimmungen der WTO-Übereinkünfte verweist, ist es Sache des Gerichtshofes, die Rechtmäßigkeit der fraglichen Gemeinschaftshandlung anhand der Vorschriften der WTO zu prüfen (vgl. für das GATT 1947 Urteile Fediol/Kommission, Randnrn. 19 bis 22, und Nakajima/Rat, Randnr. 31).

[50] Daher ist zu prüfen, ob ein solcher Fall – wie die portugiesische Regierung behauptet – hier vorliegt.

(S. I-8440) [51] Dies muß verneint werden. Der angefochtene Beschluss zielt weder darauf ab, die Umsetzung einer bestimmten, im Rahmen der WTO übernommenen Verpflichtung in die Gemeinschaftsrechtsordnung sicherzustellen, noch verweist er ausdrücklich auf spezielle Bestimmungen der WTO-Übereinkünfte. Er dient lediglich dazu, die von der Gemeinschaft mit Pakistan und Indien ausgehandelten Vereinbarungen zu genehmigen.

[52] Nach alledem kann die Portugiesische Republik nicht geltend machen, daß der angefochtene Beschluss unter Verstoß gegen bestimmte Vorschriften und Grundsätze der WTO erlassen worden ist.

**Verb. Rs. C-300/98 und C-392/98 (Dior u.a.),**         **76**
**Urteil des Gerichtshofes vom 14. 12. 2000 – Slg. 2000, S. I-11307.**

**Vorbemerkungen:** *Mit der Entscheidung Christian Dior hat der EuGH seine bisherige Rechtsprechung zur unmittelbaren Geltung des WTO-Abkommens im Gemeinschaftsrecht weiter konkretisiert. Er bejaht erstmals ausdrücklich eine objektive unmittelbare Anwendbarkeit des Art. 50 Abs. 6 TRIPS, welches ein Teil des WTO-Abkommens ist, stellt aber gleichzeitig fest, dass diese Bestimmung keine einklagbaren*

*Rechte Einzelner enthält. Die Entscheidung ist deshalb lehrreich, weil sie den in der Rechtsprechung des EuGH bisher nicht immer klar erkennbaren Unterschied zwischen der unmittelbaren Wirkung eines völkerrechtlichen Abkommens im Gemeinschaftsrecht einerseits und der Begründung subjektiver Rechte Einzelner durch ein solches Abkommen andererseits verdeutlicht. Nach den Grundsätzen dieser Entscheidung verpflichtet das Gemeinschaftsrecht die nationalen Gerichte dann zur Beachtung des Art. 50 Abs. 6 TRIPS, wenn dieser einen Bereich betrifft, in dem die Gemeinschaft bereits Rechtsvorschriften erlassen hat. Die Entscheidung baut auf der Rechtsache Hermes (Rs. C-53/96, Slg. 1998, S.I-3603) auf, in welcher der EuGH eine solche Bindung noch auf das Markenrecht beschränkt hatte. Ungeklärt ist jedoch die Reichweite der Entscheidung Dior. Insbesondere lässt der EuGH offen, ob diese Grundsätze auf das Recht der WTO zu beschränken sind oder allgemein für alle völkerrechtlichen Abkommen der Gemeinschaft gelten sollen. Konsequenterweise müssten die Grundsätze jedoch für sämtliche völkerrechtliche Abkommen der Gemeinschaft gelten. Ob der EuGH dem folgen wird, bleibt jedoch abzuwarten.*

**Sachverhalt:** Dior, die Klägerin des Ausgangsverfahrens in der Rs. C-300/98, ist Inhaberin der Parfümeriewaren-Marken, die u.a. in den Benelux-Staaten eingetragen wurden. Ihre Produkte gelten als Luxuswaren. Ihre Klagegegnerin, Tuk, vertrieb im EWR Parfums unter den Dior-Marken. Ein Teil von Waren stammte nicht aus dem EWR und eine Zustimmung der Dior zum Inverkehrbringen lag nicht vor. In der Rs. 392/98 ist Layher Deutschland Produzent von Gerüstsystemen (Kläger), die er u.a. in die Niederlande exportiert. Die Assco Gerüste GmbH (Beklagte) brachte ein Erzeugnis auf den niederländischen Markt, das hinsichtlich technischer Lösungen die Kopie eines Produktes der Firma Layher darstellte. Dagegen wandte sich letztere, ihrem Antrag auf einstweiligen Rechtsschutz wurde stattgegeben. Im Zusammenhang mit diesen Rechtssachen wurden dem EuGH Fragen über die Auslegung von Art. 50 Abs. 6 des TRIPS-Übereinkommens zur Vorabentscheidung vorgelegt. Der Gerichtshof stellte fest, in einem Bereich, auf den das TRIPS-Übereinkommen anwendbar ist und in dem gemeinschaftliche Vorschriften existieren, trifft die Mitgliedstaaten die Verpflichtung, bei der Anordnung ihrer nationalen einstweiligen Maßnahmen zum Schutz von Rechten, die zu diesem Bereich gehören, soweit wie möglich den Wortlaut und den Zweck von Art. 50 des TRIPS-Übereinkommens zu berücksichtigen. Im Bereich der Zuständigkeit der Mitgliedstaaten (in dem keine gemeinschaftsrechtlichen Vorschriften erlassen wurden) lässt das Gemeinschaftsrecht zu, dass ein Mitgliedstaat dem Einzelnen das Recht zuerkennt, sich unmittelbar auf Art. 50 Abs. 6 des TRIPS-Übereinkommens zu berufen.

**Aus den Entscheidungsgründen:**

(S. I-11359) [41] Mit der zweiten Frage in der Rechtssache C-392/98 und der einzigen Frage in der Rechtssache C-300/98 möchten die vorlegenden Gerichte im Wesentlichen wissen, ob und gegebenenfalls inwieweit die Verfahrensvorschriften des Artikels 50 Absatz 6 des TRIPs-Übereinkommens der Sphäre des Gemeinschaftsrechts zuzurechnen sind und ob sie deshalb von den nationalen Gerichten auf Betrieben der Parteien oder von Amts wegen angewandt werden müssen.

[42] Nach ständiger Rechtsprechung ist eine Bestimmung eines von der Gemeinschaft mit Drittländern geschlossenen Abkommens als unmittelbar anwendbar anzusehen, wenn aus dem Wortlaut, dem Gegenstand und der Art des Abkommens zu schließen ist, dass sie eine klare, eindeutige und unbedingte Verpflichtung enthält, deren Erfüllung oder deren Wirkungen nicht vom Erlass eines weiteren Aktes abhängen (vgl. hierzu Urteile vom 30. September 1987 in der Rechtssache 12/86, Demirel, Slg. 1987, 3719, Randnr. 14, und vom 16. Juni 1998 in der Rechtssache C-162/96, Slg. 1996, I-3655, Randnr. 31).

(S. I-11360) [43] Wie der Gerichtshof bereits festgestellt hat, gehören die WTO-Übereinkünfte und ihre Anhänge wegen ihrer Natur und ihrer Systematik grundsätzlich nicht zu den Vorschriften, an denen der Gerichtshof die Handlungen der Gemeinschaftsorgane gemäß Artikel 173 Absatz 1 EG-Vertrag (nach Änderung jetzt Artikel 230 EG) misst (vgl. Urteil vom 23. November 1999 in der Rechtssache C-149/96, Portugal/Rat, Slg. 1999, I-8395, Randnr. 47).

[44] Aus den gleichen Gründen wie den vom Gerichtshof in den Randnummern 42 bis 46 des Urteils Portugal/Rat angeführten begründen die Bestimmungen des dem WTO-Übereinkommen als Anhang beigefügten TRIPs-Übereinkommens für den Einzelnen keine Rechte, auf die er sich nach dem Gemeinschaftsrecht unmittelbar vor den Gerichten berufen könnte.

[45] Die Feststellung, dass die Bestimmungen des TRIPs-Übereinkommens in diesem Sinne keine unmittelbare Wirkung haben, wird jedoch dem von den vorlegenden Gerichten aufgeworfenen Problem nicht völlig gerecht.

[46] Artikel 50 Absatz 6 des TRIPs-Übereinkommens ist nämlich eine Verfahrensbestimmung, die die Gemeinschafts- und die nationalen Gerichte aufgrund von Verpflichtungen durchzuführen haben, die sowohl von der Gemeinschaft als auch von den Mitgliedstaaten übernommen worden sind.

[47] In einem Bereich, auf den das TRIPs-Übereinkommen anwendbar ist und in dem die Gemeinschaft bereits Rechtsvorschriften erlassen hat, wie es beim Markenrecht der Fall ist, sind die Gerichte der Mitgliedstaaten gemäß dem Urteil Hermès, insbesondere dessen Randnummer 28, nach dem Gemeinschaftsrecht verpflichtet, bei der Anwendung ihrer nationalen Rechtsvorschriften im Rahmen der Anordnung einstweiliger Maßnahmen zum Schutz von Rechten, die zu diesem Bereich gehören, soweit wie möglich den Wortlaut und den Zweck von Artikel 50 des TRIPs-Übereinkommens zu berücksichtigen.

(S. I-11361) [48] Soweit es sich jedoch um einen Bereich handelt, in dem die Gemeinschaft noch keine Rechtsvorschriften erlassen hat und der somit in die Zuständigkeit der Mitgliedstaaten fällt, unterliegen der Schutz der Rechte des geistigen Eigentums und die von den Gerichten hierzu getroffenen Maßnahmen nicht dem Gemeinschaftsrecht. Das Gemeinschaftsrecht gebietet es daher nicht, schließt es aber auch nicht aus, dass die Rechtsordnung eines Mitgliedstaats dem Einzelnen das Recht zuerkennt, sich unmittelbar auf die Bestimmung des Artikels 50 Absatz 6 des TRIPs-Übereinkommens zu berufen, oder die Gerichte verpflichtet, diese Vorschrift von Amts wegen anzuwenden.

[49] Auf die zweite in der Rechtssache C-392/98 und die einzige in der Rechtssache C-300/98 vorgelegte Frage ist somit wie folgt zu antworten:

– In einem Bereich, auf den das TRIPs-Übereinkommen anwendbar ist und in dem die Gemeinschaft bereits Rechtsvorschriften erlassen hat, sind die Gerichte der Mitgliedstaaten nach dem Gemeinschaftsrecht verpflichtet, bei der Anwendung ihrer nationalen Rechtsvorschriften im Rahmen der Anordnung einstweiliger Maßnahmen zum Schutz von Rechten, die zu diesem Bereich gehören, soweit wie möglich den Wortlaut und den Zweck von Artikel 50 des TRIPs-Übereinkommens zu berücksichtigen.

– In einem Bereich, in dem die Gemeinschaft noch keine Rechtsvorschriften erlassen hat und der somit in die Zuständigkeit der Mitgliedstaaten fällt, unterliegen der Schutz der Rechte des geistigen Eigentums und die von den Gerichten hierzu getroffenen Maßnahmen nicht dem Gemeinschaftsrecht. Das Gemeinschaftsrecht gebietet es daher nicht, schließt es aber auch nicht aus, dass die Rechtsordnung eines Mitgliedstaats dem Einzelnen das Recht zuerkennt, sich unmittelbar auf die Bestimmung des Artikels 50 Absatz 6 des TRIPs-Übereinkommens zu berufen, oder die Gerichte verpflichtet, diese Vorschrift von Amts wegen anzuwenden.

## 4. Die innergemeinschaftliche Wirkung von Assozlationsratsbeschlüssen

**Rs. C-192/89 (Sevince),**         **77**
**Urteil des Gerichtshofes vom 20. 09. 1990 – Slg. 1990, S. I-3461.**

**Vorbemerkungen:** *In der Entscheidung Demirel (Fall 73) hatte der Gerichtshof bereits deutlich gemacht, dass im Rahmen des Assoziierungsabkommens EWG-Türkei allein Beschlüsse des im Rahmen dieses Abkommens als Vertragsorgan gebildeten Assoziationsrates die als zu unbestimmt eingestuften Programmsätze des Assoziationsabkommens zu konkretisieren vermögen und mithin allenfalls diese Beschlüsse die von ihm für die unmittelbare innergemeinschaftliche Wirkung geforderte Bestimmtheit aufweisen könnten. In der Rechtssache Sevince untersucht der Gerichtshof nunmehr die Assoziationsratsbeschlüsse Nr. 2/76 und 1/80 anhand der von ihm bereits entwickelten Kriterien auf ihre Stellung und Anwendbarkeit in der Gemeinschaftsrechtsordnung.*

**Sachverhalt:** Gemäß dem Beschluss des Assoziationsrates zur Durchführung von Art. 12 des Assoziierungsabkommens zwischen der Gemeinschaft, den Mitgliedstaaten und der Türkei hat ein türkischer Arbeitnehmer nach fünf Jahren ordnungsgemäßer Beschäftigung in einem Mitgliedstaat der Gemeinschaft freien Zugang zu jeder von ihm gewählten Beschäftigung im Lohn- und Gehaltsverhältnis. Der Kläger, ein türkischer Staatsangehöriger, begehrte unter Berufung auf diesen Beschluss in den Niederlanden eine Aufenthaltserlaubnis, die ihm von der zuständigen Behörde jedoch versagt wurde. Der Gerichtshof entschied im Rahmen eines Vorabentscheidungsverfahrens. Er bejahte die unmittelbare Wirkung der betroffenen Beschlüsse und dies auch zugunsten eines türkischen Arbeitnehmers. Im vorliegenden Fall war jedoch die Voraussetzung einer „ordnungsgemäßen Beschäftigung" nicht erfüllt.

### Aus den Entscheidungsgründen:

(S. I-3500) [7] Die erste Frage des vorlegenden Gerichts geht im Kern dahin, ob die Auslegung der Beschlüsse Nrn. 2/76 und 1/80 in den Anwendungsbereich des Artikels 177 EWG-Vertrag fällt.

[8] Hierzu ist vorab darauf hinzuweisen, daß nach ständiger Rechtsprechung des Gerichtshofes die Bestimmungen eines vom Rat gemäß den Artikeln 228 und 238 EWG-Vertrag geschlossenen Abkommens von dessen Inkrafttreten an einen integrierenden Bestandteil der Ge-

meinschaftsrechtsordnung bilden (vergleiche Urteil vom 30. September 1987 in der Rechtssache 12/86, Demirel, Slg. 1987, 3719, Randnr. 7, und Urteil vom 14. November 1989 in der Rechtssache 30/88, Griechenland/Kommission, Slg. 1989, 3711, Randnr. 12).

(S. I-3501) [9] Der Gerichtshof hat auch entschieden, daß die Beschlüsse des Assoziationsrates aufgrund ihres unmittelbaren Zusammenhangs mit dem Abkommen, zu dessen Durchführung sie ergehen, ebenso wie das Abkommen selbst von ihrem Inkrafttreten an integrierender Bestandteil der Gemeinschaftsrechtsordnung sind (vergleiche Urteil vom 14. November 1989, Griechenland/Kommission, aaO., Randnr. 13).

(...)

[13] Die zweite Frage des Raad van State geht dahin, ob die Artikel 2 Absatz 1 Buchstabe b und 7 des Beschlusses Nr. 2/76 sowie die Artikel 6 Absatz 1 und 13 des Beschlusses Nr. 1/80 im Hoheitsgebiet der Mitgliedstaaten unmittelbare Wirkung haben.

[14] Den Bestimmungen eines Beschlusses des Assoziationsrates kann eine solche Wirkung nur dann zuerkannt werden, wenn sie dieselben Voraussetzungen erfüllen, wie sie für die Bestimmungen des Abkommens selbst gelten.

(S. I-3502) [15] In seinem Urteil vom 30. September 1987 in der Rechtssache Demirel (aaO.) hat der Gerichtshof entschieden, daß eine Bestimmung eines von der Gemeinschaft mit Drittländern geschlossenen Abkommens als unmittelbar anwendbar anzusehen ist, wenn sie unter Berücksichtigung ihres Wortlauts und im Hinblick auf den Sinn und Zweck des Abkommens eine klare und eindeutige Verpflichtung enthält, deren Erfüllung oder deren Wirkungen nicht vom Erlaß eines weiteren Aktes abhängen (Randnr. 14). Anhand derselben Kriterien ist zu ermitteln, ob die Bestimmungen eines Beschlusses des Assoziationsrates unmittelbare Wirkung haben können.

[16] Zur Klärung der Frage, ob die in Rede stehenden Bestimmungen der Beschlüsse Nrn. 2/76 und 1/80 diese Kriterien erfüllen, ist zunächst der Wortlaut dieser Bestimmungen zu untersuchen.

[17] Insoweit ist festzustellen, daß Artikel 2 Absatz 1 Buchstabe b des Beschlusses Nr. 2/76 und Artikel 6 Absatz 1 dritter Gedankenstrich des Beschlusses Nr. 1/80 nach ihrem Wortlaut klar, eindeutig, und ohne daß dies an Bedingungen geknüpft wäre, türkischen Arbeitnehmern nach einer bestimmten Anzahl von Jahren ordnungsgemäßer Beschäftigung in einem Mitgliedstaat das Recht auf freien Zugang zu jeder von ihnen gewählten Beschäftigung im Lohn – oder Gehaltsverhältnis verleihen.

[18] Ebenso enthalten Artikel 7 des Beschlusses Nr. 2/76 und Artikel 13 des Beschlusses Nr. 1/80 eine eindeutige Stillhalteklausel, die die Einführung neuer Beschränkungen des Zugangs zum Arbeitsmarkt für Arbeitnehmer verbietet, deren Aufenthalt und Beschäftigung im Hoheitsgebiet der Vertragsstaaten ordnungsgemäß sind.

[19] Die Feststellung, daß die im Ausgangsverfahren fraglichen Bestimmungen der Beschlüsse des Assoziationsrates geeignet sind, die Rechtsstellung türkischer Arbeitnehmer, die dem regulären Arbeitsmarkt eines Mitgliedstaats angehören, unmittelbar zu regeln, wird durch eine Prüfung von Sinn und Zweck der Beschlüsse, in denen diese Bestimmungen enthalten sind, sowie des Abkommens, auf das sich die Beschlüsse beziehen, erhärtet.

[20] Durch das Abkommen, das nach seinem Artikel 2 Absatz 1 zum Ziel hat, eine beständige und ausgewogene Verstärkung der Handels- und Wirtschaftsbeziehungen (S. I-3503) zwischen den Vertragsparteien zu fördern, wird eine Assoziation zwischen der Europäischen Wirtschaftsgemeinschaft und der Türkei begründet. Diese Assoziation umfaßt eine Vorbereitungsphase, die es der Türkei ermöglichen soll, ihre Wirtschaft mit Hilfe der Gemeinschaft zu festigen, eine Übergangsphase, die der schrittweisen Errichtung einer Zollunion und der Annäherung der Wirtschaftspolitiken gewidmet ist, sowie eine Endphase, die auf der Zollunion beruht und eine verstärkte Koordinierung der Wirtschaftspolitiken einschließt (vergleiche Urteil vom 30. September 1987, Demirel, aaO., Randnr. 15). Was die Freizügigkeit der Arbeitnehmer anbelangt, so vereinbaren die Vertragsparteien gemäß Artikel 12 des Abkommens, der zu Titel II betreffend die Durchführung der Übergangsphase der Assoziation gehört, sich von den Artikeln 48, 49 und 50 EWG-Vertrag leiten zu lassen, um untereinander diese Freizügigkeit schrittweise herzustellen.

Artikel 36 des am 23. November 1970 unterzeichneten und dem Abkommen zur Gründung einer Assoziation zwischen der Europäischen Wirtschaftsgemeinschaft und der Türkei als Anhang beigefügten Zusatzprotokolls, das durch die Verordnung (EWG) Nr. 2760/72 des Rates vom 19. Dezember 1972 (ABl. L 293, S. 1) (im folgenden: Zusatzprotokoll) abgeschlossen worden ist, bestimmt die Fristen für die schrittweise Herstellung dieser Freizügigkeit und sieht vor, daß der Assoziationsrat die hierfür erforderlichen Regeln festlegt.

[21] Der Assoziationsrat hat die Beschlüsse Nrn. 2/76 und 1/80 zur Durchführung von Artikel 12 des Abkommens und von Artikel 36 des Zusatzprotokolls erlassen, hinsichtlich deren der Gerichtshof in dem Urteil vom 30. September 1987 (Demirel, aaO.) festgestellt hatte,

daß sie im wesentlichen Programmcharakter haben. So verweist der Beschluss Nr. 2/76 in seiner Präambel ausdrücklich auf Artikel 12 des Abkommens und auf Artikel 36 des Zusatzprotokolls; in Artikel 1 dieses Beschlusses sind für eine erste Stufe die Durchführungsbestimmungen zu Artikel 36 des Zusatzprotokolls festgelegt.

Durch den Beschluß Nr. 1/80 soll ausweislich seiner dritten Begründungserwägung im sozialen Bereich die Regelung zugunsten der Arbeitnehmer und Familienangehörigen gegenüber der mit dem Beschluss Nr. 2/76 eingeführten Regelung verbessert werden. Der Umstand, daß die vorerwähnten Bestimmungen des Abkommens und des Zusatzprotokolls im wesentlichen Programmcharakter haben, schließt nicht aus, daß den Beschlüssen des Assoziationsrates, durch die die in dem Abkommen vorgesehenen Programme in bestimmten Punkten verwirklicht werden, unmittelbare Wirkung zukommen kann.

## 5. Bindung der EG an Resolutionen des UN-Sicherheitsrates

**78**   **Rs. T-306/01 (Ahmed Ali Yusuf und Al Barakaat International Foundation ⁄ Rat und Kommission; „Yusuf"),**
**Urteil des Gerichts erster Instanz vom 21. 09. 2005 –**
**Slg. 2005, S. II-3533.**

**Vorbemerkungen:** *Das EuG befaßt sich in dieser im Rahmen einer Nichtigkeitsklage ergangenen Entscheidung zum einen mit der Frage der Bindung der EG an Beschlüsse des UN-Sicherheitsrates, zum anderen mit der Frage, wieweit aufgrund der bejahten Bindungswirkung seine Kontrollbefugnis über den völkerrechtlich determinierten EG-Rechtsakt reicht. Zunächst stellt das Gericht fest, dass die Gemeinschaft aufgrund der Bindung ihrer Mitgliedstaaten an die UN-Charta, die auch schon vor der Gründung der EG bestand, ebenfalls an für die Mitgliedstaaten verbindliche Maßnahmen des UN-Sicherheitsrates gebunden ist. Die Mitgliedstaaten hätten der EG keine Kompetenzen ungebunden übertragen können, im Hinblick auf die sie bereits Verpflichtungen durch die UN-Charta übernommen hatten. Daher folge die Bindung der EG letztlich aus dem EG-Vertrag selbst. Bei der Prüfung des Umfangs seiner Kontrollbefugnis (ab Rn. 260) sieht das Gericht zunächst das Problem, dass eine Inhaltskontrolle der EG-Verordnung nach Art. 301, 60 EG einer Kontrolle der Resolutionen des*

*UN-Sicherheitsrates gleichkommt, wofür ihm die Kompetenz fehlt. Der EuG geht allerdings davon aus, dass der als völkerrechtliches ius cogens auch für den UN-Sicherheitsrat verbindliche völkerrechtliche Mindeststandard des Menschenrechtsschutzes auch von ihm zu kontrollieren ist. Einen Verstoß hiergegen verneint das Gericht jedoch (vgl. auch Fall 271).*

**Sachverhalt:** Im Oktober 1999 verabschiedete der UN-Sicherheitsrat die Resolution 1267 (1999), in der er u.a. verurteilte, dass afghanisches Hoheitsgebiet nach wie vor zur Beherbergung und Ausbildung von Terroristen und zur Planung terroristischer Handlungen durch die Taliban und Osama bin Laden benutzt wird. Die Resolution bestimmte weiterhin, dass alle Staaten u.a. Gelder und andere Finanzmittel, die in irgendeiner Weise den Taliban zuzurechnen seien, eingefroren und sichergestellt werden sollten. Zur Umsetzung dieser Resolution nahm der Rat der Europäischen Union im November 1999 einen Gemeinsamen Standpunkt über restriktive Maß nahmen gegenüber den Taliban an, wonach entsprechende Finanzmittel eingefroren werden müßten. Zur Umsetzung wurde eine EG-Verordnung (Nr. 337/2000), gestützt auf Art. 60 und 301 EG erlassen. Weitere Resolutionen des UN-Sicherheitsrates zur Erweiterung der Sanktionen wurden ebenfalls durch GASP-Maßnahmen und EG-Verordnungen (u.a. VO Nr. 467/2001, welche die VO Nr. 337/2000 ersetzte) umgesetzt. Eine Verordnung (Nr. 881/2002) enthielt eine Namensliste von Personen und Unternehmen, gegen die entsprechende Maßnahmen zu richten waren. Die Verordnung war auf die Art. 301, 60 und 308 EG gestützt. Zwei Betroffene erhoben hiergegen erfolglos Nichtigkeitsklage.

**Aus den Entscheidungsgründen:**

Zur Verknüpfung zwischen der durch die Vereinten Nationen entstandenen Völkerrechtsordnung und der nationalen oder der gemeinschaftlichen Rechtsordnung

[231] Aus völkerrechtlicher Sicht haben die Verpflichtungen der Mitgliedstaaten der UNO aufgrund der Charta der Vereinten Nationen unbestreitbar Vorrang vor allen anderen Verpflichtungen des innerstaatlichen Rechts oder des Völkervertragsrechts; dies gilt, soweit sie Mitglieder des Europarats sind, auch für ihre Verpflichtungen aufgrund der EMRK und, soweit sie auch Mitgliedstaaten der Gemeinschaft sind, für ihre Verpflichtungen aufgrund des EG-Vertrags.

[232] Was erstens das Verhältnis zwischen der Charta der Vereinten Nationen und dem innerstaatlichen Recht der Mitgliedstaaten der UNO angeht, so ergibt sich diese Vorrangregelung aus den Grundsätzen des Völkergewohnheitsrechts. Nach Artikel 27 des Wiener

Übereinkommens über das Recht der Verträge, das diese Grundsätze kodifiziert (und das nach seinem Artikel 5 „auf jeden Vertrag Anwendung [findet], der die Gründungsurkunde einer internationalen Organisation bildet, sowie auf jeden im Rahmen einer internationalen Organisation angenommenen Vertrag"), kann sich eine Vertragspartei nicht auf ihr innerstaatliches Recht berufen, um die Nichterfüllung eines Vertrages zu rechtfertigen.

[233] Was zweitens das Verhältnis zwischen der Charta der Vereinten Nationen und dem Völkervertragsrecht betrifft, so ist diese Vorrangregelung ausdrücklich in Artikel 103 der Charta verankert; dieser lautet: „Widersprechen sich die Verpflichtungen von Mitgliedern der Vereinten Nationen aus dieser Charta und ihre Verpflichtungen aus anderen internationalen Übereinkünften, so haben die Verpflichtungen aus dieser Charta Vorrang." Nach Artikel 30 des Wiener Übereinkommens über das Recht der Verträge gilt dies entgegen den Regeln, die normalerweise bei aufeinander folgenden Verträgen Anwendung finden, sowohl für früher als auch für später als die Charta der Vereinten Nationen geschlossene Verträge. Nach der Rechtsprechung des Internationalen Gerichtshofes fallen alle regionalen, bilateralen und selbst multilateralen Übereinkünfte, die die Vertragsparteien möglicherweise geschlossen haben, immer unter Artikel 103 der Charta der Vereinten Nationen (Urteil vom 26. November 1984, Militärische und paramilitärische Tätigkeiten in und gegen Nicaragua [Nicaragua/Vereinigte Staaten von Amerika], *I.C.J. Reports* 1984, S. 392, Randnr. 107).

[234] Dieser Vorrang erstreckt sich nach Artikel 25 der Charta der Vereinten Nationen, wonach die Mitglieder der UNO die Beschlüsse des Sicherheitsrats anzunehmen und durchzuführen haben, auch auf die in einer Resolution des Sicherheitsrats enthaltenen Beschlüsse. Nach der Rechtsprechung des Internationalen Gerichtshofes haben die insoweit bestehenden Verpflichtungen der Parteien nach Artikel 103 der Charta Vorrang vor ihren Verpflichtungen aus anderen internationalen Übereinkünften (Beschluss vom 14. April 1992 [einstweilige Anordnungen], Fragen der Auslegung und Anwendung des Montrealer Übereinkommens von 1971 aufgrund des Luftzwischenfalls von Lockerbie [Libysch-Arabische Dschamahirija/Vereinigte Staaten von Amerika], *I.C.J. Reports* 1992, S. 16, Randnr. 42, und Beschluss vom 14. April 1992 [einstweilige Anordnungen], Fragen der Auslegung und Anwendung des Montrealer Übereinkommens von 1971 aufgrund des Luftzwischenfalls von Lockerbie [Libysch-Arabische Dschamahirija/ Vereinigtes Königreich], *I.C.J. Reports* 1992, S. 113, Randnr. 39).

[235] Was insbesondere das Verhältnis zwischen den Verpflich-

tungen der Mitgliedstaaten der Gemeinschaft aufgrund der Charta der Vereinten Nationen und ihren gemeinschaftsrechtlichen Verpflichtungen angeht, so ist hinzuzufügen, dass nach Artikel 307 Absatz 1 EG „[d]ie Rechte und Pflichten aus Übereinkünften, die vor dem 1. Januar 1958 oder, im Falle später beigetretener Staaten, vor dem Zeitpunkt ihres Beitritts zwischen einem oder mehreren Mitgliedstaaten einerseits und einem oder mehreren dritten Ländern andererseits geschlossen wurden, ... durch diesen Vertrag nicht berührt [werden]".

[236] Nach ständiger Rechtsprechung des Gerichtshofes soll durch diese Bestimmung im Einklang mit den Grundsätzen des Völkerrechts klargestellt werden, dass die Geltung des EG-Vertrags die Verpflichtung des betreffenden Mitgliedstaats, Rechte dritter Länder aus einer früheren Übereinkunft zu achten und seine entsprechenden Pflichten zu erfüllen, nicht berührt (Urteil des Gerichtshofes vom 28. März 1995 in der Rechtssache C-324/93, Evans Medical und Macfarlan Smith, Slg. 1995, I-563, Randnr. 27; vgl. auch Urteile des Gerichtshofes vom 27. Februar 1962 in der Rechtssache 10/61, Kommission/Italien, Slg. 1962, 3, vom 2. August 1993 in der Rechtssache C-158/91, Levy, Slg. 1993, I-4287, und vom 14. Januar 1997 in der Rechtssache C-124/95, Centro-Com, Slg. 1997, I-81, Randnr. 56).

[237] Fünf der sechs Unterzeichnerstaaten des am 25. März 1957 in Rom unterzeichneten Vertrages zur Gründung der Europäischen Wirtschaftsgemeinschaft waren am 1. Januar 1958 bereits Mitglied der UNO. Die Bundesrepublik Deutschland wurde zwar erst am 18. September 1973 förmlich in die UNO aufgenommen, doch hatte auch sie schon vor dem 1. Januar 1958 erklärt, dass sie die Verpflichtungen aus der Charta der Vereinten Nationen einhalten werde, was u.a. aus der Schlussakte der Konferenz, die vom 28. September bis zum 3. Oktober 1954 in London stattfand (der so genannten Neun-Mächte-Konferenz), und den Pariser Verträgen vom 23. Oktober 1954 hervorgeht. Alle Staaten, die der Gemeinschaft später beitraten, waren im Übrigen schon vor ihrem Beitritt Mitglied der UNO.

[238] Darüber hinaus wurde Artikel 224 des Vertrages zur Gründung der Europäischen Wirtschaftsgemeinschaft (jetzt Artikel 297 EG) speziell in diesen Vertrag eingefügt, um der oben genannten Vorrangregel Rechnung zu tragen. Er lautet: „Die Mitgliedstaaten setzen sich miteinander ins Benehmen, um durch gemeinsames Vorgehen zu verhindern, dass das Funktionieren des Gemeinsamen Marktes durch Maßnahmen beeinträchtigt wird, die ein Mitgliedstaat ..., in Erfüllung der Verpflichtungen trifft, die er im Hinblick auf die Aufrechterhaltung des Friedens und der internationalen Sicherheit übernommen hat."

[239] Die Resolutionen des Sicherheitsrats nach Kapitel VII der Charta der Vereinten Nationen haben also bindende Wirkung für alle Mitgliedstaaten der Gemeinschaft, die daher in dieser Eigenschaft alle erforderlichen Maßnahmen treffen müssen, um ihre Umsetzung zu gewährleisten (Schlussanträge von Generalanwalt Jacobs zum Urteil des Gerichtshofes vom 30. Juli 1996 in der Rechtssache C-84/95, Bosphorus, Slg. 1996, I-3953, I-3956, Nr. 2, und zum Urteil des Gerichtshofes vom 27. Februar 1997 in der Rechtssache C-177/95, Ebony Maritime und Loten Navigation, Slg. 1997, I-1111, I-1115, Nr. 27).

[240] Aus dem Vorstehenden folgt ferner, dass die Mitgliedstaaten sowohl nach den Regeln des allgemeinen Völkerrechts als auch nach den spezifischen Bestimmungen des Vertrages berechtigt und sogar verpflichtet sind, jede Bestimmung des Gemeinschaftsrechts – und wäre es eine Bestimmung des Primärrechts oder ein allgemeiner Grundsatz dieses Rechts – unangewendet zu lassen, die der ordnungsgemäßen Erfüllung ihrer Verpflichtungen aufgrund der Charta der Vereinten Nationen entgegenstehen würde.

[241] So hat der Gerichtshof in dem oben in Randnummer 236 zitierten Urteil Centro-Com ausdrücklich entschieden, dass nationale Maßnahmen, die im Widerspruch zu Artikel 113 EG-Vertrag stehen, gemäß Artikel 234 EG-Vertrag (nach Änderung jetzt Artikel 307 EG) gerechtfertigt sein können, wenn sie erforderlich erscheinen, um sicherzustellen, dass der betreffende Mitgliedstaat seine Verpflichtungen aufgrund der Charta der Vereinten Nationen und einer Resolution des Sicherheitsrats erfüllt.

[242] Dagegen ergibt sich aus der Rechtsprechung (vgl. oben in Randnr. 82 zitiertes Urteil Dorsch Consult/Rat und Kommission, Randnr. 74), dass die Gemeinschaft als solche, anders als ihre Mitgliedstaaten, nicht unmittelbar durch die Charta der Vereinten Nationen gebunden ist und dass für sie daher keine allgemeine völkerrechtliche Verpflichtung besteht, die Resolutionen des Sicherheitsrats gemäß Artikel 25 der Charta anzunehmen und durchzuführen. Der Grund dafür besteht darin, dass die Gemeinschaft weder Mitglied der UNO noch Adressatin der Resolutionen des Sicherheitsrats, noch Nachfolgerin in die Rechte und Pflichten ihrer Mitgliedstaaten im Sinne des Völkerrechts ist.

[243] Dennoch ist davon auszugehen, dass die Gemeinschaft schon nach dem Vertrag zu ihrer Gründung in der gleichen Weise wie ihre Mitgliedstaaten an die Verpflichtungen aufgrund der Charta der Vereinten Nationen gebunden ist.

[244] Insoweit steht fest, dass die Mitgliedstaaten zum Zeitpunkt

des Abschlusses des Vertrages zur Gründung der Europäischen Wirtschaftsgemeinschaft an ihre Verpflichtungen aus der Charta der Vereinten Nationen gebunden waren.

[245] Sie konnten der Gemeinschaft nicht durch eine untereinander geschlossene Vereinbarung mehr Befugnisse übertragen, als ihnen zustanden, oder sich von den nach der genannten Charta gegenüber Drittländern bestehenden Verpflichtungen lösen (vgl. analog Urteil des Gerichtshofes vom 12. Dezember 1972 in den Rechtssachen 21/72 bis 24/72, International Fruit Company u.a., Slg. 1972, 1219, im Folgenden: Urteil International Fruit, Randnr. 11).

[246] Vielmehr ergibt sich ihr Wille, ihre Verpflichtungen aus dieser Charta zu beachten, aus den Vorschriften des Vertrages zur Gründung der Europäischen Wirtschaftsgemeinschaft selbst und kommt insbesondere in dessen Artikeln 224 und 234 Absatz 1 zum Ausdruck (vgl. analog Urteil International Fruit, Randnrn. 12 und 13, und Schlussanträge von Generalanwalt Mayras zu diesem Urteil, Slg. 1972, 1231 bis 1237).

[247] Auch wenn die letztgenannte Bestimmung nur Pflichten der Mitgliedstaaten erwähnt, so impliziert sie doch die Verpflichtung der Gemeinschaftsorgane, die Erfüllung der Pflichten, die sich für die Mitgliedstaaten aus der genannten Charta ergeben, nicht zu behindern (Urteil des Gerichtshofes vom 14. Oktober 1980 in der Rechtssache 812/79, Burgoa, Slg. 1980, 2787, Randnr. 9).

[248] Auch ist darauf hinzuweisen, dass sich die Mitgliedstaaten, soweit die zur Erfüllung ihrer Verpflichtungen aufgrund der Charta der Vereinten Nationen erforderlichen Befugnisse auf die Gemeinschaft übertragen wurden, völkerrechtlich dazu verpflichtet haben, dass die Gemeinschaft diese Befugnisse zu diesem Zweck selbst ausübt.

[249] In diesem Zusammenhang ist daran zu erinnern, dass nach Artikel 48 Absatz 2 der Charta der Vereinten Nationen die Beschlüsse des Sicherheitsrats von den Mitgliedern der Vereinten Nationen „unmittelbar sowie durch Maßnahmen in den geeigneten internationalen Einrichtungen durchgeführt [werden], deren Mitglieder sie sind", und dass nach der Rechtsprechung (oben in Randnr. 210 zitierte Urteile Poulsen und Diva Navigation, Randnr. 9, und Racke, Randnr. 45; vgl. auch Urteil des Gerichtshofes vom 4. Dezember 1974 in der Rechtssache 41/74, Van Duyn, Slg. 1974, 1337, Randnr. 22) die Befugnisse der Gemeinschaft unter Beachtung des Völkerrechts auszuüben sind, so dass die Auslegung des Gemeinschaftsrechts und die Umschreibung seines Anwendungsbereichs im Licht der einschlägigen Regeln des Völkerrechts zu erfolgen haben.

[250] Durch die Übertragung dieser Befugnisse auf die Gemein-schaft haben die Mitgliedstaaten also ihren Willen erkennen lassen, die Gemeinschaft an die von ihnen aufgrund der Charta der Vereinten Nationen eingegangenen Verpflichtungen zu binden (vgl. analog Ur-teil International Fruit, Randnr. 15).

[251] Seit dem Inkrafttreten des Vertrages zur Gründung der Eu-ropäischen Wirtschaftsgemeinschaft ist die in den Beziehungen zwi-schen den Mitgliedstaaten und der Gemeinschaft eingetretene Zu-ständigkeitsverlagerung im Rahmen der Erfüllung ihrer Verpflich-tungen aufgrund der Charta der Vereinten Nationen auf verschiedene Weise konkretisiert worden (vgl. analog Urteil International Fruit, Randnr. 16).

[252] So ist u.a. Artikel 228a EG-Vertrag (jetzt Artikel 301 EG) durch den Vertrag über die Europäische Union in den EG-Vertrag ein-gefügt worden, um eine spezifische Grundlage für Wirtschaftssank-tionen zu schaffen, zu denen sich die Gemeinschaft, die im Bereich der gemeinsamen Handelspolitik allein zuständig ist, gegenüber Drittländern aus politischen Gründen veranlasst sehen kann, die von ihren Mitgliedstaaten im Rahmen der GASP meistens in Anwendung einer Resolution des Sicherheitsrats, die sie zu solchen Sanktionen verpflichtet, festgelegt werden.

[253] Soweit demnach die Gemeinschaft aufgrund des EG-Ver-trags Befugnisse übernommen hat, die zuvor von den Mitgliedstaaten im Anwendungsbereich der Charta der Vereinten Nationen ausgeübt wurden, ist sie an die Bestimmungen dieser Charta gebunden (vgl. analog in Bezug auf die Frage, ob die Gemeinschaft an das Allgemeine Zoll- und Handelsabkommen [GATT] von 1947 gebunden ist, Urteil International Fruit, Randnr. 18; vgl. auch oben in Randnr. 82 zitiertes Urteil Dorsch Consult/Rat und Kommission, Randnr. 74, worin fest-gestellt wird, dass die Gemeinschaft bei der Umsetzung eines durch eine Resolution des Sicherheitsrats verhängten Handelsembargos eine gebundene Befugnis ausübt).

[254] Nach diesen Erwägungen ist davon auszugehen, dass die Ge-meinschaft weder die Verpflichtungen, die ihren Mitgliedstaaten auf-grund der Charta der Vereinten Nationen obliegen, verletzen noch die Erfüllung dieser Verpflichtungen behindern darf und dass sie schon nach ihrem Gründungsvertrag bei der Ausübung ihrer Befugnisse alle erforderlichen Bestimmungen erlassen muss, um es ihren Mitglied-staaten zu ermöglichen, diesen Verpflichtungen nachzukommen.

[255] Im vorliegenden Fall hat der Rat in dem gemäß Titel V des EU-Vertrags angenommenen Gemeinsamen Standpunkt 2002/402

festgestellt, dass ein Tätigwerden der Gemeinschaft im Rahmen der ihr durch den EG-Vertrag verliehenen Befugnisse erforderlich sei, um im Einklang mit den Resolutionen 1267 (1999), 1333 (2000) und 1390 (2002) des Sicherheitsrats bestimmte restriktive Maßnahmen gegen Osama bin Laden, Mitglieder der Al-Qaida-Organisation und die Taliban sowie andere mit ihnen verbündete Personen, Gruppen, Unternehmen und Einrichtungen zu treffen.

[256] Die Gemeinschaft hat diese Maßnahmen durch den Erlass der angefochtenen Verordnung umgesetzt. Wie oben in Randnummer 170 bereits entschieden, war sie für den Erlass dieses Rechtsakts auf der Grundlage der Artikel 60 EG, 301 EG und 308 EG zuständig

[257] Daher sind die oben in Randnummer 206 zusammengefassten Argumente der Gemeinschaftsorgane unter dem Vorbehalt als begründet anzusehen, dass die Gemeinschaft nicht – wie sie geltend machen – nach dem allgemeinen Völkerrecht, sondern nach dem EG-Vertrag selbst verpflichtet war, den fraglichen Resolutionen des Sicherheitsrats in ihrem Zuständigkeitsbereich Wirkung zu verleihen.

[258] Dagegen sind die Argumente der Kläger zurückzuweisen, die auf der Autonomie der Gemeinschaftsrechtsordnung gegenüber der durch die Vereinten Nationen entstandenen Rechtsordnung und auf dem Erfordernis einer Umsetzung der Resolutionen des Sicherheitsrats in das innerstaatliche Recht der Mitgliedstaaten im Einklang mit deren Verfassungsbestimmungen und tragenden Rechtsgrundsätzen beruhen.

[259] Das von den Klägern auf die Unvereinbarkeit der fraglichen Resolutionen des Sicherheitsrats mit den Bestimmungen der Charta der Vereinten Nationen selbst gestützte Argument lässt sich nicht von ihren Argumenten in Bezug auf die dem Gericht angeblich obliegende Kontrolle von Rechtsakten der Gemeinschaft, mit denen diese Resolutionen umgesetzt werden, und auf die angebliche Verletzung der Grundrechte der Betroffenen trennen. Es wird daher zusammen mit diesen anderen Argumenten geprüft.

Zum Umfang der vom Gericht auszuübenden Rechtmäßigkeitskontrolle

[260] Einleitend ist daran zu erinnern, dass die Europäische Gemeinschaft eine Rechtsgemeinschaft ist, in der weder ihre Mitgliedstaaten noch ihre Organe der Kontrolle daraufhin, ob ihre Handlungen mit der Verfassungsurkunde der Gemeinschaft, dem Vertrag, im Einklang stehen, entzogen sind, und dass mit diesem Vertrag ein umfassendes System von Rechtsbehelfen und Verfahren geschaffen worden ist, das dem Gerichtshof die Überprüfung der Rechtmäßig-

keit der Handlungen der Organe zuweist (Urteile des Gerichtshofes vom 23. April 1986 in der Rechtssache 294/83, Les Verts/Parlament, Slg. 1986, 1339, Randnr. 23, vom 22. Oktober 1987 in der Rechtssache 314/85, Foto-Frost, Slg. 1987, 4199, Randnr. 16, und vom 23. März 1993 in der Rechtssache C-314/91, Weber/Parlament, Slg. 1993, I-1093, Randnr. 8; Urteil des Gerichts vom 2. Oktober 2001 in den Rechtssachen T-222/99, T-327/99 und T-329/99, Martinez u.a./Parlament, Slg. 2001, II-2823, Randnr. 48; vgl. auch Gutachten 1/91 des Gerichtshofes vom 14. Dezember 1991, Slg. 1991, I-6079, Nr. 21).

[261] Wie der Gerichtshof wiederholt entschieden hat (Urteil vom 15. Mai 1986 in der Rechtssache 222/84, Johnston, Slg. 1986, 1651, Randnr. 18; vgl. auch Urteile des Gerichtshofes vom 3. Dezember 1992 in der Rechtssache C-97/91, Oleifici Borelli/Kommission, Slg. 1992, I-6313, Randnr. 14, und vom 11. Januar 2001 in der Rechtssache C-1/99, Kofisa Italia, Slg. 2001, I-207, Randnr. 46, oben in Randnr. 192 zitiertes Urteil Kommission/Österreich, Randnr. 45, und Urteil vom 25. Juli 2002 in der Rechtssache C-50/00 P, Unión de Pequeños Agricultores/Rat, Slg. 2002, I-6677, Randnr. 39), ist die gerichtliche Kontrolle „Ausdruck eines allgemeinen Rechtsgrundsatzes, der den gemeinsamen Verfassungstraditionen der Mitgliedstaaten zugrunde liegt [und der] auch in den Artikeln 6 und 13 der [EMRK] verankert [ist]".

[262] Im vorliegenden Fall kommt dieser Grundsatz in dem den Klägern durch Artikel 230 Absatz 4 EG verliehenen Recht zum Ausdruck, die Rechtmäßigkeit der angefochtenen Verordnung vom Gericht prüfen zu lassen, soweit diese sie unmittelbar und individuell betrifft, und für ihre Klage jeden Klagegrund geltend zu machen, der auf Unzuständigkeit, Verletzung wesentlicher Formvorschriften, Verletzung des EG-Vertrags oder einer bei seiner Durchführung anzuwendenden Rechtsnorm oder Ermessensmissbrauch gestützt wird.

[263] Im vorliegenden Fall stellt sich jedoch die Frage, ob es strukturelle, durch das allgemeine Völkerrecht oder den EG-Vertrag selbst vorgegebene Grenzen für die Kontrolle gibt, die das Gericht hinsichtlich dieser Verordnung auszuüben hat.

[264] Insoweit ist daran zu erinnern, dass mit der angefochtenen Verordnung, die im Hinblick auf den Gemeinsamen Standpunkt 2002/402 ergangen ist, auf der Ebene der Gemeinschaft die Verpflichtung ihrer Mitgliedstaaten als Mitglieder der UNO erfüllt wird, gegebenenfalls durch eine Gemeinschaftshandlung den Sanktionen gegen Osama bin Laden, das Al-Qaida-Netzwerk und die Taliban sowie andere mit ihnen verbündete Personen, Gruppen, Unternehmen und Ein-

richtungen, die durch mehrere Resolutionen des Sicherheitsrats nach Kapitel VII der Charta der Vereinten Nationen beschlossen und dann verschärft wurden, Wirkung zu verleihen. In den Begründungserwägungen dieser Verordnung wird ausdrücklich auf die Resolutionen 1267 (1999), 1333 (2000) und 1390 (2002) Bezug genommen.

[265] In diesem Zusammenhang sind die Gemeinschaftsorgane, wie sie zutreffend geltend gemacht haben, aufgrund einer gebundenen Befugnis tätig geworden, so dass sie über keinen eigenen Ermessensspielraum verfügten. Insbesondere konnten sie weder den Inhalt der fraglichen Resolutionen unmittelbar ändern noch einen Mechanismus schaffen, der zu einer solchen Änderung führen konnte.

[266] Jede Kontrolle der materiellen Rechtmäßigkeit der angefochtenen Verordnung, vor allem im Hinblick auf die Bestimmungen oder allgemeinen Grundsätze des Gemeinschaftsrechts, die den Grundrechtsschutz betreffen, würde also bedeuten, dass das Gericht inzident die Rechtmäßigkeit der genannten Resolutionen prüft. Im vorliegenden Fall wäre die Quelle der von den Klägern geltend gemachten Rechtswidrigkeit nämlich nicht im Erlass der angefochtenen Verordnung zu suchen, sondern in den Resolutionen des Sicherheitsrats, in denen die Sanktionen verhängt wurden (vgl. analog oben in Randnr. 82 zitiertes Urteil Dorsch Consult/Rat und Kommission, Randnr. 74).

[267] Insbesondere würde, falls das Gericht die angefochtene Verordnung – obwohl ihr Erlass völkerrechtlich geboten erscheint – gemäß den Anträgen der Kläger mit der Begründung für nichtig erklärt, dass sie die durch die Rechtsordnung der Gemeinschaft geschützten Grundrechte der Kläger verletzt, eine solche Nichtigerklärung indirekt bedeuten, dass die fraglichen Resolutionen des Sicherheitsrats selbst diese Grundrechte verletzen. Die Kläger verlangen mit anderen Worten vom Gericht, implizit festzustellen, dass die fragliche Völkerrechtsnorm in die durch die Gemeinschaftsrechtsordnung geschützten Grundrechte des Einzelnen eingreift.

[268] Die Gemeinschaftsorgane und das Vereinigte Königreich fordern das Gericht auf, grundsätzlich jede Zuständigkeit für eine solche indirekte Kontrolle der Rechtmäßigkeit dieser Resolutionen abzulehnen, die als Regeln des Völkerrechts, die die Mitgliedstaaten der Gemeinschaft binden, für das Gericht wie für alle Organe der Gemeinschaft Geltung hätten. Sie sind im Wesentlichen der Ansicht, dass sich die Kontrolle des Gerichts darauf beschränken müsse, ob die Form-, Verfahrens- und Zuständigkeitsvorschriften, die im vorliegenden Fall für die Gemeinschaftsorgane gelten, eingehalten worden seien und ob die fraglichen Gemeinschaftsmaßnahmen im Hinblick auf die mit

ihnen umgesetzten Resolutionen des Sicherheitsrats angemessen und verhältnismäßig seien.

[269] Es ist anzuerkennen, dass eine solche Zuständigkeitsbeschränkung als Konsequenz aus den oben im Rahmen der Prüfung der Verknüpfung der Verhältnisse zwischen der durch die Vereinten Nationen entstandenen Völkerrechtsordnung und der Gemeinschaftsrechtsordnung entwickelten Grundsätzen geboten ist.

[270] Wie bereits ausgeführt, sind die fraglichen Resolutionen des Sicherheitsrats gemäß Kapitel VII der Charta der Vereinten Nationen verabschiedet worden. In diesem Zusammenhang fällt die Bestimmung dessen, was eine Bedrohung des Weltfriedens und der internationalen Sicherheit darstellt, sowie der erforderlichen Maßnahmen zu ihrer Wahrung oder Wiederherstellung in den ausschließlichen Verantwortungsbereich des Sicherheitsrats und ist als solche der Zuständigkeit der nationalen oder gemeinschaftlichen Behörden und Gerichte entzogen, unter dem einzigen Vorbehalt des in Artikel 51 dieser Charta genannten naturgegebenen Rechts zur individuellen oder kollektiven Selbstverteidigung.

[271] Beschließt also der Sicherheitsrat nach Kapitel VII der Charta der Vereinten Nationen über seinen Sanktionsausschuss, dass die Gelder bestimmter Personen oder Organisationen einzufrieren sind, so gilt sein Beschluss gemäß Artikel 48 der Charta für alle Mitglieder der Vereinten Nationen.

[272] Im Hinblick auf die oben in den Randnummern 243 bis 254 angestellten Erwägungen lässt sich eine Zuständigkeit des Gerichts für die inzidente Kontrolle der Rechtmäßigkeit eines solchen Beschlusses nach dem Standard des Schutzes der in der Gemeinschaftsrechtsordnung anerkannten Grundrechte somit weder auf der Grundlage des Völkerrechts noch auf der des Gemeinschaftsrechts herleiten.

[273] Zum einen wäre eine solche Zuständigkeit mit den Verpflichtungen der Mitgliedstaaten aufgrund der Charta der Vereinten Nationen, insbesondere ihrer Artikel 25, 48 und 103, sowie mit Artikel 27 des Wiener Übereinkommens über das Recht der Verträge unvereinbar.

[274] Zum anderen würde eine solche Zuständigkeit sowohl gegen die Bestimmungen des EG-Vertrags, insbesondere die Artikel 5 EG, 10 EG, 297 EG und 307 Absatz 1 EG, als auch gegen die des EU-Vertrags, insbesondere Artikel 5 EU, verstoßen, wonach der Gemeinschaftsrichter seine Befugnisse nach Maßgabe und im Sinne des EG-Vertrags und des EU-Vertrags ausübt. Sie wäre außerdem unvereinbar mit dem Grundsatz, dass die Befugnisse der Gemeinschaft und damit

die des Gerichts unter Beachtung des Völkerrechts ausgeübt werden müssen (oben in Randnr. 210 zitierte Urteile Poulsen und Diva Navigation, Randnr. 9, und Racke, Randnr. 45).

[275] Hinzuzufügen ist, dass insbesondere im Hinblick auf Artikel 307 EG und Artikel 103 der Charta der Vereinten Nationen die Berufung auf eine Verletzung der durch die Gemeinschaftsrechtsordnung geschützten Grundrechte oder der Grundsätze dieser Rechtsordnung die Gültigkeit einer Resolution des Sicherheitsrats oder deren Wirkung im Gebiet der Gemeinschaft nicht berühren kann (vgl. analog oben in Randnr. 190 zitiertes Urteil Internationale Handelsgesellschaft, Randnr. 3, und Urteile des Gerichtshofes vom 8. Oktober 1986 in der Rechtssache 234/85, Keller, Slg. 1986, 2897, Randnr. 7, und vom 17. Oktober 1989 in den Rechtssachen 97/87 bis 99/87, Dow Chemical Ibérica u.a./Kommission, Slg. 1989, 3165, Randnr. 38).

[276] Demnach ist davon auszugehen, dass die fraglichen Resolutionen des Sicherheitsrats grundsätzlich nicht der Kontrolle durch das Gericht unterliegen und dass das Gericht nicht berechtigt ist, ihre Rechtmäßigkeit im Hinblick auf das Gemeinschaftsrecht – und sei es auch nur inzident – in Frage zu stellen. Das Gericht ist vielmehr verpflichtet, das Gemeinschaftsrecht so weit wie möglich in einer Weise auszulegen und anzuwenden, die mit den Verpflichtungen der Mitgliedstaaten aus der Charta der Vereinten Nationen vereinbar ist.

[277] Dagegen kann das Gericht die Rechtmäßigkeit der fraglichen Resolutionen des Sicherheitsrats im Hinblick auf das Jus cogens, verstanden als internationaler Ordre public, der für alle Völkerrechtssubjekte einschließlich der Organe der UNO gilt und von dem nicht abgewichen werden darf, inzident prüfen.

[278] Insoweit ist festzustellen, dass das Wiener Übereinkommen über das Recht der Verträge, das das Völkergewohnheitsrecht kodifiziert (und das nach seinem Artikel 5 „auf jeden Vertrag Anwendung [findet], der die Gründungsurkunde einer internationalen Organisation bildet, sowie auf jeden im Rahmen einer internationalen Organisation angenommenen Vertrag"), in Artikel 53 vorsieht, dass Verträge nichtig sind, die im Widerspruch zu einer zwingenden Norm des allgemeinen Völkerrechts (Ius cogens) stehen, d.h. zu einer „Norm, die von der internationalen Staatengemeinschaft in ihrer Gesamtheit angenommen und anerkannt wird als eine Norm, von der nicht abgewichen werden darf und die nur durch eine spätere Norm des allgemeinen Völkerrechts derselben Rechtsnatur geändert werden kann". Ebenso heißt es in Artikel 64 des Wiener Übereinkommens: „Entsteht eine neue zwingende Norm des allgemeinen Völkerrechts, so wird

jeder zu dieser Norm im Widerspruch stehende Vertrag nichtig und erlischt."

[279] Im Übrigen setzt die Charta der Vereinten Nationen selbst die Existenz zwingender völkerrechtlicher Grundsätze und insbesondere den Schutz der Grundrechte des Menschen voraus. So haben die Völker der Vereinten Nationen in der Präambel der Charta ihre Entschlossenheit erklärt, „[ihren] Glauben an die Grundrechte des Menschen, an Würde und Wert der menschlichen Persönlichkeit … zu bekräftigen". Aus Kapitel I der Charta, überschrieben mit „Ziele und Grundsätze", ergibt sich außerdem, dass die Vereinten Nationen u.a. das Ziel haben, die Achtung vor den Menschenrechten und Grundfreiheiten zu festigen.

[280] Diese Grundsätze gelten sowohl für die Mitglieder der UNO als auch für deren Organe. So muss der Sicherheitsrat nach Artikel 24 Absatz 2 der Charta der Vereinten Nationen bei der Erfüllung der Pflichten aufgrund seiner Hauptverantwortung für die Wahrung des Weltfriedens und der internationalen Sicherheit „im Einklang mit den Zielen und Grundsätzen der Vereinten Nationen" handeln. Die Sanktionsbefugnisse, über die der Sicherheitsrat bei der Wahrnehmung dieser Verantwortung verfügt, müssen daher unter Beachtung des Völkerrechts und insbesondere auch der Ziele und Grundsätze der Vereinten Nationen ausgeübt werden.

[281] Das Völkerrecht erlaubt also die Annahme, dass es eine Grenze für den Grundsatz der Bindungswirkung der Resolutionen des Sicherheitsrats gibt: Sie müssen die zwingenden fundamentalen Bestimmungen des Jus cogens beachten. Im gegenteiligen Fall, so unwahrscheinlich er auch sein mag, binden sie die Mitgliedstaaten der UNO nicht und damit auch nicht die Gemeinschaft.

[282] Die inzidente Kontrolle, die das Gericht im Rahmen einer Klage auf Nichtigerklärung eines Gemeinschaftsrechtsakts ausübt, der ohne jede Ermessensausübung zur Umsetzung einer Resolution des Sicherheitsrats ergangen ist, kann sich daher gegebenenfalls auf die Prüfung erstrecken, ob die zum Jus cogens gehörenden übergeordneten Regeln des Völkerrechts und insbesondere auch die zwingenden Normen zum universellen Schutz der Menschenrechte eingehalten wurden, von denen weder die Mitgliedstaaten noch die Organe der UNO abweichen dürfen, weil sie „unveräußerliche Grundsätze des Völkergewohnheitsrechts" darstellen (Gutachten des Internationalen Gerichtshofes vom 8. Juli 1996, Zulässigkeit der Drohung mit oder des Gebrauchs von Nuklearwaffen, *I.C.J. Reports* 1996, S. 226, Randnr. 79; vgl. in diesem Sinne auch Schlussanträge

von Generalanwalt Jacobs zu dem oben in Randnr. 239 zitierten Urteil Bosphorus, Nr. 65).

# VI. Auslegung des Gemeinschaftsrechts

**Verb. Rs. C-6/90 und C-9/90 (Francovich u.a.),**                    **79**
**Urteil des Gerichtshofes vom 19. 11. 1991 – Slg. 1991, S. I-5357**

**und**

**Rs. 9/70 (Grad ∕ Finanzamt Traunstein; „Leberpfennig"),**
**Urteil vom 06. 10. 1970 – Slg. 1970, S. 825.**

**Gemeinsame Vorbemerkungen:** *Der Europäische Gerichtshof bedient sich bei der Auslegung des Gemeinschaftsrechts im Rahmen der teleologischen Auslegung der Auslegungsmaxime des sogenannten „effet utile" (Grundsatz der praktischen Wirksamkeit), wonach gemeinschaftsrechtliche Normen so auszulegen sind, dass ihnen die größtmögliche Effizienz zukommt. Die im folgenden dargestellten Entscheidungen verdeutlichen diese Auslegungsmethode des Gerichtshofes beispielhaft in verschiedenen Bereichen des EG-Vertrags. Insbesondere die Rechtssache Francovich illustriert dabei sehr deutlich, inwieweit der Gerichtshof sich dieser Auslegungsmethode auch zum Zwecke der Rechtsfortbildung bedient. Neben dem effet utile verwendet der EuGH bei der Auslegung des Primärrechts vorwiegend die systematische Methode.*

(Zu den Sachverhalten der nachfolgenden Entscheidungen vgl. die Fälle 84 und 62)

**Verb. Rs. C-6/90 und C-9/90 (Francovich u.a.),**
**Urteil des Gerichtshofes vom 19. 11. 1991 – Slg. 1991, S. I-5357.**

(S. I-5414) [32] Nach ständiger Rechtsprechung müssen die nationalen Gerichte, die im Rahmen ihrer Zuständigkeiten die Bestimmungen des Gemeinschaftsrechts anzuwenden haben, die volle Wirkung dieser Bestimmungen gewährleisten und die Rechte schützen, die das Gemeinschaftsrecht dem einzelnen verleiht (...).

[33] Die volle Wirksamkeit der gemeinschaftsrechtlichen Bestimmungen wäre beeinträchtigt und der Schutz der durch sie begründeten Rechte gemindert, wenn der einzelne nicht die Möglichkeit hätte, für den Fall eine Entschädigung zu erlangen, daß seine Rechte durch einen Verstoß gegen das Gemeinschaftsrecht verletzt werden, der einem Mitgliedstaat zuzurechnen ist.

[34] Die Möglichkeit einer Entschädigung durch den Mitgliedstaat ist vor allem dann unerläßlich, wenn die volle Wirkung der gemeinschaftsrechtlichen Bestimmungen wie im vorliegenden Fall davon abhängt, daß der Staat tätig wird, und der einzelne deshalb im Falle einer Untätigkeit des Staates die ihm durch das Gemeinschaftsrecht zuerkannten Rechte vor den nationalen Gerichten nicht geltend machen kann.

**80    Rs. 9/70 (Grad ./. Finanzamt Traunstein; „Leberpfennig"),**
**Urteil vom 06. 10. 1970 – Slg. 1970, S. 825.**

(S. 837) [2] Mit der ersten Frage bittet das Finanzgericht den Gerichtshof um Entscheidung darüber, ob Artikel 4 Absatz 2 der Entscheidung in Verbindung mit Artikel 1 der Richtlinie unmittelbare Wirkungen in den Rechtsbeziehungen zwischen den Mitgliedstaaten und Einzelpersonen erzeugt und ob diese Vorschriften Rechte der einzelnen begründen, welche auch die staatlichen Gerichte zu beachten haben.

[3] Die Frage betrifft die Gesamtwirkung von Vorschriften, die in einer Entscheidung beziehungsweise einer Richtlinie enthalten sind. Nach Artikel 189 EWG-Vertrag ist eine Entscheidung in allen ihren Teilen für diejenigen verbindlich, die sie bezeichnet. Ferner ist nach diesem Artikel eine Richtlinie (S. 838) für jeden Mitgliedstaat, an den sie gerichtet wird, hinsichtlich des zu erreichenden Ziels verbindlich, überläßt jedoch den innerstaatlichen Stellen die Wahl der Form und der Mittel.

(…)

[5] Zwar gelten nach Artikel 189 Verordnungen unmittelbar und können infolgedessen schon wegen ihrer Rechtsnatur unmittelbare Wirkungen erzeugen. Hieraus folgt indessen nicht, daß andere in diesem Artikel genannte Kategorien von Rechtsakten niemals ähnliche Wirkungen erzeugen könnten. Namentlich die Bestimmung, daß Entscheidungen in allen ihren Teilen für den Adressaten verbindlich sind, erlaubt die Frage, ob sich auf die durch die Entscheidung begründete

Verpflichtung nur die Gemeinschaftsorgane gegenüber dem Adressaten berufen können oder ob ein solches Recht gegebenenfalls allen zusteht, die ein Interesse an der Erfüllung dieser Verpflichtung haben. Mit der den Entscheidungen durch Artikel 189 zuerkannten verbindlichen Wirkung wäre es unvereinbar, grundsätzlich auszuschließen, daß betroffene Personen sich auf die durch die Entscheidung auferlegte Verpflichtung berufen können. Insbesondere in den Fällen, in denen etwa die Gemeinschaftsbehörden einen Mitgliedstaat oder alle Mitgliedstaaten durch Entscheidung zu einem bestimmten Verhalten verpflichten, würde die nützliche Wirkung („effet utile") einer solchen Maßnahme abgeschwächt, wenn die Angehörigen dieses Staates sich vor Gericht hierauf nicht berufen und die staatlichen Gerichte sie nicht als Bestandteil des Gemeinschaftsrechts berücksichtigen könnten. Zwar können die Wirkungen einer Entscheidung andere sein als diejenigen einer in einer Verordnung enthaltenen Vorschrift; dieser Unterschied schließt jedoch nicht aus, daß das Endergebnis, nämlich das Recht des einzelnen, sich auf die Maßnahme vor Gericht zu berufen, gegebenenfalls das gleiche sein kann wie bei einer unmittelbar anwendbaren Verordnungsvorschrift.

**Rs. C-17/96 (Badische Erfrischungs-Getränke),**     **81**
**Urteil des Gerichtshofes vom 17. 07. 1997 – Slg. 1997, S. I-4617.**

**Vorbemerkungen:** *Die folgende Entscheidung zeigt, dass für die Auslegung von Sekundärrecht – wie hier der Richtlinie 80/777 EWG – auch die aus dem deutschen Recht bekannten, klassischen Auslegungsmethoden herangezogen werden können. Der EuGH nimmt zunächst eine historische Auslegung vor und stützt sein so gewonnenes Ergebnis mit teleologisch-systematischen Erwägungen.*

**Sachverhalt:** Das Land Baden-Württemberg (Beklagte) verweigerte der Badischen Erfrischungs-Getränke GmbH & Co. KG, einer Mineralbrunnengesellschaft (Klägerin), das Recht, das Wasser aus einem Brunnen der Gesellschaft als natürliches Mineralwasser zu bezeichnen. Begründet wurde diese Entscheidung mit dem nach der deutschen Regelung fehlenden oder geringen Gehalt des Wassers an bestimmten Mineralstoffen. Das BVerwG hatte Zweifel an der Vereinbarkeit der deutschen Erfordernisse mit denen der Richtlinie 80/777/EWG über die Gewinnung von und den Handel mit natürlichen Mineralwassern. Der EuGH legte im Rahmen des Vorabentscheidungsverfahrens die maßgeblichen Bestimmungen der Richtlinie dahin gehend aus, dass sie es einem Mitgliedstaat verwehren, für die Anerkennung von Wasser als natürlichem Wasser zu verlangen, dass es gesundheitsdienliche Eigenschaften besitzt.

**Aus den Entscheidungsgründen;**

(S. I-4632) [13] Das Land Baden-Württemberg, unterstützt durch die französische und die italienische Regierung, trägt vor, Wasser könne nur dann als natürliches Mineralwasser anerkannt werden, wenn es gesundheitsdienliche Eigenschaften habe. Natürliches Mineralwasser sei nicht nur durch Ursprung, Inhalt und Zustand gekennzeichnet, sondern auch durch ernährungsphysiologische Wirkungen, da diese von dem Gehalt an Mineralien, Spurenelementen oder sonstigen Bestandteilen ausgingen, die die Eigenart des Wassers bestimmen. Aus Anhang I Abschnitt I Nummer 2 ergebe sich, daß die gesundheitsdienlichen Eigenschaften des Wassers nachzuweisen seien. Die Nummer 2 ergänze und verdeutliche die Nummer 1, indem sie eine Überprüfung der in dieser angeführten Merkmale zum Zweck der konkreten Feststellung der gesundheitsdienlichen Eigenschaften verlange.

[14] Die Kommission vertritt die Ansicht, die Nummern 1 und 2 des Anhangs I Abschnitt I, die beide Elemente der Definition von natürlichem Mineralwasser darstellten, seien zusammen zu lesen. Die deutsche, die englische, die niederländische und die dänische Fassung der Nummer 2 entsprächen einander und seien im Hinblick auf die gestellte Frage doppeldeutig. Dagegen ließen weder die französische noch die italienische und die spanische Fassung der Nummer 2 Zweifel daran zu, daß natürliches Mineralwasser stets solche Eigenschaften haben müsse.

(S. I-4633) [15] In Anhang I Nummer 1, der die Definition von natürlichem Mineralwasser enthält, werden „gesundheitsdienliche Eigenschaften" nicht erwähnt. In Nummer 1 Absatz 1 wird natürliches Mineralwasser als ein bakteriologisch einwandfreies Wasser unterirdischen Ursprungs definiert. Absatz 2 enthält lediglich den Hinweis, daß sich natürliches Mineralwasser von gewöhnlichem Trinkwasser durch zwei Merkmale unterscheidet, nämlich zum einen durch seine Eigenart, die durch seinen Gehalt an Mineralien, Spurenelementen oder sonstigen Bestandteilen und gegebenenfalls durch bestimmte Wirkungen gekennzeichnet ist, und zum anderen durch seine ursprüngliche Reinheit, wobei hinzugefügt wird, daß die unterirdische Herkunft des Wassers es ermöglicht, daß diese Merkmale unverändert erhalten sind. Der Begriff „gesundheitsdienliche Eigenschaften" kommt erst in Anhang I Abschnitt I Nummer 2 vor.

[16] In dieser Hinsicht ist der Rat vom Richtlinienvorschlag der Kommission (ABl. 1970, C 69, S. 14) abgewichen, der das Erfordernis der gesundheitsdienlichen Eigenschaften in Nummer 1 erwähnte. Diese Umstellung deutet darauf hin, daß der Rat die Anerkennung von Wasser als natürlichem Mineralwasser nicht davon abhängig machen wollte, daß es gesundheitsdienliche Eigenschaften besitzt.

[17] Für diese Auslegung spricht, daß die Richtlinie keine Definition des Begriffes der gesundheitsdienlichen Eigenschaften enthält. Hätte der Rat ein Merkmal natürlicher Mineralwässer darin sehen wollen, daß sie gesundheitsdienliche Eigenschaften besitzen, so hätte die Richtlinie, die genau und detailliert gefaßt ist, wie der Generalanwalt in Nummer 18 seiner Schlußanträge zutreffend ausgeführt hat, zu diesem Punkt Vorschriften enthalten.

[18] Schließlich wird mit der Wendung „die natürlichem Mineralwasser gesundheitsdienliche Eigenschaften verleihen können" nur auf eine mögliche Wirkung der Merkmale des Wassers verwiesen. Die rein deskriptive Bedeutung dieses Ausdrucks steht in deutlichem Kontrast zur zwingenden Formulierung der Hauptaussage (S. I-4634) des Satzes, daß die in Nummer 1 genannten Merkmale des natürlichen Mineralwassers unter verschiedenen Gesichtspunkten, nach bestimmten Kriterien und nach von der zuständigen Behörde wissenschaftlich anerkannten Verfahren überprüft worden sein „müssen" (siehe Anhang I Abschnitt I Nummer 2 Satz 1).

[19] Aufgrund all dieser Erwägungen ist auf die erste Frage zu antworten, daß Artikel 1 Absatz 1 in Verbindung mit Anhang I Abschnitt I Nummern 1 und 2 der Richtlinie dahin auszulegen ist, daß er es einem Mitgliedstaat verwehrt, für die Anerkennung von Wasser als natürlichem Mineralwasser zu verlangen, daß es gesundheitsdienliche Eigenschaften besitzt.

**Rs. C-149/97 (Institute of the Motor Industry),**     **82**
**Urteil des Gerichtshofes vom 12. 11. 1998 – Slg. 1998, S. I-7053.**

**Vorbemerkungen:** *Diese Entscheidung illustriert, dass bei sich objektiv widerstreitenden Sprachfassungen eines Sekundärrechtsaktes nicht einer Sprachfassung der Vorrang vor einer anderen eingeräumt werden darf, sondern eine Auslegung anhand des allgemeinen Aufbaus und des Zwecks der Regelung zu erfolgen hat.*

**Sachverhalt:** Das Institute of the Motor Industry, ein freiwilliger Zusammenschluss von Personen, die im Kraftfahrzeug-Einzelhandel tätig sind, stellte einen Antrag auf eine Mehrwertsteuerbefreiung, der mit der Begründung abgelehnt wurde, dass das Institut die erforderlichen Voraussetzungen für die im englischen Recht vorgesehene Steuerbefreiung nicht erfülle. Demgegenüber macht das Institute geltend, es sei eine von Mehrwertsteuer befreite Organisation i.S.d. Richtlinie 77/388/EWG. Die nationalen Sprachfassungen der Richtlinie bedienen sich verschiedener Begriffe, mit denen die Steuerbefreiung nach Art. 13 der Richtlinie umschrieben ist. Maßgeblich ist nach der Auffassung des nach Art. 234 EG angerufenen EuGH, ob eine Vereinigung die Ziele „de nature syndicale" i. S. von Art. 13 verfolgt. Dies ist zu bejahen, wenn das Hauptziel der Organisation die Verteidigung der gemeinsamen Interessen ihrer Mitglieder und deren Verteidigung gegenüber betroffenen Dritten ist.

**Aus den Entscheidungsgründen:**

(S. I-7079) [13] Die Frage des vorlegenden Gerichts an den Gerichtshof geht im wesentlichen dahin, ob eine Vereinigung wie das Institute als Einrichtung ohne Gewinnstreben, die gewerkschaftliche Ziele verfolgt, im Sinne von Artikel 13 Teil A Absatz 1 Buchstabe l der Richtlinie bezeichnet werden kann.

[14] Zunächst ist festzustellen, daß, wie der Generalanwalt in den Nummern 33 bis 37 seiner Schlußanträge ausgeführt hat, die in einigen Sprachfassungen dieser Vorschrift zur Wiedergabe des Ausdrucks „objectifs de nature syndicale" verwendeten Begriffe eine andere Bedeutung haben können als die in anderen Sprachfassungen verwendeten.

[15] So beziehen sich die in mehreren Fassungen, darunter der englischen Fassung („aims of a trade-union nature"), verwendeten Begriffe im wesentlichen auf Ziele, die von Gewerkschaften verfolgt werden, während die in anderen Fassungen, darunter der französischen Fassung („objectifs de nature syndicale"), verwendeten Begriffe darüber hinaus auch Ziele erfassen, die von Berufsorganisationen verfolgt werden, die keine Gewerkschaften darstellen.

[16] Nach ständiger Rechtsprechung kann die in einer der Sprachfassungen einer gemeinschaftsrechtlichen Vorschrift verwendete Formulierung nicht als alleinige Grundlage für die Auslegung dieser Vorschrift herangezogen werden oder insoweit Vorrang vor den anderen sprachlichen Fassungen beanspruchen. Eine solche Vorgehensweise wäre mit dem Erfordernis einer einheitlichen Anwendung des Gemeinschaftsrechts unvereinbar. Wenn die sprachlichen Fassungen voneinander abweichen, muß die betreffende Vorschrift nach dem all-

gemeinen Aufbau und dem Zweck der Regelung ausgelegt werden, zu der sie gehört (siehe Urteil vom 27. März 1990 in der Rechtssache C-372/88, Cricket St Thomas, Slg. 1990, I-1345, Randnrn. 18 und 19).

## Rs. C-6/98 (ARD),      83
### Urteil des Gerichtshof vom 28. 10. 1999 – Slg. 1999, S. I-7599.

**Vorbemerkungen:** *Mit dieser Entscheidung hat der Gerichtshof für den Fall, dass der Inhalt eines Sekundärrechtsaktes aufgrund der Auslegung nach Wortlaut und Systematik nicht eindeutig bestimmt werden kann, bei der teleologischen Auslegung maßgeblich berücksichtigt, welche Interpretation die geringste Belastungswirkung für die Betroffenen hat. Dies ist vor dem Hintergrund der Grundrechtsbewehrung der betroffenen Fernsehveranstalter zu sehen (Rundfunkfreiheit), so dass es sich um einen Fall der grundrechtskonformen restriktiven Auslegung eines Sekundärrechtsaktes handelt.*

**Sachverhalt:** Mit der Richtlinie 89/552 („Fernsehrichtlinie", Fs-RL) vom 03. 10. 1990 wurde in der Bundesrepublik Deutschland erstmals die Möglichkeit von Unterbrecherwerbung im Fernsehbereich geschaffen. Dabei dürfen Fernsehsendungen nach einer Ausstrahlungsdauer von 45 Minuten sowie nach jeweils weiteren 20 Minuten zur Einblendung von Werbespots unterbrochen werden (Art. 11 Abs. 3 Fs-RL). Die Bemessung dieser Fristen war lange Zeit umstritten; von ihr hängt die zulässige Häufigkeit von Werbeunterbrechungen ab. Dem sog. Bruttoprinzip zufolge dürfen die Werbezeiten in die Ausstrahlungsdauer miteingerechnet werden, die sich somit verlängert und häufigere Unterbrechungen ermöglicht. Dem Nettoprinzip zufolge ist für die Berechnung dagegen ausschließlich die reine Spielfilmdauer zugrundezulegen, so daß Unterbrechungen seltener möglich sind. In dem Ausgangsstreit vor dem OLG Stuttgart als zweiter Instanz haben die in der ARD zusammengeschlossenen öffentlichrechtlichen Rundfunkanstalten den Privatsender Pro Sieben wegen Verletzung des § 46 Abs 4 Rundfunkstaatsvertrags verklagt, der seinerseits die Unterbrecherwerbung für inländische Fernsehveranstalter regelt. Strittig und im Vorabentscheidungsverfahren vom EuGH zu klären war, ob Art. 11 Abs. 3 Fs-RL das Bruttoprinzip verbindlich vorschreibt und daher die Bestimmung des Rundfunkstaatsvertrags zwingend im Sinne des Bruttoprinzips auszulegen war. Dies hat der EuGH angenommen, da dies eine geringere Belastungswirkung für die Fernsehveranstalter entfaltet.

**Aus den Entscheidungsgründen:**

(S. I-7630) [20] Mit seiner ersten Frage möchte das vorlegende Gericht im wesentlichen wissen, ob Artikel 11 Absatz 3 der Richtlinie 89/552 in der Fassung der Richtlinie 97/36 das Brutto- oder das Netto-prinzip vorsieht.

(S. I-7631) [21] Nach Auffassung der Kläger, der französischen, der niederländischen und der portugiesischen Regierung bezieht sich Artikel 11 Absatz 3 der Richtlinie 89/552 in ihrer geänderten Fassung auf das Nettoprinzip. Dagegen meint die Beklagte, unterstützt durch die Streithelferinnen sowie die italienische und die luxemburgische Regierung, die Regierung des Vereinigten Königreichs und die Kommission, daß sich diese Vorschrift auf das Bruttoprinzip beziehe.

[22] Für ihre jeweiligen Auffassungen haben die Beteiligten des Ausgangsverfahrens, die Regierungen, die Erklärungen beim Gerichtshof eingereicht haben, und die Kommission Argumente angeführt, die auf den Wortlaut des Artikels 11 Absatz 3 der Richtlinie 89/552 in ihrer deutschen, ihrer englischen und ihrer französischen Fassung, auf Artikel 14 Absatz 3 des Übereinkommens, auf die Systematik und den Sinn und Zweck der Richtlinie 89/552 sowie auf die Entstehungsgeschichte dieser Richtlinie und der Richtlinie 97/36 gestützt sind.

[23] Wie der Generalanwalt in den Nummern 18 bis 25 seiner Schlussanträge festgestellt hat, lassen die auf den Wortlaut des Artikels 11 Absatz 3 der Richtlinie 89/552 in ihrer geänderten Fassung gestützten Argumente keinen eindeutigen Schluß darauf zu, ob diese Vorschrift das Brutto- oder das Nettoprinzip vorschreibt.

[24] Artikel 14 Absatz 3 des Übereinkommens unterscheidet sich von Artikel 11 Absatz 3 der Richtlinie 89/552 in ihrer geänderten Fassung nur darin, daß er vom „[D]auern" („durée" bzw. „duration") der audiovisuellen Werke spricht, nicht, wie Artikel 11 Absatz 3, von ihrer „programmierte[n] Sendezeit" („durée programmée" bzw. „scheduled duration"). Wie der Generalanwalt in Nummer 29 seiner Schlussanträge angeführt hat, kann diese Abweichung unterschiedlich ausgelegt werden.

[25] Aus den in den Nummern 31 bis 36 der Schlussanträge des Generalanwalts genannten Gründen lassen sich aus der Erklärung des Rates und der Kommission im Sitzungsprotokoll des Rates vom 3. Oktober 1989 und aus dem Vorschlag des Europäischen Parlaments vom 14. Februar 1996 betreffend die Richtlinie 97/36 (S. I-7632) keine überzeugenden Argumente für die Beantwortung der Frage herleiten,

ob Artikel 11 Absatz 3 der Richtlinie 89/552 in ihrer geänderten Fassung das Brutto- oder das Nettoprinzip vorschreibt.

[26] Somit ist festzustellen, daß Artikel 11 Absatz 3 der Richtlinie 89/552 in ihrer geänderten Fassung mehrdeutig ist.

[27] Ist der Wortlaut einer Gemeinschaftsvorschrift in ihren verschiedenen sprachlichen Fassungen im Lichte der Entstehungsgeschichte der Vorschrift und der Materialien, auf die die Parteien sich in ihren beim Gerichtshof eingereichten Erklärungen gestützt haben, so widersprüchlich und mehrdeutig, daß sich ihm keine Antwort auf die Frage nach seiner Bedeutung entnehmen lässt, so ist für seine Auslegung auf den Zusammenhang der Vorschrift und auf das mit der Regelung verfolgte Ziel abzustellen (Urteil vom 7. Februar 1979 in der Rechtssache 11/76, Niederlande/Kommission, Slg. 1979, 245, Randnr. 6).

[28] Wie der Gerichtshof in den Urteilen vom 9. Februar 1995 in der Rechtssache C-412/93 (Leclerc-Siplec, Slg. 1995, I-179, Randnr. 28) und vom 9. Juli 1997 in den Rechtssachen C-34/95 bis C-36/95 (De Agostini und TV-Shop, Slg. 1997, I-3843, Randnr. 3) festgestellt hat, besteht das Hauptziel der Richtlinie, die auf der Grundlage der Artikel 57 Absatz 2 EG-Vertrag (nach Änderung jetzt Artikel 47 Absatz 2 EG) und 66 EG-Vertrag (jetzt Artikel 55 EG) erlassen worden ist, darin, die freie Ausstrahlung von Fernsehsendungen sicherzustellen.

[29] Eine Vorschrift, die im Bereich der Dienstleistungen eine die Ausübung einer grundlegenden Freiheit betreffende Tätigkeit wie die freie Ausstrahlung von Fernsehsendungen einer Beschränkung unterwirft, muß diese Beschränkung klar zum Ausdruck bringen.

(S. I-7633) [30] Unterwirft eine Bestimmung der Richtlinie 89/552 die Ausstrahlung und Verbreitung von Fernsehsendungen einer Beschränkung, ohne daß der Gemeinschaftsgesetzgeber die Beschränkung klar und eindeutig formuliert hat, ist sie somit eng auszulegen.

[31] Da Artikel 11 Absatz 3 der Richtlinie 89/552 in ihrer geänderten Fassung die Möglichkeit beschränkt, die Übertragung audiovisueller Werke durch Werbung zu unterbrechen, ist diese Beschränkung möglichst eng auszulegen.

[32] Das Bruttoprinzip erlaubt eine grössere Zahl von Werbeunterbrechungen als das Nettoprinzip.

[33] Daher ist auf die erste Frage zu antworten, daß Artikel 11 Absatz 3 der Richtlinie 89/552 in der Fassung der Richtlinie 97/36 das Bruttoprinzip vorsieht, daß also bei der Berechnung des 45-Minuten Zeitraums zum Zweck der Festlegung der zulässigen Zahl von Werbeunterbrechungen bei der Übertragung audiovisueller Werke wie

Kinospielfilme und Fernsehfilme die Werbedauer in den genannten Zeitraum einzubeziehen ist.

## VII. Schadenersatzansprüche bei Verletzung des Gemeinschaftsrechts durch die Mitgliedstaaten

**84**  **Verb. Rs. C-6/90 und C-9/90 (Francovich u.a.),
Urteil des Gerichtshofes vom 19. 11. 1991 – Slg. 1991, S. I-5357.**

**Vorbemerkungen:** *Mit dieser Entscheidung entwickelte der EuGH die Staatshaftung der Mitgliedstaaten für die Folgen gemeinschaftsrechtswidrigen Verhaltens eines Mitgliedstaates im Hinblick auf eine nicht fristgemäße Richtlinienumsetzung in nationales Recht. Hiermit wird auf gemeinschaftsrechtlicher Ebene eine im deutschen Recht bisher nicht bekannte Haftung für legislatives Unrecht geschaffen. Dies stellt neben der Durchführung eines Vertragsverletzungsverfahrens und der unmittelbaren Anwendbarkeit von Richtlinien ein weiteres vom EuGH entwickeltes Sanktionsmittel für bei der Richtlinienumsetzung säumige Mitgliedstaaten dar. Der Anspruch auf Entschädigung wird damit begründet, dass die volle Wirksamkeit des Gemeinschaftsrechts beeinträchtigt würde, wenn der Einzelne nicht zumindest einen Entschädigungsanspruch für den Schaden aus der Vorenthaltung einer von der Richtlinie zu seinen Gunsten vorgesehenen Rechtsposition hat. Dies gilt insbesondere, wenn die Umsetzung des Richtlinieninhalts mangels unmittelbarer Anwendbarkeit durch den Einzelnen nicht direkt durchgesetzt werden kann. Für einen Anspruch des betroffenen Bürgers müssen folgende Voraussetzungen erfüllt sein:*
- *Das Ziel der Richtlinie muss die Verleihung von Rechten an den Einzelnen sein,*
- *der Inhalt dieser Rechte muss auf der Grundlage der Richtlinie bestimmt werden können und*
- *ein Kausalzusammenhang zwischen der dem Mitgliedstaat auferlegten Umsetzungsverpflichtung und dem entstandenen Schaden muss bestehen.*

**Sachverhalt:** Die Richtlinie 80/987 sieht einen Mindestschutz für Arbeitnehmer bei Zahlungsunfähigkeit des Arbeitgebers vor. Erfasst werden damit insbesondere Garantien für die Lohnansprüche der Arbeitnehmer.

Nachdem der Arbeitnehmer Francovich erfolglos die Zwangsvollstreckung gegen seinen Arbeitgeber wegen rückständigen Lohns betrieben hatte, verklagte er den italienischen Staat auf Schadensersatz, weil dieser die Richtlinie nicht fristgemäß umgesetzt hatte. Die Richtlinie sieht die Einrichtung finanziell unabhängiger Garantieeinrichtungen vor, wobei diese nicht zwingend staatliche Einrichtungen sein müssen. Der Gerichtshof entschied im Rahmen eines Vorabentscheidungsverfahrens. Er verpflichtete Italien zu einem Schadenersatz wegen der Nichtumsetzung der genannten Richtlinie.

### Aus den Entscheidungsgründen:

(S. I-5412) [26] Obwohl also die in Rede stehenden Richtlinienvorschriften in bezug auf die Bestimmung des Personenkreises, dem die Garantie zugute kommen soll, und den Inhalt dieser Garantie unbedingt und hinreichend genau sind, kann sich der einzelne deshalb noch nicht vor den nationalen Gerichten auf diese Vorschriften berufen. Zum einen regeln sie nämlich nicht, wer Schuldner der Garantieansprüche ist; zum anderen kann der Staat nicht allein deshalb als Schuldner angesehen werden, weil er die Richtlinie nicht fristgemäß umgesetzt hat.
(...)
(S. I-5414) [33] Die volle Wirksamkeit der gemeinschaftsrechtlichen Bestimmungen wäre beeinträchtigt und der Schutz der durch sie begründeten Rechte gemindert, wenn der einzelne nicht die Möglichkeit hätte, für den Fall eine Entschädigung zu erlangen, daß seine Rechte durch einen Verstoß gegen das Gemeinschaftsrecht verletzt werden, der einem Mitgliedstaat zuzurechnen ist.
[34] Die Möglichkeit einer Entschädigung durch den Mitgliedstaat ist vor allem dann unerläßlich, wenn die volle Wirkung der gemeinschaftsrechtlichen Bestimmungen wie im vorliegenden Fall davon abhängt, daß der Staat tätig wird, und der einzelne deshalb im Falle einer Untätigkeit des Staates die ihm durch das Gemeinschaftsrecht zuerkannten Rechte vor den nationalen Gerichten nicht geltend machen kann.
[35] Der Grundsatz einer Haftung des Staates für Schäden, die dem einzelnen durch dem Staat zurechenbare Verstöße gegen das Gemeinschaftsrecht entstehen, folgt somit aus dem Wesen der mit dem EWG-Vertrag geschaffenen Rechtsordnung.
(...)
(S. 5415) [38] Die Voraussetzungen, unter denen diese gemeinschaftsrechtlich gebotene Staatshaftung einen Entschädigungsan-

spruch eröffnet, hängen von der Art des Verstoßes gegen das Gemeinschaftsrecht ab, der dem verursachten Schaden zugrunde liegt.

[39] Verstößt ein Mitgliedstaat wie im vorliegenden Fall gegen seine Verpflichtung aus Artikel 189 Absatz 3 EWG-Vertrag, alle erforderlichen Maßnahmen zur Erreichung des durch eine Richtlinie vorgeschriebenen Ziels zu erlassen, so verlangt die volle Wirksamkeit dieser gemeinschaftsrechtlichen Regelung einen Entschädigungsanspruch, wenn drei Voraussetzungen erfüllt sind.

[40] Erstens muß das durch die Richtlinie vorgeschriebene Ziel die Verleihung von Rechten an einzelne beinhalten. Zweitens muß der Inhalt dieser Rechte auf der Grundlage der Richtlinie bestimmt werden können. Drittens muß ein Kausalzusammenhang zwischen dem Verstoß gegen die dem Staat auferlegte Verpflichtung und dem den Geschädigten entstandenen Schaden bestehen.

[41] Diese Voraussetzungen reichen aus, um dem einzelnen einen Anspruch auf Entschädigung zu geben, der unmittelbar im Gemeinschaftsrecht begründet ist.

[42] Hiervon abgesehen hat der Staat die Folgen des verursachten Schadens im Rahmen des nationalen Haftungsrechts zu beheben. (…).

(S. I-5416) [43] Auch dürfen die im Schadensersatzrecht der einzelnen Mitgliedstaaten festgelegten materiellen und formellen Voraussetzungen nicht ungünstiger sein als bei ähnlichen Klagen, die nur nationales Recht betreffen, und sie dürfen nicht so ausgestaltet sein, dass sie es praktisch unmöglich machen oder übermäßig erschweren, die Entschädigung zu erlangen (…).

**85    Verb. Rs. C-46/93 und C-48/93 (Brasserie du pêcheur und Factortame; „Factortame III"),
Urteil des Gerichtshofes vom 05. 03. 1996 – Slg. 1996, S. I-1029.**

**Vorbemerkungen:** *In diesem Urteil, das einen Verstoß eines Mitgliedstaates gegen Primärrecht zum Gegenstand hat, stellt der EuGH klar, dass der gemeinschaftsrechtliche Schadensersatzanspruch nicht lediglich subsidiär ist, sondern selbständig neben etwaige nationale Anspruchsgrundlagen tritt. Sofern das mitgliedstaatliche Recht eine Staatshaftung kennt, ergibt sich der Anspruch auf Schadensersatz aus dem nationalen Recht, das aber, sofern erforderlich, gemeinschaftsrechtskonform auszulegen ist. Mit diesem Urteil erweiterte der EuGH* *den Grundsatz der Staatshaftung auch auf die Verletzung unmittelbar anwendbaren Gemeinschaftsrechts. Die Gemeinschaftsrechtsnorm, gegen die verstoßen wurde, muss bezwecken, dem Einzelnen Rechte zu verschaffen. Der Verstoß gegen das Gemeinschaftsrecht muss jedoch hinreichend qualifiziert sein, was der Fall ist, wenn die Grenzen des mitgliedstaatlichen Ermessensspielraums, den die verletzte Norm den Mitgliedstaaten lässt, offenkundig und erheblich überschritten werden. Eine solche Überschreitung ist zumindest dann anzunehmen, wenn der Verstoß gegen das Gemeinschaftsrecht bereits vorher durch ein Urteil des EuGH festgestellt wurde. Die Haftung gilt auch für den Zeitraum, der vor dem einen solchen Verstoß feststellenden Urteil liegt. Die nationalen Haftungsvoraussetzungen dürfen den Anspruch nicht von einem Verschulden abhängig machen, sofern dieses Erfordernis über den geforderten qualifizierten Verstoß gegen das Gemeinschaftsrecht hinausgeht.*

**Sachverhalt:** Die im Elsaß ansässige Brauerei Brasserie du pêcheur SA verlangt von der Bundesrepublik Schadensersatz, weil diese ihr die Einfuhr von Bier, welches nicht dem deutschen Reinheitsgebot entsprach, verboten und die Bezeichnung „Bier" den nach dem Reinheitsgebot gebrauten Bieren vorbehalten hatte (§ 9 BierStG i.V.m. § 11 LMBG, § 10 BierStG a.F.). Die Brasserie du pêcheur exportierte in den 70er Jahren in größerem Maße Bier nach Deutschland. Durch verstärkte Kontrollen der deutschen Behörden auf Einhaltung des Reinheitsgebots kam der Export jedoch fast völlig zum Erliegen. Der EuGH verurteilte die Bundesrepublik in der Rs. 178/84 (Slg. 1987, S. 1227 ff., Fall 164) aufgrund der Anwendung des deutschen Reinheitsgebots auf aus anderen Mitgliedstaaten eingeführtes Bier wegen Verstoßes gegen Art. 28 EG. Die Frage nach der Haftung der Bundesrepublik wird dem EuGH in der Schadensersatzklage der Brasserie du pêcheur durch das nationale Gericht vorgelegt. Die Factortame Ltd. klagt auf den Ersatz von Schäden, die ihr durch die Einführung eines neuen Registers für Fischereifahrzeuge entstanden sind. Von der Eintragung in dieses Register und der damit verbundenen Möglichkeit, im Rahmen der britischen Fangquote Fisch zu fangen, wurden Fischereifahrzeuge ausgeschlossen, die Angehörigen oder Gesellschaften anderer Mitgliedstaaten gehörten. Der EuGH entschied in dem auf eine Vertragsverletzungsklage der Kommission ergangenen Urteil Factortame II (Rs. 221/89, Slg. 1991, S. I-3905), dass Erfordernisse in bezug auf Staatsangehörigkeit, Aufenthaltsort und Domizil der Eigentümer und Manager der Schiffe, wie sie nach dem vom Vereinigten Königreich eingeführten Registrierungssystem vorgesehen waren, im Widerspruch zum Gemeinschaftsrecht stehen. Auf die Schadensersatzklage der Factortame Ltd. legte das nationale Gericht dem EuGH die Frage nach der Staatshaftung vor. Er bejahte die Schadensersatzpflicht eines Mitgliedstaates auch für den Fall, wenn der zur Last gelegte Verstoß dem nationalen Gesetzgeber zuzuschreiben ist, ohne dass ihn ein Verschulden trifft, das über den Verstoß gegen das Gemeinschaftsrecht hinausgeht.

**Aus den Entscheidungsgründen:**

(S. I-1142) [20] Nach ständiger Rechtsprechung stellt die dem einzelnen eingeräumte Möglichkeit, sich vor den nationalen Gerichten auf unmittelbar anwendbare Vertragsvorschriften zu berufen, nur eine Mindestgarantie dar und reicht für sich allein nicht aus, um die uneingeschränkte Anwendung des Vertrages zu gewährleisten (...).

[21] Dies gilt dann, wenn ein einzelner, der Opfer der Nichtumsetzung einer Richtlinie geworden ist und der sich vor dem nationalen Gericht nicht unmittelbar auf bestimmte Vorschriften dieser Richtlinie berufen kann, weil sie nicht hinreichend genau und unbedingt sind, gegen den säumigen Staat eine Haftungsklage wegen Verstoßes gegen Artikel 189 Absatz 3 des Vertrages erhebt. Unter solchen Umständen, wie sie auch in den Rechtssachen Francovich u.a. vorlagen, soll die (S. I-1143) Entschädigung die nachteiligen Folgen beseitigen, die sich für die von einer Richtlinie begünstigten Personen aus der Nichtumsetzung der Richtlinie durch einen Mitgliedstaat ergeben.

[22] Dies gilt auch im Fall der Verletzung eines unmittelbar durch eine Gemeinschaftsnorm verliehenen Rechts, auf das sich der einzelne vor den nationalen Gerichten berufen kann. In diesem Fall stellt der Entschädigungsanspruch die notwendige Ergänzung der unmittelbaren Wirkung dar, die den Gemeinschaftsvorschriften zukommt, auf deren Verletzung der entstandene Schaden beruht.

(...)

[25] Dazu ist zu bemerken, daß die Frage des Bestehens und des Umfangs der Haftung eines Staates für Schäden, die sich aus einem Verstoß gegen seine gemeinschaftsrechtlichen Verpflichtungen ergeben, die Auslegung des Vertrages betrifft, die als solche in die Zuständigkeit des Gerichtshofes fällt.

(...)

(S. I-1144) [27] Soweit der Vertrag keine Vorschriften enthält, die die Folgen von Verstößen der Mitgliedstaaten gegen das Gemeinschaftsrecht ausdrücklich und genau regeln, hat der Gerichtshof in Erfüllung der ihm durch Artikel 164 des Vertrages übertragenen Aufgabe, die Wahrung des Rechts bei der Auslegung und Anwendung des Vertrages zu sichern, über eine solche Frage nach den allgemein anerkannten Auslegungsmethoden zu entscheiden, insbesondere indem er auf die Grundprinzipien der Gemeinschaftsrechtsordnung und gegebenenfalls auf allgemeine Grundsätze, die den Rechtsordnungen der Mitgliedstaaten gemeinsam sind, zurückgreift.

(...)

(S. I-1145) [32] Daraus ergibt sich, daß der Grundsatz (i.e. der Staatshaftung) für jeden Fall des Verstoßes eines Mitgliedstaats gegen das Gemeinschaftsrecht unabhängig davon gilt, welches mitgliedstaatliche Organ durch sein Handeln oder Unterlassen den Verstoß begangen hat.

(...)

(S. I-1148) [47] Handelt ein Mitgliedstaat dagegen auf einem Gebiet, auf dem er über ein weites Ermessen verfügt, das mit dem vergleichbar ist, das die Gemeinschaftsorgane bei der Durchführung der Gemeinschaftspolitiken besitzen, so müssen die Voraussetzungen, unter denen seine Haftung ausgelöst werden kann, grundsätzlich die gleichen sein wie die, von denen die Haftung der Gemeinschaft in einer vergleichbaren Situation abhängt.

(...)

(S. I-1149) [51] Unter derartigen Umständen erkennt das Gemeinschaftsrecht einen Entschädigungsanspruch an, sofern drei Voraussetzungen erfüllt sind, nämlich daß die Rechtsnorm, gegen die verstoßen worden ist, bezweckt, dem einzelnen Rechte zu verleihen, daß der Verstoß hinreichend qualifiziert ist und schließlich daß zwischen dem Verstoß gegen die dem Staat obliegende Verpflichtung und dem den geschädigten Personen entstandenen Schaden ein unmittelbarer Kausalzusammenhang besteht.

(...)

(S. I-1150) [57] Jedenfalls ist ein *Verstoß* gegen das Gemeinschaftsrecht *offenkundig qualifiziert*, wenn er trotz des Erlasses eines Urteils, in dem der zur Last gelegte Verstoß festgestellt wird, oder eines Urteils im Vorabentscheidungsverfahren oder aber einer gefestigten einschlägigen Rechtsprechung des Gerichtshofes, aus denen sich die Pflichtwidrigkeit des fraglichen Verhaltens ergibt, fortbestanden hat.

(...)

(S. I-1153) [66] Die drei vorgenannten Voraussetzungen sind erforderlich und ausreichend, um für den einzelnen einen Entschädigungsanspruch zu begründen, ohne daß es deswegen ausgeschlossen wäre, daß die Haftung des Staates auf der Grundlage des nationalen Rechts unter weniger einschränkenden Voraussetzungen ausgelöst werden kann.

[67] Wie sich aus dem Urteil Francovich u.a. (aaO., Randnrn. 41 bis 43) ergibt, hat der Staat vorbehaltlich des Entschädigungsanspruchs,

der, sofern die in der vorstehenden Randnummer genannten Voraussetzungen erfüllt sind, seine Grundlage unmittelbar im Gemeinschaftsrecht findet, die Folgen des verursachten Schadens im Rahmen des nationalen Haftungsrechts zu beheben, wobei die dort festgelegten Voraussetzungen nicht ungünstiger sein dürfen als bei entsprechenden innerstaatlichen Ansprüchen; auch dürfen diese Voraussetzungen nicht so ausgestaltet sein, daß die Erlangung der Entschädigung praktisch unmöglich oder übermäßig erschwert ist (vgl. auch Urteil vom 9. November 1983 in der Rechtssache 199/82, San Giorgio, Slg. 1983, 3595).

[68] Beschränkungen, die im Bereich der außervertraglichen Haftung der öffentlichen Gewalt wegen der Wahrnehmung gesetzgeberischer Tätigkeit in den nationalen Rechtsordnungen enthalten sind, können geeignet sein, dem einzelnen die Geltendmachung des ihm gemeinschaftsrechtlich gewährleisteten Entschädigungsanspruchs für Schäden aus einem Verstoß gegen das Gemeinschaftsrecht praktisch unmöglich zu machen oder übermäßig zu erschweren.

(...)

(S. I-1157) [87] Dazu ist zu bemerken, daß es nicht zulässig sein kann, den entgangenen Gewinn bei einem Verstoß gegen das Gemeinschaftsrecht vollständig vom ersatzfähigen Schaden auszuschließen. Insbesondere bei Rechtsstreitigkeiten wirtschaftlicher oder kommerzieller Natur ist nämlich ein solcher vollständiger Ausschluss des entgangenen Gewinns geeignet, den Ersatz des Schadens tatsächlich unmöglich zu machen.

(...)

(S. I-1160) [96] Somit ist auf die vorgelegte Frage zu antworten, daß die Verpflichtung der Mitgliedstaaten zum Ersatz der Schäden, die dem einzelnen durch diesen Staaten zuzurechnende Verstöße gegen das Gemeinschaftsrecht entstehen, nicht auf die Schäden beschränkt werden kann, die nach Erlaß eines Urteils des Gerichtshofes, in dem der zur Last gelegte Verstoß festgestellt wird, eingetreten sind.

(...)

[97] Die deutsche Regierung ersucht den Gerichtshof, den von der Bundesrepublik Deutschland eventuell zu ersetzenden Schaden auf die Schäden zu beschränken, die nach Erlaß des Urteils in den vorliegenden Rechtssachen eintreten, sofern die Geschädigten nicht vorher Klage erhoben oder einen gleichwertigen Rechtsbehelf eingelegt haben. Eine solche zeitliche Beschränkung der Wirkungen des Urteils sei wegen der Bedeutung der finanziellen Folgen des Urteils für die Bundesrepublik erforderlich.

[98] Für den Fall, daß das vorlegende Gericht feststellen sollte, daß die Voraussetzungen für die Begründung der Haftung der Bundesrepublik Deutschland im vorliegenden Fall erfüllt sind, ist daran zu erinnern, daß der Staat die Folgen des entstandenen Schadens im Rahmen des nationalen Haftungsrechts zu beheben hat. Die im Schadensersatzrecht der einzelnen Mitgliedstaaten festgelegten materiellen und formellen Voraussetzungen können den Erfordernissen des Grundsatzes der Rechtssicherheit Rechnung tragen.

**Rs. C-392/93 (British Telecommunications),**          **86**
**Urteil des Gerichtshofes vom 26. 03. 1996 – Slg. 1996, S. I-1631.**

**Vorbemerkungen:** *Aus der Rechtsprechung zur Staatshaftung der Mitgliedstaaten für ihnen zuzurechnende Verstöße gegen das Gemeinschaftsrecht ergibt sich, dass die daraus entwickelten Grundsätze für alle Verstöße der Mitgliedstaaten gegen das Gemeinschaftsrecht gelten. Die Bedingungen hierfür hat der Gerichtshof insbesondere in der Entscheidung „Brasserie du pêcheur" (vgl. Fall 85) herausgearbeitet. Diese Kriterien wendet er hier auch auf den Fall der nicht ordnungsgemäßen Umsetzung einer Richtlinie in innerstaatliches Recht an. Diese Haftung unterliegt engen Voraussetzungen, um dem Rechtsetzungsermessen der Mitgliedstaaten Rechnung zu tragen und eine Behinderung bei der Umsetzung in nationales Recht zu vermeiden. Bei zwar unrichtiger, aber noch vertretbarer Umsetzung liegt kein für eine Haftung erforderlicher qualifizierter Verstoß vor. Ein Anspruch ist allerdings bei offenkundiger und erheblicher Überschreitung der Rechtsetzungsbefugnis gegeben.*

**Sachverhalt:** Die Richtlinie 90/531/EWG wurde zur Regelung der Auftragsvergabe durch Auftraggeber im Bereich der Wasser-, Energie- und Verkehrsversorgung sowie im Telekommunikationssektor erlassen. Sie regelt auch die Auftragsvergabe durch nicht-öffentliche Unternehmen, die ihre Tätigkeit aufgrund von ihnen gewährten besonderen Rechten ausüben. Diese Unternehmen sind jedoch nach Art. 8 Abs. 1 der Richtlinie von deren Bestimmungen ausgenommen, sofern es sich um Einkäufe handelt, die einen geographischen Bereich betreffen, in dem andere – nicht mit besonderen Rechten ausgestattete – Unternehmen unter im Wesentlichen gleichen Bedingungen arbeiten können. Die britische Verordnung, durch welche die Richtlinie umgesetzt wurde, bestimmt für jeden Auftraggeber die Dienste, die von der Anwendung der Richtlinie ausgenommen sind. Die British Telecommunications plc. macht geltend, nicht der Mitgliedstaat habe die

Dienste, die ausgenommen sind, zu bestimmen, sondern diese Befugnis stehe den Auftraggebern selbst zu und begehrt Ersatz für Schäden, die ihr durch die falsche Umsetzung entstanden seien. Der Gerichtshof entschied im Rahmen eines Vorabentscheidungsverfahrens. Er bejahte die Befugnis des Auftraggebers, die ausgenommenen Dienste zu bestimmen. Ihre Bestimmung durch einen Mitgliedstaat hat er jedoch lediglich als einen Fehler eingestuft, der für den Staat keine Schadensersatzpflicht begründet.

## Aus den Entscheidungsgründen:

(S. I-1667) [37] Die vierte Frage des Divisional Court geht dahin, ob ein Mitgliedstaat, der bei der Umsetzung der Richtlinie in sein innerstaatliches Recht selbst bestimmt hat, welche Dienste eines Auftraggebers nach Artikel 8 von der Geltung der Richtlinie ausgenommen sind, aufgrund des Gemeinschaftsrechts verpflichtet ist, diesem Auftraggeber den ihm durch diesen Fehler entstandenen Schaden zu ersetzen.

[38] Der Grundsatz der Haftung des Staates für Schäden, die dem einzelnen durch dem Staat zuzurechnende Verstöße gegen das Gemeinschaftsrecht entstehen, folgt aus dem Wesen der mit dem Vertrag geschaffenen Rechtsordnung (Urteile vom 19. November 1991 in den Rechtssachen T-6/90 und C-9/90, Francovich u.a., Slg. 1991, I-5357, Randnr. 35, und vom 5. März 1996 in den Rechtssachen 46/93 und 48/93, Brasserie du Pêcheur und Factortame, noch nicht in der amtlichen Sammlung veröffentlicht, Randnr. 31). Daraus ergibt sich, daß dieser Grundsatz für jeden Fall des Verstoßes eines Mitgliedstaats gegen das Gemeinschaftsrecht gilt (Urteil Brasserie du Pêcheur und Factortame, Randnr. 32).

(S. I-1668) [39] In dem letztgenannten Urteil hat der Gerichtshof im Hinblick auf eine Verletzung des Gemeinschaftsrechts, die einem Mitgliedstaat zuzurechnen ist, der in einem Bereich tätig wird, in dem er über ein weites Regelungsermessen verfügt, ebenfalls entschieden, daß das Gemeinschaftsrecht einen Entschädigungsanspruch anerkennt, sofern die drei Voraussetzungen erfüllt sind, daß die Rechtsnorm, gegen die verstoßen worden ist, bezweckt, dem einzelnen Rechte zu verleihen, daß der Verstoß hinreichend qualifiziert ist und daß zwischen dem Verstoß gegen die dem Staat obliegende Verpflichtung und dem den geschädigten Personen entstandenen Schaden ein unmittelbarer Kausalzusammenhang besteht (Randnr. 50 und 51).

[40] Diese Voraussetzungen gelten auch für den dem Gerichtshof von dem nationalen Gericht vorgelegten Fall, daß ein Mitgliedstaat

eine Gemeinschaftsrichtlinie nicht ordnungsgemäß in sein innerstaatliches Recht umsetzt. Enge Voraussetzungen für die Haftung des Mitgliedstaats sind in diesem Fall aus den Gründen gerechtfertigt, die der Gerichtshof bereits zur Rechtfertigung einer engen Konzeption der außervertraglichen Haftung der Organe oder der Mitgliedstaaten wegen der Wahrnehmung ihrer Rechtsetzungstätigkeit in Bereichen, die unter das Gemeinschaftsrecht fallen und in denen sie über ein weites Ermessen verfügen, entwickelt hat; hierzu gehört die Erwägung, daß die Wahrnehmung dieser Rechtsetzungstätigkeit nicht jedes Mal durch die Möglichkeit von Schadensersatzklagen behindert werden darf, wenn das allgemeine Interesse den Erlaß von Maßnahmen, die die Interessen des einzelnen beeinträchtigen können, durch diese Organe oder Mitgliedstaaten gebietet (vgl. insbesondere Urteil vom 25. Mai 1978 in den Rechtssachen 83/76, 94/76, 4/77, 15/77 und 40/77, HNL u.a./Rat und Kommission, Slg. 1978, 1209, Randnrn. 5 und 6, und Urteil Brasserie du Pêcheur und Factortame, Randnr. 45).

[41] Zwar ist es grundsätzlich Sache der einzelstaatlichen Gerichte zu prüfen, ob die Voraussetzungen für die Haftung der Mitgliedstaaten für einen Verstoß gegen das Gemeinschaftsrecht erfüllt sind; in der vorliegenden Rechtssache verfügt der Gerichtshof jedoch über alle Informationen, die für die Beurteilung der Frage erforderlich sind, ob der hier gegebene Sachverhalt einen hinreichend qualifizierten Verstoß gegen das Gemeinschaftsrecht erkennen läßt.

[42] Nach der Rechtsprechung des Gerichtshofes ist ein Verstoß als hinreichend qualifiziert anzusehen, wenn ein Organ oder ein Mitgliedstaat bei der Ausübung seiner (S. I-1669) Rechtsetzungsbefugnis deren Grenzen offenkundig und erheblich überschritten hat (Urteil HNL u.a./Rat und Kommission, aaO., Randnr. 6, sowie das Urteil Brasserie du Pêcheur und Factortame, Randnr. 55). Insoweit gehört zu den Gesichtspunkten, die das zuständige Gericht gegebenenfalls zu berücksichtigen hat, insbesondere das Maß an Klarheit und Genauigkeit der verletzten Vorschrift (Urteil Brasserie du Pêcheur und Factortame, Randnr. 56).

[43] Im vorliegenden Fall ist festzustellen, daß Artikel 8 Absatz 1 der Richtlinie ungenau ist und daß neben der vom Gerichtshof in diesem Urteil vorgenommenen Auslegung auch die Auslegung vertretbar war, zu der das Vereinigte Königreich in gutem Glauben aufgrund von Erwägungen gekommen ist, die nicht völlig von der Hand zu weisen sind (siehe oben, Randnrn. 20 bis 22). Diese Auslegung, die auch von anderen Mitgliedstaaten befürwortet worden ist, stand nicht in einem offenkundigen Widerspruch zu Wortlaut und Zielsetzung der Richtlinie.

**87   Verb. Rs. C-178, 179, 188, 189 und 190/94 (Dillenkofer u.a.; „Pauschalreiserichtlinie"), Urteil des Gerichtshofes vom 08. 10. 1996 – Slg. 1996, S. I-4845.**

**Vorbemerkungen:** *Mit diesem Urteil präzisiert der EuGH seine Rechtsprechung bezüglich der Staatshaftung für die nicht fristgerechte Richtlinienumsetzung. Ein den Staatshaftungsanspruch auslösender qualifizierter Verstoß gegen Gemeinschaftsrecht ist gegeben, wenn die erforderlichen Umsetzungsmaßnahmen nicht ausreichen, um das durch diese Richtlinie vorgeschriebene Ziel zu erreichen und dieser Umstand als solcher einen qualifizierten Verstoß gegen das Gemeinschaftsrecht darstellt. Der Mitgliedstaat kann den Haftungsanspruch nicht dadurch abwenden, daß der in der Nichtumsetzung der Richtlinie liegende Gemeinschaftsrechtsverstoß noch nicht als solcher vom EuGH in einem Urteil ausgesprochen worden ist.*

**Sachverhalt:** Auf Grundlage der sog. Pauschalreiserichtlinie 90/314/EWG sollte in den Mitgliedstaaten bis 01.01.1993 eine Konkursausfallregelung für Reiseunternehmen geschaffen werden, um die Rückzahlung der von Urlaubern gezahlten Beträge sicherzustellen und ihnen die Rückreise zu ermöglichen. Die Bundesrepublik setzte die Richtlinie nicht fristgerecht um. Nachdem die Umsetzungsfrist abgelaufen ist, fällt das deutsche Reiseunternehmen MP-Travel in Konkurs. Die Kläger hatten Pauschalreisen gebucht und konnten diese wegen des 1993 eingetretenen Konkurses der beiden Veranstalter, bei denen sie ihre Reisen gebucht hatten, nicht antreten bzw. mussten auf eigene Kosten von ihrem Ferienort zurückkehren, ohne daß ihnen die Beträge, die sie den Veranstaltern gezahlt hatten, bzw. die ihnen für ihre Rückreise entstandenen Kosten erstattet wurden. Die Kläger verlangen von der Bundesrepublik Deutschland die Erstattung der ihnen durch die Konkurse entstandenen Kosten. Der Gerichtshof entschied im Rahmen eines Vorabentscheidungsverfahrens. Er bejahte die Schadensersatzpflicht eines Mitgliedstaates für den Fall einer nicht fristgemäßen Umsetzung einer Richtlinie.

**Aus den Entscheidungsgründen:**

(S. I-4878) [21] In seinen Urteilen Brasserie du pêcheur und Factortame, Randnrn. 50 und 51, British Telecommunications, Randnrn. 39 und 40, und Hedley Lomas, Randnrn. 25 und 26, hat der Gerichtshof angesichts der Umstände des konkreten Falles entschieden, daß die Geschädigten einen Entschädigungsanspruch haben, wenn drei (S. I-4879) Voraussetzungen erfüllt sind: Die gemeinschaftsrechtliche

Norm, gegen die verstoßen worden ist, bezweckt die Verleihung von Rechten an die Geschädigten, der Verstoß ist hinreichend qualifiziert, und zwischen diesem Verstoß und dem den Geschädigten entstandenen Schaden besteht ein unmittelbarer Kausalzusammenhang.

(...)

[23] Die Voraussetzungen, die in diesen Urteilen entwickelt wurden, sind im wesentlichen die gleichen, da die Voraussetzung eines hinreichend qualifizierten Verstoßes zwar im Urteil Francovich u.a. nicht erwähnt worden ist, aber unter den gegebenen Umständen offenkundig vorlag.

[24] Mit seiner Feststellung, daß die Voraussetzungen, unter denen ein Entschädigungsanspruch besteht, von der Art des Verstoßes gegen das Gemeinschaftsrecht abhängen, der dem verursachten Schaden zugrunde liegt, geht der Gerichtshof in der Sache davon aus, daß diese Voraussetzungen je nach Fallgestaltung zu beurteilen sind.

[25] Zum einen ist ein Verstoß hinreichend qualifiziert, wenn ein Organ oder ein Mitgliedstaat bei der Rechtsetzung die Grenzen, die der Ausübung seiner Befugnisse gesetzt sind, offenkundig und erheblich überschritten hat (vgl. Urteile vom 25. Mai 1978 in den Rechtssachen 83/76, 94/76, 4/77, 15/77 und 40/77, HNL u.a./Rat und Kommission, Slg. 1978, 1209, Randnr. 6, Brasserie du Pêcheur und Factortame, Randnr. 55, und British Telecommunications, Randnr. 42); zum anderen kann die bloße Verletzung des Gemeinschaftsrechts genügen, um einen hinreichend qualifizierten Verstoß zu begründen, wenn der betreffende Mitgliedstaat zum Zeitpunkt dieser Rechtsverletzung nicht zwischen verschiedenen gesetzgeberischen Möglichkeiten zu wählen hatte und über einen erheblich verringerten oder (S. I-4880) gar auf Null reduzierten Ermessensspielraum verfügte (vgl. Urteil Hedley Lomas, Randnr. 28).

[26] Trifft also ein Mitgliedstaat – wie in der Rechtssache Francovich u.a. – unter Verstoß gegen Artikel 189 Absatz 3 des Vertrages innerhalb der in einer Richtlinie festgesetzten Frist keinerlei Maßnahmen, obwohl dies zur Erreichung des durch diese Richtlinie vorgeschriebenen Zieles erforderlich wäre, so überschreitet er offenkundig und erheblich die Grenzen, die der Ausübung seiner Befugnisse gesetzt sind.

[27] Ein solcher Verstoß begründet folglich für den einzelnen einen Entschädigungsanspruch, wenn das durch die Richtlinie vorgeschriebene Ziel die Verleihung von Rechten an ihn umfaßt, deren Inhalt auf der Grundlage der Richtlinie bestimmt werden kann, und ein Kausalzusammenhang zwischen dem Verstoß gegen die dem Staat aufer-

legte Verpflichtung und dem den Geschädigten entstandenen Schaden besteht, ohne daß noch andere Voraussetzungen zu berücksichtigen wären.

[28] Insbesondere kann die Entschädigung weder davon abhängig gemacht werden, daß der Gerichtshof zuvor einen dem Staat zuzurechnenden Verstoß gegen das Gemeinschaftsrecht feststellt (vgl. Urteil Brasserie du Pêcheur, Randnrn. 94 bis 96), noch davon, daß den staatlichen Amtsträger, dem der Verstoß zuzurechnen ist, ein Verschulden (Vorsatz oder Fahrlässigkeit) trifft (vgl. Randnrn. 75 bis 80 desselben Urteils).

[29] Auf die achte, neunte, zehnte, elfte und zwölfte Frage ist somit zu antworten, daß, wenn keine Maßnahmen zur Umsetzung einer Richtlinie innerhalb der dafür festgesetzten Frist getroffen worden sind, um das durch diese Richtlinie vorgeschriebene Ziel zu erreichen, dieser Umstand als solcher einen qualifizierten Verstoß gegen das Gemeinschaftsrecht darstellt und daher einen Entschädigungsanspruch für die Geschädigten begründet, soweit das durch die Richtlinie vorgeschriebene Ziel die Verleihung von Rechten an den einzelnen umfaßt, deren Inhalt bestimmbar ist, und ein Kausalzusammenhang zwischen dem Verstoß gegen die dem Staat auferlegte Verpflichtung und dem entstandenen Schaden besteht.

**88    Rs. C-224/01 (Köbler),
Urteil des Gerichtshofes vom 30. 09. 2003 – Slg. 2003, S. I-10239.**

**Vorbemerkungen:** *Die Entscheidung Köbler bringt Klarheit in der seit langem diskutierten Frage, ob der in der Entscheidung Francovich (Fall 84) geprägte Staatshaftungsanspruch im Grundsatz auch für Verletzungen des Gemeinschaftsrechts durch mitgliedstaatliche Gerichte gilt. In seiner Vorlageantwort bejaht der EuGH dies. Allerdings trägt er der Unabhängigkeit der Justiz und dem Grundsatz der Rechtskraft dadurch Rechnung, dass im Falle eines richterlichen Verstoßes gegen das Gemeinschaftsrecht besondere Anforderungen an die Voraussetzungen eines qualifizierten Verstoßes gelten. Ein qualifizierter Verstoß gegen das Gemeinschaftsrecht setzt danach voraus, dass das Gericht offenkundig gegen das geltende Recht verstoßen hat. Da der EuGH im vorliegenden Fall einen Staatshaftungsanspruch lediglich im Hinblick auf einen Verstoß gegen Bestimmungen der Arbeitnehmerfreizügig-*

*keit erörtert hat, hat er hier nicht entschieden, ob und unter welchen Voraussetzungen ein Verstoß gegen die in Art. 234 Abs. 3 EG geregelte Vorlagepflicht letztinstanzlicher Gerichte einen Staatshaftungsanspruch begründen kann. Vgl. hierzu Fall. 89.*

**Sachverhalt:** Nachdem der österreichische Professor Köbler insgesamt 15 Jahre als Hochschullehrer tätig gewesen war, beantragte er eine nach österreichischem Recht gewährte besondere Dienstalterszulage. Da das österreichische Recht eine solche Zulage aber nur für eine 15-jährige Tätigkeit an österreichischen Hochschulen vorsah, wurde der Antrag mit Hinweis auf eine von Herrn Köbler zeitweilig in Deutschland ausgeübte Hochschullehrertätigkeit abgelehnt. Hiergegen erhob er Klage mit der Begründung, die Nichtberücksichtigung seiner ausländischen Lehrtätigkeit verstoße gegen Gemeinschaftsrecht. Im Laufe dieses Verfahrens legte der österreichische Verwaltungsgerichtshof, der zu diesem Zeitpunkt davon ausging, die Dienstalterszulage stelle einen Teil des regulären Professorengehalts dar, dem EuGH zunächst die Frage nach der diesbezüglichen Auslegung des Gemeinschaftsrechts vor. Später änderte der Verwaltungsgerichtshof seine Bewertung der Klage dahin, bei der Gehaltszulage handele es sich nicht um einen regulären Gehaltsbestandteil, sondern vielmehr um eine besondere Treueprämie. Aus einer mittlerweile ergangenen Entscheidung des EuGH in einer anderen Rechtssache, in welcher der EuGH entschieden hatte, dass die Arbeitnehmerfreizügigkeit mitgliedstaatliche Regelungen verbiete, welche die Berücksichtigung von im EG-Ausland zurückgelegten Dienstzeiten ausschließen, schloss der Verwaltungsgerichtshof ferner, dass Treueprämien gemeinschaftsrechtlich zulässig seien. Er zog daraufhin sein Vorabentscheidungsersuchen zurück und wies die Klage als unbegründet ab. Herr Köbler sah darin eine Verletzung von Gemeinschaftsrecht und erhob nunmehr Klage auf Zahlung des aus diesem Urteil entstandenen Schadens. Das nationale Gericht war sich nicht sicher, ob der gemeinschaftsrechtliche Staatshaftungsanspruch auch auf Gemeinschaftsrechtsverstöße von Gerichten anwendbar ist und ob der österreichische Verwaltungsgerichtshof einen solchen Verstoß begangen hatte. Es legte dem EuGH diese Fragen vor. Dieser bejahte die erste, war aber im konkreten Fall der Auffassung, ein hinreichend qualifizierter Verstoß liege nicht vor.

**Aus den Entscheidungsgründen:**

(S. I-10305) [30] Vorab ist darauf hinzuweisen, dass der Gerichtshof bereits entschieden hat, dass der Grundsatz der Haftung eines Mitgliedstaats für Schäden, die dem Einzelnen durch dem Staat zuzurechnende Verstöße gegen das Gemeinschaftsrecht entstehen, aus dem Wesen des EG-Vertrags folgt (Urteile vom 19. November 1991 in den Rechtssachen C-6/90 und C-9/90, Francovich u.a., Slg. 1991, I-5357, Randnr. 35, Brasserie du pêcheur und Factortame, Randnr. 31, vom 26. März 1996 in der Rechtssache C-392/93, British Telecommunications, Slg. 1996, I-1631, Randnr. 38, vom 23. Mai 1996 in der Rechtssache C-5/94, Hedley Lomas, Slg. 1996, I-2553, Randnr. 24, vom 8. Oktober 1996 in den Rechtssachen C-178/94, C-179/94 und C-188/94 bis C-190/94, Dillenkofer u.a., Slg. 1996, I-4845, Randnr. 20, vom 2. April 1998 in der Rechtssache C-127/95, Norbrook Laboratories, Slg. 1998, I-1531, Randnr. 106, und Haim, Randnr. 26).

[31] Der Gerichtshof hat weiter entschieden, dass dieser Grundsatz für jeden Verstoß eines Mitgliedstaats gegen das Gemeinschaftsrecht unabhängig davon gilt, welches mitgliedstaatliche Organ durch sein Handeln oder Unterlassen den Verstoß begangen hat (Urteile Brasserie du pêcheur und Factortame, Randnr. 32, vom 1. Juni 1999 in der Rechtssache C-302/97, Konle, Slg. 1999, I-3099, Randnr. 62, und Haim, Randnr. 27).

[32] Im Völkerrecht wird der Staat, dessen Haftung wegen Verstoßes gegen eine völkerrechtliche Verpflichtung ausgelöst wird, als Einheit betrachtet, ohne dass (S. I-10306) danach unterschieden würde, ob der schadensverursachende Verstoß der Legislative, der Judikative oder der Exekutive zuzurechnen ist. Dasselbe muss erst recht in der Gemeinschaftsrechtsordnung gelten, da alle staatlichen Instanzen einschließlich der Legislative bei der Erfüllung ihrer Aufgaben die vom Gemeinschaftsrecht vorgeschriebenen Normen, die die Situation des Einzelnen unmittelbar regeln, zu beachten haben (Urteil Brasserie du pêcheur und Factortame, Randnr. 34).

[33] In Anbetracht der entscheidenden Rolle, die die Judikative beim Schutz der dem Einzelnen aufgrund gemeinschaftsrechtlicher Bestimmungen zustehenden Rechte spielt, wäre die volle Wirksamkeit dieser Bestimmungen beeinträchtigt und der Schutz der durch sie begründeten Rechte gemindert, wenn der Einzelne unter bestimmten Voraussetzungen dann keine Entschädigung erlangen könnte, wenn seine Rechte durch einen Verstoß gegen das Gemeinschaftsrecht verletzt werden, der einer Entscheidung eines letztinstanzlichen Gerichts eines Mitgliedstaats zuzurechnen ist.

[34] Hierbei ist von Belang, dass ein letztinstanzliches Gericht definitionsgemäß die letzte Instanz ist, vor der der Einzelne die ihm aufgrund des Gemeinschaftsrechts zustehenden Rechte geltend machen kann. Da eine durch eine rechtskräftige Entscheidung eines solchen Gerichts erfolgte Verletzung dieser Rechte regelmäßig nicht rückgängig gemacht werden kann, darf dem Einzelnen nicht die Be-

fugnis genommen werden, den Staat haftbar zu machen, um auf diesem Wege den gerichtlichen Schutz seiner Rechte zu erlangen.

[35] Im Übrigen ist ein Gericht, dessen Entscheidungen selbst nicht mehr mit Rechtsmitteln des innerstaatlichen Rechts angefochten werden können, insbesondere deshalb nach Artikel 234 EG zur Anrufung des Gerichtshofes verpflichtet, um zu verhindern, dass dem Einzelnen durch das Gemeinschaftsrecht verliehene Rechte verletzt werden.

[36] Demnach verlangt der Schutz der Rechte des Einzelnen, der sich auf das Gemeinschaftsrecht beruft, zwingend, dass diesem das Recht zustehen muss, vor (S. I-10307) einem nationalen Gericht den Ersatz des Schadens zu verlangen, der auf die Verletzung seiner Rechte durch eine Entscheidung eines letztinstanzlichen Gerichts zurückzuführen ist (vgl. in diesem Sinne Urteil Brasserie du pêcheur und Factortame, Randnr. 35).

[37] Einige Regierungen, die im Rahmen des vorliegenden Verfahrens Erklärungen eingereicht haben, haben geltend gemacht, dass der Grundsatz der Haftung des Staates für Schäden, die dem Einzelnen durch Verstöße gegen das Gemeinschaftsrecht entstehen, nicht auf Entscheidungen eines nationalen letztinstanzlichen Gerichts Anwendung finden könne. Sie haben sich u.a. auf den Grundsatz der Rechtssicherheit, insbesondere die Rechtskraft, auf die richterliche Unabhängigkeit und Autorität sowie auf das Fehlen eines für die Entscheidung über Rechtsstreitigkeiten über die Staatshaftung aufgrund solcher Entscheidungen zuständigen Gerichts berufen.

[38] Hierzu ist festzustellen, dass die Bedeutung des Grundsatzes der Rechtskraft nicht zu bestreiten ist (Urteil Eco Swiss, Randnr. 46). Zur Gewährleistung des Rechtsfriedens und der Beständigkeit rechtlicher Beziehungen sowie einer geordneten Rechtspflege sollen nach Ausschöpfung des Rechtswegs oder nach Ablauf der entsprechenden Rechtsmittelfristen unanfechtbar gewordene Gerichtsentscheidungen nicht mehr in Frage gestellt werden können.

[39] Die Anerkennung des Grundsatzes der Staatshaftung für Entscheidungen letztinstanzlicher Gerichte stellt jedoch die Rechtskraft einer solchen Entscheidung nicht in Frage. Ein Verfahren zur Feststellung der Haftung des Staates hat nicht denselben Gegenstand und nicht zwangsläufig dieselben Parteien wie das Verfahren, das zur rechtskräftigen Entscheidung geführt hat. Obsiegt nämlich der Kläger mit einer Haftungsklage gegen den Staat, so erlangt er dessen Verurteilung zum Ersatz des entstandenen Schadens, aber nicht zwangsläufig die Aufhebung (S. I-10308) der Rechtskraft der Gerichtsentscheidung, die den Schaden verursacht hat. Jedenfalls verlangt

der der Gemeinschaftsrechtsordnung innewohnende Grundsatz der Staatshaftung eine solche Entschädigung, nicht aber die Abänderung der schadensbegründenden Gerichtsentscheidung.

[40] Der Grundsatz der Rechtskraft steht demnach der Anerkennung der Haftung des Staates für letztinstanzliche Gerichtsentscheidungen nicht entgegen.

[41] Auch dem Vorbringen zur richterlichen Unabhängigkeit und Autorität kann nicht gefolgt werden.

[42] Was die richterliche Unabhängigkeit betrifft, so geht es bei dem genannten Haftungsgrundsatz nicht um die persönliche Haftung des Richters, sondern um die des Staates. Es ist nicht ersichtlich, dass die Unabhängigkeit eines letztinstanzlichen Gerichts durch die Möglichkeit, unter bestimmten Voraussetzungen die Haftung des Staates für gemeinschaftsrechtswidrige Gerichtsentscheidungen feststellen zu lassen, gefährdet würde.

[43] Zum Vorbringen, die Autorität eines letztinstanzlichen Gerichts könnte dadurch geschmälert werden, dass seine rechtskräftigen Entscheidungen implizit in einem Verfahren gerügt werden könnten, das die Feststellung der Haftung des Staates für diese Entscheidungen ermöglicht, ist zu bemerken, dass das Bestehen eines Rechtswegs, der unter bestimmten Voraussetzungen die Wiedergutmachung der nachteiligen Auswirkungen einer fehlerhaften Gerichtsentscheidung ermöglicht, auch als Bekräftigung der Qualität einer Rechtsordnung und damit schließlich auch der Autorität der Judikative angesehen werden kann.

(...)

(S. I-10310) Zu den Voraussetzungen der Staatshaftung

[51] Nach der Rechtsprechung des Gerichtshofes muss ein Mitgliedstaat Schäden, die einem Einzelnen durch Verstöße gegen das Gemeinschaftsrecht entstanden sind, (S. I-10311) ersetzen, wenn drei Voraussetzungen erfüllt sind: Die verletzte Rechtsnorm bezweckt, dem Einzelnen Rechte zu verleihen, der Verstoß ist hinreichend qualifiziert, und zwischen dem Verstoß gegen die dem Staat obliegende Verpflichtung und dem den geschädigten Personen entstandenen Schaden besteht ein unmittelbarer Kausalzusammenhang (Urteil Haim, Randnr. 36).

[52] Das gilt auch für die Haftung des Staates für Schäden, die durch eine gemeinschaftsrechtswidrige Entscheidung eines nationalen letztinstanzlichen Gerichts verursacht wurden.

[53] Was des Näheren die zweite dieser Voraussetzungen und ihre Anwendung bei der Prüfung einer Haftung des Staates für eine Ent-

scheidung eines nationalen letztinstanzlichen Gerichts angeht, so sind – wie auch die Mitgliedstaaten vorgetragen haben, die in dieser Rechtssache Erklärungen eingereicht haben – die Besonderheit der richterlichen Funktion sowie die berechtigten Belange der Rechtssicherheit zu berücksichtigen. Der Staat haftet für eine solche gemeinschaftsrechtswidrige Entscheidung nur in dem Ausnahmefall, dass das Gericht offenkundig gegen das geltende Recht verstoßen hat.

[54] Bei der Entscheidung darüber, ob diese Voraussetzung erfüllt ist, muss das mit einer Schadensersatzklage befasste nationale Gericht alle Gesichtspunkte des Einzelfalls berücksichtigen.

[55] Zu diesen Gesichtspunkten gehören u.a. das Maß an Klarheit und Präzision der verletzten Vorschrift, die Vorsätzlichkeit des Verstoßes, die Entschuldbarkeit des Rechtsirrtums, gegebenenfalls die Stellungnahme eines Gemeinschaftsorgans sowie die Verletzung der Vorlagepflicht nach Artikel 234 Absatz 3 EG durch das in Rede stehende Gericht.

(S. I-10312) [56] Ein Verstoß gegen das Gemeinschaftsrecht ist jedenfalls dann hinreichend qualifiziert, wenn die fragliche Entscheidung die einschlägige Rechtsprechung des Gerichtshofes offenkundig verkennt (vgl. in diesem Sinne Urteil Brasserie du pêcheur und Factortame, Randnr. 57).

[57] Die drei in Randnummer 51 des vorliegenden Urteils genannten Voraussetzungen sind erforderlich und ausreichend, um einen Entschädigungsanspruch des Einzelnen zu begründen, schließen aber nicht aus, dass der Staat nach nationalem Recht unter weniger strengen Voraussetzungen haftet (vgl. Urteil Brasserie du pêcheur und Factortame, Randnr. 66).

[58] Vorbehaltlich des Anspruchs auf Entschädigung, der bei Erfüllung dieser Voraussetzungen seine Grundlage unmittelbar im Gemeinschaftsrecht hat, hat der Staat die Folgen des verursachten Schadens im Rahmen des nationalen Haftungsrechts zu beheben, wobei die im nationalen Schadensersatzrecht festgelegten Voraussetzungen nicht ungünstiger sein dürfen als bei ähnlichen Rechtsbehelfen, die nur nationales Recht betreffen, und nicht so ausgestaltet sein dürfen, dass sie die Erlangung der Entschädigung praktisch unmöglich machen oder übermäßig erschweren (Urteile Francovich u.a., Randnrn. 41 bis 43, und Norbrook Laboratories, Randnr. 111).

[59] Nach alledem sind die ersten beiden Fragen dahin zu beantworten, dass der Grundsatz, dass die Mitgliedstaaten zum Ersatz von Schäden verpflichtet sind, die einem Einzelnen durch ihnen zuzurechnende Verstöße gegen das Gemeinschaftsrecht entstehen, auch

dann anwendbar ist, wenn der fragliche Verstoß in einer Entscheidung eines letztinstanzlichen Gerichts besteht, sofern die verletzte Gemeinschaftsrechtsnorm bezweckt, dem Einzelnen Rechte zu verleihen, der Verstoß hinreichend qualifiziert ist und zwischen diesem Verstoß und dem dem Einzelnen entstandenen Schaden ein unmittelbarer Kausalzusammenhang besteht. Bei der Entscheidung darüber, ob der Verstoß hinreichend qualifiziert ist, muss das zuständige nationale Gericht, wenn sich der Verstoß aus einer letztinstanzlichen Gerichtsentscheidung ergibt, unter Berücksichtigung der Besonderheit der richterlichen Funktion prüfen, ob dieser Verstoß offenkundig ist. (S. I-10313) Es ist Sache der Rechtsordnung der einzelnen Mitgliedstaaten, zu bestimmen, welches Gericht für die Entscheidung von Rechtsstreitigkeiten über diesen Schadensersatz zuständig ist.

**89**   **Rs. C-173/03 (Traghetti ⁄. Italienische Republik),**
**Urteil des Gerichtshofes vom 13. 06. 2006 – NJW 2006, S. 3337.**

**Vorbemerkungen:** *In dieser Entscheidung bejaht der EuGH die in der Rechtssache Köbler (Fall 88) noch offen gebliebene Frage, ob eine Verletzung der Vorlagepflicht durch letztinstanzliche Gerichte einen Schadenersatzanspruch der Mitgiedstaaten wegen Verletzung des EG-Rechts auslösen kann. Der EuGH bekräftigt dabei die Grundsätze der mitgliedstaatlichen Haftung für justizielles Unrecht aus der Köbler-Entscheidung und schließt Verletzungen der Vorlagepflicht nach Art. 234 Abs. 3 EG ausrücklich ein. Nationale Haftungsbeschränkungen für justizielles Unrecht sind insoweit nicht anwendbar, als sie bei Erfüllung der gemeinschaftsrechtlichen Haftungsvoraussetzungen einschränkende Wirkung hätten.*

**Sachverhalt:** Der Insolvenzverwalter des in Liquidation befindlichen italienischen Schiffahrtsunternehmens TDM hat vor einem italienischen Gericht Schadenersatzklage gegen den italienischen Staat erhoben, da das oberste italienische Gericht, die Corte suprema di cassazione, in letzter Instanz unter Verletzung des Gemeinschaftsrechts eine wettbewerbsrechtliche Klage gegen einen Konkurrenten abgewiesen habe. Die dem Konkurrenten gewährten staatlichen Beihilfen seien unter Verstoß gegen das EG-Recht gewährt worden – was aus einer einschlägigen, später ergangenen Kommissionsentscheidung folge –, weshalb die Corte suprema di cassazione nach Art. 234 Abs. 3 EG jedenfalls verpflichtet gewesen wäre, den EuGH mit der Problematik zu befassen; die Konkurrentenklage wäre dann fraglos anders ausgegangen. Ein italienisches Gesetz schließt – in der Auslegung

durch die Gerichte – jedoch Schadenersatzansprüche wegen Rechtsverlet-
zungen durch die Gerichte weitestgehend aus. Das mit der Schadenersatzklage befasste Gericht hat den EuGH im Vorabentscheidungsverfahren mit
der Frage nach der Vereinbarkeit dieses Ausschlusses sowie der grundsätzlichen Frage der Haftung für Entscheidungen letztinstanzlicher Gerichte
mit dem EG-Recht befasst.

## Aus den Entscheidungsgründen:

[24] Vorab ist darauf hinzuweisen, dass das beim vorlegenden Gericht anhängige Verfahren eine Klage wegen Staatshaftung für eine
Entscheidung eines obersten Gerichts, gegen die kein Rechtsmittel
gegeben ist, zum Gegenstand hat. Die vom vorlegenden Gericht auf-
rechterhaltene Frage ist daher so zu verstehen, dass es im Wesentlichen
darum geht, ob das Gemeinschaftsrecht und insbesondere die vom Gerichtshof im Urteil Köbler aufgestellten Grundsätze einer nationalen
Regelung wie der im Ausgangsverfahren streitigen entgegenstehen,
die zum einen jegliche Haftung des Mitgliedstaats für Schäden, die
dem Einzelnen durch einen von einem letztinstanzlichen nationalen
Gericht begangenen Verstoß gegen das Gemeinschaftsrecht entstanden sind, ausschließt, wenn sich dieser Verstoß aus einer Auslegung
von Rechtsvorschriften oder einer Sachverhalts- und Beweiswürdigung durch dieses Gericht ergibt, und zum anderen diese Haftung im
Übrigen auf Fälle von Vorsatz und grob fehlerhaftem Verhalten des
Richters begrenzt.
(...)
[30] Hierzu ist daran zu erinnern, dass der Gerichtshof im Urteil
Köbler, das nach dem Datum ergangen ist, an dem sich das vorlegende
Gericht an den Gerichtshof gewandt hat, darauf hingewiesen hat, dass
der Grundsatz, dass ein Mitgliedstaat zum Ersatz der Schäden verpflichtet ist, die dem Einzelnen durch diesem Mitgliedstaat zuzurechnende Verstöße gegen das Gemeinschaftsrecht entstehen, für jeden
Verstoß gegen das Gemeinschaftsrecht unabhängig davon gilt, welches Organ dieses Staates durch sein Handeln oder Unterlassen den
Verstoß begangen hat (vgl. Randnr. 31 des Urteils Köbler).
[31] Der Gerichtshof hat insbesondere auf die entscheidende Rolle,
die die rechtsprechende Gewalt beim Schutz der dem Einzelnen aufgrund gemeinschaftsrechtlicher Bestimmungen zustehenden Rechte
spielt, sowie den Umstand abgestellt, dass ein letztinstanzliches Gericht definitionsgemäß die letzte Instanz ist, vor der der Einzelne
die ihm aufgrund des Gemeinschaftsrechts zustehenden Rechte gel-

tend machen kann; er hat daraus geschlossen, dass der Schutz dieser Rechte gemindert – und die volle Wirksamkeit dieser Bestimmungen beeinträchtigt – wäre, wenn der Einzelne nicht unter bestimmten Voraussetzungen eine Entschädigung für die Schäden erlangen könnte, die ihm durch einen Verstoß gegen das Gemeinschaftsrecht entstanden sind, der einer Entscheidung eines letztinstanzlichen nationalen Gerichts zuzurechnen ist (vgl. Urteil Köbler, Randnrn. 33 bis 36).

[32] Aufgrund der Besonderheit der richterlichen Funktion sowie der berechtigten Belange der Rechtssicherheit haftet der Staat in einem solchen Fall allerdings nicht unbegrenzt. Wie der Gerichtshof entschieden hat, haftet er nur in dem Ausnahmefall, dass das letztinstanzliche nationale Gericht offenkundig gegen das geltende Recht verstoßen hat. Bei der Entscheidung darüber, ob diese Voraussetzung erfüllt ist, muss das mit einer Schadensersatzklage befasste nationale Gericht alle Gesichtspunkte des Einzelfalls berücksichtigen, insbesondere das Maß an Klarheit und Präzision der verletzten Vorschrift, die Vorsätzlichkeit des Verstoßes, die Entschuldbarkeit des Rechtsirrtums, gegebenenfalls die Stellungnahme eines Gemeinschaftsorgans sowie die Verletzung der Vorlagepflicht nach Artikel 234 Absatz 3 EG durch das in Rede stehende Gericht (Urteil Köbler, Randnrn. 53 bis 55).

[33] Ebenso lassen es entsprechende Erwägungen hinsichtlich der Notwendigkeit, dem Einzelnen einen effektiven gerichtlichen Schutz der ihm aufgrund des Gemeinschaftsrechts zustehenden Rechte zu gewährleisten, nicht zu, dass der Staat allein deshalb nicht haftbar gemacht werden kann, weil sich ein einem letztinstanzlichen nationalen Gericht zuzurechnender Verstoß gegen das Gemeinschaftsrecht aus der Auslegung von Rechtsvorschriften durch dieses Gericht ergibt.

[34] Zum einen gehört nämlich die Auslegung von Rechtsvorschriften gerade zum Wesen der Rechtsprechungstätigkeit, da der Richter, um welchen Tätigkeitsbereich es auch immer gehen mag, wenn ihm voneinander abweichende oder einander widersprechende Ansichten vorgetragen werden, gewöhnlich die einschlägigen – nationalen und/oder gemeinschaftlichen – Rechtsvorschriften auslegen muss, um den ihm vorliegenden Rechtsstreit zu entscheiden.

[35] Zum anderen lässt sich nicht ausschließen, dass es gerade bei der Ausübung einer solchen Auslegungstätigkeit zu einem offenkundigen Verstoß gegen das geltende Gemeinschaftsrecht kommt, etwa wenn der Richter einer materiellen oder verfahrensrechtlichen Gemeinschaftsbestimmung, insbesondere im Hinblick auf die jeweils einschlägige Rechtsprechung des Gerichtshofes, eine offensicht-

lich falsche Bedeutung zumisst (vgl. in diesem Sinne Urteil Köbler, Randnr. 56) oder das nationale Recht auf eine Weise auslegt, die in der Praxis zu einem Verstoß gegen das geltende Gemeinschaftsrecht führt.

[36] Wie der Generalanwalt in Nummer 52 seiner Schlussanträge ausgeführt hat, würde man den vom Gerichtshof im Urteil Köbler aufgestellten Grundsatz seines Inhalts berauben, wenn man unter derartigen Umständen jegliche Haftung des Staates ausschlösse, weil sich der Verstoß gegen das Gemeinschaftsrecht aus einer Auslegung von Rechtsvorschriften durch ein Gericht ergibt. Dies gilt erst recht für letztinstanzliche Gerichte, die auf nationaler Ebene die einheitliche Auslegung der Rechtsvorschriften zu gewährleisten haben.

[37] Entsprechendes gilt in Bezug auf Rechtsvorschriften, die allgemein jegliche Haftung des Staates ausschließen, wenn sich der einem Gericht dieses Staates zuzurechnende Verstoß aus einer Sachverhalts- und Beweiswürdigung ergibt.

[38] Zum einen stellt diese Würdigung nämlich ebenso wie die Auslegung von Rechtsvorschriften einen weiteren wesentlichen Aspekt der Rechtsprechungstätigkeit dar, weil die Anwendung der Rechtsvorschriften auf den jeweiligen Fall unabhängig von der Auslegung, der der mit einer bestimmten Rechtssache befasste nationale Richter folgt, oft davon abhängen wird, wie dieser Richter den Sachverhalt sowie den Wert und die Relevanz der von den Parteien des Rechtsstreits zu diesem Zweck beigebrachten Beweise würdigt.

[39] Zum anderen kann auch eine solche Würdigung – für die manchmal komplexe Prüfungen erforderlich sind – in bestimmten Fällen zu einem offenkundigen Verstoß gegen das geltende Recht führen, ob sie nun im Rahmen der Anwendung der besonderen Vorschriften über die Beweislast, den Wert der betreffenden Beweise oder die Zulässigkeit der Beweisarten oder im Rahmen der Anwendung von Vorschriften, die eine rechtliche Qualifizierung des Sachverhalts erfordern, durchgeführt wird.

[40] Unter diesen Umständen jede Möglichkeit einer Haftung des Staates auszuschließen, weil der dem nationalen Gericht vorgeworfene Verstoß die von diesem vorgenommene Sachverhalts- oder Beweiswürdigung betrifft, würde ebenfalls dazu führen, dass der im Urteil Köbler angeführte Grundsatz in Bezug auf einem letztinstanzlichen nationalen Gericht zuzurechnende offenkundige Verstöße gegen das Gemeinschaftsrecht seiner praktischen Wirkung beraubt würde.

[41] Wie der Generalanwalt in den Nummern 87 bis 89 seiner Schlussanträge ausgeführt hat, gilt dies in ganz besonderem Maße im

Bereich der staatlichen Beihilfen. In diesem Bereich jegliche staatliche Haftung auszuschließen, weil sich der von einem nationalen Gericht begangene Verstoß gegen das Gemeinschaftsrecht aus einer Sachverhaltswürdigung ergibt, könnte zu einer Schwächung der dem Einzelnen gebotenen Verfahrensgarantien führen, da die Wahrung der Rechte, die dieser aus den einschlägigen Vorschriften des EG-Vertrags ableitet, weitgehend von einer Schritt für Schritt erfolgenden rechtlichen Qualifizierung des Sachverhalts abhängt. Würde jedoch die Haftung des Staates aufgrund der Sachverhaltswürdigung eines Gerichts vollständig ausgeschlossen, genösse der betreffende Einzelne keinerlei gerichtlichen Schutz, wenn ein letztinstanzliches nationales Gericht einen offensichtlichen Fehler bei der Kontrolle dieser rechtlichen Qualifizierung des Sacherhalts beginge.

[42] Zur Begrenzung der Haftung des Staates auf Fälle von Vorsatz oder grob fehlerhaftem Verhalten des Richters ist schließlich, wie in Randnummer 32 des vorliegenden Urteils ausgeführt, daran zu erinnern, dass der Gerichtshof im Urteil Köbler entschieden hat, dass der Staat nur in dem Ausnahmefall, dass das letztinstanzliche nationale Gericht offenkundig gegen das geltende Recht verstoßen hat, für Schäden haftet, die einem Einzelnen durch diesem Gericht zuzurechnende Verstöße gegen das Gemeinschaftsrecht entstanden sind.

[43] Ob ein offenkundiger Verstoß vorliegt, bemisst sich insbesondere nach einer Reihe von Kriterien wie dem Maß an Klarheit und Präzision der verletzten Vorschrift, der Entschuldbarkeit des unterlaufenen Rechtsirrtums oder der Verletzung der Vorlagepflicht nach Artikel 234 Absatz 3 EG durch das in Rede stehende Gericht; ein solcher Verstoß wird jedenfalls angenommen, wenn die fragliche Entscheidung die einschlägige Rechtsprechung des Gerichtshofes offenkundig verkennt (Urteil Köbler, Randnrn. 53 bis 56).

[44] Folglich kann zwar nicht ausgeschlossen werden, dass das nationale Recht die Kriterien hinsichtlich der Natur oder des Grades des Verstoßes festlegt, die erfüllt sein müssen, damit der Staat für einen einem letztinstanzlichen nationalen Gericht zuzurechnenden Verstoß gegen das Gemeinschaftsrecht haftet, doch können mit diesen Kriterien auf keinen Fall strengere Anforderungen aufgestellt werden, als sie sich aus der Voraussetzung eines offenkundigen Verstoßes gegen das geltende Recht ergeben, wie sie in den Randnummern 53 bis 56 des Urteils Köbler beschrieben ist.

[45] Ein Entschädigungsanspruch entsteht somit, sofern die letztgenannte Voraussetzung erfüllt ist, wenn nachgewiesen ist, dass die verletzte Rechtsvorschrift bezweckt, dem Einzelnen Rechte zu ver-

leihen, und zwischen dem geltend gemachten offenkundigen Verstoß und dem dem Betroffenen entstandenen Schaden ein unmittelbarer Kausalzusammenhang besteht (vgl. dazu insbesondere Urteile Francovich u.a., Randnr. 40, Brasserie du pêcheur und Factortame, Randnr. 51, und Köbler, Randnr. 51). Wie sich insbesondere aus Randnummer 57 des Urteils Köbler ergibt, sind diese drei Voraussetzungen erforderlich und ausreichend, um einen Entschädigungsanspruch des Einzelnen zu begründen, schließen aber nicht aus, dass der Staat nach nationalem Recht unter weniger strengen Voraussetzungen haftet.

[46] Aufgrund der Gesamtheit der vorstehenden Erwägungen ist daher auf die Frage des vorlegenden Gerichts, wie sie in dessen Schreiben vom 13. Januar 2004 neu formuliert worden ist, zu antworten, dass das Gemeinschaftsrecht nationalen Rechtsvorschriften entgegensteht, die allgemein die Haftung des Mitgliedstaats für Schäden ausschließen, die dem Einzelnen durch einen einem letztinstanzlichen Gericht zuzurechnenden Verstoß gegen das Gemeinschaftsrecht entstanden sind, wenn sich dieser Verstoß aus einer Auslegung von Rechtsvorschriften oder einer Sachverhalts- und Beweiswürdigung durch dieses Gericht ergibt. Das Gemeinschaftsrecht steht ferner nationalen Rechtsvorschriften entgegen, die diese Haftung auf Fälle von Vorsatz oder grob fehlerhaftem Verhalten des Richters begrenzen, sofern diese Begrenzung dazu führt, dass die Haftung des betreffenden Mitgliedstaats in weiteren Fällen ausgeschlossen ist, in denen ein offenkundiger Verstoß gegen das anwendbare Recht im Sinne der Randnummern 53 bis 56 des Urteils Köbler begangen wurde.

# D. Rechtsschutz in der EU/EG

## I. Vorabentscheidungsverfahren, Art. 234 EG

### 1. Funktion des Vorabentscheidungsverfahrens

**Rs. 166/73 (Rheinmühlen ⁄ Einfuhr- und Vorratsstelle Getreide),
Urteil des Gerichtshofes vom 12. 02. 1974 – Slg. 1974, S. 33.**

**Vorbemerkungen:** *In der Entscheidung zur Rechtssache 166/73
äußert sich der EuGH zur Funktion des Vorabentscheidungsverfahrens im EG-Rechtsschutzsystem. Sowohl die mitgliedstaatlichen
Gerichte als auch der Gerichtshof wenden Gemeinschaftsrecht an.
Dies könnte zu divergierenden Entscheidungen führen, wäre nicht
für die gemeinschaftseinheitliche Auslegung und Gültigkeitsbe-
urteilung durch ein zentrales Gemeinschaftsgericht gesorgt. Das
Vorabentscheidungsverfahren soll dieser Gefahr entgegenwirken
und verhindern, dass sich in einem Mitgliedstaat eine Rechtsprechung herausbildet, die mit Normen des Gemeinschaftsrechts nicht
im Einklang steht. Der Zweck des Vorabentscheidungsverfahrens
liegt also in der Sicherstellung einer einheitlichen Auslegung und
Anwendung des Gemeinschaftsrechts durch alle mitgliedstaatlichen
Gerichte. Hierzu sieht Art. 234 EG ein Kooperationsverhältnis zwischen EuGH und mitgliedstaatlichen Gerichten vor: Stoßen die mitgliedstaatlichen Gerichte bei der Prüfung entscheidungserheblicher
Gemeinschaftsrechtsfragen auf Schwierigkeiten, so sind sie befugt
und in bestimmten Fällen verpflichtet, den EuGH um Klärung dieser
Fragen zu ersuchen. Erst nachdem der EuGH in seinem Vorabentscheidungsurteil die gemeinschaftsrechtlichen Auslegungsmaßstäbe
aufgestellt hat, wendet das mitgliedstaatliche Gericht die vom EuGH
ausgelegte Gemeinschaftsrechtsnorm in seiner Entscheidung auf den
streitgegenständlichen Sachverhalt an. Demnach soll das Vorabentscheidungsverfahren eine einheitliche Auslegung und Anwendung
des Gemeinschaftsrechts durch alle mitgliedstaatlichen Gerichte sicherstellen.*

**Sachverhalt:** Der Bundesfinanzhof hat dem Gerichtshof die Frage vorgelegt, ob Art. 234 Abs. 2 EG „den nicht letztinstanzlichen Gerichten ein in
jeder Hinsicht unbeschränktes Recht zu einer Vorlage an den Gerichtshof"

gibt oder ob davon auszugehen ist, dass „er entgegenstehende innerstaatliche Normen unberührt (lässt), die das Gericht an die rechtliche Beurteilung des im Instanzenzuge übergeordneten Gerichts binden". Dem Vorlagebeschluss zufolge wird diese Frage in dem Verfahren über eine Beschwerde gegen einen Vorlagebeschluss des Hessischen Finanzgerichts gestellt, mit dem dieses den Gerichtshof um Auslegung von Bestimmungen der Verordnung Nr. 19/62 des Rates ersucht, um einen Rechtsstreit entscheiden zu können, den der Bundesfinanzhof als Revisionsinstanz unter Aufhebung eines früheren Urteils des Hessischen Finanzgerichts an dieses zurückverwiesen hat. Die vom Finanzgericht erbetene Auslegung betrifft die Vereinbarkeit der Entscheidungsgründe des sein früheres Urteil aufhebenden Urteils des Bundesfinanzhofs mit dem Gemeinschaftsrecht; es stellt sich daher die Frage, ob § 126 Abs. 5 der Finanzgerichtsordnung, wonach das Gericht, an das zurückverwiesen worden ist, an die rechtliche Beurteilung des zurückverweisenden Gerichts gebunden ist, dieses Ausgangsgericht daran hindert, dem Gerichtshof eine solche Frage vorzulegen. Dies wurde vom Gerichtshof verneint.

## Aus den Entscheidungsgründen:

(S. 38) [2] Art. 177 ist von entscheidender Bedeutung dafür, daß das vom Vertrag geschaffene Recht wirklich gemeinsames Recht bleibt; er soll gewährleisten, daß dieses Recht in allen Mitgliedstaaten der Gemeinschaft immer die gleiche Wirkung hat. Auf diese Weise soll er unterschiedliche Auslegungen des Gemeinschaftsrechts verhindern, das die nationalen Gerichte anzuwenden haben; doch zielt er auch darauf ab, diese Anwendung selbst zu gewährleisten, da er dem nationalen Richter die Möglichkeit gibt, die Schwierigkeiten auszuräumen, die sich aus der Notwendigkeit ergeben können, dem Gemeinschaftsrecht im Rahmen der Rechtsordnungen der Mitgliedstaaten zur vollen Geltung zu verhelfen. Jede Lücke in dem so geschaffenen System würde daher sogar die Wirksamkeit der Vertragsvorschriften und des abgeleiteten Gemeinschaftsrechts in Frage stellen. In diesem Sinne sind die Vorschriften des Artikels 177 zu würdigen, nach denen jedes nationale Gericht ohne Unterschied den Gerichtshof um Vorabentscheidung ersuchen kann, wenn es dessen Entscheidung zum Erlass seines Urteils für erforderlich hält.

[3] Die Bestimmungen des Artikels 177 sind für den nationalen Richter zwingendes Recht; nach Absatz 2 kann er den Gerichtshof anrufen und um Vorabentscheidung über die Auslegung oder die Gültigkeit von Gemeinschaftsrecht ersuchen. Nach diesen Vorschriften sind die nationalen Gerichte berechtigt und unter bestimmten Voraussetzungen verpflichtet, zur Vorabentscheidung vorzulegen, sofern sie

von Amts wegen oder auf Anregung der Parteien feststellen, daß es für die Entscheidung des Rechtsstreits auf eine der in Artikel 177 Absatz 1 genannten Fragen ankommt. Daraus folgt, daß die nationalen Gerichte ein unbeschränktes Recht zur Vorlage an den Gerichtshof haben, wenn sie der Auffassung sind, daß eine bei ihnen anhängige Rechtssache Fragen der Auslegung oder der Gültigkeit der gemeinschaftsrechtlichen Bestimmungen aufwirft, über die diese Gerichte im konkreten Fall entscheiden müssen.

[4] Sonach kann eine innerstaatliche Rechtsnorm, die nicht-letztinstanzliche Gerichte an die rechtliche Beurteilung des übergeordneten Gerichts binden, diesen Gerichten nicht das Recht nehmen, dem Gerichtshof Fragen nach der Auslegung der gemeinschaftsrechtlichen Bestimmungen vorzulegen, um die es in dieser rechtlichen Beurteilung geht. Etwas anderes müsste gelten, wenn die (S. 39) von dem nicht-letztinstanzlichen Gericht gestellten Fragen sachlich mit Fragen identisch wären, die das letztinstanzliche Gericht bereits vorgelegt hat. Dagegen muß das nicht-letztinstanzliche Gericht, wenn es der Auffassung ist, daß es aufgrund der rechtlichen Beurteilung des übergeordneten Gerichts zu einer das Gemeinschaftsrecht verletzenden Entscheidung gelangen könnte, frei entscheiden können, ob es dem Gerichtshof die Fragen vorlegt, die ihm zweifelhaft sind. Wären die nicht-letztinstanzlichen Gerichte gebunden, ohne den Gerichtshof anrufen zu können, so wären dessen Zuständigkeit zur Vorabentscheidung wie auch die Anwendung des Gemeinschaftsrechts auf allen Stufen der Gerichtsbarkeit in den Mitgliedstaaten eingeschränkt.

[5] Dem Bundesfinanzhof ist daher zu antworten, daß eine innerstaatliche Rechtsnorm, welche die Gerichte an die rechtliche Beurteilung eines übergeordneten Gerichts bindet, diesen Gerichten nicht schon aus diesem Grund das in Artikel 177 vorgesehene Recht zur Anrufung des Gerichtshofes nimmt.

## 2. Annahmefähigkeit der Vorlagefrage

*a) Vorlagegegenstand*

**Rs. 12/86 (Demirel ⁄ Stadt Schwäbisch Gmünd),**   **91**
**Urteil des Gerichtshofes vom 30. 09. 1987 – Slg. 1987, S. 3719.**

**Vorbemerkungen:** *Vorlagegegenstand in einem Vorabentscheidungs-verfahren kann entsprechend dem Wortlaut des Art. 234 EG nur eine von nationalen Gerichten gestellte Frage nach der Gültigkeit oder Aus-legung von Gemeinschaftsrecht sein. Die Auslegung oder Gültigkeit nationalen Rechts darf dagegen nicht Vorlagegegenstand sein, da der EuGH dahingehend keine Rechtssprechungskompetenz besitzt (vgl. EuGH, Rs. 6/64 – Costa ⁄ ENEL – Slg. 1964, S. 1251 (1262)). Der Ge-richtshof hat sich in der vorliegenden Entscheidung zu den zulässigen Vorlagegegenständen geäußert. Ausdrücklich stellt er fest, dass Asso-ziierungsabkommen zulässige Vorlagegegenstände darstellen. Er ver-weist aber darauf, dass er nur im Rahmen seiner Zuständigkeiten und damit im Rahmen des EG-Vertrages entscheidet. Soweit gemischte Ab-kommen betroffen sind, entscheidet er nur im Rahmen der Zuständig-keiten der EG. Demnach sind alle Rechtsakte im Rahmen der Organisa-tionsgewalt der Gemeinschaftsorgane zulässige Vorlagegegenstände. Dazu zählt der EuGH alle Rechtsakte, die im Rahmen des Gemein-schaftsrechts erlassen wurden, also auch Assoziationsabkommen, Aktionsprogramme usw. Er stellt aber auch fest, dass er gerade bei völkerrechtlichen Verträgen nur bindend für die Mitgliedstaaten der Gemeinschaft, nicht aber für die anderen Vertragspartner entschei-den kann. Die Frage nach der Möglichkeit einer Gültigkeitskontrolle völkerrechtlicher Verträge der EG – die allerdings nur die innerge-meinschaftliche Gültigkeit, nicht die völkerrechtliche Verbindlichkeit betreffen könnte – ist bis heute nicht entschieden.*

**Sachverhalt:** Zwischen den Mitgliedstaaten der damaligen EWG sowie der Gemeinschaft einerseits und der Republik Türkei andererseits wurde am 23. 12. 1963 das Abkommen zur Gründung einer Assoziation zwischen der Europäischen Gemeinschaft und der Türkei durch Beschluss des Ra-tes geschlossen. Titel II des Abkommens enthält u.a. Vereinbarungen zur Übergangsphase bei der schrittweisen Herstellung der Freizügigkeit der Arbeitnehmer. Die Vertragsparteien haben zur Festlegung der Einzelheiten dieser Übergangsphase am 23. 11. 1970 ein Zusatzprotokoll unterzeichnet, das durch die Verordnung Nr. 2760/72 des Rates geschlossen wurde. Für die Entscheidung eines dem Verwaltungsgericht Stuttgart vorgelegten Rechtsstreits bedurfte es einer Auslegung des Assoziierungsabkommens durch den EuGH insbesondere hinsichtlich der Frage, ob Art. 12 des Abkommens EWG – Türkei und Art. 36 des Zusatzprotokolls in Verbindung mit Art. 7 des Assoziierungsabkommens zum damaligen Zeitpunkt ein gemeinschaftsrechtlich unmittelbar geltendes innerstaatliches Verbot für die Einführung neuer Freizügigkeitsbeschränkungen gegenüber in einem Mitgliedstaat legal lebenden türkischen Arbeitnehmern darstelle. Der EuGH verneinte diese Frage und entschied, dass die fraglichen Vorschriften in der innerstaatlichen Rechtsordnung der Mitgliedstaaten nicht unmittelbar anwendbar seien.

## Aus den Entscheidungsgründen:

(S. 3750) [7] In diesem Zusammenhang ist zunächst darauf hinzuweisen, daß, wie der Gerichtshof in seinem Urteil vom 30. April 1974 in der Rechtssache 171/73 (Hägeman, Slg. 1974, 449) entschieden hat, ein vom Rat gemäss den Artikeln 228 und 238 EWG-Vertrag geschlossenes Abkommen für die Gemeinschaft die Handlung eines Gemeinschaftsorgans im Sinne des Artikels 177 Absatz 1 Buchstabe b darstellt, daß die Bestimmungen eines solchen Abkommens seit dessen Inkrafttreten einen integrierenden Bestandteil der Gemeinschaftsrechtsordnung bilden und daß der Gerichtshof in dem durch diese Rechtsordnung gesteckten Rahmen zur Vorabentscheidung über die Auslegung dieses Abkommens befugt ist.

(S. 3751) [8] Die Regierungen der Bundesrepublik Deutschland und des vereinigten Königreichs vertreten jedoch die Auffassung, bei gemischten Abkommen, wie dem in Rede stehenden Abkommen und dem Protokoll, erstrecke sich die Auslegungszuständigkeit des Gerichtshofes nicht auf die Bestimmungen, durch die die Mitgliedstaten im Rahmen ihrer eigenen Zuständigkeiten Verpflichtungen gegenüber der Türkei eingegangen seien, was bei den Bestimmungen über die Freizügigkeit der Arbeitnehmer gegeben sei.

[9] Hierzu genügt die Feststellung, daß eben dies in der vorliegenden Rechtssache nicht der Fall ist. Da ein Assoziierungsabkommen nämlich besondere und privilegierte Beziehungen mit einem Drittstaat schafft, der zumindest teilweise am Gemeinschaftssystem teilhaben muß, muß Artikel 238 der Gemeinschaft notwendigerweise die Zuständigkeit dafür einräumen, die Erfüllung der Verpflichtungen gegenüber Drittstaaten in allen vom EWG-Vertrag erfassten Bereichen sicherzustellen. Die Freizügigkeit der Arbeitnehmer stellt nach

den Artikeln 48 ff. EWG-Vertrag einen der vom Vertrag erfassten Bereiche dar; daraus folgt, daß die diese Materie betreffenden Verpflichtungen in die Zuständigkeit der Gemeinschaft im Rahmen des Artikels 238 fallen. Die Frage, ob der Gerichtshof für die Entscheidung über die Auslegung einer Bestimmung eines gemischten Abkommens zuständig ist, die eine Verpflichtung enthält, die nur die Mitgliedstaaten im Bereich ihrer eigenen Zuständigkeiten übernehmen konnten, stellt sich daher nicht.

(...)

[12] Der Gerichtshof ist folglich für die Auslegung der Bestimmungen des Abkommens und des Protokolls über die Freizügigkeit der Arbeitnehmer zuständig.

**Rs. C-188/92 (TWD Textilwerke Deggendorf),**    **92**
**Urteil des Gerichtshofes vom 09. 03. 1994 – Slg. 1994, S. I-833.**

**Vorbemerkungen:** *Nach Ablauf der in Art. 230 Abs. 5 EG für die Nichtigkeitsklage vorgesehenen Klagefrist wird ein Gemeinschaftsrechtsakt unanfechtbar und damit bestandskräftig. Betrifft eine Gültigkeitsvorlage nach Art. 234 Abs. 1 lit. b) EG Gemeinschaftshandlungen, die nicht innerhalb dieser Klage- bzw. Rechtsmittelfrist angefochten wurden, so könnte die Ausschlusswirkung des Art. 230 Abs. 5 EG mit Hilfe des Vorabentscheidungsverfahrens umgangen werden. In dem Urteil zur Rechtssache C-188/92 entwickelte der EuGH Leitlinien zum Verhältnis zwischen der Individualnichtigkeitsklage und dem Vorabentscheidungsverfahren: Zum Schutz der Bestandskraft kann die Gültigkeit von Gemeinschaftsrechtsakten nur dann unabhängig vom Ablauf der Nichtigkeitsklagefrist in einem nationalen Gerichtsverfahren in Frage gestellt und im Wege des Vorabentscheidungsverfahrens vor den EuGH gebracht werden, wenn für den Betroffenen eine Direktklage nach Art. 230 Abs. 4 EG unstatthaft ist. Besteht dagegen die Möglichkeit einer Direktklage, so ist die Gültigkeitsvorlage nur zulässig, wenn der Betroffene diese Direktklage erhoben hat oder noch innerhalb der zweimonatigen Klagefrist erheben kann.*

**Sachverhalt:** Aufgrund einer Entscheidung der Kommission aus dem Jahre 1985, in der diese eine der Firma Deggendorf gewährte Beihilfe als gemeinschaftsrechtswidrig qualifizierte und die Bundesrepublik zur Rückforderung aufforderte, erging am 18.03.1987 ein entsprechender

Rückforderungsbescheid des Bundesministers für Wirtschaft. Gegen diesen Bescheid erhob das betroffene Unternehmen am 16.04.1987 Klage, die durch Urteil abgewiesen wurde. Gegen dieses Urteil legte das Unternehmen Berufung ein, in der es insbesondere geltend machte, dass die Kommissionsentscheidung aus dem Jahre 1985 rechtswidrig sei. Auf diese Rechtswidrigkeit der Entscheidung könne es sich auch nach Ablauf der in Art. 230 Abs. 5 EG festgesetzten Frist noch berufen. Das nationale Gericht hat dem EuGH daraufhin u.a. die Frage zur Vorabentscheidung vorgelegt, ob es eine Kommissionsentscheidung auch dann noch zur Gültigkeitsüberprüfung vorlegen könne, wenn der Betroffene eine Klage nach Art. 230 Abs. 4 EG nicht oder nicht fristgemäß erhoben hat, obwohl er von der Entscheidung rechtzeitig in Kenntnis gesetzt wurde. Der Gerichtshof hat für einen derartigen Fall erkannt, dass das nationale Gericht an die Kommissionsentscheidung gebunden ist.

## Aus den Entscheidungsgründen:

(S. I-852) [13] Nach ständiger Rechtsprechung wird eine Entscheidung, die vom Empfänger nicht innerhalb der in Artikel 173 EWG-Vertrag vorgesehenen Fristen angefochten worden ist, ihm gegenüber bestandskräftig (so erstmals Urteil vom 17. November 1965 in der Rechtssache 20/65, Collotti/Gerichtshof, Slg. 1965, 1112).

[14] Ein Unternehmen, das eine individuelle Beihilfe erhalten hat, die Gegenstand einer auf der Grundlage von Artikel 93 EWG-Vertrag erlassenen Entscheidung der Kommission geworden ist, kann eine Nichtigkeitsklage gemäß Artikel 173 Absatz 2 EWG-Vertrag erheben, selbst wenn die Entscheidung an einen Mitgliedstaat gerichtet ist (Urteil vom 17. September 1980 in der Rechtssache 730/79, Philip Morris/Kommission, Slg. 1980, 2671). Nach Artikel 173 Absatz 3 hat der Ablauf der dort vorgesehenen Klagefrist gegenüber einem solchen Unternehmen dieselbe Ausschlusswirkung wie gegenüber dem Mitgliedstaat, an den die Entscheidung gerichtet war.

[15] Nach gefestigter Rechtsprechung kann ein Mitgliedstaat die Gültigkeit einer an ihn gerichteten, auf Artikel 93 Absatz 2 EWG-Vertrag gestützten Entscheidung nach dem Ablauf der in Artikel 173 Absatz 3 EWG-Vertrag festgesetzten Frist nicht mehr in Frage stellen (Urteile vom 12. Oktober 1978 in der Rechtssache 156/77, Kommission/Belgien, Slg. 1978, 1881, und vom 10. Juni 1993 in der Rechtssache C-183/91, Kommission/Griechenland, Slg. 1993, I-3131).

(S. I-853) [16] Diese Rechtsprechung, nach der ein Mitgliedstaat, an den eine aufgrund von Artikel 93 Absatz 2 Unterabsatz 1 EWG-Vertrag erlassene Entscheidung gerichtet ist, nicht die Möglichkeit hat, deren Gültigkeit anläßlich der in Artikel 93 Absatz 2 Unterabsatz

2 vorgesehenen Vertragsverletzungsklage erneut in Frage zu stellen, beruht vor allem auf der Erwägung, daß die Klagefristen der Wahrung der Rechtssicherheit dienen sollen, indem sie verhindern, daß das Rechtswirkungen entfaltende Gemeinschaftshandeln wieder und wieder in Frage gestellt wird.

[17] Aufgrund derselben Erfordernisse der Rechtssicherheit kann auch der Empfänger einer Beihilfe, der eine auf der Grundlage von Artikel 93 EWG-Vertrag erlassene Entscheidung der Kommission, die diese Beihilfe zum Gegenstand hatte, hätte anfechten können und die hierfür in Artikel 173 Absatz 3 EWG-Vertrag vorgesehene Ausschlußfrist hat verstreichen lassen, nicht die Möglichkeit haben, vor den nationalen Gerichten anläßlich einer Klage gegen die von den nationalen Behörden getroffenen Maßnahmen zur Durchführung dieser Entscheidung deren Rechtmäßigkeit erneut in Frage zu stellen.

[18] Wenn man nämlich in derartigen Fällen zulassen würde, daß sich der Betroffene vor dem nationalen Gericht unter Berufung auf die Rechtswidrigkeit der Entscheidung deren Durchführung widersetzen kann, würde ihm damit die Möglichkeit geboten, die Bestandskraft, die die Entscheidung ihm gegenüber nach Ablauf der Klagefrist besitzt, zu umgehen.

**Rs. C-408/95 (Eurotunnel u.a.),**   **93**
**Urteil des Gerichtshofes vom 11. 11. 1997 – Slg. 1997, S. I-6315.**

**Vorbemerkungen:** *Der EuGH konkretisiert in der Eurotunnel-Entscheidung seine Deggendorf-Rechtsprechung im Zusammenhang mit Richtlinien. Maßstab für die Beurteilung der Frage, ob ein Einzelner einen Gemeinschaftsrechtsakt mittels einer Nichtigkeitsklage gem. Art. 230 EG hätte anfechten müssen, ist die Offenkundigkeit der Zulässigkeit einer solchen Klage. Da Richtlinien sich regelmäßig nicht an einen Einzelnen richten, ist eine Nichtigkeitsklage gegen solche Gemeinschaftsrechtsakte nicht offenkundig zulässig. Der Einzelne kann daher die Ungültigkeit einer Richtlinienbestimmung auch nach Ablauf der Zwei-Monatsfrist des Art. 230 Abs. 5 EG in einem Vorabentscheidungsverfahren geltend machen. Der EuGH hat im Hinlick auf Verordnungen allerdings in den Rs. Nachi Europe und Accrington Beef (Fall 95) eine differenzierende Rechtsprechung entwickelt. Für die z. T. sehr komplizierten Konkurrentenklagen im Wettbewerbsrecht nach Art. 230*

*Abs. 4 EG fehlt es noch an einer klarstellenden Rechtsprechung zur Offensichtlichkeit der Zulässigkeit einer Nichtigkeitsklage.*

**Sachverhalt:** Die Klägerinnen des Ausgangsverfahrens, die Gesellschaften SA und Eurotunnel plc, betrieben gemeinsam die feste Eisenbahnverbindung im Tunnel unter dem Ärmelkanal. Sie warfen der Beklagten, einem auf dem Ärmelkanal tätigen Schiffahrtsunternehmen, vor, dass sie unlauteren Wettbewerb betreibe, indem sie an Bord ihrer Schiffe Waren mehrwert- und verbrauchsteuerfrei verkaufe. Die Klägerinnen behaupteten, dass diese Praxis auf einer sowohl in Art. 28k der Richtlinie 77/388/EWG als auch in Art. 28 der Richtlinie 92/12/EWG enthaltenen Befugnis beruhe. Sie stellten vor dem französischen Gericht die Gültigkeit der genannten Artikel in Frage. Dieses Gericht bezweifelte, ob sie dazu befugt waren. Im Rahmen eines Vorabentscheidungsverfahrens stellte der EuGH fest, eine natürliche oder juristische Person könne vor einem nationalen Gericht die Ungültigkeit von Richtlinienbestimmungen geltend machen.

## Aus den Entscheidungsgründen:

(S. I-6352) [26] Mit seiner ersten Frage möchte das vorlegende Gericht im wesentlichen wissen, ob eine natürliche oder juristische Person wie die Klägerinnen vor einem nationalen Gericht die Ungültigkeit von Richtlinienbestimmungen wie den streitigen Artikeln 28 auch dann geltend machen kann, wenn sie gegen diese Bestimmungen keine Nichtigkeitsklage im Sinne von Artikel 173 des Vertrages erhoben hat und wenn bereits eine Entscheidung eines Gerichts eines anderen Mitgliedstaats in einem gesonderten Verfahren vorliegt.

[27] In bezug auf den ersten Teil der Frage hat das vorlegende Gericht Zweifel, ob sich die Klägerinnen angesichts des Urteils vom 9. März 1994 in der Rechtssache C-188/92 (TWD Textilwerke Deggendorf, Slg. 1994, I-833) vor ihm im Wege der Einrede auf die Ungültigkeit der streitigen Artikel 28 berufen können, da die Klägerinnen innerhalb der in Artikel 173 des Vertrages vorgesehenen Frist keine Nichtigkeitsklage gegen sie erhoben haben.

[28] Im Urteil TWD Textilwerke Deggendorf ging es um eine Gesellschaft, die unstreitig berechtigt war, eine Nichtigkeitsklage gegen den Rechtsakt der Gemeinschaft zu erheben, dessen Rechtswidrigkeit sie vor einem nationalen Gericht im Wege der Einrede geltend gemacht hatte, und die dieses Recht auch kannte.

[29] Da es sich hier um Gemeinschaftsrichtlinien handelt, deren streitige Bestimmungen sich in allgemeiner Form an die Mitgliedstaaten und nicht an natürliche oder juristische Personen richten, ist es nicht offenkundig, daß eine auf Artikel 173 des Vertrages gestützte

Klage gegen die streitigen Artikel 28 zulässig gewesen wäre (vgl. zu einer Verordnung das Urteil vom 12. Dezember 1996 in der Rechtssache C-241/95, Accrington Beef u.a., Slg. 1996, I-6699, Randnr. 15).

(S. I-6353) [30] Die Klägerinnen können jedenfalls von den streitigen Artikeln 28 nicht unmittelbar betroffen sein. Mit der durch die genannten Bestimmungen eingeführten Befreiungsregelung wird nämlich den Mitgliedstaaten nur eine Befugnis eingeräumt. Folglich sind die streitigen Artikel 28 auf die betroffenen Wirtschaftsteilnehmer, d.h. die Personenbeförderer und die Reisenden, nicht unmittelbar anwendbar.

**Rs. C-241/95 (Accrington Beef u.a.),**    **94**
**Urteil des Gerichtshofes vom 12. 12. 1996 – Slg. 1996, S. I-6699.**

**Vorbemerkungen:** *Die Anwendung der in der Rechtssache Deggendorf (Fall 92) entwickelten Regel zum Eintritt der Bestandskraft wirft bei Entscheidungen regelmäßig keine besonderen Probleme auf. Es stellt sich jedoch die Frage, unter welchen Voraussetzungen die Deggendorf-Grundsätze auf den Eintritt der Bestandskraft anderer EG-Rechtsakte übertragbar ist (zu Richtlinien vgl. Fall 93). Im Hinblick auf Verordnungen hat der EuGH in der Rechtssache Accrington Beef hierzu erstmals Stellung genommen und die Deggendorf-Grundsätze konkretisiert. Danach werden Rechtsakte für einen Einzelnen nur dann nach Ablauf der Frist des Art. 230 Abs. 5 EG bestandskräftig, wenn eine gegen sie gerichtete Nichtigkeitsklage offenkundig und unstreitig zulässig gewesen wäre. Diese Voraussetzung lag im konkreten Fall jedoch nicht vor, da es in der Rechtssache Accrington Beef um eine echte, ausschließlich abstrakt-generelle Verordnung ging, von welcher der Kläger nicht individuell betroffen war (zur individuellen Betroffenheit durch Verordnungen mit Doppelcharakter – Hybridrechtsakte – vgl. Fall 114). Diese Rechtsprechung hat der EuGH in der Rechtssache Nachi Europe (C-239/99, Slg. 2001, S. I-1197) mittlerweile für Anti-Dumping-Verordnungen weiter konkretisiert. Solche Verordnungen haben Doppelcharakter, sind also abstrakt-generelle Regelungen, die zugleich Einzelne individuell betreffen können. Denn nach der Rechtsprechung des EuGH ist der Importeur einer durch Verordnung mit einem Anti-Dumpingzoll belegten Ware von dieser Verordnung individuell betroffen im Sinne des Art. 230 Abs. 4 EG, wenn zwi-*

*schen ihm und dem Exporteur der Ware eine geschäftliche Verbindung besteht und wenn seine Wiederverkaufspreise zur Berechnung der Ausfuhrpreise herangezogen wurden (die unmittelbare Betroffenheit ergibt sich bereits aus der unmittelbaren Anwendbarkeit von Verordnungen ohne staatlichen Konkretisierungsspielraum). In der Entscheidung Nachi Europe hat der EuGH klargestellt, dass eine Anti-Dumping-Verordnung für einen solchen Importeur nach Art. 230 Abs. 5 EG bestandskräftig wird, wenn dieser die Verordnung nicht fristgerecht angefochten hat. Mit der Entscheidung Nachi Europe dürfte klargestellt sein, dass eine Nichtigkeitsklage dann offenkundig zulässig ist, wenn es sich eindeutig um eine Verordnung mit Doppelcharakter handelt. Problematisch bleibt jedoch die Einordnung von Verordnungen als Hybridrechtsakte außerhalb der im Wettbewerbsrecht vom EuGH gebildeten Fallgruppen, wie etwa im Fall Codorniu (Fall 114).*

**Sachverhalt:** Die Accrington Beef ist ein britisches Unternehmen, welches im Fleischgroßhandel tätig ist. Sie beantragte bei der für die Durchführung der gemeinsamen Agrarpolitik zuständigen nationalen Behörde die Zulassung zu einem bestimmten Gemeinschaftszollkontingent für Rindfleisch. Der Antrag wurde abgelehnt, weil die Accrington Beef nicht die in einer Verordnung der Kommission aufgestellten Zuteilungsvoraussetzungen erfüllte. Gegen die Ablehnung erhob die Accrington Beef Klage, mit der sie die Rechtswidrigkeit dieser Verordnung rügte. Das nationale Gericht legte dem EuGH die Verordnung zur Gültigkeitskontrolle vor. Dieser entschied, dass eine Gültigkeitskontrolle nach Art. 234 EG möglich ist, da die Verordnung gegenüber Accrington Beef nicht bestandskräftig geworden ist.

**Aus den Entscheidungsgründen:**

(S. I-6727) Zur Zulässigkeit der Einrede der Unzulässigkeit
[14] Die Regierung des Vereinigten Königreichs wirft die Frage auf, ob Accrington Beef u.a. aufgrund des Urteils vom 9. März 1994 in der Rechtssache C-188/92 (TWD Textilwerke Deggendorf, Slg. 1994, I-833) mit ihrer vor dem vorlegenden Gericht erhobenen Einrede der Rechtswidrigkeit der Artikel 1 Absatz 2 und 2 Absatz 2 der Verordnung Nr. 214/94 der Kommission nicht ausgeschlossen werden müssten, da sie nicht, wie sie es hätten tun können, innerhalb der Frist des Artikels 173 EG-Vertrag Klage auf Nichtigerklärung der Bestimmungen erhoben hätten.
[15] Dazu genügt die Feststellung, daß bei einer Gemeinschafts-

verordnung, deren streitige Bestimmungen allgemein für abstrakt umschriebene Personengruppen und objektiv bestimmte Situationen gelten, es nicht offenkundig ist, daß eine Klage der Accrington Beef u.a gegen diese Verordnung gemäß Artikel 173 EG-Vertrag zulässig gewesen wäre.

[16] Unter diesen Umständen ist der Hinweis auf das genannte Urteil TWD (Textilwerke Deggendorf) irrelevant, in dem es um eine Gesellschaft ging, die unstreitig berechtigt war, Nichtigkeitsklage gegen einen Rechtsakt der Gemeinschaft zu erheben, dessen Rechtswidrigkeit sie vor dem nationalen Gericht im Wege der Einrede geltend gemacht hatte, und die dieses Recht auch kannte.

## b) Vorlageberechtigung mitgliedstaatlicher Gerichte

**Rs. 102/81 (Nordsee ⅔ Reederei Mond),**                        **95**
**Urteil des Gerichtshofes vom 23. 03. 1982 – Slg. 1982, S. 1095.**

**Vorbemerkungen:** *In der Entscheidung Vaassen-Göbbels (EuGH, Rs. 61/65 – Vaassen-Göbbels ⅔ Vorstand des Beambtenfonds voor het Mijnbedrijf – Slg. 1966, S. 583 (602)) stellte der EuGH erstmals Kriterien für den Begriff eines mitgliedstaatlichen Gerichts im Sinne des Art. 234 EG auf. Er stellt seit dieser Entscheidung auf eine unabhängige durch oder aufgrund eines Gesetzes eingerichtete Instanz mit ständigem Charakter ab, die im Rahmen einer obligatorischen, nicht bloß gewillkürten Zuständigkeit in einem streitigen Verfahren unter Anwendung von Rechtsnormen – also nicht allein nach Billigkeit – bindend entscheidet oder das Verfahren anderweitig Rechtsprechungscharakter aufweist. In der Rechtssache 102/81 konkretisiert der EuGH die Merkmale eines mitgliedstaatlichen Gerichts im Sinne von Art. 234 Abs. 2 EG. Er hebt hervor, dass der vorlegende Spruchkörper eine „hinreichend enge Beziehung" zur öffentlichen Gewalt des Mitgliedstaates aufweisen muss und ergänzt damit die in der Rs. 61/65 (Vaassen-Göbbels) herausgearbeiteten Kriterien. Obwohl private – auf gewillkürter Vereinbarung beruhende - Schiedsgerichte Merkmale eines Gerichts im Sinne von Art. 234 Abs. 2 EG aufweisen, verneint der EuGH unter Rückgriff auf dieses Merkmal die Vorlageberechtigung privater, nach §§ 1025 ff. ZPO gebildeter Schiedsgerichte. Den Parteien steht es bei Abschluss*

*der Schiedsvereinbarung frei, die Entscheidung auftretender Rechts-*
*streitigkeiten den ordentlichen Gerichten oder einem Schiedsgericht*
*zu übertragen. Die (deutsche) öffentliche Gewalt ist weder an der*
*Rechtswegentscheidung (Verfahren vor den ordentlichen Gerichten*
*oder dem Schiedsgericht) noch am Verfahrensablauf selbst beteiligt.*
*Damit fehlt es bei einem nach den §§ 1025 ff. ZPO gebildeten Schieds-*
*gericht an einem ausreichenden Bindeglied zur öffentlichen Gewalt*
*des Mitgliedstaates.*

**Sachverhalt:** Drei Reederei-Gruppen führten von 1970 bis 1973 ein gemeinsames Projekt zum Bau von 13 Fabrikfangschiffen durch. Hierzu
beantragten sie Zuschüsse aus den Europäischen Ausrichtungs- und Ga-
rantiefonds für Landwirtschaft (EAGFL). Untereinander hatten die Reedereien 1973 einen Pool-Vertrag geschlossen, nach dem die EWG-Zuschüsse
im Innenverhältnis so verteilt werden, dass auf jedes Schiff ein Dreizehn-
tel des Gesamtzuschusses entfallen sollte. Für den Fall von Streitigkeiten
enthielt der Vertrag eine Schiedsklausel. Die Kommission gab nur sechs
der für neun Schiffe gestellten Anträgen statt, und zwar je zwei für jede
der drei am Pool beteiligten Reedereien. Die „Nordsee"-Gruppe, die
sechs Schiffe bauen ließ, erhob gegen die „Nordstern"-Gruppe, die nur
drei Schiffe bauen ließ, Klage auf Ausgleich ihrer Schlechterstellung. Die
Nordsee-Gruppe war der Ansicht, dass die Poolvereinbarung weder gegen deutsches noch gegen gemeinschaftliches Recht verstoße und daher
angewendet werden müsse. Der aufgrund der Schiedsklausel eingesetzte
Schiedsrichter gelangte zu dem Ergebnis, dass der Vertrag nach deutschem
Recht wirksam sei. Es kam daher darauf an, ob die Pool-Vereinbarung gegen das EG-Subventionsrecht verstieß. Diese Ansicht vertrat die Kommission. Der Schiedsrichter stellte dem EuGH zunächst folgende Frage:
  „Ist ein deutsches Schiedsgericht, das nicht nach Billigkeit, sondern
nach Gesetz zu entscheiden hat und dessen Entscheidung unter den Parteien die Wirkung eines rechtskräftigen Urteils hat (§ 1040 ZPO), zur
Vorlage an den Gerichtshof der Europäischen Gemeinschaft nach Art. 177
Abs. 2 EG befugt?"
  Der Schiedsrichter war der Auffassung, dass auch solche Einrichtungen
als Gerichte im Sinne von Art. 234 EG anzusehen seien, welche die We-
sensmerkmale eines Gerichts aufweisen. Diese lägen vor, da das Schiedsgericht nicht nach Billigkeit, sondern nach Gesetz zu entscheiden habe,
das Verfahren justizförmig ausgestaltet sei und der Schiedsspruch die
Wirkungen eines rechtskräftigen Urteils entfalte (§ 1040 ZPO). Der Gerichtshof erkannte, dass er zur Entscheidung über die vom Schiedsrichter
vorgelegten Fragen nicht zuständig ist.

**Aus den Entscheidungsgründen:**

(S. 1109) [7] Das Schiedsgericht, das den Gerichtshof angerufen hat, ist durch einen Vertrag zwischen Privatpersonen eingesetzt worden; daher ist zunächst zu untersuchen, ob es als ein Gericht eines Mitgliedstaats im Sinne des Artikels 177 EWG-Vertrag anzusehen ist.
(...)
(S. 1110) [9] Dazu ist anzumerken, daß – worauf die Frage übrigens hinweist – die Zuständigkeit des Gerichtshofes zur Entscheidung über die vorgelegten Fragen von den Besonderheiten des Schiedsverfahrens abhängt, um das es im vorliegenden Fall geht.
[10] Es trifft zu, daß die Tätigkeit des in Frage stehenden Schiedsgerichts, wie der Schiedsrichter in seiner Frage hervorgehoben hat, insofern eine gewisse Ähnlichkeit mit der gerichtlichen Tätigkeit aufweist, als das Schiedsverfahren gesetzlich ausgestaltet ist, als der Schiedsrichter nach Gesetz und Recht zu entscheiden hat und als seine Entscheidung zwischen den Parteien die Wirkung eines rechtskräftigen Urteils hat und einen Vollstreckungstitel darstellen kann, wenn sie mit der Vollstreckbarerklärung versehen ist. Diese Eigenschaften genügen jedoch nicht, um dem Schiedsrichter die Stellung eines „Gerichts eines Mitgliedstaats" im Sinne von Artikel 177 EWG-Vertrag zu verleihen.
[11] In erster Linie ist festzustellen, daß es den Vertragsparteien bei Abschluss der Vereinbarung aus dem Jahr 1973 freistand, die Entscheidung von eventuell auftretenden Rechtsstreitigkeiten den ordentlichen Gerichten zu überlassen oder durch die Aufnahme einer diesbezüglichen Klausel in ihre Vereinbarung den Weg des Schiedsverfahrens zu wählen. Aus den Umständen ergibt sich, daß für die Vertragsparteien weder eine rechtliche noch eine tatsächliche Verpflichtung bestand, ihre Streitigkeiten vor ein Schiedsgericht zu bringen.
[12] Zweitens ist festzustellen, daß die deutsche öffentliche Gewalt in die Entscheidung, den Weg der Schiedsgerichtsbarkeit zu wählen, nicht einbezogen war und daß sie nicht von Amts wegen in den Ablauf des Verfahrens vor dem Schiedsrichter eingreifen kann. In ihrer Figenschaft als Mitgliedstaat der Gemeinschaft, der nach den Artikeln 5 und 169 bis 171 EWG-Vertrag für die Erfüllung der sich aus dem Gemeinschaftsrecht ergebenden Verpflichtungen auf seinem Hoheitsgebiet verantwortlich ist, hat die Bundesrepublik Deutschland nicht Privatpersonen damit betraut oder es ihnen überlassen, für die Beachtung dieser Verpflichtungen in dem hier fraglichen Bereich Sorge zu tragen.

[13] Aus diesen Überlegungen ergibt sich, daß zwischen dem vorliegenden Schiedsgerichtsverfahren und dem allgemeinen Rechtsschutzsystem in dem betroffenen Mitgliedstaat keine hinreichend enge Beziehung besteht, um den (S. 1111) Schiedsrichter als „Gericht eines Mitgliedstaats" im Sinne von Artikel 177 bezeichnen zu können.

[14] Wie der Gerichtshof in seinem Urteil vom 6. Oktober 1981 (Broekmeulen, 246/80, noch nicht veröffentlicht) hervorgehoben hat, muß das Gemeinschaftsrecht auf dem Hoheitsgebiet aller Mitgliedstaaten in vollem Umfang beachtet werden; den Parteien eines Vertrages steht es daher nicht frei, davon abzuweichen. Aus dieser Sicht ist darauf hinzuweisen, daß in Fällen, in denen sich in einem vertraglichen Schiedsverfahren Fragen des Gemeinschaftsrechts stellen, die ordentlichen Gerichte in die Lage kommen können, diese Frage zu prüfen, sei es im Rahmen der Hilfe, die sie den Schiedsgerichten gewähren, insbesondere um sie bei bestimmten Verfahrenshandlungen zu unterstützen oder um das geltende Recht auszulegen, sei es im Rahmen der je nach Lage des Falles mehr oder weniger weit gehenden Überprüfung des Schiedsspruchs, die ihnen obliegt, wenn sie im Wege der Aufhebungsklage, durch einen Einspruch, zur Vollstreckbarerklärung oder mit irgendeinem anderen durch die einschlägigen nationalen Rechtsvorschriften eröffneten Rechtsbehelf befasst werden.

[15] Es ist Sache dieser nationalen Gerichte zu prüfen, ob sie den Gerichtshof nach Artikel 177 anrufen müssen, um eine Auslegung oder eine Beurteilung der Gültigkeit von Bestimmungen des Gemeinschaftsrechts zu erhalten, zu deren Anwendung sie bei der Ausübung dieser Hilfs- und Kontrollaufgaben veranlasst sein können.

[16] Hieraus ergibt sich, daß der Gerichtshof im vorliegenden Fall für eine Entscheidung nicht zuständig ist.

**96   Rs. C-182/00 (Lutz GmbH u.a.),**
**Urteil des Gerichtshofes vom 15. 01. 2002 – Slg. 2002, S. I-547.**

**Vorbemerkungen:** *In dieser Entscheidung bestätigt der Gerichtshof seine Kriterien zum Gerichtsbegriff des Art. 234 EG und erweitert sie hinsichtlich des Merkmals des streitigen Verfahrens, das einem Vorabentscheidungsverfahren jeweils zugrunde liegt. Das Gericht muss demnach im Rahmen einer Ausübung einer Rechtsprechungstätigkeit vorlegen. Im vorliegenden Fall hat nach Auffassung des EuGH das vorlegende Gericht als Verwaltungsbehörde gehandelt. Entscheidet* *ein Gericht über einen Antrag einer Gesellschaft auf Eintragung in das Handelsregister, so entscheidet es nicht im Rahmen eines Rechtsstreites und somit auch nicht als Gericht im Sinne des Art. 234 EG. Dies hatte der Gerichtshof auch schon für ähnliche Verfahren des AG Heidelberg entschieden (EuGH, Rs. C-86/00 – HSB Wohnbau GmbH · Slg. 2001, S. I-5353).*

**Sachverhalt:** Das Landesgericht Wels als Handelsgericht in Registersachen hat dem EuGH gemäß Art. 234 EG fünf Fragen nach der Gültigkeit der Richtlinie 68/151/EWG des Rates zur Koordinierung der Schutzbestimmungen, die in den Mitgliedstaaten den Gesellschaften im Sinne von Art. 48 Abs. 2 EG im Interesse der Gesellschafter sowie Dritter vorgeschrieben sind, zur Vorabentscheidung vorgelegt. Diese Fragen stellten sich in einem Verfahren betreffend die Lutz GmbH wegen der Einreichung des Jahresabschlusses gemäß dem österreichischen Handelsgesetzbuch. Nach den österreichischen Bestimmungen ist das Landesgericht, wenn es als Handelsgericht über die Verpflichtung zur Offenlegung des Jahresabschlusses entscheidet, nicht mit einem Rechtsstreit befasst, sondern es führt lediglich ein Handels- und Gesellschaftsregister. Daher stellte sich die Frage, ob eine derartige Einrichtung ein Gericht im Sinne von Art. 234 EG ist. Der EuGH verneinte dies und hat sich als nicht zuständig erklärt, über die vorgelegten Fragen zu entscheiden.

## Aus den Entscheidungsgründen:

(S. I-565) [12] Zur Beurteilung der rein gemeinschaftsrechtlichen Frage, ob die vorlegende Einrichtung ein Gericht im Sinne von Artikel 234 EG ist, stellt der Gerichtshof auf eine Reihe von Gesichtspunkten ab, wie gesetzliche Grundlage der Einrichtung, ständiger Charakter, obligatorische Gerichtsbarkeit, streitiges Verfahren, Anwendung von Rechtsnormen durch diese Einrichtung sowie deren Unabhängigkeit (vgl. u.a. Urteile vom 17. September 1997 in der Rechtssache C-54/96, Dorsch Consult, Slg. 1997, I-4961, Randnr. 23, und die dort angeführte Rechtsprechung, vom 21. März 2000 in den verbundenen Rechtssachen C-110/98 bis C-147/98, Gabalfrisa u.a., Slg. 2000, I-1577, Randnr. 33, und vom 14. Juni 2001 in der Rechtssache C-178/99, Salzmann, Slg. 2001, I-4421, Randnr. 13).

[13] Nach Artikel 234 EG hängt zwar die Anrufung des Gerichtshofes nicht davon ab, ob das Verfahren, in dem das nationale Gericht eine Vorlagefrage abfasst, streitigen Charakter hat (vgl. Urteil vom 17. Mai 1994 in der Rechtssache C-18/93, Corsica Ferries, Slg. 1994, I-1783, Randnr. 12). Aus diesem Artikel ergibt sich aber, dass die na-

tionalen Gerichte den Gerichtshof nur anrufen können, wenn bei ihnen ein Rechtsstreit anhängig ist und sie im Rahmen eines Verfahrens zu entscheiden haben, das auf eine Entscheidung mit Rechtsprechungscharakter abzielt (vgl. Beschlüsse vom 18. Juni 1980 in der Rechtssache 138/80, Borker, Slg. 1980, 1975, Randnr. 4, und vom 5. März 1986 in der Rechtssache 318/85, Greis Unterweger, Slg. 1986, 955, Randnr. 4, sowie Urteile vom 19. Oktober 1995 in der Rechtssache C-111/94, Job Centre, Slg. 1995, I-3361, Randnr. 9, und Salzmann, Randnr. 14)

[14] Wenn die vorlegende Einrichtung als Verwaltungsbehörde handelt, ohne dass sie gleichzeitig einen Rechtsstreit zu entscheiden hat, kann somit selbst dann, wenn sie die übrigen in Randnummer 12 dieses Urteils aufgeführten Voraussetzungen erfüllt, nicht davon ausgegangen werden, dass sie eine Rechtsprechungstätigkeit ausübt. Das ist z.B. der Fall, wenn sie über den Antrag auf Eintragung einer Gesellschaft im Register in einem Verfahren entscheidet, das nicht die Aufhebung eines Rechtsakts zum Gegenstand hat, der ein Recht des Antragstellers verletzt (vgl. Urteile Job Centre, Randnr. 11, und Salzmann, Randnr. 15).

(S. I-566) [15] Aus den Akten geht hervor, dass das Landesgericht Wels, wenn es als Handelsgericht gemäß den nationalen Bestimmungen über die Verpflichtung zur Offenlegung des Jahresabschlusses und des Lageberichts entscheidet, nicht mit einem Rechtsstreit befasst ist, sondern nur ein Handels- und Gesellschaftsregister führt. Es stellt nämlich nur fest, ob den gesetzlichen Offenlegungsverpflichtungen entsprochen wurde, und ordnet gegebenenfalls unter Androhung einer Zwangsstrafe die Vorlage der entsprechenden Rechnungslegungsunterlagen an. Außerdem deutet nichts in den Akten darauf hin, dass beim Landesgericht Wels ein Rechtsstreit zwischen den Antragstellern und einer etwaigen beklagten Partei anhängig wäre.

[16] Daher übt das Landesgericht Wels mit dieser Tätigkeit keine Rechtsprechungstätigkeit aus.

## c) Vorlagerecht und Vorlagepflicht

**97**    Rs. 283/81 (C.I.L.F.I.T. ∕. Ministero della sanità),
Urteil des Gerichtshofes vom 06. 10. 1982 – Slg. 1982, S. 3415.

**Vorbemerkungen:** *In der Entscheidung zur Rechtssache 283/81 finden sich grundlegende Aussagen zu den Ausnahmen von der Vorlagepflicht mitgliedstaatlicher Gerichte. Während letztinstanzliche Ge-*

*richte stets vorlageverpflichtet sind, herrschte zunächst Streit über die Frage, ob auch für unterinstanzliche Gerichte, deren Entscheidungen im konkreten Fall nicht mehr mit Rechtsmitteln angegriffen werden können, eine Vorlagepflicht besteht. Die dem Vorabentscheidungsverfahren zukommende Rechtsschutzfunktion wie auch die Sicherung der einheitlichen Anwendung des Gemeinschaftsrechts gebieten eine möglichst umfassende Absicherung des gemeinschaftsrechtlichen Auslegungs- und Verwerfungsmonopols des EuGH. Der Gerichtshof hat sich daher der sog. konkreten Betrachtungsweise angeschlossen. Unabhängig von seiner gerichtsverfassungsrechtlichen Stellung ist danach etwa ein Amtsgericht als letztinstanzliches Gericht im Sinne von Art. 234 EG zu behandeln, wenn der Streitwert eines bei ihm anhängigen Rechtsstreits die Berufungssumme nicht erreicht und das Urteil daher nicht mehr angefochten werden kann. Gleichwohl entwickelt der EuGH in dieser Entscheidung einige Ausnahmen von der Vorlagepflicht. Ein mitgliedstaatliches Gericht ist selbst dann, wenn die Voraussetzungen einer Vorlagepflicht erfüllt sind, nicht zur Einleitung eines Vorabentscheidungsverfahrens verpflichtet, wenn eine gesicherte gemeinschaftsrechtliche Rechtsprechung vorliegt, durch welche die betreffende Rechtsfrage geklärt ist, oder wenn die richtige Auslegung des Gemeinschaftsrechts so offensichtlich ist, dass kein Raum für vernünftige Zweifel an der Entscheidung der sich stellenden Frage bleibt und weder der Gerichtshof selbst noch die übrigen Gerichte der Mitgliedstaaten Zweifel an dieser Auslegung haben würden („acte claire").*

**Sachverhalt:** Aufgrund eines italienischen Gesetzes, das bei der Einfuhr von Wolle gesundheitspolizeiliche Untersuchungen vorschreibt, erhob das italienische Gesundheitsministerium von wollimportierenden Unternehmen entsprechende Untersuchungsgebühren. Die betroffenen Wollimporteure, darunter die Firma C.I.L.F.I.T., hielten das Gesetz mit den Regeln der gemeinsamen Marktorganisation für unvereinbar und daher für unanwendbar. Nachdem die Kläger in zwei Instanzen mit ihrem Antrag auf Rückerstattung der gezahlten Gebühren erfolglos geblieben waren, regten sie im Revisionsverfahren eine Vorlage an den EuGH an, um klären zu lassen, ob die Wolle von der Marktordnung erfasst werde. Das italienische Gesundheitsministerium meinte hingegen, dass importierte Wolle in Anbetracht des klaren Wortlautes eindeutig nicht von der betreffenden Marktordnung erfasst werde. Es bestehe daher kein Auslegungszweifel, so dass ein Vorabentscheidungsverfahren nicht erforderlich sei. Der Gerichtshof hat die nationalen Gerichte von der Vorlagepflicht u.a. dann befreit, wenn es keine Auslegungszweifel gibt.

**Aus den Entscheidungsgründen:**

(S. 3428) [6] Gemäß Absatz 2 dieses Artikels „kann" jedes Gericht eines Mitgliedstaats dem Gerichtshof eine Auslegungsfrage zur Entscheidung vorlegen, wenn es eine solche Entscheidung zum Erlass seines Urteils für erforderlich hält. Wird eine Auslegungsfrage in einem schwebenden Verfahren bei einem einzelstaatlichen Gericht gestellt, dessen Entscheidungen selbst nicht mehr mit Rechtsmitteln des innerstaatlichen Rechts angefochten werden können, so ist dieses Gericht nach Absatz 3 zur Anrufung des Gerichtshofes „verpflichtet".

[7] Diese Vorlagepflicht fügt sich in den Rahmen der Zusammenarbeit zwischen den innerstaatlichen Gerichten als mit der Anwendung des Gemeinschaftsrechts betrauten Gerichten und dem Gerichtshof ein, durch die die ordnungsgemäße Anwendung und die einheitliche Auslegung des Gemeinschaftsrechts in allen Mitgliedstaaten sichergestellt werden sollen. Artikel 177 Absatz 3 soll insbesondere verhindern, daß es innerhalb der Gemeinschaft zu voneinander abweichenden Gerichtsentscheidungen über Fragen des Gemeinschaftsrechts kommt. Wird eine solche Auslegungsfrage im Sinne von Artikel 177 gestellt, ist die Tragweite der Verpflichtung daher anhand dieser Ziele nach Maßgabe der jeweiligen Befugnisse der innerstaatlichen Gerichte und des Gerichtshofes zu beurteilen.

[8] In diesem Rahmen ist die gemeinschaftsrechtliche Bedeutung der Wendung „wird eine derartige Frage ... gestellt" zu bestimmen, um festzustellen, unter welchen Voraussetzungen ein innerstaatliches Gericht, dessen Entscheidungen selbst nicht mehr mit Rechtsmitteln des innerstaatlichen Rechts angefochten werden können, zur Anrufung des Gerichtshofes verpflichtet ist.

[9] Hierzu ist zunächst darauf hinzuweisen, daß Artikel 177 keinen Rechtsbehelf für die Parteien eines bei einem innerstaatlichen Gericht anhängigen Rechtsstreits eröffnet. Das betreffende Gericht muß also nicht schon allein deshalb, weil eine Partei geltend macht, der Rechtsstreit werfe eine Frage nach der Auslegung des Gemeinschaftsrechts auf, davon ausgehen, daß eine Frage im Sinne von Artikel 177 gestellt wird. Es obliegt ihm vielmehr gegebenenfalls, den Gerichtshof von Amts wegen anzurufen.

(S. 3429) [10] Zweitens ergibt sich aus dem Verhältnis zwischen den Absätzen 2 und 3 des Artikels 177, daß die in Absatz 3 genannten Gerichte ebenso wie alle anderen innerstaatlichen Gerichte die Frage, ob für den Erlass ihrer eigenen Entscheidung eine Entscheidung über eine gemeinschaftsrechtliche Frage erforderlich ist, in eigener Zuständig-

keit beurteilen. Diese Gerichte sind somit nicht zur Vorlage einer vor
ihnen aufgeworfenen Frage nach der Auslegung des Gemeinschaftsrechts verpflichtet, wenn die Frage nicht entscheidungserheblich ist,
d.h., wenn die Antwort auf diese Frage, wie auch immer sie ausfällt,
keinerlei Einfluss auf die Entscheidung des Rechtsstreits haben kann.

[11] Stellen sie dagegen fest, daß das Gemeinschaftsrecht herangezogen werden muß, um eine Entscheidung des bei ihnen anhängigen
Rechtsstreits zu ermöglichen, sind sie nach Artikel 177 verpflichtet,
dem Gerichtshof jede sich stellende Auslegungsfrage vorzulegen.

[12] Die von der Corte di cassazione vorgelegte Frage geht dahin,
ob der Verpflichtung nach Artikel 177 Absatz 3 unter bestimmten
Umständen gleichwohl Grenzen gezogen sind.

[13] Hierzu ist auf das Urteil des Gerichtshofes vom 27. März 1963
in den verbundenen Rechtssachen 28 bis 30/62 (Da Costa, Slg. 1963,
63, 80, 81) hinzuweisen, in dem es heißt: „Wenn auch Artikel 177 letzter Absatz nationale Gerichte ..., deren Entscheidungen nicht mehr
mit Rechtsmitteln des innerstaatlichen Rechts angefochten werden
können, ohne jede Einschränkung dazu verpflichtet, dem Gerichtshof alle sich in bei ihnen anhängigen Verfahren stehenden Fragen der
Auslegung des Vertrages vorzulegen, so kann die Wirkung, die von
einer durch den Gerichtshof gemäß Artikel 177 in einem früheren
Verfahren gegebenen Auslegung ausgeht, doch im Einzelfall den inneren Grund dieser Verpflichtung entfallen und sie somit sinnlos erscheinen lassen. Dies gilt insbesondere dann, wenn die gestellte Frage
tatsächlich bereits in einem gleichgelagerten Fall Gegenstand einer
Vorabentscheidung gewesen ist."

[14] Die gleiche Wirkung kann sich für die Grenzen der in Artikel
177 Absatz 3 aufgestellten Verpflichtung ergeben, wenn bereits eine
gesicherte Rechtsprechung des Gerichtshofes vorliegt, durch die die
betreffende Rechtsfrage gelöst ist, gleich in welcher Art von Verfahren sich diese Rechtsprechung gebildet hat, und selbst dann, wenn die
strittigen Fragen nicht vollkommen identisch sind.

(S. 3430) [15] Dennoch bleibt es den innerstaatlichen Gerichten,
einschließlich der in Art. 177 Absatz 3 genannten Gerichte, in all diesen Fällen unbenommen, den Gerichtshof anzurufen, wenn sie es für
angebracht halten.

[16] Schließlich kann die richtige Anwendung des Gemeinschaftsrechts derart offenkundig sein, daß keinerlei Raum für einen vernünftigen Zweifel an der Entscheidung der gestellten Frage bleibt. Das innerstaatliche Gericht darf jedoch nur dann davon ausgehen, daß ein
solcher Fall vorliegt, wenn es überzeugt ist, daß auch für die Gerichte

der übrigen Mitgliedstaaten und den Gerichtshof die gleiche Gewissheit bestünde. Nur wenn diese Voraussetzungen erfüllt sind, darf das innerstaatliche Gericht davon absehen, diese Frage dem Gerichtshof vorzulegen, und sie stattdessen in eigener Verantwortung lösen.

[17] Ob diese Möglichkeit besteht, ist jedoch unter Berücksichtigung der Eigenheiten des Gemeinschaftsrechts und der besonderen Schwierigkeiten seiner Auslegung zu beurteilen.

[18] Zunächst ist dem Umstand Rechnung zu tragen, daß die Vorschriften des Gemeinschaftsrechts in mehreren Sprachen abgefasst sind und daß die verschiedenen sprachlichen Fassungen gleichermaßen verbindlich sind; die Auslegung einer gemeinschaftsrechtlichen Vorschrift erfordert somit einen Vergleich ihrer sprachlichen Fassungen.

[19] Sodann ist auch bei genauer Übereinstimmung der sprachlichen Fassungen zu beachten, daß das Gemeinschaftsrecht eine eigene, besondere Terminologie verwendet. Im übrigen ist hervorzuheben, daß Rechtsbegriffe im Gemeinschaftsrecht und in den verschiedenen nationalen Rechten nicht unbedingt den gleichen Gehalt haben müssen.

[20] Schließlich ist jede Vorschrift des Gemeinschaftsrechts in ihrem Zusammenhang zu sehen und im Lichte des gesamten Gemeinschaftsrechts, seiner Ziele und seines Entwicklungsstands zur Zeit der Anwendung der betreffenden Vorschrift auszulegen.

[21] Nach alledem ist auf die Frage der Corte suprema di cassazione zu antworten, daß Artikel 177 Absatz 3 EWG-Vertrag dahin auszulegen ist, daß ein (S. 3431) Gericht, dessen Entscheidungen selbst nicht mehr mit Rechtsmitteln des innerstaatlichen Rechts angefochten werden können, seiner Vorlagepflicht nachkommen muß, wenn in einem bei ihm schwebenden Verfahren eine Frage des Gemeinschaftsrechts gestellt wird, es sei denn, es hat festgestellt, daß die gestellte Frage nicht entscheidungserheblich ist, daß die betreffende gemeinschaftsrechtliche Bestimmung bereits Gegenstand einer Auslegung durch den Gerichtshof war oder daß die richtige Anwendung des Gemeinschaftsrechts derart offenkundig ist, daß für einen vernünftigen Zweifel keinerlei Raum bleibt; ob ein solcher Fall gegeben ist, ist unter Berücksichtigung der Eigenheiten des Gemeinschaftsrechts, der besonderen Schwierigkeiten seiner Auslegung und der Gefahr voneinander abweichender Gerichtsentscheidungen innerhalb der Gemeinschaft zu beurteilen.

**Rs. C-461/03 (Gaston Schul Douane-Expediteur),**   **98**
**Urteil des Gerichtshofes vom 06. 12. 2005 – Slg. 2005, S. I-10513.**

**Vorbemerkungen:** *Der EuGH stellt in dieser Entscheidung klar, dass die Foto-Frost-Rechtsprechung (Fall 99) zur Vorlagepflicht von unterinstanzlichen nationalen Gerichten bei Gültigkeitszweifeln auch dann gilt, wenn eine inhaltlich identische Gemeinschaftsregelung von ihm bereits aufgehoben wurde. Aufgrund des jeweils unterschiedlichen normativen Kontextes der entsprechenden Regelungen könnte ihre Beurteilung verschieden ausfallen. Die in der Entscheidung C.I.L.F.I.T. (Fall 97) vorgesehenen Ausnahmen von der Vorlagepflicht betreffen nur Auslegungsvorlagen und sind auf Gültigkeitsvorlagen nicht übertragbar.*

**Sachverhalt:** In einem Rechtsstreit über eine Landwirtschaftsabgabe betreffend den Import von Rohrzucker aus Brasilien vor einem niederländischen Gericht kam es nach Ansicht des Gerichts auf die Gültigkeit einer gemeinschaftsrechtlichen Regelung in einer Verordnung an. Diese Regelung war nach Auffassung des Gerichts inhaltsgleich mit einer Regelung im Bereich Geflügelfleisch, die der EuGH für ungültig erklärt hatte. Das Gericht legte daher dem EuGH im Vorabentscheidungsverfahren die Frage vor, ob es in einem solchen Fall in Anbetracht der Foto-Frost-Entscheidung (Fall 99) trotz des EuGH-Urteils zu der Parallelregelung zur Vorlage verpflichtet sei.

## Aus den Entscheidungsgründen:

(S. I-10546) [15] Mit seiner ersten Frage möchte das vorlegende Gericht im Wesentlichen wissen, ob Artikel 234 Absatz 3 EG einem nationalen Gericht, dessen Entscheidungen selbst nicht mehr mit Rechtsmitteln des innerstaatlichen Rechts angefochten werden können, auch dann die Verpflichtung auferlegt, dem Gerichtshof eine Frage nach der Gültigkeit von Bestimmungen einer Verordnung vorzulegen, wenn der Gerichtshof entsprechende Bestimmungen einer anderen, vergleichbaren Verordnung bereits für ungültig erklärt hat.

(S. I-10547) [16] In Bezug auf Auslegungsfragen ergibt sich aus dem Urteil vom 6. Oktober 1982 in der Rechtssache 283/81 (Cilfit u.a., Slg. 1982, 3415, Randnr. 21), dass ein Gericht, dessen Entscheidungen selbst nicht mehr mit Rechtsmitteln des innerstaatlichen Rechts angefochten werden können, seiner Vorlagepflicht nachkommen muss, wenn sich in dem bei ihm anhängigen Verfahren eine Frage des Gemeinschaftsrechts stellt, es sei denn, es hat festgestellt, dass die aufgeworfene Frage nicht entscheidungserheblich ist, dass die betreffende Gemeinschaftsbestimmung bereits Gegenstand einer Auslegung des Gerichtshofes war oder dass die richtige Anwendung des Gemeinschaftsrechts derart offenkundig ist, dass für einen vernünftigen Zweifel keinerlei Raum bleibt (vgl. auch Urteil vom 15. September 2005 in der Rechtssache C-495/03, Intermodal Transports, Slg. 2005, I-0000, Randnr. 33).

[17] Dagegen sind die nationalen Gerichte, wie sich aus Randnummer 20 des Urteils Foto-Frost ergibt, nicht befugt, selbst die Ungültigkeit von Handlungen der Gemeinschaftsorgane festzustellen.

[18] Abweichungen von der Regel, nach der die nationalen Gerichte nicht befugt sind, selbst die Ungültigkeit von Gemeinschaftshandlungen festzustellen, können unter bestimmten Umständen im Fall eines Verfahrens des vorläufigen Rechtsschutzes geboten sein (Urteil Foto-Frost, Randnr. 19, vgl. dazu auch Urteile vom 24. Mai 1977 in der Rechtssache 107/76, Hoffmann-La Roche, Slg. 1977, 957, Randnr. 6, vom 27. Oktober 1982 in den Rechtssachen 35/82 und 36/82, Morson und Jhanjan, Slg. 1982, 3723, Randnr. 8, vom 21. Februar 1991 in den Rechtssachen C-143/88 und C-92/89, Zuckerfabrik Süderdithmarschen und Zuckerfabrik Soest, Slg. 1991, I-415, Randnrn. 21 und 33, und vom 9. November 1995 in der Rechtssache C-465/93, Atlanta Fruchthandelsgesellschaft u.a. [I], Slg. 1995, I-3761, Randnrn. 30, 33 und 51).

[19] Demgegenüber kann die im Urteil Cilfit u.a. vorgenommene Auslegung, die Auslegungsfragen betrifft, nicht auf Fragen nach der Gültigkeit von Gemeinschaftshandlungen ausgedehnt werden.

(S. I-10548) [20] Vorab ist festzustellen, dass es sich bei eingehender Prüfung auch in auf den ersten Blick ähnlich gelagerten Fällen insbesondere aufgrund ihres unterschiedlichen rechtlichen oder gegebenenfalls tatsächlichen Kontextes zeigen kann, dass eine Bestimmung, deren Gültigkeit in Frage steht, nicht einer bereits für ungültig erklärten anderen Bestimmung gleichgestellt werden kann.

[21] Die dem Gerichtshof durch Artikel 234 EG zuerkannten Befugnisse bezwecken im Wesentlichen, eine einheitliche Anwendung des Gemeinschaftsrechts durch die nationalen Gerichte zu gewährleisten. Dieses Erfordernis der Einheitlichkeit ist besonders zwingend, wenn es um die Gültigkeit einer Gemeinschaftshandlung geht. Denn Meinungsverschiedenheiten zwischen den Gerichten der Mitgliedstaaten über die Gültigkeit von Gemeinschaftshandlungen wären geeignet, die Einheit der Gemeinschaftsrechtsordnung selbst zu gefährden und

das grundlegende Erfordernis der Rechtssicherheit zu beeinträchtigen (Urteil Foto-Frost, Randnr. 15).

[22] Die Möglichkeit für das nationale Gericht, über die Ungültigkeit einer Gemeinschaftshandlung zu entscheiden, wäre auch unvereinbar mit der notwendigen Kohärenz des durch den Vertrag geschaffenen Rechtsschutzsystems. Insoweit stellt die Vorabentscheidungsvorlage zur Beurteilung der Gültigkeit ebenso wie die Nichtigkeitsklage eine Form der Kontrolle der Rechtmäßigkeit von Gemeinschaftshandlungen dar. Mit seinen Artikeln 230 EG und 241 EG auf der einen und Artikel 234 EG auf der anderen Seite hat der Vertrag ein vollständiges System von Rechtsbehelfen und Verfahren geschaffen, das die Kontrolle der Rechtmäßigkeit der Handlungen der Organe dadurch gewährleisten soll, dass damit der Gemeinschaftsrichter betraut wird (vgl. Urteile vom 23. April 1986 in der Rechtssache 294/83, Les Verts/Parlament, Slg. 1986, 1339, Randnr. 23, Foto-Frost, Randnr. 16, und vom 25. Juli 2002 in der Rechtssache C-50/00 P, Unión de Pequeños Agricultores, Slg. 2002, I-6677, Randnr. 40).

[23] Eine Verkürzung der Verfahrensdauer wäre kein Argument, um einen Eingriff in die ausschließliche Zuständigkeit des Gemeinschaftsrichters für die Entscheidung über die Gültigkeit des Gemeinschaftsrechts zu rechtfertigen.

(S. I 10549) [24] Im Übrigen ist hervorzuheben, dass der Gemeinschaftsrichter am besten in der Lage ist, über die Gültigkeit von Gemeinschaftshandlungen zu entscheiden. Denn die Gemeinschaftsorgane, deren Handlungen in Frage gestellt werden, können sich nach Artikel 23 der Satzung des Gerichtshofes am Verfahren vor dem Gerichtshof beteiligen, um die Gültigkeit dieser Handlungen zu verteidigen. Außerdem kann der Gerichtshof nach Artikel 24 Absatz 2 seiner Satzung von den Gemeinschaftsorganen, die nicht Parteien in dem Rechtsstreit sind, alle Auskünfte verlangen, die er zur Erledigung des Rechtsstreits für erforderlich erachtet (vgl. Urteil Foto-Frost, Randnr. 18).

[25] Nach alledem ist auf die ersten Frage zu antworten, dass Artikel 234 Absatz 3 EG einem nationalen Gericht, dessen Entscheidungen selbst nicht mehr mit Rechtsmitteln des innerstaatlichen Rechts angefochten werden können, auch dann die Verpflichtung auferlegt, dem Gerichtshof eine Frage nach der Gültigkeit von Bestimmungen einer Verordnung vorzulegen, wenn der Gerichtshof entsprechende Bestimmungen einer anderen, vergleichbaren Verordnung bereits für ungültig erklärt hat.

**99   Rs. 314/85 (Foto-Frost ∕ Hauptzollamt Lübeck-Ost),
Urteil des Gerichtshofes vom 22. 10. 1987 – Slg. 1987, S. 4199.**

*Vorbemerkungen· Im Fall Foto-Frost hatte sich der EuGH erneut mit der Vorlagepflicht unterinstanzlicher Gerichte zu beschäftigen. In Frage stand die Vorlagepflicht für solche Fälle, in denen ein Gericht sekundäres Gemeinschaftsrecht für ungültig erachtet und daher unangewendet lassen will. In diesen Fällen besteht unabhängig von innerstaatlichen Rechtsbehelfen eine Vorlagepflicht des an der Gültigkeit des sekundären Gemeinschaftsrechts zweifelnden Gerichts. Mitgliedstaatliche Gerichte sind nach dieser Rechtsprechung nur befugt, Gültigkeitsfragen hinsichtlich entscheidungserheblicher Gemeinschaftsrechtsakte positiv zu beantworten. Hält ein mitgliedstaatliches Gericht eine entscheidungserhebliche Gemeinschaftsrechtsnorm hingegen für ungültig, so muss es diese Frage zur Wahrung des gemeinschaftsrechtlichen Verwerfungsmonopols dem EuGH vorlegen. Dies gilt allerdings nicht im Falle eines „Nichtaktes", also bei offenkundigem Vorliegen eines derart schweren Fehlers, dass die Gemeinschaftsrechtsordnung ihn nicht einmal vorläufig tolerieren kann (vgl. Rs. C-137/92 P, Slg. 1994, S. I-2555, Rn. 49). Später konkretisierte der Gerichtshof diese Anforderungen auch für den einstweiligen Rechtsschutz. In der Entscheidung verb. Rs. C-143/88 u. C-92/89 (Zuckerfabrik Süderdithmarschen und Zuckerfabrik Soest, Slg. 1991, S. I-415, Fall 11) bestätigte er eine Vorlagepflicht des nationalen Gerichts auch bei einstweiligen Entscheidungen. Von dieser Pflicht kann aber unter bestimmten Voraussetzungen abgesehen werden. Das mitgliedstaatliche Gericht muss auch in dieser Konstellation von der Ungültigkeit eines entscheidungserheblichen Gemeinschaftsrechtsaktes überzeugt sein oder mindestens erhebliche Zweifel an der Gültigkeit haben. Ist die Entscheidung des nationalen Gerichts „dringlich", droht dem „Antragsteller eine schwerer und nicht wiedergutzumachender Schaden" und ist das „Interesse der Gemeinschaft an einer effektiven Umsetzung des Gemeinschaftsrechts angemessen berücksichtigt", so muss das Gericht die Frage nach der Geltung des betreffenden sekundären Gemeinschaftsrechtsaktes nicht vorlegen. Diese Voraussetzungen hat der Gerichtshof in der Entscheidung Atlanta Fruchthandelsgesellschaft u.a. (vgl. Fall 12) bestätigt und weiter konkretisiert. Danach müssen bereits vorliegende Entscheidungen des Gerichtshofes zu dem betrof-*

*fenen Rechtsakt berücksichtigt werden (Rn. 46, 51). Eine Einschränkung der Foto-Frost-Doktrin gilt auch im Rahmen des Art. 68 Abs. 1 EG, der das Vorlagerecht unterinstanzlicher Gerichte ausschließt.*

**Sachverhalt:** Aufgrund einer Kommissionsentscheidung sollten von der Firma Foto-Frost Zollgebühren nacherhoben werden. Gegen den daraufhin erlassenen Zolländerungsbescheid der deutschen Zollbehörde erhob die Firma Foto-Frost beim Finanzgericht Hamburg Klage. Dieses war der Auffassung, die Waren, für deren Einfuhr die Zollgebühren nacherhoben werden sollten, fielen unter das Protokoll über den innerdeutschen Handel, welches eine Befreiung von der Nacherhebung vorsieht; die Entscheidung der Kommission sei daher rechtswidrig und ungültig. Das Gericht befasste den EuGH im Vorabentscheidungsverfahren mit dieser Frage. Der EuGH verneinte die Befugnis der nationalen Gerichte, selbst die Ungültigkeit von Handlungen der Gemeinschaftsorgane festzustellen. Die betroffene Entscheidung hat er für ungültig erklärt.

**Aus den Entscheidungsgründen:**

(S. 4230) [11] Mit der ersten Frage möchte das Finanzgericht wissen, ob es befugt ist, selbst die Ungültigkeit einer Entscheidung der Kommission wie der vom 6. Mai 1983 festzustellen. Es bezweifelt die Gültigkeit dieser Entscheidung, da alle Voraussetzungen des Artikels 5 Absatz 2 der Verordnung Nr. 1697/79 für ein Absehen von der Nacherhebung erfüllt zu sein schienen. Es ist jedoch der Ansicht, daß aufgrund der Zuständigkeitsverteilung zwischen dem Gerichtshof und den nationalen Gerichten, wie sie sich aus Art. 177 EWG-Vertrag ergebe, allein der Gerichtshof die Ungültigkeit von Handlungen der Gemeinschaftsorgane feststellen könne.

[12] Es ist daran zu erinnern, daß Artikel 177 EWG-Vertrag dem Gerichtshof die Befugnis zuweist, im Wege der Vorabentscheidung über die Auslegung des Vertrages und der Handlungen der Gemeinschaftsorgane sowie über die Gültigkeit dieser Handlungen zu entscheiden. Dieser Artikel bestimmt in Absatz 2, daß die nationalen Gerichte derartige Fragen dem Gerichtshof vorlegen können, und in Absatz 3, daß sie hierzu verpflichtet sind, wenn ihre Entscheidungen selbst nicht mehr mit Rechtsmitteln des innerstaatlichen Rechts angefochten werden können.

[13] Artikel 177 hat dadurch, daß er den nationalen Gerichten, deren Entscheidungen selbst noch mit Rechtsmitteln des innerstaatlichen Rechts angefochten werden können, die Möglichkeit gibt, dem Gerichtshof Fragen nach der Auslegung oder der Gültigkeit zur

Vorabentscheidung vorzulegen, nicht die Frage entschieden, ob diese Gerichte befugt sind, selbst die Ungültigkeit von Handlungen der Gemeinschaftsorgane festzustellen.

[14] Diese Gerichte können die Gültigkeit einer Gemeinschaftshandlung prüfen und, wenn sie die Gründe, die von den Parteien vor ihnen für die Ungültigkeit vorgebracht werden, für nicht zutreffend halten, diese Gründe mit der Feststellung zurückweisen, daß die Handlung in vollem Umfang gültig ist. Denn wenn sie so vorgehen, stellen sie die Existenz der Gemeinschaftshandlung nicht in Frage.

(S. 4231) [15] Sie sind dagegen nicht befugt, Handlungen der Gemeinschaftsorgane für ungültig zu erklären. Wie der Gerichtshof in seinem Urteil vom 13. Mai 1981 in der Rechtssache 66/80 (International Chemical Corporation, Slg. 1981, 1191) hervorgehoben hat, soll nämlich durch die Befugnisse, die Artikel 177 dem Gerichtshof einräumt, im wesentlichen gewährleistet werden, daß das Gemeinschaftsrecht von den nationalen Gerichten einheitlich angewandt wird. Dieses Erfordernis der Einheitlichkeit ist besonders zwingend, wenn die Gültigkeit einer Gemeinschaftshandlung in Frage steht. Meinungsverschiedenheiten der Gerichte der Mitgliedstaaten über die Gültigkeit von Gemeinschaftshandlungen wären geeignet, die Einheit der Gemeinschaftsrechtsordnung selbst aufs Spiel zu setzen und das grundlegende Erfordernis der Rechtssicherheit zu beeinträchtigen.

[16] Die notwendige Kohärenz des vom Vertrag geschaffenen Rechtsschutzsystems zwingt zu derselben Schlussfolgerung. Insoweit ist darauf hinzuweisen, daß das Vorabentscheidungsersuchen zur Beurteilung der Gültigkeit, ebenso wie die Nichtigkeitsklage, eine Form der Kontrolle der Rechtmäßigkeit der Handlungen der Gemeinschaftsorgane darstellt. Wie der Gerichtshof in seinem Urteil vom 23. April 1986 in der Rechtssache 294/83 (Parti écologiste „Les Verts"/Europäisches Parlament, Slg. 1986, 1339) ausgeführt hat, ist „mit den Artikeln 173 und 184 EWG-Vertrag auf der einen und Artikel 177 EWG-Vertrag auf der anderen Seite (…) ein umfassendes Rechtsschutzsystem geschaffen worden, innerhalb dessen dem Gerichtshof die Überprüfung der Rechtmäßigkeit der Handlungen der Organe übertragen ist".

[17] Da Artikel 173 dem Gerichtshof die ausschließliche Zuständigkeit für die Nichtigerklärung der Handlung eines Gemeinschaftsorgans zuweist, verlangt es die Kohärenz des Systems, daß die Befugnis zur Feststellung der Ungültigkeit dieser Handlung, wenn sie vor einem nationalen Gericht geltend gemacht wird, ebenfalls dem Gerichtshof vorbehalten bleibt.

[18] Im übrigen ist hervorzuheben, daß der Gerichtshof am besten in der Lage ist, über die Gültigkeit von Gemeinschaftshandlungen zu entscheiden. Denn die Gemeinschaftsorgane, deren Handlungen in Frage gestellt werden, können sich nach Artikel 20 des Protokolls über die Satzung des Gerichtshofes der EWG am Verfahren vor dem Gerichtshof beteiligen, um die Gültigkeit dieser Handlungen zu verteidigen. Außerdem kann der Gerichtshof nach Artikel 21 Absatz 2 des genannten Protokolls von den Gemeinschaftsorganen, die nicht Parteien in dem betreffenden Rechtsstreit sind, alle Auskünfte verlangen, die er für die Erledigung des Rechtsstreits für erforderlich erachtet.

(S. 4232) [19] Es ist hinzuzufügen, daß Abweichungen von der Regel, nach der die nationalen Gerichte nicht befugt sind, selbst die Ungültigkeit von Gemeinschaftshandlungen festzustellen, unter bestimmten Umständen im Falle eines Verfahrens der einstweiligen Anordnung geboten sein können; dieser Fall wird jedoch in der Frage des vorlegenden Gerichts nicht angesprochen.

**Rs. C-344/98 (Masterfoods und HB),**                                **100**
**Urteil des Gerichtshofes vom 14. 12. 2000 – Slg. 2000, S. I-11369.**

*Vorbemerkungen: In der Masterfoods-Entscheidung nimmt der EuGH eine Einschränkung der Vorlageverpflichtung unterinstanzlicher Gerichte vor, wenn sie eine Gemeinschaftsrechtshandlung nicht anwenden wollen. Der Fall betrifft die Konstellation, in der der Adressat einer Entscheidung Nichtigkeitsklage gegen die Entscheidung vor dem EuG erhoben hat und sich ein Dritter noch während der Anhängigkeit dieser Klage in einem Verfahren vor einem nationalen Gericht ebenfalls auf die Ungültigkeit derselben Entscheidung beruft. Teilt das nationale Gericht die Bedenken des Klägers, so müsste es nach der Foto-Frost-Doktrin des EuGH das Verfahren aussetzen und die Frage der Gültigkeit dem EuGH vorlegen. Da dies jedoch zu sich widersprechenden Entscheidungen des EuG und des EuGH über die Gültigkeit ein und desselben Rechtsaktes führen kann, trifft das nationale Gericht in einer solchen Konstellation nur die Pflicht das Verfahren auszusetzen und die rechtskräftige Entscheidung des EuG oder – wenn die Entscheidung des EuG mit einem Rechtsmittel angefochten wird – des EuGH abzuwarten. Die Verpflichtung zur Vorlage an den EuGH entfällt. Das nationale Gericht hat aber ggf. vorläufige Maßnahmen zum Schutz der Rechte des Dritten zu erlassen.*

**Sachverhalt:** Die HB war der Haupthersteller von Speiseeis in Irland. Sie stellte den Speiseeis-Wiederverkäufern ihre Kühltruhen unter der Bedingung zur Verfügung, dass diese ausschließlich für die von ihr hergestellten Produkte benutzt werden (Ausschließlichkeitsklausel). Jedoch begannen zahlreiche Wiederverkäufer damit, Speiseeis-Erzeugnisse u.a. der Firma Masterfoods darin aufzubewahren. Die HB untersagte ihren Wiederverkäufern dieses Vorgehen. Die Masterfoods legte daher bei der Kommission eine Beschwerde gegen HB ein. Im März 1998 entschied die Kommission, dass die Ausschließlichkeitsklausel mit Art. 81 Abs. 1 und Art. 82 EG unvereinbar sei. Gegen diese Entscheidung der Kommission klagte nunmehr die HB vor dem EuG. Parallel zu diesem Verfahren klagte die Masterfoods auch vor dem zuständigen nationalen Gericht gegen die HB mit dem Ziel, die Nichtigkeit der Ausschließlichkeitsklausel feststellen zu lassen. Das Verfahren erstreckte sich in der Rechtsmittelinstanz bis zum britischen High Court, der ebenfalls Zweifel an der Vereinbarkeit der Ausschließlichkeitsklausel mit den Art. 81 EG und Art. 82 EG hatte. Mit seinem Vorlagebeschluss fragte der britische High Court u.a., ob er verpflichtet sei, das bei ihm anhängige Verfahren auszusetzen und eine rechtskräftige Entscheidung der europäischen Gerichte über die Klage der HB gegen die Kommissionsentscheidung abzuwarten.

## Aus den Entscheidungsgründen:

(S. I-11429) [54] Im Übrigen kann oder muss ein nationales Gericht, das Zweifel an der Gültigkeit oder der Auslegung einer Handlung eines Gemeinschaftsorgans hat, dem Gerichtshof (S. I-11430) gemäß Artikel 177 Absätze 2 und 3 EG-Vertrag eine Frage zur Vorabentscheidung vorlegen.

[55] Hat wie in den Ausgangsverfahren der Adressat der Entscheidung der Kommission innerhalb der in Artikel 173 Absatz 5 EG-Vertrag vorgesehenen Frist gemäß dieser Vorschrift eine Nichtigkeitsklage gegen diese Entscheidung erhoben, so muss das nationale Gericht prüfen, ob es das Verfahren aussetzen soll, um eine endgültige Entscheidung über diese Nichtigkeitsklage abzuwarten oder um dem Gerichtshof eine Vorabentscheidungsfrage vorzulegen.

[56] Die Anwendung der Wettbewerbsregeln der Gemeinschaft beruht auf einer Verpflichtung zu loyaler Zusammenarbeit zwischen den nationalen Gerichten und der Kommission bzw. den Gemeinschaftsgerichten, bei der jeder entsprechend der ihm durch den Vertrag zugewiesenen Rolle handelt.

[57] Hängt die Entscheidung des bei dem nationalen Gericht anhängigen Rechtsstreits von der Gültigkeit der Entscheidung der Kommission ab, so folgt aus der Verpflichtung zu loyaler Zusammenarbeit, dass dieses Gericht, um nicht eine der Entscheidung der Kommission

zuwiderlaufende Entscheidung zu erlassen, das Verfahren aussetzen sollte, bis die Gemeinschaftsgerichte eine endgültige Entscheidung über die Nichtigkeitsklage erlassen haben, es sei denn, es hält es unter den gegebenen Umständen für gerechtfertigt, dem Gerichtshof eine Vorabentscheidungsfrage nach der Gültigkeit der Entscheidung der Kommission vorzulegen.

[58] Setzt ein nationales Gericht das Verfahren aus, so hat es zu prüfen, ob vorläufige Maßnahmen zu erlassen sind, um die Interessen der Beteiligten bis zu seiner abschließenden Entscheidung zu schützen.

## II. Aufsichtsklage, Art. 226 EG

### 1. Zulässigkeit

#### a) Eröffnung der Gemeinschaftsgerichtsbarkeit

**Verb. Rs. 133 bis 136/85 (Rau ./. BALM),**   **101**
**Urteil des Gerichtshofes vom 21. 05. 1987 – Slg. 1987, S. 2289.**

**Vorbemerkungen:** *Die Frage nach der Eröffnung der Gemeinschaftsgerichtsbarkeit hat der Gerichtshof in dieser Entscheidung erstmalig ausdrücklich beantwortet. So schließt eine Klage vor einem innerstaatlichen Gericht eine Aufsichtsklage der Kommission nicht aus. Auch kann parallel eine Nichtigkeitsklage erhoben werden.*

**Sachverhalt:** Vier in der Bundesrepublik Deutschland niedergelassene Margarinehersteller haben bei dem Verwaltungsgericht Frankfurt am Main einen Antrag auf Erlass einer einstweiligen Anordnung gegen eine Maßnahme der Bundesanstalt für landwirtschaftliche Marktordnung gestellt, die zur Durchführung einer Entscheidung der Kommission getroffen wurde. Dem Antrag wurde im Ausgangsverfahren nicht stattgegeben. Daraufhin erhob jede der vier Klägerinnen beim Verwaltungsgericht Frankfurt am Main eine Klage zur Hauptsache, die auf Untersagung der angefochtenen Maßnahme gerichtet war. Zusätzlich erhoben sie beim EuGH eine Klage auf Aufhebung der Entscheidung der Kommission. Das Verwaltungsgericht legte dem Gerichtshof in jedem der vier Rechtsstreite acht Fragen zur Vorabentscheidung vor, u a. ob Art. 240 EG dahingehend auszulegen ist, dass die nationale Gerichtsbarkeit immer dann ausgeschlossen ist, wenn der Kläger sein Rechtsschutzinteresse auch mit einer Klage nach Art. 226 ff. EG verfolgen kann.

**Aus den Entscheidungsgründen:**

(C 2338) [12] Auf die erste Frage ist daher zu antworten, daß die Möglichkeit, eine direkte Klage gemäß Artikel 173 Absatz 2 EWG-Vertrag gegen eine Entscheidung eines Gemeinschaftsorgans zu erheben, die Klage vor einem innerstaatlichen Gericht, mit der der Rechtsakt einer innerstaatlichen Behörde zur Durchführung dieser Entscheidung unter Berufung auf deren Rechtswidrigkeit angefochten wird, nicht ausschließt.

## b) Ordnungsgemäße Durchführung des Anhörungs- und Vorverfahrens

**102**   **Rs. C-431/92 (Kommission ./. Deutschland; „Großkrotzenburg"), Urteil des Gerichtshofes vom 11. 08. 1995 – Slg. 1995, S. I-2189.**

*Vorbemerkungen: Art. 226 EG knüpft die Zulässigkeit einer Vertragsverletzungsklage an die Durchführung eines (außergerichtlichen) Vorverfahrens. Das Verhältnis zwischen Vorverfahren und gerichtlichem Hauptverfahren war auch Gegenstand der nachfolgenden Entscheidung. Der EuGH bekräftigt in diesem Zusammenhang seine Rechtsprechung, nach der die Festlegung des Verfahrensgegenstandes im Vorverfahren den statthaften Klagegegenstand des gerichtlichen Verfahrens verbindlich eingrenzt. Nur diejenigen Verhaltensweisen, die bereits Gegenstand des Vorverfahrens waren, können mit der späteren Klage angegriffen werden. Werden weitere Verstöße festgestellt, so muss die Kommission ein neues Vertragsverletzungsverfahren – mit neuem Verfahrensgegenstand – einleiten. Auf diese Weise soll das rechtliche Gehör des Mitgliedstaates, dessen Verhalten angegriffen wird, bereits im Vorverfahren sichergestellt werden. Dieser Grundsatz würde durchbrochen, wenn im gerichtlichen Verfahren Vorwürfe erhoben werden könnten, die nicht schon Gegenstand des Vorverfahrens waren. Darüber hinaus musste der Gerichtshof klären, ob die Kommission im Vertragsverletzungsverfahren befugt ist, die Nichtanwendung einer noch nicht umgesetzten Richtlinie im Einzelfall zu beanstanden (so die Kommission) oder ob sie (nur) die generelle Verletzung der Umsetzungspflicht feststellen darf (so die Bundesrepublik). Unter Hinweis auf die Funktion der Kommission als Hüterin des Vertrags und dem ihr damit eingeräumten Ermessen bezüglich der Klageerhebung stellt der Gerichtshof fest, dass der Kommission auch ein Auswahlermessen darüber zukommt, welches vertragswidrige mitgliedstaatliche Verhalten der gerichtlichen Kontrolle unterworfen werden soll.*

**Sachverhalt:** Im Jahre 1985 erließ die EG die sogenannte UVP-Richtlinie und verpflichtete die Mitgliedstaaten, diese bis zum 03.07.1988 in nationales Recht umzusetzen. Dieser Pflicht ist die Bundesrepublik Deutschland nicht nachgekommen; das UVP-Gesetz ist erst am 01.08.1990 in Kraft getreten. Zwischen dem Ablauf der Umsetzungsfrist und dem Inkrafttreten des deutschen UVP-Gesetzes stellten die Betreiber des Wärmekraftwerkes Großkrotzenburg beim Regierungspräsidium Darmstadt einen Antrag auf Erteilung einer Genehmigung zur Errichtung eines neuen Kraftwerkblocks. Noch vor Inkrafttreten des deutschen UVP-Gesetzes und ohne Durchführung der in Art. 2, 3 und 8 der Richtlinie vorausgesetzten Umweltverträglichkeitsprüfung wurde die beantragte Genehmigung erteilt. Im Vorverfahren des von der Kommission eingeleiteten Vertragsverletzungsverfahrens warf diese der Bundesrepublik Deutschland vor, gegen ihre Verpflichtung aus Art. 10 und 249 EG in Verbindung mit den einschlägigen Bestimmungen der UVP-Richtlinie verstoßen zu haben, indem sie die Errichtung eines neuen Wärmekraftwerkblocks – trotz unmittelbarer Anwendbarkeit der Richtlinienbestimmungen – ohne vorherige Umweltverträglichkeitsprüfung genehmigte. In ihrer Klageschrift machte die Kommission neben dem im Vorverfahren erhobenen Vorwurf außerdem die nicht fristgerechte Umsetzung der Richtlinie geltend. Die Bundesrepublik wandte u.a. ein, dass die Klage der Kommission schon deshalb unzulässig sei, weil im Verfahren nach Art. 226 EG nur die nicht fristgerechte Umsetzung und/oder die nicht ordnungsgemäße Umsetzung einer Richtlinie geahndet werden könne. Dagegen sei die Ahndung der unterlassenen unmittelbaren Anwendung einer noch nicht umgesetzten Richtlinie im Vertragsverletzungsverfahren unstatthaft. Dies wurde vom EuGH verneint. Im übrigen wurde die Klage abgewiesen.

## Aus den Entscheidungsgründen:

(S. I-2218) [16] Die Bundesrepublik Deutschland hat in der mündlichen Verhandlung zweitens vorgetragen, der Verstoß gegen Artikel 2 der Richtlinie sei im Tenor der mit Gründen versehenen Stellungnahme nicht aufgeführt und erstmals in der Klageschrift geltend gemacht worden. Da der Gegenstand der Klage nach ständiger Rechtsprechung durch das vorprozessuale Verfahren eingegrenzt werde, sei die Rüge des Verstoßes gegen diese Bestimmung somit unzulässig.

[17] Diese Einrede ist zurückzuweisen.

(S. I-2219) [18] Zwar wird Artikel 2 der Richtlinie im Tenor der mit Gründen versehenen Stellungnahme nicht ausdrücklich aufgeführt, doch wird er in deren Text unter den von der Kommission angeführten Bestimmungen genannt.

[19] Die Bundesrepublik Deutschland macht drittens geltend, die Klage sei unzulässig, weil im Verfahren nach Artikel 169 des Vertrages nur die Nichtumsetzung oder eine nicht ordnungsgemäße Umsetzung einer Richtlinie geahndet werden könne, nicht aber bloß, wie hier, die Nichtanwendung einer noch nicht umgesetzten Richtlinie in einem konkreten Fall. Ein Vertragsverletzungsverfahren solle den betroffenen Mitgliedstaat anhalten, gegenwärtige Verstöße gegen den Vertrag abzustellen. Da die Bundesrepublik Deutschland die Richtlinie inzwischen umgesetzt habe, habe die Kommission kein Rechtsschutzinteresse mehr, zumal das parallel von ihr eingeleitete Verfahren zur Feststellung der nicht ordnungsgemäßen Umsetzung der Richtlinie noch nicht zu einer Klage beim Gerichtshof geführt habe.

[20] Diese Einrede der Unzulässigkeit ist ebenfalls zurückzuweisen.

[21] Bei der Wahrnehmung der ihr in den Artikel 155 und 169 des Vertrages eingeräumten Zuständigkeiten braucht die Kommission kein spezifisches Rechtsschutzinteresse nachzuweisen. Artikel 169 soll nämlich nicht die eigenen Rechte der Kommission schützen. Dieser fällt kraft ihres Amtes im allgemeinen Interesse der Gemeinschaft die Aufgabe zu, die Ausführung des Vertrages und der auf seiner Grundlage von den Organen erlassenen Vorschriften durch die Mitgliedstaaten zu überwachen und etwaige Verstöße gegen die sich hieraus ergebenden Verpflichtungen feststellen zu lassen, damit sie abgestellt werden (Urteile vom 4. April 1974 – Rs. 167/73, Kommission/Frankreich, Slg. 1974, 359, Rdnr. 15, und vom 10. Mai 1995 in der Rechtssache C-422/92, Kommission/Deutschland, Slg. 1995, I-1097, Randnr. 16).

[22] In Anbetracht ihrer Rolle als Hüterin des Vertrages ist die Kommission daher allein für die Entscheidung zuständig, ob es angebracht ist, ein Vertragsverletzungsverfahren einzuleiten, und wegen welcher dem betroffenen Mitgliedstaat (S. I-2220) zuzurechnenden Handlung oder Unterlassung dieses Verfahrens zu eröffnen ist. Sie kann beim Gerichtshof daher die Feststellung einer Vertragsverletzung mit dem Vorbringen beantragen, dass das mit der Richtlinie bezweckte Ergebnis in einem bestimmten Fall nicht erreicht worden sei.

**Rs. C-191/95 (Kommission ✕ Deutschland),**   **103**
**Urteil des Gerichtshofes vom 29. 09. 1998 – Slg. 1998, S. I-5449.**

**Vorbemerkungen:** *Der Gerichtshof hatte in diesem Verfahren die Möglichkeit zur detaillierten Auseinandersetzung mit dem Erfordernis der begründeten Stellungnahme. Deutschland bezweifelte einerseits die Richtigkeit des Beschlusses zur Klageeinreichung und andererseits die Richtigkeit und Vollständigkeit der begründeten Stellungnahme. Der Gerichtshof sah die Funktion der begründeten Stellungnahme in der Zusammenfassung der Tatsachen, Rechtsgründe, Beweismittel und der Bewertung des konkreten Vertragsverstoßes. Er äußerte sich auch zu der notwendigen Beschlussfassung des Klageeinleitungsbeschlusses. Danach fasst die Kommission diesen Beschluss als Kollegialorgan, die Kommissionsmitglieder müssen über alle Tatsachen informiert sein und alle Materialien zur Verfügung haben, um sich ein eigenes Bild machen zu können. Nicht notwendig ist es hingegen, dass alle Kommissionsmitglieder den Wortlaut der Rechtsakte in ihrer endgültigen Fassung beschließen.*

**Sachverhalt:** Mit ihrer Klage vom 16.07.1995 begehrte die Kommission vom Gerichtshof die Feststellung, dass die Bundesrepublik Deutschland dadurch gegen ihre Verpflichtungen aus dem EG-Vertrag sowie aus zwei Gesellschaftsrichtlinien (RL 68/151/EWG und RL 78/660/EWG) verstoßen hat, dass sie keine geeigneten Sanktionen für den Fall vorgesehen hat, dass Kapitalgesellschaften die ihnen insbesondere auf der Grundlage der erwähnten Richtlinien obliegende Offenlegung des Jahresabschlusses unterlassen. Die Kommission richtete am 02.06.1992 gemäß Art. 226 Abs. 1 EG eine mit Gründen versehene Stellungnahme an die Bundesrepublik Deutschland. Nachdem die darin vorgesehene Frist, der Stellungnahme nachzukommen, am 30.09.1992 endgültig abgelaufen war, erhob die Kommission beim Gerichtshof Klage. Die deutsche Regierung hat drei Einreden der Unzulässigkeit erhoben, mit denen sie erstens einen Verstoß gegen das Kollegialprinzip bei der Abgabe der mit Gründen versehenen Stellungnahme und bei der Klageerhebung, zweitens eine Änderung des Streitgegenstands und drittens eine fehlerhafte Begründung im Zusammenhang mit der angeblichen Vertragsverletzung gerügt hat. Der Gerichtshof hat die Einreden zurückgewiesen und einen Verstoß gegen die Verpflichtungen aus den genannten Richtlinien festgestellt.

**Aus den Entscheidungsgründen:**

(S, I-5494) [27] Die deutsche Regierung macht geltend, die mit Gründen versehene Stellungnahme und die Erhebung der Klage beim Gerichtshof seien im Rahmen des (S. I-5495) Ermächtigungsverfahrens beschlossen worden. Zwar sei es mit dem Kollegialprinzip vereinbar, wenn für den Erlaß von Maßnahmen der Geschäftsführung und der Verwaltung auf das Ermächtigungsverfahren zurückgegriffen werde; dieses Verfahren sei jedoch bei Grundsatzentscheidungen wie denjenigen über die Abgabe einer mit Gründen versehenen Stellungnahme und die Erhebung einer Klage beim Gerichtshof ausgeschlossen. Nach Artikel 169 des Vertrages erforderten die Abgabe einer mit Gründen versehenen Stellungnahme und die Anrufung des Gerichtshofes nämlich einen Beschluss der Kommission als Kollegialorgan.

(…)

(S. I-5496) [34] Es steht außer Streit, daß die Beschlüsse, die mit Gründen versehene Stellungnahme abzugeben und die Klage zu erheben, diesem Kollegialprinzip unterliegen.

(…)

(S. I-5499) [48] Aus alledem ergibt sich, daß das Kollegium sowohl über den Beschluss der Kommission, eine mit Gründen versehene Stellungnahme abzugeben, als auch über den Beschluss, eine Vertragsverletzungsklage zu erheben, gemeinschaftlich beraten muß. Die Elemente, auf die diese Beschlüsse gestützt sind, müssen den Mitgliedern des Kollegiums daher zur Verfügung stehen. Dagegen braucht das Kollegium nicht selbst den Wortlaut der Rechtsakte, durch die diese Beschlüsse umgesetzt werden, und ihre endgültige Ausgestaltung zu beschließen.

(…)

(S. I-5500) [54] Vorab ist darauf hinzuweisen, daß die in Artikel 169 des Vertrages genannte mit Gründen versehene Stellungnahme zwar eine zusammenhängende und detaillierte Darlegung der Gründe enthalten muß, aus denen die Kommission zu der Überzeugung gelangt ist, daß der betreffende Staat gegen eine seiner Verpflichtungen aus dem Vertrag verstoßen hat; doch können an die Genauigkeit des Mahnschreibens, (S. I-5501) das zwangsläufig nur in einer ersten knappen Zusammenfassung der Vorwürfe bestehen kann, keine so strengen Anforderungen gestellt werden. Nichts hindert daher die Kommission daran, in der mit Gründen versehenen Stellungnahme die Vorwürfe näher darzulegen, die sie im Mahnschreiben bereits in allgemeiner Form erhoben hat (vgl. Urteil vom 16. September 1997 in der Rechtssache C-279/94, Kommission/Italien, Slg. 1997, I-4743, Randnr. 15).

[55] Es trifft zu, daß das von der Kommission an den Mitgliedstaat gerichtete Mahnschreiben sowie die von ihr abgegebene mit Gründen versehene Stellungnahme den Streitgegenstand abgrenzen, so daß dieser nicht mehr erweitert werden kann. Denn die Möglichkeit zur Äußerung stellt für den betreffenden Staat auch dann, wenn er meint, davon nicht Gebrauch machen zu müssen, eine vom Vertrag gewollte wesentliche Garantie dar, deren Beachtung ein substantielles Formerfordernis des Verfahrens auf Feststellung der Vertragsverletzung eines Mitgliedstaats ist (Urteil vom 8. Februar 1983 in der Rechtssache 124/81, Kommission/Vereinigtes Königreich, Slg. 1983, 203, Randnr. 6). Die mit Gründen versehene Stellungnahme und die Klage der Kommission müssen daher auf dieselben Rügen gestützt werden wie das Mahnschreiben, mit dem das Vorverfahren eingeleitet wird.

[56] Dieses Erfordernis kann jedoch nicht so weit gehen, daß in jedem Fall eine völlige Übereinstimmung zwischen den im Mahnschreiben erhobenen Rügen, dem Tenor der mit Gründen versehenen Stellungnahme und den Anträgen in der Klageschrift bestehen muß, sofern der Streitgegenstand nicht erweitert oder geändert, sondern nur beschränkt worden ist (vgl. in diesem Sinn das zitierte Urteil vom 16. September 1997, Kommission/Italien, Randnr. 25).

### c) Klagegegenstand

**Rs. 249/81 (Kommission ⁄ Irland; „Buy Irish"),** **104**
**Urteil des Gerichtshofes vom 24. 11. 1982 – Slg. 1982, S. 4005.**

**Vorbemerkungen:** *Die Vertragsverletzungsverfahren nach Art. 226 f. EG erfassen nur den Mitgliedstaaten zurechenbare Vertragsverstöße. Die Zurechenbarkeit von Vertragsverletzungen durch mitgliedstaatliche Organe, Institutionen und Körperschaften wird wegen der Verpflichtung zur Gemeinschaftstreue (Art. 10 EG) recht weit konstruiert. Zurechnungsprobleme können allerdings entstehen, wenn sich ein Mitgliedstaat zur Verwirklichung seiner Ziele privater Rechtspersonen bedient. In der Entscheidung zur Rechtssache 249/81 (Kommission ⁄ Irland) greift der EuGH für die Beurteilung der Zurechenbarkeit des Verhaltens privater Rechtspersonen auf das Kriterium der mitgliedstaatlichen Beherrschbarkeit zurück. Dabei kann an mitgliedstaat-*

*liche Lenkungs- und Leitungsbefugnisse angeknüpft werden, wenn sich mitgliedstaatliche Körperschaften oder Anstalten des öffentlichen Rechts in einem privatrechtlichen Verband organisieren und die Beherrschbarkeit über die organschaftliche Verbandsvertretung zumindest mittelbar in mitgliedstaatlicher Hand liegt. Darüber hinaus sieht der EuGH das Zurechnungskriterium mitgliedstaatlicher Beherrschbarkeit erfüllt, wenn der Mitgliedstaat eine private Rechtsperson mit der Durchführung bestimmter (gemeinschaftsrechtswidriger) Maßnahmen beauftragt und finanziert oder durch ein von ihm personell bestimmtes Gremium maßgeblich beeinflusst.*

**Sachverhalt:** 1978 stellte der irische Minister für Industrie, Handel und Energie ein Programm zur Förderung des Absatzes irischer Erzeugnisse vor. Zur Umsetzung des Programms wurde u.a. der Irish Goods Council mit der Durchführung einer groß angelegten Werbekampagne zugunsten irischer Erzeugnisse beauftragt. Der Irish Goods Council ist eine Rechtsperson des privaten Rechts, die zumindest teilweise durch die irische Regierung finanziert wird. Der Präsident und die Vorstandsmitglieder werden vom Minister für Industrie, Handel und Energie ernannt. Im Rahmen der „Buy Irish" genannten Kampagne forderte der Irish Goods Council die irischen Verbraucher in Werbespots und Broschüren auf, nur inländische Waren zu kaufen („Sorg für etwas mehr irische Waren in deinem Einkaufskorb und du sorgst für Arbeitsplätze in Irland"). Die Kommission hielt das „Buy Irish"-Programm für unvereinbar mit Art. 28 EG und forderte die irische Regierung nach Art. 226 EG zu einer Stellungnahme auf, woraufhin Teile des Programms eingestellt wurden. Hinsichtlich der Werbekampagne kam jedoch keine Einigung zustande. Die Kommission erhob daher eine Vertragsverletzungsklage nach Art. 226 Abs. 2 EG. Der Gerichtshof hat die Vertragsverletzung bejaht.

## Aus den Entscheidungsgründen:

(S. 4018) [6] Was die Werbekampagne angeht, trägt die irische Regierung vor, sie sei Teil der Aktivitäten des Irish Goods Council. Diese Einrichtung könne jedoch nicht als irische Behörde angesehen werden; sie sei nur ein Zusammenschluß, durch den die verschiedenen irischen Industriezweige in ihrem gemeinsamen Interesse zusammenarbeiten könnten. Die Tätigkeiten des Irish Goods Council gründeten sich auf keine amtliche Regelung, und die Beteiligung der Regierung bestehe ausschließlich in finanzieller Hilfe und moralischer Unterstützung.

[7] Nach dem Vortrag der Kommission sind die Handlungen des Irish Goods Council unzweifelhaft der irischen Regierung zuzurech-

nen. Sie führt unter anderem aus, die Vorstandsmitglieder des Council
würden gemäß der Satzung dieser Einrichtung vom Minister für Industrie, Handel und Energie ernannt.

(...)

(S. 4019) [9] Bevor auf diese Argumente eingegangen werden kann,
ist die Stellung des Irish Goods Council zu untersuchen.

[10] Der Irish Goods Council wurde am 25. August 1978, einige
Monate nach Beginn der streitigen Kampagne, als Gesellschaft mit
beschränkter Nachschußpflicht und ohne Kapitaleinlage gegründet;
er wurde entsprechend dem irischen Gesetz über die Kapitalgesellschaften (Companies Act 1963) registriert. Der Irish Goods Council
ist in Wirklichkeit aus dem Zusammenschluß zweier Gremien entstanden, dem National Development Council, einer Gesellschaft mit
beschränkter Nachschußpflicht, die gemäß dem Companies Act registriert war, und der Arbeitsgruppe zur Förderung und zum Absatz
irischer Erzeugnisse.

[11] Die irische Regierung trägt vor, der Irish Goods Council sei
unter der Patenschaft der Regierung gegründet worden, um die irische
Industrie zur Überwindung ihrer eigenen Schwierigkeiten anzuspor-
nen. Der Council sei eingerichtet worden, um einen Rahmen zu schaffen, in dem die verschiedenen Industriezweige sich zur Zusammenarbeit im gemeinsamen Interesse zusammenfinden könnten.

[12] Der Vorstand des Irish Goods Council besteht entsprechend
der Satzung dieser Einrichtung aus zehn Mitgliedern, die einzeln vom
Minister für Industrie, Handel und Energie berufen werden; der Minister ernennt eines der Mitglieder des Vorstandes zum Präsidenten.
Die Mitglieder sowie der Präsident werden für drei Jahre berufen und
ihre Berufung kann verlängert werden. In der Praxis werden die Vorstandsmitglieder vom Minister so ausgewählt, daß sie die einschlägigen Bereiche der irischen Wirtschaft vertreten.

(S. 4020) [13] Aus der Auskunft, die die irische Regierung auf Ersuchen des Gerichtshofes erteilt hat, ergibt sich, daß die Aktivitäten
des Irish Goods Council durch Geldmittel finanziert werden, die von
der irischen Regierung und der Privatindustrie aufgebracht werden.
Die finanziellen Unterstützungen von staatlicher und von privater
Seite beliefen sich für die Zeit von August 1978 bis Dezember 1979 auf
1 005 000 IRL bzw. 175 000 IRL, für 1980 auf 940 000 IRL bzw. 194
000 IRL und für 1981 auf 922 000 IRL bzw. 238 000 IRL.

[14] Die irische Regierung hat nicht bestritten, daß die Aktivitäten
des Irish Goods Council nach Aufgabe des Shoplink-Service und der
den irischen Herstellern in Dublin angebotenen Ausstellungsmöglich-

keiten hauptsächlich in der Durchführung einer Werbekampagne zugunsten des Absatzes und des Kaufs irischer Erzeugnisse und in der
Förderung der Verwendung des Etiketts „Guaranteed Irish" bestehen.
[15] Sonach beruft die irische Regierung die Vorstandsmitglieder
des Irish Goods Council, unterstützt ihn durch öffentliche Gelder, die
den größeren Teil seiner Ausgaben decken, und bestimmt schließlich
in großen Zügen die Ziele der von dieser Einrichtung geführten Kampagne zur Förderung des Absatzes und des Kaufs irischer Erzeugnisse. Unter diesen Umständen kann sich die irische Regierung nicht
darauf berufen, daß die Kampagne von einer privatrechtlichen Gesellschaft durchgeführt worden sei, um sich so jeglicher Verantwortung
zu entledigen, die ihr nach den Vorschriften des Vertrages auferlegt
sein könnte.

### d) Verfahrenseinleitung

**105**    **Rs. C-196/97 (Intertronic ⊁ Kommission),**
**Urteil des Gerichtshofes vom 15. 01. 1998 – Slg. 1998, S. I-199.**

**Vorbemerkungen:** *Die Individualbeschwerde bringt der Kommission
nur das vertragswidrige Verhalten eines Mitgliedstaates zur Kenntnis.
Der Kommission kommt bei der Entscheidung über die Eröffnung des
Verfahrens sowohl ein Ermessen hinsichtlich des „ob" der Klageerhebung (Rs. 329/88 – Kommission ⊁ Griechenland – Slg. 1989, S. 4159) als
auch ein Ermessen hinsichtlich des „wann" der Klageerhebung zu (Rs.
C-317/92 – Kommission ⊁ Bundesrepublik – Slg. 1994, S. I-2039). Auch
verwirkt sie ein ihr zustehendes Klagerecht nicht dadurch, dass sie die
Klageerhebung sehr lange hinauszögert (Rs. C-317/92 – Kommission ⊁
Bundesrepublik – Slg. 1994, S. I-2039). Die Kommission ist also nicht
verpflichtet, eine Aufsichtsklage trotz einer Individualbeschwerde einzuleiten. In der vorliegenden Entscheidung stellt der Gerichtshof fest,
dass der Beschwerdeführer sich gegen einen Nichteröffnungsbescheid
auch nicht gerichtlich wehren kann, da der Nichteröffnungsbeschluss
keine Rechtshandlung der Gemeinschaft darstellt, die ihn unmittelbar
und individuell betrifft oder direkt an ihn zu richten ist.*

**Sachverhalt:** Die Intertronic F. Cornelis GmbH ist von Verbänden zur
Förderung gewerblicher Interessen bei mehreren nationalen Gerichten auf
Unterlassung der Werbung mittels Telefax verklagt worden. Nach einem

Urteil des Bundesgerichtshofes vom 25.10.1995 verstieß diese Werbeform gegen die Vorschriften des Gesetzes gegen den unlauteren Wettbewerb. Die Intertronic GmbH war der Ansicht, dass das Urteil des BGH mit den Grundsätzen des EG-Vertrages unvereinbar sei und beschwerte sich darüber bei der Kommission mit den Schreiben vom 28.03. und 02.05.1996. Am 19.02.1997 erhob die Firma Intertronic eine Untätigkeitsklage gegen die Kommission beim EuG, die als unzulässig abgewiesen wurde. Daraufhin hat die Klägerin am 21.05.1997 Rechtsmittel gegen diesen Beschluss des EuG eingelegt. Das Rechtsmittel wurde vom EuGH als unbegründet zurückgewiesen.

**Aus den Entscheidungsgründen:**

(S. I-204) [12] Aus Artikel 169 EG-Vertrag ergibt sich, wie das Gericht in Randnummer 32 des angefochtenen Beschlusses zu Recht festgestellt hat, dass die Kommission nicht verpflichtet ist, ein Verfahren nach dieser Vorschrift einzuleiten, sondern vielmehr insoweit über ein Ermessen verfügt, das ein Recht einzelner, von ihr eine Stellungnahme in einem bestimmten Sinn zu verlangen, ausschließt (vgl. u.a. Urteil Star Fruit/Kommission, aaO., Randnr. 11).

*e) Rechtsschutzbedürfnis*

**Rs. C-353/89 (Kommission ./. Niederlande),**                    **106**
**Urteil des Gerichtshofes vom 25. 07. 1991 – Slg. 1991, S. I-4069.**

**Vorbemerkungen:** *Wie jede Klage ist auch die Erhebung der Vertragsverletzungsklage an das Vorliegen eines entsprechenden Rechtsschutzbedürfnisses geknüpft. Da das Vertragsverletzungsverfahren der objektiv-rechtlichen Kontrolle der (mitgliedstaatlichen) Einhaltung des Gemeinschaftsrechts dient, braucht die Kommission in ihrer Funktion als „Hüterin des Vertrages" (Art. 211 EG) dieses Rechtsschutzbedürfnis allerdings nicht besonders nachzuweisen. Es genügt, dass sie gegen einen Mitgliedstaat Klage erhebt, der bis zum Ablauf der in der begründeten Stellungnahme gesetzten Abhilfefrist das beanstandete Verhalten nicht vollständig abgestellt hat. Zweifel können aber auftreten, wenn der beklagte Mitgliedstaat den Vertragsverstoß nach Fristablauf vollständig beseitigt. Der Gerichtshof verlangt in diesen Fällen ein spezifisches Rechtsschutzbedürfnis für die Klageerhebung. Dieses ist jedenfalls gegeben, wenn für das vertragswidrige Verhalten eine Wie-*

*derholungsgefahr besteht oder wenn eine Rechtsfrage von grundsätzlicher Bedeutung zu klären ist. In der nachfolgenden Entscheidung erkannte der EuGH ein spezifisches Rechtsschutzbedürfnis aber auch dann an, wenn die Verurteilung des Mitgliedstaates die Grundlage für seine Haftung gegenüber einem anderen Mitgliedstaat, der Gemeinschaft oder Einzelnen begründen kann. In einer nachfolgenden Entscheidung (Rs. C-422/92 – Kommission ./. Bundesrepublik Deutschland – Slg. 1995, S. I-1097) stellte er noch einmal ausdrücklich fest, dass es sich bei dem Vertragsverletzungsverfahren um ein objektives Verfahren handelt, daher sei auch das Rechtsschutzbedürfnis nach objektiven Gesichtspunkten zu bestimmen. Unzweifelhaft liegt jedenfalls ein Rechtsschutzbedürfnis vor, wenn der betreffende Mitgliedstaat den gerügten Verstoß bis zur Klageerhebung nicht abgestellt hat.*

**Sachverhalt:** Die Kommission erhob gemäß Art. 226 EG Klage auf Feststellung, dass das Königreich der Niederlande gegen seine Verpflichtungen aus Art. 49 EG verstieß, indem es die landesweit tätigen Sendeanstalten dazu verpflichtete, ihre Aufträge ganz oder zum Teil an niederländische Unternehmen zu vergeben. Die niederländische Regierung machte vorab als prozesshindernde Einrede geltend, sie habe die streitige Regelung aufgehoben, so dass über die Klage der Kommission nicht mehr zu entscheiden sei. Der EuGH hat den Verstoß gegen den EGV bejaht.

**Aus den Entscheidungsgründen:**

(S. I-4096) [28] Die kürzlich erfolgten Änderungen der beanstandeten Vorzugsregelung können an der vorstehenden Beurteilung nichts ändern. Zum einen besteht die durch die Mediawet auferlegte Verpflichtung für die Herstellung von Hörfunkprogrammen weiter. Zum anderen ist es ständige Rechtsprechung (siehe zuletzt Urteile vom 30. Mai 1991 in den Rechtssachen C-361/88 und C-59/89, Kommission/Deutschland, Slg. 1991, I-2567, Randnr. 31, und Slg. 1991, I-2607, Randnr. 35), dass der Streitgegenstand bei einer Klage nach Artikel 169 EWG-Vertrag durch die mit Gründen versehene Stellungnahme der Kommission bestimmt wird und dass für die Klage auch dann, wenn der darin gerügte Mangel nach Ablauf der gemäß Artikel 169 Absatz 2 gesetzten Frist behoben wird, noch ein Rechtsschutzinteresse insoweit gegeben ist, als die Grundlage für eine Haftung geschaffen wird, die einen Mitgliedstaat wegen seiner Pflichtverletzung möglicherweise gegenüber anderen Mitgliedstaaten, der Gemeinschaft oder einzelnen trifft.

## 2. Begründetheit

**Rs. 133/80 (Kommission ./. Italien),**    **107**
**Urteil des Gerichtshofes vom 17. 02. 1981 – Slg. 1981, S. 457.**

**Vorbemerkungen:** *Erweist sich im Rahmen eines Vertragsverletzungsverfahrens das angegriffene Verhalten eines Mitgliedstaates objektiv als gemeinschaftsrechtswidrig, so ist die Klage begründet. Der Mitgliedstaat kann sich demgegenüber nicht mit dem Einwand mangelnden Verschuldens exkulpieren. Vielmehr hat der EuGH den Mitgliedstaaten alle aus den nationalen Rechtsordnungen abgeleiteten Entschuldigungsgründe, vor allem den Einwand, die Durchführung einer Gemeinschaftsnorm stoße auf verfassungsrechtliche, institutionelle oder politische Hindernisse, in ständiger Rechtsprechung abgeschnitten. Dem beklagten Mitgliedstaat bleibt daher für die Verteidigung im Rahmen eines Vertragsverletzungsverfahrens nur das Bestreiten des ihm zur Last gelegten Sachverhaltes oder der Einwand, sein Verhalten sei wegen des Eingreifens gemeinschaftlicher Rechtsgründe gerechtfertigt.*

**Sachverhalt:** Nachdem die italienische Regierung eine Richtlinie nicht fristgerecht umgesetzt hatte und auch die Erinnerung seitens der Kommission nicht zum Erlass der notwendigen Maßnahmen führte, forderte die Kommission die Regierung der Italienischen Republik nach dem in Art. 226 EG vorgesehenen Verfahren auf, sich binnen zwanzig Tagen zu äußern, was die Regierung mit Fernschreiben vom 09.04.1979 tat. Darin war ausgeführt, dass der Entwurf des Gesetzes, durch das die Richtlinie in die italienische Rechtsordnung habe umgesetzt werden sollen, zunächst am 27.09.1978 von der Abgeordnetenkammer und sodann am 13.12.1978 vom Senat angenommen worden sei; gewisse Änderungen hätten jedoch die Zurückweisung an die Abgeordnetenkammer notwendig gemacht. Wegen der Auflösung der gesetzgebenden Versammlungen konnte die parlamentarische Prüfung nicht abgeschlossen werden. Da die Lage das ganze Jahr 1979 hindurch unverändert blieb, gab die Kommission am 06.12.1979 eine mit Gründen versehene Stellungnahme ab, in der sie feststellte, dass die Italienische Republik gegen die ihr nach dem Vertrag obliegenden Verpflichtungen verstoßen habe, und diese aufforderte, der Stellungnahme binnen zwei Monaten nachzukommen.
Da diese Aufforderung keine Wirkung zeigte, hat die Kommission Klage auf Feststellung des Vertragsverstoßes erhoben. In ihrer Klagebeantwortung schildert die italienische Regierung zunächst die Tatsachen und Umstände, die den Erlass des zur Umsetzung der fraglichen Richtlinie in nationales Recht erforderlichen Gesetzes verhindert hätten. Sie be-

merkt sodann, das Hindernis, das der Erreichung des angestrebten Ziels entgegengestanden habe, sei Folge eines außergewöhnlichen Ereignisses verfassungsrechtlicher Natur gewesen, das aufgrund fundamentaler Erfordernisse des demokratischen Systems eine zeitweilige Lähmung der Gesetzgebungsfunktion des Parlaments hervorgerufen habe. Sie erinnert daran, dass dem Finanz- und Haushaltsausschuss des Senats ein Gesetzentwurf vorgelegt worden sei, und betont, dass sie willens sei, der Gemeinschaftsrichtlinie in den fraglichen Bereichen nachzukommen. Der Verstoß gegen den Vertrag wurde vom EuGH bejaht.

## Aus den Entscheidungsgründen:

(S. 462) [7] Die genannten Umstände können den vorgeworfenen Vertragsverstoß nicht beseitigen. Nach ständiger Rechtsprechung kann sich ein Mitgliedstaat nicht auf Bestimmungen, Übungen oder Umstände seiner internen Rechtsordnung berufen, um damit die Nichtbeachtung von Verpflichtungen zu rechtfertigen, die in den Richtlinien der Gemeinschaft festgelegt sind.

[8] Somit ist festzustellen, daß die Italienische Republik gegen eine ihr nach dem Vertrag obliegende Verpflichtung verstoßen hat, indem sie nicht innerhalb der vorgeschriebenen Frist die erforderlichen Vorschriften erlassen hat, um der Richtlinie 77/62 des Rates vom 21. Dezember 1976 nachzukommen.

## 3. Zwangsgeld

**108**   **Rs. C-304/02 (Kommission ./. Frankreich),**
**Urteil des Gerichtshofes vom 12. 07. 2005 – Slg. 2005, S. I-6263.**

**Vorbemerkungen:** *Mit dieser Entscheidung klärt der EuGH das Verhältnis von Zwangsgeld und Pauschalbetrag als Sanktionen nach Art. 228 Abs. 2 EG. Er hält eine kumulative Verhängung für möglich und sieht sich als befugt an, über den Antrag der Kommission hinauszugehen und neben einem beantragten Zwangsgeld zusätzlich noch einen Pauschalbetrag zu verhängen. Für die Mitgliedstaaten kann die Nichtbefolgung eines EuGH-Urteils daher beträchtliche und schwer kalkulierbare finanzielle Folgen haben.*

**Sachverhalt:** Frankreich war in einem Vertragsverletzungsverfahren vom EuGH verurteilt worden (Rs. C-64/88, Slg. 1991, I-2727), hatte aber nicht die zur Durchführung des Urteils notwendigen Maßnahmen ergriffen. Die Kommission verklagte Frankreich daraufhin erneut nach Art. 228 Abs. 2 EG auf Zahlung eines Zwangsgelds. Der EuGH sah sich als berechtigt an, zusätzlich noch einen Pauschalbetrag zu verhängen.

## Aus den Entscheidungsgründen:

(S. I-6345) [80] Das Verfahren nach Artikel 228 Absatz 2 EG soll einen säumigen Mitgliedstaat veranlassen, ein Vertragsverletzungsurteil durchzuführen, und damit die wirksame Anwendung des Gemeinschaftsrechts gewährleisten. Die in dieser Bestimmung vorgesehenen Maßnahmen – der Pauschalbetrag und das Zwangsgeld – dienen beide diesem Zweck.

[81] Ob die eine oder die andere dieser beiden Maßnahmen angewandt wird, hängt von ihrer Eignung zur Erfüllung des verfolgten Zweckes nach Maßgabe der Umstände des konkreten Falles ab. Während die Verhängung eines Zwangsgelds besonders geeignet erscheint, um einen Mitgliedstaat zu veranlassen, eine Vertragsverletzung, die ohne eine solche Maßnahme die Tendenz hätte, sich fortzusetzen, so schnell wie möglich abzustellen, beruht die Verhängung eines Pauschalbetrags mehr auf der Beurteilung der Folgen einer Nichterfüllung der Verpflichtungen des betreffenden Mitgliedstaats für die privaten und öffentlichen Interessen, insbesondere wenn die Vertragsverletzung seit dem Urteil, mit dem sie ursprünglich festgestellt wurde, lange Zeit fortbestanden hat.

[82] Unter diesen Umständen ist es nicht ausgeschlossen, auf die beiden in Artikel 228 Absatz 2 EG vorgesehenen Sanktionsarten zurückzugreifen, insbesondere wenn die Vertragsverletzung sowohl von langer Dauer war als auch die Tendenz hat, sich fortzusetzen.

[83] Dieser Auslegung kann nicht entgegengehalten werden, dass in Artikel 228 Absatz 2 EG die Konjunktion „oder" zwischen den möglichen finanziellen Sanktionen verwendet wird. Wie die Kommission, die dänische, die niederländische und die finnische Regierung sowie die Regierung des Vereinigten Königreichs vorgetragen haben, kann diese Konjunktion in sprachlicher Hinsicht sowohl alternative als auch kumulative Bedeutung haben und muss deshalb in dem Zusammenhang gesehen werden, in dem sie verwendet wird. Im Hinblick auf den mit Artikel 228 EG verfolgten Zweck ist die Verwendung der Konjunktion „oder" in Absatz 2 dieser Bestimmung daher in einem kumulativen Sinne zu verstehen.

(S. I-6346) [84] Der insbesondere von der deutschen, der griechischen, der ungarischen, der österreichischen und der polnischen Regierung erhobene Einwand, dass bei der kumulativen Verhängung eines Zwangsgelds und eines Pauschalbetrags derselbe Vertragsverletzungszeitraum zweimal berücksichtigt würde und damit ein Verstoß gegen den Grundsatz ne bis in idem vorläge, ist ebenfalls zurückzuweisen. Da jede Sanktion ihre eigene Funktion hat, ist sie so zu bestimmen, dass diese Funktion erfüllt wird. Folglich wird im Fall einer gleichzeitigen Verurteilung zur Zahlung eines Zwangsgelds und eines Pauschalbetrags die Dauer der Vertragsverletzung als ein Kriterium unter anderen für die Bestimmung des angemessenen Maßes von Zwang und Abschreckung herangezogen.

[85] Dem insbesondere von der belgischen Regierung vorgebrachten Argument, dass mangels Leitlinien der Kommission für die Berechnung eines Pauschalbetrags die Festsetzung eines solchen Betrages gegen die Grundsätze der Rechtssicherheit und der Transparenz verstoßen würde, kann ebenfalls nicht gefolgt werden. Solche Leitlinien tragen zwar dazu bei, die Transparenz, Vorhersehbarkeit und Rechtssicherheit des Vorgehens der Kommission zu gewährleisten (vgl. in Bezug auf Leitlinien für die Berechnung des Zwangsgelds Urteil vom 4. Juli 2000, Kommission/Griechenland, Randnr. 87), doch hängt die Ausübung der dem Gerichtshof durch Artikel 228 Absatz 2 EG übertragenen Befugnis nicht von der Voraussetzung ab, dass die Kommission solche Regeln erlässt, die den Gerichtshof jedenfalls nicht binden können (Urteile vom 4. Juli 2000, Kommission/Griechenland, Randnr. 89, und vom 25. November 2003, Kommission/Spanien, Randnr. 41).

[86] Zu dem von der französischen Regierung erhobenen Einwand, dass durch die kumulative Verhängung eines Zwangsgelds und eines Pauschalbetrags in der vorliegenden Rechtssache der Grundsatz der Gleichbehandlung verletzt würde, da dies in den Urteilen vom 4. Juli 2000, Kommission/Griechenland, und vom 25. November 2003, Kommission/Spanien, nicht in Betracht gezogen worden sei, ist festzustellen, dass der Gerichtshof in jeder Rechtssache anhand der Umstände des Einzelfalls die zu verhängenden finanziellen Sanktionen zu bestimmen hat. Unter diesen Umständen kann die Tatsache, dass in zuvor entschiedenen Rechtssachen keine Kumulierung von Maßnahmen vorgenommen wurde, als solche kein Hindernis für eine derartige Kumulierung in einer späteren Rechtssache sein, wenn sie im Hinblick auf Art, Schwere und Fortdauer der festgestellten Vertragsverletzung angemessen erscheint.

(S. I-6347) Zum Ermessen des Gerichtshofes hinsichtlich der finanziellen Sanktionen, die verhängt werden können

(...)

(S. I-6348) [90] Was das Argument der deutschen Regierung angeht, dass dem Gerichtshof die politische Legitimität für den Erlass einer von der Kommission nicht vorgeschlagenen finanziellen Sanktion fehle, so ist zwischen den verschiedenen Abschnitten des Verfahrens nach Artikel 228 Absatz 2 EG zu unterscheiden. Sobald die Kommission von ihrem Ermessen hinsichtlich der Einleitung eines Vertragsverletzungsverfahrens Gebrauch gemacht hat (vgl. u.a. in Bezug auf Artikel 226 EG Urteile vom 25. September 2003 in der Rechtssache C-74/02, Kommission/Deutschland, Slg. 2003, I-9877, Randnr. 17, und vom 21. Oktober 2004 in der Rechtssache C-477/03, Kommission/Deutschland, nicht in der amtlichen Sammlung veröffentlicht, Randnr. 11), ist die Frage, ob der betreffende Mitgliedstaat ein früheres Urteil des Gerichtshofes durchgeführt hat, Gegenstand eines gerichtlichen Verfahrens, in dem politische Erwägungen unerheblich sind. Der Gerichtshof prüft in Ausübung seiner Rechtsprechungsfunktion, inwieweit die Lage in dem betreffenden Mitgliedstaat dem ursprünglichen Urteil entspricht, und beurteilt gegebenenfalls die Schwere einer fortbestehenden Vertragsverletzung. Folglich können, wie der Generalanwalt in Nummer 24 seiner Schlussanträge vom 18. November 2004 ausgeführt hat, die Zweckmäßigkeit der Verhängung einer finanziellen Sanktion und die Wahl der Sanktion, die am besten den Umständen des Einzelfalls angepasst ist, nur im Licht der Feststellungen des Gerichtshofes in dem nach Artikel 228 Absatz 2 EG zu erlassenden Urteil beurteilt werden und sind somit der politischen Sphäre entzogen.

[91] Das Argument, dass der Gerichtshof, wenn er von den Vorschlägen der Kommission abweiche oder über sie hinausgehe, gegen einen allgemeinen zivilprozessualen Grundsatz verstoße, wonach das Gericht nicht über die Anträge der Parteien hinausgehen dürfe, ist ebenfalls nicht begründet. Das in Artikel 228 Absatz 2 EG vorgesehene Verfahren ist ein besonderes gerichtliches Verfahren des Gemeinschaftsrechts, das nicht einem Zivilverfahren gleichgestellt werden kann. Die Verurteilung zur Zahlung eines Zwangsgelds und/oder eines Pauschalbetrags zielt (S. I-6349) nicht auf den Ausgleich irgendeines von dem betreffenden Mitgliedstaat verursachten Schadens ab, sondern soll auf diesen Staat wirtschaftlichen Zwang ausüben, der ihn dazu veranlasst, die festgestellte Vertragsverletzung abzustellen. Die finanziellen Sanktionen sind daher nach dem Maß des Überzeu-

gungsdrucks zu verhängen, das erforderlich ist, damit der fragliche
Mitgliedstaat sein Verhalten ändert.

## III. Nichtigkeitsklage, Art. 230 f. EG

### 1. Klagegegenstand

**109**   **Verb. Rs. 16 und 17/62 (Confédération nationale des producteurs
de fruits et légumes u.a. ⁄ Rat),
Urteil des Gerichtshofes vom 14. 12. 1962 – Slg. 1962, S. 961.**

**Vorbemerkungen:** *Die Mitgliedstaaten, das Parlament, der Rat und
die Kommission können nach Art. 230 Abs. 1, 2 EG jede rechtserheb-
liche Handlung – also auch Normaktivakte – der in Art. 230 Abs. 1 EG
genannten Organe angreifen. Art. 230 Abs. 4 EG beschränkt dagegen
den Kreis der durch natürliche und juristische Personen mit der Nichtigkeitsklage angreifbaren Handlungen auf „die an sie ergangenen
Entscheidungen sowie (...) diejenigen Entscheidungen (...), die, obwohl
sie als Verordnung oder als eine an eine andere Person gerichtete Entscheidung ergangen sind, sie unmittelbar und individuell betreffen". In
allen drei dort genannten Alternativen handelt es sich materiellrechtlich
um Entscheidungen. Für die materiellrechtliche Qualifizierung eines
Gemeinschaftsrechtsaktes nach Art. 230 Abs. 4 EG erweist sich deren
formale Bezeichnung nach der in der verb. Rs. 16 und 17/62 herausge-
bildeten Fruits-et-Légumes-Rechtsprechung des EuGH als unerheblich („falsa demonstratio non nocet"). Die Abgrenzung von echten Verordnungen und Scheinverordnungen (Art. 230 Abs. 4 EG) beurteilt der
EuGH anhand der tatsächlichen Merkmale individueller und unmittelbarer Betroffenheit des Klägers. Danach unterliegen nur solche (Teil-
)Regelungen einer „Verordnung" der Individualnichtigkeitsklage, die
durch ihren individuellen und unmittelbaren Bezug in die Rechts- und
Interessensphäre des Klägers eingreifen (vgl. Fall 112 – Plaumann
und Fall 113 – Deutz u. Geldermann). Überholt ist die Fruits-et-Lé-
gumes-Entscheidung aber insoweit, als der EuGH hier noch verlangt,
dass sich die Individualklage auf eine „Entscheidung" im rechtstech-
nischen Sinne des Art. 249 Abs. 4 EG richten müsse (vgl. Rs. T-3/93
– „Air-France I"- Slg. 1994, S. II-121). Die Form, in der Handlungen*

*oder Entscheidungen ergehen, ist vielmehr grundsätzlich ohne Einfluß auf ihre Anfechtbarkeit.*

**Sachverhalt:** 1962 veröffentlichte der Rat eine Verordnung „über die schrittweise Errichtung einer gemeinsamen Marktorganisation für Obst und Gemüse". Diese Verordnung schreibt u.a. in Art. 9, der im vorliegenden Fall besonders umstritten ist, vor:

„1. Im Verkehr zwischen den Mitgliedstaaten werden für die nach dieser Verordnung den Qualitätsnormen unterliegenden Erzeugnisse die mengenmäßigen Einfuhrbeschränkungen und die Maßnahmen gleicher Wirkung nach dem Zeitplan in Absatz 2 beseitigt.

2. Die in Absatz 1 genannten Maßnahmen werden beseitigt:
   a) für die Erzeugnisse der Klasse Extra spätestens am 30. Juni 1962,
   b) für die Erzeugnisse der Klasse I spätestens am 31. Dezember 1963,
   c) für die Erzeugnisse der Klasse II spätestens am 31. Dezember 1965.

Zu den gleichen Zeitpunkten verzichten die Mitgliedstaaten für diese Klassen auf die Anwendung des Artikels 44 des Vertrages."

Am 19.06.962 haben die Klägerinnen bei der Kanzlei des Gerichtshofes Klagen auf Aufhebung dieser Verordnung eingereicht. Der EuGH hat die Klage als unzulässig abgewiesen, da die Klägerinnen nicht unmittelbar betroffen waren.

**Aus den Entscheidungsgründen:**

(S. 977) [1] Nach Artikel 173 Absatz 2 des EWG-Vertrages können natürliche oder juristische Personen gegen ein Handeln der Kommission oder des Rates nur Klage erheben, wenn die getroffenen Maßnahmen Entscheidungen darstellen, die entweder an diese Personen ergangen sind oder sie unmittelbar und individuell (S. 978) betreffen, obwohl sie als Verordnungen oder als an andere Personen gerichtete Entscheidungen ergangen sind. Das bedeutet, daß diese Personen nicht zur Erhebung von Anfechtungsklagen gegen Verordnungen des Rates oder der Kommission befugt sind.

(...)

Der Gerichtshof vermag die von einer Partei in der mündlichen Verhandlung vorgetragene Auslegung nicht als richtig anzuerkennen, derzufolge der Begriff „Entscheidungen", der in Artikel 173 Absatz 2 gebraucht wird, auch die Verordnungen umfassen soll. Diese ausdehnende Auslegung ist nicht mit der Tatsache zu vereinbaren, daß Artikel 189 eine deutliche Unterscheidung zwischen den Begriffen der „Entscheidung" und der „Verordnung" trifft. Es ist undenkbar, daß der Ausdruck „Entscheidung" in Artikel 173 in einem anderen als dem sich aus Artikel 189 ergebenden technischen Sinne gebraucht sei.

Die vorstehenden Erwägungen führen zu dem Ergebnis, daß die Klagen als unzulässig abzuweisen sind, wenn die angefochtene Maßnahme eine Verordnung darstellt. Bei der Prüfung dieser Frage kann sich der Gerichtshof nicht mit der amtlichen Bezeichnung der Maßnahme zufrieden geben, er muß vielmehr in erster Linie auf deren Gegenstand und Inhalt abstellen.

[2] Nach Art. 189 des EWG-Vertrages hat die Verordnung allgemeine Geltung und gilt unmittelbar in jedem Mitgliedstaat, während die Entscheidung nur für diejenigen verbindlich ist, die sie bezeichnet. Das maßgebende Unterscheidungsmerkmal ist im Vorliegen oder Fehlen der allgemeinen „Geltung" der fraglichen Maßnahme zu erblicken.

(S. 979) Wesentliches Merkmal der Entscheidung ist, daß sie sich nur an diejenigen Personen wendet, „die sie bezeichnet", während die Verordnung wesentlich normativen Charakter hat und nicht auf eine begrenzte Zahl namentlich bezeichneter oder doch bestimmbarer Adressaten anwendbar ist, sondern auf in ihrer Gesamtheit und abstrakt umrissene Personenkreise. Um in Zweifelsfällen zu klären, ob eine Entscheidung oder eine Verordnung vorliegt, ist demnach zu untersuchen, ob die fragliche Maßnahme bestimmte Personen individuell betrifft. Wenn daher eine von dem sie erlassenen Organ als Verordnung bezeichnete Maßnahme Vorschriften enthält, die bestimmte natürliche oder juristische Personen nicht nur unmittelbar, sondern auch individuell betreffen, so ist jedenfalls diesen Vorschriften – unabhängig von der Frage, ob die Maßnahme als Ganzes mit Recht als Verordnung bezeichnet ist – kein Verordnungscharakter zuzugestehen. Sie können somit von den betroffenen Personen nach Artikel 173 Absatz 2 angefochten werden.

[3] Im vorliegenden Fall ist die umstrittene Maßnahme von dem Organ, das sie erlassen hat, als „Verordnung" bezeichnet worden. Die Kläger vertreten aber die Auffassung, die angefochtene Bestimmung habe in Wahrheit den Charakter einer „als Verordnung ergangenen Entscheidung". Ohne Zweifel ist es möglich, dass auch eine Entscheidung einen sehr weiten Anwendungsbereich hat. Es geht aber nicht an, eine Maßnahme, die auf objektiv bestimmte Tatbestände anwendbar ist und in allen Mitgliedstaaten unmittelbare Rechtsfolgen für Personenkreise erzeugt, die sie in allgemeiner und abstrakter Form ins Auge fasst, als Entscheidung zu betrachten, es sei denn, es wäre erwiesen, daß bestimmte Personen von ihr im Sinne von Artikel 173 Absatz 2 individuell betroffen werden.

**Rs. T-310/03 (Kreuzer Medien ./. Rat und Parlament),**   **110**
**Urteil des Gerichts erster Instanz vom 25. 04. 2006 – noch nicht**
**in der amtl. Slg. veröffentlicht.**

**Vorbemerkungen:** *Mit dieser Entscheidung faßt das Gericht erster Instanz die bisherige Rechtsprechung zusammen, wonach auch Richtlinienbestimmungen Gegenstand einer Individualnichtigkeitsklage nach Art. 230 Abs. 4 EG sein können. Dabei unterscheidet es – entsprechend der Differenzierung bei Verordnungen (Fall 114) – zwischen Entscheidungen im Gewande einer Richtlinie (Scheinrichtlinie ohne normativen Charakter) und solchen Richtlinienbestimmungen, die zwar normativen Charakter haben, aber gleichwohl Einzelne individuell und unmittelbar betreffen (Richtlinie mit Hybridcharakter). Das Gericht prüft vorliegend nur die individuelle Betroffenheit, die es verneint. Auf die unmittelbare Betroffenheit kommt es nicht zu sprechen. Insoweit kann es – entgegen der bisherigen Rechtsprechung des EuG – nicht auf die ausnahmsweise unmittelbare Wirkung von Richtlinien ankommen, sondern nur auf die inhaltliche Determination der normativen und administrativen nationalen Vollzugsakte durch die Richtlinie.*

**Sachverhalt:** Die Klägerin, ein deutscher Verlag, klagte vor dem EuG gegen das Verbot der Tabakwerbung in der Presse durch die Zweite Richtlinie über Tabakwerbung aufgrund der dadurch enstehenden Einnahmeverluste. Rat und Parlament erhoben die Einrede der Unzulässigkeit der Klage.

**Aus den Entscheidungsgründen:**

[40] Zwar behandelt Artikel 230 Absatz 4 EG nicht ausdrücklich die Zulässigkeit einer Nichtigkeitsklage von Einzelnen gegen eine Richtlinie; der Rechtsprechung ist jedoch zu entnehmen, dass dies allein nicht ausreicht, um solche Klagen für unzulässig zu erklären (Urteil des Gerichtshofes vom 29. Juni 1993 in der Rechtssache C-298/89, Gibraltar/Rat, Slg. 1993, I-3605, Urteil UEAPME/Rat, zitiert oben in Randnr. 38, Randnr. 63, und Beschluss des Gerichts vom 6. Mai 2003 in der Rechtssache T-321/02, Vannieuwenhuyze-Morin/Parlament und Rat, Slg. 2003, II-1997, Randnr. 21).

[41] Die Gemeinschaftsorgane können außerdem den gerichtlichen Rechtsschutz, den Artikel 230 Absatz 4 EG für die Einzelnen vorsieht, nicht allein durch die Wahl der Form der betreffenden Handlung ausschließen (Urteil des Gerichtshofes vom 17. Juni 1980 in den

Rechtssachen 789/79 und 790/79, Calpak/Kommission, Slg. 1980, 1949, Randnr. 7, und Beschluss Vannieuwenhuyze-Morin/Parlament und Rat, zitiert oben in Randnr. 40, Randnr. 21).

[42] Zum einen ist der Begriff „Entscheidung" in Artikel 230 Absatz 4 EG in dem sich aus Artikel 249 EG ergebenden technischen Sinn aufzufassen und das maßgebende Merkmal zur Unterscheidung zwischen einem Rechtsetzungsakt und einer Entscheidung im Sinne des letztgenannten Artikels darin zu sehen, ob die fragliche Maßnahme allgemeine Geltung hat (Urteil Gibraltar/Rat, zitiert oben in Randnr. 40, Randnr. 15).

[43] Zum anderen binden Richtlinien zwar grundsätzlich nur ihre Adressaten, d.h. die Mitgliedstaaten, sind aber normalerweise ein Mittel der indirekten Rechtsetzung. Im Übrigen hat der Gerichtshof Richtlinien bereits als Maßnahmen mit allgemeiner Geltung qualifiziert (vgl. Urteil Gibraltar/Rat, zitiert oben in Randnr. 40, Randnr. 16 und die dort zitierte Rechtsprechung, Beschluss des Gerichtshofes vom 23. November 1995 in der Rechtssache C-10/95 P, Asocarne/Rat, Slg. 1995, I-4149, Randnr. 29, und Urteil Salamander u.a./Parlament und Rat, zitiert oben in Randnr. 31, Randnr. 29).

[44] Es ist daher zunächst zu prüfen, ob die streitige Richtlinie ein normativer Akt ist oder ob sie als Entscheidung in der Gestalt einer Richtlinie anzusehen ist. Bei der Prüfung, ob ein Rechtsakt allgemeine Geltung hat oder nicht, sind seine Rechtsnatur und die Rechtswirkungen zu ermitteln, die er erzeugen soll oder tatsächlich erzeugt (Urteil des Gerichtshofes vom 6. Oktober 1982 in der Rechtssache 307/81, Alusuisse/Rat und Kommission, Slg. 1982, 3463, Randnr. 8, und Urteil UEAPME/Rat, zitiert oben in 38, Randnr. 64).

[45] Im vorliegenden Fall wird die allgemeine Geltung der streitigen Richtlinie nicht bestritten, und die Klägerin hat nicht geltend gemacht, dass die Richtlinie als solche den Anforderungen des Artikels 249 EG nicht genüge. Es handelt sich tatsächlich um eine normative Handlung, denn sie betrifft allgemein und abstrakt alle Wirtschaftsteilnehmer der Mitgliedstaaten, die vom 31. Juli 2005 an die dort festgelegten Bedingungen erfüllen, und sie muss außerdem durch nationale Durchführungsbestimmungen in die jeweilige innerstaatliche Rechtsordnung umgesetzt werden, um innerhalb der Mitgliedstaaten anwendbar zu sein (Beschluss Asocarne/Rat, zitiert oben in Randnr. 43, Randnr. 31, und Urteil Salamander u.a./Parlament und Rat, zitiert oben in Randnr. 31, Randnr. 28).

[46] Die streitige Richtlinie hat somit normativen Charakter und stellt keine Entscheidung im Sinne von Artikel 249 EG dar.

[47] Unter bestimmten Umständen kann jedoch eine Bestimmung eines Rechtsakts, der nach seiner Rechtsnatur und seiner Tragweite normativen Charakter hat, da er für alle fraglichen Wirtschaftsteilnehmer gilt, einige von ihnen individuell betreffen (Urteile des Gerichtshofes in den Rechtssachen Extramet Industrie/Rat, zitiert oben in Randnr. 38, Randnrn. 13 und 14, Codorníu/Rat, zitiert oben in Randnr. 38, Randnr. 19, und vom 25. Juli 2002 in der Rechtssache C-50/00 P, Unión de Pequeños Agricultores/Rat, Slg. 2002, I-6677, Randnr. 36, Beschluss Vannieuwenhuyze-Morin/Parlament und Rat, zitiert oben in Randnr. 40, Randnr. 24).

[48] Zu prüfen ist folglich, ob die streitige Richtlinie die Klägerin individuell betrifft.

(…)

[70] Nach ständiger Rechtsprechung ist eine natürliche oder juristische Person, die nicht Adressat einer Handlung ist, nur dann im Sinne von Artikel 230 Absatz 4 EG individuell betroffen, wenn die fragliche Handlung sie wegen bestimmter besonderer Eigenschaften oder aufgrund von Umständen berührt, die sie aus dem Kreis aller übrigen Personen herausheben und sie dadurch in ähnlicher Weise individualisieren wie einen Adressaten (Urteile Plaumann/Kommission, zitiert oben in Randnr. 58, Randnr. 238, Unión de Pequeños Agricultores/Rat, zitiert oben in Randnr. 47, Randnr. 36, UEAPME/Rat, zitiert oben in Randnr. 38, Randnr. 69, und Beschluss Vannieuwenhuyze-Morin/Parlament und Rat, zitiert oben in Randnr. 40, Randnr. 26).

[71] Artikel 3 Absatz 1 der streitigen Richtlinie bezweckt unstreitig zum einen eine Beschränkung der Werbung zugunsten von Tabakerzeugnissen in der Presse und anderen gedruckten Veröffentlichungen auf Veröffentlichungen, die ausschließlich für im Tabakhandel tätige Personen bestimmt sind, sowie auf Veröffentlichungen, die in Drittländern gedruckt und herausgegeben werden, sofern diese Veröffentlichungen nicht hauptsächlich für den Gemeinschaftsmarkt bestimmt sind, und zum anderen ein Verbot sonstiger Werbung in der Presse und anderen gedruckten Veröffentlichungen. Die angefochtene Bestimmung findet somit auf objektiv bestimmte Situationen Anwendung und entfaltet Rechtswirkungen für allgemein und abstrakt umschriebene Personengruppen, nämlich alle Wirtschaftsteilnehmer, die ohne Unterschied Werbung zugunsten von Tabakerzeugnissen in der Presse und anderen gedruckten Veröffentlichungen treiben.

[72] Die streitige Richtlinie, insbesondere ihr Artikel 3 Absatz 1, betrifft die Klägerin folglich nur in ihrer objektiven Eigenschaft als

Verlagsunternehmen ebenso wie alle anderen Wirtschaftsteilnehmer, die im fraglichen Sektor tätig sind.

[73] Diese Feststellung wird nicht durch das Vorbringen der Klägerin erschüttert, dass sie deswegen individuell betroffen sei, weil sie eine Gesellschaft sei, die ein kleines Magazin veröffentliche, und der Wegfall eines nicht nur geringen Teils ihres mit der Herausgabe dieses Magazins verbundenen Werbeaufkommens sie wirtschaftlich erheblich gefährden würde, während ein größerer Verlag in der Lage wäre, den Wegfall von Werbung in einem bestimmten Sektor durch andere Maßnahmen zu kompensieren.

[74] Insoweit ist festzustellen, dass der Umstand, dass sich die angefochtene Bestimmung auf die verschiedenen Normadressaten im konkreten Fall unterschiedlich auswirken kann, diese nicht aus dem Kreis aller übrigen betroffenen Wirtschaftsteilnehmer herauszuheben vermag, sofern ihre Anwendung nach einem objektiv bestimmten Tatbestand erfolgt, wie es hier der Fall ist (vgl. Urteil ACAV u.a./Rat, zitiert oben in 55, Randnr. 66 und die dort zitierte Rechtsprechung). Dass bestimmte Marktbeteiligte, wie die Klägerin geltend macht, von einem Rechtsakt wirtschaftlich stärker berührt sein können als ihre Konkurrenten, genügt somit jedenfalls nicht, damit sie von diesem Rechtsakt individuell betroffen sind (vgl. in diesem Sinne Beschluss Van Parys u.a./Kommission, zitiert oben in Randnr. 54, Randnr. 50).

**111**   **Rs. C-170/96 (Kommission/Rat; „Flughafentransit"),**
**Urteil des Gerichtshofes vom 12. 05. 1998 – Slg. 1998, S. I-2763.**

**Vorbemerkungen:** *Nach Art. 230 Abs. 1 EG können „Handlungen des Rates" Gegenstand einer Nichtigkeitsklage sein. Da der Rat nicht nur als Organ der EG handeln kann, sondern auch als Vertragsorgan der im Rahmen der zweiten und dritten Säule des EU-Vertrages (GASP und PJZS) agierenden Mitgliedstaaten, stellt sich die Frage, ob der Klagegegenstand des Art. 230 Abs. 1 EG auch das Handeln des Rates in der zweiten und dritten Säule des EU-Vertrages umfasst. Nach der Gesamtkonzeption der EU ist dies zu verneinen. Die EG ist ein mit eigener Rechtspersönlichkeit ausgestatteter Verband. Überprüft der EuGH nach Art. 230 EG Handlungen des Rates, die auf Grundlage des EG-Vertrages erlassen wurden, entscheidet er mithin über eine Handlung des Verbandes, dessen Organ er selbst ist. In den intergouvernementalen Unionssäulen GASP und PJZS handeln allerdings* *die Mitgliedstaaten selbst. Rechtsakte der Organe in diesem Rahmen werden daher nicht der EG, sondern – mangels Rechtspersönlichkeit der EU – den Mitgliedstaaten zugerechnet. Eine Überprüfung dieser Handlungen auf Grundlage des EG-Vertrages bedeutete mithin die Kontrolle eines „fremden", nicht der EG zuzurechnenden Rechtsaktes durch den EuGH. Ein solches Vorgehen ist jedoch nach dem in Art. 5 EG niedergelegten Prinzip der begrenzten Einzelermächtigung unstatthaft. Dem EuGH fehlt hierfür die Verbandskompetenz. Dieses Ergebnis wird durch Art. 46 EU bestätigt. Dieser regelt abschließend die Zuständigkeiten des EuGH im Unionsverbund. Danach kommt ihm die in Art. 230 EG festgelegte Zuständigkeit zunächst nur für Bestimmungen des EG-Vertrages zu (Art. 46 lit. a EU). Für die GASP enthält Art. 46 EU keinerlei Regelung, so dass der EuGH im Rahmen der GASP unzuständig ist. Mit der Revision des EU-Vertrages in Amsterdam wurden dem EuGH beschränkte Kompetenzen im Rahmen der PJZS eingeräumt, die in Art. 35 EU geregelt werden. Der vorliegende Fall, der noch vor Einfügung des Art. 35 EU entschieden wurde, durchbricht den Grundsatz der begrenzten Einzelermächtigung, indem der EuGH eine Zuständigkeit zur Überprüfung eines ZBJI(=alte dritte Säule)-Rechtsaktes im Rahmen der EG-Nichtigkeitsklage annimmt und damit eine Kassationsbefugnis für den Mitgliedstaaten zuzurechnende Rechtsakte in Anspruch nimmt. Dabei ist der EuGH zwar unbestreitbar auch zuständig, eine Verletzung des EG-Vertrages durch die im Rahmen der dritten Säule handelnden Mitgliedstaaten festzustellen. Diese Kompetenz hat er jedoch nicht im Rahmen einer Nichtigkeitsklage, sondern nur bei einer Aufsichtsklage nach Art. 226 oder einem Vertragsverletzungverfahren nach Art. 227 EG. Trotz dieser Bedenken hat das EuG diese Rechtsrechung ausdrücklich bestätigt (Rs. T-338/02, Segi u.a., Rn. 41, Slg.2004, S. II-164).*

**Sachverhalt:** Der Fall „Flughafentransit" wurde vor Inkrafttreten des Amsterdamer Vertrages auf Grundlage des EG- und des EU-Vertrages in der Maastrichter Fassung entschieden. Der Rat nahm auf Grundlage des damaligen Art. K.3 Abs. 2 lit. b EU eine Gemeinsame Maßnahme an, mit der er verschiedene Reglungen zur Visumspflicht für den Transit auf Flughäfen traf. Die Kommission war der Auffassung, diese Regelungen hätten nicht im Rahmen der dritten Säule getroffen werden dürfen, sondern vielmehr auf Grundlage des damaligen Art. 100c EG ergehen müssen. Sie er hob daher gegen die Maßnahme Nichtigkeitsklage nach Art. 230 EG. Zum Zeitpunkt der Klage existierte die Regelung des Art. 35 EU noch nicht Im Verfahren vor dem EuGH bestritten zahlreiche Mitgliedstaaten die Zuständigkeit des EuGH, da er nicht über Handlungen im Rahmen der dritten

Säule entscheiden dürfe. Der EuGH bejahte seine Zuständigkeit, wies die Klage im Ergebnis aber als unbegründet ab.

**Aus den Entscheidungsgründen:**

(S. I-2787) Zuständigkeit des Gerichtshofes

[12] Das Vereinigte Königreich macht geltend, nach Artikel L des Vertrages über die Europäische Union sei der Gerichtshof für die Klage der Kommission nicht zuständig, da der auf der Grundlage von Artikel K.3 Absatz 2 des Vertrages über die Europäische Union erlassene Rechtsakt nicht zu den Handlungen gehöre, die vom Gerichtshof gemäß Artikel 173 EG-Vertrag für nichtig erklärt werden könnten.

[13] Zunächst ist darauf hinzuweisen, daß die Klage der Kommission auf die Feststellung gerichtet ist, daß der vom Rat angenommene Rechtsakt wegen seines Gegenstands in den Anwendungsbereich des Artikels 100c des Vertrages fällt, so daß er auf diese Bestimmung hätte gestützt werden müssen.

[14] Sodann ergibt sich aus Artikel M des Vertrages über die Europäische Union, daß eine Bestimmung wie Artikel K.3 Absatz 2, wonach der Rat in den Bereichen des Artikels K.1 gemeinsame Maßnahmen annehmen kann, nicht die Bestimmungen des EG-Vertrags berührt.

[15] Nach Artikel L des Vertrages über die Europäische Union gelten die Bestimmungen über die Zuständigkeit des Gerichtshofes und die Ausübung dieser Zuständigkeit für Artikel M dieses Vertrages.

(S. I-2788) [16] Der Gerichtshof hat daher darüber zu wachen, daß die Handlungen, von denen der Rat behauptet, sie fielen unter Artikel K.3 Absatz 2 des Vertrages über die Europäische Union, nicht in die Zuständigkeiten übergreifen, die die Bestimmungen des EG-Vertrags der Gemeinschaft zuweisen.

[17] Demnach ist der Gerichtshof zuständig, den Inhalt des Rechtsakts anhand des Artikels 100c EG-Vertrag zu prüfen, um festzustellen, ob der Rechtsakt nicht die Zuständigkeit der Gemeinschaft nach dieser Bestimmung beeinträchtigt, und ihn für nichtig zu erklären, wenn sich herausstellen sollte, daß er auf Artikel 100c EG-Vertrag hätte gestützt werden müssen.

[18] Somit ist der Gerichtshof für die Prüfung der Klage der Kommission zuständig.

## 2. Klageberechtigung

**Rs. 25/62 (Firma Plaumann ./. Kommission),**                    **112**
**Urteil des Gerichtshofes vom 15. 07. 1963 – Slg. 1963, S. 211.**

**Vorbemerkungen:** *Im Gegensatz zu den privilegierten Klägern können natürliche und juristische Personen Gemeinschaftsrechtsakte,
welche nicht an sie gerichtet sind, nur anfechten, wenn sie durch die
Organhandlung unmittelbar und individuell betroffen sind (Art. 230
Abs. 4 EG). Während das Betroffenheitsmerkmal bestimmt, ob die angefochtene Maßnahme überhaupt in den Interessenkreis des Klägers
eingreift, dienen die Merkmale der individuellen und unmittelbaren
Betroffenheit der für die Klageberechtigung entscheidenden Konkretisierung, wie sich der Rechtsakt auf den Interessenkreis des Klägers
in tatsächlicher Hinsicht auswirkt. In der Rechtssache Plaumann hat
der EuGH Kriterien vorgegeben, nach denen sich das Vorliegen der
individuellen Betroffenheit bestimmt. Der Gerichtshof bejaht die Klageberechtigung natürlicher und juristischer Personen, wenn Anzahl
und Identität der durch den angefochtenen Rechtsakt betroffenen Personen bereits zum Zeitpunkt des Rechtsakterlasses feststehen. Dies ist
anzunehmen, wenn sich der Gemeinschaftsrechtsakt auf bestimmte,
bereits gestellte Anträge, erteilte Genehmigungen oder bestehende
Rechtspositionen bezieht. Zu den in der Formel angesprochenen
„Umständen" zählen vor allem Beteiligungs-, Informations- und Mit-
wirkungsrechte, die dem Kläger im Rahmen des Verwaltungsverfah-
rens eingeräumt werden, das dem Rechtsakterlass vorangeht (z.B. im
Wettbewerbsrecht Art. 27 Abs. 1 KartellVerfVO, im Antidumping- und
Antisubventionsrecht Art. 5 VO Nr. 2423/88; im Verfahren der Beihil-
fenaufsicht Art. 93 Abs. 2 EG). Maßgeblich ist eine adressatengleiche
Stellung des Kläges.*

**Sachverhalt:** Die Bundesrepublik Deutschland beantragte im Juni 1961
bei der Kommission, sie zu ermächtigen, auf Clementinen statt des Gemeinsamen Zolltarifs von 13 % einen Zolltarif von 10 % zu erheben. Gegen
die ablehnende Entscheidung der Kommission erhob die Firma Plaumann
& Co. Nichtigkeitsklage. Der EuGH hat die Klage mangels individueller
Betroffenheit als unzulässig abgewiesen.

**Aus den Entscheidungsgründen:**

(S. 227) Nach Artikel 173 Absatz 2 EWG-Vertrag „kann jede natürliche oder juristische Person … gegen diejenigen Entscheidungen Klage erheben, die, obwohl sie … als eine an eine andere Person gerichtete Entscheidung ergangen sind, sie unmittelbar und individuell betreffen". Die Beklagte macht geltend, daß die Worte „andere Person" sich nicht auf die Mitgliedstaaten in ihrer Eigenschaft als Hoheitsträger beziehen; Privatpersonen könnten daher keine Nichtigkeitsklage gegen an derartige Adressaten gerichtete Entscheidungen der Kommission oder des Rates erheben.

Artikel 173 Absatz 2 des Vertrages lässt jedoch ganz allgemein Klagen von Privatpersonen gegen solche Entscheidungen zu, die sie unmittelbar und individuell betreffen, obwohl sie an eine „andere Person" gerichtet sind. Die Bedeutung dieses Ausdrucks wird in der Vorschrift weder näher umschrieben noch eingeschränkt. Wortlaut und grammatikalischer Sinn rechtfertigen die weiteste Auslegung. Im übrigen dürfen die Bestimmungen des Vertrages über das Klagerecht nicht restriktiv interpretiert werden. Angesichts des Schweigens des Vertrages kann der genannten Vorschrift daher kein einschränkender Sinn beigelegt werden.

(…)

(S. 238) Nach den Artikeln 189 und 191 des Vertrages sind die Entscheidungen jedoch dadurch gekennzeichnet, daß sie sich an eine begrenzte Zahl von Personen richten. Um feststellen zu können, ob eine Entscheidung vorliegt, ist also zu prüfen, ob die Maßnahme bestimmte Personen betrifft. Die umstrittene Entscheidung ist an die Regierung der Bundesrepublik Deutschland gerichtet und versagt ihr die Ermächtigung zur teilweisen Zollaussetzung für bestimmte, aus dritten Ländern eingeführte Erzeugnisse. Die angefochtene Maßnahme ist daher als eine Entscheidung anzusehen, die eine bestimmte Person bezeichnet und nur für diese verbindlich ist.

Nach Artikel 173 Absatz 2 des Vertrages können Privatpersonen Nichtigkeitsklage gegen diejenigen Entscheidungen erheben, die, obwohl sie an eine andere Person gerichtet sind, sie unmittelbar und individuell betreffen. Im vorliegenden Fall bestreitet die Beklagte, dass die umstrittene Entscheidung die Klägerin unmittelbar und individuell betreffe.

Zunächst ist zu prüfen, ob die zweite Prozeßvoraussetzung erfüllt ist; denn die Frage nach dem unmittelbaren Betroffensein erübrigt sich, wenn die genannte Entscheidung die Klägerin nicht individuell betrifft.

Wer nicht Adressat einer Entscheidung ist, kann nur dann geltend machen, von ihr individuell betroffen zu sein, wenn die Entscheidung ihn wegen bestimmter persönlicher Eigenschaften oder besonderer, ihn aus dem Kreis aller übrigen Personen heraushebender Umstände berührt und ihn daher in ähnlicher Weise individualisiert wie den Adressaten. Im vorliegenden (S. 239) Fall wird die Klägerin durch die umstrittene Entscheidung in ihrer Eigenschaft als Importeur von Clementinen betroffen, also im Hinblick auf eine kaufmännische Tätigkeit, die jederzeit durch jedermann ausgeübt werden kann und daher nicht geeignet ist, die Klägerin gegenüber der angefochtenen Entscheidung in gleicher Weise zu individualisieren wie den Adressaten.

**Rs. 26/86 (Deutz und Geldermann ./. Rat),**
**Urteil des Gerichtshofes vom 24. 02. 1987 – Slg. 1987, S. 941.**

**113**

**Vorbemerkungen:** *In dieser Entscheidung konkretisiert der EuGH die Kriterien zur Bestimmung der individuellen Betroffenheit im Sinne von Art. 230 Abs. 4 EG. Der Gerichtshof verneint eine individuelle Betroffenheit, wenn Zahl oder Identität der Personen, auf welche die Maßnahme zu einem bestimmten Zeitpunkt Anwendung findet, lediglich nach Maßgabe des Tatbestandes objektiv bestimmbar ist. Knüpft der Tatbestand des angefochtenen Rechtsaktes bei der Bestimmung des betroffenen Personenkreises nur an allgemeine Merkmale („Hersteller von Schaumwein"), nicht aber an einen konkret-individuellen Lebensumstand an (z.B. diejenigen Importeure von Schaumwein, die einen Einfuhrlizenzantrag bis zum 31.12.1997 gestellt haben), so genügt die bloße Bestimmbarkeit nach Maßgabe des objektiven Tatbestandes nicht. Eine individuelle Betroffenheit liegt in diesen Fällen selbst dann nicht vor, wenn sich der angefochtene Rechtsakt erkennbar nur auf einen einzigen Marktteilnehmer bezieht (vgl. aber Fall 114).*

**Sachverhalt:** 1986 erließ der Rat die Verordnung 3309/85. Diese sah unter anderem vor, dass die Hersteller von Schaumwein, welcher nicht die Ursprungsbezeichnung „Champagne" tragen darf, nicht weiter Bezug auf das als „méthode champenoise" bezeichnete Herstellungsverfahren nehmen dürfen. Eine weitere Bezeichnung des Herstellungsverfahrens als „méthode champenoise" sollte nur während eines Übergangszeitraums von acht Jahren zulässig sein. Hiergegen wendete sich der deutsche Hersteller Deutz/Geldermann, der traditionell dieses Verfahren anwendet. Zur Begründung seiner individuellen Betroffenheit trug der Kläger vor, dass die

Zahl dieser Hersteller beschränkt und leicht erfassbar sei. Die Erhöhung dieser Zahl sei praktisch ausgeschlossen, da der Neuaufbau von Anlagen für die Herstellungsmethode sehr hohe Investitionskosten verursache. Daher sei der von der Verordnung betroffene Personenkreis exakt bestimmbar, so dass die Verordnung in Wirklichkeit eine an die Hersteller gerichtete Entscheidung darstelle, die mit der Nichtigkeitsklage anfechtbar sei. Der EuGH hat die Klage für unzulässig erklärt.

## Aus den Entscheidungsgründen:

(S. 951) [6] Wie der Gerichtshof insbesondere in seinem Urteil vom 6. Oktober 1982 in der Rechtssache 307/81 (Alusuisse, Slg. 1982, 3463) bereits festgestellt hat, macht Artikel 173 Absatz 2 EWG-Vertrag die Zulässigkeit einer von einem einzelnen erhobenen Nichtigkeitsklage davon abhängig, daß die angefochtene Maßnahme, obwohl sie als Verordnung ergangen ist, in Wirklichkeit eine Entscheidung darstellt, die den Kläger unmittelbar und individuell betrifft. Der Zweck dieser Vorschrift besteht insbesondere darin zu verhindern, daß die Gemeinschaftsorgane, indem sie einfach die Form einer Verordnung wählen, die Klage eines einzelnen gegen eine Entscheidung, die ihn unmittelbar und individuell betrifft, ausschließen können, und damit klarzustellen, dass die Wahl der Form die Rechtsnatur einer Maßnahme nicht ändern kann.

[7] Die Klage eines einzelnen ist jedoch nicht zulässig, soweit sie sich gegen eine Verordnung von allgemeiner Geltung im Sinne des Artikels 189 Absatz 2 EWG-Vertrag richtet. Das Merkmal zur Unterscheidung zwischen Verordnung und Entscheidung ist darin zu sehen, ob die fragliche Maßnahme allgemeine Geltung hat. Daher sind die Rechtsnatur der angefochtenen Maßnahme und insbesondere die Rechtswirkungen, die sie erzeugen soll oder tatsächlich erzeugt, zu untersuchen.

[8] Eine Maßnahme verliert ihren Verordnungscharakter nicht dadurch, daß sich diejenigen Personen, auf die sie in einem gegebenen Zeitpunkt anzuwenden ist, der Zahl nach oder sogar namentlich bestimmen lassen, sofern nur feststeht, daß die Maßnahme nach ihrer Zweckbestimmung aufgrund eines objektiven Tatbestands rechtlicher oder tatsächlicher Art anwendbar ist, den sie bestimmt.

(S. 952) [9] Als individuell betroffen können diese Personen nur dann angesehen werden, wenn sie in ihrer Rechtsstellung aufgrund von Umständen betroffen sind, die sie aus dem Kreis aller übrigen Personen herausheben und sie in ähnlicher Weise individualisieren wie cinen Adressaten (siehe insbesondere das Urteil vom 18. November 1975 in der Rechtssache 100/74, CAM, Slg. 1975, 1393).

[10] In der vorliegenden Rechtssache streiten die Parteien darüber, ob potentielle Adressaten des durch die angefochtene Vorschrift ausgesprochenen Verbots alle Schaumweinhersteller und -händler in der Gemeinschaft oder nur die Hersteller sind, die traditionell die „méthode champenoise" anwenden.

[11] Zu dieser Streitfrage braucht indes nicht Stellung genommen zu werden. Selbst wenn gemäß der von der Klägerin vertretenen Auslegung nur die Schaumweinhersteller, die traditionell die „méthode champenoise" anwenden, Adressaten des streitigen Verbots sein sollten, würde daraus noch nicht folgen, daß dieser Vorschrift der Rechtssatzcharakter fehlte.

[12] Der streitige Rechtsakt betrifft die Klägerin nämlich nur in ihrer objektiven Eigenschaft als Schaumweinherstellerin, die traditionell die sogenannte „méthode champenoise" anwendet, und damit nicht anders als alle sonstigen Wirtschaftsteilnehmer, die sich in derselben Lage befinden.

**Rs. C-309/89 (Codorniu ⁄ Rat),**                              **114**
**Urteil des Gerichtshofes vom 18. 05. 1994 – Slg. 1994, S. I-1853.**

**Vorbemerkungen:** *Den Rs. Codorniu ⁄ Rat sowie Deutz und Geldermann ⁄ Kommission lagen auf den ersten Blick sehr ähnliche Konstellationen zugrunde. In beiden Fällen wurde den Klägern als Herstellern von Schaumweinen die weitere Bezugnahme auf ein bestimmtes Herstellungsverfahren („méthode champenoise" und „crémant") durch EG-Verordnung untersagt. Während der EuGH aber die Individualnichtigkeitsklage der Firma Deutz/Geldermann mangels individueller Betroffenheit zurückwies, erachtete er die Klage der Cordoniu SA für zulässig. Zwar war auch hier die Klägerin in ihrer objektiven Eigenschaft als Herstellerin eines bestimmten Produkts betroffen. Dennoch betraf die Maßnahme die Klägerin individuell, da sie aufgrund ihres eingetragenen Markenzeichens aus dem Kreis aller anderen – nicht individuell – betroffenen Hersteller herausgehoben wurde. Entscheidend für die individuelle Betroffenheit war also, dass die Codorniu SA an der Ausübung einer von ihr eigens erworbenen Rechtsposition, ihrem eingetragenen Markenzeichen, durch die Verordnung gehindert wurde. Werden „Verordnungen" oder an Mitgliedstaaten adressierte*

*Entscheidungen angefochten, so ist nach Maßgabe der genannten Ent-*
*scheidungen die individuelle Betroffenheit abzulehnen, wenn*
*(1) der betroffene Personenkreis bei Erlass oder Inkrafttreten der*
*Maßnahme nicht abgeschlossen war, also – zumindest theoretisch –*
*weitere Personen hinzutreten können, auf welche die Maßnahme an-*
*zuwenden wäre oder*
*(2) der allgemein bezeichnete Personenkreis zwar abgeschlossen und*
*bestimmbar umrissen wird, die Maßnahme aber nach ihrer Zweck-*
*setzung aufgrund eines objektiven Tatbestandes rechtlicher oder tat-*
*sächlicher Art anwendbar ist (Ausnahme: Der Kläger wird dergestalt*
*individualisiert betroffen, dass ihm eine Rechtsposition aufgrund des*
*Rechtsaktes entzogen wird). Der EuGH anerkennt mit der möglichen*
*Doppelnatur von EG-Rechtsakten als zugleich Normativakten (insbes.*
*Verordnungen) und Entscheidungen im materiellen Sinn gegenüber*
*Einzelnen die Kategorie der „hybriden Rechtsakte". Klagegegenstand*
*nach Art. 230 Abs. 4 EG ist dabei nur die Entscheidung im materiellen*
*Sinn, aufgehoben wird aber zumeist der gesamte Rechtsakt, also auch*
*der normative Teil (Ausnahme: Rs. Nachi Europe, Slg. 2001, S. I-1197,*
*Rn. 38).*

**Sachverhalt:** Die Klägerin, eine in Spanien ansässige Herstellerin von
Schaumwein, wendet sich im Wege der Nichtigkeitsklage gegen eine ein-
zelne Verordnungsvorschrift, welche den Begriff „crémant" ausschließlich
Qualitätsweinen aus Frankreich und Luxemburg vorbehält. Die Klägerin ist
Inhaberin des eingetragenen spanischen Markenzeichens „Gran Cremant
de Codorniu", das sie seit 1924 zur Bezeichnung ihres Qualitätsschaum-
weins verwendet. Der EuGH hielt die Klage für zulässig und begründet.
Die streitige Vorschrift wurde für nichtig erklärt.

**Aus den Entscheidungsgründen:**

(S. I-1885) [17] Es ist daran zu erinnern, daß Artikel 173 Absatz
2 des Vertrages die Erhebung einer Klage auf Nichtigerklärung einer Verordnung durch eine natürliche oder juristische Person davon
abhängig macht, daß die Vorschriften der Verordnung, auf die sich
die Klage bezieht, in Wirklichkeit eine diese Person unmittelbar und
individuell betreffende Entscheidung darstellen.

[18] Wie der Gerichtshof bereits entschieden hat, verliert ein
Rechtsakt seine allgemeine Geltung und damit seinen Normcharak-
ter nicht dadurch, daß sich die Rechtssubjekte, auf die er in einem

bestimmten Zeitpunkt Anwendung findet, der Zahl oder sogar der Identität nach mehr oder weniger genau bestimmen lassen, solange feststeht, daß diese Anwendung aufgrund einer objektiven rechtlichen oder tatsächlichen (S. I-1886) Situation erfolgt, die in dem Rechtsakt im Zusammenhang mit seiner Zielsetzung umschrieben ist (vgl. zuletzt Urteil vom 29. Juni 1993 in der Rechtssache C-298/89, Gibraltar/Rat, Slg. 1993, I-3605, Randnr. 17).

[19] Zwar hat die streitige Vorschrift im Hinblick auf die Kriterien des Artikels 173 Absatz 2 des Vertrages nach ihrer Rechtsnatur und ihrer Tragweite normativen Charakter, da sie für die beteiligten Wirtschaftsteilnehmer im allgemeinen gilt; es ist jedoch nicht ausgeschlossen, daß sie einige von ihnen individuell betreffen kann.

[20] Eine natürliche oder juristische Person kann nur dann geltend machen, individuell betroffen zu sein, wenn die streitige Vorschrift sie wegen bestimmter persönlicher Eigenschaften oder besonderer, sie aus dem Kreis aller übrigen Personen heraushebender Umstände berührt (Urteil vom 15. Juli 1963 in der Rechtssache 25/62, Plaumann/Kommission, Slg. 1963, 213).

[21] Es ist aber festzustellen, daß die Codorniu SA das Markenzeichen „Gran Cremant de Codorniu" 1924 in Spanien eintragen ließ und daß sie diese Marke sowohl vor als auch nach der Eintragung herkömmlicherweise verwendet hat. Die streitige Vorschrift hindert die Codorniu SA dadurch an der Nutzung ihres Markenzeichens, daß sie das Recht zur Verwendung des Begriffs „crémant" den französischen und luxemburgischen Erzeugern vorbehält.

[22] Daraus folgt, daß die Codorniu SA das Vorliegen einer Situation nachgewiesen hat, die sie im Hinblick auf die streitige Vorschrift aus dem Kreis aller übrigen Wirtschaftsteilnehmer heraushebt.

## Rs. C-50/00 P (Unión de Pequeños Agricultores),  **115**
Urteil des Gerichtshofes vom 25. 07. 2002 – Slg. 2002, S. I-6677.

**Vorbemerkungen:** *Die auf die Plaumann-Entscheidung des EuGH zurückgehende Auslegung der individuellen Betroffenheit durch den EuGH ist vielfach als zu eng kritisiert worden. In den Schlussanträgen zu der hier dargestellten Entscheidung ist der Generalanwalt ausführlich auf diese Kritik eingegangen und hat dem EuGH unter Berufung auf das Gemeinschaftsgrundrecht auf effektiven Rechtsschutz eine erweiternde Auslegung des Begriffes der individuellen Betroffenheit* *vorgeschlagen. Das EuG (Rs. T-177/01 – Jégo-Quéré – Slg. 2002, S. II-2365) bejahte bereits unter Bezugnahme auf den Generalanwalt eine erweiternde Auslegung jedenfalls für die Fälle, in denen der Kläger im Wege der Nichtigkeitsklage eine Verordnung angreift, die keines weiteren nationalen oder gemeinschaftsrechtlichen Vollzugsaktes mehr bedarf, sondern selbst unmittelbar in die Rechte des Klägers eingreift oder ihm Pflichten auferlegt. Mit seiner Entscheidung in der Rechtssache Unión de Pequeños Agricultores ist der EuGH den Vorschlägen des Generalanwalts nicht gefolgt und hat damit auch der Auslegung dieser Zulässigkeitsvoraussetzung durch das EuG eine deutliche Absage erteilt. Der EuGH bestätigt damit vollumfänglich seine ständige Rechtsprechung zur individuellen Betroffenheit. Auch in den Fällen, in denen mangels nationaler Durchführungsakte eine (echte) Verordnung unmittelbare Rechtswirkungen für Einzelne hat, besteht mithin keine Anfechtungsmöglichkeit vor den Gemeinschaftsgerichten. Rechtsschutz auch gegen solche Akte ist vor den mitgliedstaatlichen Gerichten zu erlangen, die – bei Zweifeln an der Rechtmäßigkeit der Verordnung – dem EuGH im Wege des Vorabentscheidungverfahrens die Gültigkeitsfrage vorzulegen verpflichtet sind (Fall 99 – Foto-Frost). Die Mitgliedstaaten müssen hierfür ein System von Rechtsbehelfen und Verfahren vorsehen, dass auch in dieser Konstellation die Einhaltung des Rechts auf effektiven Rechtsschutz gewährleistet. Diese Auslegung hat der EuGH in der Entscheidung über das Rechtsmittel der Kommission in der Rechtssache Jégo-Quéré (C-263/02 P, Slg.2002, S. II-2365) bestätigt und die anderweitige Auffassung des EuG darin ausdrücklich zurückgewiesen. Nach dieser Entscheidung gilt dies selbst dann, wenn im nationalen Recht kein geeigneter Rechtsbehelf vorgesehen ist – im deutschen Recht käme insoweit allerdings die allgemeine Feststellungsklage in Betracht – und der Einzelne daher zunächst gegen die Verordnung verstoßen müsste, um in einem gegen ihn gerichteten Sanktionsverfahren die Rechtswidrigkeit der Verordnung rügen zu können.*

**Sachverhalt:** Die Rechtsmittelführerin, ein Berufs- und Interessenverband von kleinen spanischen Landwirtschaftsbetrieben, der nach spanischem Recht Rechtspersönlichkeit besitzt, hat eine Klage auf Nichtigerklärung einer Verordnung des Rates, durch die u.a. die gemeinsame Marktorganisation für Olivenöl geändert wurde, bei dem Gericht erster Instanz eingereicht. Im Wesentlichen behauptete sie, dass die streitige Verordnung die Begründungspflicht gemäß Art. 253 EG nicht erfülle, dass sie nicht zu den in Art. 33 EG genannten Zielen der gemeinsamen Agrarpolitik beitrage und dass sie den in Art. 34 Abs. 3 EG verankerten Grundsatz der Gleichbehandlung von Erzeugern und Verbrauchern, den Verhältnismäßigkeitsgrundsatz, das Recht auf Berufsausübung und das Eigentumsrecht verletze. Das EuG kam zu dem Ergebnis, dass die Klägerin von der angefochtenen Verordnung nicht individuell betroffen sei und die Klage wurde abgewiesen. Daraufhin hat die Klägerin ein Rechtsmittel gegen den Beschluss des EuG beim EuGH eingelegt. Das Rechtsmittel wurde vom Gerichtshof zurückgewiesen.

**Aus den Entscheidungsgründen:**

(S. I-6733) [35] Im Rahmen von Artikel 173 EG-Vertrag kann somit eine Verordnung als Handlung allgemeiner Geltung von keinem anderen Rechtssubjekt als den Organen, der Europäischen Zentralbank und den Mitgliedstaaten angefochten werden (in diesem Sinne Urteil vom 6. März 1979 in der Rechtssache 92/78, Simmenthal/Kommission, Slg. 1979, 777, Randnr. 40).

[36] Eine Handlung allgemeiner Geltung wie eine Verordnung kann allerdings unter Umständen bestimmte natürliche oder juristische Personen individuell betreffen und damit ihnen gegenüber Entscheidungscharakter haben (vgl. u.a. Urteile vom 16. Mai 1991 in der Rechtssache C-358/89, Extramet Industrie/Rat, Slg. 1991, I-2501, Randnr. 13, vom 18. Mai 1994 in der Rechtssache C-309/89, Codorniu/Rat, Slg. 1994, I-1853, Randnr. 19, und vom 31. Mai 2001 in der Rechtssache C-41/99 P, Sadam Zuccherifici u.a./Rat, Slg. 2001, II-4239, Randnr. 27). Dies ist dann der Fall, wenn die fragliche Handlung eine natürliche oder juristische Person wegen bestimmter persönlicher Eigenschaften oder wegen besonderer, sie aus dem Kreis aller übrigen Personen heraushebender Umstände berührt und sie dadurch in ähnlicher Weise individualisiert wie einen Adressaten (vgl. u.a. Urteile vom 15. Juli 1963 in der Rechtssache 25/62, Plaumann/Kommission, Slg. 1963, 213, 238, und vom 22. November 2001 in der Rechtssache C-452/98, Nederlandse Antillen/Rat, Slg. 2001, I-8973, Randnr. 60).

[37] Eine natürliche oder juristische Person, die diese Voraussetzung nicht erfüllt, kann keinesfalls Nichtigkeitsklage gegen eine Verordnung erheben (vgl. insoweit Beschluss CNPAAP/Rat, Randnr. 38).

(S. I-6734) [38] Die Europäische Gemeinschaft ist jedoch eine Rechtsgemeinschaft, in der die Handlungen ihrer Organe darauf hin kontrolliert werden, ob sie mit dem EG-Vertrag und den allgemeinen Rechtsgrundsätzen, zu denen auch die Grundrechte gehören, vereinbar sind.

[39] Die Einzelnen müssen daher einen effektiven gerichtlichen Schutz der Rechte in Anspruch nehmen können, die sie aus der Gemeinschaftsrechtsordnung herleiten, wobei das Recht auf einen solchen Schutz zu den allgemeinen Rechtsgrundsätzen gehört, die sich aus den gemeinsamen Verfassungsüberlieferungen der Mitgliedstaaten ergeben. Dieses Recht ist auch in den Artikeln 6 und 13 der Europäischen Konvention zum Schutze der Menschenrechte und Grundfreiheiten verankert (vgl. u.a. Urteile vom 15. Mai 1986 in der Rechtssache 222/84, Johnston, Slg. 1986, 1651, Randnr. 18, und vom 27. November 2001 in der Rechtssache C-424/99, Kommission/Österreich, Slg. 2001, I-9285, Randnr. 45).

[40] Der EG-Vertrag hat mit den Artikeln 173 und 184 (jetzt Art. 241 EG) einerseits und Art. 177 andererseits ein vollständiges System von Rechtsbehelfen und Verfahren geschaffen, das die Kontrolle der Rechtmäßigkeit der Handlungen der Organe, mit der der Gemeinschaftsrichter betraut wird, gewährleisten soll (in diesem Sinne Urteil Les Verts/Parlament, Randnr. 23). Nach diesem System haben natürliche oder juristische Personen, die wegen der Zulässigkeitsvoraussetzungen des Artikels 173 Absatz 4 EG-Vertrag Gemeinschaftshandlungen allgemeiner Geltung nicht unmittelbar anfechten können, die Möglichkeit, je nach den Umständen des Falles die Ungültigkeit solcher Handlungen entweder inzident nach Artikel 184 EG-Vertrag vor dem Gemeinschaftsrichter oder aber vor den nationalen Gerichten geltend zu machen und diese Gerichte, die nicht selbst die Ungültigkeit der genannten Handlungen feststellen können (vgl. Urteil vom 22. Oktober 1987 in der Rechtssache 314/85, Foto-Frost, Slg. 1987, 4199, Randnr. 20), zu veranlassen, dem Gerichtshof insoweit Fragen zur Vorabentscheidung vorzulegen.

[41] Es ist somit Sache der Mitgliedstaaten, ein System von Rechtsbehelfen und Verfahren vorzusehen, mit dem die Einhaltung des Rechts auf effektiven gerichtlichen Rechtsschutz gewährleistet werden kann.

(S. I-6735) [42] In diesem Rahmen haben die nationalen Gerichte gemäß dem in Artikel 5 EG-Vertrag aufgestellten Grundsatz der loyalen Zusammenarbeit die nationalen Verfahrensvorschriften über die Einlegung von Rechtsbehelfen möglichst so auszulegen und anzuwenden, dass natürliche und juristische Personen die Rechtmäßigkeit jeder nationalen Entscheidung oder anderen Maßnahme, mit der eine Gemeinschaftshandlung allgemeiner Geltung auf sie angewandt wird, gerichtlich anfechten und sich dabei auf die Ungültigkeit dieser Handlung berufen können.

[43] Insoweit ist, wie der Generalanwalt in den Nummern 50 bis 53 seiner Schlussanträge ausgeführt hat, festzustellen, dass einer Auslegung des Rechtsschutzsystems nicht gefolgt werden kann, wie sie die Rechtsmittelführerin vertritt und nach der eine Direktklage mit dem Ziel der Nichtigerklärung beim Gemeinschaftsrichter möglich sein soll, soweit nach einer konkreten Prüfung der nationalen Verfahrensvorschriften durch diesen Richter dargetan werden kann, dass diese Vorschriften es dem Einzelnen nicht gestatten, eine Klage zu erheben, mit der er die Gültigkeit der streitigen Gemeinschaftshandlung in Frage stellen kann. Denn eine solche Regelung würde es in jedem Einzelfall erforderlich machen, dass der Gemeinschaftsrichter das nationale Verfahrensrecht prüft und auslegt, was seine Zuständigkeit im Rahmen der Kontrolle der Rechtmäßigkeit der Gemeinschaftshandlungen überschreiten würde.

[44] Schließlich ist zu bemerken, dass nach dem durch den EG-Vertrag geschaffenen System der Rechtmäßigkeitskontrolle eine natürliche oder juristische Person nur dann Klage gegen eine Verordnung erheben kann, wenn sie nicht nur unmittelbar, sondern auch individuell betroffen ist. Diese Voraussetzung ist zwar im Licht des Grundsatzes eines effektiven gerichtlichen Rechtsschutzes unter Berücksichtigung der verschiedenen Umstände, die einen Kläger individualisieren können, auszulegen (vgl. z.B. Urteil vom 2. Februar 1988 in den Rechtssachen 67/85, 68/85 und 70/85, Van der Kooy u.a./Kommission, Slg. 1988, 219, Randnr. 14, sowie Urteile Extramet Industrie/Rat, Randnr. 13, und Codorniu/Rat, Randnr. 19); doch kann eine solche Auslegung nicht, ohne dass die den Gemeinschaftsgerichten durch den Vertrag verliehenen Befugnisse überschritten würden, zum Wegfall der fraglichen Voraussetzung, die ausdrücklich im EG-Vertrag vorgesehen ist, führen.

[45] Auch wenn ein anderes System der Rechtmäßigkeitskontrolle der Gemeinschaftshandlungen allgemeiner Geltung als das durch den ursprünglichen Vertrag (S. I-6736) geschaffene, das in seinen Grundzügen nie geändert wurde, sicherlich vorstellbar ist, so wäre es doch Sache der Mitgliedstaaten, das derzeit geltende System gegebenenfalls gemäß Art. 48 EU zu reformieren.

**116**    **Rs. T-69/96 (Hamburger Hafen- und Lagerhaus AG ∕∕ Kommission),**
**Urteil des Gerichts erster Instanz vom 21. 03. 2001 – Slg. 2001,**
**S. II-1037.**

**Vorbemerkungen:** *Die mit den Entscheidungen Plaumann, Deutz/ Geldermann und Unión de Pequeños Agricultores skizzierte Rechtsprechung zur individuellen Betroffenheit bezieht sich vornehmlich auf Fallgestaltungen, in denen der Kläger einen als Verordnung ergangenen Rechtsakt anficht. In der Rechtssache T-69/96 (Hamburger Hafen- und Lagerhaus AG ∕∕ Kommission) hatte sich das EuG demgegenüber mit der Klageberechtigung im Rahmen sog. Konkurrentenklagen in Beihilfesachen auseinanderzusetzen. Soweit der Kläger eine im vorläufigen Beihilfenaufsichtsverfahren nach Art. 88 Abs. 3 EG getroffene Kommissionsentscheidung angreift, mit der die Rechtmäßigkeit einer nationalen Einzelbeihilfe oder einer Beihilferegelung festgestellt wird, bestimmt sich die individuelle Betroffenheit des Konkurrentenklägers danach, ob er im Falle der Durchführung des formellen Prüfungsverfahrens gemäß Art. 88 Abs. 2 EG als Beteiligter ein Recht zur Abgabe einer Stellungnahme in diesem Verfahren haben würde. Die Beteiligteneigenschaft richtet sich nach der Definition des Art. 1 lit. h) Beihilfe-VerfO. Danach muss der Kläger durch die Gewährung der Beihilfe an einen anderen in seiner Wettbewerbsposition beeinträchtigt sein. Nach der älteren Rechtsprechung des EuG (Rs. T-398/94 – Kahn Scheepvaart ∕∕ Kommission – Slg. 1996, S. II-477) war dies noch auf Einzelbeihilfen beschränkt. Diese Rechtsprechung hat das EuG in der Rechtssache Hamburger Hafen- und Lagerhaus AG ∕∕ Kommission aber endgültig aufgegeben und die Beteiligteneigenschaft auch für Klagen gegen die Genehmigung von Beihilferegelungen im vorläufigen Prüfungsverfahren für ausreichend angesehen.*

**Sachverhalt:** Die Niederländische Regierung meldete 1995 der Kommission zwei Beihilfevorhaben, bei denen es sich um eine Einzelbeihilfe und eine Beihilferegelung handelte, die beide die Förderung des kombinierten Güterverkehrs Schiene/Straße zum Gegenstand hatten. Die Kommission erachtete beide Vorhaben als mit dem Gemeinsamen Markt vereinbar und genehmigte die Beihilfen. Die Hamburger Hafen- und Lagerhaus AG, ein auf dem Gebiet des Warenumschlages im Hamburger Hafen tätiges Unternehmen, war der Auffassung, die Beihilfen beträfen letztlich nicht den Güterverkehr, sondern würden tatsächlich dem Warenumschlag im Rotterdamer Hafen zugute kommen. Sie erhob gegen die Genehmigungsentscheidung zu beiden Beihilfen Nichtigkeitsklage. Das EuG wies die Klage ab, weil die Klägerin nicht dargetan hatte, dass sie als Beteiligte in einem förmlichen Verfahren angesehen werden kann.

**Aus den Entscheidungsgründen:**

(S. II-1049) [34] Nach Artikel 173 Absatz 4 EG-Vertrag (nach Änderung jetzt Artikel 230 Absatz 4 EG) kann eine natürliche oder juristische Person nur dann gegen eine an eine andere Person gerichtete Entscheidung Klage erheben, wenn diese Entscheidung sie unmittelbar und individuell betrifft. Da die angefochtenen Entscheidungen an die niederländische Regierung gerichtet waren, ist zunächst zu prüfen, ob sie die Kläger individuell betreffen.

[35] Nach ständiger Rechtsprechung kann derjenige, der nicht Adressat einer Entscheidung ist, nur dann geltend machen, von ihr individuell betroffen zu sein, wenn die Entscheidung ihn wegen bestimmter persönlicher Eigenschaften oder besonderer, ihn aus dem Kreis aller übrigen Personen heraushebender Umstände berührt und ihn daher in ähnlicher Weise wie den Adressaten individualisiert (Urteile des Gerichtshofes vom 15. Juli 1963 in der Rechtssache 25/62, Plaumann/Kommission, Slg. 1963, 213, 238, und vom 28. Januar 1986 in der Rechtssache 169/84, Cofaz u.a./Kommission, Slg. 1986, 391, Randnr. 22; Urteile des Gerichts vom 15. September 1998 in der Rechtssache T-11/95, BP Chemicals/Kommission, Slg. 1998, II-3235, Randnr. 71, und vom 15. Dezember 1999 in den Rechtssachen T-132/96 und T-143/96, Freistaat Sachsen u.a./Kommission, Slg. 1999, II-3663, Randnr. 83).

[36] Im Bereich der Kontrolle staatlicher Beihilfen ist die in Artikel 93 Absatz 3 EG-Vertrag geregelte Vorprüfungsphase, die nur dazu dient, der Kommission eine (S. II-1050) erste Meinungsbildung darüber zu ermöglichen, ob die fragliche Beihilfe ganz oder teilweise mit dem Vertrag vereinbar ist, von der Prüfungsphase nach Artikel 93 Absatz 2 EG-Vertrag zu unterscheiden. Nur in dieser Prüfungsphase, die es der Kommission ermöglichen soll, sich ein vollständiges Bild von allen Gegebenheiten des Falles zu verschaffen, sieht der Vertrag die Verpflichtung der Kommission vor, den Beteiligten Gelegenheit zur Äußerung zu geben (Urteil des Gerichts vom 16. September 1998 in der Rechtssache T-188/95, Waterleiding Maatschappij/Kommission, Slg. 1998, II-3713, Randnr. 52).

[37] Stellt die Kommission, ohne das Verfahren nach Artikel 93 Absatz 2 EG-Vertrag einzuleiten, aufgrund von Artikel 93 Absatz 3 fest, dass eine Beihilfe mit dem Gemeinsamen Markt vereinbar ist, so können die Personen, die diese Verfahrensgarantien genießen, deren Beachtung nur durchsetzen, wenn sie die Möglichkeit haben, die Entscheidung der Kommission vor dem Gerichtshof anzufechten (Urteile des Gerichtshofes vom 19. Mai 1993 in der Rechtssache C-198/91, Cook/Kommission, Slg. 1993, I-2487, Randnr. 23, und vom 15. Juni 1993 in der Rechtssache C-225/91, Matra/Kommission, Slg. 1993, I-3203, Randnr. 17, sowie Urteil Waterleiding Maatschappij/Kommission, Randnr. 53). Aus diesen Gründen erklären der Gerichtshof und das Gericht eine Klage eines im Sinne von Artikel 93 Absatz 2 EG-Vertrag Beteiligten auf Nichtigerklärung einer gemäß Artikel 93 Absatz 3 EG-Vertrag erlassenen Entscheidung für zulässig, wenn der Beteiligte durch die Erhebung seiner Klage den Schutz seiner Verfahrensgarantien aus Artikel 93 Absatz 2 EG-Vertrag durchsetzen will (Urteile Cook/Kommission, Randnrn. 23 bis 26, Matra/Kommission, Randnrn. 17 bis 20, und Waterleiding Maatschappij/Kommission, Randnr. 53).

[38] Im vorliegenden Fall wurden die beiden angefochtenen Entscheidungen auf der Grundlage von Artikel 93 Absatz 3 EG-Vertrag erlassen, ohne dass die Kommission das förmliche Verfahren des Artikels 93 Absatz 2 EG-Vertrag eröffnet hatte. Außerdem beantragen die Kläger die Nichtigerklärung der angefochtenen Entscheidungen mit der Begründung, dass die Kommission dieses Verfahren im vorliegenden Fall nicht eröffnet habe. Die Eröffnung eines solchen Verfahrens sei (S. II-1051) nämlich geboten gewesen, da eine erste Beurteilung der in Rede stehenden Beihilfen ernsthafte Schwierigkeiten hinsichtlich der Beurteilung ihrer Vereinbarkeit mit dem Gemeinsamen Markt aufgeworfen habe.

[39] Demnach sind die Kläger als von den angefochtenen Entscheidungen individuell betroffen anzusehen, wenn sich herausstellt, dass sie als Beteiligte im Sinne von Artikel 93 Absatz 2 EG-Vertrag einzustufen sind.

[40] Nach ständiger Rechtsprechung sind Beteiligte im Sinne des Artikels 93 Absatz 2 EG-Vertrag nicht nur das oder die Unternehmen, die durch eine Beihilfe begünstigt werden, sondern in gleichem Maße auch die durch die Gewährung der Beihilfe eventuell in ihren Interessen verletzten Personen, Unternehmen oder Vereinigungen, insbesondere die konkurrierenden Unternehmen und die Berufsverbände (Urteil des Gerichtshofes vom 14. November 1984 in der Rechtssache

323/82, Intermills/Kommission, Slg. 1984, 3809, Randnr. 16, Urteil
Cook/Kommission, Randnr. 24, Urteil Matra/Kommission, Randnr.
18, und Urteil vom 2. April 1998 in der Rechtssache C-367/95 P,
Kommission/Sytraval und Brink's France, Slg. 1998, I-1719, Randnr.
41, mit dem das Urteil des Gerichts vom 28. September 1995 in der
Rechtssache T-95/94, Sytraval und Brink's France/Kommission, Slg.
1995, II-2651, bestätigt wurde).

[41] Ferner ist nach der Rechtsprechung die Klage des Wettbewerbers des Beihilfeempfängers nur zulässig, wenn er nachweist, dass
seine Wettbewerbsposition auf dem Markt durch die Gewährung der
Beihilfe beeinträchtigt wird. Andernfalls hat er nicht die Eigenschaft
eines Beteiligten im Sinne des Artikels 93 Absatz 2 EG-Vertrag (Urteil Waterleiding Maatschappij/Kommission, Randnr. 62).

**Rs. T-132/96 und T-143/95 (Freistaat Sachsen ⁄ Kommission),**   **117**
**Urteil des Gerichts erster Instanz vom 15. 12. 1999 – Slg. 1999,**
**S. II-3663.**

**Vorbemerkungen:** *Von der Rechtsprechung sind ebenfalls spezielle*
*Kriterien entwickelt worden, um das Erfordernis der individuellen Be-*
*troffenheit nach Art. 230 Abs. 4 EG den Besonderheiten der Individual-*
*klagen von Gebietskörperschaften anzupassen. In seiner Entscheidung*
*betreffend das Beihilfeverfahren zu VW Sachsen hat das Gericht erster*
*Instanz im Rahmen der unmittelbaren und individuellen Betroffenheit*
*ein Interesse der „unterhalb der Ebene der Mitgliedstaaten angesie-*
*delten Einheit" an der Anfechtung einer von ihr durchzuführenden*
*Entscheidung angenommen, das von demjenigen des Mitgliedstaats,*
*zu dem sie gehört, zu unterscheiden ist. Erstmals wurde hiermit die*
*Klageberechtigung eines deutschen Bundeslandes nach Art. 230 Abs. 4*
*EG ausdrücklich anerkannt. Für die individuelle Betroffenheit einer*
*gliedstaatlichen Gebietskörperschaft kommt es mithin künftig darauf*
*an, dass diese entweder*
*(1) in finanzieller Hinsicht an der Beihilfe beteiligt ist oder*
*(2) ihr Befugnisse bei der Vergabe oder*
*(3) Befugnisse bei der Rückforderung der Beihilfe zustehen.*
*Diese Voraussetzungen gelten nicht kumulativ, sondern alternativ.*

**Sachverhalt:** Aufgrund des zusammenbrechenden Absatzes von Trabant-Fahrzeugen nach der Wirtschafts- und Währungsunion 1990 schloss die Volkswagen Union mit der Treuhandanstalt eine Grundsatzvereinbarung ab, die unter anderem die Errichtung einer Beschäftigungsgesellschaft und die Übernahme verschiedener Fertigungsanlagen vorsah. Für dieses Projekt wurden umfangreiche staatliche Beihilfen gewährt. Die Kommission erklärte in der an die Bundesrepublik Deutschland gerichteten Entscheidung 96/666/EG einen Teil der Beihilfen für unvereinbar mit Art. 87 Abs. 3 c) EG und Art. 61 Abs. 3 c) EWR-Abkommen. Der Freistaat Sachsen erhob Klage beim EuG mit dem Ziel, die ablehnenden Teile der Entscheidung für nichtig erklären zu lassen. Das EuG ließ die Klage mit der Begründung zu, dass der Freistaat Sachsen im Sinne von Art. 230 Abs. 4 EG individuell betroffen sei.

## Aus den Entscheidungsgründen:

(S. II-3701) [81] Der Freistaat Sachsen, der nach deutschem Recht Rechtspersönlichkeit besitzt, kann Nichtigkeitsklage nach Artikel 173 Absatz 4 EG-Vertrag erheben, wonach jede natürliche oder juristische Person gegen die an sie ergangenen Entscheidungen sowie gegen diejenigen Entscheidungen Klage erheben kann, die, obwohl sie als Verordnung oder als eine an eine andere Person gerichtete Entscheidung ergangen sind, sie unmittelbar und individuell betreffen (vgl. Urteil Vlaams Gewest/Kommission, Randnr. 28, und die dort angeführte Rechtsprechung sowie Beschluß Comunidad Autónoma de Cantabria/Rat, Randnr. 43).

[82] Da die angefochtene Entscheidung an die Bundesrepublik Deutschland gerichtet ist, ist somit zu prüfen, ob der Freistaat Sachsen unmittelbar und individuell betroffen ist.

[83] Andere Personen als die Adressaten einer Entscheidung können nur dann behaupten, individuell im Sinne von Artikel 173 Absatz 4 EG-Vertrag betroffen zu sein, wenn diese Entscheidung sie wegen bestimmter persönlicher Eigenschaften oder besonderer, sie aus dem Kreis aller übrigen Personen heraushebender Umstände berührt und sie dadurch in ähnlicher Weise individualisiert wie einen Adressaten (Urteile des Gerichtshofes vom 15. Juli 1963 in der Rechtssache 25/62, Plaumann/Kommission, Slg. 1963, 213, 238, und vom 28. Januar 1986 in der Rechtssache 169/84, Cofaz u.a./Kommission, Slg. 1986, 391, Randnr. 22). Diese Bestimmung bezweckt nämlich, auch demjenigen Rechtsschutz zu verschaffen, der, ohne Adressat der fraglichen Handlung zu sein, von ihr tatsächlich in ähnlicher Weise betroffen ist wie der Adressat (Urteil Gemeinde Differdange u.a./Kommission, Randnr. 9).

[84] Die angefochtene Entscheidung betrifft Beihilfen, die der Freistaat Sachsen teilweise aus eigenen Mitteln gewährt hat. Sie erfaßt nicht nur Handlungen, die der Freistaat Sachsen erlassen hat, nämlich die Bescheide von 1991, 1993, 1994 und (S. II-3702) 1996, sondern sie hindert diesen auch daran, seine autonomen Befugnisse nach seinen Vorstellungen auszuüben (vgl. Urteile Vlaams Gewest/Kommission, Randnr. 29, und Regione autonoma Friuli Venezia Giulia/Kommission, Randnr. 31).

[85] Wie sich nämlich aus den Randnummern 2 bis 4 des von der Kommission angeführten Urteils in der Rechtssache Deutschland/Kommission vom 14. Oktober 1987 ergibt, werden in der Bundesrepublik Deutschland Regionalbeihilfen grundsätzlich von den einzelnen Bundesländern gewährt, auch wenn der Bund seit Änderung des Grundgesetzes aus dem Jahr 1969 gemäß dem neuen Artikel 91a GG bei der Verbesserung der regionalen Wirtschaftsstruktur durch die einzelnen Länder mitwirkt. Gemäß dem aufgrund von Artikel 91a GG erlassenen Gesetz über die Gemeinschaftsaufgabe werden seit 1972 regelmäßig Beihilfeprogramme in Form von Rahmenplänen gemeinsam von Bund und Ländern aufgestellt. Die in Durchführung dieser Rahmenpläne gewährten Beihilfen werden sowohl vom Bund als auch von den Ländern finanziert. Parallel zu den aufgrund der Gemeinschaftsaufgabe aufgestellten Rahmenplänen können die Länder auch regionale Förderprogramme zugunsten von in ihrem Gebiet investierenden Unternehmen vorsehen.

[86] Zudem ist der Freistaat Sachsen nach der angefochtenen Entscheidung verpflichtet, das Verwaltungsverfahren zur Wiedereinziehung der Beihilfen bei den Empfängern einzuleiten, wofür er auf nationaler Ebene allein zuständig ist. Das Gericht hat in diesem Zusammenhang in der Sitzung auf Antrag der Kommission zur Kenntnis genommen, daß ein Teil der Beihilfen an den Freistaat Sachsen selbst zurückgezahlt worden ist.

(…)

[88] Infolgedessen ist der Freistaat Sachsen von der angefochtenen Entscheidung im Sinne von Artikel 173 Absatz 4 EG-Vertrag individuell betroffen.

## 3. Wirkung des Nichtigkeitsurteils

**118    Rs. 310/97 P (Assi Domän Kraft Products AB u.a.),
Urteil des Gerichtshofes vom 14. 09. 1999 – Slg. 1999, S. I-5363.**

**Vorbemerkungen:** *Ist eine Nichtigkeitsklage zulässig und begründet, so erklärt der Gerichtshof die angefochtene Handlung für nichtig und hebt sie rechtsgestaltend auf (Art. 231 Abs. 1 EG). Die Nichtigerklärung erfolgt mit allgemeiner Wirkung (erga omnes) und mit rückwirkender Kraft (ex tunc). Die für nichtig erklärte Rechtshandlung gilt als von Anfang an nicht existent. Der Gerichtshof darf den für nichtig erklärten Rechtsakt weder durch einen anderen ersetzen noch dem beklagten Organ den Erlass bestimmter Maßnahmen vorschreiben. Zwar hat „das oder die Organe, denen das für nichtig erklärte Handeln zur Last fällt, (...) die sich aus dem Urteil des Gerichtshofs ergebenden Maßnahmen zu ergreifen" (Art. 233 EG). Dem Gerichtshof ist es aber versagt, ein Verpflichtungsurteil zu erlassen. Diese Lücke will Art. 233 EG schließen, indem er das verurteilte Gemeinschaftsorgan verpflichtet, von sich aus die sich aus dem Urteil, insbesondere den Urteilsgründen, ergebenden Maßnahmen zu ergreifen. Handlungspflichten ergeben sich aus dem Nichtigkeitsurteil insoweit, als die Maßnahmen, welche auf dem für nichtig erklärten Rechtsakt beruhen, mangels gültiger Rechtsgrundlage aufzuheben sind. In dem Rechtsmittelverfahren Kraft Products zeigt der EuGH die Grenzen der aus Art. 233 EG folgenden Verpflichtung auf. Sie reicht nicht so weit, dass das Organ, welches den für nichtig erklärten Rechtsakt erlassen hatte, verpflichtet ist, auch andere, nicht vor den Gemeinschaftsgerichten angefochtene und an andere Adressaten gerichtete identische oder ähnliche Rechtsakte zu überprüfen. Der EuGH schränkt damit zutreffend die materielle Rechtskraftwirkung eines Nichtigkeitsurteils auf die im Tenor der Entscheidung genannten Parteien ein.*

**Sachverhalt:** Die Kommission verhängte gegen verschiedene Zellstoffhersteller eine Geldbuße wegen wettbewerbswidrigen Verhaltens. Einige Adressaten der Entscheidung zahlten die Geldbuße, andere klagten jedoch dagegen. Die Klagen hatten weitgehend Erfolg, die Geldbußen wurden größtenteils herabgesetzt oder aufgehoben. Daraufhin forderten die Adressaten, welche die Geldbußen bereits gezahlt hatten, die Kommission auf, die gegen sie verhängten Geldbußen zu überprüfen und ebenfalls herabzusetzen. Die Kommission lehnte dies mit Hinweis auf die Bestandskraft der

Entscheidung ab. Daraufhin erhoben die Adressaten Klage beim EuG, das eine Überprüfungspflicht der Kommission zunächst bejahte. Die Kommission focht daraufhin das Urteil vor dem EuGH an, der das Urteil des EuG aufhob und eine Überprüfungspflicht der Kommission verneinte.

## Aus den Entscheidungsgründen:

(S. I-5412) [49] Das Rechtsmittel wirft die Frage auf, ob das Organ, das im Rahmen eines gemeinsamen Verfahrens mehrere ähnliche Individualentscheidungen erlassen hat, mit denen Geldbußen auferlegt wurden, dann, wenn nur einige der Adressaten eine Nichtigkeitsklage erhoben und mit ihr obsiegt haben, auf Antrag anderer Adressaten im Licht der Begründung des Nichtigkeitsurteils die Rechtmässigkeit der nicht angefochtenen Entscheidungen zu überprüfen und zu entscheiden hat, ob auf der Grundlage dieser Überprüfung die entrichteten Geldbußen zu erstatten sind.

[50] Die Klägerinnen haben sich vor dem Gericht nur auf Artikel 176 EG-Vertrag berufen; diese Bestimmung liegt dem angefochtenen Urteil zugrunde. Sie verpflichtet das Organ, dem das für nichtig erklärte Handeln zur Last fällt, nur dazu, die sich aus dem Nichtigkeitsurteil ergebenden Maßnahmen zu ergreifen.

[51] Die Wirkung dieses Urteils ist in zweierlei Hinsicht beschränkt.

[52] Zum einen darf der Gemeinschaftsrichter im Rahmen einer Nichtigkeitsklage nicht ultra petita entscheiden (siehe Urteile vom 14. Dezember 1962 in den Rechtssachen 46/59 und 47/59, Meroni/Hohe Behörde, Slg. 1962, 837, 854, und vom 28. Juni 1972 in der Rechtssache 37/71, Jamet/Kommission, Slg. 1972, 483, Randnr. 12); die Nichtigerklärung darf daher nicht über den Antrag des Klägers hinausgehen.

[53] Erhebt also ein Adressat einer Entscheidung Nichtigkeitsklage, so wird der Gemeinschaftsrichter nur mit den Teilen der Entscheidung befaßt, die diesen Adressaten betreffen. Diejenigen Teile, die andere Adressaten betreffen, die die Entscheidung nicht angefochten haben, sind nicht Teil des Streitgegenstands, über den der Gemeinschaftsrichter zu entscheiden hat.

(S. I-5413) [54] Zum anderen erfaßt die absolute Verbindlichkeit eines Nichtigkeitsurteils eines Gemeinschaftsgerichts (vgl. insbesondere Urteile vom 21. Dezember 1954 in den Rechtssachen 1/54, Frankreich/Hohe Behörde, Slg. 1954-1955, 7, 36, und 2/54, Italien/Hohe Behörde, Slg. 1954-1955, 81, 113, sowie vom 11. Februar 1955 in der

Rechtssache 3/54, Assider/Hohe Behörde, Slg. 1954-1955, 132) zwar sowohl den Tenor als auch die tragenden Gründe der Entscheidung, hat aber nicht die Nichtigkeit einer Handlung zur Folge, die zwar aus demselben Grund rechtswidrig sein soll, vor dem Gemeinschaftsrichter aber nicht angefochten ist.

[55] Die Berücksichtigung der Begründung, die die spezifischen Gründe der vom Gemeinschaftsrichter festgestellten Rechtswidrigkeit erkennen lässt (siehe u.a. Urteil vom 12. November 1998 in der Rechtssache C-415/96, Spanien/Kommission, Slg. 1998, I-6993, Randnr. 31), hat nämlich nur den Zweck, die genaue Bedeutung des Tenors zu bestimmen. Ein Punkt der Begründung eines Nichtigkeitsurteils hat keine Verbindlichkeit für Personen, die nicht Partei des Verfahrens waren und für die das Urteil daher keine wie auch immer geartete Entscheidung enthalten kann.

[56] Auch wenn Artikel 176 das betreffende Organ verpflichtet, anstelle der für nichtig erklärten Handlung keine Handlung zu setzen, die eben die Fehler aufweist, die im Nichtigkeitsurteil festgestellt wurden, besagt diese Bestimmung somit entgegen dem, was das Gericht in den Randnummern 69, 72 und 85 festgestellt hat, nicht, daß das Organ auf Antrag von Betroffenen identische oder ähnliche, an andere Adressaten als den Kläger gerichtete Entscheidungen überprüfen müsste, die denselben Fehler aufweisen sollen.

(...)

(S. I-5417) [71] Das Gericht hat somit rechtsirrig entschieden, daß Artikel 176 EG-Vertrag die Kommission verpflichte, die Rechtmäßigkeit der Zellstoffentscheidung auf Antrag der Betroffenen im Licht des Urteils Zellstoff insoweit zu überprüfen, als sie sie betraf, und auf der Grundlage dieser Prüfung zu beurteilen, ob die entrichteten Geldbußen zu erstatten seien. Das angefochtene Urteil ist deshalb aufzuheben.

## IV. Untätigkeitsklage, Art. 232 f. EG

**119**  **Rs. T-3/90 (Prodifarma ∕ Kommission),
Urteil des Gerichts erster Instanz vom 23. 01. 1991 – Slg. 1991,
S. II-1.**

**Vorbemerkungen:** *Natürliche und juristische Personen können „Beschwerde darüber führen, daß ein Organ der Gemeinschaft es unterlassen hat, einen anderen Akt als eine Empfehlung oder eine Stellung-*

*nahme an sie zu richten" (Art. 232 Abs. 3 EG). Individualklagen gegen Empfehlungen oder Stellungnahmen – also gegen unverbindliche Rechtsakte – sind ausdrücklich ausgeschlossen. In der Rs. T-3/90 (Prodifarma ⁄ Kommission) leitet das EuG eine weitere Einschränkung des statthaften Klagegegenstandes aus der Formulierung „an sie zu richten" ab. Die natürliche oder juristische Person muss nachweisen, dass sie sich in der Rechtsstellung eines (potentiellen) Adressaten des Rechtsaktes befindet, der begehrte Rechtsakt also individuelle Geltung entfalten würde. Maßnahmen mit allgemeiner Geltung, die zwar rechtsverbindlich, aber weder ihrer Form noch ihrer Rechtsnatur nach an den Einzelnen gerichtet sind, werden danach ausgenommen. Verordnungen und Richtlinien scheiden mithin als statthafte Klagegegenstände aus. Diese verbindlichen Rechtsakte betreffen den Einzelnen nicht individuell, sondern nur in seiner Eigenschaft als Angehörigen einer nach allgemeinen Merkmalen bestimmten Gruppe (vgl. auch Fall 120 sowie Fall 105).*

**Sachverhalt:** Die Vereinigung niederländischen Rechts Prodifarma hatte gemäß Art. 232 Abs. 3 EG Klage auf Feststellung erhoben, die Kommission habe dadurch gegen den EG-Vertrag verstoßen, dass sie nicht den Antrag der Klägerin beschieden hat, Art. 15 Abs. 6 der Verordnung Nr. 17 des Rates vom 06.02.1962, der ersten Durchführungsverordnung zu den Artikeln 81 und 82 des Vertrages, anzuwenden und den an der „Omni-partijen Akkoord" (Allparteienvereinbarung) genannten Vereinbarung über den Vertrieb von Arzneimitteln in den Niederlanden Beteiligten den in Art. 15 Abs. 5 der Verordnung Nr. 17 vorgesehenen Schutz vor Geldbußen zu entziehen. Die Kommission erhob dagegen die Einrede der Unzulässigkeit. Das EuG gab der Einrede statt und wies die Klage ab.

### Aus den Entscheidungsgründen:

(S. II-13) [35] Hierzu ist darauf hinzuweisen, daß nach Artikel 175 Absatz 3 EWG-Vertrag jede natürliche oder juristische Person nach Maßgabe dieses Artikels vor dem Gemeinschaftsrichter Beschwerde darüber führen kann, daß ein Organ „es unterlassen hat, einen anderen Akt als eine Empfehlung oder eine Stellungnahme an sie zu richten". Aus dem Wortlaut dieser Vorschrift folgt, daß die Klage nur zulässig sein kann, wenn eine natürliche oder juristische Person nachweist, daß sie sich genau in der Rechtsstellung des potentiellen Adressaten eines Rechtsaktes befindet, den die Kommission ihr gegenüber zu erlassen verpflichtet wäre (…).

[36] Sodann ist darauf hinzuweisen, daß die Klägerin eine Entscheidung der Kommission gemäß Artikel 15 Absatz 6 der Verordnung Nr. 17 beantragt, wonach dessen Absatz 5, der den Beteiligten, die eine Vereinbarung angemeldet haben, Schutz vor Geldbußen garantiert, „keine Anwendung [findet], sobald die Kommission den betreffenden Unternehmen mitgeteilt hat, daß sie auf Grund vorläufiger Prüfung der Auffassung ist, daß die Voraussetzungen des Artikels 85 Absatz 1 des Vertrages vorliegen und eine Anwendung des Artikels 85 Absatz 3 nicht gerechtfertigt ist". Aus dem Wortlaut dieser Vorschrift folgt, daß die Entscheidung, zu deren Erlaß sie die Kommission ermächtigt, zwingend an die Parteien der angemeldeten Vereinbarung zu richten ist. Dagegen sieht diese Vorschrift nicht vor, daß Dritte, die gegen die Vereinbarung gemäß Art. 3 der Verordnung Nr. 17 Beschwerde geführt haben, ebenfalls Adressaten sind.

(S. II-14) [37] Die von der klagenden Vereinigung beantragte Entscheidung wäre daher weder an sie noch an ihre Mitgliedsunternehmen zu richten. Unter diesen Umständen gehören weder die Klägerin noch ihre Mitglieder zu den natürlichen oder juristischen Personen, die nach dem Wortlaut von Artikel 175 Absatz 3 EWG-Vertrag eine Untätigkeitsklage erheben können.

[38] Wenn diese Feststellung auch bereits genügt, die vorliegende Klage für unzulässig zu erklären, ist nach Ansicht des Gerichts vorsorglich doch zusätzlich die Auffassung der Klägerin zu prüfen, sie werde von der von ihr beantragten Entscheidung unmittelbar und individuell betroffen und müsse daher im Rahmen des Artikels 175 Absatz 3 EWG-Vertrag einem potentiellen Adressaten dieser Entscheidung gleichgestellt werden.

[39] Selbst wenn eine Parallelität zwischen der Anfechtungsklage nach Artikel 173 und der Untätigkeitsklage nach Artikel 175 EWG-Vertrag, auf die sich die Klägerin berufen hat, anerkannt werden könnte und wenn außerdem der Rechtsschutz von Privatpersonen eine extensive Auslegung des Artikels 175 Absatz 3 dahin gebieten würde, daß eine natürliche oder juristische Person einem Organ vorwerfen könnte, den Erlaß eines Aktes unterlassen zu haben, der nicht an sie zu richten wäre, sie aber im Fall seines Erlasses unmittelbar und individuell beträfe (…), könnte die vorliegende Klage doch nur dann zulässig sein, wenn eine Entscheidung nach Art. 15 Absatz 6 der Verordnung Nr. 17 die Klägerin unmittelbar und individuell berühren würde, indem sie ihr gegenüber Rechtswirkungen erzeugt. Es ist daher zu untersuchen, welche Rechtswirkungen die von der Klägerin beantragte Entscheidung auf wettbewerbsrechtlicher und verfahrensrechtlicher Ebene erzeugen würde.

(...)

(S. II-16) [45] Die Klägerin beantragt folglich, ohne hierauf nach irgendeiner Rechtsvorschrift einen Anspruch zu haben, den Erlaß eines Aktes, der sie nicht unmittelbar und individuell im Sinne von Art. 173 Absatz 2 EWG-Vertrag betreffen würde. Ihre Klage ist daher selbst dann für unzulässig zu erklären, wenn ihrer Auffassung über das Bestehen einer Parallelität der Klagearten der Artikel 173 und 175 gefolgt werden könnte.

**Rs. T-95/96 (Gestevisión Telecinco ∕ Kommission),**                    **120**
**Urteil des Gerichts erster Instanz vom 15. 09. 1998 – Slg. 1998,**
**S. II-3407.**

**Vorbemerkungen:** *Die Entscheidung behandelt erstmals die Zulässigkeit einer Konkurrentenuntätigkeitsklage. Die Zulässigkeit solcher Untätigkeitsklagen ist in der Vergangenheit wegen des Wortlauts des Art. 232 Abs. 3 EG z.T. bezweifelt worden. Das EuG hält jedoch auch solche Untätigkeitsklagen für zulässig, wenn*
*(1) es sich bei dem unterlassenen Rechtsakt um eine Entscheidung im Sinne des Art. 249 Abs. 4 EG handelt und*
*(2) der Kläger durch das Unterlassen unmittelbar und individuell betroffen ist.*
*Die unmittelbare Betroffenheit ist zumeist unproblematisch, da der Kläger sich regelmäßig gegen bereits gewährte Mittelzuweisungen an einen Konkurrenten wendet. Die individuelle Betroffenheit bestimmt sich – wie im Falle der Konkurrentennichtigkeitsklage – nach der Beteiligteneigenschaft des Klägers im förmlichen Beihilfenprüfungsverfahren (dazu näher Fall 116 – Hamburger Hafen).*

**Sachverhalt:** Eine Gesellschaft spanischen Rechts, die Gestevisión Telecinco SA, ist einer von drei privaten Fernsehveranstaltern in Spanien. Sie reichte bei der Kommission zwei Beschwerden ein, mit denen sie die Unvereinbarkeit der den öffentlich-rechtlichen Fernsehveranstaltern von ihren jeweiligen Gebietskörperschaften gewährten Mittelzuweisungen mit dem Gemeinsamen Markt i.S.v. Art. 87 EG durch eine Kommissionsentscheidung gegenüber dem Mitgliedstaat festzustellen suchte. Im Gegensatz zu den privaten erhielten die öffentlich-rechtlichen Fernsehunternehmen vom Staat eine zusätzliche finanzielle Unterstützung. Die Bearbeitung der Beschwerden zog sich über mehrer Jahre hin, ohne dass die Kommission eine Entscheidung über die Beschwerde traf. Die Gesellschaft erhob daher Untätigkeitsklage gegen die Kommission. Das EuG gab der Klage statt.

**Aus den Entscheidungsgründen:**

(S. II-3425) [57] Gemäß Artikel 175 Absatz 3 des Vertrages kann jede natürliche oder juristische Person vor dem Gemeinschaftsrichter Beschwerde darüber führen, daß ein Organ der Gemeinschaft es unterlassen hat, einen anderen Akt als eine Empfehlung oder eine Stellungnahme an sie zu richten.

(S. II-3426) [58] In seinem Urteil vom 26. November 1996 in der Rechtssache C-68/95 (T. Port, Slg. 1996, I-6065, Randnr. 59) hat der Gerichtshof klargestellt, daß – ebenso wie Artikel 173 Absatz 4 es dem einzelnen erlaubt, Nichtigkeitsklage gegen einen Rechtsakt zu erheben, der zwar nicht an ihn gerichtet ist, ihn aber unmittelbar und individuell betrifft – auch Artikel 175 Absatz 3 dahin auszulegen ist, daß der einzelne Untätigkeitsklage gegen ein Organ erheben kann, das es unterlassen hat, einen Rechtsakt zu erlassen, der ihn in gleicher Weise betroffen hätte.

[59] Die Ansicht der Kommission, daß der Antrag auf Feststellung der Untätigkeit nur deshalb unzulässig sei, weil die Klägerin nicht die potentielle Adressatin der Rechtsakte sei, die sie im vorliegenden Fall erlassen könne (vgl. oben, Randnr. 55), geht daher fehl.

[60] Im vorliegenden Fall ist zu prüfen, inwieweit die Klägerin als von den Rechtsakten, die die Kommission unterlassen haben soll, unmittelbar und individuell betroffen angesehen werden kann.

[61] Insoweit geht aus dem Urteil des Gerichts vom 27. April 1995 in der Rechtssache T-435/93 (ASPEC u.a./Kommission, Slg. 1995, II-1281, Randnr. 60) hervor, daß ein Unternehmen als von einer Entscheidung der Kommission in bezug auf eine staatliche Beihilfe unmittelbar betroffen angesehen werden kann, wenn die Absicht der nationalen Behörden, ihr Beihilfevorhaben zu verwirklichen, außer Zweifel steht. Im vorliegenden Fall ist aber unstreitig, daß die verschiedenen streitigen Mittelzuweisungen von den spanischen Behörden bereits gewährt worden sind und noch immer gewährt werden. Unter diesen Umständen ist davon auszugehen, daß die unmittelbare Betroffenheit der Klägerin feststeht.

[62] Nach ständiger Rechtsprechung sind natürliche oder juristische Personen von einer Entscheidung individuell betroffen, wenn diese sie wegen bestimmter persönlicher Eigenschaften oder besonderer, sie aus dem Kreis aller übrigen Personen heraushebender Umstände berührt (Urteil des Gerichtshofes vom 15. Juli 1963 in der Rechtssache 25/62, Plaumann/Kommission, Slg. 1963, 213, 238; Urteile des Gerichts vom 13. Dezember 1995 in den verbundenen Rechtssachen T-481/93 und

T-484/93, (S. II-3427) Exporteurs in Levende Varkens u.a./Kommission, Slg. 1995, II-2941, Randnr. 51, und vom 22. Oktober 1996 in der Rechtssache T-266/94, Skibsvärftsforeningen u.a./Kommission, Slg. 1996, II-1399, Randnr. 44).

[63] Folglich ist im vorliegenden Fall zu prüfen, ob die Klägerin von der Entscheidung unmittelbar betroffen wäre, die die Kommission dem betreffenden Mitgliedstaat gegenüber nach Abschluß der Vorprüfungsphase erlassen könnte und mit der sie entweder entscheiden würde, daß die fragliche staatliche Maßnahme keine Beihilfe darstellt, oder, daß sie eine Beihilfe darstellt, sich jedoch als mit dem Gemeinsamen Markt vereinbar erweist, oder aber, daß das Verfahren nach Artikel 93 Absatz 2 des Vertrages einzuleiten ist.

[64] Stellt die Kommission, ohne das Verfahren nach Artikel 93 Absatz 2 einzuleiten, aufgrund von Artikel 93 Absatz 3 fest, daß eine staatliche Maßnahme keine Beihilfe darstellt oder daß diese Maßnahme, obgleich sie eine Beihilfe darstellt, mit dem Gemeinsamen Markt vereinbar ist, so können nach ständiger Rechtsprechung die Personen, die die in Artikel 93 Absatz 2 vorgesehenen Verfahrensgarantien genießen, deren Beachtung nur durchsetzen, wenn sie die Möglichkeit haben, die Entscheidung der Kommission vor dem Gemeinschaftsrichter anzufechten (vgl. zuletzt Urteil Kommission/Sytraval und Brink's France, Randnr. 47, und bereits Urteile Cook/Kommission, Randnr. 23, und Matra/Kommission, Randnr. 17). Dasselbe würde im vorliegenden Fall dann gelten, wenn die Kommission zu dem Ergebnis käme, daß die den spanischen öffentlich-rechtlichen Fernsehveranstaltern gewährten Mittelzuweisungen Beihilfen darstellen, jedoch gemäß Artikel 90 Absatz 2 des Vertrages nicht unter das Verbot des Artikels 92 dieses Vertrages fallen (Urteil FFSA u.a./Kommission, Randnrn. 172 und 178, in der Rechtsmittelinstanz bestätigt durch Beschluß des Gerichtshofes vom 25. März 1998 in der Rechtssache C-174/97 P, FFSA u.a./Kommission, Slg. 1998, I-1303).

**Rs. 17/57 (De Gezamenlijke Steenkolenmijnen in Limburg /      121
Hohe Behörde der Europäischen Gemeinschaft für Kohle
und Stahl),
Urteil des Gerichtshofes vom 04. 02. 1959 – Slg. 1958/59, S. 9.**

**Vorbemerkungen:** *Nach Art. 232 Abs. 2 EG ist die Erhebung der Untätigkeitsklage nur zulässig, wenn zuvor das untätige Gemeinschaftsorgan zum Tätigwerden aufgefordert wurde. Eine inhaltsgleiche Be-*

*stimmung fand sich in Art. 35 EGKS. In dem vorliegenden Urteil beschreibt der Gerichtshof den Sinn dieser Voraussetzung damit, dass der künftige Kläger gezwungen werden soll, die Behörde „davon in Kenntnis zu setzen, dass er gegen ihre etwaige Unterlassung rechtlich vorgehen würde, wodurch die [Behörde] genötigt wird, innerhalb einer bestimmten Frist zu der Rechtmäßigkeit ihres Nichteingreifens Stellung zu nehmen". Dem untätigen Gemeinschaftsorgan soll also schon im Vorfeld einer gerichtlichen Auseinandersetzung die Vertragswidrigkeit seines Verhaltens bewußt gemacht und Gelegenheit zum Tätigwerden gegeben werden. Um diese Aufgabe zu erfüllen, muß die Aufforderung zum Tätigwerden*

*(1) die zu erlassende Maßnahme sowie*

*(2) die infolge der Untätigkeit verletzten primär- oder sekundärrechtlichen Handlungspflichten bezeichnen und*

*(3) einen Hinweis auf die Klageerhebung für den Fall fortdauernder Untätigkeit beinhalten.*

*Obwohl der EGKS-Vertrag außer Kraft getreten ist, bleibt die Entscheidung von grundsätzlicher Bedeutung für die Auslegung der entsprechenden Voraussetzung in Art. 232 Abs. 2 EG.*

**Sachverhalt:** Die Steenkolenmijnen Limburg wandte sich an die Hohe Behörde mit der Bitte, ihr mitzuteilen, welche Entscheidung sie in der Auseinandersetzung mit der Bundesrepublik Deutschland über die Zahlung von Schichtprämien im Kohlebergbau getroffen habe. In ihrem Antwortschreiben vom 07.08.1957 teilte die Hohe Behörde dem Kläger mit, dass „die Frage der an die deutschen Bergleute gezahlten Bergmannsprämie nunmehr eine Lösung gefunden hat". „Die Lösung besteht in einem erhöhten Beitrag der Bergbauunternehmen zur Sozialversicherung". In Beantwortung dieses Schreibens wandte sich der Kläger am 22.08.1957 erneut an die Hohe Behörde und erklärt, dass er „die Entscheidung, welche die Hohe Behörde gegenüber der deutschen Bundesregierung getroffen hat, *prima facie* als im Widerspruch zum Vertrag stehend ansieht" und dass er beabsichtige, „gegen diese Entscheidung beim Gerichtshof der EGKS Klage zu erheben". Er bat daher die Hohe Behörde, ihm „die in dieser Angelegenheit getroffene amtliche Entscheidung mitzuteilen oder diese zu veröffentlichen". Eine Antwort auf dieses Schreiben lag zu dem Zeitpunkt, als die Klageschrift mit dem Antrag auf Nichtigerklärung der Entscheidung beim Gerichtshof eingereicht wurde – am 14.09.1957 –, nicht vor. Die Klage wurde als unzulässig abgewiesen.

**Aus den Entscheidungsgründen:**

(S. 27) Im übrigen kann eine auf Artikel 35 gestützte Klage nur erhoben werden, wenn der Kläger die Hohe Behörde gemäß den Bestimmungen des ersten Absatzes dieses Artikels zuvor mit der Angelegenheit befaßt hat.

Diese Formschrift ist nicht nur deshalb von wesentlicher Bedeutung, weil die an die Hohe Behörde gerichtete Aufforderung die Fristen in Gang setzt, nach deren Ablauf Klage erhoben werden kann, sondern auch weil der Sinn dieser Vorschrift darin liegt, den Betreffenden zu zwingen, die Hohe Behörde davon in Kenntnis zu setzen, daß er gegen ihre etwaige Unterlassung rechtlich vorgehen würde, wodurch die Hohe Behörde genötigt wird, innerhalb einer bestimmten Frist zu der Rechtmäßigkeit ihres Nichteingreifens Stellung zu nehmen.

Das Schreiben vom 11. Juli 1957, in dem der Kläger die Beklagte ersucht, ihm mitzuteilen, welche Entscheidung sie in der fraglichen Angelegenheit getroffen habe, kann nicht als Erfüllung der in Artikel 35 Absatz 1 des Vertrages enthaltenen Formvorschrift angesehen werden. Das gleiche gilt für das Schreiben vom 22. August, in dem der Kläger lediglich ankündigte, daß er beabsichtige, wegen der Entscheidung, welche die Hohe Behörde nach seiner Ansicht erlassen hatte, Klage zu erheben.

# V. Amtshaftungsklage, Art. 235 EG

## 1. Funktionen der Amtshaftungsklage

**Rs. 5/71 (Zuckerfabrik Schöppenstedt ./. Rat),**                        **122**
**Urteil des Gerichtshofes vom 02. 12. 1971 – Slg. 1971, S. 975.**

**Vorbemerkungen:** *In der Rs. Schöppenstedt ./. Rat qualifizierte der EuGH die Amtshaftungsklage nach Art. 288 Abs. 2, Art. 235 EG erstmals als gegenüber der Individualnichtigkeitsklage eigenständigen Rechtsbehelf. Die schädigende Gemeinschaftshandlung muss daher nicht vor Erhebung der Amtshaftungsklage mittels einer Nichtigkeitsklage angefochten werden. Zugleich erweiterte der Gerichtshof die Haftung der Gemeinschaft auf fehlerhafte Rechtsetzungsakte (normatives Unrecht), nachdem er die Haftung zunächst auf administra-*

*tives rechtswidriges Verhalten der Gemeinschaftsorgane und ihrer Bediensteten beschränkt hatte. Versagt Art. 230 Abs. 4 EG natürlichen und juristischen Personen eine Nichtigkeitsklage gegen gemeinschaftsrechtswidriges normatives Handeln, so soll ihnen zumindest Ersatz für hierdurch verursachte Schäden zugestanden werden. Allerdings knüpft der EuGH die Gemeinschaftshaftung wegen normativen Unrechts an erhöhte Voraussetzungen: Genügt für die Haftung wegen administrativen Unrechts ein Verstoß gegen eine den Schutz des Geschädigten bezweckende Rechtsnorm, so verlangt der Gerichtshof im Rahmen der Haftung für normatives Unrecht die hinreichend qualifizierte Verletzung einer höherrangigen Rechtsnorm.*

**Sachverhalt:** Am 01.07.1968 wurde die in Deutschland geltende Zuckermarktordnung durch die „Gemeinsame Marktorganisation für Zucker" ersetzt. Art. 37 Abs. 1 dieser Verordnung lautet:
„Für die am 1. Juli 1968 vorhandenen Zuckerbestände erlässt der Rat auf Vorschlag der Kommission nach dem Abstimmungsverfahren des Artikels 43 Absatz 2 des Vertrages die Bestimmungen über die Maßnahmen, die zum Ausgleich des Unterschieds zwischen den innerstaatlichen Zuckerpreisen und den ab 1. Juli 1968 geltenden Preisen erforderlich sind."
Aufgrund dieses Artikels hat der Rat in der Verordnung Nr. 769/68 „die Maßnahmen, die zum Ausgleich des Unterschieds zwischen den innerstaatlichen Zuckerpreisen und den ab 1. Juli 1968 geltenden Preisen erforderlich sind", erlassen. Der Zuckerfabrik Schöppenstedt blieb aufgrund dieser Ratsverordnung eine Ausgleichszahlung versagt. Nachdem Schöppenstedt vom Rat erfolglos eine Entschädigung verlangt hatte, reichte sie eine Schadenersatzklage gem. Art. 288 Abs. 2, Art. 235 EG ein. Die Klägerin trug insbesondere vor, der Rat habe durch den Erlass der Verordnung einen Amtsfehler begangen, da er einige als Schutznorm anzusehende Vorschriften des EG-Rechts verletzt habe. Der Rat verneinte die Zulässigkeit der Klage, da auf dem Umweg über den Schadenersatzanspruch das vom EG-Vertrag nicht eingeräumte Klagerecht Privater gegen Verordnungen durchgesetzt werde. Der EuGH hielt die Klage für zulässig, sah aber die Voraussetzungen für einen Schadenersatzanspruch als nicht gegeben an und wies die Klage als unbegründet ab.

## Aus den Entscheidungsgründen:

(S. 983) [2] Der Beklagte hält die Klage für unzulässig und macht hierzu zunächst geltend, sie ziele in Wahrheit nicht auf den Ersatz eines durch einen Amtsfehler des Rates verursachten Schadens ab, sondern auf die Beseitigung der Rechtsfolgen der beanstandeten Regelung. Die Zulässigerklärung der Klage würde nach Meinung des Beklagten dem

Rechtsschutzsystem des Vertrages, insbesondere Art. 173 Absatz 2 EWGV, zuwiderlaufen, wonach Privatpersonen keine Anfechtungsklage gegen Verordnungen erheben können. [3] Der Vertrag hat die Schadensersatzklage der Art. 178 und 215 Absatz 2 als selbständigen Rechtsbehelf mit eigener Funktion im System der Klagemöglichkeiten geschaffen und sie von Voraussetzungen abhängig gemacht, die ihrem besonderen Zweck angepaßt sind. Sie unterscheidet sich dadurch von der Anfechtungsklage, daß sie nicht die Beseitigung einer bestimmten Maßnahme zum Ziel hat, sondern den Ersatz des Schadens, den ein Gemeinschaftsorgan in Ausübung seiner Befugnisse verursacht.

(...)

(S. 984) [11] Die außervertragliche Haftung der Gemeinschaft setzt zumindest die Unrechtmäßigkeit der angeblich schadenstiftenden Handlung voraus. Da es sich um einen Rechtsetzungsakt handelt, der wirtschaftspolitische Entscheidungen (S. 985) einschließt, kann die Haftung der Gemeinschaft für den Einzelpersonen etwa durch diesen Akt entstandenen Schaden nach den Vorschriften von Artikel 215 Absatz 2 des Vertrages nur durch eine hinreichend qualifizierte Verletzung einer höherrangigen, dem Schutz der einzelnen dienenden Rechtsnorm ausgelöst werden. Daher hat der Gerichtshof in diesem Rechtsstreit in erster Linie das Vorliegen einer solchen Verletzung zu prüfen.

## 2. Begründetheit

**Rs. 101/78 (Granaria BV ./. Hoofdproduktschap voor**   **123**
**Akkerbouwprodukten),**
**Urteil des Gerichtshofes vom 13. 02. 1979 – Slg. 1979, S. 623.**

**Vorbemerkungen:** *Art. 235 EG weist dem Gerichtshof die Zuständigkeit für Streitsachen aus außervertraglicher Haftung der Gemeinschaft zu. Der Gerichtshof kann daher nur über solche Schadenersatzforderungen entscheiden, die auf einem rechtswidrigen Verhalten eines Gemeinschaftsorgans beruhen. Die durch nationale Organe verursachten Schäden unterliegen dagegen der mitgliedstaatlichen Gerichtsbarkeit. Die Abgrenzung von mitgliedstaatlicher und gemeinschaftlicher Amtshaftung richtet sich danach, ob der eingetretene Schaden durch ein der Gemeinschaft oder den Mitgliedstaaten zurechenbares Verhalten von*

*EG- bzw. nationalen Organen verursacht worden ist. Der nationale Rechtsweg ist also grundsätzlich eröffnet, wenn der fehlerhafte Vollzug von rechtmäßigem Gemeinschaftsrecht durch nationale Organe in Frage steht. Dieser Grundsatz gilt sowohl beim unmittelbaren (indirekten) Vollzug, wenn unmittelbar anwendbares Gemeinschaftsrecht durch die nationalen Behörden vollzogen wird, als auch beim mittelbaren (indirekten) Vollzug, wenn nationales Recht vollzogen wird, welches eine Gemeinschaftsrichtlinie in innerstaatliches Recht umsetzt. Allerdings ist der nationale Rechtsweg nur dann eröffnet, wenn die schädigende innerstaatliche Vollzugsmaßnahme dem Mitgliedstaat tatsächlich zuzurechnen ist. Handelt eine nationale Behörde aufgrund einer bindenden Weisung eines Gemeinschaftsorgans, so erfolgt die haftungsrechtliche Zurechnung trotz nationalen Organhandelns nicht an den betreffenden Mitgliedstaat, sondern an die Gemeinschaft. Erteilt ein Gemeinschaftsorgan einer nationalen Behörde eine Weisung, so regelt es nämlich selbst den Einzelfall und „bedient" sich der mitgliedstaatlichen Behörde lediglich als eines „Handlungswerkzeuges".*

**Sachverhalt:** Ein niederländisches Gericht hat dem EuGH u.a. folgende, die gerichtliche Zuständigkeit im gemeinschaftlichen Haftungssystem betreffende Frage zur Vorabentscheidung vorgelegt: „Sind Art. 288 Abs. 2 EG und die anderen Vorschriften des Vertrages dahingehend auszulegen, dass das College van Beroep bei seiner Entscheidung die in Art. 288 Abs. 2 genannten Grundsätze anzuwenden hat, oder aber dahingehend, dass es ausschließlich auf der Grundlage des niederländischen staatlichen Rechts zu urteilen hat?"

## Aus den Entscheidungsgründen:

(S. 638) [12] Die sechste Frage geht im wesentlichen dahin, ob das nationale Gericht, wenn es über eine Schadensersatzpflicht der nationalen Stelle zu befinden hat, Artikel 215 Absatz 2 des Vertrages oder ausschließlich nationales niederländisches Recht anzuwenden hat.

[13] Artikel 215 Absatz 2 des Vertrages betrifft nur die Haftung der Gemeinschaft für Schäden, die ihre Organe oder Bediensteten in Ausübung ihrer Amtstätigkeit verursacht haben, nicht aber die Haftung der Mitgliedstaaten und ihrer Bediensteten.

[14] Die Entscheidung über die Haftung der Gemeinschaft nach Artikel 215 Absatz 2 des Vertrages fällt gemäß Artikel 178 ausschließ-

lich in die Zuständigkeit des Gerichtshofes, nicht in die nationaler Gerichte. Artikel 215 Absatz 2 EWG-Vertrag erfaßt nicht den Ersatz derjenigen Schäden durch eine nationale Stelle, die Stellen oder Bedienstete der Mitgliedstaaten einzelnen entweder aufgrund einer Verletzung des Gemeinschaftsrechts oder anläßlich der Durchführung von Gemeinschaftsrecht durch ein gegen nationales Recht verstoßendes Tun oder Unterlassen zugefügt haben; diese Frage haben die nationalen Gerichte nach dem nationalen Recht des jeweiligen Mitgliedstaates zu klären.

**Rs. 6/69 (Sayag ./. Leduc),**    **124**
**Urteil des Gerichtshofes vom 10. 07. 1969 – Slg. 1969, S. 329.**

**Vorbemerkungen:** *Die Haftung der Gemeinschaft nach Art. 288 Abs. 2 i.V.m. Art. 235 EG setzt voraus, dass der geltend gemachte Schaden in Ausübung einer gemeinschaftlichen Amtstätigkeit verursacht wurde. In vorliegendem Urteil definiert der EuGH den Begriff der Amtstätigkeit als jedes Verhalten der Gemeinschaftsorgane oder -bediensteten, das eine „unmittelbare innere Beziehung" zu den gemeinschaftsrechtlich festgelegten Aufgaben aufweist. Hierzu zählen insbesondere die administrativen Amtstätigkeiten, zu denen neben dem Erlass oder Nichterlass von Entscheidungen auch Realakte und sonstige tatsächliche Verhaltensweisen gehören können. Schwierigkeiten ergeben sich in diesem Zusammenhang, wenn der Schaden durch Gemeinschaftsbedienstete außerhalb oder nur bei Gelegenheit der Amtstätigkeit verursacht wird, da es in diesen Fällen regelmäßig an der geforderten unmittelbaren inneren Beziehung fehlen wird.*

**Sachverhalt:** Herr Claude Sayag, Beamter der Europäischen Atomgemeinschaft, verursachte am 25.11.1963 in Belgien auf der Reise von Brüssel nach Mol am Steuer seines eigenen Wagens einen Verkehrsunfall. Er war im Besitz eines die Benutzung seines Wagens vorsehenden Dienstreiseauftrags. Die Insassen seines Wagens, die Herren Jean Leduc und Arnold van Hassen, wurden bei diesem Unfall verletzt. Nachdem Herr Sayag vor einem belgischen Gericht auf Schadenersatz verklagt worden war, machte er unter anderem geltend, dass die Gemeinschaft allein für eine Handlung, die von einem ihrer Bediensteten in Ausübung seiner Amtstätigkeit begangen worden sei, hafte. Das Gericht ersuchte den EuGH daraufhin um Auslegung des Ausdrucks „in Ausübung ihrer Amtstätigkeit".

**Aus den Entscheidungsgründen:**

(S. 336) [5/11] Auf dem Gebiet der außervertraglichen Haftung unterwirft der Vertrag die Gemeinschaft einer eigenständigen gemeinschaftsrechtlichen Regelung, kraft deren sie die von ihren Organen und Bediensteten in Ausübung ihrer Amtstätigkeit verursachten Schäden nach einer einheitlichen Rechtsnorm zu ersetzen hat. Der Vertrag stellt die einheitliche Anwendung dieser Vorschrift und die Unabhängigkeit der Organe der Gemeinschaft dadurch sicher, daß er die Zuständigkeit des Gerichtshofes für Rechtsstreitigkeiten auf diesem Gebiet vorsieht. Indem Artikel 188 die von den Organen und die von den Bediensteten der Gemeinschaft verursachten Schäden nebeneinander aufführt, läßt er erkennen, daß die Gemeinschaft nur für diejenigen Handlungen ihrer Bediensteten haftet, die sich aufgrund einer unmittelbaren inneren Beziehung notwendig aus den Aufgaben der Organe ergeben. In Anbetracht ihrer Besonderheit wäre es daher unstatthaft, diese rechtliche Regelung auf Handlungen außerhalb der hiermit bezeichneten Fälle auszudehnen. Diese Voraussetzungen sind nicht erfüllt, wenn ein Bediensteter seinen privaten Kraftwagen bei der Verrichtung seines Dienstes für eine Fahrt benutzt. Auch die Erwähnung des privaten Kraftwagens des Bediensteten in einem Dienstreiseauftrag bewirkt nicht, daß das Steuern dieses Wagens zur Ausübung seiner Amtstätigkeit wird, sondern soll gegebenenfalls vor allem die Erstattung der durch die Benutzung dieses Beförderungsmittels entstehenden Reisekosten nach den hierfür geltenden Maßstäben ermöglichen. Nur im Falle höherer Gewalt oder außergewöhnlicher Umstände so zwingender Art, daß ohne die Benutzung eines privaten Beförderungsmittels durch den Bediensteten die Gemeinschaft die ihr übertragenen Aufgaben nicht hätte erfüllen können, ließe sich diese Benutzung als Ausübung der Amtstätigkeit des Bediensteten im Sinne von Artikel 188 Absatz 2 des Vertrages ansehen.

[12] Nach alledem kann das Führen seines privaten Kraftwagens durch einen Bediensteten in der Regel keine Ausübung seiner Amtstätigkeit im Sinne von Artikel 188 Absatz 2 EAG-Vertrag sein.

**Verb. Rs. C-104/89 und C-37/90 (Mulder u.a. ∕ Rat und**    **125**
**Kommission),**
**Urteil des Gerichtshofes vom 19. 05. 1992 – Slg. 1992, I-3061.**

**Vorbemerkungen:** *In der Rs. Mulder nahm der EuGH erneut Stellung*
*zur Ersatzpflicht der Gemeinschaft bei Erlass von rechtswidrigen EG-*
*Rechtsakten. In dieser Entscheidung spricht der EuGH nicht mehr von*
*zahlenmäßig begrenzten, sondern von „klar abgegrenzten" Gruppen*
*von Geschädigten. Dies ist um so auffallender, als dem EuGH bewusst*
*war, dass in der Gemeinschaft etwa 12.000 der Rechtssache Mulder*
*ähnlich gelagerte Fälle bestanden. Der Gerichtshof gab der Klage*
*also statt, obwohl sie eine „sehr große Gruppe von Marktteilnehmern*
*betrifft". Mit eben dieser Formulierung hatte er in seiner HNL-Ent-*
*scheidung (verb. Rs. 83 und 94/76, 4, 15 und 40//77 – Bayrische HNL*
*Vermehrungsbetriebe u.a. ∕ Rat und Kommission – Slg. 1978, S. 1209)*
*die Gemeinschaftshaftung noch verneint. Aus der HNL- sowie der*
*Mulder-Entscheidung ergeben sich folgende Kriterien für die Bestim-*
*mung des haftungsbegründenden normativen Unrechts: Die Amtstä-*
*tigkeit, der in der Regel eine wirtschaftspolitische Entscheidung zu-*
*grunde liegt, muss eine Schutznorm verletzen. Diese Rechtsverletzung*
*ist hinreichend qualifiziert,*

– *wenn sie gegen eine Norm mit besonderer Bedeutung verstößt (z.B.*
  *das Diskriminierungsverbot),*
– *der Schaden bei einer klar abgegrenzten Gruppe von Marktteilneh-*
  *mern eintritt (auf eine zahlenmäßige Beschränkung kommt es dabei*
  *nicht an) und*
– *der Schaden über die Grenzen wirtschaftlicher Risiken hinausgeht,*
  *die jede Betätigung in dem betroffenen Wirtschaftsbereich mit sich*
  *bringt.*

**Sachverhalt:** Die Kläger sind Landwirte aus den Niederlanden und der
Bundesrepublik Deutschland. Sie hatten auf Grund einer Nichtvermarktungsverpflichtung fünf Jahre lang keine Milcherzeugnisse geliefert. Ihre
nach Ablauf der Nichtvermarktungsverpflichtung gestellten Anträge auf
Zuteilung einer Milchreferenzmenge wurden abgelehnt, da das für die Berechnung der Referenzmenge gewählte Referenzjahr in die Periode der
Nichtvermarktung fiel und das Gemeinschaftsrecht in diesem Fall keine
Zuteilung einer Milchreferenzmenge vorsah. Der EuGH hat diese Regelung
für ungültig erklärt; eine daraufhin erlassene Gemeinschaftsregelung, welche die Referenzmenge für die genannten Fälle auf 60 % derjenigen Menge
begrenzte, die im Zeitraum von zwölf Monaten vor Beantragung der Nicht-

vermarktungsprämie geliefert worden war, wurde vom EuGH ebenfalls für rechtswidrig erklärt. Die Kläger verlangten von der EWG nunmehr den Ersatz der Schäden, die ihnen durch die rechtswidrige Zuteilungsregelung für Milchreferenzmengen entstanden sind. Der EuGH hat den Klagen stattgegeben und einen Schadenersatzanspruch bejaht.

**Aus den Entscheidungsgründen:**

(S. I-3131) [12] Nach Artikel 215 II EWGV ersetzt die Gemeinschaft im Bereich der außervertraglichen Haftung den durch ihre Organe in Ausübung ihrer Amtstätigkeit verursachten Schaden nach den allgemeinen Rechtsgrundsätzen, die den Rechtsordnungen der Mitgliedstaaten gemeinsam sind. Die Bedeutung dieser Vorschrift ist in dem Sinne näher bestimmt worden, daß die Haftung der Gemeinschaft für Rechtsvorschriften, deren Erlaß wirtschaftspolitische Entscheidungen voraussetzt, nur durch eine hinreichend qualifizierte Verletzung einer höherrangigen, die einzelnen schützenden Rechtsnorm ausgelöst werden kann. Auf einem Rechtsetzungsgebiet wie dem vorliegenden, das durch ein für die (S. I-3132) Durchführung der gemeinsamen Agrarpolitik unerläßliches weites Ermessen gekennzeichnet ist, kann die Haftung der Gemeinschaft nur ausgelöst werden, wenn das handelnde Organ die Grenzen seiner Befugnisse offenkundig und erheblich überschritten hat.

[13] Darüber hinaus setzt die außervertragliche Haftung der Gemeinschaft nach ständiger Rechtsprechung voraus, daß der behauptete Schaden über die Grenzen der normalen wirtschaftlichen Risiken hinausgeht, die eine Betätigung in dem betreffenden Wirtschaftszweig mit sich bringt (…).

[14] Was die Verordnung (EWG) Nr. 857/84 in der durch die Verordnung Nr. 1371/84 ergänzten Fassung angeht, so sind diese Voraussetzungen erfüllt.

[15] Erstens sind diese Verordnungen, wie der Gerichtshof in den genannten Urteilen Mulder und von Deetzen festgestellt hat, unter Verletzung des Grundsatzes des Vertrauensschutzes erlassen worden, bei dem es sich um einen höherrangigen allgemeinen Grundsatz des Gemeinschaftsrechts handelt, der die einzelnen schützen soll.

[16] Zweitens hat der Gemeinschaftsgesetzgeber dadurch die Grenzen seines Ermessens offenkundig und erheblich überschritten und damit eine höherrangige Rechtsnorm hinreichend qualifiziert verletzt, dass er, ohne sich auf ein höheres öffentliches Interesse zu berufen, die besondere Lage einer klar abgegrenzten Gruppe von Wirt-

schaftsteilnehmern völlig unberücksichtigt gelassen hat, nämlich die Lage der Erzeuger, die in Erfüllung einer im Rahmen der Verordnung (EWG) Nr. 1078/77 eingegangenen Verpflichtung während des Referenzjahres keine Milch geliefert hatten.

(S. I-3133) [17] Diese Verletzung ist um so offenkundiger, als nicht davon ausgegangen werden kann, daß der vollständige und dauernde Ausschluss der betroffenen Erzeuger von der Zuteilung einer Referenzmenge, durch den sie tatsächlich daran gehindert wurden, die Vermarktung von Milch nach dem Ende ihrer Nichtvermarktungs- oder Umstellungsverpflichtung wiederaufzunehmen, vorhersehbar war oder sich innerhalb der Grenzen der normalen wirtschaftlichen Risiken hielt, die mit der Tätigkeit eines Milcherzeugers verbunden sind.

**Rs. T-195/94 und 202/94 (Quiller und Heusmann ./. Rat und Kommission),**    **126**
**Urteil des Gerichts erster Instanz vom 09. 12. 1997 – Slg. 1997, S. II-2247.**

**Vorbemerkungen:** *Entgegen seiner Auffassung in der Rechtssache Mulder (Fall 125), ließ es das Gericht hier genügen, dass die Gruppe nach Eintritt der Schadensfolgen bestimmt werden konnte. Hierauf ist die Rechtsprechung allerdings bislang nicht wieder zurückgekommen, so dass abzuwarten bleibt, ob insofern eine Konsolidierung eintreten wird.*

**Sachverhalt:** Die Kläger sind Milcherzeuger in Deutschland, die am 02.04.1984 für ihre landwirtschaftlichen Betriebe, gemäß Art. 2 der Verordnung Nr. 857/84 originäre Referenzmengen, d.h. von Abgaben befreite Milchmengen, erhielten. Beide haben zusätzlich jeweils einen landwirtschaftlichen Betrieb übernommen und traten in die Nichtvermarktungs- verpflichtungen ihrer Vorgänger ein. Nachdem diese abgelaufen sind, ha ben beide Anträge auf Zuteilung einer Milchreferenzmenge gestellt, die abgelehnt worden sind, da das für die Berechnung der Referenzmenge gewählte Referenzjahr in die Periode der Nichtvermarktung fiel und das Gemeinschaftsrecht in diesem Fall keine Zuteilung einer Milchreferenz- menge vorsah. Diese Regelung hat der EuGH in seinem Urteil Wehrs für ungültig erklärt. Die Kläger beantragten nun eine Entschädigung dafür, dass sie für die übernommenen Betriebe keine Referenzmengen bekom- men haben. Der Gerichtshof entschied im Sinne der Kläger und hat einen Schadensersatzanspruch bejaht.

**Aus den Entscheidungsgründen:**

(S. II-2268) [67] Das Argument der Beklagten, die Gruppe müsse schon vor dem Erlaß der für rechtswidrig erklärten Regelung formal als solche gekennzeichnet gewesen sein, ist unbegründet. Dies war zwar der Fall bei den SLOM-I-Erzeugern, die vor dem Erlaß der Verordnung Nr. 857/84, die ihre Lage regelte, eine Nichtvermarktungsverpflichtung eingegangen waren, doch schließt der Umstand, da nach den späteren Änderungen dieser Verordnung nur eine einzige Restgruppe in dem Sinne bestehen blieb, daß nur für diese Gruppe die frühere allgemeine Regelung fortgalt, nicht aus, ihr einen eigenständigen Charakter zuzuerkennen.

**127   Rs. C-352/98 P (Bergaderm und Goupil ./. Kommission), Urteil des Gerichtshofes vom 04. 07. 2000 – Slg. 2000, S. I-5291.**

**Vorbemerkungen:** *Die Amtshaftung für gemeinschaftsrechtswidrige Normativakte wird nur bejaht, wenn eine hinreichend qualifizierte Verletzung einer höherrangigen, dem Schutz des Einzelnen dienenden Rechtsnorm vorliegt. Dabei hat der Gerichtshof diese Einschränkung mit dem notwendigen wirtschaftspolitischen Gestaltungsspielraum der Rechtsetzungsorgane begründet. In der vorliegenden Entscheidung geht er hierüber hinaus. Er stellt nicht mehr allein auf Rechtsakte mit wirtschaftspolitischem Gehalt ab, sondern erfasst alle generellen und einzelfallbezogenen Akte, soweit dem entscheidenden Gemeinschaftsorgan ein Ermessensspielraum zusteht.*

**Sachverhalt:** Die Laboratoires pharmaceutiques Bergaderm ist eine Gesellschaft, die unter anderem ein Sonnenöl mit einem gewissen Gehalt von Bergamottöl hergestellt hat. Auf den Verdacht hin, dass die in diesem Öl enthaltenen chemischen Komponenten karzinogen seien, wurde vom wissenschaftlichen Ausschuss der Kommission eine Studie durchgeführt, die zu einem uneinheitlichen Ergebnis geführt hat. Trotz kontroverser Auffassungen unter seinen Mitgliedern empfahl der Ausschuss in seiner Stellungnahme vom 02.10.1990 eine Reduzierung der Höchstkonzentration der fraglichen Moleküle in Sonnenölen auf 1mg/kg. Dies empfand die Firma Bergaderm im Anschluss an eine von ihr veranlasste Studie als unbegründet. Dennoch wurde der Standpunkt des Ausschusses in der am 10.07.1995 von der Kommission erlassenen Anpassungsrichtlinie übernommen. Die Kläger behaupteten unter anderem, die Kommission hätte bei dem Erlass der Richtlinie einen Ermessensfehler begangen, wodurch die Firma Bergaderm einen

Schaden erlitten hätte, der nun zu ersetzen sei. Die Klage hatte in erster Instanz keinen Erfolg. Auch der EuGH hat sie zurückgewiesen.

**Aus den Entscheidungsgründen:**

(S. I-5325) [44] Wenn der Mitgliedstaat oder das betreffende Organ nur über einen erheblich verringerten oder gar auf Null reduzierten Gestaltungsspielraum verfügt, kann die bloße Verletzung des Gemeinschaftsrechts ausreichen, um einen hinreichend qualifizierten Verstoß anzunehmen (vgl. in diesem Sinne das Urteil vom 23. Mai 1996 in der Rechtssache C-5/94, Hedley Lomas, Slg. 1996, I-2553, Randnr. 28).

[45] Daher ist zu untersuchen, ob das Gericht im vorliegenden Fall – wie die Rechtsmittelführer behaupten  bei seiner Prüfung der Art und Weise, in der die Kommission bei Erlaß der Anpassungsrichtlinie ihr Ermessen ausgeübt hat, einen Rechtsfehler begangen hat.

[46] Insoweit ist festzustellen, daß es kein entscheidendes Kriterium zur Bestimmung der Grenzen des dem fraglichen Organ zustehenden Ermessensspielraums ist, ob die Handlung dieses Organs allgemein oder einzelfallbezogen ist.

[47] Folglich greift der erste Rechtsmittelgrund, der ausschließlich auf die Qualifizierung der Anpassungsrichtlinie als Einzelfallentscheidung gestützt ist, auf keinen Fall durch und ist daher zurückzuweisen.

**Rs. C-237/98 P (Dorsch Consult Ingenieurgesellschaft mbH ./. Rat und Kommission),**
**Urteil des Gerichtshofes vom 15. 06. 2000 – Slg. 2000, S. I-4549.**

**128**

*Vorbemerkungen: In dieser Entscheidung formuliert der EuGH die Voraussetzungen für eine außervertragliche Haftung der Gemeinschaft bei rechtmäßigem Handeln, also bei Sonderopfern. Entsprechende Klagen hatten bislang jedoch noch keinen Erfolg. Gleichwohl ist der EuGH dahin zu verstehen, dass bei Erfüllung der drei Voraussetzungen*

*(1) tatsächliche Entstehung des Schadens,*

*(2) ursächlicher Zusammenhang zwischen Schaden und EG-Handlung und*

*(3) Qualifikation des Schadens als außergewöhnlicher und besonderer Schaden*

*eine entsprechende Haftung gegeben ist.*

**Sachverhalt:** Die Klägerin, die Dorsch Consult Ingenieurgesellschaft mbH mit Sitz in München, schloß im Jahr 1975 einen Vertrag über Bauüberwachungsleistungen mit der Regierung des Irak. Anfang 1990 hatte die Klägerin hieraus noch offene Forderungen gegen die irakischen Behörden die vom Irak anerkannt wurden. Eine irakische Bank wurde angewiesen, die der Klägerin zustehenden Beträge auf deren Konto zu überweisen. Bevor es dazu kam, verabschiedete am 02.08.1990 der Sicherheitsrat der Vereinten Nationen die Resolution Nr. 660 (1990), worin er feststellte, daß mit der irakischen Invasion Kuwaits ein Bruch des Weltfriedens und der internationalen Sicherheit vorliege, und er den sofortigen und bedingungslosen Rückzug der irakischen Streitkräfte aus dem kuwaitischen Hoheitsgebiet verlangte. Am 06.08.1990 verabschiedete der Sicherheitsrat der Vereinten Nationen die Resolution Nr. 661 (1990), in der er feststellte, daß der Irak der Resolution Nr. 660 (1990) nicht Folge geleistet habe, und beschloß gegen Irak und Kuwait ein Handelsembargo durch die UN-Mitgliedstaaten. Am 08.08.1990 erließ der Rat der Europäischen Gemeinschaft auf Vorschlag der Kommission unter Hinweis auf die „schwerwiegende Situation infolge der Invasion Kuwaits durch Irak" und auf die Resolution Nr. 661 (1990) des Sicherheitsrats die Verordnung (EWG) Nr. 2340/90 zur Verhinderung des Irak und Kuwait betreffenden Handelsverkehrs der Gemeinschaft (ABl. L 213, S. 1). Diese verbot u.a. jegliche Handelstätigkeit, einschließlich jeglicher Tätigkeit im Zusammenhang mit bereits geschlossenen oder teilweise erfüllten Geschäften mit dem Irak. Daraufhin sperrte der Irak alle Vermögen und Bestände sowie deren Erträge für Regierungen, Unternehmen, Gesellschaften und Banken der Staaten, die solche „willkürlichen Beschlüsse" gegen Irak erlassen hätten. Da die Forderungen der Klägerin deshalb nicht erfüllt wurden, verlangte sie Schadenersatz von Rat und Kommission wegen der gemeinschaftlichen Embargomaßnahme. Die Amtshaftungsklage blieb in beiden Instanzen erfolglos, insbesondere deshalb, weil die Klägerin keine Rechtsmittel im Irak eingelegt hatte.

**Aus den Entscheidungsgründen:**

(S. I-4573) [17] Das Gericht hat in Randnummer 59 des angefochtenen Urteils zu Recht festgestellt, daß die außervertragliche Haftung der Gemeinschaft für rechtmäßiges oder rechtswidriges Handeln nach ständiger Rechtsprechung des Gerichtshofes jedenfalls voraussetzt, daß der angeblich entstandene Schaden tatsächlich vorliegt und ein ursächlicher Zusammenhang zwischen diesem Schaden und diesem Handeln besteht (vgl. Urteile vom 29. September 1982 in der Rechtssache 26/81, Oleifici Mediterranei/Europäische Wirtschaftsgemeinschaft, Slg. 1982, 3057, Randnr. 16, und vom 7. Mai 1992 in den verbundenen Rechtssachen C-258/90 und C-259/90, Pesquerias De Bermeo und Naviera Laida/ Kommission, Slg. 1992, I-2901, Randnr. 42).

(S. I-4574) [18] Das Gericht hat auch zu Recht angenommen, daß, soweit der Grundsatz der Haftung der Gemeinschaft für rechtmäßiges Handeln im Gemeinschaftsrecht anerkannt sein sollte, die Auslösung einer solchen Haftung nach der einschlägigen Rechtsprechung jedenfalls das Vorliegen eines „außergewöhnlichen" und „besonderen" Schadens voraussetzen würde (vgl. Urteile vom 13. Juni 1972 in den verbundenen Rechtssachen 9/71 und 11/71, Compagnie d'approvisionnement de transport et de crédit und Grands Moulins de Paris, Slg. 1972, 391, Randnrn. 45 und 46, und vom 6. Dezember 1984 in der Rechtssache 59/83, Biovilac/Europäische Wirtschaftsgemeinschaft, Slg. 1984, 4057, Randnr. 28).

[19] Die außervertragliche Haftung der Gemeinschaft für „rechtmäßiges" Handeln – wie im vorliegenden Fall – kann daher nur dann ausgelöst werden, wenn die in den beiden vorangegangenen Randnummern genannten drei Voraussetzungen – tatsächliches Vorliegen des angeblich entstandenen Schadens, ursächlicher Zusammenhang zwischen dem Schaden und dem den Gemeinschaftsorganen zur Last gelegten Handeln sowie Qualifikation des Schadens als außergewöhnlicher und besonderer Schaden – nebeneinander erfüllt sind.

# VI. Einstweiliger Rechtsschutz, Art. 242 f. EG

**Rs. C-180/96 R (Vereinigtes Königreich ⁄ Kommission;**     **129**
**„BSE"), Beschluss des Gerichtshofes vom 12. 07. 1996 – Slg. 1996, S. I-3903.**

**Vorbemerkungen:** *Die im EG-Rechtsschutzsystem vorgesehenen Klagen und Rechtsmittel entfalten keine aufschiebende Wirkung. Der Betroffene bleibt daher auch nach Klageerhebung oder Rechtsmitteleinlegung verpflichtet, die sich aus dem angefochtenen Gemeinschaftsrechtsakt ergebenden Gebote oder Verbote zu befolgen. Unter dem Oberbegriff der „einstweiligen Anordnung" stellt der EG-Vertrag zur Vermeidung irreparabler Schäden verschiedene Rechtsbehelfe des einstweiligen Rechtsschutzes zur Verfügung (Art. 242 Abs. 2, Art. 243, Art. 256 EG). Diese hemmen die Durchführung einer Rechtshandlung, ohne deren Rechtswirksamkeit zu berühren. In der Rechtssache „BSE" nimmt der EuGH zu den Begründetheitsvoraussetzungen einer einstweiligen Anordnung Stellung. Danach ist der Antrag auf vorläufigen Rechtsschutz begründet, wenn der Antragsteller glaubhaft macht, dass*

*die Entscheidung zur Vermeidung eines schweren und nicht wieder-*
*gutzumachenden Schadens unter Abwägung der beteiligten Rechte*
*dringend erforde1 lich ist (Dringlichkeit) und dass die anhängige Klage*
*– nach summarischer Prüfung – hinreichende Aussicht auf Erfolg be-*
*sitzt (Notwendigkeit).*

**Sachverhalt:** Das Vereinigte Königreich hat beim EuGH Nichtigkeitsklage
gegen die Entscheidung 96/239/EG der Kommission erhoben, mit der die
Kommission Dringlichkeitsmaßnahmen zum Schutz gegen BSE („Rin-
derwahnsinn") erließ. Die vorgesehenen Maßnahmen umfassten u.a. ein
Verbot der Ausfuhr von Rinderprodukten aus Großbritannien sowohl in
andere EG-Mitgliedstaaten als auch in Drittländer. Gleichzeitig hat das
Vereinigte Königreich im Verfahren des einstweiligen Rechtsschutzes
beantragt, den Vollzug der Entscheidung auszusetzen. Der EuGH hat den
Antrag abgelehnt.

**Aus den Entscheidungsgründen:**

(S. I-3922) [41] Nach den Artikeln 185 und 186 EG kann der Gerichtshof, wenn er dies den Umständen nach für nötig hält, die Durchführung einer angefochtenen Handlung aussetzen oder in den bei ihm
anhängigen Sachen die erforderlichen einstweiligen Anordnungen
treffen.

[42] Nach Artikel 83 § 2 VerfO des Gerichtshofes müssen entsprechende Anträge den Streitgegenstand bezeichnen und die Umstände
anführen, aus denen sich die Dringlichkeit ergibt; ferner ist die Notwendigkeit der beantragten Anordnung in tatsächlicher und rechtlicher Hinsicht glaubhaft zu machen.

[43] Nach Artikel 36 III Satzung des Gerichtshofes und Artikel 86
§ 4 VerfO stellt der Beschluss im Verfahren der einstweiligen Anordnung nur eine einstweilige Regelung dar und greift der Entscheidung
des Gerichtshofes zur Hauptsache nicht vor.

(S. I-3923) [44] Somit kann der Gerichtshof im Verfahren der einstweiligen Anordnung die Aussetzung des Vollzugs einer Handlung
anordnen oder sonstige einstweilige Anordnungen treffen, wenn die
Notwendigkeit der Anordnungen in tatsächlicher und rechtlicher Hinsicht glaubhaft gemacht (Fumus boni iuris) und dargetan ist, daß sie
dringlich in dem Sinne sind, daß es zur Verhinderung eines schweren
und nicht wiedergutzumachenden Schadens für die Interessen des Antragstellers erforderlich ist, daß sie bereits vor der Entscheidung zur
Hauptsache erlassen werden und ihre Wirkungen entfalten (EuGH,
Slg. I-1995, 2165 Randnr. 22 – Kommission/Atlantic Container Line

u.a.). Nach ständiger Rechtsprechung nimmt der Gerichtshof weiter eine Interessenabwägung vor. Zudem kommen die Aussetzung des Vollzugs und andere Maßnahmen nach Artikel 186 EG nur in Betracht, wenn sie vorläufig in dem Sinne sind, daß sie der Entscheidung über die streitigen Rechts- oder Tatsachenfragen nicht vorgreifen und die später zur Hauptsache zu treffende Entscheidung nicht im voraus wirkungslos machen (Beschluß Kommission/Atlantic Container Line u.a., Randnr. 22).

[45] Im Rahmen dieser Gesamtprüfung verfügt der Gerichtshof über ein weites Ermessen; er kann im Hinblick auf die Besonderheiten des Einzelfalls die Art und Weise, in der diese Voraussetzungen zu prüfen sind, sowie die Reihenfolge ihrer Prüfung frei bestimmen, da keine Vorschrift des Gemeinschaftsrechts ihm ein feststehendes Prüfungsschema für die Beurteilung der Erforderlichkeit einer vorläufigen Entscheidung vorschreibt (Beschluß Kommission/Atlantic Container Line u.a., Randnr. 23).

(...)

(S. I-3933) [82] Die Dringlichkeit der beantragten Maßnahmen beurteilt sich danach, ob eine Entscheidung notwendig ist, um einen schweren und nicht wiedergutzumachenden Schaden zu verhindern, der sich aus der Anwendung der Maßnahme, die Gegenstand der Klage ist, bis zur Entscheidung des Gerichtshofes über diese Klage ergeben könnte.

(...)

(S. I-3934) [85] Die Mitgliedstaaten sind für die – namentlich wirtschaftlichen und sozialen – Interessen zuständig, die auf nationaler Ebene als Allgemeininteressen betrachtet werden; daher sind sie zur Verteidigung dieser Interessen klagebefugt. Folglich können sie Schäden geltend machen, die einen gesamten Sektor ihrer Volkswirtschaft betreffen, insbesondere, wenn die angefochtene Gemeinschaftsmaßnahme negative Auswirkungen auf das Beschäftigungs- und das Lebenshaltungskostenniveau haben kann (EuGH, Slg. I 1993, 3667 = EuZW 1993, 483, Randnr. 27 – Deutschland/Rat).

(...)

(S. I 3935) [89] Nach alledem kann zwar das Vorbringen des Vereinigten Königreichs beim derzeitigen Verfahrensstand nicht in jedem Punkt vollständig zurückgewiesen werden, doch hat die Kommission gewichtige Gründe für die Rechtmäßigkeit ihrer Entscheidung sowohl für den Binnenhandel der Gemeinschaft wie für Ausfuhren in dritte Länder vorgebracht. Selbst unterstellt also, daß das Vereinigte Königreich das Vorliegen eines schweren und nicht wiedergutzumachenden

Schadens in vollem Umfang nachgewiesen hätte, wäre es Sache des
Gerichtshofes, das Interesse des Antragstellers an der Aussetzung des
Ausfuhrverbots für Rinder, Rindfleisch und Erzeugnisse von Rindern
gegen das Interesse der anderen Parteien an der Aufrechterhaltung
dieses Verbotes abzuwägen. Dabei müsste geprüft werden, ob die Nichtigerklärung der streitigen Entscheidung im Verfahren zur Hauptsache
die Umkehrung der Lage erlauben würde, die durch den sofortigen Vollzug der streitigen Entscheidung entstünde, und ob – umgekehrt – die
Aussetzung des Vollzugs dieser Entscheidung deren volle Wirksamkeit
behindern könnte, falls die Klage abgewiesen würde (Beschluß Kom-
mission/Atlantic Container Line u.a., Randnr. 50).

[90] Eine solche Interessenabwägung spräche in jedem Fall für die
Aufrechterhaltung der Entscheidung der Kommission, da sich das Interesse an ihrer Aufrechterhaltung mit dem Interesse des Antragstellers an ihrer Aussetzung nicht vergleichen lässt.

[91] Die vorstehende Prüfung hat zwar gezeigt, daß die Aufrechterhaltung des Ausfuhrverbots bis zum Erlaß des Urteils zur Hauptsache
wahrscheinlich einen wirtschaftlichen und sozialen Schaden nach sich
ziehen und daß dieser Schaden teilweise nur schwer wiedergutzumachen sein wird, wenn die Klage Erfolg haben sollte.

[92] Dieser Schaden ist jedoch eher in Kauf zu nehmen als der
schwere Schaden für die Gesundheit der Bevölkerung, den die Aussetzung der streitigen Entscheidung nach sich ziehen könnte und der bei
Klageabweisung nicht mehr behoben werden könnte.

(S. I-3936) [93] Die Creutzfeldt-Jakob-Krankheit, insbesondere
ihre neuerdings entdeckte Form, ist der Wissenschaft nur ungenü-
gend bekannt. Daß sie tödlich verläuft, wurde in der mündlichen
Verhandlung wiederholt gesagt. Es gibt zur Zeit keine Heilungsmög-
lichkeiten. Der Tod tritt einige Monate nach der Diagnose ein. Da die
wahrscheinlichste Erklärung für diese tödliche Krankheit ein Kontakt
mit BSE ist, darf es kein Zögern geben. Auch wenn die Entscheidung
der Kommission für das Vereinigte Königreich wirtschaftliche und
soziale Schwierigkeiten hervorruft, ist dem Gesundheitsschutz doch
vorrangige Bedeutung zuzuerkennen.

**Rs. T-10/91 R (Bodson ./. Parlament),**   **130**
**Urteil des Gerichts erster Instanz vom 11. 03. 1991 – Slg. 1991,**
**S. II-133.**

**Vorbemerkungen:** *Das EuG hatte in dieser Rechtssache die Frage
zu entscheiden, ob eine Konnexität zwischen dem Antragsgegenstand
und dem Streitgegenstand der Hauptsache vorliegt. Der Antragsteller hatte einen Antrag auf vorläufigen Rechtsschutz gestellt, der auf
die einstweilige Aussetzung seiner sich aus dem Beamtenverhältnis
ergebenden Dienstpflichten zielt. In der Hauptsache begehrte der Kläger die Aufhebung einer Entscheidung des Parlaments, ihn nicht in
eine Stelle mit angemessener Beschäftigung einzuweisen, sowie die
Zuerkennung von Schadenersatz. Mit dem Antrag auf einstweilige
Anordnung begehrte er hingegen die Aussetzung seiner dienstlichen
Pflichten bis zur Wiedereinweisung in eine seinen Qualifikationen
und Erfahrungen entsprechende Tätigkeit. Damit richtete sich der Antrag nach Auffassung des Gerichts auf ein Begehren (Aussetzung der
Dienstpflichten), welches nicht Gegenstand der Klage in der Hauptsache war (Aufhebung einer Parlamentsentscheidung auf Nichtzuwei-
sung einer angemessenen Tätigkeit). Das Gericht sah in diesem Fall
die Voraussetzungen für die Konnexität der beiden Anträge nicht gegeben und lehnte deshalb den einstweiligen Rechtsschutz ab.*

**Sachverhalt:** L. Bodson war Beamter des Europäischen Parlaments. 1980
wurde er zur Verwendung bei der Abrechnungsstelle der Krankenkasse
in Luxemburg abgestellt, deren Organisation der Kommission übertragen ist. Am 20.12.1988 wurde die Abstellung beendet. Seitdem wurde er
in der Verwaltung des Europäischen Parlaments eingesetzt. Nachdem ihm
verschiedene Aufgaben innerhalb der Parlamentsverwaltung übertragen
worden waren, befand Bodson, dass er – trotz aller Schritte, die er zur Einweisung in eine seiner Besoldungsgruppe und Berufserfahrung entsprechende Stelle unternommen hatte – seit dem 05.02.1990 ohne angemessene
dienstliche Verwendung sei. Nachdem verschiedene Beschwerden (Art. 90
Abs. 2 Beamtenstatut) auf Einweisung in eine Stelle mit einer seiner
Qualifikation angemessenen Beschäftigung nach seiner Ansicht erfolglos
geblieben sind, erhob er am 07.02.1991 beim EuG Klage auf Aufhebung
der stillschweigenden Entscheidung des Parlaments, ihn nicht in eine Stelle
mit angemessener Beschäftigung einzuweisen. Gleichzeitig begehrte er als
Ersatz des ihm aufgrund seiner dienstrechtlichen Stellung entstandenen
Schadens die Verurteilung des Parlaments zur Zahlung von 100 ECU pro
Tag vom 31.01.1991 bis zur Wiedereinweisung in eine angemessene Stelle.
Mit besonderem, am 07.02.1991 bei der Kanzlei des EuG eingereichtem
Schriftsatz beantragte Bodson, ihn bis zum Tag seiner Einweisung in eine

Stelle mit einer seiner Qualifikation angemessenen Beschäftigung von allen Verpflichtungen zu entbinden, die das Statut den Beamten im aktiven Dienst auferlegt. Zur Begründung machte er geltend, ein „Kampf" um die Einweisung in eine Stelle mit angemessener Beschäftigung wirke sich außerordentlich nachteilig auf seine Gesundheit aus. Die ständige Unruhe und Unsicherheit über seine berufliche Zukunft habe zu einem unerträglichen Stress geführt, der die Gefahr eines kardiovaskulären Zwischenfalls beträchtlich erhöhe. Solange der Antragsgegner seinen Verpflichtungen ihm gegenüber nicht nachkomme, müssten zur Begrenzung dieser Gefahr die Konfliktsituationen, denen er im Dienst ausgesetzt sei, beschränkt werden.

**Aus den Entscheidungsgründen:**

(S. II-136) [9] Nach Artikel 83 § 2 der Verfahrensordnung des Gerichtshofes, die für das Verfahren vor dem Gericht entsprechend gilt, hat der Antragsteller die Umstände, aus denen sich die Dringlichkeit ergibt, anzuführen und die Notwendigkeit der beantragten Anordnung in tatsächlicher und rechtlicher Hinsicht glaubhaft zu machen.

[10] Der Antragsteller meint, die Notwendigkeit der beantragten einstweiligen Anordnung glaubhaft gemacht zu haben, da der Generalsekretär des Parlaments anerkannt habe, daß Artikel 7 des Statuts dadurch verletzt sei, daß der Antragsteller seit dem 5. Februar 1990 nicht mehr in eine Stelle mit einer tatsächlichen Beschäftigung eingewiesen sei.

[11] Zur Dringlichkeit macht der Antragsteller geltend, die Zurückweisung seiner Ersuchen um Unterstützung und seine Anträge auf Einweisung in eine Stelle mit einer tatsächlichen Beschäftigung wirkten sich ausserordentlich nachteilig auf seine Gesundheit aus. Die ständige Unruhe und Unsicherheit über seine berufliche Zukunft, der er ausgesetzt sei, habe zu einem unerträglichen Streß geführt, der die Gefahr eines kardiovaskulären Zwischenfalls beträchtlich erhöhe. Solange der Antragsgegner seine Verpflichtungen ihm gegenüber nicht einhalte, müssten zur Begrenzung dieser Gefahr die Konfliktsituationen, denen er ausgesetzt sein könne, und insbesondere solche, die sich aus der Einhaltung der den Beamten im aktiven Dienst nach dem Statut obliegenden Verpflichtungen ergäben, beschränkt werden.

[12] Der Antragsgegner beantragt, den Antrag auf einstweilige Anordnung zurückzuweisen. Er bestreitet die vom Antragsteller angeführten Tatsachen, ohne sie jedoch im einzelnen zu untersuchen, und macht insbesondere geltend, zwischen der vom Antragsteller

gegebenen Sachverhaltsdarstellung und dem Antrag auf einstweilige Anordnung bestehe kein logischer Zusammenhang.

[13] Ferner vertritt der Antragsgegner die Ansicht, der Antrag auf einstweilige Anordnung sei unzulässig, da er zum einen nicht die Voraussetzungen des Artikels 83 der Verfahrensordnung des Gerichtshofes erfülle und da der Antragsteller zum anderen kein Interesse am Erlaß der beantragten einstweiligen Anordnung glaubhaft gemacht habe. Würde nämlich dem Antrag stattgegeben, so würde dies zu einer völligen Umkehr des Verfahrens zur Hauptsache führen, da mit dem Antrag (S. II-137) auf einstweilige Anordnung ein den Klageanträgen entgegengesetztes Ziel verfolgt würde.

[14] Zur Dringlichkeit meint der Antragsgegner, selbst wenn sich mit den vom Antragsteller angeführten Argumenten vielleicht die Dringlichkeit seiner Einweisung in eine Stelle mit einer tatsächlichen Beschäftigung beweisen lasse, bestehe doch gleichwohl keinerlei Zusammenhang zwischen den behaupteten Tatsachen und dem Antrag des Antragstellers, ihn von allen Verpflichtungen nach dem Statut zu entbinden.

[15] Es ist darauf hinzuweisen, daß der Antragsteller mit seiner Klage die Aufhebung einer angeblichen Entscheidung des Parlaments beantragt, ihn nicht in eine Stelle mit einer tatsächlichen Beschäftigung einzuweisen, während er dagegen mit dem Antrag auf einstweilige Anordnung begehrt, bis zur Wiedereinweisung in eine Stelle mit einer tatsächlichen Beschäftigung von allen den Beamten im aktiven Dienst nach dem Statut obliegenden Verpflichtungen entbunden zu werden.

[16] Weiter ist darauf hinzuweisen, daß der Antrag auf einstweilige Anordnung ein neues Begehren darstellt, das den Rahmen der Beschwerden verlässt, die der Antragsteller bei der Anstellungsbehörde eingelegt hat und die gegen deren Entscheidung gerichtet waren, ihn nicht in eine Stelle mit einer tatsächlichen Beschäftigung einzuweisen.

[17] Mit seinem Antrag auf einstweilige Anordnung versucht der Antragsteller in Wahrheit, vom Gericht zugesprochen zu erhalten, was er im Verfahren nach Artikel 90 des Statuts hätte anstreben müssen. Er hätte nämlich nach Artikel 90 Absatz 1 des Statuts zunächst einen Antrag an die Anstellungsbehörde richten müssen, ihn von seinen Verpflichtungen nach dem Statut zu entbinden; sodann hätte er gegen eine eventülle Zurückweisung dieses Antrags eine Beschwerde nach Artikel 90 Absatz 2 einlegen müssen. Wie sich aus Artikel 91 Absatz 4 des Statuts ergibt, hätte ein beim Gericht gestellter Antrag auf Ausset-

zung des angefochtenen Verwaltungsakts oder auf Erlaß vorläufiger Maßnahmen ohne stillschweigende oder ausdrückliche zurückweisende Entscheidung nur zulässig sein können, wenn diese Beschwerde bei der Anstellungsbehörde eingelegt worden wäre.

(S. II-138) [18] Was im übrigen die Gefahr eines schweren und nicht wiedergutzumachenden Schadens und insbesondere die gesundheitlichen Gründe angeht, die der Antragsteller zur Rechtfertigung seines Begehrens anführt, bis zur Entscheidung des Gerichts über die Klage von seinen Verpflichtungen nach dem Statut entbunden zu werden, ist auf Artikel 59 des Statuts hinzuweisen, in dem es heisst: „Weist ein Beamter nach, daß er wegen Erkrankung … seinen Dienst nicht ausüben kann, so erhält er Krankheitsurlaub." Falls die Gefahr eines schweren und nicht wiedergutzumachenden Schadens für die Gesundheit des Antragstellers besteht, muß deren Eintritt durch die Anwendung der entsprechenden Bestimmungen des Statuts verhindert werden.

[19] Nach alldem stellt sich der beim Gericht gestellte Antrag auf einstweilige Anordnung als verfahrensmißbräuchlich dar; er ist damit als unzulässig abzuweisen.

## VII. Inzidentrüge, Art. 241 EG

**131**  Rs. C-64/93 (Donatab u.a. ./. Kommission),
**Beschluss des Gerichtshofes vom 28. 06. 1993 – Slg. 1993, S. I-3595.**

**Vorbemerkungen:** *Soweit Einzelfallentscheidungen aufgrund einer Gemeinschaftsverordnung gegen natürliche oder juristische Personen ergehen, eröffnet Art. 241 EG die Möglichkeit, die Gültigkeit der Rechtsgrundlage inzident in einem bei den Gemeinschaftsgerichten anhängigen Verfahren gegen die Einzelfallentscheidung zu rügen und deren Unanwendbarkeit im konkreten Fall geltend zu machen. In der Rs. C-64/93 bestätigt der EuGH seine Rechtsprechung, nach der die Zulässigkeit der Inzidentrüge an die Zulässigkeit der Individualnichtigkeitsklage gebunden ist. Die Inzidentrüge verschafft dem Nichtigkeitskläger somit nur eine Einrede der Nichtanwendbarkeit derjenigen Verordnung, auf der die angegriffene Einzelfallentscheidung beruht. Sie eröffnet hingegen keinen eigenen Klageweg. Ist schon die gem. Art. 230 Abs. 4 EG erhobene Nichtigkeitsklage unzulässig, so führt dies* *automatisch auch zur Unzulässigkeit der Inzidentrüge. Voraussetzung der Inzidentrüge ist daher zumindest typischerweise ein gestuftes Sekundärrechtsverhältnis.*

**Sachverhalt:** Die Firma Donatab hat gemäß Art. 230 EG die Nichtigerklärung eines Telefax der Kommission vom 20.01.1993 an die italienischen Behörden und gemäß Art. 241 EG die Erklärung der Unanwendbarkeit der Verordnung (EWG) Nr. 3477/92 der Kommission beantragt, da sie die Auffassung vertritt, dass es sich bei dem Telefax um eine Entscheidung handelte, die sie unmittelbar und individuell betreffe. Der Gerichtshof lehnte die Klage nach Art. 230 Abs. 2 EG als unzulässig ab, da das Fax keine Rechtswirkung erzeuge.

## Aus den Entscheidungsgründen:

(S. I-3602) [18] Bezüglich der Einrede der Rechtswidrigkeit ist festzustellen, daß jede Partei gemäß Artikel 184 EWG-Vertrag in einem Rechtsstreit, bei dem es auf die Geltung einer Verordnung des Rates oder der Kommission ankommt, vor dem Gerichtshof die Unanwendbarkeit dieser Verordnung aus den in Artikel 173 Absatz 1 EWG-Vertrag genannten Gründen geltend machen kann.

[19] Aus der Rechtsprechung des Gerichtshofes ergibt sich, daß die in Artikel 184 EWG-Vertrag eröffnete Möglichkeit, die Unanwendbarkeit einer Verordnung geltend zu machen, keinen selbständigen Klageweg begründet und von ihr nur inzident Gebrauch gemacht werden kann (vgl. Urteil vom 16. Juli 1981 in der Rechtssache 33/80, Albini/Rat und Kommission, Slg. 1981, 2141).

[20] Die Unzulässigkeit der Klage, die gemäß Artikel 173 EWG-Vertrag erhoben worden ist, führt demnach auch zur Unzulässigkeit des gemäß Artikel 184 EWG-Vertrag gestellten Antrags.

**Verb. Rs. T-6/92 u. T-52/92 (Reinarz ./. Kommission),**   **132**
**Urteil des Gerichts erster Instanz vom 26. 10. 1993 – Slg. 1993,**
**S. II-1047.**

**Vorbemerkungen:** *In dieser Entscheidung stellt das Gericht noch einmal ausdrücklich fest, dass es jeder Partei zusteht eine frühere Rechtshandlung eines Gemeinschaftsorgans zu bestreiten, wenn diese die Rechtsgrundlage für eine sie unmittelbar und individuell betreffende Maßnahme ist. Eine solche inzidente Normenkontrolle muss daher in allen fraglichen Fällen durchführt werden. Sie muss auf einen der* *zulässigen Klagegründe des Art. 230 Abs. 4 EG gestützt und entscheidungserheblich sein. Entgegen dem Wortlaut des Art. 241 EG hat das Gericht in diesem Urteil entschieden, dass alle Rechtshandlungen allgemeinen Charakters – also nicht nur Verordnungen – Gegenstand einer Inzidentrüge sein können.*

**Sachverhalt:** Der Kläger, Andreas Hans Reinarz, ist ehemaliger Beamter der Kommission, der gemäß Art. 72 Abs. 1 des Statuts der Beamten der Europäische Gemeinschaften die 100%ige Erstattung von ihm aufgewandter Kosten für die Krankenpflege seiner Ehefrau beantragt und bis 31.12.1990 in voller Höhe erhalten hat. Ab 01.01.1991 wurden die Erstattungshöchstbeiträge für Leistungen der Krankenpflege beschränkt, worüber Herr Reinarz in einem Schreiben vom 27.03.1991 informiert wurde. Nach Ansicht des Klägers stellte dieses Schreiben eine Entscheidung dar, die zu einer Minderung der Erstattungen der Kosten für die Krankenpflege seiner Ehefrau geführt hat. Aus diesem Grund hat er am 31.01.1992 beim EuG eine Nichtigkeitsklage erhoben. Mit einer weiteren Klageschrift vom 13.07.1992 beantragte Herr Reinarz die Aufhebung der Entscheidung vom 05.07.1991, mit der bei seinem Erstattungsantrag ein Einbehalt vorgenommen worden war. Das Gericht hat die erste Klage als unzulässig, die zweite als unbegründet abgewiesen.

**Aus den Entscheidungsgründen:**

(S. II-1072) [56] Zur Zulässigkeit des vom Kläger gemäß Artikel 184 EWG-Vertrag gegenüber der Sicherstellungsregelung erhobenen Einwandes der Rechtswidrigkeit ist zu sagen, daß der Einwand der Rechtswidrigkeit nach der Rechtsprechung des Gerichtshofes (Urteil vom 6. März 1979 in der Rechtssache 92/78, Simmenthal/Kommission, Slg. 1979, 777, Randnrn. 39 und 41) Ausdruck eines allgemeinen Grundsatzes ist, der jeder Partei das Recht gewährleistet, zum Zwecke der Nichtigerklärung einer sie unmittelbar und individuell betreffenden Entscheidung die Gültigkeit derjenigen früheren Rechtshandlungen der Gemeinschaftsorgane zu bestreiten, welche die Rechtsgrundlage für die angegriffene Entscheidung bilden. Folglich kann dieser Einwand nicht auf die Rechtshandlungen beschränkt bleiben, die in Form der in Artikel 184 EWG-Vertrag allein angesprochenen Verordnung ergangen sind, sondern muss weit ausgelegt werden in dem Sinne, daß er alle Rechtshandlungen allgemeinen Charakters erfasst. Die Sicherstellungsregelung, die in Durchführung des Artikels 72 Absatz 1 des Statuts erlassen wurde und im wesentlichen die Erstattung der Krankheitskosten der dem allgemeinen System Angeschlossenen regelt, ist in ihrer ursprünglichen Fassung 1974 von den Organen der Europäischen

Gemeinschaften im gegenseitigen Einvernehmen erlassen worden, das am 31. Oktober 1974 vom Präsidenten des Gerichtshofes festgestellt wurde. Sie ist in der Folge mehrfach geändert worden, zuletzt 1991, wobei das Einvernehmen der Organe vom Präsidenten des Gerichtshofes festgestellt wurde. Diese Regelung weist allgemeinen Charakter auf, da sie auf objektiv umschriebene Sachverhalte Anwendung findet und Rechtswirkungen gegenüber Personengruppen entfaltet, die allgemein und abstrakt festgelegt sind (Urteile des Gerichtshofes vom 18. März 1975 in den verbundenen Rechtssachen 44/74, 46/74 und 49/74, Acton u.a./Kommission, Slg. 1975, 383, Randnr. 7 und vom 14. 1989, 275, Randnr. 13). Folglich kann diese Regelung, obwohl sie nicht in Form einer Verordnung ergangen ist, mit dem Einwand der Rechtswidrigkeit angegriffen werden. Im übrigen hat der Gerichtshof sie selbst als „Durchführungsvorschrift zum Statut" qualifiziert und ihre Vereinbarkeit mit den einschlägigen Vorschriften des Statuts geprüft, insbesondere hinsichtlich der Frage, ob bestimmte Regeln nicht über die Grenzen hinausgehen, die der Rat in Artikel 72 des Statuts gezogen hat (Urteile vom 20. November 1980 in der Rechtssache 806/79, Gerin/Kommission, Slg. 1980, 3515, Randnr. 15 und vom 8. März 1988 in der Rechtssache 339/85, Brunotti/Kommission, Slg. 1988, 1379, Randnr. 13).

# E. Allgemeines Diskriminierungsverbot und Unionsbürgerschaft

**133** Rs. C-147/03 (Kommission /. Österreich),
Urteil des Gerichtshofes vom 07. 07. 2005 – Slg. 2005, S. I-5969

*Vorbemerkungen: Der EuGH bestätigt mit diesem Urteil seine Gravier-Entscheidung aus dem Jahre 1985, wonach der Zugang zur Berufsausbildung – wozu auch das Hochschulstudium zählt – in den Anwendungsbereich des EG-Vertrags fällt und daher dem Diskriminierungsverbot des Art. 12 EG unterfällt. Art. 150 EG räumt der EG mittlerweile auch eine beschränkte Rechtsetzungskompetenz (Abs. 4: Harmonisierungsverbot) für die berufliche Bildung ein, so dass der Anwendungsbereich des EG-Vetrags auch hierüber eröffnet ist. Der Gewährleistungsbereich des allgemeinen Diskriminierungsverbotes in Art. 12 EG umfasst sowohl offene (formelle) als auch versteckte (materielle) Diskriminierungen und besitzt auch Drittwirkung (Rs. C-411/98 – Ferlini, Slg. 2000, S. I-8081). Offene Diskriminierungen sind tatbestandliche Ungleichbehandlungen aufgrund der Staatsangehörigkeit, während versteckte Diskriminierungen bei der Unterscheidung an ein anderes Merkmal anknüpfen, sich aber wie eine offene Diskriminierung auswirken. Weitergehend als bei den Grundfreiheiten differenziert der EuGH in ständiger Rechtsprechung hinsichtlich der Rechtfertigungsmöglichkeiten zwischen offenen und versteckten Diskriminierungen. Während er für offene Diskriminierungen regelmäßig keine Rechtfertigungsmöglichkeiten erörtert, soll eine versteckte Diskriminierung dann gerechtfertigt sein, wenn sie auf objektiven Erwägungen beruht und verhältnismäßig ist. Die österreichische Regelung stellte sich als versteckte Diskriminierung dar, da sie ausschließlich ausländische Studieninteressenten belastete. Eine Rechtfertigung lehnte der EuGH ab.*

**Sachverhalt:** Eine österreichische Regelung sieht vor, dass ausländische Studienbewerber neben dem Abitur auch die Zulassung zu dem entsprechenden Studium in ihrem Herkunftsstaat nachweisen müssen, während für österreichische Bewerber der Nachweis des Abiturs genügt. Auf diese Weise soll der Zustrom ausländischer – speziell deutscher – Studenten gebremst werden, da die Zulassungsvoraussetzungen in Österreich vielfach weniger streng sind als in Deutschland. Die Kommission hielt dies für eine nach Art. 12 i.V.m. Art. 150 EG verbotene mittelbare Diskriminierung und verklagte Österreich im Aufsichtsklageverfahren.

**Aus den Entscheidungsgründen:**

(S. I-6004) [31] Gemäß Artikel 12 Absatz 1 EG ist unbeschadet besonderer Bestimmungen des EG-Vertrags in dessen Anwendungsbereich jede Diskriminierung aus Gründen der Staatsangehörigkeit verboten.

[32] Wie der Gerichtshof bereits in Randnummer 25 des Urteils vom 13. Februar 1985 in der Rechtssache 293/83 (Gravier, Slg. 1985, 593) ausgeführt hat, fallen die Voraussetzungen des Zugangs zur Berufsausbildung in den Anwendungsbereich des EG-Vertrags (vgl. auch Urteil vom 1. Juli 2004 in der Rechtssache C65/03, Kommission/Belgien, Slg. 2004, I-6427, Randnr. 25).

[33] Aus der Rechtsprechung folgt weiter, dass sowohl das Hochschul- als auch das Universitätsstudium eine Berufsausbildung darstellen (vgl. Urteile vom 2. Februar 1988 in der Rechtssache 24/86, Blaizot, Slg. 1988, 379, Randnrn. 15 bis 20, und vom 27. September 1988 in der Rechtssache 42/87, Kommission/Belgien, Slg. 1988, 5445, Randnrn. 7 und 8).

(S. I-6005) [34] Im vorliegenden Fall legt § 36 UniStG die Voraussetzungen des Zugangs zum Hochschul- und Universitätsstudium in Österreich fest. Dazu sieht er vor, dass die Inhaber von in anderen Mitgliedstaaten erworbenen Sekundarschulabschlüssen nicht nur die allgemeinen Voraussetzungen des Zugangs zum Hochschul- oder Universitätsstudium erfüllen müssen, sondern darüber hinaus nachweisen müssen, dass sie die vom Staat der Ausstellung dieser Abschlüsse aufgestellten besonderen Voraussetzungen des Zugangs zu der gewählten Studienrichtung erfüllen, mit denen das Recht auf unmittelbare Zulassung zu diesem Studium begründet wird.

[35] Unter diesen Umständen ist die streitige Bestimmung einer Prüfung nach dem EG-Vertrag, insbesondere im Hinblick auf das in Artikel 12 EG enthaltene Verbot der Diskriminierung aus Gründen der Staatsangehörigkeit, zu unterziehen.

Zum Klagegrund eines Verstoßes gegen Gemeinschaftsrecht
(...)

(S. I-6006) [41] Nach ständiger Rechtsprechung verbietet der Grundsatz der Gleichbehandlung nicht nur offensichtliche Diskriminierungen aufgrund der Staatsangehörigkeit, sondern auch alle versteckten Formen der Diskriminierung, die durch die Anwendung anderer Unterscheidungsmerkmale tatsächlich zu dem gleichen Ergebnis führen (vgl. u.a. Urteile vom 12. Februar 1974 in der Rechtssache 152/73, Sotgiu, Slg. 1973, 153, Randnr. 11, Kommission/Belgien vom 1. Juli 2004, Randnr. 28, und vom 15. März 2005 in der Rechtssache C-209/03, Bidar, Slg. 2005, I-2119, Randnr. 51).

(S. I-6007) [42] Im vorliegenden Fall schreiben die nationalen Rechtsvorschriften vor, dass Schulabgänger, die ihren Sekundarschulabschluss in einem anderen Mitgliedstaat als der Republik Österreich erworben haben und ihr Hochschul- oder Universitätsstudium in einer bestimmten Studienrichtung des österreichischen Bildungssystems aufnehmen wollen, nicht nur diesen Abschluss vorlegen, sondern darüber hinaus nachweisen müssen, dass sie die Voraussetzungen des Zugangs zum Hochschul- oder Universitätsstudium in dem Staat, in dem sie ihren Abschluss erworben haben, erfüllen, wie etwa, dass sie eine Aufnahmeprüfung erfolgreich abgelegt oder eine Mindestnote für den Numerus clausus erreicht haben.

[43] Damit führt § 36 UniStG nicht nur eine unterschiedliche Behandlung zum Nachteil derjenigen Schulabgänger ein, die ihren Sekundarschulabschluss in einem anderen Mitgliedstaat als der Republik Österreich erworben haben, sondern auch zwischen diesen Schulabgängern selbst, je nach dem Mitgliedstaat, in dem sie ihren Sekundarschulabschluss erworben haben.

[44] Die durch den EG-Vertrag im Bereich der Freizügigkeit begründeten Rechte entfalten aber nicht ihre volle Wirkung, wenn einer Person wegen der bloßen Inanspruchnahme dieser Rechte Nachteile entstehen. Dies gilt angesichts der mit Artikel 3 Absatz 1 Buchstabe q EG und Artikel 149 Absatz 2 zweiter Gedankenstrich EG verfolgten Ziele, die Mobilität von Lernenden und Lehrenden zu fördern, besonders im Bereich der Bildung (vgl. Urteil vom 11. Juli 2002 in der Rechtssache C-224/98, D'Hoop, Slg. 2002, I-6191, Randnrn. 30 bis 32).

[45] Im Übrigen ist nach der Rechtsprechung der Unionsbürgerstatus dazu bestimmt, der grundlegende Status der Angehörigen der Mitgliedstaaten zu sein, der es denjenigen unter ihnen, die sich in der gleichen Situation befinden, erlaubt, unabhängig von ihrer Staatsangehörigkeit und unbeschadet der insoweit ausdrücklich vorgesehenen Ausnahmen die gleiche rechtliche Behandlung zu genießen (Urteile vom 20. September 2001 in der Rechtssache C-184/99, Grzelczyk, Slg. 2001, I-6193, Randnr. 31, und D'Hoop, Randnr. 28).

(S. I-6008) [46] Demgemäß ist festzustellen, dass die Inhaber von in einem anderen Mitgliedstaat als der Republik Österreich erworbenen Sekundarschulabschlüssen durch die fraglichen Rechtsvorschriften benachteiligt werden, da sie nicht unter den gleichen Voraussetzungen wie die Inhaber gleichwertiger österreichischer Abschlüsse Zugang zum Hochschulstudium in Österreich haben.

[47] Somit ist § 36 UniStG, obwohl er unterschiedslos auf alle Studenten anwendbar ist, geeignet, sich stärker auf Angehörige anderer Mitgliedstaaten auszuwirken als auf österreichische Staatsangehörige, so dass die mit dieser Bestimmung eingeführte unterschiedliche Behandlung zu einer mittelbaren Diskriminierung führt.

[48] Diese unterschiedliche Behandlung könnte daher nur dann gerechtfertigt sein, wenn sie auf objektiven, von der Staatsangehörigkeit der Betroffenen unabhängigen Erwägungen beruhte und in einem angemessenen Verhältnis zu einem legitimen Zweck stünde, der mit den nationalen Rechtsvorschriften verfolgt wird (Urteile vom 24. November 1998 in der Rechtssache C-274/96, Bickel und Franz, Slg. 1998, I-7637, Randnr. 27, und D'Hoop, Randnr. 36).

Zur Rechtfertigung einer Diskriminierung

(...)

(S. I-6012) Zum Rechtfertigungsgrund der Wahrung der Einheitlichkeit des österreichischen Systems der Hochschul- und Universitätsausbildung

[60] Wie in Randnummer 47 des vorliegenden Urteils festgestellt worden ist, bewirkt § 36 UniStG eine mittelbare Diskriminierung, da er geeignet ist, sich auf Studenten anderer Mitgliedstaaten stärker auszuwirken als auf österreichische Studenten. Außerdem ergibt sich aus den Erörterungen vor dem Gerichtshof, dass die österreichischen Rechtsvorschriften darauf abzielen, den Zugang der Inhaber von in anderen Mitgliedstaaten erworbenen Abschlüssen zu den inländischen Universitäten zu beschränken.

[61] Wie jedoch der Generalanwalt in Nummer 52 seiner Schlussanträge hervorgehoben hat, könnte einer überhöhten Nachfrage nach der Zulassung zu bestimmten Ausbildungsfächern mit dem Erlass spezifischer, nicht diskriminierender Maßnahmen, wie der Einführung einer Aufnahmeprüfung oder dem Erfordernis einer Mindestnote, begegnet werden, womit den Anforderungen des Artikels 12 EG genügt würde.

[62] Außerdem ist festzustellen, dass die von der Republik Österreich angeführten Gefahren nicht nur speziell für das österreichische System der Hochschul- und Universitätsausbildung bestehen, sondern dass sich auch andere Mitgliedstaaten diesen Gefahren gegenübersehen oder sahen. Zu diesen Mitgliedstaaten gehört das Königreich Belgien, das ähnliche Beschränkungen eingeführt hatte, die mit den

Anforderungen des Gemeinschaftsrechts für unvereinbar erklärt worden sind (vgl. Urteil Kommission/Belgien vom 1. Juli 2004).

(S. I-6013) [63] Überdies ist es Sache der nationalen Behörden, die sich auf eine Ausnahme vom fundamentalen Grundsatz der Freizügigkeit berufen, in jedem Einzelfall nachzuweisen, dass ihre Regelungen im Hinblick auf das verfolgte Ziel notwendig und verhältnismäßig sind. Neben den Rechtfertigungsgründen, die ein Mitgliedstaat geltend machen kann, muss dieser eine Untersuchung zur Geeignetheit und Verhältnismäßigkeit der von ihm erlassenen beschränkenden Maßnahme vorlegen sowie genaue Angaben zur Stützung seines Vorbringens machen (vgl. in diesem Sinne Urteile vom 13. November 2003 in der Rechtssache C-42/02, Lindman, Slg. 2003, I-13519, Randnr. 25, und vom 18. März 2004 in der Rechtssache C8/02, Leichtle, Slg. 2004, I-2641, Randnr. 45).

[64] Im vorliegenden Fall hat sich die Republik Österreich darauf beschränkt, in der mündlichen Verhandlung geltend zu machen, dass im Fach Medizin die Zahl der Studienbewerber bis zu fünfmal so hoch sein könnte wie die Zahl der verfügbaren Studienplätze, was das finanzielle Gleichgewicht des österreichischen Systems der Hochschulausbildung und damit dessen Bestand selbst bedrohen würde.

[65] Es ist darauf hinzuweisen, dass dem Gerichtshof keine Schätzung in Bezug auf andere Studienfächer vorgelegt worden ist und dass die Republik Österreich eingeräumt hat, dass sie insoweit über keine anderen Zahlen verfüge. Im Übrigen haben die österreichischen Behörden eingeräumt, dass die fragliche nationale Bestimmung im Wesentlichen vorbeugenden Charakter habe.

[66] Mithin ist festzustellen, dass die Republik Österreich nicht dargetan hat, dass ohne § 36 UniStG der Bestand des österreichischen Bildungssystems im Allgemeinen und die Wahrung der Einheitlichkeit der Hochschulausbildung im Besonderen gefährdet wären. Die fraglichen Rechtsvorschriften sind daher mit den Zielen des EG-Vertrags nicht vereinbar.

(S. I-6014) Zum Rechtfertigungsgrund der Verhütung von Missbräuchen des Gemeinschaftsrechts

[67] Die österreichische Regierung macht mit einem zweiten Rechtfertigungsgrund geltend, dass es den Mitgliedstaaten möglich sein müsse, einem Missbrauch des Gemeinschaftsrechts vorzubeugen, und dass ein Mitgliedstaat ein berechtigtes Interesse daran haben könne, zu verhindern, dass sich einige seiner Staatsangehörigen unter Missbrauch der durch den Vertrag geschaffenen Erleichterungen der Anwendung ihrer nationalen Berufsausbildungsvorschriften entzögen.

[68] Nach der Rechtsprechung ist das Vorliegen eines missbräuchlichen oder betrügerischen Verhaltens im Rahmen einer auf objektiven Kriterien beruhenden Einzelfallprüfung zu untersuchen (vgl. Urteile Centros, Randnrn. 24 und 25, sowie X und Y, Randnrn. 42 und 43).

[69] Außerdem sieht Artikel 149 Absatz 2 zweiter Gedankenstrich EG ausdrücklich vor, dass die Tätigkeit der Gemeinschaft zum Ziel hat, die Mobilität von Lernenden und Lehrenden zu fördern, und zwar auch durch die Förderung der akademischen Anerkennung der Diplome und Studienzeiten. Artikel 150 Absatz 2 dritter Gedankenstrich EG bestimmt darüber hinaus, dass die Tätigkeit der Gemeinschaft zum Ziel hat, die Aufnahme einer beruflichen Bildung zu erleichtern sowie die Mobilität der Ausbilder und der in beruflicher Bildung befindlichen Personen, insbesondere der Jugendlichen, zu fördern.

[70] Im vorliegenden Fall genügt die Feststellung, dass die Möglichkeit für einen Studenten der Europäischen Union, der seinen Sekundarschulabschluss in einem anderen Mitgliedstaat als der Republik Österreich erworben hat, unter den gleichen Voraussetzungen wie die Inhaber von in Österreich erworbenen Abschlüssen Zugang zum Hochschul- oder Universitätsstudium in Österreich zu erhalten, zum Kernbereich des vom EG-Vertrag garantierten Grundsatzes der Freizügigkeit der Studenten gehört und ihre Inanspruchnahme daher als solche keinen Missbrauch des Rechts auf Freizügigkeit darstellen kann.

**Rs. C-184/99 (Grzelczyk),**
**Urteil des Gerichtshofes vom 20. 09. 2001 – Slg. 2001, S. I-6193.**    **134**

**Vorbemerkungen:** *Im vorliegenden Urteil konkretisiert der EuGH seine Auslegung zu Art. 18 Abs. 1 EG, die er in vorangegangenen Entscheidung nur angedeutet hatte. Anders als in der Rechtssache Bickel und Franz (Rs. C-274/96, Slg. 1998, S. I-7637) konnte sich der Kläger des Ausgangsverfahrens nicht auf eine Grundfreiheit, wie die Dienstleistungsfreiheit, berufen. Auch ein anderweitiges Aufenthaltsrecht, wie dies in der Rechtssache Sala (Rs. C-85/96, Slg. 1998, S. I-2691) der Fall war, stand ihm nicht zu. Der EuGH geht in dieser Entscheidung dennoch davon aus, dass der Anwendungsbereich des EG-Vertrages im Sinne von Art. 12 Abs. 1 EG eröffnet ist. Zur Begründung stützt er sich nunmehr ausschließlich auf die Bestimmung des Art. 18 Abs. 1 EG über die Unionsbürgerschaft und stellt erstmalig fest, dass diese Vorschrift den Unionsbürgern das Recht verleiht, sich im Hoheitsgebiet der Mit-*

*gliedstaaten zu bewegen und aufzuhalten. Die Einbeziehung der sekundärrechtlichen Ausgestaltungen in die Prüfung des Rechts aus Art. 18 Abs. 1 EG macht jedoch deutlich, dass der Gerichtshof zwar das Recht auf Aufenthalt dem Grunde nach in Art. 18 Abs. 1 EG verankert sieht, es aber nur vorbehaltlich der in den Durchführungsvorschriften vorgesehenen Beschränkungen gilt (insb. Nachweis ausreichender Existenzmittel und einer Krankenversicherung). Da nur die Frage nach dem Anspruch auf die soziale Leistungen entscheidungserheblich war, blieb letztlich unklar, ob der EuGH mit der Entscheidung auch die unmittelbare Anwendbarkeit des Art. 18 Abs. 1 EG anerkannte (vgl. hierzu Rs. Baumbast und R – Fall 136). Daneben brachte das Urteil noch in einer anderen Hinsicht eine Änderung der Rechtsprechung des EuGH. Noch in der Entscheidung Brown (Rs. 197/86, Slg. 1988, S. 3205) hatte der Gerichtshof nämlich entschieden, dass eine Förderung, die Studierenden für den Lebensunterhalt gewährt wird, nicht in den Anwendungsbereich des EG-Vertrages falle. Diese Rechtsprechung gibt der EuGH angesichts der Weiterentwicklung des Gemeinschaftsrechts ausdrücklich auf (vgl. ferner Rs. Bidar – Fall 139). Mit dem dieser Entscheidung zugrunde liegenden Zusammenspiel zwischen dem Diskriminierungsverbot nach Art. 12 Abs. 1 EG und dem Aufenthaltsrecht nach Art. 18 Abs. 1 EG eröffnet der Gerichtshof über den konkreten Sachverhalt hinaus zugleich in grundsätzlicher Hinsicht einen (begrenzten) Zugang zu sozialen Leistungen für ausländische Unionsbürger. Diese Tendenz wurde in der Folgerechtsprechung (u.a. Urteil Trojani, Rs. C- 456/02, Slg. 2004, S. I-7573) ausdrücklich bestätigt.*

**Sachverhalt:** Der Kläger des Ausgangsverfahrens, ein französischer Staatsangehöriger namens Rudy Grzelczyk, lebte bis zum Abschluss seiner höheren Schulbildung in Frankreich. Anschließend zog er nach Belgien, um dort ein Sportstudium aufzunehmen. Dieses finanzierte er sich drei Jahre lang selbst. Zu Beginn des vierten Studienjahres beantragte er aus sozialen Gründen bei der zuständigen kommunalen Sozialbehörde Mittel zur Gewährleistung seines Existenzminimums. Sein Antrag wurde letztlich abgelehnt, da er als Student nicht Arbeitnehmer war. Gegen diese Entscheidung hat der Betroffene den Rechtsweg beschritten. Das zuständige Gericht hat dem EuGH zwei Fragen nach der Auslegung der Art. 12 Abs. 1, 17 und 18 Abs. 1 EG sowie der RL 93/96/EG des Rates über das Aufenthaltsrecht der Studenten zur Vorabentscheidung vorgelegt. Der Gerichtshof erklärte es für mit dem EG-Vertrag unvereinbar, dass die Sozialleistung dem sich rechtmäßig in Belgien aufhaltenden Studenten nicht gewährt wird, während sie einem belgischen Studenten zusteht.

**Aus den Entscheidungsgründen:**

(S. I-6242) [29] Aus den Akten ergibt sich, dass ein belgischer Student ohne Arbeitnehmereigenschaft im Sinne der Verordnung Nr. 1612/68, der sich in der gleichen Situation befindet wie der Kläger, die Voraussetzungen für die Gewährung des Existenzminimums erfüllt hätte. Die Tatsache, dass der Kläger nicht die belgische Staatsangehörigkeit besitzt, stellt das einzige Hindernis für die Gewährung des Existenzminimums an ihn dar; daher steht fest, dass es sich um eine allein auf der Staatsangehörigkeit beruhende Diskriminierung handelt.

[30] Im Anwendungsbereich des EG-Vertrags ist eine solche Diskriminierung nach Artikel 6 dieses Vertrages grundsätzlich verboten. Im vorliegenden Fall ist dieser Artikel für die Beurteilung seines Anwendungsbereichs in Verbindung mit den Vertragsbestimmungen über die Unionsbürgerschaft zu sehen.

[31] Der Unionsbürgerstatus ist nämlich dazu bestimmt, der grundlegende Status der Angehörigen der Mitgliedstaaten zu sein, der es denjenigen unter ihnen, die sich in der gleichen Situation befinden, erlaubt, unabhängig von ihrer Staatsangehörigkeit und unbeschadet der insoweit ausdrücklich vorgesehenen Ausnahmen die gleiche rechtliche Behandlung zu genießen.

(S. I-6243) [32] Wie der Gerichtshof in Randnummer 63 des Urteils Martínez Sala ausgeführt hat, kann sich ein Unionsbürger, der sich rechtmäßig im Gebiet des Aufnahmemitgliedstaats aufhält, in allen Situationen, die in den sachlichen Anwendungsbereich des Gemeinschaftsrechts fallen, auf Artikel 6 EG-Vertrag berufen.

[33] Diese Situationen schließen auch die ein, die zur Ausübung der durch den Vertrag garantierten Grundfreiheiten, und die, die zur Ausübung der durch Art. 8a EG-Vertrag verliehenen Freiheit, sich im Hoheitsgebiet der Mitgliedstaaten zu bewegen und aufzuhalten, gehören (Urteil vom 24. November 1998 in der Rechtssache C-274/96, Bickel und Franz, Slg. 1998, I-7637, Randnrn. 15 und 16).

[34] Der Gerichtshof hat zwar in Randnummer 18 des Urteils vom 21. Juni 1988 in der Rechtssache 197/86 (Brown, Slg. 1988, 3205) ausgeführt, dass beim gegenwärtigen Stand der Entwicklung des Gemeinschaftsrechts eine Förderung, die Studenten für den Lebensunterhalt und die Ausbildung gewährt wird, grundsätzlich nicht in den Anwendungsbereich des EWG-Vertrags im Sinne seines Artikels 7 (später Artikel 6 EG-Vertrag) fällt.

[35] Seit Verkündung des Urteils Brown ist jedoch durch den Ver-

trag über die Europäische Union die Unionsbürgerschaft in den EG-Vertrag aufgenommen und in seinen Dritten Teil Titel VIII ein Kapitel 3 eingefügt worden, das sich mit der allgemeinen und beruflichen Bildung befasst. Nichts im Text des geänderten Vertrages erlaubt die Annahme, dass Studenten, die Unionsbürger sind, die diesen Bürgern durch den Vertrag verliehenen Rechte verlieren, wenn sie sich zu Studienzwecken in einen anderen Mitgliedstaat begeben. Außerdem hat der Rat seit Verkündung des Urteils Brown auch die Richtlinie 93/96 erlassen, wonach die Mitgliedstaaten Studenten, die Angehörige eines Mitgliedstaats sind und bestimmte Voraussetzungen erfüllen, das Aufenthaltsrecht zuerkennen.

[36] Die Tatsache, dass ein Unionsbürger in einem anderen Mitgliedstaat als dem, dem er angehört, ein Hochschulstudium absolviert, kann ihm somit nicht als solche die Möglichkeit nehmen, sich auf das in Artikel 6 EG-Vertrag verankerte Verbot jeder Diskriminierung aus Gründen der Staatsangehörigkeit zu berufen.

(S. I-6244) [37] Dieses Verbot ist, wie oben in Randnummer 30 erwähnt, im vorliegenden Fall in Verbindung mit Artikel 8a Absatz 1 EG-Vertrag zu sehen, der das Recht [proklamiert], sich im Hoheitsgebiet der Mitgliedstaaten vorbehaltlich der in diesem Vertrag und in den Durchführungsvorschriften vorgesehenen Beschränkungen und Bedingungen frei zu bewegen und aufzuhalten.

[38] Hinsichtlich dieser Beschränkungen und Bedingungen ergibt sich aus Artikel 1 der Richtlinie 93/96, dass die Mitgliedstaaten von den einem Mitgliedstaat angehörenden Studenten, die vom Recht auf Aufenthalt in ihrem Hoheitsgebiet Gebrauch machen wollen, zunächst verlangen können, dass sie der nationalen Behörde glaubhaft machen, dass sie über Existenzmittel verfügen, so dass sie während ihres Aufenthalts nicht die Sozialhilfe des Aufnahmemitgliedstaats in Anspruch nehmen müssen, sodann, dass sie bei einer anerkannten Lehranstalt zum Erwerb einer beruflichen Bildung als Hauptzweck eingeschrieben sind, und schließlich, dass sie einen Krankenversicherungsschutz genießen, der sämtliche Risiken im Aufnahmemitgliedstaat abdeckt.

[39] Artikel 3 der Richtlinie 93/96 stellt klar, dass die Richtlinie keinen Anspruch der aufenthaltsberechtigten Studenten auf Gewährung von Unterhaltsstipendien durch den Aufnahmemitgliedstaat begründet. Andererseits schließt auch keine Richtlinienbestimmung die durch die Richtlinie Begünstigten von Sozialleistungen aus.

**Rs. C- 224/98 (D'Hoop),**    **135**
Urteil des Gerichtshofes vom 11.07.2002 – Slg. 2002, S. I-6191.

**Vorbemerkungen:** *Anders als in der Rs. Grzelczyk (Fall 134) wendete sich die Klägerin des Ausgangsverfahrens unter Berufung auf die Vorschriften über die Unionsbürgerschaft gegen ihren Herkunftsstaat und machte geltend, in Folge ihres in einem anderen Mitgliedstaat erworbenen Abiturs gegenüber den inländischen Abiturienten bei dem Zugang zu einer sozialen Leistung benachteiligt zu werden. Da sich diese Ungleichbehandlung nicht auf die Staatsangehörigkeit der Klägerin bezog, konnte der EuGH nicht auf Art. 12 Abs. 1 EG zurückgreifen. Unter Verweis auf den Grundsatz der praktischen Wirksamkeit („effet-utile") entwickelte der EuGH ein von dem Kriterium der Staatsangehörigkeit losgelöstes und dem Unionsbürgerstatus immanentes Diskriminierungsverbot, ohne dessen Herleitung im Einzelnen zu begründen. Ähnlich wie im Falle des Art. 12 Abs. 1 EG knüpfte er die Anwendung des Diskriminierungsverbots an die Eröffnung des sachlichen Anwendungsbereichs des EG-Vertrags, die vorliegend über den als Grundfreiheit bezeichneten Art. 18 Abs. 1 EG begründet wurde. Die Ungleichbehandlung konnte in dieser Rechtssache nämlich auf die Ausübung der Freizügigkeit zurückgeführt werden, die von der Klägerin zu Bildungszwecken in Anspruch genommen wurde. Eine mögliche Rechtfertigung aus objektiven Gründen lehnte der EuGH ab. Diese Konstellation ließe sich als Diskriminierung „grenzüberschreitender Sachverhalte" bezeichnen und wurde durch den EuGH in der Rs. Pusa (Rs. C-224/02, Slg. 2004, I-5763) bestätigt.*

**Sachverhalt:** Die Klägerin des Ausgangsverfahrens, Marie-Nathalie D'Hoop, ist belgische Staatsangehörige. Nachdem sie ihr Abitur in Frankreich absolviert hatte, kehrte sie nach Belgien zurück und nahm dort ein Studium auf. Nach dessen erfolgreichem Abschluss beantragte sie ein sog. Überbrückungsgeld, welches nach belgischem Recht Schulabgängern gewährt wird, die auf der Suche nach ihrer ersten Beschäftigung sind. Diese Leistung wurde ihr mit der Begründung verwährt, dass sie entgegen den einschlägigen Vorschriften ihr Abitur nicht an einer Lehranstalt in Belgien abgeschlossen hat. Hiergegen beschritt die Klägerin den Rechtsweg. Der im Wege des Vorabentscheidungsverfahrens angerufene EuGH sah darin eine mit dem Gemeinschaftsrecht nicht vereinbare Ungleichbehandlung.

**Aus den Entscheidungsgründen:**

(S. I-6222) [27] Artikel 8 EG-Vertrag verleiht jedem den Status eines Unionsbürgers, der die Staatsangehörigkeit eines Mitgliedstaats besitzt. Da die Klägerin Staatsangehörige eines Mitgliedstaats ist, steht ihr dieser Status zu.

(S. I-6223) [28] Dieser Unionsbürgerstatus soll bestimmungsgemäß der grundlegende Status der Staatsangehörigen der Mitgliedstaaten sein, die, wenn sie sich in der gleichen Situation befinden, aufgrund dieses Status im sachlichen Geltungsbereich des EG-Vertrags vorbehaltlich der hiervon ausdrücklich vorgesehenen Ausnahmen unabhängig von ihrer Staatsangehörigkeit Anspruch auf gleiche rechtliche Behandlung haben (Urteil vom 20. September 2001 in der Rechtssache C-184/99, Grzelczyk, Slg. 2001, I-6193, Randnr. 31).

[29] In den Geltungsbereich des Gemeinschaftsrechts fallen u.a. Situationen, in denen es um die Ausübung der im EG-Vertrag garantierten Grundfreiheiten, namentlich der in Artikel 8a EG-Vertrag (nach Änderung jetzt Artikel 18 EG) verliehenen Freiheit geht, sich im Hoheitsgebiet der Mitgliedstaaten zu bewegen und aufzuhalten (Urteile vom 24. November 1998 in der Rechtssache C-274/96, Bickel und Franz, Slg. 1998, I-7637, Randnrn. 15 und 16, sowie Grzelczyk, Randnr. 33).

[30] Da ein Unionsbürger in allen Mitgliedstaaten Anspruch auf die gleiche rechtliche Behandlung wie die Staatsangehörigen dieses Mitgliedstaats hat, die sich in der gleichen Situation befinden, wäre es mit dem Recht auf Freizügigkeit unvereinbar, wenn der Mitgliedstaat, dessen Staatsangehöriger er ist, ihn deshalb weniger günstig behandeln würde, weil er von den Möglichkeiten Gebrauch gemacht hat, die ihm die Freizügigkeitsbestimmungen des EG-Vertrags eröffnen.

[31] Dieses Recht könnte nämlich seine volle Wirkung nicht entfalten, wenn ein Staatsangehöriger eines Mitgliedstaats von der Wahrnehmung dieser Möglichkeiten abgehalten werden könnte, weil ihm bei der Rückkehr in sein Herkunftsland Nachteile entstünden, die eine Regelung an diese Wahrnehmung knüpft (vgl. in diesem Sinne Urteil vom 7. Juli 1992 in der Rechtssache C-370/90, Singh, Slg. 1992, I-4265, Randnr. 23).

(…)

(S. I-6224) [35] Eine solche Ungleichbehandlung widerspricht den Grundsätzen, auf denen der Status eines Unionsbürgers beruht, nämlich der Garantie gleicher rechtlicher Behandlung bei Ausübung der Freizügigkeit.

[36] Die fragliche Bedingung wäre ullenfalls dann gerechtfertigt, wenn sie auf objektiven, von der Staatsangehörigkeit der Betroffenen unabhängigen Erwägungen beruhte und in einem angemessenen Verhältnis zu einem legitimen Zweck stünde, der mit den nationalen Rechtsvorschriften verfolgt würde (Urteil Bickel und Franz, Randnr. 27).

**Rs. C-413/99 (Baumbast und R),**      **136**
**Urteil des Gerichtshofes vom 17. 09. 2002 – Slg. 2002, S. I-7091.**

**Vorbemerkungen:** *Obwohl das Aufenthaltsrecht der Unionsbürger nach Art. 18 Abs. 1 EG bereits mit dem Vertrag von Maastricht in den EG-Vertrag eingeführt wurde, war die Frage der unmittelbaren Anwendbarkeit dieser Bestimmung bis zu diesem Urteil umstritten. In früheren Entscheidungen des EuGH wurde das Aufenthaltsrecht der Unionsbürger nur ergänzend herangezogen (vgl. z.b. Entscheidung Bickel und Franz, Rs. C-274/96, Slg. 1998, S. I-7637), auch ging es dort – anders als in diesem Fall – nicht um den Aufenthalt als solchen (wie z.b. in Grzelczyk – Fall 134), so dass diese Frage letztlich offen blieb. Gegen eine unmittelbare Anwendbarkeit des Art. 18 Abs. 1 EG wurde vor allem dessen Wortlaut angeführt, der auf die im Vertrag und seinen Durchführungsvorschriften vorgesehenen Beschränkungen und Bedingungen dieses Aufenthaltsrechts verwies. Auch die Kommission lehnte im Verfahren eine unmittelbare Anwendbarkeit ab und betonte, dass die aus dem Gemeinschaftsrecht ergebenden Aufenthaltsrechte grundsätzlich eine Erwerbstätigkeit voraussetzten. Der EuGH folgte dem nicht, sondern erkannte die unmittelbare Anwendbarkeit des Art. 18 Abs. 1 EG an. Zugleich verdeutlichte der Gerichtshof nicht nur die sekundärrechtlichen Beschränkungen dieses Aufenthaltsrechts (Nachweis ausreichender Existenzmittel und einer Krankenversicherung), sondern auch die Grenzen, denen die Anwendung der Beschränkungen unterliegt. Hierzu zählt insbesondere der Grundsatz der Verhältnismäßigkeit. In der Rechtssache Trojani (Rs. C-456/02, Slg. 2004, S. I-7573) hat der EuGH diese Auslegung des Art. 18 Abs. 1 EG bestätigt.*

**Sachverhalt:** Der Kläger des Ausgangsverfahrens ist deutscher Staatsangehöriger und lebte im Vereinigten Königreich, wo er zunächst als Arbeitnehmer und dann als Unternehmer tätig war. Während dieser Zeit erhielt er eine befristete Aufenthaltserlaubnis. Nachdem sein Unternehmen in Konkurs gefallen war und er auch keine hinreichend gut dotierte Anstellung finden konnte, arbeitete er mehrere Jahre lang für deutsche Unternehmen im Ausland. Seinen Wohnsitz behielt er weiterhin im Vereinigten König-reich bei und beantragte schließlich eine unbefristete Aufenthaltserlaubnis. Diese wurde ihm jedoch nicht gewährt, da er kein im Vereinigten König-reich tätiger Arbeitnehmer war und er auch keine sekundärrechtlich be-gründete Aufenthaltsberechtigung geltend machen konnte. Lediglich ein abgeleitetes befristetes Aufenthaltsrecht im Zusammenhang mit der sekun-därrechtlich begründeten Aufenthaltsberechtigung seiner Kinder wurde ihm zugestanden. Gegen diese Entscheidung erhob Herr Baumbast Klage beim vorlegenden Gericht. Der im Verfahren nach Art. 234 EG befaßte EuGH stützte sein Aufenthaltsrecht unmittelbar auf Art. 18 Abs. 1 EG.

## Aus den Entscheidungsgründen:

(S. I-7165) [81] Auch wenn der Gerichtshof vor Inkrafttreten des Vertrages über die Europäische Union ausgeführt hatte, dass das un-mittelbar aus dem EG-Vertrag fließende Aufenthaltsrecht die Aus-übung einer wirtschaftlichen Tätigkeit im Sinne der Artikel 48, 52 oder 59 EG-Vertrag (nach Änderung jetzt Artikel 39 EG, 43 EG und 49 EG) voraussetzt (Urteil vom 5. Februar 1991 in der Rechtssache C-363/89, Roux, Slg. 1991, I-273, Randnr. 9), wurde doch seither die Unionsbürgerschaft in den EG-Vertrag aufgenommen und durch Arti-kel 18 Absatz 1 EG jedem Unionsbürger ein Recht zuerkannt, sich im Hoheitsgebiet der Mitgliedstaaten frei zu bewegen und aufzuhalten.

[82] Nach Artikel 17 Absatz 1 EG ist Unionsbürger jede Person, die die Staatsangehörigkeit eines Mitgliedstaats besitzt. Dabei ist die Uni-onsbürgerschaft dazu (S. I-7166) bestimmt, der grundlegende Status der Angehörigen der Mitgliedstaaten zu sein (in diesem Sinne Urteil vom 20. September 2001 in der Rechtssache C-184/99, Grzelczyk, Slg. 2001, I-6193, Randnr. 31).

[83] Nach dem Vertrag über die Europäische Union ist es im Üb-rigen nicht erforderlich, dass die Unionsbürger einer unselbständigen oder selbständigen Erwerbstätigkeit nachgehen, um in den Genuss der im Zweiten Teil des EG-Vertrags über die Unionsbürgerschaft vorgesehenen Rechte zu kommen. Der Wortlaut des Vertrages über die Europäische Union enthält auch nichts, was dafür spräche, dass Unionsbürger, die zur Ausübung einer unselbständigen Beschäf-tigung in einen anderen Mitgliedstaat übergesiedelt sind, die ihnen vom EG-Vertrag als Unionsbürgern gewährten Rechte verlören, wenn diese Beschäftigung endet.

[84] Was namentlich das Recht zum Aufenthalt im Hoheitsgebiet der Mitgliedstaaten nach Artikel 18 Absatz 1 EG angeht, so wird es

jedem Unionsbürger durch eine klare und präzise Vorschrift des EG-Vertrags unmittelbar zuerkannt. Allein deshalb, weil er Staatsangehöriger eines Mitgliedstaats und damit Unionsbürger ist, ist Herr Baumbast daher berechtigt, sich auf Artikel 18 Absatz 1 EG zu berufen.

[85] Zwar besteht das Recht der Unionsbürger zum Aufenthalt im Hoheitsgebiet eines anderen Mitgliedstaats nur vorbehaltlich der im EG-Vertrag und in seinen Durchführungsvorschriften vorgesehenen Beschränkungen und Bedingungen.

[86] Die Anwendung der Beschränkungen und Bedingungen, die nach Artikel 18 Absatz 1 EG für die Wahrnehmung dieses Aufenthaltsrechts bestehen, unterliegt jedoch der gerichtlichen Kontrolle. Diese Beschränkungen und Bedingungen stehen daher nicht dem entgegen, dass Artikel 18 Absatz 1 EG den Einzelnen Rechte verleiht, die sie gerichtlich geltend machen können und die die innerstaatlichen Gerichte zu wahren haben (in diesem Sinne Urteil vom 4. Dezember 1974 in der Rechtssache 41/74, Van Duyn, Slg. 1974, 1337, Randnr. 7).

(S. I-7167) [87] Was die im abgeleiteten Recht vorgesehenen Beschränkungen und Bedingungen angeht, so können die Mitgliedstaaten nach Artikel 1 Absatz 1 der Richtlinie 90/364 von Angehörigen eines Mitgliedstaats, die das Recht zum Aufenthalt in ihrem Hoheitsgebiet wahrnehmen wollen, verlangen, dass sie für sich und ihre Familienangehörigen über eine Krankenversicherung, die im Aufnahmemitgliedstaat alle Risiken abdeckt, sowie über ausreichende Existenzmittel verfügen, durch die sichergestellt ist, dass sie während ihres Aufenthalts nicht die Sozialhilfe des Aufnahmemitgliedstaats in Anspruch nehmen müssen.

(...)

(S. I-7168) [91] Allerdings sind diese Beschränkungen und Bedingungen unter Einhaltung der einschlägigen gemeinschaftsrechtlichen Grenzen und im Einklang mit den allgemeinen Grundsätzen des Gemeinschaftsrechts, insbesondere dem Grundsatz der Verhältnismäßigkeit, anzuwenden. Das bedeutet, dass unter diesem Gesichtspunkt erlassene nationale Maßnahmen zur Erreichung des angestrebten Zwecks geeignet und erforderlich sein müssen (in diesem Sinne Urteil vom 2. August 1993 in den verbundenen Rechtssachen C-259/91, C-333/91 und C-332/91, Alluè u.a., Slg. 1993, I-4309, Randnr. 15).

(...)

[93] Damit wäre es ein unverhältnismäßiger Eingriff in das Aufenthaltsrecht aus Artikel 18 Absatz 1 EG, wenn Herrn Baumbast dessen Ausübung in Anwendung der Richtlinie 90/364 mit der Begründung

versag würde, dass seine Krankenversicherung eine Notversorgung im Aufnahmemitgliedstaat nicht abdecke.

**137  Rs. C-148/02 (Garcia Avello),**
   **Urteil des Gerichtshofes vom 02. 10. 2003 – Slg. 2003, S. I-11613.**

*Vorbemerkungen: Ähnlich wie in der Rechtssache Grzelczyk (Fall 134) geht es in diesem Urteil im Grundsatz erneut um eine gegen den Aufnahmestaat gerichtete Anwendung von Art. 12 Abs. 1 EG in Verbindung mit Art. 17, 18 Abs. 1 EG. Allerdings weist dieser Fall mehrere Besonderheiten auf. So besaßen die im Zentrum der Rechtssache stehenden Kinder des Klägers im Ausgangsverfahren neben der spanischen Staatsangehörigkeit ihres Vaters auch die Staatsangehörigkeit des Aufnahmestaates (Belgien). Ferner hatten die Kinder – im Gegensatz zu ihrem Vater – nie von der Freizügigkeit in tatsächlicher Hinsicht Gebrauch gemacht, so dass einige Verfahrensbeteiligte vor dem EuGH von einem rein internen Sachverhalt ausgingen. Sodann betraf die Anwendung der gemeinschaftsrechtlichen Vorschriften das Namensrecht, eine Materie, die in der Zuständigkeit der Mitgliedstaaten verblieben ist. Letzteres wurde zwar auch durch den EuGH betont. Allerdings hätten die Mitgliedstaaten auch in diesen Fällen Gemeinschaftsrecht zu beachten, insbesondere das Freizügigkeitsrecht nach Art. 18 Abs. 1 EG. Dessen Einschlägigkeit im Falle der Kinder begründete der Gerichtshof allein mit der spanischen Staatsangehörigkeit und lehnte insoweit ein – völkerrechtlich zulässiges – ausschließliches Abstellen auf die Staatsangehörigkeit des Aufnahmestaates ab, soweit die Ausübung der Freizügigkeit betroffen ist. Im Rahmen der Anwendung des Art. 12 Abs. 1 EG schließlich stellte der EuGH nicht auf eine zu Lasten der Kinder gehende Ungleichbehandlung ab, sondern auf eine nicht gerechtfertigte Gleichbehandlung von Ungleichem. Denn er verglich die Situation der sowohl die belgische als auch die spanische Staatsangehörigkeit besitzenden Kinder im Hinblick auf die Namensbildung mit der Situation von belgischen Staatsbürgern. Im Ergebnis bestand daher ein Anspruch auf eine Besserstellung gegenüber den Inländern. Von weitreichender Bedeutung ist dieses Urteil für EG-Doppel- oder Mehrstaatler, die immer auch „EG-Ausländer" sind und sich somit in jeglicher Lebenssituation über Art. 18 Abs. 1 EG auf das allgemeine Diskriminierungsverbot des Art. 12 Abs. 1 EG berufen kön-*

*nen, um entweder eine Gleichstellung mit Inländern oder sogar eine Besserstellung zu erreichen.*

**Sachverhalt:** Der Kläger des Ausgangsverfahrens, ein spanischer Staatsangehöriger namens Garcia Avello, lebte mit seiner belgischen Ehefrau zusammen in Belgien. Ihre beiden aus der Ehe hervorgegangenen Kinder besitzen sowohl die belgische als auch die spanische Staatsangehörigkeit. In die Geburtsurkunde der Kinder trug der belgische Standesbeamte nach belgischem Recht den Namen ihres Vaters als ihren Familiennamen ein. Hiergegen wandten sich die Eltern und beantragten die Änderung des Nachnamens der Kinder in Übereinstimmung mit der im spanischen Recht verankerten Übung, wonach sich der Nachname der Kinder aus dem ersten Nachnamen des Vaters und dem ersten Nachnamen der Mutter zusammensetzt. Der Antrag wurde von den Behörden mit dem Verweis auf das belgische Recht abgelehnt, das lägen keine hinreichenden Gründe vor, um eine in solchen Fällen in den Vorschriften vorgesehene Ausnahme zu machen. Hiergegen klagte der Vater als gesetzlicher Vertreter seiner Kinder vor dem vorlegenden Gericht. Der EuGH bezog seine Ausführungen auf die Kinder des Klägers und begründete die Eröffnung des Anwendungsbereichs des EG-Vertrags im Sinne des Art. 12 Abs. 1 EG über das Aufenthaltsrecht der Kinder nach Art. 18 Abs. 1 EG, obwohl nicht dargelegt wurde, das die Kinder tatsächlich von der Freizügigkeit Gebrauch gemacht hätten. Schließlich stellte er einen nicht gerechtfertigten Verstoß gegen Art. 12 Abs. 1 EG fest.

### Aus den Entscheidungsgründen:

(S. I-11644) [21] Artikel 17 EG verleiht jeder Person den Status eines Unionsbürgers, die die Staatsangehörigkeit eines Mitgliedstaats besitzt (siehe u.a. Urteile vom 11. Juli 2002 in der Rechtssache C-224/98, D'Hoop, Slg. 2002, I-6191, Randnr. 27). Da die Kinder von Herrn Garcia Avello die Staatsangehörigkeit zweier Mitgliedstaaten besitzen, steht ihnen dieser Status zu.

(…)

[24] In den sachlichen Anwendungsbereich des Gemeinschaftsrechts fallen u.a. Situationen, in denen es um die Ausübung der im EG-Vertrag garantierten (S. I-11645) Grundfreiheiten geht, namentlich um die Ausübung der in Artikel 18 EG verliehenen Freiheit, sich im Hoheitsgebiet der Mitgliedstaaten zu bewegen und aufzuhalten (Urteil vom 24. November 1998 in der Rechtssache C-274/96, Bickel und Franz, Slg. 1998, I-7637, Randnrn. 15 und 16, sowie Urteile Grzelczyk, Randnr. 33, und D'Hoop, Randnr. 29).

[25] Zwar fällt das Namensrecht beim gegenwärtigen Stand des Gemeinschaftsrechts in die Zuständigkeit der Mitgliedstaaten, doch

müssen diese bei der Ausübung dieser Zuständigkeit gleichwohl das Gemeinschaftsrecht beachten (vgl. analog Urteil vom 2. Dezember 1997 in der Rechtssache C-336/94, Dafeki, Slg. 1997, I-6761, Randnrn. 16 bis 20), insbesondere die Vertragsbestimmungen über die jedem Unionsbürger zuerkannte Freiheit, sich im Hoheitsgebiet der Mitgliedstaaten zu bewegen und aufzuhalten (vgl. u.a. Urteil vom 23. November 2000 in der Rechtssache C-135/99, Elsen, Slg. 2000, I-10409, Randnr. 33).

[26] Die in Artikel 7 EG vorgesehene Unionsbürgerschaft bezweckt jedoch nicht, den sachlichen Anwendungsbereich des Vertrages auf interne Sachverhalte auszudehnen, die keinerlei Bezug zum Gemeinschaftsrecht aufweisen (Urteil vom 5. Juni 1997 in den Rechtssachen C-64/96 und C-65/96, Uecker und Jacquet, Slg. 1997, I-3171, Randnr. 23).

[27] Ein solcher Bezug zum Gemeinschaftsrecht besteht aber bei Personen, die sich in einer Situation wie derjenigen der Kinder von Herrn Garcia Avello befinden, die Angehörige eines Mitgliedstaats sind und sich rechtmäßig im Hoheitsgebiet eines anderen Mitgliedstaats aufhalten.

[28] Dem steht nicht entgegen, dass die Betroffenen des Ausgangsverfahrens zugleich die Staatsangehörigkeit des Mitgliedstaats, in dem sie sich seit ihrer Geburt aufhalten, besitzen, die nach Auffassung der Behörden dieses Mitgliedstaats deshalb die einzige von diesem anzuerkennende Staatsangehörigkeit ist. Es ist nämlich nicht Sache eines Mitgliedstaats, die Wirkungen der Verleihung der (S. I-11646) Staatsangehörigkeit eines anderen Mitgliedstaats dadurch zu beschränken, dass er eine zusätzliche Voraussetzung für die Anerkennung dieser Staatsangehörigkeit im Hinblick auf die Ausübung der im Vertrag vorgesehenen Grundfreiheiten verlangt (vgl. in diesem Sinne insbesondere Urteil vom 7. Juli 1992 in der Rechtssache C-369/90, Micheletti u.a., Slg. 1992, I-4239, Randnr. 10). Im Übrigen begründet Artikel 3 des Haager Übereinkommens, auf das sich das Königreich Belgien beruft, um bei mehreren Staatsangehörigkeiten, von denen eine die belgische ist, nur seine eigene anzuerkennen, für die Vertragsstaaten keine Verpflichtung, sondern nur die Möglichkeit, dieser Staatsangehörigkeit den Vorrang vor jeder anderen Staatsangehörigkeit einzuräumen.

[29] Unter diesen Umständen können sich die Kinder des Klägers des Ausgangsverfahrens auf das Recht aus Artikel 12 EG berufen, hinsichtlich der Regeln, nach denen sich ihr Familienname bestimmt, nicht aus Gründen der Staatsangehörigkeit diskriminiert zu werden.

(...)

[31] Das Diskriminierungsverbot verlangt nach ständiger Rechtsprechung, dass gleiche Sachverhalte nicht ungleich behandelt und ungleiche Sachverhalte nicht gleich behandelt werden (vgl. u.a. Urteil vom 17. Juli 1997 in der Rechtssache C-354/95, National Farmers' Union u a., Slg. 1997, I-4559, Randnr. 61). Eine solche Behandlung wäre allenfalls dann gerechtfertigt, wenn sie auf objektiven, von der Staatsangehörigkeit der Betroffenen unabhängigen Erwägungen beruhte und in einem angemessenen Verhältnis zu einem legitimen Zweck stünde, der mit den nationalen Rechtsvorschriften verfolgt würde (vgl. insbesondere Urteil D'Hoop, Randnr. 36).

(…)

(S. I-11647) [34] Mithin ist zu prüfen, ob sich diese beiden Personengruppen in der gleichen Situation befinden oder ob sich im Gegenteil ihre Situationen voneinander unterscheiden und sie dann aufgrund des Diskriminierungsverbots als belgische Staatsangehörige, die, wie die Kinder von Herrn Garcia Avello, auch die Staatsangehörigkeit eines anderen Mitgliedstaats besitzen, verlangen können, anders als die Personen, die nur die belgische Staatsangehörigkeit besitzen, behandelt zu werden, es sei denn, dass die beanstandete Behandlung durch sachliche Gründe gerechtfertigt ist.

(…)

(S. I-11650) [45] Nach alledem ist auf die Vorlagefrage zu antworten, dass die Artikel 12 EG und 17 EG dahin auszulegen sind, dass sie es den Verwaltungsbehörden eines Mitgliedstaats verwehren, unter Umständen wie denen des Ausgangsverfahrens einen Antrag auf Änderung des Namens in diesem Staat wohnender minderjähriger Kinder mit doppelter Staatsangehörigkeit, derjenigen dieses Staates und derjenigen eines anderen Mitgliedstaats, abzulehnen, wenn dieser Antrag darauf gerichtet ist, dass diese Kinder den Namen führen können, den sie nach dem Recht und der Tradition des zweiten Mitgliedstaats hätten.

**Rs. C-200/02 (Zhu und Chen),**                                               **138**
**Urteil des Gerichtshofes vom 19. 10. 2004 – Slg. 2004, S. I-9925.**

**Vorbemerkungen:** *Ähnlich wie in der Rechtssache Baumbast (Fall 136) ging es auch in dieser Entscheidung allein um die unionsbürgerliche Freizügigkeit. In Bezug auf das Aufenthaltsrecht der in Belfast geborenen Tochter einer chinesischen Staatsbürgerin präzisiert der EuGH* *zunächst seine Auslegung von Art. 18 Abs. 1 EG. Dabei verwirft der Gerichtshof zunächst den Einwand, es handele sich mangels Aufenthaltswechsel der Tochter um einen rein innerstaatlichen Sachverhalt mit der Begründung, dass der Annahme eines solchen die durch Geburt erworbene irische Staatsangehörigkeit der Tochter entgegensteht. Sodann stellt er fest, dass die Berufung auf Art. 18 Abs. 1 EG nicht von dem Erreichen eines bestimmten Alters abhängt und sich auch Kleinkinder auf diese Bestimmung berufen können. Bei der Prüfung der sich aus der einschlägigen Aufenthaltsrichtlinie ergebenden Beschränkungen hinsichtlich des Nachweises ausreichender Existenzmittel lässt es der EuGH schließlich ausreichen, dass der Unionsbürger diese durch einen Dritten – hier die Mutter – erhält. Er muss nicht selbst über ausreichende Existenzmittel verfügen. Anders als die Tochter konnte sich die Mutter als chinesische Staatsbürgerin nach dem Wortlaut des Art. 17 Abs. 1 S. 2 EG jedoch nicht auf Art. 18 Abs. 1 EG berufen. Auch ein Aufenthaltsrecht als drittstaatsangehörige Familienangehörige eines Unionsbürgers auf Grundlage der Aufenthaltsrichtlinie scheiterte an deren Wortlaut, wonach solche Personen nur dann aufenthaltsberechtigt sind, wenn sie finanziell durch den Unionsbürger unterhalten werden. Der EuGH setzte sich darüber jedoch hinweg und sprach auch der Mutter ein aus Art. 18 Abs. 1 EG folgendes Aufenthaltsrecht zu und begründete dies mit der ansonsten gefährdeten praktischen Wirksamkeit des unionsbürgerlichen Aufenthaltsrechts der Tochter. Im Ergebnis öffnet der Gerichtshof damit den persönlichen Anwendungsbereich des Art. 18 Abs. 1 EG in Ausnahmefällen auch gegenüber Drittstaatsangehörigen.*

**Sachverhalt:** Frau Chen, eine chinesische Staatsbürgerin, reiste schwanger in das Vereinigte Königreich ein und brachte kurze Zeit später in Belfast ihre Tochter Catherin Zhu zur Welt. In Übereinstimmung mit dem irischen Recht erwarb die Tochter durch Geburt auf der Insel Irland zugleich die irische Staatsangehörigkeit. Anschließend begaben sich Mutter und Kind nach Wales. Frau Chen nahm dort eine Berufstätigkeit auf, welche ihr und der Tochter die finanzielle Unabhängigkeit sicherte. Ihr Antrag auf Erteilung einer dauerhaften Aufenthaltserlaubnis für sie und ihr Kind wurde von den englischen Behörden dennoch abgelehnt und damit begründet, dass weder gemeinschaftsrechtliche noch innerstaatliche Voraussetzungen für einen solchen Aufenthaltstitel vorliegen würden. Das mit dem Rechtsstreit befasste englische Gericht wandte sich im Weg des Vorabentscheidungsverfahrens an den EuGH und legte Fragen nach der Auslegung u.a. von Art. 18 Abs. 1 EG vor.

**Aus den Entscheidungsgründen:**

(S. I-9962) [18] Zunächst ist die von der irischen Regierung und der Regierung des Vereinigten Königreichs vertretene Auffassung zurückzuweisen, dass sich eine Person in der Situation von Catherine schon deshalb nicht auf die gemeinschaftsrechtlichen Vorschriften über die Freizügigkeit und den Aufenthalt berufen könne, weil sie nie von einem Mitgliedstaat in einen anderen Mitgliedstaat gereist sei.

(S. I-9963) [19] Die Situation des Angehörigen eines Mitgliedstaats, der im Aufnahmemitgliedstaat geboren wurde und von dem Recht auf Freizügigkeit keinen Gebrauch gemacht hat, kann nicht allein aufgrund dieser Tatsache einer rein internen Situation gleichgestellt werden, in der dieser Staatsangehörige im Aufnahmemitgliedstaat die gemeinschaftsrechtlichen Vorschriften über die Freizügigkeit und den Aufenthalt nicht geltend machen kann (in diesem Sinne insbesondere Urteil vom 2. Oktober 2003 in der Rechtssache C-148/02, Garcia Avello, Slg. 2003, I11613, Randnrn. 13 und 27).

[20] Außerdem kann sich entgegen dem Vorbringen der irischen Regierung ein Kind im Kleinkindalter auf die gemeinschaftsrechtlich gewährleisteten Rechte auf Freizügigkeit und auf Aufenthalt berufen. Die Fähigkeit des Angehörigen eines Mitgliedstaats, Inhaber der durch den Vertrag und das abgeleitete Recht auf dem Gebiet der Freizügigkeit gewährleisteten Rechte zu sein, kann nicht von der Bedingung abhängen, dass der Betreffende das Alter erreicht hat, ab dem er rechtlich in der Lage ist, diese Rechte selbst auszuüben (in diesem Sinne insbesondere, im Zusammenhang mit der Verordnung [EWG] Nr. 1612/68 des Rates vom 15. Oktober 1968 über die Freizügigkeit der Arbeitnehmer innerhalb der Gemeinschaft [ABl. L 257, S. 2], Urteile vom 15. März 1989 in den Rechtssachen 389/87 und 390/87, Echternach und Moritz, Slg. 1989, 723, Randnr. 21, und vom 17. September 2002 in der Rechtssache C-413/99, Baumbast und R, Slg. 2002, I-7091, Randnrn. 52 bis 63, und, zu Artikel 17 EG, Garcia Avello, Randnr. 21). Außerdem ergibt sich, wie der Generalanwalt in den Nummern 47 bis 52 seiner Schlussanträge ausgeführt hat, weder aus dem Wortlaut noch aus den Zielen, die mit den Artikeln 18 EG und 49 EG sowie den Richtlinien 73/148 und 90/364 verfolgt werden, dass der Genuss der in diesen Vorschriften geregelten Rechte von einer Bedingung in Bezug auf ein Mindestalter abhängig wäre.

(...)

(S. I-9965) [26] Das Recht zum Aufenthalt im Hoheitsgebiet der Mitgliedstaaten nach Artikel 18 Absatz 1 EG wird jedem Unionsbürger durch eine klare und präzise Vorschrift des Vertrages unmittelbar

zuerkannt. Allein deshalb, weil sie Staatsangehörige eines Mitgliedstaats und damit Unionsbürgerin ist, ist Catherine daher berechtigt,
sich auf Artikel 18 Absatz 1 EG zu berufen. Dieses Recht der Unionsbürger zum Aufenthalt im Hoheitsgebiet eines anderen Mitgliedstaats
besteht vorbehaltlich der im Vertrag und in seinen Durchführungsvorschriften vorgesehenen Beschränkungen und Bedingungen (insbesondere Urteil Baumbast und R, Randnrn. 84 und 85).

[27] Was diese Beschränkungen und Bedingungen angeht, so bestimmt Artikel 1 Absatz 1 der Richtlinie 90/364, dass die Mitgliedstaaten von den Angehörigen eines Mitgliedstaats, die in ihrem Hoheitsgebiet das Aufenthaltsrecht genießen wollen, verlangen können,
dass sie für sich und ihre Familienangehörigen über eine Krankenversicherung, die im Aufnahmemitgliedstaat alle Risiken abdeckt, sowie
über ausreichende Existenzmittel verfügen, durch die sichergestellt
ist, dass sie während ihres Aufenthalts nicht die Sozialhilfe des Aufnahmemitgliedstaats in Anspruch nehmen müssen.

[28] Aus der Vorlageentscheidung ergibt sich, dass Catherine sowohl über eine Krankenversicherung als auch über ausreichende Existenzmittel verfügt, die sie von ihrer Mutter erhält; dadurch ist gewährleistet, dass sie nicht die Sozialhilfe des Aufnahmemitgliedstaats in
Anspruch nehmen muss.

[29] Der Einwand der irischen Regierung und der Regierung des
Vereinigten Königreichs, wonach das Erfordernis ausreichender Existenzmittel bedeute, dass der Betreffende, anders als dies bei Catherine
der Fall sei, selbst über solche Mittel verfügen müsse und sich insoweit
nicht auf Mittel eines Familienangehörigen berufen könne, der ihn,
wie Frau Chen, begleite, ist nicht begründet.

[30] Nach dem Wortlaut von Artikel 1 Absatz 1 der Richtlinie
90/364 genügt es, dass die Angehörigen der Mitgliedstaaten über die
erforderlichen Mittel verfügen; irgendwelche Anforderungen in Bezug auf die Herkunft dieser Mittel enthält diese Bestimmung nicht.

(S. I-9966) [31] Diese Auslegung ist umso mehr geboten, als Bestimmungen, in denen ein fundamentaler Grundsatz wie der der Freizügigkeit verankert ist, weit auszulegen sind.

(...)

(S. I-9968) Zum Aufenthaltsrecht einer Person in der Situation von
Frau Chen

[42] Artikel 1 Absatz 2 Buchstabe b der Richtlinie 90/364, die den
Verwandten des Aufenthaltsberechtigten in aufsteigender Linie, denen
er Unterhalt gewährt, ungeachtet ihrer Staatsangehörigkeit das Recht
gewährleistet, bei dem Aufenthaltsberechtigten Wohnung zu nehmen,

kann dem Staatsangehörigen eines Drittstaats, der sich in der Situation von Frau Chen befindet, weder aufgrund der emotionalen Bindungen der Mutter zu ihrem Kind noch aus dem Grund, dass das Recht der Mutter auf Einreise und Aufenthalt im Vereinigten Königreich vom Aufenthaltsrecht dieses Kindes abhängen würde, ein Aufenthaltsrecht verleihen.

(S. I-9969) [43] Aus der Rechtsprechung des Gerichtshofes ergibt sich nämlich, dass sich die Eigenschaft des Familienangehörigen, dem der Aufenthaltsberechtigte Unterhalt gewährt, aus einer tatsächlichen Situation ergibt, die dadurch gekennzeichnet ist, dass der Familienangehörige vom Aufenthaltsberechtigten materiell unterstützt wird (in diesem Sinne, zu Artikel 10 der Verordnung Nr. 1612/68, Urteil vom 18. Juni 1987 in der Rechtssache 316/85, Lebon, Slg. 1987, 2811, Randnrn. 20 bis 22).

[44] In einem Fall wie dem des Ausgangsverfahrens liegt genau die umgekehrte Situation vor, da dem Aufenthaltsberechtigten vom Staatsangehörigen eines Drittstaats Unterhalt gewährt wird, der für ihn tatsächlich sorgt und ihn begleiten will. Unter diesen Umständen kann sich Frau Chen nicht auf die Eigenschaft eines Verwandten in aufsteigender Linie, dem Catherine Unterhalt gewährt, im Sinne der Richtlinie 90/364 berufen, um in den Genuss eines Aufenthaltsrechts im Vereinigten Königreich zu gelangen.

[45] Würde aber dem Elternteil mit Staatsangehörigkeit eines Mitgliedstaats oder eines Drittstaats, der für ein Kind, dem Artikel 18 EG und die Richtlinie 90/364 ein Aufenthaltsrecht zuerkennen, tatsächlich sorgt, nicht erlaubt, sich mit diesem Kind im Aufnahmemitgliedstaat aufzuhalten, so würde dem Aufenthaltsrecht des Kindes jede praktische Wirksamkeit genommen. Offenkundig setzt nämlich der Genuss des Aufenthaltsrechts durch ein Kind im Kleinkindalter voraus, dass sich die für das Kind tatsächlich sorgende Person bei diesem aufhalten darf und dass es demgemäß dieser Person ermöglicht wird, während dieses Aufenthalts mit dem Kind zusammen im Aufnahmemitgliedstaat zu wohnen (sinngemäß, zu Artikel 12 der Verordnung Nr. 1612/68, Urteil Baumbast und R, Randnrn. 71 bis 75).

[46] Aus diesem Grund allein ist zu antworten, dass dann, wenn, wie im Ausgangsverfahren, Artikel 18 EG und die Richtlinie 90/364 dem minderjährigen Staatsangehörigen eines anderen Mitgliedstaats im Kleinkindalter für unbestimmte Zeit ein Aufenthaltsrecht im Aufnahmemitgliedstaat verleihen, dieselben Vorschriften es dem Elternteil, der für diesen Staatsangehörigen tatsächlich sorgt, erlauben, sich mit ihm im Aufnahmemitgliedstaat aufzuhalten.

**139   Rs. C-209/03 (Bidar),**
**Urteil des Gerichtshofes vom 15. 03. 2005 – Slg. 2005, S. I-2119.**

**Vorbemerkungen:** *In ihrer dogmatischen Konstruktion knüpft diese Entscheidung ebenfalls an die Rechtssache Grzelczyk (Fall 134) an. Über das gemäß Art. 18 Abs. 1 EG bestehende Aufenthaltsrecht des aus Frankreich stammenden Studenten Bidar werden der sachliche Anwendungsbereich des Diskriminierungsverbots nach der Staatsangehörigkeit eröffnet und so die Prüfung des Ausschlusses ausländischer Studierender von der Gewährung englischer Studienbeihilfen zur Deckung der Unterhaltskosten am Maßstab des Art. 12 Abs. 1 EG ermöglicht. Zwar enthielt auch die als Beschränkung des Freizügigkeitsrechts anzusehende alte Aufenthaltsrichtlinie für Studenten (RL 93/96) einen entsprechenden Ausschluss. Aufgrund der besonderen Umstände des Falls sah der EuGH diese Richtlinie vorliegend jedoch als nicht einschlägig an und ordnete den Aufenthalt des Studenten Bidar dem Anwendungsbereich der alten allgemeinen Aufenthaltsrichtlinie (RL 90/364) zu. Obwohl der EuGH mit dieser Entscheidung seine Rechtsprechung bezüglich des Zugangs zu sozialen Leistungen durch ausländische Unionsbürger dem Grunde nach ausbaut, macht er zugleich deutlich, dass entsprechende Ungleichbehandlungen nach der Staatsangehörigkeit durchaus gerechtfertigt werden können. So sei es legitim, für den Erhalt der aus Steuergeldern finanzierten Unterhaltsbeihilfen den Nachweis eines gewissen Grades an Integration in die Gesellschaft des gewährenden Staates in Form eines vor Studienbeginn bestehenden dreijährigen Wohnsitzes zu verlangen. Da die Gewährung der Beihilfen an ausländische Studierende aufgrund einer anderen Voraussetzung de facto ausgeschlossen war, lag letztlich dennoch ein Verstoß gegen Art. 12 Abs. 1 EG vor.*

**Sachverhalt:** Dany Bidar, ein französischer Staatsangehöriger, beantragte anlässlich der Aufnahme seines Studiums an einer englischen Universität eine Studienbeihilfe zur Deckung seiner Unterhaltskosten. Diese Beihilfe bestand aus einem vergünstigten Darlehen und wurde zu 75 % unabhängig von der finanziellen Lage des Studierenden und seiner Unterhaltsverpflichteten gewährt. Voraussetzung für den Erhalt des Darlehens war jedoch zum einen das Bestehen eines dreijährigen Wohnsitzes in England vor Aufnahme des Studiums und zum anderen der Nachweis des Status einer im Vereinigten Königreich auf Dauer ansässigen Person. Letzteres konnte durch Studierende aus anderen Mitgliedstaaten jedoch nicht erlangt werden, so dass diese Gruppe de facto von dem Erhalt der Studienbeihil-

fen ausgeschlossen war. Aus diesem Grund wurde der Antrag Bidars abgelehnt, obwohl er bereits drei Jahre lang in England gelebt und dort auch sein
Abitur gemacht hatte, ohne hierbei Sozialhilfe in Anspruch genommen zu
haben. Das mit dem Rechtsstreit befasste englische Gericht wandte sich im
Wege des Vorabentscheidungsverfahrens an den EuGH und legte Fragen
nach der Auslegung von Art. 12 Abs. 1 EG und Art. 18 Abs. 1 EG vor.

**Aus den Entscheidungsgründen:**

(S. I-2164) [30] In diesem Zusammenhang möchte das vorlegende
Gericht wissen, ob die Beihilfen, die Studenten zur Deckung ihrer
Unterhaltskosten gewährt werden, in den Anwendungsbereich des
Vertrages im Sinne des Artikels 12 Absatz 1 EG fallen, der vorsieht,
dass unbeschadet besonderer Bestimmungen dieses Vertrages in
seinem Anwendungsbereich jede Diskriminierung aus Gründen der
Staatsangehörigkeit verboten ist.

(...)

[32] Nach ständiger Rechtsprechung kann sich ein Unionsbürger,
der sich rechtmäßig im Gebiet des Aufnahmemitgliedstaats aufhält,
in allen Situationen, die in den sachlichen Anwendungsbereich des
Gemeinschaftsrechts fallen, auf Artikel 12 EG berufen (Urteile vom
12. Mai 1998 in der Rechtssache C85/96, Martínez Sala, Slg. 1998,
I2691, Randnr. 63, und Grzelczyk, Randnr. 32).

[33] Zu diesen Situationen gehören auch diejenigen, die die Ausübung der durch den Vertrag garantierten Grundfreiheiten, und diejenigen, die die Ausübung der durch Artikel 18 EG verliehenen Freiheit,
sich im Hoheitsgebiet der Mitgliedstaaten zu bewegen und aufzuhalten, betreffen (vgl. Urteil vom 24. November 1998 in der Rechtssache
C274/96, Bickel und Franz, Slg. 1998, I7637, Randnrn. 15 und 16, sowie die Urteile Grzelczyk, Randnr. 33, und Garcia Avello, Randnr.
24).

(S. I-2165) [34] Darüber hinaus erlaubt nichts im Text des Vertrages
die Annahme, dass Studenten, die Unionsbürger sind, die diesen Bürgern durch den Vertrag verliehenen Rechte verlieren, wenn sie sich
zu Studienzwecken in einen anderen Mitgliedstaat begeben (Urteil
Grzelczyk, Randnr. 35).

(...)

(S. I-2166) [42] Aufgrund dieser seit der Verkündung der Urteile
Lair und Brown eingetretenen Umstände ist davon auszugehen, dass
die Situation eines Unionsbürgers, der sich rechtmäßig in einem anderen Mitgliedstaat aufhält, im Hinblick auf den Erhalt einer Beihilfe,

die Studenten zur Deckung der Unterhaltskosten in Form eines vergünstigten Darlehens oder eines Stipendiums gewährt wird, in den Anwendungsbereich des Vertrages im Sinne des Artikels 12 Absatz 1 EG fällt.

(...)

(S. I-2169) [52] Hinsichtlich der Personen, die nicht unter die Verordnung Nr. 1612/68 fallen, fordert Absatz 1 des Anhangs 1 der Student Support Regulations für die Gewährung einer Beihilfe zur Deckung der Unterhaltskosten an Studenten, dass die betreffende Person im Sinne des innerstaatlichen Rechts im Vereinigten Königreich ansässig ist und dass sie bestimmte Wohnsitzvoraussetzungen erfüllt, nämlich, dass sie am ersten Tag des ersten Studienjahres ihren Wohnsitz in England oder Wales hat und dass sie ihren Wohnsitz in den drei Jahren vor diesem Tag im Vereinigten Königreich oder auf den Inseln hatte.

[53] Bei solchen Erfordernissen besteht die grundsätzliche Gefahr, dass Angehörige anderer Mitgliedstaaten benachteiligt werden. Sowohl die Voraussetzung, dass derjenige, der einen Antrag auf Beihilfe stellt, seinen Wohnsitz im Vereinigten Königreich haben muss, als auch die, dass er vor seinem Studium einen Wohnsitz im britischen Hoheitsgebiet haben musste, können von Inländern leichter erfüllt werden.

[54] Eine solche unterschiedliche Behandlung ist nur dann gerechtfertigt, wenn sie auf objektiven, von der Staatsangehörigkeit der Betroffenen unabhängigen Erwägungen beruht und in einem angemessenen Verhältnis zu dem Zweck steht, der mit den nationalen Rechtsvorschriften zulässigerweise verfolgt wird (vgl. Urteile Bickel und Franz, Randnr. 27, D'Hoop, Randnr. 36, und Garcia Avello, Randnr. 31).

(...)

(S. I-2170) [56] Auch wenn die Mitgliedstaaten aufgerufen sind, bei der Organisation und Anwendung ihres Sozialhilfesystems eine gewisse finanzielle Solidarität mit den Angehörigen anderer Mitgliedstaaten zu zeigen (vgl. Urteil Grzelczyk, Randnr. 44), steht es jedem Mitgliedstaat frei, darauf zu achten, dass die Gewährung von Beihilfen zur Deckung des Unterhalts von Studenten aus anderen Mitgliedstaaten nicht zu einer übermäßigen Belastung wird, die Auswirkungen auf das gesamte Niveau der Beihilfe haben könnte, die dieser Staat gewähren kann.

[57] Hinsichtlich einer Beihilfe zur Deckung der Unterhaltskosten der Studenten ist es somit legitim, dass ein Mitgliedstaat eine derartige Beihilfe nur solchen Studenten gewährt, die nachgewiesen haben, dass sie sich bis zu einem gewissen Grad in die Gesellschaft dieses Staates integriert haben.

(...)

[59] Dagegen kann ein gewisser Integrationsgrad durch die Feststellung als nachgewiesen angesehen werden, dass der betreffende Student sich für eine gewisse Zeit im Aufnahmemitgliedstaat aufgehalten hat.

(S. I-2171) [60] Im Rahmen einer nationalen Regelung wie der Student Support Regulations ergibt sich die Garantie einer ausreichenden Integration in die Gesellschaft des Aufnahmemitgliedstaats aus dem Erfordernis eines zuvor bestehenden Wohnsitzes im Hoheitsgebiet dieses Staates, im vorliegenden Fall dem nach den im Ausgangsverfahren fraglichen britischen Regeln geltenden Erfordernis eines Wohnsitzes von drei Jahren.

[61] Die zusätzliche Bedingung, nach der Studenten nur dann einen Anspruch auf eine Beihilfe zur Deckung ihrer Unterhaltskosten haben, wenn sie im Aufnahmemitgliedstaat auch dauernd ansässig sind, könnte zwar, wie die in der vorstehenden Randnummer genannte Bedingung eines Wohnsitzes von drei Jahren, dem legitimen Zweck dienen, sicherzustellen, dass der Beihilfeantragsteller einen gewissen Grad an Integration in die Gesellschaft dieses Staates nachgewiesen hat. Es steht jedoch fest, dass die im Ausgangsverfahren fragliche Regelung für einen Angehörigen eines anderen Mitgliedstaats jede Möglichkeit ausschließt, als Student den Status einer auf Dauer ansässigen Person zu erlangen. Diese Regelung macht es somit einem solchen Staatsangehörigen, welches auch immer der Grad seiner tatsächlichen Integration in die Gesellschaft des Aufnahmemitgliedstaats sein mag, unmöglich, diese Bedingung zu erfüllen und folglich einen Anspruch auf Beihilfe zur Deckung seiner Unterhaltskosten zu erlangen. Eine solche Behandlung kann jedoch nicht als durch das legitime Ziel, das mit dieser Regelung erreicht werden soll, gerechtfertigt angesehen werden.

**Rs. C-406/04 (Gérald De Cuyper ./. Office national de l'emploi),   140 Urteil des Gerichtshofes vom 18. 07. 2006 – NVwZ 2006, S. 1037.**

**Vorbemerkungen:** *Ähnlich wie in den Urteilen D'Hoop (Fall 135) und Pusa (C-224/02, Slg. 2004, I-5763) lag auch dieser Rechtssache eine gegen den Herkunftsstaat gerichtete Sachverhaltskonstellation zugrunde. In Frage stand die Rückzahlung zu Unrecht gewährter Leistungen wegen Arbeitslosigkeit, die nach belgischem Recht an eine*

*Aufenthaltspflicht im Inland gebunden waren. Diese wurde durch den betroffenen belgischen Staatsbürger nicht erfüllt. Anders als in den beiden anfangs erwähnten Urteilen greift der EuGH bei der Beantwortung der Vorlagefragen diesmal jedoch nicht auf eine Kombination des von der Staatsangehörigkeit unabhängigen Diskriminierungsverbots und Art. 18 Abs. 1 EG zurück, sondern prüft die inländische Aufenthaltspflicht allein am Maßstab des Art. 18 Abs. 1 EG. Dabei wird zunächst erörtert, ob sich das Erfordernis einer solchen Pflicht nicht aus den „in den Durchführungsvorschriften vorgesehenen Beschränkungen" des Freizügigkeitsrechts ergibt. Hierbei zieht der EuGH erstmalig die Verordnung 1408/71 über die Anwendung der Systeme der sozialen Sicherheit (...) heran, verwirft diese im Ergebnis jedoch als nicht einschlägig. Sodann stellt der Gerichtshof fest, dass die Aufenthaltspflicht zu einer Benachteiligung solcher Unionsbürger führt, welche die Freizügigkeit in Anspruch genommen haben und ordnet diese Beeinträchtigung als „Beschränkung" ein. Bei der anschließenden Rechtfertigungsprüfung lässt der Gerichthof die Notwendigkeit, die berufliche und familiäre Situation der Empfänger solcher Leistungen zu kontrollieren, als verhältnismäßige „Erwägung des Allgemeininteresses" genügen. Die hierdurch bestätigte gemeinschaftsrechtliche Zulässigkeit von sozialrechtlichen Aufenthaltspflichten hat vor allem in rechtspolitischer Hinsicht Bedeutung für die Mitgliedstaaten. Unklar bleibt dagegen, ob der EuGH Art. 18 Abs. 1 EG in Abkehr von den Entscheidungen D'Hoop und Pusa nunmehr als (umfassendes) Beschränkungsverbot ansieht, oder ob sich die alleinige Heranziehung dieser Vertragsbestimmung aus dem ausdrücklichen Erfordernis der Aufenthaltspflicht heraus erklären lässt. Einstweilen bleibt die weitere Rechtsprechung abzuwarten.*

**Sachverhalt:** Herr De Cuyper, ein belgischer Staatsangehöriger, erhielt in Belgien Leistungen wegen Arbeitslosigkeit. Nach den gesetzlichen Vorschriften waren diese Zahlungen jedoch an einen tatsächlichen Aufenthalt des Leistungsempfängers in Belgien geknüpft. Während des Bezugs verlegte De Cuyper jedoch seinen Wohnsitz nach Frankreich, ohne die zuständigen Behörden hiervon in Kenntnis zu setzen. Bei einer Routineuntersuchung wurde dieser Umstand aufgedeckt und De Cuyper zur Rückzahlung der seit Wohnsitzwechsel erhaltenen Leistungen verpflichtet. Das mit dem Rechtsstreit befasste belgische Gericht wandte sich im Wege des Vorabentscheidungsverfahrens an den EuGH und legte drei Fragen nach der Auslegung von Art. 17 Abs. 1 EG sowie 18 Abs. 1 EG und deren Vereinbarkeit mit der im belgischen Recht vorgesehenen Aufenthaltspflicht vor.

**Aus den Entscheidungsgründen:**

[35] Nach Artikel 18 EG hat „[j]eder Unionsbürger … das Recht, sich im Hoheitsgebiet der Mitgliedstaaten vorbehaltlich der in diesem Vertrag und in den Durchführungsvorschriften vorgesehenen Beschränkungen und Bedingungen frei zu bewegen und aufzuhalten".

[36] Dem erwähnten Wortlaut nach gilt das Recht, sich im Hoheitsgebiet der Mitgliedstaaten aufzuhalten, das jedem Bürger der Union durch Artikel 18 EG unmittelbar zuerkannt wird, nicht uneingeschränkt, sondern nur vorbehaltlich der im Vertrag und in den Durchführungsvorschriften vorgesehenen Beschränkungen und Bedingungen (Urteil vom 7. September 2004 in der Rechtssache C456/02, Trojani, Slg. 2004, I7573, Randnrn. 31 und 32).

[37] In diesem Sinne ist zunächst die Verordnung Nr. 1408/71 zu untersuchen. Deren Artikel 10 bestimmt: „Die Geldleistungen bei Invalidität, Alter oder für die Hinterbliebenen, die Renten bei Arbeitsunfällen oder Berufskrankheiten und die Sterbegelder, auf die nach den Rechtsvorschriften eines oder mehrerer Mitgliedstaaten Anspruch erhoben worden ist, dürfen, sofern in dieser Verordnung nichts anderes bestimmt ist, nicht deshalb gekürzt, geändert, zum Ruhen gebracht, entzogen oder beschlagnahmt werden, weil der Berechtigte im Gebiet eines anderen Mitgliedstaats als des Staates wohnt, in dessen Gebiet der zur Zahlung verpflichtete Träger seinen Sitz hat." Die Aufzählung in Artikel 10 umfasst nicht die Leistungen bei Arbeitslosigkeit. Daher verbietet es diese Bestimmung nicht, dass das Recht eines Mitgliedstaats den Bezug einer Leistung bei Arbeitslosigkeit von einer Klausel des Aufenthalts im Gebiet dieses Staates abhängig macht.

[38] In dieser Beziehung sieht die Verordnung Nr. 1408/71 nur zwei Situationen vor, in denen es der zuständige Mitgliedstaat den Empfängern einer Leistung wegen Arbeitslosigkeit unter Wahrung der entsprechenden Leistungsansprüche erlauben muss, sich im Gebiet eines anderen Mitgliedstaats aufzuhalten. Zum einen handelt es sich dabei um die Situation, die in Artikel 69 der Verordnung vorgesehen ist, wonach Arbeitslose, die sich in einen anderen Mitgliedstaat als den zuständigen Staat begeben, „um dort eine Beschäftigung zu suchen", ihren Anspruch auf die Leistung wegen Arbeitslosigkeit behalten können. Zum anderen ist dies die in Artikel 71 der Verordnung geregelte Situation von Arbeitslosen, die während ihrer letzten Beschäftigung im Gebiet eines anderen Mitgliedstaats als des zuständigen Staates gewohnt haben. Aus der Vorlageentscheidung geht eindeutig hervor,

dass eine Situation wie diejenige des Klägers unter keinen dieser Artikel fällt.

[39] Es steht fest, dass eine nationale Regelung wie diejenige, um die es im Ausgangsverfahren geht, die einige Staatsangehörige allein deswegen benachteiligt, weil sie ihre Freiheit, sich in einen anderen Mitgliedstaat zu begeben und sich dort aufzuhalten, wahrgenommen haben, eine Beschränkung der Freiheiten darstellt, die Artikel 18 EG jedem Unionsbürger verleiht (vgl. in diesem Sinne Urteile vom 11. Juli 2002 in der Rechtssache C224/98, D'Hoop, Slg. 2002, I6191, Randnr. 31, und vom 29. April 2004 in der Rechtssache C224/02, Pusa, Slg. 2004, I5763, Randnr. 19).

[40] Eine solche Beschränkung kann nach Gemeinschaftsrecht nur dann gerechtfertigt sein, wenn sie auf objektiven, von der Staatsangehörigkeit der Betroffenen unabhängigen Erwägungen des Allgemeininteresses beruht, die in einem angemessenen Verhältnis zu dem mit dem nationalen Recht rechtmäßigerweise verfolgten Zweck stehen.

[41] Im vorliegenden Fall trägt die Aufstellung einer Aufenthaltsklausel der Notwendigkeit Rechnung, die berufliche und familiäre Situation der Arbeitslosen zu überwachen. Denn diese Klausel erlaubt es den Prüfungsdiensten des ONEM, zu überprüfen, ob keine Veränderungen in der Situation des Empfängers der Leistung wegen Arbeitslosigkeit eingetreten sind, die einen Einfluss auf die bewilligte Leistung haben könnten. Diese Rechtfertigung beruht demnach auf objektiven Erwägungen des Allgemeininteresses, die von der Staatsangehörigkeit der Betroffenen unabhängig sind.

[42] Eine Maßnahme ist dann verhältnismäßig, wenn sie zur Verwirklichung des verfolgten Zieles geeignet ist und nicht über das hinausgeht, was zu dessen Erreichung notwendig ist.

(...)

[45] Bei Kontrollmechanismen, mit denen, wie bei den im vorliegenden Fall eingerichteten, bezweckt wird, die familiäre Situation des betroffenen Arbeitslosen und das mögliche Vorhandensein vom Betroffenen nicht gemeldeter Einkunftsquellen zu prüfen, beruht die Wirksamkeit weitgehend darauf, dass die Kontrolle unerwartet stattfindet und an Ort und Stelle durchgeführt werden kann, da die zuständigen Dienste die Übereinstimmung zwischen den Angaben des Arbeitslosen und den tatsächlichen Verhältnissen prüfen können müssen. Dabei ist zu beachten, dass die in Bezug auf Leistungen bei Arbeitslosigkeit durchzuführende Kontrolle eine Besonderheit aufweist, die die Einrichtung einschneidenderer Mechanismen rechtfertigt, als sie bei der Kontrolle anderer Leistungen eingerichtet werden.

[46] Daher würden weniger einschneidende Maßnahmen, wie die Vorlage von Unterlagen oder Bescheinigungen, der Kontrolle ihren unerwarteten Charakter nehmen und sie somit weniger wirksam machen.

[47] Unter diesen Umständen genügt die Verpflichtung zum Aufenthalt in dem Mitgliedstaat, in dem sich der leistungspflichtige Träger befindet, die im nationalen Recht mit den Notwendigkeiten der Kontrolle der Einhaltung der gesetzlichen Voraussetzungen für die Gewährung von Leistungen an Arbeitslose gerechtfertigt ist, dem Erfordernis der Verhältnismäßigkeit.

# F. Grundfreiheiten

## I. Warenverkehrsfreiheit, Art. 23 ff. EG

### 1. Begriff der Ware

**141** Rs. 7/68 (Kommission ./. Italien; „Kunstschätze I"),
Urteil des Gerichtshofes vom 10. 12. 1968 – Slg. 1968, S. 633.

**Vorbemerkungen:** *In dieser Entscheidung stellte der EuGH die Voraussetzungen für den Begriff der Ware auf. Danach sind Waren alle beweglichen Güter, die einen Geldwert haben und deshalb Gegenstand von Handelsgeschäften sein können. Später wurden diese Voraussetzungen für einzelne „Waren" bestätigt. Der EuGH sieht auch elektrischen Strom (EuGH, Rs. C-393/92 – Almelo ./. Energiebedrijf, Slg. 1994, S. I-1477, 1516), Tonträger (EuGH, Rs. 55 und 57/80 – membran/GEMA, Slg. 1981, S. 147), elektronische Datenträger (EuGH, Rs. C-79/89 – Brown, Boveri & Cie., Slg. 1991, S. I-1853) und Abfälle (EuGH, Rs. C-2/90 – Abfallimporte, Slg. 1992, S. I-4431; Rs. C-324/99 – DaymlerChrysler, Slg. 2001, S. I-9897) als Waren an. Hinsichtlich der Abgrenzung zur Dienstleistungsfreiheit stellte der Gerichtshof fest, dass Rechte die in Waren verkörpert sind, unabhängig von ihrem Wert unter den Begriff der Ware zu subsumieren sind. Nicht erfasst vom Begriff der Ware sind jedoch gesetzliche Zahlungsmittel, Falschgeld und nicht rechtmäßig eingeführte Betäubungsmittel.*

**Sachverhalt:** Nach italienischem Recht wurde bei der Ausfuhr von Gegenständen von künstlerischem oder geschichtlichem Interesse eine progressive Abgabe erhoben. Dies stellte nach Ansicht der Kommission eine Abgabe gleicher Wirkung wie ein Ausfuhrzoll dar. Die Klägerin beantragte beim EuGH die Feststellung, dass die Italienische Republik gegen ihre Aufhebungspflicht aus Art. 16 EWG-Vertrag verstoßen hat, indem sie die fragliche Abgabe erhoben hat. Der Gerichtshof hat der Klage stattgegeben und stellte einen Verstoß fest.

### Aus den Entscheidungsgründen:

(S. 642) Die Kommission stützt ihre Klage auf Artikel 16 des Vertrages. Sie geht somit davon aus, daß die Gegenstände künstlerischer, geschichtlicher, archäologischer oder ethnographischer Art, die durch das italienische Gesetz Nr. 1089 vom 1. Juni 1939 erfaßt werden, unter die Vorschriften über die Zollunion fallen. Gegen diese Auffassung wendet die Beklagte ein, die fraglichen Gegenstände könnten den „Verbrauchsgütern oder Gegenständen des täglichen Gebrauchs" nicht gleichgestellt werden, unterlägen deshalb nicht den auf „Gegenstände des allgemeinen Handels" anwendbaren Vertragsvorschriften und fielen daher auch nicht unter Artikel 16 des Vertrages. Nach Artikel 9 des Vertrages ist Grundlage der Gemeinschaft eine Zollunion, „die sich auf den gesamten Warenaustausch erstreckt". Unter Waren im Sinn dieser Vorschrift sind Erzeugnisse zu verstehen, die einen Geldwert haben und deshalb Gegenstand von Handelsgeschäften sein können. Die durch das italienische Gesetz erfaßten Erzeugnisse teilen nun aber, durch welche sonstigen Eigenschaften sie sich auch von anderen Handelsgütern unterscheiden mögen, mit diesen letzteren das Merkmal, daß sie einen Geldwert haben und deshalb Gegenstand von Handelsgeschäften sein können. Diese Betrachtungsweise entspricht im übrigen auch dem Geist des italienischen Gesetzes selbst, das die streitige Abgabe nach dem Wert der Gegenstände festsetzt.

(S. 643) Sonach sind Güter den Normen des gemeinsamen Marktes unterworfen, sofern der Vertrag nicht ausdrücklich Ausnahmen vorsieht.

## 2. Zollunion

**Verb. Rs. 2 und 3/69 (Sociaal Fonds Diamantarbeiders ./.**    **142**
**Brachfeld und Chougol; „Diamantarbeiders"),**
**Urteil des Gerichtshofes vom 01. 07. 1969 – Slg. 1969, S. 211.**

**Vorbemerkungen:** *Abgaben gleicher Wirkung wie Zölle i.S.d. Art. 25 EG sind auch solche, die nicht zugunsten des Staates, sondern z.B. zugunsten einer gemeinnützigen Körperschaft, wie im vorliegenden Fall einer Pensionskasse, erhoben werden.*

**Sachverhalt:** In Belgien wurde ein Fonds für Arbeiter in der diamantenverarbeitenden Industrie als öffentliche Einrichtung gebildet. Dieser Institution oblag die Aufgabe, den Arbeitern zusätzliche soziale Leistungen zu gewähren. Hierfür wurden sämtliche Personen, die Rohdiamanten einführten, verpflichtet, einen bestimmten Beitrag zu bezahlen, der dem Fonds zugeführt wurde. Die Höhe der Abgabe richtete sich nach dem Wert der importierten Edelsteine. Der Gerichtshof entschied im Rahmen eines Vorabentscheidungsverfahrens, dass die belgische Regelung gemeinschaftsrechtswidrig sei.

**Aus den Entscheidungsgründen:**

(S. 221) [11/14] Der Vertrag unterscheidet beim Verbot der Zölle nicht danach, ob die Waren mit Erzeugnissen des Einfuhrlandes in Wettbewerb treten oder nicht. Durch die Abschaffung der Zollschranken soll also nicht allein deren Schutzcharakter beseitigt worden; der Vertrag hat vielmehr dem die Abschaffung der Zölle und Abgaben gleicher Wirkung vorsehenden Rechtssatz allgemeine Geltung und Wirkung verleihen wollen, um den freien Warenverkehr zu gewährleisten. Aus dem ganzen System sowie aus der Allgemeinheit und Absolutheit des Verbots aller Zölle im Warenverkehr zwischen den Mitgliedstaaten ist zu entnehmen, daß das Verbot der Zölle unabhängig von dem Zweck, zu dem diese geschaffen wurden, sowie vom Verwendungszweck der durch sie bewirkten Einnahmen gilt. Die Rechtfertigung für dieses Verbot liegt darin, daß finanzielle Belastungen, die ihren Grund im Überschreiten der Grenzen haben, eine Behinderung des freien Warenverkehrs darstellen, auch wenn sie noch so geringfügig sind.

(S. 222) [15/18] Die Ausdehnung des Verbots der Zölle auf Abgaben gleicher Wirkung soll das Verbot der aus diesen Zöllen erwachsenden Handelshindernisse vervollständigen und wirksam gestalten. Mit der Verwendung dieser beiden einander ergänzenden Begriffe wollte man also vermeiden, daß im Handel zwischen den Mitgliedstaaten der innergemeinschaftliche Warenverkehr wegen des Grenzübertritts finanziellen Belastungen ausgesetzt wird. Um zu erkennen, ob eine Abgabe die gleiche Wirkung wie ein Zoll hat, muß daher diese Wirkung mit den Zielen verglichen werden, die der Vertrag insbesondere hinsichtlich des freien Warenverkehrs in dem die Artikel 9 und 12 enthaltenden Teil, Titel und Kapitel verfolgt. Eine – auch noch so geringe – den in- oder ausländischen Waren wegen ihres Grenzübertritts einseitig auferlegte finanzielle Belastung stellt sonach, wenn sie kein Zoll im eigentlichen Sinne ist, unabhängig von ihrer Bezeichnung und der Art ihrer Erhebung eine Abgabe gleicher Wirkung im Sinne von Artikel 9 und 12 dar, selbst wenn sie nicht zugunsten des Staates erhoben wird und keine diskriminierende oder protektionistische Wirkung hat und wenn die belastete Ware nicht mit inländischen Erzeugnissen in Wettbewerb steht.

**Rs. 77/72 (Capolongo ./. Maya),**                    **143**
**Urteil des Gerichtshofes vom 09. 06. 1973 – Slg. 1973, S. 611.**

**Vorbemerkungen:** *Eine finanzielle Belastung kann auch dann eine verbotene Abgabe zollgleicher Wirkung sein, wenn sie gleichermaßen auf eingeführte und auf einheimische Produkte erhoben wird und mit dem eingenommenen Geld die inländischen Hersteller oder Händler in der Weise gefördert werden, dass die für sie durch die Abgabe entstehende Belastung wieder ausgeglichen wird, während die Hersteller und Händler aus dem EG-Ausland von der Förderung ausgeschlossen sind.*

**Sachverhalt:** Der Kläger des Ausgangsverfahrens, der eine größere Menge Eier gekauft hatte, sollte neben dem Kaufpreis auch eine Abgabe für das verwendete Verpackungsmaterial bezahlen. Die Abgabe wurde nach einer entsprechenden nationalen Regelung ausschließlich bei Verpackungsmaterial fällig, das aus anderen Mitgliedstaaten eingeführt wurde. Der Gerichtshof entschied im Rahmen eines Vorabentscheidungsverfahrens.

## Aus den Entscheidungsgründen:

(S. 623) [11] Artikel 13 Absatz 2 beinhaltet demnach spätestens seit dem Ende der Übergangszeit ein klares und eindeutiges Erhebungsverbot für sämtliche Abgaben gleicher Wirkung wie Einfuhrzölle; die Mitgliedstaaten haben an dieses Verbot keinen Vorbehalt geknüpft, der sein Wirksamwerden von einem positiven innerstaatlichen Rechtsakt oder einem Einschreiten der Gemeinschaftsorgane abhängig machen würde. Das Verbot ist seiner Natur nach durchaus geeignet, in den Rechtsbeziehungen zwischen den Mitgliedstaaten und ihren Bürgern unmittelbare Wirkungen zu erzeugen.

[12] Das Verbot bezieht sich auf alle anläßlich oder wegen der Einfuhr geforderten Abgaben, die dadurch, daß sie eingeführte Waren, nicht aber gleichartige einheimische Waren spezifisch treffen, deren Gestehungspreis erhöhen und damit die gleiche einschränkende Wirkung auf den freien Warenverkehr haben wie ein Zoll. Auch Geldlasten, die zur Finanzierung der Tätigkeit einer Körperschaft des öffentlichen Rechts bestimmt sind, können Abgaben zollgleicher Wirkung im Sinne von Artikel 13 Absatz 2 des Vertrages darstellen. Dagegen sind Geldlasten nicht als Abgaben zollgleicher Wirkung anzusehen, wenn sie Bestandteil einer allgemeinen inländischen Abgabenregelung sind, die einheimische und eingeführte Erzeugnisse systematisch nach denselben Merkmalen erfaßt.

(S. 624) [13] Bei der Auslegung des Begriffs „Abgabe mit gleicher Wirkung wie ein Einfuhrzoll" kann es angebracht sein, den Bestimmungszweck der auferlegten Geldlasten zu berücksichtigen. Wenn nämlich ein Beitrag oder eine sonstige finanzielle Belastung ausschließlich dazu bestimmt ist, Tätigkeiten zu fördern, die allein den belasteten einheimischen Erzeugnissen zugute kommen, dann kann sich daraus ergeben, daß der allgemeine Beitrag, der nach denselben Merkmalen auf eingeführte und einheimische Erzeugnisse erhoben wird, dennoch für die einen eine zusätzliche Nettobelastung bedeutet, während er für die anderen in Wirklichkeit eine Gegenleistung für erhaltene Vorteile oder Beihilfen darstellt.

[14] Folglich kann ein Beitrag, auch wenn er Bestandteil einer allgemeinen inländischen Abgabenregelung ist, die einheimische und eingeführte Erzeugnisse nach denselben Merkmalen erfaßt, trotzdem eine Abgabe mit gleicher Wirkung wie ein Einfuhrzoll darstellen, sofern er dazu bestimmt ist, Tätigkeiten zu fördern, die allein den erfassten einheimischen Erzeugnissen zugute kommen.

**144   Rs. 299/86 (Drexl),
Urteil des Gerichtshofes vom 25. 02. 1988 – Slg. 1988, S. 1213.**

*Vorbemerkungen: Als Zoll ist eine Abgabe zu verstehen, die als Zoll bezeichnet und bei der Ein- oder Ausfuhr einer Ware erhoben wird. Die Erhebung von Zöllen im gemeinschaftsinternen Warenverkehr ist nach Art. 25 EG verboten. Davon zu unterscheidende inländische Abgaben sind gemäß Art. 90 EG verboten, wenn sie eingeführte Waren höher belasten als inländische. Art. 90 EG ist anwendbar, wenn sowohl inländische als auch ausländische Waren mit einer nach objektiven Kriterien bemessenen steuerlichen Ausgleichsabgabe belegt werden. Ein Verstoß gegen Art. 90 EG liegt bei einer diskriminierenden steuerlichen Behandlung ausländischer Waren vor.*

**Sachverhalt:** Der Angeklagte des Ausgangsverfahrens, ein deutscher Staatsangehöriger mit Wohnsitz in Italien, wurde in Italien wegen Hinterziehung der Mehrwertsteuer bei der Einfuhr eines Pkw von Deutschland nach Italien angeklagt. Der Gerichtshof entschied im Rahmen eines Vorabentscheidungsverfahrens.

**Aus den Entscheidungsgründen:**

(S. 1232) [10] Nach ständiger Rechtsprechung des Gerichtshofes darf die Erhebung der Mehrwertsteuer bei der Einfuhr nicht zur Folge haben, daß ein eingeführtes Erzeugnis doppelt besteuert wird, weil ein solches Ergebnis gegen Artikel 95 EWG-Vertrag verstoßen würde. Dieses Problem stellt sich namentlich dann, wenn eine Privatperson einen Gegenstand aus einem anderen Mitgliedstaat einführt, ohne in den Genuß einer Steuerbefreiung zu kommen; denn ein solcher Gegenstand ist schon mit der Mehrwertsteuer dieses Mitgliedstaats belastet, da es bei seiner Ausfuhr nicht zu einer Entlastung gekommen ist, wie sie dann erfolgt, wenn der Ausführer Steuerpflichtiger ist.

[11] Der Gerichtshof hat hieraus den Schluß gezogen, daß bei der Einfuhr von Gegenständen aus einem anderen Mitgliedstaat durch eine Privatperson, soweit der betreffende Gegenstand bei der Ausfuhr nicht steuerlich entlastet worden ist, Einfuhrmehrwertsteuer nur inso weit erhoben werden darf, als der Restbetrag der im Ausfuhrmitgliedstaat entrichteten Mehrwertsteuer, der in dem Wert der Ware zum Zeitpunkt ihrer Einfuhr noch enthalten ist, berücksichtigt wird.

**Rs. 314/82 (Kommission ./. Belgien),**   **145**
**Urteil des Gerichtshofes vom 20. 03. 1984 – Slg. 1984, S. 1543.**

**Vorbemerkungen:** *Eine zollgleiche Abgabe ist bei einer allein durch den Grenzübertritt ausgelösten finanziellen Belastung einer Ware gegeben, die zu einer Erschwerung des Warenverkehrs führt. Wird allerdings bei der Versendung einer Ware von einem Mitgliedstaat zu einem anderen von einer staatlichen Stelle eine Abgabe erhoben und zugleich eine dafür angemessene Gegenleistung erbracht, so liegt grundsätzlich keine Abgabe gleicher Wirkung vor. Wenn der Staat aber im Rahmen seiner verwaltenden Tätigkeit im allgemeinen Interesse Kontrollen durchführt, so stellt die erhobene Abgabe kein Entgelt für eine Dienstleistung gegenüber dem Importeur dar, sondern dient vielmehr dem Gesundheitsschutz des Mitgliedstaates, der nicht dazu berechtigt ist, als Gegenleistung eine Abgabe zu erheben.*

**Sachverhalt:** Nach belgischem Recht wurden bei der Einfuhr von Geflügelfleisch, das zum Verzehr durch Menschen geeignet und bestimmt war, Gebühren für die gesundheitsbehördliche Untersuchung erhoben. Dabei wurden Importeure für bestimmte Fleischsorten höher belastet als inländische Produzenten. Die Kommission erhob Aufsichtsklage gegen Belgien. Der Gerichtshof hat der Klage stattgegeben und die Gebühren für gemeinschaftsrechtswidrig erklärt.

**Aus den Entscheidungsgründen:**

(S. 1555) [11] Artikel 9 EWG-Vertrag enthält das Verbot, zwischen den Mitgliedstaaten Zölle und Abgaben gleicher Wirkung zu erheben. Dieses Verbot läßt keine Unterscheidung nach dem Zweck der finanziellen Belastungen zu, deren Beseitigung es vorsieht, und umfaßt daher auch die Gebühren für gesundheitsbehördliche Kontrollen bei der Wareneinfuhr. Nach ständiger Rechtsprechung des Gerichtshofes wäre es anders nur, wenn die finanziellen Belastungen Teil einer allgemeinen inländischen Gebührenregelung wären, die systematisch einheimische und eingeführte Erzeugnisse nach denselben Merkmalen erfaßte, oder wenn diese Belastungen das Entgelt für einen dem Importeur tatsächlich geleisteten Dienst darstellten (siehe namentlich die Urteile vom 14. 12. 1972, Marimex, Rechtssache 29/72, Slg. 1972, 1309, und vom 11. 10. 1973, Rewe-Zentralfinanz, Rechtssache 39/73, Slg. 1973, 1039).

(...)

[13] Nach dieser Rechtsprechung sind die streitigen Gebühren unter dem EWG-Vertrag somit danach zu beurteilen, ob sie sich nach Merkmalen bestimmen, die mit denjenigen für die Bemessung der Lasten auf gleichartigen inländischen Erzeugnissen nicht vergleichbar sind, oder ob es sich um finanzielle Belastungen handelt, die Teil einer allgemeinen inländischen Gebührenregelung sind, die für die Zwecke der fraglichen Kontrolle systematisch einheimische und eingeführte Erzeugnisse nach denselben Merkmalen erfaßt.

(S. 1556) [14] Insoweit hat die Kommission zunächst behauptet, die streitigen Gebühren würden auf einheimisches getrocknetes, gesalzenes oder geräuchertes Geflügelfleisch im Unterschied zu eingeführten Erzeugnissen nicht erhoben.

(...)

[16] Zu diesem Aspekt des Rechtsstreits kann der Gerichtshof nur die Erklärung der belgischen Regierung zur Kenntnis nehmen und feststellen, daß die Erhebung der Gebühren bei der Einfuhr vor der Änderung der fraglichen Regelung für diese Fleischkategorien kein Gegenstück bei den Gebühren auf gleichartige einheimische Erzeugnisse hatte. Soweit es um diese Kategorien von Geflügelfleisch geht,

stellten diese Gebühren somit eine Abgabe mit gleicher Wirkung wie
Zölle im obigen Sinne dar.

## 3. Abgrenzung Warenverkehrsfreiheit und staatliche Beihilfe

**Rs. C-379/98 (PreussenElektra),**                                    **146**
**Urteil des Gerichtshofes vom 13. 03. 2001 – Slg. 2001, S. I-2099.**

**Vorbemerkungen:** *In diesem Vorabentscheidungsverfahren hatte der
Gerichtshof zu prüfen, ob eine Regelung, die ein privates Energie-
versorgungsunternehmen verpflichtet, Strom aus erneuerbaren Energiequellen zu einem Mindestpreis abzunehmen, der über dem tatsächlichen Wert dieses Stroms liegt, gegen die Regelungen des freien Warenverkehrs verstößt. Problematisch war schon die Frage nach der
Eröffnung des Schutzbereichs, da die Regelung unstreitig dem Unternehmen, welches den Strom aus erneuerbaren Energiequellen gewinnt,
einen wirtschaftlichen Vorteil gewährt. Daher wurde in der Literatur
die exklusive Anwendung der Regelungen über die staatlichen Beihilfen befürwortet. Dem schloss sich der EuGH jedoch nicht an. Allein
ein wirtschaftlicher Vorteil durch einen staatlichen Eingriff führt noch
nicht zur Anwendung der Beihilferegelungen. Der Vorteil muss unmittelbar oder mittelbar aus staatlichen Mittel gewährt werden, dies war
im vorliegenden Fall nicht gegeben. Dementsprechend hat der EuGH
auf den Handel mit Strom und damit auf den Warenverkehr abgestellt.*

**Sachverhalt:** Die Klägerin, PreussenElektra, ist ein deutsches Energie-
versorgungsunternehmen, das eine Mehrheit der Anteile an der beklagten
Schleswag AG besitzt. Nach den Vorschriften des Stromeinspeisungsgesetzes von 1998 wurde die Schleswag AG zur Abnahme des in ihrem Versorgungsgebiet erzeugten Stroms aus erneuerbaren Energien zu einem
festgelegten Mindestpreis verpflichtet. Dadurch sind bei der Beklagten
Mehrkosten entstanden, die teilweise von der PreussenElektra zu tragen
waren. Die Klägerin machte vor dem Landgericht Kiel geltend, dass die
Erstattungsregelung des Stromeinspeisungsgesetzes gegen die beihilfe-
rechtlichen Vorschriften des EG-Vertrags verstoße und daher nicht angewandt werden könne. Das Verfahren wurde ausgesetzt und dem EuGH
wurde im Wege der Vorabentscheidung unter anderem die Frage vorgelegt, ob die Stromeinspeisungsvergütungs- und Erstattungsregelung des
Stromeinspeisungsgesetzes von 1998 eine staatliche Beihilfe im Sinne

von Art. 87 EG darstelle. Der Gerichtshof hat diese Frage in seinem Urteil verneint.

**Aus den Entscheidungsgründen:**

(S. I-2183) Zur Auslegung von Artikel 30 EG-Vertrag.

[68] Mit seiner dritten Frage möchte das vorlegende Gericht wissen, ob die beschriebene Regelung mit Artikel 30 EG-Vertrag vereinbar ist.

(S. I-2184) [69] Artikel 30 EG-Vertrag, der Maßnahmen mit gleicher Wirkung wie mengenmäßige Einfuhrbeschränkungen zwischen den Mitgliedstaaten verbietet, ist nach der Rechtsprechung des Gerichtshofes auf alle nationalen Maßnahmen anwendbar, die geeignet sind, den innergemeinschaftlichen Handel unmittelbar oder mittelbar, tatsächlich oder potenziell zu behindern (Urteil vom 11. Juli 1974 in der Rechtssache 8/74, Dassonville, Slg. 1974, 837, Randnr. 5).

[70] Aus der Rechtsprechung des Gerichtshofes folgt außerdem, dass die den Wirtschaftsteilnehmern eines Mitgliedstaats auferlegte Verpflichtung, einen gewissen Prozentsatz ihres Bedarfs an einem bestimmten Erzeugnis bei einem inländischen Lieferanten zu decken, die Möglichkeiten der Einfuhr dieses Erzeugnisses insoweit beschränkt, als sie diese Wirtschaftsteilnehmer daran hindert, einen Teil ihres Bedarfs bei in anderen Mitgliedstaaten ansässigen Lieferanten zu decken (in diesem Sinne Urteile vom 10. Juli 1984 in der Rechtssache 72/83, Campus Oil u.a., Slg. 1984, 2727, Randnr. 16, und vom 20. März 1990 in der Rechtssache C-21/88, Du Pont de Nemours Italiana, Slg. 1990, I-889, Randnr. 11).

[71] §§ 1 und 2 des geänderten Stromeinspeisungsgesetzes bestimmen ausdrücklich, dass die Abnahmepflicht der Elektrizitätsversorgungsunternehmen nur für Strom aus erneuerbaren Energiequellen gilt, der im Geltungsbereich dieses Gesetzes und im Versorgungsgebiet des betreffenden Unternehmens erzeugt wurde; damit kann sie den innergemeinschaftlichen Handel zumindest potenziell behindern.

[72] Bei der Beurteilung, ob eine solche Abnahmepflicht dennoch mit Artikel 30 EG-Vertrag vereinbar ist, sind jedoch das Ziel der streitigen Regelung und die Besonderheiten des Strommarktes zu beachten.

(S. I-2185) [73] Insoweit ist zu berücksichtigen, dass die Nutzung erneuerbarer Energiequellen zur Stromerzeugung, die durch eine Regelung wie das geänderte Stromeinspeisungsgesetz gefördert werden soll, dem Umweltschutz dient, da sie zur Verringerung der Emissionen von Treibhausgasen beiträgt, die zu den Hauptursachen der Klimaänderungen zählen, zu deren Bekämpfung sich die Europäische Gemeinschaft und ihre Mitgliedstaaten verpflichtet haben.

[74] Die Entwicklung der Nutzung erneuerbarer Energieträger gehört daher zu den vorrangigen Zielen, die sich die Gemeinschaft und ihre Mitgliedstaaten zur Umsetzung der Verpflichtungen gesetzt haben, die sie eingegangen sind aufgrund des Rahmenabkommens der Vereinten Nationen über Klimaänderungen, das durch den Beschluss 94/69/EG des Rates vom 15. Dezember 1993 (ABl. 1994, L 33, S. 11) im Namen der Gemeinschaft genehmigt wurde, und des Protokolls der dritten Konferenz der Vertragsstaaten dieses Abkommens in Kyoto vom 11. Dezember 1997, das am 29. April 1998 von der Europäischen Gemeinschaft und ihren Mitgliedstaaten unterzeichnet wurde (vgl. dazu insbesondere Entschließung 98/C 198/01 des Rates vom 8. Juni 1998 über erneuerbare Energieträger [ABl. C 198, S. 1] und Entscheidung Nr. 646/2000/EG des Europäischen Parlaments und des Rates vom 28. Februar 2000 über ein Mehrjahresprogramm zur Förderung der erneuerbaren Energieträger in der Gemeinschaft [Altener] [1998–2002] [ABl. L 79, S, 1]).

[75] Diese Politik bezweckt zugleich den Schutz der Gesundheit und des Lebens von Menschen, Tieren und Pflanzen.

[76] Außerdem müssen die Erfordernisse des Umweltschutzes gemäß Satz 3 des Artikels 130r Absatz 2 Unterabsatz 1 EG-Vertrag (nach Änderung jetzt Artikel 174 Absatz 2 Unterabsatz 1 EG) bei der Festlegung und Durchführung anderer Gemeinschaftspolitiken einbezogen werden. Im Vertrag von Amsterdam erscheint (S. I-2186) diese Bestimmung in leicht veränderter Form in Artikel 6 EG im Ersten Teil – Grundsätze – des Vertrages.

[77] Zudem heißt es in der achtundzwanzigsten Begründungserwägung der Richtlinie 96/92 ausdrücklich, dass die Mitgliedstaaten „aus Gründen des Umweltschutzes" in den Artikeln 8 Absatz 3 und 11 Absatz 3 ermächtigt werden, der Elektrizitätserzeugung auf der Grundlage erneuerbarer Energien Vorrang einzuräumen.

[78] Zu berücksichtigen ist auch, dass diese Richtlinie gemäß ihrer neununddreißigsten Begründungserwägung lediglich eine weitere Stufe bei der Liberalisierung des Elektrizitätsmarkts darstellt und Hemmnisse für den Elektrizitätshandel zwischen den Mitgliedstaaten fortbestehen lässt.

[79] Im Übrigen liegt es in der Natur der Elektrizität, dass sich ihre Herkunft und insbesondere die Energiequelle, aus der sie gewonnen

wurde, nach der Einspeisung in ein Übertragungs- oder Verteilernetz kaum noch bestimmen lässt.

[80] Die Kommission vertritt daher in dem am 31. Mai 2000 vorgelegten Vorschlag für eine Richtlinie 2000/C 311 E/22 des Europäischen Parlaments und des Rates zur Förderung der Stromerzeugung aus erneuerbaren Energiequellen im Elektrizitätsbinnenmarkt (ABl. 2000, C 311 E, S. 320) die Auffassung, dass die Einführung eines Systems von Herkunftszertifikaten für Strom aus erneuerbaren Energiequellen, die einer gegenseitigen Anerkennung zugänglich sind, durch die einzelnen Mitgliedstaaten unabdingbar sei, um den Handel mit diesem Strom zuverlässig und praktisch möglich zu machen.

(S. I-2187) [81] Nach alledem ist auf die dritte Vorlagefrage zu antworten, dass eine Regelung wie das geänderte Stromeinspeisungsgesetz beim gegenwärtigen Stand des Gemeinschaftsrechts auf dem Gebiet des Elektrizitätsmarkts nicht gegen Artikel 30 EG-Vertrag verstößt.

## 4. Verbot mengenmäßiger Ein- und Ausfuhrbeschränkungen und Maßnahmen gleicher Wirkung gem. Art. 28, 29 EG

### a) Verpflichtete der Warenverkehrsfreiheit

**147**    **Rs. 58/80 (Dansk Supermarked ⁄ Imerco), Urteil des Gerichtshofes vom 22. 01. 1981 – Slg. 1981, S. 181.**

**Vorbemerkungen:** *Erstmalig äußerte sich der Gerichtshof in dieser Entscheidung zu den Verpflichtungen Privater. Er betont, dass die Grundfreiheiten grundsätzlich nur durch die Mitgliedstaaten und die Gemeinschaftsorgane zu gewährleisten sind, geht dann aber darauf ein, dass auch Vereinbarungen zwischen Privaten in keinem Fall von den zwingenden Bestimmungen des Vertrages über den freien Warenverkehr abweichen dürfen. So darf eine unlautere Handelspraxis nicht zur Begründung warenverkehrsbeschränkender Vereinbarungen herangezogen werden. Der Gerichtshof hat in diesem Fall eine Drittwirkung der Warenverkehrsfreiheit angenommen. Er ging aber auf die möglichen Erscheinungsformen nicht weiter ein und bestätigte diese Entscheidung nachfolgend nicht (vgl. aber auch Fall 148, Fall 154 sowie Fall 188).*

**Sachverhalt:** Die dänische Aktiengesellschaft A/S Imerco hat anlässlich eines Betriebsjubiläums bei der im Vereinigten Königreich ansässigen Steingutfabrik James Broadhurst & Sons Ltd. eine bestimmte Stückzahl eines Steingutservices bestellt. Diese wollte sie ausschließlich in Dänemark von ihren Aktionären in den Verkehr bringen lassen. Um zu verhindern, dass eine wegen Qualitätsmangel ausgesonderte Partie der Service in Dänemark verkauft würde, war die Firma Imerco mit der Firma Broadhurst übereingekommen, dass diese den Vertrieb übernehmen dürfe, allerdings nicht in den skandinavischen Ländern. Die Dansk Supermarked A/S aus Dänemark kaufte jedoch über einen dänischen Zwischenhändler 300 dieser aussortierten Service und bot diese in ihren eigenen Supermärkten zum Verkauf an. Auf Antrag der Firma Imerco wurde der Firma Dansk Supermarked der Vertrieb der fraglichen Ware zunächst durch einstweilige Verfügung und dann durch Urteil des See- und Handelsgerichts Kopenhagen mit Hinweis auf einen Verstoß gegen das dänische Gesetz über die Vermarktung von Waren untersagt. Die Berufungsinstanz rief den EuGH im Wege der Vorabentscheidung mit der Frage an, ob die Vorschriften des EWG-Vertrages die Anwendung der dänischen Gesetze über das Urheberrecht, das Warenzeichenrecht und die Vermarktung von Waren ausschließen. Der Gerichtshof hat diese Frage bejaht.

## Aus den Entscheidungsgründen:

(S. 195) [17] Überdies ist darauf hinzuweisen, daß Vereinbarungen zwischen Privaten in keinem Fall von den zwingenden Bestimmungen des Vertrages über den freien Warenverkehr abweichen dürfen. Daraus folgt, daß eine Vereinbarung, mit der die Einfuhr einer Ware in einen Mitgliedstaat verboten wird, die in einem anderen Mitgliedstaat rechtmäßig in den Verkehr gebracht worden ist, nicht geltend gemacht oder berücksichtigt werden kann, um den Absatz dieser Ware als eine unzulässige oder unlautere Handelspraxis zu qualifizieren.

[18] Auf die vorgelegte Frage ist daher des weiteren zu antworten, daß Aritkel 30 EWG-Vertrag dahin gehend auszulegen ist,
- daß die Einfuhr einer Ware in einen Mitgliedstaat, die in einem anderen Mitgliedstaat rechtmäßig in den Verkehr gebracht worden ist, als solche nicht als unzulässige oder unlautere Handelspraxis qualifiziert werden kann, unbeschadet einer etwaigen Anwendung der Rechtsvorschriften des Einfuhrstaats, wonach eine derartige Praxis aufgrund von Umständen oder Modalitäten des Verkaufs untersagt ist, die von der Einfuhr selbst unabhängig sind, und
- daß eine Vereinbarung zwischen Privaten mit dem Ziel, die Einfuhr einer solchen Ware zu verbieten, nicht geltend gemacht oder berücksichtigt werden kann, um den Absatz dieser Ware als eine unzulässige oder unlautere Handelspraxis zu qualifizieren.

**148    Rs. 249/81 (Kommission ⁄. Irland; „Buy Irish"),
Urteil des Gerichtshofes vom 24. 11. 1982 – Slg. 1982, S. 4005.**

**Vorbemerkungen:** *In dieser Rechtssache hat der EuGH entschieden,
dass beschränkende und daher prinzipiell verbotene Maßnahmen nur
solche sind, die von einem Hoheitsträger erlassen wurden. Das Besondere an dem Fall war, dass die Regelung des Mitgliedstaates für die
Unternehmer nicht verbindlich war, aber dennoch die Wirkung eines
Regierungsakts mit zwingendem Charakter entfaltete, was für die Anwendung der Warenverkehrsfreiheit als ausreichend eingestuft wurde.
Somit ist grundsätzlich nicht von einer Drittwirkung des Art. 28 EG
auszugehen (vgl. Fall 154). Weiter bedarf es nicht des Nachweises einer tatsächlich erfolgten Behinderung des innergemeinschaftlichen
Handels, vielmehr genügt die bloße Eignung der Maßnahme zur Han-
delsbehinderung für ihre Beurteilung als Maßnahme gleicher Wirkung im Sinne des Art. 28 EG. Auch in einer neuen Entscheidung des
EuGH zu dieser Problematik (Rs. C-325/00 Slg. 2002, S. I-9977 – CMA
Gütesiegel) bestätigte er seine Auffassung. Soweit sich eine Regelung
„wie eine staatliche Regelung auf den innergemeinschaftlichen Handel" auswirkt (Rn. 18), muss diese mit Art. 28 EG vereinbar sein. Die
Regelung muss demnach keine staatliche sein, aber dem Staat zuzurechnen.*

**Sachverhalt:** Die irische Regierung startete 1978 ein Dreijahresprogramm
zur Verbesserung der wirtschaftlichen Lage im Land. Im Wesentlichen
war die Kampagne darauf gerichtet, Verbraucher zum Kauf einheimischer
Waren zu bewegen. Hierzu wurden u.a. Plakataktionen durchgeführt und
ein kostenloser Auskunftsservice eingerichtet, der Informationen bereit-
hielt, wo irische Waren zu erwerben waren. Die Kommission sah hierin
einen Verstoß gegen die Grundsätze des freien Warenverkehrs und leitete
ein Vertragsverletzungsverfahren gegen Irland ein.

**Aus den Entscheidungsgründen:**

(S. 4022) [25] Selbst wenn es zutreffen mag, daß die beiden Pro-
grammteile, die aufrechterhalten wurden, nämlich die Werbekampagne und die Verwendung des Etiketts „Guaranteed Irish", nicht
nennenswert dazu beitrugen, den irischen Markt für inländische
Waren zu gewinnen, so darf doch die Tatsache nicht übersehen werden, daß diese beiden Aktivitäten, ungeachtet ihrer Wirksamkeit,

Teil eines Regierungsprogramms bilden, mit dem beabsichtigt ist, eingeführte Produkte durch inländische Waren zu ersetzen, und das geeignet ist, das Handelsvolumen zwischen den Mitgliedstaaten zu beeinträchtigen.

(S. 4022) [26] Die Werbekampagne, die zum Absatz und Kauf irischer Erzeugnisse anspornen soll, kann weder von ihrem Ursprung als Teil eines Regierungsprogramms noch von der Einführung des Etiketts „guaranteed irish" und einer besonderen Regelung zur Prüfung der Beschwerden über Erzeugnisse, die dieses Etikett tragen, losgelöst werden. Die Einführung der Regelung zur Prüfung von Klagen über irische Erzeugnisse bestätigt hinlänglich den Organisationsgrad und den diskriminierenden Charakter der Kampagne „kauft irisch".

(S. 4023) [27] Unter diesen Umständen laufen diese beiden Aktivitäten auf die Begründung einer von der irischen Regierung eingeführten und mit ihrer Unterstützung betriebenen nationalen Praxis hinaus, deren mögliche Wirkung auf die Einfuhren aus anderen Mitgliedstaaten mit der Wirkung vergleichbar ist, die Regierungsakte mit zwingendem Charakter haben.

(S. 4023) [28] Eine solche Praxis kann nicht dem Verbot nach Artikel 30 des Vertrages entgehen, nur weil sie sich nicht auf Entscheidungen gründet, die für Unternehmen verbindlich sind. Selbst Regierungsakte eines Mitgliedstaats ohne zwingenden Charakter können das Verhalten der Händler und der Verbraucher in diesem Staat beeinflussen und somit die Erreichung der in Artikel 2 des Vertrages genannten und in Artikel 3 näher ausgeführten Ziele der Gemeinschaft vereiteln.

[29] Dies ist der Fall, wenn eine solche restriktive Praxis wie hier in der Durchführung eines von der Regierung festgelegten Programms besteht, das die nationale Wirtschaft insgesamt betrifft und den Handel zwischen den Mitgliedstaaten einschränken soll, indem mit Hilfe einer Werbekampagne im nationalen Rahmen und mit der Einführung besonderer, nur für inländische Waren geltender Verfahren zum Kauf von inländischen Erzeugnissen angespornt wird, und wenn diese Aktivitäten insgesamt der Regierung zuzurechnen sind und in einer organisierten Form im ganzen Inland vorgenommen werden. Irland hat somit gegen seine Verpflichtungen aus dem Vertrag verstoßen, indem es eine Kampagne zur Förderung des Absatzes und des Kaufs irischer Erzeugnisse im Inland durchgeführt hat.

*b) Mengenmäßige Einfuhrbeschränkung oder Maßnahme gleicher Wirkung wie eine mengenmäßige Einfuhrbeschränkung*

**149**  Rs. 2/73 (Geddo ⁄. Ente Nazionale Risi),
**Urteil des Gerichtshofes vom 12. 07. 1973 – Slg. 1973, S. 865.**

**Vorbemerkungen:** *Der EuGH hat in der Rechtssache 2/73 die Definition der mengenmäßigen Beschränkungen ausformuliert. Unter dem Begriff der „mengenmäßigen Beschränkungen", der nie Anlass zu großen Auseinandersetzungen gegeben hat, sind danach „sämtliche Maßnahmen, die sich [...] als eine gänzliche oder teilweise Untersagung der Einfuhr, Ausfuhr und Durchfuhr darstellen" zu subsumieren.*

**Sachverhalt:** Die Käufer einer bestimmten Sorte Reis italienischer Herkunft sind verpflichtet, eine Vertragsabgabe zu entrichten, die einer italienischen Hilfs- und Interventionsstelle zufließt. Aufgabe dieser Einrichtung ist die Forschung, technische Beratung, Werbung sowie die Intervention im Rahmen der gemeinsamen Marktorganisation für Reis. Die dabei anfallenden Ausgaben und Verwaltungskosten wurden durch das Aufkommen aus der Abgabe bestritten. Der Kläger des Ausgangsverfahrens führte aus Reis gewonnene Nahrungsmittel aus und forderte die Rückvergütung der bereits gezahlten Abgabe. Der Gerichtshof entschied im Rahmen eines Vorabentscheidungsverfahrens.

**Aus den Entscheidungsgründen:**

(S. 879) [7] Das in Artikel 20 Absatz 2 der oben zitierten Verordnung statuierte Verbot von mengenmäßigen Beschränkungen und Maßnahmen mit gleicher Wirkung hat u.a. den Zweck, die Mitgliedstaaten an anderen als den in den Verordnungen zugelassenen einseitigen Maßnahmen zur Begrenzung der Ausfuhr nach Drittländern zu hindern. Das in Artikel 23 vorgesehene Verbot derartiger Maßnahmen in den innergemeinschaftlichen Beziehungen bezweckt die Sicherung des freien Warenverkehrs innerhalb der Gemeinschaft. Das Verbot mengenmäßiger Beschränkungen erstreckt sich auf sämtliche Maßnahmen, die sich, je nach Fallage, als eine gänzliche oder teilweise Untersagung der Einfuhr, Ausfuhr oder Durchfuhr darstellen. Zu den Maßnahmen mit gleicher Wirkung gehören, über die vorgenannten Verbote hinaus, auch sonstige Behinderungen ohne Rücksicht auf ihre Bezeichnung oder ihre Anwendungsart, die sich in gleicher Weise auswirken. Eine Geldlast, wie diejenige, mit der es der vorlegende nationale Richter zu tun hat, weist diese Merkmale nicht auf.

**Rs. 8/74 (Dassonville),**  **150**
**Urteil des Gerichtshofes vom 11. 07. 1974 – Slg. 1974, S. 837.**

**Vorbemerkungen:** *In dieser Entscheidung formulierte der EuGH die erste abstrakte Definition der Maßnahmen gleicher Wirkung. Von dieser sog. Dassonville-Formel sind nicht nur die Maßnahmen gleicher Wirkung erfasst, die ausländische Waren aus anderen Mitgliedstaaten offen oder versteckt diskriminieren, sondern auch unterschiedslos wirkende Maßnahmen. Die unterschiedslos wirkenden Maßnahmen sind zwar nicht als Diskriminierungen zu bezeichnen, sie können aber dennoch den Warenverkehr behindern. Bei der Bewertung der Maßnahme ist auf ihre mögliche Wirkung und nicht auf den von ihr verfolgten Zweck abzustellen. Die Dassonville-Formel, die eben nicht nur als Diskriminierungsverbot formuliert wurde, hat zum Verständnis der Warenverkehrsfreiheit als allgemeines Beschränkungsverbot maßgeblich beigetragen. Eine Einschränkung der Dassonville-Formel ergibt sich jedoch aus der Keck-Rechtsprechung (Fall 155).*

**Sachverhalt:** Nach belgischem Recht bedarf die Einfuhr und der Verkauf von Branntwein neben einer von der belgischen Regierung zugelassenen Ursprungsbezeichnung auch der amtlichen Bescheinigung des Herkunftslandes der Waren. Die französischen Kläger des Ausgangsverfahrens beabsichtigten „Scotch Whisky" nach Belgien einzuführen und legten hierfür die Freigabe der französischen Zollbehörden vor. Außerdem wurde auf Etiketten auf das Herkunftsland verwiesen. Nach Ansicht der belgischen Behörden genügte dies nicht den nationalen Vorschriften, weil bei der Einfuhr keine Ursprungsbezeichnung der britischen Behörden vorgelegt wurde, aus der auch die Berechtigung der Importeure hervorging, die Bezeichnung zu verwenden. Der Gerichtshof entschied im Vorabentscheidungsverfahren.

**Aus den Entscheidungsgründen:**

(S. 852) [5] Jede Handelsregelung der Mitgliedstaaten, die geeignet ist, den innergemeinschaftlichen Handel unmittelbar oder mittelbar, tatsächlich oder potentiell zu behindern, ist als Maßnahme mit gleicher Wirkung wie eine mengenmäßige Beschränkung anzusehen.

(S. 853) [6] Solange es noch an einer Gemeinschaftsregelung fehlt, die den Verbrauchern die Echtheit der Ursprungsbezeichnung eines Erzeugnisses gewährleistet, kann ein Mitgliedstaat Maßnahmen ergreifen, um unlautere Verhaltensweisen auf diesem Gebiet zu unterbinden, jedoch darf er nur unter der Bedingung einschreiten, daß die getroffenen Maßnahmen sinnvoll sind und die geforderten Nachweise keine Behinderung des Handels zwischen den Mitgliedstaaten bewirken, mithin von allen Staatsangehörigen erbracht werden können.

[7/9] Derartige Maßnahmen dürfen, ohne daß geprüft zu werden braucht, ob sie überhaupt unter Artikel 36 fallen, gemäß dem in Satz 2 dieses Artikels niedergelegten Grundsatz jedenfalls weder ein Mittel zur willkürlichen Diskriminierung noch eine verschleierte Beschränkung des Handels zwischen den Mitgliedstaaten darstellen. Ein solcher Fall kann vorliegen, wenn ein Mitgliedstaat den Nachweis des Ursprungs eines Erzeugnisses an Formalitäten knüpft, denen ohne ernstliche Schwierigkeiten zu genügen praktisch allein die Direktimporteure in der Lage sind. Sonach stellt es eine mit dem Vertrag unvereinbare Maßnahme mit gleicher Wirkung wie eine mengenmäßige Beschränkung dar, wenn ein Mitgliedstaat eine Echtheitsbescheinigung verlangt, die sich der Importeur eines in einem anderen Mitgliedstaat ordnungsgemäß im freien Verkehr befindlichen echten Erzeugnisses schwerer zu beschaffen vermag als der Importeur, der das gleiche Erzeugnis unmittelbar aus dem Ursprungsland einführt.

**151**   **Rs. 286/81 (Oosthoek's Uitgeversmaatschappij),**
**Urteil des Gerichtshofes vom 15. 12. 1982 – Slg. 1982, 4575.**

**Vorbemerkungen:** *In der Entscheidung Oosthoek hat der EuGH erstmals ausdrücklich die Anwendbarkeit des Art. 28 EG in Bezug auf Werberegelungen festgestellt. Allen Fällen, die der Gerichtshof im Sinne der unten angeführten sog. Oosthoek-Formel entschieden hat, lag eine ähnliche Sachverhaltskonstellation zugrunde: ein Unternehmen, das seine Produkte für Märkte in zwei oder mehr Mitgliedstaaten hergestellt hatte, versuchte diese mit einer einheitlichen Marketingstrategie zu vertreiben. Die Vermarktung nach einem einheitlichen Konzept scheiterte jedoch im Ergebnis stets an den von Mitgliedstaat zu Mitgliedstaat unterschiedlichen, innerhalb des jeweiligen Bestimmungslandes jedoch einheitlich für inländische und ausländische Produkte geltenden Vorschriften des Lauterkeitsrechts. Der sich daraus ergebende Zwang zur Abänderung des Werbekonzeptes oder zum Einsatz nicht geplanter, alternativer Werbemaßnahmen (sog. Diversifikationszwang) führte zur Beschränkung des freien Warenverkehrs. Damit hat der EuGH erstmals auch die Marktzutrittsfunktion und die*

*Marktdurchdringungsfunktion der Werbung erkannt. Folglich können Werbebeschrankungen mittelbar zur Beschränkung der Absatzmöglichkeiten führen. Diese Erkenntnis muss auch dann gelten, wenn nicht eine Ware, sondern andere Leistungen auf den Markt eines Mitgliedstaates neu eingeführt werden. Eine Anwendung der Oosthoek-Formel im Rahmen anderer Grundfreiheiten ist somit denkbar, zumal der EuGH das Oosthoek-Kriterium des Diversifikationszwangs als maßgebend für die Bejahung einer Beschränkung der Freiheit der Niederlassungen erachtet hat (Rs. C-255/97 – Pfeiffer – Slg. 1999, S. I-2835, Rn. 20 – dort im Zusammenhang mit einer grenzüberschreitend verwendeten Geschäftsbezeichnung). Seit der Keck-Entscheidung ist die Fortgeltung der Oosthoek-Rechtsprechung in der Literatur umstritten. Der EuGH hat jedoch in einer neueren Entscheidung (Rs. C-239/02 – Douwe Egberts – Slg. 2004, S. I-7007, Rn. 52) auf die Kriterien der Oosthoek-Rechtsprechung Bezug genommen.*

**Sachverhalt:** Die niederländische Firma Oosthoek vertrieb Enzyklopädien in niederländischer Sprache in den Niederlanden sowie in den belgischen und französischen Gebieten, in denen Niederländisch gesprochen wird. Die Werke wurden teils in Holland, teils in Belgien hergestellt. Die Firma Oosthoek bot allen ihren Abnehmern entweder ein Wörterbuch, einen Weltatlas oder ein kleines Nachschlagewerk als Zugabe an. Dies verstieß gegen das 1977 in Holland eingeführte Gesetz über die Beschränkung des Zugabewesens. Der Gerichtshof Amsterdam legte dem EuGH die Frage zur Entscheidung vor, ob das im Vergleich zu Belgien weitergehende niederländische Zugabeverbot im vorliegenden Fall einen Verstoß gegen das Gemeinschaftsrecht darstelle. Der EuGH hat das Verbot als unvereinbar mit den Grundsätzen der Warenverkehrsfreiheit angesehen.

### Aus den Entscheidungsgründen:

(S. 4587) [15] Eine Regelung, die bestimmte Formen der Werbung und bestimmte Methoden der Absatzförderung beschränkt oder verbietet, kann – obwohl sie die Einfuhren nicht unmittelbar regelt – geeignet sein, das Einfuhrvolumen zu beschränken, weil sie die Absatzmöglichkeiten für die eingeführten Erzeugnisse beeinträchtigt. Es ist nicht auszuschließen, daß der für den betroffenen Unternehmer bestehende Zwang, sich entweder für die einzelnen Mitgliedstaaten unterschiedlicher Systeme der Werbung und Absatzförderung zu (S. 4588) bedienen oder ein System, das er für besonders wirkungsvoll hält, aufzugeben, selbst dann ein Einfuhrhindernis darstellen kann, wenn

eine solche Regelung unterschiedslos für inländische und eingeführte
Erzeugnisse gilt.

### c) Mengenmäßige Ausfuhrbeschränkung oder Maßnahme gleicher Wirkung wie eine mengenmäßige Ausfuhrbeschränkung

**152**   **Rs. 15/79 (Groenveld ∕. Produktschap voor Vee en Vlees),
Urteil des Gerichtshofes vom 08. 11. 1979 – Slg. 1979, S. 3409.**

**Vorbemerkungen:** *Die Definition der Maßnahmen gleicher Wirkung
im Sinne von mengenmäßigen Ausfuhrbeschränkungen ist, anders als
die Definition der Maßnahmen gleicher Wirkung im Sinne des Art. 28
EG, auf ein Diskriminierungsverbot beschränkt. Der EuGH greift hier
grundsätzlich nicht auf die Dassonville-Formel zurück. Bei der Ausfuhr
kann nämlich nicht die Herkunft aus unterschiedlichen Mitgliedstaaten,
sondern die Herkunft aus einem bestimmten Mitgliedstaat zu Handels-
beschränkungen führen. Es besteht dabei die Möglichkeit, dass der Absatz der Ware zugunsten des Inlandes gegenüber der Ausfuhr derselben
Ware zum Nachteil eines anderen Mitgliedstaats bevorzugt wird. Deshalb werden nur spezifisch gegen die Ausfuhr gerichtete diskrimini-
rende Maßnahmen von Art. 29 EG erfasst. Diese Fassung des Art. 29
EG wurde mit verschiedenen Argumenten begründet. Die Anwendung
der Dassonville-Formel würde dazu führen, dass jedwede belastende
innerstaatliche Ordnungsvorschrift für die Herstellung von Produkten
als Ausfuhrhindernis klassifiziert werden könnte. Damit stünden weite
Teile der innerstaatlichen Rechtsordnung – etwa das Immissionsschutz-
recht – allein wegen der Möglichkeit der Erschwerung der Ausfuhr von
Gütern durch höhere Kostenbelastung auf dem Prüfstand des EuGH
hinsichtlich ihrer Verhältnismäßigkeit. Diese Last wollte der Gerichtshof nicht übernehmen. Die Einführung der Keck-Einschränkung im
Rahmen der Warenverkehrsfreiheit i.S.d. Einfuhrfreiheit wirft evtl. ein
neues Licht auf diese Seite der Warenverkehrsfreiheit. Die Anwendung
der durch die Keck-Formel eingeschränkten Dassonville-Formel im
Rahmen des Art. 29 EG würde wohl nur diejenigen Maßnahmen als gegen die Freiheit verstoßend erfassen, die weiterhin spezifisch die Ausfuhr aus dem Markt beeinträchtigen würden. Allerdings ist die Keck-
Formel, die auf Verkaufsbedingungen im Zielstaat abzielt, bezüglich
Maßnahmen des Herkunftsstaates sehr problematisch (vgl. Fall 228).*

**Sachverhalt:** Die Firma P.B. Groenveld BV ist in den Niederlanden als Großhandelsimporteur von frischem und gefrorenem Pferdefleisch tätig und stellt auch Pferdefleischprodukte her. Ein niederländisches Gesetz verbietet jedoch den Fleischfabrikanten, Fleisch von Einhufern vorrätig zu halten, sie be- und zu verarbeiten. Der Antrag der Firma, sie von dem Verbot zu befreien, wurde zurückgewiesen. Sie erhob daraufhin Klage. Das zuständige Gericht befasste den EuGH im Vorabentscheidungsverfahren mit der Frage nach der Auslegung des Art. 29 EG.

## Aus den Entscheidungsgründen:

(S. 3415) [7] Diese Bestimmung bezieht sich auf nationale Maßnahmen, die spezifische Beschränkungen der Ausfuhrströme bezwecken oder bewirken und damit unterschiedliche Bedingungen für den Binnenhandel innerhalb eines Mitgliedstaats und seinen Außenhandel schaffen, so daß die nationale Produktion oder der Binnenmarkt des betroffenen Staates zum Nachteil der Produktion oder des Handels anderer Mitgliedstaaten einen besonderen Vorteil erlangt. Bei einem Verbot wie dem hier in Frage stehenden ist das nicht der Fall: Es ist bei der Herstellung von Waren einer bestimmten Art generell anwendbar ohne Unterschied, ob diese für den nationalen Markt oder für die Ausfuhr bestimmt sind.

**Rs. 94/79 (Vriend),**                                     **153**
**Urteil des Gerichtshofes vom 26. 02. 1980 – Slg. 1980, S. 327.**

**Vorbemerkungen:** *Im Bereich gemeinsamer Marktorganisationen wird bezüglich der Definition von Maßnahmen gleicher Wirkung wie Ausfuhrverboten vom EuGH eine andere Definition benutzt, die auf die Dassonville-Formel zurückgreift. In diesem Bereich besteht ein gemeinschaftlich vollständig determinierter Markt. Dort kann nicht mehr zwischen Einfuhr und Ausfuhr differenziert werden, so dass die weite Formel, die auch unterschiedslose Maßnahmen umfasst, gerechtfertigt ist. Dies wirft allerdings auch die – gerichtlich noch nicht beantwortete – Frage nach der Anwendung der Keck-Formel auf diese Sonderfälle der Ausfuhrbeschränkungen auf.*

**Sachverhalt:** Pieter Vriend, ein niederländischer Kaufmann, wurde in den Niederlanden verurteilt, weil er größere Mengen Chrysanthemenstecklinge, die Vermehrungsgut im Sinne des Saat- und Pflanzungsgutgesetzes sind, ohne entsprechende Erlaubnis gewerbsmäßig in den Verkehr gebracht hat. Nach den einschlägigen niederländischen Regelungen ist für ein derartiges Gewerbe der Anschluss an eine sog. Kontrollstelle für Zierpflanzen zwingend erforderlich. Pieter Vriend legte gegen das Urteil Berufung ein. Das niederländische Berufungsgericht legte dem EuGH im Wege des Vorabentscheidungsverfahrens u.a. die Frage der Vereinbarkeit einer derartigen nationalen Regelung insbesondere mit den Art. 28 und Art. 29 EG vor. Der Gerichtshof hielt die niederländische Regelung für unvereinbar mit Art. 28 und 29 EG und der VO Nr. 234/68.

## Aus den Entscheidungsgründen:

(S. 339) [8] Aus dem allgemeinen Aufbau der Verordnung Nr. 234/68 folgt somit, daß die gemeinsame Marktorganisation für die fraglichen Erzeugnisse, was den Handel innerhalb der Gemeinschaft betrifft, auf die Freiheit des Handelsverkehrs gegründet ist und jeder nationalen Regelung entgegensteht, die geeignet ist, den innergemeinschaftlichen Handel unmittelbar oder mittelbar, tatsächlich oder potentiell zu behindern.

[9] Demnach sind mit der durch die Verordnung Nr. 234/68 errichteten gemeinsamen Marktorganisation alle nationalen Bestimmungen oder Praktiken unvereinbar, die die Ein- oder Ausfuhrströme dadurch ändern können, daß sie die Erzeuger daran hindern, die betreffenden Erzeugnisse frei in den Verkehr zu bringen. Dies trifft für eine nationale Regelung wie die hier in Rede stehende zu, die die Freiheit der Wirtschaftsteilnehmer, das fragliche vegetative Vermehrungsgut in den Verkehr zu bringen, weiterzuverkaufen, einzuführen und auszuführen oder zur Ausfuhr anzubieten, davon abhängig macht, dass sie einer öffentlichen oder behördlich anerkannten Stelle wie dem von dem vorlegenden Gericht erwähnten NAKS angeschlossen sind. Eine derartige Beschränkung der Freiheit des Handelsverkehrs steht im Widerspruch zu Artikel 10 der Verordnung Nr. 234/68, der den Grundsatz eines offenen Marktes aufstellt, auf dem die betreffende gemeinsame Marktorganisation beruht, und verstößt zudem gegen das Erfordernis eines lauteren und wirksamen Wettbewerbs, denn sie führt wegen ihrer allgemeinen Tragweite im Hinblick auf Erzeugnisse, die von Nichtmitgliedern in den Verkehr gebracht werden, dazu, dass auch solche Erzeugnisse vom Markt ferngehalten werden, deren Qualität zufriedenstellend ist.

*d) Schutzpflicht der Mitgliedstaaten als neue Dimension
der Grundfreiheiten*

**Rs. C-265/95 (Kommission ./. Frankreich),**   **154**
**Urteil des Gerichtshofes vom 09. 12. 1997 – Slg. 1997, S. I-6959.**

**Vorbemerkungen:** *Die Grundfreiheiten erfassen nicht nur positives
Tun (z.B. ein Mitgliedstaat erlässt Rechts- oder Verwaltungsvorschriften), sondern gebieten zusammen mit Art. 10 EG auch Unterbin-
dungspflichten gegenüber Beeinträchtigungen durch Privatpersonen,
erfassen also auch das staatliche Unterlassen. Die Warenverkehrsfreiheit enthält also nicht nur ein Abwehrrecht gegen staatliche Maßnahmen. Sie kann vielmehr auch Schutzpflichten des Staates begründen,
nach denen ein Staat bestimmte Maßnahmen ergreifen muss, um einer
nichtstaatlichen Beeinträchtigung des Schutzguts entgegenzuwirken.
Zu betonen ist, dass die Beeinträchtigung in diesem Fall auf den Mitgliedstaat selbst zurückzuführen ist. Dieser Ansatz rührt daher, dass
der innergemeinschaftliche Handelsverkehr durch die Untätigkeit des
Staates bei der Beseitigung von Hemmnissen ebenso wie durch eine
Handlung beeinträchtigt werden kann (bestätigt in der Rs. Schmidberger, Fall 167). Der EuGH räumt jedoch den Mitgliedstaaten ein
Ermessen bei der Wahl der zu ergreifenden Maßnahmen ein. Dieser
Rechtsgedanke lässt sich auch auf andere Grundfreiheiten übertragen
(vgl. aber Fall 188).*

**Sachverhalt:** In Frankreich kam es regelmäßig zu Blockaden von Fahr-
bahnen durch aufgebrachte Bauern, die damit den Import ausländischer
Produkte verhindern wollten. Die Kommission hatte bereits 1985 ein
Mahnschreiben an die französische Regierung geschickt, mit der Aufforderung dafür Sorge zu tragen, dass solche Handlungen unterbleiben. Da
in einem Zeitraum von etwa zehn Jahren keine Änderung eintrat, erhob
die Kommission 1995 Klage auf Feststellung, dass Frankreich seiner Verpflichtung aus Art. 28 EG i.V.m. Art. 10 EG nicht nachgekommen sei, da es
keine Maßnahmen ergriffen habe, um den freien Warenverkehr vor solchen
Angriffen zu schützen. Der Gerichtshof hat der Klage statt gegeben.

### Aus den Entscheidungsgründen:

(S. I-6998) [24] Der freie Warenverkehr stellt einen der tragenden
Grundsätze des EG-Vertrags dar; das ist bei der Beurteilung der Be-
gründetheit der Klage der Kommission zu berücksichtigen.

[25] Nach Artikel 3 Buchstabe c EG-Vertrag umfaßt die Tätigkeit der Gemeinschaft im Sinne des Artikels 2 einen Binnenmarkt, der durch die Beseitigung der Hindernisse u.a. für den freien Warenverkehr zwischen den Mitgliedstaaten gekennzeichnet ist.

[26] Nach Artikel 7a Absatz 2 EG-Vertrag umfaßt der Binnenmarkt einen Raum ohne Binnengrenzen, in dem der freie Verkehr von Waren gemäß den Bestimmungen des EG-Vertrags gewährleistet ist.

[27] Dieser tragende Grundsatz wird durch die Artikel 30 ff. EG-Vertrag umgesetzt.

[28] Insbesondere sind nach Artikel 30 mengenmäßige Einfuhrbeschränkungen sowie alle Maßnahmen gleicher Wirkung zwischen den Mitgliedstaaten verboten.

[29] Das bedeutet nach dem Kontext dieser Bestimmung, daß alle unmittelbaren oder mittelbaren, tatsächlichen oder potentiellen Beeinträchtigungen der Einfuhrströme im innergemeinschaftlichen Handel beseitigt werden sollen.

[30] Artikel 30 ist für die Verwirklichung des Marktes ohne Binnengrenzen unabdingbar. Er verbietet damit nicht nur Maßnahmen, die auf den Staat zurückzuführen sind und selbst Beschränkungen für den Handel zwischen den Mitgliedstaaten schaffen, sondern kann auch dann Anwendung finden, wenn ein Mitgliedstaat (S. I-6999) keine Maßnahmen ergriffen hat, um gegen Beeinträchtigungen des freien Warenverkehrs einzuschreiten, deren Ursachen nicht auf den Staat zurückzuführen sind.

[31] Der innergemeinschaftliche Handelsverkehr kann nämlich ebenso wie durch eine Handlung dadurch beeinträchtigt werden, daß ein Mitgliedstaat untätig bleibt oder es versäumt, ausreichende Maßnahmen zur Beseitigung von Hemmnissen für den freien Warenverkehr zu treffen, die insbesondere durch Handlungen von Privatpersonen in seinem Gebiet geschaffen wurden, die sich gegen Erzeugnisse aus anderen Mitgliedstaaten richten.

[32] Artikel 30 verbietet den Mitgliedstaaten somit nicht nur eigene Handlungen oder Verhaltensweisen, die zu einem Handelshemmnis führen könnten, sondern verpflichtet sie in Verbindung mit Artikel 5 EG-Vertrag auch dazu, alle erforderlichen und geeigneten Maßnahmen zu ergreifen, um in ihrem Gebiet die Beachtung dieser Grundfreiheit sicherzustellen.

[33] Dabei steht es sicherlich im Ermessen der Mitgliedstaaten, die für die Aufrechterhaltung der öffentlichen Sicherheit und Ordnung allein zuständig bleiben, zu entscheiden, welche Maßnahmen in einer

bestimmten Situation am geeignetsten sind, um Beeinträchtigungen der Einfuhr zu beseitigen.

[34] Es ist daher nicht Sache der Gemeinschaftsorgane, sich an die Stelle der Mitgliedstaaten zu setzen und ihnen vorzuschreiben, welche Maßnahmen sie erlassen und tatsächlich anwenden müssen, um den freien Warenverkehr in ihrem Gebiet zu gewährleisten.

[35] Es ist jedoch Sache des Gerichtshofes, unter Berücksichtigung des genannten Ermessens in den ihm unterbreiteten Fällen zu prüfen, ob der betreffende Mitgliedstaat zur Sicherstellung des freien Warenverkehrs geeignete Maßnahmen ergriffen hat.

(...)

(S. I-7000) [38] Die Gewalttaten, die in Frankreich gegen landwirtschaftliche Erzeugnisse aus anderen Mitgliedstaaten begangen wurden – u.a. wurden Lastwagen, die solche Erzeugnisse beförderten, angehalten, ihre Ladung vernichtet und die Fahrer angegriffen; weiter wurden Groß- und Einzelhändler bedroht und ausliegende Waren ungenießbar gemacht –, schaffen unzweifelhaft Hemmnisse für den innergemeinschaftlichen Handel mit diesen Erzeugnissen.

[39] Deshalb ist zu prüfen, ob die französische Regierung im vorliegenden Fall ihren Verpflichtungen aus Artikel 30 in Verbindung mit Artikel 5 EG-Vertrag dadurch nachgekommen ist, daß sie ausreichende und geeignete Maßnahmen gegen Handlungen von Privatpersonen ergriffen hat, die Hemmnisse für den freien Warenverkehr mit bestimmten landwirtschaftlichen Erzeugnissen verursachen.

(...)

(S. I-7003) [56] Der betreffende Mitgliedstaat hat alle geeigneten Maßnahmen zu ergreifen, um die volle, wirksame und korrekte Anwendung des Gemeinschaftsrechts im Interesse aller Wirtschaftsteilnehmer sicherzustellen, sofern er nicht nachweist, daß sein Tätigwerden Folgen für die öffentliche Ordnung hätte, die er mit seinen Mitteln nicht bewältigen könnte.

[57] Im vorliegenden Fall hat die französische Regierung aber nicht konkret das Bestehen einer Gefahr für die öffentliche Ordnung nachgewiesen, die sie nicht bewältigen könnte.

## e) Einschränkung der Dassonville-Formel durch die Keck-Formel

**155**  Verb. Rs. C-267 und 260/91 (Keck und Mithouard: „Keck"), Urteil des Gerichtshofes vom 24. 11. 1993 – Slg. 1993, S. I-6097.

**Vorbemerkungen:** *Mit der sog. Keck-Formel nimmt der EuGH „bestimmte Verkaufsmodalitäten" aus dem Begriff der „Maßnahmen gleicher Wirkung" nach Art. 28 EG heraus. Zu den Anforderungen an solche Verkaufsmodalitäten gehören: Ausübung einer Tätigkeit im Inland, Geltung für alle von der Regelung betroffenen Wirtschaftsteilnehmer und die Gleichheit der tatsächlichen und rechtlichen Beeinträchtigung des Absatzes der inländischen und EG-ausländischen Erzeugnisse. Der EuGH hat jedoch die Verkaufsmodalitäten selbst nicht ausdrücklich definiert. Ursprünglich ging man von einer negativen Definition der Verkaufsmodalitäten aus. Wenn somit Produktregelungen diejenigen Vorschriften sind, welche die Ware selbst berühren, wie etwa ihre Bezeichnung, ihre Form, Zusammensetzung, Aufmachung, Etikettierung und Verpackung, so sind unter den Verkaufsmodalitäten diejenigen Regelungen zu verstehen, welche die Art und Weise der Vermarktung von Erzeugnissen, also das Wer, Wo, Wann und Wie regeln. Die Aufspaltung der Maßnahmen gleicher Wirkung in Produktregelungen, die weiter uneingeschränkt in den Anwendungsbereich des Art. 28 EG fallen, und in Verkaufsmodalitäten, die nunmehr nur unter diskriminierenden Bedingungen als Maßnahmen gleicher Wirkung zu bezeichnen sind, hat aber Unsicherheit vor allem bezüglich der Beurteilung der Regelungen, die Marketingstrategien zum Gegenstand haben, hervorgerufen. Dies gilt umso mehr, als die Entscheidung „entgegen der bisherigen Rechtsprechung", die jedoch nicht näher präzisiert wurde, getroffen wurde. Diese Unsicherheit war auch der Grund, weswegen die Entscheidung stark auseinandergehende Bewertungen hervorgerufen hat, die teilweise das Urteil als eine Kehrtwende (Rückschritt zum Diskriminierungsverbot), teilweise lediglich als eine einschränkende Präzisierung der Dassonville-Formel interpretiert haben. Gleichwohl ist die damit eingeleitete Rechtsprechung zu begrüßen, da mit ihr die ausufernde Kontrolle des EuGH hinsichtlich beinahe sämtlicher wirtschaftsbezogener mitgliedstaatlicher Regelungen zurückgenommen wurde. Art. 28 EG wird damit auf seinen eigentlichen*

*Sinngehalt zurückg...*
*Beschränkungslosigkei...*
*Schaffung von Sondervorteil... ...kehrsfreiheit, Art. 28 ff. EG* 4.
*marktung nach erfolgtem Markt... ...rleistung der prinzipiellen*
*Wortlaut des Art. 28 EG demzufolge ...gt, nicht jedoch in der*
*solche sein müssen, die mengenmäßigen ... Produkte bei der Ver-*
*letztere betreffen aber ausschließlich den ...igt auch bereits der*
*dalitäten sind demnach insbesondere Regelungen ...gleicher Wirkung*
*und zeitlichen Rahmen des Warenhandels beschrän... entsprechen;*
*als Verkaufsmodalitäten hat der Gerichtshof inzwischen a...Verkaufsmo-*
*schlusszeiten und Regelungen für den Sonn- und Feiertagsverk... ...äumlichen*
*Verbot von Druckwerken, die Gewinnspiele enthalten, stellt dage... Das*
*keine Verkaufsmodalität dar (EuGH Rs. 368/95 – Familiapress – Slg.*
*1997, S. I-3689). Vielmehr stellt dieses Verbot eine Maßnahme gleicher*
*Wirkung wie eine mengenmäßige Beschränkung dar, die als produktbe-*
*zogene Regelung unter den Anwendungsbereich des Art. 28 EG fällt.*

**Sachverhalt:** In Frankreich ist im Einzelhandel der Verkauf von Waren unter dem Einstandspreis untersagt. Zwei Kaufleute, die diese Vorschrift missachteten und deshalb strafrechtlich belangt wurden, beriefen sich darauf, dass Billigangebote den Umsatz förderten. Das Verbot, unter dem Einstandspreis zu verkaufen, beeinträchtige damit den freien Warenverkehr. Der Gerichtshof entschied im Rahmen eines Vorabentscheidungsverfahrens.

## Aus den Entscheidungsgründen:

(S. I-6130) [13] Zwar können solche Rechtsvorschriften das Absatzvolumen und damit das Volumen des Absatzes von Erzeugnissen aus anderen Mitgliedstaaten insoweit beschränken, als sie den Wirtschaftsteilnehmern eine Methode der Absatzförderung nehmen. Es ist jedoch fraglich, ob diese Möglichkeit ausreicht, um die in Rede stehenden Rechtsvorschriften als eine Maßnahme mit gleicher Wirkung wie eine mengenmäßige Einfuhrbeschränkung anzusehen.

(S. I-6131) [14] Da sich die Wirtschaftsteilnehmer immer häufiger auf Artikel 30 EWG-Vertrag berufen, um jedwede Regelung zu beanstanden, die sich als Beschränkung ihrer geschäftlichen Freiheit auswirkt, auch wenn sie nicht auf Erzeugnisse aus anderen Mitgliedstaaten gerichtet ist, hält es der Gerichtshof für notwendig, seine Rechtsprechung auf diesem Gebiet zu überprüfen und klarzustellen.

(...)

[16] Demgegenüber ... der bisherigen Rechtsprechung ...mmungen, die bestimmte Verkaufs-
die Anwendung ... verbieten, auf Erzeugnisse aus anderen
modalitäten bes... eils Dassonville (Urteil vom 11. Juli 1974 in
Mitgliedstaate... Slg. 1974, 837 ff.) unmittelbar oder mittelbar,
staaten im S...entiell zu behindern, sofern diese Bestimmungen
der Rechts... nen Wirtschaftsteilnehmer gelten, die ihre Tätigkeit
tatsächlic... süben, und sofern sie den Absatz der inländischen Er-
für alle ... und der Erzeugnisse aus anderen Mitgliedstaaten rechtlich
im Inl... nlich in der gleichen Weise berühren.
zeug... e tats...

[17] Sind diese Voraussetzungen nämlich erfüllt, so ist die Anwendung derartiger Regelungen auf den Verkauf von Erzeugnissen aus einem anderen Mitgliedstaat, die den von diesem Staat aufgestellten Bestimmungen entsprechen, nicht geeignet, den Marktzugang für diese Erzeugnisse zu versperren oder stärker zu behindern, als sie dies für inländische Erzeugnisse tut. Diese Regelungen fallen daher nicht in den Anwendungsbereich von Artikel 30 EWG-Vertrag.

**156** **Rs. C-292/92 (Hünermund u.a.),**
**Urteil des Gerichtshofes vom 15. 12. 1993 – Slg. 1993, S. I-6787.**

**Vorbemerkungen:** *Der erste nach dem Keck-Urteil entschiedene Fall, der Vertriebsmethoden zum Gegenstand hatte, war die Entscheidung „Hünermund". Der EuGH hat hier das Verbot, für apothekenübliche Waren außerhalb von Apotheken zu werben, als eine Verkaufsmodalität im Sinne der Keck-Formel angesehen.*

**Sachverhalt:** Die Entscheidung betrifft eine Vorschrift der Berufsordnung der baden-württembergischen Landesapothekerkammer, die faktisch fast jede Art von Werbung außerhalb der Apotheke für apothekenübliche Waren verbot. Der Gerichtshof entschied im Rahmen eines Vorabentscheidungsverfahrens.

**Aus den Entscheidungsgründen:**

(S. I-6823) [21] Insoweit ist darauf hinzuweisen, daß die Anwendung nationaler Bestimmungen, die bestimmte Verkaufsmodalitäten beschränken oder verbieten, auf Erzeugnisse aus anderen Mitgliedstaaten nicht geeignet ist, den Handel zwischen den Mitgliedstaaten im Sinne des Urteils Dassonville (Urteil vom 11. Juli 1974 in der Rechtssache 8/74, Slg. 1974, 837 ff.) unmittelbar oder mittelbar, tatsächlich oder potentiell zu behindern, sofern diese Bestimmungen für alle betroffenen Wirtschaftsteilnehmer gelten, die ihre Tätigkeit im Inland ausüben, und sofern sie den Absatz der inländischen Erzeugnisse und der Erzeugnisse aus anderen Mitgliedstaaten rechtlich wie tatsächlich in der gleichen Weise berühren. Sind diese Voraussetzungen erfüllt, so ist die Anwendung derartiger Regelungen auf den Verkauf von Erzeugnissen aus einem anderen Mitgliedstaat, die den von diesem Staat aufgestellten Bestimmungen entsprechen, nicht geeignet, den Marktzugang für diese Erzeugnisse zu versperren oder stärker zu behindern, als sie dies für inländische Erzeugnisse tut. Diese Regelungen fallen daher nicht in den Anwendungsbereich von Artikel 30 EWG-Vertrag (...).

[22] Handelt sich um eine Regelung wie die, um die es im Ausgangsverfahren geht, so ist festzustellen, dass diese Voraussetzung bei der Anwendung einer von einer Apothekerkammer eines Mitgliedstaats erlassenen Standesregel erfüllt sind, die den Apothekern im Zuständigkeitsbereich der Kammer die Werbung außerhalb der Apotheke für apothekenübliche Waren, die sie zum Verkauf anbieten dürfen, verbietet.

[23] Diese Regelung, die, ohne nach der Herkunft der betreffenden Waren zu unterscheiden, für alle Apotheker im Zuständigkeitsbereich der Apothekerkammer gilt, berührt nämlich den Absatz der Waren aus anderen Mitgliedstaaten nicht in anderer Weise als den der inländischen Waren.

## Rs. C-470/93 (Mars),    **157**
## Urteil des Gerichtshofes vom 06. 07. 1995 – Slg. 1995, S. I-1923.

*Vorbemerkungen: In dieser Entscheidung ist der EuGH an die Grenzen der Definition der Verkaufsmodalitäten gestoßen und musste daher die Schnittstelle zwischen Warenverkehrsfreiheit und grenzüberschreitender Werbung im Binnenmarkt neu definieren. Entscheidend an diesem Urteil ist, dass der EuGH zwischen den Vertriebsregeln mit unmittelbarem Produktbezug, die in den Anwendungsbereich des Art. 28 EG fallen, und denjenigen Verkaufsmodalitäten ohne diesen unmittelbaren Produktbezug unterscheidet. Die nationalen Werberegelungen haben oft eine doppelte Natur: Sie können einerseits nur die allgemein auf einem bestimmten Markt herrschenden Bedingungen*

*regeln, andererseits können sie sich auch unmittelbar auf das Produkt
(seine Darbietung, physische Erscheinung) auswirken. Wenn sie nur
die erste Wirkung entfalten, beeinträchtigen sie nicht die Warenverkehrsfreiheit. Wenn jedoch die zweite Wirkung entfaltet wird, sind sie
als Maßnahme gleicher Wirkung im Sinne des Art. 28 EG zu verstehen.
Die modernen Marketingstrategien (Marketing-Mix) führen aber oft
zu einer engen Verbindung zwischen dem Produkt und seinem Vertrieb.*

**Sachverhalt:** Die Mars GmbH vertrieb europaweit in Frankreich produ-
zierte Eiskremriegel mit einer einheitlichen Verpackung, auf der sich der
Aufdruck „+ 10 %" befand. Nachdem die Mars GmbH die Eiskremriegel
auch in Deutschland angeboten hatte, wurde gegen sie wegen Verstoßes
gegen § 3 UWG auf Unterlassung geklagt. Die Werbung sei irreführend,
da der Verbraucher glauben könnte, dass der Riegel um den mit dem Strei-
fen gekennzeichneten Teil der Verpackung – der 10 % der Packungsgröße
deutlich überstieg – vergrößert worden sei. Der Gerichtshof entschied im
Rahmen eines Vorabentscheidungsverfahrens über die Frage, ob ein § 3
UWG entsprechendes Verbot mit Art. 30 EG vereinbar ist.

**Aus den Entscheidungsgründen:**

(S. I-1940) [12] Nach der Rechtsprechung des Gerichtshofes bezweckt Artikel 30 das Verbot jeder Handelsregelung der Mitgliedstaaten, die geeignet ist, den innergemeinschaftlichen Handel unmittelbar
oder mittelbar, tatsächlich oder potentiell zu behindern (vgl. Rs. 8/74
(Dassonville), Slg. 1974, S. 837). Der Gerichtshof hat klargestellt, daß
in Ermangelung einer Harmonisierung der Rechtsvorschriften Artikel
30 die Hemmnisse für den freien Warenverkehr verbietet, die sich daraus ergeben, daß Waren aus anderen Mitgliedstaaten, die (S. I-1941)
dort rechtmäßig hergestellt und in den Verkehr gebracht worden sind,
bestimmten Vorschriften wie etwa hinsichtlich ihrer Ausstattung,
ihrer Etikettierung und ihrer Verpackung entsprechen müssen, auch
wenn diese unterschiedslos für einheimische und eingeführte Erzeugnisse gelten (verb. Rs. C-267 u. 268/91 (Keck und Mithouard), Slg.
1993, S. I-6097).
[13] Ein Verbot wie das im Ausgangsverfahren streitige, das sich
gegen das Inverkehrbringen von Erzeugnissen in einem Mitgliedstaat
richtet, die die gleichen Werbeaufdrucke tragen wie diejenigen, die
in anderen Mitgliedstaaten rechtmäßig verwendet werden, ist, auch
wenn es unterschiedslos für alle Erzeugnisse gilt, geeignet, den in-

nergemeinschaftlichen Handel zu behindern. Es kann nämlich den Importeur dazu zwingen, die Ausstattung seiner Erzeugnisse je nach dem Ort des Inverkehrbringens unterschiedlich zu gestalten und demgemäß die zusätzlichen Verpackungs- und Werbungskosten zu tragen.

[14] Ein solches Verbot fällt somit in den Anwendungsbereich des Artikels 30 des Vertrages.

**Rs. C-254/98 (TK-Heimdienst),**                                            **158**
**Urteil des Gerichtshofes vom 13. 01. 2000 – Slg. 2000, S. I-151.**

**Vorbemerkungen:** *Voraussetzung für die Anwendung der Keck-Formel ist, dass die staatliche Maßnahme in allgemeiner Weise die Wirtschaftstätigkeit im Inland betrifft. Die Regelung darf weiterhin den Marktzugang für eingeführte Waren nicht versperren oder stärker als für einheimische Produkte behindern, sie darf also sowohl rechtlich als auch tatsächlich den Marktzugang für eingeführte Waren nicht beschränken. Eine solche tatsächliche Behinderung, und damit eine faktische Diskriminierung, sah der Gerichtshof aber im vorliegenden Fall als gegeben an. Er hat in dieser Entscheidung ein Handelshemmnis für den innergemeinschaftlichen Warenverkehr angenommen, weil das österreichische Gesetz ein Anbieten von Lebensmitteln durch umherziehende Händler verbietet, wenn diese keine ortsfeste Betriebsstätte in dem betreffenden oder einem angrenzenden Gewerbebezirk haben. Der Gerichtshof musste im Rahmen seiner Dogmatik zur Keck-Rechtsprechung die faktisch diskriminierende Wirkung der staatlichen Maßnahme prüfen. Er kam zu dem Ergebnis, dass das Verbot faktisch diskriminierend wirkt. Er stellt dabei darauf ab, dass EU-Ausländer eine ortsfeste Betriebsstätte in dem betreffenden Gewerbebezirk errichten müssten und dadurch einen zusätzlichen finanziellen Aufwand hätten, der sie benachteiligt. Andererseits belastet diese Regelung nicht nur EU-Ausländer, sondern auch inländische Händler, die ihre ortsfeste Betriebsstätte nicht in einem angrenzenden Gewerbebezirk haben. Insoweit ist fraglich, ob wirklich eine diskriminierende Maßnahme vorliegt und ob der innergemeinschaftliche Warenhandel beschränkt wird. Geht man aber davon aus, dass eine Behinderung schon dann angenommen werden muss, wenn sie nicht gänzlich auszuschließen* *ist, kann diese Entscheidung wohl noch als im Rahmen der ständigen Rechtsprechung angesehen werden.*

**Sachverhalt:** Die Firma TK-Heimdienst Sass GmbH betreibt ein Kleinhandelsgewerbe und liefert auch Tiefkühlwaren an Endverbraucher aus. Letzteres ist nach österreichischem Recht zulässig, solange das Lebensmittelhändlergewerbe in diesem Verwaltungsbezirk oder einer an ihn angrenzenden Gemeinde auch in einer ortsfesten Betriebsstätte ausgeübt wird. Aufgrund dessen, dass diese Voraussetzung im Fall der Firma TK-Heimdienst nicht erfüllt war, beantragte der Verein zur Wahrung wirtschaftlicher Unternehmerinteressen vor Gericht, der Beklagten zu untersagen, insbesondere Lebensmittel in einem bestimmten österreichischem Verwaltungsbezirk im Umherziehen feilzubieten. Das erstinstanzliche Gericht gab der Klage statt und das Berufungsgericht bestätigte diese Entscheidung. Der Oberste Gerichtshof hat das Verfahren ausgesetzt und dem EuGH die Frage zur Vorabentscheidung vorgelegt, ob Art. 28 EG einer Regelung entgegenstehe, wonach bestimmte Händler ihre Waren nur dann im Umherziehen von Ort zu Ort feilbieten dürfen, wenn sie in dem Verwaltungsbezirk, in dem sie den Vertrieb in der genannten Form ausüben, oder in einer an diesen Verwaltungsbezirk angrenzenden Gemeinde das betreffende Gewerbe auch in einer ortsfesten Betriebsstätte ausüben. Der EuGH hat in seinem Urteil die Vorlagefrage bejaht.

**Aus den Entscheidungsgründen:**

(S. I-167) [16] Die Vorlagefrage geht dahin, ob Artikel 30 EG-Vertrag nationalen Rechtsvorschriften entgegensteht, nach denen Bäcker, Fleischer und Lebensmittelhändler nur dann in einem bestimmten Verwaltungsgebiet, wie etwa einem österreichischen Verwaltungsbezirk, Waren im Umherziehen feilbieten dürfen, wenn sie das betreffende Gewerbe auch in einer in diesem Verwaltungsgebiet oder einer angrenzenden Gemeinde belegenen ortsfesten Betriebsstätte ausüben, in der sie die im Umherziehen feilgebotenen Waren ebenfalls feilhalten.

(...)

(S. I-169) [22] Nach ständiger Rechtsprechung ist jede Handelsregelung der Mitgliedstaaten, die geeignet ist, den innergemeinschaftlichen Handel unmittelbar oder mittelbar, tatsächlich oder potentiell zu behindern, als Maßnahme mit gleicher Wirkung wie eine mengenmäßige Beschränkung anzusehen und deshalb durch Artikel 30 EG-Vertrag verboten (vgl. namentlich Urteil vom 11. Juli 1974 in der Rechtssache 8/74, Dassonville, Slg. 197, 837, Randnr. 5).

[23] In Randnummer 16 des Urteils Keck und Mithouard hat der

Gerichtshof jedoch ausgeführt, dass die Anwendung nationaler Bestimmungen, die bestimmte Verkaufsmodalitäten in dem betroffenen Mitgliedstaat beschränken oder verbieten, auf Erzeugnisse aus anderen Mitgliedstaaten nicht unter Artikel 30 EG-Vertrag fällt, sofern diese Bestimmungen für alle betroffenen Wirtschaftsteilnehmer gelten, die ihre Tätigkeit im Inland ausüben, und sofern sie den Absatz der inländischen Erzeugnisse und der Erzeugnisse aus anderen Mitgliedstaaten rechtlich wie tatsächlich in der gleichen Weise berühren.

[24] Eine nationale Regelung wie § 53a Absatz 2 GewO, nach der Bäcker, Fleischer und Lebensmittelhändler Waren nur dann in einem bestimmten Verwaltungsgebiet, wie etwa einem österreichischen Verwaltungsgebiet, (S. I-170) im Umherziehen feilbieten dürfen, wenn sie das betreffende Gewerbe auch in einer in diesem Verwaltungsgebiet oder einer angrenzenden Gemeinde belegenen ortsfesten Betriebsstätte ausüben, in der sie die im Umherziehen feilgebotenen Waren ebenfalls feilhalten, betrifft die Verkaufsmodalitäten für bestimmte Waren, da sie die geographischen Gebiete bezeichnet, in denen jeder betroffene Wirtschaftsteilnehmer seine Waren nach dieser Vertriebsmethode in den Verkehr bringen kann.

[25] Sie berührt jedoch das Inverkehrbringen inländischer und aus anderen Mitgliedstaaten stammender Erzeugnisse nicht in der gleichen Weise.

[26] Eine derartige Regelung verpflichtet nämlich Bäcker, Fleischer und Lebensmittelhändler, die bereits eine ortsfeste Betriebsstätte in einem anderen Mitgliedstaat haben und die ihre Waren in einem bestimmten Verwaltungsgebiet, wie etwa einem österreichischen Verwaltungsbezirk, im Umherziehen feilbieten wollen, in diesem Verwaltungsgebiet oder einer angrenzenden Gemeinde eine andere ortsfeste Betriebsstätte zu errichten oder zu erwerben, während die örtlichen Wirtschaftsteilnehmer die Voraussetzung der ortsfesten Betriebsstätte bereits erfüllen. Somit haben Waren aus anderen Mitgliedstaaten gleichen Zugang zum Markt des Einfuhrmitgliedstaats wie inländische Waren nur, nachdem sie mit zusätzlichen Kosten belastet worden sind (siehe in diesem Sinne die Urteile Legia und Gyselinx, Randnr. 15, und Franzén, Randnr. 71).

[27] Dem steht nicht entgegen, daß die Regelung den Absatz aus anderen Landesteilen stammender ebenso wie den aus anderen Mitgliedstaaten eingeführter Waren beeinträchtigt (vgl. Urteil vom 15. Dezember 1993 in den Rechtssachen (S. I-171) C-277/91, C-318/91 und C-319/91, Ligur Carni u.a., Slg. 1993, I-6621, Randnr 37). Eine staatliche Maßnahme kann auch dann als diskriminierend oder pro-

tektionistisch im Sinne der Vorschriften über den freien Warenverkehr qualifiziert werden, wenn sie nicht sämtliche inländischen Erzeugnisse begünstigt und auch nicht nur eingeführte Erzeugnisse, sondern auch inländische Erzeugnisse benachteiligt (vgl. Urteil vom 25. Juli 1991 in den Rechtssachen C-1/90 und C-176/90, Aragonesa de Publicidad Exterior et Publivía, Slg. 1991, I-4151, Randnr. 24).

(...)

[29] Auch wenn eine nationale Regelung der fraglichen Art für alle Wirtschaftsteilnehmer gilt, die ihre Tätigkeit im Inland ausüben, behindert sie also doch den Zugang der Waren aus anderen Mitgliedstaaten zum Markt des Einfuhrmitgliedstaats stärker als den von inländischen Waren (vgl. in diesem Sinne Urteil vom 10. Mai 1995 in der Rechtssache C-384/93, Alpine Investments, Slg. 1995, I-1141, Randnr. 37).

[30] Entgegen dem Vorbringen des Klägers sind die einschränkenden Wirkungen dieser Regelung auch nicht so ungewiß und indirekt, dass sie nicht geeignet wären, den Handel zwischen Mitgliedstaaten zu behindern. Waren aus anderen (S. I-172) Mitgliedstaaten könnten nämlich in einem Verwaltungsgebiet, wie etwa einem österreichischen Verwaltungsbezirk, der nicht im Grenzgebiet liegt, niemals im Umherziehen feilgeboten werden.

[31] Folglich ist eine nationale Regelung, die es Bäckern, Fleischern und Lebensmittelhändlern verbietet, in einem bestimmten Verwaltungsgebiet, wie etwa einem österreichischen Verwaltungsbezirk, Waren im Umherziehen feilzubieten, wenn sie das betreffende Gewerbe nicht auch in einer in diesem Verwaltungsgebiet oder einer an ihn angrenzenden Gemeinde belegenen ortsfesten Betriebsstätte ausüben, in der sie die im Umherziehen feilgebotenen Waren ebenfalls feilhalten, geeignet, den innergemeinschaftlichen Handel zu behindern.

(...)

(S. I-173) [37] Auf die gestellte Frage ist somit zu antworten, daß Artikel 30 EG-Vertrag nationalen Vorschriften entgegensteht, nach denen Bäcker, Fleischer und Lebensmittelhändler nur dann in einem bestimmten Verwaltungsgebiet, wie etwa einem österreichischen Verwaltungsbezirk, Waren im Umherziehen feilbieten dürfen, (S. I-174) wenn sie das betreffende Gewerbe auch in einer in diesem Verwaltungsgebiet oder einer angrenzenden Gemeinde belegenen ortsfesten Betriebsstätte ausüben, in der sie die im Umherziehen feilgebotenen Waren ebenfalls feilhalten.

## Rs. C-405/98 (Gourmet International Products), 159
**Urteil des Gerichtshofes vom 08. 03. 2001 – Slg. 2001, S. I-1795.**

**Vorbemerkungen:** *Der EuGH hat in der Rs. Gourmet International eine Konturierung der Kriterien für die Annahme der „Keck-Formel" vorgenommen. Nationale Bestimmungen, die bestimmte Verkaufsmodalitäten beschränken oder verbieten, fallen nur dann nicht in den Anwendungsbereich des Art. 28 EG, wenn sie nicht geeignet sind, den Marktzugang für Erzeugnisse aus einem anderen Mitgliedstaat zu versperren oder stärker zu behindern, als sie dies für inländische Erzeugnisse tun. Hierfür müssten ausländische Erzeugnisse rechtlich sowie tatsächlich gleich behandelt werden wie inländische. Solche tatsächlich diskriminierenden Verkaufsmodalitäten, also keine „bestimmten", sondern „sonstige" Verkaufsmodalitäten, hat der EuGH bereits im Urteil TK-Heimdienst (Fall 158) angenommen. Dies wurde auch für den vorliegenden Fall bejaht. Dabei stellt der EuGH in Fortführung der De Agostini-Rechtsprechung (Fall 163) fest, dass vollständige Werbeverbote, obwohl sie Regelungen von Verkaufsmodalitäten darstellen, in den Anwendungsbereich des Art. 28 EG fallen. Der Gerichtshof stellt eine Vermutung auf, wonach Totalverbote wegen ihrer marktabschottenden Wirkung nicht als „bestimmte" Verkaufsmodalitäten anzusehen sind.*

**Sachverhalt:** Ein schwedisches Gesetz über das Inverkehrbringen alkoholischer Getränke verbietet aus Gründen des Gesundheitsschutzes u.a. für alkoholische Getränke mit Anzeigen in Zeitungen und Zeitschriften zu werben. Auch die Förderung des Absatzes mittels kommerzieller Werbeeinblendungen in Rundfunk oder Fernsehen sowie Außenwerbung und Direktversand von Werbematerial an Privatpersonen sind untersagt. Die Beklagte gibt eine Zeitschrift mit dem Titel Gourmet heraus, deren Ausgabe für Abonnenten drei Seiten Werbung für alkoholische Getränke enthält. Der schwedische Verbraucherbeauftragte klagte auf Unterlassen der Werbung. Die Beklagte beantragte die Klage abzuweisen, da sie auf einer gegen das Gemeinschaftsrecht verstoßenden Regelung beruhe. Das schwedische Gericht hatte Zweifel, ob die nationale Regelung, die ein vollständiges Verbot bestimmter kommerzieller Anzeigen umfasst, gegen Art. 28 EG verstößt und ob sie gegebenenfalls in Anbetracht ihres Zwecks als gem. Art. 30 EG erlaubt betrachtet werden könne und leitete daher ein Verfahren gem. Art. 234 EG ein.

**Aus den Entscheidungsgründen:**

(S. I-1823) [18] Nach Randnummer 17 des Urteils Keck und Mithouard fallen nationale Bestimmungen, die bestimmte Verkaufsmodalitäten beschränken oder verbieten, nur dann nicht in den Anwendungsbereich des Artikels 30 EG-Vertrag, wenn sie nicht geeignet sind, den Marktzugang für Erzeugnisse aus einem anderen Mitgliedstaat zu versperren oder stärker zu behindern, als sie dies für inländische Erzeugnisse tun.

[19] Der Gerichtshof hat ferner in Randnummer 42 seines Urteils vom 9. Juli 1997 in den Rechtssachen C-34/95 bis C-36/95 (De Agostini und TV-Shop, Slg. 1997, I-3843) entschieden, dass sich nicht ausschließen lässt, dass das vollständige Verbot einer Form der Förderung des Absatzes eines Erzeugnisses in einem Mitgliedstaat, das dort rechtmäßig verkauft wird, stärkere Auswirkungen auf Erzeugnisse aus anderen Mitgliedstaaten hat.

[20] Jedoch untersagt ein Verbot, wie es im Ausgangsverfahren in Rede steht, nicht nur eine Form der Förderung des Absatzes eines Erzeugnisses. Vielmehr hindert es (S. I-1824) die Hersteller und Importeure, von einigen unbedenklichen Ausnahmen abgesehen, an jeder Verbreitung von Werbung, die sich an Verbraucher richtet.

[21] Ohne dass eine genaue Untersuchung der die Lage in Schweden kennzeichnenden tatsächlichen Umstände nötig wäre – diese Untersuchung obläge dem nationalen Gericht – kann festgestellt werden, dass bei Erzeugnissen wie den alkoholischen Getränken, deren Genuss mit herkömmlichen gesellschaftlichen Übungen sowie örtlichen Sitten und Gebräuchen verbunden ist, ein Verbot jeder an die Verbraucher gerichteten Werbung durch Anzeigen in der Presse oder Werbeeinblendungen in Rundfunk und Fernsehen, durch Direktversand nicht angeforderten Materials oder durch Plakatieren an öffentlichen Orten geeignet ist, den Marktzugang für Erzeugnisse aus anderen Mitgliedstaaten stärker zu behindern, als es dies für inländische Erzeugnisse tut, mit denen der Verbraucher unwillkürlich besser vertraut ist.

**160**  **Rs. C-322/01 (Deutscher Apothekerverband; „DocMorris"),**
**Urteil des Gerichtshofs vom 11. 12. 2003 – Slg. 2003, S. I- 14887.**

**Vorbemerkungen:** *Mit dieser Entscheidung leistet der EuGH einen weiteren Beitrag zur Auslegung der Reichweite des zweiten Teils der Keck-Formel, also der Kriterien zur Feststellung, wann nationale Re-*

*gelungen von Verkaufsmodalitäten den Absatz der inländischen und ausländischen Erzeugnisse rechtlich wie tatsächlich in der gleichen Weise berühren. Zunächst bestätigt der EuGH seine de Agostini (Fall 163) und Gourmet – Rechtsprechung, wonach ein vollständiges Verbot einer absatzfördernden Maßnahme für ausländische Anbieter stärker beeinträchtigt als die Inländer. Bei der näheren Begründung der tatsächlichen Ungleichbehandlung stellt der Gerichtshof auf den Einfluss der Regelung auf den Zugang zum Markt ab. Dabei gewinnt dieses bisher relativ unpräzise Kriterium an Bestimmtheit. Der EuGH stellt nicht pauschal auf den Marktzugang, sondern auf den Zugang zum Markt der Endverbraucher ab, womit die betroffene Handelsstufe genauer bestimmt wird.*

**Sachverhalt:** Die in den Niederlanden ordnungsgemäß zugelassene Apotheke 0800DocMorris begann im Jahr 2000, grenzüberschreitend Arzneimittel direkt an deutsche Endverbraucher im Wege des Versandes zu verkaufen. Um diese Tätigkeit zu gerichtlich zu unterbinden, berief sich der deutsche Apothekerverband unter anderem auf das ausdrückliche Verbot des Arzneimittelversandes in § 43 Abs. 1 AMG. Das LG Frankfurt legte dem EuGH verschiedene Fragen nach der Vereinbarkeit der deutschen Regelungen mit dem Gemeinschaftsrecht vor. Der EuGH hat einen Eingriff in Art. 28 EG bejaht. Das Versandverbot für nicht zugelassene Arzneimittel wurde als gerechtfertigt erachtet, während das Verbot des Versandes zugelassener Arzneimittel keinem Rechtfertigungsgrund unterfiel.

### Aus den Entscheidungsgründen:

(S. I-14985) [68] Wie der Gerichtshof im Urteil Keck und Mithouard weiter festgestellt hat, können Handelsregelungen, auch wenn sie nicht die Merkmale der Waren selbst, sondern die Modalitäten von deren Verkauf betreffen, doch Maßnahmen gleicher Wirkung im Sinne von Artikel 28 EG sein, wenn sie zwei Voraussetzungen nicht genügen. So müssen diese Regelungen erstens für alle betroffenen Wirtschaftsteilnehmer gelten, die ihre Tätigkeit im Inland ausüben, und sie müssen zweitens den Absatz der inländischen Erzeugnisse und der Erzeugnisse aus anderen Mitgliedstaaten rechtlich wie tatsächlich in gleicher Weise berühren (Urteile Keck und Mithouard, Randnr. 16, und Hünermund u.a., Randnr. 21, sowie Urteil vom 9. Februar 1995 in der Rechtssache C-412/93, Leclerc-Siplec, Slg. 1995, I-179, Randnr. 21).

[69] Zur ersten dieser beiden Voraussetzungen ist festzustellen, dass das in § 43 Absatz 1 AMG normierte Verbot für alle betroffenen

inländischen oder ausländischen Wirtschaftsteilnehmer gilt, so dass diese Voraussetzung ohne weiteres erfüllt ist.

[70] Hinsichtlich der zweiten in Randnummer 68 genannten Voraussetzung ist zu berücksichtigen, dass der Absatz einer Ware auf einem nationalen Markt zwischen ihrer Herstellung und ihrem etwaigen Verkauf an den Endverbraucher mehrere Phasen umfassen kann. (S. I-14986) [71] Um festzustellen, ob eine bestimmte Regelung den Absatz inländischer Erzeugnisse ebenso betrifft wie den von Waren aus anderen Mitgliedstaaten, ist zu ermitteln, welche Reichweite die in Frage stehende beschränkende Regelung hat. So hat der Gerichtshof festgestellt, dass das für Apotheker geltende Verbot, für apothekenübliche Produkte außerhalb der Apotheke zu werben, nicht die für andere Wirtschaftsteilnehmer als Apotheker bestehende Möglichkeit berührt, ihrerseits für diese Waren Werbung zu machen (Urteil Hünermund u.a., Randnr. 19). Ähnlich hatte auch das im Urteil Leclerc-Siplec in Frage stehende Verbot der Ausstrahlung von Werbemitteilungen keine große Reichweite, da es nur eine bestimmte Form der Förderung (Fernsehwerbung) einer wiederum nur bestimmten Methode des Absatzes (Vertrieb) von Erzeugnissen untersagte (Urteil Leclerc-Siplec, Randnr. 22).

[72] Dagegen folgte der Gerichtshof in einem anderen Fall dem von einem Wirtschaftsteilnehmer vorgetragenen Argument, dass ihm mit einem Verbot von Fernsehwerbung die einzige wirksame Form der Absatzförderung, um in einen nationalen Markt einzudringen, genommen werde (Urteil De Agostini und TV-Shop, Randnr. 43). Der Gerichtshof hat ferner festgestellt, dass bei Erzeugnissen wie alkoholischen Getränken, deren Genuss mit herkömmlichen gesellschaftlichen Gepflogenheiten und örtlichen Sitten und Gebräuchen verknüpft ist, ein Verbot jeder an die Verbraucher gerichteten Werbung durch Anzeigen in der Presse oder Werbeeinblendungen in Rundfunk und Fernsehen, durch Direktversand nicht angeforderten Materials oder durch Plakatieren an öffentlichen Orten geeignet ist, den Marktzugang für Erzeugnisse aus anderen Mitgliedstaaten stärker zu behindern als für inländische Erzeugnisse, mit denen der Verbraucher unwillkürlich besser vertraut ist (Urteil vom 8. März 2001 in der Rechtssache C-405/98, Gourmet International Products, Slg. 2001, I-1795, Randnrn. 21 bis 24).

[73] Hinsichtlich des Verbotes nach § 43 Absatz 1 AMG ist unstreitig, dass nach dieser Bestimmung zum einen bestimmte Arzneimittel nur in Apotheken verkauft werden dürfen und zum anderen der Versandhandel mit Arzneimitteln unzulässig ist. Zwar kann das Ver-

sandhandelverbot als bloße Konsequenz aus der Apothekenpflichtigkeit von Arzneimitteln angesehen werden. Das Aufkommen des (S. I-14987) Internets als Mittel des grenzüberschreitenden Verkaufs hat jedoch zur Folge, dass die Reichweite und damit die Wirkung dieses Verbotes in einem größeren Zusammenhang zu prüfen sind, als der Apothekerverband, die deutsche, die französische und die österreichische Regierung sowie die Kommission es vorschlagen (vgl. oben, Randnrn. 56 bis 59).

[74] Ein Verbot wie das im Ausgangsfall fragliche beeinträchtigt nämlich außerhalb Deutschlands ansässige Apotheken stärker als Apotheken in Deutschland. Auch wenn das Verbot den inländischen Apotheken unstreitig ein zusätzliches oder alternatives Mittel des Zugangs zum deutschen Markt der Endverbraucher von Arzneimitteln nimmt, bleibt ihnen doch die Möglichkeit, Arzneimittel in ihren Apotheken zu verkaufen. Dagegen könnte für Apotheken, die nicht im deutschen Hoheitsgebiet ansässig sind, im Internet ein Mittel liegen, das für den unmittelbaren Zugang zu diesem Markt eher geeignet ist. Ein Verbot, das sich auf außerhalb des deutschen Hoheitsgebiets ansässige Apotheken stärker auswirkt, könnte jedoch geeignet sein, den Marktzugang für Waren aus anderen Mitgliedstaaten stärker zu behindern als für inländische Erzeugnisse.

[75] Daher trifft das in Frage stehende Verbot den Verkauf inländischer Arzneimittel und den Verkauf von Arzneimitteln aus anderen Mitgliedstaaten nicht in gleicher Weise.

[76] Demnach ist auf die erste Frage, Buchstabe a, zu antworten, dass ein § 43 Absatz 1 AMG entsprechendes nationales Verbot des Versandhandels mit Arzneimitteln, die in dem betreffenden Mitgliedstaat ausschließlich in Apotheken verkauft werden dürfen, eine Maßnahme gleicher Wirkung im Sinne von Artikel 28 EG darstellt.


## 5. Grenzüberschreitender Bezug

**Rs. 407/85 (3 Glocken ./. USL Centro-Sud),**    **161**
**Urteil des Gerichtshofes vom 14. 07. 1988 – Slg. 1988, S. 4233.**

**Vorbemerkungen:** *Eine der Hauptauswirkungen des Herkunftslandsprinzips und somit der Cassis-Formel (Fall 162) ist die Inländerdiskriminierung (umgekehrte Diskriminierung). Sie liegt vor, wenn Inländern aufgrund der Pflicht zur Beachtung innerstaatlicher*

*Vorschriften, die keine grenzüberschreitende Wirkung haben, wirtschaftliche Nachteile im Vergleich zu Ausländern entstehen, die sich aufgrund des Beschränkungsverbots auf die gemeinschaftsrechtlichen Begünstigungen berufen können. Der Inländerdiskriminierung steht aber das Gemeinschaftsrecht nicht entgegen.*

**Sachverhalt:** In Italien wurde in einer staatlichen Regelung vorgesehen, dass bei der Produktion von Teigwaren kein Weichweizen herangezogen werden darf, weil dies angeblich zu erheblichen Qualitätsverlusten führt. Ein deutscher Hersteller führte aus einer Mischung aus Weich- und Hartweizen hergestellte Teigwaren nach Italien ein. Daraufhin verhängten die italienischen Behörden gegen das Unternehmen eine Geldbuße. Der Gerichtshof entschied im Rahmen eines Vorlageverfahrens, dass die Anwendung des nationalen Verbots auf eingeführte Teigwaren gegen Art. 28 und 36 EG verstößt, wohingegen eine Anwendung auf in Italien hergestellte Teigwaren nicht durch Gemeinschaftsrecht ausgeschlossen ist.

### Aus den Entscheidungsgründen:

(S. 4282) [25] Es ist zunächst festzustellen, daß es in der vorliegenden Rechtssache um die Erstreckung des Teigwarengesetzes auf eingeführte Erzeugnisse geht und daß das Gemeinschaftsrecht nicht verlangt, daß der Gesetzgeber das Gesetz insoweit aufhebt, als es die im italienischen Hoheitsgebiet niedergelassenen Teigwarenhersteller betrifft.

## 6. Rechtfertigung

*a) Ungeschriebene Rechtfertigungsgründe*

**162**   **Rs. 120/78 (Rewe ⁄ Bundesmonopolverwaltung für Branntwein; „Cassis de Dijon"),**
**Urteil des Gerichtshofes vom 20. 02. 1979 – Slg. 1979, S. 649.**

**Vorbemerkungen:** *Die sog. Cassis de Dijon-Entscheidung aus dem Jahre 1979 hat mit der Rechtsfigur der „zwingenden Erfordernisse" den durch die Dassonville-Rechtsprechung ausgedehnten Anwendungsbereich des Art. 28 EG eingeschränkt. Die Einschränkung findet jedoch nur bezüglich unterschiedsloser Maßnahmen statt. Für „unterscheidende", also diskriminierende Maßnahmen gilt die Dassonville-Formel* *weiterhin uneingeschränkt. Insoweit ergeben sich die Schranken nur aus Art. 30 EG. Es ist jedoch auf die Uneinheitlichkeit der Rechtsprechung des EuGH bezüglich der Rechtfertigung von versteckt diskriminierenden, teilweise sogar von offen diskriminierenden Maßnahmen hinzuweisen. Dies verursacht große Unsicherheit bezüglich der Anwendung der „zwingenden Erfordernisse". Als solche werden der Verbraucherschutz, die Lauterkeit des Handelsverkehrs, der Umweltschutz und die wirksame steuerliche Kontrolle angeführt. Dieser Katalog ist nicht als abschließend zu verstehen. Auch die dogmatische Einordnung der zwingenden Erfordernisse ist umstritten. Teilweise wurden darin „immanente Schranken des Tatbestands" gesehen. Die zwingenden Erfordernisse wurden als negative Tatbestandsvoraussetzung behandelt, da sie schon das Vorliegen der „Maßnahme gleicher Wirkung" ausschließen sollten. Nach der heute wohl h.M. stellen die zwingenden Erfordernisse allerdings zusätzliche ungeschriebene Rechtfertigungsgründe für unterschiedslose Maßnahmen dar und werden auch als solche vom Gerichtshof behandelt. Der EuGH führt dabei eine sehr strikte Verhältnismäßigkeitsprüfung durch. Es wird jedes Mal zwischen dem einschlägigen zwingenden Erfordernis und den Erfordernissen der Warenverkehrsfreiheit abgewogen. Die Maßnahme muss also notwendig, erforderlich und angemessen sein. Die wichtigste Errungenschaft der Cassis-Formel ist die Aufgabe des Bestimmungslandprinzips, wonach ausschließlich die Regelungen desjenigen Staates zur Anwendung kommen, in dem die Ware verbraucht wird. Die Cassis-Formel schuf die Grundlage für die Einführung des Herkunftslandprinzips (Ursprungslandprinzip), das die Anwendung der Regelungen des Herstellungsstaates der Ware favorisiert, da den – gemeinschaftsrechtlich zu definierenden – zwingenden Gründen des Allgemeinwohls auch schon durch Maßnahmen im Herkunftsstaat Rechnung getragen worden sein kann.*

**Sachverhalt:** Die Unternehmensgruppe Rewe beantragte bei der Beklagten des Ausgangsverfahrens, der Bundesmonopolverwaltung für Branntwein, die Genehmigung für die Einfuhr des französischen Likörs Cassis de Dijon. Dieses Getränk mit einem Alkoholgehalt von maximal 20 % ist in Frankreich frei erhältlich. Gemäß § 100 Abs. 3 Branntweinmonopolgesetz dürfen jedoch Branntweine nur in den Verkehr gebracht werden, wenn sie einen Mindestweingeistgehalt von 32 % haben. Die Bundesmonopolverwaltung lehnte daraufhin den Antrag ab. Der Gerichtshof entschied im Rahmen eines Vorabentscheidungsverfahrens und stellte einen Verstoß gegen Art. 28 EG durch das deutsche Branntweinmonopolgesetz fest.

**Aus den Entscheidungsgründen:**

(S. 662) [8] In Ermangelung einer gemeinschaftlichen Regelung der Herstellung und Vermarktung von Weingeist (...) ist es Sache der Mitgliedstaaten, alle die Herstellung und Vermarktung von Weingeist und alkoholischen Getränken betreffenden Vorschriften für ihr Hoheitsgebiet zu erlassen. Hemmnisse für den Binnenhandel der Gemeinschaft, die sich aus den Unterschieden der nationalen Regelungen über die Vermarktung dieser Erzeugnisse ergeben, müssen hingenommen werden, soweit diese Bestimmungen notwendig sind, um zwingenden Erfordernissen gerecht zu werden, insbesondere den Erfordernissen einer wirksamen steuerlichen Kontrolle, des Schutzes der öffentlichen Gesundheit, der Lauterkeit des Handelsverkehrs und des Verbraucherschutzes.

[9] Die Regierung der Bundesrepublik Deutschland, die in diesem Verfahren Erklärungen abgegeben hat, bringt mehrere Gesichtspunkte zur Rechtfertigung der Bestimmungen über den Mindestweingeistgehalt von alkoholischen (S. 663) Getränken vor, die sich einerseits auf den Schutz der öffentlichen Gesundheit, andererseits auf den Schutz der Verbraucher vor unlauterem Wettbewerb beziehen.

[10] Was den Schutz der öffentlichen Gesundheit anbelangt, legt die deutsche Regierung dar, die Festsetzung eines Mindestweingeistgehaltes im nationalen Recht solle die Überschwemmung des nationalen Marktes mit alkoholischen Getränken, insbesondere mit solchen mäßigen Weingeistgehalts verhindern, denn derartige Erzeugnisse könnten leichter zu einer Gewöhnung führen als Getränke mit höherem Weingeistgehalt.

[11] Solche Erwägungen sind nicht stichhaltig, da dem Verbraucher auf dem Markt ein äußerst umfangreiches Angebot unterschiedlicher Erzeugnisse mit geringem oder mittlerem Alkoholgehalt zur Verfügung steht und überdies ein erheblicher Teil der auf dem deutschen Markt frei gehandelten Getränke mit hohem Weingeistgehalt üblicherweise verdünnt genossen wird.

[12] Die deutsche Regierung trägt weiter vor, die Festsetzung eines Mindestweingeistgehalts bei bestimmten Likören solle den Verbraucher vor unlauterem Wettbewerb der Hersteller oder Händler alkoholischer Getränke schützen. Diese Argumentation stützt sich darauf, daß eine Verringerung des Alkoholgehalts bei bestimmten Getränken diesen einen Wettbewerbsvorteil gegenüber Getränken mit höherem Alkoholgehalt verschaffen würde, da Weingeist aufgrund seiner erheblichen Abgabenbelastung bei weitem der teuerste Bestandteil der

Getränke sei. Wollte man ferner alkoholische Erzeugnisse zum freien Verkehr zulassen, wenn sie hinsichtlich ihres Weingeistgehaltes nur den Bestimmungen des Herstellungslandes entsprächen, so hätte dies, wie die deutsche Regierung meint, zur Folge, dass sich in der Gemeinschaft als gemeinsamer Standard der niedrigste in irgendeinem Mitgliedstaat zulässige Weingeistgehalt durchsetzen würde, ja daß sogar alle einschlägigen Bestimmungen hinfällig würden, da die Regelung mehrerer Mitgliedstaaten überhaupt keinen Mindestweingeistgehalt kenne.

(S. 664) [13] Wie die Kommission zu Recht ausführt, kann die Festsetzung von Grenzwerten beim Weingeistgehalt von Getränken der Standardisierung von Erzeugnissen und ihrer Kennzeichnung im Interesse einer größeren Transparenz des Handels und der Angebote an die Verbraucher dienen. Andererseits kann man jedoch nicht so weit gehen, die zwingende Festsetzung eines Mindestweingeistgehaltes in diesem bereich als wesentliche Garantie eines lauteren Handelsverkehrs zu betrachten, denn eine angemessene Unterrichtung der Käufer lässt sich ohne Schwierigkeiten dadurch erreichen, dass man die Angabe von Herkunft und Alkoholgehalt auf der Verpackung des Erzeugnisses vorschreibt.

[14] Nach alledem verfolgen die Bestimmungen über den Mindestweingeistgehalt alkoholischer Getränke kein im allgemeinen Interesse liegendes Ziel, das den Erfordernissen des freien Warenverkehrs, der eine der Grundlagen der Gemeinschaft darstellt, vorginge. Praktisch sichern solche Bestimmungen vor allem den Getränken mit hohem Alkoholgehalt einen Vorteil, indem sie Erzeugnisse anderer Mitgliedstaaten, die diese Voraussetzung nicht erfüllen, vom nationalen Markt ausschließen. Daher stellt es ein mit Artikel 30 des Vertrages unvereinbares Handelshemmnis dar, wenn ein Mitgliedstaat durch Rechtsvorschriften einseitig einen Mindestweingeistgehalt als Voraussetzung für die Verkehrsfähigkeit alkoholischer Getränke festsetzt. Es gibt somit keinen stichhaltigen Grund dafür, zu verhindern, daß in einem Mitgliedstaat rechtmäßig hergestellte und in den Verkehr gebrachte alkoholische Getränke in die anderen Mitgliedstaaten eingeführt werden; dem Absatz dieser Erzeugnisse kann kein gesetzliches Verbot des Vertriebs von Getränken entgegengehalten werden, die einen geringeren Weingeistgehalt haben, als im nationalen Recht vorgeschrieben ist.

**163    Verb. Rs. C-34/95, C-35/95 und C-36/95
(De Agostini und TV-Shop),
Urteil des Gerichtshofes vom 09. 07. 1997 – Slg. 1997, S. I-3843.**

**Vorbemerkungen:** *Der EuGH wendet hier die zwingenden Erfordernisse des Allgemeininteresses auf eine Regelung an, die allein wegen ihrer versteckt diskriminierenden Wirkung nicht als „bestimmte" Verkaufsmodalität i.S.d. Keck-Rechtsprechung angesehen werden konnte. Diese Entscheidung wirft mehrere Fragen auf, die nur durch die weitere Rechtsprechung des EuGH auf diesem Gebiet beantwortet werden können: Wurde die Differenzierung zwischen diskriminierenden und nichtdiskriminierenden Maßnahmen in bezug auf die Anwendung des Allgemeininteresses aufgegeben? Sollen nur versteckt diskriminierende Regelungen grundsätzlich durch das Allgemeininteresses gerechtfertigt werden, die ohne ihre diskriminierende Wirkung als Verkaufsmodalitäten zu subsumieren wären? Lässt sich dieser Gedanke auch auf die anderen Grundfreiheiten übertragen?*

**Sachverhalt:** Die Gesellschaft De Agostini vertrieb eine enzyklopädische Kinderzeitschrift über Dinosaurier. Die Zeitschrift erschien in Form von Serien und jede Ausgabe enthielt einen Bestandteil eines Dinosauriermodells. Nach dem Abschluss einer Serie lagen alle Teile des Modells vor. Die Werbung für dieses Produkt wurde aus dem Vereinigten Königreich nach Schweden über Satellit ausgestrahlt und vom Fernsehsender TV3 gezeigt. Sie war darauf gerichtet, die Aufmerksamkeit von Kindern unter 12 Jahren zu erregen, was in Schweden verboten war. Der EuGH entschied im Rahmen der Vorabentscheidung.

**Aus den Entscheidungsgründen:**

(S. I-3890) [42] Hinsichtlich der zweiten Voraussetzung läßt sich nicht ausschließen, daß das vollständige Verbot einer Form der Förderung des Absatzes eines Erzeugnisses in einem Mitgliedstaat, das dort rechtmäßig verkauft wird, stärkere Auswirkungen auf Erzeugnisse aus anderen Mitgliedstaaten hat.

[43] Die Wirksamkeit verschiedener Absatzförderungsformen ist zwar eine Frage, die grundsätzlich vom vorlegenden Gericht zu beurteilen ist; De Agostini hat jedoch in ihren Erklärungen darauf hingewiesen, dass die Fernsehwerbung für sie die einzig wirksame Form der Absatzförderung sei, um in den schwedischen Markt eindringen

zu können, da ihr keine anderen Werbemittel zur Verfügung ständen, um die Kinder und ihre Eltern zu erreichen.

(S. I-3891) [44] Somit fällt das vollständige Verbot von Werbung, die an Kinder unter zwölf Jahren gerichtet oder irreführend im Sinne der schwedischen Rechtsvorschriften ist, nicht unter Artikel 30 des Vertrages, sofern nicht nachgewiesen wird, dass dieses Verbot den Absatz der inländischen Erzeugnisse und der Erzeugnisse aus anderen Mitgliedstaaten rechtlich wie tatsächlich nicht in gleicher Weise berührt.

[45] Sollte dies der Fall sein, müsste das vorlegende Gericht prüfen, ob das Verbot aus zwingenden Gründen des Allgemeininteresses oder zur Erreichung eines der in Artikel 36 des Vertrages genannten Ziele erforderlich ist, ob es hierzu in einem angemessenen Verhältnis steht und ob diese Ziele oder zwingenden Gründe nicht durch Maßnahmen hätten erreicht werden können, die den innergemeinschaftlichen Handel weniger beeinträchtigen.

**Rs. 178/84 (Kommission ./. Deutschland;**    **164**
**„Reinheitsgebot für Bier"),**
**Urteil des Gerichtshofes vom 12. 03. 1987 – Slg. 1987, S. 1227.**

**Vorbemerkungen:** *In dieser Entscheidung hat der EuGH den Verbraucherschutz als zwingendes Erfordernis behandelt. In verschiedenen Mitgliedstaaten gelten verschiedene Verbraucherleitbilder und verschiedene Schutzstandards, was zu einem Rechtsgefälle im wettbewerblichen Schutzniveau im Verhältnis zwischen den Mitgliedstaaten führt. Vom EuGH wird jedoch ein „verständiger Verbraucher", der in der Lage ist, Informationen zur Kenntnis zu nehmen und sich entsprechend zu verhalten, geschützt. Aus diesem Grund vertritt der EuGH eine „Labelling-Doktrin", wonach dem Verbraucherschutz bereits durch angemessene Etikettierung Rechnung getragen wird. Ein allgemeines Verbot ist daher als unverhältnismäßig, weil zur Zielerreichung nicht erforderlich anzusehen.*

**Sachverhalt:** Nach dem deutschen Reinheitsgebot dürfen außer Malz, Hopfen, Hefe und Wasser keine weiteren Zusatzstoffe zur Herstellung von Bier verwendet werden. Getränke aus anderen Mitgliedstaaten, die nicht nach diesem Reinheitsgebot gebraut wurden, durften nach § 10 BStG nicht unter der Bezeichnung „Bier" vertrieben werden. Die Kommission sah hierin einen Verstoß gegen Art. 28 EG und beantragte im Wege des Art. 226 EG die Feststellung, dass Deutschland seine Vertragspflichten verletzte.

## Aus den Entscheidungsgründen:

(S. 1270) [29] Es ist unstreitig, daß die Anwendung von § 10 BStG auf Bier aus anderen Mitgliedstaaten, zu dessen Herstellung rechtmäßigerweise andere Grundstoffe als Gerstenmalz, nämlich insbesondere Reis oder Mais, verwendet worden sind, die Einfuhr dieses Biers in die Bundesrepublik Deutschland behindern kann.

[30] Daher ist zu prüfen, ob die Anwendung dieser Vorschrift durch zwingende Erfordernisse des Verbraucherschutzes gerechtfertigt werden kann.

(...)

(S. 1271) [35] Es ist allerdings zulässig, Verbrauchern, die aus bestimmten Grundstoffen hergestelltem Bier besondere Eigenschaften zuschreiben, die Möglichkeit zu geben, ihre Wahl unter diesem Gesichtspunkt zu treffen. Wie der Gerichtshof jedoch bereits festgestellt hat (Urteil vom 9. Dezember 1981 in der Rechtssache 193/80, Kommission/Italien, Slg. 1981, 3019), kann dies auch mit Mitteln bewirkt werden, die die Einfuhr von in anderen Mitgliedstaaten rechtmäßig hergestellten und in den Verkehr gebrachten Erzeugnissen nicht behindern, „insbesondere durch die Verpflichtung zu einer angemessenen Etikettierung hinsichtlich der Art des verkauften Erzeugnisses." Durch die Angabe der bei der Bierbereitung verwendeten Grundstoffe „würde der Verbraucher in die Lage versetzt, seine Wahl in Kenntnis aller Umstände zu treffen; auch die Transparenz der Handelsgeschäfte und der Angebote an die Verbraucher würde (...) sichergestellt". Dem ist hinzuzufügen, daß eine solche Kennzeichnungsregelung keine negativen Einschätzungen für Bier zur Folge haben darf, das den Anforderungen des § 9 BStG nicht entspricht.

[36] Entgegen der von der Bundesregierung vertretenen Ansicht ist eine solche Kennzeichnungsregelung auch bei einem Erzeugnis durchaus praktikabel, das wie Bier an den Verbraucher nicht notwendigerweise in Flaschen oder anderen Behältnissen abgegeben wird, die mit geeigneten Angaben versehen werden können. Dies wird (S. 1272) wiederum durch die deutsche Regelung selbst bestätigt. § 26 Absätze 1 und 2 der bereits erwähnten Durchführungsbestimmungen zum Biersteuergesetz enthält eine Regelung über die Unterrichtung des Verbrauchers bei bestimmten Bieren selbst für den Fall, daß sie

vom Faß ausgeschenkt werden. Die erforderlichen Angaben sind dann auf den Fässern oder den Siphons anzubringen.

[37] Aus den vorstehenden Erwägungen ergibt sich, daß die Bundesrepublik Deutschland durch die Anwendung der Bezeichnungsregelung des § 10 BStG auf aus anderen Mitgliedstaaten importiertes Bier, das dort rechtmäßig hergestellt und in den Verkehr gebracht worden ist, gegen ihre Verpflichtungen aus Artikel 30 EWG-Vertrag verstoßen hat.

**Rs. C-315/92 (Verband Sozialer Wettbewerb),**                           **165**
**Urteil des Gerichtshofes vom 03. 03. 1994 – Slg. 1994, S. I-317.**

**Vorbemerkungen:** *Der Gerichtshof sah in dem Verbot, kosmetische Mittel unter der Bezeichnung „Clinique" zu vertreiben, eine produktbezogene Maßnahme. Die Ausnahmen der Keck-Rechtsprechung kamen damit nicht zum Tragen. Er sah im Ergebnis in der Maßnahme einen Verstoß gegen Art. 28 EG, weil das Verbot nicht durch zwingende Gründe des Allgemeinwohls begründet ist. Auch in dieser Entscheidung stellt der Gerichtshof auf einen durchschnittlich informierten, aufmerksamen und verständigen Verbraucher ab. Daher greift der Rechtfertigungsgrund des Verbraucherschutzes nicht.*

**Sachverhalt:** Die Erzeugnisse der amerikanischen Kosmetikfirma Estée Lauder werden seit vielen Jahren von ihren Tochtergesellschaften unter der Bezeichnung „Clinique" verkauft, außer in der Bundesrepublik Deutschland, wo sie seit ihrer Einführung im Jahre 1972 unter der Bezeichnung „Linique" vertrieben wurden. Zur Verringerung der durch diese unterschiedliche Bezeichnung verursachten Verpackungs- und Werbekosten beschloss das Unternehmen, auch die für den deutschen Markt bestimmten Erzeugnisse unter der Marke „Clinique" zu vertreiben. Dieses Vorgehen hat der Verband Sozialer Wettbewerb als irreführend im Sinne der entsprechenden Vorschriften des deutschen UWG und des LMBG erachtet. Das mit dem Rechtsstreit befasste Landgericht Berlin legte dem EuGH im Wege der Vorabentscheidung die Frage vor, ob die Art. 28 EG und Art. 30 EG die Anwendung der nationalen Vorschriften ausschließen, welche es erlauben, die Einfuhr und den Vertrieb eines in einem anderen Mitgliedstaat rechtmäßig hergestellten und/oder rechtmäßig vertriebenen kosmetischen Produkts mit der Begründung zu untersagen, durch den Produktnamen „Clinique" würden die Verbraucher irregeführt werden. Der Gerichtshof hat in seinem Urteil diese Frage bejaht.

**Aus den Entscheidungsgründen:**

(S. I-335) [13] Der Gerichtshof hat hierzu kürzlich festgestellt, daß Artikel 30 EWG-Vertrag Hemmnisse für den freien Warenverkehr, die sich daraus ergeben, dass Waren bestimmten Vorschriften entsprechen müssen (wie etwa hinsichtlich ihrer Bezeichnung, ihrer Form, ihrer Abmessungen, ihres Gewichts, ihrer Zusammensetzung, ihrer Aufmachung, ihrer Etikettierung und ihrer Verpackung), selbst dann verbietet, wenn diese Vorschriften unterschiedslos für alle Erzeugnisse gelten, sofern sich die Anwendung dieser Vorschriften nicht durch einen Zweck rechtfertigen läßt, der im Allgemeininteresse liegt und den Erfordernissen des freien Warenverkehrs vorgeht (Urteil vom 24. November 1993 in den verbundenen Rechtssachen C-267/91 und C-268/91, Keck und Mithouard, noch nicht in der amtlichen Sammlung veröffentlicht, Randnr. 15).

[14] Zu den in der Richtlinie 76/768 niedergelegten Bestimmungen gehört die in Artikel 6 Absatz 2 aufgestellte Verpflichtung, die mit § 27 LMBG in das deutsche Recht umgesetzt worden ist und die den Mitgliedstaaten vorschreibt, „alle erforderlichen Maßnahmen zu treffen, um sicherzustellen, daß bei der Etikettierung, der Aufmachung für den Verkauf und der Werbung für kosmetische Mittel nicht Texte, Bezeichnungen, Warenzeichen, Abbildungen und andere bildhafte oder nicht bildhafte Zeichen verwendet werden, die Merkmale vortäuschen, die die betreffenden Erzeugnisse nicht besitzen".

(...)

(S. I-337) [20] Um feststellen zu können, ob das Verbot, in der Bundesrepublik Deutschland die Bezeichnung „Clinique" für den Vertrieb kosmetischer Mittel zu verwenden, mit dem verhindert werden soll, daß dem Erzeugnis Eigenschaften beigelegt werden, die ihm nicht zukommen, durch das Ziel des Schutzes der Verbraucher oder der Gesundheit von Menschen gerechtfertigt werden kann, sind die verschiedenen im Vorlagebeschluß enthaltenen Angaben zu berücksichtigen.

[21] Aus diesen Angaben ergibt sich insbesondere, daß die Palette der kosmetischen Erzeugnisse des Unternehmens Estée Lauder in der Bundesrepublik Deutschland ausschließlich durch Parfümerien und durch die Kosmetikabteilungen von Kaufhäusern vertrieben wird, daß also keines dieser Erzeugnisse in Apotheken erhältlich ist. Unstreitig sind diese Erzeugnisse als kosmetische Mittel und nicht als Arzneimittel aufgemacht. Es wird nicht behauptet, daß diese Aufmachung, unabhängig von der Bezeichnung der Erzeugnisse, den für kosmetische Mittel geltenden Vorschriften nicht entspreche. Schließ-

lich werden diese Erzeugnisse dem Wortlaut der Vorlagefrage selbst zufolge in den anderen Ländern rechtmäßig unter der Bezeichnung „Clinique" vertrieben, offenbar ohne daß die Verbraucher durch die Verwendung dieser Bezeichnung irregeführt würden.

[22] Angesichts dieser Sachlage erscheint das Verbot der Verwendung dieser Bezeichnung in der Bundesrepublik Deutschland nicht notwendig, um den Erfordernissen des Schutzes der Verbraucher oder der Gesundheit von Menschen gerecht zu werden.

(S. I-338) [23] Die klinische oder medizinische Konnotation des Begriffs „Clinique" reicht nämlich nicht aus, um dieser Bezeichnung eine irreführende Wirkung zuzusprechen, die ihr Verbot für unter den genannten Bedingungen vertriebene Erzeugnisse rechtfertigen könnte.

**Rs. 302/86 (Kommission ∕. Dänemark; „Pfandflaschen"),**    **166**
**Urteil des Gerichtshofes vom 20. 09. 1988 – Slg. 1988, S. 4607.**

**Vorbemerkungen:** *Der Umweltschutz wird vom EuGH als „wesentliches Ziel der Gemeinschaft" angesehen, das auch als zwingendes Erfordernis die Anwendung des Art. 28 EG beschränken kann. Wie beim Verbraucherschutz wird auch hier eine strenge Verhältnismäßigkeitsprüfung vorgenommen. Es wird auch zwischen den einzelnen Maßnahmen einer Regelung differenziert.*

**Sachverhalt:** In Dänemark dürfen Bier und Erfrischungsgetränke nur im Mehrwegsystem vertrieben werden. Diese Verpackungen bedürfen zudem der Genehmigung durch das nationale Umweltamt. Dieses kann die Genehmigung verweigern, wenn nicht hinreichend Gewähr für die Rücknahme und Wiederverwendung der Verpackungen besteht. Eine weitere Regelung sah vor, dass in nicht genehmigten Verpackungen Getränke nur in einem begrenzten Umfang verkauft werden dürfen. Voraussetzung war auch hier, dass der Hersteller ein Pfandsystem einrichtete. Die Kommission sah in diesen Regelungen einen Verstoß gegen die Grundsätze des freien Warenverkehrs und leitete ein Vertragsverletzungsverfahren gegen Dänemark ein. Der Gerichtshof stellte einen Verstoß gegen Art. 30 EG fest, da die Regelung unverhältnismäßig sei.

**Aus den Entscheidungsgründen:**

(S. 4630) [9] Der Umweltschutz stellt ein zwingendes Erfordernis dar, das die Anwendung des Artikels 30 EWG-Vertrag einschränken kann.

(...)

[12] Es ist daher zu prüfen, ob sämtliche durch die beanstandete Regelung bedingten Beschränkungen des freien Warenverkehrs zur Erreichung der Ziele dieser Regelung erforderlich sind.

[13] Was zunächst die Verpflichtung zur Errichtung eines Pfand- und Rücknahmesystems für Leergut betrifft, so ist sie ein notwendiger Bestandteil jedes Systems, das die Wiederverwendung von Verpackungen sicherstellen soll; sie ist daher zur Erreichung der Ziele der streitigen Regelung erforderlich. Somit sind die dadurch bedingten Beschränkungen des freien Warenverkehrs nicht als unverhältnismäßig anzusehen.

(...)

(S. 4631) [19] Die Bestimmung der Verordnung Nr. 95, die die Menge Bier und Erfrischungsgetränke, die je Hersteller und Jahr in nicht genehmigten Verpackungen in den Handel gebracht werden darf, auf 3 000 hl beschränkt, ist von der Kommission mit der Begründung beanstandet worden, daß sie zur Erreichung der Ziele des Systems nicht erforderlich sei.

(S. 4632) [20] Dazu ist festzustellen, daß das für die genehmigten Verpackungen bestehende Rücknahmesystem zwar den höchsten Grad der Wiederverwendung und damit einen sehr wirkungsvollen Umweltschutz gewährleistet, da die leeren Verpackungen bei jedem beliebigen Getränkehändler abgegeben werden können, während die nicht genehmigten Verpackungen nur bei dem Händler zurückgegeben werden können, bei dem die Getränke gekauft worden sind, da es nicht möglich ist, auch für solche Verpackungen ein ebenso umfassendes Netz aufzubauen.

[21] Dennoch ist das System der Rücknahme nicht genehmigter Verpackungen geeignet, die Umwelt zu schützen; im übrigen betrifft es, was die Einfuhren angeht, nur eine begrenzte Menge an Getränken im Vergleich zum gesamten Getränkekonsum in Dänemark, da sich das Erfordernis der Rücknahme der Verpackungen auf die Einfuhren hemmend auswirkt. Daher ist eine Begrenzung der Menge der Erzeugnisse, die von den Importeuren in den Handel gebracht werden können, im Hinblick auf das verfolgte Ziel unverhältnismäßig.

**Rs. C-112/00 (Schmidberger),**                                    **167**
**Urteil des Gerichtshofes vom 16. 03. 2003 – Slg. 2003, S. I-5659.**

**Vorbemerkungen:** *Das Urteil befasst sich mit der Wirkung der gemeinschaftsrechtlichen Grundrechte als Beschränkung der Warenverkehrsfreiheit. Bislang hatte der Gerichtshof die EG-Grundrechte nur als Schranken-Schranken für die Grundfreiheiten angesehen (Fälle 36 – 38). Sie waren folglich als Beschränkung für die mitgliedstaatliche Rechtfertigung wirksam. Somit wurden hierdurch die Möglichkeiten für eine Begrenzung der Grundfreiheit durch nationale Regelungen eingeschränkt, so dass die Anwendung der Gemeinschaftsgrundrechte die Effektivität der Grundfreiheiten erhöht hat. In der Rechtssache Schmidberger hatte der EuGH dagegen zum ersten Mal über das Kollisionsverhältnis zwischen den normativ gleichrangigen EG-Grundrechten und der Warenverkehrsfreiheit zu entscheiden und eröffnet damit den Weg zu einer umfassenden Konkordanzprüfung. Das Urteil ist dahin zu verstehen, dass die gemeinschaftlichen Grundrechte eine selbständige Kategorie ungeschriebener Rechtfertigungsgründe darstellen. Diese Klarstellung ist für alle Grundfreiheiten von Bedeutung. Im konkreten Fall nimmt der Gerichtshof eine dreistufige Prüfung vor; er stellt zunächst fest, dass die Binnenmarktbehinderung nach Ansicht des vorlegenden Gerichts durch ein nationales Grundrecht geschützt ist. Weiterhin untersucht er, inwieweit das nationale Grundrecht einem Gemeinschaftsgrundrecht entspricht. Sodann stellt der EuGH der Warenverkehrsfreiheit das entsprechende EG-Grundrecht gegenüber und wägt beide Rechtsgüter gegeneinander ab.*

**Sachverhalt:** Ein österreichischer Umweltschutzverein kündigte eine Versammlung auf der Brenner-Autobahn an, die für 30 Stunden zu einer völligen Blockade des Verkehrs auf dieser Autobahn in einem bestimmten Streckenabschnitt führen würde. Die zuständigen österreichischen Behörden entschieden sich gemäß dem österreichischen Versammlungs- und Straßenverkehrsrecht, allerdings ohne Prüfung möglicher Verstöße gegen das Gemeinschaftsrecht, die Demonstration nicht zu untersagen. Die Demonstration fand wie angekündigt statt. Die Klägerin des Ausgangsverfahrens, ein internationales Transportunternehmen mit Sitz in Deutschland, erlitt dadurch einen erheblichen Schaden, den sie von der Republik Österreich (Beklagte) ersetzt verlangte. Das Oberlandesgericht Innsbruck legte dem EuGH gem. Art. 234 EG mehrere Fragen zum gemeinschaftsrechtlich begründeten Staatshaftungsanspruch und zum möglichen Verstoß gegen die Warenverkehrsfreiheit vor,

**Aus den Entscheidungsgründen:**

(S. I-5715) [65] Mit seiner vierten Frage möchte das vorlegende Gericht im Wesentlichen wissen, ob die Zielsetzung der Versammlung vom 12. und 13. Juni 1998 – mit der die Demonstranten auf die Gefährdung der Umwelt und der Gesundheit durch einen (S. I-5716) ständig steigenden Schwerlastverkehr auf der Brenner-Autobahn hinweisen und die zuständigen Stellen veranlassen wollten, die Maßnahmen zur Verringerung dieses Verkehrs und der dadurch verursachten Umweltbelastung der hochempfindlichen Alpenregion zu verstärken – die gemeinschaftlichen Verpflichtungen im Bereich des freien Warenverkehrs verdrängen kann.

[66] Auch wenn jedoch der Schutz der Umwelt und der Gesundheit der Bevölkerung insbesondere in dieser Region unter bestimmten Umständen ein dem Allgemeininteresse dienendes legitimes Ziel darstellen kann, das geeignet ist, eine Beschränkung der durch den Vertrag gewährleisteten Grundfreiheiten, zu denen der freie Warenverkehr gehört, zu rechtfertigen, ist hervorzuheben, wie dies der Generalanwalt in Nummer 54 seiner Schlussanträge getan hat, dass die spezifischen Ziele dieser Versammlung als solche im Rahmen einer Klage wie derjenigen der Klägerin auf Haftung eines Mitgliedstaats wegen eines angeblichen Verstoßes gegen Gemeinschaftsrecht nicht erheblich sind, da dieser Verstoß aus dem Umstand hergeleitet wird, dass die nationalen Stellen die Behinderung des Verkehrs auf der Brenner-Autobahn nicht verhinderten.

[67] Für die Beurteilung der Voraussetzungen eines Haftungsanspruchs gegen einen Mitgliedstaat und insbesondere für die Frage, ob dieser gegen Gemeinschaftsrecht verstoßen hat, ist nämlich allein das Handeln oder Unterlassen dieses Mitgliedstaats in Betracht zu ziehen.

[68] Hier ist daher allein das Ziel zu berücksichtigen, das die nationalen Stellen mit der stillschweigend erteilten Genehmigung bzw. der Nichtuntersagung dieser Versammlung verfolgten.

(S. I-5717) [69] Dazu ergibt sich aus den Akten des Ausgangsverfahrens, dass sich die österreichischen Behörden von Überlegungen leiten ließen, die mit der Achtung der Grundrechte der Demonstranten auf Meinungsäußerungs- und Versammlungsfreiheit zusammenhängen, die in der EMRK und der österreichischen Verfassung verankert und durch diese gewährleistet sind.

[70] Das vorlegende Gericht wirft in seinem Vorlagebeschluss außerdem die Frage auf, ob der im EG-Vertrag verankerte Grundsatz des freien Warenverkehrs diesen Grundrechten vorgeht.

[71] Insoweit ist daran zu erinnern, dass die Grundrechte nach ständiger Rechtsprechung zu den allgemeinen Rechtsgrundsätzen gehören, deren Wahrung der Gerichtshof zu sichern hat. Dabei lässt sich der Gerichtshof von den gemeinsamen Verfassungstraditionen der Mitgliedstaaten sowie von den Hinweisen leiten, die die völkerrechtlichen Verträge über den Schutz der Menschenrechte geben, an deren Abschluss die Mitgliedstaaten beteiligt waren oder denen sie beigetreten sind. Hierbei kommt der EMRK besondere Bedeutung zu (vgl. insbesondere Urteile vom 18. Juni 1991 in der Rechtssache C-260/89, ERT, Slg. 1991, I-2925, Randnr. 41, vom 6. März 2001 in der Rechtssache C-274/99 P, Connolly/Kommission, Slg. 2001, I-1611, Randnr. 37, und vom 22. Oktober 2002 in der Rechtssache C-94/00, Roquette Frères, Slg. 2002, I-9011, Randnr. 25).

[72] Die in dieser Rechtsprechung herausgearbeiteten Grundsätze sind durch die Präambel der Einheitlichen Europäischen Akte und sodann durch Artikel F Absatz 2 des Vertrages über die Europäische Union erneut bekräftigt worden (Urteil Bosman, Randnr. 79). Diese Bestimmung lautet wie folgt: Die Union achtet die Grundrechte, wie sie in der am 4. November 1950 in Rom unterzeichneten Europäischen Konvention zum Schutze der Menschenrechte und Grundfreiheiten gewährleistet sind und wie sie sich aus den gemeinsamen Verfassungsüberlieferungen der Mitgliedstaaten als allgemeine Grundsätze des Gemeinschaftsrechts ergeben.

(S. I-5718) [73] Daraus folgt, dass in der Gemeinschaft keine Maßnahmen als rechtens anerkannt werden können, die mit der Beachtung der so anerkannten und gewährleisteten Menschenrechte unvereinbar sind (vgl. insbesondere Urteile ERT, Randnr. 41, und vom 29. Mai 1997 in der Rechtssache C-299/95, Kremzow, Slg. 1997, I-2629, Randnr. 14).

[74] Da die Grundrechte demnach sowohl von der Gemeinschaft als auch von ihren Mitgliedstaaten zu beachten sind, stellt der Schutz dieser Rechte ein berechtigtes Interesse dar, das grundsätzlich geeignet ist, eine Beschränkung von Verpflichtungen zu rechtfertigen, die nach dem Gemeinschaftsrecht, auch kraft einer durch den Vertrag gewährleisteten Grundfreiheit wie dem freien Warenverkehr, bestehen.

[75] So hat der Gerichtshof nach ständiger Rechtsprechung im Vorabentscheidungsverfahren dann, wenn wie im Ausgangsverfahren eine innerstaatliche Situation in den Anwendungsbereich des Gemeinschaftsrechts fällt, den nationalen Gerichten alle Auslegungshinweise zu geben, die diese benötigen, um beurteilen zu können, ob die Grundrechte, deren Wahrung der Gerichtshof sichert und wie sie sich insbesondere aus der EMRK ergeben, In dieser Situation beachtet sind

(vgl. in diesem Sinne insbesondere Urteil vom 30. September 1987 in der Rechtssache 12/86, Demirel, Slg. 1987, 3719, Randnr. 28).

[76] Hier haben die staatlichen Stellen geltend gemacht, die Notwendigkeit der Achtung der durch die EMRK und die Verfassung des betreffenden Mitgliedstaats gewährleisteten Grundrechte erlaube es, eine im Vertrag verankerte Grundfreiheit zu beschränken.

[77] Die vorliegende Rechtssache wirft somit die Frage auf, wie die Erfordernisse des Grundrechtsschutzes in der Gemeinschaft mit den aus einer im Vertrag verankerten Grundfreiheit fließenden Erfordernissen in Einklang gebracht werden können, und insbesondere die Frage, welche Tragweite die durch die Artikel 10 (S. I-5719) und 11 EMRK gewährleisteten Meinungsäußerungs- und Versammlungsfreiheit und der Grundsatz des freien Warenverkehrs jeweils haben, wenn die erstgenannten Freiheiten als Rechtfertigung für eine Beschränkung des letztgenannten Grundsatzes herangezogen werden.

[78] Hierzu ist zum einen festzustellen, dass der freie Warenverkehr zwar eines der Grundprinzipien des Systems des EG-Vertrags darstellt, dass er aber unter bestimmten Voraussetzungen aus den in Artikel 36 dieses Vertrages aufgezählten Gründen oder aufgrund zwingender Erfordernisse des Allgemeininteresses, wie sie der Gerichtshof in ständiger Rechtsprechung seit dem Urteil vom 20. Februar 1979 in der Rechtssache 120/78 (Rewe-Zentral, Cassis de Dijon, Slg. 1979, 649) anerkennt, beschränkt werden kann.

[79] Zum anderen sind die Grundrechte, um die es im Ausgangsrechtsstreit geht, zwar ausdrücklich durch die EMRK anerkannt und stellen wesentliche Grundlagen einer demokratischen Gesellschaft dar, doch können, wie sich aus dem Wortlaut des jeweiligen Absatzes 2 der Artikel 10 und 11 EMRK ergibt, auch die Meinungsäußerungs- und die Versammlungsfreiheit bestimmten durch Ziele des Allgemeininteresses gerechtfertigten Beschränkungen unterworfen werden, sofern diese Ausnahmen gesetzlich vorgesehen, von einem oder mehreren nach diesen Bestimmungen berechtigten Zielen getragen und in einer demokratischen Gesellschaft notwendig sind, d.h. durch ein zwingendes gesellschaftliches Bedürfnis gerechtfertigt sind und insbesondere in einem angemessenen Verhältnis zu dem verfolgten berechtigten Ziel stehen (vgl. in diesem Sinne Urteile vom 26. Juni 1997 in der Rechtssache C-368/95, Familiapress, Slg. 1997, I-3689, Randnr. 26, und vom 11. Juli 2002 in der Rechtssache C-60/00, Carpenter, Slg. 2002, I-6279, Randnr. 42, sowie EGMR, Urteil Steel u.a./Vereinigtes Königreich vom 23. September 1998, *Recueil des arrêts et décisions* 1998–VII, § 101).

[80] So können auch das Recht auf freie Meinungsäußerung und

das Recht, sich friedlich zu versammeln, die durch die EMRK gewährleistet sind – anders als andere durch diese Konvention gewährleistete Grundrechte wie das Recht jedes Menschen auf Leben oder
das Verbot der Folter oder unmenschlicher oder erniedrigender Strafe,
die keinerlei Beschränkung unterliegen –, keine uneingeschränkte
Geltung beanspruchen, sondern müssen im Hinblick auf ihre gesellschaftliche Funktion gesehen werden. Folglich kann die Ausübung
dieser (S. I-5720) Rechte Beschränkungen unterworfen werden, sofern diese Beschränkungen tatsächlich dem Gemeinwohl dienenden
Zielen der Gemeinschaft entsprechen und nicht einen im Hinblick auf
den mit den Beschränkungen verfolgten Zweck unverhältnismäßigen,
nicht tragbaren Eingriff darstellen, der die geschützten Rechte in ihrem Wesensgehalt antastet (vgl. in diesem Sinne Urteile vom 8. April
1992 in der Rechtssache C-62/90, Kommission/Deutschland, Slg.
1992, I-2575, Randnr. 23, und vom 5. Oktober 1994 in der Rechtssache
C-404/92 P, X/Kommission, Slg. 1994, I-4737, Randnr. 18).

[81] Demgemäß sind die bestehenden Interessen abzuwägen, und
es ist anhand sämtlicher Umstände des jeweiligen Einzelfalls festzustellen, ob das rechte Gleichgewicht zwischen diesen Interessen gewahrt worden ist.

(…)

(S. I-5723) [93] Daher konnten die nationalen Stellen angesichts des
weiten Ermessens, das ihnen auf diesem Gebiet zusteht, vernünftiger-
weise annehmen, dass das mit der Versammlung in legitimer Weise
verfolgte Ziel im vorliegenden Fall nicht durch Maßnahmen erreicht
werden konnte, die den innergemeinschaftlichen Handel weniger beschränkt hätten.

[94] Nach alledem ist daher auf die erste und die vierte Frage zu antworten, dass der Umstand, dass die zuständigen Behörden eines Mitgliedstaats eine Versammlung unter Umständen wie denjenigen des
Ausgangsrechtsstreits nicht untersagten, nicht mit den Artikeln 30 und
34 EG-Vertrag in Verbindung mit Artikel 5 EG-Vertrag unvereinbar ist.

## b) Rechtfertigungsgründe nach Art. 30 EG

**Rs. C-120/95 (Decker),**                                      **168**
**Urteil des Gerichtshofes vom 28. 04. 1998 – Slg. 1998, S. I-1831.**

**Vorbemerkungen:** *Eine nationale Maßnahme ist nicht verhältnismäßig, wenn sie die Erstattung von Kosten für medizinische Hilfsmittel*

*bei einem Erwerb im EU-Ausland von einer vorher erteilten Geneh-*
*migung abhängig macht. Weder finanzielle Belange des staatlichen*
*Sozialsicherungssystems noch der Gesundheitsschutz greifen im kon-*
*kreten Fall als zwingende Gründe zur Rechtfertigung der Genehmi-*
*gungspflicht durch. Nicht endgültig feststellen lässt sich, ob der EuGH*
*mit dieser Entscheidung seine Dogmatik hinsichtlich der Rechtferti-*
*gung mit zwingenden Gründen des Gemeinwohls ändert. Er wendet*
*hier auf eine mittelbar diskriminierende Maßnahme, als die die Ge-*
*nehmigungspflicht zumeist angesehen wird, auch ungeschriebene*
*Rechtfertigungsgründe an. Andererseits hat der Gerichtshof sich in*
*der Entscheidung Ciola (Fall 231) ausdrücklich an seine Schranken-*
*systematik gehalten und eine Rechtfertigung von versteckt diskrimi-*
*nierenden Maßnahmen mit zwingenden Gründen des Allgemeinwohls*
*abgelehnt. Insoweit könnte der Gerichtshof auch nur für den Bereich*
*der sozialen Sicherungssysteme von seiner Schrankendogmatik abge-*
*wichen sein. Eine andere Erklärungsmöglichkeit besteht darin, Ein-*
*griffe durch den Herkunftsstaat – außerhalb von Art. 29 EG, vgl. Fall*
*152 – stets als Beschränkungen anzusehen.*

**Sachverhalt:** Der Kläger Decker, ein luxemburgischer Staatsangehöriger,
stellte bei seiner Krankenkasse einen Antrag auf Erstattung der Kosten
für eine Brille mit Korrekturgläsern, die er bei einem Optiker in Belgien
auf Verschreibung eines Augenarztes, der in Luxemburg niedergelassen
ist, erworben hat. Die Krankenkasse lehnte die Kostenerstattung ab, da
die Brille ohne ihre vorherige Genehmigung im Ausland erworben worden sei. Herr Decker erhob gegen die Krankenkasse Klage auf Erstattung
der Kosten. Der Gerichtshof hat im Wege des Vorabentscheidungsverfahrens die nationale Regelung, welche die Kostenerstattung von einer
vorherigen Genehmigung abhängig macht, für mit den Art. 28 und 30 EG
unvereinbar erklärt.

### Aus den Entscheidungsgründen:

(S. I-1879) [17] Der Kläger und die Kommission sind der Auffassung, daß eine nationale Regelung, kraft deren einem Versicherten
die Erstattung von Kosten für üblicherweise erstattete Erzeugnisse
versagt wird, soweit keine vorherige Genehmigung des zuständigen
Trägers der sozialen Sicherheit vorliegt, eine nicht gerechtfertigte Behinderung des freien Warenverkehrs darstellt.

[18] Hingegen machen die luxemburgische, die belgische, die französische und die Regierung des Vereinigten Königreichs geltend, daß

eine Regelung der streitigen Art nicht in den Bereich der Artikel 30 und 36 EG-Vertrag fällt, da sie die soziale Sicherheit betrifft. Hilfsweise machen sie geltend, die Beibehaltung einer solchen Regelung verstoße nicht gegen diese Bestimmungen. Die letztgenannte Auffassung teilen die deutsche, die niederländische und die spanische Regierung.

(S. I-1880) [19] Angesichts der abgegebenen Erklärungen sind zunächst die Anwendung des Grundsatzes des freien Verkehrs im Bereich der sozialen Sicherheit, dann die Auswirkungen der Verordnung Nr. 1408/71 und schließlich die Anwendung der Bestimmungen über den freien Warenverkehr zu erörtern. Die Anwendung des elementaren Grundsatzes des freien Verkehrs im Bereich der sozialen Sicherheit.

[20] Die luxemburgische, die belgische, die französische und die Regierung des Vereinigten Königreichs machen geltend, die streitige Regelung über die Erstattung von Behandlungskosten falle nicht unter Artikel 30 EG-Vertrag, da sie einen Teilbereich der sozialen Sicherheit betreffe.

[21] Nach ständiger Rechtsprechung läßt das Gemeinschaftsrecht die Zuständigkeit der Mitgliedstaaten zur Ausgestaltung ihrer Systeme der sozialen Sicherheit unberührt (Urteile vom 7. Februar 1984 in der Rechtssache 238/82, Duphar u.a., Slg. 1984, 523, Randnr. 16, und vom 17. Juni 1997 in der Rechtssache C-70/95, Sodemare u.a., Slg. 1997, I-3395, Randnr. 27).

[22] In Ermangelung einer Harmonisierung auf Gemeinschaftsebene bestimmt somit das Recht eines jeden Mitgliedstaats, unter welchen Voraussetzungen zum einen ein Recht auf Anschluss an ein System der sozialen Sicherheit oder eine Verpflichtung hierzu (Urteile vom 24. April 1980 in der Rechtssache 110/79, Coonan, Slg. 1980, 1445, Randnr. 12, und vom 4. Oktober 1991 in der Rechtssache C-349/87, Paraschi, Slg. 1991, I-4501, Randnr. 15) und zum anderen ein Anspruch auf Leistung (Urteil vom 30. Januar 1997 in den Rechtssachen C-4/95 und C-5/95, Stöber und Piosa Pereira, Slg. 1997, I-511, Randnr. 36) besteht.

(S. I-1881) [23] Gleichwohl müssen die Mitgliedstaaten, wie der Generalanwalt in den Nummern 17 und 25 seiner Schlußanträge ausgeführt hat, bei der Ausübung dieser Befugnis das Gemeinschaftsrecht beachten.

[24] So unterliegen Maßnahmen der Mitgliedstaaten auf dem Gebiet der sozialen Sicherheit, die sich auf den Absatz medizinischer Erzeugnisse und mittelbar auf deren Einfuhrmöglichkeiten auswirken

können, den Vorschriften des EG-Vertrags über den freien Warenverkehr (Urteil Duphar u.a., Randnr. 18).

(...)

(S. I-1883) [35] Zwar hindert die streitige Regelung die Versicherten nicht daran, medizinische Erzeugnisse in einem anderen Mitgliedstaat zu erwerben. Sie macht aber die Erstattung von Kosten, die in diesem Mitgliedstaat angefallen sind, von einer vorherigen Genehmigung abhängig, und versagt sie den Versicherten, die keine Genehmigung haben. Kosten, die im Versicherungsstaat anfallen, unterliegen hingegen keiner solchen Genehmigung.

(S. I-1884) [36] Eine derartige Regelung stellt ein Hindernis für den freien Warenverkehr dar, da sie die Sozialversicherten dazu veranlasst, diese Erzeugnisse im Großherzogtum und nicht in anderen Mitgliedstaaten zu erwerben, und daher geeignet ist, die Einfuhr in diesen Staaten montierter Brillen zu hemmen (Urteil vom 7. Mai 1985 in der Rechtssache 18/84, Kommission/Frankreich, Slg. 1985, 1339, Randnr. 16).

(...)

[39] Rein wirtschaftliche Gründe können eine Beschränkung des elementaren Grundsatzes des freien Warenverkehrs nicht rechtfertigen. Jedoch kann eine erhebliche Gefährdung des finanziellen Gleichgewichts des Systems der sozialen Sicherheit einen zwingenden Grund des Allgemeininteresses darstellen, der eine solche Beschränkung rechtfertigen kann.

(...)

(S. I-1885) [41] Die belgische, die deutsche und die niederländische Regierung machen weiter geltend, das Recht der Versicherten auf Zugang zu ordnungsgemäßer Behandlung rechtfertige die fragliche Regelung aus Gründen des Gesundheitsschutzes nach Artikel 36 EG-Vertrag. Die belgische Regierung fügt hinzu, die Abgabe von Brillen sei Personen vorbehalten, die dazu rechtlich befugt seien. Würden die Leistungen in einem anderen Mitgliedstaat erbracht, werde die Kontrolle ihrer ordnungsgemäßen Ausführung erheblich beeinträchtigt, wenn nicht gar unmöglich.

[42] Die Bedingungen des Zugangs zu geregelten Berufen und ihrer Ausübung sind Gegenstand der Richtlinie 92/51/EWG des Rates vom 18. Juni 1992 über eine zweite allgemeine Regelung zur Anerkennung beruflicher Befähigungsnachweise in Ergänzung zur Richtlinie 89/48/EWG (ABl. L 209, S. 25) und der Richtlinie 95/43/EG der Kommission vom 20. Juli 1995 zur Änderung der Anhänge C und D der Richtlinie 92/51 (ABl. L 184, S. 21).

[43] Daher bietet der Kauf einer Brille bei einem Optiker in einem anderen Mitgliedstaat Garantien, die denen gleichwertig sind, die beim Kauf einer Brille bei einem Optiker im Inland gegeben sind (vgl. zum Kauf von Arzneimitteln in einem anderen Mitgliedstaat die Urteile vom 7. März 1989 in der Rechtssache 215/87, Schumacher, Slg. 1989, 617, Randnr. 20, und vom 8. April 1992 in der Rechtssache C-62/90, Kommission/Deutschland, Slg. 1992, I-2575, Randnr. 18).

(S. I-1886) [44] Zudem erfolgte der Kauf der Brille im Ausgangsverfahren aufgrund augenärztlicher Verschreibung, was die Sicherung des Gesundheitsschutzes gewährleistet.

[45] Eine Regelung der streitigen Art kann daher nicht unter Berufung auf Gründe des Gesundheitsschutzes damit gerechtfertigt werden, daß die Qualität in anderen Mitgliedstaaten gelieferter medizinischer Erzeugnisse gewährleistet werden müsse.

**Rs. 113/80 (Kommission ./. Irland; „Souvenirs"),**          **169**
**Urteil des Gerichtshofes vom 17. 06. 1981 – Slg. 1981, S. 1625.**

**Vorbemerkungen:** *Die in Art. 30 EG aufgezählten Rechtfertigungsgründe sind abschließend und somit – anders als die zwingenden Gründe des Allgemeinwohls i.S.d. Cassis de Dijon-Rechtsprechung – nicht ergänzungsfähig. Der Verbraucherschutz und der Schutz der Lauterkeit des Handelsverkehrs werden von Art. 30 EG nicht umfasst.*

**Sachverhalt:** In Irland wird durch zwei Rechtsverordnungen untersagt, eine bestimmte Art von Erzeugnissen zu verkaufen und einzuführen. Es handelt sich dabei um Schmuckwaren, die bestimmte Motive zeigen oder bestimmte Motive bilden, sofern sie nicht mit einer Ursprungsangabe versehen sind. In Wirklichkeit handelte es sich jedoch um ein breites Sortiment von Waren, die im Handel überwiegend als Souvenirs bezeichnet werden. Die Kommission erhob Aufsichtsklage. Der Gerichtshof stellte einen Verstoß gegen Art. 30 EG fest.

### Aus den Entscheidungsgründen:

(S. 1638) [7] Da nämlich, wie der Gerichtshof (...) festgestellt hat, Artikel 36 EWG-Vertrag „als Ausnahme von der Grundregel, daß alle Hindernisse für den freien Warenverkehr zwischen den Mitgliedstaaten zu beseitigen sind, eng auszulegen" ist, können die dort aufgeführten Ausnahmen nicht auf andere als die abschließend aufgezählten Fälle ausgedehnt werden.

[8] Da weder der Verbraucherschutz noch die Lauterkeit des Handelsverkehrs zu den in Artikel 36 genannten Ausnahmen gehören, können diese Gründe nicht als solche im Rahmen dieses Artikels geltend gemacht werden.

**170   Rs. 152/78 (Kommission ./. Frankreich; „Werbung für alkoholische Getränke"),**
**Urteil des Gerichtshofes vom 10. 07. 1980 – Slg. 1980, S. 2299.**

**Vorbemerkungen:** *Die in Art. 30 Satz 1 EG aufgezählten Rechtfertigungsgründe dürfen weder ein Mittel zur willkürlichen Diskriminierung noch eine verschleierte Beschränkung des Handels zwischen den Mitgliedstaaten sein.*

**Sachverhalt:** Ein französisches Gesetz teilt Getränke in fünf Gruppen ein. Nur die erste Gruppe umfasst die nichtalkoholischen Getränke. In Kapitel II des Gesetzes werden die Werbung und der Verkauf der Getränke geregelt. Jedwede Werbung für alkoholische Getränke aus der Gruppe V wird verboten, für die anderen Gruppen eingeschränkt. Die Kommission erhob Aufsichtsklage.

**Aus den Entscheidungsgründen:**

(S. 2316) [17] Dagegen ist die von der französischen Regierung hergestellte Verbindung zwischen der Regelung der Werbung für alkoholische Getränke und dem Kampf gegen den Alkoholismus anzuerkennen. Es läßt sich nämlich nicht bestreiten, daß die Werbung einen Konsumanreiz darstellt und daß die umstrittene Regelung daher in gewissem Umfang dem in Artikel 36 EWG-Vertrag als Rechtfertigungsgrund anerkannten Gesundheitsschutz dient. Im selben Artikel wird jedoch ausdrücklich klargestellt, daß Verbote oder Beschränkungen dieser Art „weder ein Mittel zur willkürlichen Diskriminierung noch eine verschleierte Beschränkung des Handels zwischen den Mitgliedstaaten darstellen" dürfen.

[18] Unbestreitbar sind mehrere alkoholische Getränke, für die nach den französischen Rechtsvorschriften frei geworben werden darf, bei übermäßigem Genuß ebenso gesundheitsschädlich wie gleichartige eingeführte Erzeugnisse, die als solche Werbeverboten oder -beschränkungen unterliegen. Die beanstandeten Rechtsvorschriften verfolgen zwar auch Zwecke des Gesundheitsschutzes, sie haben aber

doch zur Folge, daß sich die Bemühungen zur Eindämmung des Alkoholmißbrauchs vor allem zu Lasten der eingeführten Erzeugnisse auswirken. Obwohl die beanstandeten Rechtsvorschriften daher dem Grundsatz nach durch Gesichtspunkte des Gesundheitsschutzes gerechtfertigt sind, bewirken sie nichtsdestoweniger insoweit eine willkürliche Diskriminierung im Handel zwischen den Mitgliedstaaten, als sie die Werbung zugunsten bestimmter inländischer Erzeugnisse zulassen, während die Werbung für Erzeugnisse mit vergleichbaren Eigenschaften, jedoch mit Ursprung in anderen Mitgliedstaaten, beschränkt oder völlig untersagt wird. Rechtsvorschriften, die die Werbung für alkoholische Getränke beschränken, stehen mit den Anforderungen von Artikel 36 nur dann in Einklang, wenn sie in (S. 2317) gleicher Weise für alle betroffenen Getränke unabhängig von ihrem Ursprung gelten.

**Rs. 72/83 (Campus Oil Limited ./. Minister für Industrie**    **171**
**und Energie),**
**Urteil des Gerichtshofes vom 10. 07. 1984 – Slg. 1984, S. 2727.**

**Vorbemerkungen:** *Eine Rechtfertigung eines Eingriffs in die Warenverkehrsfreiheit aus Gründen der öffentlichen Sicherheit hat der Gerichtshof im Fall Campus Oil Limited angenommen. Er hielt es für die Existenz des Staates Irland für zwingend notwendig, jederzeit eine Mindestversorgung mit Erdölerzeugnissen sicher zu stellen. Er stellte dabei nicht auf die wirtschaftlichen Gesichtspunkte ab, sondern auf die Existenz des Mitgliedstaates.*

**Sachverhalt:** Nach irischen Rechtsvorschriften sind Importeure von Erdölerzeugnissen verpflichtet, einen bestimmten Prozentsatz ihres Bedarfs zu vom zuständigen Minister festgesetzten Preisen bei einer inländischen Firma zu decken, die eine Raffinerie im irischen Hoheitsgebiet betreibt. In einem Rechtsstreit zwischen sechs irischen Erdölhändlern und dem irischen Staat sowie der Irish National Petroleum Corporation legte der irische High Court dem EuGH die Frage zur Vorabentscheidung vor, ob die genannten Regelungen insbesondere mit den Vorschriften der Art. 28 und 30 EG vereinbar seien. Der Gerichtshof entschied, dass derartige Regelungen zwar mit Art. 28 EG unvereinbar seien, aber unter Umständen nach Art. 30 EG aus Gründen der öffentlichen Sicherheit gerechtfertigt sein können.

**Aus den Entscheidungsgründen:**

(S. 2751) [32] Wie der Gerichtshof wiederholt entschieden hat (Vgl. das Urteil vom 12.7.1979 in der Rechtssache 153/78, Kommission/ Bundesrepublik Deutschland, Slg. 1979, 2555, und die dort genannten Urteile), soll Artikel 36 des Vertrages nicht bestimmte Sachgebiete der ausschließlichen Zuständigkeit der Mitgliedstaaten vorbehalten, vielmehr läßt er nur Ausnahmen vom Grundsatz des freien Warenverkehrs durch innerstaatliche Normen insoweit zu, als dies zur Erreichung der in diesem Artikel bezeichneten Ziele gerechtfertigt ist und weiterhin gerechtfertig bleibt.

[33] Unter diesem Blickwinkel ist also zu prüfen, ob der Begriff der öffentlichen Sicherheit, auf den sich die irische Regierung im besonderen beruft und der anders als der Begriff der öffentlichen Ordnung im vorliegenden Fall allein relevant ist, Gründe, wie sie in der ersten Vorlagefrage bezeichnet sind, deckt.

[34] In diesem Zusammenhang ist festzustellen, daß Erdölerzeugnisse wegen ihrer außerordentlichen Bedeutung als Energiequelle in der modernen Wirtschaft wesentlich sind für die Existenz eines Staates, da nicht nur das Funktionieren seiner Wirtschaft, sondern vor allem auch das seiner Einrichtungen und seiner wichtigen öffentlichen Dienste und selbst das Überleben seiner Bevölkerung von ihnen abhängen. Eine Unterbrechung der Versorgung mit Erdölerzeugnissen und die sich daraus für die Existenz eines Staates ergebenden Gefahren können somit seine öffentliche Sicherheit, deren Schutz Artikel 36 ermöglicht, schwer beeinträchtigen.

(S. 2752) [35] Zwar bezweckt, wie der Gerichtshof mehrfach, zuletzt in seinem Urteil vom 9. Juni 1982 in der Rechtssache 95/81 (Kommission/Italien, Slg. 1982, 2187), entschieden hat, Artikel 36 den Schutz von Interessen nichtwirtschaftlicher Art. Denn einem Mitgliedstaat kann nicht gestattet werden, sich den Wirkungen der im Vertrag vorgesehenen Maßnahmen unter Berufung auf die wirtschaftlichen Schwierigkeiten zu entziehen, die durch die Beseitigung der Behinderungen des innergemeinschaftlichen Handels entstehen. Angesichts der umfangreichen Folgen, die eine Unterbrechung der Versorgung mit Erdölerzeugnissen für die Existenz eines Staates haben kann, ist jedoch davon auszugehen, daß die Absicht, jederzeit eine Mindestversorgung mit Erdölerzeugnissen sicherzustellen, über Erwägungen rein wirtschaftlicher Art hinausgeht und somit ein Ziel darstellen kann, das unter den Begriff der öffentlichen Sicherheit fällt.

[36] Es ist hinzuzufügen, daß es für die Anwendung des Artikels 36 darauf ankommt, daß die in Rede stehende Regelung durch objektive, den Anforderungen der öffentlichen Sicherheit genügende Umstände gerechtfertigt ist. Sobald diese Rechtfertigung feststeht, schließt die Tatsache, daß die Regelung geeignet ist, die Erreichung nicht nur von Zielen der öffentlichen Sicherheit, sondern auch anderer, von dem Mitgliedstaat etwa verfolgter Ziele wirtschaftlicher Art zu ermöglichen, die Anwendung von Artikel 36 nicht aus.

**Rs. C-1/96 (Compassion in World Farming),**       **172**
**Urteil des Gerichtshofes vom 19. 03. 1998 – Slg. 1998, S. I-1251.**

**Vorbemerkungen:** *Eine Gefahr für die öffentliche Sittlichkeit, Ordnung und Sicherheit ist zu verneinen, wenn die Werte, die gefährdet sind, noch nicht allgemein anerkannt, sondern nur von Teilen der öffentlichen Meinung als solche angesehen werden, im Übrigen aber über deren Einstufung kein gesellschaftlicher Konsens besteht. Beruft sich ein Mitgliedstaat also nicht auf schon bestehende Werte, so kommt eine Rechtfertigung aus diesem Grund nicht in Betracht.*

**Sachverhalt:** Die Klägerinnen des Ausgangsverfahrens, zwei Tierschutzvereine, verlangten vom zuständigen britischen Minister, er solle gemäß Art. 30 EG Maßnahmen zur Beschränkung der Ausfuhr von Kälbern in solche Mitgliedstaaten erlassen, in denen die Kälber entgegen den im Vereinigten Königreich durchgesetzten Standards und entgegen den völkerrechtlichen Bestimmungen des Übereinkommens, deren Anwendung alle Mitgliedstaaten und die EG vereinbart hatten, wahrscheinlich im „Kälberverschlagssystem" gehalten würden. Der Minister hat sich geweigert, die verlangten Maßnahmen zu ergreifen, woraufhin die Klägerinnen beim High Court of Justice Klage erhoben haben. Das Gericht hat den EuGH im Wege der Vorabentscheidung gefragt, ob sich ein Mitgliedstaat auf Art. 30 EG berufen kann, um Beschränkungen der Ausfuhr von lebenden Kälbern aus anderen Mitgliedstaaten zu rechtfertigen, durch die das Halten dieser Kälber im Kälberverschlagssystem in anderen Mitgliedstaaten verhindert werden soll. Die zweite Frage betraf die Gültigkeit der Richtlinie 91/629/ EWG des Rates, die zwingende Mindestanforderungen für den Schutz von Kälbern aufstellt, wenn sie zur Folge hätte, dass die erste Frage zu verneinen wäre. Der Gerichtshof hat entschieden, dass sich ein Mitgliedstaat nicht auf Art. 30 EG berufen kann, um die genannten Maßnahmen zu rechtfertigen. Ferner sah der EuGH keine Ungültigkeitsgründe für die fragliche Richtlinie.

**Aus den Entscheidungsgründen:**

(S. I-1300) [65] Es bleibt zu erörtern, ob ein Mitgliedstaat unter Berufung auf Artikel 36 die Ausfuhr von Kälbern in andere Mitgliedstaaten aus Gründen des Schutzes der öffentlichen Ordnung oder der öffentlichen Sittlichkeit beschränken kann, die nicht Gegenstand der Richtlinie sind.

[66] Die CIWF hat sich insoweit nur auf den Standpunkt und die Reaktionen eines Teils der nationalen öffentlichen Meinung gestützt, nach denen die Richtlinie die Gesundheit der Tiere nicht angemessen schütze. Es geht also in Wirklichkeit nicht um die öffentliche Ordnung und die öffentliche Sittlichkeit als eigenständige Werte; diese gehören vielmehr zu der Berufung auf den Schutz der Gesundheit der Tiere, der Gegenstand der Harmonisierungsrichtlinie ist.

(S. I-1301) [67] Im übrigen kann sich ein Mitgliedstaat nicht auf den Standpunkt oder das Verhalten eines Teils der nationalen öffentlichen Meinung stützen, wie sie die CIWF geltend macht, um eine von den Gemeinschaftsorganen erlassene Harmonisierungsmaßnahme einseitig in Frage zu stellen.

[68] Deshalb ist eine Berufung auf Artikel 36 unter Umständen wie denen des Ausgangsverfahrens auch unter dem Gesichtspunkt der öffentlichen Ordnung oder der öffentlichen Sittlichkeit ausgeschlossen.

**173** Rs. C-217/99 (Kommission ./. Königreich Belgien),
Urteil des Gerichtshofes vom 16. 11. 2000 – Slg. 2000, S. I-10251.

**Vorbemerkungen:** *In verschiedenen Entscheidungen Ende des Jahres 2000 musste sich der Gerichtshof mit der Frage nach der Etikettierungspflicht und deren Vereinbarkeit mit Art. 28 EG befassen. Eine belgische Bestimmung sah vor, dass auf allen Etiketten von Nahrungsmitteln die Anmeldenummer bei der belgischen Lebensmittelüberwachungsbehörde anzugeben ist. Diese Regelung verpflichtete Importeure von Lebensmitteln diese umzuetikettieren. In dieser Verpflichtung sah der Gerichtshof einen Verstoß gegen die Warenverkehrsfreiheit. Er bejahte die Anwendung des Art. 28 EG unter ausdrücklicher Ablehnung einer Verkaufsmodalität. Weiterhin berief sich die belgische Regierung auf die Notwendigkeit der Etikettierungspflicht, um den Schutz der Gesundheit zu gewährleisten. Eine Rechtfertigung aus Gründen des Gesundheitsschutzes lehnte der Gerichtshof unter Würdigung der be-*

*treffenden Verordnung ab. Die Anmeldenummer sage nichts über den Zustand der Lebensmittel aus, sie beweise nur, dass den belgischen Behörden bestimmte Unterlagen zugeleitet wurden. Die belgische Verordnung verpflichte aber außerdem jeden Importeur, Inhaltsangaben, Nährstoffangaben usw. zu machen, insoweit sei durch diese Angaben den Erfordernissen des Gesundheitsschutzes genüge getan, einer Anmeldenummer bedarf es zusätzlich auf dem Etikett nicht.*

**Sachverhalt:** Die Kommission wendet sich im Wege der Aufsichtsklage gegen eine belgische Verordnung, der zufolge Lebensmittel, denen Nährstoffe zugesetzt wurden, auf dem Etikett eine nationale Anmeldenummer tragen müssen. Die Kommission führt an, die Verpflichtung zur Angabe der Anmeldenummer stelle eine Maßnahme mit gleicher Wirkung wie eine mengenmäßige Beschränkung dar und demzufolge verstoße sie gegen Art. 28 EG. Weiterhin macht die Kommission geltend, dass diese Verpflichtung kein vom Gericht anerkanntes, im öffentlichen Interesse stehendes Ziel verfolge und jedenfalls unverhältnismäßig hinsichtlich des von Belgien verfolgten Zieles (Schutz der öffentlichen Gesundheit als auch Verbraucherschutz) sei. Der EuGH hat den Verstoß gegen Art. 28 EG bejaht.

## Aus den Entscheidungsgründen:

(S. I-10271) [16] Nach der Rechtsprechung des Gerichtshofes bezweckt Artikel 30 EG-Vertrag ein Verbot jeder Handelsregelung der Mitgliedstaaten, die geeignet ist, den innergemeinschaftlichen (S. I-10272) Handel unmittelbar oder mittelbar, tatsächlich oder potenziell zu behindern (Urteil vom 11. Juli 1974 in der Rechtssache 8/74, Dassonville, Slg. 1974, 837, Randnr. 5). Soweit die Rechtsvorschriften nicht angeglichen sind, untersagt Artikel 30 EG-Vertrag grundsätzlich Hemmnisse für den innergemeinschaftlichen Handel, die sich daraus ergeben, dass Waren aus anderen Mitgliedstaaten, die dort rechtmäßig hergestellt und in den Verkehr gebracht worden sind, bestimmten Vorschriften, etwa hinsichtlich ihrer Aufmachung, ihrer Etikettierung oder ihrer Verpackung, entsprechen müssen, selbst dann, wenn diese Vorschriften unterschiedslos für inländische und eingeführte Erzeugnisse gelten (Urteil vom 24. November 1993 in den verbundenen Rechtssachen C-267/91 und C-268/91, Keck und Mithouard, Slg. 1993, I-6097, Randnr. 15).

[17] Obgleich sie für alle Erzeugnisse unterschiedslos gilt, ist eine Verpflichtung wie die aus Artikel 6 Absatz 1 Nummer 1 der Königlichen Verordnung geeignet, den innergemeinschaftlichen Handel zu hemmen. Sie kann den Einführer nämlich zwingen, die Aufma-

chung seiner Erzeugnisse dem jeweiligen Vermarktungsgebiet anzupassen und dadurch Mehrkosten für Verpackung und Etikettierung hinzunehmen (vgl. in diesem Sinne Urteile vom 9. August 1994 in der Rechtssache C-51/93, Meyhui, Slg. 1994, I-3879, Randnr. 13, und vom 3. Juni 1999 in der Rechtssache C-33/97, Colim, Slg. 1999, I-3175, Randnr. 36).

(...)

[19] Die belgische Regierung wendet weiter ein, die streitige Regelung beschränke den freien Warenverkehr auch deshalb nicht, weil es ähnliche Verpflichtungen auch in anderen Mitgliedstaaten gebe und weil die Anmeldenummer auf dem Etikett ( S. I-10273) nützlich sei, wenn die fraglichen Nährstoffe und die sie enthaltenden Erzeugnisse außerhalb Belgiens vertrieben würden, denn in Ermangelung einer Rechtsangleichung belege sie, dass eine Prüfung unter dem Gesichtspunkt des Gesundheitsschutzes stattgefunden habe, und gebe den Behörden der Gemeinschaft und der übrigen Mitgliedstaaten sowie den Verbrauchern die Möglichkeit, Informationen über das Erzeugnis einzuholen.

[20] Dieses Vorbringen greift nicht durch. Zum einen nämlich kann ein Mitgliedstaat, gegen den eine Vertragsverletzungsklage erhoben wurde, die Nichterfüllung einer Verpflichtung aus dem Gemeinschaftsrecht nicht damit rechtfertigen, dass andere Mitgliedstaaten ihren Verpflichtungen nicht nachkämen (vgl. in diesem Sinne Urteil vom 9. Dezember 1997 in der Rechtssache C-265/95, Kommission/Frankreich, Slg. 1997, I-6959, Randnr. 63), und zum anderen bliebe die streitige Regelung auch dann, wenn die Anmeldenummer beim Vertrieb der betroffenen Erzeugnisse in anderen Mitgliedstaaten nützlich sein sollte, ein Hemmnis für die Einführung dieser Erzeugnisse auf dem belgischen Markt. Denn die Vertragsverletzung, deren Feststellung die Kommission begehrt, betrifft nicht die Vermarktung der Erzeugnisse in anderen Mitgliedstaaten, sondern ihre Einführung auf dem belgischen Markt.

(...)

[22] Die belgische Regierung macht ferner geltend, selbst wenn die fragliche Regelung ein Hemmnis sei, sei sie doch durch ihren Hauptzweck des Schutzes der öffentlichen Gesundheit gerechtfertigt, der unter die Ausnahmeregelung des Artikels 36 (S. I-10274) EG-Vertrag (nach Änderung jetzt Artikel 30 EG) falle. Die Wiedergabe der Anmeldenummer auf dem Etikett gewährleiste dem Verbraucher, dass das Erzeugnis von den zuständigen Behörden überprüft worden sei.

[23] Nach Ansicht der Kommission rechtfertigt der Schutz der

öffentlichen Gesundheit die streitige Verpflichtung hingegen nicht, denn diese ermögliche nur die Nachprüfung, dass den zuständigen Behörden in einem Verwaltungsverfahren bestimmte Unterlagen vorgelegt worden seien und dass das Erzeugnis somit angemeldet worden sei. Diese Anmeldung solle den Behörden bestimmte Informationen an die Hand geben, damit sie Stellungnahmen oder Empfehlungen zur Etikettierung abgeben könnten. Den Schutz der öffentlichen Gesundheit gewährleisteten außerdem andere Regelungen der Königlichen Verordnung, etwa die vorgeschriebenen Angaben des Nährstoffgehalts, der Mindestdauer, für die dieser garantiert wurde, und der empfohlenen Verzehrmengen sowie die Sanktionsregelung. Die obligatorische Angabe der Anmeldenummer auf dem Etikett sei folglich nicht gerechtfertigt, jedenfalls aber weder erforderlich noch nach dem von der belgischen Regierung verfolgten Ziel verhältnismäßig.

(...)

(S. I-10275) [28] In einem Fall wie dem Ausgangssachverhalt trägt eine nationale Regelung, die die Einfuhren von Erzeugnissen beschränkt oder beschränken kann, dem Grundsatz der Verhältnismäßigkeit nur Rechnung und ist mit dem EG-Vertrag nur vereinbar, soweit sie für einen wirksamen Schutz der Gesundheit und des Lebens von Menschen erforderlich ist. Eine nationale Regelung fällt daher nicht unter die Ausnahme des Artikel 36 EG-Vertrag, wenn die Gesundheit oder das Leben von ( S. I-10276) Menschen genauso wirksam durch Maßnahmen geschützt werden könnten, die den innergemeinschaftlichen Handel weniger beschränken (Urteil vom 11. Juli 2000 in der Rechtssache C-473/98, Toolex Alpha, Slg. 2000, I-0000, Randnr. 40).

**Rs. C-10/89 (SA CNL-SUCAL NV ⁄ HAG GF AG),**    **174**
**Urteil des Gerichtshofes vom 17. 10. 1990 – Slg. 1990, S. I-3711.**

**Vorbemerkungen:** *Erfasst vom Schutz des gewerblichen und kommerziellen Eigentums nach Art. 30 EG sind Immaterialgüterrechte, wie das Patent-, das Warenzeichen-, das Urheber-, das Geschmacksmuster- und das Gebrauchsmusterrecht. Der EuGH hat neben diesen Rechtspositionen auch die Ursprungsbezeichnung unter diesen Rechtfertigungsgrund subsumiert. Jedes dieser Schutzrechte hat einen spezifischen Gegenstand. Der Schutzrechtsinhaber erlangt ein Ausschließlichkeitsrecht (ius excludendi). Der Gerichtshof unterscheidet zwischen dem Bestand dieses Rechts und seiner Ausübung. Während*

*der Bestand des Rechts nicht in den Anwendungsbereich des Vertrages
fällt, wird die Ausübung des Rechts vom Vertrag erfasst. Ein Rechtsinhaber kann die Einfuhr eines Produktes aus einem anderen Mitgliedstaat verhindern, wenn dieses ausschließliche Recht nicht erschöpft
ist. Ein solches Recht ist erschöpft, wenn das betreffende Erzeugnis
von ihm selbst oder mit seiner Zustimmung in einem anderen Mitgliedstaat rechtmäßig in den Verkehr gebracht worden ist (Erschöpfungsgrundsatz). Demnach sind Einfuhrbeschränkungen zum Schutz des
Markenrechts nach Erschöpfung des Rechts nicht zulässig. In dieser
Rechtssache hatte der Gerichtshof zu entscheiden, ob ein Recht auch
dann verbraucht ist, wenn der Rechtsinhaber sein Schutzrecht auf einen anderen Mitgliedstaat ausgedehnt hat, dies aber dort gegen seinen
Willen auf einen anderen Rechtsinhaber übertragen wurde.*

**Sachverhalt:** Die deutsche Firma HAG GF AG hatte eine Tochtergesellschaft in Belgien und ließ 1907 in Belgien das Warenzeichen Kaffee Hag
eintragen. 1944 wurde diese Tochtergesellschaft enteignet, ihre Rechtsform
wurde mehrfach geändert. Ende der 70–er Jahre führte der Rechtsnachfol-
ger koffeinfreien Kaffee unter der Marke Kaffee Hag nach Deutschland
ein, dies wollte die deutsche Firma HAG GF AG verhindern und erhob
Klage bei einem deutschen Gericht. Der Gerichtshof musste im Rahmen
eines Vorabentscheidungsverfahrens entscheiden, ob die zwangsweise Tei-
lung von Schutzrechten auch eine Erschöpfung der Marke darstellt. Dies
verneinte er mit dem Hinweis auf das Fehlen jeglicher Zustimmung seitens des Inhabers des geschützten Warenzeichens in der Bundesrepublik
Deutschland. Der EuGH hat festgestellt, dass die nationalen Vorschriften
es einem Unternehmen unter den geschilderten Gegebenheiten gestatten
können, sich der Einfuhr gleichartiger Waren aus einem anderen Mitgliedstaat zu widersetzen.

### Aus den Entscheidungsgründen:

(S. I-3757) [12] Nach ständiger Rechtssprechung läßt Artikel 36
Ausnahmen von dem fundamentalen Grundsatz des freien Warenverkehrs innerhalb des Gemeinsamen Marktes nur insoweit zu, als
diese Ausnahmen zur Wahrung der Rechte gerechtfertigt sind, die den
spezifischen Gegenstand dieses Eigentums ausmachen; der Inhaber
eines (S. I-3758) gewerblichen Schutzrechts das nach den Rechtsvorschriften eines Mitgliedstaats geschützt ist, kann sich folglich nicht
auf diese Vorschriften nicht berufen, um sich der Einfuhr oder dem
Vertrieb eines Erzeugnisses zu widersetzen, das auf dem Markt eines
anderen Mitgliedstaates von ihm selbst, mit seiner Zustimmung oder

von einer rechtlich oder wirtschaftlich von ihm abhängigen Person rechtmäßig in den Verkehr gebracht (siehe insbesondere Urteile vom 8. Juni 1971 in der Rechtssache 78/70, Deutsche Grammophon Metro, Slg. 1971, 487; vom 31. Oktober 1974 in der Rechtssache 16/74, Centrafarm/Winthrop, Slg. 1974, 1183, und vom 9. Juli 1985 in der Rechttsache 19/84 Pharmon/Hoechst, Slg. 1985, 2281).

(S. I-3758) [13] Was das Warenzeichenrecht angeht, ist festzustellen, daß dieses Recht ein wesentlicher Bestandteil des Systems eines unverfälschten Wettbewerbs ist, das der Vertrag schaffen und erhalten will. In einem solchen System müssen die Unternehmen in der Lage sein, die Kundschaft durch die Qualität ihrer Erzeugnisse oder ihrer Dienstleistungen an sich zu binden, was nur möglich ist, wenn es Kennzeichen gibt, mit deren Hilfe sich diese Erzeugnisse und Dienstleistungen identifizieren lassen. Damit das Warenzeichen diese Aufgabe erfüllen kann, muß es die Gewähr bieten, daß alle Erzeugnisse, die mit ihm versehen sind, unter der Kontrolle eines einzigen Unternehmens hergestellt worden sind, das für ihre Qualität verantwortlich gemacht werden kann.

[14] Wie der Gerichtshof wiederholt festgestellt hat, besteht der spezifische Gegenstand des Warenzeichenrechts folglich insbesondere darin, daß seinem Inhaber das Recht verliehen wird, das Warenzeichen beim erstmaligen Inverkehrbringen eines Erzeugnisses zu benutzen, und daß er dadurch vor Konkurrenten geschützt wird, die die Stellung und den Ruf des Warenzeichens durch den Vertrieb widerrechtlich mit diesem Zeichen versehener Erzeugnisse zu mißbrauchen suchen. Für die Bestimmung der genauen Reichweite dieses ausschließlichen Rechts des Warenzeicheninhabers ist die Hauptfunktion des Warenzeichens zu berücksichtigen, die darin besteht, dem Verbraucher oder Endabnehmer die Ursprungsidentiät des gekennzeichneten Erzeugnisses zu garantieren, indem sie ihm ermöglicht, dieses Erzeugnis ohne Verwechslungsgefahr von Erzeugnissen anderer Herkunft zu unterscheiden (siehe insbesondere Urteile vom 23. Mai 1978 in der Rechtsssache 102/77, Hoffmann-La Roche/Centrafarm, Slg. 1978, 1139, Randnr. 7, und vom 10. Oktober 1978 in der Rechtssache 32/78, Centrafarm/American Home Products Corporation, Slg. 1978, 1823, Randnrn. 11/14).

[15] Für die Beurteilung eines Sachverhalts wie des von dem vorlegenden Gericht beschriebenen ist in Anbetracht der vorstehenden Überlegungen der Umstand ausschlaggebend, daß es an jeglicher Zustimmung seitens des Inhabers des nach den nationalen Rechtsvorschriften geschützten Warenzeichenrechts dazu fehlt, daß ein gleich-

artiges Erzeugnis, das von einem von diesem Rechtsinhaber weder rechtlich noch wirtschaftlich abhängigen Unternehmen hergestellt und vertrieben wird, in einem anderen Mitgliedstaat unter dem gleichen oder unter einem verwechslungsfähigen Warenzeichen in den Verkehr gebracht wird.

(S. I-3759) [16] Könnte der Rechtsinhaber unter diesen Umständen nicht von der ihm durch die nationalen Rechtsvorschriften eingeräumten Befugnis Gebrauch machen, sich der Einfuhr eines gleichartigen Erzeugnisses unter einer mit seinem eigenen Warenzeichen verwechslungsfähigen Bezeichnung zu widersetzen, so wäre die Hauptfunktion des Warenzeichens gefährdet, denn in einem solchen Fall wären die Verbraucher nicht mehr in der Lage, den Ursprung des gekennzeichneten Erzeugnisses festzustellen, und der Rechtsinhaber könnte für die schlechte Qualität eines Erzeugnisses verantwortlich gemacht werden, die ihm in keiner Weise zuzurechnen wären.

## 175   Rs. C-379/97 (Upjohn),
**Urteil des Gerichtshofes vom 12. 10. 1999 – Slg. 1999, S. I-6927.**

**Vorbemerkungen:** *In der vorliegenden Entscheidung hat der EuGH die Voraussetzungen für die Erschöpfung einer Marke erweitert. Hat der Markeninhaber für dasselbe Produkt in verschiedenen Mitgliedstaaten unterschiedliche nationale Marken eintragen lassen, so ist sein ausschließliches Recht nicht erschöpft. Ersetzt nun der Parallelimporteur die ursprüngliche Marke einer Ware durch eine andere (Rebranding), so ist es fraglich, ob sich der Markeninhaber auf Art. 30 EG berufen kann. Die Erschöpfung der Marke hätte den Markeninhaber daran gehindert, sein ausschließliches Recht dazu zu nutzen, um Parallel- oder Reimporte der Markenwaren zu verhindern. Der Erschöpfungsgrundsatz muss im Einklang mit Art. 30 EG ausgelegt werden (Rn. 30). Um den Erschöpfungsgrundsatz nicht auszuhöhlen, stellt der EuGH in diesem Urteil auf eine Missbrauchskontrolle ab. Ein Importeur darf demnach nicht in verschiedenen Mitgliedstaaten für das gleiche Produkt verschiedene Marken eintragen lassen, nur um so eine künstliche Marktabschottung zu erreichen. Der Gerichtshof stellt damit ausdrücklich fest, dass der Begriff der künstlichen Marktabschottung auch beim Rebranding gleich auszulegen ist wie beim Umpacken von Waren, dabei handelt es sich um ein objektives*

*Kriterium. Ein bloßer wirtschaftlicher Vorteil genügt jedoch für eine Rechtfertigung des Rebrandings nicht. Die gewerblichen Schutzrechte dürfen nicht dazu genutzt werden, die Einfuhr von Produkten zu verhindern, die mit Zustimmung des Rechtsinhabers in der Europäischen Gemeinschaft auf den Markt gebracht worden sind. Ziel dieser Rechtsprechung ist es, die Isolierung der nationalen Märkte zu verhindern und einen Ausgleich zwischen der Bedeutung der Immaterialgüterrechte und den Grundfreiheiten zu finden. Der Erschöpfungsgrundsatz gilt jedoch nicht, wenn die Ware in einem Staat außerhalb der Europäischen Gemeinschaft in Verkehr gebracht wurde. Dies bestätigte der Gerichtshof in einer späteren Entscheidung und stärkte damit die Rechte der Markeninhaber. An eine konkludente Zustimmung zu einem Import von Markenprodukten sind auch weiterhin sehr strenge Anforderungen zu stellen (EuGH, verb. Rs. C-414/99 bis C-416/99 – Zino Davidoff und Levi Strauss – Slg. 2001, S. I-8691).*

**Sachverhalt:** Pharmacia & Upjohn SA, eine dänische Gesellschaft (Klägerin) gehört zu dem internationalen Upjohn-Konzern, der Arzneimittel herstellt, welche von Paranova A/S (Beklagte) parallel nach Dänemark importiert worden sind. Von der Beklagten wurde an den Waren des Upjohn-Konzern eine Marke durch eine andere ersetzt. Die Rechtmäßigkeit dieses Vorgehens wurde von der Klägerin bestritten. Der EuGH, der sich im Vorabentscheidungsverfahren mit der Auslegung der Art. 28 und 30 EG sowie von Art. 7 der Markenrichtlinie 89/104/EWG befasste, ist zu dem Ergebnis gelangt, dass eine Ersetzung der Marke durch den Parallelimporteur zulässig ist, falls er ohne eine solche die Waren im Importland nicht auf den Markt bringen dürfte.

## Aus den Entscheidungsgründen:

(S. I-6961) [17] Aus diesen Gründen hat der Gerichtshof Artikel 36 EG-Vertrag dahin ausgelegt, daß sich ein Markeninhaber auf die Marke berufen kann, um einen Importeur am Vertrieb einer Ware zu hindern, die von ihm oder mit seiner Zustimmung in einem anderen Mitgliedstaat in den Verkehr gebracht worden ist, wenn dieser Importeur die Ware in eine neue Verpackung umgepackt hat, auf der die Marke wieder angebracht worden ist (siehe Urteile Hoffmann-LaRoche, Randnr. 8, und Bristol-Myers Squibb u.a., Randnr. 49). Allerdings kann die Geltendmachung des Rechts an der Marke durch den Markeninhaber eine verschleierte Beschränkung im Sinne von Artikel 36 EG-Vertrag darstellen, wenn erwiesen ist, dass die Benutzung der Marke durch den Inhaber unter Berücksichtigung des von ihm angewandten Vermarktungssystems zur künstlichen Abschottung der Märkte zwischen den Mitgliedstaaten beitragen würde und daß, falls die Ware umgepackt wird, die Wahrung bestimmter schutzwürdiger Interessen des Markeninhabers sichergestellt ist, was insbesondere bedeutet, daß das Umpacken den Originalzustand der Ware nicht beeinträchtigen darf und daß die Aufmachung des umgepackten Erzeugnisses nicht dem guten Ruf der Marke schaden darf (siehe Urteile Hoffmann-La Roche, Randnr. 10, Bristol-Myers Squibb u.a., Randnr. 49, und vom 11. November 1997 in der Rechtssache C-349/95, Loendersloot, Slg. 1997, I-6227, Randnr. 29).

(...)

(S. I-6965) [30] Außerdem hat Artikel 7 der Richtlinie nach der Rechtsprechung des Gerichtshofes ebenso wie Artikel 36 EG-Vertrag den Zweck, die grundlegenden Belange des Markenschutzes mit denen des freien Warenverkehrs im Gemeinsamen Markt in Einklang zu bringen. Da mit diesen beiden Bestimmungen dasselbe Ergebnis angestrebt wird, sind sie gleich auszulegen (siehe Urteil Bristol-Myers Squibb u.a., Randnr. 40).

[31] Zur Beantwortung der Vorlagefrage, wie sie in Randnummer 25 aufbereitet ist, ist die Rechtsprechung des Gerichtshofes zu den Fällen von Belang, in denen Waren umgepackt werden und entweder die ursprüngliche Marke wieder angebracht oder diese Marke durch die vom selben Markeninhaber im Einfuhrmitgliedstaat benutzte Marke ersetzt wird. Die Befugnis des Markeninhabers, sich derartigen Praktiken aufgrund nationalen Rechts zu widersetzen, ist danach im Sinne des Artikels 36 EG-Vertrag gerechtfertigt, soweit nicht erwiesen ist, daß ein derartiges Vorgehen insbesondere zu einer künstlichen Abschottung der Märkte zwischen den Mitgliedstaaten führen würde.

(...)

(S. I-6967) [37] In Übereinstimmung mit dem Vorbringen der Beklagten, der niederländischen Regierung, der Regierung des Vereinigten Königreichs und der Kommission ist festzustellen, daß zwischen der Wiederanbringung einer Marke nach dem Umpacken und der Ersetzung der ursprünglichen Marke durch eine andere kein sachlicher Unterschied besteht, der es rechtfertigen würde, den Begriff der künstlichen Marktabschottung in den beiden Fällen unterschiedlich anzuwenden.

(...)

(S. I-6968) [39] Soweit daher das Markenrecht des Einfuhrmit-

gliedstaats dem Markeninhaber erlaubt, sich der Wiederanbringung
der Marke nach dem Umpacken oder deren Ersetzung zu widersetzen, und soweit der Parallelimporteur zum Umpacken mit erneuter
Anbringung der Marke oder zur Ersetzung der Marke gezwungen ist,
um die Ware im Einfuhrmitgliedstaat vertreiben zu können, liegt ein
Hemmnis für den Binnenhandel der Gemeinschaft vor, das zu einer
künstlichen Abschottung der Märkte zwischen den Mitgliedstaaten
im Sinne der erwähnten Rechtsprechung führt, und dies unabhängig
davon, ob die Abschottung vom Inhaber angestrebt wurde.

**Rs. C-16/03 (Peak),**                                          **176**
**Urteil des Gerichtshofes vom 30. 11. 2004 – Slg. 2004, S. I-11313.**

**Vorbemerkungen:** *In dieser Entscheidung hat der Gerichtshof Kriterien zur Beurteilung der umstrittenen Frage angegeben, wann Mar-
kenerzeugnisse im Hinblick auf den Erschöpfungsgrundsatz als „in
den Verkehr gebracht" anzusehen sind. Er stellt hierbei auf die Möglichkeit des Markeninhabers ab, den wirtschaftlichen Wert der Marke
zu realisieren. Die Einfuhr in die Gemeinschaft mit der Absicht, sie zu
verkaufen oder gar das Anbieten zum Kauf reichen für das „Inverkehrbringen" nicht aus.*

**Sachverhalt:** Die Fa. Peak Holding ist Inhaberin der Marke Peak Performance. Sie brachte Waren dieser Marke im Herbst 1999 über eine Schwe-
stergesellschaft auf den dänischen Markt. Der Restposten wurde an CO-
PAD, ein Unternehmen mit Sitz in Frankreich, verkauft. Laut Peak Holding
bestimmte der bei dieser Gelegenheit geschlossene Vertrag, dass dieser
Warenposten nicht in andere Länder als nach Russland und Slowenien wei-
terverkauft werden durfte, mit Ausnahme von 5 % der Gesamtmenge, die
in Frankreich verkauft werden durften. Ende des Jahres 2000 brachte die
Streitgegnerin, die Fa. Axolin-Elinor, damals unter dem Namen Factory
Outlet bekannt, einen Posten von 25000 Kleidungsstücken der Marke Peak
Performance auf den schwedischen Markt. Peak Holding leitete vor dem
zuständigen Gericht ein Verfahren ein und trug vor, dass die Vermarktung,
die Factory Outlet insbesondere durch ihre Anzeigen betrieben habe, das
Markenrecht der Peak Holding verletze. Der EuGH entschied im Rahmen
eines Vorabentscheidungsverfahrens.

**Aus den Entscheidungsgründen:**

(S. I-11343) [40] Durch einen Verkauf, der dem Inhaber erlaubt, den wirtschaftlichen Wert seiner Marke zu realisieren, werden die durch die Richtlinie verliehenen ausschließlichen Rechte erschöpft, insbesondere dasjenige, einem Dritterwerber den Wiederverkauf der Waren zu verbieten.

[41] Führt der Inhaber hingegen seine Waren ein, um sie im EWR zu verkaufen, oder bietet er sie dort zum Verkauf an, bringt er sie nicht im Sinne des Artikels 7 Absatz 1 der Richtlinie in den Verkehr.

(S. I-11344) [42] Durch solche Handlungen wird nämlich das Recht, über die mit der Marke versehenen Waren zu verfügen, nicht auf Dritte übertragen. Sie erlauben dem Inhaber nicht, den wirtschaftlichen Wert der Marke zu realisieren. Selbst wenn diese Handlungen abgeschlossen sind, behält der Inhaber sein Interesse an der Aufrechterhaltung einer vollständigen Kontrolle über die mit seiner Marke versehenen Waren, um u.a. deren Qualität zu gewährleisten.

**177**  **Rs. C-355/96 (Silhouette),**
**Urteil des Gerichtshofes vom 16. 07. 1998 – Slg. 1998 S. I-4799.**

**Vorbemerkungen:** *In dieser Entscheidung stellt der Gerichtshof fest, dass Art. 7 der Markenrichtlinie (89/104/EGW) als zwingende Vorgabe für die Mitgliedstaaten zu verstehen ist, die gemeinschaftsweite Erschöpfung einzuführen. Somit beendete der EuGH eine lang andauernde Diskussion, ob die Markenrichtlinie lediglich einen Mindeststandard kodifiziert hatte, der einer über ihn hinausgehenden nationalen Regelung, v.a. einer weltweiten Erschöpfung, nicht entgegensteht. Diese Entscheidung stieß jedoch zugleich auf heftige Kritik in der Literatur, in der die Herangehensweise des EuGH als Stärkung der „Festung Europa" bezeichnet wurde: Die gemeinschaftsweite Erschöpfung ermöglicht dem Markeninhaber, eine Trennung zwischen dem Gemeinsamen Markt und den Märkten der Drittstaaten aufrecht zu erhalten, indem er die Markenprodukte in der Gemeinschaft teurer und in den Drittstaaten billiger verkaufen lässt, ohne befürchten zu müssen, dass die außerhalb der Gemeinschaft vermarkteten Waren in die Gemeinschaft zurück verbracht werden.*

**Sachverhalt:** Die Klägerin (Gesellschaft Silhouette International Schmied GmbH) stellt Brillen der oberen Preisklassen her. Die Beklagte des Ausgangsverfahrens (Hartlauer Handelsgesellschaft mbH) vertreibt über ihre zahlreichen Tochtergesellschaften in Österreich u.a. Brillen und wirbt vor allem mit ihren niedrigen Preisen. Sie wird von der Klägerin nicht beliefert, weil diese den Vertrieb durch die Beklagte als dem von ihr aufgebauten Image besonderer Qualität und Aktualität abträglich erachtet. Im Oktober 1995 verkaufte die Klägerin der bulgarischen Firma Union Trading 21 000 Auslaufmodelle von Brillenfassungen, die zum Verkauf in Bulgarien und in den Staaten der früheren Sowjetunion bestimmt waren. Die Beklagte erwarb diese Ware und bot sie ab Dezember 1995 in Österreich zum Kauf an. Die Klägerin beantragte beim Landesgericht Steyr eine einstweilige Verfügung, mit der Begründung, ihre Markenrechte seien nicht erschöpft, weil die Erzeugnisse nicht in der Gemeinschaft in Verkehr gebracht worden sind. In Österreich galt zu diesem Zeitpunkt der Grundsatz der weltweiten Erschöpfung. Der Gerichtshof entschied im Vorabentscheidungsverfahren.

## Aus den Entscheidungsgründen:

(S. 4830) [21] Angesichts des Wortlauts des Artikels 7 setzt die von der Beklagten und der schwedischen Regierung vorgeschlagene Auslegung der Richtlinie voraus, daß die Richtlinie entsprechend der Rechtsprechung des Gerichtshofes zu den Artikeln 30 und 36 EG-Vertrag die Mitgliedstaaten nur verpflichtet, die gemeinschaftsweite Erschöpfung vorzusehen, daß jedoch ihr Artikel 7 die Frage der Erschöpfung der Rechte aus der Marke nicht abschließend regelt, so daß den Mitgliedstaaten die Möglichkeit verbleibt, Erschöpfungsbestimmungen vorzusehen, die über das in Artikel 7 der Richtlinie ausdrücklich Bestimmte hinausgehen.

[22] Wie jedoch die Klägerin, die österreichische, die deutsche, die französische, die italienische Regierung und die Regierung des Vereinigten Königreichs sowie die Kommission geltend gemacht haben, stehen einer solchen Auslegung der Wortlaut von Artikel 7 sowie Aufbau und Zweck der Vorschriften der Richtlinie über die Rechte des Markeninhabers entgegen.

[23] Zwar erscheint es nach der dritten Begründungserwägung der Richtlinie „gegenwärtig nicht notwendig, die Markenrechte der Mitgliedstaaten vollständig anzugleichen". Jedoch enthält die Richtlinie eine Harmonisierung der zentralen Sachvorschriften auf diesem Gebiet, nämlich, wie es in dieser Begründungserwägung heisst, derjenigen innerstaatlichen Rechtsvorschriften, die sich am unmittelbarsten auf das Funktionieren des Binnenmarktes auswirken; eine umfas-

sende Harmonisierung dieser Rechtsvorschriften schließt diese Begründungserwägung nicht aus.

(S. I-4830) [24] In der ersten Begründungserwägung der Richtlinie heisst es nämlich, daß das gegenwärtig in den Mitgliedstaaten
geltende Markenrecht Unterschiede aufweise, durch die der freie Warenverkehr und der freie Dienstleistungsverkehr behindert und die
Wettbewerbsbedingungen im Gemeinsamen Markt verfälscht werden
könnten, so daß zur Errichtung und zum Funktionieren des Binnenmarktes eine Angleichung der Rechtsvorschriften der Mitgliedstaaten
erforderlich sei. Nach der (S. I-4831) neunten Begründungserwägung
ist es zur Erleichterung des freien Waren- und Dienstleistungsverkehrs
von wesentlicher Bedeutung, zu erreichen, daß die eingetragenen
Marken im Recht aller Mitgliedstaaten einen einheitlichen Schutz genießen, wovon jedoch die Möglichkeit der Mitgliedstaaten unberührt
bleibe, bekannten Marken einen weitergehenden Schutz zu gewähren.

[25] Angesichts dieser Begründungserwägungen sind die Artikel 5 bis 7 der Richtlinie dahin auszulegen, daß sie eine umfassende
Harmonisierung der Vorschriften über die Rechte aus der Marke enthalten. Diese Auslegung wird dadurch bestätigt, daß Artikel 5 den
Mitgliedstaaten ausdrücklich die Befugnis belässt, bestimmte, vom
Gemeinschaftsgesetzgeber besonders aufgezählte Vorschriften bei-
zubehalten oder einzuführen. So können die Mitgliedstaaten nach
Artikel 5 Absatz 2, auf den sich die neunte Begründungserwägung
bezieht, bekannten Marken einen weitergehenden Schutz gewähren.

[26] Folglich kann die Richtlinie nicht dahin verstanden werden,
daß sie den Mitgliedstaaten die Möglichkeit belässt, in ihrem innerstaatlichen Recht die Erschöpfung der Rechte aus der Marke für in
dritten Ländern in den Verkehr gebrachte Waren vorzusehen.

[27] Diese Auslegung ist überdies die einzige, die die Verwirklichung des Zweckes der Richtlinie, das Funktionieren des Binnenmarktes zu schützen, in vollem Umfang zulässt. Könnten einige Mitgliedstaaten eine internationale Erschöpfung, andere hingegen nur
eine gemeinschaftsweite Erschöpfung vorsehen, würden sich nämlich
unvermeidlich Behinderungen des freien Waren- und Dienstleistungsverkehrs ergeben.

(S. I-4831) [28] Gegenüber dieser Auslegung lässt sich nicht einwenden, wie dies die schwedische Regierung getan hat, daß die Richtlinie, die aufgrund des Artikels 100a EG-Vertrag erlassen wurde, der
die Angleichung der Rechtsvorschriften der Mitgliedstaaten über
das Funktionieren des Binnenmarktes regelt, nicht die Beziehungen
zwischen (S. I-4832) den Mitgliedstaaten und dritten Ländern regeln

könne, so daß ihr Artikel 7 dahin auszulegen sei, daß die Richtlinie nur die Beziehungen innerhalb der Gemeinschaft betreffe.

[29] Selbst wenn nämlich Artikel 100a EG-Vertrag in dem von der schwedischen Regierung vertretenen Sinne auszulegen wäre, so regelt doch Artikel 7, wie in diesem Urteil ausgeführt wird, nicht die Beziehungen zwischen den Mitgliedstaaten und dritten Ländern, sondern legt die Rechte von Inhabern von Marken in der Gemeinschaft fest.

[30] Schließlich können die zuständigen Gemeinschaftsstellen durch den Abschluß völkerrechtlicher Verträge die in Artikel 7 vorgesehene Erschöpfung immer noch auf Waren ausdehnen, die in dritten Ländern in den Verkehr gebracht wurden, wie dies auch im Rahmen des EWR-Abkommens geschehen ist.

[31] Aufgrund der vorstehenden Ausführungen ist auf die erste Frage zu antworten, daß nationale Rechtsvorschriften, die die Erschöpfung des Rechts aus einer Marke für Waren vorsehen, die vom Markeninhaber oder mit dessen Zustimmung ausserhalb des EWR unter dieser Marke in den Verkehr gebracht worden sind, nicht mit Artikel 7 Absatz 1 der Richtlinie in der Fassung des EWR-Abkommens vereinbar sind.

### c) Verhältnismäßigkeitsprüfung

**Rs. 174/82 (Sandoz),**                                                    **178**
**Urteil des Gerichtshofes vom 14. 07. 1983 – Slg. 1983, S. 2445.**

**Vorbemerkungen:** *Auch bei der Anwendung der Rechtfertigungsgründe des Art. 30 EG gilt der Verhältnismäßigkeitsgrundsatz.*

**Sachverhalt:** Der Firma Sandoz BV wurde zur Last gelegt, ohne Genehmigung in den Niederlanden für den Handel und zum menschlichen Verzehr bestimmte Lebensmittel und Getränke, denen Vitamine zugesetzt worden seien, verkauft und geliefert zu haben. In den Niederlanden benötigte man aber eine besondere Genehmigung, um Lebensmitteln Vitamine zusetzen zu dürfen. Die Firma Sandoz B V., die ihre Artikel schon in anderen Mitgliedstaaten vertrieben hatte, berief sich auf Art. 28 EG; es handele sich um eine Maßnahme gleicher Wirkung. Der Gerichtshof entschied im Rahmen eines Vorabentscheidungsverfahrens, dass das Gemeinschaftsrecht der nationalen Regelung nicht entgegensteht.

**Aus den Entscheidungsgründen:**

(S. 2463) [18] Jedoch verlangt der Grundsatz der Verhältnismäßigkeit, der Artikel 36 Satz 2 EWG-Vertrag zugrunde liegt, daß die
Befugnis der Mitgliedstaaten, die Einfuhr der betreffenden Erzeugnisse aus anderen Mitgliedstaaten zu verbieten, auf das Maß dessen zu
beschränken ist, was zur Erreichung der rechtmäßig verfolgten Ziele
des Gesundheitsschutzes erforderlich ist. Daher ist eine solche nationale Verbotsregelung nur gerechtfertigt, sofern das Inverkehrbringen
genehmigt wird, wenn sich dies mit den Erfordernissen des Gesundheitsschutzes vereinbaren läßt.

[19] Dies zu beurteilen ist jedoch schwierig, wenn es sich um Zusatzstoffe von der Art der Vitamine handelt, deren oben genannte
charakteristischen Besonderheiten es unmöglich machen, die mit der
gesamten Nahrung aufgenommenen Mengen vorherzusehen oder zu
kontrollieren, und von denen sich nicht mit ausreichender Sicherheit
feststellen läßt, inwieweit sie schädlich sind. Jedoch müssen die Mitgliedstaaten, obwohl ihnen beim gegenwärtigen Stand der gemeinschaftsrechtlichen Harmonisierung der nationalen (S. 2464) Regelungen ein weiter Ermessensspielraum einzuräumen ist, zur Einhaltung des Grundsatzes der Verhältnismäßigkeit das Inverkehrbringen
gestatten, wenn der Zusatz von Vitaminen einem echten Bedürfnis,
insbesondere im Hinblick auf Technologie oder Ernährung, entspricht.

## II. Arbeitnehmerfreizügigkeit, Art. 39 ff. EG

### 1. Unmittelbare Anwendbarkeit der Art. 39 ff. EG

**179**   **Rs. 118/75 (Watson und Belmann),**
**Urteil des Gerichtshofes vom 07. 07. 1976 – Slg. 1976, S. 1185.**

**Vorbemerkungen:** *In der Entscheidung Watson und Belmann stellte
der EuGH fest, dass die Arbeitnehmerfreizügigkeit gemäß Art. 39 EG
eine unmittelbar anwendbare Bestimmung des Gemeinschaftsrechts
ist, auf die sich der Einzelne gegenüber den Mitgliedstaaten berufen
kann. Zulässige Beschränkungen dürfen nicht mit unangemessenen
Sanktionsdrohungen verknüpft werden.*

**Sachverhalt:** In Italien galten strenge Meldevorschriften für Ausländer sowie für Italiener, die Ausländer bei sich aufnehmen. Verstöße gegen diese Bestimmungen konnten mit Geld- bzw. Freiheitsstrafen sowie mit Ausweisung und Wiedereinreiseverbot geahndet werden. Im zu entscheidenden Fall hatte der italienische Staatsangehörige Belmann die britische Staatsangehörige Watson bei sich aufgenommen, ohne dass diesen Meldevorschriften entsprochen worden war. Gegen beide wurde deshalb ein Strafverfahren eingeleitet. Im Wege eines Vorabentscheidungsverfahrens fragte das zuständige Strafgericht den EuGH, ob Belmann und Watson Rechte aus der Arbeitnehmerfreizügigkeit herleiten könnten, falls das Strafgericht zu dem Ergebnis gelange, dass Watson Arbeitnehmer sei. Die italienische Regierung führte aus, dass derartige Meldebestimmungen aus Gründen der öffentlichen Ordnung gerechtfertigt seien.

## Aus den Entscheidungsgründen:

(S. 1197) [11/12] Nach Artikel 48 des Vertrages wird innerhalb der Gemeinschaft die Freizügigkeit der Arbeitnehmer hergestellt. Diese gibt den Arbeitnehmern nach Absatz 3 das Recht, in das Hoheitsgebiet der Mitgliedstaaten einzureisen, sich dort frei zu bewegen, sich dort zur Ausübung einer Beschäftigung aufzuhalten und dort nach deren Beendigung zu verbleiben. Gemäß den Artikeln 52 und 59 werden die Beschränkungen der freien Niederlassung und des freien Dienstleistungsverkehrs innerhalb der Gemeinschaft bis zum Ende der Übergangszeit schrittweise aufgehoben. Diese Bestimmungen sind als ein an die Mitgliedstaaten gerichtetes Verbot auszulegen, die Einreise von Staatsangehörigen der anderen Mitgliedstaaten in ihr Hoheitsgebiet zu beschränken; sie gewähren jedem unmittelbar Rechte, auf die die genannten Artikel – in der Form, die sie später durch bestimmte Vorschriften des Rates zur Durchführung des Vertrages gefunden haben – anwendbar sind.

(...)

(S. 1199) [20] Unter den Sanktionen, die an die Nichterfüllung der vorgeschriebenen Anzeige – und Eintragungsformalitäten geknüpft sind, ist die Ausweisung der durch das Gemeinschaftsrecht geschützten Personen zweifellos mit den Vertragsbestimmungen unvereinbar, da – wie der Gerichtshof bereits in anderen Fällen betont hat – mit einer solchen Maßnahme das durch den Vertrag verliehene und garantierte Recht selbst verneint wird.

[21/22] Was die anderen Sanktionen wie die Geld- und die Freiheitsstrafe betrifft, so dürfen die nationalen Behörden die Nichteinhaltung der Bestimmungen, nach denen Ausländer ihre Anwesenheit anzuzeigen haben, zwar mit Sanktionen belegen, die denen vergleichbar sind, die wegen gleichwertiger strafbarer Handlungen gegen Inländer verhängt werden, doch ist es nicht gerechtfertigt, an diesen Verstoß eine Sanktion zu knüpfen, die so außer Verhältnis zur Schwere der Tat steht, daß sie sich als eine Behinderung der Freizügigkeit erweist.

## 2. Begriff des Arbeitnehmers

**180**  **Rs. C-413/01 (Ninni-Orasche),**
**Urteil des Gerichtshofes vom 06. 11. 2003, Slg. 2003, S. I-13187.**

**Vorbemerkungen:** *In der Entscheidung Ninni-Orasche sind die Kriterien, die eine Arbeitnehmereigenschaft im Sinne des Gemeinschaftsrechts begründen, deutlich und zusammenfassend wiedergegeben. Die Arbeitnehmereigenschaft ist ein weit auszulegender gemeinschaftsrechtlicher Begriff, der auch Beschäftigungsverhältnisse umfasst, die nur von kurzer Dauer sind.*

**Sachverhalt:** Die mit einem Österreicher verheiratete, in Österreich lebende Beschwerdeführerin ist italienische Staatsangehörige, die nach einer zeitlich von vornherein befristeten, unselbständigen Tätigkeit als Kellnerin von zweieinhalb Monaten studiert und Studienbeihilfe nach dem österreichischen StudienförderungG beantragt hat, aber nicht erhält. Auf Vorabentscheidungsersuchen des österreichischen Verwaltungsgerichtshofes hat der EuGH die Arbeitnehmereigenschaft der Beschwerdeführerin bejaht und weiter entschieden, dass der von vornherein befristete Arbeitsvertrag nicht mit einer freiwilligen Arbeitslosigkeit gleichgestellt werden kann.

**Aus den Entscheidungsgründen:**

(S. I-13220) [3] Artikel 48 EG-Vertrag bestimmt, dass innerhalb der Gemeinschaft die Freizügigkeit der Arbeitnehmer gewährleistet ist und dass diese Freizügigkeit die Abschaffung jeder auf der Staatsangehörigkeit beruhenden unterschiedlichen Behandlung der Arbeitnehmer der Mitgliedstaaten in Bezug auf Beschäftigung, Entlohnung und sonstige Arbeitsbedingungen umfasst.

(...)

(S. I-13226) [18] Mit seiner ersten Frage möchte das vorlegende Gericht im Wesentlichen wissen, ob eine zeitlich befristete Beschäftigung von zweieinhalb Monaten, die ein Staatsangehöriger eines

Mitgliedstaats im Hoheitsgebiet eines anderen Mitgliedsstaats ausübt, dessen Staatsangehörigkeit er nicht besitzt, seine Arbeitnehmereigenschaft nach Artikel 48 EG-Vertrag begründen kann und inwiefern dafür Umstände aus der Zeit vor oder nach dem Beschäftigungszeitraum erheblich sind wie etwa die, dass der Betreffende

– erst einige Jahre nach seiner Einreise in den Aufnahmemitgliedstaat diese Beschäftigung aufgenommen hat,

– erst kurz nach Beendigung seines auf einen kurzen Zeitraum befristeten Beschäftigungsverhältnisses durch einen Schulabschluss in seinem Heimatland die Befähigung für den Zugang zu einem Universitätsstudium im Aufnahmemitgliedstaat erworben hat oder

– sich in zeitlichem Anschluss an das auf einen kurzen Zeitraum befristete Beschäftigungsverhältnis bis zur Aufnahme seines Studiums um eine neuerliche Beschäftigung bemüht hat.

(…)

(S. I-13228) [23] Einleitend ist darauf zu verweisen, dass der Begriff Arbeitnehmer im Sinne von Artikel 48 EG-Vertrag nach ständiger Rechtsprechung des Gerichtshofes ein Begriff des Gemeinschaftsrechts ist, der nicht eng auszulegen ist

[24] Außerdem ist dieser Begriff nach objektiven Kriterien zu definieren, die das Arbeitsverhältnis in Ansehung der Rechte und Pflichten der betreffenden Personen charakterisieren. Das wesentliche Merkmal des Arbeitsverhältnisses besteht darin, dass jemand während einer bestimmten Zeit für einen anderen nach dessen Weisung Leistungen erbringt, für die er als Gegenleistung eine Vergütung erhält (vgl. Urteile Lawrie-Blum, Randnr. 17, vom 31. Mai 1989 in der Rechtssache 344/87, Bettray, Slg. 1989, 1621, Randnr. 12, und Meeusen, Randnr. 13).

[25] Im Licht dieser Rechtsprechung ist festzustellen, dass der bloße Umstand, dass eine unselbständige Tätigkeit von kurzer Dauer ist, als solcher nicht dazu führt, dass diese Tätigkeit vom Anwendungsbereich des Artikels 48 EG-Vertrag ausgeschlossen wird.

(…)

(S. I-13230) [32] Angesichts der vorstehenden Erwägungen ist auf die erste Frage zu antworten, dass eine zeitlich befristete Beschäftigung von zweieinhalb Monaten, die ein Staatsangehöriger eines Mitgliedstaats im Hoheitsgebiet eines anderen Mitgliedstaats ausübt, dessen Staatsangehörigkeit er nicht besitzt, seine Arbeitnehmereigenschaft nach Artikel 48 EG-Vertrag begründen kann, sofern die ausgeübte unselbständige Tätigkeit nicht völlig untergeordnet und unwesentlich ist.

(...)

(S. I-13231) [33] Mit seiner zweiten Frage möchte das vorlegende Gericht im Wesentlichen wissen, ob ein Gemeinschaftsbürger wie die Beschwerdeführerin, sofern er Wanderarbeitnehmer im Sinne von Artikel 48 EG-Vertrag ist, allein deshalb im Sinne der Rechtsprechung des Gerichtshofes freiwillig arbeitslos ist, weil sein von vornherein befristeter Arbeitsvertrag endet.

(...)

[35] Für die Studienförderung ist ein Staatsangehöriger eines anderen Mitgliedstaats als des Aufnahmemitgliedstaats, der im Aufnahmemitgliedstaat nach Ausübung einer Berufstätigkeit ein Hochschulstudium aufgenommen hat, das zu einem berufsqualifizierenden Abschluss führt, weiterhin als Arbeitnehmer anzusehen, dem Artikel 7 Absatz 2 der Verordnung Nr. 1612/68 zugute kommen kann, sofern eine Kontinuität zwischen der früheren Berufstätigkeit und dem durchgeführten Studium besteht. Die Erfüllung dieser Bedingung kann jedoch nicht von (S. I-13232) einem Wanderarbeitnehmer verlangt werden, der unfreiwillig arbeitslos geworden ist und den die Lage auf dem Arbeitsmarkt zu einer beruflichen Umschulung zwingt (vgl. in diesem Sinne Urteile Lair, Randnr. 39, und Raulin, Randnr. 21).

[36] Diese Feststellung darf allerdings nicht dazu führen, dass sich ein Staatsangehöriger eines Mitgliedstaats nur in der Absicht in einen anderen Mitgliedstaat begibt, dort nach einer sehr kurzen Berufstätigkeit eine Förderung für Studenten in Anspruch zu nehmen. Ein solcher Missbrauch ist nämlich durch die in Rede stehenden gemeinschaftsrechtlichen Bestimmungen nicht gedeckt (vgl. in diesem Sinne Urteil Lair Rdnr. 43).

[37] Die österreichische Regierung, die deutsche Regierung und die Regierung des Vereinigten Königreichs sind zum einen der Auffassung, dass der Umstand, dass die Dauer eines Arbeitsvertrags festgelegt sei und daher von dem betreffenden Arbeitnehmer im Voraus akzeptiert werde, ausschließe, dass man diesen Beschäftigten nach Ablauf des genannten Vertrags als unfreiwillig arbeitslos ansehen könne. Die deutsche Regierung ergänzt dazu, dass der Begriff der unfreiwilligen Arbeitslosigkeit im Sinne der Rechtsprechung des Gerichtshofs ausschließlich Entlassungsfälle erfasse.

[38] Zum anderen vertreten sie den Standpunkt, dass zwischen der Beschäftigung der Bf. im Gaststättenwesen und ihrem Studium der Romanistik unbestreitbar kein Zusammenhang bestehe.

[39] Dagegen macht die Kommission unter Berufung auf die

Rechtsprechung des Gerichtshofs zu dem Beschluss Nr. 1/80 des Assoziationsrats vom (S. I-13233) 19. 9. 1980 über die Entwicklung der Assoziation zwischen der Europäischen Wirtschaftsgemeinschaft und der Türkei, insbesondere das Urteil EuGH, Slg. 1997, I-329= EuZW 1997, 176= NVwZ 1997, 677 Rdnrn. 38 und 39 – Tetik, geltend, dass das Ende eines von vornherein befristeten Arbeitsverhältnisses wegen Fristablaufs in der Regel nicht vom persönlichen Willen des Arbeitnehmers abhänge. Daher sei im Ausgangsverfahren die Bf. unfreiwillig arbeitslos.

[40] Allerdings enthielten die Akten keinen Hinweis darauf, dass es die Lage am Arbeitsmarkt gewesen sei, die die Bf. zu einer beruflichen Umschulung in einem anderen Berufszweig als dem, in dem sie zuvor beschäftigt gewesen sei, gezwungen habe. Daher habe die Bf. ihre Arbeitnehmereigenschaft i.S. von Art. 48 EGV verloren.

[41] Einleitend ist festzustellen, dass es Sache des vorlegenden Gerichts ist, die erforderlichen tatsächlichen Prüfungen vorzunehmen, um entsprechend der in den Randnummern 34 bis 36 dieses Urteils angeführten Rechtsprechung zu bestimmen, ob eine Kontinuität zwischen der von der Bf. zunächst ausgeübten unselbständigen Tätigkeit und ihrem anschließenden Studium besteht und ob sie unfreiwillig arbeitslos war und durch die Lage auf dem Arbeitsmarkt zu einer Umschulung gezwungen wurde oder ob sie die genannte Tätigkeit nur in der Absicht ausübte, im Aufnahmemitgliedstaat in den Genuss einer Förderung für Studenten zu kommen.

[42] Allerdings ist insoweit darauf zu verweisen, dass allein aus dem Umstand, dass ein Arbeitsvertrag von vornherein als befristeter Vertrag geschlossen wird, nicht (S. I-13234) zwingend geschlossen werden darf, dass der in Rede stehende Arbeitnehmer bei Vertragsablauf automatisch freiwillig arbeitslos ist.

[43] Zwar ist nämlich ein Arbeitsvertrag normalerweise das Ergebnis von Verhandlungen, doch sind gleichwohl die Fälle, in denen der Arbeitnehmer keinerlei Einfluss auf die Dauer und die Art des mit einem Arbeitgeber zu schließenden Arbeitsvertrags hat, nicht selten. Wie der Generalanwalt in den Nummern 53 und 54 seiner Schlussanträge ausgeführt hat, wird vielmehr in bestimmten Berufszweigen viel mit befristeten Arbeitsverträgen gearbeitet, und zwar aus verschiedenen Gründen wie dem saisonalen Charakter der Arbeit, der Konjunkturempfindlichkeit des fraglichen Marktes oder der fehlenden Flexibilität des nationalen Arbeitsrechts.

[44] Bei seiner Prüfung, ob die Bf. freiwillig oder unfreiwillig arbeitslos war, kann das vorlegende Gericht demnach u.a. Umstände

wie die Gepflogenheiten in dem Sektor der fraglichen Wirtschaftstätigkeit, die Möglichkeiten, in diesem Sektor eine nicht befristete Beschäftigung zu finden, ein bestehendes Interesse, nur ein befristetes Arbeitsverhältnis einzugehen, oder die Existenz von Verlängerungsmöglichkeiten des Arbeitsvertrags berücksichtigen.

[45] Dagegen sind die von dem vorlegenden Gericht erwähnten Umstände, nämlich der Erwerb eines zur Aufnahme eines Universitätsstudiums im Aufnahmemitgliedstaat befähigenden Abschlusses durch die Betroffene unmittelbar nach dem Ende ihres Arbeitsvertrags, die Suche nach einer neuen Beschäftigung umgehend nach dem Ende des Arbeitsverhältnisses sowie die Art und das Niveau der gesuchten neuen Beschäftigung, nicht unbedingt von Belang. Denn solche Umstände können sowohl den Fall einer unfreiwilligen als auch den einer freiwilligen Arbeitslosigkeit der Bf. kennzeichnen.

(S. I-13235) [46] Diese Umstände könnten allerdings für die Prüfung der Frage von Bedeutung sein, ob die Bf. im vorliegenden Fall eine unselbständige Tätigkeit von kurzer Dauer nur in der Absicht ausgeübt hat, im Aufnahmemitgliedstaat in den Genuss einer Förderung für Studenten zu kommen.

[47] Im Übrigen ist zu ergänzen, dass im Rahmen dieser Prüfung auch zu berücksichtigen ist, dass sich die Bf. zum einen offenbar nicht nur in der Absicht in den Aufnahmemitgliedstaat begeben hat, dort in den Genuss der Förderung für Studenten zu kommen, sondern um dort mit ihrem Ehemann, der Staatsangehöriger dieses Staates ist, zu leben, und dass sie sich zum anderen rechtmäßig dort aufhält.

[48] Angesichts aller vorstehenden Erwägungen ist auf die zweite Frage zu antworten, dass ein Gemeinschaftsbürger wie die Bf., sofern er Wanderarbeitnehmer i.S. von Art. 48 EGV ist, nicht unbedingt allein deshalb im Sinne der Rechtsprechung des Gerichtshofs freiwillig arbeitslos ist, weil sein von vornherein befristeter Arbeitsvertrag endet.

**181    Rs. 39/86 (Lair ∕ Universität Hannover),**
**Urteil des Gerichtshofes vom 21. 06. 1988 – Slg. 1988, S. 3161.**

**Vorbemerkungen:** *Eine Unterbrechung der Berufstätigkeit beendet nicht zwangsläufig die Arbeitnehmereigenschaft im Sinne des Art. 39 EG. Bei einer beruflichen Weiterqualifikation bzw. Umorientierung aufgrund von Arbeitslosigkeit gewährt sekundäres Gemeinschafts-*

*recht dieselben sozialen Vergünstigungen, die Einheimischen zuste-
hen. Hiervon ausgenommen sind Missbrauchsfälle.*

**Sachverhalt:** Frau Lair wurde für ein Studium der Romanistik und Ger-
manistik in Deutschland kein BAföG gewährt. Sie ist der Ansicht, dass sie
aufgrund ihrer vorangegangenen Beschäftigungsverhältnisse in Deutschland dieselben Ansprüche auf Studienunterstützung hat wie ihre deutschen
Kommilitonen. Der Gerichtshof entschied im Rahmen eines Vorabentscheidungsverfahrens, dass ein Anspruch besteht, wenn zwischen der früheren
Berufstätigkeit und dem betreffenden Studium ein Zusammenhang besteht.

## Aus den Entscheidungsgründen:

(S. 3196) [19] Ein Arbeitnehmer, der Staatsangehöriger eines Mitgliedstaats ist und diese Grundfreiheit in Anspruch genommen hat,
genießt nach Artikel 7 Absatz 2 der Verordnung Nr. 1612/68 im Aufnahmemitgliedstaat „die gleichen sozialen ... Vergünstigungen wie
die inländischen Arbeitnehmer".

[20] Zu den „sozialen Vergünstigungen" gehören neben dem spezifischen in Artikel 7 Absatz 1 dieser Verordnung genannten Recht,
nämlich dem Recht, hinsichtlich der Beschäftigungs- und Arbeitsbedingungen, insbesondere im Hinblick auf berufliche Wiedereinglie-
derung oder Wiedereinstellung, nicht anders behandelt zu werden als
die inländischen Arbeitnehmer, alle sonstigen Vergünstigungen, die
dem Wanderarbeitnehmer entsprechend der dritten Begründungserwägung der Verordnung, die Möglichkeit einer Verbesserung der
Lebens- und Arbeitsbedingungen garantieren und damit auch seinen
sozialen Aufstieg erleichtern.

(...)

(S. 3199) [31] Wenn auch der Wortlaut dieser Vorschriften keine
ausdrückliche Antwort auf diese Frage gibt, so enthält das Gemeinschaftsrecht gleichwohl Anhaltspunkte dafür, daß die den Wanderarbeitnehmern garantierten Rechte nicht unbedingt vom Bestehen oder
vom Fortbestehen eines Arbeitsverhältnisses abhängen.

[32] Was die Staatsangehörigen eines anderen Mitgliedstaats angeht, die im Aufnahmestaat noch kein Arbeitsverhältnis eingegangen
sind, ist zunächst darauf hinzuweisen, daß Artikel 48 Absatz 3 Buchstaben a und b EWG-Vertrag ihnen das Recht garantiert, sich um tatsächlich angebotene Stellen zu bewerben und sich zu diesem Zweck
im Hoheitsgebiet der Mitgliedstaaten frei zu bewegen. Diese Bestimmungen sind mit Titel I des Ersten Teils der Verordnung Nr. 1612/68
durchgeführt worden.

(...)

(S. 3200) [35] Ferner ist darauf hinzuweisen, daß Artikel 7 Absatz 3 der Verordnung Nr. 1612/68 den Wanderarbeitnehmern garantiert, daß sie mit dem gleichen Recht und unter den gleichen Bedingungen wie die inländischen Arbeitnehmer Berufsschulen und Umschulungszentren in Anspruch nehmen können. Dieses vom Gemeinschaftsrecht garantierte Recht auf eine besondere Ausbildung hängt nicht vom Fortbestehen eines Arbeitsverhältnisses ab.

[36] Daher ist festzustellen, daß bestimmte mit der Arbeitnehmereigenschaft zusammenhängende Rechte den Wanderarbeitnehmern auch dann garantiert sind, wenn diese nicht in einem Arbeitsverhältnis stehen.

[37] Im Bereich der Hochschulausbildungsförderung setzt ein solcher Zusammenhang zwischen der Arbeitnehmereigenschaft und einer Förderung, die für den Lebensunterhalt und die Ausbildung zur Durchführung eines Hochschulstudiums gewährt wird, jedoch eine Kontinuität zwischen der zuvor ausgeübten Berufstätigkeit und dem aufgenommenen Studium in dem Sinne voraus, daß zwischen dem Gegenstand des Studiums und der früheren Berufstätigkeit ein Zusammenhang bestehen muß. Eine solche Kontinuität kann allerdings nicht verlangt werden im Falle eines Wanderarbeitnehmers, der unfreiwillig arbeitslos geworden ist und den die Lage auf dem Arbeitsmarkt zu einer beruflichen Umschulung in einem anderen Berufszweig zwingt.

(...)

(S. 3201) [43] Soweit das Vorbringen der drei genannten Mitgliedstaaten von der Sorge bestimmt ist, gewissen Mißbräuchen vorzubeugen, von denen etwa dann die Rede sein könnte, wenn sich anhand objektiver Merkmale nachweisen ließe, daß sich ein Arbeitnehmer nur in der Absicht in einen Mitgliedstaat begibt, dort nach einer sehr kurzen Berufstätigkeit eine Förderung für Studenten in Anspruch zu nehmen, ist festzustellen, daß solche Mißbräuche durch die in Rede stehenden gemeinschaftsrechtlichen Bestimmungen nicht gedeckt sind.

## 3. Grenzüberschreitender Bezug

**Rs. C–332/90 („Steen I"),**                                    **182**
**Urteil des Gerichtshofes vom 28. 01. 1992 – Slg. 1992, S. I-341.**

**Vorbemerkungen:** *Sofern ein Arbeitnehmer von seinem Freizügigkeitsrecht Gebrauch gemacht hat, kann dieser unter Umständen auch
gegenüber seinem eigenen Mitgliedstaat Ansprüche aus Art. 39 EG ableiten. Bei rein internen Sachverhalten ist diese Möglichkeit hingegen
ausgeschlossen, was zu einer Schlechterstellung der Inländer führen
kann. Die Inländerdiskriminierung verstößt nicht gegen Gemeinschaftsrecht.*

**Sachverhalt:** Anders als deutsche Beschäftigte konnten ausländische Arbeitnehmer nach ihrer Ausbildung bei der Deutschen Bundespost zwischen
einer Beschäftigung als Beamter oder Angestellter wählen. Der Deutsche
Volker Steen, dem eine Beschäftigung im Angestelltenverhältnis mit höheren Nettobezügen verwehrt war, fühlte sich hierdurch diskriminiert und
machte eine Verletzung auch von Gemeinschaftsrecht geltend. Der Gerichtshof entschied im Rahmen eines Vorabentscheidungsverfahrens.

### Aus den Entscheidungsgründen:

(S. I-356) [9] Ein Problem der Nichtdiskriminierung im Sinne von
Artikel 48 EWG-Vertrag stellt sich jedoch nur hinsichtlich der Haltung
eines Mitgliedstaats gegenüber Arbeitnehmern anderer Mitgliedstaaten, die im erstgenannten Staat arbeiten wollen. (S. I-357) Nach ständiger Rechtsprechung (siehe zuletzt Urteil vom 23. April 1991 in der
Rechtssache 41/90, Höfner und Elser, Slg. 1991, I–1979, Randnr. 37)
sind die Vertragsbestimmungen über die Freizügigkeit nicht auf Betätigungen anwendbar, deren Elemente sämtlich nicht über die Grenzen
eines Mitgliedstaats hinausweisen; ob dies der Fall ist, hängt von tatsächlichen Feststellungen ab, die das innerstaatliche Gericht zu treffen hat.

[10] Nach den vom vorlegenden Gericht in seinem Vorlagebeschluß
getroffenen Feststellungen betrifft das Ausgangsverfahren jedoch einen Rechtsstreit zwischen der Deutschen Bundespost und einem deutschen Staatsangehörigen, der niemals das Recht auf Freizügigkeit innerhalb der Gemeinschaft ausgeübt hat, über die Einstellung auf einen
Dienstposten in der Bundesrepublik Deutschland.

[11] Ein solcher Sachverhalt bietet nichts, was sich mit einer der vom Gemeinschaftsrecht erfaßten Fallgestaltungen auf dem Gebiet der Freizügigkeit der Arbeitnehmer in Verbindung bringen ließe.

[12] Auf die Vorlagefragen ist daher zu antworten, daß sich ein Staatsangehöriger eines Mitgliedstaats, der niemals das Recht auf Freizügigkeit innerhalb der Gemeinschaft ausgeübt hat, im Hinblick auf einen rein internen Sachverhalt nicht auf die Artikel 7 und 48 EWG-Vertrag berufen kann.

## 4. Beschäftigung in der öffentlichen Verwaltung

**183   Rs. 66/85 (Lawrie-Blum ⁄ Land Baden-Württemberg), Urteil des Gerichtshofes vom 03. 07. 1986 – Slg. 1986, S. 2121.**

*Vorbemerkungen: Arbeitnehmer im Sinne des Art. 39 EG sind auch im Beamtenrechtsverhältnis beschäftigte Studienreferendare (vgl. auch Fall 195). Der Begriff der öffentlichen Verwaltung im Sinne des Art. 39 Abs. 4 EG ist ein gemeinschaftsrechtlicher Begriff, der in einem engeren Sinne zu verstehen ist als der durch das jeweilige nationale Dienstrecht definierte.*

**Sachverhalt:** Die britische Staatsangehörige Debora Lawrie-Blum wurde nach Abschluss des ersten Examens in Deutschland nicht zum Vorbereitungsdienst für Lehrer zugelassen, da das nationale Recht vorsieht, dass in das Beamtenverhältnis nur Deutsche berufen werden können. Der Gerichtshof entschied im Rahmen eines Vorabentscheidungsverfahrens über die Vereinbarkeit der deutschen Regelung mit Art. 39 EG. Danach sind auch Referendare als Arbeitnehmer anzusehen und der Vorbereitungsdienst für das Lehramt fällt nicht unter den Begriff der öffentlichen Verwaltung nach Art. 39 Abs. 4 EG.

**Aus den Entscheidungsgründen:**

(S. 2144) [16] Da die Freizügigkeit der Arbeitnehmer eines der Grundprinzipien der Gemeinschaft ist, kann der Begriff des Arbeitnehmers im Sinne von Artikel 48 nicht je nach dem nationalen Recht unterschiedlich ausgelegt werden, sondern er hat eine gemeinschaftsrechtliche Bedeutung. Der gemeinschaftsrechtliche Begriff des Arbeitnehmers ist, da er den Anwendungsbereich dieser Grundfreiheit festlegt, weit auszulegen (Urteil vom 23. März 1982 in der Rechtssache 53/81, Levin, Slg. 1982, 1035).

[17] Dieser Begriff ist anhand objektiver Kriterien zu definieren, die das Arbeitsverhältnis im Hinblick auf die Rechte und Pflichten der betroffenen Personen kennzeichnen. Das wesentliche Merkmal des Arbeitsverhältnisses besteht aber darin, daß jemand während einer bestimmten Zeit für einen anderen nach dessen Weisung Leistungen erbringt, für die er als Gegenleistung eine Vergütung erhält.

[18] Im vorliegenden Fall steht fest, daß der Studienreferendar während der gesamten Dauer des Vorbereitungsdienstes der Weisung und der Aufsicht der Schule, der er zugewiesen ist, untersteht, die ihm die zu erbringenden Leistungen und die Arbeitszeiten vorschreibt, deren Anweisungen er auszuführen und deren Vorschriften er einzuhalten hat. Während eines wesentlichen Teils des Vorbereitungsdienstes hat er den Schülern Unterricht zu erteilen und erbringt damit zugunsten der Schule Dienstleistungen, die einen gewissen wirtschaftlichen Wert haben. Die Beträge, die er erhält, können als Vergütung angesehen werden, die eine Gegenleistung für die erbrachten Dienstleistungen und die Verpflichtungen, die die Ableistung des Vorbereitungsdienstes für ihn mit sich bringt, darstellt. Somit ist festzustellen, daß die drei Kriterien für das Bestehen eines Arbeitsverhältnisses im vorliegenden Fall erfüllt sind.

(S. 2145) [19] Der Umstand, daß der pädagogische Vorbereitungsdienst, ebenso wie die Lehrzeiten bei anderen Berufen, als eine mit der eigentlichen Ausübung des Berufes verbundene praktische Vorbereitung angesehen werden kann, verhindert die Anwendung des Artikels 48 Absatz 1 nicht, wenn dieser Dienst unter den Bedingungen einer Tätigkeit im Lohn- oder Gehaltsverhältnis abgeleistet wird.

[20] Es läßt sich auch nicht einwenden, die im Rahmen des Schulwesens erbrachten Leistungen fielen nicht in den Geltungsbereich des EWG-Vertrags, da sie nicht wirtschaftlicher Natur seien. Für die Anwendung des Artikels 48 ist nämlich nur erforderlich, daß die Tätigkeit den Charakter einer entgeltlichen Arbeitsleistung hat, unabhängig davon, in welchem Bereich sie erbracht wird (siehe Urteil vom 12. Dezember 1974, Rechtssache 36/74, Walrave, Slg. 1974, 1405). Die wirtschaftliche Natur dieser Tätigkeiten kann auch nicht deshalb verneint werden, weil sie in einem öffentlich-rechtlichen Status ausgeübt werden; denn wie der Gerichtshof in seinem Urteil vom 12. Februar 1974 in der Rechtssache 152/73 (Sotgiu, Slg. 1974, 153) ausgeführt hat, ist die Art des Rechtsverhältnisses zwischen Arbeitnehmer und Arbeitgeber – öffentlich-rechtlicher Status oder privatrechtlicher Vertrag – für die Anwendung des Artikels 48 unerheblich

(...)

(S. 2146) [23] Die Klägerin des Ausgangsverfahrens trägt vor, nach der Rechtsprechung falle eine Tätigkeit nur dann unter den Vorbehalt des Artikels 48 Absatz 4, wenn sie die Ausübung hoheitlicher Befugnisse mit sich bringe und zur Wahrung der allgemeinen Belange des Staates beitrage. Die Tätigkeit des Lehrers und erst recht die des Studienreferendars sei jedoch nicht mit der Ausübung hoheitlicher Befugnisse verbunden.

(...)

[26] Für die Entscheidung dieser Frage ist darauf hinzuweisen, daß Artikel 48 Absatz 4 als Ausnahme vom Grundprinzip der Freizügigkeit und der Nichtdiskriminierung der Arbeitnehmer in der Gemeinschaft so auszulegen ist, daß sich seine Tragweite auf das beschränkt, was zur Wahrung der Interessen, die diese Bestimmung den Mitgliedstaaten zu schützen erlaubt, unbedingt erforderlich ist. Wie der Gerichtshof in seinem Urteil vom 3. Juni 1986 in der Rechtssache 307/84 (Kommission/Frankreich, Slg. 1986, 1725) ausgeführt hat, kann der Zugang zu einigen Stellen nicht deshalb eingeschränkt werden, weil in einem bestimmten Mitgliedstaat die Personen, die diese Stellen annehmen können, in das Beamtenverhältnis berufen werden. Würde man nämlich die Anwendung des Artikels 48 Absatz 4 von der Rechtsnatur des Verhältnisses zwischen dem Arbeitnehmer und der Verwaltung abhängig machen, so gäbe man damit den Mitgliedstaaten die Möglichkeit, nach Belieben die Stellen zu bestimmen, die unter diese Ausnahmebestimmung fallen.

(S. 2147) [27] Wie der Gerichtshof bereits in seinen Urteilen vom 17. Dezember 1980 in der Rechtssache 149/79 (Kommission/Belgien, Slg. 1980, 3881) und vom 26. Mai 1982 in der Rechtssache 149/79 (Kommission/Belgien, Slg. 1982, 1845) ausgeführt hat, sind unter der Beschäftigung in der öffentlichen Verwaltung im Sinne von Artikel 48 Absatz 4, die vom Geltungsbereich der Absätze 1 bis 3 dieses Artikels ausgenommen ist, diejenigen Stellen zu verstehen, die eine unmittelbare oder mittelbare Teilnahme an der Ausübung hoheitlicher Befugnisse und an der Wahrnehmung solcher Aufgaben mit sich bringen, die auf die Wahrung der allgemeinen Belange des Staates oder anderer öffentlicher Körperschaften gerichtet sind und die deshalb ein Verhältnis besonderer Verbundenheit des jeweiligen Stelleninhabers zum Staat sowie die Gegenseitigkeit von Rechten und Pflichten voraussetzen, die dem Staatsangehörigkeitsband zugrunde liegen. Ausgenommen sind nur die Stellen, die in Anbetracht der mit ihnen verbundenen Aufgaben und Verantwortlichkeiten die Merkmale der spezifischen Tätigkeiten der Verwaltung auf den genannten Gebieten aufweisen können.

[28] Diese sehr engen Voraussetzungen sind im Falle des Studien-referendars nicht erfüllt, auch wenn er tatsächlich die vom Beklagten des Ausgangsverfahrens erwähnten Entscheidungen trifft.

## 5. Begünstigte

**Rs. C-189/00 (Ruhr),**                                          **184**
**Urteil des Gerichtshofes vom 25. 10. 2001 – Slg. 2001, S. I-8225.**

**Vorbemerkungen:** *Der Gerichtshof musste sich in dieser Entscheidung mit der Frage nach dem Begriff des Wanderarbeitnehmers und dem Begriff des Angehörigen eines Wanderarbeitnehmers befassen. Eine polnische Staatsangehörige hatte einen Deutschen geheiratet und mit ihm in Deutschland gelebt. Sie arbeitete einige Zeit in Luxemburg und beantragte später in Deutschland Arbeitslosengeld. Dieses wurde ihr mit der Begründung verwehrt, sie sei keine Wanderarbeitnehmerin oder Angehörige eines Wanderarbeitnehmers i.S.d. Verordnung 1408/71. Der Gerichtshof bestätigte die Auffassung des Bundesanstalt für Arbeit, da sie aufgrund ihrer Staatsangehörige nicht Wanderarbeitnehmerin ist und auch nicht Angehörige eines Wanderarbeitnehmers, da ihr Ehemann über die gesamte Zeit in Deutschland arbeitete.*

**Sachverhalt:** Frau Ruhr (Klägerin) ist polnische Staatsangehörige und mit einem Deutschen verheiratet. Sie lebt in Deutschland. Anderthalb Jahre war sie in Luxemburg berufstätig und möchte nunmehr in Deutschland Arbeitslosengeld erhalten. Ihr entsprechender Antrag wurde von der Bundesanstalt für Arbeit (Beklagte) abgelehnt. Der EuGH, der im Rahmen eines Vorabentscheidungsverfahrens über die Auslegung von Art. 2 I VO (EWG) Nr. 1408/71 entschied, sah keine Möglichkeit, ihr das Arbeitslosengeld zu gewähren, da sie einerseits wegen ihrer Staatsangehörigkeit nicht Arbeitnehmerin i.s. der maßgeblichen Verordnung ist, andererseits keine Familienangehörige eines Wanderarbeitnehmers ist.

## Aus den Entscheidungsgründen:

(S. I-8251) [19] Artikel 2 Absatz 1 der Verordnung Nr. 1408/71, der den persönlichen Geltungsbereich der Verordnung festlegt, behandelt zwei deutlich unterschiedene Personengruppen: die Arbeitnehmer auf der einen und ihre Familienangehörigen und Hinterbliebenen auf der anderen Seite. Erstere fallen unter die Verordnung, wenn sie Angehörige eines Mitgliedstaats oder in einem Mitgliedstaat ansässige Staatenlose oder Flüchtlinge sind; dagegen hängt die Anwendbarkeit der Verordnung auf Familienangehörige oder Hinterbliebene von Arbeitnehmern, die Gemeinschaftsangehörige sind, nicht von deren Staatsangehörigkeit ab (Urteil Cabanis-Issarte, Randnr. 21).

[20] Wegen ihrer polnischen Staatsangehörigkeit gehört die Klägerin zweifellos nicht zur ersten der beiden in Artikel 2 Absatz 1 der Verordnung Nr. 1408/71 behandelten Personengruppen. Als Ehefrau des Angehörigen eines Mitgliedstaats könnte sie in die zweite Gruppe fallen, wenn feststünde, dass ihr Ehemann die Definition des Arbeitnehmers im Sinne der Verordnung Nr. 1408/71 erfüllt.

(…)

(S. I-8252) [23] Der Frage, ob das eigene Recht des Arbeitnehmers auf Freizügigkeit in der Gemeinschaft durch die Begrenzung der persönlichen Anwendbarkeit der Verordnung Nr. 1408/71 auf Familienangehörige eines Arbeitnehmers beeinträchtigt sein kann, fehlt offenkundig jeglicher Bezug zum Sachverhalt des Ausgangsrechtsstreits. Aus den Akten ergibt sich nämlich, dass der Ehemann der Klägerin, der deutscher Staatsangehöriger ist und in Deutschland wohnt, von der ihm nach Artikel 39 EG-Vertrag zustehenden Freizügigkeit keinen Gebrauch gemacht hat. Außerdem wäre die Rechtslage der Klägerin in Bezug auf die persönliche Anwendbarkeit der Verordnung Nr. 1408/71 selbst dann keine andere, wenn man davon ausgehen würde, dass ihr Ehemann von dieser Freiheit innerhalb der Gemeinschaft Gebrauch gemacht hätte. Somit ist festzustellen, dass die vom Gerichtshof vorgenommene Auslegung des Artikels 2 Absatz 1 der Verordnung Nr. 1408/71 als solche keine Auswirkung auf die Entscheidung des Arbeitnehmers hat, sein Recht auf Freizügigkeit auszuüben oder nicht.

**185    Rs. C-255/99 (Humer),**
**Urteil des Gerichtshofes vom 05. 02. 2002 – Slg. 2002, S. I-1205.**

**Vorbemerkungen:** *Anders als in dem Fall Ruhr (Fall 184) liegt das Problem hier in der Voraussetzung des gewöhnlichen Aufenthalts im Inland für die Gewährung von Unterhaltsvorschüssen in Österreich. Frau Humer ist österreichische Staatsangehörige, sie zog nach der Scheidung ihrer Eltern mit ihrer Mutter nach Frankreich. Da ihr der*

*Vater keinen Unterhalt zahlte, beantragte sie in Österreich einen Un-*
*terhaltsvorschuss, der ihr aber mit der Begründung versagt wurde,*
*dass sich ihr Wohnsitz nicht im Inland befände. Der Gerichtshof sah in*
*dieser Voraussetzung einen Verstoß gegen die Verordnung Nr. 1408/71.*
*Das Kind eines Wanderarbeitnehmers gilt als Familienangehöriger*
*i.S.d. Art. 2 I i.V.m. Art. 1 lit. f Nr. i der Verordnung. Ihm steht, soweit*
*einer der Elternteile in dem Mitgliedstaat arbeitet oder arbeitslos ge-*
*meldet ist, in dem die Leistung gewährt wird, die soziale Leistung des*
*Mitgliedstaates zu.*

**Sachverhalt:** Die minderjährige Klägerin Hummer, vertreten durch ihre
Mutter, ist ebenso wie ihre geschiedenen Eltern österreichische Staatsangehörige. Sie und ihre Mutter zogen nach Frankreich. Der Vater kam den
Unterhaltszahlungen für die Tochter nicht nach. Die Mutter beantragte für
ihre Tochter beim österreichischen Staat die Gewährung von Unterhaltsvorschüssen, die wegen des französischen Wohnsitzes abgelehnt wurden.
Der EuGH hat im Vorabentscheidungsverfahren die Voraussetzung des
gewöhnlichen Aufenthalts im Inland für mit der Verordnung Nr. 1408/71
unvereinbar erklärt.

### Aus den Entscheidungsgründen:

(S. I-1252) [35] Zur Beantwortung dieser Frage ist zu prüfen, ob ein
solches Kind ein Familienangehöriger des Arbeitnehmers oder Selbständigen im Sinne von Artikel 2 in Verbindung mit Art. 1 Buchstabe
f Ziffer 1 der Verordnung Nr. 1408/71 ist.

(S. I-1253) [36] Vorliegend ergibt sich aus den Randnummern 20
bis 22 dieses Urteils, dass sowohl der Vater als auch die Mutter der
Antragstellerin entweder als Arbeitnehmer beschäftigt oder arbeitslos waren, als diese den Unterhaltsvorschuss beantragte. Außerdem
ist unstreitig, dass die Antragstellerin zum entscheidungserheblichen
Zeitpunkt im Verhältnis zu beiden Elternteilen Familienangehörige
war.

[37] Ein Kind in der Situation der Antragstellerin fällt demnach in
den persönlichen Geltungsbereich der Verordnung Nr. 1408/71.

Zum Recht eines minderjährigen Kindes in der Situation der
Antragstellerin, aufgrund der Artikel 73 und 74 der Verordnung
Nr. 1408/71 einen Unterhaltsvorschuss zu beantragen

[38] Das vorlegende Gericht möchte drittens in Erfahrung bringen,
ob die Artikel 73 und 74 der Verordnung Nr. 1408/71 so auszulegen
sind, dass sie einem minderjährigen Kind in der Situation der Antrag-

stellerin einen Anspruch auf einen Unterhaltungsvorschuss nach einer Regelung wie dem UVG gewähren.

[39] Der Zweck der Artikel 73 und 74 der Verordnung Nr. 1408/71 besteht darin, zugunsten der Familienangehörigen, die in einem anderen als dem zuständigen Mitgliedstaat wohnen, die Gewährung der nach den anwendbaren Rechtsvorschriften vorgesehenen Familienleistungen sicherzustellen (vgl. zu Artikel 73 der Verordnung Nr. 1408/71 Urteil vom 10. Oktober 1996 in den Rechtssachen C-245/94 und C-312/94, Hoever und Zachow, Slg. 1996, I-4895, Randnr. 32).

[40] Durch diese Bestimmungen soll insbesondere verhindert werden, dass ein Mitgliedstaat die Gewährung oder die Höhe von Familienleistungen davon abhängig (S. I-1254) machen kann, dass die Familienangehörigen des Arbeitnehmers in dem die Leistungen erbringenden Mitgliedstaat wohnen; auf diese Weise soll verhindert werden, dass EG-Arbeitnehmer davon abgehalten werden, von ihrem Recht auf Freizügigkeit Gebrauch zu machen (vgl. insbesondere Urteile vom 22. Februar 1990 in der Rechtssache C-12/89, Gatto, Slg. 1990, I-557, abgekürzte Veröffentlichung, und Hoever und Zachow, Randnr. 34).

(…)

[43] Die Scheidung hat nämlich regelmäßig zur Folge, dass die Kindesobsorge einem der beiden Elternteile übertragen wird, bei dem das Kind dann seinen gewöhnlichen Aufenthalt hat. Es kann jedoch aus unterschiedlichen Gründen, wie etwa als Folge der Scheidung, dazu kommen, dass der Elternteil, dem die Kindesobsorge zukommt, seinen Herkunftsmitgliedstaat verlässt und sich in einem anderen Mitgliedstaat niederlässt, um dort zu arbeiten. In einem solchen Fall wird auch der gewöhnliche Aufenthalt des minderjährigen Kindes in diesen anderen Mitgliedstaat verlegt.

[44] Im Ausgangsverfahren hätte die Antragstellerin unstreitig einen Anspruch auf Unterhaltsvorschuss gehabt, wenn sie ihren gewöhnlichen Aufenthalt in Österreich beibehalten hätte. Der einzige Grund für die Versagung dieses Vorschusses bestand darin, dass ihre Mutter, der die Kindesobsorge zukommt, von ihrem Freizügigkeitsrecht Gebrauch machte, so dass der nach dem UVG erforderliche gewöhnliche Aufenthalt im Inland nicht mehr gegeben war.

**Rs. C-350/96 (Clean Car Autoservice),**   **186**
**Urteil des Gerichtshofes vom 07. 05. 1998 – Slg. 1998, S. I-2521.**

**Vorbemerkungen:** *In dieser Entscheidung stellt der Gerichtshof fest, dass die Arbeitnehmerfreizügigkeit nicht nur Arbeitnehmer begünstigt, sondern auch Arbeitgeber. Der in Art. 39 Abs. 2 EG verankerte Grundsatz der Gleichbehandlung verbietet nicht nur offene Diskriminierungen aufgrund der Staatsangehörigkeit, sondern auch alle verschleierten Formen der Diskriminierung, die bei Anwendung anderer Merkmale tatsächlich zu demselben Ergebnis führen. Eine mitgliedstaatliche Regelung, die es verbietet, einen Geschäftsführer einzustellen, der keinen Wohnsitz in diesem Mitgliedstaat hat, verstößt gegen Art. 39 Abs. 2 EG. Eine Rechtfertigung aus Gründen des Gemeinwohls verneint der Gerichtshof, er geht dabei nicht ausdrücklich auf die Cassis-Formel ein, sondern prüft, ob die Regelung aufgrund von „objektiven Erwägungen" gerechtfertigt ist.*

**Sachverhalt:** Die Clean Car Autoservice GmbH, eine Gesellschaft österreichischen Rechts mit Sitz in Wien, meldete beim Landeshauptmann von Wien die Ausübung eines Gewerbes an. Die Anmeldung wurde vom Landeshauptmann mit der Begründung zurückgewiesen, die Gesellschaft habe einen Geschäftsführer bestellt, der nicht in Österreich wohne. In dieser Zurückweisung sah der Gerichtshof einen Verstoß gegen Art. 39 EG.

### Aus den Entscheidungsgründen:

(S. I-2544) [18] Artikel 48 Absatz 1 enthält die allgemeine Aussage, daß innerhalb der Gemeinschaft die Freizügigkeit der Arbeitnehmer hergestellt wird. Nach Artikel 48 Absätze 2 und 3 umfaßt diese die Abschaffung jeder auf der Staatsangehörigkeit beruhenden unterschiedlichen Behandlung der Arbeitnehmer der Mitgliedstaaten in bezug auf Beschäftigung, Entlohnung und sonstige Arbeitsbedingungen und gibt – vorbehaltlich der aus Gründen der öffentlichen Ordnung, Sicherheit und Gesundheit gerechtfertigten Beschränkungen – den Arbeitnehmern das Recht, sich um tatsächlich angebotene Stellen zu bewerben, sich zu diesem Zweck im Hoheitsgebiet der Mitgliedstaaten frei zu bewegen, sich dort aufzuhalten, um unter den gleichen Bedingungen wie Staatsangehörige des betreffenden Mitgliedstaats eine Beschäftigung auszuüben, und nach deren Beendigung dort zu verbleiben.

(S. I-2545) [19] Diese Rechte stehen zweifellos den unmittelbar genannten Personen, den Arbeitnehmern, zu. Andererseits ist Artikel 48 kein Hinweis darauf zu entnehmen, daß sich nicht auch andere Personen, insbesondere Arbeitgeber, auf sie berufen könnten.

[20] Zudem kann das Recht der Arbeitnehmer, bei Einstellung und Beschäftigung nicht diskriminiert zu werden, nur dann seine volle Wirkung entfalten, wenn die Arbeitgeber ein entsprechendes Recht darauf haben, Arbeitnehmer nach Maßgabe der Bestimmungen über die Freizügigkeit einstellen zu können.

(...)

(S. I-2546) [27] Nach ständiger Rechtsprechung verbietet der Grundsatz der Gleichbehandlung nicht nur offene Diskriminierungen aufgrund der Staatsangehörigkeit, sondern auch alle verdeckten Formen der Diskriminierung, die mit Hilfe der Anwendung anderer Unterscheidungsmerkmale tatsächlich zu demselben Ergebnis führen (vgl. u.a. Urteil vom 12. Juni 1997 in der Rechtssache C-266/95, Merino García, Slg. 1997, I-3279, Randnr. 33).

(...)

(S. I-2547) [30] Somit kann es eine mittelbare Diskriminierung aufgrund der Staatsangehörigkeit und damit einen Verstoß gegen Artikel 48 Absatz 2 EG-Vertrag darstellen, daß Angehörige der übrigen Mitgliedstaaten nur dann als Geschäftsführer eines Gewerbes bestimmt werden können, wenn sie in dem betreffenden Mitgliedstaat wohnen.

[31] Anders verhielte es sich nur, wenn ein solches Wohnsitzerfordernis auf objektiven, von der Staatsangehörigkeit der betroffenen Arbeitnehmer unabhängigen Erwägungen beruhte und in einem angemessenen Verhältnis zu einem legitimen Zweck stünde, den das nationale Recht verfolgte (vgl. in diesem Sinne Urteil vom 15. Januar 1998 in der Rechtssache C-15/96, Schoening-Kougebetopoulu, Slg. 1998, I-0000, Randnr. 21).

(...)

(S. I-2548) [34] Das Wohnsitzerfordernis ist teils nicht geeignet, die Erreichung dieses Zweckes zu gewährleisten, teils geht es über dasjenige hinaus, was zur Erreichung dieses Zweckes erforderlich ist.

[35] Zum einen bietet es nicht notwendig die Gewähr dafür, daß der Geschäftsführer in der Lage ist, sich im Betrieb entsprechend zu betätigen, wenn er in dem Mitgliedstaat wohnt, in dem das Gewerbe ansässig ist und ausgeübt wird. Ein Geschäftsführer, der in diesem Staat an einem Ort wohnt, der vom Ort des Gewerbebetriebes weit entfernt ist, wird im allgemeinen größere Schwierigkeiten haben, sich im Betrieb entsprechend zu betätigen, als eine Person, die in einem

anderen Mitgliedstaat an einem Ort wohnt, der vom Ort des Gewerbebetriebs nicht weit entfernt ist.

[36] Zum anderen ließe sich durch weniger einschneidende Maßnahmen sicherstellen, daß die Bescheide über die gegen den Geschäftsführer verhängten Geldstrafen (S. I-2549) diesem zugestellt und die Strafen vollstreckt werden. Zu denken wäre etwa an die Zustellung des Strafbescheids am Sitz des Gewerbebetriebs, der den Geschäftsführer beschäftigt, und die Absicherung seiner Zahlung durch die vorherige Stellung einer Sicherheit.

[37] Schließlich sind selbst solche Maßnahmen im Hinblick auf die fraglichen Zwecke nicht gerechtfertigt, wenn die Zustellung des Bescheides über die Geldstrafen, die gegen einen Geschäftsführer mit Wohnsitz in einem anderen Mitgliedstaat verhängt werden, und die Vollstreckung dieser Strafen durch ein völkerrechtliches Abkommen zwischen dem Mitgliedstaat, in dem das Gewerbe ausgeübt wird, und dem Mitgliedstaat des Wohnsitzes des Geschäftsführers gewährleistet sind.

[38] Daraus folgt, daß das streitige Wohnsitzerfordernis eine mittelbare Diskriminierung darstellt.

## 6. Verpflichtete der Arbeitnehmerfreizügigkeit

**Rs. 36/74 (Walrave ⁄ Union Cycliste Internationale u.a.),**   **187**
**Urteil des Gerichtshofes vom 12. 12. 1974 – Slg. 1974, S. 1405.**

**Vorbemerkungen:** *Arbeitnehmer im Sinne des Art. 39 EG können auch Berufssportler sein. Die gemeinschaftsrechtlichen Freizügigkeitsgarantien entfalten Drittwirkung jedenfalls gegenüber Sportverbänden als sog. „intermediären Gewalten“, da anderenfalls die Wirksamkeit und Effektivität dieser Rechte nicht gewährleistet wäre. Dies wurde in der neueren Rechtsprechung des EuGH bestätigt (vgl. hierzu die Bosman-Entscheidung – Fall 193 – und Fall 224 – Deliège). Eine darüber hinausgehende Drittwirkung nahm der EuGH in der Rechtssache Angonese (Fall 188) an.*

**Sachverhalt:** Die Kläger des Ausgangsverfahrens betätigten sich regelmäßig gegen Entgelt bei sogenannten „Steher“-Rennen. Dabei fungierten sie auf Motorrädern als Schrittmacher für Radrennfahrer. Das von der zuständigen internationalen Radsportunion aufgestellte Regelwerk sah vor, dass bei Weltmeisterschaften Schrittmacher und Radrennfahrer derselben Nationalität angehören sollten. Der Gerichtshof entschied im Rahmen eines Vorabentscheidungsverfahrens, ob das Reglement im Widerspruch zum Gemeinschaftsrecht steht und bejahte dies.

## Aus den Entscheidungsgründen:

(S. 1418) [4/10] Angesichts der Ziele der Gemeinschaft unterfallen sportliche Betätigungen nur insoweit dem Gemeinschaftsrecht, als sie einen Teil des Wirtschaftslebens im Sinne von Artikel 2 des Vertrages ausmachen. Läßt sich eine solche Betätigung als entgeltliche Arbeits- oder Dienstleistung kennzeichnen, so gelten für sie, je nach Lage des Einzelfalles, die besonderen Vorschriften der Artikel 48 bis 51 oder 59 bis 66 des Vertrages. Diese Bestimmungen konkretisieren den in Artikel 7 des Vertrages enthaltenen allgemeinen Grundsatz und verbieten bei der Ausübung der in ihnen aufgeführten Tätigkeiten jede auf der Staatsangehörigkeit beruhende unterschiedliche Behandlung. (...). Dieses Verbot spielt (S. 1419) jedoch keine Rolle bei der Aufstellung von Wettkampfmannschaften, etwa in der Form von Nationalmannschaften, da es bei der Bildung dieser Mannschaften um Fragen geht, die ausschließlich von sportlichem Interesse sind und als solche nichts mit wirtschaftlicher Betätigung zu tun haben. (...)

[11] Bei der Beantwortung der Fragen wird dem vorstehend umrissenen beschränkten Geltungsbereich des Gemeinschaftsrechts Rechnung getragen.

[12/13] Die Vorlagefragen haben die Auslegung von Artikel 48, 59 und, hilfsweise, von Artikel 7 des Vertrages zum Gegenstand. Sie betreffen im wesentlichen die Anwendbarkeit der genannten Vorschriften auf Rechtsbeziehungen, die nicht dem öffentlichen Recht zuzurechnen sind, die Festlegung des geographischen Geltungsbereichs im Falle der Anwendung dieser Vorschriften auf Sportregeln, die von einem weltweit tätigen Verband herrühren, sowie die unmittelbare Geltung einiger dieser Vorschriften.

[14/15] Die Hauptfrage geht in jeweiliger Anknüpfung an die genannten Artikel dahin, ob die Bestimmungen des Reglements eines internationalen Sportverbandes unvereinbar mit dem Vertrag sein können. Es ist eingewandt worden, die in diesen Artikeln aufgestellten Verbote beträfen nur Beschränkungen, die auf staatlichen Maßnahmen beruhten, nicht dagegen Beschränkungen, die von Rechtsgeschäften herrührten, deren Urheber Einzelpersonen oder privatrechtliche Vereinigungen seien.

[16/19] Den Artikeln 7, 48 und 59 ist gemeinsam, daß sie in ihrem jeweiligen Geltungsbereich jede auf der Staatsangehörigkeit beruhendc unterschiedliche Behandlung verbieten. Das Verbot der unterschiedlichen Behandlung gilt nicht nur für Akte der staatlichen Behörden, sondern erstreckt sich auch auf sonstige Maßnahmen, die eine kollektive Regelung im Arbeits- und Dienstleistungsbereich enthalten. Denn die Beseitigung der Hindernisse (S. 1420) für den freien Personen- und Dienstleistungsverkehr – eines der in Artikel 3 Buchstabe c des Vertrages aufgeführten wesentlichen Ziele der Gemeinschaft – wäre gefährdet, wenn die Beseitigung der staatlichen Schranken dadurch in ihren Wirkungen wieder aufgehoben würde, daß privatrechtliche Vereinigungen oder Einrichtungen kraft ihrer rechtlichen Autonomie derartige Hindernisse aufrichteten. Da im übrigen die Arbeitsbedingungen je nach Mitgliedstaat einer Regelung durch Gesetze und Verordnungen oder durch Verträge und sonstige Rechtsgeschäfte, die von Privatpersonen geschlossen oder vorgenommen werden, unterliegen, bestünde bei einer Beschränkung auf staatliche Maßnahmen die Gefahr, daß das fragliche Verbot nicht einheitlich angewandt würde.

**Rs. C-281/98 (Angonese),**                                    **188**
**Urteil des Gerichtshofes vom 06. 06. 2000 – Slg. 2000, S. I-4139.**

**Vorbemerkungen:** *In diesem Urteil hat der Gerichtshof seine Rechtsprechung zur Verpflichtung privater Personen aus den Grundfreiheiten fortgeführt. Nachdem er bereits zuvor (Fälle 187, 193) eine Verpflichtung privat geführter Verbände – die aufgrund ihrer Rechtsetzungsmacht für einen bestimmten Lebensbereich als sog. „intermediäre Gewalten" anzusehen sind – aus der Arbeitnehmerfreizügigkeit bejahte, weitet er diese hier auch auf Einstellungsvoraussetzungen privater Arbeitgeber aus. Der Gerichtshof sah in der Einstellungsvoraussetzung einer italienischen Bank, die einen Zweisprachigkeitsnachweis forderte, der nur in der Provinz Bozen erlangt werden kann, eine Diskriminierung der Staatsangehörigen anderer Mitgliedstaaten. Er stellt ausdrücklich fest, dass das Verbot der Diskriminierung von Arbeitnehmern aufgrund ihrer Staatsangehörigkeit auch Privatpersonen verpflichtet. Die Rechtfertigung erfolgt anhand „sachlicher Gründe", da Privatpersonen keine Allgemeininteressen verfolgen. Diese Entwicklung kann im weiteren Verlauf zu einer neuen Effektivität des Gemeinschaftsrechts führen, sie kann aber auch zu weitreichenden Ein-*

*griffen in die grundrechtlich gewährleistete Privatautonomie führen,*
*hier ist die Folgerechtsprechung abzuwarten.*

**Sachverhalt:** Der Kläger ist italienischer Staatsangehöriger deutscher
Muttersprache und hat sein Studium in Österreich absolviert. Er hat sich
um eine Arbeitsstelle bei der beklagten privaten Bank in Bozen beworben.
In der Ausschreibung wurde verlangt, die Zweisprachigkeit (deutsch/ita-
lienisch) mit einem Diplom der öffentlichen Verwaltung in Bozen nachzuweisen. Die Bewerbung des Klägers, der vollkommen zweisprachig ist,
wurde abgewiesen, da er diese Bescheinigung nicht beibrachte. Der gemäß
Art. 234 EG befaßte EuGH sah in der Beschränkung des Nachweises der
Sprachkenntnisse auf eine einzige Bescheinigung, die in einer einzigen
Provinz eines Mitgliedstaats ausgestellt wird, einen Verstoß gegen die Arbeitnehmerfreizügigkeit (Art. 39 EG).

**Aus den Entscheidungsgründen:**

(S. I-4171) [29] Nach Artikel 48 des Vertrages umfaßt die Freizügigkeit der Arbeitnehmer die Abschaffung jeder auf der Staatsangehörigkeit beruhenden unterschiedlichen Behandlung der Arbeitnehmer der Mitgliedstaaten in bezug auf Beschäftigung, Entlohnung und
sonstige Arbeitsbedingungen.

[30] Zunächst ist festzustellen, daß das in Artikel 48 des Vertrages
ausgesprochene Diskriminierungsverbot allgemein formuliert ist und
sich nicht speziell an die Mitgliedstaaten richtet.

(S. I-4172) [31] So hat der Gerichtshof entschieden, daß das Verbot
der auf der Staatsangehörigkeit beruhenden unterschiedlichen Behandlung nicht nur für Akte der staatlichen Behörden gilt, sondern
sich auch auf sonstige Maßnahmen erstreckt, die eine kollektive Regelung im Arbeits- und Dienstleistungsbereich enthalten (vgl. Urteil
vom 12. Dezember 1974 in der Rechtssache 36/74, Walrave, Slg. 1974,
1405, Randnr. 17).

[32] Der Gerichtshof hat nämlich festgestellt, daß die Beseitigung
der Hindernisse für die Freizügigkeit zwischen den Mitgliedstaaten
gefährdet wäre, wenn die Abschaffung der Schranken staatlichen
Ursprungs durch Hindernisse zunichte gemacht werden könnte, die
sich daraus ergeben, daß nicht dem öffentlichen Recht unterliegende
Vereinigungenund Einrichtungen von ihrer rechtlichen Autonomie
Gebrauch machen (vgl. Urteil Walrave, Randnr. 18, und Urteil vom
15. Dezember 1995 in der Rechtssache C-415/93, Bosman, Slg. 1995,
I-4921, Randnr. 83).

[33] Der Gerichtshof hat unterstrichen, daß die Arbeitsbedingungen in den verschiedenen Mitgliedstaaten teilweise durch Gesetze

oder Verordnungen und teilweise durch von Privatpersonen geschlossene Verträge oder sonstige von ihnen vorgenommene Akte geregelt sind und daß eine Beschränkung des Verbots der Diskriminierung aufgrund der Staatsangehörigkeit auf behördliche Maßnahmen zu Ungleichheiten bei seiner Anwendung führen könnte (vgl. Urteile Walrave, Randnr. 19, und Bosman, Randnr. 84).

[34] Auch hat der Gerichtshof entschieden, daß die Tatsache, daß bestimmte Vertragsvorschriften ausdrücklich die Mitgliedstaaten ansprechen, nicht ausschließt, daß zugleich allen an der Einhaltung der so umschriebenen Pflichten interessierten Privatpersonen Rechte verliehen sein können (vgl. Urteil vom 8. April 1976 in der Rechtssache 43/75, Defrenne, Slg. 1976, 455, Randnr. 31). Der Gerichtshof ist daher in bezug auf eine Vertragsvorschrift mit zwingendem Charakter zu dem Ergebnis gelangt, daß das Diskriminierungsverbot auch für alle die abhängige Erwerbstätigkeit kollektiv regelnden Tarifverträge und alle Verträge zwischen Privatpersonen gilt (vgl. Urteil Defrenne, Randnr. 39).

(S. I-4173) [35] Diese Erwägung muß erst recht für Artikel 48 des Vertrages gelten, in dem eine Grundfreiheit formuliert wird und der eine spezifische Anwendung des in Artikel 6 EG Vertrag (nach Änderung jetzt Artikel 12 EG) ausgesprochenen allgemeinen Diskriminierungsverbots darstellt. In diesem Zusammenhang soll er ebenso wie Artikel 119 EG-Vertrag (die Artikel 117 bis 120 EG-Vertrag sind durch die Artikel 136 EG bis 143 EG ersetzt worden) eine nichtdiskriminierende Behandlung auf dem Arbeitsmarkt gewährleisten.

[36] Das in Artikel 48 des Vertrages ausgesprochene Verbot der Diskriminierung aufgrund der Staatsangehörigkeit gilt somit auch für Privatpersonen.

(...)

(S. I-4174) [42] Eine Bedingung wie die im Ausgangsverfahren streitige, wonach das Recht, sich in einem Auswahlverfahren zu bewerben, von dem Besitz eines Sprachdiploms abhängig gemacht wird, das nur in einer einzigen Provinz eines Mitgliedstaats erlangt werden kann, und wonach die Beibringung jedes anderen gleichwertigen Nachweises verboten ist, könnte nur gerechtfertigt werden, wenn sie auf sachliche Erwägungen gestützt wäre, die unabhängig von der Staatsangehörigkeit der betroffenen Personen und in bezug auf das berechtigterweise verfolgte Ziel verhältnismäßig sind.

[43] Der Gerichtshof hat bereits entschieden, daß das Diskriminierungsverbot dem entgegensteht, daß vorgeschrieben wird, daß die betreffenden Sprachkenntnisse auf dem nationalen Hoheitsgebiet er wor-

ben sein müssen (Urteil vom 28. November 1989 in der Rechtssache C-379/87, Groener, Slg. 1989, 3967, Randnr. 23).

[44] Daher kann es zwar legitim sein, von einem Bewerber um eine Stelle Sprachkenntnisse eines bestimmten Niveaus zu verlangen, und es kann der Besitz eines Diploms wie der Bescheinigung ein Kriterium darstellen, anhand dessen sich diese (S. I-4175) Kenntnisse beurteilen lassen, es muß aber als in bezug auf das angestrebte Ziel unverhältnismäßig angesehen werden, wenn es unmöglich ist, den Nachweis dieser Kenntnisse auf andere Weise, insbesondere durch andere in anderen Mitgliedstaaten erlangte gleichwertige Qualifikationen, zu erbringen.

(S. I-4175) [45] Es stellt daher eine gegen Artikel 48 des Vertrages verstoßende Diskriminierung aufgrund der Staatsangehörigkeit dar, wenn ein Arbeitgeber für den Zugang eines Bewerbers zu einem Auswahlverfahren zur Einstellung von Personal die Verpflichtung aufstellt, daß der Bewerber seine Sprachkenntnisse ausschließlich mit einem Diplom wie der Bescheinigung nachweist, das in einer einzigen Provinz eines Mitgliedstaats ausgestellt wird.

[46] Auf die Vorlagefrage ist daher zu antworten, daß Artikel 48 des Vertrages dem entgegensteht, daß ein Arbeitgeber die Bewerber in einem Auswahlverfahren zur Einstellung von Personal verpflichtet, ihre Sprachkenntnisse ausschließlich durch ein einziges in einer einzigen Provinz eines Mitgliedstaats ausgestelltes Diplom nachzuweisen.

## 189   7. Diskriminierungs- und Beschränkungsverbot

**Rs. 9/74 (Casagrande ⁒ Landeshauptstadt München), Urteil des Gerichtshofes vom 03. 07. 1974 – Slg. 1974, S. 773.**

**Vorbemerkungen**: *In dieser Entscheidung formulierte der Gerichtshof für Wanderarbeitnehmer und ihre Familienangehörigen neue Voraussetzungen für den Zugang zu staatlichen Ausbildungsförderungen. So hat ein Kind eines Wanderarbeitnehmers nicht nur Anspruch auf gleichen Zugang zu Ausbildung und allgemeinem Unterricht wie Angehörige des Gastlandes, sondern auch Anspruch auf gleichen Zugang zu ausbildungsfördernden Maßnahmen. Auch insoweit ergibt sich ein Diskriminierungsverbot aus der Gewährleistung der Arbeitnehmer-*

*freizügigkeit (vgl. zur Abgrenzung Fall 139). Die Entscheidung betrifft den Fall einer offenen Diskriminierung.*

**Sachverhalt:** Der Kläger, ein italienischer Staatsangehöriger und Kind eines italienischen Arbeitnehmers, der in Deutschland beschäftigt war, hat eine Realschule in München besucht und verlangt nun von der Stadt München (Beklagte) Ausbildungsförderung nach dem BayAföG. Die Beklagte hat diese Förderung mit der Begründung abgelehnt, das Gesetz beziehe sich nur auf Deutsche sowie auf heimatlose und asylberechtigte Ausländer. Diese gesetzliche Bestimmung wurde im Vorabentscheidungsverfahren vom EuGH für mit Art. 12 der Verordnung Nr. 1612/68 unvereinbar erklärt, der u.a. auf die allgemeinen Maßnahmen abzielt, welche die Teilnahme am Unterricht erleichtern sollen.

### Aus den Entscheidungsgründen:

(S. 779) [4] Diese Integration setzt voraus, daß dem Kind eines ausländischen Arbeitnehmers, das eine höhere Schule besuchen will, die Vergünstigungen, welche die Rechtsvorschriften des Aufnahmelandes für die Ausbildungsförderung vorsehen, zu den gleichen Bedingungen offenstehen wie Inländern in gleicher Lage. Die Vorschrift des Artikel 12 Absatz 2, wonach die Mitgliedstaaten die Bemühungen fördern, durch die diesen Kindern ermöglicht werden soll, unter den besten Voraussetzungen am Unterricht teilzunehmen, läßt erkennen, daß dieser Artikel besondere Anstrengungen fördern will, damit diese Kinder gleichberechtigt in den Genuß der Ausbildung und der verfügbaren Bildungsmöglichkeiten kommen können. Wenn folglich Artikel 12 bestimmt, daß die betreffenden Kinder „unter den gleichen Bedingungen wie die Staatsangehörigen" des Aufnahmelandes am Unterricht teilnehmen können, so zielt er nicht nur auf die Zulassungsbedingungen, sondern auch auf die allgemeinen Maßnahmen ab, welche die Teilnahme am Unterricht erleichtern sollen.

[5] Die Staatsanwaltschaft beim Verwaltungsgericht, Beteiligte im Ausgangsverfahren, hat zusätzlich geltend gemacht, die Bildungspolitik sei Sache der Mitgliedsstaaten. Da in der Bundesrepublik Deutschland diese Politik größtenteils zum Zuständigkeitsbereich der Länder gehöre, stelle sich die Frage, ob Artikel 12 nicht nur für die Bedingungen gelte, welche das von der Zentralgewalt gesetzte Recht aufstelle, sondern gleichermaßen für solche, die ihren Geltungsgrund in Maßnahmen der Organe des Gliedstaates eines Bundesstaates oder anderer Gebietskörperschaften haben.

[6] Die Bildungspolitik gehört zwar als solche nicht zu den Materien, die der Vertrag der Zuständigkeit der Gemeinschaftsorgane

unterworfen hat. Daraus folgt aber nicht, daß die Ausübung der der Gemeinschaft übertragenen Befugnisse irgendwie eingeschränkt wäre, wenn sie sich auf Maßnahmen auswirken kann, die zur Durchführung etwa der Bildungspolitik ergriffen worden sind. Unter anderem enthalten die Kapitel 1 und 2 des Titels III im Zweiten Teil des Vertrages mehrere Vorschriften, deren Anwendung gegebenenfalls Auswirkungen auf jene Politik haben kann. Wenn es also auch Sache der nach innerstaatlichem Recht zuständigen Organe ist, die in Artikel 12 der Verordnung 1612/68 genannten Bedingungen festzusetzen, so müssen diese dennoch angewandt werden ohne Diskriminierung zwischen den Kindern der einheimischen Arbeitnehmer und denen der Arbeitnehmer eines anderen Mitgliedstaats, die im Inland wohnen. Da zudem die Verordnungen gemäß Artikel 189 des Vertrages allgemeine Geltung besitzen, in allen ihren Teilen verbindlich sind und in jedem Mitgliedstaat unmittelbar gelten, kommt es nicht darauf an, ob die fraglichen Bedingungen durch Vorschriften (S. 780) der Zentralgewalt, der Organe des Gliedstaates eines Bundesstaates oder sonstiger Gebietskörperschaften oder durch Vorschriften von Organen festgelegt werden, die jenen nach innerstaatlichem Recht gleichgestellt sind.

**190   Rs. C-279/93 (Schumacker),**
**Urteil des Gerichtshofes vom 14. 02. 1995 – Slg. 1995, S. I-225.**

**Vorbemerkungen:** *Die unterschiedliche steuerliche Behandlung von nicht gebietsansässigen EG-Bürgern und Unternehmen im Vergleich zu Gebietsansässigen ist ein Verstoß gegen die Arbeitnehmerfreizügigkeit nach Art. 39 EG. Es ist daher nicht erlaubt, einen Staatsangehörigen eines anderen Mitgliedstaats, der in Ausübung seines Rechts auf Freizügigkeit im Hoheitsgebiet des erstgenannten Staates eine nichtselbständige Beschäftigung ausübt, bei der Erhebung der direkten Steuern schlechter zu behandeln als einen im eigenen Staatsgebiet Ansässigen, der sich in der gleichen Lage befindet, d.h. den überwiegenden Teil seiner Einkünfte in dem Beschäftigungsstaat erzielt. Die Entscheidung illustriert dabei sehr klar einen Fall der versteckten Diskriminierung.*

**Sachverhalt:** Der belgische Staatsbürger Schumacker wohnt mit seiner Ehefrau in Belgien, arbeitet aber als Angestellter in Aachen. Er wurde auf der Grundlage des Doppelbesteuerungsabkommens Deutschland-Belgien in Deutschland als Beschäftigungsstaat mit seinem dort erzielten Einkommen mit der für Unverheiratete einschlägigen Steuerklasse I als beschränkt Steuerpflichtiger steuerlich veranlagt. Nachdem seine Ehefrau arbeitslos geworden war und sein Gehalt das einzige Einkommen der Familie darstellte, beantragte er beim Finanzamt die Veranlagung nach der für nicht dauernd getrennt lebende Verheiratete geltenden Steuerklasse III, was ihm die Inanspruchnahme des günstigeren Splittingtarifs eröffnet hätte. Bei Behandlung als unbeschränkt Steuerpflichtiger könnte er auch sein Einkommen aus unselbständiger Arbeit und Verluste aus anderen Einkunftsarten miteinander ausgleichen. Der Antrag wurde abgelehnt. Der BFH legte die Frage nach der Vereinbarkeit mit Art. 39 EG dem EuGH vor. Der EuGH hielt die Einschränkung für unvereinbar mit Art. 39 EG.

**Aus den Entscheidungsgründen:**

(S. I-257) [20] Mit seiner ersten Frage möchte das vorlegende Gericht im wesentlichen wissen, ob Artikel 48 EG-Vertrag so auszulegen ist, daß er das Recht eines Mitgliedstaats, die Voraussetzungen und die Modalitäten der Besteuerung der in seinem Hoheitsgebiet von Angehörigen eines anderen Mitgliedstaats erzielten Einkünfte festzulegen, einschränken kann.

[21] Zur Beantwortung dieser Frage ist festzustellen, daß zwar der Bereich der direkten Steuern als solcher beim gegenwärtigen Stand des Gemeinschaftsrechts nicht in die Zuständigkeit der Gemeinschaft fällt, die Mitgliedstaaten die ihnen verbliebenen Befugnisse jedoch unter Wahrung des Gemeinschaftsrechts ausüben müssen (vgl. Urteil vom 4. Oktober 1991 in der Rechtssache C–246/89, Kommission/Vereinigtes Königreich, Slg. 1991, I–4585, Randnr. 12).

[22] Die Freizügigkeit innerhalb der Gemeinschaft umfaßt nach Artikel 48 Absatz 2 des Vertrages die Abschaffung jeder auf der Staatsangehörigkeit beruhenden unterschiedlichen Behandlung der Arbeitnehmer der Mitgliedstaaten, namentlich in bezug auf die Entlohnung.

[23] Dazu hat der Gerichtshof im Urteil vom 8. Mai 1990 in der Rechtssache C–175/88 (Biehl, Slg. 1990, I–1779, Randnr. 12) ausgeführt, daß der Grundsatz der (S. I-258) Gleichbehandlung auf dem Gebiet der Entlohnung seiner Wirkung beraubt wäre, wenn er durch diskriminierende nationale Vorschriften über die Einkommensteuer beeinträchtigt werden könnte.

(...)

(S. I-259) [26] Dazu ist zunächst darauf hinzuweisen, daß nach ständiger Rechtsprechung die Vorschriften über die Gleichbehandlung nicht nur offensichtliche Diskriminierungen aufgrund der Staatsangehörigkeit, sondern auch alle versteckten Formen der Diskriminierung verbieten, die durch die Anwendung anderer Unterscheidungsmerkmale tatsächlich zu dem gleichen Ergebnis führen (Urteil vom 12. Februar 1974 in der Rechtssache 152/73, Sotgiu, Slg. 1974, 153, Randnr. 11).

[27] Die Rechtsvorschriften, um die es im Ausgangsverfahren geht, gelten zwar unabhängig von der Staatsangehörigkeit des betreffenden Steuerpflichtigen.

[28] Es besteht aber die Gefahr, daß sich derartige nationale Rechtsvorschriften, die eine Unterscheidung aufgrund des Kriteriums des Wohnsitzes treffen, indem sie Gebietsfremden bestimmte Steuervergünstigungen verweigern, die sie Gebietsansässigen gewähren, hauptsächlich zum Nachteil der Angehörigen anderer Mitgliedstaaten auswirken, da Gebietsfremde meist Ausländer sind.

[29] Unter diesen Umständen können Steuervergünstigungen, die den Gebietsansässigen eines Mitgliedstaats vorbehalten werden, eine mittelbare Diskriminierung aufgrund der Staatsangehörigkeit darstellen.

[30] Weiter ist darauf hinzuweisen, daß nach ständiger Rechtsprechung eine Diskriminierung nur darin bestehen kann, daß unterschiedliche Vorschriften auf vergleichbare Situationen angewandt werden oder daß dieselbe Vorschrift auf unterschiedliche Situationen angewandt wird.

(S. I-260) [31] Im Hinblick auf die direkten Steuern befinden sich Gebietsansässige und Gebietsfremde in der Regel nicht in einer vergleichbaren Situation.

[32] Das Einkommen, das ein Gebietsfremder im Hoheitsgebiet eines Staates erzielt, stellt meist nur einen Teil seiner Gesamteinkünfte dar, deren Schwerpunkt an seinem Wohnort liegt. Außerdem kann die persönliche Steuerkraft des Gebietsfremden, die sich aus der Berücksichtigung seiner Gesamteinkünfte sowie seiner persönlichen Lage und seines Familienstands ergibt, am leichtesten an dem Ort beurteilt werden, an dem der Mittelpunkt seiner persönlichen Interessen und seiner Vermögensinteressen liegt. Dieser Ort ist in der Regel der ständige Aufenthaltsort der betroffenen Person. So geht auch das internationale Steuerrecht, u.a. das Muster-Doppelbesteuerungsabkommen der Organisation für wirtschaftliche Zusammenarbeit und Entwicklung (OECD), davon aus, daß es grundsätzlich Sache des Wohnsitzstaats ist, den Steuerpflichtigen unter Berücksichtigung der seine persönliche Lage und seinen Familienstand kennzeichnenden Umstände umfassend zu besteuern.

[33] Die Situation des Gebietsansässigen ist eine andere, da der Schwerpunkt seiner Einkünfte in der Regel im Wohnsitzstaat liegt. Im übrigen verfügt im allgemeinen dieser Staat über alle erforderlichen Informationen, um die Gesamtsteuerkraft des Steuerpflichtigen unter Berücksichtigung seiner persönlichen Lage und seines Familienstands zu beurteilen.

[34] Versagt ein Mitgliedstaat Gebietsfremden bestimmte Steuervergünstigungen, die er Gebietsansässigen gewährt, so ist dies folglich in der Regel nicht diskriminierend, da sich diese beiden Gruppen von Steuerpflichtigen nicht in einer vergleichbaren Lage befinden.

(...)

(S. I-261) [36] Etwas anderes gilt jedoch, wenn der Gebietsfremde wie im Ausgangsverfahren in seinem Wohnsitzstaat keine nennenswerten Einkünfte hat und sein zu versteuerndes Einkommen im wesentlichen aus einer Tätigkeit bezieht, die er im Beschäftigungsstaat ausübt, so daß der Wohnsitzstaat nicht in der Lage ist, ihm die Vergünstigungen zu gewähren, die sich aus der Berücksichtigung seiner persönlichen Lage und seines Familienstands ergeben.

[37] Zwischen der Situation eines solchen Gebietsfremden und der eines Gebietsansässigen, der eine vergleichbare nichtselbständige Beschäftigung ausübt, besteht jedoch kein objektiver Unterschied, der eine Ungleichbehandlung hinsichtlich der Berücksichtigung der persönlichen Lage und des Familienstands des Steuerpflichtigen bei der Besteuerung rechtfertigen könnte.

[38] Im Fall eines Gebietsfremden, der in einem anderen Mitgliedstaat als dem seines Wohnsitzes den wesentlichen Teil seiner Einkünfte und praktisch die Gesamtheit seiner Familieneinkünfte erzielt, besteht die Diskriminierung darin, daß seine persönliche Lage und sein Familienstand weder im Wohnsitzstaat noch im Beschäftigungsstaat berücksichtigt werden.

**Rs. 33/88 (Allué u.a. ⁄ Università degli Studi di Venezia;**   **191**
**„Allué I"),**
**Urteil des Gerichtshofes vom 30. 05. 1989 – Slg. 1989, S. 1591.**

**Vorbemerkungen:** *Auch diese Entscheidung betrifft einen der häufigen Fälle der von der Arbeitnehmerfreizügigkeit verbotenen versteckten Diskriminierungen. Hierbei bewirkt eine nachteilige Regelung, ohne tatbestandlich an die Staatsangehörigkeit anzuknüpfen, durch eine andersartige Differenzierung – also die Anwendung an-*

*derer Unterscheidungsmerkmale – gleichwohl eine nicht durch einen sachlichen Grund gerechtfertigte Schlechterstellung ausländischer Arbeitnehmer. Das tatsächliche Ergebnis entspricht daher dem einer offenen Diskriminierung.*

**Sachverhalt:** An italienischen Universitäten wurden Fremdsprachenlektoren im Gegensatz zu anderen Angestellten nur befristet eingestellt. Hintergrund dieser Sonderregelung war, dass den Lektoren nicht der Kontakt zu dem Land, dessen Sprache sie lehrten, verloren gehen sollte. Der EuGH war im Rahmen eines Vorabentscheidungsverfahrens mit dieser Regelung befasst und sah in ihr eine versteckte Diskriminierung.

**Aus den Entscheidungsgründen:**

(S. 1610) [10] Der erste Teil der zweiten Frage des vorlegenden Gerichts geht im wesentlichen dahin, ob Artikel 48 Absatz 2 EWG-Vertrag der Anwendung einer nationalen Vorschrift entgegensteht, die die Dauer des Arbeitsverhältnisses zwischen den Universitäten und den Fremdsprachenlektoren begrenzt, während eine solche Begrenzung für die übrigen Arbeitnehmer grundsätzlich nicht besteht.

[11] Hierzu ist festzustellen, daß nach der Rechtsprechung des Gerichtshofes der Grundsatz der Gleichbehandlung, der in Artikel 48 Absatz 2 EWG-Vertrag eine besondere Ausprägung gefunden hat, nicht nur offenkundige Diskriminierungen aufgrund der Staatsangehörigkeit verbietet, sondern auch alle verschleierten Formen der Diskriminierung, die mit Hilfe der Anwendung anderer Unterscheidungsmerkmale tatsächlich zu demselben Ergebnis führen (u.a. Urteil vom 15. Januar 1986 in der Rechtssache 41/84, Pinna, Slg. 1986, 1).

[12] In diesem Zusammenhang ist zu bemerken, daß die in den fraglichen Rechtsvorschriften für die Dauer der Ausübung der Tätigkeit eines Fremdsprachenlektors bei einer Universität vorgesehene Begrenzung, auch wenn sie unabhängig von der Staatsangehörigkeit des jeweiligen Arbeitnehmers gilt, im wesentlichen Arbeitnehmer betrifft, die anderen Mitgliedstaaten angehören. Nach den von der italienischen Regierung vorgelegten statistischen Angaben haben nämlich nur 25 % der Fremdsprachenlektoren die italienische Staatsangehörigkeit.

[13] Um die im Ausgangsverfahren in Frage gestellten Rechtsvorschriften zu rechtfertigen, macht die italienische Regierung geltend, diese stellten für die Universitäten das einzige Mittel dar, das ihnen dazu verhelfe, über Fremdsprachenlektoren zu verfügen, die eine

Kenntnis und Praxis in der Muttersprache, die sie unterrichteten, besäßen, die auf dem neuesten Stand seien.

[14] Hierzu ist zu bemerken, daß die Gefahr, den Kontakt mit der Muttersprache zu verlieren, angesichts der Intensivierung des kulturellen Austauschs und der Kommunikationserleichterung gering ist und daß außerdem die Universitäten (S. 1611) jedenfalls die Möglichkeit haben, den Stand der Kenntnisse der Lektoren zu überprüfen. Im übrigen ist festzustellen, daß nach den fraglichen Rechtsvorschriften ein Lektor von einer Universität eingestellt werden kann, nachdem er seine Tätigkeit sechs Jahre lang bei einer anderen Universität desselben Mitgliedsstaats ausgeübt hat; die befristete Dauer der betreffenden Tätigkeit kann daher nicht durch den von der italienischen Regierung angeführten Grund gerechtfertigt werden.

**Verb. Rs. C-259/91, C-331/91 und C-332/91**   **192**
**(Allué u.a.; „Allué II" ),**
**Urteil des Gerichtshofes vom 02. 08. 1993 – Slg. 1993, S. I-4309.**

**Vorbemerkungen:** *In der Entscheidung, die als eine Bestätigung der Allué I-Entscheidung zu Arbeitsverträgen von Sprachlektoren anzusehen ist, greift der EuGH erneut auf den Begriff der versteckten Diskriminierung zurück. Es ist auf die im Vergleich zu der ersten Entscheidung uneinheitliche Vergleichsgruppenbildung aufmerksam zu machen. In dem Allué I-Urteil ergab sich dem Gerichtshof zufolge die versteckt diskriminierende Wirkung der Maßnahme dadurch, dass es für die übrigen Arbeitnehmer (also Inländer) keine solche Begrenzung gab (vgl. Rn. 19.) In der vorliegenden Entscheidung begründet der EuGH die Diskriminierung damit, dass eine bestimmte Begrenzung für sonstige Lehrkräfte (unabhängig davon, ob sie Ausländer sind oder nicht) nicht galt. Die Möglichkeit der Rechtfertigung durch das Allgemeininteresse wird bejaht.*

**Sachverhalt:** Die Klägerinnen Allué, Coonnan, Sellinger und del Maestro sowie der Kläger Mansfield waren als Fremdsprachenlektoren an italienischen Universitäten angestellt. Zu Beginn des Studienjahres 1986/87 wurde ihnen mitgeteilt, dass ihre Arbeitsverträge aufgrund eines Dekrets des Präsidenten nicht verlängert werden könnten. Gemäß diesem Dekret dürfen Verträge über die Einstellung von Fremdsprachenlektoren sich nicht über das Studienjahr, für das sie geschlossen wurden, hinaus erstrecken. Sie können aber während eines Zeitraums von bis zu fünf Jahren für jeweils ein Jahr verlängert werden. Der Klägerin Barta, die auch als Fremdsprachenlektorin an einer Universität in Italien arbeitete, wurde der Vertrag nicht verlängert, nachdem sie ihren Arbeitgeber von ihrer Schwangerschaft in Kenntnis gesetzt hatte. Der EuGH hat in seinem Vorabentscheidungsurteil entschieden, dass Art. 39 Abs. 2 EG der Anwendung einer nationalen Vorschrift entgegensteht, welche die Dauer des Arbeitsverhältnisses zwischen den Universitäten und den Fremdsprachenlektoren allgemein – mit Verlängerungsmöglichkeit – auf ein Jahr begrenzt, während eine solche Begrenzung für die übrigen Lehrkräfte grundsätzlich nicht besteht.

**Aus den Entscheidungsgründen:**

(S. I-4333) [11] Es ist daran zu erinnern, daß der Gleichbehandlungsgrundsatz, der in Artikel 48 Absatz 2 EWG-Vertrag eine besondere Ausprägung gefunden hat, nach der Rechtsprechung des Gerichtshofes nicht nur offenkundige Diskriminierungen aufgrund der Staatsangehörigkeit, sondern auch alle verschleierten Formen der Diskriminierung verbietet, die mit Hilfe der Anwendung anderer Unterscheidungsmerkmale tatsächlich zu demselben Ergebnis führen (siehe insbesondere Urteil vom 15. Januar 1986 in der Rechtssache 41/84, Pinna, Slg. 1986, 1).

[12] Wie der Gerichtshof im vorgenannten Urteil vom 30. Mai 1989 festgestellt hat, betrifft die in Artikel 28 Absatz 3 des DPR für die Dauer der Ausübung der Tätigkeit eines Fremdsprachenlektors bei einer Universität vorgesehene Begrenzung, auch wenn sie unabhängig von der Staatsangehörigkeit des jeweiligen Arbeitnehmers gilt, im wesentlichen Arbeitnehmer, die Staatsangehörige anderer Mitgliedstaaten sind. Nach den von der italienischen Regierung vorgelegten statistischen Angaben haben nämlich nur 25 % der Fremdsprachenlektoren die italienische Staatsangehörigkeit.

[13] Diese Feststellung, die im Urteil vom 30. Mai 1989 die Begrenzung der Höchstdauer der Verträge der Fremdsprachenlektoren auf sechs Jahre betraf, gilt auch für die in Artikel 28 Absatz 3 des DPR aufgestellte Regel der einjährigen Vertragsdauer.

(S. I-4334) [14] Zur Rechtfertigung dieser Regel macht die italienische Regierung geltend, die Anzahl der von den Universitäten eingestellten Lektoren richte sich nach dem besonderen Bedarf an Lehrkräften und nach den Mitteln, die den Universitäten für die Vergütung der Lektoren zur Verfügung stünden. Daher könne eine ordnungsgemäße Verwaltung der Universitäten nur durch Arbeitsverhältnisse mit einjähriger Dauer gewährleistet werden.

[15] Auf dieses Vorbringen ist zu antworten, daß die Bestimmungen des EWG-Vertrags es den Mitgliedstaaten nicht verbieten, unterschiedslos geltende Maßnahmen zur Sicherung der ordnungsgemäßen Verwaltung ihrer Universitäten zu erlassen, die insbesondere die Staatsangehörigen der anderen Mitgliedstaaten treffen könnten. Bei derartigen Maßnahmen ist jedoch der Grundsatz der Verhältnismäßigkeit zu wahren, d.h., sie müssen zur Erreichung des angestrebten Zwecks geeignet und notwendig sein.

(...)

(S. I-4335) [19] Die Begrenzung der Vertragsdauer auf ein Jahr mit Verlängerungsmöglichkeit stellt nämlich für die Lektoren einen Unsicherheitsfaktor hinsichtlich des Fortbestands des Arbeitsverhältnisses dar und kann zu Mißbräuchen durch die nationale Verwaltung führen. Das ist insbesondere bei der von der Kommission angeführten Praxis der Fall, die Verlängerung des Vertrages von der Hinnahme einer Vergütungsminderung abhängig zu machen.

[20] Zwar kann eine Kündigung vor den Gerichten angefochten werden. Sie setzt auch die Erfüllung bestimmter formeller Erfordernisse, wie z.B. die Einhaltung einer Kündigungsfrist, voraus. Da diese Erfordernisse aber für alle Arbeitsverträge gleichermaßen gelten, berechtigt nichts dazu, sie zu umgehen, wenn sie sich auf Fremdsprachenlektoren beziehen.

[21] Daher ist den vorlegenden Gerichten zu antworten, daß Artikel 48 Absatz 2 EWG-Vertrag den Rechtsvorschriften eines Mitgliedstaats entgegensteht, durch die die Dauer der Arbeitsverträge von Fremdsprachenlektoren allgemein – mit Verlängerungsmöglichkeit – auf ein Jahr begrenzt wird, während eine solche Begrenzung für die übrigen Lehrkräfte grundsätzlich nicht besteht.

**Rs. C–415/93 (Bosman),**    **193**
**Urteil des Gerichtshofes vom 15. 12. 1995 – Slg. 1995, S. I-4921.**

**Vorbemerkungen:** *Mit der viel beachteten Entscheidung Bosman stellte der Gerichtshof erstmals eindeutig fest, dass die Arbeitnehmerfreizügigkeit nicht nur ein Diskriminierungs-, sondern auch ein – auf unterschiedslos wirkende Maßnahmen bezogenes – Beschränkungsverbot enthält. Daneben macht die Entscheidung deutlich, dass die zur Warenverkehrsfreiheit entwickelte „Keck" Rechtsprechung auch auf die Arbeitnehmerfreizügigkeit Anwendung finden kann. Die Regelung* *wurde jedoch nicht als eine Verkaufsmodalität i.S.d. Keck-Rechtsprechung ausgelegt, weil sie unmittelbar den Zugang zu dem Arbeitsmarkt beeinflusste. Diese Art der Argumentation benutzte der Gerichtshof schon in der Alpine Investments-Entscheidung (Fall 228) und bestätigte sie in der Entscheidung Deliège (Fall 224). Der EuGH überprüft die Rechtfertigung der Maßnahme, ohne ausdrücklich einen Rechtfertigungsgrund zu nennen. In der Literatur wird dies als Rechtfertigung durch das Allgemeininteresse interpretiert. Davon spricht der EuGH jedoch nicht, dies wäre auch inkonsequent, da Private nicht im Allgemeininteresse handeln. Der Gerichtshof stellt auf die beträchtliche soziale Bedeutung der sportlichen Tätigkeit ab, also auf sachliche Gründe, insofern nimmt er hier Vorgriff auf die Entscheidung im Fall Angonese (Fall 188). Die Rechtsprechung zur Drittwirkung der Arbeitnehmerfreizügigkeit sowie zur Einordnung von Berufssportlern als Arbeitnehmer wird durch die Entscheidung bestätigt und präzisiert. Diese Entscheidung bringt die Wirkung der Arbeitnehmerfreizügigkeit als „Ausfuhr"-beschränkungsverbot zum Ausdruck.*

**Sachverhalt:** Bosman, ein belgischer Profifußballer, war zunächst bei einem belgischen Erstligaverein beschäftigt. Dieser bot für eine Spielzeit einen Vertrag zu geringeren Bezügen an, den der Kläger jedoch ablehnte. Infolgedessen wurde er auf die Transferliste gesetzt, als Ablösesumme standen rund 11 Millionen belgische Francs im Raum. Da kein Verein Interesse an dem Kläger bekundete, wandte sich dieser an einen französischen Klub. Ein Transfer scheiterte jedoch, weil der belgische Verein des Klägers keine Freigabe durch den Verband beantragte. Zudem ließ dieser den Kläger sperren. Der Gerichtshof entschied im Rahmen eines Vorabentscheidungsverfahrens, dass die Transferregelungen und die den Einsatz von Ausländern beschränkenden Klauseln gegen Art. 39 EG verstoßen.

### Aus den Entscheidungsgründen:

(S. I-5064) [76] Hinsichtlich der Schwierigkeit, die wirtschaftlichen Aspekte von den sportlichen Aspekten des Fußballs zu trennen, hat der Gerichtshof im Urteil Donà (...) anerkannt, daß die Gemeinschaftsbestimmungen über die Freizügigkeit und den freien Dienstleistungsverkehr Regelungen oder Praktiken nicht entgegen stehen, die aus nichtwirtschaftlichen Gründen, die mit dem spezifischen Charakter und Rahmen bestimmter Begegnungen zusammenhängen, gerechtfertigt sind. Er hat jedoch darauf hingewiesen, daß diese Beschränkungen des Geltungsbereichs der fraglichen Bestimmungen nicht weiter gehen darf, als ihr Zweck es erfordert.

(...)

(S. I-5065) [82] Nachdem somit die Einwände gegen die Anwendung von Artikel 48 des Vertrages auf sportliche Tätigkeiten wie die der Berufsfußballspieler ausgeräumt worden sind, ist daran zu erinnern, daß dieser Artikel, wie der Gerichtshof im Urteil Walrave (...) entschieden hat, nicht nur für behördliche Maßnahmen (S. I-5066) gilt, sondern sich auch auf Vorschriften anderer Art erstreckt, die zur kollektiven Regelung unselbständiger Arbeit dienen.

(...)

(S. I-5068) [93] Wie der Gerichtshof wiederholt ausgeführt hat, stellt die Freizügigkeit der Arbeitnehmer einen der fundamentalen Grundsätze der Gemeinschaft dar, und die Bestimmungen des Vertrages, die diese Freiheit garantieren, haben seit dem Ende der Übergangszeit unmittelbare Wirkung.

[94] Der Gerichtshof hat ferner die Ansicht vertreten, daß sämtliche Vertragsbestimmungen über die Freizügigkeit den Gemeinschaftsangehörigen die Ausübung jeder Art von Berufstätigkeit im Gebiet der Gemeinschaft erleichtern sollen und Maßnahmen entgegenstehen, die die Gemeinschaftsangehörigen benachteiligen könnten, wenn sie im Gebiet eines anderen Mitgliedstaats eine wirtschaftliche Tätigkeit ausüben wollen (vgl. Urteile vom 7. Juli 1988 in der Rechtssache 143/87, Stanton, Slg. 1988, 3877, Randnr. 13, und vom 7. Juli 1992 in der Rechtssache C–370/90, Singh, Slg. 1992, I–4265, Randnr. 16).

[95] In diesem Zusammenhang haben die Staatsangehörigen der Mitgliedstaaten insbesondere das unmittelbar aus dem Vertrag abgeleitete Recht, ihr Herkunftsland zu verlassen, um sich zur Ausübung einer wirtschaftlichen Tätigkeit in das Gebiet eines anderen Mitgliedstaats zu begeben und sich dort aufzuhalten (vgl. insbesondere Urteile vom 5. Februar 1991 in der Rechtssache C–363/89, Roux, Slg. 1991, I–273, Randnr. 9, und Singh, [...] Randnr. 17).

(S. I-5069) [96] Bestimmungen, die einen Staatsangehörigen eines Mitgliedstaats daran hindern oder davon abhalten, sein Herkunftsland zu verlassen, um von seinem Recht auf Freizügigkeit Gebrauch zu machen, stellen daher Beeinträchtigungen dieser Freiheit dar, auch wenn sie unabhängig von der Staatsangehörigkeit der betroffenen Arbeitnehmer Anwendung finden (vgl. auch Urteil vom 7. März 1991 in der Rechtssache C–10/90, Masgio, Slg. 1991, I–1119, Randnrn. 18 und 19).

[97] Im übrigen hat der Gerichtshof im Urteil vom 27. September 1988 in der Rechtssache 81/87 (Daily Mail and General Trust, Slg. 1988, 5483, Randnr. 16) darauf hingewiesen, daß die Vertragsbestimmungen über die Niederlassungsfreiheit zwar insbesondere die Vergünstigung der Inländerbehandlung im Aufnahmemitgliedstaat sicherstellen sollen, daß sie es aber dem Herkunftsstaat auch verbieten, die Niederlassung eines seiner Staatsangehörigen oder einer nach seinem Recht gegründeten Gesellschaft, die im übrigen der Definition des Artikels 58 entspricht, in einem anderen Mitgliedstaat zu beeinträchtigen. Die durch die Artikel 52 ff. des Vertrages garantierten Rechte wären ihrer Substanz beraubt, wenn der Herkunftsstaat den Unternehmen verbieten könnte, sein Hoheitsgebiet zu verlassen, um sich in einem anderen Mitgliedstaat anzusiedeln. Die gleichen Erwägungen gelten im Zusammenhang mit Artikel 48 des Vertrages bei Regeln, die die Freizügigkeit der Staatsangehörigen eines Mitgliedstaats beeinträchtigen, die in einem anderen Mitgliedstaat eine unselbständige Tätigkeit ausüben wollen.

[98] Es trifft zu, daß die in den Ausgangsrechtsstreitigkeiten in Rede stehenden Transferregeln auch für die Wechsel von Spielern zwischen Vereinen gelten, die im selben Mitgliedstaat unterschiedlichen nationalen Verbänden angehören, und daß die Wechsel zwischen Vereinen, die demselben nationalen Verband angehören, entsprechenden Regeln unterliegen.

[99] Wie Herr Bosman, die dänische Regierung und der Generalanwalt in den Nummern 209 und 210 seiner Schlußanträge ausgeführt haben, sind diese Regeln jedoch geeignet, die Freizügigkeit der Spieler, die ihre Tätigkeit in einem anderen Mitgliedstaat ausüben wollen, dadurch einzuschränken, daß sie die Spieler sogar nach Ablauf der Arbeitsverträge mit den Vereinen, denen sie angehören, daran hindern oder davon abhalten, diese Vereine zu verlassen.

(S. I-5070) [100] Die genannten Regeln beeinträchtigen nämlich die Freizügigkeit der Arbeitnehmer, da sie vorsehen, daß ein Berufsfußballspieler seine Tätigkeit nicht bei einem in einem anderen Mitgliedstaat ansässigen neuen Verein ausüben kann, wenn dieser Verein dem bisherigen Verein nicht die Transferentschädigung gezahlt hat, deren Höhe zwischen den beiden Vereinen vereinbart oder gemäß den Vorschriften der Sportverbände bestimmt wurde.

(...)

(S. I-5071) [105] Die URBSFA, die ÜFA sowie die französische und die italienische Regierung haben zunächst vorgetragen, die Transferregeln seien durch das Bestreben gerechtfertigt, das finanzielle und sportliche Gleichgewicht zwischen den Vereinen aufrechtzuerhalten und die Suche nach Talenten sowie die Ausbildung der jungen Spieler zu unterstützen.

[106] Angesichts der beträchtlichen sozialen Bedeutung, die der sportlichen Tätigkeit und insbesondere dem Fußball in der Gemeinschaft zukommt, ist anzuerkennen, daß die Zwecke berechtigt sind, die darin bestehen, die Aufrechterhaltung eines Gleichgewichts zwischen den Vereinen unter Wahrung einer bestimmten Chancengleichheit und der Ungewißheit der Ergebnisse zu gewährleisten sowie die Einstellung und Ausbildung der jungen Spieler zu fördern.

[107] In bezug auf den ersten Zweck hat Herr Bosman zu Recht darauf hingewiesen, daß die Anwendung der Transferregeln kein geeignetes Mittel darstelle, um die Aufrechterhaltung des finanziellen und sportlichen Gleichgewichts in der Welt des Fußballs zu gewährleisten. Diese Regeln verhindern weder, daß sich die reichsten Vereine die Dienste der besten Spieler sichern, noch, daß die verfügbaren finanziellen Mittel ein entscheidender Faktor beim sportlichen Wettkampf sind und daß das Gleichgewicht zwischen den Vereinen dadurch erheblich gestört wird.

(S. I-5072) [108] Hinsichtlich des zweiten Zweckes ist einzuräumen, daß die Aussicht auf die Erlangung von Transfer-, Förderungs- oder Ausbildungsentschädigungen tatsächlich geeignet ist, die Fußballvereine zu ermutigen, nach Talenten zu suchen und für die Ausbildung der jungen Spieler zu sorgen.

[109] Da jedoch die sportliche Zukunft der jungen Spieler unmöglich mit Sicherheit vorhergesehen werden kann und sich nur eine begrenzte Anzahl dieser Spieler einer beruflichen Tätigkeit widmet, sind diese Entschädigungen durch ihren Eventualitäts- und Zufallscharakter gekennzeichnet und auf jeden Fall unabhängig von den tatsächlichen Kosten, die den Vereinen bei der Ausbildung sowohl der künftigen Berufsspieler als auch derjenigen, die nie Berufsspieler werden, entstehen. Unter diesen Umständen kann die Aussicht auf die Erlangung solcher Entschädigungen weder ein ausschlaggebender Faktor sein, um zur Einstellung und Ausbildung junger Spieler zu ermutigen, noch ein geeignetes Mittel, um diese Tätigkeiten, insbesondere im Fall der kleinen Vereine, zu finanzieren.

[110] Wie der Generalanwalt in den Nummern 226 ff. seiner Schlussanträge ausgeführt hat, können dieselben Zwecke im übrigen mindestens ebenso wirksam mit anderen Mitteln erreicht werden, die die Freizügigkeit der Arbeitnehmer nicht beeinträchtigen.

[111] Sodann ist vorgetragen worden, daß die Transferregeln zum Schutz der weltweiten Organisation des Fußballs erforderlich seien.

[112] Insoweit genügt der Hinweis darauf, daß das vorliegende Verfahren die Anwendung dieser Regeln innerhalb der Gemeinschaft und nicht die Beziehungen zwischen den nationalen Verbänden der Mitgliedstaaten und denen der Drittländer betrifft. Im übrigen ist die Anwendung unterschiedlicher Regeln auf die Transfers zwischen Vereinen, die den nationalen Verbänden der Gemeinschaft angehören, und auf die Transfers zwischen diesen Vereinen und denen, die den nationalen Verbänden der Drittländer angehören, nicht dazu angetan, besondere Schwierigkeiten aufzuwerfen. Denn wie sich aus den vorstehenden Randnummern 22 und 23 ergibt, unterscheiden sich die bisher für die Transfers innerhalb der nationalen Verbände bestimmter Mitgliedstaaten geltenden Regeln von denen, die auf internationaler Ebene anwendbar sind.

(S. I-5073) [113] Schließlich kann dem Argument nicht gefolgt werden, daß die genannten Regeln erforderlich seien, um die Kosten auszugleichen, die den Vereinen durch die Zahlung von Entschädigungen bei der Einstellung ihrer Spieler entstanden seien, da dieses Argument darauf hinausläuft, die Beibehaltung von Beeinträchtigungen der Freizügigkeit der Arbeitnehmer durch die blosse Tatsache zu rechtfertigen, daß diese Beeinträchtigungen in der Vergangenheit möglich waren.

[114] Folglich ist auf die erste Frage zu antworten, daß Artikel 48 des Vertrages der Anwendung von durch Sportverbände aufgestellten Regeln entgegensteht, nach denen ein Berufsfußballspieler, der Staatsangehöriger eines Mitgliedstaats ist, bei Ablauf des Vertrages, der ihn an einen Verein bindet, nur dann von einem Verein eines anderen Mitgliedstaats beschäftigt werden kann, wenn dieser dem bisherigen Verein eine Transfer-, Ausbildungs- oder Förderungsentschädigung gezahlt hat.

[115] Mit seiner zweiten Frage möchte das vorlegende Gericht im wesentlichen wissen, ob Artikel 48 des Vertrages der Anwendung von durch Sportverbände aufgestellten Regeln entgegensteht, nach denen die Fußballvereine bei den Spielern der von diesen Verbänden veranstalteten Wettkämpfe nur eine begrenzte Anzahl von Berufsspielern, die Staatsangehörige anderer Mitgliedstaaten sind, aufstellen können.

(S. I- 5074) [116] Wie der Gerichtshof oben in Randnummer 87 ausgeführt hat, gilt Artikel 48 des Vertrages für durch Sportverbände aufgestellte Regeln, die die Voraussetzungen für die Ausübung einer unselbständigen Tätigkeit durch Berufssportler festlegen. Daher ist zu prüfen, ob die Ausländerklauseln eine nach Artikel 48 verbotene Beeinträchtigung der Freizügigkeit der Arbeitnehmer darstellen.

[117] Artikel 48 Absatz 2 sieht ausdrücklich vor, daß die Freizügigkeit der Arbeitnehmer die Abschaffung jeder auf der Staatsangehörigkeit beruhenden unterschiedlichen Behandlung der Arbeitnehmer der Mitgliedstaaten in Bezug auf Beschäftigung, Entlohnung und sonstige Arbeitsbedingungen umfaßt.

[118] Diese Bestimmung wurde u.a. durch Artikel 4 der Verordnung (EWG) Nr. 1612/68 des Rates vom 15. Oktober 1968 über die Freizügigkeit der Arbeitnehmer innerhalb der Gemeinschaft (ABl. L 257, S. 2) durchgeführt, wonach Rechts- und Verwaltungsvorschriften der Mitgliedstaaten, durch die die Beschäftigung von ausländischen Arbeitnehmern zahlen- oder anteilmäßig nach Unternehmen, Wirtschaftszweigen, Gebieten oder im gesamten Hoheitsgebiet beschränkt wird, auf Staatsangehörige der übrigen Mitgliedstaaten keine Anwendung finden.

[119] Es verstößt gegen denselben Grundsatz, wenn in den Regelwerken der Sportverbände enthaltene Klauseln das Recht der Staatsangehörigen anderer Mitgliedstaaten beschränken, als Berufsspieler an Fußballspielen teilzunehmen (vgl. Urteil Donà, aaO., Randnr. 19).

[120] Dabei spielt der Umstand keine Rolle, daß diese Klauseln nicht die Beschäftigung der genannten Spieler betreffen, die nicht eingeschränkt wird, sondern die Möglichkeit für ihre Vereine, sie bei einem offiziellen Spiel aufzustellen. Da die (S. I-5075) Teilnahme an diesen Begegnungen das wesentliche Ziel der Tätigkeit eines Berufsspielers darstellt, liegt es auf der Hand, daß eine Regel, die diese Teilnahme beschränkt, auch die Beschäftigungsmöglichkeiten des betroffenen Spielers einschränkt.


**Rs. C-190/98 (Graf),**                                       **194**
**Urteil des Gerichtshofes vom 27. 01. 2000 – Slg. 2000, S. I-493.**

**Vorbemerkungen:** *In dieser Entscheidung befasste sich der Gerichtshof mit der Frage, welche Qualität mitgliedstaatliche Regelungen aufweisen müssen, um sie als Beschränkung qualifizieren zu können. Die streitige Regelung war nach Auffassung des EuGH nicht geeignet, den Arbeitnehmer daran zu hindern sein Arbeitsverhältnis zu beenden, um eine unselbständige Tätigkeit bei einem anderen Arbeitgeber aufzunehmen. Eine mögliche Beeinträchtigung darf nach den Grund-*

*sätzen dieser Entscheidung weder zu ungewiss noch zu indirekt sein.*

*Mitgliedstaatliche Regelungen, die den Zugang zum Arbeitsmarkt für ausländische Arbeitnehmer nicht behindern, sind demnach auch nicht von den Bestimmungen über die Arbeitnehmerfreizügigkeit erfasst.*

**Sachverhalt:** Der deutsche Staatsangehörige Graf kündigte seinen Arbeitsvertrag bei der österreichischen Filzmoser Maschinenbau GmbH, um in Deutschland eine unselbständige Tätigkeit auszuüben. Er verlangte eine Kündigungsabfindung von seinem bisherigen Arbeitgeber, die das österreichische Angestelltengesetz nicht vorsah. Eine Abfindung wäre nur an einen Arbeitnehmer zu zahlen, dessen Arbeitsverhältnis endet, ohne dass er selbst diese Beendigung herbeiführt oder zu vertreten hat. In diesen nationalen Regelungen sah der gemäß Art. 234 EG befaßte EuGH keinen Verstoß gegen Art. 39 EG.

**Aus den Entscheidungsgründen:**

(S. I-521) [18] Zweitens ergibt sich aus der Rechtsprechung des Gerichtshofes, namentlich aus dem Urteil Bosman, daß Artikel 48 EG-Vertrag nicht nur jede unmittelbare oder mittelbare Diskriminierung aus Gründen der Staatsangehörigkeit, sondern auch (S. I-522) nationale Regelungen verbietet, die, auch wenn sie unabhängig von der Staatsangehörigkeit der betroffenen Arbeitnehmer anwendbar sind, deren Freizügigkeit beeinträchtigen.

[19] Nach Auffassung des Klägers stellt der Verlust der Abfertigung im Fall der Kündigung des Dienstverhältnisses durch den Arbeitnehmer selbst eine solche Beeinträchtigung der Freizügigkeit der Arbeitnehmer dar, die mit derjenigen verglichen werden könne, um die es in der Rechtssache Bosman gegangen sei. Insoweit sei unerheblich, ob der Arbeitnehmer einen finanziellen Verlust erleide, weil er den Arbeitgeber wechsle, oder ob der neue Arbeitgeber verpflichtet sei, eine Zahlung zu leisten, um den Arbeitnehmer einzustellen.

(...)

(S. I-523) [23] Auch unterschiedslos anwendbare Bestimmungen, die einen Staatsangehörigen eines Mitgliedstaats daran hindern oder davon abhalten, sein Herkunftsland zu verlassen, um von seinem Recht auf Freizügigkeit Gebrauch zu machen, stellen daher Beeinträchtigungen dieser Freiheit dar. Dies ist jedoch nur dann der Fall, wenn sie den Zugang der Arbeitnehmer zum Arbeitsmarkt beeinflussen.

[24] Eine Regelung wie die im Ausgangsverfahren streitige ist eindeutig nicht geeignet, den Arbeitnehmer daran zu hindern oder davon abzuhalten, sein Arbeitsverhältnis zu beenden, um eine unselbständige

Tätigkeit bei einem anderen Arbeitgeber auszuüben, denn der Abfertigungsanspruch hängt nicht von der Entscheidung des Arbeitnehmers ab, ob er bei seinem derzeitigen Arbeitgeber bleibt oder nicht, sondern von einem zukünftigen hypothetischen Ereignis, nämlich einer späteren Beendigung des Arbeitsverhältnisses, die der Arbeitnehmer selbst weder herbeigeführt noch zu vertreten hat.

[25] Ein derartiges Ereignis wäre jedoch zu ungewiß und wirkte zu indirekt, als daß eine Regelung, die an die Beendigung des Arbeitsverhältnisses durch den Arbeitnehmer selbst ausdrücklich nicht dieselbe Rechtsfolge knüpft wie an eine Beendigung, die er weder herbeigeführt noch zu vertreten hat, die Freizügigkeit der Arbeitnehmer beeinträchtigen könnte (vgl. in diesem Sinne für den freien Warenverkehr insbesondere die Urteile vom 7. März 1990 in der Rechtssache C-69/88, Krantz, Slg. 1990, I-583, Randnr. 11, und vom 21. September 1999 in der Rechtssache C-44/98, BASF, Slg. 1999, I-0000, Randnrn. 16 und 21).

**Rs. C-109/04 (Kranemann),**                           **195**
**Urteil des Gerichtshofes vom 17. 03. 2005 – Slg. 2005, S. I- 2421.**

**Vorbemerkungen:** *Der EuGH bestätigt in dieser Entscheidung zum einen, dass Rechtsreferandare unter den Arbeitnehmerbegriff fallen – dies war aufgrund der Entscheidung in der Rs. Lawrie-Blum (Fall 183) allerdings klar vorhersehbar. Zum anderen stuft er die Verweigerung der staatlichen Übernahme der Kosten auch für den Auslandsanteil einer Reise zur Wahlstation im Ausland als unzulässige Beschränkung der Arbeitnehmerfreizügigkeit im Wegzugsfall an. Damit geht er über die bisherige Rechtsprechung (Bosman, Fall 193) deutlich hinaus, da in dem hier entschiedenen Fall keine mitgliedstaatlichen Verbote als Eingriff in Rede standen, sondern die Verweigerung einer finanziellen Unterstützung. Damit drohen die Grundfreiheiten im Wegzugsfall zu aktiven staatlichen Förderungspflichten zu entarten. Den Mitgliedstaaten entsprechende finanzielle Zusatzpflichten aufzuerlegen, erscheint jedoch unakzeptabel. Der EuGH hat für diese Konstellation – anders als für die Zuzugskonstellation mit der Keck-Formel – noch kein adäquates, systematisch ausgeformtes Korrektiv für die übermäßige Reichweite des Beschränkungsbegriffs entwickelt. In einzelnen Fällen der Wegzugskonstellation hat er freilich eine entsprechende Beeinträchtigung durchaus verneint (vgl. Fall 194 – Graf).*

**Sachverhalt:** Der deutsche Rechtsreferendar Kranemann absolvierte als Beamter auf Widerruf seine Wahlstation bei einer Anwaltskanzlei in London. Er beantragte beim Land Nordrhein-Westfalen die Erstattung der Reisekosten für die Hin- und Rückreise von seinem deutschen Wohnort nach London. Er erhielt allerdings nur die Kosten von seinem Wohnort zur deutschen Grenze und zurück erstattet, der Auslandsanteil der Reisekosten wurde nicht anerkannt. Das in dritter Instanz befaßte Bundesverwaltungsgericht befragte den EuGH im Vorabentscheidungsverfahren zum einen danach, ob Rechtsreferendare unter den Arbeitnehmerbegriff des Art. 39 EG fielen und zum anderen, ob die Verweigerung der vollen Reisekostenerstattung mit dem Gemeinschaftsrecht vereinbar ist. Der EuGH bejahte die erste und verneinte die zweite Frage.

**Aus den Entscheidungsgründen:**

(S. I-2438) Zum Geltungsbereich von Artikel 48 des Vertrages
[12] Nach ständiger Rechtsprechung ist der Begriff „Arbeitnehmer" im Sinne von Artikel 48 des Vertrages ein Begriff des Gemeinschaftsrechts, der nicht eng auszulegen ist. Als „Arbeitnehmer" ist jeder anzusehen, der eine tatsächliche und echte Tätigkeit ausübt, wobei Tätigkeiten außer Betracht bleiben, die einen so geringen Umfang haben, dass sie sich als völlig untergeordnet und unwesentlich darstellen. Das wesentliche Merkmal des Arbeitsverhältnisses besteht nach dieser Rechtsprechung darin, dass jemand während einer bestimmten Zeit für einen anderen nach dessen Weisung Leistungen erbringt, für die er als Gegenleistung eine Vergütung erhält (vgl. u.a. Urteile vom 3. Juli 1986 in der Rechtssache 66/85, Lawrie-Blum, Slg. 1986, 2121, Randnrn. 16 und 17, vom 26. Februar 1992 in der Rechtssache C-3/90, Bernini, Slg. 1992, I-1071, Randnr. 14, und vom 7. September 2004 in der Rechtssache C-456/02, Trojani, noch nicht in der amtlichen Sammlung veröffentlicht, Randnr. 15).

[13] In Bezug auf Personen, die einen Vorbereitungsdienst ableisten, hat der Gerichtshof entschieden, dass der Umstand, dass dieser Vorbereitungsdienst als eine mit der eigentlichen Ausübung des Berufes verbundene praktische Vorbereitung angesehen werden kann, die Anwendung von Artikel 48 des Vertrages nicht verhindert, wenn dieser Dienst unter den Bedingungen einer tatsächlichen und echten Tätigkeit im Lohn- und Gehaltsverhältnis abgeleistet wird (vgl. Urteile LawrieBlum, Randnr. 19, und Bernini, Randnr. 15).

[14] Wie der Gerichtshof in seinem Urteil vom 7. Dezember 2000 in der Rechtssache C-79/99 (Schnorbus, Slg. 2000, I-10997, Randnr. 28) festgestellt hat, ist der in Deutschland vorgesehene juristische Vor-

bereitungsdienst ein Ausbildungsabschnitt und eine notwendige Voraussetzung für den Zugang zum Richteramt oder zu einem Amt der Laufbahn des höheren Dienstes im Beamtenverhältnis.

[15] Was die Tätigkeit der Rechtsreferendare angeht, so ergibt sich aus dem Vorlagebeschluss, dass diese dazu angehalten werden, im Rahmen ihres Vorbereitungsdienstes (S. I-2439) die während des Studiums erworbenen Rechtskenntnisse praktisch anzuwenden und somit nach Weisung ihrer Ausbilder einen Beitrag zu deren Tätigkeit zu leisten, und dass die Rechtsreferendare während ihrer Ausbildung eine Vergütung in Form eines Unterhaltsbeitrags erhalten.

[16] Entgegen dem Vorbringen des Landes Nordrhein-Westfalen kann ein solches Beschäftigungsverhältnis nicht schon deshalb nicht in den Geltungsbereich von Artikel 48 des Vertrages fallen, weil die den Referendaren gezahlte Vergütung nur eine Unterhaltsbeihilfe für sie sei und eine solche vom Staat gewährte Vergütung für die Referendare, die Ausbildungsabschnitte außerhalb des staatlichen Bereiches absolvierten, nicht als Gegenleistung für die vom Referendar erbrachten Leistungen angesehen werden könne.

[17] Nach ständiger Rechtsprechung kann nämlich weder die begrenzte Höhe der Vergütung noch die Herkunft der Mittel für diese Vergütung irgendeine Auswirkung auf die Arbeitnehmereigenschaft im Sinne des Gemeinschaftsrechts haben (vgl. Urteile vom 23. März 1982 in der Rechtssache 53/81, Levin, Slg. 1982, 1035, Randnr. 16, vom 31. Mai 1989 in der Rechtssache 344/87, Bettray, Slg. 1989, 1621, Randnr. 16, und Trojani, Randnr. 16).

[18] Da Rechtsreferendare eine tatsächliche und echte Tätigkeit im Lohn- und Gehaltsverhältnis ausüben, sind sie als Arbeitnehmer im Sinne von Artikel 48 des Vertrages anzusehen.

[19] Die Anwendung von Artikel 48 des Vertrages kann nicht auf der Grundlage der in Absatz 4 dieses Artikels für die „Beschäftigung in der öffentlichen Verwaltung" (S. I-2440) vorgesehenen Ausnahme ausgeschlossen werden. Soweit der Referendar wie im vorliegenden Fall einen Teil seines Vorbereitungsdienstes außerhalb des staatlichen Bereiches absolviert, genügt die Feststellung, dass der Begriff „Beschäftigung in der öffentlichen Verwaltung" nicht die Beschäftigung im Dienst einer natürlichen oder juristischen Person des Privatrechts umfasst, unabhängig von den Aufgaben, die der Beschäftigte zu erfüllen hat (Urteil vom 31. Mai 2001 in der Rechtssache C-283/99, Kommission/Italien, Slg. 2001, I-4363, Randnr. 25).

[20] Die Situation eines Rechtsreferendars, der seinen Herkunftsmitgliedstaat verlassen hat, um einen Teil seines Vorbereitungsdiens-

tes in einem anderen Mitgliedstaat abzuleisten, kann ebenfalls nicht als rein innerstaatlicher Sachverhalt eines Mitgliedstaats außerhalb des Geltungsbereichs des Vertrages liegen.

[21] Nach alledem ist davon auszugehen, dass ein Rechtsreferendar, der Staatsangehöriger eines Mitgliedstaats ist und einen Teil seines Vorbereitungsdienstes in einem anderen Mitgliedstaat absolviert, wobei er eine tatsächliche und echte Tätigkeit im Lohn- und Gehaltsverhältnis ausübt, ein Arbeitnehmer im Sinne von Artikel 48 des Vertrages ist.

[22] Sodann ist zu prüfen, ob die im Ausgangsverfahren anwendbaren Vorschriften über die Reisekostenerstattung eine Beeinträchtigung des Rechts auf Freizügigkeit darstellen, das Artikel 48 des Vertrages den Arbeitnehmern einräumt.

Zur Beeinträchtigung der Freizügigkeit der Arbeitnehmer

[23] § 7 TEVO schließt dadurch, dass er die Erstattung der einem Rechtsreferendar, der einen Teil seines Vorbereitungsdienstes außerhalb Deutschlands absolviert, (S. I-2441) entstandenen Kosten den Sätzen für Inlandsdienstreisen unterwirft, aus, dass außerhalb des deutschen Hoheitsgebiets angefallene Reisekosten eines solchen Referendars erstattet werden.

[24] Daraus ergibt sich, dass zwar Referendare, die ihren Vorbereitungsdienst an einem Ort im deutschem Hoheitsgebiet ableisten, unabhängig von der Entfernung zwischen ihrem Wohnsitz und dem Ort der Ausbildung Anspruch auf Erstattung ihrer sämtlichen Reisekosten haben, dass aber diejenigen, die sich dafür entschieden haben, einen Teil ihres Vorbereitungsdienstes in einem anderen Mitgliedstaat zu absolvieren, den Teil der Reisekosten selbst tragen müssen, der der Strecke außerhalb des deutschen Hoheitsgebiets entspricht.

[25] Insoweit ist darauf hinzuweisen, dass der Gerichtshof wiederholt entschieden hat, dass die Vertragsbestimmungen über die Freizügigkeit den Gemeinschaftsangehörigen die Ausübung von beruflichen Tätigkeiten aller Art im Gebiet der Gemeinschaft erleichtern sollen und solchen Maßnahmen entgegenstehen, die die Gemeinschaftsangehörigen benachteiligen könnten, wenn sie eine Erwerbstätigkeit im Gebiet eines anderen Mitgliedstaats ausüben wollen (vgl. Urteile vom 7. Juli 1988 in den Rechtssachen 154/87 und 155/87, Wolf u.a., Slg. 1988, 3897, Randnr. 13, vom 15. Dezember 1995 in der Rechtssache C415/93, Bosman, Slg. 1995, I-4921, Randnr. 94, vom 26. Januar 1999 in der Rechtssache C-18/95, Terhoeve, Slg. 1999, I-345, Randnr. 37, und vom 27. Januar 2000 in der Rechtssache C-190/98, Graf, Slg. 2000, I-493, Randnr. 21).

[26] Nationale Bestimmungen, die einen Arbeitnehmer, der Staatsangehöriger eines Mitgliedstaats ist, daran hindern oder davon abhalten, sein Herkunftsland zu verlassen, um von seinem Recht auf Freizügigkeit Gebrauch zu machen, stellen daher Beeinträchtigungen dieser Freiheit dar, auch wenn sie unabhängig von der Staatsangehörigkeit der betreffenden Arbeitnehmer angewandt werden (vgl. Urteile Bosman, Randnr. 96, Terhoeve, Randnr. 39, und Graf, Randnr. 23; Urteile vom 30. September 2003 in der Rechtssache C-224/01, Köbler, Slg. 2003, I-10239, Randnr. 74, und vom 2. Oktober 2003 in der Rechtssache C-232/01, Van Lent, Slg. 2003, I-11525, Randnr. 16).

(S. I-2442) [27] Daraus folgt, dass, wenn ein Mitgliedstaat für bestimmte Beschäftigungen ein Zugangssystem vorsieht, das auf einem Vorbereitungsdienst beruht, bei dem die Referendare eine tatsächliche und echte Tätigkeit im Lohn- und Gehaltsverhältnis ausüben, und der Staat es außerdem erlaubt, dass ein Referendar diesen Vorbereitungsdienst in einem anderen Mitgliedstaat absolviert, er dafür Sorge zu tragen hat, dass die Modalitäten der Organisation dieses Vorbereitungsdienstes die vom Vertrag garantierten Grundfreiheiten nicht beeinträchtigen.

[28] Soweit eine nationale Regelung wie die TEVO von den Referendaren, die ihren Vorbereitungsdienst in einem anderen Mitgliedstaat absolvieren, verlangt, dass sie die Reisekosten für Strecken außerhalb des nationalen Hoheitsgebiets einschließlich der Kosten für Familienheimfahrten während des Vorbereitungsdienstes selbst tragen, befindet sich der Referendar, der seinen Vorbereitungsdienst in einem anderen Mitgliedstaat ableistet, in einer ungünstigeren Situation, als wenn er ihn in seinem Herkunftsmitgliedstaat abgeleistet hätte, weil dann seine Reisekosten übernommen worden wären.

[29] Somit errichtet eine solche Regelung ein finanzielles Hindernis, das Rechtsreferendare, insbesondere solche, deren finanzielle Mittel begrenzt sind, davon abhalten kann, eine Ausbildungsstation in einem anderen Mitgliedstaat anzutreten, unabhängig davon, ob die Entscheidung für eine solche Station im Allgemeinen, wie das Land Nordrhein-Westfalen vorträgt, aus Gründen, die mit der Spezialisierung des Referendars zusammenhängen, oder aus persönlichen Gründen wie der Absicht, Erfahrungen in einer anderen Rechtskultur zu sammeln, getroffen wird.

[30] Folglich kann eine Maßnahme wie die in § 7 TEVO enthaltene die Freizügigkeit der Arbeitnehmer beeinträchtigen, was grundsätzlich nach Artikel 48 des Vertrages untersagt ist.

[31] Das vorlegende Gericht möchte jedoch wissen, ob eine solche

Beeinträchtigung durch Haushaltserwägungen gerechtfertigt sein kann.

(S. I-2443) [32] Nach Auffassung von Herrn Kranemann lässt sich die Versagung der Reisekostenerstattung nur gegenüber denjenigen Referendaren, die ihren Vorbereitungsdienst im Ausland absolviert haben, nicht durch Haushaltserwägungen rechtfertigen, wenn sich herausstelle, dass diese Kosten nicht zwangsläufig höher seien als die, die Referendaren entstehen könnten, die eine Ausbildungsstation in Deutschland gewählt hätten. Haushaltserwägungen könnten allenfalls zu einer Höchstbegrenzung des erstattungsfähigen Betrages führen.

[33] Insoweit ist darauf hinzuweisen, dass eine Maßnahme, die die Freizügigkeit der Arbeitnehmer beeinträchtigt, nur dann zulässig ist, wenn sie einen berechtigten Zweck verfolgt, der mit dem Vertrag vereinbar ist, und aus zwingenden Gründen des Allgemeininteresses gerechtfertigt ist. In einem derartigen Fall muss aber die Anwendung einer solchen Maßnahme auch geeignet sein, die Verwirklichung des in Rede stehenden Zweckes zu gewährleisten, und darf nicht über das hinausgehen, was zur Erreichung dieses Zweckes erforderlich ist (vgl. u.a. Urteile vom 31. März 1993 in der Rechtssache C-19/92, Kraus, Slg. 1993, I-1663, Randnr. 32, sowie Bosman, Randnr. 104, und Köbler, Randnr. 77).

[34] Nach ständiger Rechtsprechung können rein wirtschaftliche Motive keine zwingenden Gründe des Allgemeininteresses darstellen, die eine Beschränkung einer vom Vertrag garantierten Grundfreiheit rechtfertigen könnten (Urteile vom 26. April 1988 in der Rechtssache 352/85, Bond van Adverteerders u.a., Slg. 1988, 2085, Randnr. 34, vom 25. Juli 1991 in der Rechtssache C-288/89, Collectieve Antennevoorziening Gouda, Slg. 1991, I-4007, Randnr. 11, vom 5. Juni 1997 in der Rechtssache C-398/95, SETTG, Slg. 1997, I-3091, Randnr. 23, vom 6. Juni 2000 in der Rechtssache C-35/98, Verkooijen, Slg. 2000, I-4071, Randnr. 48, und vom 16. Januar 2003 in der Rechtssache C-388/01, Kommission/Italien, Slg. 2003, I-721, Randnr. 22).

[35] Auf jeden Fall ist es, wie Herr Kranemann und die Kommission der Europäischen Gemeinschaften vorgetragen haben, nicht ausgeschlossen, dass in bestimmten Fällen die Kosten einer Reise im deutschen Hoheitsgebiet höher sind als die einer Reise in einen anderen Mitgliedstaat.

(S. I-2444) [36] Demnach ist auf die Vorlagefrage zu antworten, dass Artikel 48 des Vertrages einer nationalen Maßnahme entgegensteht, die einer Person, die im Rahmen eines Vorbereitungsdienstes eine tatsächliche und echte Tätigkeit im Lohn- und Gehaltsverhältnis in einem anderen Mitgliedstaat als ihrem Herkunftsmitgliedstaat ausgeübt hat, einen Anspruch auf Erstattung ihrer Reisekosten nur in der Höhe gewährt, die auf den inländischen Teil der Reise entfällt, obwohl nach dieser Maßnahme sämtliche Reisekosten erstattet worden wären, wenn eine solche Tätigkeit im Inland ausgeübt worden wäre.

## 8. Rechtfertigung

### *a) Ungeschriebene Rechtfertigungsgründe*

**Rs. C-237/94 (O'Flynn),**    **196**
**Urteil des Gerichtshofes vom 21. 03. 1996 – Slg. 1996, S. I-2617.**

**Vorbemerkungen:** *Der Gerichtshof hat in dieser Entscheidung die Grundsätze der Cassis-Rechtsprechung auch auf die Arbeitnehmerfreizügigkeit übertragen. Er bestätigte die Anwendung der zwingenden Gründe des Allgemeininteresses. Er geht dabei aber nicht ausdrücklich auf die Cassis-Rechtsprechung ein, sondern fragt für die Rechtfertigung nach „objektiven Erwägungen".*

**Sachverhalt:** Der Sohn des irischen Staatsangehörigen O'Flynn, der als ehemaliger Wanderarbeitnehmer im Vereinigten Königreich wohnt, verstarb im Vereinigten Königreich. Die Beerdigung fand in Irland statt. Herr O'Flynn beantragte die Zahlung von Bestattungsgeld, was mit der Begründung abgelehnt wurde, dass die Beerdigung nicht im Vereinigten Königreich stattgefunden habe, wie dies die einschlägige nationale Regelung verlange. Im Vorabentscheidungsurteil hat der EuGH entschieden, dass Art. 7 Abs. 2 der Verordnung Nr. 1612/68 einer solchen innerstaatlichen Regelung entgegensteht.

### Aus den Entscheidungsgründen:

(S. I-2638) [19] Anders verhält es sich nur dann, wenn diese Vorschriften durch objektive, von der Staatsangehörigkeit der betroffenen Arbeitnehmer unabhängige Erwägungen gerechtfertigt sind und in einem angemessenen Verhältnis zu dem Zweck stehen, der mit den nationalen Rechtsvorschriften zulässigerweise verfolgt wird (in diesem Sinn Urteile Bachmann, aaO., Randnr. 27, Kommission/Luxemburg, aaO., Randnr. 12, und vom 2. August 1993 in den Rechtssachen C-259/91, C-331/91 und C-332/91, Alluè u.a., Slg. 1993, I-4309, Randnr. 15).

[20] Wie sich aus dieser gesamten Rechtssprechung ergibt, ist eine Vorschrift des nationalen Rechts, sofern sie nicht objektiv gerechtfertigt ist und in einem angemessenen Verhältnis zum verfolgten Zweck steht, als diskriminierend anzusehen, (S. I-2639) wenn sie sich ihrem Wesen nach eher auf Wanderarbeitnehmer als auf inländische Arbeitnehmer auswirken kann und folglich die Gefahr besteht, daß sie Wanderarbeitnehmer besonders benachteiligt.

(...)

[23] Daher stellt der Umstand, daß jeder Ersatz der einem Wanderarbeitnehmer als verpflichtetem Angehörigen entstehenden Kosten davon abhängig gemacht wird, daß die Erd- oder Feuerbestattung im Vereinigten Königreich stattfindet, eine mittelbare Diskriminierung dar, sofern diese Voraussetzung nicht objektiv gerechtfertigt ist und in einem angemessenen Verhältnis zum verfolgten Zweck steht.

### b) Rechtfertigungsgründe nach Art. 39 Abs. 3 EG

**197**  **Verb. Rs. 115, 116/81 (Adoui und Cornuaille ⁄ Belgien), Urteil des Gerichtshofes vom 18. 05. 1982 – Slg. 1982, S. 1665.**

**Vorbemerkungen:** *Der Begriff der öffentlichen Ordnung im Sinne des Art. 39 Abs. 3 EG ist ein gemeinschaftsrechtlicher Begriff, bei dem allerdings den Mitgliedstaaten ein bestimmter Beurteilungsspielraum verbleibt. Unzulässig sind nicht nur generalpräventive Maßnahmen, sondern auch Maßnahmen gegen Verhaltensweisen, die bei Inländern nicht effektiv bekämpft werden.*

**Sachverhalt:** Frau Adoui, eine französische Staatsangehörige, ging in Belgien der Prostitution nach, stand jedoch daneben auch in einem Arbeitsverhältnis als Serviererin. Eine Aufenthaltserlaubnis wurde ihr aus Gründen der öffentlichen Ordnung verweigert, obschon Belgien gegen die Ausübung der Prostitution durch eigene Staatsangehörige keine Maßnahmen ergriff. Der Gerichtshof entschied im Rahmen eines Vorabentscheidungsverfahrens über die Auslegung des Begriffs der öffentlichen Ordnung. Der Vorbehalt der öffentlichen Ordnung kann eine Beschränkung der Arbeitnehmerfreizügigkeit nicht rechtfertigen, wenn das gleiche Verhalten bei eigenen Staatsangehörigen nicht zu Zwangsmaßnahmen führt.

**Aus den Entscheidungsgründen:**

(S. 1707) [7] Die in den Artikeln 48 und 56 EWG-Vertrag enthaltenen Vorbehalte erlauben es den Mitgliedstaaten, gegenüber den Staatsangehörigen anderer Mitgliedstaaten aus den in diesen Bestimmungen genannten Gründen, unter anderem aus Gründen der öffentlichen Ordnung, Maßnahmen zu ergreifen, die sie bei ihren eigenen Staatsangehörigen insoweit nicht anwenden könnten, als sie nicht die Befugnis haben, diese aus dem nationalen Hoheitsgebiet zu entfernen oder ihnen die Einreise in das nationale Hoheitsgebiet zu untersagen. Auch wenn dieser Unterschied in der Behandlung, der mit dem Wesen der zu ergreifenden Maßnahmen zusammenhängt, somit hingenommen werden muß, so ist doch zu unterstreichen, daß die für den Erlaß dieser Maßnahmen zuständige Stelle eines Mitgliedstaats die Ausübung ihrer Befugnisse nicht auf eine Beurteilung bestimmter Verhaltensweisen stützen darf, die zur Folge hätte, daß gegenüber Staatsangehörigen anderer Mitgliedstaaten ein willkürlicher Unterschied gemacht wird.

[8] In diesem Zusammenhang ist darauf hinzuweisen, daß der Rückgriff einer nationalen Stelle auf den Begriff der öffentlichen Ordnung voraussetzt, daß „eine tatsächliche und hinreichend schwere Gefährdung [besteht], die ein Grundinteresse der Gesellschaft berührt", wie der Gerichtshof in seinem (S. 1708) Urteil vom 27. Oktober 1977 (Bouchereau, 30/77, Slg. 1977, 1999) ausgeführt hat. Auch wenn das Gemeinschaftsrecht den Mitgliedstaaten hinsichtlich der Beurteilung von Verhaltensweisen, die als im Widerspruch zur öffentlichen Ordnung stehend angesehen werden können, keine einheitliche Wertskala vorschreibt, so ist doch festzustellen, daß ein Verhalten nicht als hinreichend schwerwiegend betrachtet werden kann, um im Gebiet eines Mitgliedstaats Beschränkungen der Einreise oder des Aufenthalts eines Angehörigen eines anderen Mitgliedstaats zu rechtfertigen, wenn der erstgenannte Staat gegenüber dem gleichen Verhalten, das von eigenen Staatsangehörigen ausgeht, keine Zwangsmaßnahme oder andere tatsächliche und effektive Maßnahmen zur Bekämpfung dieses Verhaltens ergreift.

(...)

[10] Mit der 10. Frage möchte das vorlegende Gericht wissen, ob die Tätigkeit eines Mitgliedstaats, der Prostituierte aus einem bestimmten Land aus seinem Hoheitsgebiet entfernen möchte, weil sie das Verbrechertum unterstützen könnten, und diese Absicht systematisch verwirklicht, indem er erklärt, daß der Beruf als Prostituierte eine Gefahr

für die öffentliche Ordnung darstellt, ohne sich die Mühe zu machen nachzuprüfen, ob die Betroffenen verdächtigt werden können, Beziehungen zum „Milieu" zu unterhalten, eine generalpräventive Maßnahme im Sinne des Artikels 3 der Richtlinie 64/221 darstellt.

[11] Es ist darauf hinzuweisen, daß nach Artikel 3 Absatz 1 der Richtlinie bei Maßnahmen der öffentlichen Ordnung oder Sicherheit ausschließlich das persönliche Verhalten der in Betracht kommenden Einzelpersonen ausschlaggebend sein darf. Es braucht hierbei nur auf das Urteil vom 26. Februar 1975 (Bonsignore, 67/74, Slg. 1975, 297) verwiesen zu werden, in dem der Gerichtshof festgestellt hat: „Gegenüber den Staatsangehörigen der Mitgliedstaaten der Gemeinschaft [dürfen] bei Maßnahmen zur Aufrechterhaltung (S. 1709) der öffentlichen Ordnung und Sicherheit vom Einzelfall losgelöste Erwägungen nicht entscheidend ins Gewicht fallen: Dies ist namentlich dem Erfordernis des ersten Absatzes zu entnehmen, wonach, ausschließlich das „persönliche Verhalten der Betroffenen ausschlaggebend sein darf".

**198**   **Rs. 67/74 (Bonsignore ⁄ Stadt Köln),**
**Urteil des Gerichtshofes vom 26. 02. 1975 – Slg. 1975, S. 297.**

**Vorbemerkungen:** *In der Rechtssache 67/74 äußert sich der EuGH zur Auslegung von Art. 3 Abs. 1 und 2 der Richtlinie Nr. 64/221 des Rates vom 25. Februar 1964 zur Koordinierung der Sondervorschriften für die Einreise und den Aufenthalt von Ausländern, soweit sie aus Gründen der öffentlichen Ordnung, Sicherheit oder Gesundheit gerechtfertigt sind. Er schließt in dieser Entscheidung generalpräventive Ausweisungsgründe, die sich aus dem nationalen Ausländerrecht ergeben können, in ihrer Anwendbarkeit gegenüber Staatsangehörigen der Mitgliedstaaten aus, die ihr Recht auf Freizügigkeit wahrnehmen.*

**Sachverhalt:** Der italienische Staatsbürger Bonsignore lebte seit 1969 als ausländischer Arbeitnehmer in der Bundesrepublik Deutschland. Er verfügte über eine zunächst bis 1974 gültige Aufenthaltserlaubnis. In der Folgezeit wurde Herr Bonsignore wegen Vergehens gegen das Waffengesetz zu einer Geldstrafe verurteilt. Darüber hinaus wurde er einer fahrlässigen Tötung für schuldig befunden, diesbezüglich jedoch keiner Sanktion unterworfen. Aufgrund dieses Strafurteils verfügte die zuständige Ausländerbehörde die Ausweisung von Herrn Bonsignore. Die Ausweisung wurde u.a. auch mit generalpräventiven Gründen gerechtfertigt. Das vorlegende deutsche Verwaltungsgericht wollte vom Gerichtshof wissen, ob Art. 3 Abs. 1 und 2 der genannten Richtlinie dergestalt auszulegen sei, dass eine Ausweisung nach nationalem Ausländerrecht aus generalpräventiven Gründen ausgeschlossen sei.

## Aus den Entscheidungsgründen:

(S. 306) [5] „Nach Artikel 3 Absatz 1 und 2 der Richtlinie Nr. 64/221 [darf] bei Maßnahmen der öffentlichen Ordnung oder Sicherheit... ausschließlich das persönliche Verhalten der in Betracht kommenden Einzelperson ausschlaggebend sein" und „[können] strafrechtliche Verurteilungen allein ... ohne weiteres diese Maßnahmen nicht begründen". Diese Bestimmungen sind im Lichte der Ziele der Richtlinie auszulegen: Mit dieser sollen insbesondere die zur Aufrechterhaltung der öffentlichen Ordnung und Sicherheit (Artikel 48 und 56 des Vertrages) gerechtfertigten Maßnahmen koordiniert werden, um deren Anwendung mit dem fundamentalen Grundsatz der Freizügigkeit in der Gemeinschaft und mit der Beseitigung jeglicher Diskriminierung zwischen eigenen Staatsangehörigen und den Staatsangehörigen der anderen Mitgliedstaaten im Anwendungsbereich des Vertrages in Einklang zu bringen.

(S. 307) [6] Bei dieser Betrachtungsweise führt Artikel 3 der Richtlinie zu der Erkenntnis, daß gegenüber den Staatsangehörigen der Mitgliedstaaten der Gemeinschaft bei Maßnahmen zur Aufrechterhaltung der öffentlichen Ordnung und Sicherheit vom Einzelfall losgelöste Erwägungen nicht entscheidend ins Gewicht fallen dürfen: Dies ist namentlich dem Erfordernis des ersten Absatzes zu entnehmen, wonach „ausschließlich das persönliche Verhalten" der Betroffenen ausschlaggebend sein darf. Da Abweichungen von den Regeln über die Freizügigkeit eng auszulegende Ausnahmevorschriften sind, drückt der Begriff des „persönlichen Verhaltens" die Forderung aus, daß eine Ausweisungsmaßnahme nur auf Gefährdungen der öffentlichen Ordnung und Sicherheit abstellen darf, die von der betroffenen Einzelperson ausgehen könnten.

[7] Auf die gestellten Fragen ist daher zu antworten, daß Artikel 3 Absatz 1 und 2 der Richtlinie Nr. 64/221 der Ausweisung eines Staatsangehörigen eines Mitgliedstaates entgegensteht, wenn diese zum Zweck der Abschreckung anderer Ausländer verfügt wird, das heißt, wenn sie – in der Formulierung des innerstaatlichen Gerichts – auf „generalpräventive" Gesichtspunkte gestützt wird.

**199**   **Rs. C-100/01 (Oteiza Olazabal),**
**Urteil des Gerichtshofes vom 26. 11. 2002, Slg. 2002 S. I-10981.**

**Vorbemerkungen:** *In der vorliegenden Rechtssache hat der EuGH entschieden, dass das aus der Freizügigkeit der Arbeitnehmer fließende Aufenthaltsrecht aus Gründen der öffentlichen Ordnung oder Sicherheit gemäß Art. 39 Abs. 3 EG auch auf einen Teil des nationalen Hoheitsgebietes beschränkt werden kann. Voraussetzung hierfür ist, dass das individuelle Verhalten des Arbeitnehmers für eine solche Beschränkung hinreichenden Anlass gibt.*

**Sachverhalt:** Der Conseil d'État hat dem EuGH gemäß Art. 234 EG eine Frage nach der Auslegung der Art. 12 EG und 39 EG sowie der Richtlinie 64/221/EWG des Rates vom 25.02.1964 zur Koordinierung der Sondervorschriften für die Einreise und den Aufenthalt von Ausländern, soweit sie aus Gründen der öffentlichen Ordnung, Sicherheit oder Gesundheit gerechtfertigt sind, zur Vorabentscheidung vorgelegt. Diese Frage stellt sich in einem Rechtsstreit zwischen dem französischen Ministre de l'Intérieur (Innenminister) und dem spanischen Staatsangehörigen Oteiza Olazabal über die Rechtmäßigkeit von Maßnahmen zur Beschränkung des Aufenthaltsrechts von Herrn Oteiza Olazabal auf einen Teil des französischen Hoheitsgebiets.

**Aus den Entscheidungsgründen:**

(S.I-11011) [23] Einleitend ist zu klären, welche Bestimmungen des Vertrages auf eine Rechtssache wie die des Ausgangsverfahrens anwendbar sind. In dieser Hinsicht ergibt sich aus den dem Gerichtshof vorgelegten Erklärungen, dass Herr Oteiza Olazabal während des ganzen für das Ausgangsverfahren maßgebenden Zeitraums als Arbeitnehmer in Frankreich gearbeitet hat.

[24] Unter diesen Umständen fällt die Rechtssache in den Anwendungsbereich von Artikel 48 EG-Vertrag.

(...)

(S.I-11012) [27] (...) Nach Artikel 48 Absatz 3 EG-Vertrag kann dieses Recht jedoch insoweit beschränkt werden, als dies aus Gründen der öffentlichen Ordnung, Sicherheit und Gesundheit gerechtfertigt ist.

(...)

[29] Der Gerichtshof hat die Vorlagefragen erstens dahin beantwortet, dass die Wendung vorbehaltlich der aus Gründen der öffentlichen Ordnung (...) gerechtfertigten Beschränkungen in Artikel 48 EG-Ver-

trag nicht nur die Rechts- und Verwaltungsvorschriften betrifft, die jeder Mitgliedstaat zur Beschränkung der Freizügigkeit und des Aufenthalts von Staatsangehörigen der anderen Mitgliedstaaten in seinem Staatsgebiet erlassen hat, sondern auch in Anwendung solcher Rechts- oder Verwaltungsvorschriften erlassene Einzelentscheidungen.

[30] Er hat zweitens ausgeführt, dass die Berechtigung von Maßnahmen zum Schutz der öffentlichen Ordnung anhand aller Vorschriften des Gemeinschaftsrechts zu beurteilen ist, die dazu bestimmt sind, zum einen das freie Ermessen der Mitgliedstaaten auf diesem Gebiet zu beschränken und zum anderen die Verteidigung der Rechte von Personen zu garantieren, die aus Gründen der öffentlichen Ordnung freiheitsbeschränkenden Maßnahmen unterworfen werden.

[31] Der Gerichtshof hat ergänzt, dass sich solche Beschränkungen und Garantien insbesondere aus der den Mitgliedstaaten auferlegten Verpflichtung ergeben, Maßnahmen ausschließlich aufgrund des persönlichen Verhaltens der betroffenen Personen zu erlassen, sich auf diesem Gebiet aller Maßnahmen zu enthalten, die anderen Zielen als den Erfordernissen der öffentlichen Ordnung dienen oder die Ausübung der gewerkschaftlichen Rechte beeinträchtigen könnten, jeder von freiheitsbeschränkenden Maßnahmen betroffenen Person – außer wenn Gründe der Sicherheit des Staates entgegenstehen – unverzüglich die Gründe mitzuteilen, auf die sich die Entscheidung stützt, und endlich die Möglichkeit zur Einlegung zweckentsprechender Rechtsbehelfe zu gewährleisten.

(...)

(S.I-11013) [35] Der Beklagte des Ausgangsverfahrens wurde dagegen in Frankreich wegen Bildung einer kriminellen Vereinigung, die sich zum Ziel gesetzt hat, die öffentliche Ordnung durch Einschüchterung oder Terror zu erschüttern, zu 18 Monaten Freiheitsstrafe und zu vier Jahren Aufenthaltsverbot verurteilt. Aus den Akten ergibt sich, dass die ihm gegenüber getroffenen ordnungsbehördlichen Maßnahmen, um deren Rechtmäßigkeit es im Ausgangsverfahren geht, dadurch veranlasst wurden, dass er einer bewaffneten und organisierten Gruppe angehörte, deren Tätigkeit die öffentliche Ordnung im französischen Hoheitsgebiet beeinträchtigt. Die Verhinderung einer solchen Tätigkeit kann im Übrigen der Aufrechterhaltung der öffentlichen Sicherheit zugeordnet werden.

(...)

(S.I-11014) [39] Es ist darauf zu verweisen, dass der in Artikel 48 Absatz 3 EG-Vertrag enthaltene Vorbehalt den Mitgliedstaaten die Möglichkeit eröffnet, angesichts einer tatsächlichen und hinreichend schweren Gefährdung, die ein Grundinteresse der Gesellschaft berührt, die Freizügigkeit von Arbeitnehmern einzuschränken (vgl. in diesem Sinne Urteile vom 27. Oktober 1977 in der Rechtssache 30/77, Bouchereau, Slg. 1977, 1999, Randnr. 35, und vom 5. Februar 1991 in der Rechtssache C-363/89, Roux, Slg. 1991, I-273, Randnr. 30).

(...)

(S.I-11015) [43] Zudem kann eine Maßnahme, mit der eine der durch den Vertrag garantierten grundlegenden Freiheiten eingeschränkt wird, nur gerechtfertigt sein, wenn sie den Grundsatz der Verhältnismäßigkeit beachtet. In dieser Hinsicht muss eine solche Maßnahme geeignet sein, die Verwirklichung des mit ihr verfolgten Zieles zu gewährleisten, und sie darf nicht über das hinausgehen, was zur Erreichung dieses Zieles erforderlich ist (Urteil vom 30. November 1995 in der Rechtssache C-55/94, Gebhard, Slg. 1995, I-4165, Randnr. 37).

(S.I-11016) [44] Im Übrigen ist es Sache der nationalen Gerichte, zu kontrollieren, ob sich die im konkreten Fall getroffenen Maßnahmen tatsächlich auf ein individuelles Verhalten beziehen, das eine tatsächliche und hinreichend schwere Gefährdung der öffentlichen Ordnung oder Sicherheit darstellt, und ob sie zudem den Grundsatz der Verhältnismäßigkeit beachten.

[45] Folglich ist auf die Vorlagefrage zu antworten, dass weder Artikel 48 EG-Vertrag noch die Bestimmungen des abgeleiteten Rechts zur Durchführung der Freizügigkeit der Arbeitnehmer es einem Mitgliedstaat verwehren, gegenüber einem Wanderarbeitnehmer, der die Staatsangehörigkeit eines anderen Mitgliedstaats besitzt, ordnungsbehördliche Maßnahmen zu treffen, mit denen das Aufenthaltsrecht dieses Arbeitnehmers auf einen Teil des nationalen Hoheitsgebiets beschränkt wird, sofern
- auf sein individuelles Verhalten gestützte Gründe der öffentlichen Ordnung oder Sicherheit es rechtfertigen,
- diese Gründe ohne die Möglichkeit einer teilweisen Beschränkung wegen ihrer Schwere nur zu einem Aufenthaltsverbot oder zu einer Entfernung aus dem gesamten nationalen Hoheitsgebiet führen können und
- das Verhalten, das der betreffende Mitgliedstaat verhindern will, dann, wenn es von seinen eigenen Staatsangehörigen ausgeht, repressive oder andere tatsächliche und effektive Maßnahmen zu seiner Bekämpfung zur Folge hat.

# III. Niederlassungsfreiheit, Art. 43 ff. EG

## 1. Begriff der Niederlassung

**Rs. C-221/89 (Factortame u.a.),**    **200**
**Urteil des Gerichtshofes vom 25. 07. 1991 – Slg. 1991, S. I-3905.**

**Vorbemerkungen:** *In der Rechtssache Factortame hat der EuGH den Begriff der Niederlassung nach Art. 43 EG in sachlicher Hinsicht definiert. Das Kriterium der „festen Einrichtung auf unbestimmte Zeit" dient auch zur Abgrenzung der Niederlassungsfreiheit von der Dienstleistungsfreiheit. Für eine Abgrenzung der Niederlassungsfreiheit von der Arbeitnehmerfreizügigkeit muss die ausgeübte wirtschaftliche Tätigkeit nach dem ausdrücklichen Wortlaut des Art. 43 EG zudem den Charakter einer selbständigen Erwerbstätigkeit haben.*

**Sachverhalt:** Aufgrund einer Änderung des britischen Rechts konnten die Fischereifahrzeuge der Firma Factortame Ltd., deren Anteilseigner größtenteils spanische Staatsangehörige waren, nicht im britischen Schiffsregister eingetragen bleiben. Mit der Änderung des Registerrechts sollte für die Zukunft verhindert werden, dass ausländische Fischer die dem Vereinigten Königreich zugewiesenen EG-Fischfangquoten nutzen können. Die Factortame klagte hiergegen vor den britischen Gerichten und machte u.a. eine Verletzung ihrer Niederlassungsfreiheit nach Art. 43 EG geltend. Der britische High Court legte dem EuGH u.a. die Frage vor, ob das Gemeinschaftsrecht die Voraussetzungen beeinflusse, unter denen ein Mitgliedstaat vorschreibt, welche Schiffe in seinem Hoheitsgebiet registriert werden dürfen. Der EuGH antwortete, dass es zwar Sache der Mitgliedstaaten sei, diese Voraussetzungen festzulegen. Bei der Ausübung dieser Befugnis müssten die Mitgliedstaaten jedoch die Vorgaben des Gemeinschaftsrechts, u.a. der Niederlassungsfreiheit, beachten.

### Aus den Entscheidungsgründen:

[19] Die Kommission hat in der mündlichen Verhandlung geltend gemacht, die Registrierung eines Schiffes stelle als solche einen Akt der Niederlassung im Sinne der Artikel 52 ff. EWG-Vertrag dar, so daß die Vorschriften über die Niederlassungsfreiheit Anwendung fänden.

[20] Dazu ist zu bemerken, daß der Niederlassungsbegriff im Sinne der Artikel 52 ff. EWG-Vertrag die tatsächliche Ausübung einer wirt-

schaftlichen Tätigkeit mittels einer festen Einrichtung in einem anderen Mitgliedstaat auf unbestimmte Zeit umfasst.

[21] Die Registrierung eines Schiffes bedeutet somit nicht notwendigerweise eine Niederlassung im Sinne des Vertrages, insbesondere dann nicht, wenn das Schiff nicht zur Ausübung einer wirtschaftlichen Tätigkeit eingesetzt wird oder wenn der Registrierungsantrag von einer Person oder für Rechnung einer Person gestellt wird, die in dem betreffenden Staat nicht niedergelassen ist und nicht beabsichtigt, sich dort niederzulassen.

[22] Stellt das Schiff jedoch ein Mittel zur Ausübung einer wirtschaftlichen Tätigkeit dar, die eine feste Einrichtung in dem betreffenden Staat voraussetzt, so kann seine Registrierung von der Ausübung der Niederlassungsfreiheit nicht losgelöst werden.

[23] Folglich dürfen die Voraussetzungen für die Registrierung von Schiffen der Niederlassungsfreiheit im Sinne der Artikel 52 ff. EWG-Vertrag nicht entgegenstehen.

**201   Rs. 81/87 (The Queen ⁄ Treasury and Commissioners of Inland Revenue, ex Parte Daily Mail and General Trust PLC; „Daily Mail"),**
**Urteil des Gerichtshofes vom 27. 09. 1988 – Slg. 1988, S. 5483.**

**Vorbemerkungen:** *Die Entscheidung behandelt die Frage, inwieweit Gesellschaften und juristische Personen im Sinne des Art. 48 EG von der primären Niederlassungsfreiheit Gebrauch machen können. Diejenigen mitgliedstaatlichen Rechtsordnungen, die der sogenannten Sitztheorie des internationalen Gesellschaftsrechts folgen, knüpfen den rechtlichen Bestand einer Gesellschaft nämlich an den Ort des tatsächlichen Sitzes der Gesellschaft. Keine Rolle spielt dabei, wo sich der in der Satzung angegebene Sitz befindet und nach welchem Recht die Gesellschaft gegründet wurde. Verlegt eine Gesellschaft ihren Sitz in einen anderen Mitgliedstaat, welcher der Sitztheorie folgt, so muss sie daher in diesem Staat neu gegründet werden. Eine bloße Sitzverlegung unter Beibehaltung der bisherigen Rechtspersönlichkeit erkennt die Sitztheorie auch dann nicht an, wenn der Herkunftsstaat der Gründungstheorie folgt und somit den Fortbestand der Rechtspersönlichkeit der Gesellschaft anerkennt. Der EuGH entschied, dass Gesellschaften nach dem damaligen Stand des Gemeinschaftsrechts nicht in den Schutzbereich der primären Niederlassungsfreiheit fallen. Die aus dem Urteil zu zie-*

*henden Konsequenzen waren lange umstritten. Insbesondere war fraglich, ob der Ausschluss auch angesichts der zwischenzeitlich erfolgten Entwicklung des Gemeinschaftsrechts aufrechtzuerhalten war. In der Entscheidung Überseering (Fall 202) hat der EuGH klargestellt, dass der Ausschluss von Gesellschaften aus dem Schutzbereich der Niederlassungsfreiheit jedenfalls dann nicht gilt, wenn es um eine den Zuzug einer Gesellschaft regelnde nationale Maßnahme geht.*

**Sachverhalt:** Nach britischem Recht ist für die Erhebung von Unternehmenssteuern der Sitz der Geschäftsleitung entscheidend. Die Klägerin des Ausgangsverfahrens beabsichtigte aus Gründen der Steuerersparnis daraufhin eine Verlegung in die Niederlande. Dies setzte jedoch die Zustimmung des britischen Finanzministers voraus. Der Gerichtshof entschied im Rahmen eines Vorabentscheidungsverfahrens, dass beim damaligen Stand des Gemeinschaftsrechts eine Sitzverlegung der Geschäftsleitung in einen anderen Mitgliedstaat nicht von Art. 43 und 48 EG erfasst wurde.

### Aus den Entscheidungsgründen:

(S. 5510) [16] Zwar sollen diese Bestimmungen ihrer Fassung nach insbesondere die Inländerbehandlung im Aufnahmemitgliedstaat sicherstellen, sie verbieten es aber auch dem Herkunftsstaat, die Niederlassung seiner Staatsangehörigen oder einer nach seinem Recht gegründeten, der Definition des Artikels 58 genügenden Gesellschaft in einem anderen Mitgliedstaat zu behindern. Wie die Kommission zu Recht ausgeführt hat, wären die in Artikel 52 ff. gewährten Rechte sinnentleert, wenn der Herkunftsstaat Unternehmen verbieten könnte, auszuwandern, um sich in einem anderen Mitgliedstaat niederzulassen. Für natürliche Personen ist das Recht zur Ausreise aus dem Hoheitsgebiet zu diesem Zweck ausdrücklich in der Richtlinie 73/148 geregelt, die Gegenstand der zweiten Vorlagefrage ist.

(S. 5511) [17] Eine Gesellschaft macht vom Niederlassungsrecht im allgemeinen durch die Gründung von Agenturen, Zweigniederlassungen und Tochtergesellschaften Gebrauch, wie es in Artikel 52 Absatz 1 Satz 2 ausdrücklich vorgesehen ist. Eine solche Niederlassung hat die Klägerin im vorliegenden Fall mit der Eröffnung ihres Anlageberatungsbüros in den Niederlanden geschaffen. Eine Gesellschaft kann von ihrem Niederlassungsrecht weiter Gebrauch machen, indem sie an der Gründung einer Gesellschaft in einem anderen Mitgliedstaat teilnimmt; insoweit garantiert ihr Artikel 221 EWG-Vertrag für die Beteiligung am Kapital der neuen Gesellschaft die Inländerbehandlung.

[18] Die britische Rechtsvorschrift, um die im Ausgangsverfahren gestritten wird, beschränkt solche Niederlassungsvorgänge in keiner Weise. Sie verhindert auch nicht die teilweise oder selbst vollständige Übertragung des Kapitals einer Gesellschaft britischen Rechts auf eine in einem anderen Mitgliedstaat neu gegründete Gesellschaft, gegebenenfalls nach Liquidierung und damit nach Abschluß der Steuerrechnung der britischen Gesellschaft. Die Zustimmung des Finanzministeriums ist nur für den Fall vorgeschrieben, daß diese Gesellschaft unter Beibehaltung ihrer Rechtspersönlichkeit und ihrer Eigenschaft als Gesellschaft britischen Rechts den Sitz ihrer Geschäftsleitung aus dem Vereinigten Königreich verlegen will.

[19] Im Gegensatz zu natürlichen Personen werden Gesellschaften aufgrund einer Rechtsordnung, beim gegenwärtigen Stand des Gemeinschaftsrechts aufgrund einer nationalen Rechtsordnung, gegründet. Jenseits der jeweiligen nationalen Rechtsordnung, die ihre Gründung und ihre Existenz regelt, haben sie keine Realität.

[20] Hinsichtlich dessen, was für die Gründung einer Gesellschaft an Verknüpfung mit dem nationalen Gebiet erforderlich ist, wie hinsichtlich der Möglichkeit einer nach einem nationalen Recht gegründeten Gesellschaft, diese Verknüpfung nachträglich zu ändern, bestehen erhebliche Unterschiede im Recht der Mitgliedstaaten. (...).

(S. 5512) [21] Der EWG-Vertrag trägt diesen Unterschieden im nationalen Recht Rechnung. Bei der Definition der Gesellschaften, denen die Niederlassungsfreiheit zugute kommt, in Artikel 58 EWG-Vertrag werden der satzungsmäßige Sitz, die Hauptverwaltung und die Hauptniederlassung einer Gesellschaft als Anknüpfung gleich geachtet. In Artikel 220 EWG-Vertrag ist, soweit erforderlich, der Abschluß von Übereinkommen unter den Mitgliedstaaten vorgesehen, um unter anderem die Beibehaltung der Rechtspersönlichkeit bei Verlegung des Sitzes von einem Mitgliedstaat in einen anderen sicherzustellen.

(...)

[23] Nach alledem betrachtet der EWG-Vertrag die Unterschiede, die die Rechtsordnungen der Mitgliedstaaten hinsichtlich der für ihre Gesellschaften erforderlichen Anknüpfung sowie der Möglichkeit und gegebenenfalls der Modalitäten einer Verlegung des satzungsmäßigen oder wahren Sitzes einer Gesellschaft nationalen Rechts von einem Mitgliedstaat in einen anderen aufweisen, als Probleme, die durch die Bestimmungen über die Niederlassungsfreiheit nicht gelöst sind, sondern einer Lösung im Wege der Rechtssetzung oder des Vertragsschlusses bedürfen; eine solche wurde jedoch noch nicht gefunden.

**Rs. C-208/00 (Überseering),**                                    **202**
Urteil des Gerichtshofes vom 05. 11. 2002 – Slg. 2002, S. I-9919.

**Vorbemerkungen:** *In der Rechtssache Überseering war der EuGH über zehn Jahre nach der Daily Mai- Entscheidung (Fall 201) wieder mit der Frage nach der Vereinbarkeit der gesellschaftsrechtlichen Sitztheorie mit den Regelungen der Niederlassungsfreiheit nach Art. 43 und 48 EG konfrontiert. Im Ergebnis hat der EuGH in dieser Entscheidung erstmals eine – jedenfalls partielle – Gemeinschaftsrechtswidrigkeit der Sitztheorie festgestellt. In der Daily Mail-Entscheidung war er noch unter Berufung auf Art. 293 EG davon ausgegangen, die Probleme der Verlegung des Sitzes einer Gesellschaft von einem Mitgliedstaat in einen anderen seien nicht durch die Regelungen über die Niederlassungsfreiheit, sondern nur im Wege der Rechtsetzung oder des Vertragschlusses zu lösen. In der Entscheidung Überseering vertritt der EuGH demgegenüber die Auffassung, dass das Gebrauchmachen einer Gesellschaft von der Niederlassungsfreiheit nicht vom Abschluss weiterer Übereinkünfte abhängen darf. In dogmatischer Hinsicht hat er daher nun auch Gesellschaften i.S.d. Art. 48 EG grundsätzlich das Recht zuerkannt, sich auf die primäre Niederlassungsfreiheit zu berufen. Offen bleibt jedoch, welche Folgerungen aus der vom EuGH vorgenommenen strengen Unterscheidung zwischen der Niederlassungsfreiheit als Wegzugs- (Konstellation im Daily Mail-Fall) und als Zuzugsfreiheit (Konstellation im Überseering-Fall) zu ziehen sind. Die Argumentation des EuGH kann nämlich auch als Bestätigung seiner Daily Mail-Entscheidung und damit als eine für Gesellschaften weiterhin nur begrenzte Geltung der primären Niederlassungsfreiheit in Gestalt der Zuzugsfreiheit verstanden werden. Die weitere Rechtsprechung zu diesem Problemkreis bleibt demnach abzuwarten.*

**Sachverhalt:** Die Überseering, eine Gesellschaft niederländischen Rechts, war Eigentümerin eines in Deutschland gelegenen Grundstücks. Sie beauftragte im Jahr 1992 die Nordic Construction Company Baumanagement GmbH (NCC) mit der baulichen Sanierung von auf dem Grundstück befindlichen Gebäuden. Die Arbeiten wurden nach Auffassung der Überseering mangelhaft ausgeführt, so dass diese im Jahr 1996 beim zuständigen deutschen Landgericht Klage auf Schadensersatz gegen die NCC erhob. Die Klage wurde vom Landgericht wie auf vom Oberlandesgericht mit der Begründung als unzulässig zurückgewiesen, die Überseering habe im Jahr 1994 durch Übertragung sämtlicher Geschäftsanteile auf in Deutschland

lebende deutsche Staatsangehörige ihren tatsächlichen Verwaltungssitz
nach Deutschland verlagert ohne sich nach deutschem Recht neu zu gründen. Sie sei daher gemäß § 50 Abs. 1 ZPO nicht parteifähig. Der BGH hatte
Zweifel an der Vereinbarkeit dieser Auslegung mit Art. 43 i.V.m. 48 EG. Im
Wege eines Vorabentscheidungsverfahrens entschied der EuGH, dass diese
Regelungen über die Parteifähigkeit mit Art. 43 EG nicht zu vereinbaren
sind.

## Aus den Entscheidungsgründen:

(S. I-9963) Zur Anwendbarkeit der Bestimmungen des EG-Vertrags
über die Niederlassungsfreiheit.

[52] Vorab ist entgegen der Ansicht von NCC sowie der deutschen,
der spanischen und der italienischen Regierung klarzustellen, dass im
Fall einer Gesellschaft, die wirksam in einem ersten Mitgliedstaat gegründet worden ist, dort ihren satzungsmäßigen Sitz hat und von der
nach dem Recht eines zweiten Mitgliedstaats angenommen wird, dass
sie nach der Abtretung aller ihrer Geschäftsanteile an Staatsangehörige dieses Staates, in dem diese auch wohnen, ihren tatsächlichen Verwaltungssitz dorthin verlegt hat, die Regeln, die der zweite Mitgliedstaat auf diese Gesellschaft anwendet, beim gegenwärtigen Stand des
Gemeinschaftsrechts nicht aus dem Anwendungsbereich der Gemeinschaftsvorschriften über die Niederlassungsfreiheit fallen.

[53] Insoweit ist erstens das auf Artikel 293 EG gestützte Vorbringen von NCC sowie der deutschen, der spanischen und der italienischen Regierung zurückzuweisen.

(S. I-9964) [54] Wie der Generalanwalt in Nummer 42 seiner Schlussanträge ausführt, stellt Artikel 293 EG nämlich keinen Rechtsetzungs-
vorbehalt zugunsten der Mitgliedstaaten dar. Diese Vorschrift fordert
die Mitgliedstaaten zwar auf, Verhandlungen einzuleiten, u.a. um die
Lösung der Probleme zu erleichtern, die sich aus der Unterschiedlichkeit der Rechtsvorschriften über die gegenseitige Anerkennung von
Gesellschaften und über die Aufrechterhaltung ihrer Rechtspersönlichkeit bei grenzüberschreitender Sitzverlegung ergeben, dies aber
nur, soweit erforderlich, also für den Fall, dass die Bestimmungen des
EG-Vertrags nicht die Erreichung der Vertragsziele ermöglichen.

[55] Insbesondere ist darauf hinzuweisen, dass zwar die Übereinkünfte, zu deren Abschluss Artikel 293 EG anregt, genau wie die in
Artikel 44 EG vorgesehenen Harmonisierungsrichtlinien die Verwirklichung der Niederlassungsfreiheit erleichtern können, das Gebrauchmachen von dieser Freiheit aber nicht vom Abschluss solcher
Übereinkünfte abhängen kann.

[56] Wie der Gerichtshof bereits bei anderer Gelegenheit ausgeführt hat, umfasst die Niederlassungsfreiheit, die Artikel 43 EG den Gemeinschaftsangehörigen zuerkennt, das Recht zur Aufnahme und Ausübung selbständiger Erwerbstätigkeiten sowie zur Errichtung von Unternehmen und zur Ausübung der Unternehmertätigkeit nach den Bestimmungen, die im Niederlassungsstaat für dessen eigene Angehörigen gelten. Außerdem stehen nach dem Wortlaut des Artikels 48 EG für die Anwendung [der Bestimmungen des EG-Vertrags über das Niederlassungsrecht] die nach den Rechtsvorschriften eines Mitgliedstaats gegründeten Gesellschaften, die ihren satzungsmäßigen Sitz, ihre Hauptverwaltung oder ihre Hauptniederlassung innerhalb der Gemeinschaft haben, den natürlichen Personen gleich, die Angehörige der Mitgliedstaaten sind.

[57] Hieraus folgt unmittelbar, dass diese Gesellschaften das Recht haben, ihre Tätigkeit in einem anderen Mitgliedstaat auszuüben, wobei ihr satzungsmäßiger Sitz, ihre Hauptverwaltung oder ihre Hauptniederlassung, ebenso wie die Staatsangehörigkeit bei natürlichen Personen, dazu dient, ihre Zugehörigkeit zur Rechtsordnung eines Mitgliedstaats zu bestimmen.

(...)

(S. I-9965) [61] Zweitens ist das Vorbringen zu prüfen, das sich auf das Urteil Daily Mail and General Trust, das im Mittelpunkt der Erörterungen vor dem Gerichtshof gestanden hat, stützt. Dieses Vorbringen ist insoweit zu prüfen, als es darauf gerichtet ist, der dem Urteil Daily Mail and General Trust zugrunde liegenden Situation in gewisser Weise die Sachlage gleichzusetzen, aus der das deutsche Recht den Verlust der Rechtsfähigkeit und den Verlust der Parteifähigkeit einer nach dem Recht eines anderen Mitgliedstaats gegründeten Gesellschaft ableitet.

[62] Insoweit ist darauf hinzuweisen, dass das Urteil Daily Mail and General Trust die Beziehungen zwischen einer Gesellschaft und einem Mitgliedstaat, nach dessen Recht sie gegründet worden ist, in dem Fall betrifft, in dem die Gesellschaft ihren tatsächlichen Verwaltungssitz unter Wahrung der ihr in ihrem Gründungsstaat zuerkannten Rechtspersönlichkeit in einen anderen Mitgliedstaat verlegen wollte. Hingegen handelt es sich im Ausgangsrechtsstreit um die Anerkennung einer nach dem Recht eines Mitgliedstaats gegründeten Gesellschaft durch einen anderen Mitgliedstaat; dabei wird einer solchen Gesellschaft in diesem Mitgliedstaat die Rechtsfähigkeit abgesprochen, da er davon ausgeht, dass sie ihren tatsächlichen Verwaltungssitz in sein Hoheitsgebiet verlegt hat, ohne dass es hierfür

darauf ankäme, ob die Gesellschaft tatsächlich eine Sitzverlegung vornehmen wollte.

(S. I-9966) [63] Wie sowohl die niederländische Regierung und die Regierung des Vereinigten Königreichs als auch die Kommission und die EFTA-Überwachungsbehörde geltend machen, hat Überseering nie die Absicht bekundet, ihren Sitz nach Deutschland zu verlegen. Ihre rechtliche Existenz ist nach dem Recht ihres Gründungsstaats durch die Abtretung ihrer sämtlichen Geschäftsanteile an in Deutschland wohnende Personen nie in Frage gestellt worden. Insbesondere ist sie nicht Gegenstand von Auflösungsmaßnahmen nach niederländischem Recht gewesen, nach dem sie nie aufgehört hat, wirksam zu bestehen.

[64] Selbst wenn man den Ausgangsrechtsstreit so verstünde, als ginge es um die grenzüberschreitende Verlegung des tatsächlichen Verwaltungssitzes, ist daher die von NCC sowie der deutschen, der spanischen und der italienischen Regierung vertretene Auslegung des Urteils Daily Mail and General Trust unzutreffend.

[65] In der Rechtssache, in der dieses Urteil erging, wollte die Daily Mail and General Trust PLC, eine nach dem Recht des Vereinigten Königreich gegründete Gesellschaft, die dort sowohl ihren satzungsmäßigen Sitz als auch ihren tatsächlichen Verwaltungssitz hatte, Letzteren in einen anderen Mitgliedstaat verlegen, ohne ihre Rechtspersönlichkeit oder ihre Eigenschaft als Gesellschaft englischen Rechts zu verlieren; die dafür erforderliche Genehmigung der zuständigen britischen Behörden wurde ihr verweigert. Sie verklagte diese Behörden daher beim High Court of Justice, Queen's Bench Division (Vereinigtes Königreich), und machte geltend, dass die Artikel 52 und 58 des EWG-Vertrags ihr das Recht zuerkennen würden, ihren tatsächlichen Verwaltungssitz ohne vorherige Genehmigung und ohne Verlust ihrer Rechtspersönlichkeit in einen anderen Mitgliedstaat zu verlegen.

(S. I-9967) [66] Anders als im Ausgangsverfahren ging es somit in der Rechtssache, in der das Urteil Daily Mail and General Trust erging, nicht darum, wie ein Mitgliedstaat eine in einem anderen Mitgliedstaat wirksam gegründete Gesellschaft zu behandeln hat, die im ersten Mitgliedstaat von ihrer Niederlassungsfreiheit Gebrauch macht.

[67] Im Zusammenhang mit der Frage des High Court of Justice, ob die Bestimmungen des Vertrages über die Niederlassungsfreiheit einer Gesellschaft das Recht zuerkennen, ihre Geschäftsleitung in einen anderen Mitgliedstaat zu verlegen, erinnert der Gerichtshof in Randnummer 19 des Urteils Daily Mail and General Trust daran, dass eine

aufgrund einer nationalen Rechtsordnung gegrundete Gesellschaft jenseits der nationalen Rechtsordnung, die ihre Gründung und ihre Existenz regelt, keine Realität hat.

[68] In Randnummer 20 dieses Urteils unterstreicht der Gerichtshof die Unterschiede zwischen den nationalen Rechtsordnungen hinsichtlich dessen, was für die Gründung einer Gesellschaft an Verknüpfung mit dem nationalen Gebiet erforderlich ist, wie hinsichtlich der Möglichkeit einer nach einem nationalen Recht gegründeten Gesellschaft, diese Verknüpfung nachträglich zu ändern.

[69] In Randnummer 23 dieses Urteils kommt der Gerichtshof zu dem Ergebnis, dass der EG-Vertrag diese Unterschiede als Probleme betrachtet, die durch die Bestimmungen des EG-Vertrags über die Niederlassungsfreiheit nicht gelöst sind, sondern einer Lösung im Wege der Rechtssetzung oder des Vertragsschlusses bedürfen; eine solche war jedoch noch nicht gefunden worden.

[70] Dabei hat sich der Gerichtshof darauf beschränkt, festzustellen, dass sich die Möglichkeit für eine nach dem Recht eines Mitgliedstaats gegründete Gesellschaft, ihren satzungsmäßigen Sitz oder ihren tatsächlichen Verwaltungssitz in einen anderen Mitgliedstaat zu verlegen, ohne die ihr durch die Rechtsordnung des Gründungsmitgliedstaats zuerkannte Rechtspersönlichkeit zu verlieren, und gegebenenfalls die Modalitäten dieser Verlegung nach den nationalen Rechtsvorschriften beurteilen, nach denen diese Gesellschaft gegründet worden ist. Er zog daraus den Schluss, dass ein Mitgliedstaat die Möglichkeit hat, einer nach seiner Rechtsordnung gegründeten Gesellschaft Beschränkungen hinsichtlich der Verlegung ihres tatsächlichen Verwaltungssitzes aus seinem Hoheitsgebiet aufzuerlegen, damit sie die ihr nach dem Recht dieses Staates zuerkannte Rechtspersönlichkeit beibehalten kann.

(S. I-9968) [71] Der Gerichtshof hat sich dagegen nicht zu der Frage geäußert, ob in einem Fall wie im Ausgangsverfahren, in dem von einer nach dem Recht eines Mitgliedstaats gegründeten Gesellschaft nach dem Recht eines anderen Mitgliedstaats angenommen wird, dass sie ihren tatsächlichen Verwaltungssitz in diesen verlegt hat, dieser andere Mitgliedstaat sich weigern darf, die Rechtspersönlichkeit anzuerkennen, die ihr nach der Rechtsordnung ihres Gründungsstaats zuerkannt wird.

[72] Ungeachtet des allgemein gehaltenen Wortlauts der Randnummer 23 des Urteils Daily Mail and General Trust wollte der Gerichtshof den Mitgliedstaaten nicht die Möglichkeit einräumen, die tatsächliche Inanspruchnahme der Niederlassungsfreiheit in ihrem

Hoheitsgebiet durch in anderen Mitgliedstaaten wirksam gegründete Gesellschaften, von denen sie annehmen, dass sie ihren tatsächlichen Verwaltungssitz in ihr Hoheitsgebiet verlegt haben, von der Beachtung ihres nationalen Gesellschaftsrechts abhängig zu machen.

[73] Dem Urteil Daily Mail and General Trust kann daher nicht entnommen werden, dass in dem Fall, dass eine Gesellschaft, die nach dem Recht eines Mitgliedstaats gegründet worden ist und der dort Rechtspersönlichkeit zuerkannt wird, von ihrer Niederlassungsfreiheit in einem anderen Mitgliedstaat Gebrauch macht, die Frage der Anerkennung ihrer Rechtsfähigkeit und ihrer Parteifähigkeit im Mitgliedstaat der Niederlassung nicht den Bestimmungen des EG-Vertrags über die Niederlassungsfreiheit unterliegt. Dies gilt selbst dann, wenn von dieser Gesellschaft nach dem Recht des Mitgliedstaats der Niederlassung angenommen wird, dass sie ihren tatsächlichen Verwaltungssitz dorthin verlegt hat.

**203   Rs. C-411/03 (Sevic Systems AG),**
**Urteil des Gerichtshofes vom 13. 12. 2005, – Slg. 2005, S. I-10805.**

**Vorbemerkungen:** *Die Entscheidung Sevic Systems AG ist in zweierlei Hinsicht bedeutsam. Der EuGH hat darin zum einen eine weitere wirtschaftlich wichtige Handlung in den Schutzbereich der (primären) Niederlassungsfreiheit einbezogen: den grenzüberschreitenden Zusammenschluss zweier juristischer Personen im Wege der Verschmelzung. Dies war im Ausgangsverfahren insoweit problematisch, als die betreffende juristische Person mit Sitz in Luxemburg bei einer Verschmelzung mit einer juristischen Person in Deutschland dort gerade keine dauerhafte Niederlassung zu errichten beabsichtigte, denn die Verschmelzung hätte dazu geführt, dass die luxemburgische Gesellschaft in der deutschen aufgegangen wäre und daher ihre Rechtspersönlichkeit verloren hätte. Anders als in der Rechtssache Überseering (Fall 202) lag also kein Fall des Zuzugs einer juristischen Person vor. Der EuGH verzichtet vielmehr im Wege einer teleologischen Auslegung der Niederlassungsfreiheit auf das Kriterium des dauerhaften Zuzugs. Er stützt seine Entscheidung auf den weitergehenden Begriff des Zugangs der luxemburgischen juristischen Person. Dies führt zu einem gegenüber dem herkömmlichen Verständnis der Niederlassungsfreiheit erweiterten Schutzbereich. Zum anderen wirft der Fall die Frage auf,*

*wie der vom EuGH angelegte Prüfungsmaßstab im Rahmen der Recht-*
*fertigung zu erklären ist. Der Gerichtshof spricht ausdrücklich davon,*
*dass die in Frage stehende Regelung des UmwG zu einer Ungleichbe-*
*handlung führe, je nach dem ob es sich um eine innerstaatliche oder*
*um eine grenzüberschreitende Verschmelzung handelt. Entgegen dem*
*herkömmlichen Verständnis der Grundfreiheiten, welches tatbestand-*
*liche Ungleichbehandlungen nur zulässt, soweit die im Vertrag aus-*
*drücklich geregelten Rechtfertigungsgründe einschlägig sind, prüft*
*der EuGH die Rechtfertigung aber anhand der zwingenden Gründe*
*des Allgemeinwohls. Diese Prüfung kann jedoch damit erklärt werden,*
*dass die Regelung des deutschen Umwandlungsgesetzes für den Klä-*
*ger des Ausgangsverfahrens, die deutsche Sevic Systems AG, nicht dis-*
*kriminierend wirkt, denn diese wird nicht anders behandelt als andere*
*juristische Personen mit Sitz in Deutschland. Diesen ist ohne Unter-*
*schied eine Verschmelzung der vorliegenden Art nicht erlaubt. Es han-*
*delt sich also für die Sevic Systems AG nicht um eine Ungleichbehand-*
*lung, die an deren Staatszugehörigkeit anknüpft, sondern lediglich um*
*eine Diskriminierung grenzüberschreitender Sachverhalte. Diese ist*
*als sonstige Beschränkung mit zwingenden Gründen des Allgemein-*
*wohls zu rechtfertigen. Offen bleibt indes, ob die deutsche Regelung*
*für die luxemburgische juristische Person eine Diskriminierung nach*
*der Staatszugehörigkeit darstellt. Dies ist wohl zu bejahen, führt aber*
*dazu, dass ein und dieselbe mitgliedstaatliche Regelung sowohl eine*
*Diskriminierung als auch eine sonstige Beschränkung darstellen*
*kann, je nach dem, wer sich darauf beruft. Dies führt zu der weiterge-*
*henden Frage, welche Auswirkungen eine solche relative Geltung der*
*Niederlassungsfreiheit auf die Rechtfertigungsmöglichkeiten der Mit-*
*gliedstaaten hätte.*

**Sachverhalt:** Die in Deutschland ansässige Gesellschaft SEVIC Systems
AG beabsichtigte sich mit der in Luxemburg ansässigen Gesellschaft Security Vision Concept SA zu verschmelzen. Die aus der Verschmelzung
hervorgehende Gesellschaft sollte ihren Sitz in Deutschland haben. Der
Antrag auf Eintrag in das Handelsregister wurde vom zuständigen Amtsgericht jedoch abgelehnt. Grund für die Ablehnung waren die Vorschriften
des deutschen Umwandlungsgesetzes (UmwG), welches die Verschmelzung von Gesellschaften regelt. Nach § 1 UmwG sind Verschmelzungen
von Gesellschaften nur möglich, wenn diese ihren Sitz im Inland haben.
Da die Security Vision Concept SA ihren Sitz in Luxemburg hatte, konnte
diese sich in Deutschland nicht mit der SEVIC Systems AG verschmelzen. Gegen die Ablehnung des Antrags auf Eintragung in das Handelsre-

gister erhob die SEVIC Systems AG Klage. Das angerufene Gericht hatte
Zweifel an der Vereinbarkeit des § 1 UmwG mit der Niederlassungsfreiheit nach Art. 43 i.V.m. 48 EGV und legte dem EuGH im Wege des Vorabentscheidungsverfahrens die Frage vor, ob diese Vorschriften dahin auszulegen seien, „dass es im Widerspruch zur Niederlassungsfreiheit für
Gesellschaften steht, wenn einer ausländischen europäischen Gesellschaft
die Eintragung ihrer angestrebten Verschmelzung mit einer deutschen Gesellschaft in das deutsche Handelsregister gemäß den [Vorschriften des]
UmwG versagt wird, weil § 1 Absatz [...] UmwG nur eine Umwandlung
von Rechtsträgern mit Sitz im Inland vorsieht"?

## Aus den Entscheidungsgründen:

Zur Anwendbarkeit der Artikel 43 EG und 48 EG

(S. I-10831) [16] Entgegen dem Vorbringen der deutschen und der
niederländischen Regierung sind die Artikel 43 EG und 48 EG auf
eine Verschmelzung, wie sie sich im Ausgangsverfahren darstellt, anwendbar.

(S. I-10832) [17] Denn nach Artikel 43 Absatz 2 EG in Verbindung
mit Artikel 48 EG umfasst die Niederlassungsfreiheit für die in der
letztgenannten Bestimmung genannten Gesellschaften u.a. das Recht
auf Gründung und Leitung dieser Gesellschaften nach den Bestimmungen des Aufnahmestaats, die für dessen eigene Angehörige gelten.

[18] Wie der Generalanwalt in Nummer 30 seiner Schlussanträge
ausgeführt hat, fallen in den Anwendungsbereich der Niederlassungsfreiheit alle Maßnahmen, die den Zugang zu einem anderen Mitgliedstaat als dem Sitzmitgliedstaat und die Ausübung einer wirtschaftlichen Tätigkeit in jenem Staat dadurch ermöglichen oder auch nur
erleichtern, dass sie die tatsächliche Teilnahme der betroffenen Wirtschaftsbeteiligten am Wirtschaftsleben des letztgenannten Mitgliedstaats unter denselben Bedingungen gestatten, die für die inländischen
Wirtschaftsbeteiligten gelten.

[19] Grenzüberschreitende Verschmelzungen entsprechen wie andere Gesellschaftsumwandlungen den Zusammenarbeits und Umge-
staltungsbedürfnissen von Gesellschaften mit Sitz in verschiedenen
Mitgliedstaaten. Sie stellen besondere, für das reibungslose Funktionieren des Binnenmarktes wichtige Modalitäten der Ausübung der
Niederlassungsfreiheit dar und gehören damit zu den wirtschaftlichen
Tätigkeiten, hinsichtlich deren die Mitgliedstaaten die Niederlassungsfreiheit nach Artikel 43 EG beachten müssen.

Zur Frage einer Beschränkung der Niederlassungsfreiheit

[20] Das deutsche Recht kennt nur für innerstaatliche, nicht aber

für grenzüberschreitende Verschmelzungen eine Vorschrift, die die Eintragung in das nationale Handelsregister vorsieht; Anträge auf Eintragung grenzüberschreitender Verschmelzungen werden deshalb allgemein zurückgewiesen.

(S. I-10833) [21] Wie aber der Generalanwalt in Nummer 47 seiner Schlussanträge ausgeführt hat, stellt eine Verschmelzung wie die hier in Rede stehende ein wirksames Mittel zur Umwandlung von Gesellschaften dar, das es im Rahmen eines einzigen Vorgangs ermöglicht, eine bestimmte Tätigkeit in neuer Form und ohne Unterbrechung auszuüben, so dass Komplikationen sowie Zeit und Kostenaufwand verringert werden, die andere Formen der Umgestaltung von Gesellschaften mit sich bringen, etwa die Auflösung einer Gesellschaft mit Vermögensabwicklung und die Gründung einer neuen Gesellschaft unter Übertragung der einzelnen Vermögensgegenstände auf diese.

[22] Da nach deutschem Recht dieses Mittel zur Umwandlung von Gesellschaften nicht zur Verfügung steht, wenn eine der Gesellschaften ihren Sitz in einem anderen Mitgliedstaat als der Bundesrepublik Deutschland hat, begründet dieses Recht eine unterschiedliche Behandlung von Gesellschaften nach Maßgabe dessen, ob es sich um eine innerstaatliche oder um eine grenzüberschreitende Verschmelzung handelt; diese unterschiedliche Behandlung ist geeignet, Gesellschaften davon abzuhalten, von der im EG-Vertrag verankerten Niederlassungsfreiheit Gebrauch zu machen.

[23] Eine solche unterschiedliche Behandlung stellt eine Beschränkung im Sinne der Artikel 43 EG und 48 EG dar, die im Widerspruch zur Niederlassungsfreiheit steht und nur zulässig sein kann, wenn mit ihr ein legitimes mit dem EGVertrag vereinbares Ziel verfolgt wird und wenn sie durch zwingende Gründe des Allgemeininteresses gerechtfertigt ist. Zusätzlich muss ihre Anwendung zur Erreichung des damit verfolgten Zieles geeignet sein und darf nicht über das hinausgehen, was hierzu erforderlich ist (vgl. Urteile vom 21. November 2002 in der Rechtssache C-436/00, X und Y, Slg. 2002, I-10829, Randnr. 49, und vom 11. März 2004 in der Rechtssache C-9/02, De Lasteyrie du Saillant, Slg. 2004, I-2409, Randnr. 49).

## 2. Grenzüberschreitender Bezug

**204**   **Rs. 204/87 (Strafverfahren gegen Bekaert),**
**Urteil des Gerichtshofes vom 20. 04. 1988 – Slg. 1988, S. 2029.**

*Vorbemerkungen: In dieser Entscheidung bestätigte der Gerichtshof, dass rein innerstaatliche Sachverhalte nicht unter den Tatbestand des Art. 12 EG oder unter den Tatbestand der Grundfreiheiten zu subsumieren sind. Eine umgekehrte Diskriminierung, sog. Inländerdiskriminierung, wird vom EG-Vertrag also nicht erfasst, insoweit folgt der Gerichtshof seiner Rechtsprechung in der „3 Glocken"-Entscheidung (Fall 161).*

**Sachverhalt:** Herrn Bekaert wurde in einem Strafverfahren in Frankreich zur Last gelegt, er habe eine nach einem nationalen Gesetz erforderliche Genehmigung für die Erweiterung seines Geschäfts bei einer zuständigen Kommission mit Hilfe von falschen Angaben erschlichen. Herr Bekaert machte zu seiner Verteidigung geltend, die maßgeblichen nationalen Vorschriften stünden im Widerspruch zu Art. 43 ff. EG. Der im Vorabentscheidungsverfahren angerufene EuGH hat die Anwendung von Gemeinschaftsrecht auf rein innerstaatliche Sachverhalte, die keinerlei grenzüberschreitenden Bezug aufweisen, abgelehnt.

## Aus den Entscheidungsgründen:

(S. 2039) [10] Für die Beantwortung dieser Frage ist von Bedeutung, daß Herr Bekaert, wie sich aus den Verfahrensakten ergibt, französischer Staatsangehöriger ist und in Frankreich wohnt, wo er eine Aktiengesellschaft leitet, die als Vertragshändlerin einer französischen Kraftfahrzeugmarke eine Handelsniederlassung betreibt. Aufgrund all dieser Umstände liegt hier ein Sachverhalt vor, der sich ausschließlich innerhalb eines Mitgliedsstaates abspielt.

[11] Wie der Gerichtshof in seinem Urteil vom 12. Februar 1987 in der Rechtssache 221/85 (Kommission/Königreich Belgien, Slg. 1987, 719) gerade unter Bezugnahme auf den in Artikel 52 EWG-Vertrag niedergelegten Grundsatz der Niederlassungsfreiheit festgestellt hat, will aber Artikel 52 die Inländerbehandlung jedem Staatsangehörigen eines Mitgliedstaats garantieren, der sich, sei es auch nur mit einer Nebenstelle, in einem anderen Mitgliedstaat niederläßt, um dort eine selbständige Erwerbstätigkeit auszuüben, und er untersagt jede Diskriminierung aufgrund der Staatsangehörigkeit als Beschränkung der Niederlassungsfreiheit.

[12] Liegen in einem bestimmten Fall keinerlei über den rein innerstaatlichen Rahmen hinausweisende Gesichtspunkte vor, so führt dies im Bereich der Niederlassungsfreiheit wie auch auf den übrigen Gebieten zur Unanwendbarkeit des Gemeinschaftsrechts auf den betreffenden Fall.

## 3. Ausübung hoheitlicher Gewalt

**Rs. 2/74 (Reyners ./. Belgien),**                                **205**
**Urteil des Gerichtshofes vom 21. 06. 1974 – Slg. 1974, S. 631.**

**Vorbemerkungen:** *Die Niederlassungsfreiheit bezieht sich auf alle Tätigkeiten natürlicher und juristischer Personen, die dem Erwerb von Einkünften dienen, und soll jegliche selbständige Erwerbstätigkeit in einer in einem anderen Mitgliedstaat eingerichteten Niederlassung ermöglichen. Die Niederlassungsfreiheit ist ein spezieller Anwendungsfall des allgemeinen Diskriminierungsverbots, zentrale Bedeutung gewinnt das Gebot der Inländergleichbehandlung. Für die Aufgaben, die in Ausübung öffentlicher Gewalt wahrgenommen werden, besteht aber die Bereichsausnahme des Art. 45 Abs. 1 EG.*

**Sachverhalt:** Der Kläger des Ausgangsverfahrens, ein niederländischer Staatsangehöriger, hatte in Belgien studiert und dort auch das staatliche Diplom erworben, das ihn berechtigte, den Beruf des Anwalts auszuüben. Dies wurde ihm jedoch mit dem Hinweis verweigert, dass nach belgischem Recht die Zulassung die belgische Staatsangehörigkeit voraussetzt. Der Gerichtshof entschied im Rahmen eines Vorabentscheidungsverfahrens, dass Art. 43 EG unmittelbar anwendbar ist und die Tätigkeit als Rechtsanwalt nicht unter die Ausnahme des Art. 45 Abs. 1 EG fällt.

## Aus den Entscheidungsgründen:

(S. 651) [16/20] Artikel 52 stellt die Verwirklichung dieser allgemeinen Bestimmungen im besonderen Bereich des Niederlassungsrechts sicher. Durch die Worte „nach Maßgabe der folgenden Bestimmungen" verweist er auf die Gesamtheit der Bestimmungen des Kapitels über das Niederlassungsrecht, so daß eine Auslegung in diesem allgemeinen Rahmen geboten ist. Nach dem Hinweis darauf, daß „die Beschränkungen der freien Niederlassung von Staatsangehörigen eines Mitgliedstaats im Hoheitsgebiet eines anderen Mitgliedstaats während der Übergangszeit ... schrittweise aufgehoben [werden]", umschreibt Artikel 52 den dieses Gebiet beherrschenden Grundsatz dahin, daß die Niederlassungsfreiheit die Aufnahme und die Ausübung selbständiger Erwerbstätigkeiten „nach den Bestimmungen des Aufnahmestaats für seine eigenen Angehörigen" umfaßt. Damit dieses Ziel im Laufe der Übergangszeit schrittweise erreicht werden kann, sieht Artikel 54 zweierlei vor, die Ausarbeitung eines „allgemeinen Programms" durch den Rat sowie Richtlinien zur Verwirklichung dieses Programms, die dazu dienen, die Niederlassungsfreiheit für die verschiedenen in Betracht kommenden Tätigkeiten herzustellen. Außer diesen Liberalisierungsmaßnahmen sind nach Artikel 57 Richtlinien vorgesehen, die darauf abzielen, die gegenseitige Anerkennung der Diplome, Prüfungszeugnisse und sonstigen Befähigungsnachweise sowie, ganz allgemein, die Koordinierung der Rechts- und Verwaltungsvorschriften der Mitgliedstaaten über die Aufnahme und Ausübung selbständiger Tätigkeiten sicherzustellen.

[21/23] Aus den vorstehenden Darlegungen erhellt, daß das „allgemeine Programm" und die Richtlinien, wie sie im Vertrage vorgesehen sind, nach dem Aufbau des Kapitels über das Niederlassungsrecht zwei Aufgaben zu erfüllen bestimmt sind, von denen die erste darin besteht, in der Übergangszeit die Hindernisse abzubauen, die der Herstellung der Niederlassungsfreiheit im Wege stehen, während die zweite die Einfügung einer Reihe von Bestimmungen in das Recht der Mitgliedstaaten beinhaltet zu dem Zweck, (S. 652) Erleichterungen für den praktischen Gebrauch dieser Freiheit zu schaffen und auf diese Weise die wirtschaftliche und soziale Durchdringung auf dem Gebiet der selbständigen Erwerbstätigkeit innerhalb der Gemeinschaft zu fördern.

Auf dieses zweite Ziel ausgerichtet sind einerseits einige der in Artikel 54 Absatz 3 enthaltenen Bestimmungen, namentlich soweit sie die Zusammenarbeit zwischen den zuständigen Verwaltungen der Mitgliedstaaten und die Anpassung von Verwaltungsverfahren und -praktiken betreffen, sowie andererseits alle Vorschriften des Artikels 57. Im Rahmen dieses Systems ist die Wirkung der Vorschriften des Artikels 52 zu bestimmen.

[24/28] Der Grundsatz der Inländergleichbehandlung ist einer der grundlegenden Rechtssätze der Gemeinschaft. Als Verweisung auf die Gesamtheit der vom Aufnahmestaat auf die eigenen Staatsangehörigen tatsächlich angewandten Rechtsvorschriften ist dieser Grundsatz seinem Wesen nach geeignet, von den Angehörigen aller übrigen Mitgliedstaaten unmittelbar geltend gemacht zu werden. (...).

## 4. Verpflichtete

**Rs. C-309/99 (Wouters u.a.),**    **206**
**Urteil des Gerichtshofes vom 19. 02. 2002 – Slg. 2002, S. I-1577.**

**Vorbemerkungen:** *Grundsätzlich sind, wie bei allen anderen Grund-freiheiten, die Mitgliedstaaten der EG Verpflichtete der Niederlas-sungsfreiheit. In der Wouters-Entscheidung erstreckt der EuGH die Bindungswirkung der Niederlassungsfreiheit erstmalig auch auf Rege-lungen nichtstaatlichen Ursprungs. Zwar hatte er eine solche Bindung bereits im Urteil Walrave und Koch (Fall 187) postuliert, dort war die Niederlassungsfreiheit aber nicht betroffen. Dabei lassen sich Berufs-kammern, ebenso wie Sportverbände (vgl. Fälle 187, 188), aufgrund ihrer Regelungsbefugnisse den sog. „intermediären Gewalten" zu-rechnen. Die Frage nach der Beurteilung des grenzüberschreitenden Bezuges überließ der EuGH in diesem Fall den nationalen Gerichten.*

**Sachverhalt:** Der Vorstand der Bezirksrechtsanwaltskammer in Rotterdam sowie der Allgemeine Rat der Allgemeinen Niederländischen Rechtsanwaltskammer ha-ben einen Antrag des Rechtsanwalts Wouters auf Ausübung seiner Tätigkeit unter der Firma „Arthur Andersen & Co., advocaten en belastingadviseurs" (Rechtsanwälte und Steuerberater) zurückgewiesen. Der Vorstand und der Allgemeine Rat waren der Auffassung, dass die von Wouters beabsichtigte Sozietät u.a. gegen Art. 4 der Zusammenarbeitsverordnung (Samenwer-kingsverordening) verstoße. Art. 4 der Verordnung, welche die Delegier-tenversammlung der Niederländischen Rechtsanwaltskammer aufgrund des Art. 28 des Gesetzes zur Gründung der Niederländischen Rechtsanwaltskam-mer und zur Festlegung der Satzung und der Disziplinarordnung für Rechts-anwälte und Rechtsbeistände erlassen hat, gestattet es den Rechtsanwälten Sozietäten mit Angehörigen einer anderen Berufsgruppe nur dann einzuge-hen, wenn diese Berufsgruppe vom Allgemeinen Rat der Niederländischen Rechtsanwaltskammer anerkannt ist. Eine der Berufsgruppen, die vom All-gemeinen Rat nicht anerkannt ist und mit deren Angehörigen Rechtsanwälte keine Sozietäten gründen dürfen, sind Wirtschaftsprüfer. Die Rechtsan-waltskammer war der Auffassung, indem Rechtsanwalt Wouters Partner der Arthur Andersen & Co. Belastingadviseurs (Steuerberater) werde, gehe er zugleich eine „Sozietät" mit der Arthur Andersen & Co. Accountants (Wirt-schaftsprüfer) ein, da die beiden Gesellschaften eine „Sozietät" i.S.v. Art. 4 der Zusammenarbeitsverordnung darstellten. Er begründe also eine „So-zietät" mit Angehörigen der Berufsgruppe der Wirtschaftsprüfer, was gegen Art. 4 der Zusammenarbeitsverordnung verstoße. Der mit dem Rechtsstreit befasste Raad van State hat in diesem Zusammenhang dem EuGH Fragen nach der Auslegung verschiedener Bestimmungen des Gemeinschaftsrechts unter anderem Art. 43 EG und Art. 49 EG vorgelegt.

**Aus den Entscheidungsgründen:**

(S. I-1694) [119] Mit der siebten Frage möchte das vorlegende Gericht im Wesentlichen wissen, ob die Vereinbarkeit eines Verbotes gemischter Sozietäten zwischen Rechtsanwälten und Wirtschaftsprüfern wie des in der Samenwerkingsverordening 1993 vorgesehenen mit dem Gemeinschaftsrecht sowohl anhand der Vertragsbestimmungen über die Niederlassungsfreiheit als auch derjenigen über die Dienstleistungsfreiheit zu beurteilen ist. Die achte und die neunte Frage des vorlegenden Gerichts gehen im Wesentlichen dahin, ob ein solches Verbot eine Beschränkung der Niederlassungsfreiheit und/oder der Dienstleistungsfreiheit darstellt und ob eine solche Beschränkung ggf. gerechtfertigt ist.

[120] Vorab ist darauf hinzuweisen, dass die Artikel 52 und 59 EG-Vertrag auch von Regelungen nichtstaatlichen Ursprungs einzuhalten sind, mit denen selbständige Tätigkeiten und Dienstleistungen kollektiv geregelt werden sollen. Die Beseitigung der Hindernisse für die Freizügigkeit und den freien Dienstleistungsverkehr zwischen den Mitgliedstaaten wäre nämlich gefährdet, wenn die Abschaffung der Schranken staatlichen Ursprungs durch Hindernisse wirkungslos gemacht werden könnte, die sich daraus ergeben, dass nicht dem öffentlichen Recht unterliegende Vereinigungen und Einrichtungen von ihrer rechtlichen Autonomie Gebrauch machen (vgl. Urteile vom 12. Dezember 1974 in der Rechtssache 36/74, Walrave und Koch, Slg. 1974, 1405, Randnrn. 17, 18, 23 und 24, vom 14. Juli 1976 in der Rechtssache 13/76, Donà, Slg. 1976, 1333, Randnrn. 17 und 18, vom 15. Dezember 1995 in der Rechtssache C-415/93, Bosman, Slg. 1995, I-4921, Randnrn. 83 und 84, und vom 6. Juni 2000 in der Rechtssache C-281/98, Angonese, Slg. 2000, I-4139, Randnr. 32).

[121] Der Gerichtshof kann daher prüfen, ob die Vertragsbestimmungen über das Niederlassungsrecht und den freien Dienstleistungsverkehr auf eine Regelung wie die Samenwerkingsverordening 1993 anwendbar sind.

## 5. Diskriminierungs- und Beschränkungsverbot

**Rechtssache C-330/91 (Commerzbank),**                    **207**
**Urteil des Gerichtshofes vom 13. 07. 1993 – Slg. 1993. S. I-4017.**

**Vorbemerkungen:** *In dieser Entscheidung wendet der EuGH in exemplarischer Weise das in Art. 43 Abs. 2 EG enthaltene Diskriminierungsverbot an. Er arbeitet zunächst die von der britischen Regierung bestrittene Vergleichbarkeit der Sachverhalte heraus und zeigt auf, dass das Kriterium des steuerlichen Sitzes einer Gesellschaft eine versteckte Diskriminierung ist, die auch nicht gerechtfertigt werden kann. Weiterhin stellt er die Spezialität des in Art. 43 Abs. 2 EG enthaltenen Diskriminierungsverbots gegenüber dem in Art. 12 EG enthaltenen allgemeinen Diskriminierungsverbots (damals Art. 7 EWGV) heraus.*

**Sachverhalt:** Die Commerzbank hat eine Zweigniederlassung im Vereinigten Königreich, durch die sie zwischen 1973 und 1976 verschiedenen amerikanischen Gesellschaften Darlehen gewährte. Auf die Zinsen, die diese Gesellschaften ihr zahlten, entrichtete sie in Großbritannien Steuern in Höhe von 4.222 234 UKL. Die Commerzbank beantragte bei der Steuerbehörde die Rückzahlung dieses Betrages mit der Begründung, dass die Zinsen nach Artikel 15 des Doppelbesteuerungsabkommens zwischen Großbritannien und den Vereinigten Staaten in Großbritannien steuerfrei seien. Diese Vorschrift sieht im wesentlichen vor, dass die von einer US-amerikanischen Gesellschaft gezahlten Zinsen im Vereinigten Königreich nur besteuert werden, wenn sie an eine britische Gesellschaft oder an eine Gesellschaft gezahlt werden, die ihren steuerlichen Sitz im Vereinigten Königreich hat. Da die Commerzbank ihren steuerlichen Sitz nicht im Vereinigten Königreich hatte, wurden ihr folglich die ohne Rechtsgrund entrichteten Steuern zurückgezahlt. Im Zusammenhang mit dieser Rückzahlung beantragte die Commerzbank einen im britischen Recht vorgesehenen Zuschlag zur Rückzahlung für den Fall der verspäteten Rückzahlung. Die Steuerbehörde wies das Ersuchen der Commerzbank mit der Begründung zurück, diese sei nicht in Großbritannien ansässig. Die Commerzbank erhob daraufhin Klage beim High Court und machte geltend, die Weigerung, Nichtansässigen den Zuschlag zur Rückzahlung zu gewähren, stelle eine Beschränkung der Niederlassungsfreiheit und eine mittelbare Diskriminierung aufgrund der Staatsangehörigkeit dar, da die betroffenen Gesellschaften zumeist ausländische Gesellschaften seien. Der High Court befaßte im Vorabenscheidungsverfahren den EuGH mit der Auslegung der Artikel 5, 7, 52 und 58 EWG-Vertrag (jetzt Art. 10, 12, 43, 48 EG).

**Aus den Entscheidungsgründen:**

(S. I-4043) [13] Wie der Gerichtshof bereits im Urteil vom 28. Januar 1986 in der Rechtssache 270/83 (Kommission/Frankreich, Slg. 1986, 273, Randnr. 18) festgestellt hat, ist mit der Niederlassungsfreiheit, die Artikel 52 den Staatsangehörigen der Mitgliedstaaten zuerkennt und die für sie die Aufnahme und Ausübung selbständiger Erwerbstätigkeiten nach den gleichen Bestimmungen wie den im Niederlassungsstaat für dessen eigene Angehörigen festgelegten umfasst, gemäß Artikel 58 EWG-Vertrag für die nach den Rechtsvorschriften eines Mitgliedstaats gegründeten Gesellschaften, die ihren satzungsmässigen Sitz, ihre Hauptverwaltung oder ihre Hauptniederlassung innerhalb der Gemeinschaft haben, das Recht verbunden, ihre Tätigkeit in dem betreffenden Mitgliedstaat durch eine Zweigniederlassung oder Agentur auszuüben. In bezug auf die Gesellschaften ist in diesem Zusammenhang hervorzuheben, daß ihr Sitz im genannten Sinn, ebenso wie die Staatsangehörigkeit bei natürlichen Personen, dazu dient, ihre Zugehörigkeit zur Rechtsordnung eines Staates zu bestimmen. Im selben Urteil hat der Gerichtshof ausgeführt, daß diese Vorschrift ausgehöhlt würde, wenn man zulassen würde, daß der Mitgliedstaat der Niederlassung nach seinem Belieben eine ungleiche Behandlung allein deshalb vornehmen kann, weil sich der Sitz einer Gesellschaft in einem anderen Mitgliedstaat befindet.

[14] Weiterhin ergibt sich aus der Rechtsprechung des Gerichtshofes (Urteil vom 12. Februar 1974 in der Rechtssache 152/73, Sotgiu, Slg. 1974, 153), daß die Vorschriften über die Gleichbehandlung nicht nur offensichtliche Diskriminierungen aufgrund der Staatsangehörigkeit oder bei Gesellschaften aufgrund des Sitzes, sondern auch alle versteckten Formen der Diskriminierung verbieten, die durch die Anwendung anderer Unterscheidungsmerkmale tatsächlich zu dem gleichen Ergebnis führen.

[15] Zwar ist das Kriterium des steuerlichen Sitzes im Inland für die Gewährung eines Zuschlags zur Rückzahlung nicht geschuldeter Steuern unabhängig vom Sitz der Gesellschaft anwendbar; es droht sich jedoch besonders zu Lasten der Gesellschaften auszuwirken, die ihren Sitz in anderen Mitgliedstaaten haben. Es werden nämlich zumeist diese sein, die ihren steuerlichen Sitz ausserhalb des fraglichen Mitgliedstaats haben.

(S. I-4044) [16] Die Regierung des Vereinigten Königreichs macht zur Rechtfertigung der im Ausgangsverfahren beanstandeten nationalen Vorschrift geltend, die nichtansässigen Gesellschaften, die sich in der Lage der Commerzbank befänden, würden durch die britische Steuerregelung keineswegs diskriminiert, sondern kämen vielmehr in den Genuß einer Vorzugsbehandlung. Sie seien von den Steuern, die die ansässigen Gesellschaften normalerweise zu zahlen hätten, befreit. Unter diesen Umständen bestehe hinsichtlich des Zuschlags zur Rückzahlung keine Diskriminierung: Ansässige und nichtansässige Gesellschaften würden verschieden behandelt, weil sie sich in bezug auf die Körperschaftsteuer in verschiedenen Situationen befänden.

[17] Diesem Vorbringen kann nicht gefolgt werden.

[18] Eine nationale Vorschrift wie die in Rede stehende enthält eine Ungleichbehandlung. Wenn nämlich einer nichtansässigen Gesellschaft das Recht auf den Zuschlag zur Steuerrückzahlung verweigert wird, auf den ansässige Gesellschaften stets einen Anspruch haben, so wird sie diesen gegenüber benachteiligt.

[19] Der Umstand, daß die Steuerbefreiung, die zu der Rückzahlung führte, den nichtansässigen Gesellschaften vorbehalten war, kann nicht eine allgemeine Ausschlußvorschrift rechtfertigen. Diese Vorschrift ist daher diskriminierend.

[20] Aufgrund dieser Erwägungen ist dem vorlegenden Gericht zu antworten, daß die Artikel 52 und 58 EWG-Vertrag es verbieten, daß nach dem Recht eines Mitgliedstaats Zuschläge zur Rückzahlung nicht geschuldeter Steuern Gesellschaften, die ihren steuerlichen Sitz in diesem Staat haben, gewährt, Gesellschaften, die ihren steuerlichen Sitz in einem anderen Mitgliedstaat haben, jedoch verweigert werden. Der Umstand, daß die letztgenannten Gesellschaften nicht von der Steuer befreit gewesen wären, wenn sie in diesem Staat ansässig gewesen wären, ist insoweit unerheblich.

[21] Da Rechtsvorschriften wie die, um die es im Ausgangsverfahren geht, gegen die Artikel 52 und 58 EWG-Vertrag verstossen, erübrigt sich die Prüfung ihrer Vereinbarkeit mit den Artikeln 5 und 7.

**Rs. C-55/94 (Gebhard),**                                               **208**
**Urteil des Gerichtshofes vom 30. 11. 1995 – Slg. 1995, S. I-4165.**

**Vorbemerkungen:** *In dieser Entscheidung hat der EuGH die grundlegenden Voraussetzungen aufgezeigt, anhand derer diejenigen Beschränkungen der Niederlassungsfreiheit, welche die Ausübung dieser Freiheit „beschränken oder weniger attraktiv machen", zu messen sind. Nach den Worten des EuGH können solche Beschränkungen der*

*Niederlassungsfreiheit gemeinschaftsrechtlich nur Bestand haben, wenn sie:*
- *in nichtdiskriminierender Weise anwendbar sind,*
- *aus zwingenden Gründen des Allgemeininteresses gerechtfertigt und*
- *verhältnismäßig sind.*

*Mit dieser sogenannten „Gebhard"-Formel hat der EuGH die Niederlassungsfreiheit über das Diskriminierungsverbot hinaus zu einem allgemeinen Beschränkungsverbot ausgeweitet. Entsprechend findet sich die Formel auch in der Prüfung anderer Personenverkehrsfreiheiten. Ihr kommt daher neben der „Cassis"-Formel grundlegende Bedeutung zu. Strittig ist jedoch, was unter der Voraussetzung „in nicht diskriminierender Weise anwendbar" zu verstehen ist. Bei wörtlicher Auslegung könnten darunter auch versteckt diskriminierende Maßnahmen subsumiert werden. Dies würde jedoch dazu führen, dass sämtliche versteckten Diskriminierungen nicht nur durch die geschriebenen Rechtfertigungsgründe gerechtfertigt werden könnten, sondern die Berufung auf zwingende Gründe des Allgemeinwohls ausreichen würde. Angesichts der insgesamt inkonsistenten Rechtsprechung des EuGH im Bereich der Rechtfertigungsgründe, bleibt die weitere Rechtsprechung des EuGH abzuwarten. Die Gebhard-Formel gilt neben den Beschränkungen für natürliche Personen auch für beschränkende Maßnahmen gegenüber juristischen Personen. Dort stellen sich allerdings regelmäßig andere Fragen (vgl. Fälle 201, 202).*

**Sachverhalt:** Der deutsche Staatsangehörige Gebhard war seit 1977 in Stuttgart als Rechtsanwalt zugelassen. 1989 eröffnete er auch in Mailand eine Kanzlei. In einem Disziplinarverfahren wurde Herrn Gebhard durch den Vorstand der Rechtsanwaltskammer Mailand die Ausübung seiner Berufstätigkeit für sechs Monate untersagt, weil er unberechtigterweise den Titel des „avvocato" geführt habe. Hiergegen und wegen eines nicht beschiedenen Antrags auf Zulassung als Rechtsanwalt legte Herr Gebhard einen Rechtsbehelf ein, der zu einem Vorabentscheidungsverfahren vor dem EuGH führte.

## Aus den Entscheidungsgründen:

(S. I-4196) [33] Nach Artikel 52 Absatz 2 wird die Niederlassungsfreiheit nach den Bestimmungen des Niederlassungsstaats für seine eigenen Angehörigen ausgeübt.

(S. I-4197) [34] Unterliegen die fraglichen spezifischen Tätigkeiten im Aufnahmestaat keiner Regelung, so daß ein Angehöriger dieses

Mitgliedstaats für ihre Ausübung keine besondere Qualifikation aufweisen muß, so haben die Angehörigen jedes anderen Mitgliedstaats das Recht, sich im Hoheitsgebiet des erstgenannten Staates niederzulassen und dort diese Tätigkeiten auszuüben.

[35] Die Aufnahme und Ausübung einiger selbständiger Tätigkeiten können jedoch von der Beachtung bestimmter durch das Allgemeininteresse gerechtfertigter Rechts- und Verwaltungsvorschriften, wie der Vorschriften über Organisation, Qualifikation, Standespflichten, Kontrolle und Haftung, abhängig gemacht werden (vgl. Urteil vom 28. April 1977 in der Rechtssache 71/76, Thieffry, Slg. 1977, 765, Randnr. 12). Diese Vorschriften können insbesondere vorsehen, daß die Ausübung einer spezifischen Tätigkeit je nach Lage des Falles den Inhabern eines Diploms, Prüfungszeugnisses oder sonstigen Befähigungsnachweises, den Angehörigen eines bestimmten Berufsstandes oder den Personen, die einer bestimmten Ordnung oder Kontrolle unterliegen, vorbehalten ist. Sie können auch die Voraussetzungen für die Verwendung von Berufsbezeichnungen wie des „avvocato" vorschreiben.

[36] Unterliegt die Aufnahme oder Ausübung einer spezifischen Tätigkeit im Aufnahmemitgliedstaat derartigen Bedingungen, so muß der Angehörige eines anderen Mitgliedstaats, der diese Tätigkeit ausüben will, diese Bedingungen grundsätzlich erfüllen. Deshalb sieht Artikel 57 vor, daß der Rat Richtlinien – wie die genannte Richtlinie 89/48 – für die gegenseitige Anerkennung der Diplome, Prüfungszeugnisse oder sonstigen Befähigungsnachweise, wie für die Koordinierung der nationalen Bestimmungen über die Aufnahme und Ausübung selbständiger Tätigkeiten erläßt.

[37] Aus der Rechtsprechung des Gerichtshofes ergibt sich jedoch, daß nationale Maßnahmen, die die Ausübung der durch den Vertrag garantierten grundlegenden Freiheiten behindern oder weniger attraktiv machen können, vier Voraussetzungen erfüllen müssen: Sie müssen in nichtdiskriminierender Weise angewandt werden, (S. I-4198) sie müssen aus zwingenden Gründen des Allgemeininteresses gerechtfertigt sein, sie müssen geeignet sein, die Verwirklichung des mit ihnen verfolgten Zieles zu gewährleisten, und sie dürfen nicht über das hinausgehen, was zur Erreichung dieses Zieles erforderlich ist (vgl. Urteil vom 31. März 1993 in der Rechtssache C-19/92, Kraus, Slg. 1993,I–1663, Randnr. 32).

[38] Ebenso dürfen die Mitgliedstaaten bei der Anwendung ihrer nationalen Vorschriften nicht die Kenntnisse und Qualifikationen außer acht lassen, die der Betroffene bereits in einem anderen Mit-

gliedstaat erworben hat (vgl. Urteil vom 7. Mai 1991 in der Rechtssache C-340/89, Vlassopoulou, Slg. 1991, I-2357, Randnr. 15). Sie müssen daher die Gleichwertigkeit der Diplome berücksichtigen (vgl. Urteil Thieffry, aaO., Randnrn. 19 und 27) und gegebenenfalls eine vergleichende Prüfung der in ihren nationalen Vorschriften geforderten Kenntnisse und Qualifikationen und derjenigen des Betroffenen vornehmen (vgl. Urteil Vlassopoulou, aaO., Randnr. 16).

## 6. Diplomanerkennung

**209**　**Rs. C-340/89 (Vlassopoulou),**
　　**Urteil des Gerichtshofes vom 07. 05. 1991 – Slg. 1991, S. I-2357.**

**Vorbemerkungen:** *Diese Entscheidung gehört zu einer Reihe von Urteilen, in denen sich der EuGH mit der Frage auseinandersetzte, ob und inwieweit die Mitgliedstaaten aus Art. 43 ff. EG verpflichtet sind, im Ausland erworbene Befähigungsnachweise als für die Zulassung zum Beruf im Inland ausreichend anzuerkennen. Der Gerichtshof entschied vorliegend, dass die Mitgliedstaaten verpflichtet sind zu prüfen, inwieweit die durch EG-Ausländer in anderen Mitgliedstaaten erworbenen Diplome denjenigen entsprechen, die nach den innerstaatlichen Vorschriften erforderlich sind. Im Falle einer Vergleichbarkeit der Befähigungsnachweise ist der entsprechende Mitgliedstaat zur Anerkennung verpflichtet. In Folgeurteilen hat der EuGH diese Rechtsprechung bestätigt und ausgebaut. So können sich auch Inländer gegenüber ihrem eigenen EG-Herkunftsstaat auf die Äquivalenzprüfungspflicht berufen, wenn sie ihre Befähigungsnachweise im EG-Ausland erworben haben (vgl. Rs. C-234/97 – Fernández de Bobadilla – Slg. 1999, S. I-4733). Zu berücksichtigen sind darüber hinaus nicht nur solche Diplome, die in der EG erworben wurden, sondern auch solche, die Gemeinschaftsangehörige in Drittländern erwerben (vgl. Rs. C-238/98 – Hocsmann – Slg. 2000, S. I-6623 – argentinisches Arztdiplom). Zum Verhältnis dieser Rechtsprechung zu den sekundärrechtlichen Anerkennungsrichtlinien, vgl. Fall 211. Im Schrifttum ist umstritten, ob eine fehlende Äquivalenzprüfung gegen ein weit verstandenes Diskriminierungsverbot oder gegen ein Beschränkungsverbot verstößt. In den bisherigen Fällen spielte diese für den Rechtfertigungsmaßstab ansonsten relevante Frage jedoch keine Rolle. Dies lässt sich weitgehend* *damit erklären, dass der Gerichtshof mit dieser Rechtsprechung eine grundfreiheitlich verankerte Handlungspflicht für die Mitgliedstaaten begründet und eine generelle Ablehnung einer solchen Äquivalenzprüfung nur schwer zu rechtfertigen wäre. Im Übrigen besteht eine Pflicht zur Anerkennung nur bei Gleichwertigkeit der Diplome, so dass die Standards letztlich durch die jeweiligen Mitgliedstaaten selbst festgelegt werden und so deren nationale Regelungsautonomie weitgehend gewahrt bleibt.*

**Sachverhalt:** Die griechische Rechtsanwältin Vlassopoulou mit Zulassung in Athen wollte beim Amtsgericht Mannheim und den Landgerichten Mannheim und Heidelberg als Rechtsanwältin zugelassen werden. Frau Vlassopoulou promovierte in Deutschland und hat mehrere Jahre in einer deutschen Anwaltskanzlei gearbeitet. Die Zulassung wurde vom Justizministerium abgelehnt, da sie nicht die Befähigung zum deutschen Richteramt habe. Im darauf folgenden Verfahren stellte sich die Frage der Vereinbarkeit der deutschen Regelung mit der Niederlassungsfreiheit, wenn eine gleichartige Qualifikation vorhanden ist. Der EuGH entschied im Rahmen eines Vorabentscheidungsverfahrens.

### Aus den Entscheidungsgründen:

(S. I-2382) [9] Hierzu ist zunächst zu bemerken, daß die Mitgliedstaaten, solange es an einer Harmonisierung der Voraussetzungen für den Zugang zu einem Beruf fehlt, festlegen dürfen, welche Kenntnisse und Fähigkeiten zur Ausübung dieses Berufes notwendig sind, und die Vorlage eines Diploms verlangen dürfen, mit dem diese Kenntnisse und Fähigkeiten bescheinigt werden (siehe das Urteil vom 15. Oktober 1987 in der Rechtssache 222/86, Heylens, Slg. 1987, 4097, Randnr. 10).

[10] Es steht fest, daß noch keine Maßnahme gemäß Artikel 57 Absatz 2 EWG-Vertrag zur Harmonisierung der Voraussetzungen für den Zugang zur Anwaltstätigkeit erlassen wurde.

(S. I-2383) [11] Bei der Einreichung des Antrags von Frau Vlassopoulou am 13. Mai 1988 war auch keine Richtlinie über die gegenseitige Anerkennung der zur Aufnahme des Rechtsanwaltsberufs berechtigenden Diplome gemäß Artikel 57 Absatz 1 EWG-Vertrag erlassen worden.

(...)

[13] Artikel 52 erlegt jedoch, soweit er das Ende der Übergangszeit als Zeitpunkt für die Herstellung der Niederlassungsfreiheit bestimmt,

eine Verpflichtung auf, deren Ergebnis klar umrissen ist und deren Erfüllung durch die Verwirklichung programmatisch festgelegter, abgestufter Maßnahmen zwar erleichtert, nicht aber bedingt werden sollte (siehe das Urteil vom 28. Juni 1977 in der Rechtssache 11/77, Patrick, Slg. 1977, 1199, Randnrn. 10/11).

[14] Im übrigen geht aus dem Urteil vom 28. April 1977 in der Rechtssache 71/76 (Thieffry, Slg. 1977, 765, Randnrn. 15/18) hervor, daß die Ziele des Vertrages und insbesondere die Niederlassungsfreiheit, soweit das Gemeinschaftsrecht hierzu selbst nichts bestimmt, durch Maßnahmen der Mitgliedstaaten verwirklicht werden können, denen es nach Artikel 5 des Vertrages obliegt, „alle geeigneten Maßnahmen allgemeiner oder besonderer Art zur Erfüllung der Verpflichtungen, die sich aus dem Vertrag oder aus Handlungen der Organe der Gemeinschaft ergeben", zu treffen und „alle Maßnahmen, welche die Verwirklichung der Ziele dieses Vertrages gefährden könnten", zu unterlassen.

[15] Hierzu ist festzustellen, daß nationale Qualifikationsvoraussetzungen, selbst wenn sie ohne Diskriminierung aufgrund der Staatsangehörigkeit angewandt werden, sich dahin auswirken können, daß sie die Staatsangehörigen der anderen Mitgliedstaaten in der Ausübung des ihnen durch Artikel 52 EWG-Vertrag gewährleisteten Niederlassungsrechts beeinträchtigen. Dies kann der Fall sein, wenn die fraglichen nationalen Vorschriften die von dem Betroffenen in einem anderen Mitgliedstaat bereits erworbenen Kenntnisse und Fähigkeiten unberücksichtigt lassen.

(S. I-2384) [16] Ein Mitgliedstaat, bei dem die Zulassung zu einem Beruf beantragt worden ist, dessen Aufnahme nach nationalem Recht vom Besitz eines Diploms oder einer beruflichen Qualifikation abhängt, hat somit die Diplome, Prüfungszeugnisse und sonstigen Befähigungsnachweise, die der Betroffene erworben hat, um den gleichen Beruf in einem anderen Mitgliedstaat auszuüben, in der Weise zu berücksichtigen, daß er die durch diese Diplome bescheinigten Fachkenntnisse mit den nach nationalem Recht vorgeschriebenen Kenntnissen und Fähigkeiten vergleicht.

[17] Dieses Prüfungsverfahren muß es den Behörden des Aufnahmemitgliedstaats ermöglichen, objektiv festzustellen, ob ein ausländisches Diplom seinem Inhaber die gleichen Kenntnisse und Fähigkeiten wie das innerstaatliche Diplom oder diesen zumindest gleichwertige Kenntnisse und Fähigkeiten bescheinigt. Diese Beurteilung der Gleichwertigkeit eines ausländischen Diploms muß ausschließlich danach erfolgen, welches Maß an Kenntnissen und Fähigkeiten dieses

Diplom unter Berücksichtigung von Art und Dauer des Studiums und der praktischen Ausbildung, auf die es sich bezieht, bei seinem Besitzer vermuten läßt (siehe das Urteil vom 15. Oktober 1987 in der Rechtssache 222/86, aaO., Randnr. 13)

[18] Im Rahmen dieser Prüfung kann ein Mitgliedstaat jedoch objektiven Unterschieden Rechnung tragen, die sowohl hinsichtlich des im Herkunftsmitgliedstaat für den fraglichen Beruf bestehenden rechtlichen Rahmens als auch hinsichtlich des Tätigkeitsbereichs dieses Berufs vorhanden sind. Im Falle des Anwaltsberufs darf ein Mitgliedstaat somit eine vergleichende Prüfung der Diplome unter Berücksichtigung der festgestellten Unterschiede zwischen den betroffenen nationalen Rechtsordnungen vornehmen.

[19] Führt diese vergleichende Prüfung zu der Feststellung, daß die durch das ausländische Diplom bescheinigten Kenntnisse und Fähigkeiten den nach den nationalen Rechtsvorschriften verlangten entsprechen, so hat der Mitgliedstaat anzuerkennen, daß dieses Diplom die in diesen Vorschriften aufgestellten Voraussetzungen erfüllt. Ergibt der Vergleich hingegen, daß diese Kenntnisse und Fähigkeiten einander nur teilweise entsprechen, so kann der Aufnahmemitgliedstaat von dem Betroffenen den Nachweis, daß er die fehlenden Kenntnisse und Fähigkeiten erworben hat, verlangen.

[20] Insoweit müssen die zuständigen nationalen Behörden beurteilen, ob die im Aufnahmemitgliedstaat im Rahmen eines Studiengangs oder praktischer Erfahrung erworbenen Kenntnisse für den Nachweis des Erwerbs der fehlenden Kenntnisse ausreichen.

(S. I-2385) [21] Ist im Aufnahmemitgliedstaat die Absolvierung eines beruflichen Vorbereitungsdienstes oder eines Berufspraktikums vorgeschrieben, so haben die nationalen Behörden zu beurteilen, ob eine im Herkunfts- oder im Aufnahmemitgliedstaat erworbene Berufserfahrung als diesem Erfordernis ganz oder teilweise entsprechend angesehen werden kann.

[22] Schließlich ist darauf hinzuweisen, daß die Prüfung, ob die durch das ausländische Diplom bescheinigten Kenntnisse und Fähigkeiten den nach dem Recht des Aufnahmemitgliedstaats vorgeschriebenen entsprechen, von den nationalen Behörden nach einem Verfahren vorgenommen werden muß, das mit den Erfordernissen des Gemeinschaftsrechts in bezug auf den effektiven Schutz der den Gemeinschaftsangehörigen vom Vertrag verliehenen Grundrechte in Einklang steht. Deshalb muß jede Entscheidung gerichtlich auf ihre Rechtmäßigkeit im Hinblick auf das Gemeinschaftsrecht überprüft werden und der Betroffene von den Gründen Kenntnis erhalten können, auf denen

die ihm gegenüber ergangene Entscheidung beruht (siehe das Urteil vom 15. Oktober 1987 in der Rechtssache 222/86, aaO., Randnr. 17).

**210    Rs. C-19/92 (Kraus),**
**Urteil des Gerichtshofes vom 31. 03. 1993 – Slg. 1993, S. I-1663.**

**Vorbemerkungen:** *Während es in der Rechtssache Vlassopoulou um die Anerkennung von Befähigungsnachweisen zu Zwecken des Berufszugangs ging, betrifft die Entscheidung Kraus lediglich die Führung akademischer Grade. Darüber hinaus berief sich vorliegend ein Inländer auf die Niederlassungsfreiheit. Anders als bei EG-Ausländern kann der grenzüberschreitende Bezug in solchen Fällen jedoch nicht über die Staatsangehörigkeit eines anderen Mitgliedsstaates begründet, sondern muss auf andere Weise nachgewiesen werden. In der Rechtssache Kraus wurde der grenzüberschreitende Bezug über den Erwerb eines akademischen Grades im EG-Ausland hergestellt. Diesen Titel wollte der Betroffene anschließend im Inland führen. Hierzu musste er sich einem Genehmigungsverfahren unterziehen. Der EuGH sah in diesem Erfordernis aufgrund seiner Eignung, die Ausübung der Niederlassungsfreiheit „zu behindern oder weniger attraktiv zu machen" zwar eine Beeinträchtigung der Niederlassungsfreiheit, ließ aber eine Rechtfertigung aus zwingenden Gründen des Allgemeininteresses zu und stellte bestimmte, auf den Verhältnismäßigkeitsgrundsatz gestützte Verfahrensanforderungen auf. In seiner Gebhard-Entscheidung (vgl. Fall 208) griff der EuGH auf die oben zitierten Formulierungen zurück, um das in der Niederlassungsfreiheit verankerte Beschränkungsverbot zu definieren. Dort richtete sich die Anwendung des Art. 43 EG jedoch gegen den Aufnahmestaat und nicht wie in der Rechtssache Kraus gegen das Herkunftsland des Betroffenen.*

**Sachverhalt:** Herr Kraus erwarb in England den akademischen Grad eines LL.M. Er legte dem zuständigen deutschen Minister eine beglaubigte Kopie seiner Ernennungsurkunde vor und bat um Bestätigung, dass er zur Führung des Titels in Deutschland berechtigt sei. Die Behörde wies darauf hin, dass zur berechtigten Führung des Titels in Deutschland eine Genehmigung erforderlich sei, die auf einem Formblatt zu beantragen sei und die nur nach Zahlung einer Verwaltungsgebühr in Höhe von 130,– DM erteilt werde. Hiergegen erhob Herr Kraus Klage beim Verwaltungsgericht. Dies hatte Zweifel an der Vereinbarkeit der deutschen Regelung mit der Niederlassungsfreiheit und leitete ein Vorabentscheidungsverfahren beim EuGH

ein. Der EuGH entschied, dass zwar das Genehmigungserfordernis an sich
mit Art. 43 EG vereinbar sei, bei der Durchführung des Genehmigungsverfahrens aber der Verhältnismäßigkeitsgrundsatz zu beachten sei.

**Aus den Entscheidungsgründen:**

(S. I-1696) [27] Solange nicht die Voraussetzungen harmonisiert
worden sind, unter denen Inhaber eines aufgrund eines Postgraduiertenstudiums erworbenen akademischen Grades diesen Grad in anderen Mitgliedstaaten als dem führen dürfen, in dem er verliehen wurde,
bleiben die Mitgliedstaaten grundsätzlich befugt, die Führung eines
solchen Grades in ihrem Gebiet im einzelnen zu regeln.

[28] Jedoch setzt das Gemeinschaftsrecht der Ausübung dieser Befugnis durch die Mitgliedstaaten insoweit Grenzen, als die hierzu ergangenen nationalen Rechtsvorschriften kein Hindernis für die tatsächliche Ausübung der durch die Artikel 48 und 52 EWG-Vertrag garantierten grundlegenden Freiheiten darstellen dürfen (in diesem Sinn
Urteil vom 15. Oktober 1987 in der Rechtssache 222/86, Heylens, Slg.
1987, 4097, Randnr. 11).

[29] Denn wie der Gerichtshof festgestellt hat (insbesondere Urteil
vom 7. Juli 1976 in der Rechtssache 118/75, Watson und Belmann, Slg.
1976, 1185, Randnr. 16; Urteil Heylens, aaO., Randnr. 8; Urteil vom
7. Juli 1992 in der Rechtssache C-370/90, Singh, Slg. 1992, I-4265,
Randnr. 15), führen die Artikel 48 und 52 EWG-Vertrag einen fundamentalen Grundsatz aus, der in Artikel 3 Buchstabe c EWG-Vertrag verankert ist; dort heißt es, daß die Tätigkeit der Gemeinschaft
im Sinne des Artikels 2 die Beseitigung der Hindernisse für den freien
Personenverkehr zwischen den Mitgliedstaaten umfaßt.

[30] Indem die Artikel 48 und 52 festlegen, daß die Freizügigkeit
der Arbeitnehmer und die Niederlassungsfreiheit bis zum Ende der
Übergangszeit herzustellen sind, begründen sie eine klar umrissene
Pflicht zur Herbeiführung eines bestimmten Ergebnisses, deren Er-
füllung durch die Durchführung von Gemeinschaftsmaßnahmen zwar
erleichtert, nicht aber bedingt werden sollte. Der Umstand, daß der-
artige Maßnahmen noch nicht erlassen worden sind, berechtigt einen
Mitgliedstaat nicht, einer dem Gemeinschaftsrecht unterstehenden
Person die tatsächliche Ausübung der durch den Vertrag garantierten
Freiheiten zu verwehren.

(S. I-1697) [31] Außerdem sind die Mitgliedstaaten nach Artikel 5
EWG-Vertrag verpflichtet, alle geeigneten Maßnahmen allgemeiner
oder besonderer Art zur Erfüllung der Verpflichtungen zu treffen, die

sich aus dem Vertrag ergeben, und alle Maßnahmen zu unterlassen, die die Verwirklichung der Ziele des Vertrages gefährden könnten.

[32] Daher stehen die Artikel 48 und 52 jeder nationalen Regelung über die Voraussetzungen für die Führung eines in einem anderen Mitgliedstaat erworbenen ergänzenden akademischen Grades entgegen, die zwar ohne Diskriminierung aus Gründen der Staatsangehörigkeit anwendbar ist, die aber geeignet ist, die Ausübung der durch den EWG-Vertrag garantierten grundlegenden Freiheiten durch die Gemeinschaftsangehörigen einschließlich der Staatsangehörigen des Mitgliedstaats, der die Regelung erlassen hat, zu behindern oder weniger attraktiv zu machen. Anders verhielte es sich nur, wenn mit einer solchen Regelung ein berechtigter Zweck verfolgt würde, der mit dem EWG-Vertrag vereinbar und aus zwingenden Gründen des Allgemeininteresses gerechtfertigt wäre (in diesem Sinn Urteil vom 28. April 1977 in der Rechtssache 71/76, Thieffry, Slg. 1977, 765, Randnrn. 12 und 15). In einem solchen Fall müßte jedoch darüber hinaus die Anwendung der fraglichen nationalen Regelung geeignet sein, die Verwirklichung des mit ihr verfolgten Zwecks zu gewährleisten, und sie dürfte nicht über das hinausgehen, was zur Erreichung dieses Zwecks erforderlich ist (vgl. Urteil vom 20. Mai 1992 in der Rechtssache C-106/91, Ramrath, Slg. 1992, I-3351, Randnrn. 29 f.).

[33] Hierzu ist zunächst festzustellen, daß eine nationale Regelung wie die vom vorlegenden Gericht beschriebene, wie das Land Baden-Württemberg in seinen Erklärungen dargelegt hat, bezweckt, die Öffentlichkeit vor der irreführenden Verwendung akademischer Grade zu schützen, die ausserhalb des Gebiets des betreffenden Mitgliedstaats erworben wurden.

[34] Sodann ist festzustellen, daß das Gemeinschaftsrecht es einem Mitgliedstaat nicht verbietet, in Ermangelung einer Harmonisierung Maßnahmen zu erlassen, die verhindern sollen, daß die durch den EWG-Vertrag geschaffenen Erleichterungen mißbräuchlich und in einer dem berechtigten Interesse dieses Staates zuwiderlaufenden Weise in Anspruch genommen werden (vgl. Urteil Knoors, aaO., Rand-nr. 25).

[35] Die Notwendigkeit, eine nicht unbedingt sachkundige Öffentlichkeit vor der mißbräuchlichen Führung akademischer Grade zu schützen, die nicht in Übereinstimmung mit den entsprechenden Vorschriften des Landes verliehen wurden, in dem der Inhaber des Grades diesen führen will, stellt ein berechtigtes Interesse dar, das eine Beschränkung der durch den EWG-Vertrag garantierten grundlegenden Freiheiten seitens des betreffenden Mitgliedstaats rechtfertigen kann.

(S. I-1698) [36] Folglich ist es für sich genommen nicht mit den zwingenden Erfordernissen des Gemeinschaftsrechts unvereinbar, wenn ein Mitgliedstaat ein Verfahren für die Erteilung behördlicher Genehmigungen zur Führung akademischer Grade, die in einem anderen Mitgliedstaat aufgrund eines Postgraduiertenstudiums erworben worden sind, vorsieht und die Nichtbeachtung dieses Verfahrens unter Strafe stellt.

[37] Um jedoch den Anforderungen des Gemeinschaftsrechts hinsichtlich der Beachtung des Grundsatzes der Verhältnismässigkeit zu genügen, muß eine solche nationale Regelung bestimmte Voraussetzungen erfüllen.

[38] So darf zunächst das Genehmigungsverfahren nur bezwecken, zu überprüfen, ob der in einem anderen Mitgliedstaat aufgrund eines Postgraduiertenstudiums erworbene akademische Grad von einer hierfür zuständigen Hochschule im Anschluß an ein tatsächlich absolviertes Studium ordnungsgemäß verliehen worden ist.

[39] Sodann muß das Genehmigungsverfahren für alle Betroffenen leicht zugänglich sein und darf insbesondere nicht von der Zahlung überhöhter Verwaltungsgebühren abhängen.

[40] Ausserdem muß die in Randnummer 38 dieses Urteils genannte Überprüfung des akademischen Grades von den nationalen Behörden nach einem Verfahren vorgenommen werden, das mit den Anforderungen des Gemeinschaftsrechts an den effektiven Schutz der den Gemeinschaftsangehörigen durch den Vertrag verliehenen Grundrechte in Einklang steht. Deshalb muß jede Entscheidung, mit der die zuständige nationale Behörde eine Genehmigung ablehnt, gerichtlich auf ihre Rechtmässigkeit im Hinblick auf das Gemeinschaftsrecht überprüft werden können, und der Betroffene muß von den Gründen Kenntnis erlangen können, auf denen die ihm gegenüber ergangene Entscheidung beruht (Urteil Heylens, aaO., Randnrn. 14 bis 17, und Urteil vom 7. Mai 1991 in der Rechtssache C-340/89, Vlassopoulou, Slg. 1991, I-2357, Randnr. 22).

**Rs. C-31/00 (Dreessen),**                                           **211**
**Urteil des Gerichtshofes vom 22. 01. 2002 – Slg. 2002, S. I-663.**

**Vorbemerkungen:** *In der Entscheidung Dreessen hatte sich der EuGH mit dem Verhältnis zwischen der in Art. 43 EG verankerten Äquivalenzprüfungs- und Anerkennungspflicht und den auf Grundlage des Art. 47 Abs. 1 EG erlassenen sog. Anerkennungsrichtlinien zu beschäftigen. Es galt zu klären, inwieweit die sich aus dem Primärrecht ergebende Prü-*

*fungspflicht zum Tragen kommt, wenn der in Frage stehende Befähigungsnachweis zwar in den Anwendungsbereich einer Anerkennungsrichtlinie fällt, eine dort vorgesehene automatische Anerkennung aber dennoch scheitert. Im vorliegenden Fall erfüllte das betroffene Diplom nicht alle Voraussetzungen, die in der Richtlinie vorgesehen waren. Der EuGH entschied, dass die Anwendung der in Art. 43 EG verankerten Äquivalenzprüfungs- und Anerkennungspflicht nicht durch den Erlass von Anerkennungsrichtlinien ausgeschlossen werde. Soweit auf deren Grundlage eine Anerkennung nicht bewirkt werden könne, sei auf die Grundsätze der Vlassopoulou-Entscheidung (vgl. Fall 209) zurückzugreifen.*

**Sachverhalt:** Ein belgischer Staatsangehöriger mit einem deutschen Ingenieurdiplom beantragte in Belgien die Eintragung in die Architektenliste der Architektenkammer. Diese wurde ihm verweigert, da die maßgebliche Diplomanerkennungsrichtlinie 85/384/EWG dieses Diplom nicht erfasse. Obwohl dies zutrifft, sind nach Auffassung des gemäß Art. 234 EG befaßten Gerichtshofes die Qualifikationen des Antragstellers unabhängig davon im Rahmen der Niederlassungsfreiheit (Art. 43 EG) zu berücksichtigen.

**Aus den Entscheidungsgründen:**

(S. I-683) [16] Der Conseil national und die italienische Regierung vertreten die Auffassung, die Vorabentscheidungsfrage sei zu verneinen. Da das Diplom des Klägers von Artikel 11 der Richtlinie 85/384 nicht erfasst werde, habe dieser keinen Anspruch auf Anerkennung dieses Diploms in einem anderen Mitgliedstaat, ohne dass ein (S. I-684) Vergleich zwischen den durch dieses Diplom bescheinigten und den nach den nationalen Rechtsvorschriften vorgeschriebenen Kenntnissen und Fähigkeiten vorgenommen zu werden brauche.

(...)

[20] Aus dem Urteil Dreessen geht hervor, dass das Ingenieurdiplom des Klägers die Voraussetzungen für eine Gleichstellung mit den in Artikel 11 Buchstabe a vierter (S. I-685) Gedankenstrich der Richtlinie 85/384 genannten Prüfungszeugnissen nicht erfüllt und dass dieses Diplom nicht unter die in Artikel 10 dieser Richtlinie vorgesehene automatische Anerkennung von Architekturdiplomen fällt.

[21] Aufgrund der Formulierung des zum Urteil Dreessen führenden Vorabentscheidungsersuchens, die sich nur auf die Auslegung des Artikels 11 der Richtlinie 85/384 bezog, hat sich der Gerichtshof in diesem Urteil zur Frage der eventuellen Anerkennung der Qualifika-

tionen des Klägers auf der Grundlage der Auslegung, die er Artikel 43 im Urteil Vlassopoulou gegeben hat, nicht geäußert.

(...)

[23] Gegenstand der vorliegenden Vorabentscheidungsvorlage ist daher nicht die Frage, ob die nationalen Behörden im Ausgangsverfahren verpflichtet sind, das Diplom des Klägers als den in der Richtlinie 85/384 genannten Befähigungsnachweisen im Bereich der Architektur gleichwertig anzuerkennen, sondern die Frage, ob diese Behörden ermitteln müssen, ob die beruflichen Fähigkeiten und die Berufserfahrung des Klägers ganz oder teilweise den Erfordernissen und den Bedingungen für den Zugang zum Architektenberuf in Belgien entsprechen, um ihm gegebenenfalls das Recht zuzuerkennen, diesen Beruf dort auszuüben.

[24] In diesem Zusammenhang müssen die Behörden eines Mitgliedstaats, die mit einem Antrag eines Gemeinschaftsangehörigen auf Zulassung zu einem Beruf befasst sind, dessen Aufnahme nach nationalem Recht vom Besitz eines Diploms oder einer beruflichen Qualifikation oder von Zeiten praktischer Erfahrung abhängt, sämtliche Diplome, Prüfungszeugnisse oder sonstigen Befähigungsnachweise sowie die einschlägige Erfahrung des Betroffenen in der Weise berücksichtigen, dass sie die durch diese Nachweise und diese Erfahrung belegten Fachkenntnisse mit den nach nationalem Recht vorgeschriebenen Kenntnissen und Fähigkeiten vergleichen (siehe u.a. Urteil Vlassopoulou, Randnrn. 16, 19 (S. I-686) und 20, sowie die Urteile vom 9. Februar 1994 in der Rechtssache C-319/92, Haim, Slg. 1994, I-425, Randnrn. 27 und 28, und vom 14. September 2000 in der Rechtssache C-238/98, Hocsman, Slg. 2000, I-6623, Randnr. 23).

[25] Der Gerichtshof hat unterstrichen, dass diese Rechtsprechung nur einen den Grundfreiheiten des Vertrages innewohnenden Grundsatz zum Ausdruck bringt und dass diesem Grundsatz nicht dadurch ein Teil seiner rechtlichen Bedeutung genommen wird, dass Richtlinien für die gegenseitige Anerkennung von Diplomen erlassen werden (Urteil Hocsman, Randnrn. 24 und 31).

[26] Wie aus Artikel 47 Absatz 1 EG hervorgeht, sollen derartige Richtlinien nämlich die gegenseitige Anerkennung der Diplome, Prüfungszeugnisse und sonstigen Befähigungsnachweise dadurch erleichtern, dass sie gemeinsame Regeln und Kriterien aufstellen, die so weit wie möglich zur automatischen Anerkennung dieser Diplome, Prüfungszeugnisse und sonstigen Befähigungsnachweise führen. Dagegen haben sie nicht das Ziel, die Anerkennung solcher Diplome, Prüfungszeugnisse und sonstigen Befähigungsnachweisen in nicht

von den Richtlinien erfassten Sachverhalten zu erschweren und dürfen
dies auch nicht bewirken.

[27] Die Mitgliedstaaten müssen folglich ihre sich aus der Auslegung der Artikel 43 EG und 47 EG durch den Gerichtshof (siehe u.a.
Urteile Vlassopoulou, Haim und Hocsman) ergebenden Verpflichtungen in Bezug auf die gegenseitige Anerkennung beruflicher Qualifikationen bei jeder Prüfung eines Antrags auf Zulassung zu einem
Beruf beachten, dessen Aufnahme nach nationalem Recht vom Besitz
eines Diploms oder einer beruflichen Qualifikation oder von Zeiten
praktischer Erfahrung abhängt, wenn das Diplom, dessen Inhaber der
Gemeinschaftsbürger ist, nicht aufgrund einer Richtlinie für die gegenseitige Anerkennung der Diplome automatisch anerkannt wird,
selbst wenn eine solche Richtlinie in dem betreffenden beruflichen
Bereich erlassen worden ist.

**212   Rs. C-313/01 (Morgenbesser),**
**Urteil des Gerichtshofes vom 13. 11. 2003 – Slg. 2003, S. I- 13467.**

**Vorbemerkungen:** *Diese Entscheidung konkretisiert die Anwendung*
*der Vlassopoulou-Kriterien (Fall 209) in Bezug auf den Zugang zum*
*juristischen Vorbereitungsdienst. Dieser darf nicht allein mit dem Hin-*
*weis verweigert werden, dass die betreffende Person ihr juristisches*
*Diplom in einem anderen Mitgliedstaat erworben hat. Die nationalen*
*Behörden sind im Rahmen einer Vergleichbarkeitsprüfung vielmehr*
*verpflichtet, das ausländische Diplom sowie die in- und ausländischen*
*Berufserfahrungen des Betroffenen zu berücksichtigen.*

**Sachverhalt:** Frau Morgenbesser, französische Staatsangehörige mit Wohnsitz in Italien, beantragte im Oktober 1999 beim Vorstand der Rechtsanwaltskammer Genua die Eintragung in das Register der „praticanti". Sie
wies zu diesem Zweck nach, dass sie im Jahre 1996 in Frankreich das Diplom einer „maîtrise en droit" erworben hatte. Nachdem sie für acht Monate
als Juristin in einer Pariser Rechtsanwaltskanzlei gearbeitet hatte, nahm
sie im April 1998 in einer Kanzlei in Genua zugelassener „avvocato" eine
selbständige Tätigkeit auf, die sie auch noch zum Zeitpunkt der mündlichen
Verhandlung vor dem Gerichtshof fortführte. Ihr Antrag wurde mit der Begründung abgelehnt, dass die Eintragung in das Register der „praticanti"
den Besitz eines von einer italienischen Universität verliehenen oder bestätigten Diploms der Rechtswissenschaft voraussetze. Frau Morgenbesser
stellte daraufhin bei der Universität Genua einen Antrag auf Anerkennung

ihrer „maîtrise en droit". Der Consiglio di Corso di Laurea in Giurisprudenza (Ausschuss für den zum Diplom der Rechtswissenschaft führenden Studiengang) dieser Universität machte die Anerkennung von der Teilnahme an einem verkürzten Kurs von zwei Jahren Dauer, vom Bestehen von dreizehn Prüfungen sowie von der Anfertigung einer Diplomarbeit abhängig. Der Gerichtshof entschied im Vorabentscheidungsverfahren.

**Aus den Entscheidungsgründen:**

(S. I-13515) [62] Der Gerichtshof hat bereits festgestellt, dass die Ausübung des Niederlassungsrechts beeinträchtigt ist, wenn nach den nationalen Vorschriften die von dem Betroffenen in einem anderen Mitgliedstaat bereits erworbenen Kenntnisse und Fähigkeiten unberücksichtigt bleiben, und dass daher die zuständigen nationalen Behörden beurteilen müssen, ob diese Kenntnisse für den Nachweis des Erwerbs der fehlenden Kenntnisse ausreichen (vgl. Urteile Vlassopoulou, Randnrn. 15 und 20, und Fernández de Bobadilla, Randnr. 33).

[63] In diesem Zusammenhang geht es entgegen dem Vorbringen der italienischen Regierung in einem Fall wie dem des Ausgangsverfahrens nicht um eine bloße Frage der Anerkennung akademischer Titel.

[64] Es trifft zu, dass die Anerkennung der Gleichwertigkeit eines in einem Mitgliedstaat erworbenen Diploms für akademische oder zivilrechtliche Zwecke von Bedeutung, ja sogar ausschlaggebend für die Zulassung zur Rechtsanwaltschaft eines anderen Mitgliedstaats sein kann (vgl. hierzu Urteil vom 28. April 1977 in der Rechtssache 71/76, Thieffry, Slg. 1977, 765).

(S. I-13516) [65] Daraus folgt jedoch nicht, dass es für die Zwecke der Prüfung, die die zuständige Stelle des Aufnahmemitgliedstaats unter Umständen wie denen des Ausgangsverfahrens vorzunehmen hat, erforderlich wäre, die akademische Gleichwertigkeit des Diploms, auf das sich der Betroffene beruft, mit dem Diplom zu prüfen, das gewöhnlich von den Angehörigen dieses Staates verlangt wird.

[66] Die Berücksichtigung des Diploms des Betroffenen, wie der von einer französischen Universität verliehenen „maîtrise en droit", muss daher im Rahmen einer Gesamtbeurteilung der akademischen und beruflichen Ausbildung erfolgen, die dieser geltend machen kann.

[67] Demnach hat die zuständige Behörde im Einklang mit den vom Gerichtshof in den Urteilen Vlassopoulou und Fernández de Bobadilla entwickelten Grundsätzen zu prüfen, ob und inwieweit die durch das in einem anderen Mitgliedstaat verliehene Diplom bescheinigten Kenntnisse und erworbenen Fähigkeiten oder die dort gewonnene Be-

rufserfahrung sowie die in dem Mitgliedstaat, in dem der Bewerber seine Eintragung beantragt, gewonnene Erfahrung als – und sei es auch teilweise – Erfüllung der für die Aufnahme der betreffenden Tätigkeit verlangten Voraussetzungen anzusehen sind.

(S. I-13517) [72] Angesichts des Vorstehenden ist dem vorlegenden Gericht zu antworten, dass es das Gemeinschaftsrecht den Behörden eines Mitgliedstaats verwehrt, den Inhaber eines in einem anderen Mitgliedstaat erworbenen Diploms der Rechtswissenschaft nur deshalb nicht in das Register der Personen, die die für eine Zulassung als Rechtsanwalt erforderliche praktische Ausbildungszeit absolvieren, einzutragen, weil es sich nicht um ein von einer Universität des erstgenannten Staates verliehenes, bestätigtes oder als gleichwertig anerkanntes Diplom der Rechtswissenschaft handelt.

## 7. Rechtfertigung

### a) Ungeschriebene Rechtfertigungsgründe

**213    Rs. C-212/97 (CENTROS),
Urteil des Gerichtshofes vom 09. 03. 1999 – Slg. 1999, I-1459.**

**Vorbemerkungen:** *Die Centros-Entscheidung des EuGH hat in der Literatur zu einer größeren Kontroverse Anlass gegeben. Dies ist auf die Tatsache zurückzuführen, dass der Gerichtshof die Urteilsgründe so allgemein gehalten hat, dass zwei Deutungen des Urteils möglich sind. Einerseits lässt sich vertreten, dass die Entscheidung zum Umzug einer Gesellschaft von einem Mitgliedstaat in den anderen Stellung nimmt und damit auf das Problem der primären Niederlassungsfreiheit juristischer Personen i.S.d. Art. 48 EG eingeht (Fälle 201, 202). Wird dieser Auffassung gefolgt, dann ist bereits die Aussage des EuGH über die Vereinbarkeit der dänischen Regelung mit Art. 43 ff. EG als positive Antwort auf die Frage zu verstehen, ob eine identitätswahrende Sitzverlegung einer Gesellschaft von einem Mitgliedstaat in einen anderen möglich ist. Die Sitztheorie wäre mit dem EG-Recht unvereinbar. Andererseits kann auch davon ausgegangen werden, dass der Gerichtshof nur Aussagen zur Zweigniederlassung, also zur sekundären Niederlassungsfreiheit, getroffen hat. Da sich sowohl der EuGH als auch der Generalanwalt in der Sache nur zur Zulässigkeit einer Beschränkung der Errichtung einer Zweigniederlassung äußern,* *erscheint die letztere Interpretation des Urteils überzeugender. Die Entscheidung zeigt darüber hinaus, dass die Wahl eines wirtschaftlich günstigen Standortes für den Sitz einer Gesellschaft selbst dann keinen Missbrauch der Niederlassungsfreiheit darstellt, wenn am Ort des Sitzes keine nennenswerte Geschäftstätigkeit entfaltet wird. Staatliche Maßnahmen, welche diese Wahlfreiheit einschränken, sind nicht durch zwingende Gründe des Allgemeinwohls gerechtfertigt. Dies hat der EuGH später ausdrücklich bestätigt (Fall 214).*

**Sachverhalt:** Die Eheleute Bryde haben in England und Wales eine Gesellschaft namens Centros Ltd. gegründet und eingetragen. Nach britischem Gesellschaftsrecht waren damit alle Anforderungen erfüllt und die Gesellschaft rechtswirksam gegründet. Ein in Dänemark gestellter Antrag auf Eintragung einer Zweigniederlassung der Centros Ltd. in das dänische Handelsregister, wurde mit der Begründung abgelehnt, die Ltd. habe seit ihrer Errichtung keine Geschäftstätigkeit im Vereinigten Königreich entfaltet, die beantragte Eintragung als Zweigniederlassung sei daher eine Umgehung der nationalen dänischen Vorschriften, insbesondere über die Einzahlung eines Mindestgesellschaftskapitals. In Wirklichkeit handele es sich um keine Zweigniederlassung in Dänemark, sondern es werde die Verlegung des Hauptsitzes angestrebt. Der EuGH entschied im Rahmen eines Vorabentscheidungsverfahrens, dass die Ablehnung der Eintragung nicht mit Art. 43 i.V.m. Art. 46 und 48 EG vereinbar ist.

## Aus den Entscheidungsgründen:

(S. I-1489) [14] Die Frage des nationalen Gerichts geht dahin, ob ein Mitgliedstaat, der die Eintragung der Zweigniederlassung einer Gesellschaft verweigert, die in einem anderen (S. I-1490) Mitgliedstaat, in dem sie ihren Sitz hat, rechtmäßig errichtet worden ist, aber keine Geschäftstätigkeit entfaltet, gegen die Artikel 52 und 58 EG-Vertrag verstößt, wenn die Zweigniederlassung es der Gesellschaft ermöglichen soll, ihre gesamte Geschäftstätigkeit in dem Staat auszuüben, in dem diese Zweigniederlassung errichtet wird, ohne dort eine Gesellschaft zu errichten, und damit das dortige Recht über die Errichtung von Gesellschaften zu umgehen, das höhere Anforderungen an die Einzahlung des Mindestgesellschaftskapitals stellt.

[15] Die Zentralverwaltung bestreitet nicht, daß jede Aktiengesellschaft oder Gesellschaft mit beschränkter Haftung, die ihren Sitz in einem anderen Mitgliedstaat hat, in Dänemark mittels einer Zweigniederlassung tätig werden kann. Im allgemeinen akzeptiert sie also die Eintragung einer Zweigniederlassung einer nach dem Recht eines

anderen Mitgliedstaats errichteten Gesellschaft in Dänemark. Insbesondere hätte sie die Eintragung der Zweigniederlassung der Centros in Dänemark zugelassen, wenn diese in England und Wales eine Geschäftstätigkeit entfaltet hätte.

[16] Nach den Ausführungen der dänischen Regierung ist Art. 52 EG-Vertrag im Ausgangsfall nicht anwendbar, da es sich um eine rein interne dänische Situation handele. Die Eheleute Bryde, die dänische Staatsangehörige seien, hätten nämlich im Vereinigten Königreich eine Gesellschaft errichtet, ohne dort irgendeine tatsächliche Geschäftstätigkeit zu entfalten, mit dem einzigen Ziel, mittels einer Zweigniederlassung in Dänemark eine Geschäftstätigkeit auszuüben und so die Anwendung des dänischen Rechts über die Errichtung der Gesellschaften mit beschränkter Haftung zu umgehen. Unter solchen Umständen stelle die Errichtung einer Gesellschaft durch die Staatsangehörigen eines Mitgliedstaats in einem anderen Mitgliedstaat keinen gemeinschaftsrechtlich insbesondere im Hinblick auf die Niederlassungsfreiheit relevanten, über den nationalen Rahmen hinausweisenden Aspekt dar.

[17] Eine Sachlage, in der eine nach dem Recht eines Mitgliedstaats, in dem sie ihren satzungsgemäßen Sitz hat, gegründete Gesellschaft eine Zweigniederlassung in einem anderen Mitgliedstaat gründen will, fällt unter das Gemeinschaftsrecht. Daß die Gesellschaft im ersten Mitgliedstaat nur errichtet wurde, um sich in dem zweiten Mitgliedstaat niederzulassen, in dem die Geschäftstätigkeit im wesentlichen oder ausschließlich ausgeübt werden soll, ist dabei ohne Bedeutung (vgl. in diesem Sinne das Urteil Segers, Randnr. 16).

(S. I-1491) [18] Daß die Eheleute Bryde die Centros im Vereinigten Königreich zu dem Zweck gegründet haben, das dänische Recht über die Einzahlung eines Mindestgesellschaftskapitals zu umgehen, was weder in den schriftlichen Erklärungen noch in der mündlichen Verhandlung bestritten wurde, ändert ebenfalls nichts daran, daß die Gründung einer Zweigniederlassung in Dänemark durch diese britische Gesellschaft unter die Niederlassungsfreiheit im Sinne der Artikel 52 und 58 EG-Vertrag fällt. Die Frage der Anwendung der Artikel 52 und 58 EG-Vertrag ist nämlich eine andere als die, ob ein Mitgliedstaat Maßnahmen ergreifen kann, um zu verhindern, daß sich einige seiner Staatsangehörigen unter Mißbrauch der durch den EG-Vertrag geschaffenen Erleichterungen der Anwendung des nationalen Rechts entziehen.

[19] Die Eheleute Bryde machen geltend, die Verweigerung der Eintragung ihrer nach dem Recht eines anderen Mitgliedstaats, in dem sie ihren Sitz hat, errichteten Gesellschaft in Dänemark stelle eine Beschränkung der Niederlassungsfreiheit dar. Nach ständiger Rechtspre-

chung umfaßt die Niederlassungsfreiheit, die Artikel 52 EG-Vertrag den Gemeinschaftsangehörigen zuerkennt, das Recht zur Aufnahme und Ausübung selbständiger Erwerbstätigkeiten sowie zur Errichtung von Unternehmen und zur Ausübung der Unternehmertätigkeit nach den Bestimmungen, die im Niederlassungsstaat für dessen eigene Angehörigen gelten. Außerdem stellt Artikel 58 EG-Vertrag die nach dem Recht eines Mitgliedstaats gegründeten Gesellschaften, die ihren satzungsmäßigen Sitz, ihre Hauptverwaltung oder ihre Hauptniederlassung innerhalb der Gemeinschaft haben, den natürlichen Personen gleich, die Angehörige der Mitgliedstaaten sind.

[20] Hieraus folgt unmittelbar, daß diese Gesellschaften das Recht haben, ihre Tätigkeit in einem anderen Mitgliedstaat durch eine Agentur oder eine Zweigniederlassung oder Tochtergesellschaft auszuüben, wobei ihr satzungsmäßiger Sitz, ihre Hauptverwaltung oder ihre Hauptniederlassung, ebenso wie die Staatsangehörigkeit bei natürlichen Personen, dazu dient, ihre Zugehörigkeit zur Rechtsordnung eines Mitgliedstaats zu bestimmen (vgl. in diesem Sinne die Urteile Segers, Randnr. 13; vom 28. Januar 1986 in der Rechtssache 270/83, Kommission/Frankreich, Slg. 1986, 273, Randnr. 18; vom 13. Juli 1993 in der Rechtssache C-330/91, Commerzbank, Slg. 1993, I-4017, Randnr. 13; und vom 16. Juli 1998 in der Rechtssache C-264/96, ICI, Slg. 1998, I-4695, Randnr. 20).

(S. I-1492) [21] Verweigert ein Mitgliedstaat unter bestimmten Umständen die Eintragung der Zweigniederlassung einer Gesellschaft, die ihren Sitz in einem anderen Mitgliedstaat hat, so werden die nach dem Recht dieses anderen Mitgliedstaats gegründeten Gesellschaften an der Wahrnehmung ihres Niederlassungsrechts aus den Artikeln 52 und 58 EG-Vertrag gehindert.

[22] Ein solches Vorgehen beschränkt also die Ausübung der in diesen Bestimmungen gewährleisteten Freiheiten.

(...)

(S. I-1493) [27] Damit kann es für sich allein keine mißbräuchliche Ausnutzung des Niederlassungsrechts darstellen, wenn ein Staatsangehöriger eines Mitgliedstaats, der eine Gesellschaft gründen möchte, diese in dem Mitgliedstaat errichtet, dessen gesellschaftsrechtliche Vorschriften ihm die größte Freiheit lassen, und in anderen Mitgliedstaaten Zweigniederlassungen gründet. Das Recht, eine Gesellschaft nach dem Recht eines Mitgliedstaats zu errichten und in anderen Mitgliedstaaten Zweigniederlassungen zu gründen, folgt nämlich im Binnenmarkt unmittelbar aus der vom EG-Vertrag gewährleisteten Niederlassungsfreiheit

[28] Dabei ist unerheblich, daß das Gesellschaftsrecht in der Gemeinschaft nicht voll harmonisiert worden ist; außerdem bleibt es dem Rat jederzeit überlassen, aufgrund der ihm in Artikel 54 Absatz 3 Buchstabe g EG-Vertrag übertragenen Befugnisse diese Harmonisierung zu vervollständigen.

(S. I-1494) [29] Daß eine Gesellschaft in dem Mitgliedstaat, in dem sie ihren Sitz hat, keine Geschäftstätigkeiten entfaltet und ihre Tätigkeit ausschließlich im Mitgliedstaat ihrer Zweigniederlassung ausübt, belegt zudem nach Randnummer 16 des Urteils Segers noch kein mißbräuchliches und betrügerisches Verhalten, das es dem letzteren Mitgliedstaat erlauben würde, auf diese Gesellschaft die Gemeinschaftsvorschriften über das Niederlassungsrecht nicht anzuwenden.

[30] Somit ist es mit den Artikeln 52 und 58 EG-Vertrag unvereinbar, daß ein Mitgliedstaat es mit der Begründung ablehnt, die Zweigniederlassung einer nach dem Recht eines anderen Mitgliedstaats, in dem sie ihren Sitz hat, errichteten Gesellschaft einzutragen, die Zweigniederlassung solle es der Gesellschaft ermöglichen, ihre gesamte Geschäftstätigkeit im Aufnahmemitgliedstaat auszuüben, wobei die Zweigniederlassung dem nationalen Recht über die Einzahlung eines Mindestgesellschaftskapitals entzogen werde, da diese Weigerung jede Wahrnehmung der Freiheit zur Gründung einer Zweigniederlassung verhindert, die durch die Artikel 52 und 58 gerade gewährleistet werden soll.

[31] Es stellt sich noch die Frage, ob das nationale Vorgehen aus den von den dänischen Behörden angeführten Gründen gerechtfertigt sein könnte.

[32] Unter Bezugnahme auf Artikel 56 EG-Vertrag und auf die Rechtsprechung des Gerichtshofes zu den zwingenden Gründen des Allgemeininteresses macht die Zentralverwaltung geltend, die Pflicht der Gesellschaften mit beschränkter Haftung zur Einzahlung eines Mindestgesellschaftskapitals verfolge zum einen den Zweck, die finanzielle Solidität der Gesellschaften zu verstärken, um die öffentlichen Gläubiger vor der Gefahr zu schützen, daß die öffentlichen Forderungen uneinbringlich würden, da diese anders als private Gläubiger ihre Forderungen nicht durch eine Sicherheit oder Bürgschaft sichern könnten; zum anderen solle sie ganz allgemein alle öffentlichen und privaten Gläubiger schützen, indem sie der Gefahr eines betrügerischen Bankrotts aufgrund der Zahlungsunfähigkeit von Gesellschaften mit unzureichendem Anfangskapital vorbeuge.

(S. I-1495) [33] Es gebe kein milderes Mittel, um diese Ziele zu er-

reichen. Das andere Mittel zum Schutz der Gläubiger, gesetzlich bei
Erfüllung bestimmter Voraussetzungen eine Durchgriffshaftung der
Gesellschafter vorzusehen, sei nicht milder als die Verpflichtung zur
Einzahlung eines Mindestgesellschaftskapitals.

[34] Wie festgestellt, sind diese Gründe für Artikel 56 EG-Vertrag
ohne Belang. Im übrigen sind nach der Rechtsprechung des Gerichtshofes nationale Maßnahmen, die die Ausübung der durch den EG-
Vertrag garantierten Grundfreiheiten behindern oder weniger attraktiv machen können, zulässig, wenn vier Voraussetzungen erfüllt
sind: Sie müssen in nichtdiskriminierender Weise angewandt werden, sie müssen zwingenden Gründen des Allgemeininteresses entsprechen, sie müssen zur Erreichung des verfolgten Zieles geeignet
sein, und sie dürfen nicht über das hinausgehen, was zur Erreichung
dieses Zieles erforderlich ist (vgl. die Urteile vom 31. März 1993 in
der Rechtssache C-19/92, Kraus, Slg. 1993, I-1663, Randnr. 32; und
vom 30. November 1995 in der Rechtssache C-55/94, Gebhard, Slg.
1995, I-4165, Randnr. 37).

[35] Diese Voraussetzungen sind im Ausgangsfall nicht erfüllt. Zum
einen ist das dänische Vorgehen nicht geeignet, das mit ihm verfolgte
Ziel des Gläubigerschutzes zu erreichen, da die Zweigniederlassung in
Dänemark eingetragen worden wäre, wenn die Gesellschaft eine Geschäftstätigkeit im Vereinigten Königreich ausgeübt hätte, obwohl die
dänischen Gläubiger in diesem Fall ebenso gefährdet gewesen wären.

**Rs. C-167/01 (Inspire Art),**    **214**
**Urteil des Gerichtshofes vom 30. 09. 2003 – Slg. 2003, S. I-10155.**

**Vorbemerkungen:** *Neben den bereits in der Centros-Entscheidung
(Fall 213) getroffenen Feststellungen, dass in der Gründung einer
Gesellschaft im Ausland mit dem einzigen Zweck, die im Inland geltenden strengeren gesellschaftsrechtlichen Vorschriften zu umgehen,
kein Missbrauch der Niederlassungsfreiheit liegt (hier nicht wieder
gegeben), hat der EuGH erstmals zum Erfordernis eines bestimmten
Mindestkapitals und den Sanktionen bei Nichterbringung desselben
Stellung genommen. Entsprechend dem in der Judikatur des EuGH
häufig anzutreffenden Leitbild des aufgeklärten Verbrauchers, sieht
er in Mindestkapitalvorschriften jedenfalls für ausländische Gesellschaften kein geeignetes Mittel des Gläubigerschutzes, da die Gesellschaft als ausländische erkennbar sei und damit nicht davon ausge-*

*gangen werden könne, sie unterliege denselben Haftungsregelungen wie inländische Gesellschaften. Diese Argumentation vermag im Hinblick auf vertragliche Schuldverhältnisse zutreffen. Fraglich ist indes, ob sie auch im Hinblick auf gesetzliche Schuldverhältnisse, wie der deliktischen Haftung, anwendbar ist; denn hier kann sich der Gläubiger seinen Schuldner nicht aussuchen. Insoweit bleibt die weitere Rechtsprechung abzuwarten.*

**Sachverhalt:** Ein niederländischer Staatsangehöriger gründete in England die Inspire Art Ltd., eine Gesellschaft mit beschränkter Haftung britischen Rechts, um damit den strengeren niederländischen Vorschriften über Mindestkapital und die Gesellschafterhaftung zu entgehen. Die Inspire Art errichtete sodann eine Zweigniederlassung in Amsterdam, wo sie auch ins Handelsregister eingetragen wurde. Die Inspire Art erfüllte jedoch zahlreiche Voraussetzungen nicht, welche das niederländische „Gesetz über formal ausländische Gesellschaften" (WFBV) vorsah. Insbesondere konnte sie nicht das erforderliche Mindestkapital nachweisen und die Gesellschafterhaftung entsprach nicht dem WFBV. Das Fehlen dieser und anderer Voraussetzungen rügte die Handelskammer vor dem zuständigen nationalen Gericht. Dieses hatte Zweifel an der Vereinbarkeit des niederländischen Rechts mit den Regelungen über die Niederlassungsfreiheit und legte dem EuGH die Frage nach Art. 234 EG vor.

### Aus den Entscheidungsgründen:

(S. I-10226) Zum Vorliegen von Rechtfertigungsgründen.

[106] Zunächst ist daran zu erinnern, dass die Bestimmungen der WFBV über die Offenlegung, die gegen die Elfte Richtlinie verstoßen (siehe Randnrn. 71 und 72 des vorliegenden Urteils), nicht gerechtfertigt werden können. Im Folgenden werden daher nur die Bestimmungen der WFBV über das Mindestkapital und die Haftung der Geschäftsführer geprüft.

(...)

(S. I-10233) [132] Zu prüfen ist daher, ob die von der niederländischen Regierung vorgebrachten Rechtfertigungsgründe, d.h. der Gläubigerschutz, die Bekämpfung einer missbräuchlichen Ausnutzung der Niederlassungsfreiheit, die Erhaltung der Wirksamkeit der Steuerkontrollen und die Lauterkeit des Handelsverkehrs, zwingende Gründe des Allgemeininteresses darstellen.

[133] Nach der Rechtsprechung des Gerichtshofes sind nationale Maßnahmen, die die Ausübung der durch den EG-Vertrag garantierten Grundfreiheiten behindern oder weniger attraktiv machen können,

gerechtfertigt, wenn vier Voraussetzungen erfüllt sind: Sie müssen in nichtdiskriminierender Weise angewandt werden, sie müssen aus zwingenden Gründen des Allgemeininteresses gerechtfertigt sein, sie müssen zur Erreichung des verfolgten Zieles geeignet sein, und sie dürfen nicht über das hinausgehen, was zur Erreichung dieses Zieles erforderlich ist (vgl. die Urteile vom 31. März 1993 in der Rechtssache C-19/92, Kraus, Slg. 1993, I-1663, Randnr. 32, vom 30. November 1995 in der Rechtssache C-55/94, Gebhard, Slg. 1995, I-4165, Randnr. 37, und Centros, Randnr. 34).

[134] Folglich ist zu prüfen, ob Bestimmungen über das Mindestkapital wie die des Ausgangsverfahrens diese Voraussetzungen erfüllen.

(S. I-10234) [135] Erstens ist zum Gläubigerschutz ohne weitere Prüfung, ob die Vorschriften über das Mindestkapital als solche einen geeigneten Schutzmechanismus bilden, festzustellen, dass die Inspire Art als Gesellschaft englischen Rechts und nicht als niederländische Gesellschaft auftritt. Ihre potenziellen Gläubiger sind hinreichend darüber unterrichtet, dass sie anderen Rechtsvorschriften als denen unterliegt, die in den Niederlanden die Gründung von Gesellschaften mit beschränkter Haftung regeln, u.a., was die Vorschriften über das Mindestkapital und die Haftung der Geschäftsführer betrifft. Wie der Gerichtshof in Randnummer 36 des Urteils Centros ausgeführt hat, können sich die Gläubiger ferner auf bestimmte gemeinschaftsrechtliche Schutzregelungen wie die Vierte und die Elfte Richtlinie berufen.

(...)

(S. I-10235) [141] Da die Bestimmungen über das Mindestkapital mit der durch den Vertrag garantierten Niederlassungsfreiheit unvereinbar sind, gilt zwangsläufig dasselbe für die Sanktionen, die an die Nichterfüllung der fraglichen Verpflichtungen geknüpft sind, d.h. die persönliche gesamtschuldnerische Haftung der Geschäftsführer in dem Fall, dass das Kapital nicht den im nationalen Recht vorgeschriebenen Mindestbetrag erreicht oder während des Betriebes unter diesen sinkt.

**Rs. C-250/95 (Futura Participations und Singer),**    **215**
**Urteil des Gerichtshofes vom 15. 05. 1997 – Slg. 1997, S. I-2471.**

**Vorbemerkungen:** *In der Entscheidung Futura Participations und Singer prüft der EuGH den ungeschriebenen Rechtfertigungsgrund der Wirksamkeit der Steueraufsicht als zwingenden Grund des Allgemeininteresses. Die Entscheidung ist deshalb von besonderer Bedeu-*

*tung, weil der EuGH die Heranziehung dieses Rechtfertigungsgrundes zwar mit seiner Rechtsprechung in der Cassis-Entscheidung begründet. Dieser Verweis vermag die Anwendung eines ungeschriebenen Rechtfertigungsgrundes aber nicht zu erklären, denn in der Cassis-Entscheidung war eine sonstige Beschränkung, also nicht eine diskriminierende mitgliedstaatliche Maßnahme, Gegenstand der Rechtfertigung. In der Entscheidung Futura Participatios und Singer hingegen geht es der Sache nach um eine offene Diskriminierung. Der Sitz einer Gesellschaft entspricht nämlich dem Kriterium der Staatsangehörigkeit bei natürlichen Personen. Nach ständiger Rechtsprechung des EuGH dürfen aber zumindest offene Diskriminierungen nur anhand der im Vertrag ausdrücklich vorgesehenen Rechtfertigungsgründe gemessen werden. Der EuGH selbst spricht in der Entscheidung Futura Participations und Singer freilich nicht von einer Diskriminierung, sondern von einer Beschränkung, ohne diese näher zu qualifizieren.*

**Sachverhalt:** Singer, die luxemburgische Zweigniederlassung der Futura Participations SA Paris, führte ihre Bücher nicht entsprechend den Regeln des luxemburgischen Rechts. Sie ermittelte daher ihre steuerbaren Einkünfte und Verluste für dieses Jahr anhand der Gesamteinkünfte und Gesamtverluste des Mutterunternehmens. Ihr Antrag auf steuerlichen Verlustabzug, wurde von den luxemburgischen Behörden mit der Begründung abgelehnt, nach luxemburgischem Recht könne ein Steuerausländer einen Verlust nur vortragen, wenn er seine Bücher nach luxemburgischem Recht führe. Der EuGH, der im Rahmen eines Vorabentscheidungsverfahrens entschieden hat, sah hierin einen Verstoß gegen Art. 43 EG.

### Aus den Entscheidungsgründen:

(S. I-2499) [23] Nach der zweiten Voraussetzung muß der Steuerpflichtige während des Geschäftsjahres, in dem die Verluste entstanden sind, deren Vortrag er beantragt, im Mitgliedstaat der Besteuerung gemäß dem einschlägigen nationalen Recht Bücher über seine Tätigkeiten in diesem Staat geführt haben.

(S. I-2500) [24] Das kann im Sinne des Artikels 52 EG-Vertrag eine Beschränkung der Niederlassungsfreiheit einer Gesellschaft darstellen, die in einem anderen Mitgliedstaat als dem ihres Sitzes eine Zweigniederlassung gründen will; Gesellschaften sind in Artikel 58 EG-Vertrag den natürlichen Personen gleichgestellt, die Angehörige der Mitgliedstaaten sind.

[25] Die Voraussetzung bewirkt nämlich, daß eine solche Gesell-

schaft, will sie Verluste ihrer Zweigniederlassung vortragen, neben ihren eigenen Büchern, die dem Steuerrecht des Mitgliedstaats ihres Sitzes entsprechen müssen, getrennte Bücher über die Tätigkeiten ihrer Zweigniederlassung nach dem Steuerrecht des Staates führen muß, in dem die letztere sich befindet. Diese Bücher müssen zudem am Ort der Zweigniederlassung, nicht am Sitz der Gesellschaft aufbewahrt werden.

[26] Damit verstößt diese Voraussetzung, die spezifisch Gesellschaften mit Sitz in einem anderen Mitgliedstaat trifft, grundsätzlich gegen Artikel 52 EG-Vertrag. Etwas anderes gilt nur, wenn die Maßnahme ein legitimes Ziel verfolgt, das mit dem EG-Vertrag vereinbar und durch zwingende Gründe des öffentlichen Interesses gerechtfertigt ist. Erforderlich ist zudem, daß die Maßnahme zur Erreichung des fraglichen Zieles geeignet ist und nicht über das hinausgeht, was hierzu erforderlich (vgl. Urteile vom 30. November 1995 in der Rechtssache C-55/94, Gebhard, Slg. 1995, I-4165, Randnr. 37; vom 31. März 1993 in der Rechtssache C-19/92, Kraus, Slg. 1993, I-1663, Randnr. 32; und vom 15. Dezember 1995 in der Rechtssache C-415/93, Bosman, Slg. 1995, I-4921, Randnr. 104).

(...)

(S. I-2501) [31] Der Gerichtshof hat wiederholt entschieden, daß die Wirksamkeit der Steueraufsicht ein zwingender Grund des Allgemeininteresses ist, der eine Beschränkung der vom EG-Vertrag gewährleisteten Grundfreiheiten rechtfertigen kann (siehe z.B. Urteil vom 20. Februar 1979 in der Rechtssache 120/78, Rewe-Zentral – Cassis de Dijon –, Slg. 1979, 649, Randnr. 8). Ein Mitgliedstaat hat damit das Recht zur Anwendung von Maßnahmen, die die klare und eindeutige Feststellung der Höhe sowohl der in diesem Staat steuerbaren Einkünfte wie eines Verlustvortrags erlauben.

**Rs. C-264/96 (Imperial Chemical Industries),**          **216**
**Urteil des Gerichtshofes vom 16. 07. 1998 – Slg. 1998, S. I-4695.**

**Vorbemerkungen:** *Zu den im Rahmen der Niederlassungsfreiheit vom EuGH herangezogenen ungeschriebenen Rechtfertigungsgründen gehört auch die Wahrung der Kohärenz der nationalen Steuersysteme. In der Imperial Chemicals-Entscheidung konkretisiert der EuGH seine bereits in der Rechtssache Futura Participations angelegte Rechtsprechung zur Rechtfertigung offen diskriminierender Maßnahmen*

*mit zwingenden Gründen des Allgemeinwohls, in dem er erstmals aus-*
*drücklich feststellt, dass die in Frage stehenden mitgliedstaatlichen*
*Steuervorschriften zu einer Ungleichbehandlung führen, und diese*
*Ungleichbehandlung einer Rechtfertigungsprüfung anhand von zwin-*
*genden Gründen des Allgemeinwohls unterzieht. Diese Rechtspre-*
*chung hat der EuGH auch in späteren Entscheidungen bestätigt (Rs.*
*C-254/97 – Société Baxter u.a. – Slg. 1999, S. I-4809). Eine dogma-*
*tische Begründung für die Heranziehung ungeschriebener Rechtfer-*
*tigungsgründe bei diskriminierenden Maßnahmen findet sich aber in*
*keiner dieser Entscheidungen. Allerdings scheint der EuGH die darin*
*liegende Durchbrechung seiner eigenen Rechtsprechungsgrundsätze*
*bei der Niederlassungsfreiheit auf das Gebiet des Steuerrechts – und*
*auch des Sozialrechts (vgl. Fall 233 und Fall 168) – zu beschränken.*
*Die weitere Entwicklung der Rechtsprechung zu den ungeschriebenen*
*Rechtfertigungsgründen bleibt daher abzuwarten.*

**Sachverhalt:** Der Ausgangsrechtsstreit dieses Vorabentscheidugsverfah-
rens zwischen der Imperial Chemical Industries plc (ICI) und der britischen
Steuerverwaltung betraf deren Weigerung, ICI eine Steuerermäßigung für
Geschäftsverluste zu gewähren, die eine Tochtergesellschaft der Holding-
gesellschaft, die ICI über ein Konsortium gehört, erlitten hat. ICI hat ihren
Sitz im Vereinigten Königreich und bildet mit der Wellcome Foundation
Ltd, die ihren Sitz ebenfalls in diesem Mitgliedstaat hat, ein Konsortium,
über das ihnen die Gesellschaft Coopers Animal Health (Holdings) Ltd.
und zwar ICI zu 49 % und der Wellcome Foundation Ltd zu 51 %, gehört.
Die einzige Tätigkeit der Holdings besteht im Halten der Aktien von 23
Tochterhandelsgesellschaften, die in zahlreichen Ländern tätig sind. Von
diesen 23 Tochtergesellschaften haben vier, darunter die Coopers Animal
Health Ltd (CAH), ihren Sitz im Vereinigten Königreich, sechs in anderen
Mitgliedstaaten und 13 in Drittländern. CAH erlitt bei ihrer geschäftlichen
Tätigkeit im Vereinigten Königreich in den Geschäftsjahren 1985, 1986 und
1987 Verluste. ICI beantragte erfolglos, im Wege der Steuerermäßigung
von den steuerpflichtigen Gewinnen, die sie in diesen Geschäftsjahren
erzielt hatte, einen Betrag in Höhe von 49 % (entsprechend ihrem Anteil
an Holdings) der in diesen Zeiträumen bei CAH angefallenen Verluste ab-
zusetzen. ICI klagte gegen die Verweigerung der Steuerermäßigung. Der
Klage wurde stattgegeben. Auf das Rechtsmittel der Steuerverwaltung hin
legte das House of Lords dem EuGH die Frage vor, ob die nationale Regelung, die die Steuermäßigung vom Sitz der Tochtergesellschaften abhängig macht, eine Beschränkung der Niederlassungsfreiheit darstellt, und ob
diese gegebenenfalls gerechtfertigt sei. Der EuGH stellte eine ungerecht-
fertigte Beschränkung fest.

**Aus den Entscheidungsgründen:**

(S. I 4720) [18] Die erste Frage des vorlegenden Gerichts geht im wesentlichen dahin, ob Artikel 52 des Vertrages Rechtsvorschriften eines Mitgliedstaats entgegensteht, die bei in diesem Mitgliedstaat ansässigen Gesellschaften, die zu einem Konsortium gehören, über das ihnen eine Holdinggesellschaft gehört, den Anspruch auf eine Steuerermäßigung an die Voraussetzung knüpfen, daß die Tätigkeit der Holdinggesellschaft ganz oder hauptsächlich im Halten der Aktien von in dem betreffenden Mitgliedstaat ansässigen Tochtergesellschaften besteht.

(S. I 4721) [19] Die direkten Steuern fallen zwar in die Zuständigkeit der Mitgliedstaaten, doch müssen diese ihre Zuständigkeit unter Wahrung des Gemeinschaftsrechts ausüben (vgl. Urteile vom 14. Februar 1995 in der Rechtssache C-279/93, Schumacker, Slg. 1995, I-225, Randnr. 21, vom 11. August 1995 in der Rechtssache C-80/94, Wielockx, Slg. 1995, I-2493, Randnr. 16, vom 27. Juni 1996 in der Rechtssache C-107/94, Asscher, Slg. 1996, I-3089, Randnr. 36, und vom 15. Mai 1997 in der Rechtssache C-250/95, Futura Participations und Singer, Slg. 1997, I-2471, Randnr. 19).

[20] Nach ständiger Rechtsprechung ist mit der Niederlassungsfreiheit, die Artikel 52 den Staatsangehörigen der Mitgliedstaaten zuerkennt und die für sie die Aufnahme und Ausübung selbständiger Erwerbstätigkeiten nach den gleichen Bestimmungen wie den im Niederlassungsstaat für dessen eigene Angehörigen festgelegten umfaßt, gemäß Artikel 58 des Vertrages für die nach den Rechtsvorschriften eines Mitgliedstaats gegründeten Gesellschaften, die ihren satzungsmäßigen Sitz, ihre Hauptverwaltung oder ihre Hauptniederlassung innerhalb der Gemeinschaft haben, das Recht verbunden, ihre Tätigkeit in dem betreffenden Mitgliedstaat durch eine Zweigniederlassung oder Agentur auszuüben. In bezug auf die Gesellschaften ist in diesem Zusammenhang hervorzuheben, daß ihr Sitz im genannten Sinne, ebenso wie die Staatsangehörigkeit bei natürlichen Personen, dazu dient, ihre Zugehörigkeit zur Rechtsordnung eines Staates zu bestimmen (vgl. Urteile vom 28. Januar 1986 in der Rechtssache 270/83, Kommission/Frankreich, Slg. 1986, 273, Randnr. 18, und vom 13. Juli 1993 in der Rechtssache C-330/91, Commerzbank, Slg. 1993, I-4017, Randnr. 13).

[21] Auch wenn die Bestimmungen über die Niederlassungsfreiheit nach ihrem Wortlaut insbesondere die Inländerbehandlung im Aufnahmemitgliedstaat sichern sollen, so verbieten sie es doch auch, daß der Herkunftsstaat die Niederlassung seiner Staatsangehörigen oder

einer nach seinem Recht gegründeten Gesellschaft, die im übrigen der Definition des Artikels 58 des Vertrages entspricht, in einem anderen Mitgliedstaat behindert (vgl. Urteil vom 27. September 1988 in der Rechtssache 81/87, Daily Mail und General Trust, Slg. 1988, 5483, Randnr. 16).

[22] Die im Ausgangsverfahren in Rede stehenden Rechtsvorschriften verweigern gebietsansässigen Konsortialgesellschaften, die über eine Holdinggesellschaft von ihrer Niederlassungsfreiheit Gebrauch gemacht haben, um (S. I-4722) in anderen Mitgliedstaaten Tochtergesellschaften zu gründen, die Steuerermäßigung für Verluste, die eine gebietsansässige Tochtergesellschaft der Holdinggesellschaft erlitten hat, wenn die Holdinggesellschaft hauptsächlich Tochtergesellschaften mit Sitz außerhalb des Vereinigten Königreichs kontrolliert.

[23] Derartige Rechtsvorschriften verwenden somit das Kriterium des Sitzes der kontrollierten Tochtergesellschaften, um eine unterschiedliche steuerliche Behandlung der im Vereinigten Königreich ansässigen Konsortialgesellschaften einzuführen. Sie behalten nämlich die Gewährung des Steuervorteils, den der Konsortiumsteuerabzug darstellt, den Gesellschaften vor, die ausschließlich oder hauptsächlich Tochtergesellschaften mit Sitz im Inland kontrollieren.

[24] Daher ist zu prüfen, ob diese Ungleichbehandlung nach den Bestimmungen gerechtfertigt ist.

(...)

(S. I-4723) [29] Der Gerichtshof hat zwar entschieden, daß die Notwendigkeit, die Kohärenz eines Steuersystems zu wahren, unter bestimmten Umständen eine Regelung rechtfertigen kann, die geeignet ist, die Grundfreiheiten zu beschränken (vgl. Urteile vom 28. Januar 1992 in der Rechtssache C-204/90, Bachmann, Slg. 1992, I-249, und in der Rechtssache C-300/90, Kommission/Belgien, Slg. 1992, I-305). In diesen Rechtssachen bestand jedoch ein unmittelbarer Zusammenhang zwischen der Abzugsfähigkeit von Versicherungsbeiträgen und der Besteuerung der Beträge, die von Versicherern nach den Alters- und Todesfallversicherungsverträgen geschuldet wurden; dieser Zusammenhang mußte gewahrt werden, um die Kohärenz der betreffenden Steuerregelung zu sichern. Im vorliegenden Fall besteht kein derartiger unmittelbarer Zusammenhang zwischen der Steuerermäßigung, die der Konsortialgesellschaft für die Verluste einer ihrer im Vereinigten Königreich ansässigen Tochtergesellschaften gewährt wird, und der Besteuerung der Gewinne der außerhalb des Vereinigten Königreichs ansässigen Tochtergesellschaften.

*b) Rechtfertigungsgründe nach Art. 46 EG*

**Rs. C-114/97 (Kommission ⁄ Spanien),**    **217**
**Urteil des Gerichtshofes vom 29. 10. 1998 – Slg. 1998, S. I-6717.**

**Vorbemerkungen:** *In dieser Entscheidung prüft der EuGH die Recht-fertigung einer versteckten Diskriminierung anhand des geschriebe-nen Rechtfertigungsgrundes der öffentlichen Sicherheit und Ordnung gemäß Art. 46 Abs. 1 EG und hält sich damit innerhalb der durch seine Rechtsprechung vorgegebenen „klassischen" Rechtfertigungsdog-matik. Auch als Rechtfertigung für eine Beschränkung der Niederlas-sungsfreiheit ist der Begriff der öffentlichen Sicherheit und Ordnung eng auszulegen. Voraussetzung einer Rechtfertigung ist eine hinrei-chend schwere Gefährdung eines Grundinteresses der Gesellschaft.*

**Sachverhalt:** Die Kommission erachtete die spanischen Vorschriften über Sicherheitsunternehmen als mit dem Gemeinschaftsrecht nicht vereinbar. Sie war insbesondere der Auffassung, dass die in dem Gesetz vorgesehene Verpflichtung der Geschäftsführer und Direktoren eines jeden in Spanien tätigen Sicherheitsunternehmens, ihren Wohnsitz in Spanien zu nehmen, nicht mit den Vorschriften über die Niederlassungsfreiheit vereinbar sei. Nach Durchführung des entsprechenden Vorverfahrens erhob sie beim EuGH Aufsichtsklage gegen Spanien. Der EuGH bejahte einen Vertrags-verstoß Spaniens.

### Aus den Entscheidungsgründen:

(S. I-6744) [44] Die Regelung, daß die Geschäftsführer und Direk-toren aller Sicherheitsunternehmen in Spanien wohnen müssen, be-hindert die Niederlassungsfreiheit (vgl. hierzu Urteil vom 25. Juli 1991 in der Rechtssache C-221/89, Factortame u.a., Slg. 1991, I-3905, Rand-nr. 32) und die Dienstleistungsfreiheit.

[45] Diese Bedingung ist nicht erforderlich, um die öffentliche Si-cherheit in dem betroffenen Mitgliedstaat zu gewährleisten, und fällt daher nicht unter die in Artikel 56 Absatz 1 – gegebenenfalls in Ver-bindung mit Artikel 66 EG-Vertrag – vorgesehene Ausnahme.

[46] Dieser Rechtfertigungsgrund greift nämlich nur ein, wenn eine tatsächliche und hinreichend schwere Gefährdung vorliegt, die ein Grundinteresse der Gesellschaft berührt (vgl. im Hinblick auf die öffentliche Ordnung das vorgenannte Urteil Bouchereau, Randnr. 35).

[47] Im Gegensatz zur Ansicht der spanischen Regierung lässt sich jedoch nicht als Begründung für diese Gefährdung anführen, daß die spanischen Behörden die von den privaten Sicherheitsdiensten ausgeübten Tätigkeiten ohne die fragliche Vorschrift nicht wirksam kontrollieren könnten. Jedes in einem Mitgliedstaat niedergelassene Unternehmen kann nämlich unabhängig vom Wohnsitz seiner Führungskräfte kontrolliert und Sanktionen unterworfen werden. Außerdem kann die Zahlung einer etwaigen Geldstrafe durch die vorherige Stellung einer Sicherheit abgesichert werden (vgl. in diesem Sinne Urteil vom 7. Mai 1998 in der Rechtssache C-350/96, Clean Car Autoservice, Slg. 1998, I-2521, Randnr. 36).

## IV. Dienstleistungsfreiheit, Art. 49 ff. EG

### 1. Begriff der Dienstleistung

**218** Rs. 155/73 (Sacchi),
**Urteil des Gerichtshofes vom 30. 04. 1974 – Slg. 1974, S. 409.**

**Vorbemerkungen:** *Die Entscheidung hat sog. „Korrespondenzdienstleistungen" zum Gegenstand. Eine Korrespondenzdienstleistung liegt vor, wenn weder der Dienstleistungserbringer noch der Dienstleistungsempfänger, sondern nur die Dienstleistung selbst, als unkörperliches Produkt, eine innergemeinschaftliche Grenze überschreitet. Besondere Bedeutung kommt der Entscheidung deshalb zu, weil sie die Übertragung von Rundfunksendungen, welche eines der wichtigsten Beispiele für eine Korrespondenzdienstleistung ist, unter Art. 49 EG subsumiert. Der EuGH hat in mehreren Entscheidungen – erstmals in der Rechtssache Sacchi – die grenzüberschreitende Ausstrahlung von Rundfunksendungen, einschließlich der zu Werbezwecken, der Dienstleistungsfreiheit zugeordnet. Von der Warenverkehrsfreiheit wird demnach nur der Handel mit körperlichen Gegenständen erfasst, die der Übertragung von Fernsehsendungen dienen.*

**Sachverhalt:** Wie auch in anderen europäischen Ländern oblag nach der früheren Rechtslage in Italien die Ausstrahlung von Fernsehsendungen allein den öffentlich-rechtlichen Rundfunkanstalten. Herr Sacchi, der selbst ein staatlich nicht genehmigtes Fernsehunternehmen unterhielt, wurde angeklagt, weil er sich geweigert hatte, die Gebühr für die Fernsehempfangs-

anlage zu entrichten. Er sah darin einen Verstoß gegen Gemeinschaftsrecht. Der vom nationalen Gericht angerufene EuGH hatte unter anderem
zu entscheiden, ob Fernsehsendungen als Ware oder Dienstleistungen i.S.d.
EG-Vertrages anzusehen sind.

**Aus den Entscheidungsgründen:**

(S. 428) [6] In Ermangelung ausdrücklicher entgegenstehender
Vertragsbestimmungen sind Fernsehsendungen ihrer Natur nach als
Dienstleistungen anzusehen. Zwar ist es nicht ausgeschlossen, daß
Leistungen, die in der Regel gegen Entgelt erbracht werden, unter die
Bestimmungen über den freien Warenverkehr fallen. Doch ist dies
nach Artikel 60 nur der Fall, soweit sie diesen Bestimmungen unterstellt sind. Demnach fällt die Ausstrahlung von Fernsehsendungen als
solche, einschließlich jener zu Werbezwecken, unter die Vertragsvorschriften über Dienstleistungen.
[7/8] Dagegen unterliegt der Handel mit sämtlichen Materialien,
Tonträgern, Filmen und sonstigen Erzeugnissen, die für die Ausstrahlung von Fernsehsendungen benutzt werden, den Bestimmungen über
den freien Warenverkehr. (...).

**Rs. C-215/01 (Schnitzer),**                                    **219**
**Urteil des Gerichtshofes vom 11. 12. 2003 – Slg. 2003, S. I- 14847.**

**Vorbemerkungen:** *Gegenstand dieses Urteils war die in Deutschland*
*vorgesehene Pflicht zur Eintragung in die Handwerksrolle als Voraus-*
*setzung für die Ausübung bestimmter handwerklicher Tätigkeiten. Im*
*Vordergrund dieses Falls stand jedoch weniger die Frage nach der*
*Rechtfertigung eines solchen Erfordernisses (vgl. hierzu die Rechts-*
*sache Corsten – Fall 230), als mehr die Abgrenzung zwischen der*
*Dienstleistungs- und der Niederlassungsfreiheit. Das ausländische*
*Unternehmen hatte nämlich über einen längeren Zeitraum und regel-*
*mäßig handwerkliche Tätigkeiten in Deutschland erbracht. Für den*
*EuGH kommt es in diesem Zusammenhang entscheidend auf den vo-*
*rübergehenden Charakter der Tätigkeit in einem anderen Mitglied-*
*staat an, die von einer die Niederlassungsfreiheit prägenden stabilen*
*und kontinuierlichen Teilnahme am Wirtschaftsverkehr zu unterschei-*
*den sei. Die Abgrenzung könne jedoch nicht abstrakt bestimmt wer-*
*den, es seien mehrere Kriterien wie Dauer, Häufigkeit, Wiederkehr*

*und Kontinuität zu berücksichtigen. Sogar die Ausstattung mit einer bestimmten Infrastruktur schließt die Annahme einer Dienstleistung nicht aus. Diesem Umstand misst der EuGH eine wichtige Bedeutung bei, da er vorliegend trotz großen Umfangs der Betätigung in Deutschland von einem Fall der Dienstleistungsfreiheit ausgeht und dabei die fehlende Infrastruktur in Deutschland betont. Daraus lässt sich schließen, dass der Umfang der wirtschaftlichen Betätigung im Aufnahmestaat umso größer sein kann, je weniger Infrastruktur des Wirtschaftssubjekts dort vorhanden ist. Von weitreichender Bedeutung ist diese Ausdehnung der Dienstleistungsfreiheit vor dem Hintergrund der angestrebten sekundärrechtlichen Verwirklichung eines weitreichenden Herkunftslandprinzips, wonach die Ausübung der Dienstleistungsfreiheit im Aufnahmestaat grundsätzlich keinen Anforderungen mehr unterworfen werden darf, wenn der Dienstleistungserbringer seine Tätigkeit rechtmäßig im Herkunftsstaat erbringt.*

**Sachverhalt:** Als Geschäftführer einer deutschen Gesellschaft beauftragte Bruno Schnitzer ein Unternehmen mit Sitz in Portugal in den Jahren 1994 bis 1997 mit der Durchführung umfangreicher Verputzarbeiten in Deutschland. Eine nach der deutschen Handwerksordnung hierfür erforderliche Eintragung in die Handwerksrolle besaß das portugiesische Unternehmen in diesem Zeitraum jedoch nicht. Aus diesem Grunde verhängte die zuständige Behörde gegen Bruno Schnitzer ein Bußgeld wegen Zuwiderhandlung gegen das Schwarzarbeitsgesetz. Hiergegen schlug der Betroffene den Rechtsweg vor das Amtsgericht ein. In Kenntnis der Rechtssache Corsten (siehe Fall 230) legte das Ausgangsgericht dem EuGH die Frage vor, ob das Erfordernis einer Eintragung in die Handwerksrolle dann gerechtfertigt sei, wenn die Tätigkeiten nicht nur kurzfristig, sondern auch über einen längeren Zeitraum hinweg ausgeübt würden.

### Aus den Entscheidungsgründen:

(S. I-14881) [26] Aus den Akten geht hervor, dass das vom Betroffenen mit der Durchführung von Verputzarbeiten beauftragte Unternehmen ein in Portugal niedergelassenes Unternehmen ist, das diese Arbeiten gegen Entgelt in Deutschland erbracht hat. Es handelt sich also um Leistungen, für die die Vorschriften des Vertragskapitels über die Dienstleistungen gelten, sofern das Unternehmen nicht als in Deutschland niedergelassen anzusehen ist, so dass die Leistungen gemäß Artikel 50 Absatz 1 EG unter die für das Niederlassungsrecht geltenden Artikel 43 EG bis 48 EG fielen.

(S. I-14882) [27] Nach Artikel 50 Absatz 3 EG kann der Dienstleistende zwecks Erbringung seiner Leistung seine Tätigkeit vorübergehend in dem Staat ausüben, in dem die Leistung erbracht wird, und zwar unter den Voraussetzungen, die dieser Staat für seine eigenen Angehörigen vorschreibt. Soweit die Leistungserbringung in diesem Mitgliedstaat vorübergehend bleibt, fällt ein solcher Leistender weiterhin unter die Vorschriften des Kapitels über die Dienstleistungen.

[28] Für die Frage, ob die Tätigkeiten des Leistenden im Aufnahmemitgliedstaat vorübergehenden Charakter haben, sind nach der Rechtsprechung des Gerichtshofes nicht nur die Dauer der Leistung, sondern auch ihre Häufigkeit, regelmäßige Wiederkehr oder Kontinuität zu berücksichtigen. Der vorübergehende Charakter der Leistung schließt für den Dienstleistenden im Sinne des Vertrages nicht die Möglichkeit aus, sich im Aufnahmemitgliedstaat mit einer bestimmten Infrastruktur (einschließlich eines Büros, einer Praxis oder einer Kanzlei) auszustatten, soweit diese Infrastruktur für die Erbringung der fraglichen Leistung erforderlich ist (Urteile vom 30. November 1995 in der Rechtssache C-55/94, Gebhard, Slg. 1995, I-4165, Randnr. 27, und vom 13. Februar 2003 in der Rechtssache C-131/01, Kommission/Italien, Slg. 2003, I-1659, Randnr. 22).

[29] Der Gerichtshof hat diese Situation von der eines Staatsangehörigen eines Mitgliedstaats unterschieden, der als Angehöriger eines Mitgliedstaats in stabiler und kontinuierlicher Weise eine Berufstätigkeit in einem anderen Mitgliedstaat ausübt, in dem er sich von einem Berufsdomizil aus u.a. an die Angehörigen dieses Staates wendet. Demgemäß hat der Gerichtshof festgestellt, dass ein solcher Staatsangehöriger unter die Vorschriften des Kapitels über das Niederlassungsrecht und nicht unter die des Kapitels über die Dienstleistungen fällt.

[30] Der Begriff Dienstleistung im Sinne des Vertrages kann somit Dienstleistungen ganz unterschiedlicher Art umfassen, einschließlich solcher, deren Erbringung sich über einen längeren Zeitraum, bis hin zu mehreren Jahren, erstreckt, z.B., wenn es sich um Dienstleistungen handelt, die im Rahmen eines Großbauprojekts erbracht werden. Auch Leistungen, die ein in einem Mitgliedstaat ansässiger Wirtschaftsteilnehmer mehr oder weniger häufig oder regelmäßig, auch über einen längeren Zeitraum, für Personen erbringt, die in einem oder mehreren (S. I-14883) anderen Mitgliedstaaten niedergelassen sind, können Dienstleistungen im Sinne des Vertrages sein, etwa die entgeltliche Beratung oder Auskunftserteilung.

[31] Der Vertrag enthält keine Vorschrift, die eine abstrakte Bestimmung der Dauer oder Häufigkeit ermöglicht, ab der die Erbrin-

gung einer Dienstleistung oder einer bestimmten Art von Dienstleistung in einem anderen Mitgliedstaat nicht mehr als eine Dienstleistung im Sinne des Vertrages angesehen werden kann.

[32] Folglich reicht allein die Tatsache, dass ein in einem Mitgliedstaat niedergelassener Wirtschaftsteilnehmer gleiche oder ähnliche Dienstleistungen mehr oder weniger häufig oder regelmäßig in einem anderen Mitgliedstaat erbringt, ohne dass er dort über eine Infrastruktur verfügt, die es ihm erlauben würde, in diesem Mitgliedstaat in stabiler und kontinuierlicher Weise einer Erwerbstätigkeit nachzugehen, und von der aus er sich u.a. an die Angehörigen dieses Mitgliedstaats wendet, nicht aus, um ihn als in diesem Mitgliedstaat niedergelassen anzusehen.

**220    Rs. C-452/04 (Fidium Finanz AG),**
**Urteil des Gerichtshofes vom 03. 10. 2006 – EWS 2006, S. 518.**

**Vorbemerkungen:** *Art. 50 Abs. 1 EG regelt das tatbestandliche Verhältnis der Dienstleistungsfreiheit zur Freiheit des Kapitalverkehrs (Art. 56 ff. EG). In der vorliegenden Entscheidung hat der EuGH diese Vorschrift erstmals ausgelegt. Der in der Literatur verbreiteten Auffassung, die Dienstleistungsfreiheit sei gegenüber der Kapitalverkehrsfreiheit subsidiär, erteilt der EuGH ein Absage. Seiner Auffassung nach stellt Art. 50 Abs. 1 EG lediglich eine Auffangregelung dar, wonach wirtschaftliche Tätigkeiten, die von keiner anderen Grundfreiheit erfasst werden, in den Schutzbereich der Dienstleistungsfreiheit fallen sollen. Sind dagegen die Schutzbereiche sowohl der Dienstleistungs- als auch der Kapitalverkehrsfreiheit betroffen, enthält Art. 50 Abs. 1 EG nach Auffassung des EuGH keine Abgrenzungsregelung. Vielmehr stellt der Gerichtshof auf den Schwerpunkt des konkreten Einzelfalls ab. Es ist diejenige Grundfreiheit anwendbar, auf welcher der Schwerpunkt liegt. Die Entscheidung macht auch die praktische Bedeutung der Abgrenzung zwischen Dienstleistungs- und Kapitalverkehrsfreiheit deutlich. Auf die Kapitalverkehrsfreiheit können sich nämlich auch Drittstaatsangehörige berufen, die Dienstleistungsfreiheit ist dagegen Angehörigen der EG-Mitgliedstaaten vorbehalten. Mangels Entscheidungserheblichkeit lässt der EuGH in der vorliegenden Entscheidung offen, wie das Verhältnis beider Grundfreiheiten für den von ihm genannten Ausnahmefall zu bestimmen ist, dass ein Schwerpunkt nicht* *erkennbar ist und eine nationale Bestimmung „die Ausübung beider Freiheiten gleichzeitig" behindert.*

**Sachverhalt:** Die Fidium Finanz AG (F), eine Gesellschaft schweizerischen Rechts mit Sitz in der Schweiz, bot über das Internet und über unabhängige Kreditvermittler in Deutschland Kredite an. Nach deutschem Recht ist für die Erbringung von Finanzdienstleistungen im Inland eine Genehmigung durch die Bundesanstalt für Finanzdienstleistungen (BaFin) notwendig. Die F hatte jedoch keine solche Genehmigung. Daher untersagte ihr die Ba-Fin die gewerbsmäßige Kreditvermittlung. Die F sah darin eine Verletzung der Kapitalverkehrsfreiheit und erhob Klage vor dem Verwaltungsgericht. Dieses legte dem EuGH im Wege des Vorabentscheidungsverfahrens die Frage nach der Einschlägigkeit der Kapitalverkehrsfreiheit vor. Der EuGH entschied, dass nicht die Kapitalverkehrs- sondern die Dienstleistungsfreiheit einschlägig sei, auf die sich die F als Angehörige eines Drittstaates indes nicht berufen könne.

**Aus den Entscheidungsgründen:**

[22] Das vorlegende Gericht möchte mit seinem Vorabentscheidungsersuchen wissen, ob die Tätigkeit der gewerbsmäßigen Kreditvergabe eine Dienstleistung darstellt und unter die Artikel 49 ff. EG fällt und/oder ob sie in den Anwendungsbereich der Artikel 56 ff. EG über die Kapitalverkehrsfreiheit fällt. [...]
[...]
[24] Wie aus den Randnummern 14 und 15 des vorliegenden Urteils hervorgeht, vergibt Fidium Finanz, die ihren Sitz in der Schweiz hat, gewerbsmäßig Kredite an in Deutschland wohnende Personen.
[25] Im Gegensatz zu dem den freien Kapitalverkehr betreffenden Kapitel des Vertrages enthält dasjenige über den freien Dienstleistungsverkehr keine Bestimmung, wonach dessen Vorschriften Dienstleistungserbringern, die nicht in der Europäischen Union ansässige Drittstaatsangehörige sind, zugute kämen. [...]
[...]
[27] Somit stellt sich die Frage nach der Abgrenzung und dem Verhältnis zwischen den Vertragsbestimmungen über den freien Dienstleistungsverkehr auf der einen und denen über den freien Kapitalverkehr auf der anderen Seite.
[28] Hierzu ist dem Wortlaut der Artikel 49 EG und 56 EG sowie deren Platzierung in zwei verschiedenen Kapiteln des Titels III des Vertrages zu entnehmen, dass diese Bestimmungen zwar in einem engen Zusammenhang miteinander stehen, aber zur Regelung unter-

schiedlicher Situationen bestimmt sind und jeweils einen unterschiedlichen Anwendungsbereich haben.

[29] Dies wird u.a. durch Artikel 51 Absatz 2 EG bestätigt, der zwischen den mit dem Kapitalverkehr verbundenen Dienstleistungen der Banken und Versicherungen einerseits und dem freien Kapitalverkehr andererseits unterscheidet und vorsieht, dass die Liberalisierung dieser Dienstleistungen „im Einklang mit der Liberalisierung des Kapitalverkehrs" durchgeführt wird.

[30] Es lässt sich gewiss nicht ausschließen, dass in bestimmten speziellen Fällen eine nationale Bestimmung, die sich zugleich auf die Dienstleistungsfreiheit und auf die Kapitalverkehrsfreiheit bezieht, die Ausübung beider Freiheiten gleichzeitig behindern kann.

[31] Vor dem Gericht ist die Ansicht vertreten worden, dass unter diesen Voraussetzungen im Hinblick auf den Wortlaut des Artikels 50 Absatz 1 EG die Bestimmungen über den freien Dienstleistungsverkehr gegenüber denjenigen über den freien Kapitalverkehr nur subsidiär gälten.

[32] Diesem Vorbringen kann nicht gefolgt werden. Zwar enthält die in Artikel 50 Absatz 1 EG vorgesehene Definition des Begriffes „Dienstleistungen" den Hinweis, dass es sich um Leistungen handelt, die „nicht den Vorschriften über den freien Waren- und Kapitalverkehr und über die Freizügigkeit der Personen unterliegen", jedoch erfolgt dieser Hinweis auf der Ebene der Definition dieses Begriffes, ohne zwischen der Dienstleistungsfreiheit und den übrigen Grundfreiheiten einen Vorrang festzulegen. Der Begriff „Dienstleistungen" deckt nämlich die nicht von den übrigen Freiheiten erfassten Leistungen mit dem Ziel ab, keine wirtschaftliche Tätigkeit aus dem Geltungsbereich der Grundfreiheiten herausfallen zu lassen.

[33] Ein solcher Vorrang kann auch nicht aus Artikel 51 Absatz 2 EG abgeleitet werden. Diese Bestimmung richtet sich namentlich an den Gemeinschaftsgesetzgeber und ist mit der potenziell unterschiedlichen Entwicklung bei der Liberalisierung der Dienstleistungen auf der einen und des Kapitalverkehrs auf der anderen Seite zu erklären.

[34] Betrifft aber eine innerstaatliche Maßnahme sowohl den freien Dienstleistungsverkehr als auch den freien Kapitalverkehr, ist zu prüfen, inwieweit diese Maßnahme die Ausübung dieser Grundfreiheiten berührt und ob unter den im Ausgangsverfahren gegebenen Umständen eine von ihnen hinter die andere zurücktritt (vgl. entsprechend Urteile vom 25. März 2004 in der Rechtssache C-71/02, Karner, Slg. 2004, I-3025, Randnr. 47, und vom 14. Oktober 2004 in der Rechtssache C-36/02, Omega, Slg. 2004, I-9609, Randnr. 27, so-

wie Urteil des EFTA-Gerichtshofes vom 14. Juli 2000 in der Sache State Management Debt Agency/Islandsbanki-FBA, E-1/00, EFTA Court Report 2000–2001, S. 8, Randnr. 32). Der Gerichtshof prüft die in Rede stehende Maßnahme grundsätzlich nur im Hinblick auf eine dieser beiden Freiheiten, wenn sich herausstellt, dass unter den Umständen des Einzelfalls eine der beiden Freiheiten der anderen gegenüber völlig zweitrangig ist und ihr zugeordnet werden kann (vgl. entsprechend Urteile vom 24. März 1994 in der Rechtssache C-275/92, Schindler, Slg. 1994, I-1039, Randnr. 22, vom 22. Januar 2002 in der Rechtssache C-390/99, Canal Satélite Digital, Slg. 2002, I-607, Randnr. 31, Karner, Randnr. 46, Omega, Randnr. 26, und vom 26. Mai 2005 in der Rechtssache C-20/03, Burmanjer u.a., Slg. 2005, I-4133, Randnr. 35).

[...]

[40] Zwar ist Fidium Finanz kein Kreditinstitut im Sinne des Gemeinschaftsrechts, da ihre Tätigkeit nicht darin besteht, Einlagen oder andere rückzahlbare Gelder vom Publikum entgegenzunehmen, gleichwohl handelt es sich bei ihrer Tätigkeit der gewerbsmäßigen Kreditvergabe um eine Dienstleistung.

[...]

[42] Die Darlehen und Kredite von Gebietsfremden an Gebietsansässige sind in der Rubrik VIII des Anhangs I der Richtlinie 88/361 genannt, die die Überschrift „Darlehen und Finanzkredite" trägt. Nach den Begriffsbestimmungen zu diesem Anhang umfasst diese Kategorie u.a. die Konsumentenkredite.

[43] Folglich steht die Tätigkeit der gewerbsmäßigen Kreditvergabe grundsätzlich in einer Beziehung sowohl zum freien Dienstleistungsverkehr im Sinne der Artikel 49 ff. EG als auch zum freien Kapitalverkehr im Sinne der Artikel 56 ff. EG.

[44] Daher ist zu prüfen, ob und gegebenenfalls inwieweit die streitige Regelung die Ausübung dieser beiden Freiheiten unter den im Ausgangsverfahren gegebenen Umständen berührt und sie behindern kann.

[45] Der Akte ist zu entnehmen, dass die in Rede stehende Regelung zu den deutschen Rechtsvorschriften betreffend die Aufsicht über die Unternehmen gehört, die Bankgeschäfte betreiben und Finanzdienstleistungen anbieten. Sie hat den Zweck, die Erbringung solcher Dienstleistungen zu überwachen und sie nur Unternehmen zu erlauben, die eine ordnungsgemäße Abwicklung der Geschäfte gewährleisten. Ist dem Wirtschaftsteilnehmer der Zugang zum innerstaatlichen Markt gestattet, die Anbahnung des Darlehens erfolgt und der Darle-

hensvertrag unterzeichnet, wird dieser Vertrag erfüllt und der Darlehensbetrag materiell auf den Darlehensnehmer übertragen.

[46] Die streitige Regelung bewirkt, dass der Zugang zum deutschen Finanzmarkt solchen Wirtschaftsteilnehmern verwehrt wird, die nicht über die nach dem KWG erforderliche Eignung verfügen. Nach ständiger Rechtsprechung sind als Beschränkungen des freien Dienstleistungsverkehrs alle Maßnahmen anzusehen, die die Ausübung dieser Freiheit unterbinden, behindern oder weniger attraktiv machen (vgl. u.a. Urteil vom 15. Januar 2002 in der Rechtssache C-439/99, Kommission/Italien, Slg. 2002, I-305, Randnr. 22). Wenn schon das Erfordernis einer Erlaubnis eine Beschränkung des freien Dienstleistungsverkehrs darstellt, ist das Erfordernis einer festen Niederlassung faktisch die Negation dieser Freiheit. Ein solches Erfordernis ist nur zulässig, wenn es nachweislich eine unerlässliche Voraussetzung für die Erreichung des verfolgten Zieles ist (vgl. u.a. Urteile Parodi, Randnr. 31, und Kommission/Italien, Randnr. 30).

[47] Angesichts der in Randnummer 25 des vorliegenden Urteils dargelegten Erwägungen kann sich ein Unternehmen, das wie Fidium Finanz seinen Sitz in einem Drittstaat hat, nicht auf die Artikel 49 ff. EG berufen.

[48] Was den freien Kapitalverkehr im Sinne der Artikel 56 ff. EG betrifft, so bewirkt die fragliche Regelung dadurch, dass sie Finanzdienstleistungen, die von nicht im Europäischen Wirtschaftsraum ansässigen Unternehmen angeboten werden, für die in Deutschland ansässigen Kunden weniger leicht zugänglich macht, möglicherweise, dass diese Kunden die betreffenden Dienstleistungen weniger häufig in Anspruch nehmen und dass sich somit die mit diesen Dienstleistungen zusammenhängenden grenzüberschreitenden Geldströme vermindern. Dabei handelt es sich allerdings nur um eine zwangsläufige Folge der Beschränkung des freien Dienstleistungsverkehrs (vgl. in diesem Sinne Urteile Omega, Randnr. 27, und vom 12. September 2006 in der Rechtssache C-196/04, Cadbury Schweppes und Cadbury Schweppes Overseas, Slg. 2006, I-0000, Randnr. 33; vgl. auch entsprechend Urteil vom 28. Januar 1992 in der Rechtssache C-204/90, Bachmann, Slg. 1992, I-249, Randnr. 34).

[49] Es zeigt sich, dass unter den im Ausgangsverfahren gegebenen Umständen der Aspekt der Kapitalverkehrsfreiheit hinter dem der Dienstleistungsfreiheit zurücktritt. Denn da die streitige Regelung bewirkt, dass der Zugang zum deutschen Finanzmarkt für in Drittstaaten ansässige Unternehmen erschwert wird, berührt sie vorwiegend den freien Dienstleistungsverkehr. Da die den freien Kapitalverkehr be-

schränkenden Wirkungen dieser Regelung nur eine zwangsläufige Folge der für die Erbringung von Dienstleistungen auferlegten Beschränkungen sind, braucht die Vereinbarkeit dieser Regelung mit den Artikeln 56 ff. EG nicht geprüft zu werden.

## 2. Grenzüberschreitender Bezug

**Rs. C–275/92 (Schindler),**                                          **221**
**Urteil des Gerichtshofes vom 24. 03. 1994 – Slg. 1994, S. I-1039.**

**Vorbemerkungen:** *Der EuGH geht in dieser Entscheidung zu einer Auslegung der Dienstleistungsfreiheit als einem allgemeinem Beschränkungsverbot über. Unter dem Vorbehalt der Rechtfertigung durch das Allgemeininteresse sind auch nichtdiskriminierende aber in sonstiger Weise beschränkende Maßnahmen an dieser Grundfreiheit zu messen. Darüber hinaus beschäftigte sich der EuGH mit der Abgrenzung zwischen Ware und Dienstleistung. Bei Sachverhalten, die sowohl unter die Waren- als auch unter die Dienstleistungsfreiheit gefasst werden könnten, hat der Gerichtshof in mehreren Entscheidungen auf den Schwerpunkt der grenzüberschreitenden Tätigkeit abgestellt. Demnach wird etwa die Einfuhr von Waren dann nicht von der Warenverkehrsfreiheit erfasst, wenn diese lediglich einer in einem anderen Mitgliedstaat vorgenommenen Dienstleistung dient und somit nicht losgelöst von der Dienstleistung betrachtet werden kann.*

**Sachverhalt:** Die Beklagten des Ausgangsverfahrens verschickten von den Niederlanden aus Formulare und Werbematerial für eine in der Bundesrepublik Deutschland veranstaltete Lotterieausspielung an britische Staatsangehörige. Britische Behörden beschlagnahmten die Lose und Werbeprospekte mit der Begründung, sie seien entgegen den gesetzlichen Bestimmungen eingeführt worden. Nach den einschlägigen Vorschriften durften keine Werbematerialien oder andere Mitteilungen über die Ziehung oder die beabsichtigte Ziehung einer Lotterie zum Zwecke der Veröffentlichung in das Vereinigte Königreich eingeführt werden. Die Beklagten hielten diese Bestimmung für mit Art. 28 bzw. 49 EG unvereinbar. Dagegen vertrat die Klägerin die Auffassung, dass diese Vorschriften nicht anwendbar seien, weil das Einfuhrverbot die Lotterien unabhängig von ihrer Herkunft beträfen. Der Gerichtshof entschied im Rahmen eines Vorabentscheidungsverfahrens.

**Aus den Entscheidungsgründen:**

(S. I-1086) [16] Zur Frage der Anwendbarkeit der Artikel 30 und 59 EWG-Vertrag trägt eine erste Gruppe von Regierungen, zu der die belgische, die deutsche, die irische, die luxemburgische und die portugiesische Regierung gehören, vor, daß Lotterieveranstaltungen nicht zum „Wirtschaftsleben" im Sinne des EWG-Vertrags gehörten. (S. I-1087) Lotterien seien in den Mitgliedstaaten herkömmlicherweise verboten und würden ausschließlich aus Gründen des Allgemeininteresses unmittelbar vom Staat oder unter seiner Kontrolle veranstaltet. Den Lotterien liege kein wirtschaftliches Leistungsverhältnis zugrunde, da sie auf dem Zufall beruhten. Schließlich seien Lotterien Erholung oder Spiel und keine wirtschaftliche Tätigkeit. Nach Ansicht der belgischen und der luxemburgischen Regierung ergibt sich außerdem aus der Richtlinie 75/368/EWG des Rates vom 16. Juni 1975 über Maßnahmen zur Erleichterung der tatsächlichen Ausübung der Niederlassungsfreiheit und des freien Dienstleistungsverkehrs für einige Tätigkeiten (...) insbesondere Übergangsmaßnahmen für diese Tätigkeiten (Abl. L 167, S. 22), daß Lotterien vom Anwendungsbereich des EWG-Vertrags ausgeschlossen seien, es sei denn, daß sie von Privaten zu Erwerbszwecken durchgeführt würden.

[17] Eine zweite Gruppe von Regierungen, zu der die spanische und die französische Regierung sowie die Regierung des Vereinigten Königreichs gehören, und die Kommission machen geltend, daß die Tätigkeit, die in der Veranstaltung von Lotterien bestehe, eine „Dienstleistung" im Sinne des Artikels 60 EWG-Vertrag sei. Diese Tätigkeit betreffe Leistungen, die dem Veranstalter der Lotterie oder den Teilnehmern an dieser Lotterie in der Regel gegen Entgelt erbracht würden und nicht unter die Vorschriften über den freien Warenverkehr fielen.

[18] Schließlich vertreten die Beklagten des Ausgangsverfahrens die Ansicht, daß ihre Tätigkeit in den Anwendungsbereich des Artikels 30 EWG-Vertrag falle. Das Werbematerial und die Unterlagen, in denen die Ziehung einer Lotterie angekündigt würde oder die diese Ziehung beträfen, seien „Waren" im Sinne des Vertrages, d.h. nach der Definition des Gerichtshofes im Urteil vom 11. Juli 1985 in den verbundenen Rechtssachen 60/84 und 61/84 (Cinéthèque, Slg. 1985, 2605) körperliche Gegenstände, die hergestellt worden seien.

[19] Zu der Auffassung einiger Regierungen, Lotterien gehörten nicht zum „Wirtschaftsleben" im Sinne des Vertrages, ist darauf hinzuweisen, daß Einfuhren von Waren oder entgeltliche Dienstleistun-

gen (vgl. zum letztgenannten Punkt Urteile (S. I-1088) vom 14. Juli 1976 in der Rechtssache 13/76, Dona, Slg. 1976, 1331, Randnr. 12, und vom 5. Oktober 1988 in der Rechtssache 196/87, Steymann, Slg. 1988, 6159, Randnr. 10) als Teil des „Wirtschaftslebens" im Sinne des Vertrages anzusehen sind.

(…)

[21] Das vorlegende Gericht wirft die Frage auf, ob Lotterien nicht zumindest teilweise unter Artikel 30 EWG-Vertrag fallen, wenn sie mit der Versendung und Verteilung großer Mengen körperlicher Gegenstände wie Briefe, Werbeprospekte oder Lose – im vorliegenden Fall in einem anderen Mitgliedstaat – verbunden sind.

[22] Zwar beschränkt sich die Tätigkeit der Beklagten des Ausgangsverfahrens anscheinend auf die Versendung von Werbematerial und Anmeldeformularen, möglicherweise von Losen, im Namen eines Lotterieveranstalters, der SKL. Solche Tätigkeiten sind jedoch nur die konkreten Einzelheiten der Veranstaltung oder des Ablaufs einer Lotterie und können im Hinblick auf den Vertrag nicht losgelöst von der Lotterie betrachtet werden, auf die sie sich beziehen. Die Einfuhr und die Verteilung von Gegenständen sind kein Selbstzweck, sondern sollen den Personen, die in den Mitgliedstaaten wohnen, in die diese Gegenstände eingeführt und in denen sie verteilt werden, die Teilnahme an der Lotterie ermöglichen.

[23] Der von den Beklagten angeführte Umstand, daß im Ausgangsrechtsstreit die Bevollmächtigten der SKL körperliche Gegenstände für die Werbung und den Verkauf dieser Lotterie nach Großbritannien versandten und die hergestellten körperlichen Gegenstände Waren im Sinne der Rechtsprechung des Gerichtshofes waren, genügt nicht, um in ihrer Tätigkeit lediglich eine Ausfuhr oder Einfuhr zu sehen.

(S. I-1089) [24] Die Tätigkeiten im Lotteriewesen sind somit keine Tätigkeiten, die „Waren" betreffen und als solche unter Artikel 30 EWG-Vertrag fallen.

[25] Diese Tätigkeiten sind vielmehr als „Dienstleistungen" im Sinne des Vertrages anzusehen.

[26] Nach Artikel 60 Absatz 1 EWG-Vertrag sind „Dienstleistungen … Leistungen, die in der Regel gegen Entgelt erbracht werden, soweit sie nicht den Vorschriften über den freien Waren- und Kapitalverkehr und über die Freizügigkeit der Personen unterliegen".

[27] Im vorliegenden Fall geht es um Leistungen, die der Veranstalter der Lotterie erbringt, indem er die Käufer von Losen an einem Glücksspiel, das ihnen eine Gewinnchance eröffnet, teilnehmen läßt und zu diesem Zweck die Einsammlung der Einsätze, die Veranstal-

tung der vom Zufall bestimmten Ziehungen sowie die Festsetzung und die Auszahlung der Preise oder Gewinne sicherstellt.

[28] Diese Leistungen werden in der Regel gegen ein Entgelt erbracht, das in dem Preis für das Los besteht.

[29] Die betreffenden Leistungen sind grenzüberschreitende Leistungen, wenn sie wie im Ausgangsrechtsstreit in einem anderen Mitgliedstaat angeboten werden als in dem, in dem der Veranstalter der Lotterie niedergelassen ist.

(S. I-1090) [30] Schließlich richten sich die Lotterien weder nach den Vertragsvorschriften über den freien Warenverkehr, wie unter Randnummer 24 dieses Urteils bereits festgestellt worden ist, noch nach den Vorschriften über die Freizügigkeit, die nur den Ortswechsel von Personen betreffen, noch nach den Regeln über den freien Kapitalverkehr, der nur die Bewegungen von Kapital betrifft, nicht aber die Gesamtheit der für die wirtschaftlichen Tätigkeiten erforderlichen Zahlungen (vgl. Urteil vom 23. November 1978 in der Rechtssache 7/78, Thomson u.a., Slg. 1978, 2247).

[31] Zwar unterliegen die Lotterien, wie einige Mitgliedstaaten ausgeführt haben, einer besonders strengen Regelung und einer genauen behördlichen Kontrolle in den einzelnen Mitgliedstaaten der Gemeinschaft. Sie sind jedoch in diesen Staaten gleichwohl nicht völlig verboten. Sie werden im Gegenteil in großem Umfang betrieben. So sind Lotterien in Großbritannien zwar grundsätzlich verboten, doch sind dort kleine, zu uneigennützigen Zwecken veranstaltete Lotterien sowie die staatliche Lotterie seit dem dazu erlassenen Gesetz von 1993 erlaubt.

[32] Somit können Lotterien nicht als Tätigkeiten angesehen werden, die wegen ihrer Schädlichkeit in allen Mitgliedstaaten verboten sind und im Hinblick auf das Gemeinschaftsrecht in die Nähe von Tätigkeiten gerückt werden könnten, die sich auf unerlaubte Erzeugnisse beziehen (vgl. für Betäubungsmittel Urteil vom 28. Februar 1984 in der Rechtssache 294/82, Einberger, Slg. 1984, 1177), auch wenn, wie die belgische und die luxemburgische Regierung angeführt haben, Spielverträge nach dem Recht einiger Mitgliedstaaten als nichtig behandelt werden können. Lotterien mögen für sittlich zumindest fragwürdig gehalten werden, doch ist es nicht Sache des Gerichtshofes, die Beurteilung, die der Gesetzgeber in den Mitgliedstaaten vorgenommen hat, in denen diese Tätigkeit rechtmäßig ausgeübt wird, durch seine eigene Beurteilung zu ersetzen (Urteil vom 4. Oktober 1991 in der Rechtssache C–159/90, Society for the Protection of Unborn Children Ireland, Slg. 1991, I–4685, Randnr. 20).

[33] Einige Regierungen weisen darauf hin, daß die Lotteriegewinne zufällig seien. Die gewöhnlichen Tätigkeiten im Rahmen einer Lotterie bestehen aber in der Zahlung (S. I-1091) eines Betrages durch einen Spieler, der auf einen Gewinn oder einen Preis als Gegenleistung hofft. Die Zufallsabhängigkeit dieser Gegenleistung nimmt dem Austausch nicht seinen wirtschaftlichen Charakter.

[34] Richtig ist auch, daß eine Lotterie ebenso wie der Amateursport für die an ihr teilnehmenden Spieler Unterhaltungscharakter haben kann. Dieses spielerische Element nimmt der Lotterie jedoch nicht den Charakter einer Dienstleistung. Lotterien verschaffen nicht nur den Spielern, wenn auch nicht immer einen Gewinn, so doch zumindest eine Gewinnchance, sondern erbringen auch einen Gewinn für den Veranstalter. Sie werden nämlich von Privatpersonen oder von der öffentlichen Hand mit Gewinnerzielungsabsicht betrieben, da in der Regel nicht die Gesamtheit der von den Spielern eingesetzten Beträge wieder in Form von Gewinnen oder Preisen ausgeschüttet wird.

(...)

[37] Somit ist (...) zu antworten, daß die Einfuhr von Werbematerial und Losen in einen Mitgliedstaat, um die in diesem Staat wohnenden Personen an einer in einem anderen Mitgliedstaat veranstalteten Lotterie (S. I-1092) teilnehmen zu lassen, zu den „Dienstleistungen" im Sinne des Artikels 60 EWG-Vertrag gehört und folglich in den Anwendungsbereich des Artikels 59 EWG-Vertrag fällt.

## 3. Ausübung hoheitlicher Gewalt

**Rs. C-114/97 (Kommission ⁄ Spanien),**    **222**
**Urteil des Gerichtshofes vom 29. 10. 1998 – Slg. 1998, S. I-6717.**

**Vorbemerkungen:** *Die Bereichsausnahme des Art. 45 i.V.m. Art. 55 EG ist eng auszulegen. Die Ausübung öffentlicher Gewalt umfasst daher nur diejenigen Tätigkeiten, die eine unmittelbare und spezifische Teilnahme an der Ausübung öffentlicher Gewalt mit sich bringen. Private Sicherheitsdienste fallen nicht unter diese Ausnahmeregelung.*

**Sachverhalt:** Die Kommission erhob gemäß Art. 226 EG Klage auf Feststellung, dass Spanien gegen seine Verpflichtungen aus dem EG-Vertrag verstoßen hat, indem es Bestimmungen eines nationalen Gesetzes beibehalten hat, soweit diese u.a. vorsahen, dass die Ausübung von Tätigkeiten

privater Sicherheitsdienste nur Unternehmen mit spanischem Sicherheitspersonal erlaubt wird. Der Gerichtshof gab der Klage statt.

## Aus den Entscheidungsgründen:

(S. I-6742) [34] Bei der in Artikel 55 Absatz 1 – gegebenenfalls in
Verbindung mit Artikel 66 EG-Vertrag – vorgesehenen Ausnahmeregelung ist zu berücksichtigen, daß diese Regelung als Ausnahme vom
Grundprinzip der Niederlassungsfreiheit so auszulegen ist, daß sich
seine Tragweite auf das beschränkt, was zur Wahrung der Interessen,
die diese Bestimmung den Mitgliedstaaten zu schützen erlaubt, unbedingt erforderlich ist (Urteil vom 15. März 1988 in der Rechtssache
147/86, Kommission/Griechenland, Slg. 1988, 1637, Randnr. 7).

[35] Nach ständiger Rechtsprechung muß sich diese Ausnahmeregelung auf Tätigkeiten beschränken, die als solche eine unmittelbare
und spezifische Teilnahme an der Ausübung öffentlicher Gewalt darstellen (Urteile vom 21. Juni 1974 in der Rechtssache 2/74, Reyners,
Slg. 1974, 631, Randnr. 45, und vom 13. Juli 1993 in der Rechtssache
C-42/92, Thijssen, Slg. 1993, I-4047, Randnr. 8).

[36] Im vorliegenden Fall ergibt sich aus den Akten, daß die Tätigkeit der Sicherheitsunternehmen und des Sicherheitspersonals darauf
gerichtet ist, auf der Grundlage privatrechtlicher Beziehungen Bewa-
chungs- und Schutzaufgaben zu übernehmen.

[37] Die Ausübung dieser Tätigkeit bedeutet nicht, daß den Sicherheitsunternehmen und dem Sicherheitspersonal Zwangsbefugnisse
verliehen sind. Der bloße Beitrag zur Aufrechterhaltung der öffentlichen Sicherheit, zu dem jeder verpflichtet sein kann, stellt nämlich
keine Ausübung öffentlicher Gewalt dar.

[38] Die spanischen Rechtsvorschriften nehmen zudem, wie der Generalanwalt in den Nummern 26 und 27 seiner Schlußanträge dargelegt
hat, eine klare Trennung zwischen den von den Sicherheitsunternehmen
und dem Sicherheitspersonal zu übernehmenden Aufgaben und den den
öffentlichen Sicherheitskräften vorbehaltenen vor. Wenn erstere in ganz
bestimmten Situationen die öffentlichen Sicherheitskräfte unterstützen
sollen, handelt es sich dabei nur um Hilfstätigkeiten.

(S. I-6743) [39] Daraus folgt, daß die Sicherheitsunternehmen und
das Sicherheitspersonal nicht direkt und spezifisch an der Ausübung öffentlicher Gewalt beteiligt sind und daß die in Artikel 55 Absatz 1 – gegebenenfalls in Verbindung mit Artikel 66 EG-Vertrag – vorgesehene
Ausnahmeregelung im vorliegenden Fall keine Anwendung findet.

## 4. Begünstigte

**Rs. C-113/89 (Rush Portuguesa),**                                      **223**
**Urteil des Gerichtshofes vom 27. 03. 1990 – Slg. 1990, S. I-1417.**

**Vorbemerkungen:** *Die Entscheidung hat die Entsendung von Arbeit-*
*nehmern durch ein Unternehmen aus einem Mitgliedstaat zum Zwecke*
*der Ausführung von Arbeiten in einem anderen Mitgliedstaat zum Ge-*
*genstand (vgl. auch Rs. Kommission ⁒ Luxemburg, Fall 235). Wäh-*
*rend eine solche Konstellation aus Sicht des die Dienstleistung erbrin-*
*genden Unternehmens unstreitig den Art. 49 ff. EG unterliegt, ließe*
*sich in Bezug auf die entsandten Arbeitnehmer auch an eine (parallele)*
*Anwendung der Arbeitnehmerfreizügigkeit denken. Der EuGH ordnet*
*diese Fälle jedoch ausschließlich der Dienstleistungsfreiheit zu und*
*überprüft an ihrem Maßstab auch solche mitgliedstaatlichen Maß-*
*nahmen, die sich lediglich auf die entsandten Arbeitnehmer beziehen*
*und beispielsweise deren Arbeitsbedingungen regeln. Das vorliegende*
*Urteil weist zudem die Besonderheit auf, dass zum entscheidungser-*
*heblichen Zeitpunkt Übergangsregelungen im Bereich der Arbeit-*
*nehmerfreizügigkeit anwendbar waren und sich das in Rede stehende*
*portugiesische Unternehmen für seine Arbeitnehmer in Frankreich*
*nicht auf Art. 39 EG hätte berufen können. Ob sich die entsandten Ar-*
*beitnehmer dagegen auch selbst auf die Dienstleistungsfreiheit beru-*
*fen können, kann dem Urteil nicht entnommen werden. Übergangs-*
*regelungen wurden ebenfalls im Rahmen der Osterweiterung der EU*
*vereinbart. Anders als bei den dem Fall zugrunde liegenden Beitritten*
*beziehen sich diese nicht nur auf die Arbeitnehmerfreizügigkeit, son-*
*dern auch auf die Konstellation der Arbeitnehmerentsendung in be-*
*stimmten Wirtschaftsbereichen.*

**Sachverhalt:** Noch während der Geltung der Übergangsregelungen zur Arbeitnehmerfreizügigkeit im Rahmen des Beitritts Portugals und Spaniens
zu den Europäischen Gemeinschaften schloss die Firma Rush Portuguesa,
ein in Portugal ansässiges Bauunternehmen, mit einem französischen Unternehmen einen Subunternehmervertrag über die Durchführung von Arbeiten zum Bau einer Eisenbahnlinie in Westfrankreich. Zu diesem Zweck
setzte sie ihre portugiesischen Arbeitnehmer ein. Nach französischem
Recht wurden Arbeitnehmer aus den Beitrittsstaaten aufgrund der Übergangsregelungen jedoch als Drittstaatsangehörige angesehen, die nur über
das staatliche Einwanderungsamt angeworben werden durften. Aus diesem
Grund wurde die portugiesische Firma zur Zahlung einer Geldbuße ver-

pflichtet. Das mit dem Rechtsstreit befasste französische Gericht wandte sich im Wege des Vorabentscheidungsverfahrens an den EuGH und legte ihm u.a eine Frage nach dem Verhältnis der Übergangsregelungen zu den Bestimmungen über die Dienstleistungsfreiheit vor.

**Aus den Entscheidungsgründen:**

(S. I-1442) [7] Die ersten beiden Fragen betreffen die Rechtsstellung eines in Portugal ansässigen Unternehmens, das in einem bereits vor dem 1. Januar 1986, dem Zeitpunkt des Beitritts Portugals, zur Gemeinschaft gehörenden Mitgliedstaat Dienstleistungen in der Bauwirtschaft erbringt und zu diesem Zweck sein Personal für die Dauer der Arbeiten aus Portugal kommen lässt. Die erste Frage geht dahin, ob sich der Erbringer der Dienstleistungen in einem solchen Fall aufgrund der Artikel 59 und 60 EWG-Vertrag sowie des Artikels 2 der Beitrittsakte auf das Recht berufen kann, mit seinem eigenen Personal in den anderen Mitgliedstaat einzureisen; die zweite Frage geht dahin, ob der Mitgliedstaat, in dessen Gebiet die Arbeiten auszuführen sind, dem Leistungserbringer Bedingungen bezüglich der Einstellung von Personen an Ort und Stelle und der Einholung einer Arbeitserlaubnis für das portugiesische Personal auferlegen kann. Beide Fragen sind zweckmässigerweise gemeinsam zu prüfen.

[8] Nach Artikel 2 der Beitrittsakte sind die Bestimmungen des Vertrages über den freien Dienstleistungsverkehr vom Zeitpunkt des Beitritts Portugals zur Gemeinschaft an auf die Beziehungen zwischen Portugal und den anderen Mitgliedstaaten anwendbar. Lediglich für die Bereiche des Reise – und Fremdenverkehrswesens sowie des Filmgewerbes enthält Artikel 221 der Beitrittsakte Übergangsmaßnahmen.

(S. I-1443) [9] Eine andere Regelung trifft die Beitrittsakte für die Freizügigkeit der Arbeitnehmer. Gemäß Artikel 215 der Beitrittsakte ist Artikel 48 EWG-Vertrag auf die Freizügigkeit der Arbeitnehmer zwischen Portugal und den anderen Mitgliedstaaten nur vorbehaltlich der Übergangsbestimmungen der Artikel 216 bis 219 der Beitrittsakte anwendbar. Artikel 216 schließt bis zum 31. Dezember 1992 die Anwendung der Artikel 1 bis 6 der Verordnung Nr. 1612/68 des Rates vom 15. Oktober 1968 aus. Bis dahin können die innerstaatlichen oder in bilateralen Abkommen enthaltenen Bestimmungen beibehalten werden, die die Einreise zum Zweck einer Tätigkeit im Lohn – oder Gehaltsverhältnis und/oder den Zugang zu einer solchen Tätigkeit von einer vorherigen Genehmigung abhängig machen. Wie Artikel 218 der Beitrittsakte klarstellt, bedeutet diese Ausnahmeregelung, daß die Vorschriften des Gemeinschaftsrechts über Einreise und Aufenthalt von Arbeitnehmern der Mitgliedstaaten und ihrer Familienangehörigen innerhalb der Gemeinschaft nicht anwendbar sind, soweit die Anwendung dieser Vorschriften von derjenigen der Artikel 1 bis 6 der Verordnung Nr. 1612/68 nicht zu trennen ist.

[10] Die Vorlagefragen werfen somit das Problem des Verhältnisses zwischen dem freien Dienstleistungsverkehr, wie er durch die Artikel 59 und 60 EWG-Vertrag gewährleistet wird, und den in den Artikeln 215 ff. der Beitrittsakte vorgesehenen Ausnahmen von der Freizügigkeit der Arbeitnehmer auf.

[11] Der in Artikel 59 EWG-Vertrag vorgesehene freie Dienstleistungsverkehr bedeutet nach dem Wortlaut des Artikels 60 EWG-Vertrag, daß der Leistende zwecks Erbringung seiner Leistungen seine Tätigkeit vorübergehend in dem Staat ausüben kann, in dem die Leistung erbracht wird, und zwar „unter den Voraussetzungen, welche dieser Staat für seine eigenen Angehörigen vorschreibt".

[12] Infolgedessen hindern die Artikel 59 und 60 EWG-Vertrag einen Mitgliedstaat daran, es einem in einem anderen Mitgliedstaat ansässigen Erbringer von Dienstleistungen zu verbieten, mit seinem gesamten Personal frei in das Gebiet des erstgenannten Staates einzureisen, oder die Einreise des betroffenen Personals von einschränkenden Bedingungen wie der Bedingung der Einstellung von Personal an Ort und Stelle oder der Pflicht zur Einholung einer Arbeitserlaubnis abhängig zu machen. Durch die Auferlegung solcher Bedingungen wird nämlich der Leistungserbringer aus einem anderen Mitgliedstaat gegenüber seinen im Aufnahmeland ansässigen Konkurrenten, die sich ihres eigenen Personals ungehindert bedienen können, diskriminiert und seine Fähigkeit, die Leistung zu erbringen, beeinträchtigt.

(S. I-1444) [13] Artikel 216 der Beitrittsakte will verhindern, daß nach dem Beitritt Portugals in Portugal wie auch in den anderen Mitgliedstaaten infolge einer sofortigen beträchtlichen Zu – oder Abwanderung von Arbeitnehmern Störungen auf dem Arbeitsmarkt auftreten, und sieht zu diesem Zweck eine Ausnahme von dem in Artikel 48 EWG-Vertrag niedergelegten Grundsatz der Freizügigkeit der Arbeitnehmer vor. Nach der Rechtsprechung des Gerichtshofes ist diese Ausnahme im Lichte der genannten Zielsetzung auszulegen (siehe das Urteil vom 27. September 1989 in der Rechtssache 9/88, Lopes da Veiga, Slg. 1989, 2989 ).

[14] Die in Artikel 216 der Beitrittsakte vorgesehene Ausnahme betrifft den Titel I der Verordnung Nr. 1612/68 (Zugang zur Beschäfti-

gung). Bei den innerstaatlichen oder in Abkommen enthaltenen Bestimmungen, die während der Geltungsdauer dieser Ausnahme in Kraft bleiben, handelt es sich um diejenigen, die sich auf die Einreisegenehmigung und auf den Zugang zu Tätigkeiten im Lohn – oder Gehaltsverhältnis beziehen. Hieraus folgt, daß die Ausnahmeregelung des Artikels 216 Anwendung findet, wenn es um den Zugang portugiesischer Arbeitnehmer zum Arbeitsmarkt anderer Mitgliedstaaten sowie um die Regelung der Einreise und des Aufenthalts der einen derartigen Zugang anstrebenden portugiesischen Arbeitnehmer und ihrer Familienangehörigen geht. Diese Anwendung ist deshalb gerechtfertigt, weil in solchen Fällen die Gefahr einer Störung des Arbeitsmarkts des Aufnahmemitgliedstaats besteht.

[15] Anders verhält es sich dagegen in einem Fall wie dem Ausgangsrechtsstreit, wo es sich um den vorübergehenden Ortswechsel von Arbeitnehmern handelt, die in einen anderen Mitgliedstaat entsandt werden, um dort im Rahmen von Dienstleistungen ihres Arbeitgebers Bauarbeiten auszuführen. Solche Arbeitnehmer kehren nämlich nach Erfüllung ihrer Aufgabe in ihr Herkunftsland zurück, ohne zu irgendeinem Zeitpunkt auf dem Arbeitsmarkt des Aufnahmemitgliedstaats aufzutreten.

(...)

(S. I-1445) [19] Nach alledem ist auf die erste und die zweite Frage zu antworten, daß die Artikel 59 und 60 EWG-Vertrag sowie die Artikel 215 und 216 der Akte über den Beitritt des Königreichs Spanien und der Portugiesischen Republik dahin auszulegen sind, daß ein in Portugal ansässiges Unternehmen, das in einem anderen Mitgliedstaat Dienstleistungen in der Bauwirtschaft erbringt, dort mit seinem eigenen Personal, das es für die Dauer der betreffenden Arbeiten aus Portugal kommen lässt, antreten kann. In einem solchen Fall dürfen die Behörden des Mitgliedstaats, in dessen Gebiet die Arbeiten auszuführen sind, dem Leistungserbringer keine Bedingungen bezüglich der Einstellung von Arbeitskräften an Ort und Stelle oder der Einholung einer Arbeitserlaubnis für das portugiesische Personal auferlegen.

## 5. Verpflichtete

**Verb. Rs. C-51/96 und C-191/97 (Deliège),**
**Urteil des Gerichtshofes vom 11. 04. 2000 – Slg. 2000, S. I-2549.**

**Vorbemerkungen:** *Die Entscheidung bestätigt die in der Rechtssache Walrave und Koch (Fall 187) erstmals in einem obiter dictum zum Ausdruck gebrachte Geltung der Dienstleistungsfreiheit auch für nichtstaatliche Regelungen in den tragenden Gründen eines Urteils des EuGH. Auch die Dienstleistungsfreiheit ist damit auf nichtstaatliche Regelungen anwendbar.*

**Sachverhalt:** Der belgische Judo-Verband weigerte sich, Frau Deliège für die Teilnahme an einem internationalen Judowettkampf in Paris auszuwählen. Für die Qualifikation stand eine nationale Quote fest und die Zugehörigkeit zu einem nationalen Verband war für die Auswahl entscheidend. Der Gerichtshof entschied im Vorabentscheidungsverfahren, eine Regel, nach der ein Berufssportler oder Halbprofi an einem internationalen Wettkampf, bei dem sich keine Nationalmannschaften gegenüberstehen, nur teilnehmen kann, wenn er eine Genehmigung seines Verbandes hat, stellt als solche keine durch Art. 49 EG verbotene Beeinträchtigung des freien Dienstleistungsverkehrs dar, vorausgesetzt dass sie zur Organisation eines solchen Wettkampfes erforderlich ist.

### Aus den Entscheidungsgründen:

(S. I-2614) [47] Was die Natur der streitigen Regeln angeht, so ergibt sich aus den Urteilen Walrave und Koch (Randnrn. 17 und 18) sowie Bosman (Randnrn. 82 und 83), daß die Gemeinschaftsbestimmungen über die Freizügigkeit und den freien Dienstleistungsverkehr nicht nur für behördliche Maßnahmen gelten, sondern sich auch auf Vorschriften anderer Art erstrecken, die zur kollektiven Regelung unselbständiger Arbeit und der Erbringung von Dienstleistungen dienen. Die Beseitigung der Hindernisse für die Freizügigkeit und den freien Dienstleistungsverkehr zwischen den Mitgliedstaaten wäre nämlich gefährdet, wenn die Abschaffung der Schranken staatlichen Ursprungs durch Hindernisse ersetzt werden könnte, die nicht dem öffentlichen Recht unterliegende Vereinigungen und Einrichtungen im Rahmen ihrer rechtlichen Autonomie setzen könnten.

[48] Folglich können sportliche Tätigkeiten und von Sportvereinigungen aufgestellte Regeln wie die dem Ausgangsverfahren zugrunde liegenden dem EG-Vertrag und insbesondere den Artikeln 59, 60 und 66 unterfallen.

## 6. Diskriminierungs- und Beschränkungsverbot

**225**    Rs. 33/74, (van Binsbergen ⅟ Bedrijfsvereniging
Metaalnijverheid),
**Urteil des Gerichtshofes vom 03. 12. 1974 – Slg. 1974, S. 1299 ff.**

**Vorbemerkungen:** *Bereits das erste Urteil zur Dienstleistungsfreiheit, das die Freiheit i.S.d. aktiven Dienstleistungsfreiheit bestätigte, brachte eine Definition der Beschränkung, die sowohl eine weite Auslegung i.S.d. Beschränkungsverbotes (es werden auch Beschränkungen erfasst, „die in anderer Weise geeignet sind, die Tätigkeiten des Leistenden zu unterbinden oder zu beschränken") als auch eine enge Interpretation i.S. eines weiten Diskriminierungsverbotes erlaubte. Da jedoch der Fall die Präsenzpflicht betraf, ist davon auszugehen, dass der EuGH durch diese Äußerung nur die versteckten Diskriminierungen einbeziehen wollte. Das Erfordernis der Ansässigkeit gehört zu den klassischen Fällen der versteckten Diskriminierungen (vgl. die Definition der versteckten Diskriminierungen in Fall 133). Auch findet sich in dieser Entscheidung die erstmalige Heranziehung des Rechtfertigungsgrundes des Allgemeininteresses im Rahmen der Dienstleistungsfreiheit. Eine weitere Besonderheit der Entscheidung liegt darin begründet, dass der EuGH in den Präsenzpflichtfällen „auf die Besonderheit der Dienstleistungen" abstellte und das Allgemeininteresse konsequent anwendete. In neueren Entscheidungen stellt der EuGH hingegen strengere Anforderungen an die Rechtfertigung eines Niederlassungserfordernisses (EuGH, Rs. C-224/97, vom 29.04.1999, Rn. 16 und EuGH, C-355/98 vom 09.03. 2000, Rn. 35, und Fall 230 – Corsten).*

**Sachverhalt:** Der niederländische Staatsangehörige van Binsbergen beauftragte einen niederländischen Anwalt, ihn in einem Rechtsstreit um Arbeitsversicherungsansprüche mit der Sozialversicherungskörperschaft der Metallindustrie vor dem Centrale Raad van Beroep zu vertreten. Während des Verfahrens verlegte der Anwalt seinen Wohnsitz von den Niederlanden nach Belgien. Daraufhin wurde er nicht mehr in dem Verfahren als Prozessbevollmächtigter zugelassen. Gemäß den Verfahrensvorschriften für die niederländische Sozialgerichtsbarkeit konnten nur in den Niederlanden ansässige Personen als Prozessbevollmächtigte oder Rechtsbeistände auftreten. Der EuGH entschied im Rahmen des Vorabentscheidungsverfahrens, dass die Erbringen einer Dienstleistung nicht vom Erfordernis eines bestimmten Aufenthaltsortes abhängig gemacht werden darf, soweit die nationalen Rechtsvorschriften nicht besondere Regelung über die Art und Weise der Dienstleistungserbringung enthalten.

## Aus den Entscheidungsgründen:

(S. 1309) [10/12] Unter die Beschränkungen, deren Beseitigung die Artikel 59 und 60 vorsehen, fallen alle Anforderungen, die an den Leistenden namentlich aus Gründen seiner Staatsangehörigkeit oder wegen des Fehlens eines ständigen Aufenthalts in dem Staate, in dem die Leistung erbracht wird, gestellt werden und nicht für im Staatsgebiet ansässige Personen gelten oder in anderer Weise geeignet sind, die Tätigkeiten des Leistenden zu unterbinden oder zu behindern. Insbesondere kann das für den Leistungserbringer aufgestellte Erfordernis eines ständigen Aufenthalts im Hoheitsgebiet des Staates, in dem die Leistung zu erbringen ist, unter Umständen Artikel 59, der gerade die Beseitigung der Beschränkungen der Dienstleistungsfreiheit nicht in dem Staate, in dessen Hoheitsgebiet die Leistung zu erbringen ist, ansässiger Personen bezweckt, jeder Wirksamkeit berauben. In Anbetracht der Besonderheiten der Dienstleistungen dürfen jedoch diejenigen an den Leistungserbringer gestellten besonderen Anforderungen nicht als mit dem Vertrag unvereinbar angesehen werden, die sich aus der Anwendung durch das Allgemeininteresse gerechtfertigter Berufsregelungen – namentlich der Vorschriften über Organisation, Befähigung, Berufspflichten, Kontrolle, Verantwortlichkeit und Haftung – ergeben und die für alle im Gebiet des Staates, in dem die Leistung erbracht wird, ansässigen Personen verbindlich sind; dies insoweit, als der Leistende dem Zugriff dieser Regelungen nur deshalb entgehen würde, weil er in einem anderen Mitgliedstaat ansässig ist.

[13] Ferner kann einem Mitgliedstaat nicht das Recht zum Erlaß von Vorschriften abgesprochen werden, die verhindern sollen, daß der Erbringer einer Leistung, dessen Tätigkeit ganz oder vorwiegend auf das Gebiet dieses Staates ausgerichtet ist, sich die durch Artikel 59 garantierte Freiheit zunutze macht, um sich den Berufsregelungen zu entziehen, die auf ihn Anwendung fänden, wenn er im Gebiet dieses Staates ansässig wäre; denn es ist denkbar, daß auf einen solchen Fall nicht das Kapitel über die Dienstleistungen, sondern das über das Niederlassungsrecht anwendbar wäre.

[14/16] Nach diesen Grundsätzen ist bei den Hilfspersonen der Justiz das Erfordernis einer festen beruflichen Niederlassung innerhalb des Bezirks bestimmter Gerichte nicht als mit den Bestimmungen der Artikel 59 und 60 unvereinbar anzusehen, falls dieses Erfordernis sachlich geboten ist, um die Einhaltung von Berufsregelungen zu gewährleisten, die sich namentlich auf das Funktionieren (S. 1310) der Justiz und die Erfüllung der Standespflichten beziehen. Dies kann jedoch dann nicht gelten, wenn bestimmte Dienstleistungen in einem Mitgliedstaat keinerlei Befähigungsnachweise voraussetzen und keinerlei Berufsausübungsregelungen unterliegen und wenn ein ständiger Aufenthalt im Stadtgebiet schlechthin verlangt wird. Gilt also für eine solche Berufstätigkeit in einem Mitgliedstaat ein System völliger Freiheit, so stellt das Erfordernis eines Aufenthalts im Gebiet dieses Staates eine mit den Artikeln 59 und 60 des Vertrages unvereinbare Beschränkung dar, wenn dem guten Funktionieren der Justiz mit Hilfe weniger einschränkender Maßnahmen wie der Angabe einer Zustellungsanschrift für die gerichtlichen Mitteilungen genüge getan werden kann.

(…)

(S. 1311) [24/26] Somit haben die Bestimmungen des Artikels 59, deren Anwendung während der Übergangszeit mit Hilfe von Richtlinien vorbereitet werden sollte, bei Ablauf der Übergangszeit unbedingte Geltung erlangt. Sie beinhalten die Beseitigung aller Beschränkungen, denen der Dienstleistende unterworfen ist entweder aus Gründen seiner Staatsangehörigkeit oder wegen des Umstandes, daß er in einem anderen Mitgliedstaat ansässig ist als dem, in dem die Leistung zu erbringen ist. Was jedenfalls das besondere Erfordernis der Staatsangehörigkeit oder des Aufenthalts anbelangt, beinhalten die Artikel 59 und 60 somit eine Verpflichtung, deren Ergebnis klar umrissen ist und deren Erfüllung durch das Fehlen der Bestimmungen, die im Rahmen der durch die Artikel 63 und 66 verliehenen Befugnisse erlassen werden sollten, nicht verzögert oder in Frage gestellt werden kann.

**226** **Rs. C-76/90 (Säger),**
**Urteil des Gerichtshofes vom 25. 07. 1991 – Slg. 1991, S. I-4239.**

**Vorbemerkungen:** *Als besonders problematisch im Zusammenhang mit der Dienstleistungsfreiheit erweisen sich nationale Regelungen, welche die Ausübung einer selbständigen Tätigkeit an bestimmte Kenntnisse und Qualifikationen knüpfen. Nach Ansicht des EuGH gebietet es der EG-Vertrag, Hindernisse für die freie Ausübung der Dienstleistungsfreiheit, die sich aus einzelstaatlichen Vorschriften ergeben, zu beseitigen. Ansonsten könnten die Mitgliedstaaten wei-*

*testgehend über den Anwendungsbereich der Dienstleistungsfreiheit disponieren. Ausnahmen können allenfalls gelten, wenn die Regelung einem allgemeinen öffentlichen Interesse des Mitgliedstaates dient. In der Entscheidung hat der EuGH die Dienstleistungsfreiheit nach der herrschenden Meinung als ein Beschränkungsverbot ausgelegt.*

**Sachverhalt:** Die Beklagte des Ausgangsverfahrens übt von Großbritannien aus für in anderen Mitgliedstaaten niedergelassene Inhaber gewerbliche Schutzrechte aus. Im Einzelnen besteht die Tätigkeit darin, die Patente mit Hilfe eines elektronischen Datenverarbeitungssystems zu überwachen, die Inhaber der Patente zu benachrichtigen, wenn die Gebühren für deren Aufrechterhaltung fällig werden, und diese Gebühren im Namen der Inhaber zu entrichten. Der Kläger des Ausgangsverfahrens, ein Patentanwalt, wirft der Beklagten vor, sie verstoße gegen das Verbot des unlauteren Wettbewerbs und gegen das Rechtsberatungsgesetz. Seiner Ansicht nach besorgt die Beklagte geschäftsmäßig fremde Rechtsangelegenheiten, ohne die nach Art. 1 § 1 Abs. 1 RBerG erforderliche Erlaubnis zu besitzen. Dem EuGH wurde die Frage vorgelegt, ob es mit Art. 49 EG vereinbar ist, wenn die Beklagte für ihre Tätigkeit einer Erlaubnis nach dem Rechtsberatungsgesetz bedürfe. Der EuGH verneinte dies.

## Aus den Entscheidungsgründen:

(S. I-4243) [12] Zunächst ist darauf hinzuweisen, daß Artikel 59 EWG-Vertrag nicht nur die Beseitigung sämtlicher Diskriminierungen des Dienstleistungserbringers aufgrund seiner Staatsangehörigkeit, sondern auch die Aufhebung aller Beschränkungen – selbst wenn sie unterschiedslos für einheimische Dienstleistende wie für Dienstleistende anderer Mitgliedstaaten gelten – verlangt, wenn sie geeignet sind, die Tätigkeit des Dienstleistenden, der in einem anderen Mitgliedstaat ansässig ist, und dort rechtmäßig ähnliche Dienstleistungen erbringt, zu unterbinden oder zu behindern.

[13] Ein Mitgliedstaat darf insbesondere die Erbringung von Dienstleistungen in seinem Hoheitsgebiet nicht von der Einhaltung aller Voraussetzungen abhängig machen, die für eine Niederlassung gelten, und damit den Bestimmungen des EWG-Vertrags, deren Ziel es gerade ist, die Dienstleistungsfreiheit zu gewährleisten, jede praktische Wirksamkeit nehmen. Eine solche Beschränkung ist erst recht unzulässig, wenn – wie im vorliegenden Fall – die Dienstleistung anders als in dem in Artikel 60 Absatz 3 EWG-Vertrag geregelten Fall erbracht wird, ohne daß sich der Dienstleistende in das Gebiet des Mitgliedstaates zu begeben braucht, in dem die Leistung erbracht wird.

[14] Sodann ist festzustellen, daß eine nationale Regelung, die die Ausübung bestimmter Dienstleistungen durch ein in einem anderen Mitgliedstaat niedergelassenes Unternehmen im Inland von der Erteilung einer behördlichen Erlaubnis abhängig macht, die an bestimmte berufliche Qualifikationen geknüpft ist, eine Beschränkung der Dienstleistungsfreiheit im Sinne von Artikel 59 EWG-Vertrag darstellt. Denn indem eine nationale Regelung Dienstleistungen auf dem Gebiet der (S. I-4244) Patentüberwachung bestimmten Wirtschaftsteilnehmern vorbehält, die über bestimmte berufliche Qualifikationen verfügen, hindert sie sowohl ein im Ausland niedergelassenes Unternehmen daran, für Patentinhaber im Inland Dienstleistungen zu erbringen, als auch Patentinhaber daran, die Art und Weise der Überwachung ihrer Patente frei zu wählen.

(…)

[16] Dazu ist zunächst darauf hinzuweisen, daß eine nationale Regelung wie die vom vorlegenden Gericht beschriebene offensichtlich die Empfänger der betreffenden Dienstleistungen vor Schäden bewahren soll, die ihnen dadurch entstehen könnten, daß sie Rechtsrat von Personen erhalten, die nicht die erforderliche berufliche oder persönliche Qualifikation besitzen.

[17] Sodann ist festzustellen, daß das Allgemeininteresse daran, daß die Empfänger dieser Dienstleistungen vor solchen Schäden geschützt werden, eine Beschränkung der Dienstleistungsfreiheit rechtfertigt. Eine solche Regelung geht jedoch über das hinaus, was für die Gewährleistung des Schutzes dieses Interesses erforderlich ist, wenn sie die geschäftsmäßige Ausübung einer Tätigkeit wie der vorliegenden davon abhängig macht, daß die Dienstleistenden eine ganz bestimmte berufliche Qualifikation besitzen, die zu den Bedürfnissen der Empfänger der Dienstleistung außer Verhältnis steht.

**227** **Rs. C-198/89 (Kommission ./. Griechenland),**
**Urteil des Gerichtshofes vom 26. 02. 1991 – Slg. 1991, S. I-727.**

**Vorbemerkungen:** *In dieser Entscheidung hatte der EuGH zu klären, ob die Dienstleistungsfreiheit auch dann berührt sein kann, wenn sich sowohl der Leistende als auch der Leistungsempfänger gemeinsam in einen anderen Mitgliedstaat begeben. Der EuGH hat hierbei seine weite Auslegung des Dienstleistungsbegriffes bestätigt und auch diese Fallvariante in die Garantie des freien Dienstleistungsverkehrs einbezogen.*

**Sachverhalt:** Nach einer griechischen Regelung mussten Fremdenführer, die mit einer Reisegruppe aus einem anderen Mitgliedstaat einreisen, eine Erlaubnis zur Berufsausübung sowie besondere historische und landeskundliche Kenntnisse nachweisen. Die Kommission sah hierin einen Verstoß gegen die Dienstleistungsfreiheit und erhob Klage vor dem EuGH gegen die griechische Regierung. Der Gerichtshof bejahte den Verstoß und lehnte die von der griechischen Regierung vorgetragenen Rechtfertigungsgründe mit dem Hinweis auf deren Unverhältnismäßigkeit ab.

## Aus den Entscheidungsgründen:

(S. I-738) [9] Auch wenn Artikel 59 EWG-Vertrag nach seinem Wortlaut ausdrücklich nur den Fall eines Leistungserbringers betrifft, der in einem anderen Mitgliedstaat als der Leistungsempfänger ansässig ist, ist es doch Ziel dieses Artikels, die Beschränkungen der Dienstleistungsfreiheit solcher Personen zu beseitigen, die nicht in dem Staat niedergelassen sind, in dessen Gebiet die Dienstleistung erbracht werden soll. (…). Nur wenn alle wesentlichen Elemente der fraglichen Betätigung nicht über die Grenzen eines Mitgliedstaates hinausweisen, sind die Vertragsbestimmungen über den freien Dienstleistungsverkehr nicht anwendbar (…).

[10] Demgemäß greift Artikel 59 immer dann ein, wenn ein Leistungserbringer Dienstleistungen in einem anderen Mitgliedstaat als demjenigen anbietet, in dem er niedergelassen ist, und zwar unabhängig vom Niederlassungsort der Empfänger dieser Dienstleistungen.

[11] Da es sich in der vorliegenden Rechtssache (…) um Dienstleistungen handelt, die in einem anderen Mitgliedstaat als dem der Niederlassung des Leistungserbringers erbracht werden, kommt Artikel 59 EWG-Vertrag zur Anwendung.

(…)

(S. I-740) [16] Die Artikel 59 und 60 EWG-Vertrag verlangen nicht nur die Beseitigung jeglicher Diskriminierung des Leistungserbringers aufgrund seiner Staatsangehörigkeit, sondern auch die Aufhebung aller Beschränkungen des freien Dienstleistungsverkehrs, die darauf beruhen, daß der Leistungserbringer in einem anderen Mitgliedstaat als demjenigen niedergelassen ist, in dem die Dienstleistung erbracht wird. Insbesondere kann der Mitgliedstaat für die Erbringung der Dienstleistungen in seinem Hoheitsgebiet nicht die Einhaltung aller für eine Niederlassung erforderlichen Bedingungen verlangen, weil damit den Bestimmungen, die den freien Dienstleistungsverkehr gewährleisten sollen, ihre praktische Wirksamkeit völlig genommen würde.

(...)

(S. I-742) [25] Die fragliche Regelung steht (...) angesichts des Umfangs der in ihr enthaltenen Beschränkungen außer Verhältnis zum angestrebten Zweck, nämlich der Aufwertung historischer Reichtümer und der bestmöglichen Verbreitung von Kenntnissen über das künstlerische und kulturelle Erbe des Mitgliedstaats, in dem die Reise durchgeführt wird, sowie dem Verbraucherschutz.

**228**  **Rs. C-384/93 (Alpine Investments),**
**Urteil des Gerichtshofes vom 10. 05. 1995 – Slg. 1995, S. I-1141.**

**Vorbemerkungen:** *Diese Entscheidung betrifft einen Fall der sog. Korrespondenzdienstleistung: eine Dienstleistung ist i.S.d. EG-Vertrages auch dann anzunehmen, wenn die Leistungserbringung ohne Ortswechsel des Leistenden bzw. des Leistungsempfängers verbunden ist, sondern nur die Dienstleistung selbst die Grenze überschreitet. Zwar wurde bereits implizit in der Judikatur des EuGH zur Übertragung von Rundfunksendungen der Dienstleistungscharakter solcher Tätigkeiten unterstellt, in der Entscheidung Alpine Investments hat der EuGH jedoch ausdrücklich zur rechtlichen Bewertung dieser Fallkonstellation Stellung bezogen. Zusätzlich wirkt hier die Dienstleistungsfreiheit i.S.d. Ausfuhrfreiheit: Der Gerichtshof prüfte eine Regelung des Herkunftslandes des Dienstleistungserbringers an Art. 49 EG, die eine beschränkende Wirkung auf die Erbringung der Dienstleistung in einem anderen Mitgliedstaat hatte. Dabei wurde nochmals bestätigt, dass ein Unternehmen sich auf die Garantie des freien Dienstleistungsverkehrs berufen kann, sofern die Leistung nur grenzüberschreitend angeboten wird. Der EuGH stellt zunächst fest, dass die Anwendung der Dienstleistungsfreiheit nicht von der vorherigen Existenz eines bestimmten Leistungsempfängers abhängig ist. Weiter hat der EuGH, ohne die Frage der Übertragbarkeit zu erörtern, die Keck-Formel auf die Dienstleistungsfreiheit angewandt. Die Keck-Formel wurde vom Gerichtshof jedoch in diesem Fall für unanwendbar erklärt, was teilweise als eine allgemeine Absage der Anwendbarkeit der Formel auf die Dienstleistungsfreiheit gedeutet wurde. Der EuGH unterscheidet hier nicht zwischen Produkt- und Verkaufsmodalitäten – letztere könnte der Herkunftstat mit Wirkung für das Gebiet des Zielstaates regelmäßig auch nicht verbindlich regeln –, sondern* *fügt das neue Kriterium des „freien Zugangs zum Dienstleistungsmarkt" ein. Er stellt also – wie bei der Warenverkehrsfreiheit – auf die marktaufsplitternde Wirkung der Maßnahme ab. Da die Maßnahme in diesem Fall diese Wirkung entfaltete, konnte die Keck-Formel nicht angewendet werden.*

**Sachverhalt:** Die Klägerin des Ausgangsverfahrens ist eine in den Niederlanden ansässige Gesellschaft, die verschiedene Finanzdienstleistungen anbietet. Hierzu nahm das Unternehmen mit potentiellen Kapitalanlegern ohne vorherige Anmeldung Kontakt auf (sog. cold calling), um diese zum Abschluss von Warenterminverträgen zu bewegen. Das Unternehmen wertete ein vom niederländischen Finanzminister verfügtes Verbot dieser Form der Kundenaquisition als Verstoß gegen Art. 49 EG und erhob dagegen Klage. Der Gerichtshof entschied im Rahmen eines Vorabentscheidungsverfahrens und bejahte einen Verstoß gegen Art. 49 EG.

## Aus den Entscheidungsgründen:

(S. I-1174) [21] Im vorliegenden Fall werden die Dienstleistungsangebote von einem in einem Mitgliedstaat ansässigen Leistungserbringer an einen Empfänger gerichtet, der in einem anderen Mitgliedstaat ansässig ist. Es ergibt sich schon aus dem Wortlaut des Artikels 59, daß es sich aus diesem Grunde um eine Dienstleistung im Sinne dieser Vorschrift handelt.

[22] Folglich ist (…) zu antworten, daß Artikel 59 EWG-Vertrag dahin auszulegen ist, daß er Dienstleistungen erfaßt, die ein Leistungserbringer potentiellen Leistungsempfängern, die in anderen Mitgliedstaaten ansässig sind, telefonisch anbietet und die er ohne Ortswechsel von einem Mitgliedstaat aus erbringt, in dem er ansässig ist.

(…)

(S. I-1175)[27] Es ist festzustellen, daß ein Verbot der im Ausgangsverfahren streitigen Art nicht allein deshalb eine Beschränkung des freien Dienstleistungsverkehrs im Sinne des Artikels 59 darstellt, weil andere Mitgliedstaaten in ihrem Gebiet ansässige Erbringer gleichartiger Dienstleistungen weniger strengen Vorschriften unterwerfen (…).

(S. I-1176) [28] Ein solches Verbot nimmt den betroffenen Wirtschaftsteilnehmern jedoch ein schnelles und direktes Mittel der Werbung und der Kontaktaufnahme mit potentiellen Kunden in anderen Mitgliedstaaten. Es kann deshalb eine Beschränkung des grenzüberschreitenden freien Dienstleistungsverkehrs darstellen.

(…)

[30] Artikel 59 Absatz 1 EWG-Vertrag verbietet Beschränkungen des freien Dienstleistungsverkehrs innerhalb der Gemeinschaft allgemein. Folglich betrifft diese Vorschrift nicht nur vom Staat des Leistungsempfängers, sondern auch vom Staat des Leistungserbringers auferlegte Beschränkungen. Wie der Gerichtshof wiederholt entschieden hat, kann sich ein Unternehmen gegenüber dem Staat, in dem es seinen Sitz hat, auf den freien Dienstleistungsverkehr berufen, sofern die Leistungen an Leistungsempfänger erbracht werden, die in einem anderen Mitgliedstaat ansässig sind (…).

[31] Daraus folgt, daß das Verbot des „cold calling" nicht allein deshalb dem Anwendungsbereich des Artikels 59 EWG-Vertrag entzogen ist, weil es von dem Staat erlassen worden ist, in dem der Dienstleistungserbringer ansässig ist.

(…)

(S. I-1177) [35] Zwar trifft es zu, daß ein Verbot, wie es dem Ausgangsverfahren zugrunde liegt, allgemeinen und nichtdiskriminierenden Charakter hat und daß es weder bezweckt noch bewirkt, dem nationalen Markt einen Vorteil gegenüber den Dienstleistungserbringern aus anderen Mitgliedstaaten zu verschaffen; doch ändert dies nichts daran, daß es, wie oben (Randnr. 28) ausgeführt, eine Beschränkung des grenzüberschreitenden freien Dienstleistungsverkehrs darstellen kann.

[36] Ein solches Verbot entspricht nicht den Regelungen der Verkaufsmodalitäten, die nach der Rechtsprechung Keck und Mithouard dem Anwendungsbereich des Artikels 30 EWG-Vertrag entzogen sind.

[37] Nach dieser Rechtsprechung ist die Anwendung nationaler Bestimmungen, die im Gebiet des Einfuhrmitgliedstaats bestimmte Verkaufsmodalitäten beschränken oder verbieten, auf Erzeugnisse aus anderen Mitgliedstaaten nicht geeignet, den Handel zwischen den Mitgliedstaaten zu behindern, sofern diese Bestimmungen erstens für alle betroffenen Wirtschaftsteilnehmer gelten, die ihre Tätigkeit im Inland ausüben, und sofern sie zweitens den Absatz der inländischen Erzeugnisse und der Erzeugnisse aus anderen Mitgliedstaaten rechtlich wie tatsächlich in der gleichen Weise berühren. Der Grund hierfür liegt darin, daß die Anwendung derartiger Regelungen nicht geeignet ist, den Marktzugang für diese Erzeugnisse im (S. I-1178) Einfuhrmitgliedstaat zu versperren oder stärker zu behindern, als sie dies für inländische Erzeugnisse tut.

[38] Ein Verbot wie das hier streitige geht aber von dem Mitgliedstaat aus, in dem der Leistungserbringer ansässig ist, und betrifft nicht

nur die Angebote, die der Leistungsempfänger gemacht hat, die im Gebiet dieses Staates ansässig sind oder sich dorthin begeben, um Dienstleistungen entgegenzunehmen, sondern auch die Angebote an Leistungsempfänger in einem anderen Mitgliedstaat. Aus diesem Grund beeinflußt es unmittelbar den Zugang zum Dienstleistungsmarkt in den anderen Mitgliedstaaten. Es ist daher geeignet, den innergemeinschaftlichen Dienstleistungsverkehr zu behindern.

[39] Somit ist auf die zweite Frage zu antworten, daß eine Regelung eines Mitgliedstaats, wonach in diesem ansässige Dienstleistungserbringer in anderen Mitgliedstaaten ansässigen potentiellen Kunden nicht unaufgefordert telefonisch ihre Dienstleistungen anbieten dürfen, eine Beschränkung des freien Dienstleistungsverkehrs im Sinne des Artikels 59 EWG-Vertrag darstellt.


## 7. Rechtfertigung

### a) Ungeschriebene Rechtfertigungsgründe

**Rs. C-288/89 (Collectieve Antennevoorziening Gouda),**    **229**
**Urteil des Gerichtshofes vom 25. 07. 1991 – Slg. 1991, S. I-4007.**

**Vorbemerkungen:** *Die Beschränkung der Dienstleistungsfreiheit kann – über Art. 55 i.V.m. Art. 46 EG hinaus – dann gerechtfertigt sein, wenn dem Eingriff ein anerkanntes einzelstaatliches Allgemeininteresse zugrunde liegt. Der Eingriff muss jedoch geeignet und erforderlich sein sowie überwiegende Gemeinschaftsinteressen unberührt lassen. Zur Auslegung der Rechtfertigungsvorschriften hat der EuGH im Zusammenhang mit der Regelung des Rundfunksektors auch auf die Gewährleistungen der EMRK abgestellt und Art. 10 EMRK bei der Interpretation von Ausnahmetatbeständen besondere Bedeutung zugewiesen.*

**Sachverhalt:** Das niederländische Mediengesetz knüpfte die Kabelübertragung von Hör- und Fernsehprogrammen aus anderen Mitgliedstaaten, die speziell für das niederländische Publikum bestimmte Werbung enthalten, an mehrere Voraussetzungen. Unter anderem wurde eine Werbeobergrenze festgelegt, zudem mussten die Sendeanstalten die Werbung einer von den Programmanbietern unabhängigen juristischen Person übertragen. Die zuständige niederländische Behörde verhängte gegen mehrere Kabelrundfunkeinrichtungen Geldbußen, weil diese Werbemitteilungen ausstrahlten, die nicht den gesetzlichen Anforderungen genügten. Nach Auffassung der Betreiber der Kabelrundfunkeinrichtungen verstießen die Regelungen gegen Art. 49 EG. Der Gerichtshof entschied im Rahmen eines Vorabentscheidungsverfahrens und stellte eine Beschränkung fest, die auch nicht durch zwingende Gründe des Allgemeininteresses gerechtfertigt ist.

**Aus den Entscheidungsgründen:**

(S. I-4041) [15] Schließlich muß die Anwendung von innerstaatlichen Vorschriften auf in anderen Mitgliedstaaten ansässige Erbringer von Dienstleistungen nach ständiger Rechtsprechung geeignet sein, die Verwirklichung des mit ihnen angestrebten Ziels zu gewährleisten, und darf nicht über das zur Erreichnung dieses Ziels Erforderliche hinausgehen; das gleiche Ergebnis darf mit anderen Worten nicht durch weniger einschneidende Regelungen erreichbar sein (...).

(...)

(S. I-4043) [22] Die niederländische Regierung macht ferner geltend, diese Beschränkungen seien durch zwingende Erfordernisse ihrer Kulturpolitik im Rundfunksektor gerechtfertigt. Diese Politik solle die Meinungsfreiheit der verschiedenen gesellschaftlichen, kulturellen, religiösen und geistigen Strömungen in den Niederlanden schützen, wie sie sich in der Presse, im Hörfunk oder im Fernsehen müsse entfalten können. Die Erreichung dieses Ziels könne aber gefährdet sein, wenn die Unternehmen, die Werbeaufträge erteilten, einen zu großen Einfluß auf die Programmgestaltung bekämen.

[23] Zwar kann eine so verstandene Kulturpolitik einen zwingenden Grund des Allgemeininteresses darstellen, der eine Beschränkung des Dienstleistungsverkehrs rechtfertigt. Die Aufrechterhaltung eines pluralistischen Rundfunkwesens, die diese niederländische Politik gewährleisten soll, steht nämlich in einem Zusammenhang mit der durch Artikel 10 der Konvention zum Schutze der Menschenrechte und Grundfreiheiten garantierten Meinungsfreiheit, die zu den von der Gemeinschaftsrechtsordnung geschützten Grundrechten gehört (...).

(S. I-4044) [24] Es ist jedoch festzustellen, daß es keinen notwendigen Zusammenhang zwischen einer solchen Kulturpolitik und den die Struktur der ausländischen Sendeanstalten betreffenden Voraussetzungen gibt. Um ein pluralistisches Rundfunkwesen zu sichern, ist es nämlich keineswegs unerläßlich, daß das innerstaatliche Recht den in anderen Mitgliedstaaten niedergelassenen Sendeanstalten vorschreibt, sich dem niederländischen Modell anzupassen, wenn sie Programme ausstrahlen wollen, die für das niederländische Publikum bestimmte Werbemitteilungen enthalten. Wenn die niederländische Regierung diese Vielfalt erhalten will, kann sie sich durchaus darauf beschränken, die Regelung für ihre eigenen Anstalten entsprechend auszugestalten.

[25] Voraussetzungen, die sich auf die Struktur von ausländischen Sendeanstalten beziehen, sind daher nicht als objektiv dafür erforderlich anzusehen, das allgemeine Interesse an der Erhaltung eines pluralistischen nationalen Rundfunkwesens zu wahren.

**Rs. C-58/98 (Josef Corsten),**                                    **230**
**Urteil des Gerichtshofes vom 03. 10. 2000 – Slg. 2000, S. I-7919.**

**Vorbemerkungen:** *Das deutsche Handwerksrecht steht im Mittelpunkt der Entscheidung Corsten (vgl. auch Fall 219). Die mit der deutschen Handwerksordnung bezweckte Sicherung der Qualität der handwerklich erbrachten Dienstleistungen und der Schutz der Abnehmer sind vom Gerichtshof unerkannte zwingende Interessen des Allgemeinwohls. Allerdings stellt der EuGH nochmals klar, dass die innerstaatlichen Maßnahmen zur Erreichung dieses Ziels sowohl geeignet als auch erforderlich sein müssen. Die Prüfung der Erforderlichkeit im Rahmen der Dienstleistungsfreiheit hat der spezifischen Schutzrichtung dieser Grundfreiheit Rechnung zu tragen. Daher dürfen die Anforderungen, die an die Erbringung einer Dienstleistung gestellt werden nicht dieselben sein, wie sie für eine Niederlassung gelten, da ansonsten der Dienstleistungsfreiheit jede praktische Wirksamkeit genommen würde. Nach der weitgehenden Harmonisierung der Anerkennung von Berufsqualifikationen gelten hierfür jedoch strenge Anforderungen. Diesen Anforderungen wird die deutsche Regelung nicht gerecht, wonach auch Handwerksbetriebe aus anderen Mitgliedstaaten, die in Deutschland keine Niederlassung unterhalten, sondern nur gelegentlich Aufträge in Deutschland ausführen, zur Eintragung in die Handwerksrolle verpflichtet sind. Das Erfordernis der Meisterprüfung für die selbständige Niederlassung bleibt davon zunächst unberührt.*

**Sachverhalt:** In Deutschland müssen Gewerbetreibende, die selbständige Handwerksarbeiten durchführen, in der Handwerksrolle eingetragen sein. Der deutsche Architekt Corsten beauftragte ein in den Niederlanden ansässiges Unternehmen mit der Durchführung von Estricharbeiten im Rahmen eines Bauvorhabens in Deutschland. Dieses Unternehmen war in Deutschland nicht in der Handwerksrolle eingetragen. Die zuständige deutsche Ordnungsbehörde verhängte gegen Herrn Corsten ein Bußgeld, weil das von ihm beauftragte Unternehmen nicht in die Handwerksrolle eingetragen war. Herr Corsten legte gegen diesen Bescheid Widerspruch beim Amtsgericht ein. Das nationale Gericht legte dem EuGH die Frage vor, ob das Erfordernis der Eintragung in die Handwerksrolle mit dem freien Dienstleistungsverkehr vereinbar sei. Der EuGH verneinte dies grundsätzlich.

## Aus den Entscheidungsgründen:

(S. I-7956) [34] In dieser Hinsicht stellt es eine Beschränkung im Sinne des Artikels 59 EG-Vertrag dar, wenn einem Unternehmen, das in einem Mitgliedstaat ansässig ist und in einem anderen Mitgliedstaat als Dienstleistender eine handwerkliche Tätigkeit ausüben möchte, die Verpflichtung zur Eintragung in die Handwerksrolle des letztgenannten Mitgliedstaats auferlegt wird.

[35] Auch wenn eine Harmonisierung in diesem Bereich fehlt, kann nach ständiger Rechtsprechung eine solche Beschränkung des fundamentalen Grundsatzes des freien Dienstleistungsverkehrs nur durch Regelungen gerechtfertigt werden, die auf zwingenden Gründen des Allgemeininteresses beruhen und für alle im Hoheitsgebiet des Aufnahmelandes tätigen Personen oder Unternehmen gelten, und soweit dieses Interesse nicht durch die Vorschriften geschützt wird, denen der Dienstleistende in dem Mitgliedstaat unterliegt, in dem er ansässig ist (u.a. Urteile vom 17. Dezember 1981 in der Rechtssache 279/80, Webb, Slg. 1981, 3305, Randnr. 17, vom 26. Februar 1991 in der Rechtssache C-180/89, Kommission/Italien, Slg. 1991, I-709, Randnr. 17, und in der Rechtssache C-198/89, Kommission/Griechenland, Slg. 1991, I-727, Randnr. 18, sowie Urteile Säger, Randnr. 15, Vander Elst, Randnr. 16, Guiot, Randnr. 11, und Arblade u.a., Randnr. 34).

(...)

(S. I-7957) [38] Wie die Kommission bemerkt, stellt das Ziel, die Qualität der durchgeführten handwerklichen Arbeiten zu sichern und deren Abnehmer vor Schäden zu bewahren, einen zwingenden Grund des Allgemeininteresses dar, der eine Beschränkung der Dienstleistungsfreiheit rechtfertigen kann.

[39] Nach dem Grundsatz der Verhältnismäßigkeit muss die Anwendung der nationalen Regelungen eines Mitgliedstaats auf die in anderen Mitgliedstaaten niedergelassenen Dienstleistenden jedoch geeignet sein, die Verwirklichung des mit ihnen verfolgten Zieles zu gewährleisten, und darf nicht über das hinausgehen, was zur Errei-

chung dieses Zieles erforderlich ist (u.a. Urteile Säger, Randnr. 15, und Arblade u.a., Randnr. 35).

[40] Eine Regelung wie die nationale Regelung des Ausgangsverfahrens geht, selbst wenn sie unabhängig von der Staatsangehörigkeit der Dienstleistenden gilt und zur Erreichung von Zielen geeignet erscheint, die alle darauf gerichtet sind, die Qualität der erbrachten Dienstleistungen zu erhalten, über das hinaus, was zur Erreichung solcher Ziele erforderlich ist.

(...)

(S. I-7958) [43] Wie die österreichische Regierung zu Recht feststellt, darf ein Mitgliedstaat die Erbringung von Dienstleistungen in seinem Hoheitsgebiet nicht von der Einhaltung aller Voraussetzungen abhängig machen, die für eine Niederlassung gelten, und damit den Bestimmungen des Vertrages, deren Ziel es gerade ist, die Dienstleistungsfreiheit zu gewährleisten, jede praktische Wirksamkeit nehmen (Urteil Säger, Randnr. 13).

[44] Im Ausgangsverfahren unterscheidet das nationale Recht des Aufnahmelandes bezüglich der Unternehmen aus anderen Mitgliedstaaten, die handwerkliche Dienstleistungen in dem erstgenannten Mitgliedstaat erbringen möchten, nicht zwischen denjenigen, die nur im Herkunftsland niedergelassen sind, und denen, die auch im Aufnahmeland eine Niederlassung im Sinne des Artikels 52 EG-Vertrag haben. Beide Gruppen von Unternehmen werden gleichermaßen der Verpflichtung unterworfen, sich in die Handwerksrolle eintragen zu lassen, um im Aufnahmeland Handwerksarbeiten ausführen zu können.

(S. I-7959) [45] Zwar könnte das Erfordernis einer Eintragung in die Handwerksrolle, die die Pflichtmitgliedschaft der betroffenen Unternehmen in der Handwerkskammer und damit die Zahlung von entsprechenden Beiträgen zur Folge hat, im Fall einer Niederlassung im Aufnahmeland – um den es im Ausgangsverfahren aber nicht geht – gerechtfertigt sein. Doch gilt dies nicht notwendig auch für Unternehmen, die nur gelegentlich oder sogar nur ein einziges Mal im Aufnahmeland Dienstleistungen erbringen wollen.

[46] Diese Unternehmen könnten davon abgehalten werden, ihr Vorhaben durchzuführen, wenn das Verfahren zur Erteilung der Erlaubnis wegen ihrer obligatorischen Eintragung in die Handwerksrolle zeit- und kostenaufwendiger wird, so dass der zu erwartende Gewinn zumindest bei kleineren Vorhaben wirtschaftlich gesehen nicht mehr attraktiv ist. Für diese Unternehmen könnten daher der freie Dienstleistungsverkehr, ein fundamentaler Grundsatz des Vertrages, sowie die Richtlinie 64/427 ihre praktische Wirksamkeit einbüßen.

[47] Folglich dürfte das durch das Aufnahmeland eingerichtete Verfahren zur Erteilung der Erlaubnis die Ausübung des Rechts einer in einem anderen Mitgliedstaat ansässigen Person, ihre Dienstleistungen im Hoheitsgebiet des erstgenannten Staates zu erbringen, weder verzögern noch erschweren, nachdem die Voraussetzungen für die Aufnahme der betreffenden Tätigkeiten bereits geprüft worden sind und festgestellt worden ist, dass diese Voraussetzungen erfüllt sind.

[48] Außerdem dürfte das etwaige Erfordernis einer Eintragung in die Handwerksrolle des Aufnahmelandes – gesetzt den Fall, es ist gerechtfertigt – weder zusätzliche Verwaltungskosten noch die obligatorische Zahlung von Beiträgen an die Handwerkskammer nach sich ziehen.

**231**  **Rs. C-224/97 (Ciola),**
**Urteil des Gerichtshofes vom 29. 04. 1999 – Slg. 1999, S. I-2517.**

**Vorbemerkungen:** *Dieses und das nachfolgende Urteil in der Rechtssache Dogenpalast verdeutlichen die uneinheitliche Linie der Rechtsprechung des EuGH in Bezug auf die Rechtfertigung versteckter Diskriminierungen nach der Staatsangehörigkeit aus zwingenden Gründen des Allgemeinwohls. In beiden Entscheidungen ordnete der Gerichtshof die mitgliedstaatlichen Maßnahmen, die nach dem Wohnsitz der Betroffenen unterschieden, als versteckte Diskriminierungen ein und verwies dabei im zweiten Urteil auf die vorliegende Rechtssache. Während er jedoch in dem Urteil Ciola eine Rechtfertigung aus zwingenden Gründen des Allgemeinwohls mit Verweis auf den diskriminierenden Charakter der Maßnahmen ablehnte, führte er sie im nachfolgenden Urteil ohne weitere Erläuterung durch. Weitgehende Klarheit besteht dagegen im Hinblick auf offene Diskriminierungen, die ausschließlich an den geschriebenen Rechtfertigungsgründen zu messen sind (vgl. aber Fälle 215, 216).*

**Sachverhalt:** Vgl. Fall 9.

**Aus den Entscheidungsgründen:**

(S. I-2535) [13] Unter diesen Umständen verstößt eine Beschränkung der Zahl der Liegeplätze wie die im Ausgangsverfahren fragliche gegen das in Artikel 59 Absatz 1 des Vertrages vorgesehene Verbot

jeglicher – auch mittelbaren – Diskriminierung am Ort des Leistungserbringers.

(S. I-2536) [14] Zwar wird die Beschränkung der Zahl der Liegeplätze, die an gebietsfremde Bootseigner vergeben werden können, nicht
auf deren Staatsangehörigkeit gestützt – so daß sie nicht als unmittelbare Diskriminierung angesehen werden kann –; entscheidendes Kriterium für diese Beschränkung ist jedoch der Ort, an dem diese Bootseigner ihren Wohnsitz haben. Nach ständiger Rechtsprechung besteht
aber bei einer nationalen Rechtsvorschrift, die eine Unterscheidung
aufgrund des Kriteriums des Wohnsitzes trifft, die Gefahr, daß sie sich
hauptsächlich zum Nachteil der Angehörigen anderer Mitgliedstaaten auswirkt, da Gebietsfremde meist Ausländer sind (vgl. Urteil vom
7. Mai 1998 in der Rechtssache C-350/96, Clean Car Autoservice, Slg.
1998, I-2521, Randnr. 29).

[15] Um die Kontingentierung der Liegeplätze, die Staatsangehörigen anderer Mitgliedstaaten vorbehalten sind, durch zwingende Gründe des Gemeinwohls zu rechtfertigen, hat das Land Vorarlberg in der
Sitzung auf die Notwendigkeit hingewiesen, den Zugang zu diesen
Liegeplätzen ortsansässigen Bootseignern vorzubehalten, da die Liegeplätze sonst von in anderen Mitgliedstaaten ansässigen Personen,
die zur Zahlung höherer Mieten bereit wären, in Beschlag genommen
würden. Da die Gesamtzahl der verfügbaren Liegeplätze aus Gründen des Umweltschutzes begrenzt sei, würde eine Aufhebung dieser
Kontingentierung den Druck auf die Behörden des Landes Vorarlberg
erhöhen.

[16] Innerstaatliche Vorschriften, die nicht unterschiedslos auf alle
Dienstleistungen ohne Rücksicht auf den Wohnsitz des Empfängers
anwendbar und somit diskriminierend sind, lassen sich mit dem Gemeinschaftsrecht nur dann vereinbaren, wenn sie unter eine ausdrücklich abweichende Bestimmung, wie z.B. Artikel 56 EWG-Vertrag, fallen (vgl. Urteil vom 26. April 1988 in der Rechtssache 352/85, Bond
van Adverteerders u.a., Slg. 1988, 2085, Randnr. 32); wirtschaftliche
Ziele können jedoch keine Gründe der öffentlichen Ordnung im Sinne
dieses Artikels sein (Urteil vom 25. Juli 1991 in der Rechtssache C-
288/89, Collectieve Antennevoorziening Gouda, Slg. 1991, I-4007,
Randnr. 11).

[17] Da das Land Vorarlberg für die Kontingentierung der Liegeplätze für gebietsfremde Bootseigner keine Gründe der öffentlichen
Ordnung, Sicherheit oder Gesundheit, sondern wirtschaftliche Gründe angeführt hat, die die ortsansässigen Bootseigner begünstigen,
greift Artikel 56 des Vertrages nicht ein; zu prüfen ist daher, ob das

(S. I-2537) Land Vorarlberg aufgrund einer Ausnahmeregelung in der Beitrittsakte Maßnahmen wie die im Ausgangsverfahren fragliche Kontingentierung treffen konnte, um den Zustrom von Bootseignern aus anderen Mitgliedstaaten zu begrenzen.

**232    Rs. C-388/01 (Kommission ╱ Italien; „Dogenpalast"), Urteil des Gerichtshofes vom 16. 01. 2003 – Slg. 2003, S. I-721.**

**Vorbemerkungen:** *Vergleiche die Vorbemerkung zur vorangehenden Rechtssache Ciola (Fall 231).*

**Sachverhalt:** In Italien bestanden für den Zugang zu öffentlichen Museen, Denkmälern und anderen Einrichtungen mit Denkmalcharakter, die von lokalen oder dezentralen Einrichtungen des Staates betrieben wurden, Vorzugstarife für die eigenen Staatsangehörigen oder für gebietsansässige Personen von über 60 oder 65 Jahren. Aufgrund mehrerer Beschwerden, die sich unter anderem auf den Zugang zum Dogenpalast in Venedig bezogen, führte die Kommission eine Untersuchung durch und stellte fest, dass diese Tarife eine Diskriminierung nach der Staatsangehörigkeit darstellten. Daraufhin leitete sie ein Vertragsverletzungsverfahren gegen die Italienische Republik ein. Diese führte zur Verteidigung der Vorzugstarife unter anderem die Kohärenz des Steuersystems als zwingenden Grund des Allgemeininteresses an. Der EuGH differenzierte diesbezüglich zwischen den Vorzugstarifen für italienische Staatsangehörige und denjenigen für Gebietsansässige, sah aber in beiden Fällen eine Verletzung der Dienstleistungsfreiheit und des allgemeinen Diskriminierungsverbots aus Art. 12 EG als gegeben an.

**Aus den Entscheidungsgründen:**

(S. I-738) [12] Wie der Gerichtshof bereits entschieden hat, ist eine nationale Regelung über den Zugang zu den Museen eines Mitgliedstaats, die eine Diskriminierung allein der ausländischen Touristen enthält, hinsichtlich der Angehörigen der anderen Mitgliedstaaten nach den Artikeln 7 und 59 EWG-Vertrag (später Artikel 6 und 59 EG-Vertrag, nach Änderung jetzt Artikel 12 EG und 49 EG) untersagt (Urteil vom 15. März 1994 in der Rechtssache C-45/93, Kommission/Spanien, Slg. 1994, I-911).

[13] Aus der Rechtsprechung des Gerichtshofes ergibt sich außerdem (u.a. Urteil vom 5. Dezember 1989 in der Rechtssache C-3/88, Kommission/Italien, Slg. 1989, 4035, Randnr. 8), dass der Grundsatz der Gleichbehandlung, der in Artikel 49 EG eine besondere Ausprägung gefunden

hat, nicht nur offensichtliche Diskriminierungen aufgrund der Staatsangehörigkeit verbietet, sondern auch alle verschleierten Formen der
Diskriminierung, die durch die Anwendung anderer Unterscheidungsmerkmale tatsächlich zu dem gleichen Ergebnis führen.

[14] Dies trifft insbesondere auf eine Maßnahme zu, die eine Unterscheidung aufgrund des Kriteriums des Wohnsitzes trifft, denn sie
kann sich hauptsächlich zum Nachteil der Angehörigen anderer Mitgliedstaaten auswirken, da die Gebietsfremden meist Ausländer sind
(u.a. Urteil vom 29. April 1999 in der Rechtssache C-224/97, Ciola,
Slg. 1999, I-2517, Randnr. 14). In diesem Zusammenhang spielt es keine Rolle, dass die streitige Maßnahme gegebenenfalls sowohl die in
anderen Teilen des Staatsgebiets wohnenden italienischen Staatsangehörigen als auch die Staatsangehörigen der anderen Mitgliedstaaten betrifft. Um eine Maßnahme als diskriminierend qualifizieren zu
können, muss sie nicht bewirken, dass alle Inländer begünstigt werden
oder dass unter Ausschluss der Inländer nur die Staatsangehörigen der
anderen Mitgliedstaaten benachteiligt werden (in diesem Sinne u.a.
Urteil vom 6. Juni 2000 in der Rechtssache C-281/98, Angonese, Slg.
2000, I-4139, Randnr. 41).

(S. I-739) [15] Im vorliegenden Fall steht fest, dass die kostenlose Zu-
gangsberechtigung zu den Museen, Denkmälern, Galerien, antiken Aus-
grabungsstätten sowie Parkanlagen und Gärten mit Denkmalcharakter,
die von den lokalen oder dezentralen Einrichtungen des Staates gewährt
wird, den italienischen Staatsangehörigen oder den im Gebiet der das
öffentliche Museum oder Denkmal betreibenden Stelle Ansässigen vorbehalten ist, insbesondere wenn diese älter als 60 oder 65 Jahre sind, so
dass Touristen, die Staatsangehörige der anderen Mitgliedstaaten sind,
und Gebietsfremde, die dieselben objektiven Bedingungen hinsichtlich
des Alters erfüllen, vom kostenlosen Zugang ausgeschlossen sind.

(...)

[18] Die Italienische Republik führt jedoch verschiedene Gründe
des Allgemeininteresses an, um die streitigen Tarifvorteile zu rechtfertigen. Zum einen könne angesichts der durch die Verwaltung der
Kulturgüter entstehenden Kosten der unentgeltliche Zugang zu diesen
Gütern nicht unabhängig von wirtschaftlichen Erwägungen gewährt
werden. Zum anderen sei die den italienischen Staatsangehörigen
oder bestimmten Gebietsansässigen vorbehaltene Vorzugsbehandlung
durch Gründe der Kohärenz des Steuersystems gerechtfertigt, da diese Vorteile die Gegenleistung für die Zahlung von Steuern darstellten,
mit denen sich diese Staatsangehörigen oder Gebietsansässigen an der
Verwaltung der betreffenden Stätten beteiligten.

[19] Soweit die streitigen Tarifvorteile zunächst eine Unterscheidung aufgrund des Kriteriums der Staatsangehörigkeit vorsehen, ist darauf hinzuweisen, dass derartige (S. I-740) Vorteile nur dann mit dem Gemeinschaftsrecht vereinbar sind, wenn sie einer ausdrücklichen Ausnahmebestimmung wie Artikel 46 EG, auf den Artikel 55 EG verweist, zugeordnet werden können, d.h. der öffentlichen Ordnung, Sicherheit oder Gesundheit. Wirtschaftliche Ziele können keine Gründe der öffentlichen Ordnung im Sinne von Artikel 46 EG darstellen (u.a. Urteil vom 14. November 1995 in der Rechtssache C-484/93, Svensson und Gustavsson, Slg. 1995, I-3955, Randnr. 15).

[20] Demzufolge sind die streitigen Tarifvorteile, soweit sie den italienischen Staatsangehörigen vorbehalten sind, mit dem Gemeinschaftsrecht unvereinbar, da weder das Erfordernis, die Kohärenz des Steuersystems zu wahren, noch die von der italienischen Regierung angeführten wirtschaftlichen Überlegungen zu den Ausnahmen gehören, die nach Artikel 46 EG zulässig sind.

[21] Soweit die genannten Tarifvorteile sodann eine Unterscheidung aufgrund des Kriteriums des Wohnsitzes vorsehen, ist zu prüfen, ob die Gründe, auf die sich die italienische Regierung stützt, zwingende Gründe des Allgemeininteresses darstellen, die solche Vorteile rechtfertigen können.

[22] Was erstens die von der italienischen Regierung angeführten wirtschaftlichen Gründe anbelangt, so genügt die Feststellung, dass sie nicht anerkannt werden können, weil rein wirtschaftliche Ziele keine zwingenden Gründe des Allgemeininteresses darstellen können, die dazu angetan sind, eine Beschränkung einer vom Vertrag gewährleisteten Grundfreiheit zu rechtfertigen (u.a. Urteil vom 6. Juni 2000 in der Rechtssache C-35/98, Verkooijen, Slg. 2000, I-4071, Randnr. 48).

**233**   **Rs. C-158/96 (Kohll),**
**Urteil des Gerichtshofes vom 28. 04. 1998 – Slg. 1998, S. I-1931.**

**Vorbemerkungen:** *Die Frage, ob die Dienstleistungsfreiheit grundsätzlich auch im Bereich der sozialen Sicherheit mit der Folge gilt, dass Kosten einer Behandlung im EG-Ausland zu erstatten sind, und welche Beschränkungen der Dienstleistungsfreiheit in diesem Fall zum Schutz der nationalen Systeme sozialer Sicherheit zulässig sind, ist in jüngster Zeit immer wieder in den Blickpunkt des Interesses gerückt. Im Urteil Kohll hatte der EuGH Gelegenheit hierzu Stellung zu nehmen. Er* *stellte darin zum einen klar, dass die Dienstleistungsfreiheit grundsätzlich auch im Bereich der sozialen Sicherheit gilt und die Kosten einer Behandlung im EG-Ausland nach den Tarifen des Versicherungsstaates zu erstatten sind. Zum anderen betonte der Gerichtshof aber auch, dass der Schutz des Gleichgewichts der Systeme der sozialen Sicherheit grundsätzlich ein zwingendes Erfordernis des Allgemeinwohls darstellt, welches Beschränkungen der Grundfreiheiten zulässt. Letzteres ist insbesondere dogmatisch beachtenswert, weil die Pflicht zur vorherigen Genehmigung einer zahnärztlichen Behandlung in einem anderen Mitgliedstaat zur Gewährung der Kostenerstattung als diskriminierende Beschränkung der Dienstleistungsfreiheit interpretiert wird. Denn es wird zwar nicht ausdrücklich an das Kriterium der Staatsangehörigkeit angeknüpft, die Genehmigungspflicht gilt aber nur für die Kostenerstattung von Behandlungen im Ausland und nicht für inländische Zahnarztbehandlungen. Daher hätte der EuGH unter Zugrundelegung seiner eigenen Dogmatik auch in diesem Fall (vgl. auch Fälle 239, 240) an sich überhaupt nicht auf den ungeschriebenen Rechtfertigungsgrund „zwingendes Interesse des Allgemeinwohls" zurückgreifen dürfen. Damit scheint der EuGH auch im Bereich der Dienstleistungsfreiheit die strenge Trennung zwischen geschriebenen und ungeschriebenen Rechtfertigungsgründen aufzugeben. Sieht man Eingriffe des Herkunftsstaates dagegen stets als Beschränkungen an (vgl. Fall 168), so ist die Entscheidung dogmatisch konsequent. Die weitere Rechtsprechung zu dieser Problematik bleibt abzuwarten.*

**Sachverhalt:** Der luxemburgische Staatsangehörige Kohll beantragte über einen in Luxemburg niedergelassenen Zahnarzt bei seiner luxemburgischen Krankenkasse die Genehmigung der Kostenerstattung einer zahnärztlichen Behandlung seiner Tochter in Deutschland. Die Krankenkasse lehnte den Antrag mit der Begründung ab, die Behandlung sei nicht dringend und könne in Luxemburg erbracht werden. Der im Wege eines Vorabentscheidungsverfahrens angerufene Gerichtshof stellte fest, dass eine solche nationale Regelung gegen die Art. 49 und 50 EG verstößt.

### Aus den Entscheidungsgründen:

(S. I-1943) [17] Nach ständiger Rechtsprechung läßt das Gemeinschaftsrecht die Zuständigkeit der Mitgliedstaaten zur Ausgestaltung ihrer Systeme der sozialen Sicherheit unberührt (Urteile vom 7. Februar 1984 in der Rechtssache 238/82, Duphar u.a., Slg 1984, 523,

Randnr. 16, und vom 17. Juni 1997 in der Rechtssache C-70/95, Sodemare u.a., Slg. 1997, I-3395, Randnr. 27).

(S. I-1943) [18] In Ermangelung einer Harmonisierung auf Gemeinschaftsebene bestimmt somit das Recht eines jeden Mitgliedstaats, unter welchen Voraussetzungen zum einen ein Recht auf Anschluß an ein System der sozialen Sicherheit oder eine Verpflichtung hierzu (Urteile vom 24. April 1980 in der Rechtssache 110/79, Coonan, Slg. 1980, 1445, Randnr. 12, und vom 4. Oktober 1991 in der Rechtssache C-349/87, Paraschi, Slg. 1991, I-4501, Randnr. 15) und zum anderen ein Anspruch auf Leistung (Urteil vom 30. Januar 1997 in den Rechtssachen C-4/95 und C-5/95, Stöber und Piosa Pereira, Slg. 1997, I-511, Randnr. 36) besteht.

[19] Gleichwohl müssen die Mitgliedstaaten, wie der Generalanwalt in den Nummern 17 bis 25 seiner Schlußanträge ausgeführt hat, bei der Ausübung dieser Befugnis das Gemeinschaftsrecht beachten.

[20] So hat der Gerichtshof festgestellt, daß die Besonderheiten bestimmter Dienstleistungen nicht dazu führten, daß diese nicht unter den elementaren Grundsatz des freien Verkehrs fielen (Urteil vom 17. Dezember 1981 in der Rechtssache 279/80, Webb, Slg. 1981, 3305, Randnr. 10).

[21] Daß die streitige Regelung zum Bereich der sozialen Sicherheit gehört, schließt daher die Anwendung der Artikel 59 und 60 EG-Vertrag nicht aus.

(...)

(S. I-1948) [41] Rein wirtschaftliche Gründe können eine Beschränkung des elementaren Grundsatzes des freien Dienstleistungsverkehrs nicht rechtfertigen (in diesem Sinne Urteil vom 5. Juni 1997 in der Rechtssache C-398/95, SETTG, Slg. 1997, I-3091, Randnr. 23). Jedoch kann eine erhebliche Gefährdung des finanziellen Gleichgewichts des Systems der sozialen Sicherheit einen zwingenden Grund des Allgemeininteresses darstellen, der eine solche Beschränkung rechtfertigen kann.

[42] Entgegen dem Vorbringen der UCM und der luxemburgischen Regierung hat jedoch die Erstattung von Kosten einer Zahnbehandlung, die in einem anderen Mitgliedstaat erbracht wurde, nach den Tarifen des Versicherungsstaats keine wesentlichen Auswirkungen auf die Finanzierung des Systems der sozialen Sicherheit.

**Rs. C-189/03 (Kommission ⁄ Niederlande; „Private**    **234**
**Sicherheitsdienste"),**
**Urteil des Gerichtshofes vom 07. 10. 2004 – Slg. 2004, S. I- 9289.**

**Vorbemerkungen:** *Dieses Urteil verdeutlicht eine weitere Facette des sog. Herkunftslandprinzips, welche im Rahmen der Rechtfertigung relevant wird. Danach hat der Aufnahmemitgliedstaat im Hinblick auf seine Vorschriften über die Aufnahme und Ausübung einer wirtschaftlichen Tätigkeit und deren Anwendung zu berücksichtigen, welche Anforderungen ein ausländischer Dienstleistungsanbieter bereits in seinem Herkunftsland erbracht hat. Ist in den Vorschriften eine solche Möglichkeit nicht vorgesehen, so scheitert eine Rechtfertigung aus zwingenden Gründen des Allgemeinwohls bereits an der fehlenden Erforderlichkeit einer solchen Regelung. Eine bloße Verwaltungspraxis kann die mangelnde gesetzliche Berücksichtigung ebenfalls nicht kompensieren.*

**Sachverhalt:** Die Tätigkeit privater Sicherheitsdienste und Detekteien ist in den Niederlanden von der Erteilung einer Erlaubnis abhängig. Gleiches gilt für die Einstellung von Führungskräften durch solche Unternehmen. Die niederländischen Vorschriften unterschieden dabei weder offen noch versteckt nach der Staatsan- oder -zugehörigkeit der ausübenden Wirtschaftssubjekte, berücksichtigten aber auch nicht die Erfordernisse, denen die grenzüberschreitend tätigen Sicherheitsdienste und Detekteien in ihren Herkunftsstaaten unterlagen. In dem von der Kommission eingeleiteten Vertragsverletzungsverfahren verwiesen die Niederlande zum einen auf zwingende Gründe des Allgemeininteresses und zum anderen auf die Verwaltungspraxis in den Erteilungsverfahren, die eine Berücksichtigung der erbrachten Erfordernisse im Herkunftsstaat erlaubten. Der EuGH lehnte eine Rechtfertigung mit einem Hinweis auf die mangelnde Erforderlichkeit der Maßnahme ab, da bereits im Gesetz eine Berücksichtigung der Herkunftsstaaterfordernisse nicht vorgesehen war.

**Aus den Entscheidungsgründen:**

(S. I-9317) [17] Nach ständiger Rechtsprechung des Gerichtshofes stellt eine nationale Regelung, die die Erbringung bestimmter Dienstleistungen durch ein in einem anderen Mitgliedstaat niedergelassenes Unternehmen im Inland von der Erteilung einer behördlichen Erlaubnis abhängig macht, eine Beschränkung der Dienstleistungsfreiheit im Sinne von Artikel 49 EG dar (vgl. u.a. Urteile Vander Elst, Randnr. 15, und Kommission/Belgien, Randnr. 35).

[18] Der Gerichtshof hat in Bezug auf Regelungen, die den von der Kommission mit ihrer ersten Rüge beanstandeten Regelungen entsprechen, und angesichts eines dem Verteidigungsvorbringen der niederländischen Regierung ähnlichen Vorbringens entschieden, dass eine solche Beschränkung nicht gerechtfertigt sein kann, weil sie, indem sie eine Berücksichtigung der Verpflichtungen ausschließt, denen der grenzüberschreitende Dienstleister in seinem Herkunftsmitgliedstaat unterliegt, jedenfalls über das hinausgeht, was zur Erreichung des verfolgten Zweckes, eine strenge Kontrolle dieser Tätigkeiten zu gewährleisten, erforderlich ist (Urteile Kommission/Belgien, Randnrn. 36 bis 38, und vom 29. April 2004 in der Rechtssache C-171/02, Kommission/Portugal, noch nicht in der amtlichen Sammlung veröffentlicht, Randnr. 60). Dasselbe gilt für die mit der zweiten Rüge der Kommission beanstandete Regelung, nämlich die Voraussetzung, dass die Führungskräfte der betreffenden Unternehmen im Besitz einer Erlaubnis sein müssen.

(S. I-9318) [19] Die niederländische Regierung konnte das Bestehen der von ihr behaupteten Verwaltungspraxis, wonach im Rahmen von Artikel 2 Absatz 2 des Gesetzes von 1997 die vom Herkunftsmitgliedstaat vorgesehenen Verpflichtungen berücksichtigt würden, nicht mit hinreichender Präzision nachweisen. Jedenfalls kann nach ständiger Rechtsprechung eine bloße Verwaltungspraxis, die die Verwaltung naturgemäß beliebig ändern kann und die nur unzureichend bekannt ist, nicht als rechtswirksame Erfüllung der Verpflichtungen aus dem EG-Vertrag angesehen werden (vgl. u.a. Urteil vom 9. März 2000 in der Rechtssache C-358/98, Kommission/Italien, Slg. 2000, I-1255, Randnr. 17).

[20] Folglich ist die Voraussetzung, dass private Sicherheitsdienste und Detekteien sowie deren Führungskräfte nach geltendem niederländischem Recht im Besitz einer Erlaubnis sein müssen, nicht durch das Allgemeininteresse gerechtfertigt, soweit die Verpflichtungen nicht berücksichtigt werden, denen diese Unternehmen und Personen bereits in ihrem Herkunftsmitgliedstaat unterliegen.

## 235   Rs. C-445/03 (Kommission ./. Luxemburg), Urteil des Gerichtshofes vom 21. 10. 2004 – Slg. 2004, S. I-10191.

**Vorbemerkungen:** *In dieser Entscheidung beschäftigt sich der EuGH mit dem besonderen Fall der Entsendung von drittstaatsangehörigen Arbeitnehmern durch mitgliedstaatliche Unternehmen zwecks Erbrin-*

*gung einer Dienstleistung in einem anderen Mitgliedstaat (vgl. allgemein Rs. Rush Portugesa, Fall 223). Während die Arbeitnehmerentsendung von Angehörigen der Mitgliedstaaten gemeinschaftsweit durch die sog. Entsenderichtlinie (RL 96/71) einer gewissen Harmonisierung in Bezug auf die anzuwendenden Arbeits- und Beschäftigungsbedingungen unterzogen wurde, ist dies im Hinblick auf die Entsendung von drittstaatsangehörigen Arbeitnehmern nicht der Fall. Diesbezügliche Beschränkungen von Seiten der Mitgliedstaaten sind daher allein am Maßstab der Art. 49 ff. EG zu messen. In der Praxis beziehen sich mitgliedstaatliche Maßnahmen in diesen Fällen jedoch weniger auf die (zusätzliche) Anwendung innerstaatlicher Arbeits- und Beschäftigungsbedingungen als vielmehr auf die Erschwerung des Einsatzes drittstaatsangehöriger Arbeitnehmer bei der Erbringung grenzüberschreitender Dienstleistungen. So geht es im vorliegenden Fall beispielsweise um das Erfordernis der Einholung einer vorherigen Arbeitserlaubnis, welches u.a. mit einem Verweis auf die Stabilität des Arbeitsmarktes gerechtfertigt werden sollte.*

**Sachverhalt:** In Luxemburg war die Erbringung von grenzüberschreitenden Dienstleistungen durch entsandte Arbeitnehmer aus Drittstaaten von bestimmten Bedingungen abhängig. So musste für diese Personen eine vorherige Arbeitserlaubnis eingeholt werden. Ferner war das Vorliegen eines unbefristeten, bereits sechs Monate vor der Entsendung gültigen Arbeitsvertrages mit dem Dienstleistungsunternehmen nachzuweisen sowie eine Bankbürgschaft für die gegenfalls anfallenden Kosten der Rückführung der entsandten Arbeitnehmer beizubringen. Dies wurde von der Kommission beanstandet und schließlich zum Gegenstand eines Vertragsverletzungsverfahrens vor dem EuGH gemacht. Der Gerichtshof nahm in Bezug auf alle Bedingungen einen Verstoß gegen Art. 49 EG an.

## Aus den Entscheidungsgründen:

(S. I-10216) [23] Es ist unbestreitbar, dass die Bedingungen, an die sich nach der Großherzoglichen Verordnung vom 12. Mai 1972 ein Dienstleistungsunternehmen halten muss, das Arbeitnehmer mit der Staatsangehörigkeit eines Drittstaats nach Luxemburg zu (S. I-10217) entsenden beabsichtigt, aufgrund des mit diesen Bedingungen verbundenen Verwaltungsaufwands und der durch sie verursachten Kosten die beabsichtigte Entsendung und damit die Erbringung von Dienstleistungen durch dieses Unternehmen erschweren (vgl. in diesem Sinne Urteil vom 25. Oktober 2001 in den Rechtssachen C-49/98,

C-50/98, C-52/98 bis C-54/98 und C-68/98 bis C-71/98, Finalarte u.a., Slg. 2001, I-7831, Randnr. 30).

(...)

[25] Der Bereich der Entsendung von Arbeitnehmern mit der Staatsangehörigkeit eines Drittstaats im Rahmen der grenzüberschreitenden Erbringung von Dienstleistungen ist nicht auf Gemeinschaftsebene harmonisiert, da der Vorschlag für eine Richtlinie des Europäischen Parlaments und des Rates über die Bedingungen für die Entsendung von Arbeitnehmern mit Staatsangehörigkeit eines dritten Landes im Rahmen der grenzüberschreitenden Erbringung von Dienstleistungen (ABl. 1999, C 67, S. 2), vorgelegt von der Kommission am 12. Februar 1999, bis zum heutigen Tag nicht angenommen worden ist. Außerdem gilt die Großherzogliche Verordnung vom 12. Mai 1972 unterschiedslos für Unternehmen, die im Ausland ansässig sind, und solche mit Sitz im Inland, wie insbesondere aus ihrem Artikel 9 Absatz 1 hervorgeht.

[26] Daher ist zu prüfen, ob die sich aus der Großherzoglichen Verordnung vom 12. Mai 1972 ergebenden Beschränkungen der Dienstleistungsfreiheit durch ein im Allgemeininteresse liegendes Ziel gerechtfertigt sind und, wenn ja, ob sie erforderlich sind, um dieses Ziel effektiv und mit den geeigneten Mitteln zu verfolgen (vgl. Urteil Finalarte u.a., Randnr. 37).

(S. I-10218) [27] Hier werden Gründe der sozialen Sicherheit und der Stabilität des Arbeitsmarktes zur Rechtfertigung der in der Großherzoglichen Verordnung vom 12. Mai 1972 aufgeführten Bedingungen geltend gemacht.

[28] Erstens beruft sich die luxemburgische Regierung auf die Notwendigkeit, für die Einhaltung der nationalen Vorschriften u.a. im Bereich des Mindestlohns, der Sicherheit am Arbeitsplatz und der Dauer des Arbeitsvertrags zu sorgen, um die soziale Sicherheit der nach Luxemburg entsandten Arbeitnehmer sowie gleiche Wettbewerbsbedingungen in Bezug auf die soziale Absicherung für Unternehmen, die in Luxemburg ansässig sind, und für solche mit Sitz im Ausland zu gewährleisten. Insbesondere soll mit der Bedingung, dass im Fall eines Antrags auf Erteilung einer kollektiven Arbeitserlaubnis unbefristete Arbeitsverträge bestehen müssen, durch die die betroffenen Arbeitnehmer seit mindestens sechs Monaten mit dem entsendenden Unternehmen verbunden sind, der Gefahr vorgebeugt werden, dass Arbeitskräfte aus Drittstaaten mit Hilfe unsicherer und schlecht entlohnter Beschäftigungsverhältnisse ausgebeutet werden und der Wettbewerb durch Praktiken des Sozialdumpings verfälscht wird.

[29] Zwar gehört der Schutz der Arbeitnehmer zu den bereits vom Gerichtshof anerkannten zwingenden Gründen des Allgemeininteresses (vgl. u.a. Urteile Finalarte u.a., Randnr. 33, und Portugaia Construções, Randnr. 20). Es trifft auch zu, dass es das Gemeinschaftsrecht den Mitgliedstaaten weder verwehrt, ihre Rechtsvorschriften oder die von den Sozialpartnern geschlossenen Tarifverträge auf alle Personen zu erstrecken, die in ihrem Staatsgebiet, und sei es auch nur vorübergehend, eine unselbständige Tätigkeit ausüben, und zwar unabhängig davon, in welchem Land der Arbeitgeber ansässig ist, noch verbietet, die Einhaltung dieser Regeln mit den geeigneten Mitteln durchzusetzen (vgl. Urteil vom 3. Februar 1982 in den Rechtssachen 62/81 und 63/81, Seco und Desquenne & Giral, Slg. 1982, 223, Randnr. 14), wenn sich herausstellt, dass der durch sie gewährte Schutz nicht durch entsprechende oder im Wesentlichen vergleichbare Verpflichtungen gewährleistet wird, denen das Unternehmen bereits im Mitgliedstaat seiner Niederlassung unterliegt (vgl. Urteil vom 28. März 1996 in der Rechtssache C-272/94, Guiot, Slg. 1996, I-1905, Randnrn. 16 und 17, und Arblade u.a., Randnr. 51).

(S. I-10219) [30] Eine Arbeitserlaubnis, wie sie die Großherzogliche Verordnung vom 12. Mai 1972 vorschreibt, kann jedoch nicht als geeignetes Mittel angesehen werden. Denn sie ist zwangsläufig mit Formalitäten und Verzögerungen verbunden, die geeignet sind, von der Inanspruchnahme der Dienstleistungsfreiheit mit Hilfe entsandter Arbeitnehmer mit der Staatsangehörigkeit eines Drittstaats abzuschrecken.

[31] Würde ein Dienstleistungsunternehmen verpflichtet, den örtlichen Behörden im Voraus die Anwesenheit eines oder mehrerer entsandter Arbeitnehmer, die vorgesehene Dauer dieser Anwesenheit und die der Entsendung zugrunde liegende(n) Dienstleistung(en) anzuzeigen, so wäre dies eine Maßnahme, die ebenso wirksam wäre wie die fragliche Bedingung und zugleich weniger einschneidend. Sie würde es den betreffenden Behörden ermöglichen, die Einhaltung der luxemburgischen Vorschriften auf dem Gebiet der sozialen Sicherheit während der Dauer der Entsendung zu kontrollieren und dabei die Verpflichtungen zu berücksichtigen, denen das Unternehmen bereits nach den im Herkunftsmitgliedstaat geltenden Regeln auf diesem Gebiet unterliegt.

[32] Außerdem geht die für die Erteilung einer kollektiven Arbeitserlaubnis aufgestellte Bedingung, dass unbefristete Arbeitsverträge bestehen müssen, durch die die betroffenen Arbeitnehmer seit mindestens sechs Monaten mit dem entsendenden Unternehmen verbunden sind, über das hinaus, was im Namen des Zieles der sozialen Si-

cherheit als notwendige Voraussetzung dafür verlangt werden kann, dass Dienstleistungen mit Hilfe der Entsendung von Arbeitnehmern mit der Staatsangehörigkeit eines Drittstaats erbracht werden.

[33] Wie die Kommission zu Recht feststellt, erschwert diese Bedingung nämlich in den Sektoren, in denen aufgrund der Besonderheiten der fraglichen Tätigkeit häufig auf kurzfristige oder projektbezogene Verträge zurückgegriffen wird, die Entsendung von Arbeitnehmern aus einem Drittstaat nach Luxemburg zum Zweck der Erbringung von Dienstleistungen erheblich. Insoweit ist anzumerken, dass nach Angaben der luxemburgischen Regierung die nationalen Vorschriften über den Arbeitsvertrag für bestimmte Arten von Aufgaben die Verwendung derartiger Verträge zur Anstellung von Arbeitnehmern der Gemeinschaft zulassen.

(S. I-10220) [34] Wie der Generalanwalt in Nummer 52 seiner Schlussanträge ausführt, wirkt sich die fragliche Bedingung zudem nachteilig auf die Lage von Unternehmen aus, die erst vor kurzem gegründet worden sind und die unter Einsatz von Arbeitnehmern aus einem Drittstaat eine Dienstleistung in Luxemburg erbringen möchten.

[35] Ferner berücksichtigt sie nicht die Maßnahmen auf dem Gebiet der sozialen Sicherheit, insbesondere im Bereich der Arbeitsbedingungen und der Entlohnung, denen ein Unternehmen, das eine Entsendung vornehmen will, im Herkunftsstaat aufgrund des Rechts dieses Mitgliedstaats oder eines gegebenenfalls zwischen der Europäischen Gemeinschaft und dem betreffenden Drittstaat geschlossenen Kooperationsabkommens unterliegt und deren Anwendung geeignet ist, eine ernstliche Gefahr der Ausbeutung von Arbeitnehmern sowie der Verfälschung des Wettbewerbs zwischen den Unternehmen auszuschalten (vgl. Urteil Vander Elst, Randnr. 25).

[36] Die in der Großherzoglichen Verordnung vom 12. Mai 1972 aufgestellten Bedingungen stellen daher keine geeigneten Mittel zum Schutz der Arbeitnehmer dar.

[37] Wie die luxemburgische Regierung zu der in den Randnummern 32 bis 35 dieses Urteils behandelten Bedingung ausdrücklich erklärt, soll mit der Großherzoglichen Verordnung vom 12. Mai 1972 zweitens vermieden werden, dass der nationale Arbeitsmarkt durch den Zustrom von Arbeitnehmern aus Drittstaaten gestört wird.

[38] Hierzu ist festzustellen, dass das Bemühen, Störungen auf dem Arbeitsmarkt zu verhindern, zwar ein zwingender Grund des Allgemeininteresses ist (vgl. in diesem Sinne Urteil vom 27. März 1990 in der Rechtssache C-113/89, Rush Portuguesa, Slg. 1990, I-1417, Randnr. 13). Die Arbeitnehmer, die von einem in einem Mitgliedstaat an-

sässigen Unternehmen beschäftigt und zur Erbringung einer Dienstleistung in einen anderen Mitgliedstaat entsandt werden, verlangen aber keinen Zutritt zum Arbeitsmarkt dieses zweiten Staates, da sie nach Erfuellung ihrer Aufgabe in ihr Herkunfts- oder Wohnsitzland zurückkehren (vgl. Urteile Rush Portuguesa, Randnr. 15, Vander Elst, Randnr. 21, und Finalarte u.a., Randnr. 22).

(S. I-10221) [39] Der Gerichtshof hat allerdings entschieden, dass ein Mitgliedstaat kontrollieren darf, ob ein Unternehmen, das in einem anderen Mitgliedstaat ansässig ist und Arbeitnehmer aus einem Drittstaat entsendet, den freien Dienstleistungsverkehr nicht zu einem anderen Zweck als dem der Erbringung der betreffenden Leistung nutzt, beispielsweise dazu, sein Personal kommen zu lassen, um Arbeitnehmer zu vermitteln oder Dritten zu überlassen (vgl. Urteil Rush Portuguesa, Randnr. 17).

[40] Bei solchen Kontrollen sind jedoch die vom Gemeinschaftsrecht gezogenen Grenzen zu beachten, wie sie sich insbesondere aus dem Grundsatz des freien Dienstleistungsverkehrs ergeben, der nicht illusorisch gemacht und dessen Ausübung nicht dem Ermessen der Verwaltung unterworfen werden darf (Urteil Rush Portuguesa, Randnr. 17).

(...)

(S. I-10223) [48] Folglich sind die in der Großherzoglichen Verordnung vom 12. Mai 1972 aufgestellten Bedingungen kein geeignetes Mittel zur Erreichung des Zieles, eine Destabilisierung des örtlichen Arbeitsmarktes zu verhindern.

## b) Rechtfertigungsgründe nach Art. 55 i.V.m. Art. 46 Abs. 1 EG

**Rs. C-348/96 (Calfa),**                                                     **236**
**Urteil des Gerichtshofes vom 19. 01. 1999 – Slg. 1999, S. I-11.**

*Vorbemerkungen: Auch für die Dienstleistungsfreiheit sind die Rechtfertigungsgründe der öffentlichen Ordnung, Sicherheit und Gesundheit eng auszulegen. Diese Auslegung bezieht sich auch auf die Richtlinie zur Koordinierung der Sondervorschriften für die Einreise und den Aufenthalt von Ausländern (RL 64/22/EWG). Danach dürfen nur schwere, im persönlichen Verhalten des Einzelnen liegende Gründe zu einem Einreiseverbot oder einer Ausweisung führen (vgl. auch Fall 198). Der Gerichtshof sah diese Voraussetzungen im vorliegenden Fall*

*nicht als gegeben an. Eine automatisch aufgrund einer strafrecht-*
*lichen Verurteilung verfügte Ausweisung auf Lebenszeit erfüllt diese*
*Voraussetzungen nicht.*

**Sachverhalt:** Frau Calfa, eine italienische Staatsangehörige, wurde eines
Verstoßes gegen das Betäubungsmittelgesetz für schuldig befunden und
u.a. zu einer Ausweisung aus Griechenland auf Lebenszeit verurteilt. Gegen letzteres hat sie Rechtsmittel eingelegt. Im Vorabentscheidungsurteil
ist der EuGH zum Ergebnis gekommen, dass Art. 39, 43 und 49 EG sowie
Art. 3 der Richtlinie 64/221/EWG einer Regelung entgegen stehen, die es
dem nationalen Gericht – abgesehen von einigen, insbesondere familienbe-
zogenen Ausnahmen – erlaubt, unter den dargelegten Fallumständen, auf
Lebenszeit auszuweisen.

## Aus den Entscheidungsgründen:

(S. I-28) [16] Der in Artikel 59 EG-Vertrag festgelegte Grundsatz
des freien Dienstleistungsverkehrs, der eines der Grundprinzipien des
Vertrages ist, schließt die Freiheit der Dienstleistungsempfänger ein,
sich zur Inanspruchnahme einer Dienstleistung in einen anderen Mitgliedstaat zu begeben, ohne durch Beschränkungen daran (S. I-29) gehindert zu werden; Touristen sind als Empfänger von Dienstleistungen
anzusehen (Urteil vom 2. Februar 1989 in der Rechtssache 186/87, Cowan, Slg. 1989, 195, Randnr. 15).

[17] Für das Strafrecht sind zwar grundsätzlich die Mitgliedstaaten
zuständig, jedoch setzt das Gemeinschaftsrecht dieser Zuständigkeit
nach ständiger Rechtsprechung Schranken. Das Strafrecht darf nämlich nicht die durch das Gemeinschaftsrecht garantierten Grundfreiheiten beschränken (vgl. Urteil Cowan, Randnr. 19).

[18] Im vorliegenden Fall stellt die Ausweisung auf Lebenszeit, die
Staatsangehörigen anderer Mitgliedstaaten auferlegt werden kann,
wenn sie wegen Beschaffung und Besitz von ausschließlich zum Ei-
genverbrauch bestimmten Betäubungsmitteln verurteilt worden sind,
offensichtlich eine Behinderung der durch Artikel 59 EG-Vertrag anerkannten Dienstleistungsfreiheit dar, weil durch sie diese Freiheit
völlig entzogen wird. Das gleiche gilt für die anderen in den Artikeln
48 und 52 EG-Vertrag genannten vom vorlegenden Gericht erwähnten
Grundfreiheiten.

(...)

(S. I-30) [21] Der Begriff der öffentlichen Ordnung kann gemäß der
Rechtsprechung des Gerichtshofes geltend gemacht werden, wenn eine
tatsächliche und hinreichend schwere Gefährdung vorliegt, die ein

Grundinteresse der Gesellschaft berührt (Urteil vom 27. Oktober 1977 in der Rechtssache 30/77, Bouchereau, Slg. 1977, 1999, Randnr. 35).

(…)

[24] Die Richtlinie 64/221, die sich gemäß ihrem Artikel 1 Absatz 1 unter anderem auf Staatsangehörige eines Mitgliedstaats bezieht, die sich als Empfänger von Dienstleistungen in einen anderen Mitgliedstaat begeben, beschränkt das Recht der Mitgliedstaaten, Ausländer aus Gründen der öffentlichen Ordnung auszuweisen. Artikel 3 dieser Richtlinie bestimmt, daß bei Maßnahmen der öffentlichen Ordnung oder Sicherheit ausschließlich das persönliche Verhalten der in Betracht kommenden Einzelpersonen ausschlaggebend sein darf. Außerdem können strafrechtliche Verurteilungen allein diese Maßnahmen nicht ohne weiteres begründen. Somit darf eine strafrechtliche Verurteilung nur insoweit berücksichtigt werden, als die ihr zugrunde liegenden Umstände ein persönliches Verhalten erkennen lassen, das eine gegenwärtige Gefährdung der öffentlichen Ordnung darstellt (Urteil Bouchereau, Randnr. 28).

(…)

(S. I 31) [27] Unter diesen Umständen wird also eine Ausweisung auf Lebenszeit aufgrund einer strafrechtlichen Verurteilung automatisch verfügt, ohne daß das persönliche Verhalten des Täters oder die von ihm ausgehende Gefährdung der öffentlichen Ordnung berücksichtigt wird.

[28] Demzufolge sind die in der Richtlinie 64/221 vorgesehenen Voraussetzungen für die Anwendung der Ausnahme der öffentlichen Ordnung, wie sie der Gerichtshof ausgelegt hat, nicht erfüllt; diese Ausnahme kann daher nicht wirksam geltend gemacht werden, um eine Beschränkung der Dienstleistungsfreiheit zu rechtfertigen, wie sie sich aus der im Ausgangsverfahren vorliegenden Regelung ergibt.

**Rs. C-36/02 (Omega; „Laserdrome"),**                                    **237**
**Urteil des Gerichtshofes vom 14. 10. 2004 – Slg. 2004, S. I- 9609.**

**Vorbemerkungen:** *Anders als im vorangehenden Fall Calfa richtet sich die aus Gründen der öffentlichen Ordnung vorgenommene mitgliedstaatliche Maßnahme nicht gegen eine Person, sondern gegen eine bestimmte Art der Dienstleistung. Die deutschen Behörden untersagten unter Verweis auf eine Verletzung der Menschenwürde die Durchführung von Spielabläufen, in denen mit Laserpistolen das Töten von Menschen simuliert wurde. In anderen Mitgliedstaaten war* *das Betreiben solcher Spiele zulässig. Der EuGH ordnete dieses Vorbringen dem Rechtfertigungsgrund der öffentlichen Ordnung zu und wiederholte in diesem Zusammenhang seine ständige Rechtsprechung, wonach die geschriebenen Ausnahmebestimmungen eng auszulegen und deren Anwendung gerichtlich überprüfbar sei. Die Menschenwürde und deren Verletzung im konkreten Fall sah der Gerichtshof als zulässige Konkretisierung des Begriffs der öffentlichen Ordnung an. Dabei wird zunächst eine Parallele zur Rechtssache Schmidberger (Fall 167) gezogen und betont, dass auch die Menschenwürde zu den gemeinschaftsrechtlichen Grundrechten gehört. Deren Schutz ist daher mit dem Gemeinschaftsrecht vereinbar. In der Folge stellt der EuGH aber nicht – wie im Fall Schmidberger – auf die gemeinschaftsrechtliche Dimension des Grundrechts ab, sondern auf die nach dem deutschen Grundgesetz gewährleistete Menschenwürde. Schließlich sieht der Gerichtshof die Verhältnismäßigkeit der Maßnahme als gegeben an und stellt klar, dass unterschiedliche Vorstellungen in den Mitgliedstaaten über den Schutz des betreffenden Rechtsgutes der Verhältnismäßigkeit nicht entgegenstehen. Im Ergebnis räumt der EuGH den Mitgliedstaaten damit entgegen den allgemeinen Formulierungen ein weites Ermessen bei der Anwendung der Rechtfertigung aus Gründen der öffentlichen Ordnung ein.*

**Sachverhalt:** Die Klägerin des Ausgangsverfahrens, eine in Bonn ansässige Gesellschaft deutschen Rechts, betrieb ein sog. Laserdrome, in welchem unter anderem auch Spielabläufe ermöglicht und geduldet wurden, die ein gezieltes Beschießen von Menschen mittels Laserstrahl oder sonstiger technischer Einrichtungen und damit ein sog. spielerischen Töten von Menschen zum Gegenstand hatten. Die Ausrüstung für die Anlage wurde von einem englischen Unternehmen bezogen, mit dem später auch ein Franchisevertrag über die veranstalteten Spiele geschlossen wurde. Die zuständige Behörde untersagte die Abhaltung von Spielabläufen, die ein simuliertes Töten beinhalten, unter Androhung eines hohen Zwangsgeldes mit der Begründung, dass solche Spiele eine Gefahr für die öffentliche Ordnung darstellen. Die simulierten Tötungshandlungen und die damit einhergehende Verharmlosung von Gewalt würden die in Art. 1 Abs. 1 Satz 1 des Grundgesetzes verankerte Menschenwürde verletzen. Die angerufenen Gerichte bestätigten die Untersagungsverfügung und die ihr zugrunde liegende Begründung. Erst das BVerwG legte den Rechtsstreit dem EuGH vor und fragte nach der Vereinbarkeit der Untersagung mit Gemeinschaftsrecht.

**Aus den Entscheidungsgründen:**

(S. I-9651) [28] Was die Rechtfertigung der Beschränkung des freien Dienstleistungsverkehrs durch die Verfügung vom 14. September 1994 anbelangt, so sind nach dem gemäß Artikel 55 EG auf diesem Sachgebiet anwendbaren Artikel 46 EG Beschränkungen zulässig, die aus Gründen der öffentlichen Ordnung, Sicherheit oder Gesundheit gerechtfertigt sind. Im vorliegenden Fall geht aus den Akten hervor, dass die Beklagte in der Begründung der Untersagungsverfügung ausdrücklich ausführt, dass die betroffene Betätigung eine Gefahr für die öffentliche Ordnung darstelle. Die Bezugnahme auf eine Gefahr für die öffentliche Ordnung findet sich auch in § 14 Absatz 1 OBG NW, der die Ordnungsbehörden ermächtigt, die notwendigen Maßnahmen zur Abwehr einer solchen Gefahr zu treffen.

(…)

[30] Dass ein Mitgliedstaat sich auf eine vom EGVertrag vorgesehene Ausnahme berufen kann, hindert jedoch nicht an der gerichtlichen Nachprüfung der Maßnahmen, mit denen diese Ausnahme angewandt wird (vgl. Urteil vom (S. I-9652) 4. Dezember 1974 in der Rechtssache 41/74, Van Duyn, Slg. 1974, 1337, Randnr. 7). Außerdem ist der Begriff der öffentlichen Ordnung im Gemeinschaftsrecht, insbesondere, wenn er eine Ausnahme von der Grundfreiheit des freien Dienstleistungsverkehrs rechtfertigen soll, eng zu verstehen, so dass seine Tragweite nicht von jedem Mitgliedstaat einseitig ohne Nachprüfung durch die Organe der Gemeinschaft bestimmt werden darf (vgl. entsprechend für die Freizügigkeit der Arbeitnehmer Urteile Van Duyn, Randnr. 18, und vom 27. Oktober 1977 in der Rechtssache 30/77, Bouchereau, Slg. 1977, 1999, Randnr. 33). Folglich ist eine Berufung auf die öffentliche Ordnung nur möglich, wenn eine tatsächliche und hinreichend schwere Gefährdung vorliegt, die ein Grundinteresse der Gesellschaft berührt (vgl. Urteil vom 14. März 2000 in der Rechtssache C-54/99, Église de scientologie, Slg. 2000, I-1335, Randnr. 17).

[31] Allerdings können die konkreten Umstände, die möglicherweise die Berufung auf den Begriff der öffentlichen Ordnung rechtfertigen, von Land zu Land und im zeitlichen Wechsel verschieden sein. Insoweit ist den zuständigen innerstaatlichen Behörden daher ein Beurteilungsspielraum innerhalb der durch den EGVertrag gesetzten Grenzen zuzubilligen (Urteile Van Duyn, Randnr. 18, und Bouchereau, Randnr. 34).

[32] Im Ausgangsverfahren waren die zuständigen Behörden der Ansicht, dass die von der Untersagungsverfügung betroffene Betäti-

gung eine Gefahr für die öffentliche Ordnung darstelle, weil die gewerbliche Veranstaltung von Unterhaltungsspielen mit simulierten Tötungshandlungen an Menschen nach der in der öffentlichen Meinung vorherrschenden Auffassung gegen eine in der nationalen Verfassung verankerte grundlegende Wertvorstellung verstoße, nämlich gegen die Menschenwürde. Nach den Ausführungen des vorlegenden Gerichts haben die mit der Sache befassten nationalen Gerichte die Auffassung von den Erfordernissen des Schutzes der Menschenwürde, auf der die streitige Verfügung beruht, geteilt und bestätigt, so dass diese Auffassung folglich als im Einklang mit dem deutschen Grundgesetz stehend angesehen werden muss.

[33] In diesem Zusammenhang ist daran zu erinnern, dass die Grundrechte nach ständiger Rechtsprechung zu den allgemeinen Rechtsgrundsätzen gehören, deren Wahrung der Gerichtshof zu sichern hat; dabei lässt er sich von den gemeinsamen Verfassungstraditionen der Mitgliedstaaten sowie von den Hinweisen leiten, die die (S. I-9653) völkerrechtlichen Verträge über den Schutz der Menschenrechte geben, an deren Abschluss die Mitgliedstaaten beteiligt waren oder denen sie beigetreten sind. Hierbei kommt der Europäischen Konvention zum Schutze der Menschenrechte und Grundfreiheiten besondere Bedeutung zu (vgl. insbesondere Urteile vom 18. Juni 1991 in der Rechtssache C-260/89, ERT, Slg. 1991, I2925, Randnr. 41, ...).

[34] Wie die Generalanwältin in den Nummern 82 bis 91 ihrer Schlussanträge ausgeführt hat, zielt die Gemeinschaftsrechtsordnung unbestreitbar auf die Gewährleistung der Achtung der Menschenwürde als eines allgemeinen Rechtsgrundsatzes ab. Somit ist das Ziel, die Menschenwürde zu schützen, unzweifelhaft mit dem Gemeinschaftsrecht vereinbar, ohne dass es insoweit eine Rolle spielt, dass in Deutschland dem Grundsatz der Achtung der Menschenwürde die besondere Stellung eines selbständigen Grundrechts zukommt.

[35] Da die Grundrechte sowohl von der Gemeinschaft als auch von ihren Mitgliedstaaten zu beachten sind, stellt der Schutz dieser Rechte ein berechtigtes Interesse dar, das grundsätzlich geeignet ist, eine Beschränkung von Verpflichtungen zu rechtfertigen, die nach dem Gemeinschaftsrecht, auch kraft einer durch den EGVertrag gewährleisteten Grundfreiheit wie des freien Dienstleistungsverkehrs, bestehen (vgl. in Bezug auf den freien Warenverkehr Urteil Schmidberger, Randnr. 74).

[36] Jedoch können Maßnahmen, durch die der freie Dienstleistungsverkehr eingeschränkt wird, nur dann durch Gründe der öffentlichen Ordnung gerechtfertigt werden, wenn sie zum Schutz der Be-

lange, die sie gewährleisten sollen, erforderlich sind, und auch nur insoweit, als diese Ziele nicht mit Maßnahmen erreicht werden können, die den freien Dienstleistungsverkehr weniger einschränken (vgl. in Bezug auf den freien Kapitalverkehr Urteil Église de scientologie, Randnr. 18).

(S. I-9654) [37] Insoweit ist es nicht unerlässlich, dass die von den Behörden eines Mitgliedstaats erlassene beschränkende Maßnahme einer allen Mitgliedstaaten gemeinsamen Auffassung darüber entspricht, wie das betreffende Grundrecht oder berechtigte Interesse zu schützen ist. Zwar hat der Gerichtshof in Randnummer 60 des Urteils Schindler auf die sittlichen, religiösen oder kulturellen Erwägungen Bezug genommen, aufgrund deren alle Mitgliedstaaten die Veranstaltung von Lotterien oder anderen Glücksspielen Beschränkungen unterwerfen, er hat jedoch mit der Erwähnung dieser gemeinsamen Auffassung kein allgemeines Kriterium für die Beurteilung der Verhältnismäßigkeit nationaler Maßnahmen formulieren wollen, mit denen die Ausübung einer wirtschaftlichen Tätigkeit beschränkt wird.

[38] Vielmehr sind die Notwendigkeit und die Verhältnismäßigkeit der einschlägigen Bestimmungen, wie aus einer ständigen Rechtsprechung seit dem Urteil Schindler hervorgeht, nicht schon deshalb ausgeschlossen, weil ein Mitgliedstaat andere Schutzregelungen als ein anderer Mitgliedstaat erlassen hat (vgl. in diesem Sinne Urteile Läärä u.a., Randnr. 36, Zenatti, Randnr. 34, und ...).

[39] Im vorliegenden Fall ist zum einen darauf hinzuweisen, dass die Untersagung der gewerblichen Veranstaltung von Unterhaltungsspielen, die simulierte Gewalthandlungen gegen Personen, insbesondere die Darstellung von Tötungshandlungen an Menschen, implizieren, dem vorlegenden Gericht zufolge dem Grad des Schutzes der Menschenwürde entspricht, der mit dem Grundgesetz im Hoheitsgebiet der Bundesrepublik Deutschland sichergestellt werden sollte. Zum anderen ist festzustellen, dass die streitige Verfügung, mit der nur die Variante des Laserspiels untersagt wird, bei der es darum geht, auf menschliche Ziele zu schießen und somit das Töten von Personen zu spielen, nicht über das hinausgeht, was zur Erreichung des von den zuständigen nationalen Behörden verfolgten Zieles erforderlich ist.

[40] Daher kann die Verfügung vom 14. September 1994 nicht als eine Maßnahme angesehen werden, die den freien Dienstleistungsverkehr ungerechtfertigt beeinträchtigt.

**238   Rs. C-158/96 (Kohll),**
**Urteil des Gerichtshofes vom 28. 04. 1998 – Slg. 1998, S. I-1931.**

**Vorbemerkungen:** *Die Entscheidung Kohll enthält erstmals Ausführungen zur Interpretation des geschriebenen Rechtfertigungsgrundes „Schutz der öffentlichen Gesundheit" gemäß Art. 46 i.V.m. 55 EG. In dieser Entscheidung erkennt der EuGH die Sicherung einer ausgewogenen und allen zugänglichen ärztlichen und klinischen Versorgung als Schutzgut der öffentlichen Gesundheit an. Er verneint jedoch angesichts des Standes der Harmonisierung der Anerkennungsregelungen über die Qualifizierung von Ärzten die Möglichkeit einer Rechtfertigung wegen eines behaupteten unterschiedlichen Qualitätsstandards der Behandlung in den einzelnen Mitgliedstaaten.*

**Sachverhalt:** Vgl. Fall 233.

**Aus den Entscheidungsgründen:**

(S. I-1948) [43] Die luxemburgische Regierung macht zur Rechtfertigung weiter den Schutz der öffentlichen Gesundheit geltend; die streitige Regelung sei zum einen erforderlich, um die Qualität der ärztlichen Leistungen zu gewährleisten, die bei denjenigen, die sich in einen anderen Mitgliedstaat begäben, nur im Zeitpunkt des Antrags auf Genehmigung überprüft werden könne; zum anderen soll das luxemburgische Krankenversicherungssystem eine ausgewogene, allen Versicherten offenstehende ärztliche und klinische Versorgung sicherstellen.

(...)

(S. I-1950) [50] Das Ziel, eine ausgewogene, allen zugängliche ärztliche und klinische Versorgung aufrechtzuerhalten, ist zwar eng mit der Finanzierung des Systems der sozialen Sicherheit verbunden, kann aber auch zu den Ausnahmen aus Gründen der öffentlichen Gesundheit nach Artikel 56 EG-Vertrag zählen, soweit es zur Erzielung eines hohen Gesundheitsschutzes beiträgt.

[51] Artikel 56 EG-Vertrag erlaubt nämlich den Mitgliedstaaten, den freien Dienstleistungsverkehr im Bereich der ärztlichen und klinischen Versorgung einzuschränken, soweit die Erhaltung eines bestimmten Umfangs der medizinischen und pflegerischen Versorgung oder eines bestimmten Niveaus der Heilkunde im Inland für die Gesundheit oder selbst das Überleben ihrer Bevölkerung erforderlich ist

(siehe zum Begriff der öffentlichen Sicherheit im Sinne des Artikels 36 EG-Vertrag das Urteil vom 10. Juli 1984 in der Rechtssache 72/83, Campus Oil u.a., Slg. 1984, 2727, Randnrn. 33 bis 36).

[52] Jedoch haben weder die UCM noch die Regierungen der Mitgliedstaaten, die Erklärungen abgegeben haben, nachgewiesen, daß die streitige Regelung erforderlich sei, um eine ausgewogene, allen zugängliche ärztliche und klinische Versorgung sicherzustellen. Keiner der Beteiligten hat vorgetragen, daß sie zur Erhaltung eines bestimmten Umfangs der medizinischen und pflegerischen Versorgung oder eines unabdingbaren Niveaus der Heilkunde im Inland erforderlich sei.

[53] Daher kann die streitige Regelung nicht aus Gründen des Gesundheitsschutzes gerechtfertigt werden.

# V. Kapital- und Zahlungsverkehrsfreiheit, Art. 56 ff. EG

## 1. Begriff des Kapital- und Zahlungsverkehrs

**Rs. 7/78 (Thompson),**                                                        **239**
**Urteil des Gerichtshofes vom 23. 11. 1978 – Slg. 1978, S. I-2247.**

**Vorbemerkungen:** *Die Entscheidung Thompson betrifft die Abgrenzung des Kapitalverkehrs vom Warenverkehr. Zahlungsmittel sind nach dem System des EG-Vertrages keine Waren im Sinne des Art. 24 EG. Dies gilt auch für Goldmünzen wie den „Krügerrand", soweit sie als gesetzliches Zahlungsmittel Verwendung finden. Als Waren sind hingegen solche Münzen anzusehen, die nicht mehr als Zahlungsmittel eingesetzt werden und nur noch numismatische Bedeutung haben.*

**Sachverhalt:** Die britischen Staatsangehörigen Ernest George Thompson, Brian Albert Johnson und Colin Alex Norman Woodiwiss legten gegen ein Urteil Berufung ein, dass sie für schuldig befunden hatte, wissentlich das Verbot der Einfuhr von Goldmünzen („Krügerrand") nach Großbritannien und das Verbot der Ausfuhr von Silbermünzen aus Großbritannien umgangen zu haben. Sie beriefen sich darauf, dass die genannten Verbote gegen die Warenverkehrsfreiheit verstießen, da sie sowohl die Einfuhr als auch die Ausfuhr behinderten. Das nationale Gericht legte dem EuGH die Frage vor, ob einerseits die eingeführten, in einem Drittland hergestellten Goldmünzen, die sich in einem Mitgliedstaat im freien Verkehr befinden, und andererseits die ausgeführten Silbermünzen, die früher in einem Mitgliedsstaat gesetzliches Zahlungsmittel waren, es aber nicht mehr sind, im Grundsatz als Kapital anzusehen seien. Der EuGH entschied, dass die Goldmünzen als Kapital, die Silbermünzen jedoch als Ware einzustufen seien.

## Aus den Entscheidungsgründen:

(S. I-2274) [23/25] Insbesondere verpflichtet sich nach Artikel 106 „jeder Mitgliedstaat, in der Währung des Mitgliedstaats, in dem der Gläubiger oder der Begünstigte ansässig ist, die Zahlungen zu genehmigen, die sich auf den Waren-, Dienstleistungs- und Kapitalverkehr beziehen, sowie den Transfer von Kapitalbeträgen und Arbeitsentgelten zu gestatten, soweit der Waren-, Dienstleistungs-, Kapital- und Personenverkehr zwischen den Mitgliedstaaten nach diesem Vertrag liberalisiert ist". Diese Bestimmung soll die Durchführung der Zahlungen sicherstellen, die für die Liberalisierung des Kapitalverkehrs wie für den freien Waren-, Dienstleistungs- und Personenverkehr erforderlich sind. Hieraus ist abzuleiten, daß Zahlungsmittel im System des Vertrages nicht als Waren zu betrachten sind , die unter die Artikel 30 bis 37 des Vertrages fallen.

(...)

(S. I-2275) [27/28] Wenn auch zweifelhaft sein kann, ob Krügerrand als gesetzliches Zahlungsmittel zu erachten sind, so ist doch festzustellen, daß diese Münzen auf den Währungsmärkten der Mitgliedstaaten, die den Handel mit ihnen gestatten, als Geld behandelt werden. Ihr Transfer muss folglich als Zahlungsverkehr klassifiziert werden, der nicht unter die Artikel 30 bis 37 fällt.

(...)

[30/31] Die Frage 1c bezieht sich auf Münzen eines Mitgliedstaats aus Silberlegierungen, die in diesem Mitgliedstaat gesetzliches Zahlungsmittel waren, die es aber nicht mehr sind, und die dennoch als Münzen gegen die Zerstörung geschützt sind. Solche Münzen sind nicht als Zahlungsmittel im oben dargelegten Sinne zu erachten, so daß sie als Waren qualifiziert werden können, die unter die Artikel 30 bis 37 des Vertrages fallen.

**Verb. Rs. 286/82 und 26/83 (Luisi und Carbone ⁄ Ministero**    **240**
**del Tesoro),**
**Urteil des Gerichtshofes vom 31. 01. 1984 – Slg. 1984, S. 377.**

**Vorbemerkungen:** *Das Urteil Luisi und Carbone behandelt das Ver-*
*hältnis von Kapital- und Zahlungsverkehrsfreiheit. Danach fällt der*
*Transfer von Banknoten zur Erfüllung von Zahlungsverpflichtungen*
*auf dem Gebiet des Warenverkehrs oder Dienstleistungsverkehrs*
*in den Schutzbereich der Zahlungsverkehrsfreiheit und stellt keinen*
*Kapitalverkehr dar. Die Entscheidung beruht zwar auf der alten Fas-*
*sung des EG-Vertrages, nach welcher der Zahlungsverkehr als unge-*
*schriebener Annex noch der jeweiligen Grundfreiheit, mit der er in*
*Zusammenhang steht, zugeordnet war. Die Kriterien zur Abgrenzung*
*der beiden Freiheiten sind jedoch auch auf die Neuregelung der Ka-*
*pital- und der Zahlungsverkehrsfreiheit durch den Vertrag von Maas-*
*tricht anwendbar. Die Entscheidung verdeutlicht darüber hinaus die*
*vom EuGH überwiegend angewandte Methode zur Konkretisierung*
*des Schutzbereichs von Art. 56 Abs. 1 EG. Er greift hierzu auf die No-*
*menklatur der in diesem Bereich erlassenen Richtlinien zurück. Zwar*
*bezieht sich der EuGH mittlerweile nicht mehr auf die in der Rs. Luisi*
*und Carbone angeführte Richtlinie (ABl. 1960, S. 621 und 1962, S. 62),*
*sondern auf die Kapitalverkehrsrichtlinie 88/361 EWG (ABl. 1988,*
*L 178/5). Die methodische Vorgehensweise der Heranziehung eines*
*Sekundärrechtsaktes zur Bestimmung der primärrechtlich geregel-*
*ten Kapitalverkehrsfreiheit gilt aber nach wie vor. Die in Annex I der*
*Richtlinie 88/361 EWG aufgezählten Kapitalvorgänge haben aber nur*
*Hinweischarakter für die Definition des Begriffes des Kapitalverkehrs*
*und sind auch nicht abschließend.*

**Sachverhalt:** In Italien war der Erwerb von Devisen zur Verwendung im
Ausland auf einen Betrag von 500.000 Lire begrenzt. Die italienischen
Staatsbürger Luisi und Carbone, die Devisen im Wert von mehreren Millionen Lire erworben hatten und gegen die deshalb Geldbußen verhängt
wurden, beabsichtigten, die erworbenen Devisen zu touristischen Zwecken
und zur medizinischen Behandlung in anderen Mitgliedstaaten zu verwenden. Aufgrund dieser Verwendungsabsichten sind sie der Ansicht, dass die
einschlägigen italienischen Devisenbestimmungen gegen Gemeinschaftsrecht verstoßen. Der Gerichtshof entschied im Rahmen eines Vorabentscheidungsverfahrens.

**Aus den Entscheidungsgründen:**

(S. 403) [19] Das vorlegende Gericht hat darauf hingewiesen, daß der Transfer von Banknoten in der Liste D der Anlagen zu den beiden Richtlinien erwähnt wird, die der Rat gemäß Artikel 69 auf dem Gebiet des Kapitalverkehrs erlassen hat (ABl. 1960, S. 921, und 1963, S. 62). In dieser Liste D sind die Kapitalverkehrsvorgänge aufgeführt, für die die Richtlinien den Mitgliedstaaten keinerlei Liberalisierungsmaßnahmen vorschreiben. Es fragt sich daher, ob der Umstand, daß der Transfer von Banknoten in dieser Liste erwähnt wird, ohne weiteres bedeutet, daß es sich dabei um Kapitalverkehr handelt.

[20] Der Vertrag enthält keine Definition dessen, was unter Kapitalverkehr zu verstehen ist. Allerdings sind in den Anlagen zu den beiden vorgenannten Richtlinien die verschiedenen Kapitalverkehrsvorgänge aufgeführt und mit einer Nomenklatur versehen. Zwar wird dort auch der materielle Transfer von Vermögenswerten, insbesondere Banknoten, genannt, doch folgt daraus noch nicht, daß ein solcher Transfer unter allen Umständen als Kapitalverkehr anzusehen ist.

(S. 404) [21] Aus dem allgemeinen System des Vertrages ergibt sich vielmehr – und ein Vergleich der Artikel 67 und 106 bestätigt dies –, daß die laufenden Zahlungen Devisentransferierungen sind, die eine Gegenleistung im Rahmen einer dieser Leistung zugrundeliegenden Transaktion darstellen, während es sich beim Kapitalverkehr um Finanzgeschäfte handelt, bei denen es in erster Linie um die Anlage oder die Investition des betreffenden Betrags und nicht um die Vergütung einer Dienstleistung geht. Aus diesem Grund können Vorgänge des Kapitalverkehrs selbst den Grund für laufende Zahlungen bilden, wie sich den Artikeln 67 Absatz 2 und 106 Absatz 1 entnehmen läßt.

[22] Der Transfer von Banknoten kann daher nicht als Kapitalverkehr angesehen werden, wenn diesem Transfer eine Zahlungsverpflichtung entspricht, die sich aus einer Transaktion auf dem Gebiet des Waren- oder Dienstleistungsverkehrs ergibt.

[23] Folglich können Zahlungen für Reisen zu Fremdenverkehrs-, Geschäfts- und Studienzwecken sowie für die Zwecke einer medizinischen Behandlung auch dann nicht als Kapitalverkehr eingestuft werden, wenn sie durch den Transfer von Banknoten erfolgen.

**Rs. C-463/00 (Kommission ./. Spanien; „Goldene Aktien IV"),**    **241**
**Urteil des Gerichtshofes vom 13. 05. 2003 – Slg. 2003, S. I-4581.**

**Vorbemerkungen:** *In der vorliegenden und in der am selben Tag ent-*
*schiedenen Rechtssache Kommission ./. Vereinigtes Königreich (C-*
*98/01, Slg. 2003, S. I-4641) nahm der EuGH erstmals zur Anwendbar-*
*keit der Keck-Formel im Rahmen der Kapitalverkehrsfreiheit Stellung.*
*Ähnlich der Entscheidung in der Rechtssache Alpine Investment (Fall*
*228) zur Dienstleistungsfreiheit ist der Entscheidung des EuGH jedoch*
*nicht zweifelsfrei zu entnehmen, ob er die Keck-Formel im Rahmen der*
*Kapitalverkehrsfreiheit für grundsätzlich anwendbar hält und ledig-*
*lich im konkreten Fall das Fehlen der Voraussetzungen feststellt, oder*
*ob er die Frage der Anwendbarkeit grundsätzlich offen lässt, da die*
*konkreten Voraussetzungen für deren Eingreifen ohnehin nicht vor-*
*liegen. Die der Keck-Entscheidung (Fall 155) zugrunde liegende dog-*
*matische Funktion, diejenigen Beschränkungen des freien grenzüber-*
*schreitenden Warenverkehrs aus dem Anwendungsbereich des Art. 28*
*EG auszuscheiden, die nicht den Marktzugang betreffen, sondern le-*
*diglich die Vermarktung eines bereits auf dem Zielmarkt befindlichen*
*Produkts, lässt sich jedoch auch auf die Kapitalverkehrsfreiheit über-*
*tragen. Dies zeigt die vorliegende Entscheidung sehr deutlich. Hier*
*stellt der EuGH darauf ab, ob die einschränkende nationale Rege-*
*lung den Zugang ausländischer Investoren zum inländischen Markt*
*beschränkt. Da die Interessenlagen somit ähnlich sind, sprechen die*
*besseren Argumente für eine Anwendung der Keck-Formel auch auf*
*die Kapitalverkehrsfreiheit. Der Sache nach geht es in der Entschei-*
*dung erneut um die Zulässigkeit sogenannter „Goldener Aktien". Der*
*EuGH hat diese Fragen entsprechend den in seiner diesbezüglichen*
*Rechtsprechung entwickelten Grundsätzen entschieden (vgl. hierzu*
*Fälle 244, 245). Vom Abdruck der entsprechenden Passagen wurde da-*
*her abgesehen.*

**Sachverhalt:** Das spanische Gesetz Nr. 5/1995 regelte die Voraussetzungen der Privatisierung öffentlicher Unternehmen. Dessen Art. 3 Abs. 1
und 2 sah vor allem für bestimmte Unternehmen der Daseinsvorsorge, an
denen der Staat direkt oder indirekt mit mindestens 25% beteiligt ist, die
Möglichkeit der Errichtung eines Systems vorheriger behördlicher Genehmigungen für gesellschaftsrechtliche Beschlüsse und Maßnahmen vor,
welche die Verschmelzung, Auflösung oder Spaltung, sowie die Veräuße-
rung von Gesellschaftsvermögen oder die Änderung des Gesellschafts-

zweckes betreffen. Die Kommission, die der Auffassung war, diese Regelungen verstießen gegen die Kapitalverkehrsfreiheit, erhob gegen Spanien Aufsichtsklage. In diesem Verfahren wurde das Argument vorgetragen, da die angegriffenen Regelungen ohne Unterschied für in- und ausländische Investoren anwendbar seien, liege nach den Grundsätzen der Keck-Rechtsprechung keine Beschränkung der Kapitalverkehrsfreiheit vor. Der EuGH wies dieses Vorbringen zurück und stellte in der Sache eine Verletzung der Kapitalverkehrsfreiheit fest.

**Aus den Entscheidungsgründen:**

(S. I-4630) [57] Eine Regelung, die wie Artikel 3 Absatz 2 des Gesetzes Nr. 5/1995 den Erwerb von Beteiligungen einschränkt, stellt eine Beschränkung des freien Kapitalverkehrs dar.

(S. I-4631) [58] Zu den in Artikel 3 Absatz 1 des Gesetzes Nr. 5/1995 vorgesehenen Maßnahmen trägt die Regierung des Vereinigten Königreichs, die sich insoweit auf das Urteil Keck und Mithouard stützt, vor, sie beschränkten den Marktzugang nicht und könnten daher den freien Kapitalverkehr nicht beeinträchtigen.

[59] Dem kann nicht gefolgt werden. Die fraglichen Maßnahmen haben keine vergleichbaren Wirkungen wie die Regelungen, die dem Urteil Keck und Mithouard zufolge nicht in den Anwendungsbereich von Artikel 30 EG-Vertrag (nach Änderung jetzt Artikel 28 EG) fielen.

[60] Nach diesem Urteil ist die Anwendung nationaler Bestimmungen, die im Gebiet des Einfuhrmitgliedstaats bestimmte Verkaufsmodalitäten beschränken oder verbieten, auf Erzeugnisse aus anderen Mitgliedstaaten nicht geeignet, den Handel zwischen den Mitgliedstaaten zu behindern, sofern diese Bestimmungen erstens für alle betroffenen Wirtschaftsteilnehmer gelten, die ihre Tätigkeit im Inland ausüben, und sofern sie zweitens den Absatz der inländischen Erzeugnisse und der Erzeugnisse aus anderen Mitgliedstaaten rechtlich wie tatsächlich in der gleichen Weise berühren. Der Grund hierfür liegt darin, dass die Anwendung derartiger Regelungen nicht geeignet ist, den Marktzugang für diese Erzeugnisse im Einfuhrmitgliedstaat zu versperren oder stärker zu behindern, als sie dies für inländische Erzeugnisse tut (Urteil vom 10. Mai 1995 in der Rechtssache C-384/93, Alpine Investments, Slg. 1995, I-1141, Randnr. 37).

[61] Im vorliegenden Fall sind die fraglichen Beschränkungen von Investitionen zwar unterschiedslos sowohl auf Gebietsansässige als auch auf Gebietsfremde anwendbar, doch berühren sie die Situation des Erwerbers einer Beteiligung als solche und sind daher geeignet,

Anleger aus anderen Mitgliedstaaten von solchen Investitionen abzuhalten und damit den Marktzugang zu beeinflussen (vgl. auch Urteil vom heutigen Tag in der Rechtssache C-98/01, Kommission/Vereinigtes Königreich, noch nicht in der amtlichen Sammlung veröffentlicht, Randnr. 47).

(S. I-4631) [62] Unter diesen Umständen ist davon auszugehen, dass die zum einen auf Artikel 3 Absatz 2 des Gesetzes Nr. 5/1995 und zum anderen auf Absatz 1 dieses Artikels gestützte Regelung eine Beschränkung des Kapitalverkehrs im Sinne von Artikel 56 EG darstellt.

## 2. Rechtfertigung

**Verb. Rs. C-163/94, C-165/94 und C-250/94 (Strafverfahren gegen   242
Sanz de Lera u.a.),
Urteil des Gerichtshofes vom 14. 12. 1995 – Slg. 1995, S. I-4821.**

**Vorbemerkungen:** *Der Gerichtshof unterstreicht in der vorliegenden Entscheidung die unmittelbare Wirkung der Art. 56 ff. EG. Ferner ist es den Mitgliedstaaten der Gemeinschaft verwehrt, die Kapitalausfuhr selbst in Drittländer von einem Genehmigungserfordernis abhängig zu machen. Der EuGH sieht in diesem Zusammenhang eine Anmeldepflicht allerdings als zulässig an. In dieser Entscheidung nahm der EuGH erstmals Stellung zu den Änderungen, welche die Maastrichter Fassung des EG-Vertrages für die Kapitalverkehrsfreiheit eingeführt hat.*

**Sachverhalt:** Eine spanische Vorschrift machte die Ausfuhr von Banknoten etc., die auf Peseten oder eine ausländische Währung lauten, ab einem Betrag, der fünf Millionen Peseten übersteigt, von der Genehmigung der Behörden des Landes, aus dem ausgeführt werden soll, abhängig. Bei einer Summe ab einer Million Peseten wird eine vorherige Anmeldung verlangt. Wegen Verstoßes gegen diese Regelung waren in Spanien drei Strafverfahren gegen spanische Staatsbürger bzw. Angehörige eines Drittstaates anhängig. Einer der Betroffenen wollte einen bestimmten Bargeldbetrag in die Türkei ausführen. Der Gerichtshof entschied im Rahmen eines Vorabentscheidungsverfahrens.

**Aus den Entscheidungsgründen:**

(S. I-4836) [16] Diese Frage des vorlegenden Gerichts geht im wesentlichen dahin, ob die Artikel 73b Absätze 1 und 2, 73c Absatz 1 und 73d Absatz 1 Buchstabe b des Vertrages einer Regelung entgegenstehen, die die Ausfuhr von Hartgeld, Banknoten oder Inhaberschecks von einer Genehmigung oder einer vorherigen Anmeldung abhängig macht und die dieses Erfordernis mit strafrechtlichen Sanktionen verknüpft.

[17] Was zunächst Artikel 73b Absatz 2 des Vertrages angeht, ist festzustellen, daß die betroffenen Ausfuhren von Banknoten, wie sich aus den Vorlagenbeschlüssen ergibt, nicht mit Zahlungen zusammenhängen, die den Handel mit Waren oder Dienstleistungen betreffen. Diese Transfers können folglich nicht als Zahlungen im Sinne von Artikel 73b Absatz 2 angesehen werden.

[18] Die betroffene Regelung ist daher nur in bezug auf die Artikel 73b Absatz 1, 73d Absatz 1 Buchstabe b und 73c Absatz 1 des Vertrages zu prüfen.

Zu den Artikeln 73b Absatz 1 und 73d Absatz 1 Buchstabe b

[19] Zunächst ist festzustellen, daß Artikel 73b Absatz 1 des Vertrages den Kapitalverkehr zwischen den Mitgliedstaaten und zwischen den Mitgliedstaaten und dritten Ländern liberalisiert hat. Zu diesem Zweck bestimmt er im Rahmen der Vorschriften des Kapitels 4 des Vertrages mit der Überschrift „Der Kapital- und Zahlungsverkehr", daß alle Beschränkungen des Kapitalverkehrs zwischen den Mitgliedstaaten sowie zwischen den Mitgliedstaaten und dritten Ländern verboten sind.

(S. I-4837) [20] Sodann ist darauf hinzuweisen, daß Artikel 73b Absatz 1 gemäß Artikel 73d Absatz 1 Buchstabe b das Recht der Mitgliedstaaten nicht berührt, „die unerläßlichen Maßnahmen zu treffen, um Zuwiderhandlungen gegen innerstaatliche Rechts- und Verwaltungsvorschriften, insbesondere auf dem Gebiet des Steuerrechts und der Aufsicht über Finanzinstitute, zu verhindern, sowie Meldeverfahren für den Kapitalverkehr zwecks administrativer oder statistischer Information vorzusehen oder Maßnahmen zu ergreifen, die aus Gründen der öffentlichen Ordnung oder Sicherheit gerechtfertigt sind".

[21] Gemäß Artikel 73d Absatz 3 des Vertrages dürfen diese Maßnahmen und Verfahren jedoch „weder ein Mittel zur willkürlichen Diskriminierung noch eine verschleierte Beschränkung des freien Kapital- und Zahlungsverkehrs im Sinne des Artikels 73b darstellen".

[22] Aus dem bereits zitierten Urteil Bordessa u.a. (Randnrn. 21

und 22) geht hervor, daß die Maßnahmen, die unerläßlich sind, um bestimmte Zuwiderhandlungen zu verhindern und die nach Artikel 4 Absatz 1 der Richtlinie zulässig sind, insbesondere Maßnahmen zur Sicherstellung der Wirksamkeit der Steueraufsicht und zur Bekämpfung rechtswidriger Tätigkeiten, wie der Steuerhinterziehung, der Geldwäsche, des Drogenhandels und des Terrorismus, auch durch Artikel 73d Absatz 1 Buchstabe b erfaßt werden.

[23] Es ist daher zu prüfen, ob das Erfordernis einer Genehmigung oder einer Anmeldung vor der Ausfuhr von Hartgeld, Banknoten oder Inhaberschecks zur Verfolgung dieser Ziele erforderlich ist und ob diese Ziele nicht mit Maßnahmen erreicht werden könnten, die den freien Kapitalverkehr weniger einschränken.

[24] Wie der Gerichtshof im Urteil Bordessa u.a. in Randnummer 24 bereits festgestellt hat, hat die Genehmigungspflicht die Wirkung, daß sie die Devisenausfuhr aussetzt und in jedem einzelnen Fall von der Zustimmung durch die Verwaltung, die besonders zu beantragen ist, abhängig macht.

(S. I-4838) [25] Ein solches Erfordernis stellt daher die Ausübung des freien Kapitalverkehrs letztlich in das Ermessen der Verwaltung und kann diese Freiheit illusorisch werden lassen.

(...)

[27] Wie die Kommission zu Recht vorgetragen hat, würde es nämlich genügen, ein sachgerechtes Anmeldungssystem einzuführen, aus dem die Art der beabsichtigten Transaktion und die Identität des Anmeldenden hervorgeht, das die zuständigen Stellen verpflichtet, eine schnelle Prüfung der Anmeldung vorzunehmen, und das es ihnen erlaubt, gegebenenfalls rechtzeitig die Nachforschungen anzustellen, die sich als unerläßlich für die Feststellung erweisen sollten, ob es sich um rechtswidrigen Kapitalverkehr handelt, und bei einem Verstoß gegen die nationalen Rechtsvorschriften die erforderlichen Sanktionen zu verhängen.

(...)

(S. I-4839) [30] Nach alledem verbieten die Artikel 73b Absatz 1 und 73d Absatz 1 Buchstabe b des Vertrages eine Regelung, die die Ausfuhr von Hartgeld, Banknoten oder Inhaberschecks von einer vorherigen Genehmigung abhängig macht, nicht aber, eine solche Transaktion von einer vorherigen Anmeldung abhängig zu machen.

(...)

(S. I-4841) [39] Die erste Frage ist folglich dahin zu beantworten, daß die Artikel 73b Absatz 1 und 73d Absatz 1 Buchstabe b des Vertrages eine nationale Regelung verbieten, die die Ausfuhr von Hartgeld,

Banknoten oder Inhaberschecks von einer vorherigen Genehmigung abhängig macht, daß sie aber nicht verbieten, eine solche Transaktion von einer vorherigen Anmeldung abhängig zu machen. Eine derartige Regelung fällt nicht unter Artikel 73c Absatz 1 des Vertrages.

(...)

[40] Diese Frage des vorlegenden Gerichts geht dahin, ob Artikel 73b Absatz 1 des Vertrages vor nationalen Gerichten geltend gemacht und zur Unanwendbarkeit der ihm zuwiderlaufenden nationalen Vorschriften führen kann.

[41] Vorab ist festzustellen, daß Artikel 73b Absatz 1 des Vertrages nach seinem Wortlaut ein eindeutiges und nicht an Bedingungen geknüpftes Verbot enthält, das keiner Durchführungsmaßnahme bedarf.

[42] Sodann ist hervorzuheben, daß die Verwendung der Formulierung „im Rahmen der Bestimmungen dieses Kapitels" in Artikel 73b auf das gesamte Kapitel verweist, in dem diese Vorschrift steht. Sie ist daher in diesem Zusammenhang auszulegen.

(S. I-4842) [43] Die Ausübung des Vorbehalts des Artikels 73d Absatz 1 Buchstabe b des Vertrages ist gerichtlich nachprüfbar, so daß der Umstand, daß ein Mitgliedstaat sich auf diesen Vorbehalt berufen kann, dem nicht entgegensteht, daß Artikel 73b Absatz 1 des Vertrages, in dem der Grundsatz des freien Kapitalverkehrs zwischen den Mitgliedstaaten sowie zwischen den Mitgliedstaaten und dritten Ländern verankert ist, dem Bürger Rechte verleiht, die dieser gerichtlich geltend machen kann und die die nationalen Gerichte schützen müssen.

(...)

(S. I-4843) [48] Auf die zweite Frage ist daher zu antworten, daß die Bestimmungen des Artikels 73b Absatz 1 in Verbindung mit den Artikeln 73c und 73d Absatz 1 Buchstabe b des Vertrages vor den nationalen Gerichten geltend gemacht werden und zur Unanwendbarkeit der ihnen zuwiderlaufenden nationalen Vorschriften führen können.

**243**   Rs. C-302/97 (Konle),
**Urteil des Gerichtshofes vom 01. 06. 1999 – Slg. 1999, S. I-3099.**

**Vorbemerkungen:** *In der Entscheidung Konle modifiziert der EuGH seine Rechtsprechung zur vorherigen Anmeldung oder Genehmigung eines Kapitaltransfers. Die Grundsätze der Sanz de Lera-Entscheidung (Fall 242) gelten nicht für den ebenfalls unter die Kapitalver-*

*kehrsfreiheit fallenden Erwerb von Grundeigentum. Ein Genehmigungsvorbehalt, der gemäß Art. 58 Abs. 1 lit. b) EG dazu dient, die Einhaltung innerstaatlicher Rechtsvorschriften über die Nutzung von Grund und Boden zu sichern, kann eine zulässige Beschränkung der Kapitalverkehrsfreiheit darstellen. Grund hierfür ist, dass die Einhaltung raumplanerischer Normen des innerstaatlichen Rechts als solche durch ein Genehmigungsverfahren geschützt werden kann, wie dies auch im deutschen Baurecht regelmäßig der Fall ist. Voraussetzung ist jedoch, dass es kein milderes Mittel gibt, um Verstöße gegen das Bau- und Raumordnungsrecht zu verhindern. Im Fall Konle sah der EuGH ein Genehmigungsverfahren als nicht erforderlich an. Diesen Grundsatz hat der EuGH in einer späteren Entscheidung (Rs. C-54/99 – Association Église de scientologie Paris – Slg. 2000, S. I-1335) auch auf Rechtfertigungen aus Gründen des Schutzes der öffentlichen Sicherheit und Ordnung ausgedehnt. In Fällen, in denen eine bloße Informationsverschaffung durch die zuständigen Behörden mittels eines Anmeldeverfahrens nicht ausreicht, um die Einhaltung der öffentlichen Sicherheit und Ordnung sicherzustellen, weil von bestimmten Investitionen als solchen bereits eine Gefahr ausgeht, kann für vorab festgelegte Investitionen eine Genehmigung vorgeschrieben werden. Auch in diesem Verfahren verneinte der EuGH im Ergebnis aber die Zulässigkeit einer vorherigen Genehmigung.*

**Sachverhalt:** Der Kläger – der deutsche Staatsbürger Konle – erhielt in einem Zwangsversteigerungsverfahren den Zuschlag für ein in Osttirol gelegenes Grundstück. Er hat bei der Erteilung des Zuschlags einen Antrag auf Genehmigung des Erwerbs vorgelegt, in dem er erklärt hatte, das erworbene Grundstück nutzen zu wollen, um seinen Hauptwohnsitz dorthin zu verlegen und dort seine kaufmännische Tätigkeit ausüben zu wollen. Der Antrag wurde mit der Begründung abgelehnt, dass die für Ausländer geltenden Voraussetzungen nach dem Tiroler Grundverkehrsgesetz aus dem Jahre 1993 nicht vorliegen; der Kläger habe nämlich nicht den für die Genehmigung erforderlichen Nachweis erbracht, dass der fragliche Erwerb nicht der Begründung eines Freizeitwohnsitzes diene. Nach der erfolglosen Erschöpfung des Verwaltungsrechtswegs rief der Kläger den österreichischen Verfassungsgerichtshof an, der das Tiroler Grundverkehrsgesetz aus dem Jahre 1993 für verfassungswidrig erklärte. Erst dreieinhalb Jahre nach der Erteilung des Zuschlags wurde dem Kläger unter Anwendung des neuen Tiroler Grundverkehrsgesetzes aus dem Jahre 1996 die Genehmigung erteilt. Der Kläger verklagte daraufhin die Republik Österreich auf Schadenersatz. Er sah sich dadurch diskriminiert und in seiner Niederlassungsfreiheit und Kapitalverkehrsfreiheit beeinträchtigt, dass von ihm ein

Nachweis über die Nutzung des Grundstückes gefordert wurde, während bei Österreichern eine bloße Erklärung darüber genügt hätte. Des weiteren erachtete er sich im Hinblick auf das Tiroler Grundverkehrsgesetz aus dem Jahre 1996 dadurch u.a. in seiner Kapitalverkehrsfreiheit verletzt, als er sich überhaupt vor dem Erwerb des Grundstücks einem Genehmigungsverfahren unterziehen muss. Der Gerichtshof entschied im Rahmen eines Vorabentscheidungsverfahrens, dass die Regelung aus dem Jahre 1996 nicht mit den Vorschriften über den freien Kapitalverkehr vereinbar ist.

## Aus den Entscheidungsgründen:

(S. I-3135) [43] Nach Artikel 73d EG-Vertrag berührt zwar Artikel 73b EG-Vertrag nicht das Recht der Mitgliedstaaten, die unerläßlichen Maßnahmen zu treffen, um Zuwiderhandlungen gegen innerstaatliche Rechts- und Verwaltungsvorschriften zu verhindern.

(S. I-3136) [44] Der Gerichtshof hat jedoch festgestellt, daß Vorschriften, die die Ausfuhr von Devisen von einer vorherigen Genehmigung abhängig machen, um den Mitgliedstaaten Kontrollen zu ermöglichen, nicht die Wirkung haben dürfen, die Ausübung einer vom EG-Vertrag gewährleisteten Freiheit in das Ermessen der Verwaltung zu stellen und damit diese Freiheit illusorisch zu machen (Urteile vom 31. Januar 1984 in den Rechtssachen 286/82 und 26/83, Luisi und Carbone, Slg. 1984, 377, Randnr. 34, vom 23. Februar 1995 in den Rechtssachen C-358/93 und C-416/93, Bordessa u.a., Slg. 1995, I-361, Randnr. 25, und vom 14. Dezember 1995 in den Rechtssachen C-163/94, C-165/94 und C-250/94, Sanz de Lera u.a., Slg. 1995, I-4821, Randnr. 25). Der Gerichtshof hat darauf hingewiesen, daß die Beschränkung des freien Kapitalverkehrs, die sich aus dem Erfordernis einer vorherigen Genehmigung ergibt, beseitigt werden könnte, ohne die wirksame Verfolgung der angestrebten Ziele zu beeinträchtigen, wenn ein sachgerechtes Anmeldesystem eingeführt wird (vgl. Urteile Bordessa u.a., Randnr. 27, und Sanz de Lera u.a., Randnrn. 26 und 27).

[45] Diese Erwägungen sind auf ein dem Grundstückserwerb vorgeschaltetes Verfahren nicht unmittelbar übertragbar, da das Eingreifen der Verwaltung in diesem Fall ein anderes Ziel verfolgt. Während die nationalen Behörden sich einem Devisentransfer von Rechts wegen nicht widersetzen können und ihre Kontrolle, die im wesentlichen einem Informationsbedürfnis dient, daher in diesem Bereich auch die Form einer Anmeldepflicht annehmen kann, dient die vorherige Kontrolle beim Grundstückserwerb nicht einem bloßen Informationsbedürfnis, sondern kann mit der Versagung der Genehmigung enden, ohne daß dies gegen Gemeinschaftsrecht verstoßen müsste.

[46] Mit einem Anmeldeverfahren allein lässt sich daher hier das im Rahmen des Verfahrens der vorherigen Genehmigung angestrebte Ziel nicht erreichen. Um eine bestimmungsgemäße Nutzung von Grund und Boden, wie sie in der innerstaatlichen Regelung festgelegt ist, zu gewährleisten, müssen die Mitgliedstaaten für den Fall, daß nach dem Grundstückserwerb ein Verstoß gegen die schriftliche Erklärung ordnungsgemäß festgestellt wird, die Möglichkeit haben, Maßnahmen zu treffen.

[47] Solche Maßnahmen können bei einem Verstoß gegen innerstaatliche Rechtsvorschriften über Zweitwohnsitze wie die im Ausgangsverfahren streitigen in der Verhängung von Geldbußen, im Erlaß eines Bescheides, mit dem dem Erwerber die sofortige Unterlassung der unzulässigen Verwendung des Grundstücks unter Androhung der Zwangsversteigerung aufgegeben wird, oder in der Feststellung (S. I-3137) der Nichtigkeit des Rechtsgeschäfts mit anschließender Wiederherstellung des vor dem Grunderwerb bestehenden Grundbuchstands bestehen Aus den Antworten der österreichischen Regierung auf die Fragen des Gerichtshofes ergibt sich, daß das österreichische Recht solche Möglichkeiten kennt.

[48] Im übrigen hatte der Tiroler Gesetzgeber mit dem Erlaß des TGVG 1993 selbst anerkannt, daß die vorherige Erklärung, die für österreichische Staatsangehörige vorgesehen war, ein wirksames Kontrollmittel darstellt, mit dem sich verhindern lässt, daß ein Grundstück als Zweitwohnsitz erworben wird.

[49] Angesichts (...) der anderen Möglichkeiten, über die der Mitgliedstaat verfügt, um die Einhaltung seiner raumplanerischen Vorgaben sicherzustellen, stellt das streitige Genehmigungsverfahren keine Beschränkung des Kapitalverkehrs dar, die unerläßlich wäre, um Zuwiderhandlungen gegen innerstaatliche Rechtsvorschriften über Zweitwohnsitze zu verhindern.

**Rs. C-483/99 (Kommission ∕ Frankreich; „Goldene Aktien II"),**   **244**
**Urteil des Gerichtshofes vom 04. 06. 2002 – Slg. 2002, S. I-4781.**

**Vorbemerkungen:** *Die Entscheidung Kommission ∕ Frankreich ist eine von drei Entscheidungen desselben Tages (vgl. Fall 245), in denen der EuGH über die Vereinbarkeit von Sonderaktien (sog. „goldene Aktien") für nationale Regierungen mit der Kapitalverkehrsfreiheit des EG-Vertrages zu entscheiden hatte. Zweck dieser in Staatshand be-*

*findlichen Sonderaktien ist die Sicherung eines staatlichen Mindestein-*
*flusses auf Unternehmen, die Dienstleistungen von öffentlichem Inter-*
*esse erbringen. Der EuGH sieht in dem Ziel, die Versorgung der Bevöl-*
*kerung mit Energie oder Erdöl auch für den Fall einer Krisensituation*
*sicherzustellen, ein Bedürfnis der öffentlichen Sicherheit und Ordnung*
*gemäß Art. 58 Abs. 1 EG, welches zur Rechtfertigung einer nicht diskri-*
*minierenden Beschränkung des freien Kapitalverkehrs herangezogen*
*werden kann. In Anwendung der Konle-Rechtsprechung (vgl. Fall 243)*
*überprüft der EuGH, ob das mit den Sonderaktien der französischen*
*Regierung verbundene Recht, Beteiligungen an dem betreffenden Un-*
*ternehmen jenseits eines bestimmten Schwellenwertes einer Genehmi-*
*gungspflicht durch die Regierung zu unterwerfen, nach Art. 58 Abs. 1*
*EG gerechtfertigt werden kann. Auch in diesem Fall sieht der EuGH*
*die Genehmigungspflicht als zu wenig konkretisiert, zu weitgehend und*
*daher zur Erreichung des Ziel als nicht erforderlich an.*

**Sachverhalt:** Die Kommission erhob gemäß Art. 226 EG Klage auf Feststellung, dass Frankreich seine Verpflichtungen aus den Art. 43 EG bis
Art. 48 EG und aus Art. 56 EG verletzt habe. Der Verstoß liege darin, dass
Frankreich Vorschriften eines Dekrets zur Schaffung einer vom Staat gehaltenen Sonderaktie der Société nationale Elf-Aquitaine beibehalten habe,
nach denen die von Frankreich gehaltene Sonderaktie dieser Gesellschaft
mit dem Recht verbunden ist, jede Überschreitung bestimmter Schwellenwerte für eine direkte oder indirekte Beteiligung der vorherigen Genehmigung durch den Wirtschaftsminister zu unterwerfen. Daneben berechtigt
die Sonderaktie dazu, dass gegen Entscheidungen über die Abtretung der
Mehrheit des Kapitals der vier Tochtergesellschaften oder über deren Verwendung als Sicherheit Widerspruch erhoben werden kann. Die französische Regelung enthielt keine genauen und objektiven Kriterien für die
Genehmigung der vorgenannten Transaktionen oder den Widerspruch gegen sie. Der Gerichtshof stellte eine Verletzung von Gemeinschaftsrecht
fest.

### Aus den Entscheidungsgründen:

(S. I-4802) [40] (…) Artikel 73b EG-Vertrag verbietet ganz allgemein Beschränkungen des Kapitalverkehrs zwischen den Mitgliedstaaten. Dieses Verbot geht über die Beseitigung einer Ungleichbehandlung der Finanzmarktteilnehmer aufgrund ihrer Staatsangehörigkeit hinaus.

[41] Auch wenn die fragliche Regelung nicht zu einer Ungleichbehandlung führt, kann sie den Erwerb von Anteilen an den betreffenden

Unternehmen verhindern und Anleger aus anderen Mitgliedstaaten davon abhalten, in das Kapital dieser Unternehmen zu investieren. Sie ist daher geeignet, den freien Kapitalverkehr illusorisch zu machen (vgl. hierzu Urteile vom 14. Dezember 1995 in den Rechtssachen C-163/94, C-165/94 und C-250/94, Sanz de Lera u.a., Slg. 1995, I-4821, Randnr. 25, und vom 1. Juni 1999 in der Rechtssache C-302/97, Konle, Slg. 1999, I-3099, Randnr. 44).

[42] Unter diesen Umständen ist davon auszugehen, dass die fragliche Regelung eine Beschränkung des Kapitalverkehrs im Sinne von Artikel 73b EG-Vertrag darstellt. Daher ist zu prüfen, ob und unter welchen Voraussetzungen diese Beschränkung gerechtfertigt sein kann.

(S. I-4803) [43] Wie sich ebenfalls aus der Mitteilung von 1997 ergibt, sind die Bedenken nicht von der Hand zu weisen, die es je nach den Umständen rechtfertigen können, dass die Mitgliedstaaten einen gewissen Einfluss auf ursprünglich öffentliche und später privatisierte Unternehmen behalten, wenn diese Unternehmen Dienstleistungen von allgemeinem Interesse oder von strategischer Bedeutung erbringen (vgl. Urteile vom heutigen Tag in den Rechtssachen C-367/98, Kommission/Portugal, noch nicht in der amtlichen Sammlung veröffentlicht, Randnr. 47, und C-503/99, Kommission/Belgien, noch nicht in der amtlichen Sammlung veröffentlicht, Randnr. 43).

(…)

[45] Der freie Kapitalverkehr kann als tragender Grundsatz des Vertrages nur dann durch eine nationale Regelung beschränkt werden, wenn diese aus den in Artikel 73d Absatz 1 EG-Vertrag genannten Gründen oder durch zwingende Gründe des Allgemeininteresses gerechtfertigt ist, die für alle im Hoheitsgebiet des Aufnahmemitgliedstaats tätigen Personen oder Unternehmen gelten. Ferner ist die nationale Regelung nur dann gerechtfertigt, wenn sie geeignet ist, die Verwirklichung des mit ihr verfolgten Zieles zu gewährleisten, und nicht über das hinausgeht, was zur Erreichung dieses Zieles erforderlich ist, so dass sie dem Kriterium der Verhältnismäßigkeit entspricht (in diesem Sinne auch Urteil Sanz de Lera u.a., Randnr. 23, und Urteil vom 14. März 2000 in der Rechtssache C 54/99, Église de scientologie, Slg. 2000, I-1335, Randnr. 18).

[46] Zu einem System vorheriger behördlicher Genehmigungen, wie es Gegenstand des Hauptvorwurfs unter Buchstabe a der Anträge der Kommission ist, der sich auf Artikel 2 Absatz 1 des Dekrets Nr. 93–1298 bezieht, hat der Gerichtshof bereits entschieden, dass es in angemessenem Verhältnis zu dem verfolgten Ziel stehen muss, d.h.,

dass das gleiche Ziel nicht durch weniger restriktive Maß-(S. I-4804) nahmen, namentlich durch ein System nachträglicher Anmeldungen, erreicht werden kann (in diesem Sinne auch Urteile Sanz de Lera u.a., Randnrn. 23 bis 28, und Konle, Randnr. 44, sowie Urteil vom 20. Februar 2001 in der Rechtssache C-205/99, Analir u.a., Slg. 2001, I-1271, Randnr. 35). Ein solches System muss auf objektiven und nicht diskriminierenden Kriterien beruhen, die den betroffenen Unternehmen im Voraus bekannt sind, und jedem, der von einer derartigen einschränkenden Maßnahme betroffen ist, muss der Rechtsweg offen stehen (Urteil Analir u.a., Randnr. 38).

[47] Im vorliegenden Fall lässt sich nicht leugnen, dass an dem mit der fraglichen Regelung verfolgten Ziel – der Sicherstellung der Versorgung mit Erdölprodukten im Krisenfall – ein legitimes öffentliches Interesse besteht. Wie der Gerichtshof bereits anerkannt hat, gehört zu den Gründen der öffentlichen Sicherheit, aus denen eine Beeinträchtigung des freien Warenverkehrs gerechtfertigt sein kann, das Ziel, jederzeit eine Mindestversorgung mit Erdölprodukten sicherzustellen (Urteil Campus Oil u.a., Randnrn. 34 und 35). Die gleichen Erwägungen gelten für Beeinträchtigungen des freien Kapitalverkehrs, da die öffentliche Sicherheit auch zu den in Artikel 73d Absatz 1 Buchstabe b EG-Vertrag genannten Rechtfertigungsgründen gehört.

[48] Der Gerichtshof hat aber auch entschieden, dass die Erfordernisse der öffentlichen Sicherheit, insbesondere als Ausnahme von dem grundlegenden Prinzip des freien Kapitalverkehrs, eng zu verstehen sind, so dass ihre Tragweite nicht von jedem Mitgliedstaat einseitig ohne Nachprüfung durch die Organe der Gemeinschaft bestimmt werden kann. So kann die öffentliche Sicherheit nur geltend gemacht werden, wenn eine tatsächliche und hinreichend schwere Gefährdung vorliegt, die ein Grundinteresse der Gesellschaft berührt (vgl. u.a. Urteil Église de scientologie, Randnr. 17).

[49] Daher ist zu prüfen, ob die Beeinträchtigungen, die sich aus der fraglichen Regelung ergeben, die Sicherstellung einer Mindestversorgung mit Erdölprodukten in dem betreffenden Mitgliedstaat für den Fall einer tatsächlichen schweren Gefährdung erlauben und nicht über das hinausgehen, was hierzu erforderlich ist.

(S. I-4805) [50] Insoweit ist zum Hauptvorwurf, den die Kommission gegen Artikel 2 Absatz 1 des Dekrets Nr. 93–1298 erhebt, darauf hinzuweisen, dass nach der durch diese Bestimmung geschaffenen Regelung jede Überschreitung bestimmter Schwellenwerte für eine direkte oder indirekte Beteiligung gleich welcher Natur oder Rechtsform bei jedem Beteiligten der vorherigen Genehmigung durch den

Wirtschaftsminister bedarf. Die Ausübung dieses Rechts unterliegt nach den einschlägigen Vorschriften keiner Voraussetzung, abgesehen von einer allgemeinen Bezugnahme auf den Schutz der nationalen Interessen in Artikel 1 dieses Dekrets. Die betreffenden Anleger erhalten keinerlei Hinweis darauf, unter welchen konkreten objektiven Umständen eine vorherige Genehmigung erteilt oder versagt wird. Bei einer derartigen Unbestimmtheit ist für den Einzelnen der Umfang seiner Rechte und Pflichten aus Artikel 73b EG-Vertrag nicht erkennbar, so dass eine solche Regelung gegen den Grundsatz der Rechtssicherheit verstößt (vgl. Urteil Église de scientologie, Randnrn. 21 und 22).

[51] Ein so weites Ermessen stellt eine schwerwiegende Beeinträchtigung des freien Kapitalverkehrs dar, die zu dessen Ausschluss führen kann. Die fragliche Regelung geht somit eindeutig über das hinaus, was zur Erreichung des von der französischen Regierung angeführten Zieles – eine Beeinträchtigung der Mindestversorgung mit Erdölerzeugnissen für den Fall einer tatsächlichen Gefährdung zu verhindern – erforderlich ist.

**Rs. C-503/99 (Kommission ./. Belgien; „Goldene Aktien I"),**  **245**
**Urteil des Gerichtshofes vom 04. 06. 2002 – Slg. 2002, S. I-4809.**

*Vorbemerkungen: Während der EuGH in den beiden Entscheidungen Kommission ./. Frankreich (Fall 244) und Kommission ./. Portugal (Rs. C-367/98, Slg. 2002, S. I-4731) eine Rechtfertigung der Beschränkung der Kapitalverkehrsfreiheit durch sogenannte „goldene Aktien" abgelehnt hat, erachtete er die belgische Regelung als erforderlich zur Erreichung des Ziels. Lehrreich ist die Entscheidung, weil sie in Zusammenschau mit der Entscheidung Kommission ./. Frankreich deutlich macht, welche Anforderungen der EuGH an eine Rechtfertigung der Beschränkung der Kapitalverkehrsfreiheit aus Gründen der öffentlichen Sicherheit und Ordnung stellt. Im Mittelpunkt steht auch in dieser Entscheidung die Prüfung der Erforderlichkeit. Da Belgien keine Genehmigungsregelung, sondern eine Widerspruchsregelung eingeführt hatte und darüber hinaus die Anwendung dieser Regel anhand abstrakt genereller Kriterien auf bestimmte Fälle des Erwerbs von Aktien eingeschränkt hatte, hält der EuGH die Beschränkung der Kapitalverkehrsfreiheit für erforderlich zur Erreichung des Ziels. Die Verhältnismäßigkeitsprüfung in diesem Fall ist mustergültig.*

**Sachverhalt:** Die Kommission erhob gem. Art. 226 EG Klage auf Feststellung, dass Belgien seine Verpflichtungen aus den Art. 43 EG bis Art. 48 EG und aus Art. 56 EG verletzt habe. Der Verstoß lag nach Auffassung der Kommission zum einen darin, dass Belgien Bestimmungen zur Schaffung einer dem Staat zustehenden Sonderaktie mehrerer privatisierter Unternehmen beibehalten hat. Nach diesen Bestimmungen sind diese Aktien mit Sonderrechten verbunden, die u.a. darin bestehen, bestimmte unternehmerische Entscheidungen, die für die Beförderung von Energieerzeugnissen im Inland wichtige Infrastruktureinrichtungen betreffen, sowie Änderungen des Verwendungszwecks der strategischen Aktiva des Unternehmens dem zuständigen Minister vorab anzumelden. Der Minister hat dann das Recht, solchen Maßnahmen zu widersprechen, wenn sie nationale Interessen der Energieversorgung beeinträchtigen. Nach der belgischen Regelung kann der zuständige Minister schließlich auch Entscheidungen des Aufsichtsrates nachträglich aufheben, wenn sie der Energiepolitik des Landes zuwiderlaufen.

### Aus den Entscheidungsgründen:

(S. I-4833) [48] Daher ist zu prüfen, ob die fragliche Regelung die Sicherstellung einer Mindestversorgung mit Energie in dem betreffenden Mitgliedstaat für den Fall einer tatsächlichen schweren Gefährdung erlaubt und nicht über das hinausgeht, was hierzu erforderlich ist.

[49] Zunächst ist festzustellen, dass die fragliche Regelung eine Widerspruchsregelung ist. Sie geht vom Grundsatz der Beachtung der Entscheidungsfreiheit des Unternehmens aus, da die Kontrolle, die der Aufsicht führende Minister ausüben kann, in jedem Einzelfall von einem Tätigwerden der Regierungsbehörden abhängt. Es bedarf in diesem Zusammenhang keiner vorherigen Genehmigung. Zudem sind die Behörden bei der Ausübung dieses Widerspruchsrechts an strenge Fristen gebunden.

(S. I-4834) [50] Darüber hinaus ist die Regelung auf bestimmte Entscheidungen beschränkt, die die strategischen Aktiva der genannten Unternehmen, insbesondere die Energieversorgungsnetze, betreffen, sowie auf spezielle damit zusammenhängende Verwaltungsentscheidungen, die punktuell in Frage gestellt werden können.

[51] Schließlich können die in den Artikeln 3 und 4 der Königlichen Verordnungen vom 10. und 16. Juni 1994 vorgesehenen Eingriffe des Ministers nur bei Beeinträchtigung der energiepolitischen Ziele vorgenommen werden. Überdies bedürfen sie, wie die belgische Regierung in ihren Schriftsätzen und in der mündlichen Verhandlung ausgeführt hat, ohne dass ihr die Kommission insoweit widersprochen

hätte, einer förmlichen Begründung und unterliegen einer wirksamen gerichtlichen Kontrolle.

[52] Die fragliche Regelung erlaubt es daher, auf der Grundlage objektiver und gerichtlich nachprüfbarer Kriterien die tatsächliche Verfügbarkeit der Leitungen, die wichtige Infrastrukturen für die Beförderung von Energieerzeugnissen im Inland darstellen, sowie anderer Infrastrukturen für die inländische Beförderung und Lagerung von Erdgas einschließlich der Umschlagplätze und grenzüberschreitender Verbindungen zu gewährleisten. Sie eröffnet dem Mitgliedstaat somit die Möglichkeit, tätig zu werden, um in einer bestimmten Situation für die Einhaltung der der SNTC und Distrigaz auferlegten gemeinwirtschaftlichen Verpflichtungen zu sorgen, und genügt zugleich den Erfordernissen der Rechtssicherheit.

[53] Die Kommission hat nicht dargetan, dass zur Erreichung des verfolgten Zieles weniger einschneidende Maßnahmen hätten getroffen werden können. Es ist nicht sicher, dass die Aufstellung von Plänen, um die Erdgasunternehmen zu veranlassen, langfristige Lieferverträge zu schließen, ihre Bezugsquellen zu diversifizieren oder ein Lizenzsystem anzuwenden, für sich genommen geeignet wäre, in einer konkreten Situation eine schnelle Reaktion zu ermöglichen. Im Übrigen erscheint eine Regelung der von der Kommission vorgeschlagenen Art, mit der das Verhalten der Erdgasunternehmen genau festgelegt wird, sogar restriktiver als ein auf besondere Situationen beschränktes Widerspruchsrecht.

(S. I-4835) [54] Zu dem auf die Erdgasrichtlinie gestützten Vorbringen der Kommission genügt die Feststellung, dass die Frist für die Umsetzung dieser Richtlinie erst am 10. August 2000 ablief. Der gemeinschaftsrechtliche Rahmen, der der Kommission zufolge mit der genannten Richtlinie in Bezug auf die Ausübung der Befugnisse der Mitgliedstaaten hinsichtlich der den Erdgasunternehmen auferlegten gemeinwirtschaftlichen Verpflichtungen geschaffen werden soll, kann daher keinesfalls Auswirkungen auf den vorliegenden Rechtsstreit haben, da die mit Gründen versehenen Stellungnahmen vom 18. Dezember 1998 stammen und die Klage am 22. Dezember 1999 erhoben wurde.

[55] Die fragliche Regelung ist somit durch das Ziel gerechtfertigt, die Sicherheit der Energieversorgung im Krisenfall zu gewährleisten.

**246   Rs. C-315/02 (Lenz),**
**Urteil des Gerichtshofes vom 15. 07. 2004 – Slg. 2004, S. I- 7063.**

**Vorbemerkungen:** *Die vorliegende Entscheidung aus dem Bereich des Steuerrechts illustriert auf anschauliche Art, wie eine nach Art. 58 Abs. 1 lit. a) EG zulässige Ungleichbehandlung – also ein geschriebener Rechtfertigungsgrund – von einer nach Art. 58 Abs. 3 EG unzulässigen willkürlichen Diskriminierung abzugrenzen ist. Eine willkürliche Diskriminierung liegt nach dieser Entscheidung dann nicht vor, wenn objektiv nicht vergleichbare Sachverhalte ungleich behandelt werden. Sind die Sachverhalte objektiv vergleichbar, so muss eine Ungleichbehandlung derselben dennoch nicht zwangsläufig eine willkürliche Diskriminierung sein. Es ist vielmehr in einem zweiten Schritt zu prüfen, ob die Anknüpfung an den Wohn- oder Kapitalanlageort neben der Ungleichbehandlung ein anderes, als zwingender Grund des Allgemeininteresses zu qualifizierendes Ziel, verfolgt. Ist dies der Fall, so liegt eine zulässige Ungleichbehandlung vor.*

**Sachverhalt:** Nach dem österreichischen Einkommensteuerrecht können Steuerpflichtige wählen, ob Kapitalerträge nach einem besonderen Steuersatz in Höhe von 25% oder nach dem im Vergleich hierzu ungünstigeren normalen progressiven Einkommensteuerverfahren besteuert werden sollen. Diese Wahlmöglichkeit steht den Steuerpflichtigen jedoch nur dann zu, wenn der Schuldner der Kapitalerträge seinen Wohnsitz, seine Geschäftsleitung oder seinen sonstigen Sitz im Inland hat. Frau Lenz, eine in Österreich unbeschränkt steuerpflichtige Deutsche erhielt Kapitalerträge aus einer Anlage in Deutschland. Diese Erträge unterlagen entsprechend dem österreichischen Einkommensteuerrecht keinem Wahlrecht. Sie wurden vielmehr nach dem für Frau Lenz ungünstigeren, regulären Einkommensteuertarif besteuert. Hiergegen wandte sich Frau Lenz vor dem zuständigen österreichischen Gericht, welches dem EuGH die Frage vorlegte, ob die Reglungen der Art. 56 ff. EG dieser Besteuerungspraxis entgegenstünden. Der EuGH bejahte dies.

**Aus den Entscheidungsgründen:**

(S. I-7089) [23] Jedoch ist zu prüfen, ob diese Beschränkung des freien Kapitalverkehrs im Licht der Bestimmungen des EG-Vertrags gerechtfertigt werden kann.

(S. I-7090) [24] Nach Artikel 73d Absatz 1 EG-Vertrag berührt „Artikel 73b ... [weder] das Recht der Mitgliedstaaten, die einschlägigen Vorschriften ihres Steuerrechts anzuwenden, die Steuerpflichtige mit

unterschiedlichem ... Kapitalanlageort unterschiedlich behandeln,"
noch das Recht der Mitgliedstaaten, „die unerlässlichen Maßnahmen
zu treffen, um Zuwiderhandlungen gegen innerstaatliche Rechts- und
Verwaltungsvorschriften ... zu verhindern".

[25] Nach Auffassung der österreichischen, der dänischen, der französischen und der Regierung des Vereinigten Königreichs ergibt sich
aus dieser Bestimmung klar, dass die Mitgliedstaaten die fraglichen
Steuervorteile allein den Kapitalerträgen vorbehalten dürfen, die von
Gesellschaften ausgeschüttet werden, die im Inland ansässig sind.

[26] Jedoch ist Artikel 73d Absatz 1 EG-Vertrag als Ausnahme vom
allgemeinen Grundsatz der Kapitalverkehrsfreiheit strikt auszulegen.
Er kann nicht so verstanden werden, dass alle Steuervorschriften, die
zwischen den Steuerpflichtigen nach dem Anlageort unterscheiden,
ohne weiteres mit dem EG-Vertrag vereinbar wären. Die Ausnahme
des Artikels 73d Absatz 1 wird nämlich ihrerseits durch Artikel 73d
Absatz 3 EG-Vertrag eingeschränkt, wonach die in Artikel 73d Absatz
1 genannten Maßnahmen „weder ein Mittel zur willkürlichen Diskriminierung noch eine verschleierte Beschränkung des freien Kapital-
und Zahlungsverkehrs im Sinne des Artikels 73b darstellen [dürfen]".

[27] Somit ist zwischen nach Artikel 73d Absatz 1 EG-Vertrag er-
laubter Ungleichbehandlung und nach Artikel 73d Absatz 3 EG-Vertrag verbotenen willkürlichen Diskriminierungen zu unterscheiden.
Aus der Rechtsprechung ergibt sich, dass eine nationale Steuerregelung wie die hier in Rede stehende, die zwischen Kapitalerträgen,
die von in dem betreffenden Mitgliedstaat ansässigen Gesellschaften
ausgeschüttet werden, und solchen unterscheidet, die aus einem anderen Mitgliedstaat stammen, nur dann mit den Bestimmungen des
EG-Vertrags über den freien Kapitalverkehr vereinbar ist, wenn die
unterschiedliche Behandlung objektiv nicht vergleichbare Situationen betrifft oder durch zwingende Gründe des Allgemeininteresses
(S. I-7091) wie die Notwendigkeit, die Kohärenz der Steuerregelung
zu gewährleisten, die Bekämpfung der Steuerhinterziehung und die
Wirksamkeit der steuerlichen Kontrollen gerechtfertigt ist (Urteile
Verkooijen, Randnr. 43; vom 21. November 2002 in der Rechtssache
C-436/00, X und Y, Slg. 2002, I-10829, Randnrn. 49 und 72, und Kom-
mission/Frankreich, Randnr. 27). Außerdem darf die unterschiedliche
Behandlung verschiedener Kategorien von Kapitalerträgen nicht über
das hinausgehen, was zum Erreichen des mit der Regelung verfolgten
Zieles erforderlich ist.

[28] Die Regierungen, die in der vorliegenden Rechtssache Erklärungen abgegeben haben, machen, erstens, geltend, dass Österreich

die Gewinne, die im Inland ansässige Gesellschaften an ihre Aktionäre ausschütteten, zum Teil bei den Gesellschaften und zum Teil bei den Aktionären besteuere. Österreich sei aber nicht in der Lage, die Einkünfte von im Ausland anssäsigen Gesellschaften in gleicher Weise zu besteuern. Die in Rede stehende Steuerregelung sei daher durch eine objektiv unterschiedliche Situation gerechtfertigt, die nach Artikel 73d Absatz 1 Buchstabe a EG-Vertrag eine unterschiedliche steuerliche Behandlung rechtfertige (Urteile vom 14. Februar 1995 in der Rechtssache C-279/93, Schumacker, Slg. 1995, I-225, Randnrn. 30 bis 34 und 37, sowie Verkooijen, Randnr. 43).

[29] Daher ist zu prüfen, ob eine Regelung, die eine unterschiedliche Behandlung von in Österreich unbeschränkt steuerpflichtigen Personen nach Maßgabe dessen vorsieht, ob sie Kapitalerträge von in Österreich oder von in anderen Mitgliedstaaten ansässigen Gesellschaften beziehen, an objektiv nicht vergleichbare Situationen anknüpft und damit den Tatbestand des Artikels 73d Absatz 1 Buchstabe a EG-Vertrag erfüllt.

[30] Nach den Akten soll die österreichische Steuerregelung die wirtschaftlichen Auswirkungen einer Doppelbesteuerung der Gesellschaftsgewinne mildern, die sich aus der Erhebung der Körperschaftsteuer auf der Grundlage der erzielten Gewinne bei der Gesellschaft und der Erhebung der Einkommensteuer auf der Grundlage derselben, als Dividenden ausgeschütteten Gewinne bei den steuerpflichtigen Aktionären ergeben soll.

(S. I-7092) [31] Sowohl österreichische als auch aus anderen Mitgliedstaaten stammende Kapitalerträge können Gegenstand einer solchen Doppelbesteuerung sein. In beiden Fällen unterliegen nämlich die Einkünfte zunächst der Körperschaftsteuer und sodann – soweit sie als Dividenden ausgeschüttet werden – der Einkommensteuer.

[32] Hinsichtlich einer Steuervorschrift, die die Auswirkungen einer Doppelbesteuerung von Gewinnen mildern soll, die die Gesellschaft, in deren Aktien die Kapitalanlage erfolgt ist, ausgeschüttet hat, befinden sich in Österreich unbeschränkt steuerpflichtige Aktionäre, die Kapitalerträge von einer in einem anderen Mitgliedstaat ansässigen Gesellschaft beziehen, somit in einer Situation, die mit der von Aktionären vergleichbar ist, die ebenfalls in Österreich unbeschränkt steuerpflichtig sind, aber Kapitalerträge von einer in Österreich ansässigen Gesellschaft beziehen.

[33] Folglich knüpft die österreichische Steuerregelung, die die Anwendung der Endbesteuerung mit 25 % oder des Hälftesteuersatzes auf die Kapitalerträge davon abhängig macht, dass diese Erträge ös-

terreichischen Ursprungs sind, mit der Unterscheidung zwischen aus Österreich und aus einem anderen Mitgliedstaat stammenden Kapitalerträgen nicht an unterschiedliche Situationen im Sinne von Artikel 73d Absatz 1 Buchstabe a EG-Vertrag an (vgl. in diesem Sinne Urteile vom 27. Juni 1996 in der Rechtssache C-107/94, Asscher, Slg. 1996, I-3089, Randnrn. 41 bis 49, und vom 12. Juni 2003 in der Rechtssache C-234/01, Gerritse, Slg. 2003, I-5933, Randnrn. 47 bis 54).

# G. Wettbewerbsrecht

## I. Unternehmen und öffentliche Unternehmen

## 1. Begriff des Unternehmens

**247**  Rs. C-364/92 (SAT Fluggesellschaft),
Urteil des Gerichtshofes vom 19. 01. 1994 – Slg. 1994, S. I-43.

**Vorbemerkungen:** *Die Art. 82 ff. EG enthalten den Begriff des „Unternehmens". Da eine Übernahme nationaler Definitionen dem Grundsatz der einheitlichen Rechtsanwendung widerspräche, lässt sich der Begriff des Unternehmens nur autonom durch das Gemeinschaftsrecht selbst definieren. Nachdem der EuGH in der sog. Transparenzrichtlinienentscheidung (Verb. Rs. 188–190/80, Slg. 1982, S. 2545) noch Abgrenzungsmerkmale für öffentliche und private Unternehmen festgelegt hatte, definiert er in seinem Urteil zu der Rs. C-41/90 (Höfner und Elser ⁄ Macroton, Slg. 1991, S. I-2010, Rn. 20–34) ein „Unternehmen" als jede eine wirtschaftliche Tätigkeit ausübende Einheit, unabhängig von ihrer Rechtsform und der Art ihrer Finanzierung. Dabei verzichtet er auf eine Unterscheidung zwischen öffentlichen und privaten Unternehmen, da Art. 86 EG die EG-Wettbewerbsregeln auch für öffentliche Unternehmen bzw. solche, denen die Mitgliedstaaten besondere oder ausschließliche Rechte gewähren, für anwendbar erklärt. Voraussetzung für die Anwendbarkeit des EG-Wettbewerbsrechts (Art. 81–88 EG) ist damit stets der Nachweis einer wirtschaftlichen Tätigkeit. In der vorliegenden Entscheidung zu der Rs. C-364/92 bekräftigt der EuGH zunächst die in der Entscheidung Höfner und Elser gefundene Definition des Unternehmens. Dem Merkmal der Ausübung einer wirtschaftlichen Tätigkeit stellt er sodann die Ausübung hoheitlicher Gewalt gegenüber. Erweise sich die wettbewerbsrechtlich zu überprüfende Tätigkeit in erster Linie als die Ausübung hoheitlicher Gewalt, so schließe dies eine Qualifizierung als „öffentliches Unternehmen" und damit die Anwendung der Wettbewerbsregeln des EG-Vertrages aus.*

**Sachverhalt:** Grundlage der vorliegenden Entscheidung ist eine Vorabentscheidungsfrage der belgischen Cour de cassation gemäß Art. 234 EG nach der Auslegung der Art. 82 und 86 EG. Diese Frage stellte sich in einem

Rechtsstreit zwischen der Luftfahrtgesellschaft deutschen Rechts SAT Fluggesellschaft mbH (SAT) und der Europäischen Organisation für Flugsicherung (Eurocontrol). Eurocontrol ist eine internationale Organisation mit Sitz in Brüssel, deren Aufgabe es u.a. ist, die nach einem europäischen Übereinkommen den Benutzern von Flugsicherungsdiensten auferlegten Gebühren im Auftrag der Vertragsparteien und an der Vereinbarung beteiligten Drittstaaten festzulegen und einzuziehen. Der Ausgangsrechtsstreit betraf die Einziehung von Streckengebühren, welche die Firma SAT der Eurocontrol für durchgeführte Flüge angeblich schuldete. Die Firma SAT machte im Rahmen des Rechtsstreits geltend, Eurocontrol sei ein Unternehmen im Sinne der Art. 82, 86 EG und es seien somit die Wettbewerbsregeln des EG-Vertrages anwendbar. Insbesondere stelle die Praxis von Eurocontrol, für im wesentlichen gleichartige Leistungen je nach Mitgliedstaat und Jahr unterschiedliche Tarife festzusetzen, eine missbräuchliche Ausnutzung einer beherrschenden Stellung dar. Das zentrale Problem der Rechtssache war damit die Frage, ob die von Eurocontrol ausgeübte Tätigkeit wirtschaftlicher Art ist. Der EuGH kam zu dem Ergebnis, dass eine internationale Organisation wie Eurocontrol kein den Art. 82, 86 EG unterliegendes Unternehmen darstelle.

## Aus den Entscheidungsgründen:

(S. I-60) [15] Die Firma SAT macht geltend, Eurocontrol sei ein Unternehmen im Sinne der Art. 86 und 90 EWG-Vertrag. Die von dieser Organisation ausgeübten Forschungs- und Koordinationstätigkeiten sowie die Einziehung der Streckengebühren gehörten nicht zum „ius imperii", sondern stellten Tätigkeiten wirtschaftlicher Art dar, die von privatrechtlichen Organisationen ausgeübt werden könnten. Selbst die Tätigkeit der Flugverkehrskontrolle habe wirtschaftlichen Charakter, was dadurch bestätigt werde, daß diese Kontrolle in bestimmten Mitgliedstaaten von privaten Unternehmen wahrgenommen werde. Hilfsweise trägt die Firma SAT vor, zumindest die Einziehung der Gebühren, die dem Ausgangsrechtsstreit zugrunde liege, sei eine Tätigkeit kaufmännischer Art, was insbesondere dadurch belegt werde, daß Eurocontrol Klage zur Beitreibung von Gebühren beim Tribunal de commerce Brüssel erhoben habe.

[16] Die deutsche Regierung, die französische Regierung, die Regierung des Vereinigten Königreichs und die griechische Regierung sowie Eurocontrol bestreiten dagegen unter Berufung auf den hoheitlichen Charakter der von Eurocontrol ausgeübten Tätigkeit, daß diese Organisation ein Unternehmen im Sinne der Wettbewerbsregeln des EWG-Vertrags sei. Sie stützen sich insbesondere auf die die Auslegung des Übereinkommens vom 27. Februar 1968 über die gerichtliche

Zuständigkeit und die Vollstreckung gerichtlicher Entscheidungen in Zivil- und Handelssachen betreffenden Urteile des Gerichtshofes, aus denen hervorgehe, daß Eurocontrol mit einer in Ausübung hoheitlicher Befugnisse tätig werdenden Behörde gleichzusetzen sei (Urteile vom 14. Oktober 1976 in der Rechtssache 29/76, LTU, Slg. 1976, 1541, und vom 14. Juli 1977 in den verbundenen Rechtssachen 9/77 und 10/77, Bavaria (S. I-61) Fluggesellschaft und Germanair, Slg. 1977, 1517). Sie machen insbesondere geltend, die Tätigkeit der Flugverkehrskontrolle sei eine ordnungsbehördliche Tätigkeit, durch die die öffentliche Sicherheit gewährleistet werden solle. Was die Tätigkeit der Einziehung der Streckengebühren angehe, so werde diese im Auftrag der Vertragsstaaten ausgeübt, wobei die Gebühren nur die Gegenleistung für die von diesen Staaten erbrachten Flugsicherungsdienste seien.

[17] Auch die Kommission macht geltend, Eurocontrol sei kein Unternehmen im Sinne der Bestimmungen des EWG-Vertrags, und wiederholt in diesem Zusammenhang das Vorbringen der Mitgliedstaaten zur Tätigkeit der Einziehung der Streckengebühren. Sie vertritt darüber hinaus die Auffassung, bei der Tätigkeit der Flugverkehrskontrolle, die nicht unmittelbar Streitgegenstand des Ausgangsverfahrens sei, handele es sich um eine hoheitliche Aufgabe, die keinen wirtschaftlichen Charakter habe, denn sie stelle eine im Allgemeininteresse liegende Dienstleistung dar, durch die sowohl die Nutzer des Luftverkehrs als auch die durch den Überflug von Luftfahrzeugen betroffene Bevölkerung geschützt werden sollten.

[18] Aus der Rechtsprechung des Gerichtshofes (siehe insbesondere Urteile vom 23. April 1991 in der Rechtssache C-41/90, Höfner und Elser, Slg. 1991, I-1979, Randnr. 21, und vom 17. Februar 1993 in den verbundenen Rechtssachen C-159/91 und C-160/91, Pucet und Pistre, Slg. 1993, I-637, Randnr. 17) geht hervor, daß der Begriff des Unternehmens im Wettbewerbsrecht der Gemeinschaft jede eine wirtschaftliche Tätigkeit ausübende Einheit unabhängig von ihrer Rechtsform und der Art ihrer Finanzierung umfasst.

[19] Um festzustellen, ob die Tätigkeiten von Eurocontrol Tätigkeiten eines Unternehmens im Sinne der Art. 86 und 90 EWG-Vertrag sind, ist zu untersuchen, welcher Art diese Tätigkeiten sind.

[20] Art. 1 des am 7. Dezember 1944 in Chicago unterzeichneten Abkommens über die Internationale Zivilluftfahrt (UN Treaty Series Bd. 15, Nr. 105) lautet: „Die Vertragsstaaten erkennen an, daß jeder Staat über seinem Hoheitsgebiet volle und ausschließliche Lufthoheit besitzt." Im Rahmen dieser Lufthoheit nehmen die Staaten – vorbehaltlich der Beachtung der Bestimmungen der geltenden internationa-

len Übereinkünfte – die Überwachung ihres Luftraums und die Flugverkehrskontrolldienste wahr.

(S. I-62) [21] Nach dem Übereinkommen über ihre Gründung ist Eurocontrol eine internationale Organisation mit regionaler Aufgabenstellung, die die Zusammenarbeit der Vertragsstaaten auf dem Gebiet der Flugsicherung enger gestalten und gemeinsame Tätigkeiten auf diesem Gebiet unter Berücksichtigung der Erfordernisse der Landesverteidigung und Gewährleistung eines mit dem erforderlichen Sicherheitsgrad zu vereinbarenden Höchstmaßes an Handlungsfreiheit für alle Luftraumbenutzer weiterentwickeln soll. Sie handelt in Zusammenarbeit mit den Zivil- und Militärbehörden der Vertragsstaaten (Art. 1 des geänderten Übereinkommens).

[22] Der Aufgabenbereich von Eurocontrol umfaßt nach der Festlegung in Art. 2 des geänderten Übereinkommens erstens Tätigkeiten der Forschung, der Planung, der Koordinierung der nationalen Politiken und der Ausbildung des Personals.

[23] Zweitens ist Eurocontrol für die Festlegung und Einziehung der den Luftraumbenutzern auferlegten Streckengebühren zuständig. Eurocontrol legt nach den von der Internationalen Zivilluftfahrt-Organisation vorgegebenen Leitlinien die einheitliche Formel fest, nach der die Streckengebühren berechnet werden. In dieser Formel werden das Gewicht des Flugzeugs und die zurückgelegte Entfernung berücksichtigt; darauf wird ein „Gebührensatz" angewendet. Dieser Satz wird nicht von Eurocontrol, sondern von jedem Vertragsstaat für die Benutzung seines Luftraums festgesetzt. Für jeden Flug wird eine einzige Gebühr, die die Summe der geschuldeten Gebühren darstellt, von Eurocontrol berechnet und eingezogen. Die Gebühren werden im Auftrag der Staaten erhoben und dann an diese ausgezahlt; dabei wird ein Teil der Einnahme abgezogen, der der Anwendung eines Verwaltungskostensatzes entspricht und die Kosten der Einziehung der Gebühren decken soll.

[24] Schließlich ist die operative Tätigkeit der Flugverkehrskontrolle, wie im Protokoll vom 12. Februar 1981 ausdrücklich vorgesehen, beschränkt, da eine solche Tätigkeit von Eurocontrol nur auf Antrag der Vertragsstaaten ausgeübt werden kann. Unstreitig kontrolliert Eurocontrol in diesem Rahmen über die Zentrale in Maastricht nur den Luftraum über den Beneluxländern und dem nördlichen Teil der Bundesrepublik Deutschland. Zu diesem Zweck verfügt Eurocontrol über diejenigen von der allgemeinen Regelung abweichenden Vorrechte und Befugnisse zum Einsatz von Zwangsmitteln, die diese Kontrolle gegenüber den Benutzern des Luftraums voraussetzt. Bei der Aus-

übung dieser besonderen Zuständigkeit muß sie für die Beachtung der internationalen Übereinkünfte und der innerstaatlichen Rechtsvorschriften über den Ein- und Überflug und über die Sicherheit des Hoheitsgebiets der betroffenen Vertragsstaaten Sorge tragen.

(S. I-63) [25] Was die letztgenannte Tätigkeit angeht, ist festzustellen, daß Eurocontrol unstreitig dazu verpflichtet ist, die Flugverkehrskontrolle in diesem Luftraum für jedes Luftfahrzeug, das dort einen Flug durchführt, wahrzunehmen, auch wenn der Betreiber dieses Luftfahrzeugs die Eurocontrol geschuldeten Streckengebühren nicht entrichtet hat.

[26] Schließlich erfolgt die Finanzierung der Tätigkeit von Eurocontrol durch Beiträge der Vertragsstaaten.

[27] Eurocontrol nimmt somit für Rechnung der Vertragsstaaten Aufgaben von allgemeinem Interesse wahr, durch die ein Beitrag zur Aufrechterhaltung und zur Verbesserung der Flugsicherung geleistet werden soll.

[28] Entgegen dem Vorbringen der Firma SAT läßt sich die Einziehung der Streckengebühren betreffende Tätigkeit von Eurocontrol, die dem Ausgangsrechtsstreit zugrunde liegt, von den anderen Tätigkeiten der Organisation nicht trennen. Diese Gebühren sind nur die von den Benutzern geforderte Gegenleistung für die vorgeschriebene ausschließliche Nutzung der Flugsicherungseinrichtungen und -dienste. Wie der Gerichtshof im speziellen Rahmen der Auslegung des oben genannten Übereinkommens vom 27. September 1968 bereits festgestellt hat, ist Eurocontrol bei ihrer die Einziehung der Gebühren betreffenden Tätigkeit als eine in Ausübung hoheitlicher Befugnisse handelnde Behörde anzusehen (Urteil LTU, aaO., Randnrn. 4 und 5).

[29] Eurocontrol wird dabei im Auftrag der Vertragsstaaten tätig, ohne die Höhe der Streckengebühren wirklich beeinflussen zu können. Der von der Firma SAT vor dem vorlegenden Gericht angeführte Umstand, daß die Höhe der Gebühren zeitlich oder je nach dem überflogenen Hoheitsgebiet unterschiedlich ist, ist nicht Eurocontrol, die lediglich eine einheitliche Formel unter den oben angegebenen Bedingungen festlegt und anwendet, sondern den Vertragsstaaten zuzurechnen, die die Höhe der Gebührensätze bestimmen.

[30] In ihrer Gesamtheit hängen die Tätigkeiten von Eurocontrol ihrer Art, ihrem Gegenstand und den für sie geltenden Regeln nach mit der Ausübung von Vorrechten zusammen, die die Kontrolle und die Überwachung des Luftraums betreffen; (S. I-64) dies sind typischerweise hoheitliche Vorrechte. Sie weisen keinen wirtschaftlichen Cha-

rakter auf, der die Anwendung der Wettbewerbsregeln des EWG-Vertrags rechtfertigen würde.

[31] Eine internationale Organisation wie Eurocontrol stellt daher kein den Artikeln 86 und 90 EWG-Vertrag unterliegendes Unternehmen dar.

[32] Aus diesen Gründen ist auf die Vorlagefrage zu antworten, daß die Art. 86 und 90 EWG-Vertrag dahin auszulegen sind, daß eine internationale Organisation wie Eurocontrol kein Unternehmen im Sinne dieser Vorschriften darstellt.

## 2. Rechtsanwaltskammern als Unternehmen

**Rs. C-309/99 (Wouters u.a.),**                                **248**
**Urteil des Gerichtshofes vom 19. 02. 2002 – Slg. 2002, S. I-1577.**

**Vorbemerkungen:** *Die Entscheidung im Fall Wouters gilt als Grundsatzurteil für verkammerte Berufe, hier die niederländische Rechtsanwaltskammer. Ob eine Unternehmensvereinigung im Sinne des europäischen Wettbewerbsrechts vorliegt, bestimmt sich nach der Rechtsprechung des EuGH danach, wie die Einrichtung zusammengesetzt ist und in welchem Rahmen sie ihre Tätigkeit ausübt. Danach ist eine Einrichtung dann nicht als Unternehmensvereinigung anzusehen, wenn sie überwiegend aus Vertretern der öffentlichen Gewalt besteht und nach nationalem Recht verpflichtet ist, bei ihren Entscheidungen eine Reihe von Kriterien des öffentlichen Interesses mit einzubeziehen. Denn Sinn und Zweck des Tatbestandsmerkmals der Unternehmensvereinigung ist es, die Umgehung der Wettbewerbsregeln durch bestimmte Formen des abgestimmten Marktverhaltens zu verhindern.*

**Sachverhalt:** Die niederländischen Rechtsanwälte Wouters und Savelbergh wollten Sozietäten mit Wirtschaftsprüfungsgesellschaften eingehen, was ihnen jedoch von der zuständigen Rechtsanwaltskammer unter Berufung auf das Standesrecht untersagt wurde. Dem EuGH wurden von dem befassten nationalen Gericht neun Fragen zur Auslegung der Art. 3 Abs. 1 lit. g, 10, 43, 49, 81, 82, 86 EG zur Vorabentscheidung vorgelegt. Unter anderem wollte das vorlegende Gericht wissen, ob eine Verordnung über die Zusammenarbeit zwischen Rechtsanwälten und Angehörigen anderer freier Berufe wie die Samenwerkingsverordening 1993, die von einer Einrichtung wie der Niederländischen Rechtsanwaltskammer erlassen wurde, als Beschluss einer Unternehmensvereinigung im Sinne von Art. 81 Abs. 1 EG anzusehen sei. Der EuGH klärte, dass Rechtsanwaltskammern als Unternehmen im Sinne des Wettbewerbsrechts anzusehen seien, während jedoch die Untersagung von Soziertäten zwischen Rechtsanwälten und Wirtschaftsprüfern nicht gegen Art. 81 EG verstoße.

## Aus den Entscheidungsgründen:

(S. I-1676) [45] Um festzustellen, ob eine Verordnung wie die Samenwerkingsverordening 1993 als Beschluss einer Unternehmensvereinigung im Sinne von Artikel 85 Absatz 1 EG-Vertrag anzusehen ist, ist erstens zu prüfen, ob Rechtsanwälte Unternehmen im Sinne des Wettbewerbsrechts der Gemeinschaft sind.

[46] Nach ständiger Rechtsprechung umfasst der Begriff des Unternehmens im Wettbewerbsrecht jede eine wirtschaftliche Tätigkeit ausübende Einheit unabhängig von ihrer Rechtsform und der Art ihrer Finanzierung (vgl. u.a. Urteile vom 23. April 1991 in der Rechtssache C-41/90, Höfner und Elser, Slg. 1991, I-1979, Randnr. 21, vom 16. November 1995 in der Rechtssache C-244/94, Fédération française des sociétés d'assurance u.a., Slg. 1995, I-4013, Randnr. 14, und vom 11. Dezember 1997 in der Rechtssache C-55/96, Job Centre, Job Centre II, Slg. 1997, I-7119, Randnr. 21).

[47] Nach ebenfalls ständiger Rechtsprechung ist eine wirtschaftliche Tätigkeit jede Tätigkeit, die darin besteht, Güter oder Dienstleistungen auf einem bestimmten Markt anzubieten (vgl. insbesondere Urteile vom 16. Juni 1987 in der Rechtssache 118/85, Kommission/Italien, Slg. 1987, 2599, Randnr. 7, und vom 18. Juni 1998 in der Rechtssache C-35/96, Kommission/Italien, Slg. 1998, I-3851, Randnr. 36).

[48] Rechtsanwälte bieten gegen Entgelt juristische Dienstleistungen in Form der Erstattung von Gutachten, der Ausarbeitung von Verträgen und anderen Dokumenten sowie des Beistands und der Vertretung vor Gericht an. Sie tragen zudem die mit der Ausübung dieser Tätigkeiten verbundenen finanziellen Risiken, da sie im Falle eines Ungleichgewichts zwischen den Ausgaben und den Einnahmen die Verluste selbst zu tragen haben.

(S. I-1677) [49] Die in den Niederlanden eingetragenen Rechtsanwälte üben somit eine wirtschaftliche Tätigkeit aus und sind daher Unternehmen im Sinne der Artikel 85, 86 und 90 EG-Vertrag; auch dass ihre Dienstleistungen komplex und fachspezifisch sind und dass ihre Berufsausübung Regeln unterliegt, kann an diesem Ergebnis nichts ändern (in diesem Sinne in Bezug auf Ärzte Urteil vom 12. September 2000 in den Rechtssachen C-180/98 bis C-184/98, Pavlov u.a., Slg. 2000, I-6451, Randnr. 77).

[50] Zweitens ist zu prüfen, inwiefern ein Berufsverband wie die Niederländische Rechtsanwaltskammer als Unternehmensvereinigung im Sinne von Artikel 85 Absatz 1 EG-Vertrag anzusehen ist, wenn er eine Verordnung wie die Samenwerkingsverordening 1993 erlässt (vgl. zu einem Berufsverband von Zollspediteuren Urteil vom 18. Juni 1998, Kommission/Italien, Randnr. 39).

(…)

(S. I-1678) [56] Insoweit ist zu prüfen, ob eine berufsständische Vertretung beim Erlass einer Verordnung wie der Samenwerkingsverordening 1993 als Unternehmensvereinigung oder vielmehr als Organ der öffentlichen Gewalt anzusehen ist.

[57] Nach der Rechtsprechung des Gerichtshofes unterliegt eine Tätigkeit nicht den Wettbewerbsregeln des EG-Vertrags, wenn sie nach ihrer Art, den für sie geltenden Regeln und ihrem Gegenstand keinen Bezug zum Wirtschaftsleben hat (in diesem Sinne Urteil vom 17. Februar 1993 in den Rechtssachen C-159/91 und C-160/91, Poucet und Pistre, Slg. 1993, I-637, Randnrn. 18 und 19 in Bezug auf die Verwaltung der öffentlichen Aufgabe der sozialen Sicherheit) oder wenn sie mit der Ausübung hoheitlicher Befugnisse zusammenhängt (in diesem Sinne Urteile vom 19. Januar 1994 in der Rechtssache C-364/92, SAT Fluggesellschaft, Slg. 1994, I-43, Randnr. 30, zur Kontrolle und Überwachung des Luftraums, und (S. I-1679) vom 18. März 1997 in der Rechtssache C-343/95, Diego Calì & Figli, Slg. 1997, I-1547, Randnrn. 22 und 23 bezüglich der Überwachung zur Bekämpfung der Umweltverschmutzung im Meeresbereich).

[58] Zunächst ist festzustellen, dass ein Berufsverband wie die Niederländische Rechtsanwaltskammer beim Erlass einer Verordnung wie der Samenwerkingsverordening 1993 anders als bestimmte Einrichtungen der Sozialversicherung keine auf dem Solidaritätsgrundsatz beruhende Aufgabe erfüllt (vgl. Urteil Poucet und Pistre, Randnr. 18) und auch keine typischerweise hoheitlichen Befugnisse ausübt (vgl. Urteil SAT Fluggesellschaft, Randnr. 30). Sie handelt vielmehr als Organ zur Regelung eines Berufes, dessen Ausübung im Übrigen eine wirtschaftliche Tätigkeit darstellt.

[59] Dass der Allgemeine Rat nach Artikel 26 der Advocatenwet auch die Aufgabe hat, sich für die Rechte und Interessen der Rechtsanwälte einzusetzen, bedeutet nicht, dass dieser Berufsverband von vornherein auch dann vom Anwendungsbereich des Artikels 85 EG-Vertrag ausgenommen ist, wenn er seine Aufgabe der Regelung der Ausübung des Anwaltsberufs wahrnimmt (in diesem Sinne in Bezug auf Ärzte Urteil Pavlov u.a., Randnr. 86).

[60] Es sprechen noch weitere Gesichtspunkte dafür, dass ein Berufsverband, der wie die Niederländische Rechtsanwaltskammer über die Befugnis zum Erlass von Verordnungen verfügt, nicht vom Anwendungsbereich des Artikels 85 EG-Vertrag ausgenommen ist.

[61] Zum einen ergibt sich aus der Advocatenwet, dass die Leitungsorgane der Niederländischen Rechtsanwaltskammer ausschließlich aus Rechtsanwälten bestehen, die nur von den Angehörigen dieses Berufes gewählt werden. Die staatlichen Behörden können die Bestimmung der Mitglieder der Vorstände, der Delegiertenversammlung und des Allgemeinen Rates nicht beeinflussen (vgl. zu einem Berufsverband von Zollspediteuren Urteil vom 18. Juni 1998, Kommission/Italien, Randnr. 42, zu einem Berufsverband von Ärzten Urteil Pavlov u.a., Randnr. 88).

(S. I-1680) [62] Zum anderen ist die Niederländische Rechtsanwaltskammer beim Erlass von Rechtsakten wie der Samenwerkingsverordening 1993 nicht verpflichtet, bestimmte Kriterien des Allgemeininteresses zu berücksichtigen. In Artikel 28 der Advocatenwet, der ihr die Befugnis zum Erlass von Verordnungen verleiht, ist lediglich vorgesehen, dass die Verordnungen im Interesse der ordnungsgemäßen Berufsausübung sein müssen (vgl. zu einem Berufsverband von Zollspediteuren Urteil vom 18. Juni 1998, Kommission/Italien, Randnr. 43).

[63] Angesichts des Einflusses, den die Samenwerkingsverordening 1993 durch das Verbot bestimmter multidisziplinärer Sozietäten für das Verhalten der Mitglieder der Niederländischen Rechtsanwaltskammer auf dem Markt für juristische Dienstleistungen hat, fehlt ihr schließlich auch nicht jeder Bezug zum Wirtschaftsleben.

[64] Aufgrund der vorstehenden Erwägungen zeigt sich, dass ein Berufsverband wie die Niederländische Rechtsanwaltskammer als Unternehmensvereinigung im Sinne von Artikel 85 Absatz 1 EG-Vertrag anzusehen ist, wenn er eine Verordnung wie die Samenwerkingsverordening 1993 erlässt. Eine solche Verordnung bringt nämlich den Willen der Vertreter eines Berufsstands zum Ausdruck, die Angehörigen dieses Berufsstands bei ihrer Wirtschaftstätigkeit zu einem bestimmten Verhalten zu veranlassen.

[65] Dabei spielt es auch keine Rolle, dass die Niederländische Rechtsanwaltskammer eine öffentlich-rechtliche Einrichtung ist.

[66] Artikel 85 EG-Vertrag gilt nämlich nach seinem Wortlaut für Vereinbarungen zwischen Unternehmen und Beschlüsse von Unternehmensvereinigungen. Der rechtliche Rahmen, in dem solche Vereinbarungen geschlossen und solche Beschlüsse (S. I-1681) gefasst

werden, ist für die Anwendbarkeit der Wettbewerbsregeln der Gemeinschaft, insbesondere des Artikels 85 EG-Vertrag, ebenso unerheblich wie die rechtliche Einordnung dieses Rahmens durch die nationalen Rechtsordnungen (Urteile vom 30. Januar 1985 in der Rechtssache 123/83, Clair, Slg. 1985, 391, Randnr. 17, und vom 18. Juni 1998, Kommission/Italien, Randnr. 40). (…)

## 3. Sozialversicherungsanstalten als Unternehmen; Art. 86 Abs. 2 EG

**Verb. Rs. C-115/97 bis C-117/97 (Albany),**    **249**
**Urteil des Gerichtshofes vom 21. 09. 1999 – Slg. 1999, S. I-6025.**

**Vorbemerkungen:** *Durch vier (im Wesentlichen gleichlautende) Urteile in niederländischen Vorabentscheidungsverfahren (Brentjens; Albany; Drijvende Bokken; Pavlov) hat der EuGH seine Rechtsprechung zum kartellrechtlichen Unternehmensbegriff bei Einrichtungen der sozialen Sicherheit fortentwickelt und gegenüber den Entscheidungen zu den französischen Sozialversicherungseinrichtungen (Verb. Rs. C-159/91 und C-160/91, Slg. 1993, S. I-637 – Poucet und Pistre; Rs. C-244/94, Slg. 1995, S. I-4013 – Fédération française des sociétés d'assurance, FFSA) entscheidend verfeinert. In den vorliegenden Rechtssachen wird der niederländische Betriebsrentenfonds als Unternehmen im Sinne des europäischen Kartellrechts qualifiziert. Ausschlaggebend ist dabei, dass die Höhe der Beiträge und der Leistungen selbst bestimmt wird und der Fonds nach dem Kapitalisierungsprinzip arbeitet. Im übrigen hängen die Höhe der gewährten Leistungen wie bei einer privaten Versicherungsgesellschaft von den Erträgen der Anlagen ab. Der EuGH legt außerdem (Rn. 107 ff.) Art. 86 Abs. 2 EG (damals Art. 90 Abs. 2 EWG) aus, der die Anwendbarkeit der Wettbewerbsregeln des Vertrags für bestimmte Monopolunternehmen einschränkt.*

**Sachverhalt:** Die Baustofffirma Brentjens wurde trotz Bestehens einer privaten Rentenversicherung für ihre Beschäftigten als Mitglied des Betriebsrentenfonds aufgrund eines ministeriellen Pflichtmitgliedschaftserlasses aufgenommen und zu Beiträgen herangezogen. Wegen günstiger Tarife und Deckungsregelungen der Privatversicherung beantragte Brentjens, im Ergebnis erfolglos, die Freistellung von der Pflichtmitgliedschaft. Das mit dem Rechtsstreit befasste niederländische Gericht ersuchte gemäß Art. 234 EG den EuGH um Vorabentscheidung, ob und inwieweit Errichtung und

Zwangsmitgliedschaft in einem Betriebsrentenfonds wettbewerbsrechtlich zulässig seien. Insbesondere stellte das nationale Gericht die Frage, ob es sich bei dem Betriebsrentenfonds um ein Unternehmen im Sinne der Art. 81 ff. EG handele. Der EuGH bejahte diese Frage.

**Aus den Entscheidungsgründen:**

(S. I-6053) [77] Es ist darauf hinzuweisen, daß der Gerichtshof im Rahmen des Wettbewerbsrechts entschieden hat, daß der Begriff des Unternehmens jede eine wirtschaftliche Tätigkeit ausübende Einheit unabhängig von ihrer Rechtsform und der Art ihrer Finanzierung umfaßt (siehe u.a. Urteil vom 23. April 1991 in der Rechtssache C-41/90, Höfner und Elser, Slg. 1991, I-1979, Randnr. 21, sowie Urteile Poucet und Pistre, Randnr. 17, und Fédération française des sociétés d'assurance u.a., Randnr. 14).

[78] Im Urteil Poucet und Pistre hat der Gerichtshof weiter entschieden, daß Einrichtungen, die obligatorische, auf dem Grundsatz der Solidarität beruhende Systeme der sozialen Sicherheit verwalten, nicht unter den Begriff des Unternehmens fallen. In dem dort geprüften Versicherungssystem für Krankheit und Mutterschaft waren die Leistungen für alle Empfänger die gleichen, während sich die Beiträge nach dem Einkommen richteten; in dem ebenfalls dort geprüften Rentenversicherungssystem wurden die Renten von den erwerbstätigen Arbeitnehmern finanziert; die Rentenansprüche waren gesetzlich festgelegt und richteten sich nicht nach den Beiträgen zur Rentenversicherung. Soweit die Systeme schließlich Überschüsse erwirtschafteten, waren sie an der Finanzierung der Systeme mit strukturellen finanziellen Schwierigkeiten beteiligt. Diese Solidarität hatte zur notwendigen Voraussetzung, daß die verschiedenen Versicherungssysteme von einem einzigen Träger verwaltet wurden und eine Pflichtmitgliedschaft bestand.

[79] Dagegen hat der Gerichtshof im oben genannten Urteil Fédération française des sociétés d'assurance u.a. für Recht erkannt, daß eine Einrichtung ohne Gewinnerzielungsabsicht, die ein zur Ergänzung einer Grundpflichtversicherung durch Gesetz geschaffenes, auf Freiwilligkeit beruhendes Rentenversicherungssystem verwaltet, das nach dem Kapitalisierungsprinzip arbeitet, ein Unternehmen im Sinne der Artikel 85 ff. EG-Vertrag ist. Die freiwillige Mitgliedschaft, die Anwendung des Kapitalisierungsprinzips und der Umstand, daß die Leistungen (S. I-6054) sich ausschließlich nach der Höhe der von den Leistungsempfängern gezahlten Beiträge und den Erträgen der von

der das System verwaltenden Einrichtung vorgenommenen Investitionen richteten, implizierten, daß diese Einrichtung eine wirtschaftliche Tätigkeit im Wettbewerb mit Lebensversicherungsunternehmen ausübte. Weder die Verfolgung eines sozialen Zwecks, noch das Fehlen einer Gewinnerzielungsabsicht, noch die Anforderungen der Solidarität, noch die sonstigen Regelungen, die u.a. die Beschränkungen betreffen, denen der Versicherungsträger bei der Durchführung von Investitionen unterliegt, nahmen der vom Versicherungsträger ausgeübten Tätigkeit ihren wirtschaftlichen Charakter.

[80] Im Licht des Vorstehenden ist zu beurteilen, ob eine Einrichtung wie der im Ausgangsverfahren betroffene Betriebsrentenfonds unter den Begriff des Unternehmens im Sinne der Artikel 85 ff. des Vertrages fällt.

[81] In diesem Zusammenhang ist festzustellen, daß der Betriebsrentenfonds die Höhe der Beiträge und der Leistungen selbst bestimmt und daß der Fonds nach dem Kapitalisierungsprinzip arbeitet.

[82] Anders als bei den Leistungen, die von den mit der Verwaltung von Pflichtsystemen der sozialen Sicherheit betrauten Einrichtungen gewährt werden, auf die sich das Urteil Poucet und Pistre bezieht, hängt die Höhe der vom Fonds gewährten Leistungen von den Erträgen der Anlagen ab, die er vornimmt und bei denen er wie eine Versicherungsgesellschaft der Aufsicht der Versicherungskammer unterliegt.

[83] Wie aus Artikel 5 BPW sowie den Artikeln 1 und 5 der Freistellungsrichtlinien hervorgeht, ist ein Betriebsrentenfonds außerdem verpflichtet, einem Unternehmen eine Freistellung zu gewähren, wenn dieses seine Arbeitnehmer mindestens sechs Monate vor der Stellung des Antrags, aufgrund dessen die Mitgliedschaft im Fonds verbindlich vorgeschrieben worden ist, in einem Rentensystem versichert hat, das ihnen Ansprüche einräumt, die den Ansprüchen mindestens gleichwertig sind, die sie bei Mitgliedschaft in dem Fonds erwerben würden. Ferner hat der Fonds gemäß Artikel 1 dieser Richtlinien auch die Befugnis, einem Unternehmen eine Freistellung zu gewähren, wenn dieses für seine Arbeitnehmer eine Rentenversicherung bietet, die diesen Ansprüche einräumt, die den sich aus dem Fonds ergebenden mindestens gleichwertig sind, sofern bei Ausscheiden aus dem Fonds (S. I-6055) eine von der Versicherungskammer als angemessen angesehene Entschädigung für den Schaden angeboten wird, den der Fonds infolge des Ausscheidens versicherungstechnisch möglicherweise erleidet.

[84] Ein Betriebsrentenfonds wie der im Ausgangsverfahren betroffene übt folglich eine wirtschaftliche Tätigkeit im Wettbewerb mit den Versicherungsgesellschaften aus.

[85] Unter diesen Umständen genügen das Fehlen eines Gewinn-
erzielungszwecks und die Solidaritätsgesichtspunkte, auf die der
Fonds und die am Verfahren beteiligten Regierungen sich berufen,
nicht, um dem Betriebsrentenfonds die Eigenschaft eines Unternehmens im Sinne der Wettbewerbsregeln des Vertrages zu nehmen.

[86] Gewiß könnten die Verfolgung einer sozialen Zielsetzung, die
genannten Solidaritätsgesichtspunkte und die Beschränkungen oder
Kontrollen in bezug auf Investitionen des Betriebsrentenfonds die von
diesem Fonds erbrachte Dienstleistung weniger wettbewerbsfähig als
die vergleichbare von Versicherungsgesellschaften erbrachte Dienstleistungen machen. Zwar hindern derzeitige Zwänge nicht daran, die
vom Fonds ausgeübte Tätigkeit als wirtschaftliche Tätigkeit anzusehen, sie könnten aber das ausschließliche Recht einer solchen Einrichtung zur Verwaltung eines Zusatzrentensystems rechtfertigen.

[87] Auf die dritte Frage ist daher zu antworten, daß ein Renten-
fonds, der mit der Verwaltung eines Zusatzrentensystems betraut ist,
das durch einen Tarifvertrag zwischen den Organisationen, die Arbeitgeber und Arbeitnehmer eines bestimmten Wirtschaftszweigs
vertreten, geschaffen worden ist und bei dem die Mitgliedschaft für
alle Arbeitnehmer dieses Wirtschaftszweigs durch den Staat verbindlich vorgeschrieben worden ist, ein Unternehmen im Sinne der Artikel
85 ff. des Vertrages ist.

(...)

(S. I-6060) [107] Ferner ist der Tatbestand des Artikels 90 Absatz 2
des Vertrages nicht erst dann erfüllt, wenn das finanzielle Gleichgewicht oder das wirtschaftliche Überleben des mit einer Dienstleistung
von allgemeinem wirtschaftlichem Interesse betrauten Unternehmens
bedroht ist. Vielmehr genügt es, daß ohne die streitigen Rechte die
Erfüllung der dem Unternehmen übertragenen besonderen Aufgaben
gefährdet wäre, wie sie sich aus den ihm obliegenden Verpflichtungen
und Beschränkungen ergeben, oder daß die Beibehaltung dieser Rechte erforderlich ist, um ihrem Inhaber die Erfüllung seiner im allgemeinen wirtschaftlichen Interesse liegenden Aufgaben zu wirtschaftlich
tragbaren Bedingungen zu ermöglichen (Urteil vom 19. Mai 1993 in
der Rechtssache C-320/91, Corbeau, Slg. 1993, I-2533, Randnrn. 14 bis
16, und Urteil Kommission/Niederlande, Randnr. 53).

[108] Bei Wegfall des ausschließlichen Rechts des Fonds, das Zusatzrentensystem für alle Arbeitnehmer eines bestimmten Wirtschaftszweigs zu verwalten, würden sich die Unternehmen, die junges
und gesundes Personal mit nicht gefährlichen Tätigkeiten beschäftigen, bei privaten Versicherern um günstigere Versicherungsbedin-

gungen bemühen. Das fortschreitende Ausscheiden von „guten" Risiken beließe dem Betriebsrentenfonds die Verwaltung eines wachsenden Anteils von „schlechten" Risiken, was zu einer Erhöhung des Aufwands für die Renten der Arbeitnehmer, insbesondere derjenigen kleiner und mittlerer Unternehmen mit einem älteren, gefährliche Tätigkeiten ausübenden Personal, führen würde, denen der Fonds zu annehmbaren Kosten keine Renten mehr anbieten könnte.

[109] Dies würde um so mehr gelten, wenn das ausschließlich vom Fonds verwaltete Zusatzrentensystem wie in den Ausgangsverfahren durch einen erhöhten Grad an Solidarität gekennzeichnet ist, und zwar insbesondere wegen der Unabhängigkeit der Beiträge vom Risiko, der Verpflichtung, alle Arbeitnehmer ohne vorherige ärztliche Untersuchung aufzunehmen, der Fortsetzung der Begründung von Rentenansprüchen unter Befreiung von der Beitragszahlung bei Arbeitsunfähigkeit, der Übernahme von vom Arbeitgeber bei dessen Konkurs geschuldeten (S. I-6061) Beitragsrückständen durch den Fonds sowie der Indexierung der Höhe der Renten zur Erhaltung ihres Wertes.

[110] Derartige Zwänge, die die vom Fonds erbrachte Dienstleistung weniger wettbewerbsfähig als eine vergleichbare von Versicherungsgesellschaften erbrachte Dienstleistung machen, tragen nämlich dazu bei, das ausschließliche Recht dieses Fonds zur Verwaltung des Zusatzrentensystems zu rechtfertigen.

[111] Nach alledem könnte die Entziehung des dem Fonds übertragenen ausschließlichen Rechts dazu führen, daß es ihm unmöglich würde, die ihm übertragenen Aufgaben von allgemeinem wirtschaftlichem Interesse unter wirtschaftlich annehmbaren Bedingungen zu erfüllen, und daß sein finanzielles Gleichgewicht gefährdet würde.

# II. Kartellverbot, Art. 81 EG

## 1. Alleinvertriebsverträge

**Verb. Rs. 56 und 58/64 (Consten und Grundig ./. Kommission),**    **250**
**Urteil des Gerichtshofes vom 13. 07. 1966 – Slg. 1966, S. 321.**

**Vorbemerkungen:** *Die Entscheidung in den verbundenen Rechtssachen 56/64 und 58/64 ist richtungsweisend für die kartellrechtliche Behandlung von Alleinvertriebsverträgen. Danach fällt ein solcher Vertrag unter Art. 81 Abs. 1 EG, wenn er mit absolutem Gebietsschutz* *für den Vertragshändler verbunden ist, d.h. wenn allen anderen unmittelbaren und mittelbaren Abnehmern des Produkts verboten wird, ihrerseits in das Gebiet des Vertragshändlers zu liefern und durch den Ausschluss von Parallelimporten die Märkte gegeneinander abgeriegelt werden. Der EuGH stellt damit klar, dass nicht nur (horizontale) Vereinbarungen zwischen Wettbewerbern – also etwa verschiedenen Herstellern gleichartiger Produkte –, sondern auch (vertikale) Absprachen zwischen Herstellern und Händlern gegen das EG-Kartellrecht verstoßen können. Außerdem betont der EuGH, dass das gemeinschaftliche Kartellrecht bereits dann eingreift, wenn die bloße Möglichkeit einer Wettbewerbsverfälschung besteht, also eine lediglich potentielle Wettbewerbsbeeinträchtigung vorliegt. Die kartellrechtliche Prüfung eines Sachverhalts erfordert daher nicht den Nachweis einer eingetretenen Wettbewerbsverfälschung, vielmehr muss die untersuchte Maßnahme nur geeignet sein, den Handel zwischen den Mitgliedstaaten zu beeinträchtigen. Das bisherige Verbot mit Befreiungsvorbehalt (zentralisiertes Anmeldesystem) ist durch die am 1. Mai 2004 in Kraft getretene neue Kartellverfahrensverordnung in ein Verbot mit Legalausnahme mit anschließender Kontrolle umgewandelt worden, bei dem die Wettbewerbsbehörden und Gerichte der Mitgliedstaaten auch zur direkten Anwendung des Art. 81 Abs. 3 EG befugt sind.*

**Sachverhalt:** Durch Vertrag bestellte die deutsche Firma Grundig die französische Firma Consten zu ihrem „Alleinvertreter" in Frankreich. Gegenstand des Vertrages waren von Grundig hergestellte Rundfunk- und Fernsehgeräte. Consten verpflichtete sich unter anderem, weder für eigene noch für fremde Rechnung gleichartige Waren anderer Hersteller zu vertreiben und weder unmittelbar noch mittelbar aus dem Vertragsgebiet in andere Länder zu liefern. Gleichartige Verträge schloss Grundig mit weiteren Vertriebsunternehmen in anderen Mitgliedstaaten. Nachdem Grundig den mit Consten geschlossenen Ausschließlichkeitsvertrag bei der Kommission angemeldet hatte, stellte diese fest, dass die Alleinvertriebsvereinbarung eine Zuwiderhandlung gegen Art. 81 EG darstelle und versagte eine Nichtanwendbarkeitserklärung nach Art. 81 Abs. 3 EG. Sowohl Grundig als auch Consten erhoben gegen diese Entscheidung Nichtigkeitsklage gemäß Art. 230 EG. Der EuGH wies die erhobene Rüge zurück.

## Aus den Entscheidungsgründen:

(S. 386) Die Klägerinnen sind der Auffassung, das Verbot des Artikels 85 Absatz 1 sei nur auf sogenannte horizontale Absprachen anwendbar.

(S. 387) Die italienische Regierung macht außerdem geltend, Alleinvertriebsvereinbarungen stellten keine „Vereinbarung zwischen Unternehmen" im Sinne der genannten Vorschrift dar, da sich die Vertragspartcien nicht auf gleicher Ebene gegenüberständen. Gegen Vereinbarungen dieser Art werde die Wettbewerbsfreiheit nur durch Artikel 86 geschützt.

Der Wortlaut der Artikel 85 und 86 bietet jedoch keinen Anhaltspunkt dafür, daß jedem von ihnen je nach der wirschaftlichen Funktion der beteiligten Unternehmen ein derart gesonderter Anwendungsbereich zugewiesen wäre. Artikel 85 gilt allgemein für alle den Wettbewerb im Gemeinsamen Markt verfälschenden Vereinbarungen und unterscheidet zwischen diesen Vereinbarungen nicht danach, ob sie von Unternehmern abgeschlossen sind, die auf derselben Wirtschaftsstufe miteinander im Wettbewerb stehen, oder ob ihnen nicht miteinander konkurrierende Unternehmer verschiedener Stufen angehören. Es geht grundsätzlich nicht an, da Unterscheidungen zu treffen, wo der Vertrag es nicht tut.

Die Anwendung von Artikel 85 auf Alleinvertriebsvereinbarungen läßt sich auch nicht mit der Begründung ausschließen, daß Lieferant und Vertriebsberechtigter nicht miteinander im Wettbewerb und nicht auf gleicher Ebene ständen. Verfälschungen im Sinne von Artikel 85 Absatz 1 werden nicht nur durch Vereinbarungen begründet, die den Wettbewerb zwischen den Beteiligten beschränken, sondern auch durch solche, die den Wettbewerb verhindern oder begrenzen, der zwischen einem Beteiligten und dritten Personen stattfinden könnte. Hierbei ist es unerheblich, ob die Vertragsparteien nach ihrer wirtschaftlichen Stellung und Funktion auf gleicher Ebene stehen. Dies gilt um so mehr, als andernfalls die Parteien mit Hilfe einer solchen Vereinbarung versuchen könnten, sich zum Schaden des Verbrauchers oder Benutzers einen mit den allgemeinen Zielen des Artikels 85 unvereinbaren Vorteil zu sichern, indem sie für das betroffene Erzeugnis den Wettbewerb Dritter verhinderten oder einschränkten.

Hiernach kann eine Vereinbarung zwischen Unternehmern verschiedener Wirtschaftsstufen, auch wenn sie nicht zum Mißbrauch einer beherrschenden Stellung führt, den Handel zwischen Mitgliedstaaten zu beeinträchtigen geeignet sein und zugleich eine Verhinderung, Einschränkung oder Verfälschung des Wettbewerbs bezwecken oder bewirken, so daß sie unter das Verbot von Artikel 85 Absatz 1 fällt.

(...)

(S. 389) Der Begriff der „Vereinbarungen, welche den Handel zwischen Mitgliedstaaten zu beeinträchtigen geeignet sind", soll auf dem

Gebiet des Kartellrechts den Geltungsbereich des Gemeinschaftsrechts von dem des innerstaatlichen Rechts abgrenzen. Nur soweit
eine Vereinbarung den Handel zwischen Mitgliedstaaten zu beeinträchtigen vermag, unterliegt die durch sie hervorgerufene Wettbe-
werbsstörung dem gemeinschaftsrechtlichen Verbot des Artikels 85;
anderenfalls fällt sie nicht darunter.

In diesem Zusammenhang kommt es insbesondere darauf an, ob die
Vereinbarung unmittelbar oder mittelbar, tatsächlich oder der Möglichkeit nach geeignet ist, die Freiheit des Handels zwischen Mitgliedstaaten in einer Weise zu gefährden, die der Verwirklichung der Ziele
eines einheitlichen zwischenstaatlichen Marktes nachteilig sein kann.
Deshalb schließt der Umstand, daß eine Vereinbarung zu einer selbst
beträchtlichen Ausweitung des Handelsvolumens zwischen Mitgliedstaaten führt, noch nicht aus, daß die Vereinbarung (S. 390) den Handel in der genannten Weise „beeinträchtigen" kann. Da der Vertrag
zwischen Grundig und Consten einerseits alle Unternehmen außer
Consten daran hindert, Grundig-Erzeugnisse nach Frankreich einzuführen, und andererseits der Firma Consten untersagt, solche Waren in
andere Länder des Gemeinsamen Marktes wiederauszuführen, beeinträchtigt er unbestreitbar den Handel zwischen Mitgliedstaaten. Diese
Beschränkung der Freiheit des Handels sowie diejenigen, die sich für
Dritte daraus ergeben können, daß die Firma Consten das Warenzeichen GINT – das die Klägerin Grundig an allen ihren Erzeugnissen
anbringt – in Frankreich für sich hat eintragen lassen, reichen aus, um
das fragliche Tatbestandsmerkmal zu erfüllen.

(...)

(S. 391) Der oben festgestellte Sachverhalt bewirkt eine Abriege-
lung des französischen Marktes und ermöglicht es, für die fraglichen
Erzeugnisse Preise anzuwenden, die keinem wirksamen Wettbewerb
ausgesetzt sind. Außerdem wird der Wettbewerb zwischen den Herstellern in der Regel an Wirksamkeit verlieren, je mehr Erfolg die Hersteller mit ihren Bemühungen haben, ihre Marken in den Augen der
Verbraucher deutlich von den übrigen Marken abzuheben.

(S. 392) Wegen des erheblichen Anteils der Vertriebskosten am Ge-
samtgestehungspreis erscheint es wichtig, daß auch der Wettbewerb
zwischen den Händlern gefördert wird. Die Händler werden aber gerade durch den Wettbewerb mit Verteilern von Erzeugnissen derselben
Marke zu größeren Anstrengungen angeregt. Da die streitige Vereinbarung darauf abzielt, den französischen Markt für Grundig-Erzeugnisse abzuriegeln und innerhalb der Gemeinschaft getrennte nationale Märkte für Erzeugnisse einer weit verbreiteten Marke künstlich

aufrechtzuerhalten, verfälscht sie den Wettbewerb innerhalb des Gemeinsamen Marktes. Die angefochtene Entscheidung stellt daher zu Recht fest, daß die Vereinbarung gegen Artikel 85 Absatz 1 verstößt. Es kommt weder auf sonstige wirtschaftliche Tatsachen (Preisunterschiede zwischen Frankreich und Deutschland, Allgemeingültigkeit der von der Kommission zu einem bestimmten Gerätetyp getroffenen Feststellungen, Höhe der von Consten getragenen Kosten) noch auf die Richtigkeit der Gesichtspunkte an, von denen sich die Kommission beim Vergleich der Lage auf dem französischen und auf dem deutschen Markt hat leiten lassen, noch endlich auf etwaige günstige Auswirkungen der Vereinbarung in anderer Hinsicht, da angesichts der oben festgestellten Wettbewerbsbeschränkungen keiner dieser Umstände im Rahmen von Artikel 85 Absatz 1 zu einer anderen Lösung führen könnte.

**Rs. C-306/96 (Javico),**  **251**
**Urteil des Gerichtshofes vom 28. 04. 1998 – Slg. 1998, S. I-1983.**

**Vorbemerkungen:** *Abweichend von der üblicherweise weiten Definition der Beschränkung des Handels zwischen den Mitgliedstaaten (vgl. Fall 250), fällt eine Vereinbarung dann nicht unter das Kartellverbot des Art. 81 Abs. 1 EG, wenn sie einen in der Gemeinschaft ansässigen Händler dazu verpflichtet, ausschließlich in Drittländer zu liefern. Das Verbot, die vertraglichen Waren in der Gemeinschaft zu veräußern, verhindert nach Ansicht des EuGH grundsätzlich Paralleleinfuhren und den Verkauf dieser Erzeugnisse in der Gemeinschaft nicht, sondern ermöglicht dem Hersteller lediglich die Durchdringung eines außerhalb der Gemeinschaft gelegenen Marktes.*

**Sachverhalt:** Die Fa. Yves Saint Laurent Parfums SA (YSLP) schloß mit der Fa. Javico International zwei Verträge über den Vertrieb ihrer Erzeugnisse in Rußland und in der Ukraine zum einen und in Slowenien zum anderen. Kurz nach Abschluß dieser Verträge stellte YSLP fest, daß an Javico verkaufte Erzeugnisse, die in Rußland, der Ukraine und Slowenien hätten vertrieben werden sollen, in Großbritannien, Belgien und den Niederlanden auftauchten. YSLP kündigte daraufhin die Verträge und erhob Klage beim Tribunal de commerce Nanterre, das im Oktober 1994 die Kündigung der beiden Verträge für begründet erklärte und dem Antrag der YSLP auf Zahlung einer vertraglichen Entschädigung und von Schadensersatz stattgab. Die Fa. Javico legte bei der Cour d'appel Versailles Berufung gegen dieses Urteil ein und machte geltend, die betreffenden Klauseln seien gemäß Artikel 85 Absatz 2 des Vertrages (jetzt Art. 81 EG) nichtig; das Gericht ist der Auffassung, die Gültigkeit dieser Klauseln der Vertriebsverträge müsse anhand von Artikel 81 Abs. 1 EG geprüft werden und befaßte den EuGH nach Art. 234 EG.

**Aus den Entscheidungsgründen:**

(S. I-2004) [18] Zu prüfen ist demnach, inwieweit die vorstehenden Überlegungen auch auf Vereinbarungen wie die im Ausgangsverfahren streitigen anwendbar sind, die sich auf ein Gebiet ausserhalb der Gemeinschaft beziehen.

[19] Im Rahmen solcher Vereinbarungen sind Klauseln wie die in der Vorlagefrage genannten dahin auszulegen, daß sie nicht Paralleleinfuhren und den Verkauf des Vertragserzeugnisses innerhalb der Gemeinschaft verhindern, sondern dem Hersteller die Durchdringung eines ausserhalb der Gemeinschaft gelegenen Marktes durch den Absatz einer ausreichenden Menge der Vertragserzeugnisse auf diesem Markt sichern sollen. Diese Auslegung wird durch den Umstand bestätigt, daß in den im Ausgangsverfahren streitigen Vereinbarungen das Verbot, ausserhalb des Vertragsgebiets zu verkaufen, auch für alle anderen Drittländer gilt.

[20] Folglich kann eine Vereinbarung, durch die sich der Händler gegenüber dem Hersteller verpflichtet, die Vertragserzeugnisse auf einem ausserhalb der Gemeinschaft gelegenen Markt zu verkaufen, nicht als eine Vereinbarung angesehen werden, die eine spürbare Einschränkung des Wettbewerbs innerhalb des Gemeinsamen Marktes bezweckt und geeignet ist, den Handel zwischen Mitgliedstaaten zu beeinträchtigen.

(...)

(S. I-2006) [28] Die erste Frage ist demgemäß dahin zu beantworten, daß Artikel 85 Absatz 1 EG-Vertrag es verbietet, daß ein in einem Mitgliedstaat ansässiger Lieferant einem in einem anderen Mitgliedstaat ansässigen Vertriebshändler, dem er den Vertrieb seiner Erzeugnisse in einem Gebiet ausserhalb der Gemeinschaft überträgt, jeden Verkauf in einem anderen Gebiet als dem Vertragsgebiet, einschließlich des Gebietes der Gemeinschaft, sowohl durch Direktverkauf als auch durch Rücklieferung aus dem Vertragsgebiet, untersagt, wenn dieses Verbot die Verhinderung, Einschränkung oder Verfälschung des Wettbewerbs innerhalb der Gemeinschaft bewirkt und die Handelsströme zwischen Mitgliedstaaten zu beeinträchtigen droht. Dies kann der Fall sein, wenn der Gemeinschaftsmarkt der betreffenden

Erzeugnisse durch eine oligopolistische Struktur oder durch einen spürbaren Unterschied zwischen den innerhalb und den ausserhalb der Gemeinschaft praktizierten Preisen der Vertragserzeugnisse gekennzeichnet ist und wenn angesichts der Bedeutung der Stellung des Lieferanten der betreffenden Erzeugnisse, des Umfangs seiner Erzeugung und seines Absatzes in den Mitgliedstaaten die Gefahr besteht, daß das Verbot die Handelsströme zwischen den Mitgliedstaaten spürbar in einer Weise beeinflusst, die der Verwirklichung der Ziele des Gemeinsamen Marktes abträglich sein kann.

**Rs. T-66/92 (Herlitz ✗ Kommission),**
**Urteil des Gerichts erster Instanz vom 14. 07. 1994 – Slg. 1994,**
**S. II-531.**

**252**

**Vorbemerkungen:** *Mit seinem Urteil in der Rs. T-66/92 bekräftigt das EuG die Rechtsprechung des EuGH zur Unzulässigkeit von Alleinvertriebsvereinbarungen (vgl. die Parallelentscheidung in der Rs. T-77/92 – Parker Pen ✗ Kommission – Slg. 1994, S. II-549). Das EuG ergänzt die Rechtsprechung um Erwägungen, die zu einer Beweiserleichterung zugunsten der kartellüberwachenden Kommission führen. Bereits der Nachweis einer Alleinvertriebsklausel rechtfertigt die Anwendung des Kartellrechts, da schon das bloße Vorhandensein einer solchen Klausel Märkte aufteilen und so den Wettbewerb beeinträchtigen kann. Die Kommission muss daher nicht nachweisen, dass die Klausel auch tatsächlich angewandt wurde.*

**Sachverhalt:** Die Herlitz AG (Klägerin) stellt eine breite Palette von Bürobedarfsartikeln und damit verbundener Erzeugnisse her. Sie vertreibt auch Erzeugnisse anderer Hersteller, namentlich solche der Parker Pen Ltd. Die Parker Pen Ltd. stellt eine breite Palette von Schreibgeräten und ähnlichen Artikeln her, die sie in allen Ländern Europas verkauft, wo sie teils durch Tochtergesellschaften, teils durch unabhängige Zwischenhändler vertreten ist. Die Viho Europe BV (Beschwerdeführerin) betreibt Import- und Exportgeschäfte mit Büroausrüstungen und Filmmaterial insbesondere in den Mitgliedstaaten. Im Jahre 1986 schlossen die Parker Pen Ltd. und die Klägerin eine Vertriebsvereinbarung, deren Absatz 7 vorsah, dass Herlitz Parker Artikel ausschließlich in Deutschland vertreibe und Herlitz jeglicher Vertrieb über die Landesgrenzen hinaus untersagt bzw. nur mit schriftlicher Erlaubnis durch Parker gestattet sei. Im Jahre 1988 reichte die Beschwerdeführerin eine Beschwerde nach der Verordnung Nr. 17 des Rates vom 06.02.1962 (Erste Durchführungsverordnung zu den Artikeln 85 und 86 des Vertrages, ABlEG 1962, Nr. 13, S. 204) gegen die Parker Pen Ltd. ein, in der sie dieser vorwarf, die Ausfuhr ihrer Erzeugnisse durch ihre Zwischenhändler zu verbieten, den Gemeinsamen Markt in nationale Märkte der Mitgliedstaaten aufzuspalten und auf den nationalen Märkten künstlich überhöhte Preise für ihre Erzeugnisse aufrechtzuerhalten. Die Herlitz AG erhob Nichtigkeitsklage gegen eine durch die Kommission verhängte Geldbuße. Das EuG wies die Klage ab.

### Aus den Entscheidungsgründen:

(S. II-542) [29] Im vorliegenden Fall steht fest, daß die Klägerin 1986 mit der Parker Pen Ltd. eine Vereinbarung geschlossen hat, die ein Ausfuhrverbot enthielt. Nach ständiger Rechtsprechung stellt „eine Exportverbotsklausel schon ihrem Wesen nach eine Beschränkung des Wettbewerbs dar ..., ob sie nun auf Veranlassung des Lieferanten oder auf Veranlassung seines Abnehmers eingeführt wird, denn das Ziel, über das sich die Vertragsschließenden geeinigt haben, ist der Versuch, einen Teil des Marktes zu isolieren" (vgl. Urteile des Gerichtshofes vom 1. Februar 1978 in der Rechtssache 19/77, Miller/Kommission, Slg. 1978, 131, Randnr. 7, und zuletzt vom (S. II-543) 31. März 1993 in den Rechtssachen C-89/85, C-104/85, C-114/85, C-116/85, C-117/85 und C-125/85 bis C-129/85, Ahlström Osakeyhtiö u.a./Kommission, Zellstoff, Slg. 1993, I-1307, Randnr. 176).

(...)

(S. II-546) [40] Daß eine Exportverbotsklausel, die ihrem Wesen nach eine Beschränkung des Wettbewerbs darstellt, vom Lieferer nicht angewandt wird, erbringt keinen Beweis dafür, daß sie wirkungslos geblieben ist, da bereits ihr Vorhandensein nach dem Urteil Miller/Kommission (Randnr. 7) ein „optisches und psychologisches" Klima schaffen kann, das zu einer Aufteilung der Märkte beiträgt. Daher hat der Umstand, daß eine Klausel, die eine Behinderung des Wettbewerbs bezweckt, von den Vertragsparteien nicht angewandt worden ist, nicht zur Folge, daß sie nicht unter Artikel 85 Absatz 1 des Vertrages fällt (vgl. die Urteile Hasselblad/Kommission, Randnr. 46, und zuletzt Ahlström Osakeyhtiö u.a./Kommission, Randnr. 175).

(...)

(S. II-547) [45] Die Behauptung der Klägerin, die streitige Klausel sei ohne bestimmte Absicht in die Vereinbarung aufgenommen worden, ist unerheblich. Für eine vorsätzliche Zuwiderhandlung gegen die Wettbewerbsregeln des Vertrages genügt es nämlich, wenn dem Unternehmen bewußt war, daß das gerügte Verhalten eine Wettbewerbsbeeinträchtigung bezweckte, gleichviel, ob es sich dabei auch bewußt war, gegen ein in diesen Regeln enthaltenes Verbot zu verstoßen (vgl. Urteil des Gerichtshofes vom 8. November 1983 in den Rechtssachen 96/82 bis 102/82, 104/82, 105/82, 108/82 und 110/82, IAZ u.a./Kommission, Slg. 1983, 3369, Randnr. 45).

## 2. Aufeinander abgestimmte Verhaltensweisen

**Rs. 48/69 (ICI ⁄ Kommission),**     **253**
**Urteil des Gerichtshofes vom 14. 07. 1972 – Slg. 1972, S. 619.**

**Vorbemerkungen:** *Das Kartellverbot in Art. 81 EG erfasst nicht nur Vereinbarungen und Beschlüsse zwischen Unternehmen, sondern auch „aufeinander abgestimmte Verhaltensweisen". In der Praxis bereitet die Abgrenzung zwischen dem relevanten abgestimmten Verhalten und dem zulässigen Parallelverhalten, etwa der Preisführerschaft bei Benzinpreisen, Schwierigkeiten. In der Entscheidung zu der Rs. 48/69 nahm der EuGH eine abgestimmte Verhaltensweise an, wenn die Unternehmen durch die vorherige Abstimmung die mit dem autonomen unternehmerischen Verhalten verbundenen Risiken durch ihr wechselseitiges Verhalten beseitigen und dadurch Marktfaktoren ausschalten. Erfasst wird somit jede Form der Koordinierung zwischen Unternehmen, die bewusst eine praktische Zusammenarbeit an die Stelle des mit Risiken verbundenen Wettbewerbs treten lässt und die zu nicht mehr wettbewerbsgerechten Marktbedingungen führt. Ein typisches Mittel einer derartigen Verhaltenskoordinierung ist die vorherige gegenseitige Information der Unternehmen über ihr zukünftiges Marktverhalten, etwa durch den Austausch von Preislisten.*

**Sachverhalt:** Von Januar 1964 bis Oktober 1967 kam es in der Gemeinschaft unstreitig zu drei allgemeinen und einheitlichen Erhöhungen der Farbstoffpreise. Nachdem zunächst im Januar 1964 die Preise der meisten Anilinfarbstoffe in Italien, den Niederlanden, Belgien und Luxemburg sowie in einigen Drittländern um 15 % erhöht wurden, trat eine gleiche Erhöhung im Januar 1965 in Deutschland ein. Zugleich setzten fast sämtliche Hersteller in allen 1 ändern des Gemeinsamen Marktes, mit Ausnahme Frankreichs, die Preise für die von der Preiserhöhung des Jahres 1964 ausgenommenen Farbstoffe und Pigmente einheitlich um 10 % herauf. Da sich die Firma ACNA an der 1965 auf dem italienischen Markt vorgenommenen Preiserhöhung nicht beteiligte, erhielten die übrigen Unternehmen die angekündigte Anhebung ihrer Preise auf diesem Markt nicht aufrecht. Im Oktober 1967 wurden dann, außer in Italien, die Preise für alle Farbstoffe von fast allen Herstellern erhöht, und zwar um 8 % in Deutschland, den Niederlanden, Belgien und Luxemburg, sowie um 12 % in Frankreich. Im Hinblick auf diese Preiserhöhungen hat die Kommission im Mai 1967 von Amts wegen ein Verfahren wegen mutmaßlicher Verletzung von Art. 81 EG gegen 17 Farbstoffhersteller mit Sitz innerhalb und außerhalb der Gemeinschaft sowie gegen zahlreiche Tochtergesellschaften und Vertreter dieser Unternehmen eingeleitet. Im Juli 1967 stellte die Kommission fest, dass die Preiserhöhungen das Ergebnis von unter Verstoß gegen Art. 81 Abs. 1 EG aufeinander abgestimmten Verhaltensweisen seien. Infolgedessen hatte sie gegen jedes der Unternehmen eine Geldbuße festgesetzt. Gegen diese Entscheidung erhob die Firma Imperial Chemical Industries Ltd. (ICI) Nichtigkeitsklage gemäß Art. 230 EG. Der EuGH wies das Vorbringen der Klägerin als unbegründet zurück.

**Aus den Entscheidungsgründen:**

(S. 658) [64/67] Artikel 85 stellt den Begriff „aufeinander abgestimmte Verhaltensweisen" neben die Begriffe „Vereinbarungen zwischen Unternehmen" und „Beschlüsse von Unternehmensvereinigungen", um durch seine Verbotsvorschrift eine Form der Koordinierung zwischen Unternehmen zu erfassen, die zwar noch nicht bis zum Abschluß eines Vertrages im eigentlichen Sinne gediehen ist, jedoch bewußt eine praktische Zusammenarbeit an die Stelle des mit Risiken verbundenen Wettbewerbs treten läßt. Die aufeinander abgestimmten Verhaltensweisen erfüllen daher schon ihrem Wesen nach nicht alle Tatbestandsmerkmale einer Vereinbarung, sondern können sich insbesondere auch aus einer im Verhalten der Beteiligten zutage tretenden Koordinierung ergeben. Zwar ist ein Parallelverhalten für sich allein noch nicht einer abgestimmten Verhaltensweise gleichzusetzen, doch kann es ein wichtiges Indiz für eine solche darstellen, wenn es zu Wettbewerbsbedingungen führt, die im Hinblick auf die Art der Waren, die Bedeutung und Anzahl der beteiligten Unternehmen sowie den Umfang des in Betracht kommenden Marktes nicht den normalen Marktbedingungen entsprechen. Dies gilt namentlich dann, wenn das Parallelverhalten es den beteiligten Unternehmen ermöglicht, ein Preisgleichgewicht auf einem anderen als dem Niveau zu erzielen, das sich aus dem Wettbewerb ergeben hätte und erworbene Marktpositionen zum Schaden eines wirklich freien Warenverkehrs im Gemeinsamen Markt und der freien Lieferantenwahl durch den Verbraucher zu verfestigen.

[68] Die Frage, ob es im vorliegenden Fall zu einer Abstimmung gekommen ist, läßt sich somit nur dann richtig beantworten, wenn die in der angefochtenen (S. 659) Entscheidung angeführten Indizien nicht einzeln, sondern in ihrer Gesamtheit unter Berücksichtigung der Besonderheiten des Farbstoffmarkts gewürdigt werden. (...)

[69/75] Der Farbstoffmarkt ist dadurch gekennzeichnet, daß 80 % des Absatzes auf etwa zehn Herstellerfirmen entfallen, die im allgemeinen eine beträchtliche Größenordnung haben und häufig außer Farbstoffen auch andere chemische Erzeugnisse oder pharmazeutische Spezialerzeugnisse herstellen. Diese Unternehmen haben sehr unterschiedliche Produktions- und damit auch Kostenstrukturen. Dadurch wird es für den einzelnen Hersteller schwierig, sich Kenntnis von den Kosten der Konkurrenten zu verschaffen. Die Gesamtzahl der Farbstoffe ist sehr hoch, denn jedes einzelne Unternehmen stellt mehr als tausend Artikel her. Der durchschnittliche Grad der Austauschbarkeit dieser Erzeugnisse wird bei Standardfarbstoffen als relativ gut angesehen, während der für die Spezialfarbstoffe sehr niedrig oder sogar gleich Null sein kann. Bei den Spezialerzeugnissen tendiert der Markt in gewissen Fällen zu Oligopolbildung. Wegen der verhältnismäßig geringen Auswirkung des Farbstoffpreises auf den Preis des Enderzeugnisses des Abnehmers ist die Beweglichkeit der Nachfrage bei Farbstoffen im gesamten Markt beschränkt, was kurzfristig zu Preiserhöhungen anregt. Andererseits steigt die Gesamtnachfrage nach Farbstoffen beständig, was den Herstellern eher einen Anreiz zu einer Politik gibt, die sie an diesem Wachstum teilhaben lässt.

[76/82] Für den Farbstoffmarkt in der Gemeinschaft ist kennzeichnend, daß es fünf isolierte nationale Märkte mit unterschiedlichem Preisniveau gibt, ohne daß sich dies durch Unterschiede bei den Kosten und Belastungen erklären läßt, welche die Hersteller in den einzelnen Ländern zu tragen haben. Die Errichtung des Gemeinsamen Marktes war auf diese Lage anscheinend ohne Einfluß, denn die Unterschiede im Preisniveau der einzelnen Staaten haben sich kaum verringert. Es steht im Gegenteil fest, daß jeder der nationalen Märkte oligopolistische Merkmale aufweist und daß sich auf der Mehrzahl dieser Märkte das Preisniveau unter dem Einfluß eines Preisführers bildet, der in einigen Fällen der bedeutendste inländische Hersteller ist, in anderen jedoch seinen Sitz in einem anderen Mitgliedstaat oder einem Drittland hat und über eine Tochtergesellschaft tätig wird. Diese Abschottung der Märkte ist nach Meinung der Sachverständigen auf die Notwendigkeit zurückzuführen, den Verbrauchern an Ort und Stelle einen anwendungstechnischen Kundendienst zur Verfügung zu stellen und sofortige Belieferung, im allgemeinen in begrenzten Mengen, zu gewährleisten, wobei die Hersteller – von Ausnahmen abgesehen – an ihre in den einzelnen Mitgliedstaaten ansässigen Tochtergesellschaften liefern und durch ein Netz von Vertretungen und Auslieferungslagern sicherstellen, daß den besonderen Wünschen der Abnehmer hinsichtlich (S. 660) des Kundendienstes und der Belieferung Rechnung getragen wird. Im Laufe des Verfahrens hat sich ergeben, daß sich die Preise selbst dann, wenn der Hersteller mit einem bedeutenden Abnehmer in einem anderen Mitgliedstaat unmittelbar in Verbindung tritt, üblicherweise nach der geographischen Lage des Abnehmerbetriebs bilden und am Preisniveau des nationalen Marktes orientieren. Wenn sich die Hersteller mit dieser Handhabung auch in erster Linie den Besonderheiten des Farbstoffmarkts und den Bedürfnissen ihrer Kundschaft angepaßt haben, so ist doch die dadurch bedingte Abschottung des Marktes geeignet, den Wettbewerb aufzuspalten und auf diese Weise die Verbraucher in ihrem nationalen Markt zu isolieren und zu verhindern, daß sämtliche Hersteller einander auf dem gesamten Gebiet des Gemeinsamen Marktes gegenübertreten. Vor diesem die Funktionsweise des Farbstoffmarkts kennzeichnenden Hintergrund sind die streitigen Vorgänge zu würdigen. (...)

[83/87] Die Preiserhöhungen von 1964, 1965 und 1967, die Gegenstand der angefochtenen Entscheidung sind, stehen miteinander im Zusammenhang. Die am 1. Januar 1965 in Deutschland vorgenommene Erhöhung der Preise für die meisten Anilinfarbstoffe um 15 % war nur die Erstreckung der im Januar 1964 in Italien, den Niederlanden, in Belgien und Luxemburg festgesetzten Preiserhöhung auf einen weiteren nationalen Markt. Die Preiserhöhung für bestimmte Farbstoffe und Pigmente, die am 1. Januar 1965 in allen Mitgliedstaaten außer in Frankreich stattfand, erstreckte sich auf alle von der ersten Preiserhöhung ausgenommenen Erzeugnisse. Wenn die im Herbst 1967 durchgeführte Preiserhöhung sich allgemein auf 8 %, in Frankreich jedoch auf 12 % belief, so sollten damit in diesem Land die Erhöhungen von 1964 und 1965 nachgeholt werden, an denen der französische Markt wegen des Preisüberwachungssystems nicht teilgenommen hatte. Infolgedessen können diese drei Preiserhöhungen nicht voneinander getrennt werden, obwohl sie nicht völlig in der gleichen Weise vor sich gegangen sind.

(...)

(S. 661) [103] Im ganzen gesehen verraten diese drei aufeinander folgenden Preiserhöhungen eine fortschreitende Zusammenarbeit zwischen den betroffenen Unternehmen. Nachdem man im Jahre 1964, in dem Ankündigung und Inkraftsetzung der Erhöhung zusammenfielen, aber hinsichtlich des betroffenen Warensortiments geringfügige Abweichungen bestanden, Erfahrungen gesammelt hatte, lassen die Erhöhungen von 1965 und 1967 insofern ein anderes Vorgehen erkennen, als die Unternehmen, von denen die Initiative ausging (BASF und Geigy), ihre (S. 662) Erhöhungsabsicht jeweils einige Zeit vor der Verwirklichung ankündigten und damit den Unternehmen Gelegenheit gaben, ihre wechselseitigen Reaktionen auf den einzelnen Märkten zu beobachten und sich diesen Reaktionen anzupassen. Durch diese Vorankündigungen beseitigten die einzelnen Unternehmen untereinander jede Ungewißheit über ihr zukünftiges Verhalten und damit zum großen Teil auch das normale Risiko, das mit jeder autonomen Änderung des Verhaltens auf einem oder mehreren Märkten verbunden ist. Dies galt um so mehr, als diese Ankündigungen, die zur Festsetzung globaler und einheitlicher Preiserhöhungen für die Farbstoffmärkte führten, diese Märkte hinsichtlich der Steigerungssätze transparent machten. Somit haben die betroffenen Unternehmen durch ihre Handlungsweise vorübergehend bei den Preisen einige Wettbewerbsbedingungen des Marktes ausgeschaltet, die einem einheitlichen Parallelverhalten entgegenstanden.

(...)

(S. 664) [120] Die Klägerin macht geltend, die einheitlichen Preiserhöhungen hätten den Handel zwischen den Mitgliedstaaten nicht beeinträchtigen können, weil die Verbraucher es trotz der spürbaren Unterschiede zwischen den in den einzelnen Staaten angewandten Preisen stets vorgezogen hätten, ihre Farbstoffkäufe im Inland zu tätigen.

[121/123] Aus den vorangegangenen Feststellungen folgt indessen, daß die aufeinander abgestimmten Verhaltensweisen, welche die Marktaufspaltung aufrechterhalten sollten, die Bedingungen ungünstig beeinflussen konnten, unter denen sich der Handel mit Farbstoffen zwischen den Mitgliedstaaten abspielt. Die Unternehmen, die diese Verhaltensweisen praktiziert haben, wollten bei den einzelnen Preiserhöhungen das Risiko einer Veränderung der Wettbewerbsbedingungen auf ein Mindestmaß verringern. Die Einheitlichkeit und Gleichzeitigkeit der Preiserhöhungen hat namentlich dazu gedient, ein Abwandern der Kundschaft der einzelnen Unternehmen zu verhindern und dadurch erworbene Marktpositionen zu verfestigen, und hat auf diese Weise dazu beigetragen, die Aufteilung der traditionellen nationalen Märkte dieser Waren zum Nachteil eines wirklich freien Farbstoffhandels im Gemeinsamen Markt weiter zu „zementieren".

## 3. Kumulative Wirkung für sich allein genommen nicht wettbewerbsbeschränkender Vereinbarungen

**254    Rs. C-234/89 (Delimitis),**
Urteil des Gerichtshofes vom 28. 02. 1991 – Slg. 1991, S. I-935.

*Vorbemerkungen: In dieser Rechtssache arbeitet der EuGH heraus, dass sich eine nach Art. 81 EG verbotene Marktverzerrung aus der kumulativen Wirkung vieler, für sich alleine genommen nicht wettbewerbsbeschränkender „Vereinbarungen zwischen Unternehmen" ergeben kann, hier das Zusammenwirken einzelner Bierbezugsvereinbarungen. Zu den Rechtsfolgen eines Verstoßes gegen Art. 81 EG führt der EuGH aus, dass eine Verletzung des Kartellverbotes nicht die Nichtigkeit des gesamten Vertrages, sondern lediglich der wettbewerbswidrigen Teile der Vereinbarung bewirkt. Diese Teilnichtigkeit wandelt sich erst dann zur Gesamtnichtigkeit, wenn die gemeinschaftsrechtskonformen Vereinbarungen nicht ohne die nichtigen Vertragsteile bestehen können.*

**Sachverhalt:** Das OLG Frankfurt a.M. legte dem EuGH gemäß Art. 234 EG mehrere Fragen zur Auslegung des Art. 81 EG und der Verordnung (EWG) Nr. 1984/83 der Kommission vom 22.06.1983 über die Anwendung von Art. 85 Abs. 3 des Vertrages (heute Art. 81 Abs. 3 EG) auf Gruppen von Alleinbezugsvereinbarungen (ABlEG 1983 L 173, S. 5) zur Vorabentscheidung vor. Diese Fragen stellten sich in einem Rechtsstreit zwischen Stergios Delimitis, ehemaliger Pächter einer Gastwirtschaft in Frankfurt, und der Bierbrauerei Henninger Bräu AG mit Sitz in Frankfurt. In dem Rechtsstreit ging es um den Geldbetrag, den der Gastwirt nach der Kündigung des zwischen den Parteien geschlossenen Pachtvertrages der Brauerei angeblich schuldete. Nach Ziffer 1 dieses Vertrages verpachtete die Brauerei an den Gastwirt eine Gaststätte. Gemäß Ziffer 2 des Vertrages war der Gastwirt verpflichtet, seinen Bedarf an Bieren in Fass, Flasche und Dose mit den Produkten und Handelswaren der Brauerei und seinen Bedarf an alkoholfreien Getränken bei den Tochtergesellschaften der Brauerei zu decken. Das Sortiment ergab sich aus den jeweils gültigen Preislisten der Brauerei und ihrer Tochtergesellschaften. Der Gastwirt durfte jedoch Biere und alkoholfreie Getränke von Unternehmen mit Sitz in anderen Mitgliedstaaten beziehen. Der Gastwirt hatte nach Ziffer 6 außerdem jährlich mindestens 132 hl Bier zu beziehen. Im Falle des Minderbezuges hatte er Schadensersatz wegen Nichterfüllung zu leisten. Der Vertrag wurde von dem Gastwirt gekündigt. Die Brauerei war daraufhin der Ansicht, dass der Gastwirt ihr noch 6032,15 DM (Miete, Pauschalbetrag wegen Nichterfüllung der Mindestbezugsverpflichtung und verschiedene Nebenkosten) schulde. Diesen Betrag verrechnete sie mit der Pachtkaution, die der Gastwirt ihr gestellt hatte. Der Gastwirt hielt diese Verrechnung für unzulässig und erhob Klage gegen die Brauerei vor dem LG Frankfurt auf Rückzahlung der einbehaltenen Summe.

## Aus den Entscheidungsgründen:

(S. I-984) [15] Im vorliegenden Fall ist somit zu prüfen, wie sich ein Bierlieferungsvertrag in Verbindung mit anderen gleichartigen Verträgen auf die Möglichkeit der inländischen Mitbewerber oder der Mitbewerber aus anderen Mitgliedstaaten, auf dem Markt des Bierkonsums Fuß zu fassen oder ihren Anteil an diesem Markt zu vergrößern, und folglich auf das Sortiment der den Verbrauchern angebotenen Waren auswirkt.

[16] Diese Prüfung setzt zunächst eine Abgrenzung des relevanten Marktes voraus. Der relevante Markt bestimmt sich erstens nach der Art der jeweiligen Wirtschaftstätigkeit, hier dem Absatz von Bier. Dieser erfolgt sowohl über den Einzelhandel als auch in Gaststätten. Aus der Sicht des Verbrauchers unterscheidet sich der Gaststättensektor, der insbesondere Schankwirtschaften und Speiselokale umfaßt, vom Einzelhandelssektor, da der Absatz in Gaststätten nicht nur im Verkauf einer Ware besteht, sondern auch mit einer Dienstleistung verbunden ist, und der Bierverbrauch in Gaststätten nicht wesentlich von wirtschaftlichen Erwägungen abhängt. Diese Besonderheit des Absatzes in Gaststätten wird dadurch bestätigt, daß die Brauereien spezielle Vertriebssysteme für diesen Sektor organisiert haben, die besondere Einrichtungen erfordern, und daß die in diesem Sektor praktizierten Preise in der Regel über den Einzelhandelspreisen liegen.

[17] Sachlich relevanter Markt ist daher im vorliegenden Fall der Markt für den Vertrieb von Bier in Gaststätten. Dagegen spricht nicht der Umstand, daß zwischen (S. I-985) beiden Vertriebsnetzen insoweit eine gewisse Wechselbeziehung besteht, als neue Mitbewerber durch den Absatz über den Einzelhandel die Möglichkeit erhalten, ihre Marken bekanntzumachen und aufgrund ihres guten Rufes Zugang zum Gaststättenmarkt zu finden.

[18] Der relevante Markt ist außerdem räumlich abzugrenzen. Insoweit ist festzustellen, daß Bierlieferungsverträge noch ganz überwiegend auf nationaler Ebene geschlossen werden. Deshalb ist bei der Anwendung der gemeinschaftsrechtlichen Wettbewerbsvorschriften auf den nationalen Markt für den Vertrieb von Bier in Gaststätten abzustellen.

[19] Zur Klärung der Frage, ob das Bestehen mehrerer Bierlieferungsverträge den Zugang zu dem so abgegrenzten Markt beeinträchtigt, sind sodann Art und Bedeutung des betreffenden Vertragsnetzes
zu prüfen. Hierzu gehören alle gleichartigen Verträge, die eine bedeutende Zahl von Verkaufsstellen an einige inländische Erzeuger binden
(Urteil vom 18. März 1970 in der Rechtssache 43/69, Bilger, Slg. 1970,
127). Der Einfluß dieser Vertragsnetze auf den Marktzugang hängt
namentlich ab von der Zahl der auf diese Weise an die inländischen
Erzeuger gebundenen Verkaufsstellen im Verhältnis zu der Zahl der
nichtgebundenen Gaststätten, von der Dauer der eingegangenen Verpflichtungen, von der durch diese Verpflichtungen erfaßten Biermen-
ge sowie von dem Verhältnis zwischen dieser Menge und derjenigen,
die über nichtgebundene Vertriebsstellen abgesetzt wird.

(…)

[21] In diesem Zusammenhang ist zu prüfen, ob ein neuer Mitbewerber wirkliche und konkrete Möglichkeiten besitzt, sich durch den
Erwerb einer auf dem Markt bereits tätigen Brauerei zusammen mit ihrer Kette von Verkaufsstellen in das Vertragsnetz einzugliedern oder
aber dieses durch die Eröffnung neuer Gaststätten zu umgehen. (…)

[22] Zweitens ist zu berücksichtigen, unter welchen Bedingungen
der Wettbewerb auf dem relevanten Markt stattfindet. Hierbei geht es
nicht nur um die Zahl und die Größe der auf dem Markt tätigen Erzeuger, sondern auch um den Sättigungsgrad dieses Marktes und die Treue
der Verbraucher zu bestehenden Marken, denn es ist im allgemeinen
schwieriger, auf einem gesättigten Markt Fuß zu fassen, der durch die
Treue der Verbraucher zu wenigen großen Erzeugern gekennzeichnet
ist, als auf einem stark expandierenden Markt mit sehr vielen kleinen
Erzeugern, die über keine bedeutenden Marken verfügen. (…)

[23] Ergibt die Prüfung der Gesamtheit aller auf dem relevanten
Markt bestehenden gleichartigen Verträge sowie der übrigen wirtschaftlichen und rechtlichen Begleitumstände des fraglichen Vertrags, daß diese Verträge nicht die kumulative Wirkung haben, neuen
inländischen und ausländischen Mitbewerbern den Zugang zu diesem
Markt zu verschließen, dann können die einzelnen Verträge, aus denen das Vertragsbündel besteht, den Wettbewerb nicht im Sinne von
Artikel 85 Absatz 1 EWG-Vertrag beschränken. Sie fallen daher nicht
unter das in dieser Bestimmung ausgesprochene Verbot.

[24] Ergibt diese Prüfung hingegen, daß der relevante Markt
schwer zugänglich ist, so ist zu untersuchen, inwieweit die Verträge
der betroffenen Brauerei zu der kumulativen Wirkung beitragen, die
alle auf diesem Markt festgestellten gleichartigen Verträge in dieser

Hinsicht entfalten. Diese Marktabschließungswirkung ist nach (S. I-987) den gemeinschaftsrechtlichen Wettbewerbsvorschriften denjenigen Brauereien zuzurechnen, die dazu in erheblichem Maße beitragen. Die Bierlieferungsverträge von Brauereien, deren Beitrag zu der kumulativen Wirkung unerheblich ist, fallen deshalb nicht unter das Verbot des Artikels 85 Absatz 1.

(...)

[27] Auf die ersten drei Vorlagefragen ist somit zu antworten, daß ein Bierlieferungsvertrag nach Artikel 85 Absatz 1 EWG-Vertrag verboten ist, wenn zwei Voraussetzungen kumulativ erfüllt sind. Erstens muß unter Berücksichtigung der wirschaftlichen und rechtlichen Begleitumstände des streitigen Vertrags der nationale Markt für den Absatz von Bier in Gaststätten für Mitbewerber, die auf diesem Markt Fuß fassen oder ihren Marktanteil vergrößern könnten, schwer zugänglich sein. Daß der streitige Vertrag zu einem Bündel gleichartiger Verträge auf diesem Markt gehört, die sich kumulativ auf den Wettbewerb auswirken, ist nur einer unter mehreren Faktoren, anhand deren zu beurteilen ist, ob dieser Markt tatsächlich schwer zugänglich ist. Zweitens muß der streitige Vertrag in erheblichem Maße zu der Abschottungswirkung beitragen, die das Bündel dieser Verträge aufgrund ihres wirtschaftlichen und rechtlichen Gesamtzusammenhangs entfaltet. Die Bedeutung des Beitrags des einzelnen Vertrags hängt von der Stellung der Vertragspartner auf dem relevanten Markt und von der Vertragsdauer ab. (...)

(S. I-988) [28] Ein Bierlieferungsvertrag, der eine Öffnungsklausel enthält, unterscheidet sich von den anderen Bierlieferungsverträgen allgemeiner Art dadurch, daß er dem Wiederverkäufer den Bezug von Bier aus anderen Mitgliedstaaten erlaubt. Diese Öffnung schränkt zugunsten der Biere anderer Mitgliedstaaten den Geltungsbereich des Wettbewerbsverbots ein, das im Rahmen eines klassischen Bierlieferungsvertrags neben die Alleinbezugpflicht tritt. Die Bedeutung der Öffnungsklausel ist unter Berücksichtigung ihres Wortlauts sowie ihrer wirtschaftlichen und rechtlichen Begleitumstände zu beurteilen.

(...)

[31] Ergibt die Auslegung des Wortlauts der Öffnungsklausel oder die Prüfung der konkreten Wirkung sämtlicher Vertragsklauseln unter Berücksichtigung ihrer wirtschaftlichen und rechtlichen Begleitumstände, daß die Einschränkung des Geltungsbereichs des Wettbewerbsverbots rein hypothetischer Natur oder wirtschaftlich bedeutungslos ist, so ist der betreffende Vertrag einem klassischen Bierlieferungsvertrag gleichzustellen. Er ist somit im Hinblick auf Artikel 85

Absatz 1 EWG-Vertrag ebenso zu behandeln wie die Bierlieferungsverträge im allgemeinen.

(S. I-989) [32] Etwas anderes gilt für den Fall, daß die Öffnungsklausel einem inländischen oder ausländischen Lieferanten von Bieren aus anderen Mitgliedstaaten die Gewähr bietet, die betreffende
Verkaufsstelle tatsächlich beliefern zu können. Ein Vertrag, der eine
solche Klausel enthält, ist grundsätzlich nicht geeignet, den Handel
zwischen Mitgliedstaaten im Sinne von Artikel 85 Absatz 1 zu beeinträchtigen, so daß er nicht unter das in dieser Bestimmung ausgesprochene Verbot fällt.

[33] Auf die vierte Frage des Oberlandesgerichts ist deshalb zu antworten, daß ein Bierlieferungsvertrag, der dem Wiederverkäufer den
Bezug von Bier aus anderen Mitgliedstaaten erlaubt, nicht geeignet ist,
den zwischenstaatlichen Handel zu beeinträchtigen, wenn über diese Erlaubnis hinaus für einen inländischen oder ausländischen Lieferanten auch eine tatsächliche Möglichkeit besteht, diesen Wiederverkäufer mit Bieren aus anderen Mitgliedstaaten zu beliefern. (...)

[34] Die Verordnung Nr. 1984/83 sieht besondere Regeln für die
Gruppenfreistellung von Bierlieferungsverträgen vor. Diese Regeln,
die von den allgemeinen Vorschriften über die Alleinbezugsvereinbarungen abweichen, finden sich in den Artikeln 6, 7 und 8 der Verordnung.

(...)

(S. I-990) [38] Artikel 8 Absatz 2 Buchstabe b der Verordnung
Nr. 1984/83 bestimmt unter anderem, daß der Bierlieferungsvertrag,
falls er sich auf eine Gaststätte bezieht, die der Lieferant dem Wiederverkäufer verpachtet oder anderweitig zur Benutzung überläßt, für
den Wiederverkäufer das Recht vorsehen muß, die aufgrund des Vertrags gelieferten anderen Getränke als Bier von dritten Unternehmen
zu beziehen, wenn diese sie zu günstigeren Bedingungen anbieten und
der Lieferant nicht in diese Bedingungen eintritt. Die sechste Frage
des vorlegenden Gerichts geht dahin, ob ein Vertrag, der diesem Erfordernis nicht entspricht, insgesamt nicht mehr unter die Gruppenfreistellung nach der Verordnung fällt oder ob die Folgen dieser Unvereinbarkeit mit der vorerwähnten Bestimmung auf die Vertragsklausel
beschränkt bleiben, die es dem Wiederverkäufer untersagt, andere Getränke als Bier von dritten Unternehmen zu beziehen.

[39] Die Antwort auf diese Frage ergibt sich aus dem Wortlaut von
Artikel 8 der Verordnung Nr. 1984/83. Art. 8 Absatz 1 bestimmt ausdrücklich, daß die Gruppenfreistellung für Bierlieferungsverträge keine Anwendung findet, wenn bestimmte Vertragsklauseln die Hand-

lungsfreiheit des Wiederverkäufers einschränken und die Laufzeit der Vereinbarung übermäßig lang ist. Artikel 8 Absatz 2 enthält zusätzliche besondere Voraussetzungen für Verträge, die sich auf verpachtete oder anderweitig zur Benutzung überlassene Gaststätten beziehen. Die in Artikel 6 Absatz 1 der Verordnung vorgesehene Gruppenfreistellung für Bierlieferungsverträge findet somit insgesamt keine Anwendung mehr, wenn diese Voraussetzungen nicht erfüllt sind.

[40] Wenn ein Bierlieferungsvertrag die Voraussetzung für eine Gruppenfreistellung nicht erfüllt, bedeutet dies jedoch nicht zwangsläufig, daß der gesamte Vertrag gemäß Artikel 85 Absatz 2 EWG-Vertrag nichtig wäre. Nichtig sind nur die nach Artikel 85 Absatz 1 verbotenen Teile der Vereinbarung. Die gesamte Vereinbarung ist nur dann nichtig, wenn sich diese Teile nicht von den übrigen Teilen der Vereinbarung trennen lassen (Urteil vom 30. Juni 1966 in der Rechtssache 56/65, Société technique minière, Slg. 1966, 282).

## 4. Extraterritoriale Wirkung

**Verb. Rs. 89/85, 104/85, 114/85, 116/85, 117/85, 125/85 bis 129/85    255
(Ahlström u.a. ./. Kommission),
Urteil des Gerichtshofes vom 27. 09. 1988 – Slg. 1988, S. 5193.**

**Vorbemerkungen:** *In den vorliegenden verbundenen Rechtssachen setzt sich der EuGH mit der Frage auseinander, ob das EG-Wettbewerbsrecht und insbesondere das Kartellrecht auch auf außerhalb der Gemeinschaft niedergelassene Unternehmen anwendbar ist (sog. extraterritoriale Wirkung). Wegen des im Außenverhältnis der Gemeinschaften zu anderen Rechtssubjekten geltenden Völkerrechts, insbesondere des Territorialitätsprinzips, verfügt die Gemeinschaft grundsätzlich weder über entsprechende Jurisdiktions- noch Sanktionsgewalt. Der EuGH stellt bei der Frage der Anwendbarkeit des Wettbewerbsrechts aber nicht auf den Niederlassungsort des verdächtigten Unternehmens ab. Entscheidend ist vielmehr der Ort, an dem die kartellverbotswidrige Vereinbarung zum Ausschluss von Marktfaktoren und nicht mehr wettbewerbsgerechten Marktbedingungen führt. Der EuGH legt insofern eine materielle Betrachtung zugrunde, bei der er auf die Auswirkungen des (möglicherweise) wettbewerbswidrigen Verhaltens für den freien Wettbewerb im Binnenmarkt abstellt.*

**Sachverhalt:** Die vorliegenden Nichtigkeitsklagen gemäß Art. 230 EG richteten sich gegen die Entscheidung der Kommission vom 19.12.1984 (ABlEG 1985 L 85, S. 1), in der diese festgestellt hatte, dass 41 Zellstoffhersteller sowie zwei ihrer Verbände, die alle ihren Sitz außerhalb der Gemeinschaft hatten, Preisabsprachen getroffen hätten. Diese hätten sich zum einen auf die den Kunden vierteljährlich angekündigten Preise und zum anderen auf die tatsächlich praktizierten Verkaufspreise bezogen. Der EuGH wies den Klagegrund, der räumliche Geltungsbereich des Art. 81 EG sei falsch beurteilt, zurück.


**Aus den Entscheidungsgründen:**

(S. 5243) [15] Soweit die Unvereinbarkeit der Entscheidung mit dem Völkerrecht gerügt wird, machen die Klägerinnen geltend, die Anwendung der Wettbewerbsvorschriften im vorliegenden Fall sei allein auf die wirtschaftlichen Auswirkungen der wettbewerbsbeschränkenden Verhaltensweisen innerhalb des Gemeinsamen Marktes gestützt worden, die außerhalb der Gemeinschaft vorgenommen worden seien.

[16] Dazu ist zu bemerken, daß ein Verstoß gegen Artikel 85, wie der Abschluß einer Vereinbarung, die eine Einschränkung des Wettbewerbs innerhalb des Gemeinsamen Marktes bewirkt hat, zwei Verhaltensmerkmale aufweist, nämlich die Bildung des Kartells und seine Durchführung. Wenn man die Anwendbarkeit der wettbewerbsrechtlichen Verbote von dem Ort der Bildung des Kartells abhängig machen würde, so liefe dies offensichtlich darauf hinaus, daß den Unternehmen ein einfaches Mittel an die Hand gegeben würde, sich diesen Verboten zu entziehen. Entscheidend ist somit der Ort, an dem das Kartell durchgeführt wird.

[17] Im vorliegenden Fall haben die Hersteller ihr Preiskartell innerhalb des Gemeinsamen Marktes durchgeführt. Dabei ist es unerheblich, ob sie in der Gemeinschaft ansässige Tochterunternehmen, Agenten, Unteragenten oder Zweigniederlassungen eingeschaltet haben, um Kontakte zwischen sich und den dort ansässigen Abnehmern zu knüpfen, oder ob sie das nicht getan haben.

[18] Unter diesen Umständen ist die Zuständigkeit der Gemeinschaft für die Anwendung ihrer Wettbewerbsvorschriften auf derartige Verhaltensweisen durch das Territorialitätsprinzip gedeckt, das im Völkerrecht allgemein anerkannt ist.

## 5. Zurechnung nichtstaatlichen Handelns

**Rs. C-35/96 (Kommission ∕ Italienische Republik;**    **256**
**„Italienische Zollspediteure"),**
**Urteil des Gerichtshofes vom 18. 06. 1998 – Slg. 1998, S. I-3851.**

**Vorbemerkungen:** *Art. 81 EG betrifft direkt nur das Verhalten von Unternehmen, nicht aber durch Gesetz oder Verordnung getroffene Maßnahmen der Mitgliedstaaten. In dem vorliegenden Fall stellt sich die Frage, inwieweit ministeriell genehmigte und amtlich veröffentlichte Gebührenordnungen kartellrechtlich relevante Absprachen begünstigen. Der EuGH stellt dabei im vorliegenden Fall zunächst fest, dass es sich bei der Tätigkeit der italienischen Zollspediteure um eine wirtschaftliche Tätigkeit und bei der Gebührenordnung um den Beschluss einer Unternehmensvereinigung handelt. Da zudem durch den Erlass der Gebührenordnung gegen Art. 81 Abs. 1 EG verstoßen wird, prüft der EuGH, inwieweit dieser Verstoß der Italienischen Republik zugerechnet werden kann.*

**Sachverhalt:** Die Kommission hatte beim EuGH gemäß Art. 226, 227 EG eine Vertragsverletzungsklage erhoben auf Feststellung, dass die Italienische Republik dadurch gegen ihre Verpflichtung aus den Art. 10, 81 EG verstoßen habe, dass sie ein Gesetz erließ und beibehielt, das den nationalen Rat der Zollspediteure durch Übertragung der Beschlussfassungsrechte zur Festlegung einer für alle Zollspediteure verbindlichen Gebührenordnung verpflichtete. Die Kommission sah hierin einen Verstoß gegen Art. 81 EG. Der EuGH bejahte einen Verstoß Italiens gegen Art. 10, 81 EG.

### Aus den Entscheidungsgründen:

(S. I-3899) [52] Drittens ist zu prüfen, inwieweit dieser Verstoß der Italienischen Republik zugerechnet werden kann.

[53] Artikel 85 des Vertrages betrifft an sich nur das Verhalten von Unternehmen, nicht aber durch Gesetz oder Verordnung getroffene Maßnahmen der Mitgliedstaaten; das ändert jedoch nichts daran, daß die Mitgliedstaaten aufgrund von Artikel 85 in Verbindung mit Artikel 5 des Vertrages keine Maßnahmen, und zwar auch nicht in Form von Gesetzen oder Verordnungen, treffen oder beibehalten dürfen, die die praktische Wirksamkeit der für die Unternehmen geltenden Wettbewerbsregeln aufheben könnten (vgl. zu Artikel 85 des Vertrages Urteile vom 21. September 1988 in der Rechtssache 267/86, Van Eycke,

Slg. 1988, 4769, Randnr. 16, Reiff, Randnr. 14, und Delta Schiffahrts-
und Speditionsgesellschaft, Randnr. 14, und zu Artikel 86 des Vertrages Urteil vom 16. November 1977 in der Rechtssache 13/77, GB-
Inno-BM, Slg. 1977, 2115, Randnr. 31).

(S. I-3900) [54] Ein solcher Fall ist insbesondere dann gegeben,
wenn ein Mitgliedstaat gegen Artikel 85 verstoßende Kartellabspra-
chen vorschreibt, erleichtert oder deren Auswirkungen verstärkt oder
wenn er seiner eigenen Regelung dadurch ihren staatlichen Charakter
nimmt, daß er die Verantwortung für in die Wirtschaft eingreifende
Entscheidungen privaten Wirtschaftsteilnehmern überträgt (Urteile
Van Eycke, Randnr. 16, Reiff, Randnr. 14, und Delta Schiffahrts- und
Speditionsgesellschaft, Randnr. 14).

[55] Durch den Erlaß der betreffenden nationalen Regelung hat die
Italienische Republik nicht nur den Abschluß einer gegen Artikel 85
des Vertrages verstoßenden Vereinbarung vorgeschrieben und darauf
verzichtet, diese inhaltlich zu beeinflussen, sondern sie trägt auch zur
Gewährleistung ihrer Einhaltung bei.

[56] Erstens wird der CNSD durch Artikel 14 Buchstabe d des Gesetzes Nr. 1612/1960 gezwungen, eine verbindliche und einheitliche
Gebührenordnung für die Leistungen der Zollspediteure zu erstellen.

[57] Zweitens ist, wie sich aus den Randnummern 41 bis 44 des
vorliegenden Urteils ergibt, durch die betreffenden nationalen Rechtsvorschriften die Befugnis der öffentlichen Behörden zur Gebühren-
festsetzung in vollem Umfang privaten Wirtschaftsteilnehmern überlassen worden.

[58] Drittens ist es den in das Register eingetragenen Zollspediteuren nach den italienischen Rechtsvorschriften ausdrücklich untersagt, von der Gebührenordnung abzuweichen (Artikel 11 des Gesetzes
Nr. 1612/1960), da ihnen sonst ein Berufsverbot bzw. die vorübergehende oder endgültige Streichung aus dem Register (Artikel 38 bis 40
des Dekrets des Finanzministers vom 10. März 1964) droht.

[59] Viertens überträgt zwar keine Rechtsvorschrift dem Finanzminister die Befugnis, die Gebührenordnung zu genehmigen, doch wird
durch das Dekret des Finanzministers vom 6. Juli 1988 der Anschein
erweckt, als handele es sich bei der Gebührenordnung um eine öffentlich-rechtliche Regelung. Zunächst begründet die (S. I-3901) Veröffentlichung in der „Serie generale" der *Gazzetta ufficiale della Repu-
bblica italiana* eine Vermutung dafür, daß die Gebührenordnung Dritten bekannt ist; eine solche Vermutung hätte ein Beschluß des CNSD
niemals begründen können. Zudem erleichtert der der Gebührenordnung auf diese Weise verliehene amtliche Charakter den Zollspedi-

teuren die Anwendung der darin festgesetzten Preise. Schließlich ist dieser amtliche Charakter geeignet, Kunden von einer Beanstandung der von den Zollspediteuren angewandten Preise abzuhalten.

[60] Nach alledem ist festzustellen, daß die Italienische Republik dadurch gegen ihre Verpflichtungen aus den Artikeln 5 und 85 des Vertrages verstoßen hat, daß sie ein Gesetz erlassen und beibehalten hat, das den CNSD durch Übertragung des entsprechenden Beschluß-fassungsrechts dazu verpflichtet, als Unternehmensvereinigung einen gegen Artikel 85 des Vertrages verstoßenden Beschluß zu fassen, mit dem eine für alle Zollspediteure verbindliche Gebührenordnung fest-gelegt wird.

# III. Verbot des Missbrauchs einer marktbeherrschenden Stellung, Art. 82 EG

## 1. Essential facilities-Doktrin

**Rs. C-7/97 (Bronner),**                                                      **257**
**Urteil des Gerichtshofes vom 26. 11. 1998 – Slg. 1998, S. I-7791.**

**Vorbemerkungen:** *Mit der Magill-Entscheidung (Rs. T-70/89, Slg. 1991, S. II-535) hat das Gericht erster Instanz die sog. essential-faci-lities-Doktrin entwickelt. Der Inhaber eines Urheberrechts kann sich danach durch die Art und Weise der Wahrnehmung seines Rechts in Widerspruch zu den mit Art. 82 EG geschützten Zielen setzen. Wird hierdurch der EG-Wettbewerb schwerwiegend eingeschränkt, so kann das Interesse an der effektiven Durchsetzung des in Art. 82 EG gere-gelten Missbrauchstatbestands das Interesse an dem Schutz des Urhe-berrechts überwiegen. Das Urteil in der Rechtssache Bronner ist die erste Folgeentscheidung zum Magill-Urteil im Bereich der essential facilities-Doktrin. Der EuGH hatte zu untersuchen, ob es eine miss-bräuchliche Ausnutzung einer beherrschenden Stellung im Sinne von Art. 82 EG darstellt, wenn ein Presseunternehmen, das einen überwie-genden Anteil am Tageszeitungsmarkt in einem Mitgliedstaat hat und das einzige in diesem Mitgliedstaat bestehende landesweite System der Hauszustellung von Zeitungen betreibt, sich weigert, dem Verleger einer Konkurrenztageszeitung, der wegen der geringen Auflagenhöhe dieser Zeitung nicht in der Lage ist, unter wirtschaftlich vertretbaren*

*Bedingungen allein oder in Zusammenarbeit mit anderen Verlegern ein eigenes Hauszustellungssystem aufzubauen und zu betreiben, gegen angemessenes Entgelt Zugang zum genannten System zu gewähren. Wenngleich der EuGH die Grundsätze der essential facilities-Doktrin nicht ausdrücklich heranzieht, so billigt er sie doch zumindest stillschweigend und schärft ihre Konturen im europäischen Kartellrecht.*

**Sachverhalt:** Die vorliegende Entscheidung erging im Rahmen eines Vorabentscheidungsverfahrens nach Art. 234 EG. Die Antragstellerin im österreichischen Verfahren (Oscar Bronner), die eine Tageszeitung herausgibt und per Postzustellung vertreibt, versuchte mit ihrem Kartellverfahren zu erreichen, dass die Antragsgegnerin (Mediaprint), die konkurrierende Tageszeitungen mit einem höheren Marktanteil produziert und über ein von ihr aufgebautes Hauszustellungssystem vertreibt, die Zeitungen der Antragstellerin gegen ein angemessenes Entgelt im Rahmen des Hauszustellungssystems mitzuvertreiben habe, da dessen Zustellung zeitlich früher erfolgte als im Wege der Postzustellung. Unter Berufung auf die essential facilities-Doktrin machte die Antragstellerin geltend, dass die Weigerung der Antragsgegnerin, ihr Zustellungssystem zu öffnen, die missbräuchliche Ausnutzung einer marktbeherrschenden Stellung darstelle.

### Aus den Entscheidungsgründen:

(S. I-7830) [37] Schließlich wäre zu prüfen, ob es eine mißbräuchliche Ausnutzung einer beherrschenden Stellung im Sinne von Artikel 86 EG-Vertrag darstellt, daß der Betreiber des einzigen im gesamten Gebiet eines Mitgliedstaats bestehenden Hauszustellungssystems, der dieses System für den Vertrieb seiner eigenen Tageszeitungen benutzt, dem Verleger einer Konkurrenztageszeitung den Zugang zu diesem System verweigert, weil der genannte Wettbewerber durch diese Weigerung um einen für den Verkauf seiner Tageszeitung als wesentlich angesehenen Vertriebsweg gebracht wird.

[38] Zum einen hat es der Gerichtshof in seinen Urteilen Commercial Solvents/Kommission und CBEM nur dann als mißbräuchlich angesehen, daß sich ein Unternehmen, das auf einem bestimmten Markt eine beherrschende Stellung innehat, weigert, einem Unternehmen, mit dem es auf einem benachbarten Markt in Wettbewerb steht, die für die Ausübung von dessen Tätigkeit unerläßlichen Rohstoffe (Urteil Commercial Solvents/Kommission, Randnr. 25) oder Dienstleistungen (Urteil CBEM, Randnr. 26) zu liefern bzw. zu erbringen, wenn das betreffende Verhalten geeignet war, jeglichen Wettbewerb durch dieses Unternehmen auszuschalten.

[39] Zum anderen hat der Gerichtshof im Urteil Magill (Randnrn. 49 und 50) entschieden, daß die Verweigerung einer Lizenz durch den Inhaber eines gewerblichen Schutzrechts selbst dann, wenn sie von einem Unternehmen in beherrschender Stellung ausgesprochen wird, als solche keinen Mißbrauch einer beherrschenden Stellung darstellt, daß aber unter außergewöhnlichen Umständen die Ausübung des ausschließlichen Rechts durch den Inhaber ein mißbräuchliches Verhalten darstellen kann.

[40] Im Urteil Magill hat der Gerichtshof das Vorliegen solcher außergewöhnlichen Umstände darin gesehen, daß die streitige Weigerung ein Erzeugnis (Informationen über die wöchentlichen Programme bestimmter Fernsehsender) betraf, dessen Lieferung für die Ausübung der betreffenden Tätigkeit (Herausgabe eines allgemeinen Fernsehprogrammführers) unentbehrlich war in dem Sinne, daß demjenigen, der einen solchen Programmführer anbieten wollte, es ohne diese Lieferung unmöglich war, den Programmführer zu verlegen und auf dem Markt anzubieten (Randnr. 53), (S. I-7831) daß diese Weigerung das Auftreten eines neuen Erzeugnisses, nach dem eine potentielle Nachfrage der Verbraucher bestand, verhinderte (Randnr. 54), daß die Weigerung nicht durch sachliche Erwägungen gerechtfertigt war (Randnr. 55) und daß sie geeignet war, jeglichen Wettbewerb auf dem abgeleiteten Markt auszuschließen (Randnr. 56).

[41] Selbst wenn diese Rechtsprechung zur Ausübung eines gewerblichen Schutzrechts auf die Ausübung eines beliebigen Eigentumsrechts anwendbar wäre, ließe sich aus dem Urteil Magill bei einem Sachverhalt wie dem, der Gegenstand der ersten Vorlagefrage ist, nur dann auf einen Mißbrauch im Sinne des Artikels 86 EG-Vertrag schließen, wenn die Verweigerung der in der Hauszustellung liegenden Dienstleistung zum einen geeignet wäre, jeglichen Wettbewerb auf dem Tageszeitungsmarkt durch denjenigen, der die Dienstleistung begehrt, auszuschalten, und nicht objektiv zu rechtfertigen wäre, und zum anderen die Dienstleistung selbst für die Ausübung der Tätigkeit des Wettbewerbers in dem Sinne unentbehrlich wäre, daß kein tatsächlicher oder potentieller Ersatz für das Hauszustellungssystem bestünde.

[42] Dies aber ist mit Sicherheit nicht einmal dann der Fall, wenn, wie im Ausgangsverfahren, in einem Mitgliedstaat nur ein einziges landesweites Hauszustellungssystem existiert und wenn zudem der Inhaber dieses Systems auf dem Dienstleistungsmarkt, der durch dieses System gebildet wird oder zu dem dieses System gehört, eine beherrschende Stellung innehat.

[43] Zum einen steht nämlich fest, daß für Tageszeitungen andere Vertriebswege, wie die Postzustellung oder Laden- oder Kioskverkauf, bestehen – auch wenn sie für den Vertrieb bestimmter Tageszeitungen weniger günstig sein dürften – und von den Verlegern dieser Tageszeitungen auch in Anspruch genommen werden.

[44] Zum anderen sind keine technischen, rechtlichen oder auch nur wirtschaftlichen Hindernisse ersichtlich, die geeignet wären, jedem anderen Verleger von Tageszeitungen – allein oder in Zusammenarbeit mit anderen Verlegern – die Errichtung eines eigenen landesweiten Hauszustellungssystems und dessen Nutzung für den Vertrieb der eigenen Tageszeitungen unmöglich zu machen oder zumindest unzumutbar zu erschweren.

(S. I-7832) [45] Daß die Schaffung eines solchen Systems keine realistische potentielle Alternative darstelle und daher der Zugang zum bestehenden System unverzichtbar sei, ist nicht schon mit der Behauptung dargetan, daß die Schaffung eines solchen Systems wegen der geringen Auflagenhöhe der zu vertreibenden Zeitung oder Zeitungen unrentabel sei.

[46] Wie der Generalanwalt in Nummer 68 seiner Schlußanträge ausgeführt hat, könnte der Zugang zum bestehenden System nur dann als unverzichtbar angesehen werden, wenn zumindest dargetan wäre, daß es unrentabel wäre, für den Vertrieb von Tageszeitungen mit einer Auflagenhöhe, die mit derjenigen der anhand des vorhandenen Systems vertriebenen Tageszeitungen vergleichbar wäre, ein zweites Hauszustellungssystem zu schaffen.

[47] Aufgrund dessen ist auf die erste Frage zu antworten, daß es keine mißbräuchliche Ausnutzung einer beherrschenden Stellung im Sinne von Artikel 86 EG-Vertrag darstellt, wenn ein Presseunternehmen, das einen überwiegenden Anteil am Tageszeitungsmarkt in einem Mitgliedstaat hat und das einzige in diesem Mitgliedstaat bestehende landesweite System der Hauszustellung von Zeitungen betreibt, sich weigert, dem Verleger einer Konkurrenztageszeitung, der wegen der geringen Auflagenhöhe dieser Zeitung nicht in der Lage ist, unter wirtschaftlich vertretbaren Bedingungen allein oder in Zusammenarbeit mit anderen Verlegern ein eigenes Hauszustellungssystem aufzubauen und zu betreiben, gegen angemessenes Entgelt Zugang zum genannten System zu gewähren.

## 2. „Missbräuchliche Ausnutzung"

**Rs. 6/72 (Europemballage und Continental Can ⁄ Kommission),**  **258**
**Urteil des Gerichtshofes vom 21. 02. 1973 – Slg. 1973, S. 215.**

**Vorbemerkungen:** *In der Entscheidung zu der Rs. 6/72 musste sich der EuGH mit dem Tatbestandsmerkmal der „missbräuchlichen Ausnutzung" im Sinne des Art. 82 EG auseinandersetzen. Der EuGH stellt fest, dass eine Maßnahme, die geeignet ist, den Handel zwischen den Mitgliedstaaten zu beeinträchtigen, immer dann unter Art. 82 Abs. 1 EG fällt, wenn sie im objektiven Widerspruch zu den genannten Vertragszielen und insbesondere zum System des unverfälschten Wettbewerbs (Art. 3 Abs. 1 lit. g EG) steht. Ein Verschulden ist nicht erforderlich. Ein Missbrauch ist insbesondere dann gegeben, wenn nach einer objektiven Betrachtung die beherrschende Marktstellung eines Unternehmens die Struktur eines Marktes beeinflusst, auf dem der Wettbewerb gerade wegen der Anwesenheit des fraglichen Unternehmens bereits geschwächt ist und die Aufrechterhaltung des auf dem Markt noch bestehenden Wettbewerbs durch die Verwendung von Mitteln behindert wird, welche von den Mitteln eines normalen Wettbewerbs deutlich abweichen.*

**Sachverhalt:** Die Continental Can Company (Continental), ein US-amerikanischer Hersteller für verschiedene Verpackungsmaterialien, war durch eine deutsche Tochtergesellschaft im Gemeinsamen Markt tätig. Im Jahr 1969 beabsichtigte Continental die Gründung einer europäischen Verpackungsholdinggesellschaft. Zu diesem Zweck gründete sie eine weitere Tochtergesellschaft, die Europemballage. Deren Zweck war es, die Aktienmehrheiten zweier anderer auf dem Markt für Verpackungen tätiger Firmen zu erwerben. Eine dieser beiden Firmen lehnte das Übernahmeangebot ab, an der anderen – der TDV – erwarb die Europemballage eine Mehrheit von 80%. Die Kommission, war der Auffassung, dass Continental mit dem Erwerb eines Anteils von 80% an der TDV durch Europemballage eine beherrschende Stellung auf dem Markt für bestimmte Lebensmittelverpackungen erlangt hatte. In einer an Continental gerichteten Entscheidung stellte sie einen Verstoß gegen Art. 82 Abs. 1 EG fest und forderte die Continental zu dessen Behebung auf. Hiergegen erhoben Continental und Europemballage Nichtigkeitsklage. Im Verfahren trugen die Klägerinnen unter anderem vor, die Kommission lege den Begriff der „missbräuchlichen Ausnutzung" falsch aus. Der EuGH gab der Klage im Ergebnis statt.

**Aus den Entscheidungsgründen:**

(S. 244) [20] Artikel 86 Absatz 1 des Vertrages erklärt für „mit dem Gemeinsamen Markt unvereinbar und verboten ... die mißbräuchliche Ausnutzung einer beherrschenden Stellung auf dem Gemeinsamen Markt oder auf einem wesentlichen Teil desselben durch ein oder mehrere Unternehmen, soweit dies dazu führen kann, den Handel zwischen Mitgliedstaaten zu beeinträchtigen". Es ist zu prüfen, ob in Artikel 86 mit dem Ausdruck „mißbräuchliche Ausnutzung" nur solche Verhaltensweisen von Unternehmen gemeint sind, die sich unmittelbar auf den Markt auswirken können und nachteilig für Erzeugung oder Absatz, Abnehmer oder Verbraucher sind, oder ob er sich auch auf Veränderungen der Struktur eines Unternehmens bezieht, die zu schweren Beeinträchtigungen des Wettbewerbs auf einem wesentlichen Teil des Gemeinsamen Marktes führen.

[21] Auf die Unterscheidung zwischen Maßnahmen, welche die Struktur des Unternehmens betreffen, und Verhaltensweisen, die sich auf den Markt auswirken, kann es indessen nicht ankommen, denn jede strukturelle Maßnahme kann die Marktverhältnisse beeinflussen, sofern sie das Unternehmen größer und wirtschaftlich stärker macht.

[22] Für die Entscheidung dieser Frage muß auf Geist, Aufbau und Wortlaut von Artikel 86 sowie auf System und Ziele des Vertrages zurückgegriffen werden. Die hier anstehenden Probleme lassen sich daher nicht durch einen Vergleich zwischen diesem Artikel und einigen Bestimmungen des EGKS-Vertrags lösen.

[23] Artikel 86 gehört zu dem Kapitel, das den gemeinsamen Regeln über die Politik der Gemeinschaft auf dem Gebiet des Wettbewerbs gewidmet ist. Diese Politik beruht auf Artikel 3 Buchstabe f des Vertrages, wonach die Tätigkeit der Gemeinschaft die Errichtung eines Systems umfaßt, das den Wettbewerb innerhalb des Gemeinsamen Marktes vor Verfälschungen schützt. Das Vorbringen der Klägerinnen, diese Bestimmung enthalte nur einen allgemeinen, rechtlich unverbindlichen Programmsatz, verkennt, daß Artikel 3 die Verfolgung der Ziele, die er aufstellt, als unerläßlich für die Erfüllung der Aufgaben der Gemeinschaft ansieht. Was insbesondere das in Buchstabe f genannte Ziel angeht, so regelt der Vertrag Näheres hierzu in mehreren Bestimmungen, für deren Auslegung diese Zielsetzung maßgebend ist.

[24] Wenn aber Artikel 3 Buchstabe f die Errichtung eines Systems vorsieht, das den Wettbewerb innerhalb des Gemeinsamen Marktes vor Verfälschungen schützt, so fordert er erst recht, daß der Wettbe-

werb ausgeschaltet wird. Dieses Erfordernis ist so wesentlich, daß bei
seinem Fehlen zahlreiche Vertragsvorschriften gegenstandslos wären. Es entspricht überdies dem Gebot des Artikels 2 des Vertrages,
demzufolge die Gemeinschaft die Aufgabe hat, „eine harmonische
Entwicklung des Wirtschaftslebens innerhalb der Gemeinschaft ...
zu fördern". Somit finden die Wettbewerbsbeschränkungen, die der
Vertrag unter bestimmten Voraussetzungen deshalb zuläßt, weil die
verschiedenen Vertragsziele miteinander in Einklang gebracht werden
müssen, in den Erfordernissen der Artikel 2 und 3 eine Grenze, bei
deren Überschreiten die Gefahr besteht, daß eine Abschwächung des
Wettbewerbs den Zielsetzungen des Gemeinsamen Marktes zuwiderläuft.

(S. 245) [25] Der Wahrung der Grundsätze der Artikel 2 und 3
EWG-Vertrag und der Erreichung der dort aufgezeigten Ziele dienen
die in den Artikeln 85 bis 90 enthaltenen allgemeinen Vorschriften für
die Unternehmen. Artikel 85 betrifft Vereinbarungen zwischen Unternehmen, Beschlüsse von Unternehmensvereinigungen und aufeinander abgestimmte Verhaltensweisen, während Artikel 86 das einseitige
Tätigwerden eines oder mehrerer Unternehmen zum Gegenstand hat.
Auf verschiedene Ebenen streben die Artikel 85 und 86 das gleiche
Ziel der Aufrechterhaltung eines wirksamen Wettbewerbs im Gemeinsamen Markt an. Die Beeinträchtigung des Wettbewerbs, die verboten
ist, wenn sie das Ergebnis eines unter Artikel 85 fallenden Verhaltens
ist, kann nicht dadurch zulässig werden, daß dieses Verhalten unter
dem Einfluß eines beherrschenden Unternehmens zum Erfolg führt
und in einen Zusammenschluß der beteiligten Unternehmen mündet.
In Ermangelung ausdrücklicher Vorschriften kann dem Vertrag, der in
Artikel 85 bestimmten den Wettbewerb beeinträchtigende, jedoch nicht
beseitigende Beschlüsse gewöhnlicher Unternehmensvereinigungen
untersagt, nicht unterstellt werden, er habe es in Artikel 86 erlauben
wollen, daß Unternehmen durch ihren Zusammenschluß zu einer or-
ganischen Einheit eine so beherrschende Stellung erlangen, daß jede
ernst zu nehmende Wettbewerbsmöglichkeit praktisch ausgeschlossen
ist. Eine so unterschiedliche rechtliche Behandlung würde in das gesamte Wettbewerbsrecht eine Bresche schlagen, die das ordnungsmä-
ßige Funktionieren des Gemeinsamen Marktes in Frage stellen könnte.
Wenn es zur Umgehung der Verbote des Artikels 85 ausreichte, die
Verbindungen zwischen den Unternehmen so eng zu gestalten, daß
sie der Verbotsvorschrift des Artikels 85 entgingen, ohne in den Anwendungsbereich von Artikel 86 zu fallen, so würde damit im Widerspruch zu den grundlegenden Prinzipien des Gemeinsamen Marktes

die Abschottung eines wesentlichen Teils dieses Marktes erlaubt. Das Bestreben der Verfasser des Vertrages, auch in den Fällen, in denen Wettbewerbsbeschränkungen zugelassen sind, auf dem Markt einen tatsächlichen oder potentiellen Wettbewerb zu erhalten, hat in Artikel 85 Absatz 3 Buchstabe b des Vertrages seinen ausdrücklichen Niederschlag gefunden. Wenn Artikel 86 nicht die gleiche (S. 246) ausdrückliche Bestimmung enthält, so erklärt sich das daraus, daß die dort für beherrschende Stellungen getroffene Regelung im Gegensatz zu Artikel 85 Absatz 3 keine Ausnahmen vom Verbot kennt. Bei einer solchen Regelung ergibt sich die Bindung an die grundlegenden Vertragsziele, insbesondere an das des Artikels 3 Buchstabe f, aus der zwingenden Geltung dieser Ziele. Jedenfalls können die Artikel 85 und 86 nicht in einander widersprechendem Sinne ausgelegt werden, da sie der Verwirklichung desselben Zieles dienen.

[26] Im Lichte dieser Erwägungen ist das Tatbestandsmerkmal des Artikels 86 auszulegen, wonach die Ausnutzung einer beherrschenden Stellung mißbräuchlich sein muß, um unter das Verbot zu fallen. Die Vorschrift zählt eine Reihe von mißbräuchlichen Verhaltensweisen auf, die sie untersagt. Sie gibt lediglich Beispiele, also keine erschöpfende Aufzählung der Arten der nach dem Vertrag verbotenen mißbräuchlichen Ausnutzung einer beherrschenden Stellung. Wie ferner die Buchstaben c und d von Absatz 2 erkennen lassen, bezieht sich die Bestimmung nicht nur auf Verhaltensweisen, durch die den Verbrauchern ein unmittelbarer Schaden erwachsen kann, sondern auch auf solche, die ihnen durch einen Eingriff in die Struktur des tatsächlichen Wettbewerbs, von dem Artikel 3 Buchstabe f des Vertrages handelt, Schaden zufügen. Ein mißbräuchliches Verhalten kann daher vorliegen, wenn ein Unternehmen in beherrschender Stellung diese dergestalt verstärkt, daß der erreichte Beherrschungsgrad den Wettbewerb wesentlich behindert, daß also nur noch Unternehmen auf dem Markt bleiben, die in ihrem Marktverhalten von dem beherrschenden Unternehmen abhängen.

[27] Bei diesem Sinn und dieser Tragweite des Artikels 86 EWG-Vertrag kommt es auf die von den Klägerinnen aufgeworfene Frage des ursächlichen Zusammenhangs, der nach ihrer Ansicht zwischen der beherrschenden Stellung und der mißbräuchlichen Ausnutzung bestehen muß, nicht an, denn die Verstärkung der Stellung eines Unternehmens kann ohne Rücksicht darauf, mit welchen Mitteln und Verfahren sie erreicht worden ist, mißbräuchlich und nach Artikel 86 des Vertrages verboten sein, sofern sie die vorstehend beschriebenen Wirkungen hervorruft.

## 3. Relevanter Markt

**Rs. 27/76 (United Brands ✗ Kommission),** **259**
**Urteil des Gerichtshofes vom 14. 02. 1978 – Slg. 1978, S. 207.**

**Vorbemerkungen:** *Die Untersuchung einer marktbeherrschenden Stellung im Sinne von Art. 82 EG setzt zunächst die Ermittlung des „relevanten Marktes" voraus. In der Entscheidung zur Rechtssache 27/76 entwickelte der EuGH Kriterien zu dessen Bestimmung. Danach ist der relevante Markt sowohl in räumlicher als auch in sachlicher Hinsicht abzugrenzen. Ein einheitlicher Produktmarkt für das fragliche Produkt besteht, wenn dieses (z.b. Bananen) nicht oder nur unter erschwerten Bedingungen gegen andere Produkte (z.B. Äpfel) austauschbar ist. Identische oder gleichartige Produkte sind immer Bestandteil desselben Marktes, während ähnliche Produkte (z.B. Butter und Margarine) nur dann demselben Markt angehören, wenn die Verbraucher ohne weiteres von einem auf das andere Produkt ausweichen. In räumlicher Hinsicht sind alle Teilgebiete der Gemeinschaft einzubeziehen, in denen die fraglichen Produkte angeboten werden und die eine hinreichend homogene Struktur aufweisen. Dabei können sowohl rechtliche (z.B. handelsrechtliche Vorschriften) als auch tatsächliche Gesichtspunkte (z.B. Nachfrage, Angebotsdruck) herangezogen werden.*

**Sachverhalt:** Die United Brands Company (UBC) wandte sich mit ihrer Klage gegen eine Entscheidung der Kommission, in der diese festgestellt hatte, dass UBC Zuwiderhandlungen gegen Art. 82 EG begangen habe, und deshalb eine Geldbuße festsetzte. Unter anderem wurde UBC vorgeworfen, ihre Vertriebshändler und Reifereien angewiesen zu haben, UBC-Bananen nicht in grünem Zustand weiterzuverkaufen, und ihren Handelspartnern gegenüber ungleiche Preise für gleichwertige Leistungen angewandt zu haben. Der EuGH setzte die Geldbuße herab und wies die Klage im übrigen ab.

### Aus den Entscheidungsgründen:

(S. 280) [10/11] Zur Beurteilung der Frage, ob UBC auf dem Markt für Bananen eine beherrschende Stellung innehat, ist dieser Markt sowohl im Hinblick auf das Produkt als auch in räumlicher Hinsicht abzugrenzen. Die Prüfung der Wettbewerbsmöglichkeiten hat nach Artikel 86 des Vertrages anhand der Eigenschaften des relevanten Erzeugnisses und für einen abgegrenzten räumlichen Bereich zu erfolgen, in dem es vertrieben wird und in dem die Wettbewerbsbedingungen hinreichend homogen sind, um eine Einschätzung der wirtschaftlichen Macht des betroffenen Unternehmens zu ermöglichen.

### Erster Abschnitt: Der Produktmarkt

(S. 281) [12] Hinsichtlich des Produktmarktes ist zunächst festzustellen, ob, wie die Klägerinnen meinen, Bananen ein integrierender Bestandteil des Marktes für Frischobst sind, weil sie für die Verbraucher in sinnvoller Weise mit anderen Sorten frischen Obstes wie Äpfeln, Apfelsinen, Weintrauben, Pfirsichen, Erdbeeren usw. austauschbar seien, oder ob der relevante Markt ausschließlich der Markt für Bananen ist, der sowohl Markenbananen als auch Bananen ohne Kennzeichnung umfaßt und einen hinreichend homogenen und von dem Markt für anderes frisches Obst abgegrenzten Markt darstellt.

(...)

(S. 282) [22] Damit die Banane als Gegenstand eines hinreichend abgesonderten Marktes angesehen werden kann, müssen ihre besonderen, sie von anderem frischen Obst unterscheidenden Eigenschaften so kennzeichnend sein, daß sie mit ihm nur geringfügig austauschbar und seinem Wettbewerb nur in wenig spürbarer Form ausgesetzt ist.

(...)

(S. 283) [34/35] All diese Überlegungen zeigen, daß eine große Zahl von Verbrauchern mit gleichbleibendem Bedarf an Bananen von dem Verbrauch dieses Erzeugnisses nicht in erheblicher oder auch nur spürbarer Weise dadurch abgehalten wird, daß anderes frisches Obst auf den Markt gelangt; sie zeigen ferner, daß sogar ein jahreszeitlich bedingtes Überangebot nur einen in zeitlicher Hinsicht mäßigen und im Hinblick auf die Austauschbarkeit sehr begrenzten Einfluß ausübt. Sonach ist der Markt für Bananen ein von dem Markt für frisches Obst hinreichend abgesonderter Markt.

(...)

### (S. 284) Zweiter Abschnitt: Der räumliche Markt

[44] Voraussetzung für die Anwendung von Artikel 86 auf ein Unternehmen mit beherrschender Stellung ist die eindeutige Abgrenzung des wesentlichen Teils des Gemeinsamen Marktes, auf dem dieses gegebenenfalls Mißbräuche, die einen wirksamen Wettbewerb verhindern, zu begehen in der Lage ist; in diesem Gebiet müssen sich die objektiven Wettbewerbsbedingungen bei dem relevanten Erzeugnis für alle Unternehmen gleichen.

(...)

(S. 285) [57] Aus all diesen Erwägungen folgt, daß für die Prüfung einer beherrschenden Stellung der Klägerinnen auf den von der Kommission abgegrenzten räumlichen Markt, der einen wesentlichen Teil des Gemeinsamen Marktes darstellt, als relevanten Markt abzustellen ist.

## 4. Rechtfertigung von Wettbewerbsbeschränkungen

**Rs. C-209/98 (Sydhavnens Sten & Grus),**   **260**
**Urteil des Gerichtshofes vom 23. 05. 2000 – Slg. 2000, S. I-3743.**

**Vorbemerkungen:** *Im Rahmen des Art. 86 EG ist für die Rechtfertigung von Wettbewerbsbeschränkungen zugunsten öffentlicher Unternehmen oder Unternehmen, denen die Mitgliedstaaten besondere oder ausschließliche Rechte gewähren, zwecks Erfüllung öffentlicher Aufgaben auf die Verhältnismäßigkeit abzustellen. Im vorliegenden Rechtsstreit hatte der EuGH zu entscheiden, ob die europarechtlichen Wettbewerbsregeln der Einführung einer Gemeindesatzung entgegenstehen, wenn diese vorsieht, dass nicht-giftige und weiterverwertbare Bauabfälle eines bestimmten Gebietes von einer begrenzten Anzahl besonders ausgewählter Unternehmen behandelt wird, um sicherzustellen, dass diesen Unternehmen hinreichend große Mengen solcher Abfälle geliefert werden. Da insofern andere Unternehmen, die grundsätzlich auch für eine solche Abfallbehandlung zugelassen waren, ausgeschlossen wurden, stellte sich die Frage, ob das Verhalten derjenigen Unternehmen, denen ein ausschließliches Recht im Sinne von Art. 86 Abs. 1 EG eingeräumt wurde, den Missbrauch einer marktbeherrschenden Stellung darstellt.*

**Sachverhalt:** In dem dänischen Ausgangsrechtsstreit begehrte die Sydhavnens Sten & Grus ApS die Genehmigung zur Verwertung umweltunschädlicher Bauabfälle, die im Stadtgebiet von Kopenhagen anfielen. Die Stadt Kopenhagen ließ die Verwertung dieser Abfälle exklusiv von drei anderen Unternehmen vornehmen. Das befasste Gericht wandte sich im Rahmen eines Vorabentscheidungsverfahrens nach Art. 234 EG an den EuGH und fragte nach Auslegung von Art. 86 EG in Verbindung mit Art. 82 EG. Der EuGH erklärte die Gemeindesatzung und die aus Gründen der Kapazitätsauslastung erfolgte Beschränkung der Abfallverwertung für mit den Art. 86, 82 EG vereinbar.

**Aus den Entscheidungsgründen:**

(S. I-3797) [66] Die Schaffung einer beherrschenden Stellung durch die Gewährung besonderer oder ausschließlicher Rechte im Sinne von Artikel 90 Absatz 1 EG-Vertrag ist als solche allein noch nicht mit Artikel 86 EG-Vertrag unvereinbar. Ein Mitgliedstaat verstößt gegen die in diesen beiden Bestimmungen enthaltenen Verbote nur, wenn das betreffende Unternehmen durch die bloße Ausübung der ihm übertragenen ausschließlichen Rechte seine beherrschende Stellung mißbräuchlich ausnutzt oder wenn durch diese Rechte eine Lage geschaffen werden könnte, in der dieses Unternehmen einen solchen Mißbrauch begeht (vgl. z.B. Urteil vom 21. September 1999 in den Rechtssachen C-115/97 bis C-117/97, Brentjens', noch nicht in der amtlichen Sammlung veröffentlicht, Randnr. 93).

(S. I-3798) [67] Nach der Rechtsprechung des Gerichtshofes kann ein Mitgliedstaat ohne Verstoß gegen Artikel 86 EG-Vertrag bestimmten Unternehmen ausschließliche Rechte einräumen, wenn letztere ihre beherrschende Stellung nicht mißbräuchlich ausnutzen oder nicht gezwungen sind, einen solchen Mißbrauch zu begehen (vgl. Urteil vom 18. Juni 1998 in der Rechtssache C-266/96, Corsica Ferries France, Slg. 1998, I-3949, Randnr. 41).

[68] Die Gewährung eines ausschließlichen Rechts für einen Teil des Staatsgebiets zur Verfolgung von Umweltzielen, wie der Schaffung der erforderlichen Kapazität für die Verwertung von Bauabfällen, beinhaltet an sich keinen Mißbrauch einer beherrschenden Stellung.

[69] Es bleibt zu prüfen, ob das ausschließliche Recht nicht trotzdem zu einer mißbräuchlichen Ausnutzung einer beherrschenden Stellung führt.

(...)

(S. I-3799) [74] Aus Artikel 90 Absatz 1 EG-Vertrag in Verbindung mit dessen Absatz 2 ergibt sich, daß ein Mitgliedstaat sich auf Artikel 90 Absatz 2 stützen kann, um einem Unternehmen, das mit Dienstleistungen von allgemeinem wirtschaftlichen Interesse betraut ist, insbesondere gegen Artikel 86 EG-Vertrag verstoßende ausschließliche Rechte zu übertragen, sofern die Erfüllung der diesem übertragenen besonderen Aufgabe nur durch die Einräumung solcher Rechte gesichert werden kann und soweit die Entwicklung des Handelsverkehrs nicht in einem Ausmaß beeinträchtigt wird, das dem Interesse der Gemeinschaft zuwiderläuft (vgl. zu den gegen Artikel 37 EG-Vertrag [nach Änderung jetzt Artikel 31 EG] verstoßenden ausschließlichen

Rechten: Urteil vom 23. Oktober 1997 in der Rechtssache C-159/94, Kommission/Frankreich, Slg. 1997, I-5815, Randnr. 49).

[75] Die Bewirtschaftung bestimmter Abfälle kann Gegenstand einer Dienstleistung von allgemeinem wirtschaftlichen Interesse sein, insbesondere wenn diese Dienstleistung ein Umweltproblem beseitigen soll.

[76] Laut den Akten hat die Stadt Kopenhagen gemäß den nationalen Rechtsvorschriften drei Unternehmen mit der Behandlung der in der Gemeinde anfallenden (S. I-3800) Bauabfälle betraut. Diese Unternehmen sind verpflichtet, diese Abfälle anzunehmen und einer Verwertung zuzuführen, soweit eine solche möglich ist. Somit sind diese Unternehmen mit einer Aufgabe von allgemeinem wirtschaftlichen Interesse betraut worden.

[77] Sodann ist zu prüfen, ob das den drei Unternehmen eingeräumte Ausschließlichkeitsrecht zur Erfüllung ihrer im allgemeinwirtschaftlichen Interesse liegenden Aufgabe zu wirtschaftlich tragbaren Bedingungen erforderlich ist (vgl. Urteile Corbeau, Randnrn. 14 und 16, und Brentjens', Randnr. 107).

[78] Wie sich aus dem dem Gerichtshof mitgeteilten Sachverhalt ergibt, sah sich die Stadt Kopenhagen, als das Zentrum Grøften errichtet und einer begrenzten Anzahl von Unternehmen ein Ausschließlichkeitsrecht eingeräumt wurde, einem als ernst eingestuften Umweltproblem gegenüber: Der Großteil der Bauabfälle wurde in der Erde vergraben, obwohl die Abfälle hätten verwertet werden können. Eine Verwertung war nicht möglich, da es an Unternehmen mangelte, die diese Abfälle hätten behandeln können. Um die in der Gemeinde anfallenden Abfallmengen abnehmen und einer qualitativ hochwertigen Verwertung zuführen zu können, hielt die Gemeinde die Errichtung eines Zentrums mit einer hohen Annahmekapazität für erforderlich. Sie war der Meinung, daß es zur Sicherstellung der Rentabilität dieses neuerrichteten Zentrums notwendig sei, diesem durch die Gewährung eines Ausschließlichkeitsrechts für die Abfallbehandlung die Lieferung erheblicher Mengen zu garantieren.

[79] Zwar werden durch das Ausschließlichkeitsrecht Unternehmen wie z.B. die Sydhavnens Sten & Grus, die einen Zugang zum Markt suchen, trotz ihrer umweltrechtlichen Zulassung ausgeschlossen. Die Stadt Kopenhagen konnte jedoch wegen des Mangels an Unternehmen, die in der Lage waren, die fraglichen Abfälle zu behandeln, von der Notwendigkeit der Errichtung eines Zentrums mit (S. I-3801) einer erheblichen Annahmekapazität ausgehen. Sie konnte ebenfalls davon ausgehen, daß ein Ausschließlichkeitsrecht, das zeitlich auf den

voraussichtlichen Abschreibungszeitraum für die Investitionen und räumlich auf das Gebiet der Gemeinde begrenzt ist, erforderlich war, um Unternehmen für eine Beteiligung am Betrieb eines Zentrums mit einer großen Annahmekapazität zu gewinnen.

[80] Eine Maßnahme, die den Wettbewerb weniger eingeschränkt hätte, z.b. eine Regelung, die den Unternehmen lediglich vorgeschrieben hätte, ihre Abfälle verwerten zu lassen, hätte nämlich wegen der unzureichenden Kapazitäten für die Behandlung der Abfälle aus der Gemeinde nicht unbedingt gewährleistet, daß der größte Teil dieser Abfälle verwertet worden wäre.

[81] Auch wenn die Gewährung des Ausschließlichkeitsrechts zu einer Wettbewerbsbeschränkung für einen wesentlichen Teil des Gemeinsamen Marktes führen würde, könnte sie unter diesen Umständen als notwendig angesehen werden, um eine Aufgabe von allgemeinem wirtschaftlichen Interesse zu erfüllen.

[82] Im übrigen findet sich in den Akten kein Anhaltspunkt dafür, daß das im vorliegenden Fall eingeräumte Ausschließlichkeitsrecht die betreffenden Unternehmen zu einer mißbräuchlichen Ausnutzung ihrer beherrschenden Stellung zwingt.

[83] Somit ist auf den zweiten Teil der ersten Frage zu antworten, daß Artikel 90 in Verbindung mit Artikel 86 EG-Vertrag der Einführung einer Gemeindesatzung wie der im Ausgangsverfahren streitigen nicht entgegensteht, die zur Lösung eines Umweltproblems, das durch den Mangel an Behandlungskapazitäten für (S. I-3802) ungefährliche, zur Verwertung bestimmte Bauabfälle bedingt ist, die Möglichkeit vorsieht, daß solche in dem betreffenden Gebiet anfallenden Abfälle von einer begrenzten Anzahl besonders ausgewählter Unternehmen behandelt wird, um auf diese Weise sicherzustellen, daß diesen Unternehmen hinreichend große Mengen solcher Abfälle geliefert werden, und die damit andere Unternehmen ausschließt, obwohl sie für eine solche Abfallbehandlung zugelassen sind.

# IV. Beihilfenrecht, Art. 87 f. EG

## 1. Begriff der Beihilfe

**Rs. C-379/98 (PreussenElektra),**                                  **261**
**Urteil des Gerichtshofes vom 13. 03. 2001 – Slg. 2001, S. I-2099.**

**Vorbemerkungen:** *Wenngleich der EG-Vertrag keine Definition des Beihilfenbegriffes enthält, lassen sich aus Art. 87 EG fünf Merkmale ableiten. Erforderlich sind danach ein einseitiger Vorteil ohne marktübliche Gegenleistung (Privatkapitalgeber-Kriterium), staatliche Zurechenbarkeit („staatlich oder aus staatlichen Mitteln gewährt"), Selektivität („Begünstigung bestimmter Unternehmen oder Produktionszweige"), tatsächliche oder drohende Wettbewerbsverfälschung sowie schließlich das Vorliegen einer zwischenstaatlichen Handelsbeeinträchtigung. Während der einseitige Vorteil im vorliegenden Fall PreussenElektra unproblematisch gegeben war, stellte sich die Frage, ob die Zahlungen eines privaten Unternehmens, die aufgrund einer gesetzlichen Verpflichtung erfolgen, überhaupt staatlich zurechenbar sind. Der EuGH konkretisierte die Voraussetzung der staatlichen Zurechenbarkeit und verneinte, mangels Finanzierung aus staatlichen Mitteln, das Vorliegen einer Beihilfe (vgl. auch Fall 146).*

**Sachverhalt:** Der Entscheidung liegt ein Rechtsstreit zwischen der PreussenElektra AG und der Schleswag AG zugrunde, in dem die Preussen Elektra AG die Rückerstattung von Beiträgen verlangte, die sie aufgrund von § 4 Abs. 1 StromeinspeisungsG an die Schleswag AG gezahlt hatte. Die PreussenElektra AG machte dabei geltend, der beanspruchte Betrag sei ohne Rechtsgrund geleistet worden, da der der Zahlung zugrundeliegende § 4 StromeinspeisungsG gegen die unmittelbar anwendbaren beihilfenrechtlichen Vorschriften des EG-Vertrages verstieße und daher unanwendbar sei. Das befasste LG Kiel wandte sich in einem Vorabentscheidungsverfahren gemäß Art. 234 EG an den EuGH.

### Aus den Entscheidungsgründen:

(S. I-2180) [57] Artikel 92 Absatz 1 EG-Vertrag erklärt staatliche oder aus staatlichen Mitteln gewährte Beihilfen gleich welcher Art, die durch die Begünstigung bestimmter (S. I-2181) Unternehmen oder Produktionszweige den Wettbewerb verfälschen oder zu verfälschen drohen, für mit dem Gemeinsamen Markt unvereinbar, soweit sie den Handel zwischen Mitgliedstaaten beeinträchtigen.

[58] Nach der Rechtsprechung des Gerichtshofes sind jedoch nur solche Vorteile als Beihilfen im Sinne von Artikel 92 Absatz 1 EG-Vertrag anzusehen, die unmittelbar oder mittelbar aus staatlichen Mitteln gewährt werden. Die in dieser Bestimmung vorgenommene Unterscheidung zwischen staatlichen und aus staatlichen Mitteln gewährten Beihilfen bedeutet nämlich nicht, dass alle von einem Staat gewährten Vorteile unabhängig davon Beihilfen darstellen, ob sie aus staatlichen Mitteln finanziert werden, sondern dient nur dazu, in den Beihilfebegriff die unmittelbar vom Staat gewährten Vorteile sowie diejenigen, die über eine vom Staat benannte oder errichtete öffentliche oder private Einrichtung gewährt werden, einzubeziehen (vgl. Urteile vom 24. Januar 1978 in der Rechtssache 82/77, Van Tiggele, Slg. 1978, 25, Randnrn. 24 und 25, Sloman Neptun, Randnr. 19, vom 30. November 1993 in der Rechtssache C-189/91, Kirsammer-Hack, Slg. 1993, I-6185, Randnr. 16, vom 7. Mai 1998 in den verbundenen Rechtssachen C-52/97 bis C-54/97, Viscido u.a., Slg. 1998, I-2629, Randnr. 13, vom 1. Dezember 1998 in der Rechtssache C-200/97, Ecotrade, Slg. 1998, I-7907, Randnr. 35, und vom 17. Juni 1999 in der Rechtssache C-295/97, Piaggio, Slg. 1999, I-3735, Randnr. 35).

[59] Im vorliegenden Fall führt die Verpflichtung privater Elektrizitätsversorgungsunternehmen zur Abnahme von Strom aus erneuerbaren Energiequellen zu festgelegten Mindestpreisen nicht zu einer unmittelbaren oder mittelbaren Übertragung staatlicher Mittel auf die Unternehmen, die diesen Strom erzeugen.

[60] Folglich kann auch die Aufteilung der sich für die privaten Elektrizitätsversorgungsunternehmen aus der Abnahmepflicht ergebenden finanziellen Belastungen zwischen diesen und anderen privaten Unternehmen keine unmittelbare oder mittelbare Übertragung staatlicher Mittel darstellen.

(S. I-2182) [61] Der Umstand, dass die Abnahmepflicht auf einem Gesetz beruht und bestimmten Unternehmen unbestreitbare Vorteile gewährt, kann damit der Regelung nicht den Charakter einer staatlichen Beihilfe im Sinne von Artikel 92 Absatz 1 EG-Vertrag verleihen.

[62] Dieses Ergebnis wird auch nicht dadurch in Frage gestellt, dass sich die finanzielle Belastung durch die Abnahmepflicht zu Mindestpreisen, wie das vorlegende Gericht ausführt, negativ auf das wirtschaftliche Ergebnis der dieser Pflicht unterliegenden Unternehmen auswirken und dadurch die Steuereinnahmen des Staates verringern kann. Diese Folge ist einer derartigen Regelung immanent und kann nicht als Mittel angesehen werden, den Erzeugern von Strom aus er-

neuerbaren Energiequellen auf Kosten des Staates einen bestimmten Vorteil zu gewähren (in diesem Sinne Urteile Sloman Neptun, Randnr. 21, und Ecotrade, Randnr. 36).

[63] Die Kommission macht hilfsweise geltend, zur Sicherung der praktischen Wirksamkeit der Artikel 92 und 93 EG-Vertrag in Verbindung mit Artikel 5 EG-Vertrag (jetzt Artikel 10 EG) sei es erforderlich, den Begriff der staatlichen Beihilfe so auszulegen, dass er auch Unterstützungsmaßnahmen wie die des geänderten Stromeinspeisungsgesetzes erfasse, die vom Staat beschlossen, aber durch private Unternehmen finanziert würden. Sie stützt ihre Argumentation auf eine Analogie zu der Rechtsprechung des Gerichtshofes, nach der es den Mitgliedstaaten durch Artikel 85 EG-Vertrag (jetzt Artikel 81 EG) in Verbindung mit Artikel 5 EG-Vertrag untersagt ist, Maßnahmen, auch in Form von Gesetzen oder Verordnungen, zu treffen, die die praktische Wirksamkeit der für die Unternehmen geltenden Wettbewerbsregeln aufheben können (vgl. insbesondere Urteil vom 17. November 1993 in der Rechtssache C-2/91, Meng, Slg. 1993, I-5751, Randnr. 14).

[64] Insoweit genügt der Hinweis, dass sich Artikel 92 EG-Vertrag im Gegensatz zu Artikel 85 EG-Vertrag, der nur das Verhalten von Unternehmen betrifft, unmittelbar auf Maßnahmen der Mitgliedstaaten bezieht.

(S. I-2183) [65] Artikel 92 EG-Vertrag stellt somit ein in sich vollständiges Verbot der von ihm erfassten staatlichen Handlungen dar, und Artikel 5 EG-Vertrag, der in Absatz 2 bestimmt, dass die Mitgliedstaaten alle Maßnahmen unterlassen, die die Verwirklichung der Ziele des Vertrages gefährden könnten, kann nicht zur Ausdehnung des Anwendungsbereiches des Artikels 92 EG-Vertrag auf von diesem nicht erfasste staatliche Handlungen herangezogen werden.

[66] Auf die erste Vorlagefrage ist daher zu antworten, dass eine Regelung eines Mitgliedstaats, durch die private Elektrizitätsversorgungsunternehmen verpflichtet werden, den in ihrem Versorgungsgebiet erzeugten Strom aus erneuerbaren Energiequellen zu Mindestpreisen abzunehmen, die über dem tatsächlichen wirtschaftlichen Wert dieses Stroms liegen, und durch die die sich aus dieser Verpflichtung ergebenden finanziellen Belastungen zwischen diesen Elektrizitätsversorgungsunternehmen und den privaten Betreibern der vorgelagerten Stromnetze aufgeteilt werden, keine staatliche Beihilfe im Sinne von Artikel 92 Absatz 1 EG-Vertrag darstellt.

**262**    **Rs. C-280/00 (Altmark Trans und Regierungspräsidium Magdeburg),**
**Urteil des Gerichtshofes vom 24. 07. 2003 – Slg. 2003, S. I-7747.**

**Vorbemerkungen:** *Mit der Entscheidung Altmark Trans hat der EuGH seine in der Rechtssache Ferring (Rs. C-53/00, Slg. 2001, S. I-9067) begonnene Rechtsprechung zur fehlenden Tatbestandsmäßigkeit bestimmter Begünstigungen weiter konkretisiert. In diesem Urteil hatte der EuGH unter Abkehr von der bisherigen Rechtsprechung des EuG bestimmte staatliche Ausgleichszahlen zur Deckung der Mehrkosten eines öffentlichen Auftrages nicht mehr tatbestandlich als Begünstigungen i. S. d. Artikel 87 Abs. 1 EG angesehen und mithin von der Notwendigkeit einer Überprüfung der Rechtfertigungsmöglichkeiten nach Artikel 87 Abs. 2 und 3 EG ausgenommen. Hierdurch findet einerseits eine Entlastung der Beihilfekontrolle durch die Kommission statt, andererseits wirft dies die komplizierte Frage der Abgrenzung zwischen nicht mehr tatbestandsmäßigen Maßnahmen des Nachteilsausgleichs und darüber hinaus gehenden Begünstigungen, die den Tatbestand des Beihilfeverbots noch erfüllen, auf. In der Rechtssache Altmark Trans hat der EuGH vier Voraussetzungen aufgestellt, die vorliegen müssen, damit eine staatliche Maßnahme des Nachteilsausgleichs nicht mehr tatbestandlich als Begünstigung im Sinne des Artikel 87 Abs. 1 EG angesehen werden kann (Rn. 88 ff.).*

**Sachverhalt:** Die Firma Altmark Trans erhielt Genehmigungen für Liniendienste nach dem PbefG. Hiergegen klagte die Nahverkehrsgesellschaft Altmark als Konkurrentin. Sie wies in ihrer Klage darauf hin, dass die Altmark Trans auf Subventionen angewiesen sei und daher die erteilten Genehmigungen rechtswidrig seien. Das BVerwG legte im Revisionsverfahren dem EuGH u.a. die Frage vor, inwieweit Zuschüsse zum Defizitausgleich im öffentlichen Personennahverkehr überhaupt dem Beihilfeverbot unterfallen.

### Aus den Entscheidungsgründen:

(S. I-7833) [67] Der erste Teil der Frage des vorlegenden Gerichts geht dahin, ob Zuschüsse zum Defizitausgleich im öffentlichen Personennahverkehr überhaupt Artikel 92 Absatz 1 EG-Vertrag unterliegen oder ob ihnen wegen des örtlichen oder regionalen Charakters der erbrachten Verkehrsdienste und gegebenenfalls wegen der Bedeutung des betreffenden Tätigkeitsgebiets die Eignung fehlt, den Handel zwischen Mitgliedstaaten zu beeinträchtigen.

(...)

(S. I-7836) [74] Für die Beantwortung des ersten Teils der Frage sind die verschiedenen Elemente des Begriffs der staatlichen Beihilfe in Artikel 92 Absatz 1 EG-Vertrag zu prüfen. Nach ständiger Rechtsprechung verlangt die Qualifizierung als Beihilfe nämlich, dass alle in diesem Artikel genannten Voraussetzungen erfüllt sind (Urteile vom 21. März 1990 in der Rechtssache C-142/87, Belgien/Kommission, Tubemeuse, Slg. 1990, I-959, Randnr. 25, vom 14. September 1994 in den Rechtssachen C-278/92 bis C-280/92, Spanien/Kommission, Slg. 1994, I-4103, Randnr. 20, und vom 16. Mai 2002 in der Rechtssache C-482/99, Frankreich/Kommission, Slg. 2002, I-4397, Randnr. 68).

[75] Artikel 92 Absatz 1 EG-Vertrag stellt folgende Voraussetzungen auf: Erstens muss es sich um eine staatliche Maßnahme oder eine Maßnahme unter Inanspruchnahme staatlicher Mittel handeln. Zweitens muss sie geeignet sein, den Handel zwischen Mitgliedstaaten zu beeinträchtigen. Drittens muss dem Begünstigten durch sie ein Vorteil gewährt werden. Viertens muss sie den Wettbewerb verfälschen oder zu verfälschen drohen.

[76] Die Frage des vorlegenden Gerichts betrifft insbesondere die zweite Voraussetzung.

[77] Insoweit ist zunächst darauf hinzuweisen, dass es keineswegs ausgeschlossen ist, dass sich ein öffentlicher Zuschuss, der einem Unternehmen gewährt wird, das ausschließlich örtliche oder regionale Verkehrsdienste und keine Verkehrsdienste außerhalb seines Heimatstaats leistet, gleichwohl auf den Handel zwischen Mitgliedstaaten auswirken kann.

(S. I-7837) [78] Gewährt nämlich ein Mitgliedstaat einem Unternehmen einen öffentlichen Zuschuss, so kann dadurch die Erbringung von Verkehrsdiensten durch dieses Unternehmen beibehalten oder ausgeweitet werden, so dass sich die Chancen der in anderen Mitgliedstaaten niedergelassenen Unternehmen, ihre Verkehrsdienste auf dem Markt dieses Staates zu erbringen, verringern (vgl. in diesem Sinne Urteile vom 13. Juli 1988 in der Rechtssache 102/87, Frankreich/Kommission, Slg. 1988, 4067, Randnr. 19, vom 21. März 1991 in der Rechtssache C-305/89, Italien/Kommission, Slg. 1991, I-1603, Randnr. 26, und Spanien/Kommission, Randnr. 40).

[79] Im vorliegenden Fall ist diese Feststellung nicht nur hypothetischer Natur; wie sich insbesondere aus den Erklärungen der Kommission ergibt, haben nämlich mehrere Mitgliedstaaten bereits 1995

begonnen, einzelne Verkehrsmärkte dem Wettbewerb durch in anderen Mitgliedstaaten ansässige Unternehmen zu öffnen, so dass mehrere Unternehmen bereits ihre Stadt-, Vorort- oder Regionalverkehrsdienste in anderen Mitgliedstaaten als ihrem Heimatstaat anbieten.

[80] Sodann gilt die Mitteilung der Kommission vom 6. März 1996 über De minimis-Beihilfen (ABl. C 68, S. 9) nicht für den Verkehrssektor, wie sich aus ihrem vierten Absatz ergibt. Auch die Verordnung (EG) Nr. 69/2001 der Kommission vom 12. Januar 2001 über die Anwendung der Artikel 87 und 88 EG-Vertrag auf De-minimis-Beihilfen (ABl. L 10, S. 30) gilt nach ihrer dritten Begründungserwägung und ihrem Artikel 1 Buchstabe a nicht für diesen Sektor.

[81] Schließlich gibt es nach der Rechtsprechung des Gerichtshofes keine Schwelle und keinen Prozentsatz, bis zu der oder dem man davon ausgehen könnte, dass der Handel zwischen Mitgliedstaaten nicht beeinträchtigt wäre. Weder der verhältnismäßig geringe Umfang einer Beihilfe noch die verhältnismäßig geringe Größe des begünstigten Unternehmens schließt nämlich von vornherein die Möglichkeit einer Beeinträchtigung des Handels zwischen Mitgliedstaaten aus (Urteile Tubemeuse, Randnr. 43, und Spanien/Kommission, Randnr. 42)

(S. I-7838) [82] Die zweite Anwendungsvoraussetzung von Artikel 92 Absatz 1 EG-Vertrag, wonach die Beihilfe geeignet sein muss, den Handel zwischen Mitgliedstaaten zu beeinträchtigen, hängt daher nicht ab vom örtlichen oder regionalen Charakter der erbrachten Verkehrsdienste oder von der Größe des betreffenden Tätigkeitsgebiets.

[83] Eine staatliche Maßnahme fällt jedoch nur dann unter Artikel 92 Absatz 1 EG-Vertrag, wenn sie, wie in Randnummer 75 dieses Urteils ausgeführt worden ist, auch als Vorteil für das begünstigte Unternehmen angesehen werden kann.

[84] Als Beihilfen gelten in dieser Hinsicht Maßnahmen gleich welcher Art, die mittelbar oder unmittelbar Unternehmen begünstigen (Urteil vom 15. Juli 1964 in der Rechtssache 6/64, Costa, Slg. 1964, 1253, 1272) oder die als ein wirtschaftlicher Vorteil anzusehen sind, den das begünstigte Unternehmen unter normalen Marktbedingungen nicht erhalten hätte (Urteile vom 11. Juli 1996 in der Rechtssache C-39/94, SFEI u.a., Slg. 1996, I-3547, Randnr. 60, und vom 29. April 1999 in der Rechtssache C-342/96, Spanien/Kommission, Slg. 1999, I-2459, Randnr. 41).

[85] Es ist jedoch auf die Entscheidung des Gerichtshofes im Zusammenhang mit einem in der Richtlinie 75/439/EWG des Rates vom 16. Juni 1975 über die Altölbeseitigung (ABl. L 194, S. 23) vorgesehenen Zuschuss hinzuweisen. Dieser Zuschuss konnte Unternehmen,

die Altöle sammelten und/oder beseitigten, als Ausgleich für die ihnen von dem Mitgliedstaat auferlegte Sammel- und/oder Beseitigungspflicht gewährt werden, sofern er die ungedeckten, tatsächlich festgestellten jährlichen Kosten der Unternehmen unter Berücksichtigung eines angemessenen Gewinns nicht überstieg. Der Gerichtshof hat entschieden, dass ein derartiger Zuschuss keine Beihilfe im Sinne der Artikel 92 ff. EG-Vertrag darstellt, sondern eine Gegenleistung für die von den Abhol- oder Beseitigungsunternehmen erbrachten Leistungen (vgl. Urteil vom 7. Februar 1985 in der Rechtssache 240/83, ADBHU, Slg. 1985, 531, Randnrn. 3 letzter Satz und 18).

(S. I-7839) [86] In ähnlicher Weise hat der Gerichtshof entschieden, dass, soweit eine bei den Pharmaherstellern erhobene Direktverkaufsabgabe den tatsächlich den Großhändlern für die Erfüllung ihrer gemeinwirtschaftlichen Pflichten entstandenen zusätzlichen Kosten entspricht, die Tatsache, dass die Großhändler dieser Abgabe nicht unterliegen, als Gegenleistung für die erbrachten Leistungen und somit als Maßnahme betrachtet werden kann, die keine staatliche Beihilfe im Sinne von Artikel 92 EG-Vertrag darstellt. Der Gerichtshof hat ausgeführt, dass die Großhändler, wenn die gewährte Befreiung den entstandenen zusätzlichen Kosten entspricht, tatsächlich keinen Vorteil im Sinne von Artikel 92 Absatz 1 EG-Vertrag genießen, da die betreffende Maßnahme nur bewirkt, dass sie und die Pharmahersteller vergleichbaren Wettbewerbsbedingungen unterworfen sind (Urteil Ferring, Randnr. 27).

[87] Aus dieser Rechtsprechung folgt, dass eine staatliche Maßnahme nicht unter Artikel 92 Absatz 1 EG-Vertrag fällt, soweit sie als Ausgleich anzusehen ist, der die Gegenleistung für Leistungen bildet, die von den Unternehmen, denen sie zugute kommt, zur Erfüllung gemeinwirtschaftlicher Verpflichtungen erbracht werden, so dass diese Unternehmen in Wirklichkeit keinen finanziellen Vorteil erhalten und die genannte Maßnahme somit nicht bewirkt, dass sie gegenüber den mit ihnen im Wettbewerb stehenden Unternehmen in eine günstigere Wettbewerbsstellung gelangen.

[88] Ein derartiger Ausgleich ist im konkreten Fall jedoch nur dann nicht als staatliche Beihilfe zu qualifizieren, wenn eine Reihe von Voraussetzungen erfüllt sind.

[89] Erstens muss das begünstigte Unternehmen tatsächlich mit der Erfüllung gemeinwirtschaftlicher Verpflichtungen betraut sein, und diese Verpflichtungen müssen klar definiert sein. Im Ausgangsverfahren hat das vorlegende Gericht somit zu prüfen, ob sich die gemeinwirtschaftlichen Pflichten, die Altmark Trans auferlegt wurden, klar

aus den nationalen Rechtsvorschriften und/oder den im Ausgangsverfahren streitigen Genehmigungen ergeben.

(S. I-7840) [90] Zweitens sind die Parameter, anhand deren der Ausgleich berechnet wird, zuvor objektiv und transparent aufzustellen, um zu verhindern, dass der Ausgleich einen wirtschaftlichen Vorteil mit sich bringt, der das Unternehmen, dem er gewährt wird, gegenüber konkurrierenden Unternehmen begünstigt.

[91] Gleicht daher ein Mitgliedstaat, ohne dass zuvor die Parameter dafür aufgestellt worden sind, die Verluste eines Unternehmens aus, wenn sich nachträglich herausstellt, dass das Betreiben bestimmter Dienste im Rahmen der Erfüllung gemeinwirtschaftlicher Verpflichtungen nicht wirtschaftlich durchführbar war, so stellt dies ein finanzielles Eingreifen dar, das unter den Begriff der staatlichen Beihilfe im Sinne von Artikel 92 Absatz 1 EG-Vertrag fällt.

[92] Drittens darf der Ausgleich nicht über das hinausgehen, was erforderlich ist, um die Kosten der Erfüllung der gemeinwirtschaftlichen Verpflichtungen unter Berücksichtigung der dabei erzielten Einnahmen und eines angemessenen Gewinns aus der Erfüllung dieser Verpflichtungen ganz oder teilweise zu decken. Nur bei Einhaltung dieser Voraussetzung ist gewährleistet, dass dem betreffenden Unternehmen kein Vorteil gewährt wird, der dadurch, dass er die Wettbewerbsstellung dieses Unternehmens stärkt, den Wettbewerb verfälscht oder zu verfälschen droht.

[93] Wenn viertens die Wahl des Unternehmens, das mit der Erfüllung gemeinwirtschaftlicher Verpflichtungen betraut werden soll, im konkreten Fall nicht im Rahmen eines Verfahrens zur Vergabe öffentlicher Aufträge erfolgt, das die Auswahl desjenigen Bewerbers ermöglicht, der diese Dienste zu den geringsten Kosten für die Allgemeinheit erbringen kann, so ist die Höhe des erforderlichen Ausgleichs auf der Grundlage einer Analyse der Kosten zu bestimmen, die ein durchschnittliches, gut geführtes Unternehmen, das so angemessen mit Transportmitteln ausgestattet ist, dass es den gestellten gemeinwirtschaftlichen Anforderungen genügen kann, bei der Erfüllung der betreffenden Verpflichtungen hätte, wobei die dabei erzielten Einnahmen und ein angemessener Gewinn aus der Erfüllung dieser Verpflichtungen zu berücksichtigen sind.

(S. I-7841) [94] Aus dem Vorstehenden folgt, dass öffentliche Zuschüsse, die ausdrücklich mit gemeinwirtschaftlichen Verpflichtungen betrauten Unternehmen gewährt werden, um die bei der Erfüllung dieser Verpflichtungen entstehenden Kosten auszugleichen, nicht unter Artikel 92 Absatz 1 EG-Vertrag fallen, sofern sie die in den

Randnummern 89 bis 93 dieses Urteils genannten Voraussetzungen erfüllen. Hingegen stellt eine staatliche Maßnahme, die eine oder mehrere dieser Voraussetzungen nicht erfüllt, eine staatliche Beihilfe im Sinne dieser Bestimmung dar.

[95] Daher ist auf den ersten Teil der Vorlagefrage zu antworten, dass die Voraussetzung für die Anwendung von Artikel 92 Absatz 1 EG-Vertrag, wonach die Beihilfe geeignet sein muss, den Handel zwischen Mitgliedstaaten zu beeinträchtigen, nicht vom örtlichen oder regionalen Charakter der erbrachten Verkehrsdienste oder der Größe des betreffenden Tätigkeitsgebiets abhängt.

## 2. Staatliche Kapitalzuweisung als Beihilfe

**Verb. Rs. T-228/99 und T-233/99 (Westdeutsche Landesbank**      **263**
**Girozentrale ⁄ Kommission),**
**Urteil des Gerichts erster Instanz vom 06. 03. 2003 – Slg. 2003,**
**S. II-435.**

**Vorbemerkungen:** *In dieser Rechtssache hat sich das Gericht erster Instanz mit dem Beihilfecharakter staatlicher Kapitalzuweisungen an öffentliche Unternehmen beschäftigt. Zur Feststellung, ob eine staatliche Maßnahme den Beihilfentatbestand erfüllt, bedienen sich die Gemeinschaftsgerichte in ständiger Rechtssprechung des „market economy-test" (auch „private investor-test" genannt, vgl. z.B. Rs. C-305/89, Slg. 1991, S. I-1603). Ausgangspunkt ist dabei die Frage, ob die Begünstigung für den Nutznießer zum Zeitpunkt der Maßnahme auf dem entsprechenden Markt nur zu schlechteren Konditionen oder überhaupt nicht zu erlangen gewesen wäre. Das Verhalten des fiktiven privaten Investors, mit dem die Intervention des wirtschaftspolitische Ziele verfolgenden öffentlichen Kapitalgebers zu vergleichen ist, muß allerdings nicht notwendigerweise das eines gewöhnlichen Investors sein, der Kapital zum Zwecke seiner kurzfristigen Rentabilisierung anlegt; vielmehr kann es auch das Handeln eines Investors sein, der langfristige Rentabilitätsaussichten im Blick hat. In der vorliegenden Entscheidung musste dies anhand von spezifischen Renditeerwartungen geprüft werden.*

**Sachverhalt:** Mit Wirkung zum 01.01.1992 wurde durch Landesgesetz die Wohnungsbauförderungsanstalt des Landes Nordrhein-Westfalen (WfA) auf die Westdeutsche Landesbankgirozentrale (WestLB) als Gesamtrechtsnachfolgerin übertragen. Die WestLB ist eine dem nordrhein-westfälischen Landesrecht unterliegende Anstalt des öffentlichen Rechts. Sie gehört zu 100 Prozent öffentlichen Anteilseignern. Ihr Haupteigentümer ist das Land Nordrhein-Westfalen. Die Aufgabe der WfA war ausschließlich die Förderung des Wohnungsbaus. Seit dem 01.01.1992 ist die WfA eine wirtschaftlich und organisatorisch unabhängige öffentlich-rechtliche Anstalt innerhalb der WestLB, jedoch ohne eigene Rechtsfähigkeit. Das Grundkapital und die Rücklagen der WfA mussten in der Bilanz der WestLB als Sonderrücklage ausgewiesen werden. Die weiterhin für die Wohnungsbauförderung bestimmten Vermögenswerte der WfA sind unabhängig vom übrigen Vermögen der WestLB zu verwalten. Die Übertragung der WfA führte auch nicht zu einer Änderung der Anteilsverhältnisse bei der WestLB. Das Land hat für das der WestLB übertragene Kapital weder durch einen höheren Anteil an den ausgeschütteten Dividenden noch durch einen höheren Anteil an den Kapitalerträgen aus Beteiligungen an der WestLB eine Gegenleistung erhalten. Hingegen wurde als Vergütung des Landes für das bereitgestellte Kapital ein Satz von 0,6 Prozent jährlich festgesetzt. Die WestLB zahlte diese Vergütung aus Gewinnen nach Steuer. Diese Vergütung, die auf der Grundlage des als Basiseigenmittel anerkannten Kapitals der WfA berechnet wurde, wurde nur für den Teil dieses Kapitals gezahlt, welcher der WestlB zur Unterlegung ihrer wettbewerblichen Geschäftstätigkeit zur Verfügung stand. Die Kommission beschloss im Jahre 1997 die Einleitung des Verfahrens nach Artikel 88 Abs. 2 EG. In ihrer abschließenden Entscheidung stellte sie fest, dass die Bundesrepublik Deutschland mit der Übertragung der WfA auf die WestLB durch das Land unter Verstoß gegen Artikel 88 Abs. 3 EG eine staatliche Beihilfe gewährt habe. Der Entscheidung zufolge besteht das Beihilfeelement in der Differenz zwischen den als Vergütung für das übertragene Kapital tatsächlich erbrachten Zahlungen und den Zahlungen, die den Marktbedingungen entsprechen würden. Eine Rechtfertigung nach Artikel 87 Abs. 2 und 3 EG schloss die Kommission aus. Die WestLB und das Land Nordrhein-Westfalen erhoben gegen die Entscheidung Nichtigkeitsklage nach Artikel 230 Abs. 4 EG beim EuG. Das EuG hat die Entscheidung für nichtig erklärt.

### Aus den Entscheidungsgründen:

(S. II-499) [178] Vorab ist daran zu erinnern, dass nach Artikel 87 Absatz 1 EG staatliche oder aus staatlichen Mitteln gewährte Beihilfen gleich welcher Art, die durch die Begünstigung bestimmter Unternehmen oder Produktionszweige den Wettbewerb verfälschen oder zu verfälschen drohen, mit dem Gemeinsamen Markt unvereinbar sind, soweit sie den Handel zwischen den Mitgliedstaaten beeinträchtigen.

[179] Damit Vergünstigungen als Beihilfen im Sinne des Artikels 87 Absatz 1 EG eingestuft werden können, müssen sie zum einen unmittelbar oder mittelbar aus staatlichen Mitteln gewährt werden und zum anderen dem Staat zuzurechnen sein (Urteil des Gerichtshofes vom 16. Mai 2002 in der Rechtssache C-482/99, Frankreich/Kommission, Slg. 2002, I-4397, Randnr. 24 und die dort zitierte Rechtsprechung).

[180] Die genannte Bestimmung unterscheidet jedoch staatliche Maßnahmen nicht nach ihren Gründen oder Zielen, sondern beschreibt sie nach ihren Wirkungen (siehe Urteil des Gerichtshofes vom 26. September 1996 in der Rechtssache C-241/94, Frankreich/Kommission, Slg. 1996, I-4551, Randnrn. 19 und 20). Der Beihilfebegriff ist also ein objektiver Begriff, der sich nur danach bestimmt, ob eine staatliche Maßnahme einem oder mehreren bestimmten Unternehmen einen Vorteil verschafft oder nicht (Urteile des Gerichts vom 27. Januar 1998 in der Rechtssache T-67/94, Ladbroke Racing/Kommission, Slg. 1998, II-1, Randnr. 52, und vom 10. Mai 2000 in der Rechtssache T-46/97, SIC/Kommission, Slg. 2000, II-2125, Randnr. 83).

(S. II-500) [181] Das Vorbringen des Landes läuft aber im Wesentlichen darauf hinaus, dass staatliche Mittel, wenn sie in der wirtschaftlich sinnvollsten Weise eingesetzt werden, keine staatlichen Mittel mehr sind. Wie die Kommission ausgeführt hat, sind die Mittel aber nicht schon deshalb keine staatlichen Mittel mehr, weil ein privater Kapitalgeber sie entsprechend eingesetzt hätte. Die Frage, ob der Staat unternehmerisch gehandelt hat, gehört nämlich zur Feststellung, ob eine staatliche Beihilfe vorliegt, und nicht zur Prüfung, ob die fraglichen Mittel solche der öffentlichen Hand sind oder nicht.

[182] Hier war die WfA unstreitig eine mit öffentlichen Mitteln ausgestattete Anstalt des öffentlichen Rechts, deren alleiniger Anteilseigner das Land war. Ihr Vermögen wurde durch ein vom Landtag des Landes verabschiedetes Gesetz in die WestLB eingebracht. Somit umfasst der streitige Vorgang die Bereitstellung staatlicher Mittel.

(...)

(S. II-507) [206] Wie oben in Randnummer 178 ausgeführt, soll Artikel 87 Absatz 1 EG verhindern, dass der Handel zwischen den Mitgliedstaaten durch vom Staat eingeräumte Vergünstigungen beeinträchtigt wird, die in verschiedener Form durch die Begünstigung bestimmter Unternehmen oder Produktionszweige den Wettbewerb verfälschen oder zu verfälschen drohen.

[207] Um beurteilen zu können, ob eine staatliche Maßnahme eine Beihilfe darstellt, ist daher zu prüfen, ob das begünstigte Unternehmen eine wirtschaftliche Vergünstigung erhält, die es unter norma-

len Marktbedingungen nicht erhalten hätte (Urteile des Gerichtshofes vom 11. Juli 1996 in der Rechtssache C-39/94, SFEI u.a., Slg. 1996, I-3547, Randnr. 60, vom 29. April 1999 in der Rechtssache C-342/96, Spanien/Kommission, Slg. 1999, I-2459, Randnr. 41, und vom 29. Juni 1999 in der Rechtssache C-256/97, DM Transport, Slg. 1999, I-3913, Randnr. 22, sowie Urteil SIC/Kommission, Randnr. 78).

[208] Die Frage, ob das durch eine Beihilfe begünstigte Unternehmen rentabel ist oder nicht, ist für sich grundsätzlich nicht ausschlaggebend für die Feststellung, ob eine solche Vergünstigung vorliegt. Sie ist dagegen im Rahmen der Frage zu berücksichtigen, ob der öffentliche Kapitalgeber sich wie ein marktwirtschaftlich handelnder Kapitalgeber verhalten oder ob das begünstigte Unternehmen eine wirtschaftliche Vergünstigung erhalten hat, die es unter normalen Marktbedingungen nicht erhalten hätte.

(S. II-508) [209] Außerdem trifft das Vorbringen der Kläger, in der Kommissionspraxis und der Rechtsprechung des Gerichtshofes sei der Grundsatz des marktwirtschaftlich handelnden Kapitalgebers nur auf Umstrukturierungsfälle angewandt worden, weder zu, noch kann damit die Rechtmäßigkeit der angefochtenen Entscheidung in Frage gestellt werden.

[210] Was die Rechtsprechung des Gerichtshofes angeht, hat dieser, abgesehen davon, dass er die Anwendung dieses Grundsatzes niemals ausdrücklich auf Unternehmen in Verlustsituationen beschränkt hat, häufig Ausführungen zum Beihilfebegriff gemacht, die die Anwendung des Grundsatzes des marktwirtschaftlich handelnden Kapitalgebers auf rentable Unternehmen nicht ausschließen, sondern vielmehr davon ausgehen (siehe insoweit neben der oben in Randnr. 207 zitierten Rechtsprechung die Urteile des Gerichtshofes vom 15. März 1994 in der Rechtssache C-387/92, Banco Exterior de España, Slg. 1994, I-877, Randnr. 13, und SFEI u.a., Randnrn. 58 bis 62).

[211] Was die Kommissionspraxis anbelangt, ist darauf hinzuweisen, dass die Kommission in Nummer 22 ihrer Mitteilung von 1993 erklärt, dass das gemeinschaftliche Beihilferecht auf öffentliche Unternehmen in allen Situationen, nicht lediglich in Verlustsituationen, wie es gegenwärtig der Fall ist, anzuwenden sei. Das Argument, das die Kläger den Nummern 2 und 16 dieser Mitteilung entnehmen, kann daher nicht gegen die Anwendung des Grundsatzes des marktwirtschaftlich handelnden Kapitalgebers auf rentable Unternehmen angeführt werden.

[212] Wie außerdem der BdB ausführt, hat die Kommission in der Entscheidung 98/365 betreffend SFMI-Chronopost die fraglichen Vor-

gänge anhand des Grundsatzes des marktwirtschaftlich handelnden Kapitalgebers geprüft, obwohl die von den betreffenden Maßnahmen begünstigten Unternehmen Buchgewinne erwirtschaftet hatten.

(S. II-509) [213] Selbst wenn schließlich die Anwendung des Grundsatzes des marktwirtschaftlich handelnden Kapitalgebers auf rentable Unternehmen eine Weiterentwicklung der bisher üblichen Kommissionspraxis und der Gemeinschaftsrechtsprechung wäre, so würde damit nicht ihre Rechtmäßigkeit in Frage gestellt. Denn sie widerspricht keiner Gemeinschaftsrechtsvorschrift, sondern steht, wie oben ausgeführt worden ist, völlig in Einklang mit den in diesem Bereich geltenden Vorschriften des EG-Vertrags.

[214] Das Vorbringen der Kläger, dass die angefochtene Entscheidung deshalb rechtswidrig sei, weil mit ihr der Grundsatz des marktwirtschaftlich handelnden Kapitalgebers auf ein rentables Unternehmen angewandt werde, ist folglich zurückzuweisen.

(...)

(S. II-518) [243] Wie oben in den Randnummern 206 und 207 ausgeführt worden ist, soll Artikel 87 Absatz 1 EG verhindern, dass der Handel zwischen Mitgliedstaaten durch vom Staat eingeräumte Vergünstigungen beeinträchtigt wird, die in verschiedener Form durch die Begünstigung bestimmter Unternehmen oder Produktionszweige den Wettbewerb verfälschen oder zu verfälschen drohen. Um beurteilen zu können, ob eine staatliche Maßnahme eine Beihilfe darstellt, ist daher zu prüfen, ob das begünstigte Unternehmen eine wirtschaftliche Vergünstigung erhält, die es unter normalen Marktbedingungen nicht erhalten hätte.

[244] Außerdem können nach ständiger Rechtsprechung Kapitalzuweisungen der öffentlichen Hand, in welcher Form auch immer, an Unternehmen staatliche Beihilfen darstellen, wenn die Voraussetzungen des Artikels 87 EG erfüllt sind.

(S. II-519) [245] Um festzustellen, ob eine solche Maßnahme den Charakter einer staatlichen Beihilfe hat, ist zu prüfen, ob ein unter normalen marktwirtschaftlichen Bedingungen handelnder privater Kapitalgeber (im Folgenden: privater Kapitalgeber) von vergleichbarer Größe wie die Verwaltungseinrichtungen des öffentlichen Sektors unter den entsprechenden Umständen zur Vornahme der fraglichen Kapitalzufuhr hätte bewegt werden können (Urteile des Gerichtshofes vom 21. März 1990 in der Rechtssache C-142/87, Belgien/Kommission, Slg. 1990, I-959, Randnr. 29, und Alfa Romeo, Randnrn. 18 und 19). Insbesondere ist zu klären, ob er den fraglichen Vorgang zu den gleichen Bedingungen abgewickelt hätte und, wenn nicht, zu welchen

Bedingungen er ihn hätte abwickeln können (Urteil des Gerichts vom 30. April 1998 in der Rechtssache T-16/96, Cityflyer Express/Kommission, Slg. 1998, II-757, Randnr. 51).

[246] Schließlich ist das Verhalten eines öffentlichen Kapitalgebers mit dem eines privaten im Hinblick darauf zu vergleichen, wie sich ein privater Kapitalgeber bei dem fraglichen Vorgang angesichts der zum entsprechenden Zeitpunkt verfügbaren Informationen und vorhersehbaren Entwicklungen verhalten hätte (Urteil Cityflyer Express/Kommission, Randnr. 76).

[247] Hier ist zunächst darauf hinzuweisen, dass es im Rahmen dieses Klagegrundes darum geht, ob die Kommission ganz allgemein befugt ist, den Wert der Durchschnittsrendite in dem betreffenden Sektor als Analyseinstrument zu verwenden, um das Verhalten eines privaten Kapitalgebers zu ermitteln.

[248] Die Frage, ob im vorliegenden Fall der Grundsatz des privaten Kapitalgebers namentlich bei der konkreten Festsetzung des von der Kommission berücksichtigten Durchschnittsrenditesatzes rechtswidrig angewandt worden ist, gehört dagegen zur später folgenden Prüfung des fünften Klagegrundes.

(S. II-520) [249] Die Kläger machen erstens im Wesentlichen geltend, die Anwendung der Durchschnittsrendite verstoße gegen Artikel 87 Absatz 1 EG. Sie werfen der Kommission vor, dass sie sich bei der Ermittlung der angemessenen Vergütung für den streitigen Vorgang ausschließlich auf eine Durchschnittsrendite gestützt und dabei nicht allen Besonderheiten des Falles Rechnung getragen habe, dass sie davon ausgegangen sei, dass ein privater Kapitalgeber nur an einer Renditeoptimierung interessiert sei, und dass sie den Eigentümereffekt außer Acht gelassen habe.

[250] Zunächst ist festzustellen, dass die Durchschnittsrendite nur als Analyseinstrument im Rahmen der Anwendung des Artikels 87 Absatz 1 EG dient.

[251] So kann sie zum einen kein automatisches Kriterium dafür sein, ob und in welcher Höhe eine staatliche Beihilfe vorliegt. Sie entbindet die Kommission nicht von ihrer Pflicht, alle maßgeblichen Aspekte des streitigen Vorgangs und seinen Kontext, einschließlich der Lage des begünstigten Unternehmens und des betroffenen Marktes, zu prüfen, um festzustellen, ob das begünstigte Unternehmen eine wirtschaftliche Vergünstigung erhält, die es unter normalen Marktbedingungen nicht erhalten hätte.

[252] Zum anderen unterliegt die Heranziehung der Durchschnittsrendite als Analyseinstrument den gemeinschaftsrechtlichen Beihilfe-

vorschriften insgesamt. Sie kann die Kommission z.b. nicht von ihrer Pflicht entbinden, die Möglichkeit in Betracht zu ziehen, dass die fragliche Beihilfe etwa die Voraussetzungen der Ausnahmeregelung des Artikels 86 Absatz 2 EG für eine Genehmigung erfüllt.

(S. II-521) [253] Außerdem berührt sie nicht die Verpflichtung der Kommission nach Artikel 253 EG, ihre abschließende Entscheidung über das Vorliegen und das Ausmaß der betreffenden Beihilfe hinreichend zu begründen.

[254] Unter diesen Bedingungen kann die Heranziehung der Durchschnittsrendite in dem betreffenden Sektor als eines von mehreren Analyseinstrumenten im Rahmen der Anwendung des Grundsatzes des privaten Kapitalgebers gerechtfertigt sein, um festzustellen, ob und gegebenenfalls in welchem Umfang das begünstigte Unternehmen eine wirtschaftliche Vergünstigung erhält, die es unter normalen Marktbedingungen nicht erhalten hätte.

[255] Das Verhalten eines privaten Kapitalgebers in einer Marktwirtschaft wird nämlich von Rentabilitätsaussichten geleitet (Urteil des Gerichts vom 12. Dezember 2000 in der Rechtssache T-296/97, Alitalia/Kommission, Slg. 2000, II-3871, Randnr. 84). Somit ist bei der Heranziehung der Durchschnittsrendite zugrunde zu legen, dass ein umsichtiger privater Kapitalgeber, also ein Kapitalgeber, der seine Gewinne maximieren möchte, ohne jedoch zu große Risiken im Verhältnis zu den anderen Marktteilnehmern einzugehen, bei der Berechnung der für seine Anlage zu erwartenden angemessenen Vergütung grundsätzlich eine Mindestrendite in Höhe der Durchschnittsrendite in dem betreffenden Sektor verlangen würde.

[256] Im vorliegenden Fall wird die Durchschnittsrendite im Rahmen der Anwendung des Grundsatzes des privaten Kapitalgebers auf ein rentables Unternehmen herangezogen. Außerdem musste die Kommission für die Ermittlung, ob und in welcher Höhe eine Beihilfe vorliegt, bei ihrem Vergleich des streitigen Vorgangs mit dem Verhalten eines privaten Kapitalgebers einen Bezugswert verwenden.

[257] Was das Vorbringen anbelangt, dass ein privater Kapitalgeber nicht nur an einer Renditeoptimierung seiner Anlagen interessiert sei und die Kommission den Eigentümereffekt außer Acht gelassen habe, ist nochmals darauf hinzuweisen, dass die Heranziehung der Durchschnittsrendite die Kommission nicht von ihrer Pflicht entbindet, alle maßgeblichen Aspekte des streitigen Vorgangs und seinen Kontext zu prüfen. Auf diese Frage wird später bei der Prüfung der Anwendung des Grundsatzes des privaten Kapitalgebers im vorliegenden Fall einzugehen sein.

(S. II-522) [258] Folglich liegt ein Verstoß gegen Artikel 87 Absatz 1 EG nicht schon darin, dass die Kommission im Rahmen der Berücksichtigung aller maßgeblichen Umstände des Einzelfalls eine Mindestrendite in Höhe der Durchschnittsrendite in dem betreffenden Sektor als Analyseinstrument verwendet hat.

(...)

(S. II-525) [271] Ferner führt auch der Umstand, dass bei der Beurteilung des Verhaltens des öffentlichen Kapitalgebers das Verhalten eines umsichtigen privaten Kapitalgebers zu berücksichtigen ist, während sich das Verhalten eines beliebigen privaten Kapitalgebers nicht an einem solchen Maßstab messen lassen muss, nicht zu einer Benachteiligung des öffentlichen Kapitalgebers.

[272] Der Gleichheitssatz verbietet nämlich, vergleichbare Sachverhalte unterschiedlich zu behandeln und dadurch bestimmte Betroffene gegenüber anderen zu benachteiligen, ohne dass diese Ungleichbehandlung durch das Vorliegen objektiver Unterschiede von einigem Gewicht gerechtfertigt wäre (Urteil des Gerichts vom 7. Juli 1999 in der Rechtssache T-106/96, Wirtschaftsvereinigung Stahl/Kommission, Slg. 1999, II-2155, Randnr. 103). Der öffentliche Kapitalgeber befindet sich aber nicht in der gleichen Lage wie der private Kapitalgeber. Letzterer kann sich nur auf seine eigenen Mittel stützen, um seine Anlage zu finanzieren, und muss deshalb mit seinem Vermögen für die Folgen seiner Wahl einstehen. Der öffentliche Kapitalgeber dagegen hat Zugang zu Mitteln, die aus der Ausübung hoheitlicher Befugnisse fließen, insbesondere zu Steuermitteln. Da sich diese beiden Typen von Kapitalgebern somit nicht in der gleichen Lage befinden, kann die Berücksichtigung des Verhaltens eines umsichtigen privaten Kapitalgebers bei der Beurteilung des Verhaltens des öffentlichen Kapitalgebers diesen nicht benachteiligen.

(...)

(S. II-535) [304] Die Kläger machen, unterstützt von der Bundesrepublik Deutschland, einen Verstoß gegen die Begründungspflicht hinsichtlich bestimmter Berechnungskriterien für die angemessene Vergütung der in Rede stehenden Einbringung geltend und wenden sich hilfsweise, für den Fall, dass das Gericht die Auslegung des Beihilfebegriffs als zutreffend erachten sollte, gegen die Anwendung des Grundsatzes des marktwirtschaftlich handelnden Kapitalgebers in der angefochtenen Entscheidung. Sie beanstanden erstens, dass die angefochtene Entscheidung den Besonderheiten des streitigen Vorgangs nicht Rechnung trage. Zweitens bringen sie, was das von der WestLB nicht zur Ausweitung ihrer kommerziellen Tätigkeiten verwendbare

Eigenkapital anbelangt, vor, die Festsetzung der Vergütung für dieses Kapital auf den Satz von 0,3 % nach Steuern sei unzureichend begründet worden und der Vermögensvorteil für die WestLB beziehe sich nicht auf dieses Kapital. Drittens rügen sie, was das zur Unterlegung der Geschäftstätigkeit der WestLB verwendbare WfA-Kapital betrifft, zum einen einen Begründungsmangel hinsichtlich mehrerer Berechnungskriterien für die angemessene Vergütung und ziehen zum anderen die Richtigkeit der von der Kommission berechneten Vergütung in Zweifel.

(...)

(S. II-538) [313] Was das erste und das zweite Argument der Kläger anbelangt, ist vorab darauf hinzuweisen, dass es bei der Anwendung des Grundsatzes des privaten Kapitalgebers nicht ausreicht, die Rendite, die das Land für den streitigen Vorgang erhält, mit der Rendite zu vergleichen, die es für das WfA-Vermögen vor dieser Transaktion erhalten hatte. Denn das nur der Wohnungsbauforderung dienende WfA-Vermögen unterlag nicht der Logik eines privaten Kapitalgebers. Vielmehr ist die vom Land dank des streitigen Vorgangs erhaltene Rendite mit derjenigen zu vergleichen, die ein hypothetischer privater Kapitalgeber in einer so weit wie möglich gleichen Lage wie das Land für diese Transaktion verlangt hätte (siehe in diesem Sinne Urteil DM Transport, Randnr. 25).

(S. II-539) [314] Ein privater Kapitalgeber begnügt sich aber normalerweise nicht damit, dass eine Anlage ihm keine Verluste oder nur begrenzte Gewinne einbringt. Er wird nämlich eine angemessene Maximierung der Rendite für seine Anlage nach Maßgabe der vorliegenden Umstände und seiner kurz-, mittel- und langfristigen Interessen anstreben, was auch im Fall einer Anlage in ein Unternehmen gilt, an dessen Stammkapital er schon beteiligt ist.

[315] Was also die Stellung des Landes als Kapitalgeber betrifft, ist der streitige Vorgang nicht deshalb von der Anwendung des gemeinschaftlichen Beihilferechts ausgenommen, weil er etwa für das Land sinnvoll ist. Ungeachtet dessen kann nicht dahingestellt bleiben, ob er die Stellung der WestLB stärkt, indem er dieser einen Vorteil verschafft, den sie unter normalen Marktbedingungen nicht erhalten hätte.

[316] Die gleiche Überlegung gilt für das von den Klägern sodann vorgebrachte Argument, der Vorgang stelle die wirtschaftlich vernünftigste Verwendung des WfA-Vermögens dar. Außerdem ist der Kommission nach Ansicht des Gerichts kein offensichtlicher Beurteilungsfehler unterlaufen, als sie bei der Berechnung der Vergütung, die ein privater Kapitalgeber für den streitigen Vorgang erwartet hätte,

die Gewinne außer Acht gelassen hat, die das Land aus seiner Beteiligung an der Erhöhung des Geschäftsvolumens der WestLB erzielt habe. Insoweit ist darauf hinzuweisen, dass die Kläger nicht behauptet haben, dass diese Erhöhung diejenige überstiegen hätte, die von anderen Bankunternehmen im selben Zeitraum unter entsprechenden Umständen erwirtschaftet worden wäre. In Ermangelung eines solchen Nachweises kann nicht davon ausgegangen werden, dass die Gewinne des Landes aus der Erhöhung des Geschäftsvolumens der WestLB eine spezifische Folge des streitigen Vorgangs wären, so dass sie bei der Berechnung der Vergütung, die ein privater Kapitalgeber für den streitigen Vorgang erwartet hätte, berücksichtigt werden müssten. Jedenfalls hat die behauptete Erhöhung auch zu Gewinnen für die anderen Anteilseigner der WestLB geführt, ohne dass diese dazu etwas beigetragen hätten, was ebenfalls nicht mit dem Verhalten eines marktwirtschaftlich handelnden Kapitalgebers in Einklang steht.

(S. II-540) [317] Was schließlich die Argumentation des Landes mit der Erhöhung der Steuereinnahmen angeht, so ist zwischen der Stellung des Landes als Hoheitsträger und seiner Stellung als Unternehmer zu unterscheiden. Die Erhöhung von Steuereinnahmen wäre aber für einen privaten Kapitalgeber völlig unerheblich.

(…)

(S. II-542) [323] Um festzustellen, ob Kapitalzuweisungen der öffentlichen Hand an Unternehmen den Charakter einer staatlichen Beihilfe haben, ist zu prüfen, ob ein unter normalen marktwirtschaftlichen Bedingungen handelnder Kapitalgeber von vergleichbarer Größe wie die Verwaltungseinrichtungen des öffentlichen Sektors unter den entsprechenden Umständen zur Vornahme der fraglichen Kapitalzufuhr hätte bewegt werden können. Insbesondere ist zu klären, ob er den fraglichen Vorgang zu den gleichen Bedingungen abgewickelt hätte und, wenn nicht, zu welchen Bedingungen er ihn hätte abwickeln können (siehe die oben in Randnr. 245 angeführte Rechtsprechung).

(…)

(S. II-543) [326] Insoweit kann entgegen dem Vorbringen der Kläger gegen die Berücksichtigung der steuerlichen Abzugsfähigkeit der Refinanzierungskosten der WestLB nicht eingewandt werden, dass es für die Berechnung der angemessenen Vergütung nur auf die Sicht des Kapitalgebers ankomme.

[327] Es trifft nämlich nicht zu, dass im Rahmen der Anwendung des gemeinschaftlichen Beihilferechts bei der gedanklichen Nachprüfung, ob ein Geschäft unter normalen marktwirtschaftlichen Bedingungen abgewickelt worden ist, allein auf den Kapitalgeber oder das

von der Anlage begünstigte Unternehmen abgestellt werden muss, da für die Marktwirtschaft gerade die Interaktion der verschiedenen Wirtschaftsteilnehmer kennzeichnend ist.

[328] So hätte ein privater Kapitalgeber in derselben Lage wie das Land bei Verhandlungen unter normalen marktwirtschaftlichen Bedingungen die fehlende Liquidität des WfA-Kapitals nicht außer Acht lassen können. Er hätte die Sichtweise der WestLB und den Umstand berücksichtigen müssen, dass das WfA-Kapital für diese von begrenztem Nutzen war. Tatsächlich hätte er für dieses Kapital keine Vergütung in ähnlicher Höhe wie für liquides Kapital verlangen können.

[329] Ebenso gerechtfertigt ist es – insbesondere bei einem Vorgang wie dem streitigen, bei dem es um einen erheblichen Kapitalbetrag ging –, davon auszugehen, dass ein privater Kapitalgeber die tatsächlichen Kosten der fehlenden Liquidität des WfA-Kapitals für die WestLB und folglich die teilweise steuerliche Abzugsfähigkeit der Refinanzierungskosten berücksichtigt hätte, die diese fehlende Liquidität nach sich zieht.

[330] Was außerdem das Argument anbelangt, dass eine Körperschaftsteuerersparnis im Allgemeinen steuerneutral sei, da sie beim Kapitalgeber eine Minderung des Guthabens aus der Steueranrechnung bewirke, so kann, wie später (Randnrn. 388 bis 393) darzulegen sein wird, die Rechtmäßigkeit der Berechnung der angemessenen Vergütung im vorliegenden Fall nicht dadurch in Frage gestellt werden, dass die Kommission das zur Zeit des streitigen Vorgangs in Deutschland geltende Körperschaftsteueranrechnungsverfahren nicht berücksichtigt hat.

[331] Folglich leidet die angefochtene Entscheidung nicht insofern an einem offensichtlichen Beurteilungsfehler, als die Kommission bei ihrer zur Berechnung der angemessenen Vergütung für den streitigen Vorgang vorgenommenen Bewertung aller maßgeblichen Aspekte dieses Vorgangs der Ansicht war, dass die fehlende Liquidität des WfA-Kapitals nach Maßgabe der damit verbundenen Nettorefinanzierungskosten und somit nach Maßgabe dessen zu berücksichtigen sei, dass die Refinanzierungskosten zu einer Minderung der von der WestLB zu entrichtenden Körperschaftsteuer führten. Das sechste Argument der Kläger ist deshalb zurückzuweisen.

## 3. Staatlich gewährte Zuschüsse zu Sozialplänen als Beihilfe

**264**   Rs. C-241/94 (Frankreich ∕ Kommission),
**Urteil des Gerichtshofes vom 26. 09. 1996 – Slg. 1996, S. I-4551.**

**Vorbemerkungen:** *In der vorliegenden Entscheidung stellte der EuGH fest, dass auch staatlich gewährte Zuschüsse zur Finanzierung von Sozialplänen anlässlich eines betrieblich bedingten Personalabbaus eine unter den Beihilfentatbestand fallende Unternehmensbegünstigung darstellen können. Zwar dient die staatliche Übernahme gesetzlicher Pflichten des sich restrukturierenden Unternehmens in erster Linie der sozialen Abfederung der von Umstrukturierungsmaßnahmen betroffenen Arbeitnehmer. Gleichwohl können derartige flankierende Sozialmaßnahmen den Wettbewerb verzerren, etwa indem sie dem begünstigten Unternehmen die Durchführung von Anpassungsmaßnahmen an eine veränderte Wettbewerbssituation erst ermöglichen, und daher vom Beihilfentatbestand erfasst werden.*

**Sachverhalt:** Der französische Staat gewährte über den Fonds national de l'emploi (Nationaler Beschäftigungsfonds, FNE) dem Unternehmen Kimberley Clark, das einen größeren Personalabbau und eine Umstrukturierung seiner Betriebstätigkeit vornahm, Zuschüsse zu den Kosten des gesetzlich vorgesehenen Sozialplans. Die Kommission erließ daraufhin eine Entscheidung, in der sie die Zuschüsse als staatliche Beihilfe im Sinne des Art. 87 Abs. 1 EG qualifizierte. Frankreich wandte sich im Wege der Nichtigkeitsklage gemäß Art. 230 EG gegen diese Qualifizierung. Der EuGH wies die Klage ab.

### Aus den Entscheidungsgründen:

(S. I-4575) [19] Artikel 92 Absatz 1 EGV erklärt staatliche oder aus staatlichen Mitteln gewährte Beihilfen gleich welcher Art, die durch die Begünstigung bestimmter Unternehmen oder Produktionszweige den Wettbewerb verfälschen oder zu verfälschen drohen, für unvereinbar mit dem Gemeinsamen Markt.

[20] Nach ständiger Rechtsprechung unterscheidet Artikel 92 Absatz 1 nicht nach den Gründen oder Zielen der staatlichen Maßnahmen, sondern beschreibt diese nach ihren Wirkungen (Urteil vom 2. Juli 1974 in der Rechtssache 173/73, Italien/Kommission, Slg. 1974, 709, Randnr. 27).

[21] Die Maßnahmen des FNE sind somit nicht schon wegen ihres sozialen Charakters von der Einordnung als Beihilfen i.S. des Artikels 92 EGV ausgenommen.

(...)

(S. I-4578) [33] Nach der Rechtsprechung des *Gerichtshofes* ist die Rechtmäßigkeit einer Entscheidung im Bereich staatlicher Beihilfen aufgrund der Informationen zu beurteilen, über die die Kommission bei deren Erlaß verfügte (Urteil vom 10. Juli 1986 in der Rechtssache 234/84, Belgien/Kommission, Slg. 1986, 2263, Randnr. 16).

[34] Der Begriff der Beihilfe umfaßt die von den staatlichen Stellen gewährten Vorteile, die in verschiedener Form die Belastungen vermindern, die ein Unternehmen normalerweise zu tragen hat (Urteil vom 15. März 1994 in der Rechtssache C-387/92, Banco Exterior de España, Slg. 1994, I-877 Randnr. 12 und 13).

[35] Kimberly Clark war angesichts der Zahl der geplanten Entlassungen verpflichtet, einen Sozialplan zu erstellen. Wie sich aus dem Schreiben der französischen Regierung vom 10. 3. 1994 ergibt, umfaßte der aufgestellte Sozialplan für die nicht entlassenen Arbeitnehmer mehrere Maßnahmen unter Beteiligung des FNE, wie die Vereinbarungen über Teilarbeitslosigkeit, Beihilfen zum Übergang zu Teilzeitarbeit usw.

(...)

(S. I-4579) [37] Da die Kommission somit trotz einer präzisen Frage keine Möglichkeit hatte, die Art und die Wirkungen der betreffenden Maßnahmen zu beurteilen, konnte sie zu Recht annehmen, daß das Unternehmen, indem es in Zusammenarbeit mit dem Staat einen Sozialplan erstellte, an dem sich zum einen Kimberly Clark mit 81,83 Mio. Francs und zum anderen der Staat mit 27,25 Mio. Francs beteiligte, eine staatliche Beihilfe i.S. des Artikels 92 EGV erhalten hatte.

[38] Das zweite Argument der französischen Regierung ist somit ebenfalls zu verwerfen.

[39] Die französische Regierung macht drittens geltend, die FNE-Vereinbarungen, deren Ziel es sei, die sozialen Auswirkungen von Entlassungen für die Arbeitnehmer zu begrenzen, begünstigten unmittelbar diese Arbeitnehmer und verbesserten keineswegs die Wettbewerbssituation des Unternehmens.

[40] Hierzu genügt die Feststellung, daß die Kommission aufgrund der ihr bei Erlaß der streitigen Entscheidung vorliegenden Informationen zu Recht annehmen konnte, daß Kimberly Clark dank der Beteiligung des FNE von bestimmten gesetzlichen Verpflichtungen gegenüber den Arbeitnehmern entlastet wurde und daß das

Unternehmen dadurch in eine günstigere Lage versetzt wurde als seine Mitbewerber.

## 4. Abgrenzung Altbeihilfe/Neubeihilfe

**265**   **Rs. C-44/93 (Namur-Les assurances du crédit),
Urteil des Gerichtshofes vom 09. 08. 1994 – Slg. 1994, S. I-3829.**

**Vorbemerkungen:** *Art. 88 EG unterscheidet zwei Aufsichtstatbestände der Beihilfenkontrolle: Die repressive Überwachung bestehender Beihilfen nach Abs. 1 und die präventive Kontrolle beabsichtigter Beihilfen nach Abs. 3. Da (nur) zugunsten der sog. Altbeihilfen nach Art. 88 Abs. 1 EG eine das Anordnungsermessen der Kommission begrenzende Bestandsprivilegierung eingreift, setzt die Überprüfung beihilfenrechtlicher Sachverhalte stets die Subsumtion des Tatbestands unter Abs. 1 oder Abs. 3 des Art. 88 EG voraus. Abgrenzungsschwierigkeiten können sich insbesondere ergeben, wenn sich der zu überprüfende Beihilfentatbestand als Änderung einer bereits bestehenden Altbeihilfe darstellt, wie z.B. die staatliche Erlaubnis zur Ausweitung eines unternehmerischen Tätigkeitsgebiets. In der Rs. C-44/93 entwickelte der EuGH für diese Fälle Abgrenzungskriterien. Maßgeblich für die Einordnung als Neubeihilfe ist danach, dass entweder der unmittelbare Beihilfengegenstand selbst oder mittelbar der räumliche bzw. sachliche Tätigkeitsbereich des begünstigten Unternehmens dergestalt verändert wird, dass die formal fortbestehende Altbeihilfenregelung materiell eine andere Beeinträchtigungstendenz oder Intensität im grenzüberschreitenden Wettbewerb erfährt und so die bisherige Wettbewerbssituation im Gemeinsamen Markt zumindest potentiell spürbar verändert wird.*

**Sachverhalt:** Gemäß dem belgischen Gesetz vom 31.08.1939 über das OND – eine öffentliche Einrichtung, die insbesondere den Auftrag hat, die mit Außenhandelsgeschäften verbundenen Risiken zu decken – wurden diesem mehrere Vorteile gewährt: staatliche Garantie (formuliert als allgemeiner Grundsatz), Kapitalausstattung durch verzinsliche Staatsanleihen, staatliche Deckung des jährlichen Haushaltsdefizits, Befreiung von der Steuer auf Versicherungsverträge und der Körperschaftssteuer. Das OND und die Firma COBAC, das älteste private Kreditversicherungsunternehmen Belgiens, waren seit 1935 miteinander durch einen Rückversicherungsvertrag verbunden, wonach das OND im Wege der freiwilligen Rückversicherung die Inanspruchnahme aller oder eines Teils der von der Compagnie als Erstversicherer eingegangenen Verbindlichkeiten absicherte.

Dieser Vertrag, der keine besondere Beschränkung des Tätigkeitsgebiets des OND enthielt, wurde später durch einen Zusammenarbeitsvertrag ersetzt, nach dem das OND die mit Ausfuhrgeschäften über Güter und Dienstleistungen nach Westeuropa zusammenhängenden Handelsrisiken, die normalerweise von der COBAC übernommen wurden, nur ausnahmsweise versicherte. Das OND kündigte den letztgenannten Vertrag zum Ende des Jahres 1988 mit der Begründung, er stelle eine durch die gemeinschaftsrechtlichen Wettbewerbsvorschriften verbotene Marktaufteilung dar, und trat im Jahr 1989 mit Zustimmung der die Aufsicht führenden Minister in den Kreditversicherungsmarkt für Risiken in Westeuropa ein. Da die Firmen COBAC und Namur AC, ein weiteres auf diesem Markt tätiges Privatunternehmen, der Auffassung waren, dass die Ausdehnung des Tätigkeitsgebiets des OND wegen seiner ihm vom Staat gewährten Vorteile den Wettbewerb verfälschen könne, reichten sie bei der Kommission eine Beschwerde ein, die auf einen Verstoß gegen die Art. 87 und 88 EG gestützt war. Außerdem wandten sie sich an die nationalen Gerichte insbesondere mit dem Begehren, die Tätigkeit des OND auf dem Gebiet der Kreditversicherung für Ausfuhren in die Mitgliedstaaten bis zum Erlass einer Entscheidung der Kommission über die Vereinbarkeit der gewährten Beihilfen oder einer gerichtlichen Entscheidung des Rechtsstreits zwischen ihnen und dem OND und dem belgischen Staat auszusetzen. Der Gerichtshof entschied im Rahmen eines Vorabentscheidungsverfahrens.

## Aus den Entscheidungsgründen:

(S. I-3869) [10] Artikel 93 EWG-Vertrag, der der Kommission die fortlaufende Überprüfung und die Kontrolle staatlicher oder aus staatlichen Mitteln gewährter Beihilfen ermöglichen soll, sieht für bestehende und für neue Beihilfen unterschiedliche Verfahren vor.

[11] Bestehende Beihilfen überprüft die Kommission nach Artikel 93 Absatz 1 fortlaufend in Zusammenarbeit mit den Mitgliedstaaten. Im Rahmen dieser Überprüfung schlägt die Kommission ihnen die zweckdienlichen Maßnahmen vor, die die fortschreitende Entwicklung und das Funktionieren des Gemeinsamen Marktes erfordern. Stellt die Kommission fest, nachdem sie den Beteiligten eine Frist zur Äußerung gesetzt hat, daß eine von einem Staat oder aus staatlichen Mitteln gewährte Beihilfe mit dem Gemeinsamen Markt nach Artikel 92 unvereinbar ist oder daß sie mißbräuchlich angewandt wird, so entscheidet sie gemäß Artikel 93 Absatz 2, daß der betreffende Staat sie binnen einer von ihr bestimmten Frist aufzuheben oder umzugestalten hat (Urteil vom 30. Juni 1992 in der Rechtssache C-47/91, Italien/

Kommission, Slg. 1992, I-4145, Randnr. 23). Bei bestehenden Beihilfen liegt die Initiative also bei der Kommission.

[12] In bezug auf neue Beihilfen sieht Artikel 93 Absatz 3 vor, daß die Kommission von jeder beabsichtigten Einführung oder Umgestaltung von Beihilfen so rechtzeitig unterrichtet wird, daß sie sich dazu äußern kann. Sie nimmt dann eine erste Überprüfung der beabsichtigten Beihilfen vor. Wenn sie nach Abschluß dieser Überprüfung der Auffassung ist, daß ein derartiges Vorhaben nach Artikel 92 mit dem Gemeinsamen Markt unvereinbar ist, leitet sie das in Artikel 93 Absatz 2 vorgesehene förmliche Prüfungsverfahren ein. In einem solchen Fall darf der betreffende Mitgliedstaat gemäß Artikel 93 Absatz 3 die beabsichtigte Maßnahme nicht durchführen, bevor die Kommission eine abschließende Entscheidung erlassen hat. Neue Beihilfen sind somit einer präventiven Kontrolle durch die Kommission unterworfen und dürfen grundsätzlich nicht durchgeführt werden, solange diese sie nicht für mit dem Vertrag vereinbar erklärt hat (Urteil Italien/Kommission, Randnr. 24). Diese letztgenannte Regel bedarf jedoch der Abmilderung durch die Rechtsprechung des Gerichtshofes, nach der für den Fall, daß die Kommission es unterläßt, ein förmliches Verfahren einzuleiten, obwohl sie durch einen Mitgliedstaat von der beabsichtigten Einführung oder Umgestaltung einer Beihilfe (S. I-3870) unterrichtet worden ist, der betreffende Staat nach Ablauf der zur ersten Prüfung des Vorhabens ausreichenden Frist die geplante Beihilfemaßnahme unter der Bedingung durchführen darf, daß er dies der Kommission zuvor anzeigt; damit fällt die Beihilfe dann unter die Regelung für bestehende Beihilfen (Urteil vom 11. Dezember 1973 in der Rechtssache 120/73, Lorenz, Slg. 1973, 1471, Randnr. 6).

[13] Sowohl aus dem Inhalt als auch aus den Zielsetzungen dieser Bestimmungen ergibt sich, daß als bestehende Beihilfen im Sinne des Artikels 93 Absatz 1 die Beihilfen, die vor dem Inkrafttreten des EWG-Vertrages bestanden, und die Beihilfen anzusehen sind, die unter den Voraussetzungen des Artikels 93 Absatz 3 einschließlich derjenigen, die sich aus der Auslegung dieser Vorschrift durch den Gerichtshof im genannten Urteil Lorenz ergeben, ordnungsgemäß durchgeführt werden durften. Als neue Beihilfen, für die die Anzeigepflicht des Artikels 93 Absatz 3 gilt, sind dagegen die Maßnahmen anzusehen, die auf die Einführung oder Umgestaltung von Beihilfen gerichtet sind, wobei sich die Umgestaltung auf bestehende Beihilfen oder auf der Kommission mitgeteilte ursprüngliche Vorhaben beziehen kann (vgl. Urteil vom 9. Oktober 1984 in den verbundenen Rechtssachen 91/83 und 127/83, Heineken Brouwerijen, Slg. 1984, 3435, Randnrn. 17 f.).

(...)

(S. I-3872) [22] Um festzustellen, ob eine Entscheidung, mit der einem öffentlichen Unternehmen wie dem OND, das vom Staat gewährte Vorteile genießt, die Ausdehnung seines Tätigkeitsgebiets gestattet wird, als Einführung oder Umgestaltung von Beihilfen im Sinne des Artikels 93 Absatz 3 angesehen werden kann, sind diese Vorteile sowie die Natur und die Tragweite der fraglichen Entscheidung unter Berücksichtigung der im Vorlageurteil enthaltenen, durch die Stellungnahmen der Betroffenen und die Antworten auf die Fragen des Gerichtshofes ergänzten Angaben zu überprüfen.

(...)

(S. I-3874) [27] Dieser Positionswechsel des OND und seiner Aufsichtsbehörden bewirkte die Ausdehnung der von dieser Einrichtung zuvor – während eines Zeitraums, der sich anhand der Akten nicht bestimmen läßt – tatsächlich ausgeübten Tätigkeiten. So fragt das vorlegende Gericht den Gerichtshof mit seiner dritten Frage, ob als Einführung oder Umgestaltung einer Beihilfe die Verhaltensweise eines Mitgliedstaates anzusehen ist, die darin besteht, über die Vertreter der Minister im Verwaltungsrat einer öffentlichen Einrichtung auf eine allgemeine Leitlinie hinzuwirken, die die Ausweitung einer Beihilfe bedeutet, oder sich dieser Ausweitung nicht zu widersetzen.

[28] Ergibt sich die Beihilfe aus früheren, nicht geänderten Rechtsvorschriften, so kann für die Anwendung des Artikels 93 Absätze 1 und 3 EWG-Vertrag die Frage, ob eine neue Beihilfe oder die Umgestaltung einer bestehenden Beihilfe vorliegt, nicht danach beurteilt werden, welche Bedeutung die Beihilfe für das Unternehmen im (S. I-3875) Lauf des Bestehens jeweils hatte und wie hoch sie insbesondere jeweils war. Maßstab für die Einstufung einer Beihilfe als neue oder umgestaltete Beihilfe sind die Bestimmungen, in denen sie vorgesehen ist, sowie die dort vorgesehenen Modalitäten und Beschränkungen.

[29] Durch die am 1. Februar 1989 in Kraft getretene Entscheidung wurden die Rechtsvorschriften, mit denen dem OND die genannten Vorteile eingeräumt worden waren, nicht geändert, weder was die Natur dieser Vorteile noch was die Tätigkeiten der öffentlichen Einrichtung betrifft, für die sie galten, denn das Gesetz vom 31. August 1939 hatte dieser Einrichtung einen sehr allgemeinen Auftrag zur Verminderung der Risiken von Ausfuhrkrediten zugewiesen. Diese Entscheidung berührt also die durch diese Rechtsvorschriften eingeführte Beihilferegelung nicht. Sie erging zwar nach der Kündigung des Zusammenarbeitsvertrags mit der COBAC, doch weist nichts in den Akten darauf hin, daß das Bestehen und der Inhalt dieses Vertrages, der nur

die beiden Vertragsparteien OND und COBAC band, für den Umfang
der dem OND vom belgischen Staat durch das Gesetz vom 31. August
1939 gewährten Vorteile maßgeblich gewesen wäre.

[30] In mehreren der beim Gerichtshof eingereichten schriftlichen
Erklärungen wird die Auffassung vertreten, daß diese öffentliche
Einrichtung, bevor die streitige Entscheidung erging, keine Tätigkeiten ausgeübt habe, mit denen sie mit privaten Gesellschaften im
Wettbewerb gestanden hätte, und daß sich daher die ihr gewährten
Beihilfen nur auf außerhalb des Wettbewerbs stehende Tätigkeiten
bezogen hätten. Sofern dieser Umstand in der vorliegenden Rechtssache überhaupt von Belang sein sollte, obwohl das Gesetz vom
31. August 1939 dem OND eine sehr allgemeine Aufgabe zuwies, genügt die Feststellung, daß der zwischen dem OND und der COBAC
geschlossene Vertrag im Gegenteil einen gewissen Wettbewerb zwischen diesen Einrichtungen vorsah. Wie in Randnummer 25 dieses
Urteils festgestellt, konnten das OND und die COBAC nämlich für
die Versicherung von Handelsrisiken bei der Ausfuhr in die Vereinigten Staaten und nach Kanada sowie von Risiken bei bestimmten
internationalen Geschäften miteinander in Wettbewerb treten. Im
entscheidungserheblichen Zeitraum kamen die bestehenden Beihilfen also nicht nur außerhalb des Wettbewerbs stehenden Tätigkeiten
zugute.

[31] Selbst wenn sie ganz dem Staat zurechenbar wäre, könnte die
am 1. Februar 1989 in Kraft getretene Entscheidung somit nicht als
Einführung oder Umgestaltung einer Beihilfe im Sinne des Artikels
93 Absatz 3 EWG-Vertrag angesehen werden.

(S. I-3876) [32] Bei Annahme des Gegenteils müßte der betreffende Staat der Kommission nämlich nicht nur die neuen Beihilfen und
die Umgestaltungen von Beihilfen im eigentlichen Sinne, die einem
Unternehmen, das Nutznießer einer bestehenden Beihilferegelung
ist, gewährt werden, anzeigen und der präventiven Kontrolle durch
die Kommission unterstellen, sondern alle Maßnahmen, die die Tätigkeit dieses Unternehmens betreffen und sich auf das Funktionieren des Gemeinsamen Marktes, auf den Wettbewerb oder auch nur
für einen bestimmten Zeitraum auf die tatsächliche Höhe von Beihilfen auswirken können, die im Grundsatz bestehen, deren Höhe aber
notwendig vom Umsatz des Unternehmens abhängt. Letztlich könnte
so im Fall eines öffentlichen Unternehmens wie des OND jeder neue
Versicherungsvorgang, der – nach den Erläuterungen des Vertreters
der belgischen Regierung in der mündlichen Verhandlung – den Aufsichtsbehörden vorzulegen ist, als eine Maßnahme angesehen wer-

den, die unter das Verfahren des Artikels 93 Absatz 3 EWG-Vertrag fällt.

[33] Eine solche Auslegung, die weder dem Wortlaut noch dem Zweck dieser Bestimmung, noch der in ihr vorgenommenen Aufteilung der Aufgaben zwischen der Kommission und den Mitgliedstaaten entspricht, wäre ein Faktor der Rechtsunsicherheit für die Unternehmen und für die Mitgliedstaaten, die so Maßnahmen ganz unterschiedlicher Art zunächst anzeigen müßten und nicht durchführen könnten, obwohl sie kaum als neue Beihilfen eingeordnet werden könnten. Was den Sachverhalt des Ausgangsrechtsstreits anbelangt, wird das Bestehen dieser Rechtsunsicherheit überdies durch die Haltung der Kommission selbst belegt. Diese trägt nämlich vor dem Gerichtshof zur Beantwortung der ersten Frage vor, daß die dem OND gewährten Beihilfen umgestaltet worden seien, obwohl sie es nicht für erforderlich gehalten hat, auf eine ihr seit dem 1. Februar 1989 vorliegende Beschwerde in bezug auf das Bestehen und die Vereinbarkeit dieser Beihilfen hin und nachdem sie zweimal von der belgischen Regierung Auskünfte eingeholt und erhalten hatte, zu dieser Frage Stellung zu nehmen.

[34] Da die unter den im Vorlageurteil beschriebenen Voraussetzungen gewährten Beihilfen unter eine Beihilferegelung fallen, die vor dem Inkrafttreten des EWG-Vertrages bestand, sind sie nach Artikel 93 Absatz 1 fortlaufend zu überprüfen.

## 5. Beihilfenrückforderung

**Rs. C-277/00 (Deutschland ./. Kommission; „SMI"),**    **266**
**Urteil des Gerichtshofes vom 29. 04. 2004 – Slg. 2004, S. I-3925.**

**Vorbemerkungen:** *Die logische Folge der Feststellung der Rechtswidrigkeit einer Beihilfe ist deren Rückforderung. Hierdurch soll die Wiederherstellung des Zustandes vor Beihilfengewährung erreicht werden. Die in der Praxis bedeutsame Rückforderung materiell rechtswidriger Beihilfen ist der Kommission in Art. 14 VerfVO zwingend vorgeschrieben. Rückforderungsschuldner ist nach dem Wortlaut dieser Vorschrift der Empfänger der Beihilfe. Schwierigkeiten bei der Adressierung können sich ergeben, wenn es aufgrund eines zwischenzeitlichen Unternehmensverkaufs zu einem Wechsel oder Austausch der Rückforderungsschuldner kommt. Zu unterscheiden ist zwischen Anteils- und Vermögenskäufen (share deal bzw. asset deal), wobei je-*

*weils die Notwendigkeit der strikten Trennung von Unternehmen, dessen Rechtsträger sowie seinen Anteilseignern zu beachten ist. Da bei Anteilskäufen sowohl das Unternehmen als auch dessen Rechtsträger identisch bleiben, – nur die Anteilsinhaber wechseln – sind Rückforderungsansprüche regelmäßig gegen den gleich bleibenden Rechtsträger zu richten. Beim Vermögens(ver)kauf wechselt hingegen der Rechtsträger. Die Kommission hat in jüngerer Vergangenheit mehrfach auch den Vermögenserwerber zur Rückforderung herangezogen. Der EuGH lehnte diese Vorgehensweise in seinen Entscheidungen Seleco (Slg. 2003, S. I-4035) und SMI zwar konkret ab, schloss jedoch die Möglichkeit, eine Rückforderung auf Dritte zu erstrecken, nicht grundsätzlich aus. Eine solche soll jedoch nur dann in Betracht kommen, wenn die Vermögensübernahme entweder zu keinem marktgerechten Preis erfolgte oder die Transaktion einer Umgehung der Rückzahlungspflicht diente. Dies darzulegen und zu beweisen obliegt der Kommission.*

**Sachverhalt:** Die Kommission erklärte Beihilfen der Treuhandanstalt und des Landes Brandenburg für ein in Konkurs gegangenes Unternehmen (SMI) sowie für eine in Folge gegründete Auffanggesellschaft (SiMI) für unvereinbar mit dem Gemeinsamen Markt. Zugleich forderte sie in der Entscheidung von der Bundesrebublik Deutschland die Rückforderung dieser Beihilfen. Als rückzahlungsverpflichtete Empfänger der Beihilfen führte die Kommission ausdrücklich die SMI (in Gesamtvollstreckung), die mit der beschränkten Geschäftsfortführung beauftragte Auffanggesellschaft SiMI, eine vom Konkursverwalter gegründete Tochtergesellschaft der SiMI, die MD&D – die später die Anteile von SiMI erworben hatte –, sowie jedes Unternehmen auf, „dem Vermögenswerte von SMI, SiMI oder MD&D in einer Form übertragen worden sind bzw. übertragen werden, um die Konsequenzen dieser Entscheidung zu umgehen." 80% der Anteile von MD&D wurden später an das amerikanische Unternehmen Megaxess verkauft. Gegen die Entscheidung der Kommission erhob die Bundesrepublik Deutschland Nichtigkeitsklage.

### Aus den Entscheidungsgründen:

(S. I-3989) [73] Vorab ist darauf hinzuweisen, dass nach dem Gemeinschaftsrecht die Kommission, wenn sie feststellt, dass Beihilfen mit dem Gemeinsamen Markt unvereinbar sind, dem betreffenden Mitgliedstaat aufgeben kann, diese Beihilfen von den Empfängern zurückzufordern (vgl. u.a. Urteile vom 12. Juli 1973 in der Rechtssache 70/72, Kommission/Deutschland, Slg. 1973, 813, Randnr. 20, und vom

8. Mai 2003 in den Rechtssachen C-328/99 und C-399/00, Italien und SIM 2 Multimedia/Kommission, Slg. 2003, I-4035, Randnr. 65).

[74] Die Aufhebung einer rechtswidrigen Beihilfe im Wege der Rückforderung ist die logische Folge der Feststellung ihrer Rechtswidrigkeit und zielt auf die Wiederherstellung der früheren Lage ab (vgl. u.a. Urteil Italien und SIM 2 Multimedia/Kommission, Randnr. 66).

[75] Dieses Ziel ist erreicht, wenn die fraglichen Beihilfen, gegebenenfalls zuzüglich Verzugszinsen, vom Empfänger zurückgezahlt wurden (Urteil vom 4. April 1995 in der Rechtssache C-350/93, Kommission/Italien, Slg. 1995, I-699, Randnr. 22) oder, mit anderen Worten, von den Unternehmen, die den tatsächlichen Nutzen davon hatten (in diesem Sinne auch Urteil vom 21. März 1991 in der Rechtssache C-303/88, Italien/Kommission, Slg. 1991, I-1433, Randnr. 57). Durch diese Rückzahlung verliert nämlich der Empfänger den Vorteil, den er auf dem Markt gegenüber seinen Konkurrenten besaß, und die Lage vor der Zahlung der Beihilfe wird wiederhergestellt (Urteil vom 4. April 1995, Kommission/Italien, Randnr. 22).

[76] Folglich besteht das Hauptziel der Rückerstattung einer zu Unrecht gezahlten staatlichen Beihilfe darin, die Wettbewerbsverzerrung zu beseitigen, die durch den mit der rechtswidrigen Beihilfe verbundenen Wettbewerbsvorteil verursacht wurde.

(S. I-3990) [77] Im Licht dieser allgemeinen Feststellungen ist somit die Rechtmäßigkeit der Rückforderungsanordnung in Artikel 3 der angefochtenen Entscheidung zu prüfen.

[78] Was erstens die Beihilfen für SiMI anbelangt, so wurde diese Gesellschaft nach Gewährung der Beihilfen an MD &D verkauft, wobei sie ihre Rechtspersönlichkeit behielt. Es handelte sich mit anderen Worten um eine Übertragung im Wege eines Verkaufs von Anteilen, also um einen „Share deal".

[79] Ferner geht aus Randnummer 44 der angefochtenen Entscheidung hervor, dass die fraglichen Beihilfen nach Ansicht der Kommission von MD &D als der Erwerberin von SiMI zurückzufordern sind.

[80] Nach der ständigen Rechtsprechung des Gerichtshofes wurde, wenn ein Unternehmen, das eine rechtswidrige staatliche Beihilfe erhalten hat, zum Marktpreis erworben wird, d.h. zum höchsten Preis, den ein privater Investor unter normalen Wettbewerbsbedingungen für diese Gesellschaft in der Situation, in der sie sich – insbesondere nach dem Erhalt staatlicher Beihilfen – befand, zu zahlen bereit war, das Beihilfeelement zum Marktpreis bewertet und in den Kaufpreis einbezogen. Unter diesen Umständen kann der Erwerber nicht als Nutznießer eines Vorteils gegenüber den übrigen Marktteilnehmern ange-

sehen werden (in diesem Sinne auch Urteil vom 20. September 2001 in der Rechtssache C-390/98, Banks, Slg. 2001, I-6117, Randnr. 77).

[81] Im vorliegenden Fall behält das Unternehmen, dem rechtswidrige staatliche Beihilfen gewährt wurden, seine Rechtspersönlichkeit und übt weiterhin für eigene Rechnung die mit den staatlichen Beihilfen subventionierten Tätigkeiten aus. Normalerweise verbleibt daher der mit den fraglichen Beihilfen verbundene Wettbewerbsvorteil bei diesem Unternehmen, so dass ihm die Verpflichtung obliegt, einen Betrag in Höhe dieser Beihilfen zurückzuzahlen. Vom Erwerber kann daher die Rückzahlung solcher Beihilfen nicht verlangt werden.

(S. I-3991) [82] Zudem hat die Kommission unstreitig den Preis für den Verkauf der Anteile von SiMI an MD &D nicht berücksichtigt und sich in Randnummer 44 der angefochtenen Entscheidung auf folgende Feststellung beschränkt: „Soweit diese Entscheidung die SiMI gewährte Beihilfe betrifft, ist festzuhalten, dass deren Anteile am 14. Juli 1999 an MD &D verkauft wurden. Deshalb ist diese Beihilfe von MD &D zurückzufordern."

[83] Somit hat die Kommission, als sie MD &D aufgab, die SiMI gewährten staatlichen Beihilfen zu erstatten, gegen die Grundsätze für die Rückforderung staatlicher Beihilfen verstoßen.

[84] Was zweitens die SMI gewährten Beihilfen betrifft, so hat die Kommission in den Randnummern 50 bis 52 der angefochtenen Entscheidung sowohl SMI, SiMI und MD &D als auch jedes Unternehmen, dem die Vermögenswerte von einer dieser drei Gesellschaften in einer zur Umgehung der Konsequenzen der genannten Entscheidung dienenden Form übertragen wurden, als Empfänger der fraglichen Beihilfen angesehen. Überdies hat sie in der mündlichen Verhandlung erläutert, dass es sich bei der Rückerstattungspflicht aller in Artikel 3 Absatz 3 der angefochtenen Entscheidung aufgeführten Gesellschaften ihres Erachtens um eine gesamtschuldnerische Verpflichtung handele.

[85] Da sich im vorliegenden Fall SMI seit der Eröffnung des Konkursverfahrens am 1. Juli 1997 in Gesamtvollstreckung befindet, ist darauf hinzuweisen, dass nach der Rechtsprechung zu Beihilfeempfängern, die in Konkurs gefallen sind, die Wiederherstellung der früheren Lage und die Beseitigung der aus den rechtswidrig gezahlten Beihilfen resultierenden Wettbewerbsverzerrung grundsätzlich durch Anmeldung der Forderung nach Rückerstattung der betreffenden Beihilfen zur Konkurstabelle erfolgen kann. Nach dieser Rechtsprechung reicht eine solche Anmeldung aus (Urteile vom 15. Januar 1986 in der Rechtssache 52/84, Kommission/Belgien, Slg. 1986, 89, Randnr. 14,

und vom 21. März 1990 in der Rechtssache C-142/87, Belgien/Kommission, „Tubemeuse", Slg. 1990, I-959, Randnrn. 60 bis 62).

(S. I-3992) [86] Werden Auffanggesellschaften gegründet, um einen Teil der Tätigkeiten des Unternehmens, das die Beihilfen erhalten hat, nach seinem Konkurs fortzuführen, so kann zwar nicht ausgeschlossen werden, dass gegebenenfalls auch diese Gesellschaften zur Rückerstattung der fraglichen Beihilfen verpflichtet sein können, falls erwiesen wäre, dass ihnen der tatsächliche Nutzen des mit dem Erhalt dieser Beihilfen verbundenen Wettbewerbsvorteils verblieben ist. Dies könnte insbesondere dann der Fall sein, wenn die Auffanggesellschaften die Aktiva der in Konkurs befindlichen Gesellschaft erwerben, ohne dafür einen den Marktbedingungen entsprechenden Preis zu zahlen, oder wenn feststeht, dass mit der Gründung dieser Gesellschaften die Pflicht zur Rückerstattung der Beihilfen umgangen wurde.

[87] Im vorliegenden Fall geht zunächst in Bezug auf die SiMI von der Kommission auferlegte Rückerstattungspflicht aus Randnummer 71 des vorliegenden Urteils hervor, dass die Kommission ihre Beurteilung zum einen darauf stützte, dass SiMI die Tätigkeit von SMI durch Pachtung von deren Einrichtungen fortgesetzt habe, und zum anderen darauf, dass sie keine Informationen erhalten habe, die es ihr ermöglicht hätten, zu ermitteln, ob der Pachtzins den Marktbedingungen entsprach.

[88] Die bloße Tatsache, dass die Einrichtungen von SMI für gewisse Zeit von SiMI gepachtet wurden, ist für sich genommen jedoch kein Beweis dafür, dass SiMI von dem Wettbewerbsvorteil profitierte, der mit den Beihilfen verbunden war, die die Verpächterin fast drei Jahre vor der Gründung der Pächterin erhalten hatte. Im Übrigen hat die deutsche Regierung vorgetragen, dass der fragliche Pachtzins den Marktbedingungen entsprochen habe, ohne dass die Kommission dies in Abrede gestellt hätte.

[89] Somit steht die angefochtene Entscheidung, soweit darin die Rückerstattung der SMI gewährten Beihilfen durch SiMI angeordnet wird, nicht mit den Grundsätzen für die Rückforderung rechtswidriger staatlicher Beihilfen in Einklang.

(S. I-3993) [90] Was sodann die MD &D auferlegte Pflicht zur Rückerstattung der SMI gewährten Beihilfen betrifft, so geht aus den Gründen der angefochtenen Entscheidung hervor, dass die Kommission ihre Beurteilung im Wesentlichen darauf stützte, dass die Absicht bestanden habe, die Konsequenzen dieser Entscheidung zu umgehen; diese Absicht ergibt sich nach Ansicht der Kommission objektiv daraus, dass alle fraglichen An- und Verkaufstransaktionen – der Verkauf von MD &D an Megaxess, der Verkauf der Anteile von SiMI an MD &D und der Verkauf der Aktiva von SMI an MD &D – eng miteinander verbunden gewesen seien und dazu geführt hätten, dass alle Vermögenswerte, die im Eigentum von SMI gestanden hätten und durch SiMI genutzt worden seien, unter die Kontrolle der neuen Anteilseigner von MD &D gebracht und damit vor der Rückforderung der streitigen Beihilfen geschützt worden seien.

[91] Dieser Argumentation kann nicht gefolgt werden.

[92] Erstens erfolgten nach den von der Kommission nicht in Abrede gestellten Angaben der deutschen Regierung sowohl der Verkauf der Anteile von SiMI an MD &D als auch der Verkauf der Aktiva von SMI an MD &D zum Marktpreis. Folglich wurden der Konkursmasse durch diese Transaktionen keine Mittel entzogen.

[93] Zweitens wurden alle diese Transaktionen nicht von SMI vorgenommen, sondern auf Initiative des unter gerichtlicher Aufsicht stehenden Konkursverwalters, der die Aufgabe hatte, auf die möglichst umfassende Befriedigung der Gläubiger hinzuwirken. Wie der Generalanwalt in Nummer 99 seiner Schlussanträge ausgeführt hat, hat die Kommission nichts dafür vorgetragen, dass im vorliegenden Fall Betrugshandlungen zum Nachteil der Gläubiger begangen worden wären, durch die das Vermögen des insolventen Unternehmens hätte geschädigt werden können, und sie hat auch nicht behauptet, dass der Grundsatz der Gleichbehandlung aller Gläubiger zum Nachteil der öffentlichen Gläubiger missachtet worden sei. Wenn die Ansprüche auf Rückerstattung der streitigen Beihilfen ordnungsgemäß zur Konkurstabelle angemeldet wurden, konnte daher der Verkauf der Vermögensgegenstände von SMI zum Marktpreis nicht zu einer Umgehung der Pflicht zur Rückerstattung dieser Beihilfen führen.

(S. I-3994) [94] Drittens kann auch dem Argument der Kommission nicht gefolgt werden, dass die Wettbewerbsverzerrung im vorliegenden Fall nicht durch die Anmeldung der fraglichen Forderung zur Konkurstabelle von SMI habe beseitigt werden können, da der Verkauf der Aktiva von SMI an MD &D „en bloc" und nicht in einem offenen und transparenten Verfahren erfolgt sei, so dass MD &D die subventionierten Tätigkeiten habe fortsetzen können.

[95] Abgesehen davon, dass die MD &D auferlegte Pflicht zur Rückerstattung der SMI gewährten Beihilfen in den Gründen der angefochtenen Entscheidung nicht mit dieser Argumentation gerechtfertigt wird, geht sowohl aus diesen Gründen als auch aus den Akten hervor, dass der fragliche Verkauf unter gerichtlicher Kontrolle statt-

fand und dass er nicht sofort vorgenommen wurde, sondern erst nach fruchtlosen Verhandlungen mit einem anderen amerikanischen Unternehmen. Dies sind Anhaltspunkte dafür, dass es sich um ein hinreichend offenes und transparentes Verfahren handelte. Zudem hat die Kommission keine Angaben gemacht, die belegen könnten, dass sich Konkurrenten von SMI über die von der Kommission gerügte mangelnde Transparenz dieser Transaktion beklagt haben.

[96] Daraus ist zu schließen, dass die Kommission nicht dargetan hat, dass es eine Transaktion zur Umgehung der Konsequenzen der angefochtenen Entscheidung gab, die eine Verpflichtung von MD &D zur Rückerstattung der SMI zu Unrecht gewährten Beihilfen begründen könnte.

[97] Folglich steht die angefochtene Entscheidung, soweit MD &D darin die Rückerstattung der SMI gewährten Beihilfen aufgegeben wird, nicht mit den Grundsätzen für die Rückforderung rechtswidriger staatlicher Beihilfen in Einklang.

[98] Was schließlich die Erstreckung dieser Rückerstattungspflicht auf „jedes Unternehmen, dem die Vermögenswerte von SMI, SiMI oder MD &D in einer Form (S I-3995) übertragen worden sind bzw. übertragen werden, um die Konsequenzen dieser Entscheidung zu umgehen", anbelangt, so kann sie nach den Akten nur Megaxess betreffen. Da im vorliegenden Fall weder MD &D noch SiMI verpflichtet werden können, die SMI zu Unrecht gewährten Beihilfen zurückzuerstatten, gilt dies erst recht für Megaxess, die lediglich 80 % der Anteile an MD &D erworben hat.

# H. Ausgewählte Politiken der Gemeinschaft

## I. Rechtsangleichung im Binnenmarkt, Art. 94 ff. EG

**267**  Rs. C–300/89 (Kommission ./. Rat; „Titandioxid"),
Urteil des Gerichtshofes vom 11. 06. 1991 – Slg. 1991, S. I-2867.

**Vorbemerkungen:** *Die Wahl der Rechtsgrundlage eines Rechtsakts hängt nicht allein davon ab, welches – nach der Überzeugung eines Organs – das angestrebte Ziel ist, sondern sie muss sich auf objektive, gerichtlich nachprüfbare Umstände gründen. Zu diesen Umständen gehören insbesondere das Ziel und der Inhalt des Rechtsakts. Nach dem Wortlaut des Artikels 174 Abs. 2 EG fällt eine Maßnahme nicht allein bereits deshalb unter Artikel 175 EG, weil mit ihr auch Ziele des Umweltschutzes verfolgt werden. Die in Artikel 174 EG genannten Ziele des Umweltschutzes können auch mit Harmonisierungsmaßnahmen wirksam verfolgt werden, die gemäß Artikel 95 EG erlassen werden. Eine Maßnahme, die zur Angleichung der aus Gründen des Umweltschutzes geschaffenen nationalen Vorschriften über die Produktionsbedingungen erlassen wird, welche geeignet sind, den Wettbewerb zu verfälschen, trägt zur Verwirklichung des Binnenmarkts bei und fällt daher in den Geltungsbereich des Artikel 95 EG.*

**Sachverhalt:** Nach Inkrafttreten der Einheitlichen Europäischen Akte änderte die Kommission die Rechtsgrundlage eines bereits dem Rat zugeleiteten Richtlinienvorschlags, welcher u.a. ein Verbot des Einleitens bestimmter Abfälle in das Meer beinhaltete und stützte ihren Vorschlag auf Artikel 95 EG. In seiner Sitzung vom 24. und 25.11.1988 sprach sich der Rat allgemein dafür aus, die künftige Richtlinie auf Artikel 175 EG zu stützen. Trotz einer entgegenstehenden Auffassung des Parlaments und der Kommission erließ der Rat in seiner Sitzung vom 08. und 09.06.1989 die Richtlinie einstimmig auf der Grundlage von Artikel 175 EG. Die Kommission richtet sich in ihrer Nichtigkeitsklage gegen die Wahl der Rechtsgrundlage.

### Aus den Entscheidungsgründen:

(S. I-2897) [7] Zur Begründung ihrer Klage macht die Kommission, unterstützt vom Europäischen Parlament, geltend, die Richtlinie trage zwar zum Umweltschutz bei, ihr (S. I-2898) „Hauptziel" oder „Schwerpunkt" sei jedoch die Verbesserung der Wettbewerbsbedingungen für die Titandioxid-Industrie. Die Richtlinie sei daher eine Maßnahme, die die Errichtung und das Funktionieren des Binnenmarktes im Sinne von Artikel 100a zum Gegenstand habe, und hätte somit auf diese Ermächtigungsbestimmung gestützt werden müssen.

[8] Bereits aus dem Wortlaut der Artikel 100a und 130s gehe hervor, daß die Erfordernisse des Umweltschutzes integrierender Bestandteil der auf der Grundlage von Artikel 100a zu treffenden Harmonisierungsmaßnahmen seien. Artikel 100a, der die Errichtung und das Funktionieren des Binnenmarktes zum Gegenstand hat, stelle deshalb eine lex specialis gegenüber Artikel 130s dar, der als solcher nicht der Verwirklichung dieses Ziels diene.

[9] Der Rat trägt vor, Artikel 130s sei die richtige Rechtsgrundlage der Richtlinie 89/428. Diese bezwecke zwar auch die Harmonisierung der Wettbewerbsbedingungen in dem betreffenden Industriezweig und ziele somit darauf ab, die Errichtung und das Funktionieren des Binnenmarktes zu fördern; der „Schwerpunkt" des angefochtenen Rechtsakts liege jedoch darin, die Verschmutzung durch Abfälle aus der Titandioxid-Produktion zu unterbinden. Dieses Ziel gehöre zu den in Artikel 130r genannten Zielen, die durch Maßnahmen gemäß Artikel 130s verfolgt würden.

[10] Vorab ist darauf hinzuweisen, daß im Rahmen des Zuständigkeitssystems der Gemeinschaft die Wahl der Rechtsgrundlage eines Rechtsakts nicht allein davon abhängen kann, welches nach der Überzeugung eines Organs das angestrebte Ziel ist, sondern sich auf objektive, gerichtlich nachprüfbare Umstände gründen muß (Urteil vom 26. März 1987 in der Rechtssache 45/86, Kommission/Rat, Slg. 1987, 1493, Randnr. 11). Zu diesen Umständen gehören insbesondere das Ziel und der Inhalt des Rechtsakts.

[11] In bezug auf das angestrebte Ziel bestimmt Artikel 1 der Richtlinie 89/428, daß diese zum einen die Vereinheitlichung der Programme zur Verringerung und späteren Unterbindung der Verschmutzung durch Abfälle aus bestehenden Anlagen der Titandioxid-Industrie und zum anderen die Verbesserung der Wettbewerbsbedingungen in diesem Sektor bezweckt. Sie verfolgt somit zwei Ziele: Umweltschutz und Verbesserung der Wettbewerbsbedingungen.

(S. I-2899) [12] Was die inhaltliche Regelung der Richtlinie 89/428 anbelangt, so ist festzustellen, daß die Einbringung, die Einleitung und die Emission von Abfällen aus bestehenden Industrieanlagen des betroffenen Sektors untersagt sind beziehungsweise nach bestimmten Parametern verringert werden müssen, wobei auch Fristen zur Durchführung der verschiedenen Bestimmungen festgesetzt sind. Indem die Richtlinie somit Verpflichtungen hinsichtlich der Behandlung von Abfällen aus der Titandioxid-Produktion auferlegt, ist sie geeignet, sowohl die Verschmutzung zu verringern als auch einheitlichere Produktions- und damit Wettbewerbsbedingungen zu schaffen, da sich die nationalen Rechtsvorschriften über die Abfallbehandlung, die durch die Richtlinie harmonisiert werden sollen, auf die Produktionskosten der Titandioxid-Industrie auswirken.

[13] Die Richtlinie betrifft folglich nach ihrem Ziel und ihrem Inhalt, wie sie sich bereits aus dem Richtlinienwortlaut ergeben, untrennbar sowohl den Umweltschutz als auch die Beseitigung der Unterschiede in den Wettbewerbsbedingungen.

[14] Artikel 130s EWG-Vertrag sieht vor, daß der Rat über das Tätigwerden der Gemeinschaft im Umweltbereich beschließt. Nach Artikel 100a Absatz 1 EWG-Vertrag erläßt der Rat Maßnahmen zur Angleichung der Rechts- und Verwaltungsvorschriften der Mitgliedstaaten, die die Errichtung und das Funktionieren des Binnenmarktes zum Gegenstand haben. Gemäß Artikel 8a Absatz 2 EWG-Vertrag umfaßt dieser Markt „einen Raum ohne Binnengrenzen, in dem der freie Verkehr von Waren, Personen, Dienstleistungen und Kapital … gewährleistet ist". Nach den Artikeln 2 und 3 EWG-Vertrag setzt dieser so angestrebte Markt unverfälschte Wettbewerbsbedingungen voraus.

[15] Zur Verwirklichung der in Artikel 8a genannten Grundfreiheiten müssen wegen der zwischen den Rechtsordnungen der Mitgliedstaaten bestehenden Unterschiede Harmonisierungsmaßnahmen in den Bereichen getroffen werden, in denen die Gefahr besteht, daß diese Unterschiede verfälschte Wettbewerbsbedingungen schaffen oder aufrechterhalten. Aus diesem Grund ermächtigt Artikel 100a die Gemeinschaft, nach dem dort vorgesehenen Verfahren die Maßnahmen zur Angleichung der Rechts- und Verwaltungsvorschriften der Mitgliedstaaten zu erlassen.

(S. I-2900) [16] Die in Rede stehende Richtlinie hat folglich angesichts ihres Ziels und ihres Inhalts sowohl den Charakter einer Maßnahme im Umweltbereich im Sinne von Artikel 130s EWG-Vertrag als auch den Charakter einer auf die Errichtung und das Funktionieren des Binnenmarktes gerichteten Harmonisierungsmaßnahme im Sinne von Artikel 100a EWG-Vertrag.

(…)

(S. I-2901) [22] Nach Artikel 130r Absatz 2 Satz 2 EWG-Vertrag sind „die Erfordernisse des Umweltschutzes … Bestandteil der anderen Politiken der Gemeinschaft". Dieser Grundsatz bedeutet, daß eine

Maßnahme der Gemeinschaft nicht bereits deshalb unter Artikel 130s fällt, weil mit ihr auch Ziele des Umweltschutzes verfolgt werden. [23] Der Gerichtshof hat in den Urteilen vom 18. März 1980 in den Rechtssachen 91/79 und 92/79 (Kommission/Italien, Slg. 1980, 1099 bzw. 1115, Randnrn. 8) entschieden, daß umweltschutzrechtliche Vorschriften die von ihnen betroffenen Unternehmen belasten können und daß mangels einer Angleichung der einschlägigen nationalen Bestimmungen der Wettbewerb spürbar verfälscht werden könnte. Daraus folgt, daß eine Maßnahme, durch die die nationalen Rechtsvorschriften über die Produktionsbedingungen in einem bestimmten Wirtschatssektor zur Beseitigung der Wettbewerbsverzerrungen in diesem Sektor angeglichen werden sollen, geeignet ist, zur Verwirklichung des Binnenmarktes beizutragen, und deshalb in den Geltungsbereich des Artikels 100a, einer auf die Vollendung des Binnenmarktes speziell zugeschnittenen Bestimmung fällt.
(...)
[25] Nach alledem hätte der angefochtene Rechtsakt auf Artikel 100a EWG-Vertrag gestützt werden müssen. Er ist deshalb für nichtig zu erklären.

**Rs. C-376/98 (Deutschland/ Parlament und Rat;**     **268**
**„Tabakwerberichtlinie"),**
**Urteil des Gerichtshofes vom 05. 10. 2000 – Slg. 2000, S. I-8419.**

**Vorbemerkungen:** *Die Entscheidung betrifft die Auslegung des Art. 95 EG. Die Vorschrift enthält keine allgemeine Kompetenz zur Regelung jeglicher Fragen, die mit dem Binnenmarkt in Zusammenhang stehen. Sie ist vielmehr mit Blick auf ihren Zweck, die Errichtung und das Funktionieren des Binnenmarktes zu verbessern, auszulegen. Daher kann ein Gemeinschaftsrechtsakt nur dann auf Art. 95 EG gestützt werden, wenn dieser Akt tatsächlich den Zweck hat, das Funktionieren und die Errichtung des Binnenmarktes zu verbessern. Damit trifft den Gemeinschaftsgesetzgeber implizit eine Begründungslast, die tatsächliche Verfolgung des Zweckes einer auf Art. 95 EG gestützten Maßnahme darzulegen. Eine weitergehende Kompetenz zur Regelung des Binnenmarktes würde gegen das Prinzip der begrenzten Einzelermächtigung verstoßen.*

**Sachverhalt:** Rat und Parlament beschlossen gemäß Artikel 95 EG die Richtlinie 98/43/EG zur Angleichung der Rechts- und Verwaltungsvorschriften der Mitgliedstaaten über Werbung und Sponsoring zugunsten von Tabakerzeugnissen, die jede Form der Werbung und des Sponsoring für Tabakerzeugnisse in der Gemeinschaft verbot. Zweck der RL sollte u.a. eine Verbesserung des Gesundheitsschutzes sowie der Abbau von Hemmnissen für den freien Waren- und Dienstleistungsverkehr sein. Deutschland, das im Rat gegen den Erlass der RL gestimmt hat, erhob gegen diese Nichtigkeitsklage, da es der Auffassung war, dass wegen des ebenfalls angestrebten Gesundheitsschutzes Art. 95 EG keine geeignete Rechtsgrundlage darstelle, insbesondere, weil Art. 152 Abs. 4 lit. c. EG jegliche Harmonisierung von Rechtsvorschriften zum Schutz der Gesundheit ausschließe. Darüber hinaus war Deutschland der Auffassung, dass die RL nichts zur Vollendung des Binnenmarktes beitragen könnte, da ein innergemeinschaftlicher Austausch von Waren und Dienstleistungen in bezug auf Tabakerzeugnisse praktisch nicht existiere. Die Nichtigkeitsklage war erfolgreich.

## Aus den Entscheidungsgründen:

(S. I-8522) Die Heranziehung von Artikel 100a, Artikel 57 Absatz 2 und Artikel 66 EG-Vertrag als Rechtsgrundlage und ihre gerichtliche Kontrolle.

[76] Die Richtlinie betrifft die Angleichung der Rechts- und Verwaltungsvorschriften der Mitgliedstaaten über Werbung und Sponsoring zugunsten von Tabakerzeugnissen. Es handelt sich dabei um nationale Bestimmungen, denen großteils gesundheitspolitische Ziele zugrunde liegen.

[77] Artikel 129 Absatz 4 erster Gedankenstrich EG-Vertrag schließt jegliche Harmonisierung der Rechts- und Verwaltungsvorschriften der Mitgliedstaaten zum Schutz und zur Förderung der menschlichen Gesundheit aus.

[78] Aus dieser Bestimmung folgt jedoch nicht, dass auf der Grundlage anderer Vertragsbestimmungen erlassene Harmonisierungsmaßnahmen nicht Auswirkungen (S. I-8523) auf den Schutz der menschlichen Gesundheit haben dürften. Ferner sind die Erfordernisse im Bereich des Gesundheitsschutzes gemäß Artikel 129 Absatz 1 Unterabsatz 3 Bestandteil der übrigen Politiken der Gemeinschaft.

[79] Allerdings dürfen andere Artikel des EG-Vertrags nicht als Rechtsgrundlage herangezogen werden, um den ausdrücklichen Ausschluss jeglicher Harmonisierung gemäß Artikel 129 Absatz 4 EG-Vertrag zu umgehen.

[80] Im vorliegenden Fall wurde die von der Richtlinie vorgesehene Angleichung der nationalen Vorschriften über die Werbung und das Sponsoring zugunsten von Tabakerzeugnissen auf die Artikel 100a, Artikel 57 Absatz 2 und Artikel 66 EG-Vertrag gestützt.

[81] Gemäß Artikel 100a Absatz 1 EG-Vertrag erlässt der Rat im Verfahren des Artikels 189b EG-Vertrag (nach Änderung jetzt Artikel 251 EG) nach Anhörung des Wirtschafts- und Sozialausschusses die Maßnahmen zur Angleichung der Rechts- und Verwaltungsvorschriften der Mitgliedstaaten, die die Errichtung und das Funktionieren des Binnenmarktes zum Gegenstand haben.

[82] Nach Artikel 3 Buchstabe c EG-Vertrag (nach Änderung jetzt Artikel 3 Absatz 1 Buchstabe c EG) ist der Binnenmarkt durch die Beseitigung der Hindernisse für den freien Waren-, Personen-, Dienstleistungs- und Kapitalverkehr zwischen den Mitgliedstaaten gekennzeichnet. Gemäß Artikel 7a EG-Vertrag (nach Änderung jetzt Artikel 14 EG), der die erforderlichen Maßnahmen für die Verwirklichung des Binnenmarktes zum Gegenstand hat, umfasst der Binnenmarkt einen Raum ohne Binnengrenzen, in dem der freie Verkehr von Waren, Personen, Dienstleistungen und Kapital gemäß den Bestimmungen des Vertrages gewährleistet ist (Absatz 2).

(S. I-8524) [83] Aus der Zusammenschau dieser Bestimmungen ergibt sich, dass Maßnahmen gemäß Artikel 100a Absatz 1 EG-Vertrag die Voraussetzungen für die Errichtung und das Funktionieren des Binnenmarktes verbessern sollen. Diesen Artikel dahin auszulegen, dass er dem Gemeinschaftsgesetzgeber eine allgemeine Kompetenz zur Regelung des Binnenmarktes gewährte, widerspräche nicht nur dem Wortlaut der genannten Bestimmungen, sondern wäre auch unvereinbar mit dem in Artikel 3b EG-Vertrag (jetzt Artikel 5 EG) niedergelegten Grundsatz, dass die Befugnisse der Gemeinschaft auf Einzelermächtigungen beruhen.

[84] Ein auf der Grundlage von Artikel 100a EG-Vertrag erlassener Rechtsakt muss zudem tatsächlich den Zweck haben, die Voraussetzungen für die Errichtung und das Funktionieren des Binnenmarktes zu verbessern. Genügten bereits die bloße Feststellung von Unterschieden zwischen den nationalen Vorschriften und die abstrakte Gefahr von Beeinträchtigungen der Grundfreiheiten oder daraus möglicherweise entstehenden Wettbewerbsverzerrungen, um die Wahl von Artikel 100a als Rechtsgrundlage zu rechtfertigen, so könnte der gerichtlichen Kontrolle der Wahl der Rechtsgrundlage jede Wirksamkeit genommen werden. Damit wäre der Gerichtshof jedoch an der Wahrnehmung der ihm gemäß Artikel 164 EG-Vertrag (jetzt Artikel 220

EG) obliegenden Aufgabe gehindert, die Wahrung des Rechts bei der Auslegung und Anwendung des Vertrages zu sichern.

[85] So hat der Gerichtshof im Rahmen der Prüfung, ob Artikel 100a zu Recht als Rechtsgrundlage gewählt wurde, festzustellen, ob mit dem Rechtsakt, dessen Gültigkeit in Frage steht, tatsächlich die vom Gemeinschaftsgesetzgeber angeführten Zwecke verfolgt werden (vgl. insbesondere Urteile Spanien/Rat, Randnrn. 25 bis 41, und vom 13. Mai 1997 in der Rechtssache C-233/94, Deutschland/Parlament und Rat, Slg. 1997, I-2405, Randnrn. 10 bis 21).

[86] Zwar kann Artikel 100a, wie der Gerichtshof in der Randnummer 35 des Urteils Spanien/Rat festgestellt hat, als Rechtsgrundlage herangezogen werden, um der Entstehung neuer Hindernisse für den Handel infolge einer heterogenen Entwicklung der nationalen Rechtsvorschriften vorzubeugen. Das Entstehen solcher Hindernisse muss jedoch wahrscheinlich sein und die fragliche Maßnahme ihre Vermeidung bezwecken.

(S. I-8525) [87] Die vorstehenden Erwägungen gelten auch für die Auslegung des Artikels 57 Absatz 2 EG-Vertrag in Verbindung mit Artikel 66 EG-Vertrag, der sich ausdrücklich auf Maßnahmen zur Erleichterung des Zugangs zu Dienstleistungstätigkeiten und ihrer Ausübung bezieht. Auch mit diesen Bestimmungen wird dem Gemeinschaftsgesetzgeber eine Zuständigkeit eingeräumt, die spezifisch den Erlass von Maßnahmen zur Verbesserung des Funktionierens des Binnenmarktes erlaubt.

[88] Sind die Voraussetzungen für die Anwendung von Artikel 100a, Artikel 57 Absatz 2 und Artikel 66 als Rechtsgrundlage erfüllt, so steht deren Heranziehung durch den Gemeinschaftsgesetzgeber nicht entgegen, dass dem Gesundheitsschutz bei den zu treffenden Entscheidungen maßgebende Bedeutung zukommt. Vielmehr sind nach Artikel 129 Absatz 1 Unterabsatz 3 die Erfordernisse im Bereich des Gesundheitsschutzes gerade Bestandteil der übrigen Politiken der Gemeinschaft; Artikel 100a Absatz 3 schreibt ausdrücklich vor, dass bei Harmonisierungen von einem hohen Gesundheitsschutzniveau ausgegangen wird.

[89] Im Licht dieser Erwägungen ist zu prüfen, ob die Richtlinie auf der Grundlage von Artikel 100a, Artikel 57 Absatz 2 und Artikel 66 EG-Vertrag erlassen werden durfte.

(…)

(S. I-8527) Die Beseitigung von Hemmnissen des freien Warenverkehrs und der Dienstleistungsfreiheit.

[96] Es ist davon auszugehen, dass wegen der vorhandenen Unterschiede zwischen den nationalen Rechtsvorschriften über Werbung

für Tabakerzeugnisse Hemmnisse für den freien Warenverkehr und die Dienstleistungsfreiheit bestehen oder wahrscheinlich entstehen können.

[97] Zwar existieren gegenwärtig, wie die Klägerin aufgezeigt hat, etwa für Zeitschriften und Zeitungen, die Tabakwerbung enthalten, keine Hemmnisse für die Einfuhr in Mitgliedstaaten, in denen diese Werbung untersagt ist. Wegen der Entwicklung der nationalen Rechtsvorschriften, die zu einer immer stärkeren Beschränkung der Werbung für Tabakerzeugnisse führt und der Überzeugung entspricht, dass diese Werbung den Tabakkonsum spürbar erhöht, erscheint es jedoch wahrscheinlich, dass künftig Hindernisse für den freien Verkehr von Presseerzeugnissen entstehen werden.

[98] Entsprechend der Richtlinie 89/552, die zur Förderung der freien Verbreitung von Fernsehprogrammen in Artikel 13 die Fernsehwerbung für Tabakerzeugnisse untersagt, könnte deshalb grundsätzlich die Verabschiedung einer Richtlinie auf der Grundlage des Artikels 100a EG-Vertrag zulässig sein, die ein Verbot der (S. I-8528) Werbung für Tabakerzeugnisse in Zeitschriften und Zeitungen enthielte, um den freien Verkehr von solchen Presseerzeugnissen zu gewährleisten.

[99] Für einen großen Teil der Formen von Tabakwerbung lässt sich das in Artikel 3 Absatz 1 der Richtlinie enthaltene Verbot jedoch nicht damit rechtfertigen, Hemmnisse für den freien Verkehr von Werbeträgern oder für die Dienstleistungsfreiheit in diesem Werbesektor müssten beseitigt werden. Das gilt insbesondere für das Verbot von Werbung auf Plakaten, auf Sonnenschirmen, Aschenbechern und sonstigen in Hotels, Restaurants und Cafés verwendeten Gegenständen sowie für das Verbot von Werbespots im Kino, denn diese Verbote fördern den Handel mit den betroffenen Erzeugnissen nicht.

[100] Zwar kann ein auf der Grundlage von Artikel 100a, Artikel 57 Absatz 2 und Artikel 66 EG-Vertrag erlassener Rechtsakt auch Bestimmungen umfassen, die zur Beseitigung von Hemmnissen der Grundfreiheiten nichts beitragen, wenn sie erforderlich sind, um die Umgehung bestimmter diesem Ziel dienender Verbote zu verhindern. Für die in der vorstehenden Randnummer genannten Verbote trifft dies jedoch offensichtlich nicht zu.

(...)

(S. I-8529) [105] Demnach kann der Gemeinschaftsgesetzgeber die Wahl von Artikel 100a, Artikel 57 Absatz 2 und Artikel 66 EG-Vertrag als Rechtsgrundlage der Richtlinie nicht mit der Erwägung rechtfertigen, Hemmnisse für den freien Verkehr von Werbeträgern und die Dienstleistungsfreiheit müssten beseitigt werden.

**269    Rs. C-491/01 (British American Tobacco),**
**Urteil des Gerichtshofes vom 10. 12. 2002 – Slg. 2002, S. I-11453.**

**Vorbemerkungen:** *Der Gerichtshof hatte sich in diesem Urteil – wie auch in der Entscheidung zur Tabakwerberichtlinie (Fall 268) – bezüglich einer Richtlinie zur Deklaration auf Zigarettenverpackungen mit der Zuständigkeit der Gemeinschaft für entsprechende Regelungen auseinander zusetzen. Dabei ging es nicht nur um die Deklaration von Tabakerzeugnissen, welche in der Europäischen Gemeinschaft verkauft werden sollten, sondern auch um die Deklaration solcher Erzeugnisse, welche in der Gemeinschaft hergestellt werden, jedoch in Drittstaaten ausgeführt werden sollen. Der Gerichtshof musste insoweit die Kompetenzen aus Art. 95 EG und Art. 133 EG gegeneinander abgrenzen und kam zu dem Ergebnis, dass die Gemeinschaft die Kompetenzen für die Regelung über die Herstellung, den Verkauf und die Aufmachung von Tabakerzeugnissen inne hat. Nach ständiger Rechtsprechung des EuGH muss die Wahl der Rechtsgrundlage für einen Gemeinschaftsrechtsakt auf objektive, gerichtlich nachprüfbare Umstände gestützt werden. Dabei wird insbesondere der Inhalt und das Ziel des Rechtsaktes berücksichtigt. Ergibt sich bei Prüfung eines Gemeinschaftsrechtsaktes, dass ein Rechtsakt mehrere Ziele verfolgt, so ist diejenige Rechtsgrundlage zu wählen, welche das überwiegende und wesentliche Ziel verfolgt. Es ist grundsätzlich nur eine Rechtsgrundlage zulässig. Eine Ausnahme ergibt sich jedoch für solche Rechtsakte, die zwei bzw. mehrere Ziele gleichrangig verfolgen. Ist zwischen den Zielen kein Rangverhältnis erkennbar, so kann der Rechtsakt ausnahmsweise auf die verschiedenen einschlägigen Rechtsgrundlagen gestützt werden. Daher ist ein Rechtsakt, dessen Vorschriften im Wesentlichen den Außenhandel und nicht den Handel innerhalb der Gemeinschaft betreffen, allein auf Art. 133 EG zu stützen. Selbst wenn der Rechtsakt Nebenvorschriften zu Rechtsangleichungen im Binnenmarkt enthält, kommt eine Abstützung auf Art. 95 EG nicht in Betracht. Der Gerichtshof stellte noch einmal klar, dass Maßnahmen, welche auf Art. 95 EG gestützt werden sollen, der Verbesserung der Bedingungen für die Errichtung und das Funktionieren des Binnenmarktes dienen müssen. Daneben entschied der Gerichtshof, dass es unschädlich ist, wenn eine Richtlinie auf zwei Rechtsgrundlagen gestützt wird, allerdings eine davon nicht einschlägig ist. Ein solcher Verstoß gegen Gemeinschaftsrecht führt nicht zwangsläu-*

*fig zu einer Ungültigkeit der Richtlinie. Handelt es sich nur um einen Formfehler, der nicht zur Verletzung der Verfahrensvorschriften führt, bleibt die Richtlinie gültig.*

**Sachverhalt:** Die Richtlinie 2001/37/EG des Rates und des Europäischen Parlaments wurde auf Art. 95 und 133 EG gestützt. Sie bestimmt unter anderem die Grenzwerte für in der EU zu vermarktende Tabakerzeugnisse, die Gestaltung der Warnhinweise auf Zigarettenverpackungen und die Produktbezeichnungen. Hinsichtlich der Produktbezeichnungen wird festgelegt, dass Begriffe, welche den Eindruck erwecken, dass ein Tabakerzeugnis weniger schädlich ist (z.b. mild, light) auf Verpackungen nicht mehr verwendet werden dürfen. Dies betrifft sowohl innerhalb der EU vermarktete Tabakerzeugnisse als auch für den Export in Drittstaaten hergestellte Tabakerzeugnisse. Gegen die geplante Umsetzung der Richtlinie in britisches Recht klagten Hersteller von Tabakerzeugnissen vor dem zuständigen High Court. Sie bezweifelten die Gültigkeit der Richtlinie 2001/37/EG und sollte sie gültig sein, die Rechtmäßigkeit der Exportbestimmungen. Der High Court setzte das Verfahren aus und legte dem EuGH die Fragen zur Vorabentscheidung vor.

**Aus den Entscheidungsgründen:**

(S. I-11569) [42] Mit seiner Frage 1 Buchstabe a möchte das vorlegende Gericht wissen, ob die Richtlinie ganz oder teilweise ungültig ist, weil die Artikel 95 EG und/oder 133 EG keine zutreffende Rechtsgrundlage bieten.

(...)

(S. I-11573) [58] Im vorliegenden Fall ist zu prüfen, ob Artikel 95 EG eine zutreffende Rechtsgrundlage für die Richtlinie darstellt und, wenn dies zutrifft, ob die Heranziehung des Artikels 133 EG als zweite Rechtsgrundlage für die Richtlinie dabei erforderlich oder möglich ist.

(...)

(S. I-11574) [60] Aus den Randnummern 83, 84 und 95 des Urteils über die Tabakwerbung ergibt sich, dass Maßnahmen nach dieser Bestimmung die Bedingungen für die Errichtung und das Funktionieren des Binnenmarktes verbessern sollen und tatsächlich dieses Ziel verfolgen müssen, indem sie zur Beseitigung von Hemmnissen für den freien Waren- oder Dienstleistungsverkehr oder aber von Wettbewerbsverzerrungen beitragen.

[61] Nach dieser Rechtsprechung kann zwar Artikel 95 EG als Rechtsgrundlage herangezogen werden, um der Entstehung neuer Hindernisse für den Handel infolge einer heterogenen Entwicklung der

nationalen Rechtsvorschriften vorzubeugen, doch muss das Entstehen solcher Hindernisse wahrscheinlich sein und die fragliche Maßnahme ihre Vermeidung bezwecken (in diesem Sinne Urteil vom 13. Juli 1995 in der Rechtssache C-350/92, Spanien/Rat, Slg. 1995, I-1985, Randnr. 35, sowie die Urteile über die Tabakwerbung, Randnr. 86, und vom 9. Oktober 2001 in der Rechtssache C-377/98, Niederlande/Parlament und Rat, Slg. 2001, I-7079, Randnr. 15).

[62] Sind die Voraussetzungen für die Heranziehung von Artikel 95 EG als Rechtsgrundlage erfüllt, so kann sich der Gemeinschaftsgesetzgeber auf diese Grundlage stützen, auch wenn dem Gesundheitsschutz bei den zu treffenden Entscheidungen maßgebende Bedeutung zukommt (in diesem Sinne Randnr. 88 des Urteils über die Tabakwerbung). Zudem ist nach Artikel 152 Absatz 1 Unterabsatz 1 EG bei der Festlegung und Durchführung aller Gemeinschaftspolitiken und -maßnahmen ein hohes Gesundheitsschutzniveau sicherzustellen, und Artikel 95 Absatz 3 EG verlangt ausdrücklich, dass bei Harmonisierungen ein hohes Gesundheitsschutzniveau gewährleistet wird. (…)

(S. I-11575) [65] Trotz der bereits erlassenen gemeinschaftlichen Harmonisierungsmaßnahmen, nämlich der Richtlinien 89/622 über die Etikettierung von Tabakerzeugnissen und der Richtlinie 90/239 über den Höchstgehalt an Teer in Zigaretten, waren den Handel hemmende Unterschiede zwischen den Rechts- und Verwaltungsvorschriften der Mitgliedstaaten über die Herstellung, Aufmachung und den Verkauf von Tabakerzeugnissen zum Zeitpunkt des Erlasses der Richtlinie bereits aufgetreten oder nach aller Wahrscheinlichkeit zu erwarten. (…)

(S. I-11578) [75] Daraus folgt, dass die Richtlinie tatsächlich der Verbesserung der Bedingungen für das Funktionieren des Binnenmarktes dient und daher auf der Grundlage des Artikels 95 EG erlassen werden konnte, ohne dass dem die Tatsache entgegensteht, dass dem Gesundheitsschutz bei den Entscheidungen im Zusammenhang mit den von der Richtlinie festgelegten Harmonisierungsmaßnahmen entscheidende Bedeutung zugekommen ist. (…)

(S. I-11579) [79] Bezüglich des Gesundheitsschutzes ergibt sich aus Artikel 95 Absatz 3 EG, dass der Gemeinschaftsgesetzgeber im Rahmen der Harmonisierung ein hohes Schutzniveau gewährleisten muss, indem er u.a. allen auf wissenschaftliche Ergebnisse gestützten neuen Entwicklungen Rechnung trägt. (…)

(S. I-11582) [93] Nach ständiger Rechtsprechung muss sich im Rahmen des Zuständigkeitssystems der Gemeinschaft die Wahl der Rechtsgrundlage eines Rechtsakts auf objektive, gerichtlich nachprüfbare Umstände gründen. Zu diesen Umständen gehören insbesondere das Ziel und der Inhalt des Rechtsakts (u.a. Urteile vom 4. April 2000 in der Rechtssache C-269/97, Kommission/Rat, Slg. 2000, I-2257, Randnr. 43, und vom 30. Januar 2001 in der Rechtssache C-36/98, Spanien/Rat, Slg. 2001, I-779, Randnr. 58).

[94] Ergibt die Prüfung eines gemeinschaftlichen Rechtsakts, dass er zwei Ziele verfolgt oder zwei Komponenten hat, und lässt sich eine davon als wesentliche oder überwiegende ausmachen, während die andere nur von untergeordneter Bedeutung ist, so ist der Rechtsakt nur auf eine Rechtsgrundlage zu stützen, und zwar auf die, die die wesentliche oder überwiegende Zielsetzung oder Komponente erfordert (Urteile vom 23. Februar 1999 in der Rechtssache C-42/97, Parlament/Rat, Slg. 1999, I-869, Randnrn. 39 und 40, und vom 30. Januar 2001, Spanien/Rat, Randnr. 59). Ist dargetan, dass mit dem Rechtsakt gleichzeitig mehrere Ziele verfolgt werden, die untrennbar miteinander verbunden sind, ohne dass das eine im Verhältnis zum anderen zweitrangig ist und mittelbaren Charakter hat, so kann ein solcher Rechtsakt ausnahmsweise auf die verschiedenen einschlägigen Rechtsgrundlagen gestützt werden (Gutachten 2/00 vom 6. Dezember 2001, Slg. 2001, I-9713, Randnr. 23).

[95] Aufgrund der in den beiden vorstehenden Randnummern genannten Grundsätze und unter Berücksichtigung des Ergebnisses in Randnummer 91 dieses Urteils ist festzustellen, dass die Richtlinie die Artikel 95 EG und 133 EG nicht zusammen als Rechtsgrundlage haben konnte.

(S. I-11583) [96] Ohne dass geprüft werden müsste, ob die Richtlinie mit ihren Bestimmungen, die die Ausfuhr von Tabakerzeugnissen in Drittstaaten beeinflussen, auch ein Ziel in Zusammenhang mit der Durchführung der gemeinsamen Handelspolitik nach (S. I-11583) Artikel 133 EG verfolgte, ist nämlich festzustellen, dass dieses Ziel angesichts des Zweckes und des Inhalts der Richtlinie insgesamt gegenüber dem Hauptziel der Richtlinie, nämlich der Verbesserung der Bedingungen für das Funktionieren des Binnenmarktes, nur von untergeordneter Bedeutung ist.

[97] Daraus folgt, dass Artikel 95 EG die einzige zutreffende Rechtsgrundlage der Richtlinie ist und diese zu Unrecht auch Artikel 133 EG als Rechtsgrundlage anführt.

[98] Diese irrige Bezugnahme auf Artikel 133 EG als zweite

Rechtsgrundlage der Richtlinie führt jedoch nicht schon zu deren Ungültigkeit. Ein solcher Irrtum in den Bezugsvermerken einer Gemeinschaftshandlung stellt nämlich bloß einen rein formalen Fehler dar, sofern er nicht zur Rechtswidrigkeit des Verfahrens für den Erlass dieser Handlung führt (in diesem Sinne Urteil vom 27. September 1988 in der Rechtssache 165/87, Kommission/Rat, Slg. 1988, 5545, Randnr. 19); im Fall der Richtlinie ist dieses Problem Gegenstand der Frage 1 Buchstabe b, die in den Randnummern 100 bis 111 dieses Urteils untersucht wird.

## II. Handelspolitik, Art. 131 ff. EG; Handelssanktionen, Art. 301 EG

**270**   **Gutachten 1/78 („Internationales Naturkautschuk-Übereinkommen"),**
**Gutachten des Gerichtshofes vom 04. 10. 1979 – Slg. 1979, S. 2871.**

**Vorbemerkungen:** *Die in Art. 133 EG geregelte Verbandskompetenz der EG für die gemeinsame Handelspolitik ist eine ausschließliche Kompetenz der EG. Dies hat der EuGH bereits in seinem Gutachten 1/75 (Slg. 1975, S. 1355) festgestellt. Die Mitgliedstaaten haben keine Kompetenzen auf diesem Gebiet, wenn eine zu regelnde Materie in den Anwendungsbereich des Art. 133 Abs. 1 EG fällt. Im „Naturkautschuk"-Gutachten konkretisiert der EuGH den Inhalt des Begriffes „gemeinsame Handelspolitik". Die der Gemeinschaft zukommende Kompetenz auf dem Gebiet der Handelspolitik ist nicht auf die in Art. 133 EG genannten Instrumente begrenzt. Der EuGH legt den Begriff vielmehr dynamisch aus. Er stützt sich dabei auf zwei teleologische Überlegungen: Zum einem nimmt er die stetige Veränderung des Welthandels in den Blick und kommt zu dem Schluss, dass eine ausschließlich an den in Art. 133 Abs. 1 EG genannten Instrumenten orientierte Auslegung die Gefahr in sich birgt, die Kompetenz der Gemeinschaft allmählich bedeutungslos werden zu lassen. Zum anderen würde eine von den Mitgliedstaaten in aus dem Anwendungsbereich des Art. 133 EG fallenden Gebieten jeweils betriebene Handelspolitik zu unterschiedlichen Standards führen und damit Störungen auch des innergemeinschaftlichen Handels bewirken. Diese Auslegung lässt sich auch damit begründen, dass die Warenverkehrsfreiheit, auf alle*

*Waren Anwendung findet, die sich im freien Verkehr in den Mitglied-*
*staaten befinden (Art. 23 Abs. 2 EG).*

**Sachverhalt:** Zwischen dem Rat und der Kommission kam es im Zuge
der Verhandlungen über ein völkerrechtliches Übereinkommen, das den
Handel mit Naturkautschuk betraf, zu Meinungsverschiedenheiten über
die zutreffende Rechtsgrundlage für den Abschluss eines solchen Rohstof-
fübereinkommens. Die Kommission vertrat die Auffassung, ein solches
Abkommen sei auf Grundlage von Art. 133 EG ausschließlich von der Gemeinschaft abzuschließen, da es die gemeinsame Handelspolitik betreffe.
Der Rat meinte hingegen, das Abkommen betreffe nicht die gewöhnlichen
Handelsgüter und -ströme, sondern wegen der besonderen Bedeutung der
Rohstoffe die Wirtschaftspolitik und – auch wegen entwicklungspoli-
tischer Ziele des geplanten Abkommens – die Pflege der internationalen
Beziehungen, die jedoch beide nicht in die Zuständigkeit der Gemeinschaft
fielen. Der Rat war daher der Auffassung das Abkommen sei von der Gemeinschaft und den Mitgliedstaaten gemeinsam zu schließen. Der EuGH
kam zu dem Ergebnis, dass das geplante Abkommen unter Art. 133 Abs. 1
EG fällt.

### Aus den Entscheidungsgründen:

(S. 2909) IV – Zum Gegenstand und zu den Zielsetzungen des beabsichtigten Übereinkommens.

[36] Das dem Gerichtshof zur Beurteilung unterbreitete Zustän-
digkeitsproblem ist, wie der Rat zutreffend ausgeführt hat, unter zwei
Gesichtspunkten zu prüfen. In erster Linie geht es darum, ob das be-
absichtigte Übereinkommen wegen seines Gegenstands und seiner
Zielsetzungen unter den Begriff der gemeinsamen Handelspolitik im
Sinne von Artikel 113 des Vertrages fällt.

Zunächst sollen die den Gegenstand und die Zielsetzungen des
Übereinkommens betreffenden allgemeinen Aspekte geprüft werden.

[37] Die durch den Antrag der Kommission aufgeworfene zentrale
Frage geht dahin, ob das internationale Kautschuk-Übereinkommen
insgesamt oder zumindest mit seinem wesentlichen Inhalt zum Bereich der „Gemeinsamen Handelspolitik" gemäß Artikel 113 des Vertrages gehört. Unbestritten ist, daß das geplante Übereinkommen einen engen Bezug zur Handelspolitik aufweist. Die Meinungsverschie-
denheit bezieht sich auf den Umfang des Anwendungsbereichs von Artikel 113, und es herrscht Ungewißheit darüber, ob diese Bestimmung
die Materie des betreffenden Übereinkommens vollständig abdeckt.

(S. 2911) a) Prüfung der Zusammenhänge des Übereinkommens
mit der Handelspolitik und den Problemen der Entwicklungshilfe.

[41] Durch seine besondere Wirkungsweise wie auch durch gewisse Merkmale seiner rechtlichen Struktur unterscheidet sich das beabsichtigte internationale Naturkautschuk-Übereinkommen von gewöhnlichen Handels- und Zollabkommen, die in erster Linie auf der Anwendung von Zöllen und mengenmäßigen Beschränkungen beruhen. Das Übereinkommen stellt ein stärker durchgebildetes Instrument in Form einer weltweiten Marktorganisation dar und unterscheidet sich dadurch von den herkömmlichen Handelsabkommen. (S. 2912) Zur Beantwortung der gestellten Frage ist darauf abzustellen, welche Tragweite diesen besonderen Merkmalen im Hinblick auf dem [Fehler im Original] Begriff der gemeinsamen Handelspolitik im Sinne von Artikel 113 des Vertrages zukommt und welche Konsequenzen sich insoweit ergeben. Gleichzeitig ist zu prüfen, ob der vom Rat angeführte Zusammenhang zwischen dem geplanten Übereinkommen und den Problemen der Entwicklungshilfe möglicherweise bewirkt, daß das Übereinkommen nicht in den Bereich der gemeinsamen Handelspolitik, so wie er im Vertrag definiert ist, fällt.

[42] Die Resolution von Nairobi, die den über Naturkautschuk eingeleiteten Verhandlungen zugrunde liegt, läßt erkennen, daß die Rohstoffübereinkommen in Wahrheit komplexe Ziele verfolgen. Denn diese Resolution betont zwar die Bedürfnisse der Entwicklungsländer, sie enthält aber auch zahlreiche Bezugnahmen auf die Mechanismen aus dem Bereich des Handels und sieht auch nicht über die Bedürfnisse der Industrieländer hinweg. Was insbesondere das Interesse der Entwicklungsländer angeht, können die Rohstoffübereinkommen zwar die Gewährung von Vorteilen mit sich bringen, wie sie für die Entwicklungshilfe kennzeichnend sind; es darf jedoch auch nicht verkannt werden, daß diese Übereinkommen für jene Länder noch stärker dem Anliegen Rechnung tragen, eine Verbesserung der „terms of trade" zu erreichen und auf diese Weise ihre Ausfuhrerlöse aufzuwerten. Dieses Merkmal tritt besonders deutlich in dem hier in Frage stehenden Übereinkommen zutage, das auf die Schaffung eines gerechten Ausgleichs zwischen den Interessen der Erzeugerländer und denen der Verbraucherländer gerichtet ist. Es liegt in der Natur der Sache, daß die Industrieländer in den Verhandlungen über ein derartiges Übereinkommen bei allem Bemühen um die Wahrung ihres Eigeninteresses anerkennen müssen, daß die Erzeugerländer aus einer von der ihrigen verschiedenen wirtschaftlichen Situation heraus verhandeln und daß ein vernünftiger Ausgleich zwischen diesen Standpunkten gefunden werden muß, um den Abschluß eines Übereinkommens zu ermöglichen.

[43] Zu berücksichtigen ist auch der zwischen den verschiedenen

Rohstoffübereinkommen bestehende Zusammenhang, der in der Resolution von Nairobi hervorgehoben worden ist. Da eine steigende Zahl wirtschaftlich besonders wichtiger Erzeugnisse betroffen ist, liegt es auf der Hand, daß eine zusammenhängende Handelspolitik nicht mehr betrieben werden könnte, wenn die Gemeinschaft nicht in der Lage wäre, ihre Zuständigkeit auch im Hinblick auf eine Kategorie von Übereinkommen wahrzunehmen, die sich neben den herkömmlichen Handelsübereinkommen zu einem Hauptfaktor in der Regelung der internationalen Wirtschaftsbeziehungen entwickeln.

(S. 2913) [44] Nach dem von der UNCTAD zur Erarbeitung derartiger Regelungen gegebenen Anstoß könnte eine gemeinsame Handelspolitik nicht mehr sinnvoll betrieben werden, wenn die Gemeinschaft nicht auch über die verfeinerten, zur Entwicklung des internationalen Handels eingeführten Hilfsmittel verfügen könnte. Artikel 113 EWG-Vertrag darf somit nicht in einer Weise ausgelegt werden, die dazu führen würde, die gemeinsame Handelspolitik auf den Gebrauch der Instrumente zu beschränken, deren Wirkung ausschließlich auf die herkömmlichen Aspekte des Außenhandels gerichtet ist, und weiterentwickelte Mechanismen, wie sie das beabsichtigte Übereinkommen bereitstellt, auszuschließen. Eine so verstandene „Handelspolitik" wäre dazu verurteilt, allmählich bedeutungslos zu werden. Wenn auch anzunehmen ist, daß der beherrschende Gedanke zur Zeit der Ausarbeitung des Vertrages der der Liberalisierung des Handelsverkehrs war, so hindert doch der Vertrag die Gemeinschaft nicht daran, eine Handelspolitik zu entwickeln, die für bestimmte Erzeugnisse auf eine Regulierung des Weltmarktes anstelle einer bloßen Liberalisierung des Handelsverkehrs abzielt.

[45] Artikel 113 verleiht der Gemeinschaft die Zuständigkeit für die Gestaltung einer „Handelspolitik nach einheitlichen Grundsätzen"; daraus erhellt, daß die Frage der Außenhandelsbeziehungen in einer offenen Perspektive und nicht nur im Hinblick auf die Handhabung einiger bestimmter Systeme, wie Zölle und mengenmäßige Beschränkungen, zu regeln ist. Dies läßt sich auch dem Umstand entnehmen, daß die in Artikel 113 enthaltene Aufzählung der Gegenstände der Handelspolitik (die Änderung von Zollsätzen, der Abschluß von Zoll- und Handelsabkommen, die Vereinheitlichung der Liberalisierungsmaßnahmen, die Ausfuhrpolitik und die handelspolitischen Schutzmaßnahmen) als eine nicht abschließende Aufzählung gedacht ist, die als solche nicht die Möglichkeit abschneiden soll, im Rahmen der Gemeinschaft andere Verfahren zur Regelung der Außenhandelsbeziehungen einzuführen. Eine einschränkende Auslegung des Begriffs der

gemeinsamen Handelspolitik könnte wegen der Unterschiede, die dann in bestimmten Bereichen der Wirtschaftsbeziehungen zu den Drittländern fortbestehen würden, zu Störungen im innergemeinschaftlichen Handelsverkehr führen.

**271   Rs. T-306/01 (Ahmed Ali Yusuf und Al Barakaat International Foundation ⁄ Rat und Kommission; „Yusuf"), Urteil des Gerichts erster Instanz vom 21. 09. 2005 – Slg. 2005, S. II-3533.**

**Vorbemerkungen:** *Auf Art. 301 und Art. 60 EG können nach Ansicht des EuG auch selektive Sanktionsmaßnahmen gestützt werden, die nicht unmittelbar Drittstaaten betreffen, sondern sich gezielt gegen Einzelpersonen oder private Organisationen richten (z.B. Einfrieren von Bankkonten, sog. „smart sanctions"). Dies setzt voraus, dass diese Personen oder Organisationen einen hinreichenden Bezug zu einem Drittstaat haben. Dieser Bezug besteht, wenn Personen oder Organisationen einen Teil des Hoheitsgebiets eines Staates effektiv physisch kontrollieren, wenn sie mit den Machthabern verbündet sind oder wenn sie unmittelbar oder mittelbar von ihnen kontrolliert werden. Besteht kein hinreichender Bezug zu einem Drittstaat, etwa weil das dort früher einmal ausgeübte Regime nicht mehr existiert, bieten Art. 60 und Art. 301 EG allein keine ausreichende Rechtsgrundlage für wirtschaftliche und finanzielle Sanktionsmaßnahmen gegen Einzelpersonen. Solche Sanktionen können nach Auffassung des Gerichts erster Instanz dann jedoch auf Art. 60, Art. 301 und Art. 308 EG als gemeinsame Rechtsgrundlage gestützt werden. Das EuG befaßte sich dabei eingehend mit der Frage der richtigen Rechtsgrundlage für entsprechende Maßnahmen. Interessant sind insbesondere auch die Ausführungen zu Art. 308 EG, da das Gericht hier zu den von der EG zu verwirklichenden Zielen auch solche des EU-Vertrags und einer GASP-Maßnahme zählt. Das EuG stützt sich dabei auf das allgemeine Kohärenzgebot des Art. 3 EU.*

**Sachverhalt:** Vgl. Fall 78.

**Aus den Entscheidungsgründen:**

[107] Die Verordnung Nr. 467/2001 und die angefochtene Verordnung wurden aufgrund teilweise unterschiedlicher Rechtsgrundlagen erlassen: Bei der erstgenannten Verordnung waren es die Artikel 60 EG und 301 EG, bei der letztgenannten die Artikel 60 EG, 301 EG und 308 EG. Obwohl die ursprünglichen Argumente der Kläger zum Fehlen einer Rechtsgrundlage der Verordnung Nr. 467/2001 aufgrund von deren Aufhebung durch die angefochtene Verordnung gegenstandslos geworden sind, hält es das Gericht für angebracht, zunächst die Gründe darzulegen, aus denen es die Argumente jedenfalls nicht für stichhaltig hält, da diese Gründe eine der Prämissen seiner Erwägungen bei der Prüfung der Rechtsgrundlage der angefochtenen Verordnung darstellen.

Zur Rechtsgrundlage der Verordnung Nr. 467/2001

[108] Die Verordnung Nr. 467/2001 wurde auf der Grundlage der Artikel 60 EG und 301 EG erlassen, die den Rat ermächtigen, die notwendigen Sofortmaßnahmen u.a. auf dem Gebiet des Kapital- und Zahlungsverkehrs zu treffen, wenn in gemeinsamen Standpunkten oder gemeinsamen Aktionen, die nach den Bestimmungen des EU-Vertrags betreffend die GASP angenommen worden sind, ein Tätigwerden der Gemeinschaft vorgesehen ist, um die Wirtschaftsbeziehungen zu einem oder mehreren dritten Ländern auszusetzen, einzuschränken oder vollständig einzustellen.

[109] Wie sich aus ihrer Präambel ergibt, regelte die Verordnung Nr. 467/2001 das Tätigwerden der Gemeinschaft nach dem Gemeinsamen Standpunkt 2001/154, der im Rahmen der GASP erlassen worden war und den Willen der Union und ihrer Mitgliedstaaten zum Ausdruck brachte, auf einen Gemeinschaftsrechtsakt zurückzugreifen, um in der Gemeinschaft bestimmte Aspekte der vom Sicherheitsrat gegenüber den Taliban in Afghanistan verhängten Sanktionen umzusetzen.

[110] Die Kläger machten jedoch erstens geltend, dass sich die in Rede stehenden Maßnahmen gegen Einzelne richteten, die zudem Angehörige eines Mitgliedstaats seien, während die Artikel 60 EG und 301 EG den Rat nur ermächtigten, Maßnahmen gegenüber Drittländern zu ergreifen; zweitens dienten die fraglichen Maßnahmen nicht zur Aussetzung oder Einschränkung der Wirtschaftsbeziehungen zu einem Drittland, sondern zur Bekämpfung des internationalen Terrorismus und insbesondere von Osama bin Laden, und drittens stünden sie jedenfalls außer Verhältnis zu dem mit den Artikeln 60 EG und 301 EG verfolgten Ziel.

[111] Keinem dieser Argumente hätte Erfolg beschieden sein können.

[112] Was erstens die Art der Maßnahmen angeht, die der Rat nach den Artikeln 60 EG und 301 EG treffen darf, so ist das Gericht der Ansicht, dass der Wortlaut dieser Bestimmungen den Erlass restriktiver Maßnahmen unmittelbar gegenüber Einzelpersonen oder Organisationen – unabhängig davon, ob sie in der Gemeinschaft ansässig sind – nicht ausschließt, soweit solche Maßnahmen tatsächlich darauf abzielen, die Wirtschaftsbeziehungen zu einem oder mehreren Drittländern auszusetzen, einzuschränken oder vollständig einzustellen.

[113] Wie der Rat zutreffend ausgeführt hat, gehörten die in Rede stehenden Maßnahmen zu den gemeinhin als „intelligent" bezeichneten Sanktionen (smart sanctions), die von der UNO seit den neunziger Jahren praktiziert werden. Bei solchen Sanktionen werden die klassischen Maßnahmen eines allgemein gegen ein Land gerichteten Handelsembargos durch gezieltere und selektivere Maßnahmen – wie wirtschaftliche oder finanzielle Sanktionen, Reiseverbote, ein Waffenembargo oder ein Embargo bestimmter Produkte – ersetzt, um die Leiden der Zivilbevölkerung des betreffenden Landes zu mindern und zugleich dem betreffenden Regime und dessen Machthabern echte Sanktionen aufzuerlegen.

[114] Die Praxis der Gemeinschaftsorgane hat sich in gleicher Weise fortentwickelt, wobei der Rat nach und nach die Auffassung vertreten hat, dass es ihm die Artikel 60 EG und 301 EG erlaubten, restriktive Maßnahmen gegen Organisationen oder Personen zu treffen, die einen Teil des Hoheitsgebiets eines Drittlands physisch kontrollieren (vgl. z.B. die Verordnung [EG] Nr. 1705/98 des Rates vom 28. Juli 1998 betreffend die Aussetzung bestimmter wirtschaftlicher Beziehungen zu Angola zwecks Veranlassung der „União Nacional para a Independência Total de Angola" [UNITA] zur Erfüllung ihrer Verpflichtungen im Rahmen des Friedensprozesses und zur Aufhebung der Verordnung [EG] Nr. 2229/97 [ABl. L 215, S. 1]), sowie gegen Organisationen oder Personen, die den Regierungsapparat eines Drittlands tatsächlich kontrollieren, und gegen Personen und Organisationen, die mit Letzteren verbündet sind und ihnen wirtschaftliche Unterstützung gewähren (vgl. z.B. die Verordnung [EG] Nr. 1294/1999 des Rates vom 15. Juni 1999 über das Einfrieren von Geldern und ein Investitionsverbot betreffend die Bundesrepublik Jugoslawien [BRJ] und zur Aufhebung der Verordnungen [EG] Nr. 1295/98 und [EG] Nr. 1607/98 [ABl. L 153, S. 63] und die Verordnung [EG] Nr. 2488/2000 des Rates vom 10. November 2000 über die Aufrechterhaltung des Einfrierens von Geldern

betreffend Herrn Milosevic und Personen seines Umfelds und die Aufhebung der Verordnungen [EG] Nr. 1294/1999 und [EG] Nr. 607/2000 sowie des Artikels 2 der Verordnung [EG] Nr. 926/98 [ABl. L 287, S. 19]). Diese Entwicklung steht mit den in den Artikeln 60 EG und 301 EG vorgesehenen Maßnahmen voll im Einklang.

[115] Ebenso wie es zulässig ist, dass sich wirtschaftliche oder finanzielle Sanktionen speziell gegen die Machthaber eines Drittlands und nicht gegen dieses Land als solches richten, müssen sie sich nämlich auch gegen Einzelpersonen und Organisationen – gleichgültig, wo sie sich befinden – richten können, die mit diesen Machthabern verbündet sind oder unmittelbar oder mittelbar von ihnen kontrolliert werden. Wie die Kommission zutreffend ausgeführt hat, würden die Artikel 60 EG und 301 EG kein wirksames Mittel zur Ausübung von Druck auf Machthaber mit Einfluss auf die Politik eines Drittlands liefern, wenn die Gemeinschaft auf ihrer Grundlage keine Maßnahmen gegenüber Privatpersonen treffen könnte, die, obwohl sie nicht in dem fraglichen Drittland ansässig sind, hinreichende Verbindungen zu dem Regime haben, gegen das sich die Sanktionen richten. Wie der Rat hervorgehoben hat, ist es im Übrigen unerheblich, dass einige der betroffenen Personen Angehörige eines Mitgliedstaats sind, denn um im Kontext des freien Kapitalverkehrs wirksam zu sein, dürfen sich die finanziellen Sanktionen nicht allein auf die Angehörigen des betreffenden Drittlands beschränken.

[116] Diese Auslegung, die nicht im Widerspruch zum Wortlaut der Artikel 60 EG und 301 EG steht, ist sowohl durch Wirksamkeitserwägungen als auch aus humanitären Gründen gerechtfertigt.

[117] Was zweitens das mit der Verordnung Nr. 476/2001 verfolgte Ziel angeht, so macht der Rat unter Bezugnahme auf die Resolutionen 1267 (1999) und 1333 (2000) des Sicherheitsrats, den Gemeinsamen Standpunkt 2001/154 sowie die erste und die zweite Begründungserwägung der Verordnung und selbst ihren Titel geltend, dass sich die fraglichen Maßnahmen im Wesentlichen gegen das Regime der Taliban gerichtet hätten, die zu dieser Zeit 80 % des afghanischen Hoheitsgebiets tatsächlich kontrolliert und sich selbst als „Islamisches Emirat Afghanistan" bezeichnet hätten, und ergänzend gegen Personen und Einrichtungen, die diesem Regime durch wirtschaftliche oder finanzielle Transaktionen geholfen hätten, internationalen Terroristen und deren Organisationen Zuflucts- und Ausbildungsstätten zu bieten, so dass sie de facto als Vertreter oder enge Verbündete dieses Regimes gehandelt hätten.

[118] In Bezug auf die Rüge der Kläger, dass sich die Verordnung

Nr. 467/2001 gegen Osama bin Laden und nicht gegen das Regime der Taliban gerichtet habe, fügt der Rat hinzu, dass Osama bin Laden in Wirklichkeit das Oberhaupt und die „graue Eminenz" des Regimes der Taliban gewesen sei und die wirkliche Macht in Afghanistan ausgeübt habe. Seine weltlichen und geistlichen Titel „Sheikh" (Oberhaupt) und „Emir" (Prinz, Leiter, Kommandeur) und der Rang, den er an der Seite der anderen religiösen Würdenträger der Taliban eingenommen habe, ließen insoweit wenig Zweifel. Außerdem habe Osama bin Laden schon vor dem 11. September 2001 einen Treueid (Bay'a) geschworen, durch den ein förmliches religiöses Band zwischen ihm und der theokratischen Führung der Taliban entstanden sei. Er habe sich daher in einer ähnlichen Situation wie Herr Milosevic und die Mitglieder der jugoslawischen Regierung zur Zeit der vom Rat gegen die Bundesrepublik Jugoslawien verhängten Sanktionen (vgl. oben, Randnr. 114) befunden. Was Al-Qaida angehe, so sei allgemein bekannt, dass sie über zahlreiche militärische Ausbildungslager in Afghanistan verfügt habe und dass Tausende ihrer Mitglieder zwischen Oktober 2001 und Januar 2002 während der Intervention der internationalen Koalition an der Seite der Taliban gekämpft hätten.

[119] Es besteht kein Anlass, die Stichhaltigkeit dieser Erwägungen in Frage zu stellen, über die in der internationalen Gemeinschaft ein breiter Konsens besteht, der u.a. in den verschiedenen vom Sicherheitsrat einstimmig angenommenen Resolutionen zum Ausdruck kommt, und die die Kläger nicht konkret widerlegt oder auch nur bestritten haben.

[120] Insbesondere hatten die Sanktionen, um die es im vorliegenden Fall geht, nach Ziffer 4 Buchstabe b der Resolution 1267 (1999) das Hauptziel, zu verhindern, dass das Regime der Taliban, woher auch immer, finanzielle Unterstützung erhält. Sie hätten umgangen werden können, wenn als Unterstützer dieses Regimes eingestufte Einzelpersonen von ihnen nicht erfasst worden wären. Zu den Beziehungen zwischen dem früheren Regime der Taliban und Osama bin Laden hat der Sicherheitsrat die Ansicht vertreten, dass Letzterer im fraglichen Zeitraum von diesem Regime eine derart entscheidende Hilfe erhalten habe, dass er als Teil desselben habe angesehen werden können. Deshalb hat der Sicherheitsrat in der zehnten Begründungserwägung der Resolution 1333 (2000) missbilligt, dass die Taliban Osama Bin Laden weiterhin Zuflucht gewährten und es ihm und seinen Mithelfern ermöglichten, von dem durch die Taliban kontrollierten Hoheitsgebiet aus ein Netz von Ausbildungslagern für Terroristen zu betreiben und Afghanistan als Stützpunkt für die Förderung internationaler terroris-

tischer Operationen zu benutzen. Darüber hinaus hat der Sicherheitsrat in der siebten Begründungserwägung der Resolution 1333 (2000) seine Überzeugung bekräftigt, dass die Unterbindung des internationalen Terrorismus für die Wahrung des Weltfriedens und der internationalen Sicherheit unerlässlich ist.

[121] Die fraglichen Maßnahmen dienten somit entgegen dem Vorbringen der Kläger sehr wohl zur Aussetzung oder Einschränkung der Wirtschaftsbeziehungen zu einem Drittland im Rahmen der Bekämpfung des internationalen Terrorismus und insbesondere von Osama bin Laden und des Al-Qaida-Netzwerks durch die Völkergemeinschaft.

[122] Was drittens die Verhältnismäßigkeit der fraglichen Maßnahmen angeht, so ist sie im Licht der Zielsetzung der Verordnung Nr. 467/2001 zu prüfen. Wie oben ausgeführt, soll durch die Verhängung „intelligenter" Sanktionen wirksamer Druck auf die Machthaber des betreffenden Landes ausgeübt und zugleich die Auswirkung der fraglichen Maßnahmen auf die Bevölkerung dieses Landes so weit wie möglich begrenzt werden, insbesondere indem ihr persönlicher Anwendungsbereich auf eine bestimmte Zahl namentlich genannter Personen beschränkt wird. Im vorliegenden Fall diente die Verordnung Nr. 467/2001 zur Erhöhung des Drucks auf das Regime der Taliban, u.a. durch Einfrieren der Gelder und sonstigen finanziellen Vermögenswerte Osama Bin Ladens und der mit ihm verbündeten Personen und Einrichtungen, wie vom Sanktionsausschuss bezeichnet. Solche Maßnahmen stehen mit dem Grundsatz der Verhältnismäßigkeit im Einklang, der verlangt, dass Sanktionen nicht die Grenzen dessen überschreiten, was zur Verwirklichung des mit der Gemeinschaftsregelung, durch sie eingeführt werden, verfolgten Zieles angemessen und erforderlich ist.

[123] Dass sich die fraglichen Maßnahmen auch auf Transaktionen ohne grenzüberschreitendes Element erstreckten, ist dagegen irrelevant. Da das legitime Ziel dieser Maßnahmen darin bestand, die Finanzierungsquellen der Taliban und des von Afghanistan aus tätigen internationalen Terrorismus zum Versiegen zu bringen, mussten sie sich zwangsläufig sowohl auf internationale als auch auf rein innerstaatliche Transaktionen beziehen, da Letztere unter Berücksichtigung insbesondere der Freizügigkeit und des freien Kapitalverkehrs sowie der Intransparenz der internationalen Finanzkreisläufe ebenso wie Erstere geeignet waren, zu einer solchen Finanzierung beizutragen.

[124] Demnach war der Rat entgegen dem Vorbringen der Kläger für den Erlass der Verordnung Nr. 467/2001 auf der Grundlage der Artikel 60 EG und 301 EG zuständig.

Zur Rechtsgrundlage der angefochtenen Verordnung

[125] Im Unterschied zur Verordnung Nr. 467/2001 hat die angefochtene Verordnung nicht nur die Artikel 60 EG und 301 EG zur Rechtsgrundlage, sondern auch Artikel 308 EG. Darin kommt die Entwicklung der internationalen Lage zum Ausdruck, in deren Rahmen sich die vom Sicherheitsrat verhängten und von der Gemeinschaft umgesetzten Sanktionen nacheinander einfügten.

[126] Obgleich die Resolution 1333 (2000) des Sicherheitsrats im Rahmen von Maßnahmen zur Unterbindung des internationalen Terrorismus ergangen ist, die als unerlässlich für die Wahrung des Weltfriedens und der internationalen Sicherheit angesehen wurde (vgl. ihre siebte Begründungserwägung), betraf sie speziell das Regime der Taliban, die zu dieser Zeit den größten Teil des afghanischen Hoheitsgebiets kontrollierten und Osama bin Laden und dessen Verbündeten Zuflucht und Unterstützung gewährten.

[127] Wie oben bereits ausgeführt, erlaubte es gerade diese ausdrücklich hergestellte Verbindung zu dem Hoheitsgebiet und dem Regime eines Drittlands dem Rat, die Verordnung Nr. 467/2001 auf die Artikel 60 EG und 301 EG zu stützen.

[128] Die Resolution 1390 (2002) des Sicherheitsrats wurde dagegen am 16. Januar 2002 verabschiedet, nachdem dieses Regime im Anschluss an die im Oktober 2001 eingeleitete bewaffnete Intervention der internationalen Koalition in Afghanistan zusammengebrochen war. Infolgedessen werden die Taliban zwar immer noch ausdrücklich genannt, doch richtet sich die Resolution nicht mehr gegen ihr gestürztes Regime, sondern unmittelbar gegen Osama bin Laden, das Al-Qaida-Netzwerk und die mit ihnen verbündeten Personen und Organisationen.

[129] Das Fehlen jeder Verbindung zwischen den gemäß dieser Resolution zu ergreifenden Sanktionen und dem Hoheitsgebiet oder dem Regime eines Drittlands, auf das bereits in Punkt 2 der Begründung des Verordnungsvorschlags hingewiesen wird, den die Kommission dem Rat am 6. März 2002 vorlegte und der der angefochtenen Verordnung zugrunde liegt (Dokument KOM[2002] 117 endg.), ist vom Rat in den Randnummern 4 und 5 seiner Gegenerwiderung ausdrücklich eingeräumt worden.

[130] Mangels einer solchen Verbindung waren der Rat und die Kommission der Ansicht, dass die Artikel 60 EG und 301 EG für sich genommen keine ausreichende Rechtsgrundlage für den Erlass der angefochtenen Verordnung darstellten. Dem ist zuzustimmen.

[131] Artikel 60 Absatz 1 EG bestimmt, dass der Rat nach dem Ver-

fahren des Artikels 301 EG die notwendigen Sofortmaßnahmen auf dem Gebiet des Kapital- und Zahlungsverkehrs „mit den betroffenen dritten Ländern" ergreifen kann. Artikel 301 EG sieht ausdrücklich vor, dass die Gemeinschaft tätig werden kann, um die Wirtschaftsbeziehungen „zu einem oder mehreren dritten Ländern" auszusetzen, einzuschränken oder vollständig einzustellen.

[132] Im Übrigen lässt die Tatsache, dass diese Bestimmungen den Erlass „intelligenter Sanktionen" gegenüber den mit den Machthabern eines Drittlands verbündeten oder unmittelbar oder mittelbar von ihnen kontrollierten Personen oder Organisationen erlauben (vgl. oben, Randnrn. 115 und 116), nicht den Schluss zu, dass gegen solche Personen oder Organisationen auch dann noch vorgegangen werden kann, wenn das Regime, das in dem fraglichen Drittland herrschte, nicht mehr existiert. Unter diesen Umständen besteht nämlich keine hinreichende Verbindung zwischen diesen Personen oder Organisationen und einem Drittland mehr.

[133] Daraus folgt, dass die Artikel 60 EG und 301 EG jedenfalls für sich genommen keine ausreichende Rechtsgrundlage für den Erlass der angefochtenen Verordnung darstellten.

[134] Außerdem hat der Rat im Gegensatz zu dem Standpunkt, den die Kommission in dem der angefochtenen Verordnung zugrunde liegenden Vorschlag für eine Verordnung des Rates einnahm (vgl. oben, Randnr. 129), die Ansicht vertreten, dass auch Artikel 308 EG für sich genommen keine ausreichende Rechtsgrundlage für den Erlass der genannten Verordnung dargestellt habe. Auch diesen Erwägungen ist zuzustimmen.

[135] Insoweit ist daran zu erinnern, dass nach der Rechtsprechung (Urteil des Gerichtshofes vom 26. März 1987 in der Rechtssache 45/86, Kommission/Rat, Slg. 1987, 1493, Randnr. 13) der Rückgriff auf Artikel 308 EG als Rechtsgrundlage eines Rechtsakts, wie sich bereits aus seinem Wortlaut ergibt, nur gerechtfertigt ist, wenn keine andere Vertragsbestimmung den Gemeinschaftsorganen die zum Erlass dieses Rechtsakts erforderliche Befugnis verleiht. In einem solchen Fall gestattet es Artikel 308 EG den Gemeinschaftsorganen, zur Verwirklichung eines der Ziele der Gemeinschaft tätig zu werden, auch wenn es keine Bestimmung gibt, die ihnen die dafür erforderliche Befugnis verleiht.

[136] Was die erste Voraussetzung für die Anwendbarkeit von Artikel 308 EG betrifft, so steht fest, dass keine Bestimmung des EG-Vertrags den Erlass von Maßnahmen der in der angefochtenen Verordnung vorgesehenen Art ermöglicht, die zum Kampf gegen den internationa-

len Terrorismus und speziell zur Verhängung wirtschaftlicher und finanzieller Sanktionen wie dem Einfrieren von Geldern gegenüber Privatpersonen und Organisationen dienen, die im Verdacht stehen, zu seiner Finanzierung beizutragen, ohne dass eine Verbindung zu dem Hoheitsgebiet oder dem Regime eines Drittlands hergestellt wird. Diese erste Voraussetzung ist somit im vorliegenden Fall erfüllt.

[137] Damit die zweite Voraussetzung für die Anwendbarkeit von Artikel 308 EG im Sinne der oben in Randnummer 135 angeführten Rechtsprechung erfüllt ist, müssen der Kampf gegen den internationalen Terrorismus und speziell die Verhängung wirtschaftlicher und finanzieller Sanktionen wie das Einfrieren von Geldern gegenüber Privatpersonen und Organisationen, die im Verdacht stehen, zu seiner Finanzierung beizutragen, mit einem der Ziele in Verbindung gebracht werden können, die der Vertrag der Gemeinschaft zuweist.

[138] Im vorliegenden Fall ist die Präambel der angefochtenen Verordnung in dieser Frage besonders lakonisch. Zu nennen ist allenfalls die Feststellung des Rates in der vierten Begründungserwägung dieser Verordnung, dass die nach der Resolution 1390 (2002) und dem Gemeinsamen Standpunkt 2002/402 erforderlichen Maßnahmen „in den Geltungsbereich des Vertrags" fielen und dass „insbesondere zur Vermeidung von Wettbewerbsverzerrungen" ein Rechtsakt der Gemeinschaft erforderlich sei.

[139] Zu der Petitio principii, wonach die fraglichen Maßnahmen „in den Geltungsbereich des Vertrags" fielen, ist dagegen ohne weiteres festzustellen, dass keines der in den Artikeln 2 EG und 3 EG ausdrücklich genannten Ziele des Vertrages mit diesen Maßnahmen realisierbar erscheint.

[140] Insbesondere können die in der angefochtenen Verordnung vorgesehenen Maßnahmen – anders als die Maßnahmen gegenüber bestimmten in der Gemeinschaft ansässigen natürlichen oder juristischen Personen in der Verordnung Nr. 3541/92, auf die sich der Rat zur Stützung seiner These berufen hat (vgl. oben, Randnr. 97) – nicht auf das Ziel der Schaffung einer gemeinsamen Handelspolitik (Artikel 3 Absatz 1 Buchstabe b EG) gestützt werden, in dessen Rahmen entschieden worden ist, dass die Gemeinschaft zum Erlass eines Handelsembargos nach Artikel 133 EG befugt war, da es im vorliegenden Fall nicht um die Wirtschaftsbeziehungen der Gemeinschaft zu einem Drittland geht.

[141] Was das Ziel der Schaffung eines Systems anbelangt, das den Wettbewerb innerhalb des Binnenmarktes vor Verfälschungen schützt (Artikel 3 Absatz 1 Buchstabe g EG), so kann die Behauptung, dass

die Gefahr von Wettbewerbsverzerrungen bestehe, die die angefochtene Verordnung nach ihrer Präambel habe verhindern sollen, nicht überzeugen.

[142] Die Wettbewerbsregeln des EG-Vertrags richten sich an Unternehmen und an die Mitgliedstaaten, wenn sie den Unternehmen keine gleichen Wettbewerbsbedingungen bieten (vgl. in Bezug auf Artikel 87 EG Urteil des Gerichtshofes vom 2. Juli 1974 in der Rechtssache 173/73, Italien/Kommission, Slg. 1974, 709, Randnr. 26, und in Bezug auf Artikel 81 EG Urteil des Gerichtshofes vom 12. Juli 1984 in der Rechtssache 170/83, Hydrotherm, Slg. 1984, 2999, Randnr. 11).

[143] Im vorliegenden Fall wird aber zum einen nicht geltend gemacht, dass sich die angefochtene Verordnung gegen die betroffenen Privatpersonen und Organisationen als Unternehmen im Sinne der Wettbewerbsregeln des EG-Vertrags richte.

[144] Zum anderen wird nicht erläutert, inwiefern der Wettbewerb zwischen den Unternehmen durch die Umsetzung der nach der Resolution 1390 (2002) des Sicherheitsrats vorgeschriebenen spezifischen restriktiven Maßnahmen gegen bestimmte Personen und Organisationen auf der Ebene der Gemeinschaft oder ihrer Mitgliedstaaten beeinträchtigt werden könnte.

(...)

[150] Unter diesen Umständen können die in Rede stehenden Maßnahmen nicht auf das in Artikel 3 Absatz 1 Buchstaben c und g EG genannte Ziel gestützt werden.

[151] Auch die verschiedenen vom Rat angeführten Beispiele für den Rückgriff auf die ergänzende Rechtsgrundlage des Artikels 308 EG (vgl. oben, Randnrn. 95 und 97) sind für den vorliegenden Fall nicht relevant. Zum einen geht aus ihnen nicht hervor, dass die Voraussetzungen für die Anwendung von Artikel 308 EG, insbesondere die der Verwirklichung eines Zieles der Gemeinschaft, in den betreffenden Fällen nicht erfüllt waren. Zum anderen wurden die Rechtsakte, um die es in diesen Beispielsfällen ging, insoweit nicht vor dem Gerichtshof beanstandet, was auch für die Rechtssache gilt, die zum Urteil Delbar (vgl. oben, Randnr. 96) geführt hat. Jedenfalls kann nach ständiger Rechtsprechung eine bloße Praxis des Rates nicht von Vorschriften des Vertrages abweichen und folglich auch kein Präjudiz schaffen, das die Organe der Gemeinschaft bei der Wahl der zutreffenden Rechtsgrundlage binden würde (Urteil des Gerichtshofes vom 23. Februar 1988 in der Rechtssache 68/86, Vereinigtes Königreich/Rat, Slg. 1988, 855, Randnr. 24, und Gutachten 1/94 des Gerichtshofes vom 15. November 1994, Slg. 1994, I-5267, Randnr. 52).

[152] Aus dem Vorstehenden folgt, dass der Kampf gegen den internationalen Terrorismus und speziell die Verhängung wirtschaftlicher und finanzieller Sanktionen – wie das Einfrieren von Geldern – gegenüber Privatpersonen und Organisationen, die im Verdacht stehen, zu seiner Finanzierung beizutragen, mit keinem der Ziele in Verbindung gebracht werden können, die die Artikel 2 EG und 3 EG der Gemeinschaft ausdrücklich zuweisen.

[153] Außer den in den Artikeln 2 EG und 3 EG ausdrücklich genannten Zielen des Vertrages hat die Kommission in ihren Schriftsätzen auch ein allgemeineres Ziel der Gemeinschaft angeführt, das im vorliegenden Fall den Rückgriff auf die Rechtsgrundlage des Artikels 308 EG gerechtfertigt haben soll. So hat die Kommission aus der Präambel des EG-Vertrags ein allgemeines Ziel der Gemeinschaft abgeleitet, den Weltfrieden und die internationale Sicherheit zu verteidigen (vgl. oben, Randnr. 100). Dieser These kann nicht gefolgt werden.

[154] Entgegen dem Vorbringen der Kommission geht nämlich aus der Präambel des EG-Vertrags nicht hervor, dass mit ihm ein umfassenderes Ziel der Verteidigung des Weltfriedens und der internationalen Sicherheit verfolgt wird. Zwar besteht das oberste Ziel dieses Vertrages unbestreitbar darin, den Konflikten der Vergangenheit zwischen den europäischen Völkern durch einen „immer engeren Zusammenschluss" zwischen ihnen ein Ende zu setzen, doch fehlt insoweit jede Bezugnahme auf die Umsetzung einer gemeinsamen Außen- und Sicherheitspolitik. Diese gehört ausschließlich zu den Zielen des EU-Vertrags, der nach seiner Präambel „den mit der Gründung der Europäischen Gemeinschaften eingeleiteten Prozess der europäischen Integration auf eine neue Stufe ... heben" soll.

[155] Man kann zwar sagen, dass sich die Gemeinschaft bei ihrem Handeln im Bereich ihrer eigenen Zuständigkeiten wie der gemeinsamen Handelspolitik von diesem Ziel der Union leiten lassen muss, doch genügt dies nicht als Begründung für den Erlass von Maßnahmen nach Artikel 308 EG, insbesondere nicht in Bereichen, in denen die Gemeinschaft nur über marginale und im Vertrag abschließend aufgezählte Zuständigkeiten verfügt.

[156] Schließlich erscheint es nicht möglich, Artikel 308 EG dahin auszulegen, dass er die Gemeinschaftsorgane in allgemeiner Form ermächtigt, sich zur Verwirklichung eines der Ziele des EU-Vertrags auf diese Bestimmung zu stützen. Insbesondere erlauben nach Ansicht des Gerichts die Koexistenz der Union und der Gemeinschaft als integrierte, aber verschiedene Rechtsordnungen sowie das konstitutio-

nelle Gefüge der Pfeiler, beides von den Verfassern der derzeit geltenden Verträge gewollt, es weder den Gemeinschaftsorganen noch
den Mitgliedstaaten, sich auf die „Flexibilitätsklausel" des Artikels
308 EG zu stützen, um dem Fehlen einer für die Verwirklichung eines
Zieles der Union erforderlichen Zuständigkeit der Gemeinschaft ab-
zuhelfen. Würde man anders entscheiden, so liefe dies letztlich darauf
hinaus, dass diese Bestimmung auf alle Maßnahmen im Bereich der
GASP und der polizeilichen und justiziellen Zusammenarbeit in Strafsachen (JI) anwendbar wäre, so dass die Gemeinschaft stets tätig werden könnte, um die Ziele dieser Politiken zu erreichen. Ein solches Ergebnis würde zahlreichen Bestimmungen des EU-Vertrags ihren Anwendungsbereich nehmen und stünde im Widerspruch zur Schaffung
eigener Instrumente der GASP (gemeinsame Strategien, gemeinsame
Aktionen, gemeinsame Standpunkte) und der JI (gemeinsame Standpunkte, Beschlüsse, Rahmenbeschlüsse).

[157] Demnach ist festzustellen, dass ebenso wenig wie die Artikel
60 EG und 301 EG, isoliert betrachtet, Artikel 308 EG für sich allein
eine ausreichende Rechtsgrundlage für den Erlass der angefochtenen
Verordnung darstellt.

[158] Sowohl in den Begründungserwägungen der angefochtenen
Verordnung als auch in seinen Schriftsätzen hat der Rat jedoch geltend
gemacht, dass ihm Artikel 308 EG in Verbindung mit den Artikeln 60
EG und 301 EG die Befugnis zum Erlass einer Gemeinschaftsverordnung verleihe, die zu dem durch die Union und ihre Mitgliedstaaten
im Rahmen der GASP geführten Kampf gegen die Finanzierung des
internationalen Terrorismus diene und mit der zu diesem Zweck wirtschaftliche und finanzielle Sanktionen gegen Privatpersonen verhängt
würden, ohne dass eine Verbindung zu dem Hoheitsgebiet oder dem
Regime eines Drittlands hergestellt werde. Diesen Erwägungen ist zuzustimmen.

[159] In diesem Zusammenhang ist nämlich das bei der Überar-
beitung durch den Vertrag von Maastricht geschaffene spezielle Bindeglied zwischen dem mit wirtschaftlichen Sanktionen verbundenen
Handeln der Gemeinschaft gemäß den Artikeln 60 EG und 301 EG
und den Zielen des EU-Vertrags im Bereich der auswärtigen Beziehungen zu berücksichtigen.

[160] Tatsächlich ist festzustellen, dass die Artikel 60 EG und 301
EG ganz besondere Bestimmungen des EG-Vertrags sind, da sie ausdrücklich vorsehen, dass sich ein Tätigwerden der Gemeinschaft nicht
zur Verwirklichung eines der im EG-Vertrag festgelegten Ziele der
Gemeinschaft, sondern eines der durch Artikel 2 EU der Union spe-

ziell zugewiesenen Ziele, nämlich einer gemeinsamen Außen- und Sicherheitspolitik, als erforderlich erweisen kann.

[161] Im Rahmen der Artikel 60 EG und 301 EG ist das Tätigwerden der Gemeinschaft somit in Wirklichkeit ein Tätigwerden der Union auf der Grundlage des Gemeinschaftspfeilers, nachdem der Rat einen gemeinsamen Standpunkt oder eine gemeinsame Aktion im Rahmen der GASP angenommen hat.

[162] Insoweit ist darauf hinzuweisen, dass die Union nach Artikel 3 EU über einen einheitlichen institutionellen Rahmen verfügt, der die Kohärenz und Kontinuität der Maßnahmen zur Erreichung ihrer Ziele unter gleichzeitiger Wahrung und Weiterentwicklung des gemeinschaftlichen Besitzstands sicherstellt. Die Union achtet insbesondere auf die Kohärenz aller von ihr ergriffenen außenpolitischen Maßnahmen im Rahmen ihrer Außen-, Sicherheits-, Wirtschafts- und Entwicklungspolitik. Der Rat und die Kommission sind für die Sicherung dieser Kohärenz verantwortlich und arbeiten zu diesem Zweck zusammen. Sie stellen jeweils in ihrem Zuständigkeitsbereich die Durchführung der betreffenden Politiken sicher.

[163] Ebenso wie sich die im EG-Vertrag vorgesehenen Befugnisse als unzureichend erweisen können, um den Gemeinschaftsorganen ein Tätigwerden zur Verwirklichung eines der Ziele der Gemeinschaft im Rahmen des Gemeinsamen Marktes zu ermöglichen, können sich auch die in den Artikeln 60 EG und 301 EG vorgesehenen Befugnisse zur Verhängung wirtschaftlicher und finanzieller Sanktionen in Form der Aussetzung oder Einschränkung der Wirtschaftsbeziehungen zu einem oder mehreren Drittländern, insbesondere in Bezug auf den Kapital- und Zahlungsverkehr, als unzureichend erweisen, um es den Gemeinschaftsorganen zu ermöglichen, das unter den EU-Vertrag fallende Ziel der GASP zu verwirklichen, für das diese Bestimmungen speziell in den EG-Vertrag aufgenommen wurden.

[164] In dem besonderen Zusammenhang, auf den sich die Artikel 60 EG und 301 EG beziehen, ist der Rückgriff auf die ergänzende Rechtsgrundlage des Artikels 308 EG daher aufgrund des in Artikel 3 EU aufgestellten Kohärenzerfordernisses gerechtfertigt, wenn diese Bestimmungen den Gemeinschaftsorganen nicht die im Bereich wirtschaftlicher und finanzieller Sanktionen erforderliche Zuständigkeit verleihen, um zur Verwirklichung des von der Union und ihren Mitgliedstaaten im Rahmen der GASP verfolgten Zieles tätig zu werden.

[165] Es ist somit möglich, dass ein gemeinsamer Standpunkt oder eine gemeinsame Aktion im Rahmen der GASP von der Gemeinschaft die Verhängung wirtschaftlicher und finanzieller Sanktionen verlangt,

die über die in den Artikeln 60 EG und 301 EG ausdrücklich vorgesehenen Sanktionen der Aussetzung oder Einschränkung der Wirtschaftsbeziehungen zu einem oder mehreren Drittländern, insbesondere in Bezug auf den Kapital- und Zahlungsverkehr, hinausgehen.

[166] In einem solchen Fall erlaubt es der Rückgriff auf die Artikel 60 EG, 301 EG und 308 EG als gemeinsame Rechtsgrundlage, im Bereich wirtschaftlicher und finanzieller Sanktionen das im Rahmen der GASP von der Union und ihren Mitgliedstaaten verfolgte Ziel, das in einem gemeinsamen Standpunkt oder einer gemeinsamen Aktion zum Ausdruck kommt, zu verwirklichen, obwohl der Gemeinschaft keine ausdrücklichen Befugnisse für wirtschaftliche und finanzielle Sanktionen gegenüber Privatpersonen oder Organisationen, die keine hinreichende Verbindung zu einem bestimmten Drittland aufweisen, verliehen worden sind.

[167] Im vorliegenden Fall gehört der Kampf gegen den internationalen Terrorismus und dessen Finanzierung unbestreitbar zu den in Artikel 11 EU festgelegten Zielen der Union im Rahmen der GASP, auch wenn er sich nicht speziell gegen Drittländer oder deren Machthaber richtet.

[168] Im Übrigen steht fest, dass der Gemeinsame Standpunkt 2002/402 vom Rat einstimmig im Rahmen dieses Kampfes angenommen wurde und dass er die Verhängung wirtschaftlicher und finanzieller Sanktionen durch die Gemeinschaft gegenüber Privatpersonen vorsieht, die im Verdacht stehen, zur Finanzierung des internationalen Terrorismus beizutragen, ohne dass noch irgendeine Verbindung zu dem Hoheitsgebiet oder dem Regime eines Drittlands hergestellt wird.

[169] In diesem Kontext ist der Rückgriff auf Artikel 308 EG zur Vervollständigung der Befugnisse zur Verhängung wirtschaftlicher und finanzieller Sanktionen, die der Gemeinschaft durch die Artikel 60 EG und 301 EG verliehen werden, aufgrund der Erwägung gerechtfertigt, dass die Staaten heutzutage nicht mehr als die einzige Quelle von Bedrohungen des Weltfriedens und der internationalen Sicherheit angesehen werden können. Ebenso wenig wie die Völkergemeinschaft können auch die Union und ihr Gemeinschaftspfeiler daran gehindert sein, sich diesen neuen Bedrohungen dadurch anzupassen, dass wirtschaftliche und finanzielle Sanktionen nicht nur gegen Drittländer, sondern auch gegen verbündete Personen, Gruppen, Unternehmen oder Organisationen, die im Bereich des internationalen Terrorismus tätig sind oder in anderer Weise den Weltfrieden und die internationale Sicherheit gefährden, verhängt werden.

[170] Die Gemeinschaftsorgane und das Vereinigte Königreich haben daher zu Recht geltend gemacht, dass der Rat für den Erlass der angefochtenen Verordnung zuständig war, mit der in der Gemeinschaft die im Gemeinsamen Standpunkt 2002/402 vorgesehenen wirtschaftlichen und finanziellen Sanktionen auf der gemeinsamen Grundlage der Artikel 60 EG, 301 EG und 308 EG umgesetzt werden.

# Entscheidungsregister

| Kurzbe-<br>zeichnung | Parteien<br>des Rechtsstreits | Rechtssachen-<br>nummer | Fall-<br>nummer | Seite |
|---|---|---|---|---|
| | Gourmet International Products | C-405/98 | 159 | 417 |
| | Graf | C-190/98 | 194 | 499 |
| | Granaria BV ⫽ Hoofdproduktschap voor Akkerbouwprodukten | 101/78 | 123 | 333 |
| | Grimaldi ⫽ Fond des maladies professionnelles | C-322/ 88 | 64 | 157 |
| | Groenveld ⫽ Produktschap voor Vee en Vlees | 15/79 | 152 | 402 |
| Groß-<br>krotzenburg | Kommission ⫽ Deutschland | C-431/92 | 61, 102 | 150, 280 |
| | Grzelczyk | C-184/99 | 134 | 359 |
| | Guérin automobiles ⫽ Kommission | C-153/98 | 63 | 156 |
| | Hamburger Hafen und Lager-haus AG ⫽ Kommission | T-69/96 | 116 | 316 |
| Hauer | Liselotte Hauer ⫽ Land Rheinland-Pfalz | 44/79 | 32 | 76 |
| | Herlitz ⫽ Kommission | T-66/92 | 252 | 661 |
| | Hoffmann-La Roche AG ⫽ Kommission | 85/76 | 40 | 100 |
| | Humer | C-255/99 | 185 | 474 |
| | Hünermund u.a. | C-292/92 | 156 | 410 |
| | ICI ⫽ Kommission | 48/69 | 253 | 663 |
| | Imperial Chemical Industries | C-264/96 | 216 | 559 |
| | IN. CO. GE.'90 | C-19/97 bis- 22/97 | 3 | 6 |
| | Inspire Art | C-167/01 | 214 | 555 |
| | Institute of the Motor Industry | C-149/97 | 82 | 221 |
| | Inter – Environnement Wallonie | C-129/96 | 47 | 114 |
| | Internationale Handelsgesellschaft ⫽ Einfuhr- und Vorratsstelle für Getreide und Futtermittel | 11/70 | 27 | 63 |
| | Internationales Naturkautschuk Übereinkommen | Gutachten 1/78 | 270 | 736 |
| | Intertronic ⫽ Kommission | C-196/97 | 105 | 288 |
| Italienische Zoll-spediteure | Kommission ⫽ Italienische Republik | C-35/96 | 256 | 675 |
| | Javico | C-306/96 | 251 | 659 |
| | Johnston ⫽ Chief Constable of the Royal Ulster Constabulary | 222/84 | 39 | 98 |
| | Josef Corsten | C-58/98 | 230 | 595 |
| | Kapferer ⫽ Schlank & Schick GmbH | C-234/04 | 15 | 36 |
| Keck | Keck und Mithouard | 267 und 268/91 | 155 | 408 |
| | Regina ⫽ Kirk | 63/83 | 41 | 103 |
| | Köbler | C-224/01 | 88 | 238 |
| | Kohll | C-158/96 | 233, 238 | 602, 618 |
| | Kommission ⫽ Spanien | C-114/97 | 222 | 577 |
| | Kommission ⫽ Belgien | 102/79 | 50 | 125 |
| | Kommission ⫽ Belgien | 314/82 | 145 | 389 |

| Kurzbe-zeichnung | Parteien des Rechtsstreits | Rechtssachen-nummer | Fall-nummer | Seite |
|---|---|---|---|---|
| | Kommission ⚖ Deutschland | C-191/95 | 103 | 283 |
| | Kommission ⚖ Frankreich | C-265/95 | 154 | 405 |
| | Kommission ⚖ Frankreich | C-304/02 | 108 | 292 |
| | Kommission ⚖ Griechenland | C-198/89 | 227 | 588 |
| | Kommission ⚖ Italien | 133/80 | 107 | 291 |
| | Kommission ⚖ Königreich Belgien | C-217/99 | 173 | 446 |
| | Kommission ⚖ Luxemburg | C-445/03 | 235 | 606 |
| | Kommission ⚖ Niederlande | C-353/89 | 106 | 289 |
| | Kommission ⚖ Niederlande | C-144/99 | 52 | 129 |
| | Kommission ⚖ Österreich | C-147/03 | 133 | 354 |
| | Kommission und Parlament ⚖ Rat | C-176/03 | 22 | 53 |
| | Konle | C-302/97 | 243 | 628 |
| | Kranemann | C-109/04 | 195 | 501 |
| | Kraus | C-19/92 | 210 | 542 |
| | Kreuzer Medien ⚖ Rat und Parlament | T-310/03 | 110 | 299 |
| | Kühne & Heitz | C-453/00 | 10 | 20 |
| Kunst-schätze I | Kommission ⚖ Italien | 7/68 | 141 | 384 |
| Kupfer-berg I | Hauptzollamt Mainz ⚖ Kupfer-berg | 104/81 | 72 | 184 |
| | Lair ⚖ Universität Hannover | 39/86 | 181 | 466 |
| | Lawrie-Blum ⚖ Land Baden-Württemberg | 66/85 | 183 | 470 |
| Leber-pfennig | Franz Grad ⚖ Finanzamt Traunstein | 9/70 | 62, 80 | 153, 218 |
| | Lemmens | C-226/97 | 54 | 133 |
| | Lenz | C-315/02 | 246 | 638 |
| | Luisi und Carbone ⚖ Ministero del Tesoro | 26/83 | 240 | 621 |
| | Lutz GmbH u.a. | C-182/00 | 96 | 264 |
| | Mangold | C-144/04 | 48 | 116 |
| | Mars | C-470/93 | 157 | 411 |
| | Marschall | C-409/95 | 29 | 67 |
| | Marshall ⚖ Southampton and South-West Hamshire Area Health Autority | 152/84 | 57 | 140 |
| | Masterfoods und HB | C-344/98 | 100 | 277 |
| Milch-kontor | Deutsche Milchkontor ⚖ Deutschland | 205 bis 215/82 | 6 | 11 |
| | Morgenbesser | C-313/01 | 212 | 548 |
| | Mulder u.a. ⚖ Rat und Kommission | C-37/90 und C-104/89 | 125 | 337 |
| | Muñoz und Superior Fruiticola | C-253/00 | 46 | 111 |
| | Namur-Les assurances du crédit | C-44/93 | 265 | 712 |
| | Ninni-Orasche | C-413/01 | 180 | 462 |
| | Nold ⚖ Kommission | 4/73 | 26 | 62 |
| | Nordsee ⚖ Reederei Mond | 102/81 | 95 | 261 |

| Kurzbe-zeichnung | Parteien des Rechtsstreits | Rechtssachen-nummer | Fall-nummer | Seite |
|---|---|---|---|---|
| | O'Flynn | C-237/94 | 196 | 507 |
| Omega | Laserdrome | C-36/02 | 237 | 613 |
| | Oosthoek | 286/81 | 151 | 400 |
| | Open Skies | C-476/98 | 69 | 172 |
| | Oteiza Olazbal | C-100/01 | 199 | 512 |
| Pauschal-reise-richtlinie | Dillenkofer u.a. | C-178, 179, 188, 189 und 190/94 | 87 | 236 |
| | Peak | C-16/03 | 176 | 455 |
| Pfand-flaschen | Kommission ⚖ Dänemark | 302/86 | 166 | 431 |
| | Pfeiffer u.a. ⚖ DRK | C-397 bis C-401/01 | 59 | 144 |
| Plaumann | Firma Plaumann ⚖ Kommission | 25/62 | 112 | 305 |
| | Politi ⚖ Finanzministerium der Italienischen Republik | 43/71 | 44 | 108 |
| | Portugal ⚖ Rat | C-149/96 | 75 | 192 |
| | PreussenElektra | C-379/98 | 146, 261 | 391, 691 |
| Private Sicher-heitsdienste | Kommission ⚖ Niederlande | C-189/03 | 234 | 605 |
| | Prodifarma ⚖ Kommission | T-3/90 | 119 | 324 |
| | Pupino | C-105/03 | 65 | 159 |
| | Quiller und Heusmann ⚖ Rat und Kommission | T-195/94 und 202/94 | 126 | 339 |
| | Rau ⚖ BALM | 133 bis 136/ 85 | 101 | 279 |
| | Reinarz ⚖ Kommission | T-6/92 und T-52/92 | 132 | 351 |
| Reinheits-gebot für Bier | Kommission ⚖ Deutschland | 178/84 | 164 | 427 |
| Cassis de Dijon | Rewe ⚖ Bundesmonopol-verwaltung für Branntwein | 120/78 | 162 | 422 |
| | Reyners ⚖ Belgien | 2/74 | 205 | 529 |
| | Rheinmühlen ⚖ Einfuhr- und Vorratstelle Getreide | 166/73 | 90 | 250 |
| | Roquette Frères ⚖ Rat I | 138/79 | 17 | 41 |
| | Roquette Frères ⚖ Rat II | C-94/00 | 33 | 79 |
| | Ruhr | C-189/00 | 184 | 473 |
| | Rush Portuguesa | C-113/89 | 223 | 579 |
| | SA CNL-SUCAL NV ⚖ HAG GF AG | C-10/89 | 174 | 449 |
| | Sacchi | 155/73 | 218 | 564 |
| | Säger | C-76/90 | 226 | 586 |
| | Sandoz | 174/82 | 178 | 459 |
| | SAT Fluggesellschaft | C-364/92 | 247 | 642 |
| | Sayag ⚖ Leduc | 6/69 | 124 | 335 |
| | Schindler | C-275/92 | 221 | 573 |
| | Schmidberger | C-112/00 | 167 | 433 |
| | Schnitzer | C-215/01 | 219 | 565 |
| | Schumacker | C-279/93 | 190 | 486 |

| Kurzbe-zeichnung | Parteien des Rechtsstreits | Rechtssachen-nummer | Fall-nummer | Seite |
|---|---|---|---|---|
| | Vereinigtes Königreich / Parlament und Rat | C-66/04 | 20 | 48 |
| | Vlassopoulou | C-340/89 | 209 | 538 |
| | Vriend | 94/79 | 153 | 403 |
| | Wachauf ✗ Bundesamt für Ernährung und Forstwirtschaft | 5/88 | 35 | 87 |
| | Walrave ✗ Union Cycliste Internationale u.a. | 36/74 | 187 | 479 |
| | Watson und Belmann | 118/75 | 179 | 460 |
| | Wells | C-201/02 | 56 | 137 |
| Werbung für alkoholische Getränke | Kommission ✗ Frankreich | 152/78 | 170 | 442 |
| | Westdeutsche Landesbank Girozentrale ✗ Kommission | T-228/99 u. T-223/99 | 263 | 699 |
| | Wouters u.a. | C-309/99 | 206, 248 | 531, 647 |
| | WTO/GATS/TRIPS | Gutachten 1/94 | 68 | 170 |
| Yusuf | Ahmed Ali Yusuf und Al Barakaat International Foundation ✗ Rat und Kommission | T-306/01 | 78, 271 | 204, 740 |
| | Zhu und Chen | C-200/02 | 138 | 371 |
| | Zuckerfabrik Schöppenstedt ✗ Rat | 5/71 | 122 | 331 |
| | Zuckerfabrik Süderdithmarschen und Zuckerfabrik Soest | C-143/88 und C-92/89 | 11 | 23 |
| | Zwartveld u.a. | C-2/88 | 5 | 10 |

Andreas von Arnauld
# Völkerrecht
### Klausurfälle und Lösungen

Andreas von Arnauld bietet mit diesem Buch Hilfestellung bei
der klausurgerechten Bearbeitung völkerrechtlicher Fälle. Hinweise inhaltlicher, aufbautechnischer und klausurtaktischer Art
geben Anleitung bei der Falllösung; Literatur- und Recht-
sprechungshinweise ermöglichen ein vertieftes Nacharbeiten
der Themen. Durch die Aufteilung in einen Allgemeinen und
einen Besonderen Teil werden wiederkehrende Problemstel-
lungen in völkerrechtlichen Klausurfällen verdeutlicht.

»Für alle Studenten, die das Völkerrecht vertiefen, ist das
Lehrbuch von *Andreas von Arnauld* ein optimaler Begleiter für
das Studium. Denn das Buch enthält nicht nur Fälle zum Völkerrecht zur Wiederholung und Vertiefung, sondern auch eine
umfangreiche Darstellung der klausurgerechten Bearbeitung
mit Hinweisen inhaltlicher, aufbautechnischer und klausurtaktischer Art. Die Konzeption und Sprache überzeugen durchgängig und lassen dieses Buch uneingeschränkt empfehlens-
wert erscheinen.«
*Niclas Bamberg* www.jurawelt.com, 23.06.06

2005. XII, 182 Seiten (Mohr Lehrbuch).
ISBN 978-3-16-148578-7 Broschur

**Mohr Siebeck**
Tübingen
info@mohr.de
www.mohr.de

Oliver Dörr
# Kompendium völkerrechtlicher Rechtsprechung
**Eine Auswahl für Studium und Praxis**

»Oliver Dörr stellt eine Sammlung der wichtigsten Entscheidungen internationaler Gerichte zusammen, die für die Entwicklung des modernen Völkerrechts und seinen heutigen Stand von maßgeblicher Bedeutung sind. Jede einzelne Entscheidung wird in die Dogmatik des geltenden Völkerrechts eingeordnet. So bietet der Band unverzichtbare Materialien für das Studium des Völkerrechts. Auch im Zeitalter des World Wide Web ist eine solche Sammlung von hohem Wert für Studierende und völkerrechtlich Interessierte, bietet sie doch eine Vorauswahl und erleichtert durch ihr Stichwortverzeichnis den Zugang zu einzelnen Problemen. [...] Insgesamt aber ist das vorgelegte Kompendium jedem Studenten, der den Schwerpunkt Völkerrecht wählt, als ausbildungsbegleitende Lektüre und den völkerrechtlich Interessierten als hilfreiches Nachschlagewerk zu empfehlen.«
*Winfried Bausback* Die Öffentliche Verwaltung 2005, 176

»Insgesamt ist es Oliver Dörr damit gelungen, eine wirkliche Lücke zu schließen. Denn in diesem Umfang können Völkerrechtslehrbücher, zumal mit Blick auf die komprimierte Stoffvermittlung an Studierende, natürlich die Rechtsprechung nicht berücksichtigen. Das Buch ist für jeden, der sich mit dem Völkerrecht näher beschäftigen will, eine verlässliche Orientierungshilfe. Es kann unbedingt zur Anschaffung empfohlen werden.«
*Walter Grasnick* JuristenZeitung 2005, 27

2004. XIII, 806 Seiten
(Mohr Lehrbuch).
ISBN 978-3-16-148311-0
Broschur

**Mohr Siebeck**
Tübingen
info@mohr.de
www.mohr.de

Ulrich Haltern
# Europarecht
**Dogmatik im Kontext**

Wer Europarecht verstehen will, muss die Dogmatik in ihrem politischen, wirtschaftlichen, historischen, sozialen, kulturellen und institutionellen Kontext studieren. Dieses Lehrbuch ermöglicht dies durch eine neue methodische und inhaltliche Konzeption, die das Studium des Europarechts in Theorie und Praxis transformieren wird.

»Um das Ergebnis vorwegzunehmen: Das Lehrbuch ist ein gelungenes, einzigartiges und modernes Werk. Selten sind Sinn und Grenzen des Europarechts so deutlich geworden wie an dieser Abhandlung. Es handelt sich dabei um ein beachtliches Experiment. [...] Summa summarum: Haltern zeichnet farbig und auffallend kräftig die Konturen des Europarechts. Er kann sich sicher sein, dass sein Werk in Fachkreisen gebührend Anerkennung findet. Die Studierenden werden dem Verfasser danken. Galt das Studium des Europarechts noch als Sonatine, so ist sie durch Haltern zu einer Sinfonie aufgewertet.«
*Ilan-Daniel Ciobanu* Juristische Arbeitsblätter 2006, Heft 4, S. VIIIff.

»Das von Haltern vorgelegte Buch macht sich um eine intellektuell stimulierende Aufarbeitung des Europarechts verdient, die im Moment aufgrund ihrer dargelegten besonderen Attribute auf dem deutschsprachigen Markt singulär dasteht. Man kann diesem substanzreichen, originellen und hervorragend geschriebenen Werk nur einen größtmöglichen Verbreitungsgrad wünschen.«
*Bernhard Hofstötter* Europarecht 2006, 449-451

2005. XVIII, 690 Seiten
(UTB Mittlere Reihe 2721).
ISBN 978-3-8252-2721-0
Broschur

**Mohr Siebeck**
Tübingen
info@mohr.de
www.mohr.de

Andreas Haratsch / Christian Koenig /
Matthias Pechstein
# Europarecht

Bei den Grundfreiheiten – die nun in einem anderen, prü-
fungsorientierten Aufbau dargestellt werden –, wie auch im
EG-Wettbewerbsrecht wurden in dieser 5. Auflage zahlreiche
Änderungen und Entwicklungen berücksichtigt, die sich insbesondere aus der Rechtsprechung des EuGH sowie verschiedenen neueren relevanten Entscheidungen und sonstigen Maßnahmen der Kommission ergeben. Der Vertrag über eine Verfassung für Europa ist im ersten Kapitel dargestellt.

»Eines der besten Lehrbücher zum Europarecht erscheint endlich in neuer Auflage. [...] Die Gestaltung des Werks entspricht
den Bedürfnissen gerade studentischer Leser. Die Fließtexte
sind ausführlich und instruktiv geschrieben. Beispiele, Merk-
sätze und vor allem umfangreiche Prüfungsschemata ergänzen
die Theorie einwandfrei. Die Hinweise auf Rechtsprechung
und Literatur sind umfassend und variantenreich.«
*Benjamin Krenberger* www.studjur-online.de, August 2006

»Diese Lehrbuch zum Europarecht richtet sich zwar primär an
Studierende. Aufgrund seiner kompakten und eingängigen
Darstellung ist es jedoch auch für den Praktiker, der mit Fra-
gen des supranationalen Rechts konfrontiert ist, von nicht zu
unterschätzendem Wert.«
Landkreistag Baden-Württemberg, Sammelmitteilung 8 2004

5., völlig neu bearbeitete Auflage 2006.
XXXV, 563 Seiten (Mohr Lehrbuch).
ISBN 978-3-16-148922-8 Broschur

**Mohr Siebeck**
Tübingen
info@mohr.de
www.mohr.de

Matthias Pechstein

# EU-/EG-Prozessrecht

**Mit Aufbaumustern und Prüfungsübersichten**
**Unter Mitarbeit von Matthias Köngeter und Philipp Kubicki**

Mit der dritten Auflage verabschieden sich als Mitautoren
Christian Koenig und Claude Sander, die das Werk im Jahre
1997 – damals eine Pionierleistung – begründet haben. Ihre
Verdienste um die Substanz dieses Werks wirken dauerhaft
fort. Bei der Neuauflage wurde zum einen die in der zweiten
Auflage zugrundegelegte Perspektive der Rechtslage vor dem
Inkrafttreten des Vertrags von Nizza der nunmehr geltenden
Situation angepaßt. Die einschlägige Rechtsprechung und Lite-
ratur seit dem Jahre 2002 wurde berücksichtigt, auch wurden
vielfach Zusammenhange besser verdeutlicht und dogmatisch
vertieft dargestellt, die Gliederung wurde teilweise verändert.
Zusätzliche Fragestellungen etwa die nach prozessualen Auswirkungen des grundrechtlichen Prinzips des effektiven
Rechtsschutzes wurden aufgenommen, Änderungen der
Rechtslage, wie insbesondere im Kartellrecht, wurde Rechnung getragen.

»Die Darstellung erfaßt das gesamte gemeinschafts- und uni-
onsrechtliche Prozeßrecht von der Gerichtsorganisation über
Zuständigkeitsfragen und Fragen des Verfahrensablaufs, das
Rechtsmittelsystem sowie die einzelnen Rechtsschutzformen.
Insgesamt dürfte es kaum eine praktische Frage des EU-/EG-
Prozeßrechts geben, die man sich mit Hilfe des Werks [...]
nicht erschließen kann.«
*Matthias Ruffert* DÖV 2003, 1007

3., neu bearbeitete Auflage 2007.
Ca. 570 Seiten (Mohr Lehrbuch).
ISBN 978-3-16-149269-3 Broschur

**Mohr Siebeck**
Tübingen
info@mohr.de
www.mohr.de

Theodor Schilling
# Internationaler Menschenrechtsschutz
## Universelles und europäisches Recht

»Theodor Schilling befaßt sich mit dem Schutz der Menschenrechte, wie ihn der Europäische Gerichtshof für Menschenrechte und der Menschenrechtsausschuß der Vereinten Nationen leisten. Aufgrund der umfassenden Auswertung der Rechtsprechung ist sein Lehrbuch für Wissenschaft und Praxis ebenso unentbehrlich wie für die juristische Ausbildung. Zusammenfassend kann man das Buch nur begrüßen und dem Werk eine weite Verbreitung wünschen.«
*Heinrich Amadeus Wolff* Die Öffentliche Verwaltung 2004, 762

»Es ist erfrischend, dass ob der zunehmenden Fülle von Spezialliteratur zu immer spezieller werdenden Details rechtlicher Detailfragen einmal – der obendrein geglückte – Versuch unternommen wurde, durch das Herausarbeiten von Gemeinsamkeiten scheinbar verschiedener rechtlicher Regelungssysteme, Recht wieder durchschaubar zu machen. [...] Es könnte mit seinem neuen Denkansatz, Recht wieder zusammenzuführen, anstatt es immer weiter auseinander driften zu lassen, überhaupt ein Schlüsselwerk zur Trendwende für ein neues Denken von Juristen und möglicherweise sogar für eine neue Rechtskultur sein.«
*Herbert Pochieser* Zeitschrift für Öffentliches Recht 2004, 472-475

2003. XV, 302 Seiten
(Mohr Lehrbuch).
ISBN 978-3-16-148212-0
Broschur

**Mohr Siebeck**
Tübingen
info@mohr.de
www.mohr.de

Theodor Schweisfurth
# Völkerrecht

Das Völkerrecht hat heute eine Entwicklungsstufe erreicht, die ein geordnetes, freilich immer noch ausbaufähiges und ausbaubedürftiges System erkennen läßt. Theodor Schweisfurth stellt in seinem Lehrbuch die heute bestehende Völkerrechtsordnung dar. Der – für Studierende der Rechtswissenschaft examensrelevante – erste Teil »Allgemeines Völkerrecht« behandelt die Grundlagen dieser Ordnung. Das Kapitel »Staaten« bildet hier einen der Schwerpunkte. Es ist streng nach den Staatselementen gegliedert und behandelt im weiteren Entstehung, Untergang, Fortbestand und Anerkennung von Staaten, die Staatennachfolge sowie die sogenannten Grundrechte und -pflichten der Staaten, unter denen Gewaltverbot und Selbstverteidigung besonders ausführlich erörtert werden. Der zweite Teil »Besonderes Völkerrecht« gibt einen Überblick über einzelne Regelungsbereiche. Zunächst werden Kriegsverhütung und Gewaltabwehr, das Recht der bewaffneten Konflikte, Bekämpfung des internationen Terrorismus und das Völkerstrafrecht behandelt. Anschließend werden vier ausgewählte Regelungsbereiche des Kooperationsrechts (Schutz von Einzelmenschen und Gruppen, Seerecht, Wirtschaftsvölkerrecht, Umweltvölkerrecht) dargestellt. Im abschließenden dritten Teil zeigt der Autor zusammenfassend die besonderen Wesenszüge des Völkerrechts auf und beantwortet die Frage nach der Effektivität des Völkerrechts.

2006. XVIII, 656 Seiten
(UTB Grosse Reihe 8339).
ISBN 978-3-8252-8339-1
Broschur

**Mohr Siebeck**
Tübingen
info@mohr.de
www.mohr.de

# Völkerrechtsprechung

**Ausgewählte Entscheidungen zum Völkerrecht in Retrospektive**

**Herausgegeben von Jörg Menzel, Tobias Pierlings und Jeannine Hoffmann**

In diesem Band sind Einzelbesprechungen berühmter, wichtiger und interessanter Entscheidungen zum Völkerrecht gesammelt. Berücksichtigt sind Entscheidungen zahlreicher internationaler und nationaler Gerichte quer durch das Spektrum völkerrechtlicher Themen. Die Autoren erläutern Hintergründe, analysieren Entscheidungsgründe, beschreiben Folgen und geben weiterführende Hinweise.

»Die Fälle werden übersichtlich präsentiert, indem auf eine kurze Darlegung des Sachverhalts eine Zusammenfassung der Entscheidung und eine Beurteilung der rechtlichen Grundlagen folgt, die gegebenenfalls durch eine Beschreibung der weiteren Entwicklung in Rechtsprechung, Praxis und Literatur abgerundet wird. [...] Die Fallsammlung ist sowohl für Studierende als auch für Praktiker nützlich und hilfreich. Obwohl die Herausgeber betonen, dass es sich bei dieser Publikation nicht um ein klassisches Lehrbuch handelt, eignet sich diese Idee einer Retrospektivensammlung (so bezeichnet im Vorwort) hervorragend für eine Verwendung im Unterricht und zwar sowohl für Lehrende als auch für Studierende.«
*Ulrike Brandl* Zeitschrift für Öffentliches Recht 2006, 516-517

2005. XXV, 900 Seiten
(Mohr Lehrbuch).
ISBN 978-3-16-148515-2
Broschur

**Mohr Siebeck**
Tübingen
info@mohr.de
www.mohr.de